KB190358

헤겔 좌파 연구

헤겔 좌파 연구

헤겔과 포이어바하, 마르크스, 키에르케골, 니체,

브루노, 슈트라우스, 슈티르너의 관계

김균진 지음

Holy
WavePlus

존경하는 은사이신 김균진 교수님의 저작전집을 발행할 수 있는 책무를 맡겨주신 하나님께 감사와 영광을 돌립니다.

이 저작전집은 한국이 배출한 걸출한 조직신학자인 김균진 교수님의 50년간에 걸친 신학 연구의 열매들을 하나로 집대성하는 작업입니다.

김균진 교수님께서는 신학 교수 세계에 발을 들여놓은 이래 헤겔과 칼바르트 연구에서 시작하여 몰트만과 본회퍼와 틸리히의 신학을 비롯한 세계의 다양한 현대신학 사조들을 적극적으로 이 땅에 소개하는 한편, 역사적 예수와 하나님 나라, 죽음의 신학, 생명의 신학, 과학과 신학과의 대화 분야에 있어서 자기만의 고유한 신학의 세계를 개척하셨고, 무엇보다 방대하기 이를 데 없는 조직신학 분야의 전 주제에 대해서 두 번에 걸친 조직신학 시리즈를 집필함으로써 대단한 학문적 성취를 이루셨다고 해도 과언이 아닙니다. 그러나 이러한 연구 결과물들이 아쉽게도 여기저기 흩어져 있었고, 일부 도서는 이미 절판되어 더 이상 구할 길이 없으며, 또 일부는 오래전의 개념과 표현으로 쓰인 까닭에 현대의 독자들에게 생소한 느낌을 주는 면이 없지 않아서, 이 모든 자료를 한데 모아 새로운 시대의 연구성과들을 추가하는 동시에 문장과 단어들을 현대적으로 개선하는 작업을 하기로 하였고 그러한 바탕 위에서 이 저작전집이 탄생하게 되었습니다.

특별히 『기독교 신학』 1-5권은 교수님의 일생의 신학적 작업들을 집대성하고 총정리하는 차원에서 근자에 새로이 집필하신 것이어서 그 의미가 남다르다 하겠습니다.

김균진 교수님의 제자이자 이 저작전집의 발행인으로서 제가 감히 교수님의 신학을 평가한다면 크게 다섯 가지로 요약을 하고 싶습니다.

첫째, 지난 100년간 서구 신학계를 관통했던 신학적 사조와 개념과의 부단한 대화와 함께 그것의 적용에 있어서 철저히 지금-여기서의 정황을 지향함으로써 한국적인 바탕 위에서 국제적인 신학적 토론에 참여하는 것의 가능성을 제시한 점. 둘째, 기존의 추상적이고 철학적인 조직신학적 진술이 아닌 성서내러티브적이고 메시아적 종말론에 입각한 독창적인 조직신학의 세계를 제시한 점. 셋째, 과학과의 대화, 신무신론과의 대화 등에 적극적으로 참여함으로써 조직신학의 과제와 외연을 지속적으로 확장한 점. 넷째, 급진적인 신학 이론의 소개뿐 아니라 칼뱅과 루터 등의 저작에서도 상당히 많은 부분들을 인용함으로써 소위 보수와 진보 신학 어느 한쪽에도 치우치지 않는 균형 감각을 견지하는 점. 다섯째, 특별히 인생의 후반기에 저술하신 책들의 경우 단순히 신학이론에 대한 비판적 소개나 분석에 머물지 않고 교회의 현실을 염두에 둔 목회적이고 경건주의적인 따스한 시선이 두드러지게 제시되는 점을 꼽을 수 있겠습니다.

다시 한번 이 저작전집을 낼 수 있는 사명을 맡겨주신 삼위일체 하나님과 교수님께 감사를 드리며, 모쪼록 이 귀한 책들이 한국의 많은 목회자들과 신학도들의 서재에서 오랫동안 신학 연구와 설교 준비의 벗으로 자리매김할 수 있기를 소망합니다.

김요한 목사

머리말

약 50년 전, 필자가 헤겔의 역사철학에 대한 박사학위 논문을 거의 마무리한 후 헤겔 좌파에 관한 책을 읽게 되었다. 헤겔에 반대되는 학자들의 생각을 알아보기 위함이었다. 이때 나는 둔기로 머리를 한 대 얻어맞은 것 같은 충격을 받았다. 특히 마르크스의 물질론은 헤겔 철학에 빠져 있던 나에게 가장 큰 충격을 주었다. 충격 속에서 정신없이 마르크스를 위시한 헤겔 좌파의 책을 읽고 일부 자료를 수집하였다. 그 후에도 틈틈이 헤겔 좌파에 관한 자료를 수집하였다. 언젠가 헤겔 좌파에 관한 책을 써보고 싶은 생각 때문이었다. 그러나 약 33년 동안 대학에서 조직신학을 가르치면서, 이 생각을 실천에 옮길 수 없었다. 단지 헤겔과 마르크스, 키에르케골, 포이어바하와 니체에 관한 단편적 논문을 몇 번 발표했을 뿐이다.

약 50년 전에 마음먹었던 생각을 이제야 실천에 옮기게 되어 기쁜 마음을 금할 수 없다. 그러나 실망스러움도 크다. 헤겔 좌파의 모든 학자에 대해 원하는 만큼 연구할 수 없었기 때문이다. 시력의 제한과 함께 연구 범위가 너무 넓었다. 한 사람당 한 권의 책을 써도 모자랄 판인데, 한 권의 책에서 여러 명의 학자를 다루기란 참으로 어려운 일이었다. 특히 헤겔에 대한 마르크스의 비판은 매우 어려웠지만, 마르크스의 비판을 통해 헤겔의 제한성을 보는 기쁨을 얻을 수 있었다. 부록으로 처리한 신학자 바르트의 헤겔 비판은 헤겔 철학에서 볼 수 없는 완전히 새롭고 신선한 신학적 사고를 제시하였다.

책을 준비하면서 나는 스스로 겸손해지기로 마음먹었다. 내 능력이 허락하는 대로 쓰자! 너무 욕심내지 말자! 이것이 내 한계다! 이 한계를 독자님들께서 이해해주시기를 바랄 뿐이다. 더 충실하고 깊이 있는 책을 후배 교수님들이 발표해주시기를 바란다.

이 책에서 필자는 헤겔 좌파의 정신적 위대함에 감탄하지 않을 수 없었다. 물론 그들의 모든 생각에 다 동의하지는 않는다. 그러나 그들은 나름의 입장에서 성실히 연구하고, 사회적 소외와 고독과 가난과 질병과 비웃음에도 불구하고 한 치의 양보 없이 주어진 사명에 충성했다. 이리하여 그들은 나름의 일면성과 문제점에도 불구하고 역사에 길이 남을 위대한 인물들이 되었다. 무신론자, 적그리스도, 허망한 유토피아주의자라고 비판을 받을지라도 그들은 역사에 길이 남을 것이다.

필자는 이 책에서 각 학자의 본문에 충실하려고 노력하면서, **각 인물과 헤겔의 관계**를 드러내는 데 역점을 두었다. 너무 기대하지 말고, 헤겔 좌파에 관한 하나의 입문서로 생각해주시면 감사하겠다. 이 책에서 다룬 네 명의 좌파 인물에 비해 브루노, 슈트라우스, 슈티르너는 역사적 중요성이 떨어지기 때문에, 위 네 명의 사상을 기술하는 과정에서 그들의 사상을 함께 기술하였다. 주요 인물들의 사상을 기록한 다음, 그들의 문제점을 지적하는 동시에 오늘 우리에게 타당한 점이 무엇인가를 적어보았다.

책이 팔리지 않는 오늘의 난국 속에서 딱딱하고 두꺼운 이 책의 출판을 허락한 새물결플러스 출판사 김요한 대표님, 책의 편집과 제작을 위해 수고해준 출판사의 모든 선생님께 진심으로 감사의 말씀을 드린다. 물론 E-book도 있다. 그러나 E-book은 여러 가지 한계가 있다고 생각한다.

필자는 먼저 시력 때문에 E-book을 피한다. 아날로그 세대여서인지는 모르지만, 도서관과 책이 없는 시대를 상상하기는 힘들다. 책이 없는 민족, 책을 읽지 않는 민족에게는 미래가 없을 것이다. 이 어려운 시대에 책을 만드는 새물결플러스 출판사에 하나님의 축복과 도우심이 있기를 빈다. 또 이 딱딱하고 두꺼운 책을 읽는 독자님들께도 하나님이 함께하시기를 빈다. 우리 민족의 미래를 위해서뿐 아니라 개인의 장래를 위해서라도 우리는 책을 쓰고, 책을 제작하고, 책을 읽어야 한다.

2023년 1월
경기도 고양 정발산 아래에서
김균진

일러두기

1. 이 책에서 materialismus는 "유물론"이 아니라 물질론으로 번역합니다. 헤겔 좌파, 특히 마르크스가 말하는 materialismus는 정신이나 의식은 없고 "물질만 있다"(唯物)는 뜻이 아니라, 물질적 조건이 인간의 정신과 정신적 현실을 결정한다는 것을 뜻하기 때문입니다.

2. 독일어 인명과 지명은 필자가 독일에서 직접 듣고 배운 표준 독일어 발음을 따랐습니다. 예를 들어, Feuerbach는 "포이에르바흐"가 아니라 "포이어바하"로, Beyern은 "바이에른"이 아니라 "바이언"으로 발음하였습니다. 이에 대한 책임은 저자에게 있습니다.

3. 본문의 강조 표시, 괄호 안의 설명은 필자의 재량을 따랐습니다.

4. 문헌 근거는 본문 안에 괄호로 처리했습니다. 저자 이름-출판년도-쪽수 순으로 표기했습니다. 참고 및 인용한 문헌은 "참고문헌"에 실었습니다.

| 차례 |

발행인의 글 4
머리말 6
일러두기 9

서론
헤겔 철학의 양면성과 헤겔 학파의 분열

　　1. 분열의 원인이 된 헤겔 철학의 양면성 19
　　2. 헤겔 좌파에 영향을 준 사상 37
　　3. 맹목적 "삶의 의지"가 지배하는 세계 43
　　　　– 헤겔 좌파의 길을 준비한 쇼펜하우어

제1부
포이어바하

I. 포이어바하의 생애 53

II. 헤겔에 대한 포이어바하의 양면적 관계 59

III. 포이어바하의 투사설을 준비한 슈트라우스 71

IV. 헤겔의 관념론에서 감성적 현실주의로 79
　　1. 감성적인 것이 철학의 출발점이다 79
　　2. "우리의 종교도 거짓이며, 학문도 거짓이다" 85
　　3. 절대자의 신학적 철학에서 인간학으로 91

4. "인간은 그가 먹는 바의 것이다" 97

5. 성적 차이를 가진 성적 존재로서의 인간 102

6. 나와 너의 관계 속에 있는 인간 107

V. 자연 적대적·인격적 유신론에서 범신론으로 111

1. 비자연적·반자연적인 유신론의 하나님 112

2. 인간의 성을 죄악시하는 하나님 117
   – 성직자 독신제와 수도원 제도의 뿌리

3. 자연은 인간의 "실천적 이기주의의 하녀"가 아니다 125

4. "하나님은 자연 자체다!" 128
   – 포이어바하의 생태학적 무신론과 문제성

VI. 하나님은 인간 본질의 투사에 불과하다 139

1. 포이어바하의 인간학적 무신론 139
   – 헤겔의 변증법적 "통일성"을 추상적 동일성으로

2. 무한성을 가진 인간의 종과 하나님의 동일화 147

3. 동일화의 근거가 되는 하나님의 성육신 152

4. 기독교 신앙의 내용도 인간의 투사물이다 160

5. 인간학적 무신론에서 심리학적 무신론으로 188
   – "경건한 무신론자" 포이어바하

6. "사랑이 가장 높은 제1의 법이다" 200

VII. 오늘 우리에게 포이어바하는 무엇을 말하는가? 213
   – 포이어바하의 문제점과 타당성

제2부
마르크스

I. 마르크스의 생애 249

Ⅱ. 마르크스와 포이어바하 269

  1. 마르크스에 대한 포이어바하의 영향 269

  2. 다시 관념론으로 빠지는 포이어바하 276

    – 포이어바하에 대한 마르크스의 비판

Ⅲ. 마르크스에 대한 헤겔의 영향 295

  1. 인간의 노동과 소외에 대한 헤겔의 통찰과 역사철학적 구도 297

  2. 헤겔의 변증법적 원리와 마르크스 309

  3. 헤겔의 "내적인 빛"과 마르크스의 외적인 "불길" 316

    – "미네르바의 부엉이"가 되고자 한 마르크스

Ⅳ. 헤겔의 관념론에 대한 마르크스의 비판 329

  1. 헤겔을 벗어나지 못하는 헤겔주의자들에 대한 비판 329

  2. 비기독교적인 "기독교 국가"와 근대 시민사회 335

  3. 신화적 "관념"에서 출발하는 헤겔의 법철학 343

    – 헤겔의 기독교 국가와 마르크스의 무신론적 민주주의 국가

  4. 기독교 종교는 "민중의 아편"이다 352

  5. "순수한 사상(생각)의 변증법"에 불과한 헤겔의 변증법 369

  6. 세계의 모든 것은 "사상(생각)의 물건"에 불과하다 388

  7. 인간의 사회성을 간과한 추상적 인간관 399

    – 인간의 노동과 소외, 소외의 지양의 관념성

  8. 굶주림의 문제를 알지 못하는 사유의 공중제비 409

Ⅴ. 인간의 본질은 사유가 아니라 노동에 있다 419

  – 마르크스의 물질론적 인간관

  1. 인간의 최초의 역사적 행위는 물질 생산이다 419

  2. 물질적·경제적 조건이 인간을 결정한다 424

    – 마르크스의 물질론적·경제주의적 보편주의

  3. 인간은 자연적·대상적 존재다 429

  4. 고난당하는 존재, 열정적 존재로서의 인간 435

  5. 사회적 존재로서의 인간 438

6. 인간은 "인간에 대해 가장 높은 존재"다 445
　－마르크스 철학의 대전제

VI. 마르크스의 물질론적 · 사회－경제학적 역사철학 453
1. "삶의 수단의 생산"이 "최초의 역사적 행위"다 454
　－물질론적 역사철학의 기본 전제
2. 역사의 내적 동인으로서의 소외 469
　－인간에 의한 인간 소외의 역사로서의 세계사
3. "천한 것을 고귀한 것으로" 만들 수 있는 돈의 마력 483
　－인간의 "자기소외의 최고 형식"으로서의 돈과 사유재산
4. "지금까지 모든 사회의 역사는 계급투쟁의 역사다" 493
5. "역사의 해결된 수수께끼"인 공산주의 사회 510
6. 맺는말 532
　－헤겔의 변증법과 마르크스의 변증법

VII. 오늘 우리에게 마르크스는 무엇을 말하는가? 541
　－마르크스의 문제점과 타당성
1. 마르크스의 문제점에 대한 고찰 542
2. 오늘의 자본주의 사회와 기독교에 대해 마르크스가 말하는 타당한 점 579

제3부
키에르케골

I. 키에르케골의 생애 601

II. 헤겔 철학에 대한 키에르케골의 안티테제 613
1. 헤겔의 "비기독교적인 기독교 세계" 614
2. "체계"가 아니라 개인의 실존이 중요하다 623
　－헤겔의 체계에 대한 블로흐의 비판
3. 진리는 보편자가 아니라 단독자에 있다 635
4. "주관성이 진리다" 650

5. 유일자인 "나"가 세계사다 660
　— 슈티르너 vs. 마르크스의 논쟁과 키에르케골
6. 신적인 것과 인간적인 것의 질적 차이 672
7. 이성에 대해 신앙은 역설이다 676

III. 마르크스의 사회주의와 키에르케골 687
1. 개인의 주체성과 다양성에 모순되는 헤겔과 마르크스의 보편주의 688
2. "똑같은 옷을 입어야 하고…똑같은 음식을 먹어야 한다" 695
　— "완전한 평등은 실현되지 않는다"

IV. 키에르케골과 마르크스의 공통점과 차이점 707

V. 오늘 우리에게 키에르케골은 무엇을 말하는가? 717
　— 키에르케골의 문제점과 타당성
1. 무세계성·무역사성에 빠진 개체주의 717
2. 객관성을 상실한 진리 721
3. "신앙의 비약"과 "동시성"의 문제 723
4. 신앙과 이성의 대립과 패러독스의 문제성 726
5. 하나님 나라의 메시아적 비전을 결여한 단독자 727
6. "배고픈 서러움"을 알지 못하는 키에르케골의 단독자 729
7. 정치적 의미를 가진 키에르케골의 단독자 731

제4부
니체

I. 니체의 생애 745

II. 니체 철학의 출발점과 전체적 특징 759

III. 관념론적 형이상학에 대한 니체의 반란 781

  1. 잘못된 추론에서 생성된 영원한 형이상학적 세계 784

  2. 삶의 "퇴행"을 초래하는 형이상학적 도덕주의 800

  3. 모든 인식은 지배 행위다 816

  4. "의미 자체"가 없듯이 "사물 자체"도 없다 824

  5. "하나님은 죽었다. 우리가 그를 죽였다" 833

    — 왜 니체는 하나님의 죽음을 선언하는가?

  6. "진리는 없다", 그러므로 "모든 것이 허용된다" 845

    — 카오스의 세계를 가리키는 니체의 허무주의

  7. "힘에의 의지"로 충만한 초인과 그의 세계 864

    — 사회주의·민주주의에 대한 니체의 거부

  8. "허무주의의 가장 극단적 형식"인 윤회론 884

IV. 오늘 우리에게 니체는 무엇을 말하는가? 893

    — 하나님 없이 무–진리, 무–도덕의 카오스 속에서 살 것인가,
    아니면 하나님 앞에서 살 것인가?

부록

헤겔에 대한 바르트의 비판

헤겔은 구별 없는 "동일성의 철학자"인가?

  1. 죄의 현실에 대한 헤겔의 오해 928

  2. 사유하는 인간과 하나님의 동일성 929

  3. 하나님 인식에 대한 헤겔의 오해 930

  4. 하나님의 주권의 제한과 화해의 폐기 933

  5. 헤겔의 "계시의 조직학" 934

  6. 신학을 인간학으로 지양하는 헤겔 935

  7. 바르트의 헤겔 비판의 타당성과 문제점 937

참고문헌 949

서론

헤겔 철학의 양면성과 헤겔 학파의 분열

1. 분열의 원인이 된 헤겔 철학의 양면성

1. 헤겔은 튀빙언 대학교 친구 쉘링에 비해 학문적 진출이 매우 늦었다. 새로운 시대의 자연과학적 인식을 재빨리 수용한 쉘링은 23세의 나이에 예나 대학교 원외 교수가 되었던 반면, 헤겔은 46세가 되어서야 하이델베르크 대학교 교수로 초빙을 받는다. 쉘링보다 23년이나 늦게 학계에 등장한 것이다. 그러나 2년 뒤인 1818년 48세 때 베를린 대학교의 교수 초빙을 받음으로써 헤겔은 쉘링을 능가하는 대학자가 된다.

그 당시 베를린은 독일의 정치·경제·예술·학문의 중심지였고, 베를린 대학교는 유럽 전체의 학문적 중심으로 부상하고 있었다. 이 대학에서 헤겔은 철학의 주요 영역은 물론 법철학·예술철학·종교철학·역사철학·철학사에 대해 강의함으로써, 유럽을 대표하는 철학자 내지 사상가로 등장한다. 그가 쓴 『법철학』은 그가 사망한 다음 해인 1831년에 출판되었고, 그 밖의 강의록들은 사망 후 제자들에 의해 출판되어 거대한 학문 체계를 이룬다.

헤겔의 베를린 강의실은 다양한 수강자들로 가득했다. 헤겔의 직제자들, 헤겔을 흠모하거나 철학에 관심을 둔 일반인들, 철학과 신학은 물론 법학·의학 등 다양한 학과 학생과 조교와 교수, 프로이센 왕국의 고위 공무원, 교사와 군인 등 각계각층의 인물이 그의 강의를 듣기 위해 베를린으로 모였다. 중요한 인물들을 열거하면 카로베(Carové), 헨닝(Henning), 마르하이네케(Marheineke), 로젠크란츠(Rosenkranz), 브루노 바우어(B. Bauer), 슈트라우스(D. F. Strauß), 포이어바하(L. Feuerbach), 시인 하이네(Heine), 작곡가 펠릭스 멘델스존(F. Mendelssohn Bartholdy), 역사학자 구스타프 드로이젠(G. Droysen) 등이 있다. 나중에 법학자가 된 헤겔의 아들 카를 헤겔(Karl F. W. Hegel)도 아버지 헤겔의 강의를 들었다. 포이어바하는 수강 증명서를 헤겔의 친필로 직접 받았다. 독일을 넘어 스위스, 오스트리아, 프랑스, 벨기에, 영국, 덴마크, 그리스, 미국 등 많은 나라의 지식인들이 헤겔의 강의에 참석하였다. 그 속에는 헤겔을 감시하는 정보원들도 숨어 있었다. 마침내 헤겔은 세계적인 명성을 얻었고, 헤겔의 철학에 대해 토의하고 연구하는 헤겔 학파가 베를린을 중심으로 형성된다.

2. 헤겔 학파는 조직화된 단체가 아니라, 헤겔 철학에 관해 토의하고자 하는 사람들의 교통에 불과하였다. 이 교통은 사적인 모임과 문헌 활동을 통해 이루어졌다. 여기 참여한 사람들을 가리켜 "헤겔의 사람들"(Hegelianer)이라고 불렀다. 젊은 사람도 있었고, 나이 든 사람도 있었다. 이들은 나중에 "청년 헤겔주의자들"(Junghegelianer), "노년 헤겔주의자들"(Althegelianer)이라 불린다. 이 명칭 역시 "헤겔의 사람들"의 연령 차이 때문에 주어진 것에 불과하다.

"헤겔의 사람들"은 보수적 성향을 띤 인물과 진보적·혁명적 성향을 띤 인물로 구별된다. 전자의 인물은 "우파 헤겔주의자"(Rechtshegelianer)라 불리고, 후자의 인물은 "좌파 헤겔주의자"(Linkshegelianer)라 불린다. 우파 대표자는 피셔(K. Fischer), 카로베, 로젠크란츠, 미헬레트(C. L. Michelet), 에르트만(J. E. Erdmann), 뢰슬러(C. Rössler)였고, 좌파 대표자는 유명한 책『예수의 삶』(*Das Leben Jesu*)의 저자 슈트라우스(D. F. Strauß), 하이네(H. Heine), 루게(A. Ruge), 헤스(M. Hess), 슈티르너(M. Stirner), 바우어, 포이어바하, 카를 마르크스였다. 우파와 좌파의 구별을 처음으로 도입한 인물은 슈트라우스였다. 키에르케골은 덴마크에서 문헌을 통해 좌파에 참여한다.

3. 헤겔 우파는 헤겔의 종교적·신학적 전제를 인정하는 반면, 헤겔 좌파는 헤겔 철학의 종교적·신학적 전제를 거부하고, 기존의 정치 질서에 비판적 태도를 취한다. 우파는 보편적인 것(보편자)에 관심을 두는 반면, 좌파는 개별적인 것(개별자)에 관심을 둔다. 우파는 과거의 것을 지키고자 하는 반면, 좌파는 과거의 것을 버리고 새로운 미래를 앞당겨 오고자 한다. 우파의 태도는 좌파에게 도덕적 타락으로 보이는 반면, 좌파는 우파에게 기존 질서를 동요하는 위험인물로 보인다.

주어진 현실을 비판하고 새로운 미래를 앞당겨 오고자 하는 사람들은 거의 예외 없이 현실에서 소외된다. 이리하여 헤겔 좌파의 인물들은 공직에 진출하지 못하고, 자유로운 문필가로서 생계를 이어가게 된다. 자선가들과 친지들과 출판업자들의 경제적 도움, 약간의 원고료에 의존하는 어려운 생활 속에서 그들은 삶을 마친다.

헤겔 좌파를 동일한 생각을 가진 지식인들의 통일된 운동으로 생각하기 쉽다. 그러나 사실은 그렇지 않다. 헤겔 좌파는 헤겔 철학에 대해 비판적 입장을 취하는 공통점이 있지만, 각자 다른 생각을 가진 학자들의 복합적 운동이었다. 그들은 서로 대립하고 비판하기도 하였다. 대표적인 예를 마르크스와 슈티르너 및 키에르케골의 논쟁에서 볼 수 있다. 헤스와 루게는 마르크스처럼 헤겔 좌파에 속함에도 불구하고 마르크스의 공산주의를 거부한다. "철학적 공산주의는 종교적 휴머니즘과 동일한 이론적 이기주의"로서, "동일한 실천적 이기주의가 그 배면에" 있다고 헤스는 마르크스를 비판한다(Hess 1962, 52). 이것은 헤겔 좌파의 운동이 이론적으로 통일된 운동이 아니라, 서로 간의 이론적 대립과 논쟁 속에서 이루어진 복합적 운동이었음을 보여준다.

4. 어떤 학자는 헤겔 우파와 좌파가 분열한 원인이 **정치적 입장의 차이**에 있다고 말한다. 물론 정치적 입장도 분열의 중요한 원인이었음은 틀림없다. 그러나 보다 더 깊은 내적 원인은 **헤겔 철학의 양면성**에 있다고 많은 학자가 해석한다. 곧 이렇게 해석될 수도 있고, 저렇게 해석될 수도 있는 양면성으로 말미암아 헤겔 학파의 분열이 일어난다.

헤겔 철학의 양면성을 보여주는 가장 유명한 헤겔의 명제는 **"이성적인 것은 현실적이요, 현실적인 것은 이성적이다"**라는 헤겔의 『법철학』과 『철학적 학문의 백과전서』 서문에 나오는 진술이다(Hegel 1955, 14, 1969d, 38). 헤겔의 이 말은 "현실적인 것은 이성적이다. 그러므로 현실적인 것은 유지되어야 한다"고 해석할 수도 있고, "이성적인 것만이 현실적이다. 따라서 비이성적인 현실적인 것은 이성적인 것으로 변혁되어야 한다"고 해석할 수도 있다. 헤겔 우파 미헬레트에 따르면, 헤겔의 이 유명한 명제는 "현실 자체에 대한 긍정으로 이해될 수도 있고 부정으로 이해될 수도 있다. 그리하여 헤겔 우파는 현실적인 것만이 이성적이라고 생각한 반면, 헤겔 좌파는 이성적인 것만이 현실적이라고 생각하였다"(Michelet 1843, 315. 김균진 1993, 104에서 인용).

5. **"이성이 세계를 다스린다"**는 헤겔의 말도 양면성이 있다. 그것은 글자

그대로, "이성이 세계를 다스린다. 현재의 세계는 이성적인 세계다. 그러므로 그것은 현 상태에서 유지되어야 한다"고 이해할 수도 있고, "이성이 세계를 다스린다. 그러므로 비이성적인 것은 이성적인 것으로 변혁되어야 한다"고 이해할 수도 있다. 헤겔 우파는 전자의 이해를 따르는 반면, 헤겔 좌파는 후자의 이해를 따른다. 우파에게 헤겔은 현상 유지의 "보수주의자"로 보이고, 좌파에게 헤겔은 "자유의 혁명가", 아니면 "프로이센의 푸들"로 보인다. 한국의 정일권 박사는 헤겔 우파의 해석을 따른다. 그에 따르면, 헤겔은 "독일 사회주의와 국가찬양주의(Staatsverherrlichung)를 주장"한 "프로이센의 공식 철학자"로 규정된다(정일권 2020, 204). 헤겔은 프로이센의 보수-반동적 국가철학자인가, 아니면 자유의 혁명가인가? 이 문제는 헤겔 좌파가 분열된 원인이 되기도 한다. 같은 좌파 내의 다른 인물을 가리켜 혁명적인 것 같지만 사실은 보수적·반동적이며, 헤겔의 관념론을 벗어나지 못한다고 비판하는 일이 일어난다.[1]

카를 마르크스의 동지 프리드리히 엥겔스(F. Engels)는 헤겔을 "혁명적 사상가"로 보는 대표적 인물이다. 그의 문헌 『루드비히 포이어바하와 독일 고전철학의 종말』(1882)에 따르면, "이성적인 것은 현실적이요"라는 헤겔의 말은 "모든 기존하는 것을 거룩하다고 선언하는 것(Heiligsprechung)으로, 전제주의, 경찰국가…에 대한 철학적 축복"으로 들린다. 그러나 헤겔은 현존하는 것 자체를 이성적인 것으로 보지 않았다. 필연적인 것만이 현실적이요, 이성적이다. 프로이센 국가는 "필연적이라는 점에서 이성적이요, 이성에 상응한다." 그러나 헤겔의 변증법에 따르면, 역사의 모든 것은 시

---

1 관념론(Idealismus)이란 객관적으로 경험할 수 있는 사실로부터 출발하지 않고, 인간의 주관적 생각(Idee)이나 종교적 진리로부터 출발하는 것을 뜻한다. 헤겔은 객관적으로 경험할 수 없는 신적 정신이란 종교적 관념에서 출발하기 때문에, 그의 철학은 관념론이라 불린다.

간의 흐름과 함께 "자기의 필연성과 실존의 권리와 이성(Vernünftigkeit)을 상실한다. 사멸하는 현실적인 것 대신에, 살아남을 수 있는 새로운 현실이 등장한다." 인간 역사의 현실적인 모든 것은 "시간과 함께 비현실적으로 된다.…모든 현실적인 것은 이성적이라는 (헤겔의) 명제는, 헤겔의 사고방식의 모든 규칙에 따라 다음과 같은 명제로 폐기된다. 곧 기존하는 모든 것은 멸망할 가치가 있다"(Alles was besteht, ist wert, daß es zugrunde geht, Engels 1971b, 184-185). 엥겔스는 여기서 헤겔을, 기존하는 현실의 모든 것을 폐기되어야 할 것으로 본 혁명적 사상가였다고 규정한다.

6. 헤겔 학파의 분열을 야기한 원인 하나는 헤겔의 **변증법의 양면성**에 있다. 헤겔의 변증법을 나타내는 대표적 개념 하나는 "지양"이다. 지양, 곧 Aufhebung은 (1) "들어올리다, 고양하다"(erheben), (2) "보존하다"(bewahren), (3) "폐기하다"(vernichten)는 세 가지 의미가 있다. 따라서 헤겔의 변증법은 기존하는 것을 고양한다, 보존한다로 이해할 수도 있고, 기존하는 것을 폐기한다로 이해할 수도 있다. 곧 보수적으로 해석할 수도 있고, 진보적으로 해석할 수도 있다. 전체적으로 헤겔 우파는 **고양하다, 보존하다**는 측면을 주장하는 반면, 헤겔 좌파는 **폐기하다, 지양하다**는 측면을 주장한다.

후자의 대표적 인물은 마르크스와 엥겔스다. 헤겔의 변증법의 진리를 명확히 파악한 마르크스와 엥겔스는, 그들의 혁명적 의지에 대한 근거를 헤겔의 변증법에서 발견한다. 엥겔스에 따르면, 헤겔의 명제가 보여주는 보수주의는 "상대적이고, 그것의 혁명적 성격은 절대적이다." 그 까닭은 "세계사의 과정은 진보의 활동이요, 따라서 기존하는 것의 영속적 부정이기 때문이다." "겉으로 볼 때 헤겔은 반동적이다. 그러나 사실에 있어 그는 혁명적이다. 왜냐하면 헤겔은 우연하게 기존하는 것을 현실적인 것으로 보지 않고, '참되며' '필연적인' 존재만 현실적인 것으로 보았기 때문이다. 그러므로 기존의 국가를 유지하는 것처럼 보이는 법철학의 명제는…그 반대로 뒤바뀔 수 있다. 곧 '존재하는 모든 것은 멸망하는 한에서 존재할 가치를 가진다'는 것으로 전도될 수 있다."

그러나 엥겔스는 헤겔이 변증법의 이 귀결을 관철하지 않고, 오히려 교조적이며 보수적인 측면으로 비판적·혁명적 측면을 덮어버렸다고 비판한다. 그는 이 가면을 벗겨버리고, "기존하는 것의 방법적 부정을 통해 현실을 이성적인 것으로 바꾸어야" 한다고 주장한다. 마르크스는 관념과 생각, 곧 사상(Gedanke)의 차원에 머물러 있는 헤겔의 변증법을 물질적·사회-경제적 영역에서 구체화하고자 한다. 키에르케골은, 이것은 결국 현실을 더욱 비참하게 만들 것이라고 반대한다. 마르크스를 도와주었던 루게도 이 위험성을 보았기 때문에 마르크스와 작별하게 된다.

여하튼 헤겔 학파의 분열은 헤겔 철학의 양면성 중에 어느 한 면을 극단화시킴으로써 일어난다. 우파는 헤겔 철학의 보수적·반동적 측면을 극단화한다면, 좌파는 "혁명적 성격"을 극단화한다(Engels 1971b, 185). 이 문제에 대해 엥겔스는 다음과 같이 결론을 내린다. "점점 강화되는 보수적 측면에 의해 혁명적 측면이 질식을" 당한다(187). 헤겔은 그의 문헌에서 자주 혁명적 발언을 했지만, "전체적으로 보수적인 면으로 기울어지는 것처럼 보였다"(189). 헤겔이 완성한 학문 체계는 절대 진리에 도달했기에 더 이상의 모순을 허용할 수 없었던 탓이다. 엥겔스는 보수적 측면에 의해 압도되는 헤겔의 혁명적 측면을 극단화한다. 이 문제에 대해 뢰비트는 두 가지 측면의 중요성을 주장한다. 헤겔에게는 "보수적인 측면과 혁명적인 측면이 함께 중요하다. 이것은 '외화'와 '회상'(Entäußerung und Erinnerung),[2]

---

2 필자의 저서 『헤겔의 역사철학』에서 Entäußerung은 "외화" 혹은 "대상화"로 번역했

소외와 재점유(Entfremdung und Wiederaneignung)가 함께 중요한 것과 마찬가지다"(Löwith 1962, 14-15).

7. 헤겔 철학의 양면성은 **철학과 현실의 관계**에도 나타난다. 한편으로 헤겔은 철학을 가리켜 "사상들(생각들)로 파악된 그 시대"라고 정의한다(ihre Zeit in Gedanken gefaßt, Hegel 1955, 17). 곧 철학이란 주어진 시대를 넘어서는 어떤 새로운 것이 아니라, 그 시대 상황을 사상(생각)의 형태로 파악한 것에 불과하다. 곧 그 시대 상황을 반영하는 것에 불과하다는 것이다. "모든 철학은 그 시대의 철학이요, 정신적 발전의 사슬 전체의 부분이다. 그것은 그 시대와 일치하는 관심들의 만족을 허락할 수 있을 뿐이다"(1966a, 143). "철학은 그가 등장하는 그 시대의 정신과 일치한다. (그러므로) 그것은 그의 시대를 넘어서지 못한다. 그것은 그 시대의 실체적인 것의 의식일 뿐이다. 혹은 그 시대 속에 있는 것의 사유하는 지식일 뿐이다. 이와 마찬가지로 개인은 그의 시대를 넘어서지 못한다. 개인은 그의 시대의 아들이다"(149). 철학은 **"회색에 회색을 칠하는"**(151) 학문일 뿐이다. "회색에 회색을 칠함으로써 이 형태는 젊어지는 것이 아니라, 단지 인식될 뿐이다"(1955, 17). 따라서 우리는 철학에 대해 그 시대를 넘어서는 새로운 것을 기대할 수 없다.

그런데 헤겔은 동일한 책에서 **반대되는 생각**을 말한다. 자기를 대상 세계로 외화한 정신은 대상 세계에 함몰되지 않는다. 그는 대상 세계로부터 자기를 구별하고 자기 자신을 안다. 철학은 바로 이 "정신의 자기 지

다. 그러나 한국 철학계에서 이 개념은 관례적으로 "소외"라고 번역한다. 이 관례에 따라 이 책은 특히 마르크스에 관한 부분에서 "외화"로 번역하기도 하고, 때로 "소외"라고 번역하기도 한다. Entfremdung도 "소외"로 번역한다. 원어에서 Entäußerung은 자기 자신으로부터 "떼어내어"(ent) "바깥으로 나타냄"(äußerung), 대상화됨을 뜻한다면, Entfremdung은 외화·대상화로 말미암아 본래의 자기 자신으로부터 분리되어(ent) 낯선 존재가 되어버림(fremdung)을 뜻한다.

서론 | 헤겔 철학의 양면성과 헤겔 학파의 분열

식"(Sichwissen des Geistes)이다. 이 지식은 "그 이전에 존재하지 않았던 것", 곧 **새로운 것**이다. "자기 지식을 통해 정신은 그가 **존재하는** 바로부터 그 자신을 구별하며, 그 자신에 대해 자기를 세우고, 그 자신 속으로 자기를 발전시킨다. 이것은 정신이 즉자적으로 존재하는 것과 그의 현실 사이에 새로운 차이를 포함한다. 이리하여 **새로운 형태**가 등장한다"(1966a, 149-150). 이를 가리켜 헤겔은 "정신의 내적 출생지"라고 말한다. 곧 철학적 지식 속에서 새로운 정신이 탄생한다는 것이다. 이 정신이 "나중에 현실로서 등장한다." 여기서 철학은 "회색에 회색을 칠하는" 학문이 아니라, 새로운 현실을 형성하는 **새로운 정신의 내적 출생지**로 파악된다. 곧 철학은 "나중에 현실로서 등장하는 정신의 내적 출생지"다(innere Geburtsstätte des Geistes, der später als Wirklichkeit auftritt, Hegel 1966a, 150).

헤겔에 따르면 철학은 사유의 활동이다. 이 활동의 본질을 헤겔은 "부정"으로 파악한다. 곧 철학적 사유의 활동은 기존 사상에 내포된 부정적인 것을 부정함으로써, 새로운 사상으로 발전하는 활동이다. 따라서 철학은 부정적인 것을 부정하는 "부정의 학문"이다. 철학의 주요 과제인 "사유는 삶의 자연적 방법의 부정이다"(1966a, 151). 철학은 현존하는 현실을 부정하는 학문이기 때문에, 주어진 시대가 멸망에 이르렀을 때 등장한다고 헤겔은 말한다. 고대 그리스 시대와 로마 시대가 멸망에 가까웠을 때, 철학자들은 "사상(생각)의 세계 속으로" 퇴각한다. 사상 내지 생각의 세계 속에서 새로운 시대의 새로운 정신이 탄생한다.

이를 가리켜 헤겔은 황혼의 여명 속에서 비상을 시작하는 "미네르바의 부엉이"에 비유한다. 미네르바의 부엉이는 다가온 밤의 어둠을 알리는 동시에, 이 어둠 너머에 있는 새로운 날을 예고한다. 철학은 미네르바의 부엉이와 같다. 그것은 옛 시대의 멸망을 알리는 동시에, 멸망 저 너머에 있는 새로운 시대를 예고하는 학문이다. 새로운 시대의 새로운 정신이 철학 속에서 탄생한다. 그러므로 "철학은 자유로운 행위다"(Hegel 1966a, 152). 철학은 주어진 시대에 묶여 그 시대를 사상(생각)의 형식으로 나타내는 학문이 아니라, 그 시대에 대해 **자유롭게** 사유하고, 보다 더 높은 정신의 진리가 있는 시대를 앞당겨 오는 "자유의 학문"이라는 것이다.

여기서 우리는 철학의 양면성을 발견한다. 한편으로 철학은 "회색에 회색을 칠하는" 학문으로 파악된다. 다른 한편으로 철학은 주어진 현실의 부정적인 것을 부정하는 **부정의 학문**, 보다 더 높은 정신의 진리와 자유가 있는 현실을 불러오는 **자유의 학문**으로 파악된다.

여기서 헤겔이 말하는 **"미네르바의 부엉이"**도 양면성을 가진 것으로 나타난다. 헤겔의 유명한 미네르바의 부엉이는 가까이 다가온 밤의 어두움을 반영하는 것으로 해석할 수도 있고, 밤의 어두움 그 너머에 있는 새로운 시대를 반영하는 것으로 해석할 수 있는 양면성을 가진다. 기존의 상황을 반영하는 것으로 해석할 수도 있고, 기존의 상황을 부정하고 새로운 시대를 불러오는 것으로 해석할 수도 있다.

일반적으로 헤겔의 "미네르바의 부엉이"는 저녁의 여명과 함께 비상한다고 알려져 있다. 그러나 법철학 서론의 본문에는 **저녁의 여명**인지, **아침의 여명**인지 명시되어 있지 않다. 단지 "시작되는 여명과 함께"(mit der einbrechenden Dämmerung)라고 기록되어 있을 뿐이다(Hegel 1955, 17). 이 "여명"은 저녁의 여명으로 이해할 수도 있고, 아침의 여명으로 이해할 수도 있다. 저녁의 여명으로 이해할 경우, 미네르바의 부엉이는 이미 시작된 어둠의 현실을 나타내는 기능을 지닌 것으로, 곧 "회색에 회색을 칠하는" 것으로 생각할 수 있다. 이에 반해 아침의 여명으로 이해할 경우, 이 부엉이는 새로운 시대를 불러오는 것으로 생각할 수 있다. 이 양면성은 헤겔 학파가 분열하는 원인이 된다. 우파는 미네르바의 부엉이를 주어진 현실을 반영하는 것으로 파악하는 반면, 후자는 그것을 새로운 시대를 내다보고 앞당겨 오는 것으로 파악한다. 헤겔 좌파는 후자의 뜻에서 미네르바의 부엉이가 되고자 한다.

8. 헤겔 학파를 분열시킨 또 하나의 중요한 양면성은 **기독교 종교와 철학의 종합**에 있다. 헤겔에 따르면 종교는 하나님의 진리를 인간의 감각적 표상으로 나타낸다. 그것은 인간이 아닌 하나님을 인간의 형태로 나타낸다. 아버지 하나님, 하나님의 아들, 아버지 하나님이 "아들을 낳았다"는 등의 자연적이고 감각적인 표상을 사용한다. 이를 가리켜 학자들은 신인동형론(Anthropomorphismus)이라 부른다. 곧 인간이 아닌 하나님을 인간(anthropos)의 형태(morphe)로 나타낸다는 것이다.

　헤겔에 따르면, 신인동형론적 표상은 진리 자체가 아니라 진리를 나타내기 위한 수단 내지 형식에 불과하다. 여성이 아닌 남성 아버지 하나님이 "아들을 낳았다"는 말은 상식을 벗어난다. 이와 같은 신인동형론적 표상으로 말미암아 하나님의 진리는 보편성을 갖지 못하고, 종교의 영역에 머물게 된다. "아버지"로 표상되는 하나님은 세계의 현실에 대해 구체적 의미를 갖지 못하고, 믿음과 예배의 대상으로 머물게 된다.

　이 문제를 해결하기 위해 헤겔은 종교의 표상을 철학적 개념으로 나타낸다. 그는 하나님을 "정신"이란 개념으로 나타내고, 이 개념을 통해 하나님을 역사의 주체로 드러내고자 한다. 그에 따르면 정신은 정체되어 있는 물체가 아니라, 자기의 즉자(Ansich)를 대상 세계로 대상화하고, 대상 세계의 현실로 현존하는 동시에, 이 현실의 부정적인 것을 부정함으로써 자기 자신으로 돌아가는 변증법적 활동이다.

　이 변증법적 활동의 근거를 헤겔은 기독교의 삼위일체론에서 발견한다. 기독교가 믿는 하나님은 단일자 혹은 유일신이 아니라, 성부-성자-성령의 삼위일체 하나님이다. 삼위일체는 무한한 사랑의 영(성령) 안에서 성부와 성자가 하나를 이루는 동시에 서로 구분되며, 구분 속에서 하나(Unterschied in Einheit, Einheit im Unterschied)를 이루어나가는 변증법적 활동을 가리킨다. 이 변증법적 활동 곧 정신이 하나님을 가리킨다면, 철학과 종교, 철학과 신학은 동일한 대상을 가진다. 대상은 동일한데, 대상을 다루는 형식에서 양자가 구별된다. 철학이 개념의 형식을 사용한다면, 종교와 신학은 표상의 형식을 사용한다는 점에서 구별될 뿐 내용에서 철학과 신학은 일치한다. 이로써 철학과 종교, 철학과 신학의 화해 내지 종합이 이루어진다.

헤겔의 철학과 종교, 철학과 신학의 종합은 철학의 형식을 통해 **종교와 신학을 실현**하는 것으로 보일 수도 있고, 종교와 신학을 **철학적 개념으로 폐기하는 것**으로 보일 수도 있다. 헤겔은 철학의 형식을 통해 종교적·신학적 내용을 실현하는 "엉큼한 신학자"로 보일 수도 있고, 종교적·신학적 내용을 철학으로 폐기하는 "무신론자요 적그리스도"로 보일 수도 있다. 전체적으로 헤겔 우파는 전자의 입장을 주장하는 반면, 헤겔 좌파는 후자의 입장을 주장한다. 우파는 종교를 **보존하는** 입장을 취하는 반면, 좌파는 전체적으로 기존의 종교를 **폐기하는** 입장을 취한다. 우파는 헤겔의 철학적 신학, 신학적 철학을 보존하려는 입장을 취하는 반면, 좌파는 그것을 붕괴하고자 하는 입장을 취한다. 이 문제는 헤겔 좌파 내에서도 분열을 일으킨다. 좌파에 속한 브루노 바우어는 헤겔을 무신론자·적그리스도라고 부르는 반면, 같은 좌파인 포이어바하는 헤겔을 "엉큼한 신학자" 혹은 "근대 신학의 대부"라고 규정한다.

종교와 국가의 헤겔적 화해 내지 종합도 양면성을 띤다. 본질적으로 국가는 신적 정신의 나타남(현상)이요, 종교는 바로 이 신적 정신의 절대 진리를 그 내용으로 가진다면 국가와 종교는 형식에서 구별되지만, 동일한 신적 정신의 기반 위에서 화해 내지 종합될 수밖에 없다. 종교와 국가의 이 화해 내지 종합은 종교의 실현으로 보일 수도 있고, 종교의 타락으로 보일 수도 있다. 헤겔 우파는 그것을 **종교의 실현**으로 환영하는 반면, 헤겔 좌파는 **종교의 타락**이라 비판하면서 종교를 폐기할 수 있는 근거를 헤겔에게서 발견한다.

그 밖에도 헤겔 철학은 분열을 야기할 수 있는 여러 가지 양면성을 보인다. 종교를 국가의 근원으로 보는가 하면, 종교와 국가를 같은 뿌리에서 나온 가지로 파악한다. 개인과 국가의 관계에서 국가를 개인들의 "유기체"로 보는가 하면, 개인들이 복종해야 할 "하나님의 나타남"(Erscheinung Gottes)으로 파악하기도 한다. 역사는 절대정신 안에서 이미 **완결되어 있는 것**으로 나타나는가 하면, 미래를 향해 **개방되어 있는 것**으로 나타나기도 한다. 과거에 있었던 정신의 즉자로 회귀하는(Rückkehr) 것으로 나타나는가 하면, 미래의 "새로움"을 향해 전진하는 것(Fortgang)으로 나타나기도 한다. 역사의 목적은 과거로 돌아가는 데 있다고 보이기도 하고, 아직 주어지지 않은 미래에 있다고 보이기도 한다. 절대정신의 역사가 근대 게르만 세계에서 완성에 도달한 것처럼 보이기도 하고, 아메리카 대륙의 새로운 세계를 향해 개방되어 있는 것으로 보이기도 한다.

두 가지 측면 중 어떤 것을 취하는가에 따라 정치적 입장이 결정된다. 전자의 측면을 취하는 헤겔 우파는 현존 질서를 옹호하고 이를 유지하고자 하는 **보수적·반동적 입장**을 취하는 반면, 헤겔 좌파는 현존 질서를 거부하고 민주주의를 실현하고자 하는 **진보적·혁명적 입장**을 취한다. 전자는 국가의 지지를 받는 반면, 후자는 비밀경찰의 감시 대상이 된다. 당시의 상황을 포이어바하는 다음과 같이 묘사한다. "학문이 진리에 도달할 때, 그리고 진리가 될 때, 그것은 학문이기를 중단한다. 그것은 **경찰의 감시 대상**(Objekt der Polizei)이 된다. 경찰은 진리와 학문 사이의 경계선을 이룬다"(Feuerbach 1976, 397).

9. 헤겔 좌파에 의한 헤겔 철학의 붕괴는 세 단계로 구별할 수 있다. 첫째 단계는 극단적 비판주의와 허무주의 사상을 통해 철학을 끝내고자 했던 브루노 바우어(1809-1882, 성서에 대한 역사비평적 연구로 교직에서 퇴출당함)와 막스 슈티르너(1806-1856, 개인주의·무정부주의 사상가로서 니체에게 영향을 줌)를 가리킨다. 둘째 단계는 새로운 시대정신 속에서 헤겔 철학을 변화시키고자 한 포이어바하와 아놀드 루게(혁명사상으로 인해 카를 마르크스와 함께 요주의 인물로 지목됨)를 가리킨다. 셋째 단계는 헤겔 철학에 대한 비판을 통해 자신의 철학적 입장과 체계를 세운 마르크스와 키에르케골을 가리킨다. 이 모든 좌파 인물들은 헤겔의 신학적 철학이 끝나게 되었다고 생각하면서, 기존의 국가와 기독교 종교를 부정하고 새로운 변화를 선언한다. 그들은 헤겔 철학의 종말적 의미를 파악하고, 새로운 시대의 새로운 상황 속에서 철학의 이론을 역사적 실천으로 옮기는 것을 시대적 사명으로 인식한다.

　　이를 위해 헤겔 좌파는 헤겔이 시도한 기독교 종교와 국가의 화해를 거부한다. 마르크스는 헤겔의 국가철학을 거부하는가 하면, 키에르케골은 헤겔의 종교철학과 국가와 기독교 종교와 철학의 종합을 거부한다. 포이어바하 역시 헤겔의 종합 체계를 거부한다. 포이어바하는 기독교의 본질을 감성적 인간으로 환원하는 반면, 마르크스는 그것을 사회적 현실의 모순으로 환원한다. 키에르케골은 기독교적 국가와 국가적 교회를 거부하고, 기독교의 본질을 신앙의 역설(Paradox)로 환원한다. 다양한 방법으로 이들은 기독교적 시민사회를 거부하고, 헤겔의 철학적 신학과 손절한다. 포이어바하와 마르크스는 기독교 종교의 폐기를 주장하는 반면, 키에르케골은 기독교 종교의 순수성을 회복할 것을 요구한다. 헤겔 철학과 손절하는 방법은 다르지만, 그들 모두에게 현실은 인간에 의한 인간의 소외가 지배하는 곳으로 보인다.

인류의 정신사에 큰 족적을 남긴 인물들은 헤겔 우파가 아니라 좌파였다. 그들은 헤겔 철학의 중요한 통찰을 뒤집어버림으로써 학문적 입장과 학문 체계를 세우고자 하였다. 이들 가운데 가장 큰 족적을 남긴 인물은 포이어바하, 마르크스, 키에르케골이라 말할 수 있다. 헤겔이 사망한 지 14년 후에 태어난 니체(F. Nietzsche, 1844-1900)는 헤겔의 제자가 아니었지만, 헤겔 철학을 잘 알고 있었다. 그는 브루노 바우어를 통해 좌파의 철학도 잘 알고 있었다. 니체의 저서 『적그리스도』(Antichrist)는 헤겔을 가리켜 "적그리스도"라 비판했던 브루노 바우어와 직결된다.

엥겔스가 말한 바와 같이, 헤겔의 학문 체계는 그가 죽은 후에도 수십 년간 개선행진을 계속하였다. 이 행진은 매우 다양한 학문 영역에서 일어났다. 철학·신학·역사학에서는 물론, 통속 문학과 언론에도 깊은 영향을 주었다. 그사이에 일어난 헤겔 우파와 좌파의 차이를 마르크스는 다음과 같이 묘사한다.

"노년 헤겔주의자들은 모든 것이 헤겔의 논리적 범주로 환원되었을 때 모든 것을 **파악하였다**. 청년 헤겔주의자들은 종교적 표상이 헤겔의 철학 속에 있다고 보고, 그것을 신학적으로 설명함으로써 모든 것을 **비판하였다**. 종교와 개념들, 기존하는 세계 속에 있는 보편적인 것이 지배한다는 신앙에서 청년 헤겔주의자들과 노년 헤겔주의자들은 일치한다. 전자는 이 지배를 찬탈(Usurpation)이라고 투쟁하는 반면, 후자는 이 지배를 정당하다고 축하한다.

이 청년 헤겔주의자들에게서 (철학적) 표상, 사상, 개념은 그들로부터 독립된 의식의 산물로서 인간을 억압하는 족쇄로 생각되는 반면, 노년 헤겔주의자들에게서 이들은 인간 사회를 묶어주는 참된 끈으로 설명된다. 청년 헤겔주의자들이 의식의 이 환상들에 대항하여 싸우고자 하는 것은 자명한 일이다." 이들의 생각에 의하면, "인간의 상황, 그들의 모든 행동과 노력, 그들의 족쇄와 제한은 의식의 산물"이다. 그러므로 청년 헤겔주의자들은 "지금의 의식을 인간적이며 비판적인 혹은 이기적인 의식으로 바꾸고, 이를 통해 그들을 억압하는 제한을 제거해야 한다"고 주장한다. "의식을 바꾸라는 이 요구는 기존하는 것을 다르게 해석하라는⋯요구로 발전한다"(Marx 2004i, 408-409).

10. 이와 같이 헤겔 학파는 좌파·우파로 분열되었고, 또 헤겔 좌파도 자체 내에서 분열되었지만, 헤겔 철학은 비판적으로 극복되지 않았다고 엥겔스는 말한다. 슈트라우스와 바우어는 헤겔 철학의 한 측면을 이끌어내어 다른 측면에 대한 공격 무기로 삼는다. 이 틈에 등장한 포이어바하는 헤겔의 체계를 와해하고 물질론을 왕좌에 끌어올린다. 그에 따르면 자연은 철학과 관계없이 독립적으로 존재한다. 우리 인간은 자연의 산물이다. 자연은 우리 인간이 그 속에서 성장한 "기초"(Grundlage)다. 자연과 인간 외에는 아무것도 실존하지 않는다. 그보다 더 높은 존재들, 곧 우리의 종교적 환상이 만들어낸 구조물들은 "우리 자신의 본질을 환상적으로 반영한 것(Rückspiegelung)"에 불과하다. 포이어바하의 이 같은 생각에서 헤겔 철학은 끝난 것처럼 보인다.

　　그러나 엥겔스에 의하면, 어떤 철학이 잘못되었다고 선언한다 하여 그 철학이 끝나버렸다고 말할 수 없다. 헤겔 철학과 같은 위대한 학문적 업적은, 우리가 그것을 무시한다 하여 제거되지 않는다. 이후의 역사에서 헤겔 철학은 "그 자신의 고유한 의미에서 '고양되었다'(aufgehoben)"고 말할 수 있다. 그의 철학적 형식은 비판적으로 폐기되었지만, "이 형식을 통해 얻은 새로운 내용은" 헤겔 좌파에 계승되었다(Engels 1971b, 191).

11. 결론적으로 헤겔 철학을 계승하고 발전시킨 인물은 헤겔 좌파라고 말

할 수 있다. 물론 그들은 헤겔을 비판하였지만, 비판 속에서 헤겔을 자신의 이론에 대한 배경으로 전제하고 이 전제 위에서 그들의 사상을 전개한다. 특히 헤겔의 변증법적 사고는 마르크스, 엥겔스와 그들의 후예들에게 사고의 틀을 제공한다. 키에르케골과 니체 역시 헤겔 철학의 배경 위에서 현실의 기독교를 비판한다. "이성이 세계를 다스린다"는 헤겔의 생각은 이성적인 정치질서, 이성적인 사회질서를 세우고자 하는 헤겔 좌파의 노력과 투쟁에 동기를 부여한다. 헤겔의 "부정적인 것의 부정"의 원리, 곧 변증법적 원리는 현실에 있는 모든 비이성적인 것, 부정적인 것을 극복하고, 인간을 노예화시키는 사회 제도와 질서를 폐기하고자 하는 투쟁으로 구체화된다. 이 투쟁에서 기독교가 공격 대상이 된다. 국가종교로서의 기독교는 불의한 국가를 "기독교적 국가"로 정당화하는 대가로, 국가의 지지와 특권을 누리는 타락한 종교로 보인다. 이리하여 키에르케골을 제외한 헤겔 좌파의 인물들은 무신론적 태도를 취한다. 키에르케골은 무신론을 주장하지 않지만 국가종교로서의 기독교를 강력히 비판한다. 슈티르너와 키에르케골은 인간 생명의 개체성 내지 유일성(Einzigkeit)을 주장함으로써, 인간 생명에 대한 모든 형태의 억압과 독재를 거부한다. 이들이 말한 "단독자", "유일자"는 모든 외적인 폭력에서 인간의 생명을 보호하고자 하는 **정치적 의미**를 내포하고 있다.

　　전체적으로 헤겔 좌파는 헤겔 철학을 붕괴함으로써 사실상 헤겔 철학을 구체화하고자 했던 "헤겔의 제자들"이라 볼 수 있다. 헤겔 철학의 붕괴를 시작한 좌파 인물은 브루노 바우어다. 『무신론자요 적그리스도 헤겔에 대한 최후 심판의 나팔소리』(1841)라는 제목의 책과 함께, 그는 헤겔에 대한 공격의 포문을 연다. "헤겔 안에서 적그리스도가 왔고 '계시되었다.' 이 악한 자를 모든 사람에게 알리고, 그를 공개적으로 솔직하게 고발하는 것이 참 신앙인의 의무다"(Bruno 1962, 123).

나중에 브루노는 프랑스 물질론자들과 마르크스의 영향으로 하나님의 존재를 부인하고, 예수의 역사적 실존과 복음서의 역사성을 부인한다. 1842년에 그는 본(Bonn) 대학교 신학부의 교수직을 지원했지만 거절당한다. 튀빙언 슈티프트(Ev. Stift)의 학생 지도자(Repetent)였던 슈트라우스(1808-1874)의 『예수의 삶』(1835, 제1권)은 브루노와 니체에게 깊은 영향을 주었다. 이 책은 복음서의 이야기와 역사적 예수의 역사성(Historizität)을 의심하는 대표적 저서다. "역사의 예수"와 교회의 "신앙의 그리스도"의 차이를 드러내고, 예수의 삶에 대한 신약성서의 모든 진술의 "탈신화화"(Ent-mythologisierung)를 통해, 그는 기독교 신앙의 진리를 철학적 형태로 나타내고자 한다. 종교적 표상을 철학적 개념으로 표현했던 헤겔이 이에 대한 모범이 된다. 한편으로 그의 책은 "강한 정신들을 위한 정경"(Kanon für starke Geister)으로, "지식인들을 위한 종교서적"으로 환영을 받는다. 이와 반대로 슈트라우스는 기독교 신앙의 파괴자요, 무신론자라는 비난으로 인해 한평생 교수직을 얻지 못한다.

　　66세 때 출판한 『옛 신앙과 새 신앙』(Der alte und neue Glaube)에서 슈트라우스는 헤겔의 관념론을 버리고, 하나님과 우주를 동일시하는 범신론을 주장한다. 근대 자연과학과 진화론의 영향 속에서 형성된 범신론을 그는 "새로운 신앙"이라고 부른다. "우리는 더 이상 그리스도인이 아니다." 그러나 "종교인이다"라고 말하면서, 하나님께 대한 경건 대신에 우주에 대한 경건을 요청한다. 이에 대해 니체는, 슈트라우스의 새로운 종교는 "종교가 아니다"라고 평가한다(Nietzsche 1955a, 182). 그는 근대 자연과학과 진화론에서 진보주의의 영향을 받은 슈트라우스의 "부끄러움을 모르는 속물 낙관주의"(schamloser Philister-Optimismus)의 뿌리는 다윈이 아니라 헤겔에게 있다고 말하면서, "헤겔과 슐라이어마허에 병든 사람은 결코 치유될 수 없다"고 말한다(165). 곧 슈트라우스도 헤겔을 벗어나지 못하고 있다는 것이다.

"자유의 역사"로서의 세계사에 대한 헤겔의 통찰은 헤겔 좌파의 이 모든 노력의 단서를 제공한다. "자유의 역사"는 인간을 억압하는 거짓된 사상과 권위와 제도와 질서에서 인간을 해방하고자 하는 사회 이론과 해방의 투쟁으로 발전하며, 인간의 삶과 세계와 역사에 대한 새로운 통찰로 구체화된다. 그 대표자들을 우리는 포이어바하, 마르크스, 키에르케골, 니체에게서 발견한다. 구체적 방법과 내용에서 차이와 대립도 있지만, 헤겔 철학에 대한 대립과 의존 속에서 진리의 세계를 찾고자 하는 점에서 그들은 공통점이 있다.

2. 헤겔 좌파에 영향을 준 사상

1. 헤겔 좌파는 당시 여러 가지 사상의 영향 속에서 등장한다. 첫째 영향은 역사 기술에서 종교적·철학적 사변을 거부하고, 개별의 구체적 사실들에 대한 실사적 연구를 중요시하는 **실사주의**(Historismus)다. 그 대표자는 법학자 사비니(Savigny)와 역사학자 랑케(L. von Ranke, 1795-1886)다. 이들은 역사 기술시 사실에 근거하지 않고, 절대정신이란 보편적 관념에 근거하여 역사를 기술하는 헤겔의 관념론적 방법을 비판하였다. 또한 세계사의 변증법적 과정에서 개체 인간은 물론 사회, 국가, 법 등 모든 역사적인 것이 자신의 고유한 가치를 갖지 못한, 단지 하나의 일시적 요소에 불과하다고 평가 절하되는 점을 비판하였다.

"역사의 모든 시대는 직접적으로 하나님에게 속한다"는 랑케의 유명한 명제는, 헤겔의 보편사적 역사철학에 대한 그의 반대 입장을 요약한다. 곧 역사의 각 시대는 보편적 목적을 향한 한 단계에 불과한 것이 아니라, 자신의 고유한 가치를 가지며, 하나님에게 중요한 의미를 가진다는 것이다. 그는 세계사 무대에 등장했던 중요한 개인과 국가와 민족은 보편적 목적을 위한 "수단"에 불과한 것이 아니라, 그 자신의 고유한 가치를 가진 "하나님의 사상들"(Gedanken Gottes)이라 주장한다.

그러므로 역사가는 객관적으로 있었던 역사적 사실의 사실성에 근거해야 한다. 객관적 사실성이 결여된 역사 기술은 허구다. 역사가는 본래의 객관적 자료에 근거해야 하며, 이 자료에 대한 비판을 통해 역사를 있었던 바(wie es eigentlich war) 그대로 기술해야 한다. 근대 역사학의 창시자인 랑케의 실사적 역사학은 신적 정신으로부터 출발하여 세계사를 파악하는 헤겔의 관념론적·신학적 역사철학을 거부하였다. 이 같은 랑케의 입장에 따라 헤겔 좌파는 헤겔의 역사철학의 관념론적 출발점을 거부하고, 역사적 사실에 근거하고자 하는 경향을 가지게 된다.

헤겔 생존 시에 크게 맹위를 떨치던 **낭만주의**도 헤겔 좌파에 깊은 영향을 주었다. 낭만주의는 이성과 합리성과 절대적인 것에 반해 감성과 감정과 상상력을 중요시하며, 보편적인 것 대신에 개체와 자아의 개성을, 전통과 인습 대신에 삶의 역동성과 창조성을, 객관성과 형식주의 대신에 주관성을 중요시하였다. 또한 헤겔의 목적론적 역사관에 반해 역사를 출생–성장–쇠퇴–소멸의 회전운동(Kreislauf)으로 보았다. 낭만주의는 인간을 자연에서 구별되는 "정신적 존재", "사유하는 존재"로 보는 헤겔의 합리주의적 인간관에 반해 인간을 자연과 결합되어 있는 유기적 존재로서 인간의 디오니소스적 측면을 중요시하며, 정신을 자연에서 구별하는 헤겔에 반해 정신과 자연의 통일성을 주장하였다. 낭만주의는 한마디로 헤겔 철학에 대한 안티테제(Antithese)였다. "독일의 낭만주의 철학자"로 알려진 쉘링이 헤겔이 사망한 지 10년 뒤인 1841년에 베를린 대학교 교수로 초빙된 것은, 당시 헤겔 좌파에 대한 낭만주의의 영향이 매우 강했다는 사실을 시사한다.

2. 베를린 대학교에서 쉘링은 헤겔 철학에 대한 비판을 주요 과제로 삼는다. 헤겔의 절대정신에 반해 그는 실존을 철학의 출발점으로 제시한다. 키에르케골, 엥겔스, 랑케, 바쿠닌, 훔볼트 등 당시의 유명 지식인들이 그의 강의에 참여한다. 그러나 쉘링에 대한 기대는 곧 식어버린다. 그럼에도 불구하고 헤겔에 대한 그의 비판은 헤겔 좌파에 큰 영향을 준다.

"실존", 곧 *existentia*는 본래 중세기 스콜라 철학의 개념으로 본질(*essentia*)에 대립하는 개념이었다. 스콜라 철학에서 그것은 하나님으로부터 창조되어, 하나님 바깥에 있는 피조물의 존재를 뜻하였다. 하나님에게서는 본질과 실존이 하나로 결합되어 있다. 하나님은 완전한 분이고, 그의 완전하심에는 실존도 속하기 때문이다. 따라서 하나님 안에서만 본질과 실존은 하나인 것으로 생각된다. 이 생각은 안셀무스의 유명한 존재론적 하나님 증명에 나타난다. 곧 하나님은 완전한 분이기 때문에 하나님의 개념에는 존재가 필연적으로 속한다는 것이다. 칸트는 『순수이성 비판』에서 이것을 깨뜨리고, 하나님의 개념에는 존재가 반드시 속하지 않는다고 주장하였다. 이로써 하나님의 본질과 실존은 분리된다.

헤겔은 칸트가 분리시킨 것을 다시 결합한다. 그의 논리학에서 헤겔은 "현실적인 것"을 본질과 실존, 내적인 것과 외적인 것의 통일체로 파악한다. 하나님의 존재, 곧 신적 정신은 인간이 인식할 수 없는 "본질"로 머물지 않고, 자기를 대상 세계의 유한한 사물들, 곧 "실존"으로 외화한다. 이로써 본질과 실존은 다시 결합된다. 헤겔에 따르면, 실존을 단지 외적인 것으로 간주하고, 본질을 내적인 것으로 대립시키는 것은 유치한 생각이다. 그것은 하나의 이원론이다. 본질의 영역에 속한 "관념"이나 "개념"은 실존의 영역에서 운동하는 현실적인 것으로 파악되어야 한다. 본질적인 것은 실존적이요, 실존적인 것은 본질적이다. 이와 같이 헤겔에게서 본질과 실존은 하나로 통일된다.

셸링은 본질과 실존의 통일을 거부한다. 그에 따르면 헤겔의 철학은 본질이 어떻게 실존으로 넘어가는지, 관념이 어떻게 자연으로 넘어가는지, 그 변증법적 발전을 구체적으로 설명하지 않는다. 신적 정신의 즉자가 자기를 어떻게 대자로 외화하는지에 대한 구체적 설명이 없다. 그의 논리학에서 순수한 존재(Sein)와 무(Nichts)가 어떻게 "되어감"(Werden)으로 종합되는지 전혀 설명하지 않는다. 전제를 갖지 않은 사유의 내적 자기 활동은 세계의 현실로부터 분리되어 있다. 그러므로 사유는 생동하는 현실을 제대로 파악하지 못한다. 그럼에도 불구하고 헤겔 철학에서 실존하는 것은 본질적인 것으로 파악된다. 유한한 것은 무한한 것과 결합되어 있는 것으로 규정된다. 실존의 세계는 본질의 세계로 승화되고, 이성적인 것은 현실적인 것으로, 유한한 세계는 무한한 정신적 세계로 승화된다. 논리학의 법칙은 실존하는 현실의 법칙과 동일한 것으로 간주된다. 이로써 헤겔 철학은 사실상 **실존을 결여한 관념의 철학**이 되어버린다. 헤겔 철학은 실존의 존재자가 없는 존재를 다룬다. 그것은 모든 우연을 배제한다. 이런 점에서 그의 관념론은 절대적 관념론이고자 한다. 헤겔은 실존에 관한 질문을 사실상 배제하기 때문이다. 한마디로 헤겔의 존재론은 현실의 실존과의 연관성을 결여하고 있다.

이에 반해 셸링은 베를린 대학교 강의에서, 본질에서 구별되는 **구체적 존재자들의 실존**을 철학적 사유의 출발점으로 제시한다. 사유로부터 출발하여 실존의 존재를 파악하지 않고, 실존의 존재로부터 출발하여 사유를 파악하고자 한다. "맹목적으로 존재하는 것", "바로 실존하는 것"이 출발점이 되어야 한다. 세계는 "맹목적으로 실존하는 것"으로 가득하다. 이로써 셸링은 헤겔 좌파의 실존적 사유에 깊은 영향을 준다. 중요한 것은 존재자를 결여한 추상적 존재나 개념이 아니라, **존재자의 구체적 실존**이다. 마르크스는 사회-경제적 측면에서 인간의 실존 문제를 다룬다면, 키에르케골은 인간의 내면적·종교적 차원에서, 니체는 하나님 없는 허무주의의 차원에서 실존의 문제를 다룬다. 전자는 외적·사회적 측면에서, 후자는 내적·심리적 측면에서 실존의 문제와 씨름하게 된다.

3. 19세기에 발흥하고 있던 **자연과학**과 **진화론**도 헤겔 좌파에 큰 영향을 주었다. 물리학자·수학자인 동시에 생물학자인 헬름홀츠(H. von Helmholtz, 1821-1894)는 자연에 대한 연구에서 모든 종교적·철학적 전제를 배제하고 자연의 사실을 아무 전제 없이 실증적으로 연구해야 한다고 주장하였다. 그에 따르면 "자연의 비유기체적 사물들처럼 인간의 몸도 물리화학적인 힘이나 에너지들이 상호 작용하는 하나의 기계와 같은 유기체"다. 이 유기체의 모든 활동은 "물리 화학적 힘들과 작용으로 환원되며, 원인과 결과의 법칙, 곧 인과론에 따라 일어난다. 따라서 이 활동들은 결정되어 있고, 물리적·수학적 방법으로 파악될 수 있다"(김균진 2014a, 536). 다윈의 진화론 역시 생물계의 진화 과정에 대한 관찰에서 일체의 종교적·신학적 전제를 배제하였다.

여기서 이른바 **자연과학적 무신론**이 등장한다. 자연과학의 연구는 종교적 전제나 간섭에서 벗어나야 한다. 자연에 대한 관찰과 설명에서 하나님의 존재는 배제되어야 한다. 하나님이란 종교적·철학적 전제로부터 자유로울 때, 자연과학은 자연 현상을 사실적으로 파악할 수 있다. 자연의 "사실들"에 대한 관찰에서 하나님의 존재는 필요하지 않다. 이로써 자연과학은 하나님의 존재를 배제한다. 이 같은 자연과학적 무신론은 종교적·철학적 전제와 사색을 거부하고, "사실"에 대한 객관적 관찰을 중요시하는 실증주의와 물질론(유물론)으로 발전한다.[3] 실증주의와 물질론은 헤겔 좌

---

3 Materialism을 "유물론"이라 번역하는 것은 매우 부적절하다. "유물"(唯物)을 글자 그

파의 기본 원칙이 된다. 실증주의와 무신론의 영향 속에서 헤겔 좌파는 관념적인 것, 형이상학적인 것을 거부하고, 경험할 수 있고 실증할 수 있는 "사실들"(facta)로부터 출발하고자 한다. 마르크스는 신화적 관념이나 신적 정신이 아니라, 감각적으로 경험할 수 있고 실증할 수 있는 "사실들"이 역사 관찰의 출발점이 되어야 한다고 거듭 주장한다.

무신론적 방법에 기초한 근대 자연과학은 새로운 시대를 열었다. 증기기관, 철도, 선박 등의 새로운 교통수단, 새로운 전자 기술과 기계 공업, 교역의 세계적 확대 등은 이전에 상상할 수 없었던 새로운 세계를 열어주었다. 새로운 가능성과 함께 새로운 문제들이 등장하였다. 이 세계는 절대정신으로부터 출발하는 헤겔의 관념론의 세계와는 전혀 달랐다. 그것은 현실에 대한 새로운 사고를 요구하였다. 이 같은 시대적 요구 속에서 헤겔 좌파가 등장한다.

대로 풀이한다면, "물질만 있다." 따라서 "정신이나 의식은 존재하지 않는다"는 것을 말한다. 그러나 헤겔 좌파는 이렇게 말한 적이 없다. 오히려 마르크스는, "인간은 '의식'도 가진다"(daß der Mensch auch 'Bewußtsein' hat, 2004i, 424)고 말한다. 마르크스의 materialism은 결코 물질만 있다는 뜻이 아니라, 인간의 정신과 의식은 그 사회의 물질적·경제적 상황에 따라 결정되며, 역사는 정신의 변증법적 자기활동으로 말미암아 일어나는 것이 아니라 물질적 생산력의 변천, 이 변천으로 말미암은 생산방법(Produktionsweise)의 변천, 생산방법과 생산관계의 변천으로 인해 사회적 관계들 내지 상황들(Verhältnisse)의 변화로 말미암아 일어난다는 것을 뜻할 뿐이다. 한마디로 의식이 삶(혹은 존재)을 결정하는 것이 아니라 삶(혹은 존재)이 의식을 결정하며, 물질적 하부구조가 정신적 상부구조를 결정한다는 것을 뜻할 뿐이다. "물질론"이란 표현이 낯설게 들리는 독자는, 이를 "유물론"으로 바꾸어 생각할 수 있을 것이다.

서론 | 헤겔 철학의 양면성과 헤겔 학파의 분열

3. 맹목적 "삶의 의지"가 지배하는 세계
- 헤겔 좌파의 길을 준비한 쇼펜하우어

비관주의 철학자로 널리 알려진 쇼펜하우어(Arthus Schopenhauer)는 1788년 폴란드 단치히(Danzig)에서 부유한 상인의 아들로 출생하였다. 다섯 살이었던 1793년에 함부르크로 이주한 그는, 1804년 상업학교에서 상업 공부를 시작한다. 1805년에 아버지가 사망하자, 그는 지겨운 상업 공부를 중단하고 인문학교에서 공부를 이어간다. 성년이 되어 아버지의 막대한 유산을 물려받은 쇼펜하우어는 1809년 괴팅언 대학교에서 의학 공부를 시작했으나 철학으로 바꾼다. 1813년 예나 대학교에서 철학박사 학위를 받고, 1819년 그의 주요 저서 『의지와 표상으로서의 세계』(*Die Welt als Wille und Vorstellung*)를 출판한다. 이 책은 헤겔의 그늘에 가려 명성을 얻지 못하다가, 25년 후인 1844년에야 증보되어 제2판으로 출판된다. 그 이후에 출판된 『자연 속에 있는 의지』(1836), 『윤리학의 두 가지 기본 문제』(1841) 등은 이 책에 대한 보완 설명에 불과하다.

1820년 베를린 대학교에서 강의하면서 그는 헤겔과 논쟁한다. 그러나 당시 베를린 대학교를 지배하던 헤겔 철학의 그늘 속에서 그의 생각은 빛을 보지 못한다. 그의 강의에는 소수의 학생만이 앉아 있을 뿐이었다. 이에 실망한 쇼펜하우어는 헤겔의 관념론을 벗어나지 못하는 철학적 분위기를 멸시하면서 대학을 떠난다. 이후 그는 아버지의 유산으로 자유로운 문필가로서 생활한다. 헤겔이 사망한 1831년 베를린에 콜레라가 창궐하자, 쇼펜하우어는 베를린을 떠나 만하임을 거쳐 프랑크푸르트로 도피한다. 프랑크푸르트에서 그는 매우 외로운 생활을 한다. 애견 푸들을 데리고 매일 두 시간씩 산보하면서, 그의 철학적 "동정"(Mitleid)을 푸들에게 쏟는다. 한때 자기보다 11세 연상의 오페라 가수 카롤리네 야게만(Karoline Jagemann)

등 몇 사람의 여인을 흠모했으나 결혼에 이르지 못하고, 한평생 독신으로 살았다. 그는 인간과 여성을 경멸하면서도 인간의 인정(認定)과 여성을 찾는다. 삶의 의지를 부인해야 한다고 하면서도 고난과 죽음을 두려워하며, 90세까지 살기를 원하는 이중적 모습을 보이다가, 1860년 9월 21일 그는 폐질환으로 프랑크푸르트에서 사망했다.

쇼펜하우어가 헤겔 좌파와 직접 교류한 흔적은 발견되지 않는다. 베를린을 중심으로 헤겔 좌파가 적극 활동하던 1840-50년대에 그는 베를린을 떠나 프랑크푸르트에서 살고 있었다. 그러나 헤겔 좌파의 인물들이 1819년에 출판된 그의 주요 저서를 잘 알고 있었다는 흔적을, 우리는 이들의 문헌에서 발견할 수 있다. 헤겔 철학에 정반대되는 그의 사상은 헤겔 좌파의 반헤겔적 입장에 자극제가 되었던 것으로 보인다. 특히 그의 사상은 니체에게 깊은 영향을 주었다. 니체의 "힘에의 의지"는 쇼펜하우어의 "삶의 의지"를 바꾸어 말한 것으로 볼 수 있을 정도다. 음악가 리하르트 바그너, 베르그송, 토마스 만, 아인슈타인, 삶의 철학자 딜타이 등 20세기의 많은 인물이 쇼펜하우어의 영향을 받았다. 실로 그는 근대 철학의 아버지 데카르트로부터 시작하는 근대 합리주의 전통에 반기를 든 대표적 인물로 평가할 수 있다.

1. 처음에 쇼펜하우어는 자기를 "칸트 철학의 제자요 완성자"로 인식하였다. 이것은 헤겔에게 반기를 든다는 것을 뜻한다. 그의 주요 저서 『의지와 표상으로서의 세계』는 헤겔에 정반대되는 인간관·세계관을 보여준다. 헤겔은 세계를 절대정신의 본질이 현상하는 세계로, 이성이 다스리는 세계로 파악함에 반하여, 쇼펜하우어는 세계를 단순한 **표상의 세계**로 파악하며 신적 정신이나 이성이 다스리는 세계가 아니라, 살고자 하는 **맹목적 "삶의 의지"가 지배하는 세계**로 파악한다. 이같이 쇼펜하우어는 헤겔에 정

반대되는 사상을 통해 헤겔 좌파의 길을 준비하였다고 말할 수 있다. 그의 영향 속에서 헤겔 좌파는 헤겔의 관념론적·형이상학적 체계를 거부하고, 살고자 하는 의지가 지배하는 현실 자체로부터 출발하고자 한다.

쇼펜하우어에 따르면, 우리가 경험하는 세계는 세계 자체가 아니라 세계에 대한 우리의 표상이다. 달리 말해, "세계는 나의 표상(Vorstellung)이다." 우리에게 직접적으로 주어지는 것은 사물 자체가 아니라, 사물의 표상이다. 나무 자체가 아니라 나무에 대한 나의 표상이, 태양이 아니라 태양을 보는 눈이 나에게 주어진다. 우리가 인지하는 세계는 물론 우리 자신의 몸도, 우리에게 나타나는 현상(Erscheinung)일 따름이다. 칸트가 말한 것처럼, 우리는 "사물 자체"(Ding an sich)를 인식할 수 없다. 단지 사물 자체의 현상(나타남)을 인식할 수 있을 뿐이다. 우리에게는 우리가 지각하고 표상하는 세계가 있을 뿐이다.

쇼펜하우어에 따르면, 우리는 몸을 두 가지 방법으로 경험한다. 외적으로는 표상의 대상으로 경험하고, 내적으로는 의지의 표현으로 경험한다. 인간을 비롯한 땅 위에 있는 모든 생명의 본질은 죽지 않고 살고자 하는 의지, 곧 "삶의 의지"(Wille zum Leben)다. 절대적 진리가 있다면 그것은 죽지 않고 살아남고자 하는 의지다. 인간의 삶과 세계를 이끌어가는 근원적 힘은 신적 정신이 아니라(헤겔에 반해), 살고자 하는 충동 곧 "삶의 의지"다. 땅 위의 모든 생물이 죽지 않고 살려고 몸부림친다. 인간의 정신과 의식, 이성은 "삶의 의지"의 하녀들이다. 세계의 모든 사물 속에 삶의 의지, 곧 죽지 않고 살려고 하는 의지가 나타난다. 행성의 운동과 물질의 화학적 작용의 배면에도 삶의 의지가 작용한다. 쇼펜하우어의 삶의 의지를 포이어바하는 "자기 유지의 본능"(Selbsterhaltungstrieb)이라 표현하고, 슈티르너는 "이기주의"라고 하며, 니체는 "힘에의 의지"라고 말한다.

2. 생명의 영역에서 삶의 의지는 종을 유지하기 위한 종족 번식의 본능으로 나타난다. 모든 생물의 짝짓기 본능 속에는 삶의 의지가 작용한다. 인간의 성욕도 종족을 번식하고 확장하고자 하는 삶의 의지의 표출이다. 궁극적인 것, 절대적인 것이 있다면 그것은 헤겔의 신적 정신이나 이성이 아니라 죽지 않고 살고자 하는 의지, 곧 삶의 의지다. 헤겔의 이성적 절대정신에 반해, 삶의 의지는 충동적이요 맹목적이다. 헤겔이 말하는 것처럼 "이성이 세계를 지배하는" 것이 아니라, 맹목적이고 본능적인 삶의 의지가 세계를 지배한다. 표상의 세계는 삶의 의지로서 실존한다. 세계는 "그의 모든 본질에 있어 철저히 의지이며, 이와 동시에 철저히 표상이다"(Schopenhauer 1961, 297). 생명에의 의지는 땅 위에 있는 모든 생명의 원인도 없고 쉼도 없는 원초적 의지다.

살고자 하는 의지 자체는 한계가 없다. 그것은 본질적으로 무한하다. 어느 생물도 죽기를 원하지 않고, 죽는 순간까지 살고자 하기 때문이다. 또 삶의 의지는 만족을 알지 못한다. 죽지 않고 살고자 하는 의지는 생물체가 죽는 순간까지 지속되기 때문이다. 어떤 순간의 삶이 유지되면, 다른 시간의 삶을 갈망한다. 삶에 대한 갈망은 끝이 없다. 인간의 소유욕과 성욕이 끝없는 이유가 여기에 있다.

또한 삶의 의지는 그 자신 외에 다른 목적을 갖지 않는다. 죽지 않고 사는 것 자체가 목적이다. 지금 이 순간을 살고자 하는 것이 모든 생물체의 목적이다. 그 밖의 다른 목적들은 원초적 삶의 의지의 목적을 실현하기 위한 것에 불과하다. 그저 죽지 않고 사는 것이 모든 생물의 목적이다. 따라서 삶의 의지는 목적이 없는 것, 곧 맹목적인(blind) 것이다. 그것은 "인식이 없고, 맹목적이며, 막을 수 없는 충동(Drang)이다"(380). 살고자 하는 맹목적 충동, 그것은 "사물 자체(Ding an sich), 세계의 내적 내용, 세계의 본질적인 것"이다. 세계는 신적 정신의 자기활동이 아니라, 살고자 하는 맹목적 의지의 활동이다. 그러므로 **세계는 목적을 갖지 않는다**. 세계사의 목적에 대한 헤겔의 이야기는 공허한 이론에 불과하다. 세계는 목적이 없기 때문에 아무 의미도 없다. 그것은 **무의미한 것**이다. 그것은 어둡고 맹목적이며, 형태가 없고 모순적인 생명의 힘(Vitalität)의 충동, 생성과 소멸, 삶과 고난, 죽음과 새로운 생명이 반복하는 원운동(Kreislauf)이다. 이 원운동에는 시작도 없고, 끝도 없고, 목적도 없다. 서로 부딪히는 생명에의 의지 때문에 일어나는 유기체들의 생존 투쟁, 비유기체들 사이에 일어나는 대립, 끊임없이 일어나는 인간 세계의 대립과 분열의 반복이 있을 뿐이다. 역사는 먹고 먹히는 역사의 반복이다. 세계는 무의미한 **고난의 연속**이다. 따라서 모든 생명은 무의미하다. 인간의 생명도 마찬가지다.

모든 생명체 가운데 가장 큰 욕구를 가진 생명체는 인간이다. 인간은 "자기 자신에게 내맡겨져 있고, 모든 것에 대해 불확실하다. 단지 그의 욕구와 그의 고통에 대해서만 확실하다"(428). 그럼에도 불구하고 인간이 자기의 생명을 유지하려는 것은 죽음에 대한 불안과 삶에 대한 욕구 때문이다. 그러나 인간의 삶은 본질적으로 고난이다. 하나의 욕구가 충족되면 또 다른 욕구가 생겨나고, 끝없는 욕구의 갈증 속에서 살기 때문이다. 그는 자기의 삶을 안전하게 함으로써 이 고난에서 해방되고자 한다. 그러나 새로운 불만족과 지루함이 그를 사로잡는다. 쇼펜하우어는 고난과 불만족과 지루함만 있는 이 삶의 배면에 어떤 초월적인 것, 형이상학적인 것을 인정하지 않는다. 그는 하나님의 존재를 배제한다. 근거가 없고 목적이 없는 삶에의 원초적 충동이 있을 뿐이다. 참된 철학은 이 세계의 모든 것이 "어디로부터 와서 어디로 가며, 왜 존재하는지 묻지 않는다. 그것은 있는 그대로의 것(Was)을 질문할 뿐이다"(379). 여기서 헤겔이 말하는 역사의 진보, 하나님의 세계 섭리는 설 자리가 없다. 세계는 "자유의 의식에 있어서의 진보"가 아니라(헤겔에 반해), 무의미한 삶의 의지와 고난과 죽음이 반복되는 원운동 내지 영원한 회전운동이다. 이를 가리켜 나중에 니체는 "윤회"라고 부른다.

3. 목적을 알지 못하는 무의미한 고난에서 구원받을 수 있는 길은 무엇인가? 그 길을 쇼펜하우어는 먼저 예술, 특히 **음악**에서 발견한다. 음악은 가장 순수하고 완전한 예술이다. 음악이 삶의 원초적 의지와 세계의 순수한 본질을 나타내기 때문이다. 그러나 음악은 구원의 궁극적 길이 되지 못한다. 그것은 일시적 위로를 줄 뿐이다. 음악이 맹목적 삶의 의지 자체를 없애버리지 못하기 때문이다. 그러므로 쇼펜하우어는 구원의 둘째 길을 **"단념(혹은 포기)과 동정의 윤리"**(Ethik der Entsagung und Mitleids)에서 발견한다. 이 윤리의 핵심을 그는 **불교와 기독교**에서 발견한다. 두 종교는 삶의 의지의 단념을 핵심으로 한다. 신약성서에 신화적 형태로 묘사되어 있지만, 예수는 삶의 의지의 단념 내지 포기를 인격화한 상징이다(550 이하).

삶의 의지를 포기할 때, 자기의 모든 희망과 바람을 내려놓을 수 있고 평안히 죽을 수 있다. 그러므로 인간은 자기가 집착하는 모든 것을 내려놓을 수 있어야 한다. 삶의 의지를 포기하는 것은 삶 자체를 포기하는 것이다. 삶 자체를 포기할 때, 이웃의 고난을 볼 수 있고 **자기가 없는 이웃 사랑**에 눈뜨게 된다. 쇼펜하우어에 따르면, 이것은 불교의 가르침에 더 가깝다. 자신의 자아는 삶의 의지의 일시적 현상에 불과하다는 사실을 깨닫고, 자아를 포기하고 삶의 의지를 포기할 때, 이기주의를 극복하고 이웃의 고난과 연대하며, **세계와 자기 자신에서 해방**될 수 있다. 이를 위해 **"금욕"**이 필요하다. 곧 자연적 충동, 특히 성욕을 억제하고, 격정에서 평정으로 해방되며, 모든 욕심과 의지를 죽이는 것, 바로 여기에 "확실한 평화와 깊은 안식과 내적 평화"가 있다(539).

이것을 실천한 불교와 기독교의 금욕자는 세계 정복자보다 더 위대한 세계 정복자다. 그들은 이 세상의 모든 것을 단념한 사람들이었다. 그들은 세상의 그 무엇에 대한 바람이 없었다. **바라는 것이 아무것도 없는 상태**에 이를 때, 곧 모든 욕구와 욕심을 내려놓을 때, 평안히 눈을 감을 수 있다. 삶과 고난과 죽음의 영원한 원운동이 멈추고, 삶의 의지와 개체성이 포기된다. 삶의 의지가 없을 때, 표상도 없고 세계도 없다. "우리 앞에는 무(無)가 있을 뿐이다"(557). 세계와 인간의 참 목적은 무다. 마지막으로 남는 것은 무, 곧 덧없음이다.

쇼펜하우어의 이 같은 무신론적·염세주의적 세계관은 아버지 사망 후 어머니의 난잡한 남성 편력에 대한 실망에 기인한다고 학자들은 말한다. 1813년 어머니의 문란한 생활 때문에 다툰 이후, 그는 죽을 때까지 47년 동안 어머니를 만나지 않는다. 그가 일평생 결혼을 하지 못하게 된 숨은 이유도 여기에 있는 것으로 보인다. 그러나 어머니의 난잡한 남성 편력이 그의 사상을 결정했다고 보기는 어렵다. 이것은 지나친 심리주의적 해석이다. 오히려 절대정신으로부터 출발하여 세계의 모든 것을 신적 정신의 활동으로 보는 헤겔의 관념론적·합리주의적 사고에 대한 반동으로, 그는 맹목적 삶의 의지에 기초한 독특한 염세주의적 무신론 사상을 세운 것으로 보인다. 헤겔의 정신철학에 정면으로 대립하는 그의 독특한 세계관은 헤겔을 위시한 서구 철학의 오랜 기독교적·형이상학적 전통을 버리고, 헤겔 좌파의 무신론적 현실주의를 개척한다.

제1부

쪼이어바하

I
포이어바하의 생애

1. 헤겔 좌파의 대표적 인물은 포이어바하다. 그는 1804년 7월 28일 독일 남동부 바이언(Bayern)주 란츠후트(Landshut)에서 태어났다. 그의 아버지 안셀름(Anselm) 포이어바하는 형법학자로, 그 당시 법학계에서 크게 인정받는 인물이었다. 그가 저술한 바이언주의 형법전은 법학계에서 큰 명성을 얻는다.

포이어바하
(출처: wikipedia)

어떤 사정으로 포이어바하는 가톨릭교회에서 유아세례를 받지만, 개신교회 소속으로 개신교회의 분위기에서 성장하였다. 그는 바이언주

안스바하(Ansbach)의 김나지움에 입학하여 그리스어·히브리어와 성서를 충실히 배웠다. 학교에서는 모범생이었고 장차 개신교회 목사가 되기를 희망하였다. 그래서 1823년 하이델베르크 대학교에서 신학 공부를 시작한다. 이 대학에서 공부하면서 그는 자유로운 사유와 성찰을 허락하지 않는 개신교회 정통주의에 대해서는 물론, 성서를 자의적으로 해석하는 합리주의적 성서 주석가들과 교회사학자 파울루스(H. E. G. Paulus)에 대해 혐오감을 느낀다. 반면에 헤겔의 영향을 받은 조직신학자 다웁(K. Daub) 교수의 교의학 강의에 심취한다.

다웁 교수를 통해 포이어바하는 헤겔 철학에 큰 매력을 느낀다. 그래서 헤겔, 슐라이어마허가 교수로 있는 베를린 대학교에 가기로 계획한다. 그러나 에르랑언(Erlangen) 대학교에서 정치적 진보 단체의 지도급 인물로 활동하고 있던 두 명의 남자 형제 때문에, 프로이선의 국가 경찰은 포이어바하가 베를린으로 가는 것을 방해한다. 포이어바하는 이들의 방해를 물리치고 베를린으로 떠난다.

2. 포이어바하의 생존 당시에 독일 연방은 공화정을 주장하는 민주주의 세력으로 말미암아 정치적으로 매우 불안한 상태였다. 1819년 3월 보수 세력의 대표자로서 극작가인 코체부(Koetzebue)가 혁명 사상을 가진 좌파 신학생 잔트(K. L. Sandt)에 의해 살해되는 사건이 일어난다. 정치적 동요와 불안을 극복하기 위해, 당시 오스트리아 재상 메테르니히(Metternich)의 주재로 1819년 8월 6일부터 31일까지 오스트리아 제국 카를스바트(Karlsbad, 현 체코의 Karlovy Vary)에서 독일 연방회의가 열린다. 이 회의는 시국 안정 정책을 결의한다. 이를 가리켜 "카를스바더 결의"(Karlsbader Beschlüsse)라 부른다. 대학 교수들과 학생 운동에 대한 감시, 혁명 사상을 가진 교수들과 지식인들의 추방, 언론 검열 등이 이 정책에 포함된다.

이같이 불안한 상황에서 포이어바하는 1824년 베를린 대학교에서 공부를 계속하게 된다. 헤겔의 강의를 들으면서 그는 헤겔을 "둘째 아버지"라고 부를 만큼 그의 사상에 심취한다. 어느 날 와인 가게에서 우연히 헤겔을 만나 담소를 나눌 기회를 얻었지만, 부끄러워 제대로 말을 할 수 없었다고 한다. 헤겔의 사상에 심취한 그는 아버지의 반대를 무릅쓰고 전공과목을 철학으로 바꾼다. 종교와 신학 대신에 철학을, 신앙 대신에 사유를 택한다.

그 당시 포이어바하는 바이언주의 국비 장학생이었다. 그래서 베를린에 오래 머물지 못하고, 1826년 바이언주 에르랑언 대학교로 돌아온다. 여기서 그는 자연과학에 관한 강의를 열심히 듣는다. 1828년에는 "단 하나의 보편적이며 무한한 이성에 관하여"(De ratione, una, universali, infinita)라는 제목의 논문으로 박사학위를 받는다. 박사학위를 받은 후에는 대학 교수 자격(Habilitation)을 취득하고, 에르랑언 대학교에서 사강사(Privatdozent, 보수가 없는 강사)로 교수 생활을 시작한다. 그는 데카르트와 스피노자, 논리학과 형이상학에 관해 강의한다.

3. 이 과정에서 그는 헤겔 철학과 기독교 종교에 차츰 등을 돌리게 된다. 피안에 관심을 갖기보다 차안에 관심을 둔다. 차안과 피안의 분열은 더 이상 지속되어서는 안 된다. 그것은 현실로 지양되어야 한다. 인간은 마음을 다하여 자기 자신과 자기의 세계와 자기의 현재에 집중해야 한다. 피안에서 누릴 불멸의 생명에 관심을 두기보다, 오늘 여기에 있는 차안의 삶에 관심을 두어야 한다. 불멸의 인간이 되려고 애쓰기보다, 건강한 정신과 몸을 가진 현실적 인간, 능력 있는 인간이 되어야 한다. 이 같은 확신 속에서 포이어바하는 헤겔 사망 일 년 전인 1830년에 "죽음과 불멸에 관한 사상"을 익명으로 출판한다. 이 책에서 그는 인격적 하나님에 대한 표상과

불멸에 대한 이기적 신앙을 반대한다. 반혜겔적·반기독교적 성격을 가진 이 책은 경찰에 압수되어 판매 금지된다. 이 문서의 저자가 포이어바하라는 소문이 파다하게 퍼졌다. 당시의 분위기를 포이어바하는 그의 여동생에게 보낸 편지에서 이렇게 묘사한다. "나는 무시무시한 자유주의 사상가요, 무신론자라는 소문에 휩싸여 있다. 살아 있는 적그리스도라는 소문도 나돈다"(Küng 1995, 225). 익명으로 출판된 이 문서로 인해 포이어바하는 사강사 직을 상실하고, 직장이 없는 사적(私的) 학자로, 문필가로 생활하게 된다. 1833년에는 『베이컨에서 스피노자까지 근대 철학의 역사』를 출판한다.

　　3년의 공백 기간 후에 그는 에르랑언 대학교의 교수직을 얻기 위해 세 번이나 시도하지만 실패한다. 스위스 베른, 베를린, 본, 예나, 마르부르크, 독일 남부 프라이부르크 대학교에도 계속 지원하지만 실패한다. 이미 그는 반기독교적·반체제적인 위험인물로 알려져 있었기 때문이다. 어려운 생활 속에서도 그는 1836년 『라이프니츠의 철학의 기술, 발전과 비판』을 출판한다.

4. 이때 그에게 정신적 힘이 되어준 인물은 뉘른베르크 부근에 있는 브룩베르크(Bruckberg) 마을의 도자기 회사의 딸 베르타 뢰(Berta Löw)이었다. 그녀는 이 회사의 많은 지분을 가지고 있었다. 포이어바하의 뛰어난 상상력과 풍부한 지식, 능숙한 변론술, 멋있는 외모가 그녀를 매혹시켰다. 그녀는 학문에 열중할 수 있는 시골의 평화로움과 정신적 여유를 그에게 제공한다. 1837년에 포이어바하는 베르타 뢰과 결혼하고, 자기 재산을 부인의 회사에 투자한다. 결혼 후 24년 동안 그는 조용한 시골 마을 브룩베르크에서 고독하게 생활한다. 대학 강의의 압력이 없는 정신적 자유 속에서 그는 철학 연구와 저술에 전념한다. 혜겔 철학에 대한 비판적 성찰, 스피노자의

범신론과 물질론에 기초하여 그는 근대 철학사를 새롭게 해석한다. 이후 헤겔이 시도한 이성과 신앙, 철학과 신학, 계몽주의와 기독교의 화해는 결코 이루어질 수 없으며, 양자는 서로 모순된다는 확신을 발표한다. 1838년에 프랑스 계몽주의 철학자 "피에르 바일"(Pierre Bayle)에 대한 연구서를 출판하고, 1839년에는 『헤겔 철학 비판』을 출판한다. 이 책의 출판을 계기로 그는 청년 헤겔주의자(Junghegelianer)로 간주된다. 청년 헤겔주의자들 몇 사람과 교통하면서 그들이 편집하는 잡지 출판에도 참여한다.

포이어바하의 가장 중요하고 유명한 저서 『기독교의 본질』이 1841년에 출판된다. 이 책은 많은 사람의 지지를 받는 동시에 격렬한 비판을 받는다. 이 책에서 그는 자신의 대명사처럼 되어버린 "투사설"(Projektionstheorie)을 발표한다. 곧 하나님은 인간의 본질을 초월적 대상으로 투사시킨 것에 불과하다는 것이다. 이 책을 출판한 다음에 포이어바하는 종교철학 연구에 전념하고 그 결과를 『철학의 개혁을 위한 잠정적 명제들』(1843), 『미래의 철학의 기본 명제들』(1843) 두 책으로 출판한다. 이 두 책에서 그는 헤겔 철학을 전복시키고자 한다. 하나님 대신에 인간을, 정신 대신에 감성과 물질을, 정신의 활동 대신에 몸적·감성적 존재인 인간의 활동을, 그리고 인간과 인간의 교통을 새로운 철학의 출발점으로 제시한다.

1846년에 포이어바하는 종교철학에 관한 두 가지 저서, 『종교의 본질』과 『종교의 본질에 대한 보충과 확대』를 출판한다. 이 책들에서 그는 투사설을 기독교에 한정하지 않고 모든 종교에 적용한다. 인간의 본질은 물론 "자연"(혹은 본성)을 종교의 기초와 대상으로 파악한다. 브룩베르크에서 은둔생활을 계속하면서 그는 1857년에 종교철학에 관한 세 번째 거작 『고전적·히브리적이며 기독교적 고대시대의 자료들에 따른 신의 발생(Theogonie)』을 출판한다.

1850년대에 브룩베르크의 도자기 회사는 부도 위기에 빠진다. 이리하여 포이어바하의 아내는 회사를 처분하게 된다. 50대 중반의 나이에 학계에서 거의 잊힌 포이어바하는 아무런 경제적 대책 없이 부인과 딸을 데리고 1861년 뉘른베르크 부근의 레헌베르크(Rechenberg)로 거처를 옮긴다. 여기서 그는 몇몇 친구들과 지지자들의 도움 속에서 빈곤을 면치 못한다. 그는 "레헌베르크에서 나는 개의 형편(Hunde-Existenz)이다"라고 말할 정도로 비참한 생활을 한다(Küng 1995, 246). 비참한 생활 속에서도 자기의 신념을 굽히지 않고 종교철학적 저술 활동을 계속해 1862년에는 『희생제물의 비밀』, 『인간은 먹는 바의 것이다』(Der Mensch ist, was er iβt)를 마무리한다. 건강 악화로 인해 뇌졸중에 걸린 그는 결국 1872년 9월 13일 68세의 나이로 사망하여 뉘른베르크에 안장된다. 약 2,000명의 지인과 지지자들이 장례식 행렬을 이루었다. 무덤에 안장되기 직전의 영결식에서 그의 친구 한 사람은 다음과 같이 말했다. 인간을 위한 그의 사명에 목숨을 다해 충성한 내적 동기는 무엇이었던가? "그것은 위대하고 거짓이 없으며 제한되지 않은 진리에의 사랑이었다"(Küng 1995, 246). 레헌베르크에서 저술한 대부분의 책은 사후에 출판된다.

II

헤겔에 대한 포이어바하의 양면적 관계

1. 긍정적이든 부정적이든 포이어바하에게 가장 큰 영향을 준 인물은 헤겔이었다. 하이델베르크 대학교에서 신학을 공부하다가, 베를린 대학교로 옮긴 그는 헤겔의 강의에 깊이 심취한다. 당시의 감격을 포이어바하는 1840년에 다음과 같이 고백한다.

나는 우리의 정신적 조상 가운데 그 누구보다도 헤겔과 더 깊고 영향력 있는 내적 관계를 맺었다. 나는 헤겔을 개인적으로 알았고, 2년 동안 그의 수강생이었다. 주의력 깊고 신실하며 그의 사상에 감격한 수강생이었다. 베를린으로 올 때 나는 내가 무엇을 하고자 하는지, 무엇을 해야 하는지 알지 못했다. 내적으로 혼란스럽고 분열된 상태였다. 그러나 반년 동안 그의 강의를 들으면서, 내 머리와 마음은 헤겔을 통해 방향을 찾을 수 있었다. 내가 무엇을 해야 하는지, 무엇을 하고자 하는지 알게 되었다. 곧 신학이 아니라 철학을 해야 하고 또 하고자 한다는 것을 알게 되었다. (신학적인) 바보스러운 얘기를 하거나 공상을 하는 것이 아니라, 배워야 하며 배우고자 한다는 것을! 신앙하는 것이 아니라, 사유해야 하며 또 사유하고자 한다는 것을! 헤겔을 통해 나는 자아의식과 세계의식을 얻었다.…그는 스승이 무엇인가를 나에게 가르쳐 준 유일한 사람이었다.…제자와 스승의 내적 관계를 알게 한 것은, 차갑고 삶이 없는 사유자 그 한 사람뿐이었다는 것은 참으로 특별한 나의 운명이었다. 나의 스승은 헤겔이었고, 나는 그의 제자였다. 이것을 나는 부인하지 않는다. 감사와 기쁨 속에서 나는 이것을 오늘도 인정한다(1962/b, 229).

학문 활동 초기에 포이어바하는 헤겔 철학에 대한 깊은 감격 속에서 헤겔 철학을 가르쳤다. 그것이 "한 젊은 철학 강사의 의무"라고 생각하였다. 그는 헤겔 철학에 대한 쉘링과 개신교회 정통주의자들의 비판에 대해 헤겔을 옹호하였다. 헤겔은 그에게 위대한 스승이었다. 그는 헤겔 철학에 의존하였고, 자신의 학문적 입장에 대한 근거를 헤겔의 철학에서 발견하였다.

바이쉐델(W. Weischedel, 1905-1975, 베를린 자유대학교 철학 교수)에 의하면, 헤겔에 대한 초기 포이어바하의 의존은 이성의 개념에 나타난다. 그의 생애 후기의 회고에 의하면, "하나님이 나의 첫째 사상이었고, 이성은 나의 둘째 사상이었다." 여기서 포이어바하가 말하는 이성은 헤겔적인 이성이었다. 곧 개별 인간의 이성이 아니라, 스스로 활동하는 보편적 이성을 뜻하였다. 그래서 포이어바하는 이성에 대해 다음과 같이 말한다. "이성은 초감각적 본성과 보편성의 형식으로…실존한다." 그것은 각 사람 안에 있는 다양한 것이 아니라, 모든 인류와 온 우주 안에 있는 "단 하나의 유일한 이성", "그 자신과 절대적으로 일치하는" 이성을 말한다. 여기서 포이어바하가 말하는 이성은, 헤겔이 말하는 신적 이성에 가깝다는 것을 볼 수 있다(Weischedel 1971, 390).

또한 초기 포이어바하는 헤겔의 철학적 신학을 높이 평가한다. 헤겔의 "사변철학은 **참된 신학**이고 철저한 신학이며, 이성적인 신학"이다 (Feuerbach 1959 II, 246. 아래에서 저자 이름 Feuerbach를 생략함). 처음에 헤겔은 신학을 부정하는 것처럼 보인다. 그러나 신학을 부정함으로써 그는 사실상 신학을 회복한다. "시작과 끝은 결국 신학이다. 중심점에 서 있는 것은 처음 위치(곧 신학)의 부정인 철학이다. 그러나 부정의 부정은 신학이다." 헤겔은 신학을 철학과 종합함으로써 신학을 정당화하고 회복한다. 헤겔 철학은 "몰락한 기독교를 철학의 힘으로, 실로…기독교의 부정을 기독교 자체와 동일시함으로써 다시 회복하고자 한 최후의 위대한 시도"다(1976, 277). 헤겔 철학의 중심 개념인 정신은 "개념으로 변화된 하나님"이다. 헤겔은 "근대 철학의 둔스 스코투스, 근대 스콜라 철학의 우두머리"요, 근대의 "중세기적 아리스토텔레스"라고 포이어바하는 평가한다(1904, 30).

그러나 포이어바하는 헤겔 철학을 일종의 범신론이라 규정한다. 그에 따르면 유신론과 범신론의 차이점은 하나님의 인격성에 있다. 유신론은 하나님을 인격적 존재로 파악하는 반면, 범신론은 비인격적 존재로 파악한다. 헤겔 철학에서 하나님은 비인격적 존재, 곧 범신론적 존재로 생각된다(나중에 포이어바하는 헤겔을 인격적 유신론자로 규정함). 헤겔의 하나님은 자연 혹은 세계와 동일시된다. 하나님은 세계로부터 구별되는 절대적 피안의 존재, 하늘에 있는 존재가 아니라 세계와 일치하는 비인격적 존재로 생각된다. 이로써 헤겔은 피안의 하나님을 차안 속에서 활동하는 차안적인 존재로 나타낸다. 헤겔의 철학에서 하나님은 철저히 차안의 존재다.

차안의 하나님에 대한 헤겔의 범신론적 생각에서 포이어바하는 차안성에 눈을 뜨게 된다. 중요한 것은 차안의 세계 저편에 있는 피안의 세계가 아니라 차안의 세계다. 피안의 형이상학적 현실이 아니라 인간이 실존하는 이 세계 곧 차안의 현실이 중요하다. 헤겔 철학에 따르면 보편적·신적 이성은 유한한 인간의 이성으로 활동한다. "신적 본질"은 "이성의 본질로 인식되고 실현되며 현재화된다." 여기서 포이어바하는 다시 한번 자신의 생각에 대한 근거를 헤겔에게서 발견한다. 신적 본질은 인간 안에서 인식되고 실현된 이성의 본질에 불과하다. 이성의 본질이 신적 본질로 인식된다. "하나님을 제한되지 않은 존재로 생각하는 이성은,…하나님 안에서 그 자신의 무제한성(Unbeschränktheit)을 생각한다"(Weischedel 1971, 391). 헤겔 철학에 대한 신뢰 속에서 그는 1835년 헤겔에 대한 바하만(K. F. Bachmann)의 "안티 헤겔"(Antihegel)을 비판하기도 한다. 헤겔에 대한 당시의 자기 입장을 포이어바하는 다음과 같이 말한다. "형성 과정에 있는 문필가로서 나는 사변 철학 일반의 입장에 서 있었다. 특별히 헤겔 철학에 서 있었다. 그것은 사변 철학의 마지막이고 가장 포괄적인 표현이었다"(Löwith 1941, 87).

2. 그러나 박사학위 논문을 준비하면서 포이어바하는 자신의 길을 찾는다. "순수한 논리적 입장이나 형이상학적 입장이 아니라 심리학적 입장"을 찾는다. "인간에 대한 이성의 관계, 개별자에 대한 보편자의 관계, 개인에 대한 사유의 관계, 몸에 대한 정신의 관계,…인간과 인간의 끈, 나와 너의 동일성"을 다룰 때, "안티 헤겔"이 그 자신 속에 이미 숨어 있었다고 그는 나중에 고백한다(1976, 230).

여하튼 1830년 중엽까지 포이어바하는 헤겔의 제자로서 활동한다. 그러나 차츰 헤겔의 관념론과 작별하고, 인간학에 기초한 그 자신의 "새로운 철학"으로 전향한다. 이 전향은 1839년에 출판된 그의 문헌 『헤겔 철학 비판』에서 결정적으로 일어난다. 따라서 헤겔 철학에서의 전향은 "적어도 1839년부터" 일어났다고 볼 수 있다(Salaquarda 1983, 151). 이 책에 수록된 헤겔 비판은 일찍이 그가 비판했던 바하만의 헤겔 비판과 일치한다. 철학과 신학, 개념과 현실, 사유와 존재의 헤겔적 화해와 변증법적 동일성을 그는 거부한다. 바하만을 비판하면서 그가 변호했던 헤겔의 가장 높은 관념을 그는 "절대적인 것의 난센스"(Unsinn des Absoluten)라고 혹평한다. 그는 헤겔 철학이 전제하는 절대정신은 "유령"(Gespenst)에 불과하다고 말한다(Löwith 1941, 87).

전향의 직접적 동기는 당시 개신교회 정통주의 신학자 하인리히 레오(Heinrich Leo)의 헤겔 좌파에 대한 공격에 있었다. 그 당시 정통주의 신학의 대표였던 레오가 헤겔 좌파를 가리켜 무신론자라고 비난하자, 포이어바하는 레오를 반박하면서 헤겔이 시도한 철학과 종교의 화해는 이루어질 수 없으며, 헤겔이 말하는 하나님은 인간의 종(種)의 개념으로 대체되어야 한다고 말한다. "나의 첫째 사상(Gedanke)은 하나님이었고, 나의 둘째 사상은 이성이었고, 나의 마지막 셋째 사상은 인간이었다. 하나님의 존재의 주체는 이성이다. 이성의 주체는 인간이다"(1959 II, 388)라는 포이어바하의 말은, 헤겔의 신적 이성과 절대자 하나님 대신에 인간을 출발점으로 가진 "새로운 철학"으로의 전향을 보여준다.

자신의 "새로운 철학"을 위해 포이어바하는 헤겔 철학의 붕괴를 중요한 과제로 삼게 된다.[1] 그에 따르면 헤겔 철학은 일종의 "자기기만"이다. 그것은 형식은 철학이요, 내용은 신학이기 때문이다. 헤겔 철학의 출발점인 정신은 자기 자신으로부터 존재한다. 그것은 자기 자신으로부터 자기를 세운다. 자연을 포함한 세계는 정신을 통해 세워진 것으로 간주된다. 이 같은 헤겔 철학은 현실의 기반을 떠난 하나의 추상이다. 그것은 추상적 "사

---

1 포이어바하의 헤겔 비판은 그가 쓴 아래 문헌에 포함되어 있다. Hegels Geschichte der Philosophie, Kritik der Hegelschen Philosophie, Über den Anfang der Philosophie, Vorläufige Thesen zur Reform der Philosophie, Grundsätze der Philosophie der Zukunft, Der Spiritualismusund der sog. Identitätsphilosophie oder Kritik der Hegelschen Psychologie, Kritik des Idealismus, in: L. Feuerbach, Sämtliche Werke, neu hrsg. von W. Bolin u. F. Jodl, 2. Aufl., 10 Bände, 1959–, Stuttgart-Bad Cannstatt.

유자로서의 사유자의 고립된 실존 방식"일 뿐이다. 헤겔이 말하는 "절대적 동일성"은 사실상 하나의 "절대적 일면성"(absolute Einseitigkeit)이다. 그 것은 사유된 것에 불과하다. 헤겔은 "나는 사유한다. 그러므로 나는 존재한다"(cogito ergo sum)고 말한 데카르트의 관념론의 전통에 속한 철저한 관념론자(Idealist)다. 따라서 헤겔의 철학에서도 사유가 존재의 근거가 된다. 사유하는 자로서의 자아가 출발점이 된다. 대상 세계는 자아의 "타자", "늙어빠진 자아"(alter ego)에 불과하다. 헤겔은 타자를 자아의 타재(Anderssein)로 파악함으로써, 자연을 포함한 대상 세계의 독자성과 그 현실을 보지 못한다. 그는 순수히 철학적 관점에서 철학하기 때문에, "철학의 비철학적 시작이나 원리들"을 보지 못한다. "나는 사유한다. 그러므로 나는 존재한다"는 관념론적 전제 때문에 헤겔은 감성적 직관을 배제하고, 감성을 지양해야 할 단순한 자연성으로 비하시킨다.

포이어바하에 따르면, 인간 삶의 구성 요소인 감성을 단순한 자연성으로 비하시키는 원인은 기독교 신학에 있다. 영과 육, 이성과 감성의 이원론적 구도에서 기독교 신학은 인간의 육과 감성을 천하고 무가치한 것으로 간주하기 때문이다. 헤겔 철학은 바로 이 신학을 기초로 한다. 그것은 철학으로 변모한 신학이다. 그것은 "신학의 입장에 선 신학의 부정, 혹은 다시금 신학인 신학의 부정이다." 따라서 "헤겔 철학을 포기하지 않는 사람은 신학을 포기하지 않는다." 현실은 관념에 의해 세워진 것이라는 헤겔의 가르침은, "자연은 하나님에 의해…창조되었다는 신학적 가르침의 합리적 표현이다." 한때 가톨릭 신학자들이 개신교회와 싸우기 위해 아리스토텔레스 학자가 될 수밖에 없었던 것처럼, 이제 "개신교회 신학자들은 무신론과 싸우기 위해 헤겔 철학자가 될 수밖에 없다." 헤겔 철학은 신학의 교리들을 지양하지만, 그것을 합리주의의 부정으로부터 다시 회복한다. "헤겔 철학은 멸망하였고 상실된 기독교를 철학을 통해 다시 회복하고자 하는 마지막 거대한 시도다.…크게 칭송받는 정신과 물질, 무한한 것과 유한한 것, 신적인 것과 인간적인 것의 사변적 동일성, 신앙과 불신앙, 신학과 철학, 종교와 무신론, 기독교와 타 종교의 동일성은…이 시대의 불행한 모순이다." 하나님을 세계사의 과정과 동일시하는 헤겔 철학은 일종의 무신론이다. 그의 철학에서 무신론이 "하나님의 객관적 규정"이 된다(Löwith 1941, 89-90).

포이어바하에 의하면, 헤겔이 말하는 무한한 것은 사실상 유한한 것, 특수한 것에 불과하다. 헤겔은 유한한 것, 특수한 것을 무한한 것으로 신화화한다. 헤겔 철학은 유한한 현실의 규정을 단지 이들의 부정을 통해 무한한 것의 규정으로 만든다. 그것은 무한한 것으로부터 유한한 것을, 특수하지 않은 것으로부터 특수한 것을 이끌어낸다. 곧 무한한 것의 부정을 통해 유한한 것을 연역한다. 이로 인해 헤겔은 유한한 것, 특수한 것의 참된 현실을 파악하지 못한다. 헤겔에 따르면, 본래 무한한 것은 아무 규정도 갖지 않은 추상적인 것에 불과하다. 그것은 현실이 없다. 아무 규정이 없는 무(Nichts)와 같은 무한한 것이 부정됨으로써 유한한 것이 설정되고, 이 유한한 것이 무한한 것의 현실이 된다. 그러나 이 현실 밑바닥에는 무한한 것, 절대적인 것의 비존재가 숨어 있기 때문에 유한한 것은 언제나 다시금 부정되고 지양된다. 유한한 것은 무한한 것의 부정이요, 무한한 것은 유한한 것의 부정이다. 이것은 일종의 언어유희이며 모순이라고 포이어바하는 헤겔을 비판한다.

물론 헤겔은 사물에 대한 인식에서 감성적 지각을 부인하지 않는다. 인식은 감성을 통한 지각으로부터 시작한다는 것을 헤겔 자신도 인정한다. 그러나 헤겔의 절대 관념론은 감성적 지각에서 출발하지 않고, 신적 정신의 개념에서 출발한다. 그것은 현실의 존재로부터 출발하지 않고 의식으로부터 출발한다. 구체적인 것, 현실적인 것이 철학의 규범이 되지 않고, 사변적 철학이 구체적 현실에 대한 규범이 된다. 정신에서 출발하는 헤 겔의 관념론에 반해, 포이어바하는 자신의 "새로운 철학"을 다음과 같이 규정한다. "철학은 진리와 전체성 안에 있는 현실의 학문이다. 그러나 현실 의 총괄개념(Inbegriff)은…자연이다. 구원의 원천은 자연으로 돌아가는 데 있다"(Küng 1995, 228에서 인용).

1842-43년에 남겨진 것으로 보이는 한 메모에서 포이어바하는 "새로 운 철학"의 "변화의 필연성"에 대해 다음과 같이 말한다. 새로운 철학은 더 이상 칸트로부터 헤겔에 이르는 발전 과정에 있지 않다. 그것은 더 이상 추 상적 철학사의 계열에 속하지 않는다. 오히려 그것은 세계의 직접적인 사 건에 속한다. 이제 우리는 옛날의 관습에 머물지, 아니면 새로운 시대를 열 지 결단해야 한다. 새로운 시대를 향한 새로운 철학의 변화는 필연적이다. 이 철학은 "시대의 욕구"에서 생성하기 때문이다. 참된 철학은 "시대의 욕 구, 인류의 욕구에 상응하는" 철학이다.

"세계사적 직관이 몰락하는 시대에" 다양한 욕구들이 상충한다. 곧 "새것을 추방하고 옛것을 지키고자 하는 욕구"와, "새로운 것을 실현하 고자 하는 욕구"가 서로 부딪힌다. 참된 욕구는 무엇인가? 그것은 새로운 것을 실현하고자 하는 "미래의 욕구"다. 옛것을 유지하고자 하는 욕구는 인위적 반응에 불과하다. "헤겔 철학은 현존하는 다양한 체계들, 어중간 한 내용들(Halbheiten)의 자의적 결합이었다. 그것은 긍정적 힘을 결여하고 있다. 절대적 부정을 결여하고 있기 때문이다. 절대적으로 부정적이고자 하는 용기를 가진 자만이 새로운 것을 창조할 수 있는 힘을 가진다"(1962a, 226-227).

3. 헤겔 철학에 대한 포이어바하의 부정은 기독교 종교에 대한 부정과 결 합되어 있다. 그에 따르면, 헤겔 철학과 마찬가지로 기독교 역시 새로운 시

대의 욕구에 부응하지 못한다. 지금 우리에게는 사유와 사상은 있지만 마음이 없다. 종교 제도는 있지만 종교가 없다. 기독교는 부정되었다. 기독교는 그것을 지키고자 하는 자들에 의해 부정되었다. 기독교가 부정되었지만 그들은 이를 감추고자 한다. "기독교는 이론적 사람들에게도 부합하지 않고, 실천적 사람들에게도 부합하지 않는다. 그것은 정신을 만족시키지도 못하고, 마음을 만족시키지도 못한다. 우리는 하늘의 영원한 축복과는 다른 관심들을 우리 마음속에 갖고 있기 때문이다." 한마디로 기독교는 멸망할 수밖에 없는 국면에 도달하였다. 그러나 "헤겔 철학은 표상과 사상 (Vorstellung und Gedanke) 사이의 모순 속에 기독교의 부정을 은폐시켰다.… 초기 기독교와 완성된 기독교 사이의 모순 속에 은폐시켰다." 어느 종교든지 초기에는 진리를 말하며 역동적이고 뜨겁다. 엄격하고 타협을 거부한다. 그러나 시간이 지나면서 그것은 근원적 진리에 불충실하고 무관심해진다. 그것은 "관습의 운명에 빠진다." 이것을 은폐하기 위해 사람들은 전통에 매달리거나 옛날의 율법서를 완화시킨다(1962b, 227-228).

이 일은 기독교에서도 일어난다. 기독교 역시 자기를 유지하기 위해 전통을 고수한다. 그러나 오늘날 기독교는 사람들의 정신과 마음속에서 부정되었다. 학문과 삶과 예술과 산업에서 회복할 수 없을 정도로 철저히 부정되었다. 그것은 거짓을 반대할 수 있는 반대의 힘을 잃어버렸다. 이제 기독교는 끝났다. 헤겔의 철학은 "몰락한 기독교를 철학을 통해 다시 회복시키고자 한 마지막 위대한 시도였다. 실로 그는 기독교의 부정을 기독교 자체와 일치함으로써 이를 시도하였다"(1959 ii, 277). 기독교가 끝난 것처럼 헤겔 철학도 끝났다. 기독교 종교에 기초한 헤겔의 철학적 신학, 신학적 철학은 불가능하게 되었다. 이른바 헤겔의 기독교적 철학은 "불완전하고 제한성을 가진, 철학의 개념에 모순되는 철학"에 불과하다(1959 V, 136). 지금까지 기독교의 부정은 무의식적으로 일어났지만, 이제 그것은 의식적으로 일어나야 한다. 기독교에 대한 "의식적 부정은 새로운 시대를 세우며…
더 이상 기독교적이지 않은, 확실하게 비기독교적인 철학의 필연성을" 보
여준다(1962b, 228).

　　기독교에 대한 포이어바하의 부정은 제도화된 기독교에 대한 그의 실
망에 기인한다고 볼 수 있다. 그에 따르면 기독교는 본래의 순수성과 생명
력을 상실하였다. 그것은 형식화되어 처음의 역동성을 잃어버렸다. 그럼에
도 불구하고 헤겔은 기독교 종교와 철학의 화해를 시도하며, 기독교의 종
교적 진리에 기초한 철학 체계를 세웠다. 헤겔 철학이 기초한 기독교 종교
는 이제 새로운 철학으로 대체되어야 한다. 이 철학은 이전의 철학과는 전
적으로 다르다. 그것은 "새로운 철학"이다. "정치가 우리의 종교가 되어야
한다." 여기서 문제되는 것은 "하나의 공적 원리다. 이 원리는 ― 부정적으
로 말한다면 ― 무신론에 불과하다. 다시 말해 인간과는 다른 하나님을 포
기하는 것이다"(1962b, 228).

4. 이와 같이 포이어바하는 헤겔 철학을 비판하고 그것을 대체할 "새로운
철학"의 필연성을 역설한다. 그러나 그의 철학은 헤겔의 그림자를 벗어나
지 못한다. 사실 포이어바하는 헤겔 철학 속에 숨어 있는 양면성 가운데
어느 한 면을 극단화함으로써 자신의 학문적 입장을 정립하였다고 볼 수
있다. 헤겔은 하나님을 정신 혹은 절대자라는 철학적 개념으로 바꾸고, 정
신 혹은 절대자를 역사의 변증법적 활동으로 파악한다. 이로써 헤겔은 세
계사의 차원에서 기독교 진리의 타당성을 제시하고자 한 "엉큼한 신학자"
로 보이기도 하고, 하나님의 인격적 존재를 부정하고, 그것을 역사의 변증
법적 과정으로 폐기하는 무신론자 혹은 범신론자로 보이는 양면성을 갖게
된다.

　　헤겔 철학의 이 양면성 가운데 포이어바하는 헤겔을 신학자로 규정

한다. 그에 따르면, 헤겔은 "엉큼한 신학자"다. 인격적 하나님을 부정하는 헤겔의 무신론은 하나님을 부정하는 것 같지만 부정하지 않는다. 그는 "하나님의 부정, 무신론을 하나님의 객관적 규정으로 만들었다. 하나님은 (세계사의) 과정으로, 이 과정의 한 계기로 규정된다." 이로써 하나님의 존재가 사실상 인정된다. 이 신적 과정의 마지막에는 "자기의 부정으로부터 다시 자기를 회복하는 하나님이 서 있다." 자기 부정 속에서 자기를 유지하고 회복하는 이 하나님은 "무신론적 하나님"이다(1959 II, 277). 자기 자신을 부정함으로써 자기 자신에 도달하는 하나님이 결국 승리한다. "그러므로…신학의 부정은 다시 부정된다. 다시 말해, 신학은 철학을 통해 다시 회복된다." 헤겔 철학은 "신학의 부정이다. 그러나 이 부정은 다시 신학이다"(278). 그것은 신학적 내용을 가진 철학이요, 철학적 형식을 가진 신학이다.

이 같은 양면성을 가진 헤겔 철학에 반해, 포이어바하의 "새로운 철학"은 신학을 인간학으로 폐기해야 한다고 주장한다. 새로운 철학은 절대자 하나님 혹은 정신으로부터 출발하는 "헤겔 철학의 부정"을 요구한다. 헤겔이 말하는 절대정신, 곧 "절대자의 난센스(Unsinn)"를 버려야 한다(1959 II, 227). 신학과 철학, 종교와 철학의 종합을 거부해야 한다. "옛날의 가톨릭 스콜라 철학과 근대의 개신교적 스콜라 철학처럼,…새로운 철학은 기독교 교의학과 일치한다는 것을 보임으로써 종교와 일치한다는 것을 증명하고자 하는 유혹에 빠져서는 안 된다. 종교의 본질에서 생성된 새로운 철학은 그 자신 안에 종교를 가지며, 그 자체에 있어 철학으로, 종교로 존재한다"(Löwith 1941, 361에서 인용). 여기서 새로운 철학은 새로운 종교로 등장한다. 헤겔의 신학적 철학, 종교적 철학 대신에 인간학적 무신론을 기초로 하는 새로운 철학이 등장한다.

그러나 포이어바하의 "새로운 철학"은 헤겔 철학에 대한 의존을 벗어나지 못한다. 그의 철학은 헤겔 철학에 대한 안티테제로서 생성되었다. 안티테제는 테제를 전제하며 그 전제 속에서 이루어진다. 그런 점에서 안티테제는 테제에서 자유롭지 못하다. 그것은 테제를 거부하면서 테제에 의존한다. 헤겔 철학의 부정을 요구하지만 헤겔 철학에 의존한다. 그러므로 포이어바하는 헤겔의 수없이 많은 개념과 사상을 수용한다. 이 사실을 우리는 포이어바하의 주요 저서 『기독교의 본질』에서 여실히 볼 수 있다. 그래서 어떤 학자는 이렇게 말한다. "포이어바하는 '단순하게'(naiv) 헤겔적 사유의 연관성을 떠나지 않았다. 오히려 그는 헤겔과의 논쟁 속에서 자기의 인간학적 출발점을 발견하였다"(Salaquarda 1985, 151).

사실 포이어바하의 유명한 투사설은 헤겔 철학의 논리 구조에 의존한다. 절대정신이 자기를 외화한(entäußern) 것이 인간의 정신이라면, 인간의 정신은 절대정신의 자기 투사라고 볼 수 있다. 이제 절대정신은 인간의 정신으로 현존한다. 이 관계를 포이어바하는 거꾸로 뒤집어 절대정신으로서의 하나님은 인간의 자기 투사라고 말한다. 하나님이 인간을 자기 형상으로 만든 것이 아니라, 거꾸로 인간이 하나님을 자기 형상으로 만든다. 주체와 객체의 위치가 거꾸로 바뀔 뿐 논리 구조는 동일하다. 그러나 유감스럽게도 포이어바하는 헤겔의 "통일성 안에서의 구별"과 "구별 속에 있는 통일성"의 변증법을 간과한다.

III

포이어바하의 투사설을 준비한 슈트라우스

1. 헤겔에 대한 포이어바하의 전향에 큰 영향을 준 것은, 헤겔 좌파에 속한 슈트라우스(D. F. Strauß, 1808-1874)의 저서 『예수의 삶』이었다. 슈트라우스는 헤겔이 사망한 지 1년 뒤인 1832년에 튀빙언 슈티프트의 학생 지도자(Repetent)가 되고, 1835년에 『예수의 삶』 제1권을 출판한다. 이듬해 1836년에 제2권을 출판한다. 본래 슈트라우스는 무신론자가 아니었다. 그는 현명하고 사려 깊은 사색자요 체계적인 조직신학자였다. 당시 튀빙언 대학교의 유명한 교회사학자요 성서 주석가인 바우르(F. Ch. Baur)가 그에게 큰 영향을 끼쳤다. 신약성서 영역에서 바우르는 역사비평적 방법(historisch-kritische Methode)을 도입하고, 역사적 인물 예수와 교회가 신앙하는 그리스도는 다르다고 주장하였다. 바우르의 이 주장은 오늘도 신약성서 영역에서 지배적 위치를 차지하고 있다. 슈트라우스는 바우르의 영향 속에서 역사적 예수와 신앙의 그리스도를 구별하게 된다.

그러나 이 문제에서 슈트라우스에게 결정적 영향을 미친 인물은 헤겔이다. 헤겔은 기독교가 말하고자 하는 **진리 내용**과, 이 내용을 표현하는 **감각적 표상**을 구별한다. 성서가 말하고자 하는 진리 내용과, 이 내용을 나타내는 종교적 형식을 구별한다. 성서의 여러 가지 이야기는 글자 그 자체에서 진리가 아니라, 진리를 인간의 감각적 표상의 형태로 나타낸다. 감각적 표상과 진리 자체는 구별된다. 종교적·신화적 표상 속에 담겨 있는 기독교 진리는 철학적 사상과 개념의 형식으로 표현되어야 한다. 이것은 기독교 진리의 폐기가 아니라, 오히려 기독교 진리의 참된 실현의 길이라고 헤겔은 생각하였다.

구체적 예를 들어, 아버지 하나님이 그의 아들을 "낳았다"고 신약성서는 말한다. 그러나 아버지가 아들을 낳는다는 것은 있을 수 없는 일이다. 그것은 일종의 신화다. 이 같은 성서의 진술은 진리 자체가 아니라, 이 진리를 나타내고자 하는 종교적·신화적 표상일 따름이다. 기독교의 삼위일체론 역시 마찬가지다. 인간이 아닌 하나님을 인간 아버지, 인간 아들로 나타내는 삼위일체론은 진리 자체가 아니라, 정신(靈)으로서의 하나님의 자기활동, 곧 변증법적 활동을 나타내는 종교적 표상이다. 삼위일체의 표상이 나타내고자 하는 참 진리는 변증법에 있다. 이리하여 헤겔은 삼위일체 교리에서 그의 유명한 변증법을 도출한다. 삼위일체라는 감각적 표상에서 변증법이란 철학적 진리를 도출한다. 여기서 감각적 표상과 철학적 진리가 구별된다.

2. 슈트라우스는 헤겔의 이 같은 생각에 근거하여 역사적 예수와 신앙의 그리스도를 구별하고, 신약성서의 진술은 본질적으로 철학적인 진리 내용을 나타내는 신화적인 표상, 신화적인 형식이라고 주장한다. 역사적 인물 예수와 교회가 고백하는 신앙의 그리스도 사이에는 차이가 있다고 확신한다. 슈트라우스에 의하면, 신약성서의 복음서는 예수의 역사적 사실

을 기술하지 않는다. 그것은 지상의 예수의 삶에 대한 실증적 역사서가 아니다. 복음서는 초기 그리스도인 공동체들이 신앙의 입장에서 기록한 작품이다. 중요한 것은 신화적 형태로 기록되어 있는 복음서의 **신화적 이야기 자체**가 아니라, 이 신화적 이야기 속에 숨어 있는 진리 자체다.

이 진리를 찾기 위해 슈트라우스는 헤겔의 사변적 그리스도론에 근거하여 예수의 삶을 비신화적으로 파악하고자 한다. 이리하여 예수의 동정녀 수태와 출생, 부활과 승천에 이르는 **예수의 삶의 탈신화화**가 일어난다. 여기서 슈트라우스의 의도는 결코 기독교 신앙의 파괴에 있지 않았다. 단지 신화적 이야기들 속에 숨어 있는 기독교 신앙의 진리, 곧 **철학적인 진리**를 드러내는 데 있었다. 이런 점에서 슈트라우스는 반기독교적 무신론자가 아니라 신학자라고 말할 수 있다.

그러나 예수의 출생과 부활과 승천을 포함한 그의 생애 전체가 신화적인 것으로 간주될 수 있는 위험에 빠진다. "하나님-인간"(Gottmensch)으로서의 예수 자신의 존재가 하나의 신화로 인식될 수 있다. 한 인간이 "참인간"(vere homo)인 동시에 "참 하나님"(vere deus)이란 것은 상식적으로 있을 수 없는 하나의 신화로 간주될 수 있다. 그러나 헤겔은 참 하나님인 동시에 참 인간이란 기독교 교리를 수용하였다. 그에게 예수는 신적 본성과 인간적 본성이 하나로 결합되어 있는 존재였다.

그러나 "신적 본성과 인간적 본성의 통일성" 곧 하나됨(Einheit)이 한 인간 예수에게만 있는 것으로 보는 기독교의 전통적 신앙에 반해, 슈트라우스는 그것을 **모든 인간에게 주어져 있는 것**으로 파악한다. 곧 신적 본성과 인간적 본성의 통일성은 역사적 인물 예수에게만 있는 것이 아니라, 모든 인간의 종(種)에게 주어져 있다. 예수의 "신적 본성과 인간적 본성의 통일성"은 모든 인간에게 주어져 있는 것을, "하나님-인간" 예수에게로 **투사한 것**이다. 이 생각을 슈트라우스는 다음과 같이 요약한다. "교회의 이론이 그리스도에게 부여하는 속성과 기능은, 하나님-인간으로 생각되는 한 개인에게서 서로 모순된다. (인간의) 종의 관념 속에서 이들은 일치한다. 인류는 두 가지 본성의 결합, 곧 인간이 된 하나님, 유한성으로 외화된 무한자, 자기의 무한성을 회상하는 유한한 정신이다"(Strauß 1969, 734).

　　예수 안에 있는 "신적 본성과 인간적 본성의 통일성"을 모든 인간에게 주어져 있는 것으로 보는 슈트라우스의 생각 역시 헤겔의 사상에 뿌리를 둔다. 헤겔에 따르면, 모든 인간은 "정신적 존재"다. 모든 인간의 정신은 신적 정신이 자기를 외화하여 있게 된, 신적 정신의 현상 양태다. 따라서 모든 인간의 정신은 신적 본성과 인간적 본성이 하나로 결합되어 있는 통일체다. 이와 같은 헤겔의 생각에 근거하여 슈트라우스는, 신적 본성과 인간적 본성의 통일성이 모든 인간에게 주어져 있고, 이것을 하나의 신적 존재로 투사시킨 것이 하나님-인간 예수라고 말하게 된다. 이로써 **그리스도론은 인간론으로**, **신학은 인간학으로** 바뀐다. 곧 하나님-인간 예수 그리스도에 관한 신학적 이론은 모든 인류의 신성에 관한 인간학적 이론으로 파악된다. 그리스도는 **모든 인간 안에 있는 것이 한 인격적 존재로 투사된 것**에 불과하기 때문이다. 여기서 포이어바하의 유명한 투사설과, 이에 기초한 무신론이 준비된다. 신학은 인간학이라는 포이어바하의 생각이 이미 슈트라우스에게서 나타난다.

3. 슈트라우스에 의하면, 모든 인류에게 주어진 신적 본성과 인간적 본성의 통일성을 "하나님-인간" 그리스도에게로 투사시킨 것은 초기 기독교 공동체다. 역사의 인물 예수가 죽은 후에, 초기 기독교 공동체는 예수를 신적 본성과 인간적 본성을 가진 신적 존재로, 곧 "하나님-인간"으로 신화화하였다. 지상의 인간 예수의 삶과 죽음에 대한 깊은 감동 속에서 기독교 공동체는 인간 예수를 "하나님-인간"이란 신화적 존재로, 곧 "그리스도"(메

시아)로 파악하고, 그를 예배의 대상으로 세웠다. 그러나 신적 본성과 인간적 본성이 하나로 결합되어 있는 하나님-인간 예수는, 인류의 종에게 주어져 있는 양자의 통일성을 투사한 것에 불과하다.

셋째 저서 『옛 믿음과 새 믿음』(1872)에서 슈트라우스는 **범신론**을 주장한다. "우리는 아직도 그리스도인인가?"라는 질문에 대해 그는 아니라고 대답한다. 그러나 "우리는 아직도 종교를 가지는가?"라는 질문에 대해 그렇다고 대답한다. 그가 말하는 종교는 기독교가 아니라 범신론적 종교를 가리킨다. 범신론적 종교는 하나님 대신에 만유 혹은 우주를 신앙의 대상으로 가진다. 사랑으로 가득한 신뢰와 절대 의존의 겸손한 감정 속에서 우리는 우주로서의 신을 만날 수 있다. 이것을 우리는 종교라 부를 수 있다. 여기서 슈트라우스는 절대자에 대한 절대 의존의 감정, 곧 감성을 종교의 본질로 보는 슐라이어마허의 입장을 수용한다. 이로써 슈트라우스는 이성보다 감성을 중요시하는 포이어바하의 선구자가 된다.

슈트라우스의 사상은 격렬한 비판을 받게 된다. 수많은 논쟁서와 신문 사설들이 발표된다. 슈트라우스는 기독교 신앙의 파괴자일 뿐 아니라, 범신론자요 무신론자라는 비난을 받는다. 이리하여 슈트라우스는 포이어바하와 마찬가지로 한평생 공직을 얻지 못하게 된다. 프로이센 왕국은 모든 종교적·정치적 위험인물들에 대해 엄격한 언론 통제와 감시로 대응하면서, 보수적 경향의 학자들을 베를린 대학교 교수로 초빙한다. 그중 대표자는 헤겔의 오랜 친구로서 나중에 헤겔을 적대시한 셸링이었다. 이에 헤겔 좌파는 기독교 종교에 대항하는 동시에, 보수 반동적인 프로이센 왕국에 대항하게 된다. 이 싸움에서 그들은 프랑스의 물질론과 무신론에 근거하면서 헤겔의 관념론을 거부한다. 그 포문을 연 것은 슈트라우스의 저서 『예수의 삶』이었다. 이 책으로 말미암아 헤겔 우파와 좌파의 분열이 시작된다. 이 같은 상황 속에서 포이어바하는 헤겔 철학에 대항하는 "새로운 철학"을 외친다.

그러나 포이어바하의 "새로운 철학"은 단순히 슈트라우스의 영향으로 말미암은 것이 아니라, 시대의 변화로 말미암은 것이었다고 해석할 수 있다. 포이어바하는 추상적 관념과 사변의 시대는 지나고, 현실주의의 시대가 가까웠다는 것을 감지하였다. 하나님 중심의 시대는 지나고 인간의 시대가 시작되었으며, 정신과 이성의 냉철한 합리적 사유의 시대는 끝나고, 감성과 감정의 시대가 시작되었음을 그는 예지하였다. 기독교와 관념론이 지배하던 시대는 지나고, 감성적이고 물질적인 것, 현실적인 것을 중요시하는 새로운 시대가 도래하였음을 그는 인지하였다. 그래서 포이어바하는 이렇게 말한다. "철학의 변화, 개혁, 쇄신이 필요하지 않은가? 만일 그렇다면 이 변화는 언제, 어떻게 이루어져야 하고, 또 이루어질 수밖에 없는가? 이 변화는 종래 철학의 정신과 의미인가, 아니면 새로운 의미인가? 종래의 철학과 같은 것인가, 아니면 본질적으로 다른 것인가? 이 두 가지 질문은 아래 문제에 의존한다. 우리는 새로운 시대의 문 앞에, 인류의 새로운 시대의 문 앞에 서 있는가, 아니면 아직도 옛날의 궤도 위에 머물러 있는가?"(1962a, 226)

포이어바하는 "옛날의 궤도"를 버리고, 새로운 시대의 욕구에 부응하는 "새로운 철학"의 필연성을 주창한다. 진리는 사유를 통해 인식할 수 있는 것이 아니라, 감각적 지각과 직관과 사랑을 통해 인식할 수 있다. 종교의 본질은 정신과 사유에 있는 것이 아니라 감정과 마음, 곧 사랑에 있다. 참 진리는 사랑이다. **"사랑이 없는 곳에는 진리도 없다"**(Grundsätze § 35, Lorenz 1958, 3에서 인용. 이 말의 뿌리는 성서에 있음. "모든 비밀과 모든 지식을 가지고 있을지라도,…사랑이 없으면 아무것도 아닙니다", 고전 12:2). 포이어바하의 이 말에서 우리는 헤겔의 합리주의적 관념론에 대항하는 "새로운 철학"의 기본 원리를 볼 수 있다.

또한 1848년의 정치적 혁명이 실패로 끝났을 때, 포이어바하는 자연과학, 특히 화학의 혁명이 일어나리라고 예견하였다. 자연과학은 그 출발점에 있어 신화적인 기독교 세계관을 이미 깨버렸다고 본다. 이제 철학은 신학과 결합될 것이 아니라 자연과학과 결합되어야 한다. 헤겔의 철학적 신학, 신학적 철학의 시대는 지나가 버렸다. 관념의 시대는 지나고, 과학적으로 증명되어야 할 **사실들의 시대**가 시작되었다. 새로운 포도주는 이제 새로운 그릇에 담겨야 한다. 그러나 포이어바하의 "새로운 철학" 역시 헤겔의 관념성을 벗어나지 못하였다는 것을 우리는 아래에서 볼 수 있다. 헤겔 철학에 대한 그의 관계는 **의존 속에서의 독립, 독립 속에서의 의존**의 양면적 관계였다. 이 양면성을 우리는 거의 모든 헤겔 좌파의 인물들에게서 볼 수 있다.

IV
헤겔의 관념론에서 감성적 현실주의로

헤겔의 관념론에 등을 돌린 포이어바하는 이제 자신의 "새로운 철학"을 전개한다. 그의 새로운 철학은 감성적인 것에서 출발하여 현실을 파악하고자 하는 현실주의, 감성주의적·물질주의적 인간학을 기본 내용으로 한다. 여기서 인간은 "정신적 존재"(Hegel)가 아니라 느끼고 지각하는 감성적 존재, 먹어야만 생존할 수 있는 몸적 존재, 여성과 남성의 성적 차이를 지닌 성적 존재, 나와 너의 대화 속에서 진리를 발견하는 관계적 존재로 파악된다.

1. 감성적인 것이 철학의 출발점이다

1. 앞서 고찰한 바와 같이, 포이어바하는 헤겔 철학의 관념성(Idealität)을 거부하고, 현실적이고 구체적인 것으로부터 출발하고자 한다. 그것은 하나

의 현실주의적 철학이고자 한다. "그의 현실과 총체성 안에 있는 현실적인 것"이 "새로운 철학의 대상"이다(1959 II, 313). 관념적인 것이 아니라 현실적인 것, 구체적인 것이 철학의 기초여야 한다. 포이어바하의 이 생각은 나중에 마르크스의 기본 입장이 된다.

여기서 포이어바하가 뜻하는 현실적인 것, 구체적인 것은 인간이 감각적으로 경험할 수 있는 감성적인 대상, 물질적인 대상을 말한다. 새로운 철학은 감성적인 것, 눈으로 볼 수 있는 물질적인 것에서 출발해야 한다. 포이어바하의 이 생각을 이진경 교수는 다음과 같이 말한다. "포이어바하는 '관념론자들은 사물을 더욱더 잘 보기 위해 인간의 육체에서 눈을 빼버렸다'고 비판합니다. 그리고 그 말을 그대로 뒤집어 '좀 더 잘 보기 위해서'라며 차라리 눈을 갖고 개념을 없애는 편이 훨씬 낫다'고 말합니다. 그는 대상을 눈에 비치는 대상, 직관되는 대상으로 파악하고자 한 것이지요"(이진경 2015, 205).

이것을 포이어바하는 다음과 같이 말한다. "나는 **절대적인** 사변(Spekulation), **비물질적이며** 자기 자신으로 만족하는 사변, 그의 자료를 자기 자신으로부터 가져오는 사변을 절대적으로 거부한다. 나는 더 잘 사유할 수 있기 위해, 머리에서 눈을 제거하는 철학자들과는 근본적으로 다르다. 사유하기 위해 나는 감성을 필요로 한다. 무엇보다도 나는 눈을 필요로 한다. 나는 우리가 언제나 감성의 활동을 통해서만 얻을 수 있는 자료들(Materialien)에 나의 생각들을 근거시키고자 한다. 나는 사상으로부터 대상을 이끌어내는 것이 아니라, 대상으로부터 사상을 이끌어내고자 한다. **대상**은 우리의 **머리 바깥에 실존하는** 것일 뿐이다.⋯본래의 이론철학의 영역에서 나는 헤겔 철학과는 정반대로 현실주의(Realismus)와 물질론이 타당하다고 생각한다.⋯많은 일을 나는 **내 바깥에** 가진다. 그것들을 나는 가방이나 머릿속에 가지고 다닐 수 없다.⋯나는 정신적 자연 연구자일 뿐이다. 자연 연구자는 도구 없이, 물질적 수단 없이 아무것도 할 수 없다"(1976, 400-401).

위의 인용문에서 우리는 헤겔 철학의 비현실적 관념성을 버리고, 현실적인 것으로부터 시작하고자 하는 포이어바하의 현실주의를 볼 수 있다. 헤겔의 정신에 반해, 감각적으로 경험할 수 있는 감성적이고 물질적인 것이 모든 사물의 기초다. 가장 현실적인 것, 기초적인 것은 정신적인 것, 관념적인 것이 아니라 물질적인 것, 감성적인 것이다. 물질적 기초가 없다면 인간은 사유할 수도 없고 자기의식을 가질 수도 없다. 물질적 육체가 없는 인간, 살과 피가 없는 인간, 눈과 귀가 없는 인간, 사유만 있는 인간은 있을 수 없다. 인간의 사유는 육체의 물질적 조건 속에서만 이루어질 수 있다. 프랑스의 물질론자에 따르면, 뇌세포 없는 사유는 불가능하다. 사유는 뇌세포의 활동일 뿐이다.

여기서 포이어바하는 헤겔의 정신에 반해 감성을, 사유에 반해 "지각하고 사랑하는 인간의 생동적인 마지막 현실을 대칭시킨다"(Lorenz, 1958, 929). 참 존재는 사유하는 정신적 존재가 아니라 "감성적인 구체적 존재", "감성적 현실(Realität)"이다. "인간은 감성적 현실 외의 다른 현실에 대한 어떤 표상도, 어떤 예감(Ahnung)도 갖지 않는다"(1959 VIII, 324). 참된 현실은 눈으로 볼 수 없는 정신적 현실이 아니라 감성적이며 물질적 현실이다. "진리, 현실, 감성은 동일한 것이다"(1959 II, 296). 진리는 관념적인 것이 아니라 감성적인 것, 현실적인 것이다. 인식은 감성으로부터 시작한다. 그러므로 "나는 초감성적인 것에서 감성적인 것으로 넘어왔다. 초감성적인 것의 비진리와 무근거성(Wesenslosigkeit)으로부터 감성적인 것의 진리를 끌어내었다"고 포이어바하는 회고한다(1959 X, 343).

여기서 포이어바하는 데카르트로부터 헤겔에 이르는 관념론의 전통을 거부하고, 감성주의 혹은 감각주의(Sensualismus)로 전환한다. 그리하

여 데카르트의 "나는 사유한다. 그러므로 나는 존재한다"(cogito ergo sum)
는 명제를, "나는 느낀다. 그러므로 나는 존재한다"(sentio ergo sum)는 명
제로 대체한다. "느끼는 것이 나의 존재이고, 사유하는 것은 나의 비존재
(Nichtsein)다"(1976, 327). 사유가 아니라 감성적 느낌이 현실적인 것이다.
포이어바하에 따르면, 헤겔 철학은 절대정신의 관념에서 출발한다. 그러므
로 사물들의 현실을 있는 그대로 파악하지 못하고, 추상적 사변의 차원에
머물러 있다. 헤겔 철학은 있는 그대로의 현실을 보지 못하는 관념적·추상
적 사변에 불과하다. 그의 "철학은 술에 취한 철학이다. 이제 철학은 깨어
나야 한다"(1959 VII, 153). 관념론적 미몽을 벗어나 구체적 현실에 눈을 떠
야 한다. 우리는 헤겔의 "사변철학을 뒤집어야 한다. 이때 우리는 은폐되지
않은 순수하고 명백한 진리를 얻게 될 것이다"(1959 II, 224). 이를 위해 우리
는 감성적인 것, 감각적인 것에서 출발해야 한다. 미래의 "새로운 철학"의
인식론은 "감각주의"에 있다(Windelband 1957, 553).

이에 근거하여 포이어바하는 플라톤이 말하는 관념이나 보편적 개념
등은 독립적 실재가 아니라고 주장한다. 구체적 현실 없는 영원한 관념, 보
편 개념 등은 실재하지 않는다. "신들이나 하나님의 속성들이나 플라톤적
관념들이나, 혹은 자기 자신을 정립하는 헤겔의 개념들"은 헛된 것, 실재하
지 않는 것이다(1959 VIII 155). 물론 헤겔은 현실의 특수한 존재자들로부터
분리된 보편 개념을 인정하지 않는다. 보편 개념은 특수한 존재자들 속에
현존하며 그 속에서 자기를 전개한다. 그러나 특수한 존재자들로부터 구
별되는 보편 개념의 실재를 헤겔은 부인하지 않는다. 이에 반해 포이어바
하는 보편 개념은 존재하지 않는 것, 없는 것(non ens)이라고 말한다. 헤겔
이 말하는 즉대자적으로 존재하는 보편 개념은 "가장 높고 가장 강력한 추
상"이다(die höchste, gewalttätigste Abstraktion, 1959 IV, 432). 그것은 감각적 현
실로부터 추상화된 것이다. 이제 감각적으로 경험할 수 있는 것이 철학의

기초와 출발점이 되어야 한다.

이로써 감성에 기초한 감각주의가 "새로운 철학"의 원리가 된다. 데카르트의 "cogito ergo sum"의 합리주의는 "sentio ergo sum"의 감각주의로 바뀌어야 한다(1976, 327). 포이어바하의 감각주의는 **인간학적 물질론**으로 발전한다. 인간의 모든 감각 행위는 인간 몸의 **물질적 감각기관을 통해** 이루어진다. 또 인간의 감각 행위는 음식물을 먹고 목숨을 유지할 때 가능하다. 인간의 지성과 인격성도 **물질의 기초 위에서** 가능하다. 물질적 몸이 없는 인간의 지성과 인격성은 성립할 수 없다. 자연 혹은 물질이 "지성의 근거이며, 인격성의 근거다." 그러나 자연 혹은 물질 자체는 다른 근거를 갖지 않는다(103).

2. 포이어바하에 의하면, 감성은 인간의 감각의 본질일 뿐 아니라 자연과 몸적 실존의 본질이기도 하다. 감성과 감각 없는 생물체는 존재하지 않는다. 이로써 포이어바하는 헤겔이 경시한 감성을 가장 높은 자리에 세운다. 모든 생명체의 실존은 감성에 의존한다. 곧 눈으로 보고, 귀로 듣고, 혀로 맛을 보고, 코로 냄새를 맡고, 피부로 느끼는 감성의 활동을 통해 생존한다. 감성은 상상된 것, 사유된 것, 표상된 것이 아니라 생명의 현실적 기초다. 실존의 참 개념은 오직 감성에 있다. 감성이 있고, 그다음에 사유가 있다. 어떤 대상을 눈으로 보고, 귀로 듣고, 피부로 느끼고, 냄새를 맡음으로써 그 대상에 대한 사유를 시작할 수 있다. 사유 없는 감성은 있을 수 있지만, 감성 없는 사유는 있을 수 없다. 감각주의는 바로 이것을 말한다.

이에 반해 헤겔은 **감성 없는 사유**를 주장한다. 순수한 사유를 위해 감성은 제거되어야 할 것으로 생각된다. 감성은 순수한 사유를 방해하는 요소로 간주되기 때문이다. 참 자유는 자연적이고 직접적인 감성에서 해방되는 데 있다. 인간은 감성적 요소의 개입 없이 순수히 사유함으로써 자유로울 수 있다고 헤겔은 생각한다. 그에 따르면 "순수한 사유", 모든 외적인 것에서 자유로운 사유는 감성이 배제된 사유, 사유 자신 안에서 일어나는 사유를 말한다.

감성에 대한 헤겔의 부정적 생각을 포이어바하는 영혼과 몸의 관계에 대한 헤겔의 생각에서 발견한다. 헤겔은 영혼과 몸의 동일성을 증명하고자 하지만, 그가 말하는 동일성은 완전히 일면적인 것이다. 먼저 헤겔은 몸을 부정적으로 생각하는 자들을 비판한다. 이들에게 인간의 몸은 영혼에 대한 감옥으로 생각된다. 몸의 감옥으로 말미암아 인간의 영적·정신적 자유가 제한된다. 곧 인간은 참된 자유를 얻지 못한다. 그는 육체적 욕구를 채우고자 하는 충동에 시달린다. 이에 반해 헤겔은 다음과 같이 주장한다. 인간의 정신(혹은 영)은 "물질적인 것을 자기 자신의 몸성(Leiblichkeit)으로서, 하나의 외부 세계로서" 자기에게 대칭시키며, 자기로부터 구별한다. 자기에게 대칭하며 자기로부터 구별된 물질적 몸을 그는 자기 자신과 중재하여 통일성에 이르고자 한다. 인간의 정신과 그의 몸은 외부 세계와 정신의 관계보다 더 깊은 내적 결합성을 가진다. 그러므로 우리는 몸을 멸시하거나 적대적인 것으로 보아서는 안 된다. 몸의 유기체 법칙에 순응할 때, 몸 안에 있는 우리의 영혼이 자유로울 수 있다.

포이어바하에 따르면, 헤겔의 이 생각은 타당하다. 인간의 영혼과 몸은 분리될 수 없이 결합되어 있다. 따라서 몸이 편안해야 영혼도 편안할 수 있다. 그러나 헤겔은 영혼과 몸의 직접적 통일성을 **영혼의 개념에 모순되는 것**으로 본다. 양자의 직접적 통일성은 영혼의 개념, 곧 "자기 자신과 관계하는 영혼의 관념성(Idealität)"에 모순된다. 그러므로 영혼은 이 통일성을 "정신을 통해 세워진 것 혹은 중재된 것으로 만들 수밖에 없다." 곧 영혼과 몸의 통일성은 영혼 본연의 것이 아니라, 정신에 의해 세워졌거나 중재된 것이다. 따라서 영혼은 원칙적으로 몸에서 분리된다. 그러므로 영혼은 자기의 몸을 소유할 수 있고, 자기의 뜻에 잘 순종하는 도구로 가질 수 있다. 반면에 몸은 영혼이 자기 자신과 관계할 수 있도록 변형시킬 수 있는 "대상"이 되어버린다.

여기서 헤겔은 영혼과 마찬가지로 몸 역시 "의지와 의식의 근거이기도" 하다는 사실을 간과한다. 정신이 몸을 의식적으로 형성하고 결정하는 동시에, "스스로 자기의 몸에 의해 무의식적으로 결정된다"는 사실을 헤겔은 보지 못한다. 그는 감성적이고 자연적인 몸의 존재를 인정하지만, 자기 자신과 관계하며 자기 홀로 존재하는 정신의 전제 하에서 그것을 인정할 뿐이다. 헤겔이 말하는 인간의 자기의식에 대한 관념론적 개념도 감성적이고 자연적인 몸의 현실을 인정하지 않음은 물론, 이웃 인간의 독립적 현실을 인정하지 않는다(Löwith 1941, 91-93). 몸 없는 영혼의 추상적 관념성에 머물러 있는 헤겔에 반해 포이어바하는 몸적인 것, 감성적인 것, 물질적인 것을 "새로운 철학"의 근거와 출발점으로 제시한다.

2. "우리의 종교도 거짓이며, 학문도 거짓이다"

1. 어떤 동기에서 포이어바하는 감성적인 것, 물질적인 것을 새로운 철학의 근거와 출발점으로 세우는가? 그 동기는 현실을 있는 그대로 파악하고, 현실의 진리를 드러내기 위함이라 말할 수 있다. 감성적인 것, 물질적인 것으로부터 출발할 때, 철학은 현실을 있는 그대로 볼 수 있게 된다. 이에 반해 실재하지 않는 관념적인 것으로부터 출발할 때, 현실에 대한 모든 철학적 진술들은 거짓이나 위선이 되어버린다. "우리의 종교도 거짓이며, 우리의 학문도 거짓이다." 포이어바하 철학 전체의 목적은 관념론적 거짓을 제거하고, 현실의 진리를 드러내는 데 있다. 그 대표적 작품이 『기독교의 본

질』(1841)이다.

『기독교의 본질』 제2판 서론(1843)에 따르면 이 책은 두 부분으로 구성된다. 첫째 부분은, 하나님의 아들이 사람이 되었다는 성서의 말씀을 글자 그대로 이해하여, 하나님의 아들이 "사람의 아들"이 되었다는 것으로 파악한다. 하나님의 아들이 사람의 아들로 되었다면, "인간적인 관계"는 곧 "신적인 관계"라는 점이 증명된다. 따라서 신적 본질의 술어들과 인간적 본질의 술어들은 동일하며, 신학의 참된 의미는 인간학이라고 첫째 부분은 말한다.

둘째 부분은, 하나님의 아들은 자연적·인간적 의미에서의 아들이 아니라, 자연과 인간의 이성에 모순되는 전혀 다른 의미에서 아들임을 말한다. 따라서 "무의미하고 무지한(verstandlos)" 뜻에서 아들임을 말한다. 여기서 인간의 감성과 오성이 부인된다. 그렇다면 하나님의 아들이 사람의 아들이 되었다는 기독교의 진리는 "비진리, 부정적인 것"임을 둘째 부분은 말하고자 한다. 첫째 부분은 종교를 기독교의 본질, 기독교의 진리로 해체한다면, 둘째 부분은 종교를 그의 모순으로 해체한다. 첫째 부분은 신학의 참된 의미가 인간학에 있다는 것을 말한다면, 둘째 부분은 신학과 인간학의 차이를 무의미한 것으로 해체한다. 첫째 부분은 동일한 사실을 긍정적 방법으로 말한다면, 둘째 부분은 동일한 사실을 부정적 방법으로 말한다. 전자는 직접적 방법으로 말한다면, 후자는 간접적 방법으로 말한다(1976, 404-405).

이 책에서 포이어바하는 헤겔 철학에 의존하는 동시에 헤겔의 생각들을 비판하기도 하고, 그것을 극단화시키거나 거꾸로 뒤집어버리기도 한다. 헤겔이 말했던 많은 통찰이 이 책에서 반복된다. 예를 들어, 짐승은 종교를 갖지 않는다는 점에 인간과 짐승의 본질적 차이가 있다는 포이어바하의 말은, 바로 헤겔이 한 말이다. "신적 본질과 인간적 본질의 통일성"

에 대한 헤겔의 생각을 극단화시켜, 그는 인간적 본질과 하나님의 본질의 동일성을 주장한다. 헤겔과 마찬가지로 그는 하나님을 삼위일체 하나님으로 파악한다. "하나님은 그 자신에 있어 삼중의 존재, 세 인격을 가진 존재(ein in sich dreifaches, dreipersönliches Wesen)다"(1976, 344). "삼위일체의 중심점"은 아들에게 있다는 포이어바하의 생각도 헤겔에게서 유래한다. 헤겔에 따르면, 하나님의 삼위일체는 아들 예수 안에 나타나기 때문이다. 그러므로 우리는 삼위일체를 파악하기 위해 아들 예수를 바라보아야 한다(20세기의 카를 바르트는 헤겔의 이 생각을 그의 삼위일체론에서 수용함).

또한 포이어바하는 하나님을 활동성으로 보는 헤겔의 생각을 수용한다. "하나님의 현실은 하나님의 활동성에 의존하게 된다. 활동하지 않는 하나님은 실제적이고 현실적인 하나님이 아니다." 그러나 포이어바하는 헤겔의 생각을 수정한다. 헤겔에 따르면 "정신으로서의 하나님"은 자기 자신을 자기에 대한 대상으로 세운다. 하나님의 자기활동을 통해 대상이 세워진다. 헤겔의 이 생각은 틀렸다고 포이어바하는 비판한다. 그에 따르면 "대상이 없는 활동성은 없다." 곧 하나님의 활동성은 대상을 전제한다. 어떤 대상이 있을 때, 활동성은 "단순한 능력에서 현실적 활동성"이 된다(1976, 350). 곧 인간이란 대상이 있기 때문에 하나님의 활동은 현실적 활동성이 된다. 따라서 하나님의 자기활동을 통해 대상이 세워진다는 것은 불가능하다고 포이어바하는 헤겔을 반박한다. 이로써 그는 정신의 자기활동으로부터 출발하는 헤겔 철학의 기초를 붕괴하고자 한다.

2. 『기독교의 본질』에서 포이어바하는 기독교 신학이 진지하게 성찰해야 할 많은 내용을 보여준다. 하나님의 세계 창조, 섭리와 성육신이 오직 인간 때문에 일어난 것인지, 과연 인간이 창조의 목적인지, 세계 바깥에 있는 하나님의 인격성은 자연에 대해 배타적인지는, 오늘의 생태학적 위기 속에

서 기독교 신학이 진지하게 생각해보아야 할 문제들이다.

이 책에서 포이어바하는 그를 무신론자라고 확정하기 어려울 정도의 깊은 신학적 통찰을 보여주기도 한다. 예를 들어, 하나님의 세계 창조는 "하나님의 신적인 힘을 나타낼 뿐만 아니라 신적인 사랑을 나타낸다. '(하나님이) 선하기 때문에, 우리도 선하다'(Quia bonus est [Deus], sumus, Augustin).…다른 사람을 행복하게 하는 것보다 더 높은 행복은 없다. 지복(Seligkeit)은 나눔의 행위에 있다. 기쁨, 사랑만이 나눈다. 따라서 인간은 나누는 사랑(mitteilende Liebe)을 존재의 원리로 가진다. 모든 긍정적인 것은 단지 그 자신을 통해 근거된다. 신적 사랑은 그 자신을 통해 근거되는 사랑이요, 자기 자신을 긍정하는 삶의 기쁨이다. 가장 높은 삶의 자기 느낌, 가장 높은 삶의 기쁨은 (타인과 자기 자신을) 행복하게 만드는 사랑에 있다. 하나님은 실존의 행복이다"(1976, 132 각주). 전체적으로 이 책은 헤겔의 많은 통찰을 수용하는 동시에, 헤겔과 정반대의 입장을 취하는 천재적 작품이라 말할 수 있다.

그의 천재성을 우리는 예수와 율법의 관계에 대한 다음과 같은 설명에서 볼 수 있다. 복음서에서 예수는 자기를 율법의 완성자라고 말한다(마 5:17). 어떤 의미에서 예수는 율법의 완성자인가? 포이어바하에 따르면, 예수는 율법을 완전히 지킨 자라는 뜻에서 율법의 완성자다. 율법은 율법을 지키지 않는 자에게만 외적 권위와 타당성을 가진다. 그러나 율법을 완전하게 지키는 자, 곧 율법을 완성하는 자는 율법에 대해 다음과 같이 말할 수 있다. "네가 원하는 것을 나는 스스로 원한다. 너는 단지 명령만 할 뿐이다. 그러나 나는 행위를 통해 너를 더욱 힘 있게 한다(bekräftigen). 나의 삶이 참되고 살아 있는 율법이다. 그러므로 율법의 완성자는 필연적으로 율법을 대신하게 된다. 그는 새로운 율법으로, 그러나 그 멍에가 가볍고 부드러운 율법으로 등장한다. 그는 명령하기만 하는 율법 대신에 자기 자신을 모범(Beispiel)으로, 사랑의 대상으로, 놀라움과 본받으려는 뜨거운 열심의 대상으로 세운다. 이를 통해 예수는 죄에서의 구원자가 된다. 율법은 그것을 완성할 수 있는 힘을 나에게 주지 못한다. 그것은 명령하기만 한다. 내가 그것을 완성할 수 있는지, 어떻게 완성해야 하는가에 대해 무관심하다. 아무 대책 없이, 도움 없이 율법은 나를 나 자신에게 맡겨버린다."

그러나 "율법은 죄에 저항하지 못한다.…율법은 죽은 것이다." 율법은 그것을 지킬 수 있는 힘을 나에게 주지 못하면서, 그것을 지키라고 명령한다. 이에 반해 율법의 완성자 예수는 율법을 완성할 수 있는 "그 자신의 힘을 나에게 나누어 준다." 그는 인간을 격려하고 감격하게 하며, 인간이 자발적으로 그와 함께 길을 떠나도록 한다. "율법은 단지 (인간의) 오성에게 말할 뿐이며, (인간의) 본능과 직접 충돌한다. 이에 반해 율법 완성의 모범자 예수는 인간을 자발적으로 자기의 뒤를 따르도록 부드럽게 호소한다 (schmiegt sich)"(1976, 167-168).

예수와 율법의 관계에 대한 포이어바하의 이 설명은 참으로 뛰어나다고 말하지 않을 수 없다. 이같이 명료하고 아름다운 설명을 필자는 읽은 적이 없다. 그러므로 슈티르너는 포이어바하를 가리켜 "경건한 무신론자"라고 말한다(Salaquarda 1983, 151).

3. 『기독교의 본질』 제2판 서문에서 포이어바하는 자신에 대한 적대자들의 비판과 저주에 대해 언급한다. "극단의 뻔뻔함"(ruchlose Frechheit)으로 말미암아 나는 "현대 그리스도인들, 특히 신학자들의 저주가 되었다." "종교를 인간 예속과 억압의 정치적 수단으로 삼는 정치인들은 물론, 종교를 정치적으로 가장 관심 없는 물건으로 보며, 산업과 정치의 영역에서는 친구가 되고, 종교의 영역에서는 빛과 자유의 적이 되는 정치인들에게 미움의 대상이 되었다. 나는 모든 사물을 정직하게 드러내는 객관적 언어를 가

지고 이 시대의 에티켓을 공격함으로 말미암아, 경악스럽고 용서받을 수 없는 존재가 되었다"(1976, 395-396).

그러나 사실을 정직하게 말하지 않고, 상상하였고 거짓된 것을 그럴듯하게 말하는, "이 시대를 지배하는 정상적 소리"야말로 "이 시대의 악"이라고 포이어바흐는 비판한다. "이 시대의 본질은 거짓(Schein)이다. 우리의 정치도 거짓이요, 우리의 인륜도 거짓이요, 우리의 종교도 거짓이며, 우리의 학문도 거짓이다." 진리를 말하는 자는 비인륜적이라고 비난을 당한다. "우리 시대에는 비인륜성이 진리다. 기독교를 긍정하는 척하는 기독교의 위선적인 부인(否認)이 인륜적인 것으로 권위를 얻고 보수를 받는다." 그 반면 기독교에 대한 올바르고 인륜적인 부인은 비인륜적인 것으로 간주된다. "간단히 말해, 거짓말이 인륜적인 것으로 간주된다. 거짓말은 진리의 악(Übel der Wahrheit) 혹은…악의 진리(Wahrheit des Übels)를 피해 가며 그것을 숨기기 때문이다"(1976, 396-397). 학문이 진리에 도달함으로써 학문다운 학문이 될 때, "그것은 경찰의 대상이 되어버린다. 경찰이 진리와 학문의 경계선이다. 진리는 추상적 이성이 아니라 인간이다. 종이 위에 머물러 있는 사상, 그의 충만하고 적절한 실존을 종이 위에 가진 사상이 아니라, 삶이 진리다"(397-398).

당시의 거짓과 위선의 뿌리를 포이어바흐는 헤겔 철학에서 발견한다. 그의 관점에서 볼 때 헤겔 철학은 비이성적인 세계를 "이성이 다스리는" 세계라고 거짓말을 한다. 비신적인 국가를 "하나님의 현상"으로 정당화한다. 비이성적인 현실을 이성적인 것이라 정당화한다. 비현실적인 신적 정신을 모든 현실의 기초로 전제한다. 이를 통해 비신적이고 거짓된 세계가 신적인 진리의 세계로 정당화된다. 이 거짓과 위선을 제거하고 진리에 이르기 위해 지금까지 세계사를 지배한 직관 방식들, "시간, 죽음, 차안, 피안, 자아, 개인, 인격 그리고…하나님에 대한 직관의 방식을…폐기하며, 진리를 파고들어야 한다"(Löwith 1941, 85-86).

3. 절대자의 신학적 철학에서 인간학으로

1. 거짓과 위선을 제거하고 진리에 이르기 위해 포이어바하는 감성적·물질적 현실주의를 주장한다. 헤겔의 하나님 혹은 절대정신 대신에, **감성적 인간**을 새로운 철학의 출발점으로 제시한다. 포이어바하가 말하는 "감성적인 것", "현실적인 것"은 현실의 감성적 인간, 몸과 마음을 가진 몸적 존재, 언젠가 죽을 수밖에 없는 유한한 인간을 말한다. 이로써 포이어바하는 하나님 혹은 절대자로부터 유한한 몸적·감성적 인간으로 전환한다. 신학에서 인간학으로 전환한다. 그는 전력을 다해 "정신의 절대 철학을 인간의 인간적 철학으로", "절대자의 철학, 신학"을 "인간의 철학, 곧 인간학"으로 바꾸고자 한다. "신적 철학에 대한 비판을 통해 인간적 철학의 비판의 근거를 세우고자" 한다(Löwith 1941, 333).

그에 따르면 **신학의 비밀은 인간학이다.**…신학은 오래전부터 이미 인간학이 되었다"(1976, 13). 사실 신학의 내용은 인간에 관한 내용을 종교적으로 나타낸 것에 불과하기 때문이다. 포이어바하의 이 말은 "정신으로서의 하나님"을 출발점으로 하는 헤겔 철학으로부터 포이어바하의 전환을 요약한다. "새로운 철학"의 출발점은 하나님이나 절대자, 존재자 없는 "존재"일 수 없다. 오히려 그것은 유한한 것, 특수한 것, 현실적인 것이다. 특수하고 유한한 현실은 사멸할 수밖에 없는 인간이다. 그것은 몸과 마음을 가진 인간, "존재하며 자기를 아는 인간이다." "인간의 첫째 대상은 인간이다"(Küng 1995, 232). 하나님이나 절대자가 아니라 몸적·감성적 인간, 언젠가 죽을 수밖에 없는 유한한 인간이 철학의 출발점이어야 한다.

포이어바하에 의하면 철학은 "참되고 현실적인 인간의 총체적 본질에 부합해야" 한다. "거위 깃으로 만든 펜을, 진리를 계시하는 유일한 수단으로 보는" 철학이 아니라 "눈과 귀, 손과 발을 가진" 인간과 일치하는 철학이어야 한다(1976, 402). 하나님을 중심 대상으로 하는 신학은 살과 피를 가진 현실의 인간을 출발점으로 하는 인간학으로 바뀌어야 한다. "중요한 문제는 하나님이 존재하느냐 존재하지 않느냐가 아니라, 인간이 존재하느냐 존재하지 않느냐다. 하나님이 우리와 동일한 본질인지 아닌지의 문제가 아니라, 우리 인간이 서로 같은가 같지 않은가의 문제다. 어떻게 인간이 하나님 앞에서 의로움을 발견하는가의 문제가 아니라, 어떻게 인간 앞에서 의로움을 발견하는가의 문제다. (성만찬의) 빵 안에서 우리가 주님의 몸을 향유하는지 향유하지 않는지, 어떻게 향유하는지의 문제가 아니라, 우리 자신의 몸을 위해 빵을 얻는 문제다. 하나님의 것을 하나님에게, 황제의 것을 황제에게 돌려주는 문제가 아니라, 인간의 것을 드디어 인간에게 돌려주는 문제다"(Störig 1974, 344에서 인용).

이제 포이어바하는 인간을 모든 사고의 출발점으로 세운다. 그에 따르면 종래의 법, 의지, 자유, 인격성 등에 대한 모든 사변은 실체가 없다. 그것은 근거와 현실과 필연성이 없는 것이다. 이 사변에는 인간이 빠져 있기 때문이다. 인간이 없는 인간에 관한 모든 사변은 거짓말이요 위선이다. "인간이 자유의 실존이요, 인격성의 실존이며, 법의 실존이다. 피히테의 자아의 근거와 기초, 라이프니츠의 단자의 근거와 기초, 절대자의 근거와 기초는 인간일 뿐이다." 헤겔은 법적 "인격"으로서의 인간, 도덕적 "주체"로서의 인간, "가족 구성원"으로서의 인간, 시민사회의 "시민"으로서의 인간에 대해 말한다. 인간에 관한 이 모든 생각에서 언제나 중요한 것은 인간이다. 인간은 언제나 **한 특수한 인간**으로 존재할 수 있다는 여기에 인간의 본질적 속성이 있다. 인간에 관한 모든 술어의 주체는 지금 이곳에서 몸을 가지고 살고 있는 구체적 인간일 뿐이다(Löwith 1941, 334).

2. 여기서 우리는 포이어바하의 현실주의를 다시 한번 볼 수 있다. 인간 일
반이 아니라, 몸을 가지고 살아가는 **현실의 구체적 인간**이 철학의 출발점
이어야 한다는 것이다. 새 시대의 새로운 철학은 헤겔이 말하는 관념적·추
상적 인간이 아니라, 이성과 감성과 감정과 마음을 가지고 지금 여기에 살
고 있는 현실의 인간으로부터 출발해야 한다. 헤겔이 말하는 "정신적 존
재", "사유하는 존재"로서의 인간은 현실의 실재하는 인간이 아니다. 그
것은 자연과 감성, 몸과 느낌(감정), 살과 피와 성(性)을 결여한 추상적 존
재다. 새 시대의 새로운 철학은 "사유하는 존재"로서의 인간이 아니라, "가
장 현실적인 참된 존재"(das wahre Ens realissimum)로서의 인간을 파악해야
한다.

　"가장 현실적인 참된 존재"로서의 인간은 눈과 귀, 손과 발을 가진 몸
적 인간, 이성과 의지와 마음을 가진 인간을 말한다. 인간의 본성, 인간의
인간성을 구성하는 것은 사유가 아니라, "이성과 의지와 마음"이다. 완전
한 인간이란 사유하는 인간이 아니라, 이성을 통한 사유의 힘과 의지의 힘
과 마음의 힘을 가진 인간을 말한다. "이성, 사랑, 의지의 힘은…인간 본질
의 완전성들이다. 의욕하는 것, 사랑하는 것, 사유하는 것은 가장 높은 힘
들이요, 인간의 절대적 본질이며…그의 현존의 근거다. 인간은 사유하고,
사랑하고, 의욕하기 위해 존재한다"(1976, 19).

　또한 실재하는 현실의 인간은 헤겔이 말하는 보편적 존재가 아니라,
자신의 가치를 자기 안에 가진 **개체적 존재**다. 개체는 보편적인 것에 흡수
될 수 없는 자신의 존재 가치를 가진다. 모든 개인은 다른 개인들과 교체
될 수 없는 그 자신의 고유한 삶의 세계를 갖는다. 물론 인간은 종(種)에 속
한 존재이지만, 특수한 개체로서 실존할 뿐이다. 모든 개체는 "자기 자신으

로 족하다. 어떤 존재도 자기를, 다시 말해 자기의 본질을 부정할 수 없다. 어떤 존재도 자기 자신에게 제한된 존재가 아니다. 오히려 모든 존재는 그 자신 안에서, 그 자신에 대해 무한하다"(1976, 24). 하루살이는 하루밖에 살지 못하지만, 하루살이 자신에게 그의 짧은 삶은 다른 생물들의 삶과 똑같이 귀중하다. 유충이 살고 있는 나뭇잎은 아주 작게 보이지만, 유충에게는 자기의 생명을 가능하게 하는 "하나의 세계이고, 무한한 공간이다"(24 이하). 여기서 포이어바하는 헤겔의 보편적인 것 대신에 **개체의 가치**를 중요시한다. 개체 없는 보편자란 있을 수 없다. 포이어바하의 "개체"는 나중에 슈티르너에게서 "유일자"(der Einzige)로, 키에르케골에게서 "개별자"(der Einzelne)로 나타난다. 반면에 인간을 사회적 존재로 보는 마르크스와 엥겔스의 집중적 공격 대상이 된다.

3. 포이어바하에 따르면, 헤겔 철학은 인간의 정신과 이성과 사유를 중요시하고 감성을 경시한다. 감성에서 인간은 자연의 짐승들과 동일하다고 헤겔은 생각한다. 짐승들의 시각, 청각, 미각, 후각 등은 인간의 그것과 동일하다. 그러나 짐승들에게는 정신과 이성과 사유가 없다. 그러므로 짐승들은 감성적 느낌에 직접적으로 반응한다. 그들의 행위는 이성적 사유의 절차가 없는 직접적인 것이다. 바로 여기에 인간과 짐승의 중요한 차이가 있다고 헤겔은 말한다. 정신과 이성과 사유는 신적인 것인 반면에 감성은 자연적인 것, 직접적인 것으로 간주된다. 전자는 고상한 것이라면, 후자는 천한 것으로 생각된다.

　　그러나 포이어바하에 의하면, 인간의 감성은 현실의 삶에 없어서는 안 될 구성 요소다. 다른 생물들과 마찬가지로 감성 없는 인간은 존재할 수 없다. 감성 없는 인간의 삶을 우리는 상상할 수 없다. 곧 눈으로 보고, 귀로 듣고, 코로 냄새를 맡고, 입으로 맛을 느끼는 감성의 행위를 통해 삶이 가능해진다. 그러므로 포이어바하는 인간을 감성적 존재로 파악한다. 감성이 "인간의 본질"이다(1959, II 350). 심지어 정신을 감성으로 환원시켜, 정신은 "감성의 본질에 불과하다"고 말하기도 한다. "왜냐하면 정신은 감각들의 보편적 통일성에 불과하기 때문이다"(350). 인간의 참 현실은 정신이 아니라 감성과 물질이다. 이로써 포이어바하는 **마르크스의 물질론**을 예비한다.

포이어바하에 의하면, 인간의 의지는 단지 이성에 근거하는 것이 아니라 감성의 느낌, 곧 감정에 의존한다. 감성적 느낌에 의해 인간의 정신과 사유의 활동이 결정되기도 한다. 여기서 포이어바하는 헤겔 철학을 다시 한번 거꾸로 뒤집어 놓는다. 사유가 먼저 있고 그다음에 감성이 있는 것이 아니라, 거꾸로 감성이 먼저 있고 그다음에 사유가 따른다. 사유된 것을 느끼는 것이 아니라, 느끼는 것을 사유한다. "네가 (어떤 사물의) 질을 사유하기 전에, 너는 그 질을 느낀다. 사유보다 고난이 앞선다"(1959 II, 230). 헤겔은 사유와 사상과 의식에 인간의 본질이 있다고 보는 반면, 포이어바하는 인간의 **감성적 느낌(감정)과 심정, 사랑의 마음과 의지**에 인간의 본질이 있다고 본다. 심지어 포이어바하는 감정을 하나님과 동일시한다(이에 관해 아래 V장, "포이어바하의 심리학적 무신론" 참조).

4. 또한 이성과 사유를 중요시하는 헤겔에 반해, 포이어바하는 인간의 "**마음**"(Herz)과 "**심정**"(Gemüt)을 중요시한다. 인간은 단지 사유하는 이성적 존재가 아니라 마음과 심정을 가진 존재다. 마음은 사랑을 가리킨다. "사랑은 마음과 동일하다. 사랑이 없으면 마음도 없다. 마음은 (인간의) 특별한 능력(Vermögen)이 아니라 인간 자신이다. 인간은 사랑하기 때문이다"(1976, 80).

인간은 **심정의 편안함**을 원한다. 기독교는 심정의 편안함을 원하는 인간의 욕구를 충족시킨다. "기독교의 본질은 심정의 본질이다. 고난을 당하기보다 행동하는 것이 더 심정에 편안하다. 자기 자신을 해방하기보다 다른 사람을 통해 구원을 받고 해방되는 것이 심정에 더 편안하다. 자기활동의 힘에 의해 구원을 얻기보다 한 인격에 의해 구원을 얻는 것이 더 심정에 편안하다. 노력의 대상을 갖기보다 사랑의 대상을 갖는 것이 더 편안하다. 단순한 자연적 자기 사랑을 가지고 자기 자신을 사랑하기보다 하나님에 의해 사랑을 받는다고 아는 것이 더 심정에 편안하다"(1976, 166).

인간의 가장 높은 심정, 곧 "주체성의 가장 높은 자기 향유, 인간 일반의 가장 높은 자기 확실성은 하나님이 자기를 위해 행동하며, 자기를 위해 고난을 당하며, 자기를 위해 자기를 희생한다는 데 있다"(169). 그리스도는 인간이 추구하는 **심정을 완전히 성취한 존재**다. "그는 심정의 본질과 동일한 실존이다"(1976, 176). 헤겔이 말하는 "사유의 존재"(Denkwesen)로서의 하나님은 "언제나 멀리 떨어져 있는 존재다. 그에 대한 우리의 관계는 하나의 추상적 관계다. 그것은 공간적으로 떨어져 있고, 우리가 인격적으로 잘 알지 못하는 사람과 관계하는 친구 관계와 같다"(171). "사유의 존재"로서의 하나님과 우리의 관계는 완전한 일치의 관계가 아니라, 서로 떨어져 있는 친구 관계와 같다.

멀리 떨어져 있는 이성적 존재, 사유의 존재로서의 하나님을 포이어바하는 완전한 마음과 완전한 심정의 존재로 생각한다. 하나님은 **인간의 가장 완전한 마음, 가장 완전한 심정을 투사한 존재**다. 그러므로 하나님과 인간의 관계는 친구가 아니라, 마음과 심정에서 하나 됨의 관계에 있다. 하나님의 마음, 하나님의 심정과 관계하는 인간은 사실상 자기 자신의 본래적 마음, 본래적 심정과 관계한다.

인간의 완전한 마음과 심정을 투사한 존재인 하나님은 "본질적으로 종교의 대상일 뿐이며, **철학의 대상이 아니다**"(1959 VI, 224). 이로써 포이어바하는 헤겔의 신학과 철학, 종교와 철학의 종합을 거부하고 양자를 분리한다. 종교의 대상인 하나님은 철학의 대상이 될 수 없다. "철학은 이성의 위치(Position)일 뿐이며, 종교는 총체적·현실적 인간의 위치다"(1959 X, 319). 달리 말해, 철학은 이성과 관계하고, 종교는 현실의 총체적 인간과 관계한다.

4. "인간은 그가 먹는 바의 것이다"

1. 앞서 언급한 바와 같이 포이어바하는 인간을 "정신적 존재"로 파악하는 헤겔에 반해, 인간을 몸적·신체적 존재로 파악한다. 헤겔에 따르면 인간의 인격성(Persönlichkeit)의 본질은 정신과 사유에 있다. 정신과 사유를 통해 인간은 동물로부터 구별된다. 이에 반해 포이어바하에 의하면, "몸 없는 인격성은 생각할 수 없다. 너의 인격성에서 그의 몸을 제거해보아라. 너의 인격성은 근거를 잃어버릴 것이다. 몸은 인격성의 근거(Grund)요 주체다. 오직 몸을 통해 현실의 인격성은 자기를…구별한다." 여기서 포이어바하의 **물질론적 인간학**이 등장한다.

한 공간에는 하나의 물질만 존재할 수 있다. 두 가지 물질이 동일한 공간에 있기란 불가능하다. 따라서 몸은 공간적 배타성(Impenetrabilität)을 가진다. 우리에게 몸의 **공간적 배타성**이 없다면, 우리의 인격성이란 추상적이고 공허한 것이다. 내가 여기에 있는 내 자리, 내 몸의 형태 속에 어떤 다른 사람의 몸이 들어와 있기란 불가능하다. "오직 공간적 배타성을 통해 인격성은 하나의 현실적 인격성으로 확증된다"(1976, 109). 포이어바하의 이 생각은 타당하다. 그러나 과연 공간적 배타성이 인간의 인격성을 구성하는가? 인간의 참된 인격성을 구성하는 것은 사랑과 정의가 아닌가?

여하튼 공간적 배타성을 가진 인간의 몸적 존재를 가리켜 포이어바하는 "살과 피"라 부른다. 인간의 몸은 본질적으로 "살과 피"로 구성되기 때문이다. 살과 피가 없는 몸은 생각할 수 없다. "살과 피는 생명이요, 생명만이 실재(Realität)요, 몸의 현실이다." 여기서 포이어바하는 인간을 살과 피를 가진 **물질적 생명체**로 파악한다. 이것은 헤겔의 정신론적 인간관을 뒤집어 놓은 것이라 말할 수 있다. 포이어바하에 따르면, 인간의 "인격성에는 본질적으로 살과 피가 속한다"(1976, 396)는 이 생각을 철학 전공자들은 거부할 것이다. 그러나 살과 피가 없는 인간의 인격성이란 생각할 수 없다. 살과 피를 가진 신체적 인간이 현실적 인간이다. 살과 피는 물질이다. 따라서 **물질적인 것이 인간 생명의 기초**다. 포이어바하의 이 말은 매우 그럴듯하지만 우리는 이렇게 질문할 수 있다. 살과 피만이 인간 생명의 기초인가? 우리는 살과 피만 있으면 살 수 있는 존재인가?

2. 인간은 살과 피를 가진 신체적·물질적 생명체이기 때문에 물질을 먹어야 한다. 먹지 못하면 죽는다. 먹지 못하면 사유할 수도 없고, 자기의식도 없다. 종교도 없고, 철학도 없다. 인간은 무엇보다 먼저 먹어야 한다. 땅 위의 모든 생물처럼 인간도 먹어야 생존할 수 있다. 그의 생명은 먹는 것에 의존한다. 포이어바하의 이 말은 틀림없는 사실이다.

여기서 포이어바하는 한 걸음 더 비약하여, 인간이 무엇을 먹느냐에 따라 그의 존재가 결정된다고 말한다. 이것을 그는 다음과 같이 요약한다. **"인간은 먹는 바의 것이다"**(Der Mensch ist, was er ißt). "존재는 먹는 것과 하나다. 존재한다는 것은 먹는다는 것을 말한다. 존재하는 것은 먹고 또 먹힌다"(2000, 70, 299). 이로써 포이어바하는 인간에 대한 관념론적 "거짓"과 위선을 제거하고, 인간의 진리를 드러내고자 한다.

여기서 우리는 헤겔에 대한 포이어바하의 전향을 다시 한번 볼 수 있다. 헤겔에 의하면 인간은 본질적으로 사유하는 정신적 존재다. 그가 무엇을, 어떻게 사유하는가에 따라 그의 존재가 결정된다. 한마디로 사유가 존재를 결정한다. 이에 반해 포이어바하에 의하면 인간은 몸을 가진 몸적 존재다. 헤겔이 말하는 "사유와 정신은 이 몸의 표현 형식들이다"(Salaquarda 1985, 154). "몸은…부정하고, 제한하고, 수축하고, 압박하는 힘이다. 이 힘이 없는 인격성은 생각할 수 없다. 인격성에서 몸을 제한다면 인격성은 설 자리를 잃어버린다. (헤겔의 정신이 아니라) 몸이 인격성의 근거와 주체다. 오직 몸을 통해 현실의 인격성은 한 유령(헤겔의 정신을 가리킴)의 상상된 인격성에서 구별된다." 몸은 살과 피로 구성된다. 살과 피가 없는 몸은 있을 수 없다. "그러나 산소와 성적 구별이 없다면, 살과 피는 아무것도 아니다"(1976, 108-109).

그런데 살과 피는 먹는 음식물을 통해 형성된다. 따라서 **먹는 음식물이 인간의 존재를 결정한다.** 인간의 존재는 정신과 사유에 의해 결정되는 것이 아니라 먹는 음식에 의해 결정된다. "**음식물만이 실체다.** 음식물은 정신과 자연의 정체성이다. 지방이 없으면…뇌도 없고 정신도 없다.…모든 것은 무엇을 먹고 마시느냐에 달려 있다"(1976, 71).

여기서 우리는 포이어바하의 물질론적 인간학의 핵심을 볼 수 있다. 인간의 존재를 결정하며 그의 삶을 가능하게 하는 것은 정신과 사유가 아니라 먹는 음식물, 곧 물질이다. 인간의 사유와 도덕도 먹는 것에 따라 결정된다. "굶주림과 비참에도 불구하고 몸에 필요한 물질을 갖지 않을 때, 너는 너의 머리와 너의 감각기관 속에 도덕에 대한 재료도 갖지 않는다." 곧 먹을 수 있는 물질이 없으면, 도덕도 없다. "궁궐 안에 사는 사람은 초가집 안에 살던 때와는 다르게 생각한다"(Engels 1971b, 205에서 인용). 인간의 정신과 의식이 물질을 결정하는 것이 아니라, 물질이 정신과 의식을 결정한다. 블로흐는 포이어바하의 이 생각을 다음과 같이 계승한다. "기름이 부

어져야 할 첫째 램프는 위(胃)다"(Bloch 1970, 72). 프로이드에 의하면, "기름
이 부어져야 할 첫째 램프"는 성욕이다. 이에 대해 블로흐는 다음과 같이
대답한다. "굶주린 배를 채운 다음에야 종교도 있고 예술도 있고 섹스도
있다"(김균진 2014b, 223).

포이어바하는 그의 물질론적 인간학을 다음과 같이 설명하기도 한다.
"굶주림과 목마름은 인간의 물리적 힘은 물론 정신적·도덕적 힘도 파괴
한다. 그것은 인간의 인간성과 오성과 의식을 빼앗아버린다"(1976, 326). 먹
지 못하면 인간성도 사라지고, 육체적 힘은 물론 정신적·도덕적 힘도 사라
지며, 인간성과 오성과 의식도 사라진다. 따라서 인간의 생명을 구성하는
기본 요소는 정신이 아니라 입으로 먹는 음식물, 곧 물질이다. 정신이 실체
가 아니라 물질이 실체. 이로써 그는 **마르크스의 물질론**을 준비한다. 물
질을 생명의 기초로 하는 신체적·물질적 존재로서의 인간이 철학의 중심
대상이 되어야 한다. 여기서 우리는 관념론 대신에 먹고 마셔야만 생존할
수 있는 인간을 중심 문제로 삼는 **물질론적 현실주의**의 등장을 볼 수 있다.
포이어바하의 물질론적 현실주의는 물질적 "몸에 대한 영혼의 의존을 영
혼 활동의 물질성으로" 파악한다. "표상과 의욕은 뇌의 분비물"에 불과
하다. 이것은 몸의 각 기관이 다른 것들을 분비하는 것과 같다(Windelband
1957, 553).

관념론의 현실주의적·인간학적 전향, 물질론적 인간학으로의 전향
을 포이어바하는 "새로운 시대의 과제"로 생각한다. 이 과제는 "하나님의
실현과 인간화─신학의 인간학에로의 변화와 폐기"를 통해 이루어질 수
있다(1959 II, 245). 하나님이 인간의 본질로 폐기됨으로써 하나님의 관념
이 실현되고, 신학이 인간학으로 전환됨으로써 새 시대의 새로운 철학의
과제가 성취될 수 있다. "새로운 철학은 완전하고 절대적이며 모순이 없는
신학의 인간학에로의 폐기다"(Weischedel 1971, 393에서 인용). "새로운 철학"

은 하나님을 인간의 본질로, 유신론을 인간학적 무신론으로, 신학을 인간학으로 폐기하는 것을 전제로 한다.

이 전향은 헤겔 철학에 대한 비판의 귀결이라 말할 수 있다. 포이어바하의 입장에서 볼 때 신적·보편적 정신에서 출발하여 세계의 모든 것을 설명하는 헤겔 철학은 현실의 구체적·개별적 사물들을 보지 못한다. 보편적인 것, 절대적인 것에 대한 그의 관심은 개별의 구체적 사물들에 대한 관심을 배제한다. 그것은 인간의 현실적 존재, 곧 물질적 조건에 의존하는 몸적 존재로서의 인간을 보지 못하게 한다. 이에 대한 궁극 원인은 헤겔 철학의 신학적 뿌리에 있다. 헤겔은 "정신으로서의 하나님"이란 신학적 전제로부터 출발하여 사물을 파악하기 때문이다.

이 문제를 해결하기 위해 포이어바하는 신학을 인간학으로 폐기해야 한다고 주장한다. 신학을 인간학으로 폐기할 때, 현실의 인간이 철학적 사고의 출발점이 될 수 있다. 인간에 대한 관념성을 벗어버리고 먹고 마셔야만 생존할 수 있는 몸적·물질적 존재로서의 인간을 볼 수 있게 된다. 이제 철학은 절대정신이 아니라 **현실의 구체적 인간으로부터** 출발해야 한다. "유한한 것, 특수한 것, 현실적인 것이 철학의 시작이다"(1959 II, 230). 철학은 보편적인 것, 절대적이며 논리적인 것 대신에 유한한 것, 물질적인 것, 자연적인 것, 몸적·물질적 존재로서의 인간에서 시작해야 한다. 포이어바하의 이 생각은 헤겔 좌파 전체의 기본 입장이 된다. 마르크스는 역사 관찰에서 절대정신이 아니라 생존에 필요한 "물질을 생산하는 인간", "노동하는 인간"이 출발점이어야 한다고 말하게 된다.

5. 성적 차이를 가진 성적 존재로서의 인간

1. 헤겔이 인간을 자기 자신을 의식하는 존재, 사유하는 존재로 파악할 때, 인간은 성(性)을 가진 성적 존재라는 사실을 간과한다. 인간의 성과, 여성과 남성의 성적 차이는 비본질적인 것으로 배제된다. 그는 사유와 자기의식이 인간의 본질을 구성한다고 생각한다. 사실 헤겔 철학에서 인간의 성에 대한 자세한 논구는 발견할 수 없다. 정신현상학에 남자와 여자에 관한 얘기가 나오지만, 인간의 성에 관한 문제는 헤겔 철학에서 거의 다루어지지 않는다.

이에 반해 포이어바하는 여성과 남성의 성적 차이를 인간의 본성으로 간주한다. 인간은 그의 본성에 성적 차이를 가진 성적 존재다. 여성은 여성으로, 남성은 남성으로 존재하며, 여성은 여성다운 특징과 기능을, 남성은 남성다운 특징과 기능을 갖는 것이 인간의 자연이다. 살과 피를 가진 몸적 존재로서의 인간은 다른 생물들과 마찬가지로 여성성과 남성성을 가진다. 현실적 인간은 성별의 차이를 가진 성적 존재일 뿐이다.

기독교 전통에서 인간의 성은 영혼에 대립하는 육적인 것, 추하고 죄악된 것으로 간주된다. 성적 사랑은 "하늘로부터 배제되어버린 거룩하지 못한 것"으로 간주된다(1976, 198). 이에 반해 포이어바하는 인간의 성적 차이를 인간의 자연 혹은 본성에 속한 것으로 인정한다. 그것은 인간의 본질에 속한다. 포이어바하에 따르면, 인간의 "육과 피는 성적 차이의 산소가 없다면 아무것도 아니다. 성적 차이는 피상적 차이가 아니며, 단지 육체의 특정 부분에 제한된 차이가 아니다. 그것은 하나의 본질적 차이다. 그것은 인간의 온 존재(Mark und Bein)를 구성한다. 남자의 실체는 남성성이요, 여자의 실체는 여성성이다"(1976, 109). 한 인간이 아무리 영적 존재일지라도 그는 남자로서, 아니면 여자로서 영적 존재다.

여기서 포이어바하는 남성성과 여성성의 초월을 주장하는 오늘의 젠더주의를 완전히 거부한다. 그에 따르면 "성적 차이가 없는 인격성은 아무 것도 아니다(Die Persönlichkeit ist...nichts ohne Geschlechtsdifferenz). 인간의 인격성은 본질적으로 남성의 인격성과 여성의 인격성으로 구별된다. 네가 없으면 나도 없다. 모든 인격성, 모든 의식의 기본 조건인 나와 너의 구별은, 성적 차이에서 실제적이고 생동적이며 뜨거운 차이로 나타난다. 여자와 남자 사이의 성적 차이는 친구들 사이의 너와 나의 관계와는 전혀 다른 의미를 가진다"(1976, 109). "남자와 여자가 함께 현실적 인간을 이룬다. 남자와 여자가 함께 종(種)의 실존이다. 그들의 결합은 다수의 원천이요, 다른 인간들의 원천이기 때문이다. 그러므로 자기의 남성성(Mannheit)을 부정하지 않는 사람은 자기를 남자로 느끼며, 이 느낌을 자연적이고 합법칙적인 느낌으로 인정한다"(1976, 198).

헤겔의 철학에서 인간은 보편적 정신의 현상 양태로서 보편적 존재로 파악된다. 그러나 보편적 존재로서의 인간은 **개체로 전제된다**. 정신적 존재인 그의 주체성은 다른 인간의 주체성에서 구별되기 때문이다. 헤겔의 표현을 따른다면, 그는 어떤 다른 인간과 동일시될 수 없는 "자기 자신 안으로 돌아간"(in sich selbst zurückgekehrtes) 존재이기 때문이다. 이에 반해 포이어바하는 인간을 **종에 속한 존재**, 곧 "종의 존재"(Gattungswesen)로 파악한다. 모든 인간은 인간이란 종에 속한 존재다. 각 사람은 "보편적 인간", 곧 인간의 종을 나타낸다. 인간의 종은 완전한 인간을 말하며, 인간과 진리의 규범이다. 인간의 종, 곧 보편적 인간이 가장 높은 존재이며 모든 사물의 척도다. "인간학적 철학은 인간에 대한 인간의 철학이다. 인간이 인간의 가장 높은 존재다"(Küng 1995, 233).

인간의 종은 남성과 여성의 성적 차이를 통해 유지된다. 성적 차이가 없다면, 인간의 종은 없어질 것이다. 따라서 포이어바하는 인간을 **성적 구**

별 속에 있는 종의 존재로 파악한다. 여성과 남성의 성적 구별 속에서 모든 인간은 하나의 종으로 결합된다. 남성성과 여성성은 자연의 짐승과 인간에게 공통으로 주어진 자연 내지 본성이다. 인격성의 차이 속에 있는 자연은 성적 차이일 따름이다. 자연 없는 인격적 존재가 있다면, 그것은 성을 갖지 않은 존재일 것이다. 거꾸로 **성적 정체성을 갖지 않은 존재는 자연 없는 존재**일 것이다. "인간은 오직 남자와 여자로 실존한다. 따라서 인간의 강함과 건강은 남자와 여자가 각기 존재해야 하는 그대로 존재하는 데 있다." 곧 남자는 남자로, 여자는 여자로 존재할 때 건강하고 강해진다. 주어진 그대로 여자는 여자로, 남자는 남자로 존재하는 그것이 자연이다. 건강에 가장 좋은 것은 자연을 따르는 것이다.

여기서 포이어바하는 **남성과 여성의 경계를 깨뜨리기**를 거부한다. 여성이 남성성을 가지며, 남성이 여성성을 가지는 것은 자연을 역행하는 일이다. 그에 따르면 남성은 남성으로, 여성은 여성으로 존재해야 한다. 남성과 여성의 성적 차이를 우연한 부속물처럼 여기고, 그것을 자기 마음대로 바꾸는 것은 **반자연적**이다. "남자와 여자가 함께 참된 인간을 만든다. 남자와 여자가 함께 종의 실존이다. 그들의 (성적) 결합이 다수의 원천이요, 다른 사람들의 원천이기 때문이다. 자기의 남성성을 부인하지 않는 사람은 자기를 남자로 느낀다. 이 느낌을 자연적이고 합법칙적인 느낌으로 인정하는 사람은, 전체 곧 인류를 생성하기 위해 다른 부분적 존재를 필요로 하는 부분적 존재로 자기를 알고 느낀다"(1976, 198).

여기서도 포이어바하는 헤겔 철학을 거꾸로 뒤집는다. 인간은 단순히 정신적 존재, 사유하는 존재가 아니라 성을 가진 성적 존재다. 성은 인간의 정체성을 구성한다. 인간의 성적 차이, 곧 여성성과 남성성의 차이는 자연질서에 속한다. 성적 차이를 통해 인간의 종이 유지된다. 만일 성적 차이가 없다면 모든 생물은 멸종될 것이다.

2. 전통적으로 신학은 하나님을 **자연 없는 하나님, 자연 위에 있는 하나님**으로 생각한다. 하나님과 자연을 대립하는 것으로 간주한다. 하나님은 영적 존재, 거룩한 존재, 무한한 존재인 반면, 자연은 유한한 것, 물질적인 것, 추한 것이라고 생각한다. "하나님은 순수한 정신, 빛으로 가득한 자기의식, 인륜적 인격성이다. 이에 반해 자연은…혼란스럽고, 어둡고, 난폭하고, 비인륜적"이라 생각된다. 이에 상응하여 인간의 정신과 지성과 의식, 그의 인격성은 자연과 육 혹은 몸에 대립하는 것으로 생각된다(1976, 108). 인간의 성도 추한 것, 속된 것이라 생각한다. 그래서 하나님은 아버지라 불리지만, **성이 없는 하나님**으로 생각된다. 가톨릭교회의 성직자 독신제와 수도원 제도의 뿌리는 여기에 있다고 포이어바하는 말한다.

포이어바하는 하나님과 자연, 영과 육, 인격과 자연, 몸과 자연의 이원론을 깨어버리고자 한다. "자연이 없는 인격성, 자아, 의식은 헛된 것이다(nichts). 그것은 본질이 없는 추상물이다. 몸이 없는 자연은 존재하지 않는다. 몸은 부정하고, 제한하고, 수축시키고, 압박하는 힘이다. 이 힘이 없는 인격성은 생각될 수 없다." 인격성에서 몸을 제할 경우 인격성은 존재할 수 없다. "몸은 인격성의 근거요 주체다. 현실의 인격성은 오직 몸을 통해, 상상된 귀신의 인격성에서 구별될 수 있다"(1976, 108-109).

하나님과 자연의 기독교적 이원론에 반해, 포이어바하는 하나님에게도 자연이 있다고 주장한다. 그런데 자연은 여성과 남성의 성적 차이를 포함한다. 성적 차이가 인간의 인격성을 구성한다. "인격성에서 구별되는 자연은 성적 차이(Geschlechtsdifferenz)를 뜻할 뿐이다. 자연이 없는 인격적 존재는 성(性)이 없는 존재에 불과하다. 그 반대이기도 하다"(1976, 109). 하나님에게도 자연이 있다면, 하나님에게도 성적 차이가 있다고 포이어바하는 주장한다. "자연이 없는 인륜적 하나님은 근거가 없는 것이다. 인륜성의 근거는 성적 구별이다.…왜 너는 **하나님의 자연**(성적 구별)을 정직하게 인정

하는 것을 부끄러워하느냐?"(1976, 114)

여기서 포이어바하는 자연주의의 영향 속에서 하나님과 자연을 분리된 것으로 보지 않고, 하나님도 자연에 속한 것으로 파악하고자 한다. 그래서 자연의 생물들은 물론 하나님도 성적 구별을 가진다는 것을 부끄러워할 필요가 없다고 말한다. "성을 가진 하나님에 대한 거부감은 잘못된 부끄러움이다.…자연 없는 인륜적 하나님은 근거 없는 것이다. 인륜성의 기초는 성적 구별에 있다. 짐승도 성적 차이로 말미암아 자기 자신을 희생할 수 있는 사랑의 능력을 가진다. 자연의 모든 영광, 자연의 모든 힘과 모든 지혜와 깊이는 성적 차이 속에 집약되며 구체화된다"(110).

일반적으로 인간의 인격성은 눈에 보이지 않는 정신적인 것, 영적인 것으로 생각된다. 하나님의 인격성도 영적인 것으로 생각된다. 이에 반해 포이어바하에 의하면, 인격적 존재, 곧 인격성의 현실(Realität)은 감각적으로 경험할 수 있는 근거들, 곧 형태나 장소 등에 기초한다. 하나님의 인격성도 마찬가지다. 하나님의 인격성도, "하나님이 어떤 형태를 갖고 있는지, 그가 어디에 있는지, 이른바 하늘에 있는지, 그가 어떤 성을 가지는지, 남자인지 여자인지, 아니면 자웅동체(Hermaphorodit)인지"에 근거한다. 1682년 독일의 한 목사가 다음과 같이 대담하게 질문하였다. "하나님도 결혼을 하며 여자를 가지는가? 인간을 조달하기 위해 그는 얼마나 많은 고아를 가지는가?" 사려 깊은 독일의 사변적 종교철학자들은 "이 정직하고 기독교적이며 소박한 목사님을 모범으로 삼아야 할 것이다"라고 포이어바하는 말한다(1976, 111).

하나님을 성적 구별성을 가진 존재로 보는 포이어바하의 생각은 헤겔의 생각에 정반대된다. 헤겔의 "정신(영)으로서의 하나님"은 성이 없는 존재로 생각된다. 성적 구별성을 가진 하나님에 대한 포이어바하의 생각은 헤겔 철학에 대한 반란임은 물론, 기독교의 전통적 신관에 대한 대반란이라 말할 수 있다. 하나님과 자연의 이원론을 극복하고, 인간의 성을 부끄러워하는 기독교 전통을 깨기 위해 그는 하나님을 성적 구별성의 자연을 가진 존재로 파악한다.

6. 나와 너의 관계 속에 있는 인간

포이어바하에 의하면, 인간의 성적 구별은 인간의 사회성을 구성하는 기본 요소다. 인간이 남성과 여성의 성적 구별을 가진다는 것은, 서로 다른 두 존재가 함께 살아가도록 태어났다는 인간의 사회적 관계성을 가리킨다. 그래서 "남자와 여자가 함께 참된 인간을 만든다. 남자와 여자가 함께 종의 실존이다"라고 그는 말한다. 인간의 감성적·몸적 존재가 가장 분명히 드러나는 것은 인간의 성이다. 그는 "선험적으로" 여성적 존재로 태어나든지, 아니면 남성적 존재로 태어난다. 성은 파트너를 전제한다. 여성은 남성을, 남성은 여성을 전제한다. 성은 나와 너의 관계를 전제한다. 나는 너에게 의존하는 동시에 너를 채워주고, 너는 나에게 의존하는 동시에 나를 채워준다. 남녀의 성적 차이는 남성적 또는 여성적 감성과 감정과 사유에 이르기까지 인간 존재 전체를 결정한다. 자기를 남자로 혹은 여자로 알면서 나에게서 구별되는, 그러나 나 자신의 존재를 함께 결정하는 너의 존재를 인정한다. 내가 나를 의식하기 이전에 나는 이미 너의 존재 속에 근거해 있다. "나가 아니라, 나와 네가 삶과 사유의 참 원리다"(Löwith 1941, 94).

인간의 종이 유지되기 위해서는 여성과 남성이 함께 필요하다. 그들은 서로를 보충하면서 전체를 이룬다. 여성과 남성의 공동체성은 인간 일반의 공동체성의 기초다. 내가 너를 통해 보완되고 보충될 때, 나는 참된 나로 완성될 수 있다. 인간은 인간을 통해 인간이 될 수 있다. "인간의 본질은 **인간과 인간의 공동체성·통일성**에 내포되어 있다"(1959 II, 318).

나와 너의 관계의 본질은 사랑에 있다. "타자의 사랑이 네가 무엇인가를 너에게 말해준다." 진리는 자기 자신 속에 폐쇄된 자아에서 생성하는 것이 아니라, 나와 너의 관계를 통해 생성한다. 나와 너의 관계가 **진리에 이를 수 있는 길**이다. "자신 속에 붙들려 있는 우리 자신의 자아가 아니라, 타자로부터 진리가 우리에게 말한다. 오직 인간과 인간의 전달을 통해, 대화를 통해 관념들이 생성한다." "참된 변증법은 고독한 사유자의 자기 자신과의 독백이 아니다. 그것은 나와 너 사이의 대화다." 대화를 통해 나와 네가 일치할 때 진리가 나온다. "인간이 인간과 함께 말할 때에만 오직 말 속에서, 공동의 행위에서 이성이 생성한다. 질문하고 답하는 것이 최초 사유의 행위다"(1976, 100). 따라서 "철학의 가장 높은 마지막 원리는…인간과 인간의 통일성이다." 인간과 인간의 통일성이 "철학과 진리와 보편성의 가장 높은 첫째 원리다. 왜냐하면 인간의 본질은 오직 인간과 인간의 통일성, 곧 나와 너의 구별의 현실에 근거한 통일성 안에 포함되어 있기 때문이다"(1959 II, 319).

여기서 우리는 헤겔에 대한 포이어바하의 안티테제를 볼 수 있다. 헤겔에 따르면 진리는 정신의 자기활동, 곧 사유의 귀결이다. 사유를 통해 사상에 이르고, 사상을 통해 진리에 도달한다. 이 과정은 개별 인간의 사유 속에서 일어난다. 개별 인간의 고독한 사유를 통해 진리에 이를 수 있다. 이에 반해 포이어바하는 나와 너의 관계와 대화에서 진리가 나온다고 말한다. 이것은 매우 참신한 생각이라 말할 수 있다. 포이어바하의 이 생각은, 진리는 성경 말씀이란 보물 상자에 모두 들어 있고, 성직자는 이 보물 상자의 관리자요 보물 전달자로 보는 성직자 권위주의를 깨뜨린다. 또 기독교의 계시 직통주의에도 대립한다. 하나님의 진리는 성직자가 받은 하나님의 직통계시에서 오는 것이 아니라, 나와 너의 관계와 대화에서 온다는 것이다.

포이어바하에 따르면, 인간의 공동체성은 나와 너의 관계에 머물지 않고 인류 전체로 확대된다. 인간의 본질은 개별적이고 사적인 나와 너의 만남과 상호 보충을 통해 실현되지 않는다. 오히려 그것은 인류 전체, 곧 **인간의 종(種)의 차원**에서 실현될 수 있다. 여기서 포이어바하가 말하는 인간의 종은 역사적으로 존재하였고 존재하는, 또 존재하게 될 모든 인간, 곧 인간 전체를 뜻한다. 이를 가리켜 그는 "인류"(Menschheit)라고 말하기도 한다. 각 사람은 인간의 "종의 대표자"요, "인류의 파견자"다. 그러므로 "나는 다른 사람에게서 인류의 의식을 가진다"(1959 VI, 190). 그러나 개체로서의 인간은 완전하지 못하다. 그는 제한된 존재다. 완전한 인간은 인간의 종, 혹은 온 인류를 말한다. 인간의 종, 혹은 온 인류가 진리의 근원이다. 따라서 개체로서의 인간이 사유하는 것이 진리가 아니라 인간의 종, **인류 전체가 사유하는 것**이 진리다. "인간의 종의 척도가 절대적 척도이며, 인간의 법과 규범이다"(1959 VI, 20).

포이어바하에 의하면, 인간의 종 혹은 인류는 개체 인간으로부터 분리되어 있는 것이 아니다. 그것은 개체 인간 안에 있다. 그러므로 개체 인간은 인간의 "종의 대표자"다. "종의 대표자"로서의 인간이 이제 헤겔이 말하는 절대자를 대신한다. 종의 대표자로서의 인간이 "가장 높은 존재"요 (1959 II, 252), "모든 사물들, 모든 현실의 척도"다(1959 VI 27). 인간의 본질은 "보편적 본질, 세계의 본질, 본질들의 본질"이다(1959 VII, 473). 인간의 본질이 철학의 가장 높은 원리다. 여기서 포이어바하는 헤겔의 신적 정신, 절대정신 대신에 인간의 본질을 철학의 가장 높은 원리로 제시한다. 그러므로 철학은 헤겔 철학에 대한 "안티테제와 함께, 비철학(Nichtphilosophie)과 함께 시작해야 한다"고 그는 말한다(1959 II, 234 이하). 이에 머물지 않고 포이어바하는 다음과 같이 말한다. 인간을 중심 문제로 다루는 철학은 "철학 자체를 지양해야" 한다. "참된 철학은 철학의 부정이요, 철학이 아니다"(391, 409).

포이어바하의 이 말을 우리는 어떻게 이해해야 하는가? 그의 말은 결코 철학을 폐기해야 함을 뜻하지 않을 것이다. 오히려 인간의 문제를 현실적으로 다루기 위해, 철학은 끊임없이 그 자신을 부정하고 지양해야 함을 뜻한다고 볼 수 있다. "철학이 아니다"라는 말은 철학의 폐기가 아니라, 철학의 끊임없는 자기 부정으로 이해해야 할 것이다.

결론적으로 종에 속한 종의 대표자로서 인간의 본질을 포이어바하는 이웃과 더불어 살아야 할 공동체성의 존재, 곧 종의 존재로 파악한다. 인간의 공동체성의 본질을 포이어바하는 여성과 남성의 성적 구별성에 기초한 **나와 너의 인격적 관계**에서 발견한다. 여기서 인간의 **공동체성의 사회적 차원**이 간과된다. 사회적·역사적 차원 대신에 여성과 남성의 성적 차이가 공동체성의 기초로 제시된다. 그러므로 마르크스는 나중에 포이어바하의 철학은 인간 실존의 사회적·역사적 차원을 결여한 감상주의에 빠져 있다고 비판하게 된다.

V
자연 적대적·인격적 유신론에서 범신론으로

포이어바하는 헤겔의 하나님을 인격적 유신론의 하나님으로 규정한다. 인격성은 타자에 대한 자기 구별성과 차이를 전제한다. 따라서 유신론의 하나님은 자기를 자연의 세계에서 구별하는 존재다. 이로써 하나님과 자연은 영원한 것과 시간적인 것, 참된 것과 헛된 것 내지 무적인 것의 이원론적 구도에 있게 된다. 하나님은 자연이 없는 존재, 성적 구별이 없는 존재로 생각되고, 하나님 없는 자연은 인간의 이기적 욕망을 충족시키기 위한 수단으로 전락한다. 이 문제를 극복하기 위해 포이어바하는 하나님과 자연을 동일시하는 범신론을 주장하게 된다.

1. 비자연적·반자연적인 유신론의 하나님

1. 포이어바하에 따르면, 헤겔 철학은 하나님을 인격적 존재로 보는 인격적 유신론을 전제한다. 헤겔은 하나님의 존재를 인간 존재로 폐기하는 것처럼 보이지만, 인간 존재로부터 구별되는 하나님을 포기하지 않는다. 그의 철학은 하나님을 폐기하는 것처럼 보이지만, 사실상 하나님의 존재를 회복한다. 모든 것이 하나님으로부터 시작하여 하나님께로 돌아간다. 세계사는 출발점이었던 하나님께로 돌아가는 "회귀"의 과정으로 설명된다.

포이어바하에 의하면 헤겔의 하나님은 자연에 대해서도 구별되는 존재로 전제된다. 그는 자기의 대상적 타자성을 잃어버리지 않는다. 만일 하나님이 그의 대상적 타자성을 잃어버린다면, 그는 하나님이 아닐 것이다. 물론 헤겔은 하나님의 존재를 자연 세계의 모든 것과 분리될 수 없이 결합하지만, 자연 세계의 모든 것에서 구별되는 하나님의 인격적 존재를 포기하지 않는다. 이를 가리켜 포이어바하는 "인격적 유신론"이라 부른다.

그에 따르면 "인격적 유신론은 하나님을 모든 물질적인 것에서 구별되는 인격적 존재로 생각한다." 이 하나님은 "발전"을 배제한다. 그는 모든 것의 시작인 동시에 중간이요 마지막이기 때문에, 발전을 필요로 하지 않는다. "애초부터 그는 존재해야 하고, 존재할 수 있는 그대로 존재한다. 그는 존재와 본질, 현실과 관념, 행위와 의지의 순수한 통일성"이기 때문이다 (1976, 115). 포이어바하에 따르면, 이 하나님은 세계의 모든 것에서 추상화된 존재다. 그는 "모든 다른 것, 모든 객관적인 것에서 분리된, 단지 자기 자신과 관계하며, 단지 자기 자신을 향유하며, 자기 자신을 축하하는 인간의 순수한 주체성(Subjektivität), 인간의 가장 주체적인 자아, 그의 가장 내적인 것"이라고 포이어바하는 하나님을 규정한다(117).

이 하나님은 본래 자연 없이 자기 홀로 존재하는 자, 곧 즉자(Ansichsein)

로 생각된다. 즉자의 하나님은 자연이 없는 존재다. 신적 존재에 자연이 있을 수 없다. 이리하여 하나님과 자연이 분리된다. 하나님은 신적 존재라면, 자연의 세계는 비신적인 것으로 간주된다. 하나님은 영원한 존재라면, 자연의 세계는 일시적인 허무한 것으로 간주된다. "자연이 중단될 때, 하나님이 시작된다"는 말은 하나님과 자연의 분리를 뜻한다(wo die Natur aufhört, fängt Gott an, 117).

포이어바하에 의하면, 하나님을 자연 없는 비자연적 존재로 생각하는 원인은 하나님을 **인격적 존재**로 생각하는 데 있다. **인격성**이 하나님의 본질적 규정이다. 인격성이 "가장 높은 것, 가장 현실적인 것"이다. "하나님의 인격성을 주장하는 것은, 인격성을 절대적인 것으로 선언하는 것을 뜻한다." 여기서 하나님의 인격성은 자연이 없는 인격성, 자연에서 구별되는 인격성으로 생각된다. 곧 "인격성은 오직 자연에서의 구별 속에서만, 추상화 속에서만 파악된다." 그 결과 자연은 비인격적인 것, 헛된 것, 무가치한 것으로 간주된다. "인격이 아닌 것은 죽은 것, 헛된 것이다. 인격적 존재만이 현실적이요 절대적 존재이며, 생명과 진리다. 자연은 비인격적이다. 그러므로 자연은 **헛된 것**(nichtiges Ding)이다"(1976, 118). 인격성은 진리이고, 자연은 비진리다. 인격성이 모든 것으로 생각되는 것은 자연이 헛된 것으로 생각되기 때문이다.

여기서 포이어바하는 인격에 관한 슈트라우스의 생각을 따른다. 슈트라우스에 따르면, "인격성이란 타자에 대한 자기 됨(Selbstheit)의 요약이다. 이로써 인격성은 타자를 그 자신에게서 분리한다." "우리는 우리 바깥에 있는 다른 사람들의 동일한 인격들로부터의 구별 속에서만 우리를 인격으로 느끼고 안다"(Althaus 1972, 207에서 인용). 따라서 인격성이란 다른 존재들로부터 구별되는 자신의 정체성을 가리킨다. 그것은 다른 존재들로부터 구별되는 독립된 자아를 말한다. 다른 존재들과 혼동되지 않는 자기 자신으로 존재할 때, 인간은 자존감과 행복감을 얻을 수 있다. 그러므로 인간은 인격적 존재가 되고자 하는 욕구를 가진다. 그러나 이 땅 위에서 인간이 완전한 인격적 존재, 독립적 존재가 되기란 불가능하다. 그는 자연적·사회적 의존 속에서 살 수밖에 없기 때문이다. 그러므로 인간은 자기의 완전한 인격성을 하나님으로 투사하고, 자신의 완전한 인격성을 하나님으로부터 얻고자 한다.

이리하여 "인간이 인격적일수록, 인격적 하나님에 대한 욕구가 더 강해진다"(1976, 118). 이 욕구로 인해 하나님은 자연에서 "해방되었고 분리된, 자연의 제한하는 힘에서 자유로워진 인격성"으로 파악된다. 그 반면 자연은 "비인격적인 것"으로 규정된다. 이로써 인격적 존재인 하나님과 인간에 대한 "비인격적 자연"의 비하, **자연의 소외**가 일어난다. "인격성이 진리혹은 절대적 진리라고 생각될 때, 자연은 아무런 긍정적 의미도 갖지 못하게 되며, 따라서 아무런 긍정적 근거도 갖지 못하게 된다"(1976, 119).

2. 인격적 하나님과 비인격적 자연의 대립에 대한 근거를 포이어바하는 **무로부터의 창조**(creatio ex nihilo)에서 발견한다. 자연 세계는 "무에서" 창조된 무적인 것이다. 본래 "자연은 무다"(Die Natur ist nichts, 1976, 120). 그것은 비신적인 것, 그러므로 비인격적인 것이다. "무로부터의 창조는 세계의 비신성·무본질성(Ungöttlichkeit, Wesenslosigkeit)을 나타낸다. 다시 말해 **세계의 무성**(Nichtigkeit)을 나타낸다. 세계가 거기에서 창조된 무는 세계 자신이 무(無)임을 말한다"(348). 그러나 철학자들과 신학자들이 "무로부터" 세계가 창조되었다고 말할 때, "무로부터 아무것도 나오지 않는다"(Aus nichts wird nichts)고 말하는 것은 모순이 아닌가?(100)

여하튼 무로부터의 창조를 통해 하나님과 세계의 분리가 일어난다. 하나님은 영원 전부터 존재하는 참 존재로 세계는 본래 없었던 것인데, 하나님에 의해 있게 된 무적인 것으로 분리된다. 양자는 대립된 것으로 생각된다. 하나님은 "그 스스로 인격으로서 인격성의 개념 혹은 관념, 세계로부터 분리되어 자기 자신 속에 존재하는 주체성, 절대적 존재와 본질로 세워진, 욕구가 없는 자족의 존재(Fürsichselbstsein), 너 없는 나"로 생각되고 (1976, 131), 세계는 "자아가 없고 힘이 없으며 무적인 실존"으로, 헛된 것으로 생각된다. "하나님은 불가시적이며 초감성적"인 반면, "세계는 감성적이며 물질적이며, 하나님 바깥에 있는 것이다"(130). "세계가 하나님 바깥에 있는 것으로 설정됨으로써, 하나님은 세계에서 구별된 자기 자신에 대해 존재하는 것으로 설정된다"(129).

여기서 우리는 포이어바하의 또 하나의 논리적 비약을 볼 수 있다. 물론 창세기 1장이 말하는 "무에서의 창조"는 하나님과 세계를 구별하는 기능을 한다. 하나님은 영원 전부터 존재하는 분이라면, 세계는 본래 없었던 것(無)으로 구별된다. 전자는 신적 존재로, 후자는 비신적 존재로, 전자는 불가시적 존재로, 후자는 가시적 존재로, 전자는 영적인 것으로, 후자는 물질적인 것으로 구별된다. 그러나 이 구별성은 세계의 무가치, 무성을 반드시 뜻하지 않는다. 성서에 따르면 하나님에게 세계는 하나님 자신처럼 귀중하다. 하나님이 세상을 이처럼 사랑한다는 것은 이것을 말한다. 포이어바하는 절대적 사랑인 하나님과 세계의 깊은 관계성에 대해 침묵하면서, "무로부터의 창조"에서 하나님과 세계, 하나님과 자연의 분리와 대립을 추론한다. 성서의 증언들에 비추어 볼 때 이 추론은 타당하지 않다.

3. 여하튼 무적인 세계관을 초래하는 유신론의 하나님을 포이어바하는 헤겔의 정신의 개념에서 발견한다. 그에 따르면 헤겔은 신적 "절대정신을 인간의 본질에서 구별된 하나의 다른 정신, 다시 말해 우리 바깥에 실존하는 우리 자신의 유령(Gespenst)으로" 설정한다. 그러나 이것은 일종의 "기만"

청년 브루노 바우어
(출처: wikipedia)

이다(1959 II, 227). 여기서 헤겔은 "인간의 본질에서 구별된 하나의 다른 정신", "우리 바깥에 실존하는 유령"을 전제하는 유신론자로 규정된다. 이 문제에서 포이어바하는 브루노 바우어에 대해 반대 입장을 취한다. 브루노 바우어는 헤겔을 무신론자라고 보았던 반면, 포이어바하는 헤겔을 유신론자요 "엉큼한 신학자"라고 본다.

여기서 우리는 또 하나의 모순을 볼 수 있다. (1) 한편으로 포이어바하는, 헤겔은 신적 본질과 인간적 본질을 동일시하였다고 본다. 그리하여 "하나님에 대한 인간의 의식"은 하나님의 "신적 의식"이라고 말한다. 헤겔의 이 생각에서 그는 하나님과 인간을 동일시할 수 있는 자신의 근거를 발견한다. 여기서 헤겔은 신적 본질과 인간적 본질, 하나님에 대한 인간의 의식과 하나님의 의식을 동일시한 **무신론자**로 파악된다. (2) 다른 한편, 포이어바하는 헤겔을 하나님을 인간과 세계로부터 구별되며 그들 "바깥에" 있는 존재로 보는 **유신론자**로 규정한다. 논리적 연관성에 따라 헤겔은 때로 범신론자로, 때로 무신론자로, 때로 유신론자로 파악된다.

여하튼 인격적 유신론의 하나님에게서 포이어바하는 자신의 투사론의 근거를 발견한다. 유신론의 하나님은 "인간이 자기의 본질로서 직관하는 바의 것"이다. 이 하나님을 믿는 종교의 "본질적 규정"은 "비난받을 수 있는 것에서 칭찬할 만한 것을, 불완전한 것에서 완전한 것을, 간단히 말해 부정적인 것에서 긍정적인 것을 분리"하는 데 있다(1976, 116). 유신론의 하나님은 "모든 모순성에서 해방된 인간의 자기감정이다." 이 하나님을 믿음으로써 인간은 "자유롭고 행복하며 복을 누린다고 느낀다"(116-117).

　자기를 세계로부터 분리하는 인격적 하나님, 자연이 없는 하나님은 자연과 관계없이 자기 홀로 존재하며, 자연에 의존하지 않고자 하는 **인간의 인격적 존재**에 불과하다. 자기를 자연에서 분리된 인격으로 파악하는 인간은 자기의 본질을 인격적 하나님으로 투사한다. 자연에서 분리된 인격적 하나님은 자연에서 분리된 **인간의 인격성을 초월적 대상으로 투사한 것**에 불과하다. "하나님의 인격성에서 인간은 그 자신의 인격성의 초자연성(Übernatürlichkeit), 불멸성, 비의존성, 무제한성(Unbeschränktheit)을 축하한다"(1976, 118).

　인간과 세계가 갖지 못한 좋은 속성, 긍정적 속성을 가진 유신론의 하나님은 인간과 세계를 더욱 비참하게 만드는 요인이 된다. 모든 좋은 속성, 긍정적 속성은 하나님에게 주어지는 데 비례하여, 인간과 세계는 나쁜 속성, 부정적 속성을 갖게 된다. 하나님이 높은 존재로 고양될수록 인간과 세계는 비천한 존재로 비하된다. "하늘의 삶이 진리일 때, 이 땅 위의 삶은 거짓이 된다.…(이 세계의) 삶이 공허해질수록 하나님은 더욱더 충만하고, 더욱더 구체적이 된다. 현실의 세계가 공허해지는 것(Entleerung)과 신성이 충만해지는 것(Erfüllung)은 **한** 행위다. 가난한 인간만이 부유한 하나님을 가진다"(Gollwitzer 1962, 43에서 인용). 이를 가리켜 종교는 하나님에 대한 인간의 겸손이라 칭송한다. 바로 여기에 유신론의 거짓이 있다.

2. 인간의 성을 죄악시하는 하나님
- 성직자 독신제와 수도원 제도의 뿌리

1. 앞서 기술한 바와 같이 하나님을 자연이 없는 존재, 성이 없는 존재로 보

는 원인은 유신론의 하나님에게 있다. 유신론의 하나님은 자연 없이 자기 홀로 존재하며 자기 자신을 향유하는 존재다. 그는 자연에 대칭하며 대립하는 존재다. 그는 자연 적대적이다. 왜냐하면 자연 세계의 모든 것은 영원한 하나님에게 대립하는 것, 무적인 것, 부정되어야 할 부정적인 것으로 규정되기 때문이다. 하나님이 무한하고 영원한 분이라면, 자연은 유한하고 제약된 것, 허무한 것이기 때문이다. 자연 생물은 암컷과 수컷의 성적 구별성을 본성으로 갖는 반면, 하나님은 성이 없는 존재, 중성적인 존재로 생각된다. 이리하여 성관계가 없는 생활, 곧 독신 생활을 이상적인 것으로 생각하게 된다. 인간의 육체적·신체적 삶은 추하고 죄악되며 비본래적인 것으로 생각되는 반면, 하나님과 교통하는 영적인 삶은 아름답고 거룩한 본래적인 것으로 생각된다. 바로 여기서 포이어바하는 가톨릭교회의 성직자 독신제와 수도원 제도의 뿌리를 발견한다.

포이어바하에 따르면 기독교의 등장과 함께 종(種)의 개념이 사라지고, 종의 공동체적 삶의 의미가 사라졌다. 또한 교육의 필요성에 대한 의식이 약화하였다. 개인이 최고의 가치를 가진다는 의식으로 말미암아 개인이 인간의 종과 동일시된다. 개인과 종의 동일성이 하나님처럼 되어버릴 때, 교육의 필요성에 대한 의식이 약화한다. 인간은 "모든 것을 그 자신 안에, 모든 것을 자기의 하나님 안에 가진다." 그러므로 그는 타자를 통해, 혹은 세계에 대한 직관을 통해 자기 자신을 보완할 필요가 없어진다. 그는 단지 자신을 위해 자기의 목적에 도달한다. "그는 이 목적을 하나님 안에서 도달한다. 하나님은 인간이 도달해야 할 목적, 곧 인류가 도달할 최고의 목적이다." 최고의 목적이신 하나님에게 도달하기 위해 인간은 이웃이나 세계를 반드시 필요로 하지 않는다. "하나님이 오로지 그 자신을 위해 모든 개인에게 현존하기" 때문이다. 그러므로 인간은 "세계로부터의 분리 속에서" 하나님을 갈구하게 된다. 물론 그리스도인들도 이웃과 더불어 살고자 하는 공동체적 욕구를 가진다. 그러나 이 욕구는 부차적인 것으로 생각된다. 일차적인 것은 나와 하나님의 내적 관계에 있다고 생각한다.

이리하여 **이웃 없는 개인의 영혼 구원**이 기독교의 가장 큰 목적이 된다. 포이어바하에 따르면, 개인의 영혼 구원이 기독교의 기본 관념이요 주된 관심이다. 그러나 "이 구원은 오직 하나님 안에, 하나님에게 집중하는 데 있다. 다른 사람들을 위한 활동은 요구된 것이요, 구원의 조건"일 뿐, 구원의 근거가 될 수 없다. "구원의 근거는 하나님이다. 하나님과의 직접적 관계에 있다.…(구원은) 하나님과의 관계만을 근거와 목적으로 가진다." 이웃을 위한 활동은 "그 본질에 있어 하나님을 위한 활동일 뿐이다. 곧 그의 이름을 영광스럽게 하고 그의 영광을 확장하기 위함이다"(1976, 190).

그런데 "하나님은 절대적 주체성이다. 세계를 떠나 세계 위에 있는 주체성, 물질에서 해방되었고 종(種)의 삶에서 분리된, 따라서 사회적 차이 (Gesellschaftsdifferenz)에서 분리된 주체성이다. (따라서) 세계로부터, 물질로부터, 종의 삶으로부터의 분리가 그리스도인의 본질적 목적이 된다"(1976, 190). 물질의 세계와 사회의 공동생활, 곧 인간 종(種)의 삶을 포기한 수도원의 삶은 이 분리를 감성적 방법으로 실현한다.

2. 흔히 말하기를 수도원 제도는 동방에서 시작되었다고 한다. 포이어바하에 의하면 이것은 타당하지 않다. 수도원 제도 및 성직자 독신제의 궁극 원인은 하나님을 자연과 인간에게서 분리된 영적·인격적 존재로 보는 기독교의 유신론에 있다. 수도원 제도는 "기독교가 인류에게 약속한 하늘에 대한 신앙의 필연적 귀결이었다." 하늘의 영원한 생명을 믿는 사람에게 이 세상 안에서의 삶은 헛되게 생각된다. 하늘의 영원한 생명에 진리가 있다고 믿은 사람에게 땅 위의 삶은 거짓되어 보인다. "하늘의 생명에 대한 신앙은 (땅 위에 있는) 이 삶의 헛됨과 무가치성에 대한 신앙이다." 하늘의 영

원한 생명의 영광에 비추어 볼 때, 땅 위의 모든 일은 허무하고 무가치해 보인다. 이리하여 하늘의 영원한 생명에 대한 신앙은 이 세계의 일들에 대한 무관심과 분리를 초래한다.

포이어바하에 따르면, 수도원 제도는 이 도덕을 감성적으로 실현한다. 물질적 세상을 떠난 수도원의 금욕적 삶은 하늘의 영원한 삶의 모방인 동시에, 하늘의 영원한 삶을 얻기 위한 준비요 연습이다. 영혼이 하늘의 영원한 삶에 이르도록 하기 위해 몸과 성욕을 죽여야 한다. 물질적이고 죄된 몸으로부터 영혼의 분리, 곧 죽음은 "하늘에 이르는 입구"다. 죽음은 "지복과 도덕적 완전함의 조건"이다. 그러므로 그리스도인들은 매일 자기를 죽여야 한다. 자기를 "죽이는 것(Mortifikation)이 도덕의 유일한 법칙이된다. 도덕적 죽음은 자연적 죽음의 필연적 앞당겨 옴(Antizipation)"이다. 그러므로 죽음은 "도덕적 행동으로, 자기활동의 행동"으로 고양되어야한다. 그래서 사도 바울은 "나는 매일 죽노라"라고 말한다. 바울의 이 말은수도원 제도를 세운 성 안토니우스(Antonius)의 삶의 주제였다(1976, 192).

자연이 없고 성(性)이 없는 영적 존재인 하나님에게 하늘의 영원한 생명, 비세상적이고 초자연적인 생명이 있다면, 결혼을 하지 않은 독신생활이 이상적으로 생각될 수밖에 없다. 따라서 "독신제는…기독교의 가장 내적인 본질"에 속한다고 포이어바하는 말한다. 하나님의 아들 예수께서 성관계를 갖지 않은 동정녀 마리아에게서 태어났다는 성서의 이야기는 이를 나타낸다. 이리하여 그리스도인들은 성적으로 "더러워지지 않은 처녀성(혹은 순결성, Jungfräulichkeit)을 구원을 가져오는 원리로, 새로운 기독교적세계의 원리로 신성시한다." 이에 대해 포이어바하는 성서에 기초한 이의를 제기한다. 성서는 "생육하고 번성하여라", "하나님이 짝지은 것을 사람이 나누지 못한다"고 말하지 않았던가!

여하튼 성적 순결성에 대한 신앙 때문에 신약성서는 결혼생활을 하나님의 축복으로 생각하지 않고, 성적 타락을 막기 위한 하나의 도피책으로 제시한다. 그러면서 결혼하지 않고 독신으로 사는 것이 더 좋다고 말한다(고전 7장). 절제할 수 있으면 결혼을 하지 않는 것이 좋다. 절제할 수 없거든 결혼을 해라! 결혼을 한 남자는 한 여자로 끝나야 한다. 그 이상은 죄다. 하늘에서는 결혼하는 일이 없을 것이다. 거기에는 남자도 없고 여자도 없을 것이다. 곧 성적 구별이 없을 것이다. 모든 사람이 더러워지지 않은 성적 순결성을 가질 것이다. 따라서 하늘에는 성적 욕구도 없고, 성적 사랑도 없을 것이다. 모든 사람이 "천사와 같을" 것이다(눅 20:35). 이 같은 믿음에서 "성적 사랑의 원리는 땅에 속한 세상적 원리로 배제된다"(1976, 195).

포이어바하에 따르면, 성적 순결성에 대한 신앙 때문에 기독교는 성적 욕구를 죄악시한다. 성적 욕구를 자신의 본성에 속한 것으로 보지 않고, "그가 가진 천상의 규정에 모순되는 것"으로 본다. "그러므로 기독교에서 결혼은 거룩하지 못한 것이다.…기독교에서 결혼생활의 자연적 원리, 성적 본능은…거룩하지 못한 것, 하늘에서 배제된 것이다"(1976, 198). 그러므로 성서는 사실상 남자가 여자와 함께 사는 것을 반대한다. 여자를 가진 자는, 여자를 갖지 않은 것처럼 해야 한다. 그러나 이 말은 여자를 갖지 말라는 것과 같다. 무엇을 갖지 않은 것처럼 무엇을 가진다는 것은 "사실은 갖지 않는다는 것을 뜻한다." 갖지 않은 것처럼 무엇을 가져야 한다면, 아예 갖지 않는 것이 좋을 것이다. 내 마음을 떠나 있는 것은 사실상 내 것이 아니기 때문이다. 결론적으로 성서는 결혼하지 말고 혼자 살 것을 권유한다(193). 그러나 포이어바하에 의하면, 인간이 하늘로부터 배제하는 것은 "그의 참된 본질로부터 배제하는 것이다"(199). 자연이 없는 하나님, 성이 없는 하나님에 근거하여 인간의 자연적 성을 배제하는 것은 자신의 "참된 본질로부터 배제한다"는 것을 말한다.

이 문제와 연관하여 포이어바하는 하늘과 땅의 이원론을 지적한다.

하늘은 "참된 것, 좋은 것, 타당한 것, 본래 존재해야 하는 것을 가리킨다면, 땅은 거짓된 것, 존재해서는 안 될 타당하지 못한 것의 개념에 불과하다." 그러므로 그리스도인은 땅을 하늘로부터 배제한다. 종(種)의 삶을 하늘에서 배제한다. "하늘에서는 종이 중지될 것이다. 거기에는 성적 구별이 없는 순수한 개인들, 영들이 있을 뿐이다. 거기에는 절대적 주체성이 다스린다. 이리하여 그리스도인은 그의 참된 삶에서 종의 삶을 배제한다. 그는 결혼 생활의 원리를 죄된 것, 부정되어야 할 것으로 부정한다"(1976, 199).

3. 여기서 우리는 포이어바하의 타당성을 인정하는 동시에, 그의 일면성을 지적하지 않을 수 없다. 인간을 본질적으로 "정신적 존재"로 보는 헤겔에 반해, 포이어바하는 인간을 물질적·몸적·자연적 존재로 파악한다. 인간을 자기의식을 통해 다른 인간과 혼동될 수 없는 독립된 "개체"로 파악하는 헤겔에 반해, 그는 인간을 "종의 존재"(Gattungswesen)로 파악한다. 인간의 성을 간과하는 헤겔에 반해, 포이어바하는 인간의 성적 욕구를 인간의 본성에 속한 것으로 본다. 성적 욕구는 인간의 종을 유지하는 통로다. 만일 성적 욕구가 없다면, 인간의 종은 없어질 것이다. 그러므로 기독교는 성적 욕구와 결혼생활을 죄된 것으로 보아서는 안 된다는 것을 포이어바하에게서 볼 수 있다. 또 하늘의 영원한 생명에 대한 믿음 때문에 땅 위의 삶을 헛되게 보며, 내적으로 이 세상을 등지는 데 구원이 있다는 믿음 속에서 "영혼 구원"을 구원의 전부로 생각하는 문제점에 대한 그의 지적은, 기독교가 심각하게 반성해야 할 점이라고 말할 수 있다(이에 관해 김균진 2020a, 692-700 참조).

그러나 포이어바하 자신이 말하듯이 신구약성서에는 인간의 성을 인간에게 주어진 인간의 자연, 곧 본성으로 이야기하는 본문들도 있다. 성서는 남녀가 쌍을 이루어 함께 사는 것을 자연에 속한 것으로 보기도 한다.

성서는 통일된 생각을 가진 하나의 획일적인 책이 아니다. 그 자료들은 수천 년의 역사 과정에서 생성되었기 때문에 다양한 생각이 성서 안에 기록되어 있다. 다양한 신앙 공동체에서 유래하는 다양한 전승이 그 속에 있다. 신앙 공동체가 위치한 다양한 시대와 지역의 사상적 영향이 그 속에 숨어 있다. 물을 생명 유지에 없어서는 안 될 요소로 보는 전승이 있는가 하면, 생명에 위험스러운 것으로 보는 전승도 있다(물에 대한 창 1장과 2장의 표상 참조). 결혼을 부정적으로 보는 듯한 바울의 말씀들은 고대 그리스의 영과 육의 이원론에 뿌리를 둔다. 그러므로 우리는 성서의 본문을 신구약 성서에 걸쳐 전체적으로 파악해야 한다. 특정한 몇 구절에만 근거하면 전체를 보지 못하는 일면성에 빠지게 된다.

포이어바하 자신이 말하듯이, 특히 구약성서에는 인간의 성적 차이와 성적 욕구를 창조질서로 전제하는 구절들이 발견된다. 예를 들어, 하나님이 인간을 포함한 모든 짐승을 암컷과 수컷으로 지으시고 "생육하고 번성하여라"고 말씀하신 것은 모든 짐승의 성적 차이와 욕구를 전제한다(창 1:22-27; 7:2). 성적 차이와 욕구가 없는 생육과 번성은 불가능하기 때문이다. "육체의 하나님"(혹은 "육의 하나님", 렘 32:27)은 성을 포함한 인간의 육적인 삶을 긍정한다. 적어도 구약성서의 하나님은 육적인 것, 물질적인 것에 적대적이지 않다. 출애굽 사건은 단지 영혼 구원에 불과한 사건이 아니라, 육체를 구원한 사건이었다. 하나님이 인간의 육을 자신의 것으로 취하였다는 하나님의 성육신은, 인간의 육적인 삶에 대한 긍정을 나타낸다. 육적인 삶에 대한 긍정은 "육의 부활"(resurrectio carnis)에 대한 사도신경의 고백에서 정점에 도달한다.

또한 포이어바하는 사도 바울이 결혼 생활에 대해 부정적이었다는 측면만 강조한다. 그러나 결혼은 "죄 짓는 것이 아니다"라는(고전 7:36) 말씀은 하나님께서 그것을 인정하심을 뜻한다. 하나님이 사람을 남자와 여자로 지었다. 예수께서 가나의 혼인잔치에 참여하였고, 물로 포도주를 만들어주었다는 이야기, 하나님이 합한 것을 사람이 둘로 나누지 못한다는 말씀도 이를 지지한다. 한마디로 "결혼은 인간의 자연스러운 본능이자 욕구인 성욕을 합법적으로 그리고 안전하게 표출할 수 있는 (하나님이 제정하신) 제도"라는(김요한 2020a, 96) 측면에 대해 포이어바하는 침묵한다. 성서의 이러한 측면을 포이어바하는 충분히 반영하지 않고, 신약성서의 특정한 몇 구절에 근거하여 성서는 인간의 성과 결혼 생활을 죄된 것으로 본다고 말한다.

종교의 비밀은 자기 자신을 주장하고 세계를 지배하려는 인간의 "이기심"에 있다는 포이어바하의 주장도 일면적이다. 땅을 정복하고 모든 생물을 다스리라는(창 1:28) 성서의 말씀은 자연 세계에 대한 인간의 이기심을 반영하는 것처럼 보인다. 그러나 이기심과 반대되는 성서의 수많은 말씀에 대해 그는 침묵한다. "네 이웃을 네 자신과 같이 사랑하라"(마 19:19; 롬 13:9)는 말씀은 이기심과는 정반대의 것이다. 그것은 이웃, 곧 인류와 자연의 피조물을 위한 인간의 자기희생을 요구한다. 예수의 십자가 죽음은 이것을 감각적으로 보여준다. 수많은 순교자가 이기심 때문에 순교를 당했는지는 매우 의심스럽다.

하나님의 인격성에 대한 포이어바하의 설명도 일면적이다. 하나님의 인격성을 포이어바하는 세계로부터의 분리 속에서 자기 자신을 향유하며 자기 자신으로 만족하는 하나님, 세계 없는 하나님의 존재로 파악한다. 그의 인격성은 물질적 세계에 대립하는 개념으로 파악된다. 그러나 성서는 세계에서 분리되어 세계 없이 자기 홀로 존재하는 하나님에 대해 아무것도 말하지 않는다. 오히려 세계를 염려하고, 세계의 구원을 위해 그 자신을 희생하는 하나님의 모습을 보여준다. 이 하나님의 인격성은 자기 분리와 천상천하 유아독존에 있는 것이 아니라, 헤겔이 말한 "타자를 위한 존재"(Sein für das andere), 곧 타자에 대한 사랑과 자기희생에 있음을 보여준다. 헤겔의 철학에서 볼 수 있는 하나님의 인격성의 이 측면에 대해 포이어바하는 침묵한다.

3. 자연은 인간의 "실천적 이기주의의 하녀"가 아니다

『기독교의 본질』에서 포이어바하는 인간에게 의존하지 않는 **자연 자체의 가치와 존엄성**을 인정할 것을 요구한다. 자연은 인간의 목적을 위한 수단이 아니라, 그 자체로서 목적이라는 그의 자연관은 오늘 우리에게 중요한 의미다. 이 자연관을 포이어바하는 유대교의 자연관과 이방인들의 자연관을 비교함으로써 시사한다.

창조론은 본래 유대교에서 나온 유대교의 "특징적 이론, 근본 이론"으로 유일신론에 기초한다. 자연은 유일신 하나님이 무에서 창조한 것으로 인간이 정복하고 지배해야 할 대상으로 규정된다. 유일신론적 창조론의 기초는 주체성의 원리라기보다 자연에 대한 **인간의 이기주의**다. 유대교는 자연을 이용하고자 하는 실천적 관심에서 "자연을 자기의 의지와 욕구에 굴종시키고", 인간의 의지에 따라 만들 수 있는 "의지의 산물"로 전락시킨다. 인간은 자기를 자연에서 분리시키고, 자연을 "단순한 의지의 대상"으로 만든다. 한마디로 유대교는 자연을 지배와 이용의 대상으로, 인간의 목적을 위한 수단으로 생각한다.

유대교의 유일신론적 자연관에 반해 포이어바하는 이방인들의 **범신론적 자연관**을 옹호한다. 이방인들은 자연을 초월적 창조자에 의해 "만들어진 것", "자의적 산물"로 보지 않는다. 그들에게 자연은 그 자체로 "아름다운 대상"으로 생각된다. 그 자체로 아름답기에 자연은 그 자체로 목적이 된다. 그러므로 이방인들은 자연이 왜 존재하는지, 무엇 때문에 존재하는지 질문하지 않는다. 그들은 아름다운 자연을 그 자체로서 수용할 뿐이다. 자연은 그 자체로서 **신적인 것**으로 보여진다. 그 속에는 "순수하지 못한 것, 비신적인 것"은 내포되어 있지 않다. 자연은 현존의 근거를 그 자신 속에 가진다. **생산하는 힘**이 자연의 첫째 힘이다. 자연 자체 안에 있는 생산의 힘이 자연의 힘이요 근거다. 그러므로 이방인들은 자연에서 무엇을 만들려고 하지 않고, 자연을 있는 그대로 직관한다. 고대에 아낙사고라스(Anaxgoras)는 "인간은 자연을 직관하도록 태어났다"고 말하였다(1976, 134).

이에 반해 유대인들은 자연에서 무엇을 만들고자 하는 실천적 관점에서 자연을 관찰하고 "그것을 자기의 이기적 관심, 그의 자아 중심의 실천적 이기주의의 가장 낮은 하녀로 만든다." 자연에 대한 인간의 이기적이며 실천적 관심은 다음과 같이 요약할 수 있다. "자연 혹은 세계는 만들어진 것이다. 그것은 명령의 산물이다. 하나님이 세계가 있으라고 명령하자, 세계가 있게 된다. 다시 말해 하나님이 명령한다." "실리주의"(Utilismus)가 자연에 대한 유대교의 기본 직관이다(1976, 134). 그러므로 하나님의 섭리의 기적은 자연을 역행한다. 그것은 자연의 질서에 모순되는 것으로 자연을 "자의의 대상, 이기주의의 대상"으로 만든다. 이집트를 탈출한 이스라엘 백성을 구하기 위해 홍해의 물이 둘로 갈라지고, 먼지가 이로, 막대기가 뱀으로, 강물이 피로, 빛이 어둠으로 변하며, 태양이 멈춘다. 자연을 거스르는 이 모든 반자연적인 일들이 하나님의 명령으로 이스라엘 백성을 위해 일어난다(1976, 135).

이에 반해 고대 그리스인들은 하늘에 있는 별들의 조화로운 운동 속에서 "하늘의 음악을 들었다." "그리스인에게 자연은 다이아몬드였다." 자연 속에서 그들은 모든 실천적 이기주의로 인해 흐려지지 않은 자기의 순수한 정신을 보았다. 자연 속에서 그들은 이성을, 자연을 인식하였다. 그들은 자연의 심연을 보았다. 그러므로 자연은 그들에게 영원한 것이었다. 간단히 말해, 그리스인들은 감격한 광물학자의 눈으로 자연을 보았다(1976, 135).

이에 반해 유대인은 자기의 이익을 계산하는 "광물질 장사꾼"의 눈으로 자연을 보았다(136). 유대인에게 자연은 "이기주의의 목적을 위한 단순한 수단, 단지 의지의 목적이었다.…그렇기 때문에 히브리인에게 자연 혹은 세계는 독재자적인 말씀, 범주적 명령, 마술적인 힘을 가진 말씀의 산물이었다"(138). "무로부터의 창조, 다시 말해 단순한 명령자의 행위로서의 창조는 히브리적 이기주의의 측량할 수 없는 깊이와 폭력 속에 그의 근원을 가진다"(139).

유대인의 이기주의를 포이어바하는 **"유일신론적 이기주의"**라 부른다. 유일신론의 하나님은 인간과 세계를 분리시키고, 세계를 인간의 이기적 목적을 위한 수단으로 만들기 때문이다. "이기주의는 본질적으로 유일신론적이다. 이기주의는 단 하나만을, 그 자신만을 목적으로 두기 때문이다." 과학은 유일신론이 아니라 다신론에서만 생성한다. 다신론은 세계의 "모든 아름다운 것과 선한 것에 대해 개방되었고 질투심이 없는 감각을 갖기 때문이다." 유일신의 관점에서 볼 때, 자연에 대한 과학적 연구는 우상숭배다. 자연 연구자는 종교적 전제 없이 자연의 대상 그 자체 때문에 자연의 대상을 깊이 연구하는 정직성과 철저성, "과학적 경건"을 갖기 때문이다(wissenschaftliche Frömmigkeit, 1976, 136).

유일신론에서는 자연과학의 발전이 불가능한 반면, 범신론에서는 자연과학이 발흥할 수 있다는 포이어바하의 생각은 상식을 벗어난다. 일반적 상식에 의하면 다신론 내지 범신론의 세계에서 자연과학이 발전하기 어렵다. 세계의 사물들 안에 신성이 있다고 믿기 때문이다. 큰 산과 하천,

바위와 나무, 심지어 집 안에 있는 문지방과 장독간 등 모든 것 안에 신(神)이 있기 때문에 자연은 두려움과 공포의 대상이 된다. 따라서 자연의 대상을 분석적으로 연구하기 어렵다. 심지어 벽에 못 하나 박기 위해서도 무당에게 물어야 한다(필자가 어릴 때 경험한 사실임). 이리하여 다신론·범신론의 세계에는 합리적·분석적 사고를 원리로 하는 자연과학 대신에, 무지하고 비합리적인 미신이 창궐한다는 것이 일반적 상식이다.

이것을 필자는 어릴 때 직접 경험하였다. 주변에 있는 거의 모든 것이 두려움의 대상이었다. 마당 구석에 세워둔 빗자루, 댓돌에 벗어둔 신발이 밤이 되면 귀신이 되어 돌아다닌다고 믿었다. 명절이 되면 큰 바위나 동네 고목 앞에 먹을 음식을 갖다 바쳤다. 그 속에 신이 있다고 믿었기 때문이다. 포이어바하는 다신론·범신론이 지배하는 세계의 이 같은 미신을 경험한 적이 없을 것이다. 귀신 들린 여자에게서 귀신을 쫓아낸다고 여자를 좁은 방에 가두어, 굶기고 때리고 머리카락과 손톱을 빼고 하는 일을 그는 본 적이 없을 것이다. 근대 한국 사회에서 이러한 미신을 추방하고 자연과학을 발전시키는 데 기여한 것은 다신론이나 범신론이 아니라, 선교사들이 전해준 기독교의 삼위일체적 유일신론이었다. 유일신론을 통한 세계의 탈신화화·세속화가 자연과학을 발전시켰다는 것은 상식이다.

4. "하나님은 자연 자체다!"
– 포이어바하의 생태학적 무신론과 문제성

1. 전기 포이어바하는 인간을 중심 주제로 다루면서 형이상학과 철학을 인간학으로 대체하고자 하였다. 이에 관한 대표적 책이 『기독교의 본질』이다. 그러나 후기 포이어바하는 이 책에서 한 가지 결함을 발견한다. 그

결함은 인간 바깥에 있는 자연을 충분히 고려하지 않았다는 사실이다. 그러나 우리는 『기독교의 본질』에서도 포이어바하가 자연에 대해 말한다는 것을 위에서 볼 수 있었다. 그는 하나님과 자연을 대립하는 것으로 보기를 거부하고, 하나님에게도 자연이 있다고 말하였다. 자연을 더 이상 인간의 이기적 목적을 위한 수단으로 보아서는 안 된다. 자연의 아름다움과 가치가 인정되어야 한다는 생각에서, 이제 포이어바하는 자연을 하나님과 동일시하는 범신론으로 발전한다.

후기 포이어바하에 의하면, "철학은 그의 진리와 전체성 속에 있는 현실에 대한 학문이다. 그런데 현실의 총괄 개념은 자연이다"(1959 II, 203). 철학은 현실 전체에 대한 학문인데, 자연은 현실 전체를 총괄하는 개념이다. 그러므로 **"철학의 참된 기초"**는 **자연**이라고 그는 말한다(208). 전기 포이어바하는 감성적 인간을 철학의 기초로 보았던 반면, 후기 포이어바하는 자연을 철학의 기초로 본다.

그는 자연도 **현실주의적 관점**에서 이해한다. 자연은 추상적인 것이 아니다. 자연은 그 속에 있는 구체적 사물들을 가리킨다. 자연은 "현실의 사물들로부터 분리된, 인격화되었고 신화화된 존재"가 아니다. 자연은 "우리에게 직접적으로 감성들을 계시하는 것처럼, 감성적이며 현실적인 것"이다(1959 VII, 130, 481). 자연이 "종교의 첫째 되는 근원적 대상이다"(1959 VII, 434). 여기서 포이어바하는 헤겔의 철학을 다시 한번 뒤집어버린다. 그는 종교의 근원적 대상은 "정신으로서의 하나님"이 아니라 자연이라고 말한다. 헤겔의 "정신으로서의 하나님"은 자연으로 대체된다.

자연에 대한 깊은 경외 속에서 이제 포이어바하는 **자연과 하나님을** 동일시한다. "인간이 자기의 본질에서 구별하며, 자기의 본질에 대한 근거와 원인으로 전제하는 **하나님은 자연 자신에 불과하다**"(1959 VIII, 104). 영원하심, 무한성과 같은 신성의 술어들은 "자연의 근원적 술어들"이다(134).

신성의 술어들은 자연의 술어들을 투사한 것에 불과하다. 자연이야말로 영원하고 무한하다. 종교의 하나님은 물론 형이상학의 하나님도 사실상 자연에 불과하다. 이 하나님은 "자연에서 발췌된 가장 일반적인 속성들의 개요이며 총괄 개념"이다(406). 그러므로 우리는 "신화적이고 불분명한 하나님의 이름과 본질 대신에 자연의 이름과 본질을 세워야 한다"(138).

자연 자체를 하나님과 동일시하기 때문에, 포이어바하는 하나님에게 속한 속성들을 자연에 부여한다. 하나님처럼 자연도 무한성의 속성을 가진다. 하나님이 시작도 없고 끝이 없는 것처럼, 자연도 시작과 끝이 없다. 그것은 하나님처럼 무한하다. 자연도 없고, 세계도, 우주도 없었는데, 자연과 세계와 우주가 하나님이란 초월적 존재로 말미암아 시작하게 되었다고 생각하는 것은 유치하다. 자연은 초월자에 의해 생성된 것이 아니다. "그것은 그 자신에 의해, 그 자신으로부터 존재하며, 시작도 끝도 갖지 않는다. 세계의 시작과 끝은 인간의 표상들이다." 세계 곧 자연의 시작과 끝(종말)은 인간이 그 자신으로부터 자연에 부여한 것에 불과하다(1959 I, 204).

2. 자연과 인간은 어떤 관계를 맺고 있는가? 포이어바하는 자연을 **인간 생명의 기초**로 파악한다. 자연 없는 인간의 생명은 생각할 수 없다. 자연은 인간 생명의 전제다. 그것은 인간이 필연적으로 관계할 수밖에 없는 "그것 없이는 그의 실존은 물론 그의 본질도 생각될 수 없는 본질"이다(1959 VIII, 25). 인간의 지성, 인격성, 정신도 자연 혹은 자연의 물질에 근거한다. 자연 혹은 물질이 "지성으로부터 설명되거나 연역될 수 없다. 오히려 다른 근거를 갖지 않은 자연이 지성의 근거요, 인격성의 근거다. 자연 없는 정신은 비현실적 추상이다"(1976, 103-104). 자연은 "우리의 실존의 궁극적 근거"다(1959 VIII, 129). 살과 피를 가진 인간은 "자연의 본질"에 속한다(1959 VI, 326). 곧 인간은 자연의 일부다. 자연의 본질이 인간 안에서 인격화되어

나타난다. 그러므로 인간은 "그 속에서 자연이 인격적이며 의식적이며 이해될 수 있는, 본질이 되는 본질"이다(26). 달리 말해 인간은 인격화된 자연이다. 인간의 본질은 곧 자연의 본질이다. 인간은 자연이 인격화된 존재다. 여기서 포이어바하는 헤겔의 관념론을 거부한다. 관념론에 반해 "자연적으로 참된 것만이 논리적으로 참되다. 자연 속에 근거를 갖지 않은 것은 아무 근거도 갖지 않는다.…형이상학의 모든 참된 법칙은 물리적으로 (physikalisch) 증명될 수 있고, 증명될 수 있어야만 한다"고 그는 주장한다 (1976, 328-329).

이와 같이 포이어바하는 인간을 자연에 의존하는 자연의 일부로 보는 동시에, **자연도 인간에게 의존한다**고 주장한다. 어떤 점에서 자연이 인간에게 의존하는가? 그에 따르면, 인간의 마음이 인간을 자연의 "본질적인 제한들"(wesenhafte Schranken)로부터 해방한다면, "이성은 자연을 외적인 유한성으로부터 해방한다. 물론 자연은 이성의 빛이요 척도다." 곧 인간의 마음과 이성을 통해 자연은 "본질적 제한들"과 "외적인 유한성"에서 자유로워진다.

이와 동시에 "이성은 자연의 빛이다. 이것은 정신과 이성을 결여한 물질론을 거부한다"고 포이어바하는 주장한다. 정신과 이성을 물질의 산물로 보는 엄격한 물질론에 반해, "이성은 자기 자신으로 돌아온 순수성으로 자기를 회복하는 사물들의 자연(in integrum sich restituierende Natur der Dinge)이다." 따라서 인간의 이성을 통해 자연은 자기의 순수성을 회복하게 된다. 이성은 외적 강요로 말미암아 일어난 "왜곡과 변화로부터 사물들을 그들의 참된 본질로 환원한다." 광물 중에 수정(Kristall)은 자연 속에 있는 본래의 기본 형태와는 전혀 다른 형태를 가진다. 수정의 기본 형식을 찾아내는 것은 인간의 "광물학적 이성"이다. 이성은 사물들의 "본질적 구성 요소와 우연적인 구성 요소를 구별한다. (인간의) 이성은 **자연의 조산부**다.

이성은 자연을 설명하고, 정화하고, 수정하고, 바로잡고, 보완한다"(1976, 329). 이런 점에서 자연은 인간의 이성에 의존한다. "그러므로 그 자체에 있어 파악될 수 없는 본질로서의 자연을 이성에 대립시키는 것은 어리석은 일에 불과하다"고 포이어바하는 말한다.

그러나 자연과 인간의 이성 가운데 어느 것이 앞선다고 말할 수 없다. 양자는 분리될 수 없이 함께 속한다. 자연의 본질이 인간 안에서 인격화되어 나타나고, 인간의 본질은 인격화된 자연의 본질에 불과하다. 이리하여 포이어바하는 **"자연을 포함한 인간"**을 "새로운 철학"의 대상으로 삼는다. "새로운 철학은 인간의 기초가 되는 자연을 포함한 인간을 철학의 일반적이고 보편적이며 가장 높은 대상으로 가진다"(1959 II, 317).

자연이 인격화된 존재로서의 인간을 포이어바하는 종교의 근원이라 주장한다. 종교의 근원은 신적 정신에 있는 것이 아니라(헤겔에 반해), 자연이 인격화된 인간에 있다. 자연과, 자연이 그 속에서 인격화된 인간으로부터 종교가 생성하였다. 자연과 인간은 "종교를 생성하는 요소들"이다(1959 VII 313). 인간이 자연의 인격화라면, **하나님은 자연에서 생성하였다**고 말할 수 있다. 종교가 믿는 하나님은 "자연으로부터 생성하였고, 자연으로부터 연역된 존재, 자연의 작용들과 속성들과 현상들을 표현하는 존재"일 뿐이다(1959 I, 204). 이리하여 포이어바하는 신학의 비밀을 인간 안에 있는 자연을 다루는 생리학(Physiologie)으로 확대한다. "신학은 인간학이요…(인간의 자연을 다루는) 생리학"이기도 하다(1959 VIII, 26).

3. 이 문제와 연관하여 포이어바하는 기독교의 **섭리 신앙의 문제성**을 제시한다. 한마디로 기독교의 섭리 신앙은 **인간 중심의 것**으로 자연을 역행한다. 그 뿌리는 "무로부터의 창조"에 있다. 무로부터 세계의 창조는 세계의 무성(Nichtigkeit), 곧 하나님 앞에서 세계 혹은 자연은 아무것도 아니라

는 것을 의미한다. 세계 창조와 함께 시작이 세계에 주어지는 동시에, 마지막 곧 종말이 세계에 주어진다. "세계의 시작은 세계의 마지막의 시작이다." 그 까닭은 "시간은 아무래도 상관없는 것"이라 생각하기 때문이다. 세계는 그것을 창조한 자의 의지에 따라 언제라도 폐기될 수 있는 성격의 것이다. "그의 존재 혹은 비존재(Sein oder Nichtsein)"는 자신의 의지에 달린 것이 아니라, 창조자의 의지에 달려 있다. 한마디로 세계는 그 자신의 의지가 아니라, 그것을 창조한 창조자의 의지에 달린 "무적인 실존"(nichtige Existenz)이다. 본래 존재하는 것은 하나님뿐이요, 세계는 본래 없었던 것, 곧 무였기 때문이다. 이런 점에서 "무에서의 세계 창조는 주체성의 원리의 가장 높은 정점이다"(1976, 120).

무로부터의 세계 창조는 하나님의 **전능의 가장 높은 표현**이다." 무에서 만유를 창조하였다는 것보다 더 놀라운 일은 없기 때문이다. 무로부터의 세계 창조는 "기적의 범주"에 속한다. 그것은 인간이 상상할 수 없는 놀라운 기적이다. 그것은 모든 다른 기적들이 거기에서 나오는 "원리"다. 하나님은 무에서 세계를 창조할 수 있는 기적을 일으킬 수 있다. 그는 물로 포도주를 만들 수 있고(요 2장), 나귀가 사람에게 말을 걸게 할 수 있고(민 22장), 바위에서 물이 흐르게 할 수 있다(출 17장).

포이어바하에 따르면, 섭리 신앙은 무에서 만유를 창조한 **하나님의 기적의 필연적 귀결**이다. 섭리의 관념과 기적의 관념은 하나다. 하나님이 원인과 결과의 법칙(인과율), 이 법칙의 필연성을 깨뜨리고, 세계를 자기의 계획에 따라 섭리한다는 것은 자연법칙을 넘어서는 기적이다. 그러므로 무로부터의 창조는 섭리와의 연관 속에서, 기적과의 연관 속에서 파악될 수 있고 설명될 수 있다"(1976, 122). 여기서 우리는 무로부터 세계의 창조에서 출발하여 섭리를 기적으로 파악하는 포이어바하의 뛰어난 통찰력을 볼 수 있다.

그런데 포이어바하에 의하면, 하나님의 섭리는 본질적으로 **인간과 관계된 것**이다. 그것은 인간의 세계에서 일어나는 인간 중심의 것이다. 여기서 포이어바하는 인간의 세계에서 일어나는 섭리와, 자연의 세계에서 일어나는 섭리를 구별한다. 자연 속에서는 "신적 섭리가 나타나는 것이 아니라 자연적 섭리만이 나타난다. 종교적 섭리는 오직 기적 안에서만, 무엇보다 먼저 종교의 중심인 성육신의 기적 안에서만 나타난다." 그것은 **오직 인간을 위해** 일어난다. 하나님이 짐승을 위해서 짐승이 되었다거나, 짐승이나 식물을 위해 기적을 행하였다는 얘기를 우리는 성서에서 읽을 수 없다. 인간을 위한 하나님의 섭리는 **자연 적대적**이다. 자연에 대한 하나님 아들의 초월적 힘을 보여주기 위해, 자연이 저주를 받고 희생당하는 것을 볼 수 있다. 예수의 명령으로 귀신 들린 사람에게서 쫓겨난 귀신이 근처에 있던 돼지 떼 속으로 들어가, 돼지 떼가 물속에 빠져 몰사하였다는 얘기, 예수의 저주를 받은 무화과 나무가 말라 죽었다는 얘기는 이를 예시한다 (마 8장; 21장; 1976, 123).

이와 같이 성서에서 하나님의 섭리는 단지 인간에게만 일어난다. 짐승들에게 섭리는 해당하지 않는다. 그러므로 섭리는 **인간과 짐승의 구별 내지 차이**를 드러낸다. 요약한다면, 하나님의 "섭리는 짐승과 자연 일반으로부터 인간의 구별에 대한 종교적 의식이다"(348). 종교도 인간과 자연을 구별하는 중요한 요소다. 헤겔이 말하듯이, 짐승에게는 종교가 없기 때문이다. 종교와 마찬가지로 섭리는 "인간에게만 속한다. 그것은 인간과 짐승의 본질적 차이를 나타내며, 인간을 자연이 행사하는 힘들의 폭력에서 구해낸다." 물고기 배 속에 있던 요나, 사자가 있는 동굴에 갇힌 다니엘 얘기는 이를 보여준다. 여기서 하나님의 섭리는 자연에 대립하며, 자연을 희생시킬 수도 있음을 볼 수 있다. 그러므로 "성서의 섭리, 종교의 섭리는 거짓말이다. 그것은 가련한 동시에 웃기는 위선이다. **자연은 성서에 모순된다!**

성서는 자연에 모순된다"고 포이어바하는 판단한다(1976, 124).

또한 포이어바하에 의하면, 섭리는 자연의 피조물로부터 구별되는 "**인간의 가치**를 표현한다. 그것은 인간을 세계 전체와의 연관에서 분리시킨다. 섭리는 자기 실존의 무한한 가치에 대한 인간의 신념이다." "섭리에 대한 신앙은 (인간) 자신의 가치에 대한 신앙이다." 이런 점에서 섭리는 인간의 불멸에 대한 신앙과 동일한 성격을 가진다. 그러나 "자기를 자연과 동일시하는 사람, 자기를 전체 안에 있는 한 부분으로 간주하는 사람은 섭리, 다시 말해 특수한 섭리를 믿지 않는다." 자연의 세계에서 분리된 인간 위주의 특수 섭리는 "거짓된 겸손이요, 자기 자신을 신뢰하는 대신에 자기를 위한 염려를 자비로운 하나님에게 맡기는 종교적 교만"이다. "그것은 자기 자신에 대한 인간의 신앙이다." 하나님은 내가 구원을 받고 행복해지기를 원한다. 나도 이것을 원한다. 여기서 "나 자신의 관심이 하나님의 관심이요, 나 자신의 의지는 하나님의 의지이며, 나 자신의 궁극의 목적은 하나님의 목적이다. 나에 대한 하나님의 사랑은 나 자신의 신격화된 자기 사랑에 불과하다"(1976, 125).

4. 이 문제와 연관하여 포이어바하는 인격적 유신론의 문제성을 다시 한번 제시한다. 인격적 유신론이 말하는 "하나님에 대한 신앙은 **인간의 가치에 대한 신앙**, 자기 본질의 절대적 현실과 의미에 대한 인간의 신앙에 불과하다. 하나님의 섭리에 대한 신앙은 사실상 **인간의 자기 교만**이다." 이 교만을 포이어바하는 하나님의 창조에 대한 신앙에서도 발견한다. 창조의 목적은 인간에게 있다. "모든 사물이 그들 자신 때문이 아니라 인간 때문에 존재한다." 하나님이 인간이 되신 것도 단지 인간 때문이라고 생각된다(1976, 126). 그러나 인간은 창조의 근거는 인간 자신이 아니라 인간과는 다른 존재, 곧 인격적 하나님이라 생각한다. 하나님으로 말미암아 창조가 일

어났기 때문이다.

그러나 포이어바하에 따르면, 창조의 근거가 되는 인격적 하나님은 인간이 스스로 바라는 것을 초월적 대상으로 세운 것에 불과하다. 하나님의 인격성은 "개체성과 물질성, 다시 말해 객체성의 제한에서 분리된 자기의 주체적 존재, 제한이 없는 의지, 세계와 가진 모든 연관성 바깥에 있는 것으로 세워진 인격성"이다(1976, 127). 그것은 사실상 인간 자신의 인격성에 불과하다. 이 하나님은 창조를 통해 자기만이 참 존재라는 확실성을 자기에게 부여한다. "창조에 있어 중요한 것은 자연 혹은 세계의 진리와 현실(Realität)이 아니라, 세계로부터 구별되는 인격성·주체성의 진리와 현실이다. 그것은 하나님의 인격성이다. 그러나 하나님의 인격성은 **자연의 모든 규정과 제한에서 해방된 인간의 인격성**이다." 자연에서 분리된 하나님의 존재는 사실상 인간 자신의 존재다. **인간 자신의 존재**가 창조 신앙의 중심 문제다. 인간 자신의 존재가 천지를 창조한 하나님, 곧 "자연의 본질과 전혀 공통성이 없는 초세계적·타세계적 존재(supra- und extramundane Wesenheit)"로 나타난다. 따라서 "자연으로부터 하나님의 구별은 **자연으로부터 인간의 구별**에 불과하다"(127).

창조 신앙에 의하면, 인격적 "하나님은 자기 바깥에 있는 세계를 생산한다.…이리하여 세계는 하나님에게서 구별되는…대상으로 등장한다." 세계가 하나님 바깥에 있는 것으로 설정됨으로써 하나님은 세계로부터 구별된 자기 자신에 대해 존재하는 인격적 존재로 설정된다. 인격적 하나님은 불가시적이고 비감성적인 존재로, 세계는 감성적이고 물질적인 것으로 설정된다. 하나님 바깥에 있는 자연은 비인격적인 것으로 설정된다. 하나님은 세계 창조의 의지를 가진 자로, 세계는 하나님의 "의지의 산물", "자아가 없고, 힘이 없고, 무적인 실존"(selbstlose, machtlose, nichtige Existenz)으로 생각된다(1976, 120). "세계가 거기서 생성된 무는 세계 자신의 무다." 세계가 무에서 만들어졌다는 것은 **세계는 무**라는 것을 뜻한다. 하나님만이 그 자신에 대해 존재하며 제한이 없는 주체성, "자기 자신만을 향유하며 물질적 세계를 필요로 하지 않는 주체성"으로 생각된다. 반면 세계는 주체성에 대한 "억압과 제한"(Druck, Schranke)으로 생각된다(129).

인격적 유신론의 이 같은 문제성을 어떻게 극복할 수 있는가? 그 해결의 길을 포이어바하는 **범신론**에서 발견한다. 인격적 유신론은 하나님의 존재, 사실은 인간의 존재를 "자연에서 분리하며, 그를 부분으로부터 전체로, 자기 자신에 대한 절대적 존재로 만든다." 이에 반해 "범신론은 인간을 자연과 동일화한다." 이를 통해 **범신론은 인간의 이기주의 앞에서 자연을 보호한다.** 인격주의가 말하는 인격적 하나님은 사실상 인간 자신의 인격적 본질에 불과하다. 따라서 "하나님의 초자연성과 자연 바깥에 있음(Über- und Außernatürlichkeit)을 믿는다는 것은, 인간 자신의 초자연성과 자연 바깥에 있음"을 믿는 것에 불과하다. 이에 반해 범신론이 말하는 하나님의 본질은 **"자연의 본질에 불과하다"**(1976, 128). 하나님은 자연 바깥에, 자연 위에 있는 인격적 존재가 아니라 자연 안에 있다. 그는 자연으로서 현존한다. 그는 자연 자체다!

하나님이 자연 자체라면 포이어바하의 범신론은 **자연주의적 무신론**으로 규정될 수 있다. 그는 인격적 유신론을 자연주의적 무신론으로 폐기한다. 그 내적 동기는 인격적 하나님에게서 배제되어 비인격적이고 비신적인 것, 허무하고 무가치한 것으로 규정되어, 인간의 이기심 충족의 수단으로 전락한 자연 자체의 가치와 권리를 회복하려는 데 있다. 자연은 인간의 "실천적 이기심의 하녀가 아니다"라는 신념 속에서 포이어바하는 유신론의 하나님을 자연 자체와 동일시한다. 범신론은 자연을 하나님으로 섬긴다. 이리하여 범신론을 믿는 세계에서 자연이 잘 보존되는 반면, 하나님과 자연을 구별하는 유대교-기독교의 유일신론의 세계에서 무지막지한 자연 파괴가 일어난다고 학자들은 주장한다. 이 주장은 토론되어야 할 문제로 남겨두고자 한다.

VI

하나님은 인간 본질의 투사에 불과하다

1. 포이어바하의 인간학적 무신론
– 헤겔의 변증법적 "통일성"을 추상적 동일성으로

1. 헤겔 철학에 대한 포이어바하의 전환의 정점은 하나님 개념에 있다. 헤겔 철학에서 하나님과 인간은 먼저 "정신적 존재"라는 공통성 내지 친화성을 갖는다. 이 친화성을 가리켜 헤겔은 "신적 본질과 인간적 본질의 일치" 내지 "통일성"(혹은 하나 됨, Einheit)이라고 말한다. 하나님과 인간의 본질은 친화성 내지 통일성을 갖기 때문에, 인간은 하나님을 인식할 수 있다. 양자가 전혀 다르다면 하나님은 인간에게 인식될 수 없을 것이다. 그래서 "정신은 정신에 대해 존재한다", "정신적 존재는 정신적 존재에 의해 인식될 수 있다"고 헤겔은 말한다. 그런데 "하나님에 대해 아는 인간의 정신(곧 영)은 하나님 자신의 정신일 뿐이다"(Hegel, 1966e, 117)라는 헤겔의 말은, 하나님과 인간의 친화성 내지 통일성을 넘어 하나님의 존재를 인간의 존재와 완전히 동일시하는 것처럼 보인다.

그러나 헤겔은 인간의 존재로부터 구별되는 **하나님 존재의 객체성**을 포기하지 않는다. 하나님과 인간은 무한한 존재와 유한한 존재로서 구별된다. 하나님의 존재가 인간의 존재와 동일화되는 것처럼 보이는 바로 그 순간에, 헤겔은 인간으로부터 구별되는 하나님 존재의 객체성을 이야기 한다. 그에 따르면, 하나님과 인간의 통일성을 "마치 하나님이 인간이고, 인간이 하나님인 것처럼"(als ob Gott nur Mensch und der Mensch ebenso Gott sei) 생각해서는 안 된다(Hegel 1968b, 734). 하나님과 인간의 통일성은 양자의 구별성을 간과하는 "추상적 통일성"이 아니라 하나가 되면서 구별되고, 구별되면서 하나가 되는 "구체적 통일성", 곧 **변증법적 통일성**이다. 그러므로 헤겔은 하나님과 인간의 "동일성의 철학자"라 불릴 정도로 하나님과 인간을 결합시키는 동시에, 인간에 대한 하나님의 객체성을 포기하지 않는다. 그래서 블로흐는 헤겔을 다음과 같이 해석한다. 숨어계신 하나님의 객체성이 인간의 주체성으로 옮겨지는 바로 그 순간에 "전혀 다시금 외적인, 신화적으로 왕좌에 오르는 객체"로서의 하나님이 나타난다(Bloch 1962, 337).

포이어바하는 하나님과 인간의 친화성 내지 통일성에 대한 헤겔의 생각을 수용한다. 또 하나님의 무규정성(Bestimmungslosigkeit)에 대한 헤겔의 부정적 생각을 수용하기도 한다. 만일 하나님이 인간에 의해 인식될 수 없다면, 그는 인간에 대해 아무 규정이 없는 존재일 것이다. 아무런 규정이 없는 하나님은 인간에게 아무 영향도 줄 수 없는 추상적 존재(Abstraktum)일 것이다. "하나님"이란 말은 아무 힘도 없는 "공허한 소리"에 불과할 것이다.

포이어바하는 헤겔의 이 생각을 다음과 같이 수용한다. "진정으로 종교적인 인간에게 하나님은 결코 규정이 없는 존재가 아니다. 하나님은 인간에게 확실하고 현실적인 존재이기 때문이다. 하나님의 무규정성, 이것과 동일한 하나님의 인식 불가능성은…현대의 불신앙의 산물이다"(1976, 33). "특수한 술어들", 곧 규정들을 하나님에게 부여하는 것은 불경건한 일이라고 그리스도인들은 생각한다. 그것은 특수한 술어 내지 규정을 가지고 하나님을 제한하며, 그를 유한한 존재로 만든다.

그러나 포이어바하에 의하면, 특수한 술어들을 통해 하나님을 유한한 존재가 되게 하는 것을 두려워하는 이른바 종교적 두려움은 "하나님에 대해 아무것도 알고자 하지 않으며, 하나님을 감성(의 영역)에서 제거하고자 하는 비종교적 소원이다"(1976, 34). 사실상 그것은 인간 삶의 구체적 현실에서 하나님을 추방하는 불신앙이요 무신론이다. 여기까지 포이어바하의 생각은 헤겔의 생각과 동일하다. "하나님이 새에게 대상이라면, 그는 새에게 날개가 달린 존재로서 대상일 것이다"라는 포이어바하의 말은(36), 만일 사자가 하나님을 표상한다면, 사자의 형태로 표상할 것이라는 헤겔의 말과 동일하다.

2. 그러나 포이어바하는 헤겔의 변증법적 통일성을, 하나님과 인간이 구별되지 않는 **추상적 동일성**으로 파악한다. 그리하여 그는 하나님과 인간을 **아무 구별 없이** 동일시한다. 그에 따르면, 하나님은 인간이 **자신의 본질을 투사한 존재**에 불과하다. 따라서 하나님은 "인간 정신의 창조물에 불과하다"(Kreck 1977, 230). 인간이 하나님을 인식할 수 있는 것은 하나님의 본질과 인간의 본질이 동일하기 때문이다. 이 생각을 포이어바하는 다음과 같이 요약한다. "신적인 것은 오직 신적인 것을 통해 인식된다. 하나님은 자기 자신을 통해 인식된다"(1976, 27).

하나님의 본질과 인간의 본질이 동일하기 때문에, 인간의 하나님 인식은 사실상 인간의 자기 인식에 불과하다. 곧 "하나님의 의식은 인간의 자기의식이요, 하나님 인식은 인간의 자기인식이다. 그의 하나님으로부터 너는 인간을 인식하며, 인간으로부터 그의 하나님을 인식한다. 양자는 동일하다." 이로써 하나님은 인간의 존재로 폐기된다. 인간의 정신과 영혼,

그의 마음과 이성을 하나님과 동일시하게 된다.

포이어바하에 따르면, "인간에게 하나님인 것은 그의 정신, 그의 영혼이요, 인간의 정신, 그의 영혼, 그의 마음은 그의 하나님이다. 하나님은 인간의 계시될 수 있는 내적인 것,…인간의 자아다. 종교는 인간의 숨어 있는 보물들의 장엄한 드러남(Enthüllung)이요, 그의 가장 내적인 사상들의 고백이며, 그의 사랑의 비밀들의 공적 고백이다"(1976, 31). "하나님의 인간성은 그의 인격성이다. 하나님은 인격적 존재다. 이 말은 하나님은 인간적 존재다, 하나님은 인간이라는 것을 뜻한다"(172). 하나님이 인간 본질의 투사에 불과하다면, "인간이 종교의 시작이요, 인간이 종교의 중심점이요, 인간이 종교의 끝이다"(1959 VI, 41).

포이어바하는 자신의 생각을 헤겔에게서 오는 것이라고 정당화한다. "헤겔의 철학은…(인간의) 자아의 본질을 자아 바깥에 세웠다. 자아에서 분리된…하나님으로 대상화하였다"(1959 II, 279). 포이어바하의 이 말에 따르면, 헤겔은 무신론자로 보인다. 그러나 이것은, 헤겔은 **유신론자**라는 그의 주장에 모순된다. 포이어바하에게 헤겔은 때로는 하나님과 인간을 동일시하는 무신론자로, 때로는 양자를 구별하고 하나님의 대상적 타자성을 주장하는 유신론자로 보인다. 여하튼 포이어바하는 자기의 생각을 헤겔에 근거시키면서, 하나님은 인간의 자아를 자아 바깥에 있는 하나님으로 대상화한 것에 불과하다고 본다. 사실상 하나님은 인간의 자아일 뿐이다. "헤겔의 절대정신은 자기 자신으로부터 분리된…(인간의) 추상적 유한한 정신에 불과하다." 이로써 종래의 형이상학은 "밀교적(密敎的) 심리학"(esoterische Psychologie)으로 드러난다(226).

3. 인간과 하나님의 일치를 포이어바하는 인간과 대상의 관계에서 발견하기도 한다. 그는 인간과 대상을 동류에 속한 것으로 전제한다. 대상이 나에

게 대상이 될 수 있는 것은, 나와 대상이 동류에 속하기 때문이다. 만일 대상이 나에게 전혀 다른 것이라면, 곧 동류가 아니라면, 대상은 나에게 대상이 될 수 없을 것이다. 인간과 대상은 동류에 속하기 때문에, 인간은 "대상에게서 자기 자신을 의식한다. **대상의 의식은 인간의 자기의식이다.** 너는 대상으로부터 인간을 인식한다. 대상에게서 그의 본질이 너에게 나타난다. 대상은 그의 계시될 수 있는 본질, 그의 참된 객관적 자아다. 이것은 정신적 대상에게만 해당하는 것이 아니라, 감성적 대상에게도 해당한다. 인간에게 아주 멀리 떨어진 대상일지라도 그것은 인간에게 대상이기 때문에, 그리고 인간에게 대상인 한 인간 본질의 계시다"(1976, 21). "인간의 절대적 본질은 인간 자신의 본질이다. 그러므로 인간에 대한 대상의 힘은 그 자신의 본질의 힘이다"(22).

포이어바하에 의하면 인간과 대상, 주체와 대상의 보편적 관계는 "특별히 주체와 종교적 대상의 관계에도 해당한다." 대상은 인간 바깥에 존재하는 반면, 하나님은 인간 안에 있는 인간의 가장 내적인 존재이기 때문이다. 아우구스티누스와 말레브랑쉐가 말한 것처럼, 하나님은 "우리 자신보다 더 우리에게 가까우며, 몸과 영혼, 우리와 우리 자신이 결합되어 있는 것보다 더 밀접하게 우리와 결합되어 있다"(1976, 30). 이에 근거하여 포이어바하는 하나님의 본질을 인간의 본질로 바꾸어버린다. 자기 자신에 대한 인간의 관계가 하나님과의 관계로 바뀐다. 이리하여 인간은 "인간 자신의 인격성의 독립성·무제한성·불멸성을 하나님의 인격성 안에서 찾는다. 기도할 때 인간은 자기 자신의 마음에 기도하며, 감정의 전능함을 숭배한다.…인간 자신의 가치에 대한 믿음, 자기 자신에 대한 인간의 믿음이 하나님의 섭리에 대한 믿음으로 표명된다. 나 자신의 관심이 하나님의 관심으로, 나 자신의 의지가 하나님의 의지로, 나 자신의 궁극의 목적이 하나님의 목적으로 선언된다"(Küng 1995, 235).

또 포이어바하는 자신의 투사론에 대한 근거를 루터의 신학에서 발견하기도 한다. 루터에 따르면, "네가 하나님에 관해 믿는 대로, 너는 하나님을 가진다. 이렇게 믿으면 이렇게 가진다. 네가 하나님을 믿지 않으면 너는 하나님에 관한 아무것도 갖지 않는다." "그러므로 우리가 믿는 바에 따라 우리에게 일어난다. 우리가 그를 우리의 하나님으로 생각하지 않는다면, 그는 우리의 하나님이지 않을 것이다." 루터의 이 말을 포이어바하는 다음과 같이 비약시킨다. "내가 하나님을 믿을 때, 나는 하나님을 가진다. 다시 말해, 하나님에 대한 믿음이 인간의 하나님이다." "내가 믿는 것이 하나님이고, 또 내가 어떻게 믿는 바에 따라 하나님이 존재한다면, 하나님의 본질은 믿음의 본질에 불과하지 않은가?" "내가 하나님을 믿을 때, 나는 하나님을 가진다"는 말에 우리는 동의할 수 있지만, 그렇다 하여 "내가 믿는 것이 하나님이다"라는 말은 논리적 비약이다.

하나님 존재 자체와 인간을 위한 하나님의 존재의 분리될 수 없는 관계 속에서 포이어바하는 하나님의 본질과 인간의 본질을 동일시할 수 있는 근거를 발견한다. 우리가 우리 자신과 결합되어 있는 것보다 더 밀접하게 하나님이 우리와 결합되어 있고, 우리의 몸과 영혼이 결합되어 있는 것보다 더 밀접하게 우리와 결합되어 있다면, 하나님의 본질은 우리 자신의 본질일 수밖에 없다. 곧 "주체의 대상은 주체 자신의 대상적 본질에 불과하다. 인간이 자기에게 대상인 것처럼, 하나님은 그에게 대상이다. 그가 생각하는 대로, 그가 심사숙고하는 대로, 그의 하나님은 존재한다. 인간이 가치를 가진 만큼 하나님도 가치를 가지며, 그 이상의 가치를 갖지 않는다."

여기서도 우리는 논리적 비약을 발견한다. 하나님과 인간이 가장 깊이 결합되어 있다 하여, 인간의 본질이 하나님의 본질이요, 인간의 가치는 하나님의 가치이며, "하나님 의식은 인간의 자기의식이요, 하나님 인식은 인간의 자기인식이다"라는 말은(1976, 30) 논리적 비약이다. 믿음 속에서 하나님과 우리는 하나로 결합되어 있다는 포이어바하의 말은 타당하다. 그러나 하나로 결합되어 있다 하여, 하나님의 본질이 우리 자신의 본질이라고 말할 수 없다. 깊은 사랑 안에서 나와 네가 하나로 결합된다 하여, 네가 곧 나라고 말할 수 없는 것과 마찬가지다. 양자의 내적 결합에서 양자의 동일성을 추론하는 것은 논리적 비약이다. 내가 하나님을 어떻게 믿느냐에 따라 하나님이 "나에 대해 존재한다"고 말할 수 있다. 그러나 내가 믿는 바가 곧 하나님이라고 말하는 것도 논리적 비약이다. 나의 믿음 속에서 나에게 경험되는 하나님이 전부가 아니기 때문이다. 다른 사람에게 하나님은 다르게 신앙되고, 다르게 경험될 수 있다. 따라서 하나님에 대한 인간의 믿음과 경험은 언제나 부분적이다. 그러므로 내가 믿고 경험하는 하나님이 하나님 자체라고 말할 수 없다. 각 사람이 믿고 경험하는 하나님은 그 믿음과 경험을 가능하게 하는 근거로서, 각 사람의 믿음과 경험에서 구별된다. 포이어바하는 이 구별성을 간과한다. 인간과 대상의 관계에서도 포이어바하는 양자의 구별성을 간과한다.

4. 여하튼 포이어바하는 하나님과 인간을 동일시함으로써 종교를 인간학으로 만들어버린다. 종교의 본래적 본질은 인간의 본질이다. **종교에서 인간은 자기 자신과 관계한다.** 달리 말해, "종교는—적어도 기독교 종교는—자기 자신에 대한 인간의 관계다. 더 정확히 말한다면…자기의 (실로 주관적인) 본질에 대한 관계다. 그러나 (자기의 것과) 다른 본질로서 자기의 본질에 대한 관계다. 하나님의 본질은 인간의 본질에 불과하다. 보다 더 정확히 말한다면, 신적 본질은 개별 인간의 제한성에서 정화되었고 해방된 인간 자신의 본질에 불과하다. 그것은 대상화된 본질, 다시 말해 인간에게서 구별되는 다른 본질로 직관되고 (하나님으로) 숭배되는 본질, 그 자신의 본질에 불과하다. 그러므로 신적 본질의 모든 규정은 인간의 규정들

이다"(1976, 32). "종교의 숨은 비밀은 신적인 본질과 인간적 본질의 동일성이다.…하나님은 인간적 본질이다." 그러나 종교는 하나님을 "(인간과는) 다른 존재라고 생각한다"(290). 따라서 "종교는 인간 자신의 본질에 대한 인간의 관계다 — 바로 여기에 종교의 진리가 있다.…그러나 그 자신의 본질이 아니라 자기와 구별된, 자기에게 대립하는 본질로서 그것과의 관계다 — 바로 여기에 종교의 비진리가 있다"(1959 VII, 289). 이로 말미암아 수많은 "거짓과 기만과 현혹과 모순과 궤변들이 신학 속에" 있게 된다(1959 VI, 257). 인간을 떠나 독립적으로 실존하는 하나님, 인간과는 다른 "절대 타자"로서의 하나님은 존재하지 않는다. 인간을 떠나 독립적으로 존재하는 하나님, 타자로서의 하나님은 인간이 자신의 본질을 투사한 것에 불과하다. 그러므로 그는 실재하지 않는 존재, 없는 존재다.

포이어바하에 의하면, 하나님이 구체적 술어 내지 규정을 가질 때, 그는 인간에게 구체성을 가진 구체적 존재가 된다. 그는 단지 무한한 존재가 아니라 유한한 존재가 된다. 하나님의 성육신은 이것을 가시적으로 보여준다. 예수 안에서 하나님은 인간적 술어를 가진 유한한 존재가 된다. "유한하게 존재하는 것을 두려워하는 자는 실존하는 것을 두려워한다." 예수 안에서 하나님은 인간의 실존적 조건 속에서 실존하는 한 인간으로 나타난다. 모든 현실적 실존, 참된 실존은 "양적 실존이요, 규정되어 있는, 그러므로 유한한 실존이다.…규정을 가지는 것을 모욕으로 생각하는 하나님은 실존할 수 있는 용기와 힘을 갖지 않을 것이다"(1976, 34). 하나님이 예수 안에서 실존하는 한 인간이 되었다는 것은, 하나님은 사실상 인간이라는 것을 나타낸다.

하나님이 사실상 인간이라면, 신학의 본질은 인간학이라 말할 수 있다. 그래서 포이어바하는 "인간학을 신학으로 고양한다"고 말한다(1959 VII, 28). 신학으로 고양된 인간학, 곧 무신론이 "새로운 철학"이다. 새로운 철학은 하나님의 참 본질과 종교의 참 본질이 인간의 본질에 불과하다는 것을 드러낸다. 이리하여 종래의 철학의 거짓을 제거하고, 종래의 철학의 내적 진리로 나타난다. 그것은 기독교의 참 진리를 폭로한다. 이런 점에서 "새로운 철학은…기독교의 진리다"(1959 II, 244). 그것은 "철학으로서 종교"다. 그것은 새로운 시대가 필요로 하는 새로운 종교다. 새로운 종교의 중심점은 하나님이 아니라 인간이다. 그러므로 새로운 종교의 본질은 **무신론적 인간학**이다.

무신론적 인간학은 개신교회 곧 프로테스탄티즘이 도달할 수밖에 없는 귀결이라고 포이어바하는 해석한다. 프로테스탄티즘은 하나님의 성육신, 곧 하나님이 인간이 되었다는 것에 집중한다. 인간이 되신 하나님, 곧 인간적 하나님, 이 하나님이 그리스도다. 그리스도에게서 하나님은 인간이요, 인간은 하나님이다. **인간이 되신 하나님**, 이것이 프로테스탄티즘의 하나님이다. 그러므로 프로테스탄티즘은 가톨릭교회처럼 하나님의 존재 자체에 관심을 두지 않는다. 그 대신에 "인간에 대해 그가 무엇인가"에 대해 관심을 둔다. 본질적으로 프로테스탄티즘은 "그리스도론, 다시 말해 종교적 인간학일 뿐이다"(Löwith 1941, 360).

2. 무한성을 가진 인간의 종과 하나님의 동일화

1. 앞서 기술한 바와 같이, 포이어바하가 말하는 인간은 개체 인간이 아니라 인간의 종(Gattung) 혹은 인류다. 따라서 포이어바하가 말하는 "인간의 본질"은 인간의 종 혹은 인류의 본질을 뜻한다. 개체 인간은 제한된 존재다. 따라서 개체 인간의 본질 내지 규정들은 제한되어 있다. 그들은 불완전하다. 구체적 예를 들어 인간은 선하다. 그는 선함을 그의 본질 내지 존

재 규정으로 가진다. 그러나 개체 인간에게 선함의 본질 내지 규정은 제한성이 있다. 인간의 종에 이 제한들은…지양되어 있다. 지금 나의 지식과 의지는 제한되어 있다. 지금 나의 생명은 제한된 시간에 매여 있다. 그러나 인간의 종 곧 "인류의 생명은 제한되어 있지 않다"(1976, 180). 인류 전체에 인간의 본질 내지 규정들은 제한되어 있지 않다. 그것은 제한이 없는 완전한 것이다. 인류의 역사는 주어진 제한을 극복함으로써 전혀 제한되지 않은 완전한 인간의 본질, 완전한 인간의 규정들로 나아가는 과정이다. 곧 "제한들의 계속되는 극복"이다(1976, 181).

그러나 인간 종의 본질은 제한되지 않은 완전한 것이란 포이어바하의 생각은 설득력이 없다. 인간의 역사가 끝날 때까지 인간의 종 역시 불완전할 것이다. 인간의 종, 곧 모든 인류는 그 본성에 있어 죄성을 벗어날 수 없기 때문이다. 개체는 부분이기 때문에 그의 본질은 불완전하고, 모든 개체를 포괄하는 종은 전체이기 때문에 종의 본질은 완전하다는 것은 논리적 비약이다. 모든 개체가 불완전한 본질을 가진다면, 그들의 종도 불완전한 본질을 가질 수밖에 없다. 개체와 종, 부분과 전체는 분리될 수 없기 때문이다.

여하튼 포이어바하에 따르면, 제한을 가진다는 것은 즐겁지 못한 불쾌한 느낌이다. 자기의 제한성을 기뻐하는 사람은 누구도 없다. 그러므로 인간은 끊임없이 자기의 제한성을 극복하고자 한다. 그러나 현실의 실존 속에서 모든 제한성을 극복하기란 불가능하다. 그러므로 인간은 인간의 종, 곧 모든 **인류의 완전한 본질 내지 규정**을 하나님이란 초월적 존재로 투사한다. 그러므로 "모든 신적인 규정, 하나님을 하나님으로 만드는 모든 규정은 개별 인간 곧 개인 안에 제한되어 있는 (인간의) 종(種)의 규정들이다."

여기서 포이어바하는 하나님을 인간의 종, 곧 **전체로서의 인류**와 동일시한다. "하나님(Gottheit)의 개념은 인류의 개념과 일치한다. 하나님을 하나님으로 만드는 모든 신적 규정은…(인간의) 종의 규정들이다. 이 규정들은 개체 인간 안에서 제한되어 있다. 그러나 이 제한들은 종의 본질 안에서…폐기되어 있다"(1976, 180). 개체 인간의 규정들이 지닌 모든 제한이 폐기된, 인간의 완전한 종의 본질이 곧 하나님이다. 한마디로 "하나님은 인간의 **인격화된 종의 개념**이다"(1959 VIII, 345). "종과 개체성, 보편적 존재와 개체적 존재의 일치"를 객관적 대상으로 세운 것이 하나님이다. 따라서 "하나님은 한 개체로서의 종의 개념이요, 종의 개념 혹은 종의 본질이다." 인간의 종은 "보편적 존재로, 모든 완전성,…모든 제한성에서 정화된 속성들의 총괄 개념"이다. 이 총괄 개념이 하나님이란 "하나의 개체적이며 인격적인 존재"로 투사된다(181). "모든 현실의 총괄 개념으로서의 하나님" 은 "인간들 사이에 나누어져 있고, 세계사의 과정에서 실현되는 종의 속성의 총괄 개념이다"(1959 II, 259).

이로써 포이어바하는 헤겔이 끝까지 포기하지 않는 하나님의 객체성을 인간 종의 주체성으로 완전히 폐기한다. 인간의 종이 하나님이다. 인간의 종은 바로 개체 인간 속에 나타난다. 따라서 개체 인간이 곧 하나님이다. "**인간이 하나님이다라는 말은…하나님은 없다라는 말과 동일하다**"(VII 297). 이로써 인격적 하나님의 존재는 인간의 종이 그 속에 현존하는 개체 인간으로 폐기된다. 바로 여기서 우리는 이른바 포이어바하의 "인간학적 종교 해석"을 볼 수 있다(Windelband 1957, 553).

2. 인간의 종 혹은 인간이 사실상 하나님이기 때문에, 포이어바하는 하나님의 속성인 무한성을 인간의 종, 곧 인간에게 부여한다. 하나님의 본질이 인간의 본질이 된다. 그리하여 인간의 본질은 "영원하다"고 말하게 된다(1959 IV, 190). 포이어바하에 따르면, 종교는 "무한한 것의 의식"이다. 종교의 기초 곧 인간의 본질은 무한한 것으로 이해되어야 한다. 종교는 "그

의 무한한 본질에 대한 인간의 의식에 불과하다"(1959 VI, 2). 인간에게는 "무한한 것의 관념"이 있다. 이 관념은 태어나면서부터 갖게 된 것이 아니라 인간을 인간 되게 하는 것, 곧 "인간 안에 있는 인간 됨(Menschheit)"이다 (116). 하나님의 중요한 속성인 무한성은 인간의 무한성을 하나님이란 존재로 투사시킨 것에 불과하다. 하나님의 무한한 본질은 인간이 가진 무한한 본질을 인격화한 것이다. 이런 점에서 모든 인간에게 주어져 있는 "심리학적 무한성은 신학적 혹은 형이상학적 무한성의 근거다"(337).

인간의 본질이란 무엇인가? 곧 인간을 인간으로 만드는 것은 무엇인가? 헤겔에 따르면 그것은 정신과 사유와 종교에 있다. 감성과 지각은 짐승들에게도 있지만, 정신과 사유와 종교는 인간에게만 있기 때문이다. 이에 반해 포이어바하에 의하면, 인간의 본질은 "이성과 의지와 마음" 혹은 "이성과 사랑과 의지의 힘"에 있다. 앞서 고찰한 바와 같이, "이성과 사랑과 의지의 힘은…인간의 본질의 완전성이다. 의욕하는 것, 사랑하는 것, 사유하는 것은 가장 높은 힘이요, 인간의 절대적 본질이며…그의 현존의 근거다. 인간은 사유하고, 사랑하고, 의욕하기 위해 존재한다." 이성과 의지와 마음 곧 사랑의 힘은 인간 자신이 만들 수 있거나 소유할 수 있는 것이 아니다. 그들은 어떤 다른 목적을 이루기 위한 수단이 아니라 목적 자체다. "이성의 목적"은 이성 자체이며, 사랑의 목적은 사랑 자체이며, 의지의 목적은 의지 자체다. "우리는 사유하기 위해 사유하고, 사랑하기 위해 사랑하며, 의욕하기 위해, 곧 자유롭기 위해 의욕한다. 참된 존재는 사유하고, 사랑하고, 의욕하는 존재다."

기독교가 말하는 하나님의 삼위일체는 **"이성과 사랑과 의지의 하나 됨을** 말한다." 그것은 인간 바깥에 있는 신적 규정이 아니라 "개체 인간 위에 있는 인간 안에 있다." 삼위일체란 신적 규정이 인간 안에 있다. 따라서 이들은 인간이 자기 마음대로 할 수 있는 것이 아니다. 그들은 인간의 존재를 구성하는 구성적 요소들이다. 그들은 "저항할 수 없는 신적인 절대적 힘들이다"(1976, 19-20). 이 힘, 곧 이성과 사랑과 의지는 신적이고 절대적 이기 때문에 무한성을 가진다. 그러므로 포이어바하는 "사유의 능력의 무한성", "감정의 능력의 무한성"을 말하게 된다(26).

물론 포이어바하는 개체 인간의 제한성을 간과하지 않는다. 그에 따르면 개체 인간은 자기를 제한된 존재로 느끼고 인식할 수 있으며, 또 그렇게 해야 한다. 그러므로 포이어바하는 개체 인간의 불멸을 반대한다. 각 사람의 삶은 죽음을 통해 시간적 제한을 가진다. 그러나 인간의 종은 제한을 갖지 않는다. 그것은 무한하다. 인간이 자기의 제한성과 유한성을 의식할 수 있는 것은, 그가 속한 "종의 무한성이 그에게 대상이기 때문이다." 여기서 인간의 종이 다시 한번 신격화된다. 개인이 지닌 "죄와 결함의 해결과 칭의와 화해와 치유가 오직 종 안에 있다." 그럼 **개인과 종을 중재할 수 있는 것**은 무엇인가? 그것은 예수 그리스도가 아니라 "타자"다. "**타자**(Der andere)는 그 자신을 통해 나와 종의 거룩한 관념 사이의 중재자다. **인간이 인간에게 하나님이다**"(Homo homini Deus, 1976, 189).

여기서도 우리는 포이어바하의 논리적 비약을 발견한다. 모든 개체 인간은 유한하며 제한성이 있는데, 모든 인간의 합(合), 곧 인간의 종(種) 혹은 "인류"는 무한하며 아무 제한성을 갖지 않는다는 것은 논리성을 결여한다. 모든 개인이 유한하고 제한된 존재라면, 그들의 합인 인간의 종도 유한하고 제한될 수밖에 없다. 포이어바하 자신이 말한 대로, 제한된 각 인간이 "인간 종의 대표자"라면 인간의 종도 제한될 수밖에 없다. 이리하여 포이어바하가 말하는 인간의 종은 현실적으로 존재하지 않는 하나의 관념에 불과하며, 그는 헤겔의 관념성을 벗어나지 못한다는 비판을 받게 된다.

3. 동일화의 근거가 되는 하나님의 성육신

1. 기독교 교리에 의하면, 하나님의 성육신은 인간이 아닌 하나님이 그의 아들 예수 안에서 인간의 육을 취하시고 인간이 되었음을 말한다. 이에 반해 포이어바하에 의하면, 하나님의 성육신은 하나님의 본래적 존재를 나타낸다. 곧 **하나님은 본래 인간이었음**을 보여준다. 성육신은, 인간이 되신 하나님은, **하나님이 된 인간의 나타남**을 말한다. 성육신에서 하나님은 "그가 나에게 나타나는 그대로" 나타난다. 그는 **본래 인간이기 때문에** 인간으로 나타난다. 인간 예수 안에서 나에게 나타나는 하나님, 곧 "나에 대한" 하나님의 존재는 하나님의 "존재 자체"다. 한마디로 하나님의 성육신은, 하나님은 사실상 인간이라는 것을 나타낸다. 바로 여기에 "성육신의 비밀"이 있다. 요약한다면, "성육신은 하나님의 인간적 본성의 사실적이고 감성적 나타남에 불과하다"(1976, 56).

　　이 같은 논리로써 포이어바하는 성육신에서 하나님과 인간을 동일시할 수 있는 결정적 근거를 발견한다. "하나님이 그 자체에 있어 혹은 그 자신에 대해, 나에 대해 존재하는 것과는 다른 존재인지 나는 알 수 없다. 그는 **나에 대해 존재하는 그대로** 나에 대해 존재할 뿐이다.…그는 언제나 나에 대해 존재하는 바 그대로 나에 대해 존재한다"(1976, 35). 하나님이 그의 아들 예수 안에서 인간으로 나에게 나타난다면, 그는 그 자신에 있어 인간이다. 하나님은 자기 자신에 있어 있는 그대로 나에게 나타나기 때문에, **하나님에 대한 인간의 표상은 바로 하나님 자신이다.** 종교가 "하나님에 대해 가진 표상이 그 종교의 하나님이요, 종교가 표상하는 바의 하나님이, 그 자체에 있어 존재하는 바의 참 하나님이다.…대상과 표상 사이의 구별, 그 자체에서의 하나님(Gott an sich)과 나에 대한 하나님(Gott für mich)의 구별은 회의적이고 비종교적인 구별이다"(35-36). 인간 예수 안에서 볼 수 있는 인간이 되신 하나님 표상은 바로 하나님의 존재 자체와 일치한다. 예수 안에서 인간이 되어 우리에게 나타나신 하나님은 그의 존재 자체에서도 인간일 수밖에 없다. 하나님은 우리에게 나타나는 그대로 존재한다. 그의 계시는 하나님 존재 자체의 계시, 곧 "자기계시"다(카를 바르트는 포이어바하의 이 말을 그의 교의학에서 반복함).

하나님이 인간이요, 인간이 하나님이란 사실을 가장 직접적으로, 감각적으로 보여주는 것은 예수 그리스도의 성육신이다. "인간이 되신 하나님은 하나님이 된 인간의 나타남일 뿐이다.…하나님이 자기를 인간으로 낮추시기 이전에 필연적으로 인간이 하나님으로 고양됨이 있었다. 하나님이 인간이 되기 이전에, 인간이 이미 하나님 안에 있었고, **이미 하나님 자체였다.** 만일 그렇지 않다면 어떻게 하나님이 인간이 될 수 있었겠는가? 무로부터 아무것도 되지 않는다(Ex nihilo nil fit)"(1976, 57). 하나님이 그의 아들 안에서 인간이 되었다는 것, 곧 성육신은 "하나님은 인간적 존재다. 하나님은 인간이다"라는 사실을 보여준다(172, Gott ist ein menschliches Wesen, Gott ist Mensch). 인간이 하나님이요, 하나님이 인간이기 때문에 우리는 하나님을 인간의 형태로 표상하며, **신인동형론적 술어**들을 사용한다.

이것을 포이어바하는 하나님의 사랑을 통해 설명한다. 하나님은 인간을 너무도 사랑하기 때문에 인간이 되신다. "하나님이 인간을 사랑하고, 인간을 생각하고, 인간을 염려하는 한에서, 그는 이미 인간이다." 그는 인간을 사랑하기 때문에 "이미 그 자신 안에서 자기의 신성을 포기하고, 자기를 (인간으로) 외화하며(entäußert, 헤겔의 전형적 표현임), 자기를 신인동형론적으로 만든다(anthropomorphiert)"(1976, 59). 곧 하나님은 철저히 사랑이기 때문에, 이미 그 자신 안에서 자기의 신성을 버리고 인간으로 존재한다. 사랑은 자기를 상대방과 동일화하는 것이다. 그렇지 않은 사랑은 완전하지 못한 사랑이다. 하나님은 완전한 사랑이기 때문에, 자기를 인간과 똑같은 인간으로 동일화한다. 이 동일화는 성육신 사건이 있기 이전에, "이미" 하나님의 존재 자체에서 일어났다. 이에 근거하여 포이어바하는 하나님 의 본질은 인간의 본질에 불과하다고 추론한다. 인간의 본질이 하나님의 본질이라면, 인간이 인간에게 하나님이 된다(homo homini deus). 필자의 생 각에 의하면, 인간이 인간의 하나님이라면 세상은 하나님들로 가득할 것 이다. 그러나 이 세상에는 사기꾼이 얼마나 많은가!

여기서도 우리는 포이어바하의 논리적 비약을 발견한다. 너에 대한 나의 사랑이 완전하다 하여, 내가 반드시 너여야 할 절대적 필연성은 성립 하지 않는다. 또 현실적으로 그렇게 되지도 않는다. 인간에 대한 하나님의 사랑이 완전하다 하여, 하나님이 반드시 인간이어야 할 필요가 없고, 또 그 렇게 되어서는 안 될 것이다. 만일 하나님이 인간이라면 그의 사랑은 결코 완전하지 못할 것이다. 사랑은 언제나 사랑하는 자와 사랑받는 자의 구별 을 전제한다. 아무리 깊은 사랑일지라도 사랑하는 자와 사랑을 받는 자는 구별된다. 하나님의 삼위일체는 이것을 보여준다. 완전한 사랑의 영 곧 성 령 안에서 아버지와 아들은 하나이지만 둘로 구별되고, 구별 속에서 하나 를 이루는 변증법적 관계에 있다. 포이어바하는 헤겔의 삼위일체 변증법 에 대해 침묵하면서 인간에 대한 하나님의 사랑은 완전하기 때문에, 하나 님은 인간일 수밖에 없다는 논리를 전개한다.

2. 헤겔의 철학과 마찬가지로 포이어바하의 철학에서도 하나님의 성육신 은 중요한 위치를 차지한다. 헤겔에 따르면 신적인 본성과 인간적 본성의 통일성을 보여주는 성육신은 인류 역사에서 하나의 "혁명적인" 사건이요, 기독교의 "기본 내용"이다. 포이어바하에 따르면 성육신에 대한 신앙은 "기독교 종교의 중심점이다"(1976, 66). "성육신의 비밀은 인간에 대한 하나 님 사랑의 비밀이다." 이런 점에서 성육신은 기독교의 중심점이라는 포이

어바하의 생각은, 성육신을 기독교의 "기본 내용"으로 보는 헤겔의 생각과 일치한다.

포이어바하에 따르면, 성육신은 다음의 사실을 보여준다. 하나님은 "자기의 신적 위엄과, 모든 인간적인 것과 유한한 것에 대한 그의 높으심을 부인한다. 그는 인간과 함께 인간이 된다. 그는 내가 말하는 것을 들으며, 나를 자비롭게 여기시기 때문이다. 그는 나에 의해 자극을 받는다. 무감각, 불변, 영원 등과 같은 추상적 본질의 규정을 머리에 가지고 있고 이에 집착하는 신학은 하나님의 수난 가능성(Passibilität)을 부인하며, 이로써 종교의 진리를 부인한다"(62). 하나님은 무감각한 분이 아니라, 자기를 인간과 동일화하는 무한한 사랑이라는 사실이 성육신에 나타난다. 그러나 하나님은 사실상 인간 자신이라면, "하나님의 사랑의 비밀은 자기 자신에 대한 인간의 사랑의 비밀이다"(1959, VI 349). 따라서 하나님의 성육신의 비밀은 인간의 자기 사랑의 비밀이다.

그에 따르면 "성육신 이론의 중심"은 "인간에 대한 하나님의 사랑이다. 하나님은 인간을 사랑하고, 인간을 생각하며, 인간을 돌보시는 점에서 이미 인간이다. 그는 인간의 형태를 취한다(anthropomophiert sich)"(1976, 59). 하나님은 철저히 사랑이다. 그러므로 인간이 되어 인간으로 나타나신 하나님은 자신의 존재 자체에 있어 인간일 수밖에 없다고 포이어바하는 추론한다.

필자의 생각에 의하면, 하나님이 그의 완전한 사랑 때문에 인간이 되신다 하여 그의 존재 자체가 인간이어야 할 필연성은 성립하지 않는다. 여기서 포이어바하는 헤겔이 말하는 사랑, 곧 "하나 됨 안에서의 구별"과 "구별 안에서의 하나 됨"의 관계를 간과하고, 사랑을 더 이상 너와 나의 "구별이 없는 하나 됨"(Einheit)으로 생각한다. 헤겔의 표현을 따른다면, "추상적 통일성"으로 생각한다. 그래서 그는 "종교에서 인간은 그 자신에게 신적 대상으로 존재하며, 신적 목적으로서 대상이다. 종교에서 그는 단지 그 자신의 본질과 관계하며, 단지 자기 자신과 관계한다"고 말한다(1976, 65).

여하튼 포이어바하에 따르면, 공중의 새가 하나님을 믿는다면 새는 하나님을 새처럼 생각할 것이다. 새에게는 새가 가장 높은 존재이기 때문이다. 마찬가지로 인간에게는 인간이 가장 높은 존재다. 인간에게 가장 높은 존재, 그것이 곧 하나님이라면 하나님은 **가장 높은 인간, 가장 완전한 인간**이다. 하나님에 대한 종교적 술어들, 곧 사랑, 자비, 정의 등은 인간에 관한 술어를 하나님에게 부여한 신인동형(Anthropomorphismen)에 불과하다. "너의 술어들이 신인동형이라면, 이들의 주체도 신인동형이다. 사랑, 자비, 인격성 등이 인간적 규정이라면 네가 이들에게 전제하는 이들의 주체도, 하나님의 실존도, 하나님이 존재한다는 믿음도, 하나의 신인동형이다. 철저히 인간적 전제다"(1976, 36-37).

하나님은 인간과 다른 존재라고 종교는 말한다. 하나님은 인간이 아니기 때문이다. 이에 대해 포이어바하는 다음과 같이 질문한다. "만일 하나님이 정말 전혀 다른 존재라면, 그의 완전하심은 나와 무슨 관계가 있는가?"(1976, 47) "만일 하나님이 본질적으로 다른 존재라면, 어떻게 인간은 하나님 안에서 위로와 평화를 얻을 수 있는가? 내가 그 본질에 속하지 않는 존재의 평화를 어떻게 함께 나눌 수 있는가? 만일 하나님의 본질이 전혀 다른 것이라면, 그의 평화는 본질적으로 다른 평화일 것이며, 나를 위한 평화가 아닐 것이다. 내가 하나님의 본질에 참여할 수 없다면, 어떻게 내가 그의 평화에 참여할 수 있는가? (하나님에게) 내가 전혀 다른 본질에 속한다면, 어떻게 내가 그의 본질에 참여할 수 있는가?"(51) 포이어바하의 이 논리는 인간은 정신적 존재이기 때문에, 정신이신 하나님을 인식할 수 있고, 하나님과 관계할 수 있다는 헤겔 논리의 반복이라 볼 수 있다.

3. 포이어바하에 의하면, 하나님의 성육신은 역사적 인물인 예수 그리스도 안에서 일어났다. 예수 그리스도는 성육신된 하나님, 곧 하나님의 아들이다. 그는 눈에 보이지 않는 "하나님의 형상"이다. 이 하나님의 형상도 포이어바하는 인간학적으로 해석한다. 곧 **하나님을 보기 원하는 인간의 욕구를 투사시킨 것이 하나님의 형상**이라는 것이다.

포이어바하에 의하면, "아버지 하나님, 곧 하나님으로서의 하나님"은 "삼위일체의 원리, 삼위일체의 전체적 원리"(principium totius trinitatis)다. 이 하나님은 "사유의 대상일 뿐이다. 그는 비감성적이며 형태가 없고, 파악할 수 없고, 형상이 없는 존재, 추상적이며 부정적 존재다. 그는 오직 추상화(Abstraktion)와 부정을 통해(via negationis) 인식될 수 있다.…하나님으로서의 하나님은 개체성·신체성의 한계에서…분리된 지성(Intelligenz)에 불과하다.…하나님은 정신(영)이요, 순수한 정신이요, 비물질적 존재, 곧 지성이다. 하나님으로서의 하나님에 관해 우리는 아무 형상도 만들 수 없다.…하나님은 파악될 수 없다." 이 하나님의 존재를 옛 신비주의자들, 스콜라 학자들, 초대 교부들은 인간의 영혼과 동일시하였다고 포이어바하는 말한다. 그들은 "하나님의 측량할 수 없음과 기술할 수 없음을 인간 영혼의 측량할 수 없음과 파악할 수 없음과" 동일시하였다. 그들은 "사실상 하나님의 본질을 영혼의 본질과 동일시하였기 때문이다"(1976, 88-89).

비감성적 활동인 지성 그 자체는 감성적이며 심정적인 인간에게 맞지 않는다. 이 인간을 지배할 수 있고 행복하게 만들 수 있는 것은 상(Bild)이다. 그러므로 인간은 지성 자체로서의 하나님을 하나의 상으로 보기 원한다. 아들 하나님은 인간의 이 욕구를 충족시키는 상, 곧 "하나님의 형상"이다. 인간은 "하나님의 상을 그 자신에게 만든다." 다시 말해, 그는 추상적인 이성의 존재, 사유 능력의 존재를 "환상의 존재"(Phantasiewesen)로 바꾼다. 그리고 이 상을 하나님 자신에게 속한 것으로 간주한다. 그것은 인간 자신에 의해 "만들어진 것, 자의적인 것"이어서는 안 되기 때문이다. 이리하여 아들 하나님은 "환상의 광채, 마음의 총아의 상(Lieblingsbild)", 곧 하나님의 형상으로 간주된다. 환상의 대상인 이 상을 인간은 섬기고 숭배한다. 하나님의 아들과 성인들의 모습을 상으로 만들고, 이 상을 숭배하는 성상숭배가 일어난다. "하나님의 형상"인 아들 하나님은 성상숭배의 "가장 높은 궁극적 원리다.…상은 종교의 본질이다." 상은 "종교의 본질적 표현이요 기관(Organ)이다"(1976, 90-91).

여기서 하나님의 형상은 비감성적이며 상이 없는 하나님을 감성적 상으로 보기 원하는 인간의 욕구로 말미암아 **인간 자신이 세운 것**으로 생각된다. 하나님의 형상에 대한 숭배는 성상숭배로 이어진다. 하나님이 그의 아들 안에서 자기의 상을 가지듯이, 나도 하나님의 상을 가져야 한다. 하나님이 자기의 형상을 자기 자신처럼 사랑한다면, 나도 하나님의 형상을 하나님 자신처럼 사랑해야 한다. 하나님의 형상이 하나님 자신이라면, 성인의 형상도 성인 자신일 것이다. "하나님의 형상은 살아 움직인다. 그렇다면 왜 성인의 형상은 죽은 것이어야 하는가? 하나님의 형상은 눈물을 흘리고 피를 흘린다. 그렇다면 성인의 형상은 눈물을 흘리지 않고 피를 흘려서는 안 되는가?"라고 포이어바하는 질문한다(1976, 92).

하나님의 아들과 그 뒤를 이은 성인들 대신에 포이어바하는 말(語)을 숭배의 대상으로 제시한다. "말에는 혁명의 힘이 있다. 말은 인류를 지배한다"(1976, 93). 인간은 사유하고 궁리하고 상상하고자 하는 충동을 가질 뿐만 아니라 "말하고자 하는 충동, 자기의 생각을 나타내고 전달하고자 하는 충동도 가진다. 이 충동은 신적이다. 말의 힘은 신적인 것이다.…(예수 그리스도가 아니라) **말이 세계의 빛이다.** 말은 모든 진리로 인도하며, 모든 비밀을 밝히며, 불가시적인 것을 보게 하며, 지나간 것과 멀리 떨어진 것을 현재화시키며, 무한한 것을 유한화하고 유한한 것을 무한화하며, 시간적인 것을 영원한 것이 되게 한다. 인간은 지나가지만 말은 남는다. 말은 생명이요 진리다.…말은 눈먼 자를 보게 하며, 앉은뱅이를 걷게 하며, 병든 자를 치유하며, 죽은 자를 살린다. 말은 기적을 일으킨다.…말은 복음이요 인류의 수호자다"(94).

여기서 포이어바하의 "말"은 하나님의 말씀이 아니라, 인간 일반의 말을 가리킨다. 기독교가 이야기하는 "하나님의 말씀"은 정말 초월자 하나님의 말씀이 아니라, 자기의 참 존재를 초월적 대상으로 투사한 인간의 말에 불과하다. 이제 포이어바하는 인간의 말에 구원의 능력을 부여한다. "말은 구원하며, 화해하며, 행복하게 하는 능력이다." 말로써 죄를 고백할 때 하나님이 그 죄를 용서하는 것이 아니라, 말 자체가 가진 힘으로 죄가 용서된다. "죄의 고백 속에 죄의 용서가 있다. 내가 나의 친구에게 말로써 나의 고통을 이야기하면 이미 절반은 치유된다." "말은 인간을 자유롭게 한다. 자기의 생각을 말로 나타낼 수 없는 사람은 노예다.…말을 하는 것은 자유의 행위다. 말은 자유 자체다." 그러므로 언어교육이 교육의 뿌리다. "중세기의 야만성은 언어교육으로 말미암아 사라졌다." 그러므로 "종교는 말의 힘을 신적인 힘으로 의식해야 한다. 하나님의 말씀은 말의 신성이다"(Das Wort Gottes ist die Göttlichkeit des Wortes). 곧 하나님의 말씀은 특별한 것이 아니라, 인간의 말 자체 속에 있는 신성을 가리킨다는 것이다. 여기서 포이어바하는 하나님의 신성을 인간의 말에 부여한다.

여기서 포이어바하는 말을 신격화한다. 그러나 이것은 참으로 추상적이다. 인간의 말에는 거짓말, 악한 말도 있다. 생명을 살리는 힘도 있지만, 죽이는 힘도 있다. 이 사실에 대해 포이어바하는 침묵한다. 똑같은 인간의 혀에서 생명을 살리는 선한 말이 나오기도 하고, 생명을 죽이는 악한 말이 나오기도 한다. 말이 힘을 가진다는 것은 사실이다. 선한 말은 선한 결과를 일으키고, 악한 말은 악한 결과를 일으킨다. 이와 같이 인간의 말은 양면성을 가진다. 따라서 말 자체에 신성을 부여하는 것은 불가능하다. 말은 인간의 생각과 의지의 표현 수단일 따름이다. 여기서도 우리는 인간의 말을 신격화시키는 포이어바하의 극단적 일면성을 볼 수 있다.

4. 기독교 신앙의 내용도 인간의 투사물이다

포이어바하에 따르면 인간의 정신, 오성, 의지, 자기의식, 지각 등 이 모든 것이 총체적 인간을 구성한다. 인간은 자기 자신을 구성하는 이 모든 것을 신격화하고, 신격화된 자기 자신을 하나님으로 숭배한다. 이 하나님이 인간의 투사물에 불과하다면, 하나님 신앙의 모든 내용도 인간의 투사물에 불과하다. 곧 인간이 경험한 것, 바라고 희망하는 것을 신앙의 진리로 투사한 것이다. 이에 관한 포이어바하의 몇 가지 생각을 고찰하기로 하자.

1. 먼저 그는 **하나님의 삼위일체**를 인간의 투사물로 해석한다. 하나님의 삼위일체는 **인간 자신의 존재의 총체성**에 대한 인간의 의식을 투사한 것이다. "총체적 인간을 그 자신 속에 담고 있는 존재만이 총체적 인간을 만족시킬 수 있다. 총체성 속에 있는 그 자신에 대한 인간의 의식이 삼위일체의 의식이다. (삼위일체의) 이 신비의 비밀은 인간 자신의 비밀에 불과하다"(1976, 75).

기독교는 세계와 그 속에 있는 모든 것을 헛된 것으로 간주하며, 하나님만이 참 본질이라고 생각한다. 그래서 "종교적 인간은 세계를 떠나, 자기 자신 속으로 몰입한다.…종교적 인간은 (세계로부터) 분리된, 하나님 안에 숨겨진 고요하고 세상 기쁨이 없는 삶을 영위한다. 그가 세상 속으로 들어갈 경우, 그는 단지 논쟁적 관계 속에서 들어간다. 그는 세계와 인간을 존재하는 바와 다르게 만들고자 한다. 세계로부터 분리시켜 하나님께로 인도하고자 한다." 그리스도인들이 이렇게 생각하는 이유는 하나님을 세계로부터 분리된 존재로 생각하기 때문이다. "하나님 자신이 세계로부터 분리된 존재, 다시 말해 세계 바깥에, 세계 위에 있는 존재이기 때문에 그는 자기를 세계로부터 분리한다. 하나님으로서의 하나님은 분리된 존재, 비세상적인 존재다. 엄밀하게 추상적으로 또 철학적으로 표현한다면, 하나님은 세계의 비존재(Nichtsein)다. 자기를 하나님과 결합하기 위해 인간은 세계와의 모든 끈을 끊어버린다. 세계 바깥에 있는 존재로서의 하나님은 세계로부터 자기 자신 속으로 퇴각한 존재, 세계와의 모든 끈과 관계로부터 끊어진 존재, 세계를 떠난 존재, 다시 말해 인간의 세계 없는 내면, 대상적 존재로서 세워진 것이다"(1976, 77).

이 하나님을 가리켜 포이어바하는 "아버지 하나님"이라 부른다. "하나님으로서의 하나님, 아버지 하나님은 분리된 하나님, 반(反)의 존재, 반우주적, 신인동형이 없는 존재(das anthropomorphismenlose Wesen), 오직 자기 자신과 관계하는 하나님이다"(1976, 77). 이에 반해 아들 하나님은 우리와 관계하는 하나님, "현실적인 하나님"을 가리킨다. 아버지 하나님은 "형이상학적 본질(Essenz)"이라면 아들 안에서 하나님은 종교의 대상이다. 아들 하나님은 "종교의 대상, 종교적 하나님으로서의 하나님"을 말한다." 아버지 하나님에게서는 인간이 배제된다면, 아들 하나님에게서는 인간이 대상이 된다. 성령은 아버지 하나님과 아들 하나님 사이에 있는 사랑을 가리킨다. 기독교는 성령을 제3의 신적 인격으로 표상한다. 이리하여 세 신적 인격의 하나 됨을 뜻하는 삼위일체를 고백한다.

그러나 포이어바하는 "사실상 두 가지 인격만이 있을 뿐이다"라고 주장한다. "왜냐하면 제3의 인격은…(제1인격과 제2인격 사이에 있는) 사랑을 나타낼 뿐이기 때문이다. 사랑의 원리에는 둘로 충분하다"(1976, 80).

제3의 신적 인격 곧 성령은 "아버지와 아들 사이의 사랑을 인격화한 것 (Personifikation)"에 불과하다(82). 여기서 포이어바하는 삼위일체 대신에 이위일체(二位一體)를 주장한다. 필자의 견해에 따르면, 포이어바하가 하나님과 인간을 동일시하고 하나님을 인간의 존재로 폐기하는 궁극 원인은 삼위일체를 인정하지 않기 때문이다. 하나님과 인간을 결합하는 동시에 구별하는 제3의 것, 곧 성령의 신적 인격성을 부인하고 이위일체를 주장하기 때문이라 볼 수 있다. 이위일체는 제3의 신적 인격의 독자성을 부인하기 때문에 구별 속에서의 통일성, 통일성 안에서의 구별의 변증법적 관계를 불가능하게 만들기 때문이다.

2. 여하튼 포이어바하에 의하면 기독교가 말하는 하나님의 삼위일체는 **완전한 사랑과 친교와 나눔을 원하는 인간의 욕구를 투사시킨 것**이다. 너와 내가 깊은 사랑 안에서 하나가 되고 싶은 영혼의 갈망을 종교적 대상으로 세운 것이 하나님의 삼위일체다. 모든 것을 함께 나누며 "친교하는 삶만이 참된 삶, 그 자체 속에서 만족하는 신적인 삶이다.···이 단순한 생각, 이 자연적인 진리가 삼위일체의 초자연적 신비의 비밀이다"(1976, 79). "삼위일체의 비밀은 (인간의) **사회적 삶의 비밀이다**"(342). "삼위일체의 비밀은 사회적·공동체적 삶의 비밀이다"(VI 352).

아버지 하나님, 곧 "하나님으로서의 하나님"은 "모든 것에서 추상화하고, 그 자신에 대해 단지 그 자신과 함께 존재할 수 있는 사유의 힘의 의식에 불과하다." 이 의식을 기독교는 "인간에게서 구별되는 특별한 존재로" 투사한다. 완전한 사랑과 친교를 바라는 인간의 욕구는 아버지로서의 하나님에게서 배제된다. 이 욕구를 충족시키는 것이 "아들 하나님이다. 곧 인격성에 있어 아버지에게서 구별되지만, 본질에 있어 아버지와 동일한 둘째 존재"다(1976, 78). 둘째 존재인 아들 하나님은 "인간 마음의 자기 긍정(Selbstbejahung)이요, 친교하는 삶, 사랑의 원리"를 나타낸다(80).

따라서 하나님의 삼위일체는 특별히 종교적인 것이 아니라, 인간의 가장 깊은 욕구를 나타낸 것에 불과하다. 삼위일체가 말하는 아버지, 아들은 "가장 본래적 의미에서 아버지, 아들일 뿐이다. 아버지는 아들에 대한 관계에서 참 아버지이고, 아들은 아버지에 대한 관계에서 참 아들이다.… 이 자연적이고 경험적인 규정을 제거한다면, 그들의 실존과 실재성이 중지될 것이다." 그러나 기독교 초기의 그리스도인들은 "자연적 사랑과 하나님의 자리에 종교적 사랑과 하나 됨을 세웠다. 그들은 현실 가정의 삶, 자연적 사랑의 내적 끈들을 비신적인 것, 비천상적인 것, 다시 말해 사실상 공허한 것으로 내버렸다. 이에 대한 대용물로 그들은 하나님 안에서 아버지와 아들을…세웠다"(1976, 82). 삼위일체는 "나와 너와 영 안에 있는 하나 됨의 인간적 친교(Gemeinschaft)"를 투사한 것이다(Küng 1978, 234).

헤겔에 따르면 성부, 성자, 성령 하나님의 삼위일체 교리는 축자적 의미에서 진리 자체가 아니라, 진리를 나타내는 감각적·종교적 표상이다. 본질적으로 중요한 것은 표상 자체가 아니라, 이 표상을 통해 나타내고자 하는 진리의 내용에 있다. 그러나 헤겔은 삼위일체의 종교적 표상을 폐기해야 한다고 주장하지 않는다. 삼위일체의 표상이 폐기될 때, 그 속에 담긴 진리의 내용 자체가 사라지기 때문에 헤겔은 삼위일체의 종교적 표상이 보존되어야 한다고 말한다.

이에 반해 포이어바하는 삼위일체 표상의 진리의 내용은 사랑과 친교를 나누고자 하는 인간의 사회적·공동체적 욕구를 성취하는 데 있다고 본다. 하나님의 삼위일체는 인간의 사회적·공동체적 욕구의 완성을 종교적으로 투사한 것에 불과하다. 이로써 삼위일체는 헤겔의 세계사적 차원을 상실하고, 인간의 사회적·공동체적 욕구의 완성된 형태로 폐기된다.

여기서도 우리는 헤겔 철학에 대한 포이어바하의 전향을 볼 수 있다.

헤겔이 말하는 "정신"은 하나님을 가리킨다. 이 하나님을 헤겔은 삼위일체 하나님으로 파악한다. 그에게 하나님은 오직 삼위일체 하나님이다. 그러므로 삼위일체를 모르는 사람은 하나님에 대해, 곧 정신에 대해 아무것도 모른다고 말할 정도로, 삼위일체는 헤겔 철학에서 중요한 위치를 점한다. 헤겔의 변증법은 삼위일체를 철학적으로 표현한 것이다.

이에 반해 포이어바하는 하나님의 삼위일체를 인간의 사회적 공동체성에 대한 욕구를 투사한 것으로 간주하고, 삼위일체를 폐기한다. 이를 위해 그는 먼저 삼위일체를 비판적으로 자세히 분석한다. 인격은 타자에 대한 자신의 독립성을 전제한다. 그렇다면 세 신적 인격은 독립성을 가진 셋으로 인정되어야 한다. 그러나 기독교는 이것을 이단이라 규정하고, 세 신적 인격은 세 가지 신들(tres dii)이 아니라 단 한 분 하나님(unus deus)이라고 말한다. "세 인격들은…복수로 끝나지 않는다. 오히려 단수로 끝난다. 그들은 일자(unum, 중성형)일 뿐 아니라,…한 분(unus, 남성형)이다.…셋이 하나다. 복수가 단수다. 하나님은 세 신격으로 구성된 하나의 인격적 존재다"(1976, 276).

그러나 각자의 인격성을 가진 세 신적 인격은 구약성서가 명령하는 "유일신론의 계명"에 어긋난다. 세 신적 인격의 하나 됨 혹은 통일성(Einheit)은 그들의 인격성을 부인한다. 그들의 인격적 독립성은 그들의 통일성 속에서 사라진다. 세 신적 인격은 "단순한 관계들"(bloße Relationen)이다(여기서도 논리적 비약이 보임). 아버지 없는 아들은 존재하지 않으며, 아들 없는 아버지도 존재하지 않는다. 성령은 아버지와 아들의 관계를 나타낼 뿐이다. 이 관계가 성령이라는 신적 인격으로 규정된다. 이들은 단지 서로 간의 관계를 통해 설정되고 또 구별된다. 아버지의 본질적 요소는 그가 아들의 아버지라는 데 있고, 아들의 본질적 요소는 그가 아버지의 아들이라는 데 있다. 성부, 성자, 성령 사이의 이 관계들이 신적 인격 혹은 신적 실체로 생각된다. 포이어바하의 이 해석은 탁월하다. 필자의 스승 몰트만도 그의 삼위일체론에서 삼위의 관계를 이렇게 해석한다(『삼위일체와 하나님의 나라』참조).

여기서 유일신론은 부인되고, 다신론이 인정된다고 포이어바하는 말한다. 그에 따르면, 세 가지 인격을 인정할 때 그들의 통일성, 곧 하나 됨은 부인된다. 그들의 하나 됨을 인정할 때 세 신적 인격이 부인된다. 그의 표현을 따른다면, "인격들의 실재에 대한 요구는 통일성의 비합리성에 대한 요구다. 거꾸로 통일성의 실재의 요구는 인격들의 비합리성의 요구다. 이리하여 삼위일체의 거룩한 신비의 모든 것이 기만, 환상, 모순과 궤변으로 폐기된다"(1976, 277). 세 신적 인격은 인간에 의해 "표상되었고, 상상되었고, 꾸며낸 인격들일 뿐이다"(275).

여기서 포이어바하는 삼위일체론을 다신론으로 규정한다. 달리 말해 그것은 삼신론이다. 그것은 하나님을 단 "하나"로 보는 구약성서의 유일신론에 위배된다고 그는 말한다. 여기서도 포이어바하는 헤겔이 말하는 삼위일체의 변증법적 관계를 간과한다. 삼위일체는 유대교의 유일신론도 아니고, 타 종교의 다신론도 아니다. 그것은 성부, 성자, 성령의 인격적 독립성 안에서의 하나 됨(Einheit, 통일성)과, 하나 됨 안에서 그들의 독립성을 인정하는 특이한 신관이다. 그것은 하나님의 사랑을 가리킨다. 사랑하는 자와 사랑받는 자, 그리고 양자 사이에 있는 사랑의 영은 하나로 결합하는 동시에 구별되고, 구별되는 동시에 하나로 결합하는 변증법적 운동이 바로 사랑이란 점을 포이어바하는 의도적으로 무시하려는 것으로 보인다.

그러나 삼위일체에 관한 설명에서 그리스도를 삼위일체의 근거와 중심점으로 보는 포이어바하의 생각은 중요한 공헌이라 말할 수 있다. 이 생각은 헤겔의 생각에서 유래한다. 헤겔에 따르면, 하나님의 삼위일체는 예수 그리스도 안에 계시된다. 그러므로 삼위일체를 파악하고자 한다면 예수 그리스도를 보아야 한다. 예수 그리스도가 삼위일체의 거울이다. 포이어바하는 헤겔의 이 생각을 수용한다. 20세기 신학자 카를 바르트는 헤겔을 "동일성의 철학자"라고 혹독하게 비판하면서도, 헤겔의 이 생각을 수용한다.

3. **하나님의 고난**도 포이어바하는 인간의 투사물로 본다. 곧 인간의 본성을 투사한 것으로 해석한다. 여기서도 그는 뛰어난 상상력을 보여준다. "고난당하지 않는 존재는 마음이 없는 존재다"라는 그의 말은 사랑의 지각과 고난에 대한 깊은 사색을 보여준다. 그에 따르면 인간이 되신 인간적인 하나님, 곧 예수 그리스도의 본질적 규정은 고난에 있다. 사랑은 고난을 통해 증명된다. "하나님으로서의 하나님은 모든 인간적 완전성의 총괄 개념이라면, 그리스도는 모든 인간적 비참함의 총괄 개념이다.…순수한 활동(actus purus)으로서의 하나님은 철학의 하나님인 반면(헤겔을 가리킴), 그리스도인들의 하나님 그리스도는 순수한 수난(passio pura)"이다. 그리스도의 수난은 "가장 높은 형이상학적 사상, 마음의 가장 높은 존재(étre supréme)다"(1976, 67).

그리스도의 수난 혹은 고난은 "그 자체에 있어 고난이 없는 자의 고난, 모든 고난 위에 있는 자의 고난, 죄책이 없는 자, 죄에서 깨끗한 자의 고난, 오직 다른 사람들의 유익을 위한 고난, 자발적인 고난, 사랑의 고난, 자기희생"이다. 그리스도의 고난보다 우리의 마음에 더 깊은 감명을 주는 것은 없을 것이다(67). "고난은 기독교의 가장 높은 계명이다―기독교의 역사는 인류의 고난의 역사다." 초기 그리스도인들의 예배에서 "고난당하는 마음, 심정의 신음과 눈물"은 예배를 구성하는 요소였다(70).

하나님의 고난에 대한 포이어바하의 이 해석은 탁월하다. 기독교 초기 역사에서 기독교로 개종한 대부분의 그리스도인은 그들의 사회에서 소외계층에 속하였다. 잃어버리려고 해도 잃어버릴 것이 없는 사람들이 대다수였다. 예수의 제자들 대부분도 소외계층에 속하였다. 그러므로 그들은 쉽게 모든 것을 포기하고 그리스도의 뒤를 따를 수 있었다. 로마 제국의 공인을 얻기까지 그리스도인들의 예배는 "신음과 눈물"을 동반하였다. 4세기 말에 기독교가 로마 제국의 국가종교가 되었을 때, 이단 시비로 인한 박해와 추방이 끊이지 않았다. 종교개혁 시대에 수십만 명의 재세례파가 죽임을 당하였다. 스페인에서 일어난 종교재판(Inquisitio)에서도 수많은 사람이 추방과 살해를 당하였다. 수십만 명의 여성들이 "마녀사냥"의 죽임을 당하였다(Hexenverbrennung은 마녀사냥이 아니라 마녀를 태워 죽이는 것, 곧 마녀화형을 뜻함). 지금도 중동 일대에서 상당수의 그리스도인들이 믿음 때문에 박해와 고난을 당하고 있다. 그런 점에서 "기독교의 역사는 인류의 고난의 역사다"라는 포이어바하의 말은 타당하다.

그러나 포이어바하는 고난당하는 인간을 고난당하는 하나님과 동일시한다. "다른 사람들을 위한 고난은 **신적인 것**이다. 다른 사람들을 위해 고난을 당하며 자기의 영혼을 내려놓는 자는 신적으로 행동한다. **그는 사람들에게 하나님이다!**"(1976, 68) 초기 그리스도인들은 "참회와 동경의 눈물과 함께…그들의 하나님께 영광을 돌려드린다고 믿었다.…그러나 눈물을 좋아하는 하나님은 고난당하는 마음-심성(Gemüt)의 대상적 본질에 불과하다"(1976, 70). 곧 고난당하는 하나님은 인간의 고난당하는 마음을 대상화시킨 것이다.

여기서도 포이어바하는 **인간의 종교적 이기심**을 발견한다. "기독교적 고난, 순교자의 고난마저도 하늘의 열락에 대한 희망과 동일하다. 그러므로 고난당하는 하나님에 대한 직관은 고난당하는 마음의 가장 높은 **자기긍정**이요 **가장 높은 기쁨**이다"(1976, 72). 고난으로 말미암아 하늘의 열락을 얻을 것이라는 희망 속에서 순교자들은 고난과 죽임을 당한다. 인간은 고난당하는 자기의 마음을 고난당하는 하나님으로 투사하고 이 하나님을 예배함으로써 자기를 긍정하고 자기의 기쁨을 발견한다.

포이어바하에 의하면, "하나님이 고난을 당한다는 것은, 하나님은 마음이다(Gott ist ein Herz)라는 것을 뜻할 뿐이다." 여기서 포이어바하는 하나님을 "정신"으로 파악하는 헤겔에 반해, 하나님을 고난당하는 "마음"으로 파악한다. "고난을 당하지 않는 존재는 마음이 없는 존재다.…고난당하는 하나님은 지각하는 하나님, 지각이 많은 하나님(ein empfindender, empfindsamer Gott)이다"(1976, 72). 헤겔의 철학에서 "정신으로서의 하나님"은 본질적으로 "사유하는 자"로 생각된다면, 포이어바하에게서 하나님은 고난당하는 "마음"으로 생각된다. 하나님은 단지 사유를 본질로 가진 정신적 존재가 아니라 마음을 가진 존재, 고난당하는 존재임을 그는 강조한다. 따라서 우리 인간도 마음이 있는 존재, 다정다감한 지각을 가진 존재, 사랑속에서 고난당하는 자가 되어야 함을 포이어바하는 시사한다.

여기서 포이어바하는 다시 한번 헤겔 철학에 대해 안티테제를 제기한다. 헤겔에 따르면 인간의 본질은 이성적·논리적 사유에 있다. 감성적지각, 사랑의 마음 등은 짐승에게도 있다. 그러나 이성적 사유는 인간만이 가진 인간 특유의 것이다. 사유를 통해 인간은 다른 짐승들로부터 구별된다. 헤겔의 이 생각에 반해 포이어바하는 인간의 마음과 지각, 우정과 사랑, 감성적 직관을 인간의 본질적 요소로 간주한다. "사랑, 우정, 직관, 세계 일반은 사유가 나에게 주지 않으며, 줄 수 없고 또 주어서는 안 될 것을 나에게 준다"(1976, 345). 포이어바하의 이 생각은 일면 타당하다. 사유를 통해 우리는 대상을 분석하고 대상에 대한 지식을 얻는다. 사유는 우리를 대상에서 분리한다. 이에 반해 마음과 사랑과 직관은 우리를 대상과 결합한다.

여기서도 우리는 포이어바하의 일면성을 볼 수 있다. 우리 인간에게 따뜻한 마음과 감성적 지각이 필요함은 사실이다. 따뜻한 마음과 감성적 지각이 없는 인간은 기계와 같을 것이다. 그러나 헤겔이 염려하듯이, 이성적 사유가 결여될 때 따뜻한 마음과 감성적 지각은 진리를 결여하고, 혼란과 무질서에 빠질 수 있다. 인간에게는 이성적 사유와 따뜻한 마음, 이 두 가지 측면이 모두 필요하다. 그러나 헤겔에 대한 거부감 때문에 포이어바하는 헤겔이 강조하는 이성적 사유를 배제하고, 감성적 지각과 따뜻한 마음을 인간의 본질로 생각하는 일면성을 보인다.

포이어바하에 따르면, 인간에게 가장 내면적이고 깊은 것, 가장 거룩한 것은 인간 자신의 "개체성의 근거와 본질"이다. 인간 자신에게 이것보다 더 귀중한 것은 없다. 곧 "가장 내면적인 것, 가장 깊은 인간 자신의 것"이다. 기독교의 믿음이란 인간이 가장 거룩하고 가치 있다고 여기는 것에 대한 의식이다. 곧 "그에게 거룩한 것에 대한 의식이다"(1976, 73). 하나님의 삼위일체, 하나님의 고난 등은 바로 인간 자신의 "가장 내면적인 것, 가장 깊은 인간 자신의 것"을 투사한 것이다. 여기서 포이어바하는 인간 자신의 "가장 내면적인 것, 가장 깊은 인간 자신의 것"을 하나님과 동일시한다. 하나님을 믿는다는 것은 인간 자신의 "가장 내면적인 것, 가장 깊은 인간 자신의 것"을 믿는다는 것을 말한다.

4. 포이어바하는 그 나름대로 생각이 깊은 학자로서, 그의 주장에 반론을 제시할 수 없을 정도로 변론에 능통하다는 사실을 우리는 그의 문헌 도처에서 볼 수 있다. 그러나 그는 언제나 다시금 교묘한 일면성에 빠진다. 이것을 우리는 하나님의 사랑에 대한 그의 해석에서도 볼 수 있다.

먼저 포이어바하는 하나님의 사랑을 적절히 설명한다. "인간에 대한 하나님의 사랑은 신적 본질의 본질적 규정이다. 하나님은 나를, 인간 일반을 사랑하는 하나님이다. 종교의 핵심은 여기에 있다. 여기에 종교의 기본

정서(Grundaffekt)가 있다. 하나님의 겸손이 나를 겸손하게 만들며, 그의 사랑이 나를 사랑하게 만든다. 사랑은 사랑의 대상이다. 사랑하는 자만이 다시 사랑을 받는다. 인간에 대한 사랑은 하나님에 대한 인간의 사랑의 근거다. 하나님의 사랑이 인간의 사랑을 일으키고 깨운다." 이에 대한 근거를 포이어바하는 요한1서 4:19에서 발견한다. "우리가 사랑하는 것은 하나님이 우리를 먼저 사랑하셨기 때문입니다"(1976, 65).

여기서 포이어바하는 하나님과 사랑을 존재론적으로 구별하고, "하나님의 존재가 사랑을 통해 정의되지 않는 것"을 거부한다(Jüngel 1977, 432). 이것은 타당하다. 하나님은 철저히 사랑이기 때문이다. 그러나 문제는 하나님의 사랑을 "인간의 자기 자신에 대한 사랑"으로 바꾸며, 인간의 사랑을 하나님과 동일시하는 데 있다. 곧 **"하나님은 사랑이다"**에서 **"사랑은 하나님이다"**로 비약하는 데 있다. 이로써 하나님의 인격적 존재는 인간의 사랑 일반으로 폐기된다. 하나님은 사라지고 인간의 사랑만 남게 된다. 하나님에 대한 사랑은 "인간에 대한 사랑"으로 대체된다. "하나님 안에서, 하나님에게서 나는 무엇을 사랑하는가? 나는 사랑을 사랑한다. 실로 인간에 대한 사랑을 사랑한다. 하나님이 인간을 사랑하는 그 사랑을 내가 사랑하고 경배한다면, 나는 인간을 사랑하며, 나의 하나님 사랑은 간접적일지라도 인간 사랑이 아닌가? 하나님이 인간을 사랑한다면, 인간이 하나님의 내용이 아닌가? 내가 사랑하는 것은 나의 가장 내적인 것이 아닌가?…하나님이 인간을 사랑한다면, **인간이 하나님의 마음**이요, 인간의 행복이 그의 가장 내적인 관심이다. 인간이 하나님의 대상이라면,…신적 본질의 내용은 인간의 본질이 아닌가? 하나님은 사랑이요, 이 사랑의 본질적 내용은 인간에 대한 사랑이 아니라 인간이라면,…**자기 자신에 대한 인간의 사랑**이 가장 높은 객관적 진리로, 인간의 가장 높은 본질로 대상화되고 직관되지 않는가?"(1976, 65-66)

이리하여 하나님이 인간의 구원자요 화해자가 아니라, 인간의 사랑이 **인간의 구원자요 화해자**가 된다. 하나님은 인간의 사랑으로 폐기된다. 하나님은 사랑의 제물이 되어야 한다. "누가 우리의 구원자요 화해자인가? 하나님인가 아니면 사랑인가? 하나님으로서의 하나님이 우리를 구원하는 것이 아니라, 인간적 인격성과 그 위에 고양되어 있는 사랑이 우리의 구원자요 화해자다. 사랑 때문에 하나님이 자기를 버린 것처럼, 우리는 하나님을 사랑에게 제물로 바쳐야 한다. 우리가 하나님을 사랑에게 제물로 바치지 않는다면, 우리는 사랑을 하나님에게 제물로 바치게 될 것이다"(1976, 61). 여기서 **하나님은 사라지고**, 자기 자신을 사랑하는 인간의 사랑만 남게된다. 사랑에서 구별되는 하나님의 대상적 존재는 거부된다. 하나님에 대한 신앙은 "**사랑에 대한 신앙**"으로 대체된다. 사랑에 대한 신앙은 "인간의 마음의 진리와 신성에 대한 신앙"으로 규정된다. 이것을 포이어바하는 다음과 같이 말한다. "사랑으로 말미암아 인간이 되신 하나님 신앙은…사랑에 대한 신앙에 불과하다. 그러나 사랑에 대한 신앙은 인간의 마음의 진리와 신성에 대한 신앙에 불과하다"(66). 여기서 하나님은 사랑 일반으로 폐기된다. 그래서 사랑은 "무신론적"이라고 포이어바하는 말한다.

포이어바하에 의하면, 하나님의 사랑은 "인간의 자기 자신에 대한 사랑"에 불과하다. "종교의 근거와 중심점" 곧 "인간에 대한 하나님의 사랑"은 "자기 자신에 대한 인간의 사랑이다." "너는 사랑이 하나님의 속성이라고 믿는다. 그것은 너 자신이 사랑하기 때문이다. 하나님이 지혜롭고 자비로운 존재라고 네가 믿는 것은, 너 자신의 자비와 오성이 너의 가장 좋은 것이라고 알기 때문이다. 너 자신이 실존하며 너 자신이 주체이기 때문에, 하나님이 실존하며 주체라고 믿는다"(1976, 37). 그러나 하나님 없는 인간의 자기 사랑, "사랑에 대한 사랑"이 과연 인간 세계의 화해자요 구원자가 될 수 있을지는 매우 의심스럽다. 이에 반해 사도 바울과 루터는 인간의 어떤 업적도, 어떤 사랑도 인간을 구원할 수 없다고 말한다.

여기서 우리는 포이어바하의 투사론을 다시 한번 볼 수 있다. 인간에게는 사랑과 정의와 지혜, 선함과 아름다움과 진리를 추구하며 사랑 안에서 함께 공생하려는 긍정적 본성이 있다. 이 본성은 인간의 본질에 속한다. 그러나 인간은 유한하고 제한되어 있으며, 끝까지 자기 자신을 추구하는 본성을 함께 가진다. 그는 불완전한 존재다. 그러므로 인간은 자신 안에 있는 긍정적 본성을 완전히 실현할 수 없다. 그는 자기의 긍정적 본성을 자기 바깥에 있는 초월적 존재, 곧 하나님에게 투사하고, 하나님으로부터 자기의 구원과 완성을 기대한다. 여기서 하나님은 인간 자신이 실현할 수 없는 인간의 긍정적 본성을 투사한 존재, 곧 **인간의 이상형**에 불과하다. 인간은 자기의 이상형을 하나님으로 투사하고, 이 "하나님의 형상"으로 창조되었다고 말한다. 여기서 하나님은 인간의 이상형에 대한 인간의 자기의식을 투사한 존재다. 따라서 "종교는 인간의 무의식적 자기의식이다. 종교에서 인간 자신의 본질이 그에게 대상이다. 그러나 인간은 그것이 자기의 본질이란 것을 알지 못한다. 자신의 본질이 하나의 다른 본질로서 대상이 된다"(1976, 47). 사랑, 정의, 지혜 등의 신적 본질의 속성은 사실상 인간의 종의 속성일 뿐이다.

포이어바하에 따르면, 바로 여기에 종교의 비밀이 있다. "종교의 숨은 본질은 신적 본질과 인간적 본질의 동일성에 있다.…하나님은 인간적 본질이다." 그러나 인간은 하나님을 자기와 "다른 자"로 인식한다(1976, 290). 이로써 하나님과 인간이 나누어진다. 하나님에 대한 "믿음은 하나님을 분리한다. 그를 하나의 특수한 다른 존재로 만든다. 따라서 믿음은 **인간을 인간에게서 분리한다.**" "인간으로부터 하나님의 분리는 인간으로부터 인간의 분리, **공동체적 유대의 해체**"를 초래한다.

이에 반해 "사랑은 인간을 하나님과 동일화하고, 하나님을 인간과 동일화한다. 그러므로 인간을 인간과 동일화한다.…믿음은 그의 하나님에 대한 믿음을 하나의 율법으로 만든다. 그러나 사랑은 자유다. 그것은 무신론자마저도 저주하지 않는다. 그 자신이 무신론적이기 때문이다.…사랑은 하나님을 그 자신 안에 가진다. 반면 믿음은 하나님을 그 자신 바깥에 가진다. 믿음은 인간에게 하나님을 외화한다. 그는 하나님을 바깥에 있는 대상으로 만든다"(1976, 290-291). 여기서도 포이어바하는 논리적으로 비약한다. 분리될 수 없는 믿음과 사랑을 그는 분리하고, 믿음은 하나님과 인간을 분리하는 것으로, 사랑은 분리된 하나님과 인간을 하나로 결합하는 것으로 규정한다. 그러나 믿음을 통해 하나님과 인간이 분리된다는 것은 말이 되지 않는다.

다음과 같은 이유로 포이어바하는 믿음과 사랑을 대립하는 것으로 본다. 믿음은 하나님에게 옳은 것과 그른 것을 구별하고, 그르다고 생각되는 것을 관용하지 않는다. **믿음은 비관용적이다.** 그의 일은 하나님의 일이요, 그의 영광은 하나님의 영광이다. 신앙의 관심은 하나님의 가장 깊은 관심이다. 이방인들이 믿는 신들은 마귀로 간주된다. 마귀는 하나님의 부정이다. 마귀는 하나님을 증오하며, 하나님이 없기를 원한다. 우상을 섬기는 것은 악마가 하는 일이다. 하나님을 인정하지 않으며, 하나님에 대한 믿음을 인정하지 않는 것은 모두 사라져야 한다. 믿음은 자기에 대한 어떤 대립도 허용하지 않는다. 그래서 믿음은 아무 대립이 없는 피안의 세계를 설정한다.

이에 반해 사랑은 포용적이다. 사랑은 죄 안에서도 덕스러운 것을 인식하며, 오류 안에서도 진리를 인식한다. 그것은 다신론과 우상숭배 안에서도 진리를 발견한다. 그러므로 사랑은 이성과 일치한다. 그러나 **믿음과 일치하지 않는다.** 이성과 마찬가지로 사랑은 자유로우며 보편적이다. 이에 반해 믿음은 배타적이며 관용하지 못한다. 그러나 이성이 있는 곳에는 사랑이 다스린다. 거기에는 관용이 있다. "이성은 보편적 사랑에 불과하다. 사랑과 이성이 아니라 믿음이 지옥을 발견하였다.···사랑에게 지옥은 잔혹스러운 것이요, 이성에게 그것은 무의미한 것(Unsinn)이다"(1976, 302).

물론 믿음은 선한 일을 일으키며, "사랑을 통해 증명되어야 한다"는 사실을 포이어바하도 인정한다. "사랑에 대해 무관심한 믿음, 사랑이 없는 믿음은 인간의 이성, 도덕적 감정, 자연적 법 의식에 모순된다.···아무 선한 것도 행하지 않는 믿음, 사랑을 통해 활동하지 않는 믿음은 참된 믿음, 살아 움직이는 믿음이 아니다." 그러나 믿음에 대한 "이 제한은 믿음 자체에서 오는 것이 아니라고" 포이어바하는 주장한다. "도덕적 상태"(moralische Beschaffenheit)를 "믿음의 진실성에 대한 규범으로" 만드는 것, "믿음의 진리를 윤리의 진리에 의존하게 하는 것"은 믿음 자체가 아니다. 그것은 "믿음에서 독립된 사랑의 힘"이요, 이 사랑의 힘이 믿음이 지켜야 할 법을 부여한다(1976, 307).

원칙적으로 믿음은 반드시 사랑을 필요로 하지 않는다. "믿음이 기독교 종교의 종교", 곧 기독교 종교의 본질이라면, 사랑은 믿음 다음에 오는 "도덕에 불과하기" 때문이다(1976, 310). 따라서 사랑이 없어도 인간은 믿음을 통해 모든 것을 얻을 수 있다. 믿음을 통해 그는 지복에 이를 수 있다. "그는 이 세계의 재화에 대해 무관심해질" 수 있다. "질투, 소유욕, 명예욕, 감성적 욕구들"에서 그는 자유로울 수 있다. 하나님이 주시는 천상의 은혜와 영원한 축복에 대한 **믿음 속에서** "모든 지상의 것은 사라진다." 그럼에도 불구하고 인간이 선을 행하는 것은 선 자체 때문이 아니다. 그것은 인간 때문이 아니다. 오히려 "하나님 때문이다. 단지 자기를 위해 모든 것을 행하신 하나님에 대한" 감사의 마음 때문에, 그는 자기가 할 수 있는 바를 행할 뿐이다. "하나님은 인간을 위해 자기를 희생제물로 바쳤다. 이에 대해 이제 인간도 자기를 하나님께 희생제물로 바쳐야 한다"(1976, 308). 그러나 이것은 사랑이 아니라 믿음에서 오는 것으로 포이어바하는 간주한다.

여기서 우리는 포이어바하의 미묘한 문제점을 볼 수 있다. 필자의 입장에 의하면, 믿음과 사랑은 분리될 수 없다. 사랑은 믿음 바깥으로부터 주어지는 것이 아니라 믿음 자신의 구성 요소다. 하나님과 하나님의 사랑이 하나로 결합되어 있는 것처럼, 믿음은 그 자체에 있어 사랑과 결합되어 있다. 믿음이 주어질 때 사랑의 영이 함께 주어진다. 십자가에 달린 예수와 하나가 될 때, 그의 사랑과 하나가 된다는 것을 우리는 중세기 신비주의에서 볼 수 있다. 하나님은 "주체"이고, 사랑은 하나님의 "술어"에 불과한 것이 아니라(1976, 310 참조), 하나님 자신이 사랑이다. 하나님이 있는 곳에 사랑이 함께 있다. 이와 같이 믿음도 사랑과 함께 있다. 시간적으로 사랑이 믿음 뒤에 나타날 수 있지만, 그 뿌리에 있어 믿음과 사랑은 결합되어 있다. 그러므로 사랑의 행위가 없는 믿음은 참 믿음이 아니라고 야고보서는 말한다.

이에 반해 포이어바하는 믿음과 사랑을 분리하고, 믿음은 분리하는 것이요, 사랑은 분리된 것을 화해시키고 하나로 결합시키는 것이라고 말한다. 그에 따르면 이것은 하나의 모순이다. 모순 속에 종교의 본질이 있다. "기독교 종교는 하나의 모순이다. 그것은 하나님과 인간의 화해인 동시에 분리요, 통일성인 동시에 대립이다. 인격화된 이 모순이 하나님-인간", 곧 예수 그리스도다(1967, 370). 예수 그리스도는 하나님과 인간, 믿음과 사랑을 결합되어 있는 동시에 분리되어 있는 것으로 보는 기독교의 모순을 자신의 존재를 통해 나타낸다. 포이어바하의 이 말도 타당하지 않다. 기독교는 예수 그리스도를 하나님에 대한 믿음, 곧 절대적 신뢰와 사랑이 하나로 결합되어 있는 존재로 보기 때문이다.

5. 하나님이 인간의 본질을 투사한 것에 불과하다면, 하나님에 대한 **인간**

의 죄는 무엇을 말하는가? 포이어바하는 죄를 어떻게 이해하는가? 투사론의 원리에 따르면, 죄는 인간이 **자기 자신에게 모순되는 것**, 곧 자기 자신에 대한 모순을 말한다. 인간은 자기의 본질을 완전한 신적 존재로 투사시킨다. 이 신적 존재는 인간 자신이 실현해야 할 도덕적으로 완전한 존재다. 도덕적으로 완전한 신적 존재 앞에서 인간은 자기를 도덕적으로 불완전한 존재로 느낀다. 그는 도덕적으로 완전한 신적 존재에 모순되는 자기를 인식한다. 그러나 이 신적 존재는 인간이 본래 되어야 할 바의 완전한 존재를 초월적 대상으로 투사시킨 것에 불과하다. 그러므로 인간이 신적 존재에 모순된다는 것은, 자기 자신에게 모순되는 것을 뜻한다. 죄는 바로 여기에 있다. 곧 도덕적으로 완전한 대상으로 투사한 자기 자신에게 모순되는 것을 말한다. 자기 자신에 대한 모순을 인간은 하나님에 대한 모순으로 느낀다. 이 모순을 인간은 죄라고 생각한다.

이것을 포이어바하는 다음과 같이 말한다. "죄는 인간의 본질, 인간이 되어야 하고 될 수 있는 바의 인간적 존재에 모순되기 때문에, 죄는 신적 존재에 모순된다." 그는 자기가 초월적 존재로 투사한 자기의 존재 앞에서 죄책감을 느낀다. "종교적 인간은 자기의 본질을 절대적으로 거룩한 존재로서 자기에게 대립하여 세움으로써,…존재하는 자기를 이 (거룩한) 존재에 대한 모순 속에 있다고 느낀다. 곧 이 존재와 동일한 자가 되어야 한다는 요구, 이 율법에 합당하지 않은 불완전한 자, 죄된 존재로 자기를 느낀다. 인간은 그 자신의 본질에서 분리되어 있다. 그는 존재해야 하고 따라서 존재할 수 있는 바대로 존재하지 않는다. 이 분리(Zwiespalt) 속에서 그는 자기를 불행한 존재, 헛된 존재, 저주받은 존재로 느낀다"(1976, 53-54).

그리스도의 죄 용서는 무엇인가? 포이어바하에 따르면, 그리스도의 죄 용서는 죄책을 벗어버리고 싶은 인간의 욕구와 소원을 투사한 것이다. 유한하고 제한성을 가진 인간은 죄를 지을 수밖에 없다. 죄를 지을 때 그는 죄책감을 느낀다. 그러나 죄지은 자가 스스로 자기의 죄책에서 해방되는 것은 불가능하다. 자기 자신이 자기를 용서할 수 없기 때문이다. 그래서 인간은 자기의 죄를 용서할 수 있는 자를 찾는다. 그는 죄 용서를 얻고자 한다. 죄 용서를 얻고자 하는 이 욕구를 인간은 그리스도의 십자가의 죄 용서로 투사한다. 그는 십자가에 달린 그리스도에게서 죄 용서를 받고, 죄책에서 자유로운 존재가 되고자 한다.

여기서 포이어바하는 다시 한번 **인간의 이기심**을 발견한다. 곧 자기의 죄책을 벗어남으로써 마음의 평화와 기쁨과 행복을 얻고자 하는 인간의 이기심을 그리스도의 죄 용서에서 발견한다. 이런 점에서 그리스도의 죄 용서도 인간의 **이기심의 산물**로 간주된다. 그러나 그리스도의 죄 용서가 인간의 투사물에 불과하다면, 인간은 죄책의 고통에서 스스로 자기를 구원해야 한다. 그 길은 "마음, 곧 사랑을 가장 높은 힘으로, 절대적인 힘과 진리로 의식하며, 신적 존재를 율법으로, 도덕적 존재로, 오성의 존재로만 보지 않고, 사랑하는 존재, 마음의 존재, 주관적으로 인간적 존재로 직관하는 데 있다"(1976, 55).

포이어바하에 따르면, 죄책에서 구원받을 수 있는 길은 사랑에 있다. "완전한 것과 불완전한 것, 죄가 없는 존재와 죄된 존재, 보편적인 것과 개체적인 것, 율법과 마음, 신적인 것과 인간적인 것"을 중재할 수 있는 제 3의 것(terminus medius)은 사랑이다. 이 사랑을 포이어바하는 신격화하고, 구원의 가능성은 사랑에 있다고 말한다. "사랑은 하나님 자신이다. **사랑 밖에 다른 신이 존재하지 않는다.** 사랑은 인간을 하나님으로 만들고, 하나님을 인간으로 만든다. 사랑은 약한 것을 강하게, 강한 것을 약하게 만들며, 높은 것을 낮추고 낮은 것을 높이며, 물질을 관념화하고(idealisiert) 정신을 물질화한다. 사랑은 인간과 하나님, 자연과 정신의 참된 통일성이다. 저속한 자연은 사랑 안에서 정신이 되고, 고상한 정신은 물질이 된다.…**사랑은**

물질론이다. 비물질적인 사랑은 엉터리(Unding)다.…믿음과 교파와 망상이 분리시킨 것을 사랑은 결합시킨다.…옛 신비가들이 하나님에 대해 말한 것, 곧 하나님은 가장 높은 존재인 동시에 가장 저속한 존재라는 말은 사실상 사랑에 해당한다. 공상적이고 상상적인 사랑이 아니라 현실적인 사랑, 육과 피를 가진 사랑에 해당한다"(1976, 55-56).

여기서 포이어바하가 말하는 "육과 피를 가진 사랑", 곧 물질적 사랑은 헤겔의 성육신 개념에서 유래한다. 헤겔에 따르면 하나님의 사랑의 정점은 성육신에 있다. 인간이 아닌 하나님이 그의 아들 예수 안에서 인간의 육을 취하는 여기에 하나님의 가장 깊은 사랑이 있다. 포이어바하는 헤겔의 이 생각을 수용한다. 그에 따르면, "성육신 이론의 중심점은…사랑이다", 사랑이 "가장 높은 것이다"(1976, 59). "인간을 향한 하나님의 사랑"을 가시적으로 나타내는 성육신이 기독교 종교의 "근거와 중심점"이다(65, 123).

헤겔에 따르면, 하나님은 인간을 너무도 사랑한다. 그래서 하나님은 인간을 구원하기 위해 스스로 인간이 된다. 이로써 하나님은 모든 인간이 인간에 대해 최고의 가치라는 사실을 나타낸다. 성육신에 나타나는 하나님의 깊은 사랑은 하나님 앞에서 **모든 인간의 평등함과 무한한 가치와 자유**를 나타낸다. 포이어바하는 헤겔의 이 생각을 수용하고, 다음과 같이 말한다. "하나님이 인간 때문에 인간이 된다는 것, 인간이 신적 사랑의 마지막 목적이요 대상이라는 것보다 인간의 가치를 더 높이 표현할 수 있는 것은 무엇인가?"(1976, 65)

그런데 성육신에 계시되는 하나님의 사랑은 단지 정신적·영적 사랑이 아니라, **인간의 육과 피를 취하는 육적인 사랑**이다. 하나님의 사랑은 너무도 깊어서 인간의 육과 피로서 나타난다. 그것은 "가장 높은 것"이지만, 인간의 육이라고 하는 "가장 낮은 것"으로 자기를 낮춘다. 정신으로서의 하나님은 인간의 육, 곧 물질을 자신의 것으로 취한다. 포이어바하는 헤겔의 성육신 사상 속에 숨어 있는 이 생각을 수용한다. 그러나 그것을 다음과 같이 살짝 비약한다. "고상한 정신은 물질이 된다.…**사랑은 물질론이다.** 비물질적 사랑은 엉터리(Unding)다." 포이어바하의 이 말은 입으로만 사랑을 말하는 그리스도인들에게 경종이 된다. 성서도 비물질적 사랑을 경고한다(약 2:15-16).

그러나 포이어바하의 이 생각은 전적으로 타당하지 않다. 타당한 점도 있지만, 타당하지 않은 점도 있다. 물질적·육체적 관계없이 수십 년 동안 이어지는 정신적 사랑도 있다. 어떤 사람은 물질적·육체적 관계가 전혀 없는 첫사랑을 한평생 가슴속에 묻어두고 산다. 따라서 "비물질적 사랑은 Unding"이라는 포이어바하의 말은 진리인 동시에 진리가 아니다. 사랑은 물질론을 초월한다.

6. 예수 그리스도와 그의 구원도 포이어바하는 인간의 소원을 투사한 것으로 본다. 예수 그리스도는 인간의 "내적인 도덕적 욕구들과 소원들을" 만족시키는 자, 도덕적 삶과 행동을 통해 지복에 이르고자 하는 인간의 욕구를 성취하는 자다. 인간이 자신의 도덕적 삶과 행위를 통해 지복에 이른다는 것은 불가능하다. 불가능한 그것을 예수께서 성취함으로써 인간의 마음이 평화를 얻게 한다. 여기서 인간은 완전히 수동적 위치에 선다. "너는 지복을 얻고자 한다. 그것을 (자신의 도덕적 삶과 행위를 통해 적극적으로) 구입하고자 한다. 그러나 너는 그렇게 할 수 없다. 사실상 너는 그렇게 할 필요가 없다. 네가 하고자 하는 것이 이미 일어났다. 너는 수동적으로 행동하기만 하면 된다. 너는 믿기만 하면 된다. 향유하기만 하면 된다. 너는…양심의 평화를 얻고자 한다. 그러나 이 평화는 이미 실존한다. 이 평화는 중재자, 하나님-인간이다. 그는…율법의 완성이요, 따라서 너 자신의 소원과

노력의 완성이다"(1976, 167). 여기서 포이어바하는 구원과 지복과 평화를 인간이 아무것도 할 수 없는 것, 수동적으로 받기만 해야 할 것으로 규정한다.

기독교가 약속하는 **영원한 생명**과 **예수의 부활**도 인간이 바라는 것을 투사한 것으로 생각된다. 포이어바하에 따르면, 인간은 죽지 않고 살고자 하는 욕구와 소원을 가진다. 이 욕구와 소원은 "자기 유지의 본능"(Selbsterhaltungstrieb)에서 온다. "살아 있는 자는 자기를 주장하고자 하며, 살고자 하며, 죽지 않으려고 한다"(1976, 160). 그러나 인간은 언젠가 죽을 수밖에 없다. 그러므로 인간은 죽음 후의 불멸, 곧 영원한 생명을 소원하게 된다. 죽지 않고 살고자 하는 인간의 욕구와 소원은, 죽음 후의 영원한 생명에 대한 소원으로 이어진다. 영원한 생명에 대한 그리스도인들의 믿음은 죽지 않고 살고자 하는 인간의 소원을 투사한 것이다.

그러나 죽음 후에 영원히 살 수 있다는 보장이 없다. 그것은 실증적 확실성이 없는 믿음에 불과하다. 그러므로 인간은 영원한 생명의 확실성에 대한 보증을 찾는다. 이 보증을 인간은 예수 그리스도의 부활에서 발견한다. 영원한 생명에 대한 "이 보증은, 죽은 자가⋯무덤에서 다시 부활한다는 것을 통해 주어질 수 있다." 예수는 참으로 모든 사람의 모범이었다. 따라서 예수의 부활은 모든 인간의 부활과 영원한 생명에 대한 "모범과 보증이" 된다. 여기서 예수의 부활은 죽음 후의 영원한 생명에 대한 **인간의 소원에 대한 보증**으로 생각된다. "그러므로 그리스도의 부활은 죽음 후에 인간의 인격적 생존(Fortdauer)에 대한 직접적 확실성을 찾는 인간의 소원이 실현된 것이다." 이리하여 인간의 불멸성은 "하나의 감성적이며 의심할 수 없는 사실"이 된다(1976, 160).

예수의 동정녀 수태와 출생에 대한 신앙은 무엇을 말하는가? 포이어바하에 의하면, 동정녀 수태와 출생에 대한 신앙은 성적 관계가 없는 깨끗한 자, 최초의 사람 아담이 이 세상에 끌어들인 성행위로 더러워지지 않은 자만이 인간을 깨끗하게 할 수 있고 구원할 수 있다는 기대를 투사한 것이다. 마리아는 아담의 원죄의 병원체(Kontagium)인 남성의 스페르마를 통해 더러워지지 않은 정결한 몸으로 예수를 수태하였다. 이 정결한 수태는 "죄로 더러워진, 다시 말해 본성적으로 더러워진 인류를 깨끗게 하는 최초의 정화 행위였다. 하나님-인간(Theanthropos, 예수를 말함)은 원죄로 감염되지 않은 깨끗한 자이기 때문에, 하나님 앞에서 인류를 깨끗하게 할 수 있었다"(1976, 164). 여기서 하나님은 인간의 성을 죄악시하는 분으로 간주되고, 성은 하나님을 거역하는 더러운 것으로 간주된다. 예수의 동정녀 수태와 출생은 죄에 빠진 인간의 스페르마로 더러워지지 않은 순수한 구원자에 대한 갈망을 투사한 것으로 해석된다.

7. 포이어바하에 의하면, **세례와 성만찬**의 두 가지 성례(혹은 聖事, Sakrament)도 인간이 경험한 생명의 진리를 투사한 것으로 해석된다. 그에 따르면, 기독교의 본질적 요소는 믿음과 사랑이요, 이 본질적 요소가 외적으로 나타나는 것이 성례다. 믿음의 성례는 세례요, 사랑의 성례는 성만찬이다. 그러나 엄격한 의미에서 종교적 본질은 믿음과 사랑이다. 희망은 미래와 관계된 믿음에 속한다(1976, 278). 성례의 기초는 세례 의식에 사용되는 물과, 성만찬 의식에 사용되는 포도주와 빵, 곧 "자연적 사물들 혹은 물질들"이다. 이 물질들은 자연에서 나온 자연적인 것인데, 기독교는 이 물질들에 초자연적 의미를 부여한다. 그리하여 이 물질들이 "초자연적 힘"을 가진다고 믿는다. 기독교의 이 믿음은 인간의 이성과 물질의 자연적 질(Qualität)에 모순된다. 자연적 물질이 초자연적 힘을 가진다는 것은 자연 질서에 대한 모순이다. 포이어바하는 바로 여기에 성례의 모순이 있다고 본다.

또 성례에 사용되는 물질이 초자연적 힘을 가진다면, 그것은 인간이 믿지 않아도 곧 자동적으로 인간의 죄를 씻고 하나님과 인간을 화해하며 (세례), 십자가에 달린 그리스도와 하나가 되는(성만찬) 초자연적 작용을 일으켜야 할 것이다. 그러나 세례를 받을 때, 인간 자신이 물속으로 들어갔다가 물 밖으로 나온다. 내가 빵을 이로 씹어 먹고 식도를 통해 위로 보내며, 내 입으로 포도주를 마신다. 이 모든 행위는 영적으로 일어나는 것이 아니라 몸적으로 일어난다. 이리하여 성례의 초자연적 힘은 **물질과 인간의 행위에 의존**하게 된다.

그런데 교회는 세례와 성만찬의 초월적 힘을 내가 믿을 때에만, 세례와 성만찬이 초월적 작용을 일으킬 수 있다고 가르친다. 초월적 작용을 일으키기 위해 "합당하게" 포도주와 빵을 받아야 한다. 신자들이 "합당하지 않게", 곧 믿음 없이 포도주와 빵을 받으면 그것은 "죄를 짓는 것이다"(고전 11:27). 세례를 받을 때에도 세례의 초월적 힘을 **믿어야 한다.** 믿지 않으면 "거룩한 세례를 통해 인간이 거룩해지지 않으며 변화되지 않는다." 이로써 성례는 인간의 주관적 믿음과 행위에 의존하게 된다. 한편으로 성례는 자연의 조건을 넘어서는 **초자연적 힘이 있다**고 하면서, 다른 한편으로 성례의 초자연적 힘을 **믿어야 한다**고 말한다. 한편으로 성례의 초자연적·자동적 힘을 말하면서, 다른 한편으로 성례를 인간의 믿음에 의존하는 것으로 만든다. 포이어바하는 바로 여기에 성례의 "모순"이 있다고 지적한다(이 문제에 대한 자세한 신학적 성찰을 생략함).

구체적으로 말해, 성만찬의 빵은 일상의 밀가루 반죽일 뿐이다. "그것은 하나의 객체다. (그러나) 그것은 하나님 자신의 몸이다." 그렇다면 빵은 자동적으로 그리스도와 인간을 결합하는 작용을 일으킬 수밖에 없다. 그러나 교회는 이 작용은 객관적인 작용, 몸적 작용이 아니라 "영적 작용, 다시 말해 주관적 작용이며, 나 자신에게 의존한다"고 가르친다(1976, 283).

이것은 모순이다.

세례는 죄와 죽음의 세력에 붙들려 있던 옛사람이 죽고 새 사람으로 다시 태어나는 것, 곧 "죽음과 살아남"(mortificatio, vivificatio)을 나타낸다. 여기서 사용되는 물은 인간의 원죄를 깨끗이 씻고, 마귀를 추방하며, 인간을 하나님과 화해시키는 "초자연적 작용"을 한다고 생각된다. 자연적인 것이 초자연적 힘을 가진다고 생각된다. 세례의 물은 "자연적인 물"에 불과하다. "성령의 초자연적 힘을 통해" 물의 "자연적인 질(Qualität)"은 사라지고, "초월적 힘"을 가진 "성령의 기관 혹은 운반체(Organ oder Vehikel)"로 변모한다(1976, 279). 세례의 물에 대한 이 생각은 인간의 이성에 어긋나며, "물의 객관적이고 자연적인 질에 모순된다"고 포이어바하는 주장한다(323).

그에 따르면, "자연의 물 자체는 인간의 죄를 씻고 새 생명의 은혜를 베푸는 신화적 기능"을 하지 않는다. 세례에서 사용되는 물은 "인간에 대한 물의 놀라운 자연적 작용을" 나타낼 뿐 그 이상의 의미를 갖지 않는다. "물은 인간 몸의 더러움을 깨끗게 할 뿐 아니라 눈에서 비늘을 벗겨서", 좀 더 분명하게 보고 생각할 수 있게 한다. "그는 자기를 보다 더 자유롭게 느낀다. 물은 깨끗하지 못한 뜨거운 욕구를 식혀준다." 그래서 고대 성인들은 사탄의 유혹을 벗어버리기 위해 "물의 자연적 질"을 사용하였다. "은혜가 줄 수 없는 것을 자연이 준다. 물은 식이요법(Diätetik)에 속할 뿐 아니라 교육학에도 속한다. 자기를 깨끗하게 씻고 목욕하는 것은 가장 낮은 것이지만, 첫째의 덕목에 속한다." 물이 쏟아질 때, 자기를 추구하는 욕정이 꺼져 버린다(1976, 323-324).

자연 속에는 인간을 치유하는 힘이 숨어 있다. 물 안에도 치유하는 힘이 있다. 물은 치유의 힘을 가진 자연과 인간을 결합하는 "가장 가까운 첫째 수단이다. 물은 우리의 자아(Ichheit)가 자연의 객관적 본질 속에서 해소되는 화학적 과정과 같다." 세례를 통해 인간이 "새로워지고 다시 태어난다"는 기독교의 믿음은, 인간이 자연의 객관적 본질 속으로 해소됨으로써 **자연과 결합된 존재**가 된다는 삶의 매우 평범하지만 깊은 진리를 투사한 것이다. 자연의 물은 그 자체에 있어 "인간의 영혼과 몸의 질병에 대한 가장 단순한 은혜의 수단 혹은 약재(Arzneimittel)다." 기독교는 물속에 숨어 있는 이 놀라운 **자연의 힘**을, **새 사람으로 태어나게 하는 "기적의 힘"으로 투사**한다. 세례의 물은 자연 속에 숨어 있는 치유의 힘을 감각적으로 나타낸다. 이런 점에서 세례는 "이성적이고 가치 있는 제도"다.

포이어바하에 따르면, 물은 거듭 사용될 때 효력을 가질 수 있다. 단 한 번 사용되는 물은 거의 아무 작용도 일으키지 못한다. 그러나 기독교는 단 한 번 일어나는 물세례가 인간을 정화하고 새로 태어나게 하는 효력을 가진다고 가르친다. 이것은 무익한 생각이요 "하나의 미신적 제도"다. 단 한 번 물속에 들어갔다가 물 위로 솟아나는 사건, 곧 단 한 번의 침례(세례)가 인간을 완전히 깨끗게 하고 치유하며, 그에게 새로운 생명을 준다는 것은 미신에 불과하다고 포이어바하는 말한다.

그러므로 포이어바하는 세례를 하나의 **인간적·자연적 사건**으로 파악한다. 물은 땅 위에 있는 모든 생물의 "보편적 생명의 요소"다. 물이 없으면 생물은 생존할 수 없다. 세례는 이 사실을 상기시킨다. 그것은 우리 인간이 식물과 동물과 공유하는 "자연의 근원성"을 상기시키는 예식이다. 그것은 "순수한 자연의 힘"에 머리를 숙이며, "물은 자연적 평등성과 자유의 재료이며, 황금시대의 거울"이란 것을 물질적으로 나타내는 의식이다(1976, 324).

8. 포이어바하에 의하면, "포도주와 빵은 그들의 재료에 있어 자연의 생산물이요, 그들의 형식에 있어 인간의 생산물"이다. 세례에 사용되는 물이 인

간은 자연 없이 아무것도 할 수 없다는 것을 나타낸다면, 포도주와 빵은 인간 없이 자연은 아무것도, 적어도 정신적인 것을 할 수 없음을 나타낸다. 그러므로 성만찬과 세례는 인간은 **"자연을 필요로 하고, 자연은 인간을 필요로 한다"**는 사실을 드러낸다(필자의 생각에 의하면, 자연이 정말 인간을 반드시 필요로 하는지 의심스럽다. 인간은 자연 없이 생존할 수 없지만, 자연은 인간이 없어도 능히 생존할 수 있기 때문이다). 세례의 물에서 "순수한 자연의 힘을 경배한다면, 포도주와 빵에서 우리는 정신, 의식, 인간의 초자연적 힘을 경배한다.…물의 세례 예식이 우리에게 자연에 대한 감사의 마음을 느끼게 한다면, 빵과 포도주의 성만찬 예식은 인간에 대한 감사의 마음을 느끼게 한다.…포도주와 빵은 인간이 인간의 하나님이요 구원자라는 진리를 현재화시키고, 이 진리를 감성적 대상으로 나타낸다"(1976, 325). 포이어바하의 이 말에 대해 우리는 질문할 수밖에 없다. 과연 "인간이 인간의 하나님이요 구원자"일 수 있는가?

여기서 포이어바하는 하나님과 인간을 혼동하는 것을 제하면 참으로 은혜롭게 설교한다. 그에 따르면, 포도주를 마시고 빵을 먹는 성만찬 예식은 **일상의 먹고 마시는 것**이 "종교적 행위"임을 시사한다. 사실 그리스도인들의 삶에서 일상의 먹고 마심이 종교적 행위여야 한다. 매일 빵을 먹고 포도주를 마실 때마다 우리를 굶주림의 고통에서 구원하고, 우리의 마음을 기쁘게 하며, 우리에게 자비로운 은사를 주는 "하나님, 곧 인간을 생각하라! **인간에 대한 감사, 거룩한 자연에 대한 감사**를 잊지 말아라! 포도주는 너의 생존을 위해 희생되는 식물의 피요, 빵의 밀가루는 식물의 살임을 잊지 말아라! 식물은 네가 향유하도록 자기를 내어주는 자연의 물질을 감각적으로 나타낸다는 사실을 잊지 말아라! 빵과 포도주의 자연적 질에 대해 감사해야 한다는 것을 잊지 말아라!" 한마디로 삶 자체가 종교여야 한다. 일상의 "먹는 것이 사실상 그 자체에 있어 종교적 행위들이다"(1976,

325). 성만찬은 이것을 시사한다.

여기서 포이어바하는 물질론의 입장에서 인간의 진리를 말한다. "**굶주림과 목마름**은 인간의 물리적 힘을 파괴함은 물론 정신적인 힘과 도덕적인 힘도 파괴한다. 그들은 인간에게서 인간성을 빼앗으며, 오성과 의식을 빼앗는다." 먹지 못하고 마시지 못하면 인간성도, 오성도, 의식도 사라진다. 굶주린 배를 채우고 목마름을 면할 때, 인간의 인간성과 오성과 의식이 되살아난다. 굶주림과 목마름을 해결하는 것이 생명의 구성 요소다. "빵도 거룩하고, 포도주도 거룩하고, 물도 거룩하다! 아멘"(1976, 326. 포이어바하의 이 "아멘"은 하나님을 향한 아멘이 아니라 인간을 향한 아멘이다!). 여기서 먹고 마시는 일상의 삶 자체가 우리가 감사해야 할 종교적인 것, 거룩한 것으로 승화된다.

포이어바하의 이 모든 이야기는 매우 경건하게 들린다. 그러나 종교의 폐기가 그 속에 숨어 있음을 우리는 간과하지 말아야 할 것이다. 세례는 물로 몸을 깨끗이 씻고 정신을 맑게 하는 일상의 행위로 폐기되고, 성만찬은 먹고 마심으로써 굶주림과 목마름을 해결하는 일상의 행위로 폐기된다. 물로 몸을 깨끗이 씻고, 먹고 마시는 일상의 삶 자체가 종교적인 것이라면, 종교는 일상의 삶으로 대체된다.

결론적으로 포이어바하는 기독교 신앙의 내용과 표상을 인간의 경험, 인간의 소원과 희망, 인간 삶의 진리를 투사한 것으로 생각한다. 헤겔은 종교적 표상을 "사상"(Gedanke)으로 옮겼지만, 이 표상들이 보존되어야 한다고 주장하였다. 그는 이 표상을 사실상 변호하고 그 내용을 실현하고자 한다. 이에 반해 포이어바하는 종교적 표상들을 인간의 본성이나 삶의 경험의 투사물로 폐기하고자 한다. 그에게서 모든 종교적 표상들은 "그들의 감성적 확실성으로 환원된다." 빵과 포도주는 종교적 의미를 상실하고, 자연적 치유의 능력을 가진 현실의 물질적인 빵과 포도주에 불과한 것으로 설명된다. 이로써 세례와 성만찬은 빵과 포도주 안에 있는 자연의 치유 능력을 엄숙히 인정하는 인간의 예식으로 나타난다.

9. 삶 자체가 종교적인 것이라면, 삶과 관계된 세계의 모든 것이 종교적 의미를 갖게 된다. 곧 국가의 법, 윤리, 사랑, 결혼생활, 사유재산 등 세속의 기본적 관계가 종교적 의미를 가진 것으로 생각된다. 이것들로 구성된 삶 자체가 예배이고, 일상의 먹고 마시는 것이 "종교적 행위"다. 이것들이 종교적 의미를 갖게 되는 것은 초월적 하나님으로 말미암은 것이 아니라 그 자체에 있어 거룩하고, 인간의 생명에 유익하기 때문이다. 그들 자체가 거룩하다면, 그들은 종교를 통해 거룩해졌다고 설명될 필요가 없다. 만일 법이 "자기 자신을 통해 거룩하지 않다면, 결코 종교를 통해 거룩해질 수 없다." 사유재산이 거룩하다고 생각되는 것은 그것이 신적 질서로 간주되기 때문이 아니라 "자기 자신을 통해, 자기 자신에 대해 거룩하다고 생각되기 때문에 신적 질서로" 간주된다. 사랑은 하나님의 술어이기 때문에 하나님의 술어가 되는 것이 아니라, "자기 자신을 통해, 그리고 자기 자신에 대해 신적인 것이기 때문에 하나님의 술어다." 이방인들이 빛이나 물의 근원을 숭배하는 것은 이것들이 "신의 은사이기 때문이 아니라", 이들을 통해 인간의 생명이 유지되고, 고난 속에 있는 생명들이 소생하기 때문이다. 이 모든 것이 거룩한 신적 질서로 간주되는 것은 종교에 근원하기 때문이 아니라, 인간의 생명 유지에 도움을 주고 행복을 가능하게 하기 때문이다. 우리는 "위로부터" 지지를 받을 필요가 없다. "우리는 기독교적 왕들을 필요로 하지 않는다. 우리는 단지 왕들을 필요로 할 뿐이다.…바른 것, 참된 것, 선한 것은 어디서든지 그를 거룩하게 하는 근거(Heiligungsgrund)를 **자기 자신 안에**, 자기의 질(Qualität) 안에 가진다.…윤리는 그 자체에 있어 신적 힘으로 간주된다.…언제나 다시금 우리는 법과 윤리의 근거를 그들 자

신 안에서 발견한다. 만일 도덕이 자기 자신 안에 근거를 갖지 않는다면, 도덕은 아무 내적 필연성을 갖지 못할 것이다"(1976, 321-322).

여기서 우리는 근대 세계의 특징인 세계의 세계화 내지 **세계의 세속화**(Säkularisierung)를 볼 수 있다. "세계 안에 있는 모든 것과 마찬가지로, 세계는 자기 자신 안에 자기의 근거를 가진다"(101). 그들은 그 자체에 있어 유익하고 거룩하기 때문에 종교적 의미를 가진다. 그러므로 그들은 반드시 종교적 의미를 부여받을 필요가 없다. 종교적 의미를 부여받지 않아도 그들은 그들 자체로 옳고 바르다. 결혼이 가톨릭교회에 의해 성례(Sakrament)로 규정되지 않을지라도, 결혼은 그 자체로 옳고 거룩하다. 이로써 세속의 종교적 의미는 사실상 거부된다. 세속은 종교적 의미 없이, 하나님 없이(etsi deus non daretur, D. Bonhoeffer) 살 수 있다. 종교가 세속의 일에 개입하거나 간섭할 필요가 없다. 통치자가 반드시 종교인이어야 할 필요가 없다. 종교의 개입과 간섭이 사라질 때 세속의 자유, 과학의 자유가 시작된다. 세계의 자율성(Autonomie)이 일어난다. 그러나 세계의 자율성은 제국주의, 식민주의, 인종차별주의, 흑인 노예매매, 두 차례의 세계 대전, 핵무기, 극심한 빈부 차이, 자연 생태계의 파괴와 재난, 코로나19 바이러스로 이어진다.

5. 인간학적 무신론에서 심리학적 무신론으로
- "경건한 무신론자" 포이어바하

1. 앞서 우리는 포이어바하의 인간학적 무신론을 고찰하였다. 곧 하나님은 인간의 본질을 초월적 대상으로 투사한 것에 불과하다는 것이다. 이제 포이어바하는 인간학적 무신론을 심리학적 무신론으로 심화한다. 곧 하나님

은 인간의 지각, 감정, 이성, 마음과 심정, 소원과 욕구, 자기 생명의 유지와 행복을 추구하는 이기심 등의 심리적 활동에서 나온 것에 불과하다는 것이다.

인간의 심리적 활동 가운데 포이어바하는 인간의 감정 곧 느낌(Gefühl)을 중요시한다. 감정은 "그의 하나님을 자기 자신 속에 가진다." "감정은 자기 자신이 하나님이다"(1959 VI, 154). "감정은 신적인 것의 기관(Organ)이다." "감정은 가장 고귀한 것, 가장 뛰어난 것, 다시 말해 인간 안에 있는 신적인 것"이다. 하나님의 본질은 감정의 본질에 불과하다. 따라서 종교성의 근거는 "감정의 본성"에 있다(1976, 27). 감정은 "절대적인 것, 신적인 것 자체"다. 감정은 "자기 자신을 통해 선하고, 종교적이다. 다시 말해 거룩하고 신적인 것이다." 감정은 "자기의 하나님을 자기 자신 안에 가진다." "하나님은 순수한 감정, 제한이 없는 감정, 자유로운 감정이다.…정통신앙의 의미에 있어서 감정은 무신론적이다.…감정은 대상적 존재로서의 하나님을 부인한다 − **감정 그 자신이 하나님이다.** 감정의 거부는…하나님의 부정일 뿐이다." "하나님은 순수한, 제한되지 않은, 자유로운 감정이다.…감정은 대상적인 하나님을 부인한다. 그것은 자기 자신에게 하나님이다"(28). "만일 감정 자신이 신적 본성에 속한 것이 아니라면, 너는 어떻게 감정을 통해 신적인 것을 인지할 수 있겠느냐? 신적인 것은 오직 신적인 것을 통해 인식된다. 하나님은 오직 자기 자신을 통해 인식된다(여기서 포이어바하는 "정신적인 것은 오직 정신적인 것에 의해 인식된다"는 헤겔의 공식을 반복함). 감정이 인지하는 신적 본질은 사실상…감정의 본질에 불과하다"(27).

포이어바하에 의하면, 헤겔의 철학에서 "사유된 하나님"은 인간에게서 구별되는 독자적 존재로 전제된다. 헤겔의 사유는 하나님과 인간을 분리한다. 그러나 "하나님은 사랑이다." 사랑은 마음이요 심정이다. 따라서 하나님을 제대로 파악할 수 있는 길은 사유가 아니라 사랑의 마음과 심정과 감정이다. 사유는 **구별하고 분리시키는 반면**, 마음과 심정과 감정은 **결합시킨다**. 이로써 포이어바하는 헤겔의 철학을 뒤집는다.

감정과 하나님을 동일시할 수 있는 근거는 무엇인가? 그 근거는 감정은 대상과 나, 하나님과 나를 가장 강력하게 하나로 결합한다는 점에 있다. 사유는 하나님과 나를 하나로 결합하지 못한다. 하나님이란 대상에 대해 아무리 깊이 사유해도 하나님이란 대상은 나에게 대상으로 머문다. 그러나 감정 곧 느낌 속에서 나는 하나님과 하나가 된다. "네가 절대자를 느낄 때, 너는 감정의 능력의 무한성을 느끼고 이를 증명한다. 이성의 대상은 그 자신에게 대칭하는 이성이다. (이와 마찬가지로) 감정의 대상은 그 자신에게 대칭하는 감정이다." "감정은 단지 감정에게 말할 뿐이며…그러므로 감정은 감정에게, 다시 말해 자기 자신에게 이해될 수 있다. 왜냐하면 감정의 대상은 감정일 뿐이기 때문이다"(1976, 26).

우리가 감정을 통해 신적인 것을 인지할 수 있는 것은 **감정 자신이 신적인 것**이기 때문이다. "신적인 것은 신적인 것을 통해서만, 하나님은 자기 자신을 통해서만 인식될 수 있다. 감정이 인지하는 신적 본질은 사실상… 감정의 본질일 뿐이다"(27). "감정은 너의 가장 내적인 동시에 너에게서 구별되는 독립적인 힘이다. 그것은 네 안에서 네 위에 있다. 그것은 네 안에 있는 객관적인 것, 너 자신의 본질이다. 그것은 하나의 다른 존재로서, 하나의 다른 존재처럼 너를 사로잡는다. 간단히 말해 너의 하나님으로서 그렇게 한다. 그렇다면 네 안에 있는 이 객관적 존재로부터 너는 어떻게 하나의 다른 객관적 존재를 구별할 수 있겠느냐?"(29)

감정과 하나님의 관계에 대한 포이어바하의 생각에서 우리는 미묘한 논리적 비약을 볼 수 있다. 하나님에 대한 인간의 감정 곧 느낌이 하나님과 하나가 된다 하여, **느낌이 곧 하나님**이라고 추론할 수 없다. 느낌이 하나님과 하나가 되는 것이 아니라, 느낌을 통해 하나님과 인간이 하나가 된다. 느낌 곧 감정은 하나님과 인간이 하나로 결합되는 매개체 내지 통로이지 하나님 자신이 아니다. 절대 의존의 느낌 곧 감정을 가진다 하여 이 느낌 자체가 신적 본질이라고 생각할 수 없다. 이 같은 미묘한 논리적 비약이 포이어바하의 저서에서 언제나 다시금 발견된다.

2. 인간의 다양한 감정 가운데 포이어바하는 인간의 **"의존의 감정"**(Abhängigkeitsgefühl)을 하나님과 동일시한다. 여기서 포이어바하는 헤겔이 혹독하게 비판했던 슐라이어마허의 감정의 신학을 따른다. "인간은 자기의 삶이 거기에 의존한다고 생각하거나 믿는 그것을 자기의 하나님으로 경외한다"(1959 VIII, 62). 종교는 하나님을 "인간이 할 수 없는 것을 할 수 있는 자로, 인간의 능력을 무한히 넘어서는 자로" 가르친다. 이 하나님 앞에서 인간은 제한된 존재, 무력한 존재, 의존적 존재로 규정된다.

슐라이어마허는 인간이 절대적으로 의존한다고 느끼는 대상을 하나님이라 규정한다. 그에 따르면, 기독교 종교의 본질은 **하나님에 대한 절대 의존의 감정**에 있다. 포이어바하는 슐라이어마허의 이 생각이 틀렸다고 본다. 인간은 하나님에게 절대 의존하는 것이 아니라, **자연에 절대 의존한다**고 보기 때문이다. "내가 슐라이어마허를 비판하는 것은 그가 종교를 감정의 일로 만들어버렸기 때문이 아니라, 신학에 붙들려 자기의 입장을 철저히 관철하지 않았고 또 관철할 수 없었기 때문이다. 객관적으로 하나님 자신이 감정의 본질에 불과하다는 것을 통찰하고 이를 인정할 수 있는 용기를 갖지 않았기 때문이다.…추상적 사유자였던 헤겔은 감정의 본질을 파고들 수 없었기 때문에, 종교의 특유한 본질을 파고들 수 없었다"(Löwith 1941, 360에서 인용).

포이어바하에 의하면, 인간이 절대적으로 의존하는 것은 하나님이 아니라 자연이다. "의존의 감정의 근원적 대상은⋯자연이다"(1959 VIII, 31).
자연은 인간 삶의 기초다. 자연 없이 인간은 생존할 수 없다. 그는 철저히
자연에 의존한다. 자연은 인간의 삶과 죽음을 결정하는 힘, 곧 "죽음과 삶
에 대한 힘"이다(98). **자연이 인간의 하나님이다.** 따라서 인간이 하나님에
게 절대적으로 의존한다는 슐라이어마허의 말은 틀렸다. 나와 다른 존재
로서의 하나님에 대한 의존은 "사실상 나 자신의 본질, 나 자신의 충동과
소원과 관심에 대한 의존에 불과하다"(99).

인간이 의존의 감정을 갖게 되는 원인은 무엇인가? 그 원인은 자기
가 소원하는 바를 이룰 수 없기 때문이다. 그러므로 인간은 자기가 소원하
는 바를 이룰 수 있는 존재를 설정하게 된다. 이것이 곧 하나님이다. 그가
참으로 되고자 소원하지만, **될 수 없는 그것을** 그는 자기의 하나님으로 세
운다. "소원이 신들의 근원이다. 소원이 종교의 근원이요 기본 본질이며 원
리다"(1959 IX, 72). 하나님은 인간이 소원하는 "인간의 목적, 인간의 이상
에 불과하다"(1959 VIII, 90). 자기가 소원하는 이상적인 상을 하나님으로 세
워놓고, 이 하나님 안에서 자기의 모든 소원이 실현되기를 기대한다. "모
든 것을 알고자 하는 자기의 소원을 그는 하나님의 전지하심(Allwissenheit)
에서 이룬다.⋯어떤 장소에도 묶이고 싶지 않은 그의 소원을 신적인⋯무
소부재(Allgegenwart)에서 이룬다.⋯시간에 묶이고 싶지 않은 자기의 소원
을⋯신적 영원에서 실현한다. 모든 것을 할 수 있기를 바라는 소원을 그는
하나님의 전능하심에서 실현한다"(1959 VIII, 345 이하).

이와 같이 인간은 자기의 힘으로 이루고자 소원하지만, 이룰 수 없
는 것을 하나님의 존재에서 실현한다. 이를 통해 그는 행복을 얻고자 하
며 자기 자신을 긍정하고자 한다. 그러나 이 행복과 자기 긍정은 현실적
인 것이 아니라 환상에 불과하다. 여하튼 행복과 자기 긍정을 추구하는 인
간의 욕구에 종교의 뿌리가 있다. 하나님은 "환상 속에서 충족되는 **행복**

에 대한 인간의 욕구"에 불과하다(1959 VIII, 250). 그는 행복과 자기 긍정을 추구하는 이기심에서 하나님의 존재를 설정하고, 하나님을 통해 **자신의 이기심**을 만족시킨다. 결국 종교에서 인간은 "자기 자신을 목적으로 가진다"(1976, 45). 하나님과 종교는 자기 자신을 목적하는 **인간의 이기심의 산물**에 불과하다.

　포이어바하에 의하면, 인간은 근본적으로 **이기적 존재**다. 죽지 않고 자기의 생명을 유지하는 것이 인간의 기본 욕구요 충동이다. 죽지 않고 살아남기 위해 인간은 먼저 자기 자신을 생각할 수밖에 없다. 무엇보다 먼저 자기 자신의 생명을 유지하고자 하는 **"자기 목숨 유지의 욕구"**(Selbsterhaltungstrieb), 곧 이기적 본성을 그는 벗어날 수 없다. 만일 이기적 욕구가 없다면 인간은 생존할 수 없을 것이다. 그러므로 **"생명은 이기심이다"**(1959 VII, 392. 슈티르너는 포이어바하의 이 생각을 반복함). 하나님과 종교는 인간의 이기심이 만들어낸 산물에 불과하다. 인간을 향한 하나님의 사랑도 인간의 이기심의 투사에 불과하다. 곧 자기 자신에 대한 사랑을 인간에 대한 하나님의 사랑으로 바꾸어놓은 것이다. 따라서 "하나님의 사랑의 비밀은 자기 자신에 대한 인간의 사랑의 비밀"에 불과하다. "하나님이 나를 위해 고난을 당한다. 이것이야말로 인간의 심정의 가장 높은 **자기 향유**(Selbstgenuß)이며, 가장 높은 **자기 확실성**(Selbstgewißheit)이다"(1976, 335). 하나님과 종교를 통해 그는 사실상 자기 자신을 향유한다. 한마디로 "인간은 자기가 소원하는 것을 자기의 하나님으로 만든다"(1959 VI, 262). 그러므로 신약성서에는 하나님이 "우리를 위하여"(pro nobis) 죽었다, 고난당하였다, "나를 사랑한다"라는 말이 거듭 나온다(롬 5:8; 8:32; 갈 2:20). 니케아 신조는 "우리 인간 때문에 그리고 우리의 구원 때문에" 그리스도께서 인간

이 되어 고난을 당하였다고 고백한다.[1]

3. 하나님과 인간을 동일시할 수 있는 근거를 포이어바하는 인간의 지각 (Empfindung)과 이성에서 발견하기도 한다. 그에 따르면, 다정다감한 "지각을 영광스러운 속성이라고, 하나의 실재라고 생각하는 사람에게 지각은 하나의 신적 속성으로, 신적 본질(Essenz)로 생각된다. 다정다감하게 지각하며 감정이 풍부한 인간은 다정다감하게 지각하며 감정이 풍부한 하나님을 믿는다. 그는 그 **자신의 존재와 본질의 진리**를 믿을 뿐이다. 그는 자기의 본질에 있어서의 자기인 바를(was er selbst in seinem Wesen ist) 믿을 수 있을 뿐이기 때문이다"(1976, 73). 다정다감한 지각을 가진 하나님은 다정다감한 **지각을 가진 인간의 투사**일 뿐이다. 사물을 느끼는 "지각(Empfindung)은 절대적·신적 본질에 속한다"(72). 지각이라는 절대적·신적 본질이 인간에게 있다. 하나님은 모든 인간에게 주어져 있는 절대적·신적 본질, 곧 지각이나 감정을 대상화한 것이다.

　　인간의 "이성은 자연의 조산부다. 그것은 자연을 설명하고, 정화하고, 수정하고, 바로잡고, 보완한다." 이에 근거하여 포이어바하는 이성을 "신적 본질" 혹은 "존재"(Wesen)라고 말한다. "비본질적인 것에서 본질적인 것을, 우연적인 것에서 필연적인 것을, 낯선 것에서 자신의 것을 구별하는…것은 신적 존재가 아닌가? 이러한 행위는 가장 높은 신적 사랑의 행위가 아닌가? 구원하는 힘의 행위가 아닌가?" 이성 자신이 가장 순수하고 본래적인 존재가 아니라면, 어떻게 이성이 자연의 사물들의 순수하고 본래

1　원문: "Credimus in unum Deum patrem...et in unm Dominum Jesum Christum filium Dei...Deum ex Deo...qui **propter nos homines et propter notram salutem** descendit et incarnatus et homo factus est passus," Feuerbach 1976, 335에서 인용.

적인 본질을 회복할 수 있겠는가?(1976, 329-330)

　신적 존재로서의 이성을 포이어바하는 다음과 같이 찬양한다. 이성은 어떤 사물도, 어떤 종(種)도 편애하지 않는다. "그것은 동일한 관심을 가지고 온 우주를 포괄한다. 그것은 아무 구별 없이, 예외 없이 모든 사물과 존재에 관심을 가진다. 이성은 인간의 이기심이 발로 짓밟는 구더기를 인간과 창공의 태양과 마찬가지로 그 가치를 인정한다. 이성은 모든 것을 포괄하고 모든 것을 자비롭게 여기는 존재, 자기 자신에 대한 우주의 사랑이다. 오직 이성에게만 모든 사물의 부활과 회복과 본질, 보편적 구원과 화해의 위대한 사역이 부여된다." 만일 이성 자신이 제한되지 않은 우주적(보편적) 존재가 아니라면, 어떻게 그가 모든 것에 대해 관심을 가질 수 있겠는가? 이에 근거하여 포이어바하는 이성을 "보편적 하나님"과 동일시한다. "이성은 유한성의 제약들, 공간과 시간의 제약들에서 순수해진, 정체성 안에 있는 자연과 인간의 본질이다. 보편적 존재, 보편적 하나님이다"(1976, 331).

　인간의 이성은 물론 인간의 마음과 심정을 포이어바하는 신적인 것으로 본다. 인간의 마음은 자연의 법칙을 벗어난 무한한 것이며, 모든 것을 품어주기 때문이다. 이성에서 구별되는 인간의 마음은 "인간의 사적 하나님(Privatgott)"이다. "하나님, 보편적이며 가장 합리주의적 존재로서의 하나님의 모든 규정은 이성의 규정들이요, 종교적 하나님으로서의 하나님의 모든 규정은 인간 마음의 규정들이다. 하나님은 자연의 제약, 곧 법칙에서 해방되었고 구원을 받은 인간의 마음이다"(1976, 331). "인간에게 하나님인 것은 그의 정신, 그의 영혼이요, **인간의 정신, 그의 영혼, 그의 마음은 그의 하나님이다**"(31).

　아무 제약이나 제한도 갖지 않은 마음을 가리켜 인간은 "심정"(Gemüt)이라 부른다. 마음에 아무런 제한이나 제약을 받지 않을 때, 인간은 심정의 평안(Gemütlichkeit)을 느끼기 때문이다. 심정의 제약되지 않은

"자기 느낌"(Selbstgefühl)을 포이어바하는 하나님과 동일시한다. "하나님은 인간의 심정의 제약되지 않는 자기 느낌이다"(1976, 331). 하나님은 "인간의 심정의 절대적 본질이다"(1959 VI, 154).

이것을 포이어바하는 기독교와 타 종교의 구별을 통해 설명하기도 한다. 타 종교의 철학자들도 마음과 심정을 가지고 있었다. 그런데 그들의 심정은 "자연을 통해 규정된 우주적이며 현실주의적인 심정"이었다. 그들의 마음은 친구 사이의 우정, 배우자에 대한 사랑, 가족 등과 같은 현실의 사물들에 있었기 때문이다. 이에 반해 그리스도인들은 "그들의 마음을 하나님 안에, 하나님 자신으로 세운다." 그들은 그들의 하나님을 인간의 이성 안에서 발견하지 않는다. 그들에게 인간의 이성은 "무신론적 존재"다. 하나님은 이성에 의해 파악될 수 없는 "부정적인 것, 규정되지 않은 것"이기 때문이다. "그리스도인은 하나님을 오직 심정 안에서만 발견한다. 심정이 그의 참 하나님이기 때문이다. 기독교는 마음을 하나님으로, 절대적이며 전능한 하나님으로 만든다." 이것은 이방인 철학자들이 알지 못하는 기독교의 "모든 신비"다.

4. 포이어바하에 의하면, **무신론의 본질**은 인간과 자연 바깥에 있는 하나님, 인간과 자연과는 다른 초세계적 하나님을 포기하는 데 있다. "하나님은 존재하지 않는다. 다시 말해, 자연과 인간에게서 구별되는 추상적이며 초감성적인 존재, 세계와 인류의 미래를 자신의 뜻에 따라 결정하는 하나님"은 존재하지 않는다(1959 VIII, 29). 하나님은 실재하지 않는다. 그는 단지 인간의 상상 속에 있을 뿐이다. 그는 인간이 상상하여 만든 "비현실적이며 환상적인 존재"에 불과하다(231). 하나님이란 가설은 불필요하다.

이로써 포이어바하는 헤겔의 철학을 완전히 붕괴시키고자 한다. 그는 헤겔의 "정신으로서의 하나님"을 인간의 상상에서 나온 "환상적 존재"

내지 투사물로 규정함으로써 헤겔 철학 전체를 부인한다. 하나님의 존재로부터 세계와 역사를 해석하는 헤겔 철학은 "비현실적이며 환상적인" 것이다. 세계의 현실을 세계 바깥에 있는 신적 존재로부터 해석하는 일은 중단되어야 한다. 그것은 세계의 현실을 있는 그대로 정직하게 보지 못하고, 그것을 신적인 것으로 기만할 뿐이다.

그러므로 포이어바하는 자신의 무신론을 부정적인 것으로 보지 않고 **긍정적인 것**으로 본다. 그것은 현실의 세계와 자연과 인간을 긍정한다. 그것은 거짓된 것을 부정함으로써 현실을 긍정한다. 하나님이라 불리는 인간에게서 분리된 초월적 존재가 부인될 때, "하나님 대신에 인간의 참된 본질을 참된 것으로" 세울 수 있다. 그러므로 무신론은 "**인간 유신론**"이라 불릴 수 있을 것이다(1959 XIII, 357). "**하나님 사랑 대신에 인간 사랑이, 하나님에 대한 믿음 대신에 인간에 대한 믿음이**" 회복되어야 한다(359). 이런 점에서 무신론은 긍정적이다. 그것은 "자연과 인류에게 의미를 되돌려주며, 유신론이 빼앗아간 그들의 가치를 되돌려주고자" 한다(337). 이런 점에서 포이어바하의 "**무신론은 휴머니즘이다.**" 그것은 "유신론이 빼앗아버린 참된 인간의 신적 가치를" 되돌려주고자 한다(H. Küng 1995, 236). 바로 여기에 "새로운 철학"의 과제와 필연성이 있다. 그러나 우리는 질문할 수 있다. 하나님이 없을 때 인간은 과연 인간적인 인간이 될 수 있을까?

5. 새로운 철학에 대한 포이어바하의 생각은 기독교에 대한 실망과 결부되어 있다. 그에게 기독교는 생명력을 잃어버리고 제도화·형식화되었다. 그것은 새로운 시대의 기대와 요구에 부응하지 못한다. 이제 기독교의 시대는 끝났다. 하나의 종교적 제도로서 그것은 유지되겠지만 사실상 부정되었다. 기독교를 신봉하고 그것을 지키고자 하는 자들에 의해 부정되었다. 지금 우리는 "기독교 멸망의 시대"에 살고 있다(1959 II, 217). "신앙 대신에

불신앙이, 성서 대신에 이성이, 종교와 교회 대신에 정치가, 하늘 대신에 땅이, 기도 대신에 노동이, 지옥 대신에 물질적 궁핍이, 그리스도인 대신에 인간이 등장하였다"고 포이어바하는 당시의 시대적 상황을 묘사한다.

이러한 현실을 바꾸기 위해 "인간은…기독교를 포기해야 한다. 이때 인간은 인간이 될 것이다"(1959 I, 161). 멸망하는 기독교에 대한 대안으로 포이어바하는 "새로운 철학"을 대안으로 제시한다. 새로운 철학은 "비기독교적 철학"이다. **새로운 철학의 원리**는 "부정적으로 표현한다면 무신론일 따름이다"(1959 II, 218). "무신론은 우리의 살과 피다"(1959 XIII, 387). "나의 무신론은 현대 인류와 과학의 의식화되었고 정직하며…사실적인 무신론이다"(1959 X, 345). 새로운 철학은 무신론을 본질로 가진다.

무신론을 통해 새로운 철학은 하나님에게 빼앗긴 인간의 본질, 곧 인간의 이성과 마음과 심정과 의지의 힘을 인간 자신에게 되돌려주고자 한다. 무적인 것으로 규정되고, 인간의 이기적 목적을 위한 수단으로 전락한 자연에게, 그 자신의 가치와 존엄성을 되돌려주고자 한다. 인간의 관심을 피안에서 차안으로 돌리고자 한다. 본래 기독교는 차안성의 종교였다. 하나님의 성육신과 하나님 나라에 관한 예수의 말씀과 활동은 이를 증명한다. 그러나 기독교는 피안에 대한 기다림 속에서 차안성을 상실하였다. 이로 인해 기독교는 차안의 현실에 대해 생명력을 잃어버리고, 피안을 지향하는 종교적 제도로 형식화되었다. 새로운 철학은 기독교가 상실한 "**완전한 차안성**"을 본질로 가진다(1959 X, 254). 이런 점에서 새로운 철학은 종교라고 포이어바하는 말한다. 그것은 하나님을 부인하지만 사랑, 정의, 자비, 지혜 등의 하나님에 관한 술어는 수용한다. 본래 이 술어들은 인간의 것이다. 인간이 하나님에게 빼앗긴 이 술어들을 인간은 자기 자신의 술어로 되찾아야 하고, 이를 실현해야 한다.

포이어바하의 이 생각은 헤겔 좌파 **슈티르너**에게 매우 경건하게 보인다. 여기서 포이어바하는 종교를 부인하는 것 같지만 사실상 종교를 회복한다. 포이어바하가 비판했던 헤겔의 오류가 포이어바하 자신에게서 일어난다. 헤겔은 기독교 종교와 신학을 부정하는 것처럼 보이지만 사실상 그것을 인정하였다. 그런 점에서 헤겔은 "엉큼한 신학자"였다고 포이어바하는 헤겔을 비판하였다. 포이어바하의 이 비판은 포이어바하 자신에

청년 막스 슈티르너
(출처: https://blog.naver.com/
eduba/222260951551)

게 해당한다. 그는 기독교 종교를 부인하지만, 사실상 기독교 종교의 본질을 회복한다. 그래서 슈티르너는 포이어바하를 가리켜 "경건한 무신론자"(frommer Atheist)라고 말한다.

이에 대해 포이어바하는 다음과 같이 응수한다. "사랑과 지혜와 정의 등의 신적 존재의 술어들"을 부인하는 자만이 "진짜 무신론자"다. "이 술어들의 주체(하나님)만" 부인하는 자는 진짜 무신론자가 아니다. 이 주체에 대한 부인은 반드시 술어들 자체의 부인이 아니기 때문이다(Löwith 1941, 363). 포이어바하의 이 말에 따르면, "고유한 독립적 의미를 가진" 하나님의 술어들을 부인하는 자가 진짜 무신론자다.

그런데 포이어바하는 하나님이란 주체는 부인하지만 그의 술어를 부인하지 않는다. 그의 술어를 그는 인간의 것으로 돌린다. 그렇다면 포이어바하는 "진짜 무신론자"가 아니라고 말할 수 있다. 그래서 포이어바하는 종교성을 벗어나지 못한다고 슈티르너는 주장한다. 그러나 헤겔 좌파 **브루노 바우어**에게는 슈티르너 자신이 기독교의 종교성을 벗어나지 못한 것으로 보인다. 바우어에게 슈티르너는 교회 "목사"처럼 보인다. 그러나 **마**

르크스에게 바우어는 신학을 벗어나지 못한 비판가로 보인다. 슈티르너는 마르크스에게 "교부"로, "거룩한 막스"(Sankt Max)로 보인다. 슈티르너의 안티테제는 테제를 비판하지만, 테제의 그림자를 벗어나지 못하며, 오히려 테제의 요소들을 보존한다고 마르크스는 비판한다.

테제를 비판하지만 테제를 벗어나지 못하는 일을, 포이어바하는 유대교와 기독교의 관계에서도 발견한다. 기독교 종교는 유대교에 대립하는 "비판과 자유의 종교"로 등장하였다. 당시 유대인들에게 그리스도인들은 "자유로운 사상을 가진 사람들"(Freigeist)로 보였다. 이들로 말미암아 유대교는 폐쇄된 민족종교로 낙인찍혀버리고, 기독교가 로마 제국의 보편적 국가종교의 자리를 차지하였다. "이와 같이 사물은 변화한다. 어제 종교였던 것이 오늘은 더 이상 종교가 아니다. 오늘 무신론으로 간주되는 것이 내일은 종교로 간주될 수 있다"(Löwith 364에서 인용). 따라서 오늘의 무신론이 내일의 종교가 될 수 있다. 여기서 포이어바하는 자기의 무신론이 내일에는 종교로 간주될 수 있다고 암시한다. 그의 암시대로 현대 세계는 무신론이 종교를 대신하는 세계라고 말할 수 있다.

6. "사랑이 가장 높은 제1의 법이다"

1. 포이어바하의 무신론의 목적은 무엇인가? 그 목적은 "인간의 것을 인간에게" 돌려주기 위함에 있다. 그에 따르면 인간의 참 본질이 하나님의 존재로 투사되고, 인간의 술어들이 하나님의 술어로 옮겨짐으로써 인간은 자기의 참 존재를 상실한다. "자기 자신과의 분열(Entzweiung)"로 인해 그는 자신의 참된 존재에서 소외되어 헛되고 무익한 존재로 전락한다. "그는 하나님을 자기와 반대되는 존재(entgegengesetztes Wesen)로 대칭시킨다. 하

나님은 인간이 아니다. 인간은 하나님이 아니다. 하나님은 무한한 존재이고, 인간은 유한한 존재다. 하나님은 완전하고, 인간은 불완전하다. 하나님은 영원하고, 인간은 시간적이다. 하나님은 전능하고, 인간은 무능하다. 하나님은 거룩하고, 인간은 속되다. 하나님과 인간은 두 가지 극단을 이룬다. 하나님은 완전히 긍정적 존재요 모든 현실의 총괄 개념(Inbegriff)이라면, 인간은 완전히 부정적 존재요 모든 무성(Nichtigkeiten)의 총괄 개념"으로 간주된다(1976, 47).

이리하여 인간이 종교적 인간이 될수록 자기의 인간성과 존엄성을 상실한다고 포이어바하는 말한다. "인간은 하나님에 대해 자기의 지식, 자기의 사유를 부정하고, 자기의 지식과 자기의 사유를 하나님 안에 세운다. 인간은 자기의 인격을 포기한다. 그 대신에 전능하고 제한이 없는 존재인 하나님이 그에게 인격적 존재가 된다. 인간은 인간의 영광, 인간적 자아를 부정한다. 그 대신 하나님이 모든 것 안에서 오직 자기의 영광과 자기의 유익을 찾는 자아적·이기적 존재(selbstisches, egoistisches Wesen)가 된다.…나아가 종교는 인간 본질의 상태로서의 선을 부정한다. 이리하여 인간은 나쁘고, 타락하였고, 선을 행할 수 없는 존재로 전락한다. 그 대신 하나님만이…선한 존재가 된다."

오직 하나님만 선하고 인간은 악하다는 종교적 표상에 반해 포이어바하는 다음과 같이 주장한다. 인간이 선을 하나님으로 상정할 수 있는 것은 그 자신에게 선한 본질이 있기 때문이다. "만일 내가 절대적으로 다시 말해 본성상, 본질에 있어 악하고 거룩하지 못하다면,…거룩한 것, 선한 것이 어떻게 나에게 대상일 수 있겠는가? 나의 마음이 악하고 나의 오성이 죽어버렸다면, 어떻게 내가 거룩한 것을 거룩하다고, 선한 것을 선하다고 인지하고 느낄 수 있겠는가?"(1976, 41-42) 내가 나의 본성에 있어 악하고 거룩하지 못하다면, 거룩한 것, 선한 것이 나에게 대상이 될 수 없을 것이다.

나의 마음이 악하고 오성이 죽어버렸다면, 거룩한 것을 거룩하다고, 선한 것을 선하다고 인지하거나 지각할 수 없을 것이다. 나의 혼이 심미학적으로 나쁘기만 하다면, 내가 아름다운 그림을 아름답다고 인지할 수 없을 것이다(42).

이와 같이 인간에게는 선한 본성이 있지만, 이것을 완전히 실현한다는 것은 불가능하다. 인간은 제한된 존재이기 때문이다. 그러므로 인간은 자기의 선한 본성을 하나님에게 투사하고, 하나님으로부터 자기의 선한 본성의 완성을 기대한다. 이리하여 그는 자기의 선한 본성을 하나님에게 빼앗긴다.

포이어바하에 의하면, 이제 인간은 하나님에게 빼앗긴 자신의 선한 본성들, 자신의 상실된 인간성을 회복해야 한다. 하나님에게 빼앗긴 삶의 풍요로움과 충만함을 되찾아야 한다(이 생각은 니체에게 계승됨). 하늘에 빼앗긴 것을 땅으로 되찾아야 한다. 포이어바하의 이 생각은 청년 헤겔이 『기독교 종교의 실증성』에서 한 말을 상기시킨다. "하늘로 내던져진 보물들을 적어도 이론에 있어 인간의 소유로 반환을 청구해야 한다. 그러나 어느 시대가 이 권리를 행사하고 이 보물들을 소유할 수 있는 힘을 가질 것인가?"(Bloch 1970b, 280에서)

포이어바하는 하나님에게 빼앗긴 인간의 것을 되찾을 수 있는 길을 투사론에서 발견한다. 곧 하나님이란 초월적 대상으로 투사된 인간의 본성을 인간 자신의 것으로 인식하는 데 있다. 인간 바깥에 있는 초자연적이며 초이성적인 하나님의 본질이 인간 자신의 본질로 환원되고, 하나님의 술어들이 인간 자신의 술어로 밝혀질 때, 상실된 인간의 인간성과 존엄성이 회복될 수 있다(김균진 2014a, 547). 인간의 것을 인간에게 되돌려주기 위해, 유신론에 기초한 종래의 철학과 신학은 폐기되고, 인간학이 그 자리를 대신 차지해야 한다고 포이어바하는 주장한다.

여기서 우리는 헤겔에 대한 포이어바하의 의존을 다시 한번 볼 수 있다. 헤겔도 인간은 하나님의 본질에 참여한다고 본다. 하나님과 인간 모두 정신적 존재이기 때문이다. 그래서 "정신은 정신에 대해서만 존재한다"고 헤겔은 말한다. 인간은 그 본질에 있어 정신적 존재이기 때문에, "정신으로서의 하나님"은 인간에게 자기를 계시할 수 있고, 인간에 대해 존재할수 있다. 인간은 예배와 기도를 통해 하나님의 본질에 참여하며, 하나님과 교통할 수 있다. 성만찬은 이것을 가시적으로 보여준다. 성만찬은 유한한 인간이 그의 유한성을 넘어 하나님의 존재(살과 피)에 참여하고 하나님과 교통하는 행위다. 포이어바하는 헤겔의 이 생각을 수용한다.

그러나 포이어바하는 이에 머물지 않고, 하나님의 존재를 인간으로 바꾸어버린다. "하나님에 대한 인간의 의식은 하나님의 자기의식이다"라는 헤겔의 생각에서, 포이어바하는 "인간의 의식은 그 자체에 있어 신적인 의식이다"라고 비약한다(1959 VI, 278). 그에 따르면, 하나님은 인간을 나타내는 "인간의 거울"에 불과하다(Gott ist der Spiegel des Menschen, 1976, 73). "인간에게 본질적으로 가치를 가진 것, 인간이 완전하고 탁월하다고 여기는 것, 그가 진정으로 좋아하는 것, 그것만이 그에게 하나님이다. 지각을 하나의 뛰어난 속성이요 현실로 생각하는 자에게, 지각은 신적 속성으로, 신적 본질(Essenz)로 생각된다. 지각하고 충만한 감정을 가진 인간은, 지각하고 충만한 감정을 가진 하나님을 믿는다. 그는 자기 자신의 존재와 본질의 진리를 믿을 뿐이다. 그는 자기의 본질에 있어 자기 자신인 바를 믿을 수 있을 뿐이다"(73). "세계 바깥에 있는 존재로서의 하나님은 세계로부터 자기 자신 속으로 퇴각한…인간의 세계 없는 내면(weltlose Innere des Menschen)에 불과하다"(77).

한마디로 하나님은 인간 자신의 이상적 형상일 뿐이다. 사자가 종교를 가진다면, 사자의 형태를 가진 신을 믿을 수밖에 없는 것과 마찬가지다.

새가 하나님을 믿는다면, 그는 하나님을 새로 표상할 수밖에 없을 것이다. 새에게는 새가 최고의 존재이기 때문이다. 하나님에 관한 기독교의 모든 신인동형적 표상(아버지 하나님, 아들 예수 등)은, 하나님은 사실상 인간이란 사실을 증명한다.

하나님을 인간으로 폐기시키는 극단을 우리는 헤겔에게서 볼 수 없다. 헤겔에 의하면, 인간은 하나님의 본질에 참여하는 "정신적 존재"이지만, 제한성을 가진 유한한 존재, 직접적이며 자연적 존재로서 하나님의 존재로부터 구별된다. 그는 자신의 부정적인 것이 부정됨으로써 하나님의 더 높은 진리를 향해 고양되어야 할 **부정의 존재**로 규정된다.

포이어바하는 인간의 부정성을 간과하고, 인간을 하나님과 구별 없이 동일시한다. 그래서 다음과 같이 말한다. "종교에서 인간은 (하나님의) 다른 본질로서 인간의 본질과 관계한다. 마찬가지로 그는 자신의 본질로서 이 다른 본질과 관계한다. 그는 하나님이 존재하기를 원하는 동시에, 그가 자기의 하나님이기를…원한다"(1976, 50).

포이어바하에 따르면, 자기의 본질을 하나님이란 초월적 대상으로 투사한 인간은 이 초월적 대상을 주체로 둔갑시킨다. 하나님이 주체가 되고, 인간은 객체가 된다. 객체로서의 인간은 주체로서의 하나님으로부터 자기의 구원을 기대한다. 그는 자기의 힘으로 자기를 구원할 수 없는 존재로 스스로 비하시키고, 하나님이 자기를 구원해줄 것이라 믿는다. 그는 자기에게 주어져 있는 능력을 하나님에게 투사하고, 하나님으로부터 구원을 기다린다. 하나님은 은혜를 베푸는 자의 위치에, 인간은 은혜를 받아야 할 자의 위치에 서게 된다. 그는 하나님 앞에서 자기를 비천한 자로 만들어버린다. 이제 인간은 하나님에게 빼앗긴, 본래의 자기 자신의 것을 되찾아야 한다. 이를 위해 포이어바하는 하나님의 본질은 인간 자신의 본질을 투사한 것에 불과하다고 주장한다. 인간의 참된 본질을 긍정하기 위해 그는 하나님을 부정한다. "나는 긍정하기 위해 부정한다. 나는 신학과 종교의 환상적인 거짓된 본질을 부인할 뿐이다. 이리하여 나는 인간의 참된 본질을 긍정한다"(VIII 29).

하나님을 인간으로 폐기하는 포이어바하의 투사론은 전혀 새로운 것이 아니라, 그 이전에 이미 준비되어 있던 것이었다. 하나님에게 부여된 속성들은 인간의 제한성과 세계 경험을 "신적 존재의 표상으로 투사한 것"이란 생각은 이미 데이비드 흄에게서 발견된다. 칸트도 "하나님에게 부여된 속성들의 상징적 신인동형론"에 대해 언급하였다. 피히테는 1978/79년의 무신론 논쟁에서 하나님을 "실체와 인격"으로 보는 종교적 표상은, 인간의 유한한 상황들을 하나님의 존재로 투사한 것이라고 천명하였다. 이 생각을 체계화시킨 인물이 포이어바하였다(Pannenberg 1988, 393).

2. 포이어바하는 투사론에서 **인간의 교묘한 이기심**을 다시 한번 발견한다. 겉으로 보기에 인간은 가장 깊이 비하된다. 그는 자기가 아니라 하나님을 목적으로 두는 것처럼 보인다. 그러나 이것은 위선이다. 사실상 그는 하나님 안에서, 하나님을 통해 자기 자신을 목적으로 둔다. "그는 하나님으로부터 자신의 영원한 구원을 얻을 것이라 믿음으로써, 결국 자기 자신을 목적으로 가진다. 신적 활동성은 인간의 활동성에서 구별되지 않는다"(1976, 44-45). "하나님이 인간의 구원을 목적한다면, 그는 인간적인 목적들을 가지며, 이 목적들에 합당한 인간적인 활동성을 가진다. 이리하여 하나님 안에 있는 인간에게는 단지 그 자신의 활동성이 대상이 된다. 그러나 그는 자신의 활동성을 단지 하나의 객관적인 활동성으로 바라보며, 선을 단지 (자기 바깥에 있는) 대상으로 바라본다. 이리하여 그는 (선하고 영광스럽게 되고자 하는) 충동을…자기 자신으로부터 받지 않고, (하나님이란) 대상으로부터 받게 된다. 그는 자기의 본질을 자기 바깥에서 보며, 이 본질을 선으로 생각

한다"(45). 그 동기는 자신의 선을 얻고자 하는 이기심에 있다.

종교에서 인간은 하나님의 영광을 위해 자기를 하나님에게 바치는 것 같지만, 사실은 자기의 구원과 영광을 얻기 위해 자기를 바친다. 그는 자기의 본질을 하나님의 초월적 존재로 투사함으로써 사실상 자기 자신을 추구한다. 인간이 종교를 갖는 것은 자기의 행복을 추구하는 인간의 이기심 때문이다. "종교에서 인간은 자기 자신을 목적한다. 혹은 그가 자기 자신에 대해 대상으로 존재하며, 하나님의 목적으로서 대상이다. 성육신의 비밀은 인간을 향한 하나님의 사랑의 비밀이다. 그러나 하나님의 사랑의 비밀은 **자기 자신에 대한 인간의 사랑의 비밀**이다. 하나님이 고난을 당한다. 나를 위해 고난을 당한다. 이것은 (인간의) 가장 높은 자기향유다. 그것은 인간 심정의 가장 높은 자기 확실성이다"(1976, 335). 고난당하는 하나님은 자기 자신을 향유하고자 하는 인간의 욕구 투사다.

포이어바하의 이 말들은 매우 그럴듯하게 보인다. 그러나 로마 제국의 원형 경기장에서 사자에게 물어 뜯겨 죽임을 당하는 초기 기독교 순교자들, 로마 제국의 박해를 피하여 지하 동굴에서 살아가던 그리스도인들에게 포이어바하의 이 말은 어떻게 들릴까? 그들은 자기 자신의 구원과 영광을 얻기 위해 자신의 생명을 희생했던가? 많은 그리스도인은 가난 속에서도 하나님께 헌금을 바친다. 그들은 자기 자신을 사랑하기 때문에 자기의 생명과 같은 돈을 하나님께 바치는가? 따라서 종교가 인간의 이기심 때문에 생성되었고, 인간의 모든 종교적 활동은 이기심 때문이라는 포이어바하의 주장은 매우 의심스럽다.

여하튼 포이어바하는 자기의 구원과 행복을 추구하는 인간의 이기심으로 말미암아 종교가 생성하였다고 말한다. 인간이 신들을 믿는 것은 단지 종교적 환상과 감정을 갖기 때문이 아니라, "행복해지고자 하는 본능(Trieb) 때문이다." 그가 자기가 원하는 자기의 이상적 존재를 초월적 신들의 존재로 투사하는 것은, 사실상 자기 존재의 완성을 소원하기 때문이다. "만일 인간이 소원을 갖지 않는다면, 비록 환상과 감정을 가질지라도 그는 종교를 갖지 않을 것이며, 신들도 갖지 않을 것이다." 인간이 소원하는 바에 따라 신들이 다르고, 인간 자신의 존재에 따라 그가 소원하는 바도 다르다. 그는 자기의 소원을 이루기 위해 신들을 세운다.

또 인간이 종교를 갖는 이유는 인간의 소원이 성취되는 것을 **자연이 방해하기 때문**이다. 자연의 재난들로 말미암아 인간은 죽음의 위협을 당하기도 한다. 수(壽)를 다하지 못하고 조기 사망하는 경우도 있다. 이에 인간은 자기를 보호할 수 있고 자기의 소원을 성취할 수 있는 존재, 곧 인간과 비슷하고 인간을 사랑하는 신적 존재를 세우게 된다. "천상의 보호의 지붕 밑에서 사는 것은 얼마나 마음 편한(gemütlich) 일인가. 불신자들처럼 예기치 못한 운석들, 쏟아지는 우박과 비, 자연의 일사병에 노출되는 것은 얼마나 불편한 일인가"(Störig 1974, 344에서 인용).

요약한다면, 종교는 자기완성과 안전과 행복을 바라는 이기심으로 말미암아 인간 자신이 만들어낸 인간의 작품이다. 하나님은 행복을 추구하는 인간의 이기심에서 나온 것이다. 인간이 하나님을 믿는 것은 종교적 환상이나 감정 때문이 아니라, 행복해지고자 하는 본능 때문이다. 그는 자기가 원하는 바대로 존재하지 않는다. 그러므로 그는 자기가 원하는 자기 존재를 하나님으로 세우고, 하나님을 통해 자기가 원하는 존재가 되기를 소원한다. 인간이 소원하는 바에 따라 종교의 신들은 다양하다. 기독교의 하나님 역시 인간의 소원을 투사한 것에 불과하기 때문에, 하나님에 대한 인간의 경배와 예배는 인간 자신에 대한 경배와 예배일 뿐이다. 하나님에 대한 인간의 관계는 인간 자신의 본질과의 관계에 불과하다.

그 결과 **인간의 소외**(Entfremdung)가 일어난다. 하나님의 존재가 강화되고 부요해질수록 인간은 비참한 존재가 된다. 하나님이 인간적인 존재, 거룩한 존재, 선한 존재로 부각될수록 인간은 더욱더 비인간적이고 속되고 악한 존재로 규정된다. 인간이 종교적일수록 그는 자기의 인간성에서 소외된다. 그는 자기 자신의 모든 선한 술어들을 하나님에게 돌리고, 그 자신을 불쌍한 존재로 설정한다. 하나님이 부요해질수록 인간은 비참해진다. 하나님은 초월적 "타자"로서 인간에게서 구별되는 존재로 설정될 때, 하나님과 인간이 분리된다. 이로 말미암아 인간은 참된 자신의 존재에서 소외된 존재, 분열된 존재, 비참한 존재가 되어버린다. 그는 죄된 존재, 헛된 존재, 무가치한 존재, 육적인 존재로 규정된다(여기서 포이어바하가 말하는 인간의 소외는 나중에 마르크스에게서 사회적 소외로 파악된다. 그의 소외 개념은 사회적 연관성을 결여한 추상적이고 낭만적인 개념이란 사실이 드러난다).

포이어바하에 의하면, 자신이 상상하여 만들어낸 종교 안에서 자기 소원의 성취를 찾는 것은 유치한 꿈에 불과하다. 인간은 이 꿈에서 깨어나야 한다. 그는 종교를 통해 얻을 수 있다고 믿는 것을 자신의 행동을 통해 현실적으로 얻어야 한다. 예측할 수 없고 맹목적인 자연에서 자유로운 존재가 되어야 한다. 이 목적에 이를 수 있는 길은 교육과 문화를 통해 자연을 통제하는 데 있다고 포이어바하는 생각한다(Störig 1974, 344).

그러나 궁극적 길을 포이어바하는 투사론에서 발견한다. 하나님의 존재는 인간 본질의 투사물에 불과하다는 사실이 밝혀질 때, 인간은 하나님에게 빼앗긴 그 자신의 긍정적 본질과 삶의 풍요로움을 되찾게 된다. 그는 하나님에게 빼앗긴 자기의 술어들을 되찾아야 한다. 사실 하나님의 인격성, 지성, 도덕성, 선함, 고난 등은 인간적인 술어들이다. 그들은 "신인동형들"(Anthropomorphismen)일 뿐이다(1976, 36). 하나님에게 투사된 신적 술어들은 인간의 술어들이 되어야 한다. 하나님의 존재는 인간의 본질로, 인간에 관한 술어들로 폐기되어야 한다.

그러므로 "종교의 비밀은 무신론이다", "신학의 비밀은 인간학이다"

라고 포이어바하는 말한다. 인간이 잃어버린 인간 자신의 참된 존재를 회복하기 위해, 하나님의 존재는 인간 자신의 존재로 폐기되어야 한다. 이런 점에서 무신론은 휴머니즘이다. 하나님의 존재가 폐기될 때, 인간의 인간성과 존엄성이 회복될 수 있다(동일한 논리를 우리는 블로호에게서 볼 수 있다). 무신론을 통해 인간은 자신의 신적 가치와 존엄성을 되찾을 수 있다. 이런 점에서 무신론은 "인간유신론"(Anthropotheismus)이라 말할 수 있다. 종교의 기초는 인간 자신의 본질로부터, 인간적인 관계들로부터 해명되어야 한다.

"인간의 것을 인간에게" 돌려줌으로써 인간의 인간성과 존엄성을 회복하고자 하는 목적을 포이어바하는 『기독교의 본질』에서 정치적 목적과 결합시킨다. "내가 쓴 글들과 또 강의들의 목적은 인간을 신학자에서 인간학자로, 경건한 하나님의 친구들(Theophilen)을 인간 친구들(Philanthropen)로, 피안의 후보자를 차안의 대학생으로, 하늘과 땅의 왕국을 섬기는 정치적 신하들을 자기 자신을 의식하는 땅의 시민들로 만드는 데 있다"(1967, 30).

인간이 빼앗긴 것을 인간에게 되돌려주려는 포이어바하의 의도는 종교와 철학의 영역을 넘어 국가의 차원으로 확대된다. 헤겔의 철학에서 국가는 신적 정신으로 환원된다. 국가는 신적 정신의 나타남 곧 현상(Erscheinung)이다. 그러므로 국가의 근본 원리는 신적 정신에 있다. 포이어바하에 따르면, 헤겔에게서 개인의 존재는 국가에 속한 존재로 규정된다. 이에 반해 포이어바하에 의하면, **"국가는 먼저 인간이다. 국가는 자기 자신을 규정하며, 자기 자신과 관계하는 인간, 절대적 인간이다." "국가는 모든 현실의 총괄 개념이다. 국가는 인간의 섭리다**"(1976, 228). 여기서 국가는 절대정신에 의해 세워진, 개별의 인간 위에 있는 신적 질서가 아니라 인간의 것으로 드러난다. 절대정신이 아니라 인간이 국가다. 인간 없는 국가는 생각할 수 없다. 그러므로 "정치적 지배체제"는 민주주의적 공화정으로 지양되어야 한다. 루터의 종교개혁이 종교의 영역에서 파괴한 가톨릭주의 곧 보편주의(Katholizismus)는, 이제 정치의 영역에서 파괴되어야 한다. 국가의 원리로서의 신적 정신은 이제 "절대적 인간"에 의해 추방되어야 한다. 절대적 인간이 국가의 "공적 원리"여야 한다. 이런 뜻에서 국가의 원리는 "무신론에 불과하다. 인간과는 다른 하나님을 포기하는 것이다." 그러나 "인간과는 다른 하나님을 포기"한 인간의 세계는, 생물들이 더 이상 살 수 없는 세계로 변하고 있다는 사실을 우리는 지금 눈으로 보고 있다.

3. 하나님에게 빼앗긴 자기의 것을 되찾은 인간의 **"가장 높은 윤리"**는 무엇인가? 그것은 **사랑**이라고 포이어바하는 말한다. 사랑이 곧 하나님이다. 사랑은 어떤 다른 것에서 연역된 것이 아니라 "참되고 거룩하며 신뢰할 수 있는 힘" 자체다. "인간의 본질이 인간의 가장 높은 본질이라면, **인간에 대한 인간의 사랑**이…**가장 높은 제1의 법**이다. 인간이 인간에게 하나님이다 (Homo homini deus est). 이것이 가장 높은 실천적 기본 명제요, 세계사의 전환점이다." 곧 하나님처럼 이웃에게 사랑하는 자가 되는 것, 이것이 인간의 가장 높은 윤리요, "가장 높은 실천적 기본 명제"다.

　　사랑을 포이어바하는 사적·도덕적 관계성으로 이해한다. "부모에 대한 자녀의 관계, 결혼 배우자에 대한 배우자의 관계, 형제에 대한 형제의 관계, 친구에 대한 친구의 관계, 한마디로 인간에 대한 인간의 관계, 간단히 말해 도덕적 관계들이 참된 종교적 관계들이다"(1976, 318). 기독교 종교는 그 자신만이 거룩하고, 자기 바깥의 모든 관계는 "세상적이며 비신적인 관계"로 간주한다. 이에 반해 포이어바하에 의하면, 인간의 모든 관계가 거룩한 종교적 관계들이다. 친구와 친구 사이의 "우정, 사유재산, 결혼생활, 각 사람의 행복", 이 모든 것이 거룩하다. 그 가운데 포이어바하는 결혼생활을 참된 종교적 관계로 본다.

사랑하는 사람은 어떤 목적 때문에 사랑하는 것이 아니라 사랑 그 자체 때문에 사랑한다. 어떤 다른 이유 때문이 아니라 인간이 인간이기 때문에 사랑한다. 이런 뜻에서 사랑은 "직접적인 사랑"이다. "우리는 인간을 (어떤 다른 목적 때문이 아니라) **인간이기 때문에**(um des Menschen willen) **사랑해야 한다.** 인간은 자기목적(Selbstzweck)이요, 이성과 사랑의 능력을 가진 존재라는 점을 통해 사랑의 대상이다"(1976, 315). 단지 인간이기 때문에 인간을 사랑하는 사람은 "자기를 종(種)의 사랑으로, 종의 본질과 일치하는 사랑으로 승화한다." 그리스도는 바로 이 사랑의 상(Bild)이다. 그는 "성, 나이, 신분, 국가의 구별 없이 모든 사람을 행복하게 하며, 그들을 연합하고자" 한다. 그는 "사랑의 의식(Bewußtsein)"이요, 인간의 "종의 의식이다.…우리 모두가 그리스도 안에서 하나이어야 한다." 그리스도의 사랑을 행하는 사람이 "그리스도인이다. 그는 그리스도 자신이다. 그는 그리스도께서 행한 것을 행한다"(316). 이제 하나님의 자리에 서게 된 인간은 돈이나 배경 때문에 사랑하는 것이 아니라, 인간이 인간이기 때문에 인간을 사랑해야 한다. 그는 "**그리스도께서 行한 것을**" 행해야 한다. 이것이 **최고의 윤리**다. 여기서 포이어바하는 아주 경건한 그리스도인으로 보인다. 그래서 그는 "경건한 무신론자"라고 불리게 된다. 그는 무신론의 형태로 신학을 하였다고 말할 수 있다.

좌파 마르크스주의자 에른스트 블로흐는 포이어바하의 입장을 따른다. 그래서 "무신론자만이 좋은 그리스도인일 수 있고, 그리스도인만이 좋은 무신론자일 수 있다"고 말한다(Bloch 1968, 15). 그리스도인들 자신이 행하지 못하는 "최고의 윤리"를 행하는 무신론자가 진정한 그리스도인이라는 것이다. 그러나 필자의 생각에 의하면, 인간의 가장 높은 윤리를 인간 자신에게서 발견하지 않고, "하나님-인간"이라 불리는 그리스도에게서 발견하면서, "무신론자만이 좋은 그리스도인일 수 있다"고 말하는 것은 웃기는 일이다. 무신론자가 되면 그리스도의 "가장 높은 윤리"를 행하는 그리스도인이 될 수 있는가? 무신론자 스탈린이 과연 그리스도의 가장 높은 윤리를 행하는 그리스도인이었던가?

VII

오늘 우리에게 포이어바하는 무엇을 말하는가?

- 포이어바하의 문제점과 타당성

지금까지 고찰한 포이어바하의 이론들은 매우 설득력 있게 보인다. 그는 명석한 논리와 유창한 언어로 자기의 생각을 개진한다. 무신론자들 가운데 포이어바하는 가장 치밀하고 조직적으로 무신론을 주장한 인물로 알려져 있다.

포이어바하의 철학은 철학이라 부르기 어려울 정도로 신학적·종교적 내용들을 다루고 있다. 그의 주요 저서 『기독교의 본질』은 기독교 신앙의 내용에 관한 뛰어난 통찰을 보여준다. 무신론적 관점이긴 하지만, 그는 너무도 많이 하나님에 대해 말하기 때문에 자신의 의도와는 달리 오히려 하나님을 인정하는 듯한 인상을 줄 정도다. 그래서 어떤 학자는 포이어바하를 "익명의 그리스도인"이라 규정한다. 그의 종교비판은 "종교적" 종교비판이라 불리기도 한다(Salaquarda 1985, 152). 그러나 포이어바하의 이론에는 논리적 비약, 일면성, 논리적 필연성이 많이 결여된 가설들이 발견된다.

이제 우리는 포이어바하의 문제점이 무엇이며, 오늘 우리의 세계에 대해 무엇을 말하는가를 고찰하기로 하자.

1. 포이어바하의 가장 대표적 이론인 **투사론**의 직접적 근거는 기독교가 하나님에 대해 사용하는 신인동형론적 표현에 있다. 기독교는 인간이 아닌 하나님을 "아버지 하나님"과 같은 인간의 형태로 나타내기 때문에, 하나님을 인간 본질의 투사로 볼 수 있다는 것이다. 그러나 이것은 증명되지 않는 가설이다. 인간은 하나님을 자기 자신과 관계된 존재로, 인간과 인간의 세계에 대해 의미를 가진 존재로 생각할 수밖에 없다. 인간에게 하나님은 그와 관계하며 그에 대해 의미를 가진 존재이기 때문에, 인간은 하나님을 인간의 형태로 표상하고, 인간의 형태로 나타낼 수밖에 없다.

포이어바하 자신이 말하는 것처럼, 인간에게는 인간이 가장 높고 고귀한 존재다. 그러므로 그는 하나님을 인간의 형태로 표상할 수밖에 없다. 인간에게 말하고, 약속하고, 명령하며, 고뇌하고 인간의 역사에 개입하는 인간의 형태를 가진 하나님으로 나타낼 수밖에 없다. 그렇다 하여 하나님은 인간의 본질을 투사한 것에 "불과하다"고 추리하는 것은 논리적 비약이다.

성서가 하나님은 인간이 아니라고 하면서 하나님을 인간의 형태로 나타내는 까닭은 여기에 있다. 하나님이 인간의 형태로 표상될 때, 하나님은 인간과 가장 가까이 관계할 수 있기 때문이다. 만일 우리가 하나님을 인간의 형태로 나타내지 않는다면, 도대체 우리는 하나님을 어떤 형태로 나타내야 하는가? 고대의 민족들이 행한 것처럼 하나님을 금송아지나 어떤 괴물의 형태로 나타내야 하는가? 이 같은 형태를 가진 하나님이 인간과 인격적으로 관계할 수 있는가?

한스 큉에 따르면, "이 모든 신인동형들(Anthropomophismen)은 결코 하나님을 인간화하고자 하지 않는다. 구약성서에서도 하나님은 인간이 아니라는 점이 강조된다.…신인동형들은 살아 있는 자 하나님을 인간과 관계시키고자 한다. 그들은 인간의 지각과 사유와 의지를 향해 하나님에 대해 말하고자 한다"(Küng 1976, 298). 하나님을 인간의 형태로 나타내는 신인동형론적 표현들의 목적은, 하나님이 인간이라는 것을 말하려는 것이 아니라 인간과 관계하는 하나님을 구체적으로 나타내려는 데 있다. 자기의 삶과 존재를 결정하는 하나님과 관계하기 위해, 인간의 상보다 더 고상하고, 더 위대하고, 더 깊은 상은 없기 때문에 성서 저자는 하나님을 인간의 형태로 나타낼 뿐이다. 이와 같이 성서는 하나님을 인간의 형태로 나타내지만, 하나님에 대한 어떠한 상도 만들지 말라고 엄하게 명령한다. 그는 세계 안에 있는 그 무엇의 형태로 나타낼 수 있는 존재가 아니다. 그는 세계의 모든 것과 유(類)를 달리하는 존재, "다른 존재" 혹은 "타자"임을 성서는 강조한다. 따라서 성서의 신인동형론적 표상들에 근거하여 하나님의 본질은 인간의 본질을 투사한 것에 불과하다고 말할 수 없다.

또 예수 그리스도의 성육신에 근거하여 포이어바하는 투사론을 주장한다. 그리스도 안에서 하나님이 사람이 되었다. 그렇다면 하나님은 그의 존재 자체에 있어 사람일 수밖에 없다고 포이어바하는 추론한다. 그는 절대적 사랑이기 때문이다. 그러나 하나님이 예수 그리스도 안에서 사람이 되었다 하여 그 이전에 그의 존재 자체에 있어 인간이었다고 추론할 수 있는 논리적 필연성은 성립하지 않는다. 자신의 존재 자체에 있어 인간이신 하나님이 예수 그리스도 안에서 인간이 되었다면, 그것은 기적도 아니고, 절대적 사랑도 아닐 것이다. 그것은 이미 있었던 것의 나타남에 불과할 것이다.

여기서도 포이어바하는 삼위일체론의 변증법적 관계성을 간과한다. 곧 성육신을 통해 아버지 하나님이 아들 예수와 하나가 되는 동시에 영(靈)

을 통해 그와 구별되는 관계를 간과한다. 이 관계를 간과할 때, 예수 안에서 인간이 된 하나님은 그의 존재 자체에 있어 인간이라는 논리를 전개하게 된다. 삼위일체론에 따르면, 하나님은 그의 아들 예수 안에서 인간이 되시지만, 그는 인간으로부터 구별되는 존재로 존속한다. 만일 그렇지 않다면 하나님은 없을 것이다. 포이어바하가 말하듯이, 인간이 하나님의 자리에 있을 것이며 "인간이 인간에게 하나님"(homo homini deus)이 될 것이다. 그러나 과연 인간이 인간에게 하나님일 수 있는가? 정말 인간이 인간에게 하나님이 될 수 있다면 이 세계는 천국이 될 것이다. 인간이 "만물의 척도"가 될 것이다(Kreck 1977, 125). 지금 우리는 인간이 만물의 척도가 된 세상, 끝없는 욕망과 죄악이 난무하는 세상을 경험하고 있다.

2. 이 문제와 연관하여 포이어바하는 **인간의 이성을 하나님으로** 파악하기도 한다. 그러나 포이어바하의 이 생각은 인간 삶의 현실에서 전혀 동떨어진 "추상"(Abstraktum)이라 말할 수 있다. 인간의 이성이 하나님이라면, 인간의 이성이 인간과 그의 세계를 구원할 수 있어야 할 것이다. 그러나 인간의 이성은 양면성을 가진다. 포이어바하 자신이 말하듯이, 그것은 본질적인 것과 비본질적인 것, 참된 것과 거짓된 것을 구별하고, 본질적인 것, 참된 것을 드러낼 수 있는 능력을 가진다. 이와 동시에 인간의 이성은 거짓된 것을 참이라 하고, 참된 것을 거짓이라고 말할 수 있는 능력도 가진다. 믿을 수 없는 것이 인간의 이성이다. 그것은 진실을 말하기도 하고, 거짓말을 하기도 한다. 그것은 인간을 천사처럼 만들 수도 있고, 악의 화신으로 만들 수도 있다.

이성은 인간의 의지에 봉사하는 도구일 뿐이다. 인간의 의지에 따라 이성은 선의 도구가 될 수도 있고, 악의 도구가 될 수도 있다. 선을 위해 봉사할 수도 있고, 악을 위해 봉사할 수도 있다. 이성이 하나님이란 포이어바하의 주장은 실현될 수 없는 **인간학적 낙관주의**에 불과하다. 죽었다 깨어나도 인간의 이성은 하나님이 되지 못할 것이다. 그렇다 하여 이성을 죄악시하거나 억압하는 잘못된 극단에 빠지는 것은 옳지 않다. 오히려 우리는 이성을 장려하고, 이성적인 인간, "이성이 다스리는 세계"(Hegel)를 이루도록 노력해야 할 것이다. 종교도 이성을 필요로 한다. 이성이 없는 믿음, 비이성적·반이성적인 종교는 맹목주의와 부도덕에 빠진다. 이성을 하나님의 적대자로 규정하면서, 비이성적인 일들을 저지르는 죄악이 한국 기독교계에서 얼마나 많이 일어나는가!

인간의 감정, 곧 느낌(Gefühl)이 하나님이란 포이어바하의 생각도 어처구니없다. 헤겔이 말한 대로 감정은 주관적이다. 그것은 자연의 짐승에게도 있고 식물에게도 있다. 감정 곧 느낌 자체는 객관적 진리가 없다. 대상은 동일한데, 그 대상에 대한 느낌은 사람에 따라 다르다. 감정에게 객관적 진리를 부여하는 것은 감정 자체가 아니라 인간의 이성과 사유다. 감정곧 느낌이 인간의 판단을 그르치는 경우가 얼마나 많은가! 판단을 기만할수 있는 주관적 감정이 하나님이라면 인간의 세계는 대혼란일 것이다.

그렇다 하여 감정을 배제하는 것도 옳지 않다. 감정은 인간의 삶을 풍요롭게 하며 인간을 인간다운 인간으로 만들 수 있다. 감정이 없는 인간은이웃의 기쁨도 슬픔도 함께 느끼지 못하는 기계와 같을 것이다. 삶의 꿈과이상도 사라지고, 냉정한 분석과 계산만 하는 인간이 될 것이다. 인간과 인간을 가장 깊이 결합할 수 있는 것도 감정 곧 느낌이다. 따라서 이성과 감정이 조화를 이루는 것이 이상적이다.

3. 하나님의 존재와 종교가 자기 자신의 생명 유지와 행복을 추구하는 **인간의 이기심에서 나온 것**이라는 포이어바하의 이론 역시 증명되지 않은가설이다. 그에 따르면, 인간은 자기의 생명을 유지하고 행복을 얻고자 하

는 이기심 때문에, 자신의 본질을 초월적 하나님으로 투사하고 종교를 가진다는 것이다. 따라서 종교는 인간의 이기심의 산물이라는 것이다. 그러나 이것은 증명되지 않은 가설이다. 물론 인간의 가장 기본적인 욕구는 자기의 생명을 유지하고자 하는 욕구다. 생명 유지를 위해 기본적으로 필요한 것은 굶주린 배를 채우는 일이다. 굶주린 배를 채우기 위해서는 먹을 수 있는 물질을 얻어야 한다. 소유가 있어야 한다. 이로 인해 인간은 이기적 존재일 수밖에 없다. 그는 먼저 자기 생명의 안전과 행복을 추구한다. 그러나 이 이기심 때문에 인간이 자기의 본질을 하나님의 존재로 투사하고 종교를 만든다는 것은 증명될 수 없는 가설이다.

포이어바하의 이 가설은 인간의 본성에 대한 부정적 판단에 근거한다. 그에 따르면 인간의 본성은 이기성으로 요약된다. 영국의 생물학자 도킨스와 같은 오늘의 일부 사회생물학자들은 포이어바하의 생각을 따른다. 이들에 따르면, 인간은 자기 자신을 유지하고 확장시키려는 "이기적 유전자"를 가진 존재다. 그의 이타성은 이기성의 가면일 뿐이다.

그러나 다른 일부 학자들에 따르면, 인간은 다른 존재들과 상부상조하면서 함께 살아가고자 하는 사회적·공동체적 본성이 있다. 이것을 우리는 수많은 자연의 생물들과 인간에게서 볼 수 있다. 화재가 일어난 집의 어린 아기를 구하기 위해 화염 속으로 뛰어 들어가는 한 여성의 모습에서 우리는 이웃을 위해 자기의 생명을 희생할 수 있는 인간의 깊은 공동체성을 볼 수 있다. 한마디로 인간은 복합적 존재다. 자기의 생명을 유지하고 행복을 추구하는 이기적 본성과, 이웃을 위해 자기의 생명을 희생할 수 있는 이타적·공동체적 본성이 그 안에 공존한다.

포이어바하는 인간의 이타적·공동체적 본성을 배제하고, 하나님의 존재와 종교를 **인간의 이기성의 산물**로 파악한다. 그의 논리를 따르면, 하나님의 존재와 종교는 자기의 생명을 유지하고 행복을 추구하는 이기적 본성을 만족시키는 수단에 불과하다. 이에 반해 성서는 이웃을 위해 자기의 생명을 내어주는 것보다 더 큰 사랑은 없다고 말한다(요 15:13). 이 말씀은 포이어바하의 이기적 투사론에 모순된다. 공동체성이 인간 본성의 한 중요한 요소라면, 종교는 단지 이기성의 산물이 아니라 함께 나누며 더불어 살고자 하는 **공동체성의 산물**로 해석할 수 있을 것이다.

4. 포이어바하는 종교를 가리켜 "무한한 것의 의식", 자신의 "무한한 본질에 대한 인간의 의식"이라 규정한다. 곧 종교는 인간이 지향하는 **무한성에 대한 의식을 표출한 것**이다. 포이어바하의 이 생각도 일면성을 보인다. 자기의 생명 유지와 행복을 최고의 가치로 여기는 인간은 **무한성에 대해 관심을 갖지 않는다**는 것이 우리의 일상적 경험이다. 그는 하늘을 보지 못하고 땅만 쳐다보며 살아간다. 그는 무한한 것, 눈에 보이지 않는 것을 망각하고, 유한한 것, 눈에 보이는 것에 집착한다. 그에게는 유한한 것이 무한한 것으로 되어버린다. 그래서 그는 아무리 많이 소유해도 만족할 줄 모른다. 무한한 소유욕, 무한한 성욕과 자기 확장욕이 그에게는 무한한 것이다. 포이어바하는 인간 의식의 이 부정적 측면을 간과한다. 돈에 눈이 어두운 사람에게는 돈이 무한성이다.

포이어바하 자신이 인정하듯이, 인간의 생명에 있어 가장 기본적인 것은 먹는 것이다. 먹지 못하면 생존할 수 없기 때문이다. 생각도 할 수 없고, 무엇을 느낄 수도 없다. 따라서 배고픈 사람은 무한한 것을 생각할 여유가 없다. "무한한 것의 의식"은 그에게 사치스러울 따름이다. 블로흐가 『희망의 원리』에서 말하듯이, 또 우리 자신이 일상생활에서 경험하듯이, 인간에게 가장 일차적인 문제는 굶주린 배를 채우는 일이기 때문이다. 그래서 하나님의 아들 예수도 굶주린 사람들에게 먹을 것을 주었다고 성서는 이야기한다. 인간 생명의 이러한 현실을 간과하고, 종교를 "무한한 것의 의식"이라 규정하는 것은 일면적이다. 포이어바하가 말하는 인간 본질, 인간의 "이성, 의지, 사랑 혹은 마음"이 정말로 무한성을 가진 무한한 것, 신적인 것인지, 인간의 종이 무한한 신적인 것인지도 증명되지 않는다. 이들은 포이어바하가 요청하는 것일 따름이다.

5. 포이어바하는 개별 인간은 개체에 불과한 것이 아니라, 인간의 종에 속한 "종의 대표자" 혹은 "대리자"라고 말한다. 종에 속한 존재라는 점에서 개별 인간은 **보편적 존재**다. 그러나 포이어바하 자신이 말하듯이, 언젠가 사멸할 수밖에 없는 개별 인간이 어떻게 보편적 존재라고 말할 수 있는가? 도대체 "보편적 인간 존재"가 존재하는가? "'보편적 인간 존재'는 하나의 추상물이 아닌가? 따라서 보편적 인간 존재는 포이어바하가 대상화하였고 독립시킨 하나의 투사물이 아닌가?"

　　이미 포이어바하가 생존할 당시에 헤겔 좌파 슈티르너는 포이어바하가 말한 "종의 존재"로서의 인간을 반대하고, 개인의 유일성 내지 개체성을 주장하였다. 프리드리히 엥겔스는 1944년 11월 19일 마르크스에게 보낸 편지에서 슈티르너가 옳았다고 말한다. 슈티르너는 포이어바하의 인간, 적어도 『기독교의 본질』을 거부하였다. "그는 옳았다. 포이어바하가 말하는 '인간'은 하나님에게서 연역되었다.…경험적 인간에 기초하지 않는 한, '인간'은 언제나 환상의 존재(Spukgestalt)다"(Küng 1995, 239-240). 포이어바하는 현실의 인간을 보지 못하고, 환상의 인간을 보았다는 것이다.

6. 포이어바하의 심리학적 투사론에서 우리는 타당한 측면을 볼 수도 있다. 하나님에 대한 신앙과 종교에서 마음과 감정, 인간의 다양한 욕구 등의 심리적 요소가 작용함은 사실이다. 의존의 감정, 다양한 소원과 욕구, 자기 유지와 행복에 대한 욕구들이 종교에서 중요한 역할을 한다는 것도

사실이다. 또한 모든 인식 활동에서 인간은 주관적인 감정과 표상과 전 이해를 인식 대상에 투여하기도 한다. 이성만 활동하는 것이 아니라 마음이 함께 활동한다. 사실 인간의 모든 인식은 단지 이성의 활동이 아니라, 마음과 감정을 가진 전 인간의 전인적 활동이다. 이와 같은 심리학적 현실에 근거하여 포이어바하는 하나님의 존재와 종교를 심리학적으로 설명하고, 이들을 심리적 산물로 간주한다.

그러나 하나님에 대한 신앙에 심리적 요소들이 작용한다 하여, 하나님이 **심리학적 요소들의 투사체**에 불과하며, 그러므로 하나님은 존재하지 않는다고 보는 것은 논리적 비약이다. 우리가 어떤 대상을 인식할 때, 우리 자신의 주관적 마음이나 감정이 작용함은 사실이다. 우리 자신의 경험과 소원과 기대를 투사하기도 한다. 우리가 만나는 대상은 우리에게 경험되는 대상일 뿐이다. 그렇다 하여 그 대상이 우리 자신의 경험과 소원과 기대의 투사물에 불과하다고 말할 수 없다. 따라서 그것이 존재하지 않는다고 말할 수 없다.

이와 마찬가지로 내가 하나님에게 의존한다고 느낀다 하여, 하나님은 내 느낌(감정)의 투사물에 불과하며, 하나님은 존재하지 않는다고 말할 수 없다. 하나님을 통해 나 자신의 생명을 유지할 수 있고 행복을 얻을 수 있다고 믿는다 하여, 하나님을 나 자신의 생명을 유지하고자 하는 의지와 행복을 얻고자 하는 욕구의 투사물에 불과하다고 말할 수 없다(김균진 2014a, 555 참조).

"무의식의 철학자" 하르트만(E. von Hartmann, 1842-1906)에 따르면, 하나님이 인간이 소원하는 존재라 하여 하나님의 존재와 비존재가 결정되는 것은 아니다. 인간이 소원하는 바가 아직 존재하지 않는다는 것은 사실이다. "그러나 인간이 소원하기 때문에, 그것이 실존할 수 없다고 생각하는 것은 타당하지 않다." 포이어바하의 모든 종교비판과 무신론에 대한 그의 모든 논증은 "잘못된 논리적 추론에 근거한다"(Hartmann 1969, 444). 따라서 포이어바하의 심리학적 무신론은 하나의 가설이요, "인간의 것을 인간에게 돌려주기" 위해 요청된 것이라 말할 수 있다.

7. 포이어바하에 의하면, 하나님의 활동은 대상을 전제한다. 대상이 없는 활동은 존재하지 않는다. "이 대상은 인간이다. 만일 인간이 존재하지 않는다면, 하나님은 활동성에 대한 원인을 갖지 않을 것이다. 인간이 하나님의 운동의 원리(Bewegungsprinzip), 하나님의 영혼이다. 인간을 보지 않으며 그의 말을 듣지 않는 하나님, 인간을 그 자신 속에 갖지 않은 하나님은 눈과 귀가 먼 하나님, 다시 말해…공허하고 내용이 없는 하나님일 것이다." 여기서 비약하여 포이어바하는 **하나님과 인간을 동일시**한다. "신적 본질의 충만함은 인간적 본질의 충만함이다. 하나님의 하나님 되심은 인간됨이다(Gottes Gottheit ist die Menschheit).…나를 위한 하나님, 이것이…기독교의 비밀이다. 인간이 하나님 때문에 존재하는가, 아니면 하나님이 인간 때문에 존재하는가? 물론 종교에 있어 인간이 하나님 때문에 존재한다. 그러나 이것은 단지 하나님이 인간 때문에 존재하기 때문일 뿐이다. 하나님이 나를 위해 존재하기 때문에, 나는 하나님을 위해 존재한다"(1976, 350).

하나님의 활동이 인간이란 대상을 전제함은 사실이다. 그러나 눈으로 보고 말을 들을 수 있는 인간이 없을 경우, 하나님은 "공허하고 내용이 없는 하나님"이라고 말할 수 없다. 인간이란 대상이 없어도 하나님은 존재할 수 있다. 약 40억 년 전, 인간이 지구 위에 등장하기 이전부터 하나님은 영원 전부터 존재하였다. 따라서 인간이란 대상이 존재하는 한에서 하나님이 존재한다는 것은 논리적 비약이다. 이것은 인간과 그의 대상에 있어서도 마찬가지다. 어떤 대상이 존재하지 않는다 하여, 내가 존재하지 않는다고 말할 수 없는 것과 같다. 어떤 대상이 존재하지 않아도 나는 존재할 수 있다.

여기서 우리는 포이어바하의 일면적 **인간 중심성**을 볼 수 있다. 하나님은 단지 인간 때문에 존재하지 않는다. 그는 그가 지으신 모든 피조물을 위해 존재한다. 인간이 없어도 하나님은 자연의 피조물과 함께, 피조물들을 위해 존재할 수 있을 것이다. 포이어바하는 하나님의 존재를 인간에게로 축소시키는 인간 중심의 일면성을 보인다.

8. **유일신론의 인격주의**에 대한 포이어바하의 생각 역시 매우 그럴듯하게 보인다. 성서가 말하는 인격적 하나님은 오늘의 자연 파괴를 야기한 자연 적대자가 된다. 그 반면 **범신론**이 자연을 구원할 수 있는 것처럼 보인다. 그러나 우리는 질문할 수 있다. 과연 자연과 하나님을 동일시하는 범신론이 구원의 길이 될 수 있는가?

여기서 우리는 세계로부터 구별되는 하나님의 인격성에 대한 포이어바하의 문제점을 지적할 수 있다. 세계를 파멸의 위기에 빠뜨린 게 인간이라면, 세계를 이 위기에서 구할 수 있는 것도 인간이다. 죄와 죽음의 세력에 붙들린 인간이 세계를 구원한다는 것은 불가능하다. 만일 세계의 구원이 가능하다면, 그 구원은 세계로부터 구별되는 존재, 이른바 세계 바깥에, 세계 위에 있는 인격적 존재로부터 가능할 것이다. 그러므로 포이어바하가 대안으로 제시하는 범신론의 신(神), 곧 **세계와 동류의 것에 불과한 신**은 대안이 될 수 없을 것이다.

또한 세계 창조가 전제하는 인격적 하나님에 대한 포이어바하의 생각은 전적으로 타당하지 않다. 세계 창조의 인격적 하나님을 가리켜 포이어바하는 자기 자신에 대해 자기 스스로 존재하며, 자기만을 향유하는 존재라고 말한다. 그는 자연이 없는 존재, 자연 위에, 자연 바깥에 있는 존재로 규정된다. 물론 "무에서의 세계 창조"는 자연이 창조되기 전에 자연 없이, 자기 홀로 존재하는 하나님을 전제하는 것처럼 보인다. 그러나 성서가 "무에서의 세계 창조"를 이야기하는 목적은 자연 없는 하나님, 자연에서 분리된 하나님을 증언함에 있지 않다. 그 목적은 자연의 근원이 하나님에게 있고, 자연은 하나님의 것임을 고백함에 있다. 그것은 인간의 것이 아니라 하나님의 것이다. 만유가 그의 것이다. "하늘은 주님의 것, 땅도 주님의 것, 세계와 그 안에 가득한 모든 것이 모두 주님께서 기초를 놓으신 것이다"(시 89:11).

물론 성서는 자연, 곧 세계와는 다른 하나님, "타자"로서의 하나님, 이름이 없고 형상이 없는 인격적 하나님을 전제한다. 그러나 이 하나님은 결코 자연 없이, 단지 자연 위에, 자연 바깥에 머물러 있는 하나님이 아니다. 그는 자신의 영(구약성서의 루아흐)을 통해 자연 피조물의 생명의 힘으로서 자연 피조물 안에 현존한다(시 104:29-30 참조). 그는 자기의 영을 통해 피조물들 안에서 함께 신음하며, 죄와 죽음의 세력에서의 해방을 기다린다(롬 8:23 참조). 포이어바하는 성서 곳곳에 나타나는 만유재신론(Panentheismus)의 진리를 보지 않는다. 하나님이 예수 안에서 인간의 육을 입고 인간이 되어 이 세계 속에 오신 것은 결코 자연 없이 홀로 존재하기 위해서가 아니라, 자연 곧 세계를 구원하기 위함이라는(요 3:17) 측면을 포이어바하는 고려하지 않는다.

성서가 **하나님의 인격성**을 전제하는 것은 사실이다. 그러나 하나님의 인격성은 결코 자연을 배제하지 않는다. 오히려 자연을 포괄한다는 사실에 대해 포이어바하는 침묵한다. 바로 여기에 포이어바하의 또 하나의 극단적 일면성이 있다. "하나님은 사랑이다"(요일 4:8-16)라는 성서의 대전제에서 볼 때, 포이어바하가 말하는 "자기 자신 속에 존재하는, 세계로부터 폐쇄된 주체성"으로서의 하나님, "너 없는 나"(Ich ohne Du)로서의 하나님, 세계 바깥에, 세계 위에 자기 홀로 존재하는 하나님은 결코 성서의 하나님이 아니다.

9. 포이어바하는 자연 혹은 세계에 대한 하나님의 **구별성과 대상적 인격성**을 거부한다. 하나님의 구별성과 대상적 인격성은 자연 없이 자기 홀로 존재하는 하나님을 전제하고, 인격성이 없는 자연을 하나님으로부터 구별하며, 자연을 인간의 이기심을 충족시켜야 할 "수단" 내지 "하녀"로, "무적인 것"으로 비하한다고 보기 때문이다. 이리하여 그는 인격적 유일신론을 거부하고, 자연을 하나님과 동일시하는 범신론을 주장하게 된다.

여기서 포이어바하는 성서가 증언하는 하나님과 세계의 관계를 잘못 파악한다. 성서에 따르면, 하나님은 세계가 아니다. 그는 세계로부터 구별되는 인격적 존재다. 그는 세계에 대해 대상성을 가진 "타자"다. 그는 세계에 대해 대상으로서 대칭한다. 이런 점에서 하나님은 분명히 유일신론적 존재다. 그는 인격성이 없는 큰 바위나 고목이 아니라, 세계의 모든 것에서 구별되는 인격적 존재다. 그러나 성서가 말하는 대상으로서의 하나님, 인격을 가진 인격적 존재로서의 하나님은 결코 세계 없이 자기 홀로 존재하는 자가 아니다. 그는 단순히 세계 위에, 세계 바깥에, 세계로부터 분리되어 존재하지 않는다. 인격적·대상적 존재로서 그는 사랑이기 때문이다. 깊은 사랑의 영 안에서 그는 세계로부터 구별되는 동시에 세계와 함께한다. 그는 무한한 사랑의 영 안에서 세계의 피조물들 안에 계시며, 세계의 모든 피조물이 "하나님 안에서 살고, 움직이고, 존재하고 있다"(행 17:28).

이 하나님을 가리켜 성서는 "사랑"이라고 말한다. 사랑은 사랑하는 자와 사랑받는 자, 곧 주체와 객체의 구별과 일치를 전제한다. 구별 속에서 하나(일치)가 되고, 하나가 되면서 구별되는 변증법적 운동이 사랑이다. 따라서 인격적·대상적 존재로서의 하나님은 세계와 함께하는 동시에 세계로부터 구별되고, 구별되는 동시에 함께하는 변증법적 운동, 곧 사랑 안에 있다. 그의 인격성과 대상성은 사랑을 배제하지 않고, 오히려 사랑을 포괄한다. 인격적·대상적 존재로서 그는 사랑이다. 그러나 포이어바하는 인간과 세계에 대한 **하나님의 인격적 구별성과 대상성**을 부인하고, 하나님을 자연과 동일시한다.

하나님의 인격성과 대상성이 세계의 모든 것으로부터 구별되는 하나님의 존재 자체를 전제함은 사실이다. 그러나 성서는 세계와 아무 관계가 없는 하나님의 존재 자체에 대해 침묵한다. 성서는 세계와 관계 속에 있는 하나님, 특히 인간과 관계 속에 있는 하나님에 대해 이야기할 뿐이다. 그의 인격성과 대상성은 사랑의 관계 속에 있는 인격성과 대상성일 뿐이다. 그렇다 하여 세계와 인간과 관계를 맺지 않은 하나님은 "없다"고 말할 수 없다. 하나님의 인격적·대상적 존재가 반드시 세계와 인간과의 관계를 통해 구성되는 것은 아니다. 이것은 나의 인격적·대상적 존재가 반드시 타자에 대한 관계를 통해 구성되지 않는 것과 같다. 타자에 대한 관계 속에서 타자로부터 구별되는 나의 인격적·대상적 존재가 전제된다. "개체로서의 인간의 자아는 모든 특수한 다른 (인간의) 인격으로부터 항상 구별된다. 바로 여기에 사랑과 사랑하는 주체 사이의 구별성이 있다"(Pannenberg 1988, 465).

이와 마찬가지로 하나님의 인격적·대상적 존재가 반드시 세계와 인간과의 관계를 통해 구성되는 것은 아니다. 그는 결코 인간 없이, 세계 없이 존재하지 않지만, 인간 및 세계와의 관계가 하나님의 인격적 대상성을 구성하는 것은 아니다. 비록 사랑 안에서 세계와 인간과 함께한다 할지라도 그는 세계와 인간에게 대칭하는 대상적·인격적 존재로 구별된다. 포이어바하는 대상적·인격적 존재로서 하나님의 구별성을 부인하고, 하나님을 인간의 심리적 현상으로, 또는 자연으로 폐기한다. 20세기 베를린 자유 대학교의 신학 교수 골비처의 포이어바하 비판의 핵심은 여기에 있다. 그는 하나님의 존재를 인간의 주체성으로 폐기하려는 신학적·철학적 시도를 거부하고, 인간과 세계로부터 구별되는 하나님의 인격적·대상적 존재를 주장한다(Gollwitzer 1968).

10. 하나님의 창조와 섭리와 성육신이 **단지 인간 때문에** 일어난다는 포이어바하의 이야기도 일면적이다. 인간이 창조의 목적이라는 그의 생각도 타당하지 않다. 창세기 1장이 묘사하는 하나님의 창조에 따르면, 생명의 터전이 되는 자연이 창조된 다음에 인간이 마지막으로 창조된다. 그러나 이것은 인간이 창조의 목적임을 말하는 것이 아니라, 자연은 인간의 생명의 터전(Grundlage)이요, 인간은 자연에 의존하는 자연의 일부임을 시사한다.

　인간만이 "하나님의 형상"에 따라 창조되었다는 이야기는(창 1:27), 인간도 자연 없이, 자연 바깥에, 자연 위에 홀로 존재하는 존재임을 뜻하지 않는다. 오히려 사랑이신 하나님의 형상으로서 자연의 피조물을 돌보아야 함을 가리킨다. 창세기 1:28에 기록된, 땅에 대한 인간의 정복과 지배는 타락한 인간 세계에서 볼 수 있는 파괴적인 의미가 아니라 "하나님의 형상"을 따른 **사랑의 돌봄**을 뜻한다. 안식일이 오면 짐승도 쉬게 해야 한다는 안식일의 계명(출 20:10), 칠 년째마다 땅을 쉬게 해야 하며, 저절로 자란 것은 그 땅의 가난한 사람들과 짐승들이 먹도록 배려해야 한다는 계명(출 23:11), 짐승도 하나님의 것이니(시 50:11), 짐승의 생명을 돌보는 자가 의로운 사람이라는(잠 12:10) 성서의 말씀은 이를 증명하는 **생태학적 계명**이라 말할 수 있다. 하나님의 성육신은, 인간은 자기를 이웃 사람은 물론 자연의 피조물과 동일화해야 할 존재임을 시사한다. 이 같은 성서의 생태학적 측면이 포이어바하의 사상에서 간과되고, **인간 중심주의**를 말하는 것처럼 보이는 측면만 제시되고 있다.

　예수가 쫓아낸 마귀가 부근의 돼지 떼 속에 들어가, 돼지 떼가 물에 **빠져 몰사했다는** 성서의 이야기를 포이어바하는 매우 못마땅하게 생각한다.

이 이야기에서 그는 성서의 인간 중심주의를 본다. 그러나 성서의 이 이야기가 말하고자 하는 내적 의도를 포이어바하는 간과한다. 이 이야기의 내적 의도는 단지 예수의 신적 능력을 제시하려는 데 있지 않다. 그것은 귀신, 곧 악령에 붙들려 타인의 생명을 괴롭히고 파괴하는 자들, 나라를 로마 제국에 팔아먹고 로마 제국의 권력에 편승하여 세속의 권세와 명예를 누리는 돼지와 같은 당시 이스라엘의 권력자들은, 돼지 떼처럼 물에 빠져 몰사해야 할 존재임을 암시하는 데 있다. 포이어바하는 이 내적 측면을 보지 않는다. 단지 한 인간을 악령에서 구하기 위해 돼지 떼를 죽게 하였다는 글자만 볼 뿐이다.

돼지 떼에 대한 성서의 태도는 하나님을 자연에서 분리된, 자연 없이 자기 홀로 존재하는 자로 보는 하나님의 인격주의, 인간 유신론(Anthropotheismus)에 기인한다고 포이어바하는 말한다. 그럼 하나님 없는 자들은 짐승을 어떻게 대하는가? 그들은 모두 짐승을 인격적으로 대하는가? 더 많은 이익을 얻기 위해 짐승 학대와 대량 도살을 당연한 것으로 생각하는 오늘날 축산업계의 현실도 성서의 인격주의, 인간 유신론으로 말미암은 것인가? 이같은 현실은 이기심으로 말미암은 생명에 대한 인간의 무관심, 돈을 하나님처럼 섬기는 타락한 인간의 그릇된 가치관에서 오는 것이 아닌가? 이 측면을 포이어바하는 보지 않는다.

결론적으로 포이어바하는 하나님에게 빼앗긴 것을 인간에게 돌려주기 위해 인간을 하나님의 자리에 세운다. 인간 혹은 인간의 종(種)이 인간의 하나님이 된다. 인간 혹은 인간의 종이 인간을, 그리고 세계를 구원해야 한다. "죄들과 결함들의 해결과 칭의와 화해와 치유가 오직 종 안에 있다." 그럼 개인과 종을 중재할 수 있는 것은 무엇인가? 그것은 예수 그리스도가 아니라 "타자"(다른 인간)다. "타자(Der andere)는 그 자신을 통해 나와 종의 거룩한 관념 사이의 중재자다. 인간이 인간에게 하나님이다"(Homo homini

Deus, 1976, 189).

　　그러나 과연 인간 혹은 인간의 종이 인간을 구원할 수 있는가? 인간
이 그 자신과 세계의 구원자, 화해자가 될 수 있는가? 필자의 스승 몰트만
에 따르면, "포이어바하의 종교비판적 무신론은…인간을 자기 자신의 거
짓 신(Abgott)으로 만드는 데 사용될 수 있다." 이와 동시에 그것은 블로흐
가 말한 "'하나님으로 말미암은 무신론'(Atheismus um Gottes willen)으로 인
도할 수도 있다"(Moltmann 1969, 317). 곧 하나님의 뜻을 이루고자 한다면
무신론자가 되어야 한다는 것이다. "무신론자만이 좋은 그리스도인일 수
있다"는 블로흐의 말은(Bloch 1964a, 176), "하나님으로 말미암은 무신론"을
대변한다. 그러나 인간이 하나님의 자리를 차지할 때, 인간은 "거짓 신"이
될 수 있다. 이기심과 권력욕에 눈이 어두워진 "거짓 신"의 모습을 우리는
수없이 많이 볼 수 있다.

11. 엥겔스가 지적하듯이, 포이어바하의 가장 중요한 문제점은 그가 극복
하고자 했던 헤겔의 **관념성**을 극복하지 못했다는 점이다. "포이어바하는
헤겔 철학의 비판으로부터 출발하였으나, 헤겔 철학을 근본적으로 극복하
지는 못하였다"(한국철학회 편, 1977, 298). 이것을 우리는 먼저 "인간의 본질"
에 대한 그의 생각에서 볼 수 있다. 그는 "인간의 본질"을 영원히 변하지 않
는 고정된 것으로 전제한다. 그러나 포이어바하가 말하는 "인간의 본질"은
"현실적인 것"이 아니다. 모든 "현실적인 것"은 사회적·역사적 연관 내지
관계 속에 있다. 세계의 모든 사물처럼 인간의 본질도 역사의 변천 과정에
있는 것으로 파악되어야 한다. 그러나 포이어바하가 말하는 "인간의 본질"
은 사회적·역사적 관계성에서 분리된, 영원히 변하지 않는 무사회적·무
역사적인 것으로 전제된다. 헤겔의 변증법의 빛에서 볼 때 그것은 사회도
없고 역사도 없는 추상적인 것, 비현실적 절대자다. 바로 여기에 포이어바

하의 관념성이 있다. 몰트만도 포이어바하가 말하는 인간을 "추상적이며 비역사적인 종의 존재"(das abstrakte, ungechichtliche Gattungswesen)로 파악한다. 포이어바하는 "인간이 가진 신의 상들을…추상적이며 비역사적인 종의 존재로 되돌렸다"(Moltmann 1969, 314).

포이어바하가 말하는 **"인간의 종"**도 관념성을 벗어나지 못한다. 그에게 인간의 종은 사회적·역사적 관계성을 결여한 무역사적·추상적인 것으로 생각된다. 세계의 모든 것은 변천하지만, 인간의 종은 영원히 변하지 않는 무역사적인 것으로 전제된다. 대관절 "인간의 참된 종의 본질"이란 무엇인가? 그것이 무엇인지 누가 규정할 수 있는가? 어떤 특정한 기관이나 단체가 그것을 규정할 때, 무서운 인종차별과 학살이 일어날 수 있다(이에 관해 Moltmann 1968, 203). 여기서 포이어바하는 스스로 비현실주의의 오류에 빠진다. 그가 말하는 인간의 본질 혹은 인간의 참된 종의 본질은 현실적인 것이 아니다. 그것은 비사회적·무역사적인 것이다. 이로써 포이어바하의 "새로운 철학"은 **무역사성·비현실성**에 빠진다. 그는 단지 **"형식적으로만 현실주의적이다."** 그는 현실의 인간으로부터 출발한다고 하지만, 인간이 실존하고 있는 역사적 세계를 간과한다. 이에 반해 헤겔에 있어서 현실의 모든 영역은 관념적인 것이지만 역사적으로 이해된다(Löwith 1973, 54. 뢰비트의 이 해석은 적절하지 않다. 마르크스의 입장에서 볼 때, "관념적인 것"은 "역사적인 것"일 수 없다. 그것은 "Gedankending"에 불과하기 때문이다).

이 문제와 연관하여 엥겔스는 포이어바하의 **비현실적·추상적 관념성**의 깊은 문제성을 드러낸다. 그에 따르면 포이어바하의 철학은 현실적인 것, 구체적인 것을 철학의 근거로 세우지만 오히려 비현실성에 빠진다. 뢰비트에 의하면 포이어바하는 "구체적인 것"으로부터 출발해야 한다고 설교하지만, "철저히 추상적"이다. 그는 사회적·세계사적 연관성을 떠난 **인간의 성적 존재**를 인간의 본질과 인격성의 근거로 생각한다. 인간의 성관계는 "그에게 도덕이라는 한 가지 측면을 보여준다. 여기서 헤겔과 비교할 때, 포이어바하의 놀라운 빈곤이 우리를 놀라게 한다. 헤겔의 윤리학 혹은 인륜성에 관한 이론은 법철학이다. 그것은 (1) 추상적인 법, (2) 도덕성, (3) 인륜성을 포함하며, 인륜성은 가족, 시민사회, 국가로 요약된다. 여기서 (헤겔 철학의) 형식은 매우 관념론적이지만, 내용은 매우 현실주의적이다. 도덕 외에 법과 경제와 정치의 모든 영역이 여기에 포함되어 있다. 포이어바하에게서는 거꾸로다. 그는 형식에서 현실주의적이다. 그는 인간으로부터 출발한다. 그러나 인간이 그 속에 살고 있는 세계에 대해 그는 완전히 침묵한다. 이로써 (포이어바하가 말하는) 이 인간은 항상 **추상적 인간**으로 머물러 있다"(Löwith 1941, 334-335).

포이어바하가 말하는 **인간의 마음** 혹은 **사랑**은 사적·감상적 차원에 머물러 있다. 성서가 이야기하는 사랑은 정의와 결합되어 있다. 또 그것은 사회적·생태학적 차원을 가진다. 성서의 빛에서 볼 때 정의 없는 사랑, 사회적·생태학적 차원을 결여한 사랑은 참된 사랑이 아니다. 이것을 대표적으로 보여주는 것은 안식일과 안식년 그리고 희년에 대한 계명이다. 안식일에는 노예와 가축의 생명을 보호해야 한다. 안식년에는 땅을 쉬게 해야 하며, 희년에는 노예를 해방하고 땅을 본래의 주인에게 돌려주어야 한다. **약한 자들의 생명을 보호하는 사회적 정의**가 있는 곳에 사랑이 있다. 그러나 포이어바하가 말하는 사랑은 사회적·생태학적 차원을 결여한 사적인 차원에 머물러 있다. 그것은 현실적 삶의 모든 어려움을 초월하여 모든 상황의 모든 사람을 도와줄 수 있는 "마법사 하나님"(Zaubergott)과 같다. 사랑 안에 내포된 "혁명적 성격의 마지막 잔재가 (그의) 철학에서 사라지고", "성(性)과 신분을 초월하여 포옹하라는 옛 칠현금 소리만 남게 된다"(Engels 1971b, 206).

12. 엥겔스의 입장에서 볼 때, 포이어바하는 **사회와 역사**를 알지 못한다. "그에게 사회 이론, 사회학은 미지의 땅(terra incognita)"이었다(Engels 1971b, 203). 그가 철학의 출발점이어야 한다고 강조한 현실적인 것, 감성적인 것은 **사회와 역사를 결여한 추상적인 것**이었다. 이런 점에서 "포이어바하는 관념론자(Idealist)"라고 엥겔스는 지적한다(198). 물론 포이어바하가 인간의 사회적·역사적 차원을 완전히 간과한 것은 아니다. 그의 문헌 곳곳에서 그는 이 차원을 시사한다. "본래 자연에서 생성된 인간은 완전히 자연의 존재(Naturwesen)에 불과하였다.…인간은 인간과 문화와 역사의 산물이다" 라는 그의 말은 인간의 사회적·역사적 차원을 암시한다. 그러나 포이어바하는 이 차원을 구체적으로 전개하지 않는 관념성에 머문다. 이것은 인간을 국가 안에 있는 사회적 존재, 보편자의 역사적 특수자로 본 헤겔에 대한 거부에서 나온 결과라고 볼 수 있다. 그는 헤겔의 관념성을 극복하고자 했지만 그 스스로 새로운 형태의 관념성에 빠진다.

엥겔스에 따르면, 포이어바하의 관념성은 종교를 폐기하지 않으려는 점에도 나타난다. 그는 기존의 종교를 폐기하는 대신에 새로운 종교를 세운다. 새로운 종교는 **인간의 마음**에 있다. 포이어바하에게 인간의 "마음은 종교의 형식이 아니다.…그것은 종교의 본질이다." "종교는 인간과 인간 사이의 감정의 관계, 마음의 관계다." 이 종교의 형식은 "**나의 너의 사랑**" 에 있다. 이 새로운 종교 실천의 가장 높은 형식 하나는 한 여자와 한 여자의 **성적 사랑**(Geschlechtsliebe)이다. 포이어바하의 관념론은 다음의 사실에 있다. 곧 "상호 간의 호감에 기초한 인간과 인간의 관계, 성적 사랑, 우정, 동정, 희생 등"을 있는 그대로 인정하지 않고 종교와 결합시킨다는 점이다. 곧 이 관계들을 "새로운 참된 종교"로 파악함으로써 완전한 타당성을 갖게 한다는 점이다. "종교"란 개념은 "결합하다"를 뜻하는 라틴어 "렐리가 레"(*religare*)에서 유래한다.

포이어바하의 경우, 두 사람 사이의 결합이 종교다. **"성적 사랑과 성적 결합이 종교로** 숭배를 받는다"(Engels 1971b, 200-201). 그러나 오늘의 사회에서 인간과 인간의 관계는 사회 계급적 대립과 지배로 말미암아 위축되고 있다. 돈이 인간과 인간의 관계를 결정한다. 남녀의 성적 관계도 마찬가지다. 이 같은 사회적 현실을 간과한 채, 낭만적 **"사랑의 종교"**(Liebesreligion)를 이야기하는 추상적 태도(Abstraktion)에 포이어바하의 관념성이 있다. 그가 말하는 인간도 사회적 관계 속에 있는 "현실적 인간"이 아니라 "추상적 인간" 곧 "사상(생각)의 상"(Gedankenbild)에 불과하다. 감성적인 것, 구체적인 것, 현실적인 것이 철학의 출발점이어야 한다고 설교한 바로 그 포이어바하가 "철저히 추상적이 된다." 이리하여 그는 "인간들 사이의 성적 관계" 이상의 것을 말하지 못하게 된다(202).

또한 포이어바하가 말하는 **"행복을 추구하는 본능"**(Glückseligkeitstrieb)도 무사회적·무역사적 개념이다. 그것은 개인이 직접 얻을 수 있는 것으로 생각된다. 엥겔스에 따르면, 인간의 행복은 각 사람이 직접적으로 얻을 수 있는 것이 아니다. 그것은 인간 바깥에 있는 세계와의 관계에서, 곧 사회적 관계 속에서만 얻을 수 있다. 자기의 행복을 만족시키고자 할 때, 다른 사람의 행복 추구도 고려하면서 자기의 행동을 조정해야 한다. 행복 추구의 본능은 그것을 채워줄 수 있는 "수단들, 곧 음식물, 개인, 자기와 다른 성적 파트너, 책, 대화, 토론, 활동, 이용할 수 있고 작업할 수 있는 대상들"을 필요로 한다. 포이어바하가 말하는 도덕은 이 모든 것이 모든 사람에게 이미 주어져 있는 것처럼 전제한다. 이것은 결코 인간의 현실이 아니다. 그 무엇도 인간에게 태어나면서부터 이미 주어져 있지 않으며, 또 직접적으로 주어지지 않는다.

13. 엥겔스에 의하면, 포이어바하가 말하는 **"기독교의 본질"**도 무역사

적·추상적인 것이다. 구약성서에 뿌리를 둔 기독교의 본질은 새로운 생명의 세계, 곧 "새 하늘과 새 땅"을 향한 메시아적 기다림과 희망의 정신에 있다. 포이어바하는 이 "기독교의 본질"을 **하나님과 인간의 직접적 동일성**으로 축소시킨다. 새 하늘과 새 땅을 향한 미네르바의 부엉이의 기다림과 희망은 사라지고, 자기를 신적 존재로 인식하며 죽음을 기다리는 인간이 있을 뿐이다.

포이어바하가 자신의 무신론적 "새로운 철학"을 통해 인간에게 되돌려주고자 하는 "인간의 것"은 무엇인가? 그것은 하나님에게 빼앗긴 인간 자신의 본질에 있다. 여기서 "인간의 것"은 인간 자신의 본질을 말한다. 그러나 포이어바하가 말하는 **인간의 본질** 역시 추상적인 것이다. 굶주린 사람이 가장 긴박하게 필요로 하는 것은 무엇인가? 그것은 하나님에게 빼앗겼다는 그 자신의 "본질"이 아니라, 굶주린 배를 채울 수 있는 밥이다. 밥을 얻을 수 있는 일자리다.

인간이 먹어야만 하는 밥과 일자리는 사회, 경제, 정치적 연관 속에서만 얻을 수 있다. 따라서 "인간의 것을 인간에게" 되돌려주기 위해 필요한 것은 불의한 사회, 경제, 정치적 체제의 "부정적인 것"을 부정하는 데 있다. 인간이 빼앗겨버린 인간의 것을 되돌려주기 위해, 세계의 모든 체제가 하나님의 법과 정의에 따라 변화되어야 한다. 모든 사람에게 속한 것을 모든 사람에게 되돌려주는 새로운 법질서가 세워져야 한다. "죽음과 슬픔과 울부짖음과 고통이 없는" 새로운 생명의 세계를 이루어야 한다. 이와 같은 사회, 경제, 정치적 차원이 포이어바하의 철학에는 결여되어 있다. 그의 "새로운 철학"은 무역사적·추상적 감상주의에 머물러 있다. 그것은 기독교의 참 본질인 메시아니즘을 간과하고, **하나님의 본질과 인간의 본질의 신비적 동일성**에 집중되어 있다. 일자리를 잃고 굶주리는 사람들에게 포이어바하의 이야기는 먼 나라의 이야기로 들릴 것이다. 그들에게 포이어바하의 "현실주의"는 굶주림과 질병과 사회적 소외의 참 "현실"을 보지 못하는 **추상적 현실주의**에 빠져 있는 것처럼 보인다.

이것을 엥겔스는 다음과 같이 말한다. 포이어바하는 그가 그렇게도 증오했던 "추상화의 왕국(Reich der Abstraktionen)을 벗어나 살아 움직이는 현실로 나아갈 수 있는 길을 발견할 수 없었다. 그는 강력하게 자연과 인간에 집착하였다. 그러나 자연과 인간은 그에게서 단순한 말로 머문다. 현실적 자연에 대해서는 물론 현실적 인간에 대해서도 그는 아무런 구체적인 것을 말하지 못한다." 추상적인 인간에서 살아 움직이는 현실의 인간으로 나아갈 수 있는 길은 역사 안에서 행동하는 인간을 관찰할 때 가능하다. 이것을 포이어바하는 거부한다. 그러므로 그는 독일혁명이 일어난 1848년을 "현실 세계와의 궁극적 단절"로 파악하면서, 바이언주 작은 마을의 고독 속으로 퇴각한다. 그의 삶을 비참하게 만든 당시의 독일 상황도 이에 대한 일말의 책임이 있을 것이다(Engels 1971b, 206).

포이어바하의 "새로운 철학"이 추상적 관념성에 빠지게 된 궁극적 원인은 무엇인가? 그 원인은 세계사 전체를 관통하는 **헤겔의 변증법**과 변증법 속에 내포된 **메시아니즘**을 거부한 데 있다. 그는 헤겔의 세계사적 구도를 거부하고 자연과 사적 인간과, 인간과 인간의 사적 관계에 집착한다. 그에게 중요한 것은 세계사가 아니라 감성과 감정과 심정을 가진 개별 인간, 성적 존재로서의 인간이다. 따라서 하나님은 사회적 상황의 투사물이 아니라, 영원히 변하지 않는 개별적 인간의 **사적 본질의 투사물**로 파악된다. 물론 포이어바하도 새로운 메시아적 세계를 희망하였다. 그러나 그의 철학은 인간학적 감상주의와 무역사적 물질론 속에서 새로운 세계를 향해 나아가지 못한다. 엥겔스가 지적하듯이, 포이어바하의 무신론은 기계론적 법칙에 따라 모든 사물을 파악하는 **근대 기계론적·무역사적 무신론**에 묶여 있다. "우리는 자연 속에서 살 뿐만 아니라, 인간의 사회 속에서도 살고 있다." 그런데 인간의 사회는 고정된 법칙에 따라 움직이는 기계와 같은 것이 아니라 "발전의 역사를 가진다." 따라서 "사회에 관한 학문을…물질론적 기초와 조화시키며, 물질론적 기초 위에 재건축해야" 한다. 이것을 하지 못하는 데 포이어바하의 한계가 있다. 이로 말미암아 포이어바하는 "그의 고독한 머리로부터 사상들을 생산하는" 관념론에 묶이게 된다. 몰트만에 따르면, "포이어바하는 기독교 안에 있는 신비를 상속받았지만 기독교의 종말론을 상속받지 않았다. 나사렛 예수의 역사적 중재가 결여된 하나님과 인간의 직접성의 이 신비는 그 자체에 있어 기독교 신앙의 해체였다"(Moltmann 1969, 314).

14. **"인간은 먹는 바의 것이다"**(Der Mensch ist, was er ißt)라는 포이어바하의 유명한 명제는(이 말을 했을 때, 포이어바하는 경제적으로 매우 궁핍한 생활을 했던 것으로 보인다), 한편으로 인간의 진실을 나타낸다. 인간은 먹지 못하면 존재할 수 없다. 그의 생명은 먹는 것에 의존한다. 먹지 못하면 도적질이라도 할 수밖에 없는 것이 인간이다. 제대로 먹으면 건강한 신체가 되고, 제대로 먹지 못하면 허약한 신체가 된다. 땅에서 수분을 충분히 취하는 소나무는 비틀어지지 않고 곧게 쭉쭉 자라지만, 수분을 충분히 취하지 못하는 소나무는 뒤틀리며 자란다고 한다(어느 식물학자에게서 들은 얘기다). 신체가 쪼그라지면 생각도 쪼그라질 수 있다. 먹는 것이 존재를 결정한다는 포이어바하의 생각은 물질적 조건이 인간의 존재를, 하부구조가 상부구조를 결정한다는 마르크스의 물질론으로 발전한다.

그러나 포이어바하의 이 명제는 인간 삶의 한 측면에 불과하다. 인간은 배불리 먹는 것으로 만족하는 짐승이 아니다. 헤겔이 강조하듯이, 인간에게는 정신과 자기의식이 있다. 인간의 정신과 자기의식이 먹는 것에 의존하는 경우도 있지만, 의존하지 않는 경우도 있다. 제대로 먹지 못하지만 자신의 정신적 신념과 자존심을 끝까지 지키는 사람들도 있다. 자기의 신념을 지키기 위해 먹기를 거부하는 사람도 있다. 나쁜 것을 먹지만 삶의 고결한 가치를 지키며 사는 훌륭한 사람들이 있는가 하면, 좋은 것을 먹지만 돈과 섹스밖에 모르는 인간 이하의 사람들도 있다. 곧 좋은 것을 먹지만 나쁜 인간도 있고, 나쁜 것을 먹지만 좋은 인간도 있다. 그의 존재는 먹는 것에 의해 전적으로 결정되지 않는다. "인간은 먹는 바의 것이다"라는 포이어바하의 말은, 먹어야만 하는 인간 삶의 진리를 가리키는 긍정적 측면이 있는 동시에, 인간의 존재를 먹는 것에 예속시키고, 먹는 것을 인간 존재의 조건으로 간주하는 일면성이 있다. 만일 인간이 먹는 바의 것, 곧 음식물이 인간의 존재를 결정한다면 인간은 음식물의 노예일 것이다.

헤겔에 반하여 감성적 지각과 마음과 느낌(감정)을 인간의 본질로 보는 포이어바하의 생각도 일면성을 보인다. 물론 인간의 삶에 감성적 지각과 마음과 감정이 중요함은 사실이다. 감성적 지각과 마음과 감정이 없는 사람은 기계와 같을 것이다. 그렇지만 헤겔이 강조한 정신과 사유가 인간의 본질에 속한다는 것도 부인할 수 없는 사실이다. 만일 인간에게 정신과 사유가 없고 감성적 지각과 마음과 주관적 감정만 있다면, 그의 삶은 규범성을 상실하고 맹목성에 빠질 것이다. 헤겔이 주장했듯이, 감성과 감정은 주관성과 자의와 비진리에 빠질 수 있다. 각자가 감성적으로 느끼고 지각하는 그것이 곧 진리가 될 것이다. 이것은 진리의 부재 상태를 초래할 것이다.

결론적으로 포이어바하는 헤겔의 관념론을 제거하고 "새로운 철학"을 세우고자 하였다. 그러나 그의 "새로운 철학" 역시 새로운 형태의 관념성에 빠지고 말았다. 엥겔스에 따르면, 포이어바하의 철학은 물질론과 관념론의 어정쩡한 중간에 서 있었다. 그는 "아래로는 물질론자요, 위로는 관념론자"였다. 그는 헤겔의 관념론을 완전히 제거하지 못하였다. 단지 더 이상 의미를 갖지 못한 것으로 처리하고자 하였다. 헤겔의 거대한 학문적 체계에 비추어볼 때, 포이어바하는 "과장된 사랑의 종교와 가냘프고 무기력한 도덕 외에, 아무 긍정적인 것도 이루지 못했다"(Engels 1971b, 207).

15. 지금까지 우리는 포이어바하의 문제점을 고찰하였다. 그러나 그는 오늘 우리의 세계가 수용해야 할 중요한 통찰을 제시한다. 그 가운데 몇 가지 점을 고찰한다면,

　　1) 합리주의 전통은 인간의 이성과 사유를 중요시한다. 인간의 본질은 이성을 통한 냉철한 사유에 있는 것으로 생각된다. "나는 사유한다. 그러므로 나는 존재한다"(cogito ergo sum)는 데카르트의 명제는, 이성과 사유를 중요시하는 합리주의 전통을 요약한다. 과학기술이 지배하는 현대 사회에서 이성과 사유는 결정적으로 중요한 위치를 차지한다. 모든 것이 수학적 도식으로 계산되고, 기획되고, 그 결과가 측정된다. 수학적 계산과 공식에 따라 판단하고 지시하는 인공지능이 인간의 행동과 삶을 유도한다. 기계가 인간을 대신하는 일들이 점점 더 많아진다. 현대화된 공장에서는 자동으로 노동하는 로봇만 보일 뿐 인간은 별로 보이지 않는다.

　　로봇에게는 감성과 감정과 마음이 없다. 설사 로봇이 감성과 감정과 마음을 갖게 된다 할지라도, 그것은 인간이 수학적 법칙에 따라 사전에 프로그래밍한 것에 불과하다. 이리하여 현대 사회는 감성과 감정과 마음이 메마른 사회로 변모하고 있다. 이에 더하여 능력(Leistung)과 돈이 최고의 가치가 될 때, 인간의 감성과 감정과 마음은 더욱 메마른다. 인간은 능력과 돈 액수에 따라 모든 것을 판단하는 "돈기계"(Geldmaschine)와 같은 존재가 되어버린다. 바늘로 찔러도 피가 나지 않을 것 같은 냉정한 존재가 되어버린다.

　　이와 같은 현대 사회에 대해 포이어바하는 인간의 **감성과 감정과 사**

랑의 마음을 중요시한다. 사유를 인간의 본질로 보는 헤겔에 반해, 그는 감성과 감정과 사랑의 마음을 인간의 본질로 생각한다. 이웃의 기쁨과 슬픔과 고통을 함께 느끼고, 함께 나눌 수 있는 따뜻한 감성과 감정과 사랑의 마음을 가진 사람이 되어야 함을 그는 시사한다. 이익을 목적하는 기업도, 따뜻한 감성과 감정과 사랑의 마음이 있는 기업이 되어야 함을 그는 암시한다. 이것은 포이어바하가 우리에게 주는 중요한 가르침이다.

2) 일반적으로 기독교는 **인간의 성**(性)을 죄악시하는 전통이 있다. 가톨릭교회의 성직자 독신제도와 수도원 제도의 뿌리는 바로 여기에 있다. 이에 반해 포이어바하는 인간의 성은 죄악된 것이 아니라 자연질서에 속한 것이요, 하나님의 축복이라는 점을 시사한다.

또 **"인간은 그가 먹는 바의 것이다"**라는 포이어바하의 말도 현대 사회에 대해 중요한 의미를 가진다. 자본주의는 더 많은 풍요를 약속하지만, 사회가 풍요해질수록 빈부의 차이가 더 커지고, 빈민과 노숙자가 사라지지 않는다. 결식아동도 줄어들지 않는다고 한다. "인간은 그가 먹는 바의 것이다"라는 포이어바하의 말은 인간 삶의 냉정한 진리를 보여주는 동시에, 우리 사회가 관심해야 할 첫째 문제가 무엇인가를 보여준다. 우리는 최소한 굶주리는 사람이 없는 사회를 이루어야 한다. 인간은 단지 사유하는 정신적 존재가 아니라 먹어야만 하는 몸적·물질적 존재다. 사유가 아니라 먹는 것이 생명의 기초다(박사학위를 공부하면서 수년간 헤겔에 심취했던 필자가 포이어바하의 이 글을 읽었을 때, 눈이 번쩍 뜨이는 것 같았다. "물질론적 충격"이라 하겠다).

먹을 수 있는 음식물은 정치, 경제, 사회적 연관 속에서 얻을 수 있다. 따라서 굶주리는 사람이 없는 정치, 경제, 사회 질서를 세워야 함을 포이어바하는 암시한다. 종교는 모든 사람이 굶주린 배를 채울 수 있는 정치, 경제, 사회 질서에 관심을 가져야 한다. 이 상황에서 눈을 돌리고 인간 내면의 문제만 해결되면 모든 문제가 해결되는 것처럼 가르치는 것은 하나님의 뜻이 아니다.

여기서 우리는 한국 기독교의 거짓된 일면을 볼 수 있다. 거짓된 기독교 지도자들은 차안의 세계는 헛되다고 신도들에게 가르치면서 자신은 차안의 권세와 부귀영화를 누린다. 물질과 육은 헛되다고 가르치면서, 자신은 풍요로운 물질과 육의 즐거움을 누린다. 바로 여기에 기독교를 포함한 종교 일반의 거짓이 있다. 이에 반해 포이어바하는 먹을 것을 함께 나누는 세상을 만드는 것이 종교의 중요한 과제임을 암시한다. 하나님도 출애굽한 이스라엘 백성에게 메추라기를 주시면서, 그날에 필요한 만큼만 취하라고 명령한다(출 16:13-20).

3) **하나님과 자연, 인간과 자연의 관계**에 대한 포이어바하의 해석은 일면성이 있다. 그러나 양자가 대립한다고 보는 것이 기독교의 오랜 전통이었음을 우리는 부인할 수 없다. 이 전통에 반해 포이어바하는 하나님을 자연과 동일시할 정도로 하나님과 자연을 결합시킨다. 자연에 대한 그의 태도는 세계 곳곳에서 자연 재난이 일어나고 있는 오늘 우리 시대에 대해 중요한 의미를 가진다. "자연에 대한 지배가 자연의 파괴를 초래할 수 있고, 또한 인간의 '자연적 측면'을 위험스럽게 만들 수 있음"을 포이어바하는 강력히 경고한다(Salaquarda 1985, 155, 각주 12). 자연은 인간의 "실천적 이기주의의 하녀"가 아니라는 포이어바하의 말은 **자연에 대한 전혀 새로운 태도**를 요구한다.

물론 우리는 하나님을 자연과 동일시하는 포이어바하의 범신론에 동의할 수 없다. 그의 범신론은 하나님을 자연으로 폐기시키고, 인간을 자연에 예속시키기 때문이다. 여기서 자연숭배 등의 각종 미신이 등장한다는 것을 필자는 어릴 때 체험하였다. 범신론에 반해 우리는 하나님을 자연에서 구별되는 "타자"로 인정할 수밖에 없다. 그러나 하나님을 자연 없는 존재로 보아서는 안 된다는 것을 포이어바하는 암시한다. 인간의 자연성, 인간의 신체성에 대한 포이어바하의 통찰은 오늘도 많은 학자의 지지를 받고 있다.

성서는 자연으로부터 하나님을 구별하지만, 결코 자연 없는 하나님을 이야기하지 않는다. 자연은 인간의 "이기심의 하녀"가 될 수 없는 하나님의 소유이며, 하나님의 구원 대상이라는 것을 성서는 곳곳에서 시사한다(롬 8:21). 인간은 땅을 보호해야 한다(안식년 계명). 짐승을 돌보는 사람이 의로운 사람이다(잠 12:10). "숲속의 뭇 짐승이 다 나의 것이요,…들에서 움직이는 저 모든 생물도 다 내 품 안에 있다"(시 50:10).

그러나 기독교는 오랫동안 하나님과 세계, 피안과 차안, 물질과 영혼, 자연과 정신의 이원론으로 말미암아 자연을 하나님에게서 분리시키고, 자연에 대한 무관심을 조장하였다. 하나님의 구원은 인간의 영혼 구원으로 축소되고, 자연은 하나님의 구원에서 배제되었다. 인간을 자연의 중심으로 간주하고, 자연을 인간에게 예속시켰다. 이리하여 자연은 인간의 이기심을 충족시킬 수 있는 재료와 수단으로 간주되었다. 인간은 자연이 없어도 생존할 수 있는 것처럼 착각할 정도였다. 그 결과가 무엇인지 지금 우리는 눈으로 보고 있다. 이에 포이어바하는 **하나님과 자연, 인간과 자연의 새로운 관계 정립**을 요구한다.

4) 포이어바하의 무신론은 **교회 자체 안에 있는 무신론**을 암시한다. 교회는 인간의 생명 유지와 행복을 추구하는 수단이 되어서는 안 된다는 것을 포이어바하는 경고한다. 하나님의 존재를 부인하는 것만이 무신론이 아니다. 하나님의 이름으로 인간의 욕구와 욕심을 추구할 때, 교회는 무신론에 빠진다. 하나님의 모습은 교회에서 사라지고, 인간의 욕심이 나타난다. 세상 사람들이 교회에 등을 돌리게 되고, 심지어 교회 옆에 있는 동네 사람들이 교회를 고소·고발하는 일들이 일어난다. 이것은 포이어바하

의 이론적 무신론보다 훨씬 더 무서운 실천적 무신론이다.

교회는 무신론자들을 적그리스도라고 정죄하기 전에, 먼저 교회 자신 안에 있는 적그리스도와 무신론을 제거해야 할 것이다. 신자들의 헌금으로 총회장 선거를 하고 총회 위원장직을 얻는다. 교회 안에서 성폭력을 행하며, 우리 교회 나오면 코로나 바이러스도 물러난다고 하면서 "종교의 자유"의 이름으로 정부 방역기관의 방역지침을 무시하는 목사들, 교회 재정을 횡령·배임하고 신자들에게 사기를 치는 장로들과 집사들, 이들이야말로 하나님의 교회를 사회적 비난 대상으로 만드는 적그리스도가 아닌가? "오래전에 이익집단으로 변한 목사들의 탐욕과 불법", "부패와 무지"가(김요한 2020b, 67) 바로 적그리스도요 무신론이 아닌가? 종교는 "인간적 욕구의 산물"이요 "이기심의 산물"이라는 포이어바하의 말을 한국 개신교회는 깊이 성찰해야 할 것이다. 기독교 종교를 지키고자 하는 자들에 의해 도리어 기독교가 부정된다는 포이어바하의 말은 오늘 한국 개신교회 문제성의 핵심을 찌른다. 오늘 한국 개신교회의 현실을 바라볼 때, 종교는 인간의 "이기심의 산물"이라는 포이어바하의 말을 누가 부인할 수 있겠는가! "우리의 종교도 거짓이다"라는 포이어바하의 말에 대해, 과연 우리는 "거짓이 아니다"라고 자신 있게 주장할 수 있을까?

5) 그 밖에도 포이어바하는 한국 기독교가 진지하게 성찰해야 할 많은 내용을 말한다. 그 가운데 그리스도인들의 **믿음의 무관용성**에 대한 그의 지적은 중요하다. 그에 따르면, "믿음은 본질적으로 당파적이다. 그리스도를 위하지 않는 자는 그리스도를 반대하는 자다. 나를 위하든지, 아니면 나를 반대하든지 두 가지 중 하나밖에 없다. 적이냐 아니면 친구냐, 두 가지 중 하나밖에 없다.…믿음은 본질적으로 비관용적이다.…그 까닭은 믿음은 언제나 자기의 일은 하나님의 일이요, 자기의 영광은 하나님의 영광이라는 광신(Wahn)과 결합되어 있기 때문이다"(1976, 300). 자기가 하는 일

은 곧 하나님의 일이라 생각할 때, 자기와 입장을 달리하는 사람들에 대해 무관용적 태도를 취할 수밖에 없다. 자기의 생각과 조금만 다르면 "이단", "사탄", "마귀", "적그리스도", "자유주의자"라고 매도한다. 이 같은 기독교 지도자들에게 포이어바하는 관용을 요구한다. "너희는 공정한 재판을 하여라. 서로 관용과 자비를 베풀어라"(슥 7:9).

6) 포이어바하의 "새로운 철학"은 오늘에 이르기까지 큰 영향을 준다. 그의 현실주의는 종교적·형이상학적 전제들을 거부하고, 현실을 현실적으로 파악하고자 하는 그 이후의 현실주의적 사조에 깊은 영향을 준다. 그의 뒤를 이어 니체는 형이상학을 거부한다. 다음과 같은 음악가 **리햐르트 바그너**(R. Wagner)의 말에서 우리는 포이어바하의 깊은 영향을 볼 수 있다. "자신의 의지가 인간의 주인이요, 자신의 즐거움이 그의 유일한 법이요, 자신의 힘이 그의 모든 소유다. 자유로운 인간만이 거룩하다. 자유로운 인간보다 더 높은 것은 없다"(Löwith 1941, 201).

또한 포이어바하의 무신론은 **니체의 무신론**을 예비하고, 그의 인간학적·심리학적 물질론은 마르크스의 역사적 물질론의 선구자 역할을 하며, 그의 **자연주의**는 19세기 자연주의의 선구자가 된다. 보편자 대신에 **개별자**를 중요시하는 그의 생각은 슈티르너와 키에르케골에 계승된다. 성적 구별을 가진 성적 존재로서의 인간, 이 인간의 무의식적 자기 유지의 본능과 성적 본능에 대한 그의 통찰은 **프로이드의 심층심리학**에 영향을 준다. 나와 너의 관계에 대한 포이어바하의 통찰은 20세기 실존주의 철학에 영향을 준다(Lorenz 1958, 929-930). 나와 너의 관계에 기초한 포이어바하의 인격주의는 특히 유대인 철학자 마르틴 부버(M. Buber)에게 깊은 영향을 준다. 20세기 신학자 카를 바르트(K. Barth)도 그의 창조론에서 포이어바하의 통찰을 수용하고, 인간에게 주어진 "하나님의 형상"을 "나와 너의 대칭 속에 있는 실존"으로 해석한다(Barth 1970, 207). 인간을 성적 구별성을 가진 존재로 파악하는 포이어바하의 뒤를 따라, 바르트 역시 여자와 남자의 성적 구별성을 강조한다.

또한 대상은 인간으로부터 독립되어 있는 "결정된 것"이 아니라, 인간의 인식 과정에서 언제나 새롭게 파악된다는 포이어바하의 생각에서 우리는 20세기 양자물리학의 **"불확정성"**(Unbestimmtheit)의 원리를 볼 수 있다. "무신론자가 참된 그리스도인"이라는 **에른스트 블로호**의 주장은 사실상 포이어바하의 차안적 무신론에 그 뿌리를 둔다. 정신과 이성 대신에 감성과 감각, 마음과 감정을 중요시하는 그의 **감성주의·감각주의**는 20세기 뉴에이지 운동에 깊은 영향을 주었다. 인간은 몸을 가진 몸적 존재요, "그가 먹는 바의 것"이란 포이어바하의 통찰은 오늘에 이르기까지 인간학의 토의에서 중요한 위치를 차지한다.

제2부

마르크스

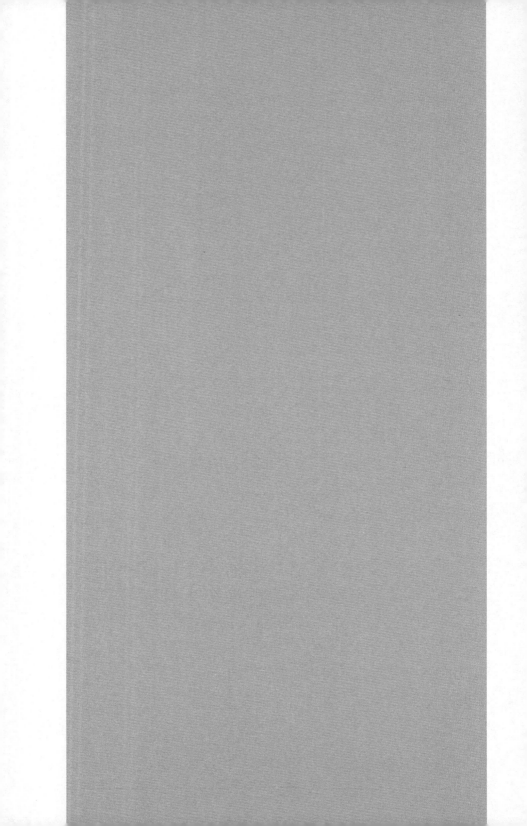

부정적이든 아니면 긍정적이든, 세계사에서 마르크스만큼 중요한 의미를 가진 인물은 없을 것이다. 엥겔스와 함께 그가 부르짖은 공산주의·사회주의 이론은 이론의 차원에서는 물론 사회적·경제적·정치적 실천의 차원에서 이후의 역사에 심각한 영향을 주었다. 그것은 인간에 의한 인간의 착취, 소외와 비인간화, 격심한 빈부격차와 사회 양극화, 사회 분열을 초래한 자본주의 체제의 문제성을 드러내는 동시에, 인류가 지향해야 할 세계사의 목적을 제시하였다. 그것은 "역사의 해결되지 않은 수수께끼"를 해결하고자 하였다.

　　모든 인간은 "인간에 대해 가장 높은 존재"라는 "기독교의 인간적 기초"를 그는 하나님과 기독교 종교가 없는 공산주의 체제를 통해 실현하고자 하였다. 종교적 제도로서의 기독교, 국가교회로서 정치화된 기독교는 자신의 "인간적 기초"를 실현하지 못했고, 또 앞으로도 실현할 수 없다고 보았기 때문이다. 그에게 공산주의 내지 사회주의는 지금까지 해결되지 못한 역사의 수수께끼를 해결하고, "기독교의 인간적 기초"를 실현할 수 있는 열쇠였다.

그러나 "해결되지 못한 역사의 수수께끼"를 풀 수 있는 마르크스의 열쇠, 곧 공산주의·사회주의 이념은 그 수수께끼를 풀 수 없다는 사실이 20세기 공산주의 실험을 통해 증명되었다. 1917년 제정 러시아에서 시작된 공산주의 실험은 무서운 독재체제로 변하였고, 결국 자본주의 체제에 흡수되는 결과로 끝나버렸다.

이 같은 역사적 의미를 가진 마르크스의 사상은 포이어바하와 헤겔 철학과의 비판적 논쟁 속에서 형성되었다. 그것은 특히 헤겔 철학과의 부정적·긍정적 관계 속에서 생성되었다. 따라서 헤겔 철학을 알지 못할 때, 마르크스 사상의 출발점을 제대로 파악할 수 없을 정도로 그의 물질론적 사상은 긍정적이든 부정적이든 헤겔의 관념론적·신학적 철학에 의존한다. 이에 우리는 마르크스와 포이어바하, 마르크스와 헤겔의 관계를 파악함으로써 마르크스의 물질론의 역사적 근원을 파악하고자 한다.

I
마르크스의 생애

1. 마르크스는 1818년 5월 5일, 독일 중서부 지역 트리어(Trier)에서 태어났다. 그의 아버지 하인리히 (Heinrich, 유대인 이름은 Heschel) 마르크스는 명망 있는 랍비 가문 출신의 유대인으로, 유능한 변호사요 상당한 재산을 소유하고 있었다. 어머니 헨리에테(Henriette) 역시 랍비 가문 출신의 유대인이었다. 마르크스는 9남매 중 셋째로 태어났다. 유대인이란 이유로 직업상의 불이익과 사회적 차별을 견디지 못한 마르크스의 아버지는 1816년

마르크스
(photo by John Jabez Edwin Mayall, colored by Olga Shirnina; 출처: https://www.flickr.com/photos/22155693@N04/32109448247/in/photostream/)

에 유대교를 버리고 개신교회로 개종한다. 그는 "헤쉘"이라는 유대인 이름을 "하인리히"라는 독일식 이름으로 바꾸었다. 그의 어머니 헨리에테는 그녀의 아버지 반대로 개종을 미루다가, 1825년 11월 20일에 세례를 받고 개신교회로 개종한다. 유대인으로 당대 유명한 시인 하이네(H. Heine)는 마르크스의 외사촌이었고, 세계적 전자회사 필립스(Philips)를 세운 프레데릭 필립스(Frederik Philips, 1830-1900)도 그의 가까운 친척이었다.

마르크스의 아버지는 그에게 성경을 읽어주기보다 프랑스 계몽주의자들의 책을 즐겨 읽어주었던 반면, 어머니는 기독교 신앙에 심취하였다. 개신교회로 개종했음에도 불구하고 마르크스는 유대인이란 이유로 인종 차별을 당하였다. 또 유대교를 버리고 개신교회로 개종하였기 때문에 유대인 공동체에서도 소외되었다. 한마디로 마르크스는 어릴 때부터 독일인 사회에도 완전히 속하지 못하고, 유대인 사회에도 완전히 속하지 못한 소외된 존재로 살아야 했다. 독일인들에게 그는 유대인이었고, 유대인들에게 그는 조상의 종교를 버린 배신자였다. 또 그가 태어난 도시 트리어는 가톨릭교회가 절대 우세했기 때문에, 유대계 개신교회 신자인 마르크스는 가톨릭교회 신자들에게도 "낯선 자"였다. 이로 인해 그는 그 어디에도 완전히 속할 수 없는 "소외자"로서, 사회적 차별과 배척 속에서 살아야 했다. 학교에서도 그에게는 친구가 별로 없었다. 이것이 마르크스가 어릴 때부터 당했던 운명이요 실존이었다. 나중에 마르크스가 종교 일반을 거부하게 된 것은 이 같은 그의 삶의 체험에 기인한다.

2. 1835년 트리어에서 김나지움을 졸업한 마르크스는 철학과 문학을 공부하고 싶었지만, 아버지의 강권으로 본(Bonn) 대학교에서 법학 공부를 시작한다. 당시 만 17세였던 그는 본 대학교에서 매우 자유분방한 생활을 하였다고 전해진다. 만취할 정도의 과도한 음주, 야간 고성방가, 보루시아

군단이란 동아리와 권총 격투 등으로 인해 그는 며칠간 금고형을 받기도 한다. 1835-36년 사이의 겨울학기 공부를 끝낸 후, 마르크스는 집으로 돌아와 친구 여동생 옌니 폰 베스트팔런(Jenny von Westphalen)과 약혼한다. 마르크스보다 4살 연상인 옌니는 영국의 귀족 가문 후손으로, "트리어에서 가장 예쁜 소녀"라 불렸다. 두 사람의 약혼은 양가 부모 몰래 이루어졌다.

마르크스가 본 대학교에서 공부에 열중하지 못함을 알게 된 그의 아버지는, 1836년(만 18세)에 그를 베를린 훔볼트(Humboldt) 대학교로 보내 법학 공부를 계속하게 한다. 그 당시 베를린은 한때 헤겔이 말한 대로, "모든 정신교육과 진리의 중심"이라 불렸다. 훔볼트 대학교에서 마르크스는 법학 공부보다 고대 그리스와 로마의 문학, 예술사, 독일 역사 외에 영어와 이탈리아어를 열심히 공부한다. 새로운 지식에 갈급한 그는 "책벌레"라고 불릴 정도로 공부에 열중한다. 읽은 책들의 주요 내용을 정리하며 그는 자신의 생각을 첨부한다.

마르크스의 이루 말할 수 없이 넓은 학문적 관심은 만 19세였던 1837년에 중심점을 발견한다. 이 중심점은 헤겔 철학과의 만남을 통해 발견되었다. 그가 찾았던 것은 다양한 분야의 다양한 지식 자체가 아니라, 이 모든 지식이 통일적으로 파악될 수 있는 보편적이며 철학적인 원리였다. 그 당시 젊은 마르크스의 가장 깊은 욕구는 철학적 욕구였다. 이 욕구로 말미암아 그는 헤겔 철학에 깊이 심취한다. 그러나 그는 헤겔의 철학에 만족하지 못한다. 그래서 1837년 11월 10일 아버지에게 보낸 서신에서 다음과 같이 말한다. "저는 헤겔 철학의 단편들을 읽었는데, 이 철학의 거대한 바윗덩어리 같은 멜로디(Felsenmelodie)가 마음에 들지 않았습니다"(2004a, 75). 그는 칸트, 쉘링을 거쳐 헤겔을 통해 완성된 관념론의 전통에 싫증을 느끼고, 자신의 길을 찾겠다고 아버지에게 말한다. "관념론을 떠나…저는 현실적인 것 자체 속에서 관념을 찾게 되었습니다.…저는 육체적 본성은 물론 정신적 본성을 필연적이고 구체적이며 확실하게 발견하기 위해 다시 한번 깊은 바닷속으로 잠수하고자 했습니다. 그것은 펜싱 기술을 연습하기 위한 것이 아니라, 깨끗한 진주를 태양 빛 속에 드러내기 위함이었습니다"(2004a, 75).

3. 19세 때 마르크스는 헤겔 사상을 토론하는 "박사 클럽"(Doktorklub)에 가입하여 헤겔 철학을 깊이 연구한다. 헤겔 좌파 인물들과의 교통 속에서 그는 "현실 속에서 관념을, 현실 속에서 이성을" 찾으며 이성과 현실의 결합을 시도한다. 이것은 헤겔에게서 물려받은 것으로 그의 일생의 주요 관심의 대상이 된다. 이와 동시에 그는 모든 것을 신적 정신으로부터 파악하는 헤겔의 관념론 내지 신학적 철학에 의문을 품으면서 자신의 물질론적 기본 입장을 세우기 시작한다. 관념과 현실의 "완성된" 화해는 대립과 갈등으로 가득한 현실 세계에 모순되는 것으로 보인다. 헤겔이 시도한 철학과 세계의 화해는 거짓으로 보인다. 1838년 5월 아버지의 사망과 함께 마르크스의 가정은 경제적 어려움에 처하게 된다. 평소 아버지와 친밀했던 마르크스는 아버지의 사망 후에도 아버지와의 추억을 귀중하게 간직하였다고 한다.

　6년의 대학 수업을 끝낸 23세 때, 마르크스는 "데모크리토스와 에피쿠로스의 자연철학의 차이"를 다루는 박사학위 논문을 베를린에서 완결한다. 그러나 당시 마르크스는 자유주의적 "박사 클럽"의 회원으로 부정적 평가를 받는 형편이었기 때문에 학위 논문을 훔볼트 대학교에 제출하지 못한다. 그리하여 1841년 4월 6일에 자유로운 진보적 분위기의 예나 대학교 철학과에 제출하고, 동년 4월 15일 예나 대학교에서 박사학위를 받는다. 23세에 박사학위를 받을 정도로 그는 천재적 인물이었다(그 당시 독일의 학제가 이를 가능하게 했다). 박사학위 논문에서 그는 플라톤, 아리스토텔레스가 대변하는 고대 그리스의 형이상학 전통을 거부하고, 자연철학으로 전환한 에피쿠로스를 지지한다. 이로써 헤겔 철학의 시대는 지나고, 새로운 철학적 사고의 시대가 임박하였음을 암시한다. 논문 서론에서는 "나는 신들을 증오한다"고 말하면서, 인간의 의식이 가장 높은 유일한 하나님이라는 무신론의 입장을 밝힌다. 이로써 그는 "정신으로서의 하나님"에 기초한 헤겔 철학을 거부한다.

그 당시 마르크스와 가장 가까운 친구는 브루노 바우어였다. 바우어의 지도 아래 대학교수 자격 취득 논문을 쓰고자 할 정도로 그는 바우어를 신뢰하였다. 바우어는 헤겔 좌파의 정신적 지도자로서, 나중에 베를린 광산노동당(Bergpartei)의 지도자가 된다. 본래 헤겔 우파에 속했던 그는 「사변철학지」의 발행인으로, 슈트라우스의 저서 『예수의 생애』를 신랄하게 비판하였다. 나중에 그는 헤겔 좌파로 전향하고 헤겔을 날카롭게 비판한다. 헤겔에 대한 그의 대표적 비판 서적은 『무신론자요 적그리스도 헤겔에 대한 최후 심판의 나팔소리』(*Die Posaune des Jüngsten Gerichts über Hegel den Atheisten und Antichristen*)다. 이 책에서 그는 헤겔을 무신론자, 적그리스도라고 비판하지만 나중에는 그 자신이 무신론자가 된다. 프랑스의 물질론자들과 마르크스의 영향 속에서 바우어는 하나님의 존재를 부인할 뿐만 아니라, 복음서의 역사적 사실들과 나사렛 예수의 역사적 존재를 부인한다. 베를린에서 대학교수 자격 취득이 어려워지자, 그는 본 대학교에서 교수 자격을 얻고자 한다.

이리하여 마르크스는 브루노 바우어와 함께 1841년에 본 대학교로 돌아간다. 그러나 1842년 본 대학교는 바우어의 대학교수 자격을 거부한다. 마르크스 역시 이 대학의 교수직에 진출하고자 했지만, 이미 무신론자로 알려진 그가 교수직을 얻기란 불가능하였다. 포이어바하, 바우어처럼 그 역시 한평생 교수직에 진출하지 못하고, 자유 문필가로 살게 된다.

이리하여 마르크스는 다른 헤겔 좌파 인물들처럼 당시의 정치 체제와 기독교 종교에 대해 더욱 과격해진다. 교수직 진출에 실패한 후, 마르크스는 쾰른(Köln)에서 민주주의를 요구하는 좌파 계열의 「라인신문」(Rheinische Zeitung)을 창설하고, 1842년 10월 15일 만 24세의 나이에 이 신문의 편집 주간이 된다. 이 신문에서 그는 언론 검열, 비판적 인물들에 대한 감시와 공직 진출을 금지하는 프로이센 왕국을 신랄하게 비판한다. 동시에 정치 문제를 토의하지 않고, 자신의 무신론적 입장을 표명하는 도구로 신문을 이용하는 바우어를 비판하기도 한다. 1842년 11월 16일에는 당시 헤겔 좌파의 지지자 엥겔스(F. Engels, 1820-1895)를 만나지만, 그를 친절하게 대하지는 않는다. 그의 약혼녀 옌니의 아버지가 동년에 사망한다.

4. 1819년 9월 20일 오스트리아 재상 메테르니히의 주재로 발표된 카를스바더 결의(Karlsbader Beschlüsse)에 따라 언론 통제는 더욱 심화된다. 그럼에도 불구하고 마르크스의 「라인신문」은 유럽 각국의 극우익 정부는 물론, 자유주의자들과 사회주의자들 역시 무능하다고 비판한다. 1843년에 이 신문은 제정 러시아 군주제를 날카롭게 비판한다. 이에 러시아 황제 니콜라이 1세는 프로이센 정부에 이 신문의 폐간을 요구한다. 이로써 프로이센 정부는 마르크스의 「라인신문」을 폐간할 수 있는 좋은 빌미를 얻게 된다. 프로이센 정부는 1843년 4월 1일부로 「라인신문」을 폐간한다.

이즈음에 마르크스는 직업도 없고 제대로 된 수입도 없었지만, 이미 약혼 관계에 있던 귀족 가정의 딸 옌니와 크로이츠나하(Kreuznach)에서 결혼한다. 그는 일곱 명의 자녀를 얻었는데, 그중에 세 명의 딸만 생존한다. 부인 옌니의 이복 남동생은 나중에 프로이센 정부의 내무장관이 된다. 마르크스의 사상에 전적으로 공감하는 옌니는 마르크스를 위해 삶을 바친다. 성격이 매우 까다롭고 자기중심적이었던 남편과 함께 그녀는 심각한 물질적 빈곤과 심리적 고통을 끝까지 견디며, 가사와 자녀 양육 외에도 마르크스의 비서 역할을 감당한다. 원고 정리와 수정, 출판물 교정, 연구 자료 정리, 서신 교환 등의 일을 그녀가 처리했다.

옌니 폰 베스트팔런
(출처: wikipedia)

결혼 후에도 마르크스에게는 공직 진출의 길이 열리지 않는다. 그는 "독일에서는 아무것도 시작할 수 없다"고 말한다. 결국 마르크스는 1843년 10월 11일, 그의 아름다운 부인과 함께 **프랑스 파리**로 이주한다. 여기서 그는 독일 지인들이 보내주는 기부금으로 생활하면서 『헤겔 법철학 비판』을 출판한다. 또 1843-44년에 「독일-프랑스 연보」(Deutsch-Französische Jahrbücher)를 발간한다. 이 연보는 독일 사회주의자 아놀드 루게(A. Ruge)가 독일과 프랑스의 급진주의자들을 통합하기 위해 세운 것이었다. 첫 권이자 마지막 권이 된 창간호에서 마르크스는 그의 유명한 「헤겔 법철학 비판 서론」, 「유대인 문제」(Zur Judenfrage)를 발표한다. 이 두 문헌은 "언어와 사상의 일치의 대작"이라 불린다. "비판의 무기는…무기의 비판을 대체할 수 없다." 헤겔 좌파의 친구들은 "철학을 지양하지 않고 철학을 실현하고자" 한다. 그러나 "우리는 철학을 실현하지 않고서는 철학을 지양할 수 없다." "이른바 기독교 국가는 국가의 기독교적 부정이지, 결코 기독교의 국가적 실현이 아니다"라는 그의 말은 유창한 변론술을 보여준다. 1843년 12월에 그는 독일의 유명한 시인이 된 외사촌 하이네를 만나 좋은 관계를 맺게 된다.

또한 마르크스는 파리에서 엥겔스를 다시 만나고, 그와 친밀한 관계를 맺는다. 부퍼탈 부근의 바르멘(Barmen)에 있는 방직회사의 사장 아들이었던 엥겔스는 마르크스가 죽을 때까지 그의 사상적 동지인 동시에 경제적 조력자로서 공동의 목적을 지향한다. 마르크스는 엥겔스의 경제적 도움으로 이민 생활을 하면서도 학문 연구를 계속할 수 있었다. 엥겔스의 권유로 그는 정치 경제학을 깊이 연구하게 된다. 1844년에 그가 집필한 『국가경제학 비판』이 그가 사망한 후 1932년에 『파리 시대의 원고』(Pariser Manuskripte)란 제목으로 출판된다. 오늘날 "경제-철학적 원고"(ökonomisch-philosophische Manuskripte)라 불리는 이 책은 소외된 노동, 노동 임금, 자본의 이익, 사유재산과 공산주의, 헤겔의 변증법과 철학 일반을 다룬다. 오늘에 이르기까지 이 책은 "과학적 사회주의"의 교과서라 불린다. 임금 노동의 문제점, 경제학적 의미의 소외, 사유재산, 공산주의 사회를 통한 사유재산 폐기 등의 문제가 여기서 처음으로 다루어진다.

5. 또한 파리에서 마르크스는 서정 시인 게오르그 헤르벡(G. Herwegh)과 매우 친밀한 교분을 맺는다. 상-시몽, 블랑크, 오웬 등의 프랑스 초기 사회주의자들과 밀접한 관계를 이루며, 무정부주의자 바쿠닌(Bakunin)을 통해 사회주의자 프루동(P. J. Proudhon, 1809-1865)과도 긴밀한 관계를 맺는다. "소유는 도적질이다"라는 프루동의 생각은 그에게 깊은 감명을 준다. 이들을 통해 마르크스는 산업사회 무산계급자들의 고난에 눈을 뜨게 되고, 혁명 사상을 수용하게 된다. 그는 엥겔스와 함께 국제 정치에 더 깊은 관심을 가지며, "공산주의자 연맹"(Bund der Kommunisten)에 참여하기도 한다. 사회적 혁명의 필요성에 대한 확신 속에서 그는 루게와 포이어바하의 종교개혁적·민주적 휴머니즘과 작별하고, 무산계급을 주축으로 한 혁명을 주장한다.

　　마르크스를 경제적으로 돕기도 하고, 그와 함께 「독일-프랑스 연보」를 발간한 아놀드 루게는 마르크스의 혁명 사상을 반대한다. 이로 인해 마르크스는 루게와의 관계를 단절한다. 관계 단절의 외적 원인은 마르크스의 인격에 대한 루게의 비판과, 이에 대한 마르크스의 반격이었다. 그러나 근본 원인은 마르크스의 학문적 엄격성과 추진력이 루게의 저널리즘적인 재능을 크게 앞섰기 때문이다. 헤겔 좌파 가운데 마르크스는 학문적으로 가장 뛰어났을 뿐 아니라, 헤겔 철학의 넓이와 깊이를 가장 깊이 파악한 인물이었다. 마르크스의 입장에서 볼 때, 루게는 헤겔의 변증법 속에 숨어 있는 혁명적 실천의 요소를 철저히 파악하지 못하였다. 그는 헤겔 철학을 우파적으로 해석하였다. 이리하여 루게는 하이델베르크 대학교 교수 취임 강연에서 헤겔의 주요 관심은 지식의 절대적 체계를 세우는 데 있었고, 철학은 정치적 현실과 무관하다고 말하게 된다. 이에 마르크스는 루게가 새로운 역사를 창조하려 하지 않고 역사를 기술하고자 할 뿐이라고 비판한다. 1844년 슐레지언(Schlesien, 현재 폴란드 영토)에서 직조공 봉기가 일어났을 때, 마르크스와 하이네는 이를 가리켜 새로운 시대의 전령이라고 보았던 반면, 루게는 굶주림으로 인한 파업에 불과하다고 평가하면서 마르크스의 공산주의 사상을 반대하고 민주적 공화정을 주장하였다.

이로 인해 마르크스는 루게와 작별하고 무산계급 혁명을 통한 자본주의 체제의 전복을 주장하는 공산주의자가 된다. 그는 무산계급에 의한 공산주의 혁명의 이론가로 발전한다. 그 배면에는 프랑스의 물질론적 무신론이 전제되어 있었다. 당시 자본주의 체제는 유신론에 기초한 기독교를 국가의 기초로 두었다. 그러므로 마르크스는 하나님의 존재와 기독교 종교를 부인하지 않을 수 없었다. 하나님의 존재와 기독교 종교를 거부하는 무신론이 무산계급 혁명의 전제로 생각되었다. 이리하여 마르크스는 기독교 종교에 대한 비판이 모든 비판의 전제라고 말하게 된다.

6. 이 같은 사상을 가진 마르크스를 좋아할 정부는 세계 어디에도 없었다.

당시 프랑스 정부에게 마르크스는 한마디로 위험인물이었다. 프로이센 정부 입장에서도 마찬가지였다. 그 당시 마르크스를 위시한 체제 비판적 인물들은 "전진"(Vorwärts)이란 제목의 문서를 출간하였다. 프로이센 국왕 살해 시도가 실패로 끝났을 때, 이 문서는 이 시도를 환영하는 글을 발표하였다. 이에 프러시아 정부는 하이네, 바쿠닌, 루게, 마르크스에게 24시간 내에 프랑스를 떠나라는 추방 명령을 내린다. 마르크스만 이 명령을 따른다. 만 26세였던 1845년 2월 1일에 그는 부인과 갓 태어난 딸 옌니(Jenny)를 데리고 파리를 떠나 **벨기에 브뤼셀**(Brüssel)로 이주한다.

브뤼셀에서 3년간 머물면서 마르크스는 지지자들의 도움을 받아 경제적으로 안정된 생활을 하며 문필가로서, 또 공산주의 활동가로서 활발하게 일한다. 그는 당시 사업가로 활동하던 엥겔스와 함께 다양한 사회주의 인물들과 교류한다. 브뤼셀로 이주한 수공업자들, 이상적 사회를 꿈꾸는 문필가들, 양복 재단사 도제인 바이틀링(W. Weitling) 등이 이에 속한다. 이상적 사회 질서에 대한 이들의 막연한 생각에 반해, 마르크스는 기존 사회 변혁의 물질적 전제를 의식화시키고자 한다. 이들의 막연한 생각을 그는 무익한 잡담으로 간주하고, 자기의 이론을 강력하게 주장한다. 자기의 이론에 조금이라도 벗어나면 귀족처럼 교만한 어투로 그것을 거부한다. 이리하여 마르크스는 비웃음과 미움을 받게 된다. 그 당시 공식 석상에서 마르크스를 만났던 러시아인 아니언코프(Anienkow)는 마르크스의 모습을 다음과 같이 묘사한다. 마르크스는 굽힐 수 없는 강력한 의지와 조금도 양보할 수 없는 확신으로 충만한 사람처럼 보였다. 외모도 아주 특이했다. 그는 자연스럽지 않은, 마치 군인처럼 각이 진(eckig) 움직임을 보였다. 그는 "대담하고 자기의식적으로 보였다. 그의 태도는 사회의 일반적 에티켓에 반하는 것이었다.…그는 이의를 허용할 수 없는 명령적 어조로 말했다." 확신에 찬 그의 목소리는 너무 날카로워 듣는 사람의 반감을 일으킬 정도였다. "이 목소리는 정신들을 지배하고, 그들에게 법을 명해야 할 자기의 사명에 대한 확신을 보여주었다. 내가 본 마르크스는…민주적 독재자의 화신이었다"(Landshut 2004, 56).

브뤼셀에 체류하는 동안 마르크스는 헤겔 좌파의 비판에 관한 책『거룩한 가족 혹은 비판적 비판의 비판: 브루노 바우어와 동지들에 반하여』(*Die Heilige Familie oder Kritik der kritischen Kritik...*, 1845)와 『독일 이데올로기』(*Die Deutsche Ideologie*, 1845/46)를 집필한다. 『독일 이데올로기』 제1부에서 마르크스는 포이어바하를 다루며 자신의 물질론적 입장을 천명한다. 이 책은 출판사를 만나지 못해 마르크스가 생존하는 동안에 출판되지 못한다. 그가 사망한 후 1932년에야 이 책이 발행된다. 또한 이 책에서 마르크스는 헤겔의 형이상학적 범주를 벗어나지 못하는 프루동의 감상적 사회주의를 비판한다. 비판의 표시로 그는 프루동의 책 제목『빈곤의 철학』(*Die Philosophie des Elends*)을 거꾸로 뒤집어『철학의 빈곤』(*Das Elend der Philosophie*)이란 제목의 책을 1847년에 출판한다.

브뤼셀에서 마르크스는 엥겔스와 함께 노동자들의 정치 운동에 적극 참여한다. 두 사람은 17명의 독일인 회원으로 이루어진 "공산당"과 "공산당 연락 사무소"(Kommunistisches Korrespondenzbüro)와 함께, 작은 국제적 조직을 가진 "의로운 자들의 연맹"(Bund der Gerechten)과 관계한다. 연맹 지도자 바이틀링과의 교류 속에서 두 사람은 국제적 차원에서 무산계급의 조직화를 위해 적극 노력한다. 1846-47년 겨울에 이 연맹은 마르크스와

프리드리히 엥겔스
(출처: wikipedia)

엥겔스의 공산주의의 "새로운 이론"을 고백하고, 두 사람을 회원으로 가입시키기 위해 1947년 초에 시계 제작공 요셉 몰(Josef Moll)을 브뤼셀과 파리로 파송한다. 그리고 연맹 총회에서 두 사람의 "비판적 공산주의" 이론을 선언문 형식으로 발표해달라고 제의한다. 1847년 6월 런던 총회에 참여한 엥겔스는 이 연맹을 "공산주의자 연맹"(Bund der Kommunisten)으로 바꾼다.

연맹의 요청에 따라 마르크스와 엥겔스는 공산당의 기본 신앙고백을 선언문 형식으로 집필한다. 이 문서는 연맹 내부의 논쟁과 모함 끝에, 1848년 2월 21일에 "공산당 선언"(Manifest der kommunistischen Partei)이란 제목으로 영어, 불어, 독일어, 이탈리아어, 덴마크어 등으로 출판된다. 사실 이 문서는 마르크스에 의해 집필되었지만, 1947년 엥겔스가 모세스 헤스에 반하여 교리문답 형식으로 작성한 "공산주의 기본 명제들"(Grundsätze des Kommunismus)에 기초하여 완성되었다. 이리하여 이 문서는 마르크스와 엥겔스 두 사람의 이름으로 발표된다(Bollnow 1954, 82). 이 책자는 마르크스주의적 사회주의의 기본 문서가 된다. 이 문서에서 마르크스, 엥겔스는 이미 일어나고 있는 공산주의 혁명을 통한 유럽 사회의 역사적 변혁 과정을 제시하고, 공산주의 혁명을 초래할 수밖에 없는 자본주의의 경제적 구조에 대한 학문적 분석을 제시한다. 노동자 계급의 혁명적 해방 운동에 대한 이론적 근거가 이 책에 집약적으로 제시된다.

7. 1848년 2월 프랑스에서 새로운 혁명이 일어나 국왕이 추방되고, 제2공화국이 소집된다. 당시 마르크스가 체류하던 브뤼셀에서도 소요가 일어나고, 노동자들의 무장 폭력 운동의 위험성이 고조된다. 이에 벨기에 국왕은 1848년 3월 3일 마르크스를 독일로 추방한다. "종래의 모든 사회 질서의 폭력적 전복"을 주장하는 마르크스를 벨기에 영토 안에 둘 수 없었다. 1848년 3월에 오스트리아의 메테르니히가 추방되고, 베를린에서도 혁명

운동이 일어나자 마르크스는 벨기에 브뤼셀을 떠나 파리를 거쳐 **쾰른**으로 돌아온다. 그는 아버지가 남겨준 유산과 자기 부인의 유산을 털어 「신라인신문」(Neue Rheinische Zeitung)을 개간한다. 마르크스가 편집 주간을 맡은 이 신문은 혁명적 민주주의 운동의 기관지가 된다. 이 신문을 통해 마르크스는 노동자 계급을 결집하고, 그들을 혁명의 선봉에 세우고자 한다.

그러나 1848년의 독일혁명은 실패로 끝난다. 유럽 전체의 혁명 운동이 1849년 초에 좌절한다. 프로이선의 국왕 프리드리히 빌헬름 4세는 민주주의 의회를 해산하고 반혁명 정책을 실시한다. 이 정책의 일환으로 빌헬름 4세는 언론을 엄격히 통제하고 혁명론자들을 숙청한다. 마르크스 부부가 전 재산을 투자해 세운 「신라인신문」은 폐간되고, 부인의 스코틀랜드 아가일(Argyll) 공작 가문이 물려준 은 세공품은 전당포에 맡겨진다. 결국 마르크스는 조세 거부, 언론상의 경범죄, 검사 모욕죄, 무장 반란 선동죄 등의 죄목으로 기소당한다.

1849년 5월 16일 재판에서 마르크스는 무죄 선고를 받지만, 독일에서의 추방 명령을 받는다. 마르크스는 가족과 함께 아무런 생계 수단 없이, 정해진 거처도 없이 **프랑스 파리**로 떠난다. 당시 파리는 혁명론자 숙청 운동과 함께 콜레라 전염병이 창궐하고 있었다. 프랑스 당국은 마르크스의 가족을 기후 조건이 아주 나쁜 프랑스 변경 지역으로 내쫓아버린다. 갈 데가 없어진 마르크스는 만 31세였던 1849년 8월에 부인과 네 명의 자녀를 데리고 **영국 런던**으로 이주한다. 여기서 그는 1883년 사망할 때까지 34년간 무국적자로 망명 생활을 한다. 그의 일생 약 절반을 영국 런던에서 보낸 셈이다.

영국 정부도 마르크스의 생활에 전혀 관심을 보이지 않았다. 마르크스는 어디를 가든지 위험한 인물이었기 때문이다. 어느 나라도 그의 무신론과 공산주의 사상을 수용할 수 없었다. 이리하여 마르크스는 그의 생애에서 가장 어려운 경제적 고통을 당하게 된다. 영어를 잘하지 못해 언어적 어려움도 많았다. 돈이 없어 이 집 저 집으로 거처를 옮겨야 했다. 월세를 내지 못해 거리로 내몰릴 위기도 있었다. 음식도 제대로 먹지 못하였다. 아이들이 학교에 입고 갈 옷이 없을 때도 많았고, 아파도 병원에 갈 돈이 없었다. 그에게 런던에서의 처음 3년은 거의 한계상황이었다.

마르크스의 부인 옌니는 끝까지 가정을 지켰다. 그녀는 마르크스를 보좌하고, 가정을 위해 자기를 희생했다. 경제적으로 너무 힘들어 그녀가 쓰러질 정도였다고 한다. 일곱 자녀 가운데 세 명이 영양실조와 질병으로 일찍 세상을 떠났고, 일곱째 아이는 태어나자마자 죽었다. 자식의 죽음은 옌니에게 가슴이 찢어지는 듯한 고통을 주었을 것이다.

다행히 마르크스는 런던으로 옮겨간 지 3년째인 1852년부터 약 10년 동안 미국 신문 *New York Daily Tribune* 지의 유럽 특파원으로 일하게 된다. 이 신문은 당시 20만 명의 독자를 둔 세계 최대의 언론 매체였다. 이 신문에 마르크스는 자기의 이름으로 350건, 엥겔스의 이름으로 125건, 공동 집필 12건, 총 487건의 기사를 기고한다. 노예제도, 식민주의, 제국주의, 세계의 사회와 정치, 경제와 금융, 혁명과 전쟁 등에 관한 글을 발표한다. 이 신문 외에도 여러 언론지에 투고한 기사 원고료로 그는 생계를 이어간다. 그의 친구 엥겔스가 아버지의 방직회사를 물려받아 마르크스를 경제적으로 크게 도와준다. 또 지인들이 보내준 기부금을 통해 마르크스는 경제적 안정을 얻어 연구에 몰두할 수 있게 된다.

어떤 사람은 마르크스를 두고 가족의 빈곤을 외면하고, 자기 홀로 호화로운 생활을 한 이기주의자라고 비난한다. 가난한 노동자 계급을 위한다고 하면서, 자신은 친지의 기부금으로 호화로운 생활을 한 이중인격자였다고 말하기도 한다. 그러나 이것은 마르크스에 대한 모함이다. 그의 자녀 한 명은 태어나자마자 죽고 세 명은 의사 진료를 받지 못해 어린

나이에 세상을 떠났으며, 부인과 첫째 딸도 제대로 치료받지 못해 암으로 사망했다. 월세를 제때 내지 못해 재산 차압과 함께 거리에 나앉을 뻔한 형편에, 마르크스 혼자 호화스러운 생활을 한다는 것은 상식적으로 불가능하다. 이론에 대해서는 이론으로 대응해야지, 사생활을 비난함으로써 그의 이론을 배격하는 것은 유치한 짓이다.

8. 마르크스가 영국에 체류할 즈음, 유럽 각지에서 일어난 노동자 혁명과 각종 사회 운동은 거듭 실패한다. 좌파 계열은 사상적 불일치로 인한 상호 비방과 중상모략, 내적 분열로 힘을 잃어버린다. 이에 실망한 마르크스는 1857년에 개장한 대영박물관 열람실에서 연구에 정력을 쏟는다. 그는 오전 9시부터 오후 7시까지 열 시간 동안 연구에 집중한다. 자신과 가족의 질병, 재산 차압 등으로 방해를 받지 않는 한 밤 2-3시까지 연구를 계속했다. 다양한 종류의 책을 섭렵하면서 그는 자신의 사상을 경제적 사실들을 통해 증명하는 동시에, 이상적 사회를 향한 무산계급의 역할을 제시했다. 그는 "정치적 실천가"라기보다 "정치적 실천의 이론가"로 평가된다(Küng 1995, 168).

각고의 노력 끝에 1859년에 『정치 경제학 비판』(*Kritik der politischen Ökonomie*)이 출판된다. 이 책의 주요 생각을 확대하여 마르크스는 그의 대표작 『자본론』(*Das Kapital*)을 집필한다. 자본론은 본래 세 권으로 기획되었다. 제1권이 1867년에 완성된다. 리카르도의 노동가치설을 수용, 확장한 이 책은 매우 좋은 반응을 얻어 초판이 빠르게 매진된다. 제2권과 3권은 마르크스 생전에 완성되지 못하고 원고만 남게 된다. 그가 사망한 후 엥겔스가 원고를 정리하여 1893년 7월에 제2권을, 1894년 10월에 제3권을 출판한다.

마르크스의 『자본론』의 기본 통찰은 이미 그의 청년기 문헌에 나타난다. 물질적·사회-경제적 하부구조(Unterbau)가 인간의 의식과 사유, 법과 도덕, 국가, 학문과 예술, 종교와 철학 등의 "상부구조"(Überbau)를 결정한다는 자본론의 통찰은 이미 그의 청년기 문헌에서 준비되었다. 많은 기본 내용이 『경제-철학적 원고』, 『독일 이데올로기』, 『공산당 선언』에 나타난다. 그러나 상품의 잉여가치를 통해 점점 더 비대해지는 유산계급의 자본에 비례하여 점점 더 심화되는 무산계급자들의 경제적·사회적 비참, 무질서한 과잉생산으로 말미암은 자본주의 체제의 필연적 위기, 결국 공산주의 사회가 등장할 수밖에 없는 역사적 필연성을 사회-경제학적으로 정교하게 분석한 점에서, 이 책은 마르크스의 기념비적 작품이요, 그의 "주요 저서"라 말할 수 있다(Fleischer 1992, 226).

마르크스의 평소 건강 상태는 매우 좋지 않았다. 그는 편두통, 결막염, 신경통, 류머티즘, 만성 불면증에 시달렸다. 수면 부족과 과로, 심한 편식, 영양 부족, 싸구려 독주와 담배가 주요 원인이었다. 나쁜 생활 습관과 음식 습관을 바꾸어야 한다고 엥겔스가 수차 권고했지만, 별로 소용이 없었다. 1881년 12월에 그의 아내 옌니가 간암으로 사망하자 마르크스는 의지할 수 있는 심리적 기둥을 잃어버린다. 당시 엥겔스는 한 친구에게 보낸 편지에서, "모어(Mohr, 마르크스의 별명)가 죽었다"고 말한다. 이에 더하여 아내가 사망한 1년 뒤에 첫째 딸도 방광암으로 사망한다.

그 당시 마르크스는 사회적으로 완전히 고립되어 있었다. 그는 좌파 혁명 세력에서도 배제되었다. 1864년 런던에서 결성된 국제 노동자 조합(Internationale Arbeiter-Assoziation)에 참여했지만, 깊은 실망감을 느끼며 등을 돌리게 된다. 이 조합은 다양한 분파의 끝없는 논쟁 속에서 1872년에 해체된다. 마르크스는 독일 사회 민주주의 노동자 운동에 대해서도 거리를 둔다. 1875년 독일 고타(Gotha)에서 결성된 "사회 민주주의 노동당"(Sozialdemokratische Arbeiterpartei)에 대해서도 마르크스는 날카롭게 비판한다. 결국 마르크스는 자기를 지지해야 할 좌파에게서도 버림을 받는다. 그에게 친한 친구라곤 엥겔스밖에 없었다.

이 같은 역경과 외로움에도 불구하고 그는 자기의 비전을 포기하지 않는다. 가는 곳마다 배척과 추방과 냉대를 받지만, 그는 타협을 거부하고 자기 이론의 순수성을 지킨다. 만일 마르크스가 하나님의 존재와 기독교 종교를 거부하지 않았다면, 그는 최소한 교회의 지원은 받을 수 있었을 것이다. 그러나 마르크스는 처음의 소신을 굽히지 않는다. 인간에 의한 인간의 계급적 차별과 소외가 없는 사회, 모든 인간이 "인간에게 최고의 존재"로 존중받는 사회, 재산을 함께 나누는 "새로운 사회"에 대한 비전 속에서 그는 연구에 전념한다. 그는 자기에게 주어졌다고 믿는 세계사적 사명, 곧 "풀리지 않은 역사의 수수께끼"를 풀어야 할 사명에 끝까지 충실하고자 한다. 그러나 건강이 악화된다. 그는 엥겔스와 의사의 권유로 혼자 외국 여행을 떠난다. 여행 도중 알제리아에서 엥겔스에게 보낸 편지에서 그는 죽은 아내에 대한 그리움을 다음과 같이 토로한다. "자기의 격한 감정을 나타내고 싶지 않은 사람은 별로 없다는 것을 너도 잘 알 거야. 하지만 내 삶의 너무도 귀중한 부분이었던 내 아내를 회상하는 데 내 생각 대부분이 소진되었다는 것을 부인한다면, 그것은 거짓말이겠지!"(Landshut 2004, 68)

여행 후 건강이 약간 회복되었지만, 결국 마르크스는 기관지염과 흉막염으로 1883년 3월 14일 64세의 무국적자로 런던에서 사망한다. 부인이 사망한 지 약 15개월 후였다. 아내를 잃은 지 얼마 안 돼 방광암으로 세상을 떠난 첫째 딸의 죽음이 그에게 결정적 충격을 준 것으로 보인다. 매일 그를 방문했던 엥겔스가 그의 집에 들어갔을 때, 마르크스는 홀로 안락의자에 앉아 죽은 상태로 발견되었다고 한다. 아무도 그의 임종을 지켜보지 못했다. 남은 두 딸과 엥겔스, 그리고 몇 사람의 지인들이 그의 장례식을 치렀다. 엥겔스는 12년 뒤인 1895년에 사망하였다. 사망하면서 그

는 마르크스의 남은 두 딸에 게 2011년의 화폐 가치로 미화 480만 달러를 유산으로 남겼다고 한다(*The New York Times*, 2011. 9. 25). 엥겔스는 사망할 때까지 독신으로 살았다. 그는 마르크스와 자신의 관계를 "제우스의 쌍둥이"(Diokurenpaar)라고 불렀다 (Thier 1954, 27).

마르크스의 첫째 딸 사망 후
그의 가족을 방문한 엥겔스(뒷줄 왼편)
(출처: https://www.joongang.co.kr/article/22599352#home)

9. 마르크스가 남긴 많은 문헌은 전체적으로 체계적이지 않다. 헤겔과 달리 마르크스는 학문적 체계를 세우는 데 관심을 두지 않았다. 초기 자본주의 사회의 세계사적 변화 과정에서 그는 이 과정을 파악하고 부정성을 극복하는 데 주력하였다. 따라서 그의 문헌은 특정한 상황과 그 문제에 대한 응답에서 나온 것으로, 논쟁적이고 실천적 성격이 강하다. 그는 당시의 많은 사상을 수용하는 동시에 이들과 비판적으로 대결하면서 세계사의 올바른 방향을 제시하고자 한다. 여기서 그는 어떤 교조적 원리를 말하기보다 암시하는 태도를 보인다. 이론적인 것과 실천적인 것, 깊이 생각된 철학적인 것과 시사적인 것, 사실적인 것과 예견적인 것, 현실적·합리적인 것과 환상적이고 유토피아적인 것, 객관적 인식과 인격적으로 참여된 주관적 관찰이 결합되어 있다. "그가 인식한 진리는 객관적이지 않고 논쟁적이다"(Schrey 1954, 147). 방법적이고 체계적으로 기록된 유일한 문헌은 『자본론』과 그것의 핵심을 정리한 글 정도다.

마르크스가 남긴 대부분의 문헌은 거짓되고 비인간적인 현실과 모순, 지배계급의 지배수단이 된 추상적 사상 내지 이론에 대한 논쟁의 성격을 띤다. 그중에 많은 글은 헤겔, 포이어바하, 청년 헤겔주의자들, 프루동과 바쿠닌 등에 대한 논쟁서였다. 경제-철학적 원고들과 『독일 이데올로기』 등은 완성되지 않은 형태로 남겨졌다(Fleischer 1992, 222-223). 현실에 대한 분노 속에서 격정적으로, 또 선동적으로 기술된 그의 사상들을 체계 있게 정리한 인물은 그의 평생 동지 엥겔스였다. 엥겔스의 문헌에서 우리는 차분하게 잘 정리된 마르크스의 사상을 만날 수 있다. 마르크스는 독자의 마음을 "뒤흔드는" 형식으로 글을 쓰는 반면, 엥겔스는 "위로하고 진정시키는" 형식으로 글을 쓴다(Bollnow 1954, 84). 그러나 마르크스의 글은 천재적인 깊은 통찰력과 뛰어난 변론술과 문장력을 보여준다. 헤겔과 포이어바하의 철학, 근대 자본주의의 문제성에 대한 그의 분석은 타인의 추종을 불허한다. 그의 생각에 많은 문제점이 있다 할지라도 그가 천재적 인물이었음은 부인할 수 없는 사실이다. 그를 끝까지 보좌한 그의 아내 옌니의 헌신적 삶도 망각되어서는 안 될 것이다. 독일에서 파리로, 파리에서 브뤼셀로, 브뤼셀에서 독일 쾰른으로, 쾰른에서 프랑스를 거쳐 영국 런던으로 쫓겨다니면서, 영양실조와 질병으로 자녀 일곱 중 다섯이 일찍 세상을 떠나는 삶을 과연 어떤 여성이 견딜 수 있을까! 마르크스가 남긴 업적은 부인 옌니의 헌신으로 말미암아 가능하였음을 후대의 사람들은 잊지 않아야 할 것이다.

마르크스의 사상 전체는 "철학적"이라 말할 수 있다. "그의 경제적·사회-혁명적 요구들은 헤겔 철학과의 논쟁 속에서 생성된 철학적 기본 사상들의 마지막 귀결로 이해될 수 있다." 이 귀결은 마르크스가 헤겔 철학을 잘못 이해했기 때문이 아니라, 오히려 헤겔 철학에 대한 철저한 연구에서 나온 것이었다. "마르크스는 헤겔의 제자들 가운데 헤겔의 역사철학적 사상의 넓이와 깊이를 가장 잘 파악한 인물이었다. 이리하여 마르크스만이 헤겔 철학을 가장 날카롭게 공격할 수 있었다"(Landgrebe 1954, 39-40). 그는 헤겔 철학과의 논쟁에서 자신의 사상의 전제를 발견하였다. 이 전제에서 생성된 마르크스의 사상은 "철학적 사상들과, 이 사상들 안에서 세워진 실천적-혁명적 요구들의 통일체"로 이해될 수 있다(46).

II
마르크스와 포이어바하

1. 마르크스에 대한 포이어바하의 영향

1. 마르크스가 1836년 본 대학교에서 베를린 대학교로 옮겼을 때, 포이어
바하는 베를린을 떠나 에르랑언에 머물고 있었다. 따라서 마르크스는 베
를린에서 포이어바하를 직접 만날 수 없었다. 그러나 그는 헤겔 좌파를 통
해 포이어바하의 사상을 충실히 습득할 수 있었다. 이리하여 마르크스는
포이어바하의 영향을 받게 된다. 베를린의 청년 마르크스에게 포이어바하
는 그 시대의 매우 영향력 있는 사상가요, 새로운 시대의 개척자요 선구자
였다. 그의 문헌 속에서 마르크스는 혁명적 이론을 발견하였다.

그러므로 이 시대의 진리를 파악하고자 한다면 포이어바하의 철학
을 철저히 연구해야 한다고 마르크스는 말한다. 그의 철학을 통하지 않고
는 진리와 자유에 이를 수 없다. "너희 사변적인 신학자들과 철학자들에게
나는 충고한다. 만일 너희들이 있는 그대로의 사물들, 즉 진리에 이르고자
한다면, 너희는 지금까지의 사변적 철학의 개념과 표상으로부터 해방되어
야 한다. 진리와 자유에 이르기 위해 불의 개천(Feuer-bach, 포이어-바하)을

통하는 길 외에는 너희에게 다른 길이 없다. 포이어바하(불의 개천)는 현재의 연옥이다"(Gollwitzer 1974, 67에서 인용).

마르크스의 이 말은 그 자신에게 해당한다. 마르크스 자신도 "불의 개천" 곧 포이어바하를 통해 새로운 학문적 입장에 눈뜨게 된다. 마르크스의 철학은 그 전체에 있어 헤겔의 신학적·형이상학적 관념성(Idealität)을 거부하고, 현실적인 것, 물질적인 것에 근거하고자 한 시도였다. 이 같은 마르크스의 현실주의적 입장은 포이어바하의 현실주의에 그 뿌리를 둔다. 그의 역사적 물질론은 포이어바하의 인간학적 물질론에서 발전된 것이라 할 수 있다. 그러므로 엥겔스는 마르크스와 함께 "헤겔 이후의 모든 철학자 이전에 포이어바하의 영향"을 받았다고 말한다(Engels 1971b, 183).

2. 먼저 마르크스는 헤겔의 관념론에 대한 포이어바하의 거부에 동의한다. 마르크스의 헤겔 비판은 포이어바하의 헤겔 비판의 연장이라 볼 수 있다. 이것을 우리는 철학의 출발점에 대한 두 사람의 생각에서 볼 수 있다. 포이어바하에 의하면, 철학은 관념적인 것이 아니라 현실적으로 주어진 것, 차안의 것, 감성적 현실로부터 출발해야 한다. 의식 대신에 존재로부터, 절대자 정신 대신에 현실의 인간으로부터 출발해야 한다. 포이어바하의 이 같은 현실주의에 근거하여 마르크스는 헤겔이 말하는 "유령"(Gespenst)과 같은 정신이나 사상(생각, Gedanke) 아니라 참으로 현실적인 것, 곧 물질적·경제적 조건이 세계사에 대한 관찰의 출발점이 되어야 한다고 주장하게 된다. 마르크스에 따르면, 인간이 만나는 "첫째 대상은 인간이다. 그것은 자연과 감성이요", 자연의 대상들 속에서 자기를 대상적으로 실현하는 "특수한, 인간적으로 감성적인 존재의 힘들이다"(2004f, 318).

여기서 우리는 두 사람의 공통된 물질론적 기초를 볼 수 있다. 물질적인 것이 인간의 의식과 정신을 결정한다는 포이어바하의 물질론적 사고는, 물질적 하부구조가 정신적 상부구조를 결정한다는 마르크스의 사회경제적 차원의 물질론으로 발전한다. 인간은 살과 피로 구성된 물질적 몸을 가진 몸적 존재요, 그의 인격성은 물질적 몸에 있으며, 먹는 것, 곧 물질이 그의 존재를 결정한다는 포이어바하의 인간학적 물질론은 사회·물질적 조건이 사회의 모든 관계를 결정한다는 마르크스의 사회-경제적·역사적 차원의 물질론의 선구자 역할을 하였다고 볼 수 있다.

이진경 교수에 의하면, "포이어바하는 '인간이란 자기가 먹는 것과 다르지 않다'고 한다. 인간이란 단백질 덩어리란 말이다. 이 극단적인 문장에서 포이어바하가 생각하는 물질론을 엿볼 수 있다"(이진경 2015, 201). 여기서 인간은 "단백질처럼 그 자체만으로 존재하는 고정적인 객체로", 일정한 물리-화학적 법칙에 따라 움직이는 "기계"와 같은 것으로 파악된다. 이런 점에서 엥겔스는 포이어바하의 물질론을 가리켜 "기계적 물질론"(mechanischer Materialismus)이라 부른다. 포이어바하는 자연과 함께 인간의 몸도 진화의 과정에서 변천한다는 진화론적 세계관을 알지 못했다. 이로 말미암아 일어난 포이어바하의 기계적 물질론은 마르크스의 역사적 물질론의 길을 준비한다.

3. 또한 인간은 자연의 생물들처럼 생존을 위해 먹고 싶고, 여성과 남성의 성적 구별성 속에서 짝짓기를 하고 싶은 **자연적 충동**(혹은 본능)을 가진 **자연적 존재**요. 자연은 인간의 생명 유지의 본능을 충족시키는 생명의 "기초"(Grundlage)라는 포이어바하의 자연주의적 인간관은 청년 마르크스에게 그대로 계승된다. "인간은 직접적으로 자연의 존재(Naturwesen)다. 자연의 존재로서, 그리고 살아 움직이는 자연의 존재로서, 그는 한편으로 자연적 힘, 생명의 힘을 가진 활동하는 자연의 존재다. 이 힘들은…본능(혹은 충동, Trieb)으로서 인간 안에 실존한다. 다른 한편, 인간은 몸적·감성적·대상

적 존재로서 고난을 당하며, 제약되어 있고 제한되어 있는 존재다. 이것은 동물과 식물에 있어서도 마찬가지다.···인간이 몸적·자연적 힘을 가지고 살아 움직이는 존재, 현실적·감성적·대상적 존재라는 것은 다음의 사실을 말한다. 곧 인간은 현실적이고 감성적 대상들을 자기의 본질로, 자기 삶의 표출 대상으로 가진다는 것을 말한다.···대상적으로, 자연적으로, 감성적으로 존재한다는 것, 그리고 대상, 자연, 감성을 자기 바깥에 가진다는 것, 혹은 제3의 어떤 존재에 대해 스스로 대상, 자연, 감성이라는 것은 동일하다. 굶주림은 자연적 욕구다"(1971, 70, 2004f, 333). 굶주림이 해결되지 않으면, 정신도 없고 종교도 없다는 포이어바하의 생각에 마르크스는 전적으로 동의한다. 그러나 마르크스는 나중에 굶주림의 문제 해결을 사회-경제적·정치적 차원에서 추구한다.

4. 세계의 모든 것을 정신으로 환원하는 헤겔의 정신 일원론에 대한 마르크스의 다음과 같은 주장 역시 포이어바하에게서 온다. "자기의 자연을 자기 바깥에 갖지 않은 존재는 자연적 존재가 아니며, 자연의 본질에 참여하지 않는다. 자기 바깥에 아무 대상도 갖지 않은 존재는 대상적 존재가 아니다.···비대상적 존재는 존재하지 않는 것(Unwesen)이다.···내가 하나의 대상을 가질 때, 이 대상은 나를 대상으로 가진다. 그러나 비대상적 존재는 비현실적이며 비감성적 존재, 단지 사유된 존재, 다시 말해 상상된 존재, 추상화의 존재일 뿐이다"(1971, 70-71).

인간을 감성적 존재, 대상적 존재, 고난당하는 존재, 종(種)의 존재로 보는 포이어바하의 인간학적 통찰이 청년 마르크스에게서 그대로 나타난다. 마르크스에 의하면, "인간은 대상적이고 감성적인 존재다. 그러므로 고난당하는 존재다.···고난 혹은 수난은 그의 대상을 향해 열정적으로 매진하는 인간 본질의 힘이다. 그러나 인간은 자연의 존재일 뿐 아니라 **인간**

적인 자연의 존재다. 다시 말해, 자기 자신에 대해 존재하는 존재, 그러므로 종의 존재(Gattungswesen)다.…역사는 인간의 참된 자연의 역사다"(1971, 71-72). "인간에게서 분리된 추상적인 자연도…인간에게 존재하지 않는다"라는 마르크스의 말도 초기 포이어바하의 말 거의 그대로다.

5. 종교적·신학적 성격을 띤 종래의 형이상학에 대한 비판에서도 마르크스는 포이어바하를 계승한다. 포이어바하의 뒤를 따라 마르크스는 헤겔 철학을 가리켜 형이상학·사변철학, 혹은 신학적 철학이라 비판한다. 마르크스에 의하면, 헤겔 철학은 종교와 신학을 정립하고 이를 부정하지만 사실은 종교와 신학을 회복한다. 곧 **자기 자신과의 모순 속에서 자기인정과 자기확인**"(Selbstbejahung, Selbstbestätigung im Widerspruch mit sich selbst)이 일어난다. 헤겔은 종교를 인간의 "자아의 외화의 산물"(Produkt der Selbstentäußerung)로 인식함으로써 지양하지만, "종교로서의 종교 안에서 자기를 확인하고(bestätigt)", 이를 통해 종교를 다시 인정하는 바로 여기에 "헤겔의 거짓된 실증주의 혹은 거짓된 비판주의의 뿌리"가 있다는 마르크스의 헤겔 비판은 포이어바하의 비판을 재현한다. 포이어바하는 헤겔의 "술에 취한 사변(곧 신학적 철학)에 대항하여 정신이 말짱한 철학을 대립시켰다.…그는 사변적 신학에 대한 싸움을 통해 사변적 철학에 대한 싸움으로 발전하였다. 그는 사변을 신학의 마지막 근거라 인식했기 때문이다"라고 마르크스는 포이어바하의 입장을 지지한다(Weischedel 1971, 410에서 인용). 마르크스 역시 "신적 정신"이란 "술에 취한" 헤겔의 사변적 철학을 거부하고, 구체적 현실에 근거한 "정신이 말짱한 철학"을 세우는 것을 자신의 일평생 과제로 삼는다.

따라서 마르크스는 포이어바하의 종교비판을 일단 수용한다. "종교가 인간을 만드는 것이 아니라, 인간이 종교를 만든다"는 포이어바하의 "반종교적 비판의 기초"에서 마르크스는 자신의 종교비판, 곧 기독교 비판을 시작한다. 그리하여 "종교는 자기 자신을 아직 획득하지 못했거나 이미 그것을 잃어버린 인간의 자기의식이요 자기감정(Selbstgefühl)"이라고 정의한다 (1971, 17). 포이어바하처럼 마르크스도 종교의 폐기를 주장한다. "현실적 행복"을 얻고자 한다면, 종교는 폐기되어야 한다. 종교가 폐기될 때, 민중을 사로잡고 있는 "환상적 행복"이 폐기될 수 있다.

　　마르크스에 따르면, 종교의 거짓을 드러낸 결정적 인물은 포이어바하다. 하나님은 인간의 본질, 인간의 자기의식의 투사물에 불과하다. 이로써 종교는 인간의 자기의식으로 폐기된다. "하나님의 존재 증명은 인간의 본질적 자기의식의 증명이다"(Weischedel 1971, 411에서 인용). 포이어바하를 통해 "독일에서 종교비판은 본질적으로 끝났다." 포이어바하가 끝낸 종교비판을 통해 이제 모든 것에 대한 비판이 가능해졌다. 따라서 포이어바하의 "종교비판이 모든 비판의 전제다"(1971, 17). 그의 종교비판을 통해 "진리의 피안이 사라지게" 되었다. 이제 "역사의 과제는…차안의 진리를 확립하는 데 있다." 종교 안에 있는 "인간의 자기소외의 거룩한 형태가 폭로되었다. 이제 자기소외의 거룩하지 못한 형태들을 제거하는 것이 역사를 위해 봉사하는 철학의 과제다"(18).

6. 마르크스는 『경제-철학적 원고』의 마지막 장(章), "헤겔의 변증법과 철학 일반에 대한 비판"에서 최근의 헤겔 비판가들은 비판의 방법에 대해 무비판적이며, 본질적인 문제를 의식하지 못한다고 지적한다. "헤겔 철학 일반과 변증법에 대한 현대적 비판의 관계에 대한 무의식은 너무도 크다." 예를 들어, 의식이 세계를 생성하며, 생성된 세계 속에서 자기 자신을 생성하며, 자기 자신에 의해 생성된 것의 차이를 다시 지양한다는 슈트라우스의 논리는 헤겔적 논리에 불과하다(2004f, 321-322).

헤겔 철학을 비판한다고 하지만 헤겔의 논리를 벗어나지 못하는 헤겔 비판가들, 곧 슈트라우스와 바우어에 반해 포이어바하야말로 진정한 헤겔 비판가라고 마르크스는 포이어바하를 높이 평가한다. 포이어바하는 "헤겔의 변증법에 대해 비판적으로 관계하며, 이 영역에서 참된 발견을 한 유일한 사람이요, 옛 철학(헤겔 철학)을 참으로 극복한 사람이다"(2004f, 323). 포이어바하의 위대함을 마르크스는 다음과 같이 제시한다.

1) 헤겔 철학은 현실의 기초 위에서 이루어진 것이 아니라 "사상(생각, Gedanken)으로 표현되고 사유를 통해 완성된 종교"이며, "인간 본질의 소외의 한 가지 다른 형식과 현존 방식"임을 포이어바하는 증명하였다.

2) 포이어바하는 "'인간에 대한 인간의' 사회적 관계를 이론의 기본 원리로 세움으로써, **참된 물질론**과 현실적 학문"을 세웠다.

3) 포이어바하는 "절대적으로 긍정적인 것이라 주장하는 (헤겔의) 부정의 부정에 대해, 자기 자신에게 근거하며, 긍정적으로 자기 자신에 근거된 긍정적인 것을 대립시킴으로써" 참된 물질론과 현실적 학문을 세웠다고 마르크스는 인정한다.

마르크스에 따르면, 헤겔 철학의 관념적 추상성에 대한 포이어바하의 비판적 사고로 말미암아 국가경제(Nationalökonomie)에 대한 그의 비판은 물론 긍정적 비판 일반이 가능해졌다. "긍정적인 휴머니즘적이며 자연주의적 비판은 포이어바하로부터 시작된다. 포이어바하의 문헌이 일으키는 작용은 조용할수록 더욱더 확실하고, 깊으며, 포괄적이고, 지속적이다. 포이어바하의 문헌은 헤겔의 정신현상학과 논리학 다음에 오는, 현실적이며 이론적인 혁명이 내포되어 있는 유일한 문헌들"이라고 마르크스는 포이어바하의 공적을 인정하고, 포이어바하의 입장을 부분적으로 수용한다(2004f, 293).

2. 다시 관념론으로 빠지는 포이어바하
- 포이어바하에 대한 마르크스의 비판

1. 위에서 기술한 바와 같이, 청년 마르크스는 분명히 포이어바하에게서 깊은 영향을 받는다. 정통 마르크스주의가 주장하는 것처럼, 포이어바하는 마르크스가 한 번 거쳐간 "불의 개천"(Feuer-bach)에 불과하지 않다. 그는 마르크스를 준비한 인물에 불과하지 않다. 오히려 그는 마르크스의 동반자라고 말할 수 있다. 마르크스가 중요시하는 인간의 역사성·사회성과 실천에 관한 생각이 포이어바하에게서도 나타난다. 종교비판에 내포된 정치적 측면도 포이어바하의 생각에 암시되어 있다. 기독교가 국가종교였던 당시의 상황에서, 종교비판은 정치적 비판을 동반할 수밖에 없었다. 마르크스가 파리에서 포이어바하에게 보낸 한 편지에 의하면, 포이어바하의 문헌『미래 철학의 기본 명제들』, 『기독교의 본질』은 사회주의에 대한 철학적 기초를 세웠다(Küng 1995, 261). 또 "포이어바하는 사회적 관계, '인간에 대한 인간의 관계'를 이론의 기본 원리로 세움으로써 참된 물질론과 실제적 과학을 확립"하였다고 마르크스는 포이어바하를 칭송한다(2004f, 323).

그러나 그는 이 통찰을 암시만 할 뿐 구체적으로 전개하지 않는다고 지적하면서, 이제 마르크스 자신이 포이어바하의 통찰을 구체화하고자 한다. 그는 포이어바하가 암시한 통찰을 구체적으로 전개하면서, 포이어바하에게서 구별되는 자신의 입장을 세운다. 이것을 보여주는 대표적 문헌이 1844년, 26세 때 쓴 "포이어바하에 대한 명제들"(Thesen über Feuerbach)이다. 이 명제들은 11개의 항목으로 구성된다. 이 항목들은 짧게 구성되어 있지만, 그 속에는 포이어바하의 한계점에 대한 마르크스의 비판과 더불어 마르크스 자신의 기본 입장이 나타난다.

- **명제 1**: 포이어바하의 물질론을 포함한 종래 물질론의 주요 결함은 "대상, 현실, **감성이 감성적이고 인간적인 활동, 실천**으로 파악되지 않고, 단지 **대상 혹은 직관**의 형식으로 파악되는"점에 있다. 우리가 먹는 한 알의 사과도 우리에게 직접적으로 주어진 "대상"이 아니다. 그것은 농부들의 노동, 상품 중개인의 중개 행위, 최종 판매자와 구입자의 경제적 활동의 결과물이다. 포이어바하는 이 사실을 보지 못하고, 한 알의 사과만을 볼 뿐이다. 포이어바하가 말하는 대상과 현실의 활동과 실천의 측면은 물질론과는 달리, "현실적이고 감성적인 활동 자체를 알지 못하는 관념론에 의해 추상적으로 발전되었다. 포이어바하는 사상(생각)의 대상들(Gedankenobjekten)로부터 정말 구별되는 감성적 대상들을 다루고자 하였다. 그러나 그는 인간의 활동을 **대상적** 활동으로 파악하지 않는다."그러므로 그는『기독교의 본질』에서 "이론적 관계(Verhalten)만을 진짜 인간적 관계로" 파악하고 실천을 배제한다. "그러므로 그는 '혁명적인', '실천적-비판적' 활동의 의미를 파악하지 못한다"(2004h, 402).

여기서 마르크스는 포이어바하의 물질론의 핵심 오류를 지적한다. 포이어바하의 물질론의 핵심 오류는 감성적 현실을 단지 "직관"(theoria)의 형식으로 파악하며, 인간의 감성적 활동 혹은 실천의 산물로 보지 않고, 이 모든 활동과 실천이 결여된 **대상**으로 보는 데 있다. 이리하여 포이어바하의 물질론은 **무역사적 물질론, 직관적 물질론**이 되어버린다. 그 원인은 소유와 소비와 향유를 최고의 가치로 생각하는 후기 시민사회에 있다. 이 사회는 그가 소비하는 모든 것이 인간의 사회적 활동 내지 **노동의 사회적 산물**임을 알지 못한다. 이 같은 제한성 속에서 포이어바하는 세속 세계의 기초로서의 종교적 세계, 곧 기독교 세계를 해체하는 공적을 남긴다. 그러나 그는 세속적 기초를 이론적으로, 또 실천적으로 파악하지 않는다. 이로 인해 포이어바하의 사상은 세계에 관한 또 하나의 이론이 되어버린다.

- **명제 2**: 여기서 마르크스는 "실천"의 의미를 한 걸음 더 깊이 파악한다. **진리에 도달할 수 있는 길**은 단순히 이론에 있는 것이 아니라 실천에 있다는 것이다. "인간의 사유가 대상적 진리에 도달할 수 있는가의 문제는 이론의 문제가 아니라 실천적 문제다. 인간은 실천 속에서 진리를, 다시 말해 현실과 힘, 사유의 차안성을 증명해야 한다." 실천에서 분리된 사유가 현실인지 아니면 비현실인지에 관한 논쟁은 "완전히 스콜라적 문제다"(2004h, 402).

이와 연관하여 마르크스는 포이어바하의 물질론의 문제점을 지적한다. 포이어바하에게서 진리는 실천이 없는 이론적 사유를 통해 도달할 수 있는 것으로 생각된다. 사유를 통해 도달한 진리가 참 진리인지 아닌지에 관한 논쟁은 현실에서 괴리된 "완전히 스콜라적인 문제"다. 마르크스에 따르면, 진리는 사유를 통해서가 아니라 **실천을 통해** 증명되어야 한다. 대상이나 현실 혹은 감성은 고정되어 있는 것이 아니라 활동 속에 있기 때문에, 이들에 관한 진리는 이들의 활동에서 분리된 사유를 통해서가 아니라 실천을 통해 도달할 수 있다고 마르크스는 말한다. 여기서 진리의 문제는 사유와 이론의 문제가 아니라 **혁명적 활동**의 문제로 파악된다. 이진경 교수에 따르면, "포이어바하에 관한 두 번째 테제에서 마르크스는 인간이 대상적 진리를 가질 수 있는가의 문제는 이론의 문제가 아니라 실천의 문제라고 한다"(이진경 2015, 207).

포이어바하에 대한 마르크스의 이러한 비판 뒤에는, 헤겔 사망 이후의 헤겔 비판가들에 대한 마르크스의 통찰이 숨어 있다. 마르크스의 입장에서 볼 때, 헤겔 이후의 헤겔 비판가들은 헤겔을 극복하지 못한다. 그들은 헤겔의 그림자 아래 있다. 그들의 헤겔 비판은 헤겔 체계 전반에 대한 비판이 되지 못한다. 그러므로 그들의 이론은 현실에서 괴리된 추상적 사변을 벗어날 수 없었다. 헤겔과 마찬가지로 그들은 세계를 철학적으로 해석했을 뿐, 세계를 변화시키지 못했다. 포이어바하는 헤겔의 관념성을 버리고 "현실주의"를 표방했지만, 그의 철학도 현실에서 괴리된 **새로운 형태의 관념론**에 빠지고 말았다. 한마디로 포이어바하는 "현실적인" 철학을 추구했지만, 그의 철학은 현실적이지 못했다. 그것은 실천을 결여하였기 때문이다.

이에 반해 마르크스는 철학적 이론과 실천을 결합함으로써 철학적 이론의 현실성을 회복하고자 한다. 양자의 통일성과 전체성 속에서 그는 철학과 세계를 현실적으로 결합하고자 한다. 이를 통해 그는 포이어바하가 실현하지 못한 현실주의를 완전하게 실현하고자 한다. 물론 포이어바하도 인간의 해방을 원했다. 그는 인간 사회의 변혁을 기대하였다. 그러나 그는 인간의 계몽, 인간의 의식과 심성의 변화, 인간과 자연에 대한 관계의 회복, 종교적·도덕적 억압에서의 자유를 통해 인간의 해방과 사회 변혁을 실현할 수 있을 것으로 기대하였다. 이를 위해 포이어바하는 이웃에 대한 사랑을 통해 인간의 뿌리 깊은 이기주의의 본성을 극복할 것을 호소한다. 그는 인간의 내면적 심성의 변화를 호소한다. 여기서 인간의 해방과 사회 변혁은 인간의 내면적 문제가 되어버린다.

이에 반해 마르크스는 인간의 해방과 사회 변혁을 사회-경제적·정치적 관점에서 **사회적·정치적 문제**로 파악한다. 인간과 사회의 해방은 이기주의의 문제, 심성의 문제가 아니라 경제적·사회적·정치적 문제로 간주한다. 그러므로 그는 인간의 의식과 심성의 변화, 이웃 인간과 자연에 대한 인간의 새로운 관계를 요구하지 않고, 경제적·사회적·정치적 관계를 변혁하기 위한 실천을 요구한다. 인간 해방과 사회 변혁은 근본적으로 **공산주의 혁명**을 통해 가능하다. 이를 위해 마르크스는 노동자 계급에게 정치적 투쟁의 실천을 호소한다. 그는 유산계급에 대한 무산계급의 계급투쟁을 호소한다.

마르크스에 따르면, 이론은 헤겔이 결합시킨 관념과 현실, 본질과 실존을 구별하고, 현존하는 것을 비판할 때 실천적으로 될 수 있다. 철학이 관념과 사변에 머물지 않고 현실의 학문이 되어야 한다면, 그것은 공산주의 혁명의 실천으로 발전해야 한다. "진리의 피안이 사라진 다음, 역사의 과제는 차안의 진리를 정착시키는 데 있다. 먼저 역사를 위해 봉사하는 철학의 과제는, 인간의 자기소외의 거룩한 형태(Heiligengestalt)가 벗겨진 다음, 거룩하지 못한 형태 속에 있는 인간의 자기소외를 드러내는 데 있다. 이로써 하늘에 대한 비판은 땅에 대한 비판으로 변하며, 종교에 대한 비판은 땅에 대한 비판으로, 신학에 대한 비판은 정치에 대한 비판으로 변한다"(1971, 18). 곧 철학은 거룩하지 못한 형태 속에 있는 인간의 자기소외를 드러내고 이를 극복하는 공산주의 혁명의 실천으로 나아가야 한다. 철학적 이론의 진실성은 혁명의 실천을 통해 증명될 수 있다. 이것을 보지 못하는 점에 포이어바하의 한계가 있다고 마르크스는 암시한다.

마르크스에 따르면, 철학이 추구해야 할 참된 현실주의는 무신론과 공산주의 사회의 실현에 있다. "무신론, 공산주의는 (현실에서의) 도피, 추상화(Abstraktion)가 아니며, 인간에 의해 생성된 대상적 세계의 상실이 아니다.…비자연적이고 발전하지 못한 단순성으로 돌아가는 빈곤이 아니다. 오히려 그들은 현실적인 되어감(das wirkliche Werden)이요, 정말 인간을 위해 되어가는 인간 본질의 실현, 혹은 현실적인 그의 본질의 실현이다"(2004f, 340). "역사의 해결되지 못한 수수께끼", 곧 진리의 문제를 해결할 수 있는 길은 혁명적 인간 해방, 곧 공산주의 혁명에 있다.

- **명제 3**: 이 문제를 마르크스는 명제 5에서 다시 암시한다. 관념론의 "추상적 사유"에 불만을 느끼는 포이어바하는 "직관을 내세운다. 그러나 그는 감성을 **실천적인**, 인간적-감성적인 활동으로 파악하지 않는다." 헤겔의

관념론의 "추상적 사유"를 거부하고, 감성적 직관이 철학의 출발점이어야 한다는 그의 주장은 타당하다. 그러나 그는 인간의 감성을 **"감성적 활동"**으로 보지 않는다. 여기서 마르크스가 말하는 "감성적 활동"이란 무엇인가? 그것은 공산주의 혁명을 이루고자 하는 무산계급의 **계급투쟁과 혁명의 활동**을 말한다. 계급투쟁, 공산주의 혁명의 활동이야말로 눈으로 볼 수 있고 감각적으로 느낄 수 있는 참으로 "인간적-감성적인 활동"이다.

마르크스의 이 같은 생각에 반해, 포이어바하는 인간의 감성, 직관 등을 고정되어 있는 실체로 전제한다. 그는 헤겔이 말하는 "사상(생각)의 대상들(Gedankenobjekte)로부터 정말 구별되는 감성적 대상들을 알고자 한다. 그러나 그는 인간의 활동을 대상적 활동으로 파악하지 않는다. 그러므로 『기독교의 본질』에서 이론적인 행동(곧 내적 행동)만을 진짜 인간의 행동으로 생각하고 "실천", 곧 인간의 외적 행동은 "때 묻은 유대교적 현상 형식 속에 있는 것으로 파악한다." 그는 "실천적이며 비판적인" 활동, 곧 "혁명적인 활동의 의미를 파악하지 못한다." 포이어바하의 철학에는 실천적이며 혁명적인 활동이 결여되어 있다. 포이어바하는 인간의 내적·이론적 활동만을 참 행동으로 생각한다. 이리하여 포이어바하는 그가 극복하고자 했던 관념론으로 되돌아간다.

- **명제 4**: "상황의 변화와 교육의 변화에 관한 물질론적 이론은 상황이 인간에 의해 변화되어야 하며, 교육자 자신이 교육을 받아야 한다는 것을 망각한다. 그러므로 물질론적 이론은 사회를 두 부분으로, 다시 말해 (사회의) 한 부분은 사회 위에 있는 것으로 나눌 수밖에 없다. (사회적) 상황들의 변화와 인간의 활동 혹은 (인간의) 자기 변화의 일치는 오직 **혁명적 실천**으로서, 그리고 합리적으로 이해될 수 있다"(2004h, 402-403).

이 명제에서 마르크스는 물질론의 중요한 과제를 시사한다. 사회적 상황들은 "인간에 의해" 변화되어야 한다. 그렇다면 인간이 교육을 받아야 한다. 인간을 교육하는 교육자 자신도 교육을 받아야 한다. 여기서 마르크스는 교육을 통한 인간의 변화를 전제한다. 사회적 상황이 변화되려면 인간이 교육을 통해 변화되어야 한다. 교육자 자신도 교육을 받고 변화되어야 한다. 그럼 교육자 자신은 누구로부터 교육을 받아야 하는가? 이 문제에 대해 마르크스는 침묵한다. 여하튼 교육자든 피교육자든 인간은 고정된 상태에 머물 수 있는 정체된 존재가 아니라 변화되어야 할 존재다. "혁명적 실천" 속에서 **사회적 상황의 변화와 인간의 자기변화**가 함께 이루어져야 한다. 마르크스 자신이 말하는 것처럼, 인간에 대한 모든 문제의 뿌리는 "인간 자신"이기 때문이다(2004e, 283).

명제 3에서 마르크스는 교육자 계급을 "사회 위에" 있는 특별한 계급으로 구별하는 것처럼 보인다. "물질론적 이론은 사회를 두 부분으로…나눌 수밖에 없다"는 그의 말은 이것을 가리킨다. 그러나 마르크스가 말하는 "계급 없는 사회"(klassenlose Gesellschaft)는 "사회 위에 있는" 어떤 특정한 계급도 인정하지 않는다. "혁명적 실천의 상황에서 교육자-피교육자는 존재하지" 않는다(이진경 2015, 215). 사회적 상황의 변화와 모든 인간의 변화가 "혁명의 실천" 속에서 함께 일어나야 한다는 점을 포이어바하는 파악하지 못한다고 마르크스는 암시한다.

– **명제 5**: "포이어바하는 종교적 자기소외의 사실로부터 출발하며, 세계를 종교적 세계와 세속의 세계로 구별하는 것으로부터 출발한다. 그의 노력은 종교적 세계를 그의 세속적 기초로 폐기시키는 데 있다. 그러나 세속적 기초가 그 자신을 자기 자신으로부터 구별하고 구름 속에 있는 하나의 독립된 왕국(곧 종교적 세계)을 세우는 것은", 세속적 기초가 "찢어져 있고"(마르크스 자신의 표현임) 자기 자신에게 모순되기 때문이다. "이 세속적 기초 자

신이 자기 자신에 있어 그의 모순 속에서 이해되어야 함은 물론 실천적으로 혁명되어야 한다. 예를 들어, 지상의 가족이 거룩한 가족의 비밀로 드러난 다음에, 지상의 가족 자신이 이론적으로 그리고 실천적으로 폐기되어야 한다"(2004h, 403).

위의 명제를 우리는 다음과 같이 이해할 수 있다. 포이어바하는 종교적 세계와 세속의 세계를 구별하고, 종교적 세계를 세속의 세계로 폐기하고자 한다. 이를 통해 그는 세속의 세계를 해방할 수 있으리라고 생각한다. 그러나 인간이 종교적 세계를 설정하는 것은, 세속의 세계가 찢어진 상태에 있고, 자기 자신에게 모순되기 때문이다. 그러므로 단지 종교적 세계를 세속의 세계로 폐기한다 하여 세속의 세계를 해방할 수 없다. 그 자신 속에서 찢어져 있고 자기모순에 빠진 세속의 세계를 "실천적으로" 혁명해야 한다. 마르크스의 입장에서 볼 때, 종교적 세계의 폐기는 차안의 비참한 상황을 극복하는 데 도움이 되지 않는다. 그것은 **단지 이론적으로** 일어날 뿐이기 때문이다. 비록 종교적 세계가 폐기된다 할지라도, 종교적 세계를 배태하는 세속의 세계는 그의 "찢어짐"과 "자기모순" 속에서 존속하기 때문이다. 바로 여기에 포이어바하의 한계가 있음을 마르크스는 암시한다.

- **명제 6**: "포이어바하는 종교적 본질을 인간의 본질로 폐기한다. 그러나 (마르크스에 의하면) 인간의 본질은 각 개인에게 내재하는 추상적인 것(Abstraktum)이 아니다. 그의 현실에 있어 인간의 본질은 사회적 상황의 앙상블(Ensemble)이다"(2004h, 403).

여기서 우리는 포이어바하와 마르크스의 인간관의 결정적 차이를 볼 수 있다. 포이어바하에게서 인간의 본질은 영원히 변할 수 없는 인간의 참 존재를 가리킨다. 그것은 칸트가 말하는 "사물 자체"(Ding an sich)처럼 이미 완성된 것, 결정되어 있는 것이다. 마르크스의 입장에서 볼 때, 이와 같은 인간 본질이란 사회적 관계와 상황으로부터 추상화되어 있다. 그것은 관념적인 것이다. 마르크스에 따르면, 인간의 본질이란 "사회적 상황들의 앙상블"이다. 그것은 사회적 상황, 관계에 의해 결정되는 것으로, 사회적 상황과 관계와 일치 관계에 있다. 그 사회의 상황과 관계가 인간의 본질을 구성한다.

물론 포이어바하도 인간을 공동체적인 존재로, 곧 인간의 종(種)에 속한 존재로 파악하고, 인간을 자연적 관계들의 본성으로부터 파악하고자 하였다. 그러나 그가 말하는 "종으로서의 인간" 개념은 **개인들 사이의 자연적·사적 관계**를 반영할 뿐이며 인간의 사회적 상황을 간과한다. 이리하여 포이어바하는 인간을 고립된 개체로 인식하고, 사랑과 우정을 인간과 인간 사이의 유일한 관계로 파악한다. 사랑과 우정을 넘어서는 **사회-경제적 관계**를 그는 알지 못한다. 인간은 언제나 특정한 사회적 관계 속에서 실존하며, 사회-경제적 관계가 인간의 존재와 관계를 결정한다는 점을 그는 간과한다.

– 명제 7: "포이어바하는 '종교적 심성'이 사회적 산물이라는 것을 보지 못하며, 그가 분석하는 추상적 개인은 특수한 사회의 형식에 속한다는 것을 보지 못한다"(2004h, 403-404). 이 명제에서 마르크스는 포이어바하의 종교 비판의 문제점을 지적한다. 포이어바하는 종교의 사회적 기초를 간과하고, 그것을 인간학적으로 해석하는 데 그친다. 그리하여 그는 "종교가 인간을 만드는 것이 아니라, 인간이 종교를 만든다"고 말한다. 이에 반해 마르크스는 종교를 사회적 상황의 산물로 파악한다. 사회적 소외로 말미암아 피안의 소외된 종교적 세계가 생성된다는 사실을 포이어바하는 간과한다.

– 명제 8-11: 여기서 마르크스는 주로 공산주의 혁명의 실천에 대해서 말

한다.

• "모든 사회적 삶은 본질적으로 실천적이다." 종래의 모든 사변철학의 추상적이고 공허한 이야기, 곧 "모든 신비(Mysterien)가 합리적으로 해결될 수" 있는 길은 "(공산주의 혁명의) 인간적 실천과 이 실천의 파악"에 있다(명제 8).

• "직관하는 물질론"(der anschauende Materialismus), 곧 "감성을 (혁명의) 실천적 활동으로 파악하지 않는 물질론은 각 개인과 (혁명을 거부하는 보수 반동적) 시민사회의 직관이다. 다시 말해, 감성을 혁명의 실천적 활동으로 파악하지 않는 포이어바하의 직관적 물질론은 인간을 사회적·역사적 존재로 보지 않고 개체화된 개인으로 파악하며, 이를 통해 보수 반동적 시민사회를 유지하는 감성적 직관의 차원에 머물러 있다"(명제 9).

• "옛 물질론의 입장이 시민사회라면, (마르크스의) 새로운 물질론의 입장은 인간적인 사회 혹은 사회적인 인류", 곧 공산주의 사회다(명제 10). 포이어바하의 옛 물질론은 시민사회의 차원에 머물러 있는 반면, 마르크스 자신의 새로운 물질론은 인간에 의한 인간의 소외가 더 이상 존재하지 않는 "인간적인 사회 혹은 사회적인 인류", 곧 온 인류를 포괄하는 보편적 공산주의 세계를 지향한다. 바로 여기에 포이어바하의 옛 물질론과 마르크스 자신의 새 물질론의 차이가 있음을 그는 시사한다(명제 10).

• 지금까지의 모든 철학은 세계를 해석하였을 뿐이다. 이에 반해 마르크스는, 중요한 것은 세계에 대한 다양한 해석들이 아니라 세계의 변화라고 주장한다. "철학은 세계를 다양하게 **해석하였을** 뿐이다. 이제 중요한 것은 세계를 **변화시키는 것이다**"(명제 11, 2004h, 404).[1] 그의 유명한 이 마지

---

1 자주 인용되는 이 말의 원문은 다음과 같다. "Die Philosophen haben die Welt nur verschieden interpretiert, es kommt drauf an, sie zu verändern."

막 명제에서 마르크스는, 포이어바하의 철학은 또 하나의 세계 해석에 불과하며, 참으로 "현실적인" 철학이 되지 못하였음을 시사한다. 헤겔의 종교적 세계를 세속의 기초로 해체한 것은 포이어바하의 위대한 업적이지만, 세속의 기초 자체를 그는 문제 삼지 않았다. 인간에게서 소외된 세계를 포이어바하가 세속적으로 해석하였을 따름이다. 이제 중요한 것은 세속의 세계를 이론적 비판과 실천적 혁명을 통해 "변화시키는"데 있다. 해석이 아니라 변화가 중요한 문제다. 그러나 세계의 변화는 하나의 직접적 행동에 불과한 것이 아니라, 세계에 대한 종래의 해석에 대한 비판을 전제한다. 그것은 존재와 의식의 변화를 전제하며 종교에 대한 비판과 종교의 폐기, 초기 자본주의적 시민사회의 "정치적 경제학"의 변화를 전제한다.

지금까지 고찰한 11가지 명제에서 마르크스는 포이어바하에 대한 자신의 차별성을 제시하면서, 공산주의 사회를 향한 혁명의 실천을 요구한다. 인간과 세계에 대한 모든 이론은 공산주의 혁명의 실천으로 이어져야 한다. 철학은 세계를 이론적으로 해석하기만 하는 관념성을 버리고 공산주의 혁명의 실천으로 발전해야 한다. 이를 통해 진정으로 "현실적인 학문"이 되어야 한다는 자신의 입장을 마르크스는 나타낸다.

2. 『독일 이데올로기』에서 마르크스는 방대한 분량에 걸쳐 포이어바하의 비현실성·무역사성·관념성을 비판한다. 이와 연관하여 마르크스는 자기 자신의 입장을 표명한다. 마르크스에 따르면, 당시의 많은 헤겔 비판가처럼 포이어바하도 헤겔을 벗어나고자 한다. 그러나 그도 헤겔에 대한 의존을 벗어나지 못한다. 오히려 그는 자신이 극복하고자 했던 관념론으로 되돌아간다. 이로 인해 포이어바하는 인간과 세계를 현실적으로 파악하지 못한다. 그는 "사회적·정치적 구조(Gliederung)와 생산의 연관성을 경험적으로, 그리고 모든 신화화(Mystifikation, 마르크스가 매우 애용하는 표현임)와 사

변 없이" 증명하지 못한다(2004i, 415). 감각적 현실 세계에 대한 포이어바하의 파악은 "한편으로 단순한 직관으로 제한되며, 다른 한편으로 단순한 지각(Empfindung)으로 제한된다." 이리하여 그는 현실적이며 역사적인 인간을 말하는 대신에 "그 인간" 곧 보편 개념으로서의 인간의 종을 말한다. "그는 다음의 사실을 보지 못한다. 곧 자기 주변의 감성적 세계는 영원 전부터 직접적으로 주어진 언제나 동일한 물건이 아니라 산업과 사회적 상태의 산물이요, ⋯사회적 산물이며", 연결 고리 속에 있는 "여러 세대들의 활동의 결과(Resultat)라는 것이다.⋯가장 단순하게 '감성적으로 확실한' 대상들도 오직 사회적 발전 과정을 통해 산업과 상업적 교통을 통해 주어진다. '감성적으로 가장 확실한' 대상일지라도, 오직 사회적 발전과 산업과 상업적 유통을 통해 주어진다"는 현실을 그는 보지 못한다(2004i, 418-419).

예를 들어, 한 그루의 벗나무를 볼 때 우리는 그 나무가 우연히 거기에 있었다고 생각하기 쉽다. 사실은 그렇지 않다. 거의 모든 과일나무처럼 그 나무는 몇백 년 전에 상업을 통해, 곧 한 특정한 시대에 한 특정한 사회의 행위를 통해 이식되어 우리 앞에 있는 "감성적 확실성"이 되었다. 인간의 경제적 행위가 세계의 기초가 된다는 사실이 여기에 나타난다(2004i, 422).

포이어바하는 "자연과학의 직관"에 대해 말하며, 물리학자와 화학자만이 볼 수 있는 비밀들에 대해 언급한다. 그러나 마르크스에 따르면, 자연과학의 직관과 지식도 사회적·경제적 관계 속에 있다. "산업과 상업이 없는 자연과학이란 도대체 무엇인가? '순수한' 자연과학조차도 상업과 산업을 통해, 인간의 감성적 활동을 통해 그의 목적과 재료를 얻는다. 이 활동성, 끊임없는 감성적 **노동과 제조**(Schaffen), 이 **생산**(Produktion)이 지금 실존하는 **감성적 세계 전체의 기초다**"(2004i, 420-421). 여기서 우리는 마르크스의 기본 입장을 볼 수 있다.

3. 인간에 대한 포이어바하의 생각도 관념성을 벗어나지 못한다고 마르크스는 비판한다. 포이어바하는 "현실의 역사적 인간"을 보지 않고, 현실의 제반 관계와 상황에서 추상화된 고립된 개체로서의 "그 인간"을 이야기할 뿐이다. 포이어바하가 말하는 인간은 다양한 사회적·역사적 관계 속에 있는 현실의 구체적 인간이 아니라 "그 인간", 곧 하나의 **보편 개념으로서의 인간**에 불과하다. 물론 포이어바하는 "인간도 '감성적 대상'이라는" 사실을 간과하지 않는다. 이 점에서 그는 "순수한" 물질론자들보다 뛰어나다. 그러나 "그는 인간을 '감성적 활동'으로 파악하지 않고, 단지 '감성적 대상'"으로 볼 뿐이다(2004i, 422).

또한 포이어바하도 인간의 사회성을 완전히 간과하지 않는다. "본래 자연으로부터 생성한 인간은 오직 순수한 자연적 존재일 뿐이다.…인간은 인간과 문화와 역사의 산물이다"라는 사실을 그는 통찰하였다. 그러나 그의 통찰은 아무런 열매를 맺지 못했다(Engels, 1971a, 204). 이리하여 인간은 "그에게 주어진 사회적 관계 속에, 미리 주어져 있고 그를 결정하는 사회적 삶의 조건들 아래" 있다는 사실이 그의 철학에서 배제된다. 포이어바하는 "현실적으로 실존하며 활동하는 인간에 이르지 못한다. 오히려 그는 '인간'이란 추상(Abstraktum)에 머물며, '현실적이고 개인적이며 살아 생동하는 인간'을 단지 지각 속에서 인정할 뿐이다. 다시 말해 그는 관념화된 사랑과 우정과 같은 '인간에 대한 인간의' '인간적 관계' 외에 어떤 다른 관계를 알지 못한다.…그는 감성적 세계를 한 번도…개인들의 총체적이며 살아 생동하는 감성적 **활동**으로 파악하지 못한다"(421).

인간의 종(種)에 대한 포이어바하의 생각은 인간의 공동체성 내지 사회성을 시사한다. 인간의 성적(性的) 구별에 대한 그의 통찰은 역시 여성과 남성의 관계 속에서 살아야 할 인간의 공동체성 내지 사회성을 보여준다. 그러나 포이어바하가 말하는 인간의 종도 관념성을 벗어나지 못한다. 그것은 사회적·역사적 관계성을 초월하여 독자적으로 존재하는 추상적인 것으로 머물러 있다. 포이어바하가 말하는 인간의 공동체성 내지 사회성은 **자연적 관계의 범위**를 벗어나지 못한다. 그것은 사회적 관계를 알지 못하는 자연적으로 주어진 것, 사적인 것일 따름이다.

마르크스에 따르면, 포이어바하는 인간의 외적·사회적 행동을 보지 못하고, 내적·이론적 행동만을 "진짜 인간의 행동으로 파악한다." 그는 "세계를 구성하는 개인들의 살아 생동하는 모든 감성적 활동성으로서의 감각적 세계를 파악하는 데 결코 이르지 못한다." 이로 인해 포이어바하는 인간의 사회성을 구체적으로 파악하지 못하는 관념성에 빠진다. 그는 "역사적 과정으로부터 추상화하며, 종교적 심정을 그 자체로서 고정시키며, 추상적인 — 분리된 — 인간 개체를 전제"하게 된다. "그는 한 번도 현실적으로 실존하며 활동하는 인간을 보지 못하고, '인간'이라는 추상에 머물러 있다"(Weischedel 1971, 412에서 인용).

이리하여 건강한 사람들 대신에 질병에 시달리고 노동에 지친 사람들, 굶주리는 사람들을 볼 때 포이어바하는 인간이란 "종의 존재"(Gattungswesen)로 도피해버린다. 공산주의적 물질론자는 산업과 사회적 관계의 변화의 필연성과 조건을 보는 반면에, 포이어바하는 "관념론으로 되돌아간다." 물질론자이고자 할 때 그는 역사를 상실하고, 역사의 차원을 드러내고자 할 때 물질론자이기를 중단한다. 한마디로 포이어바하는 비역사적 물질론에 빠진다고 마르크스는 말한다. "포이어바하가 물질론자일 때, 그에게서 역사가 사라진다. 그가 역사를 관찰할 때, 그는 물질론자가 아니다. 그에게서 물질론과 역사는 완전히 나누어진다"(2004f, 422). 포이어바하의 **무역사적 물질론**에 반해 마르크스는 역사와 결합되어 있는 물질론, 곧 **역사적 물질론**(geschichtlicher Materialismus)을 주장하게 된다.

포이어바하의 물질론이 무역사성에 빠지는 원인은 사회적 관계 속에 있는 현실의 인간을 보지 못하는 관념성에 있다. 곧 인간이 현실적으로 가장 먼저 필요로 하는 것이 무엇인지 그는 보지 못한다. 마르크스에 의하면, 현실의 인간이 가장 먼저 필요로 하는 것은 포이어바하가 말하는 감성, 마음, 감정, 이성과 같은 것이 아니라 **물질**이다. 곧 자신의 생명을 유지하기 위한 "먹는 것과 마시는 것, 집과 옷"이다. 포이어바하 자신이 말하듯이, 인간의 존재를 결정하는 것은 "그가 먹는 바의 것"(was er ißt)이다. 그러나 인간이 먹는 음식물, 곧 물질은 어디까지나 특정한 사회-경제적 관계 속에서 주어진다는 사실을 포이어바하는 간과한다. 인간이 먹는 음식물은 그저 주어지는 것이 아니라 모든 경제적·사회적 관계와 활동의 결과물이다.

또한 포이어바하는 **인간의 역사성**을 간과한다. 인간은 특수한 사회적 상황 속에서 실존하는 사회적 존재인 동시에, 역사 속에서 실존하는 역사적 존재다. 이 사실을 간과하기 때문에 포이어바하는 다음과 같은 오류에 빠진다고 마르크스는 지적한다. 1) 포이어바하는 "역사적 과정에서 추상화되며(abstrahiert), 종교적 심성(Gemüt)을 그 자체로서 고정시키고, 추상적인 개인, 곧 사회적 관계에서 분리된 개인을 전제한다. 2) 이리하여 (인간의) 본질은 단지 '종'으로 파악된다. 곧 내적이며 말이 없는 많은 개인을 자연적으로 결합하는 보편성으로 파악된다"(2004h, 403).

인간이 사회적 존재라면, 인간의 "종"도 사회적이요 역사적이다. 인간의 종은 자연적으로 주어진 고정된 것이 아니라 사회적 관계와 역사의 과정을 통해 형성된다. 그러나 포이어바하가 말하는 인간의 "종"은 자연적으로 주어진 무사회적이고 무역사적인 것에 불과하다. 물론 포이어바하는 헤겔에 반해 감성적이고 신체적인 구체적 인간을 그의 철학의 전제로 삼는다. 그러나 그가 말하는 인간은 사회와 역사가 없는 보편적 "종의 인간"(Gattungsmensch)으로 정의된다. 이에 반해 인간은 특수한 사회적 상황과 특수한 세계사적 시대와 과정으로부터 파악되어야 한다는 입장을 마르크스는 암시한다.

4. 인간의 현실은 물론 세계의 대상 사물들에 대한 인식에서도 포이어바하는 관념성을 벗어나지 못한다. 그는 "대상을 정태적인 것, 지각에 의해 관조하기만 하면 올바로 파악할 수 있는 것으로 파악하기" 때문이다. 그는 "대상 자체가 인간의 생활 과정, 실천 과정에서 변화되고 변혁되는 것을 보지 못했"다(이진경 2015, 203). "특수한 혁명적 정당의 신봉자"인 공산주의자에 대해 말할 때, 그는 "공산주의자라는 말"을 "인간"이라는 "단순한 범주로 바꿀 수 있다고 믿는다." 그는 인간의 모든 관계를 "인간 서로 간의 관계로" 축소시킨다. 이리하여 "인간은 서로를 필요로 하며 항상 필요로 하였다"고 말한다. 그는 다른 이론가들처럼 **기존의** 사실(bestehendes Faktum)에 대한 올바른 의식을 갖고자 한다. 그러나 "기존하는 사실"을 변혁해야 한다는 것을 그는 보지 못한다. 이런 점에서 그는 "이론가와 철학자"로 머물러 있다. 그는 "사물이나 인간의 존재를 그의 본질"과 동일시하기 때문에, "동물의 개체나 인간 개체의 특수한 실존 상황, 삶의 방식과 활동"이 변혁되어야 한다는 것을 간과한다.

　이리하여 수백만 명의 무산계급자들이 그들의 삶의 상황에 만족을 느끼지 못하며, 그들의 "존재"와 그들의 "본질"이 전혀 일치하지 않을 때, 포이어바하는 "결코 인간의 세계에 대해 말하지 않고, 매번 외적인 자연으로, 곧 인간의 지배를 받지 않는 자연으로 도피한다"(2004i, 443-444). 산업의 영역에서 새로운 발견과 진보가 일어날 때마다 자연이 파괴되고, 자연 생물들의 삶의 터전은 점점 더 작아진다. "강에 사는 물고기의 '본질'은 강의 물이다. 그러나 이 강이 산업에 종속될 때, 염색 재료와 오수로 오염될 때, 증기 기선이 그 위에 다닐 때,…그것은 '본질'이기를 중단한다"(444). 이 같은 현실에서 포이어바하는 눈을 돌리고 자연으로 도피한다.

그러나 포이어바하는 자연도 현실적으로 파악하지 못한다. 마르크스의 입장에 의하면, 자연은 인간과 결합되어 있다. 인간과 결합되어 있는 자연이 있을 뿐이다. 이런 점에서 자연은 인간에게서 분리된 물건과 같은 것이 아니라 "인간적 자연"이다. 거꾸로 인간은 "자연적 존재"다. 인간은 자연과 결합되어 있다. 자연의 생명의 힘은 인간 안에도 있다. 곧 자연이 인간 안에 있다. 따라서 자연의 기초가 없는 인간의 삶과 역사는 생각할 수 없다. 자연은 인간의 삶과 역사에 통합되어 있다. 따라서 자연은 "역사적 자연"이고, 역사는 "자연적 역사"다. 인간에게는 "언제나 하나의 역사적 자연과 하나의 자연적 역사"가 있을 뿐이다. 그러나 포이어바하에게서 인간과 자연은 서로 분리되어 있는 두 가지 "물건"처럼 생각된다(420).

5. 포이어바하가 보는 인간의 관계는 관념적이다. "인간은 서로를 필요로 하며 필요로 하였다"는 것을 논증하는 것에 그친다. 현실적 공산주의자는 기존의 것을 무너뜨리고자 하는 반면, 포이어바하는 다른 이론가들처럼 "단지 기존의 사실(Faktum)에 대한 올바른 의식을 생성하고자 한다." 그는 "이론가와 철학자이기를 중단하지" 않는다. 그의 문헌 『미래의 철학』에서 포이어바하는 "사물이나 인간의 존재를 그의 본질과" 동일시하며, 개체 짐승이나 인간의 특수한 실존 상황, 삶의 방식과 활동을, 그들의 본질이 만족을 느끼는 상태에 있는 것으로 간주한다.

포이어바하는 인간의 해방에 대해 이야기한다. 그러나 그에게 인간의 해방은 불필요한 것이다. 그는 인간의 존재와 본질이 일치한다고 생각하기 때문이다. 포이어바하가 말하는 인간의 해방은, 인간이 헤겔적 관념성을 벗어나 감성과 감정을 가진 현실적 존재로 인식되는 것에 불과하다. 이 해방은 새로운 "미래의 철학"을 통해 가능하다고 그는 말한다. 그러나 새로운 철학을 통해 인간이 해방된다는 것은 낭만적 생각이다. 이 문제에서도 포이어바하는 인간의 현실을 보지 못한다. 마르크스에 따르면, 실천 없는 해방은 있을 수 없다. 철학적 인식이나 해석을 통해 인간을 해방한다는 것은 불가능하다. 실천 없는 철학, 그것은 또 하나의 세계 해석에 불과하다. 포이어바하의 철학 역시 **또 하나의 세계 해석에 불과하다.**

마르크스에 따르면, 인간의 "현실적 해방"은 "현실의 세계 속에서 현실적 수단들을 가지고서만" 가능하다. 곧 계급투쟁과 공산주의 혁명을 통해 가능하다. 또 그것은 인간의 생명에 기본적으로 필요한 물질을 인간 자신이 충분히 마련할 수 있을 때 가능하다. 굶주림 속에서 인간을 해방한다는 것은 불가능하다. 인간이 "좋은 질과 충분한 양의 먹는 것과 마시는 것, 집과 옷을 마련할 수 있는 형편에 있지 않는 한 인간은 해방될 수 없다. '해방'은 역사적 행위이지 사상(생각)의 행위(Gedankentat)가 아니다. 그것은 역사적 상황들을 통해, 산업과 상업과 〔농경과 유통 관계를〕 통해서 이루어질 수 있다"(2005i, 445). 생명에 필요한 기본 물질을 얻을 수 있어야 하고, 적절한 산업과 유통 관계가 있어야 인간의 해방도 가능하다는 마르크스의 생각은 그의 물질론의 정수를 보여준다.

결론적으로 포이어바하는 헤겔의 관념성을 극복하고 모든 것을 현실적으로 파악하고자 하였다. 그는 관념주의 대신 현실주의를 그의 철학의 방법으로 제시하였다. 이를 통해 인간은 거짓된 권위와 현실에서 해방될 수 있다고 확신하였다. 그러나 그는 현실주의를 관철하지 못하고 관념론으로 되돌아간다. 그는 헤겔의 관념성을 극복하고자 했지만, 새로운 형태의 관념성의 포로가 되었다. 포이어바하가 극복하지 못한 관념성의 극복과 인간의 참 해방을 마르크스는 자신의 과업으로 삼는다.

III

마르크스에 대한 헤겔의 영향

위에서 우리는 포이어바하에 대한 마르크스의 관계의 양면성을 볼 수 있었다. 곧 마르크스는 포이어바하의 철학에 의존하는 동시에, 포이어바하의 입장에서 자기를 구별하고, 자기 자신의 학문적 입장을 세운다는 것이다. 포이어바하에 대한 **의존과 구별의 양면성**은 헤겔과 마르크스의 관계에서 보다 더 심화된 형태로 나타난다. 만 18세 때인 1836년 본 대학교에서 베를린 훔볼트 대학교로 옮겼을 때, 그는 헤겔 좌파에 가입하여 헤겔 철학을 접하게 된다. 먼저 그는 브루노 바우어와 에두아르트 간스(Eduard Gans)를 통해 헤겔 철학을 알게 된다.

그 당시 헤겔 철학은 유럽 학문계에 깊은 영향을 끼치고 있었다. 포이어바하가 헤겔 철학을 극복하고자 했지만 그것을 완전히 제거하기에는 역부족이었다. 철학을 실천(Praxis)으로 옮김으로써 현실에 대한 철학의 의미를 회복하고자 할 때, 마르크스는 헤겔 철학을 무시할 수 없었다. 청년 마르크스가 볼 때, 헤겔 사망 후에 헤겔의 학문적 넓이와 사고의 깊이를 능가

하는 학자는 나타나지 않았다. 포이어바하처럼 많은 학자가 헤겔 철학의 한 면을 극단화시켜 그것을 자신의 체계로 제시하는 정도였다.

이에 마르크스는 헤겔 철학을 집중적으로 연구한다. 프랑스 파리에 체류할 때『헤겔 법철학 비판』,『헤겔 법철학 서론』이 출판되고, 완결되지 못한『헤겔의 변증법과 철학 일반에 대한 비판』이 사후에 출판된다.『포이어바하에 대한 명제들』은 1944년에 출판된다. 사실 마르크스의 **철학적 사유의 출발점**은 헤겔 철학이었다. 물론 포이어바하, 프랑스의 혁명론자들, 특히 유토피아적 사회주의자들, 영국의 고전 국가경제학(Nationalökonomie)이 마르크스에게 영향을 주었지만, 긍정적이든 부정적이든 간에 마르크스에게 가장 깊은 영향을 준 것은 헤겔이었다.

청년 마르크스의 문헌 편집 및 발행자로 유명한 란트그레베(L. Landgrebe, 1902-1991)는 헤겔과 마르크스의 관계에 대해 다음과 같이 말한다. 마르크스의 "경제적·사회 혁명적 요구들은 철학적 기본 사상들의 마지막 귀결로 이해될 수 있다." 이 귀결은 헤겔 철학과의 논쟁을 통해 생성한 것이었다. 마르크스는 헤겔의 제자들 가운데 헤겔의 역사철학적 폭을 가장 깊이 이해하였다. 바로 그렇기 때문에 마르크스는 헤겔 철학을 가장 철저하게 공격할 수 있었다(Landgrebe 1954, 40).

란트그레베의 이 말은 마르크스에 대한 헤겔의 깊은 영향을 시사한다. 마르크스의 사상 전체는 단지 사회-경제학적인 것이 아니라, 그 기본 전제에 있어 철학적이라 말할 수 있다. 초기의 철학적 전제들이 후기에 이를수록 은폐되지만, 그의 사회-경제학적 이론들은 초기의 철학적 사고에서 발전한 귀결이었다. 마르크스의 철학적 사고의 전제들은 헤겔 철학과의 논쟁에서 생성하였다. 이 과정에서 마르크스는 헤겔의 통찰을 뒤집는 동시에 그것에 의존하게 된다. 이리하여 마르크스의 문헌에는 끊임없이 헤겔적인 개념과 논리 구조가 나타난다. 실로 마르크스는 헤겔 철학을 가장 깊이 이해하였기 때문에 헤겔 철학을 가장 깊이 비판할 수 있었고, 헤겔의 중요한 통찰을 수용하는 동시에 이를 자신의 입장에 따라 새롭게 구성할 수 있었다.

마르쿠제는 마르크스의 사회이론에 대한 헤겔의 영향을 강조한다. 그에 따르면, "헤겔의 체계는 데카르트에서 시작하여 근대 사회의 기본 사상들을 그 속에 구체화시킨 근대 철학의 모든 시대를 종결하였다. 헤겔은 자연과 역사를 **사유와 자유**라고 하는 기준에 따라 파악함으로써 세계를 이성으로 해석한 마지막 인물이었다. 이와 동시에 그는 인간이 형성한 사회적·정치적 질서를 이성이 그 속에서 실현되어야 할 기초로 인정하였다. 그의 체계는…비판적 이론의 옛 형식과 새 형식을 이어주는 유일한 고리(Glied)였다." 마르크스의 비판적 이론의 형식은 헤겔의 유산이었다. "헤겔 철학의 비판적 경향은 마르크스의 사회 이론에 수용되었고 그의 사회 이론에 의해 발전되었다"(Marcuse 1972, 224).

마르크스는 헤겔의 관념론을 물질론으로 바꾸어버린다. 이를 통해 그는 사실상 헤겔 철학을 자기 나름의 방법으로 발전시키고 실현하고자 하였다고 평가할 수 있다. 이런 점에서 그는 헤겔의 그림자 아래 있었다고 말할 수 있다. 아래에서 우리는 마르크스가 헤겔에게서 수용한 중요한 통찰과 그 자신의 학문적 방법을 고찰하고자 한다.

1. 인간의 노동과 소외에 대한 헤겔의 통찰과 역사철학적 구도

1. 마르크스에 의하면, 포이어바하는 인간을 노동을 모르는 개체적 실체로 이해하였다. 이에 반해 헤겔은 인간을 세계정신의 보편적 연관 속에서 **노동하는 존재**로 이해한다. 헤겔에게서 인간은 노동을 통해 자기 자신을 외

화 혹은 대상화하고 생성하며, 소외로 말미암아 자기 아닌 자기, 곧 "타자"
가 되어버린 자기와 관계하는 활동으로 이해된다. 인간은 결코 완성된 존
재, 고정된 존재가 아니다. 그는 노동을 통해 자기를 표출하고 자기를 생성
하는 존재다. 인간은 자기의 필요를 충족하기 위해 물건을 생산한다. 물건
을 생산하는 노동은 인간의 "경험적 현존이 탄생하는 행위(Geburtsakt)"다.

헤겔 철학에서 노동은 인간의 존재를 구성하는 요소로 인정된다. 포
이어바하가 생각하는 것처럼, 인간은 고정되어 있는 추상적 존재가 아
니다. 인간의 본질은 영원히 고정되어 있는 그 무엇이 아니라 노동을 통
해 형성된다. 그 자신을 대상화하고 실현하는 노동에 인간의 본질이 있다.
마르크스는 헤겔의 이 통찰을 수용하면서, 그의 『정신현상학』의 위대함
을 인정한다. 마르크스에 따르면, 모든 사물의 부정성(Negativität)과 변증법
적 운동에 대해 말하는 이 책에서 헤겔은 "노동의 본질을 파악하며, 대상
적 인간,…참된 인간을 그 자신의 노동의 결과로서 파악한다." 노동을 통
해 이루어지는 인간의 자기생성(Selbsterzeugung)은 자기를 대상화하고, 이
로 인해 소외되고, 이 소외를 지양하는 "과정"이란 사실을 밝힌다. 또 헤
겔은, "종의 존재"로서의 인간은 오직 노동을 통해 자기의 "모든 종의 힘
들"(Gattungskräfte)을 발휘할 수 있다는 점을 드러낸다(2004f, 329).

그러나 마르크스에 따르면, 인간의 노동은 특정한 사회-경제적·정치
적 조건들과 관계 속에서 일어난다. 사회-경제적·정치적 조건이 변함에
따라 인간의 노동도 변한다. 이 노동이 인간 존재의 구성 요소라면, 인간의
존재는 사회-경제적·정치적 조건이 변화되는 역사의 과정에서 변천해가
는 역사적인 것이다. 그것은 고정되어 있는 것, 영원히 변하지 않는 그 무
엇이 아니라 자신의 노동을 통해 변화되는 과정에 있다.

자기 자신을 생성해나가는 노동의 과정에서 인간은 "종의 존
재"(Gattungswesen)로 활동한다. 여기서 마르크스는 인간의 종을 추상적인

인간의 총합 혹은 인간 일반으로 보지 않고, 노동하는 인간의 전체성으로 파악한다. 인간의 종은 인간의 노동과 분리될 수 없다. 인간은 어디까지나 노동하는 인간으로 실존하기 때문이다. 노동할 때 그는 개체적 존재로서 활동하는 것이 아니라 다른 인간들과의 관계 속에서, 다른 인간들과 공통된 존재로서, 곧 종의 존재로서 활동한다. 다른 인간들과의 관계 속에서 그는 자기의 능력을 개발하고 자기의 본질을 실현해나간다. 노동에서 인간은 "종의 존재로서의 그 자신"과 관계하며, "현실적인 종의 존재로서" 활동한다. 그는 자기 안에 있는 "모든 종의 힘들을 발휘한다." 그러나 이것은 "인간의 총체적 활동을 통해서만 가능하며, 역사의 결과로서" 성취될 수 있다(1971, 67).

마르크스에 의하면, 헤겔은 노동의 이 측면을 파악하였다. 헤겔이 말하는 노동은 사회적 관계성을 결여한 개체적 존재로서 인간의 노동이 아니라, **보편적 정신의 현실로서의 인간의 노동**이요, 그의 노동은 세계사의 보편적 목적과의 연관성 안에서 일어난다. 포이어바하가 간과한 **인간의 노동의 사회적 연관성과 역사성**이 헤겔의 철학에서 결정적 중요성을 가지고 있음을 마르크스는 발견하고, 이를 자신의 철학에 적극 수용한다. "인간은 그의 노동을 통해 그의 세계를 생성한다"는 통찰은 마르크스가 "헤겔의 철학적-신학적 '안개 그림'(Nebelbildung)에서 끄집어낸 '세상적 핵심'(der irdische Kern)이었다"(Landgrebe 1954, 49). 이리하여 마르크스는 다음과 같은 헤겔의 통찰을 그 자신의 원리로 수용한다. "인간은 오직 그의 노동을 통해 역사 속에서 그 자신을 실현하는, 오직 그러한 존재로서 '본질적 인간'이다"(Thier 1954, 9). 이 노동의 핵심을 나중에 마르크스는 무산계급의 혁명 운동에서 발견한다.

2. 마르크스에 따르면, 헤겔은 "인간의 자기 소외, 본질의 외화, 탈대상화

(Entgegenständlichung), 탈현실화(Entwirklichung)를 자기 획득, 본질의 외화, 대상화, 실현으로 파악한다. 간단히 말해, 그는 노동을 인간의 자기 생성의 행위로, 낯선 존재로서의 그 자신에 대한 관계로, 낯선 존재로서 그의 활동으로 파악한다." 인간의 노동은 "인간의 자기 생성의 행위요, 자기의 삶을 대상 세계로 표출하는 행위(Lebensäußerung)요, 자기를 대상화시키는 행위요, 소외된 낯선 존재(fremdes Wesen)가 되어버린 그 자신에 대한 관계"다. 인간은 "그 자신의 노동의 결과"다(2004f, 340). "인간의 자기생성은 자기를 대상화"하고, 이로 인해 소외되고, 또 이 소외를 지양하는 "과정"이다(329). 이 모든 노동의 활동을 헤겔은 파악하였다고 마르크스는 인정한다.

마르크스에 따르면, 헤겔의 정신현상학과 그 마지막 결과의 위대함은 "인간의 자기생성을 하나의 과정으로 파악하는" 데 있다. "대상화를 탈대상화(Entvergegenständlichung)로, 외화(Entäußerung)를 이 외화의 지양으로" 파악하는 데 있다. 그것은 "노동의 본질을 파악하며, 대상적인 인간, 현실적 인간으로서의 참된 인간을 **그 자신의 노동의 결과**로 파악하는" 데 있다. 현대 국가경제의 입장에서 "헤겔은 노동을 인간의 본질로, 그 자신을 증명하는 본질로" 파악한다(1971, 67). 그에 따르면, "종(種)의 존재로서 그 자신에 대한 인간의 현실적이고 활동적인 관계, 혹은 현실적인 종의 존재로서 그 자신의 활동은…정말 자기의 모든 종의 힘들을 드러내며, 대상들로서 종의 이 힘들과 관계함으로써 가능하다. 이것은 먼저 다시금 소외의 형식 하에서만 가능하다"(2004f. 329).

여기서 마르크스는 헤겔의 공적을 크게 인정한다. 헤겔은 "비록 소외된 방법이긴 하지만, 자기 자신과 관계된 부정의 긍정적 의미를 파악함으로써 인간의 자기 소외, 본질의 외화(Wesensentäußerung), 탈대상화와 탈현실화를 (그의) 자기 획득, 본질의 외화, 대상화, 자기실현으로 파악한다. 간단히 말해 ─ 추상의 범위에서 ─ 그는 노동을 인간의 자기생성의 행위로 파악한다." 헤겔은 그 자신에게 "낯선 자"가 되어버린 인간의 "그 자신에 대한 관계와, 낯선 자로서의 자기 활동을 형성되어가는 종의 의식과 종의 삶으로 파악한다"(2004f, 340).[1] 곧 현실적으로 인간은 노동을 통해 자기 자신에게서 소외되고, 그의 참 본질이 소외되며 탈대상화·탈현실화되는데, 이 노동을 헤겔은 인간이 자기 자신을 획득하고, 자기의 본질을 외화하며, 자기를 대상화하는 자기실현으로 파악한다는 것이다. 비록 소외된 형태의 것이긴 하지만, 헤겔은 "노동의 본질을 파악하며, 대상적 인간,…참된 인간을 그 자신의 노동의 결과"로 파악한다. "종의 존재"로서의 인간은 오직 노동을 통해 자기의 "종의 힘들"을 발휘할 수 있다는 점을 간과하지 않는다 (2004f, 329).

3. 여기서 우리는 포이어바하가 제의했던 "현실주의"를 철저히 실현하고자 하는 마르크스의 노력을 다시 한번 볼 수 있다. 포이어바하는 현실주의를 주장했지만 헤겔의 관념성의 벽을 넘지 못했다. 그가 말하는 인간이나 인간의 종은 삶의 구체적 현실에서 괴리된 추상적인 것이었다. 이에 반해 오히려 헤겔이 인간을 국가의 특정한 상황과 보편 정신의 세계사적 연관 속에서 노동하는 존재로 파악하였음을 마르크스는 간파하고, 이를 자신의 철학에 적극 수용한다. 애초부터 인간은 노동하는 존재다. 그는 자기의 생명을 유지하기 위해, 필요한 물질을 얻기 위해 노동한다. 노동 없는

---

1 원문: Hegel faßt also, indem er den positiven Sinn der auf sich selbst bezogenen Negation-wenn auch wieder in entfremdeter Weise-faßt, die Selbstentfremdung, Wesensentäußerung, Entgegenständlichung und Entwirklichung des Menschen als Selbstgewinnung, Wesensäuerung, Vergegenständlichung, Verwirklichung. Kurz, er faßt-innerhalb der Abstraktion-die Arbeit als den Selbsterzeugungsakt des Menschen, das Verhalten zu sich als fremdem Wesen und das Betätigen seiner als eines fremden Wesens als das werdende Gattungsbeuwßtsein und Gattungsleben.

인간은 생각할 수 없다. 인간의 세계는 무규정적인 하나의 물건과 같은 것이 아니라, 인간이 그 속에서 노동하는 세계다. 인간과 마찬가지로 노동 없는 세계는 생각할 수 없다. 인간의 노동을 통해 세계는 새롭게 형성되고 변화한다. 노동과 노동으로 말미암은 인간의 소외, 사회의 계급화, 그 속에서 일어나는 인간에 의한 인간의 착취, 이 문제를 극복하기 위해 투쟁하는 세계가 있을 뿐이다. 세계는 고정되어 있는 하나의 물건이 아니다. 그것은 칸트의 철학에서 볼 수 있는 추상적 개념이 아니다. 인간의 노동을 통하여 형성되고 변화되며, 노동으로 말미암아 인간의 소외가 일어나며, 이 소외를 극복하기 위한 투쟁이 일어나는 구체적 세계가 있을 뿐이다.

포이어바하는 헤겔의 관념성에 반해 현실주의를 지향하였다. 그는 헤겔의 "정신"과 "이성"과 "사유" 대신에, 인간의 감각적 "감성"과 "느낌"(감정)과 "마음" 곧 사랑을 새로운 철학의 출발점으로 제시하였다. 그러나 마르크스가 볼 때, 포이어바하의 출발점은 비현실적 관념성을 벗어나지 못한다. 포이어바하가 극복하지 못한 비현실적 관념성을 극복할 수 있는 근거를 마르크스는 헤겔의 노동의 개념에서 발견한다. 헤겔의 노동의 개념은 현실을 현실적으로 파악하고자 하는 마르크스의 입장에 중요한 단서를 제공한다.

마르쿠제(H. Marcuse)에 따르면, 마르크스는 "노동에 대한 헤겔의 개념의 결정적인 기여"를 매우 중요시하였다. 헤겔은 말하기를, "분업(Teilung der Arbeit)과…개인들의 노동의 보편적이며 상호 교차적 의존은 국가와 사회 체제를 결정한다고 하였다. 이를 넘어 노동의 과정은 의식의 발전을 결정한다." 또한 헤겔 철학은 "주체와 대상의 관계에 대한 그 자신의 특유한 해석에 근거한다.…대상은 인간의 욕구를 충족하기 위해 먼저 욕구의 대상으로 처리되고 점유되어야 할 것으로 나타난다. 점유의 과정에서 대상은 자기를 인간의 '타재'(Anderssein)로 나타낸다." 자기의 욕구의 대상들과

이 대상들을 점유하기 위한 노동과 관계하는 한 인간은 "그 자신 가운데 있지 않고,…그에게 외적인 힘에 의존한다. 그는 자연과 우연, 그리고 다른 점유자들의 관심들과 대결해야 한다." 이 과정에서 "의식의 완전한 '소외'"가 일어난다. "인간은 그 자신이 만든 물건들에 의해 지배된다. 그러므로 이성의 실현은 이 소외의 극복과 주체가 그의 모든 대상 속에서 그 자신을 알고 소유하는 상태의 회복을 포함한다." 이 같은 노동의 역할을 기술한 것이 "헤겔의 정신현상학의 위대한 업적"이라고 마르크스는 평가한다 (Marcuse 1972, 230). 1844년에서 1846년 사이에 마르크스가 쓴 문헌들은 "현대 사회에서 이루어지는 인간의 노동을, 인간의 총체적 '소외'를 일으키는 구성적 요소로 다룬다. 마르크스의 경제학적 분석은 이 범주의 사용을 헤겔 철학의 기본 범주와 결합시킨다"(241).

4. 헤겔에 따르면, 세계의 모든 유한한 사물들은 절대적·신적 정신의 자기 외화(Entäußerung)를 통해 있게 된 것이다. 신적 정신은 자기의 즉자 (Ansich)를, 자기 자신에게 대칭하는 대자(Fürsich)로 외화한다. 여기서 대자는 즉자의 "타자"로 파악된다. "타자"는 한마디로 즉자에게서 구별되는 "낯선 것", "다른 것"(das Andere)을 뜻한다. 그것은 즉자로부터 소외된 것, 즉자에게 모순되는 것을 말한다. 따라서 정신의 대자인 세계의 모든 유한한 사물들은 모순을 그 자체 속에 가진다. 그들은 부정성을 자기의 본질로 가진다. 그들은 부정되어야 할 성격의 것이다. 부정적인 것, 곧 모순의 부정을 통해 그들은 자기의 본래성을 획득하고 자기의 본질을 나타내며, 자기를 실현한다.

마르크스는 비록 소외된 형태의 것이긴 하지만 이것을 파악한 점에 헤겔의 위대함이 있다고 일단 인정한다. 그에 따르면, "비록 소외된 방법이긴 하지만, 헤겔은 자기 자신과 관계된 부정의 긍정적 의미를 파악함으로써, 인간의 자기소외, 본질의 소외, 탈대상화(Entgegenständlichung) 그리고 발전을, 자기획득, 본질의 표출(Wesensäußerung), 대상화, 실현으로 파악하였다. 간단히 말해 그는 추상화의 범주 속에서 노동을 인간의 자기 생성의 행위로, 낯선 본질로서의 그 자신에 대한 관계로…파악한다"(200f, 340). 또한 논리학에서 "특수한 개념들, 자연과 정신에게서 독립되어 있는 고정된 보편적 사유의 형식들은, 인간 본질의 보편적 소외의 필연적 결과이며, 또한 인간의 사유의 필연적 결과임을" 나타낸 점에 "헤겔이 완성한 긍정적인 점"이 있다고 마르크스는 인정한다(342).

마르크스는 비록 추상적인 것이긴 하지만 헤겔의 이 통찰들을 자신의 것으로 수용한다. 특히 마르크스의 이론에서 결정적 중요성을 가진 외화(혹은 대상화, Entäußerung)와 소외(Entfremdung)의 개념은 헤겔의 철학에서 유래한다. 그에 따르면, 헤겔의 『정신현상학』은 세계의 모든 것을 "사상(생각)의 존재"(Gedankenwesen)로 파악하는 추상적 관념성의 결함을 갖긴 하지만, "인간의 외화와 소외"를 간파한다. 그것은 인간의 자기활동과 자기형성을 변증법적 과정으로 이해하며, 대상화 혹은 외화를 소외로 이해하며, 대상화된 것의 점유(Aneignung)를 소외의 지양으로 파악한다. 헤겔은 소외의 긍정적인 측면만 알고, 소외의 부정적인 측면은 관념적으로 지양시킨다.

그러나 소외와 이 소외의 지양에 있는 노동의 본질을 그는 파악하며, 인간의 세계는 노동의 결과라는 사실을 드러낸다고 마르크스는 헤겔을 인정한다. 헤겔의 정신현상학은 "인간의 소외 현상을 간과하지 않기 때문에", 그 속에는 "불행한 의식", "정직한 의식", "모욕을 당한 고귀한 의식의 투쟁"과 같은 "비판적 요소들"이 숨어 있다. 그러므로 "정신현상학은 은폐되어 있는, 자기 자신에게 분명치 못하며 신화화하는 비판이다." 그러나 비록 인간이 정신의 형태로 나타난다 할지라도 헤겔의 정신현상학은 인간의 소외를 결코 간과하지 않는다. 그러므로 "그 속에는 비판의 모든 요소가 들어 있고, 이 요소들은 헤겔 자신의 입장을 훨씬 더 넘어설 정도로 준비되어 있고 처리되어 있다." "정신현상학의 모든 단락은 — 소외된 형식이긴 하지만 — 종교, 국가, 시민사회의 삶 등 모든 영역의 비판적 요소를 내포하고 있다"(2004f, 328). 정신현상학 속에 숨어 있는 이 "비판적 요소들"을 마르크스는 수용하고 이를 실현하고자 한다.

또한 마르크스는 그의 문헌 『거룩한 가족』(1844/45)에서 다음의 사실을 인정한다. 곧 무산계급자들의 소외는 "배척당한 상태 속에서, 이 상태에 대한 분노(Empörung)라는" 것이다. 이 분노는 무산계급자들의 "인간적 본성과 그들의 삶의 상황의 모순으로 말미암아 필연적으로" 얻게 되는 것임을 헤겔은 통찰하였다(2004g, 379). 곧 근대 시민사회의 자본주의 사회에서 노동자들의 삶의 상황은 인간의 본성에 모순된다. 이 모순은 노동자들이 당하는 사회적 소외와 배척, 이에 대한 분노의 형태로 표출된다. 마르크스는 헤겔의 이 통찰을 수용한다.

5. **헤겔의 역사 기술**은 관념성을 벗어나지 못한다고 마르크스는 비판한다. 헤겔이 기술하는 역사는 현실적인 것에 기초하지 않고, 신적 정신의 자기 활동에 기초하기 때문이다. 그것은 현실의 조건에 기초한 현실의 역사가 아니라, 현실로부터 유리된 관념적인 것이라고 마르크스는 규정한다.

이와 같이 마르크스는 헤겔의 역사 기술을 추상적인 것, 관념적인 것으로 규정하지만, 헤겔의 세계사적·보편사적 구도를 수용한다. 마르크스의 사상 체계는 그 전체에 있어 헤겔의 세계사적 구도를 취한다. 그는 인간의 노동으로 말미암은 소외, 소외의 극복을 위한 유산계급과 무산계급의 계급투쟁을 세계사 전체를 관통하는 세계사의 원리로 세운다. "지금까지의 모든 사회의 역사는 계급투쟁의 역사다"(2004m, 594). 세계사는 계급투쟁의 역사라는 점에서 내적 보편성을 가진다. 여기서 세계사는 계급투쟁을 그 원리로 하는 **보편사**로 파악된다. 신적 정신의 자기활동에 근거한 헤겔의 보편사적 구도가 마르크스의 계급투쟁의 보편사적 구도로 발전한다.

또한 마르크스는 **헤겔의 목적론적 역사 이해**를 수용한다. 세계사는 어떤 영원한 법칙의 반복 내지 원운동(Kreislauf)이 아니라 특정한 목적을 향한 과정이란 목적론적 구도를 그는 헤겔에게서 배운다. 그러나 그는 목적론적 구도의 내용을 수정한다. 곧 세계사의 목적은 헤겔이 말하는 정신이 자기 자신으로 "돌아감"(Rückkehr)에 있는 것이 아니라 공산주의 사회의 실현에 있는 것으로 설정한다. 세계사의 목적의 내용은 다르지만, 세계사는 목적론적 구도를 가진다는 점에서 헤겔과 마르크스는 일치한다.

공산주의 사회를 역사의 목적으로 설정하고, 이 목적으로부터 역사의 보편적 통일성을 찾는 마르크스의 보편사적 방법은, 정신이 자기 자신으로 돌아감을 통해 실현되는 자유의 실현을 역사의 목적으로 보는 헤겔의 보편사적 방법에서 온다(Tillich 1971, 274). 마르크스에 따르면, 지금까지의 세계사는 계급투쟁의 역사라는 공통분모를 가지며, 앞으로의 세계사는 공산주의 사회를 향한 과정이라는 점에서, 세계사는 내적 연속성과 보편성을 가진다. 이 같은 보편사적 구도는 포이어바하의 철학에서 볼 수 없는 헤겔의 철학에서 오는 것이다. 또한 세계의 모든 현실적인 것이 가진 이성적 성격을 철저히 역사적인 것으로 생각하고, 이성적 현실을 역사 속에서 실현하고자 하는 마르크스의 입장도 헤겔로부터 유래한다(Löwith 1973, 54). "이성이 세계를 다스린다"는 헤겔의 명제를 마르크스는 물질적·사회-경제적 관계들 속에서 실현하고자 한다.

6. 그 밖에도 헤겔의 다양한 사상들이 마르크스에게 영향을 주었다는 사실을 우리는 마르크스의 문헌 곳곳에서 발견할 수 있다. 헤겔의 생각과 표

현 방식이 거의 글자 그대로 나타나는 경우도 있다. "사유와 존재는 구별되는 동시에 **통일성** 안에 있다"는 마르크스의 말은(2004f, 312) 헤겔의 생각과 일치한다. "헤겔을 통해 국가철학과 법철학은 가장 철저하고 풍요롭고 궁극적인 의미를" 갖게 되었다고 마르크스는 헤겔의 법철학을 인정하기도 한다.

인간의 법적·역사적 존재에 대한 마르크스의 통찰 역시 그 뿌리를 헤겔의 철학에 가진다. 헤겔의 철학에서 개별 인간의 주체성은 보편적 정신의 자기활동의 한 계기로 파악된다. 인간은 외부의 세계에서 단절된 고독한 "단자"가 아니라 절대정신의 "현존양태" 내지 "현상양태"이며, 민족과 국가의 유기체적 구성원으로 실존한다. 개체적 존재로서 피할 수 없는 제한성 속에서 인간은 정신의 보편적 역사에 참여되어 있는 보편적·역사적 존재로 생각된다. 인간에 대한 헤겔의 이 같은 생각에서 마르크스는 인간을 법적·사회적·역사적 존재로 파악하게 된다.

"모든 인간은 인간으로서 가장 높은 가치를 가진다"는 마르크스의 생각은 헤겔에게로 소급된다. 마르크스에 의하면, "인간은 인간에 대해 가장 높은 존재다"(daß der Mensch das höchste Wesen für den Menschen sei, 2004e, 283). "모든 사람은 최고의 존재, 가장 높은 존재"다(254). 이를 가리켜 마르크스는 성서의 "최고 규범"이요 "헌장"(Charte)이라고 말한다(2004d, 252). 마르크스의 사상의 기본 원리인 이 생각의 뿌리를 우리는 헤겔에게서 볼 수 있다.

헤겔에 따르면, 하나님의 영(pneuma) 곧 정신은 자유롭다. 영 곧 정신이 있는 곳에 자유가 있다(고후 3:17). 성서가 말하는 "자유의 원리"는 "기독교 세계의 원리"다. 이 세계는 "인간은 그 자체로서 무한한 가치를 가진다"는 규정이 있다. 기독교는 이것을 다음과 같이 좀 더 상세히 나타낸다. 곧 "모든 사람은 행복해야 한다. 여기서 (모든) 개인에게 무한한 가치가 부여된다"(Hegel 1966, 242). 곧 사회적 지위와 신분과 소유와 교육 정도를 떠나 모든 인간은 행복을 추구하며, 또 행복해져야 한다. 이것은 모든 인간은 무한하고 동등한 가치를 가진다는 것을 전제한다.

이것을 헤겔은 다음과 같이 설명하기도 한다. 하나님은 영 곧 정신이다(요 4:24). 인간은 "정신으로서의 하나님"(Gott als Geist)과 결합되어 있는 "정신적 존재"다. 그는 "하나님의 형상"이요, "하나님의 은혜와 자비의 대상"이다. 그러므로 "각 사람은 그 자신에 대한 주체요, 그 자신에 대해 무한하고 절대적인 가치를 가진다"(Hegel 1966, 245). 인간은 인간으로서 무한한 가치를 가지며, 모든 인간은 서로에 대해 평등하고 자유롭다. 그러므로 어떤 인간도 인간에 의해 억압당하거나 소외될 수 없다는 마르크스의 기본 이념은 헤겔의 철학으로 소급된다. 궁극적으로 그것은 성서에 뿌리를 둔다. 마르크스도 이것을 알고 있었다. 그래서 그는 『유대인 문제에 대하여』에서 다음과 같이 말한다. "성서는 글자 한 자에 이르기까지 거룩하다"(die Schrift ist heilig bis auf das Wort, 2004d, 252).

인간의 해방에 대한 마르크스의 사상 역시 헤겔 철학으로 소급된다. 헤겔에 따르면, 인간은 주어진 상태에 머물러 있어야 할 존재가 아니라, 정신의 변증법적 자기활동 속에서 끊임없이 더 높은 진리로 지양되어야 할 존재, 곧 비진리에서 진리로 해방되어야 할 변증법적 존재로 생각된다. 그러나 마르크스의 입장에서 볼 때, 헤겔이 말하는 인간의 해방은 인간의 생각(사상) 속에서 일어날 뿐이다. 이에 마르크스는 헤겔의 관념적 해방을 사회·정치적 영역에서의 해방, 공산주의 사회를 향한 해방으로 실현하고자 한다. 헤겔이 말하는 인간의 정신적 주체성을 그는 공산주의 사회를 향한 해방의 주체성으로 파악한다. 세계사를 인간의 **해방과 자유의 역사**로 파악한 헤겔의 역사철학적 원리는 마르크스의 역사 해석의 원리가 된다.

2. 헤겔의 변증법적 원리와 마르크스

1. 마르크스가 헤겔에게서 배운 가장 중요한 것은 헤겔의 변증법이다. 물론 마르크스는 헤겔의 변증법을 그 자신의 물질론적 관점에서 해석하지만, 헤겔의 변증법적 방법을 그 자신의 방법으로 수용한다. "부정적인 것의 부정"의 변증법적 원리가 마르크스의 철학 전체를 관통하고 있다. 이런 점에서 마르크스의 철학적 사유의 출발점은 헤겔에게 있다고 말할 수 있다. 그의 철학 전체를 끝까지 지배한 것은 헤겔의 변증법적 사고였다. 러시아의 사회주의는 변증법을 가리켜 "혁명의 대수학"(Algebra der Revolution)이라 불렀다. 이 변증법은 마르크스가 헤겔에게서 배운 것이었다. 그는 헤겔의 변증법을 물질론적으로 풀이함으로써 **변증법적 물질론**을 세우게 된다.

　또 마르크스의 물질론이 **역사적 물질론**이라 불리는 원인도 헤겔의 변증법에 있다. 헤겔의 변증법은 역사를 구성하는 역사의 원리였다. 바로 이 변증법으로 말미암아 마르크스의 물질론은 역사적 형태를 갖게 된다. 헤겔의 변증법을 통해 마르크스는 정적·비역사적인 근대 프랑스 물질론자들의 "옛 물질론"을 극복하고, 역동적이고 역사적인 물질론, 변증법적 물질론을 주장하게 된다. 한마디로 마르크스의 변증법적 물질론, 역사적 물질론은 그 원리에 헤겔의 변증법을 뿌리로 둔다. 파리 체류 기간에 그가 쓴 『국가경제와 철학』에서 보이기 시작하는 물질론적 역사 해석은 "헤겔의 변증법의 방법"에 기초한 것이었다. 그것의 특징은 헤겔의 "변증법의 경제학적 물질화"라고 말할 수 있다(ökonomische Materialisierung der Dialektik, Negt 2004, 7).

2. 헤겔에 따르면, 세계사의 주체인 정신은 "활동성"(Tätigkeit)을 그의 본질로 가진다. 정신은 그 자체에 있어 활동성이다. 정신의 활동성은 자기의

즉자를 자기 자신에게 대칭하는 대자, 곧 세계의 유한한 사물로 외화 혹은 대상화한다. 대상화된 대자는 즉자에 "다른 것" 곧 "타자"(das Andere)다. 그러므로 세계의 모든 유한한 사물들 속에는 정신의 즉자에 모순되는 "부정적인 것"이 있다. 이 부정적인 것을 부정함으로써, 곧 "부정적인 것의 부정"을 통해 정신은 대상 세계의 유한한 사물들을 높은 진리의 세계로 지양 내지 고양한다(aufheben). 정신은 부정적인 것의 부정과 고양의 과정 내지 활동성으로 현존한다. 이 활동성을 가리켜 헤겔은 변증법이라고 말한다. 따라서 헤겔의 변증법의 핵심은 "정-반-합"이 아니라 "부정적인 것의 부정"에 있다(**헤겔은 한 번도 자기의 변증법을 "정-반-합"이란 공식으로 설명한 적이 없음**).

헤겔의 변증법은 세계의 모든 유한한 사물들 속에는 정신의 즉자에 대립하는 "모순" 곧 "부정적인 것"이 있음을 전제한다. 그러므로 세계의 모든 사물은 주어진 상태에 머물 수 없다. 그들은 "부정적인 것의 부정"을 통해 더 높은 진리의 세계로 변화되고 고양되어야 한다. 그들은 고정되어 있는 것, 완결된 것이 아니라 아직 주어지지 않은 미래의 것을 향해 넘어가야 할 존재다. 그들은 "넘어감"(Übergehen)을 자신의 본질로 가진다. 존재 곧 "있음"(esse)은 "넘어감" 혹은 "되어감"(fieri) 자체다. 그것은 미래를 향한 발전의 과정이다. 바로 여기에 헤겔의 변증법의 원리가 있다.

3. 마르크스는 헤겔의 변증법의 원리를 일단 수용한다. 그는 "부정성"의 원리에 기초한 헤겔의 **변증법의 위대함**을 인정한다. 이것을 그는 헤겔의 정신현상학에서 발견한다. 정신현상학에서 헤겔은 인간의 "자기 생성"(Selbsterzeugung)을 하나의 과정으로 파악한다. 곧 자기를 외화 내지 대상화하고, 이로 인해 자기 자신에게서 소외되고, 이 소외를 지양하는 "과정"으로, 곧 "노동"으로 파악한다. 헤겔은 "노동의 본질을 파악하

며, 대상적 인간,…참된 인간을 그 자신의 노동의 결과로" 파악한다. "종의 존재"(Gattungswesen)로서의 인간은 오직 노동을 통해 자기의 "모든 종의 힘들"(Gattungskräfte)을 발휘할 수 있다는 점을 헤겔은 간과하지 않는다(2004f, 329).

헤겔의 정신현상학에 대한 마르크스의 이 해석은 중요한 의미가 있다. 그에 따르면, 헤겔은 근대 국가경제학의 관점에서 노동을 인간의 본질로 파악한다. 그러나 노동을 통해 인간은 자기 자신으로부터 "낯설게" 된다(혹은 소외된다. fremd → Entfremdung). 왜냐하면 노동 속에서 그 자신을 외화하는 인간은 그 자신의 본질을 대상화하기 때문이다. 그러나 이 대상은 그에게 외적인 것, 그 자신과 다른 것, 그 자신에게서 소외된 것(낯선 것)으로 등장한다. 여기에 나타나는 주요 개념들, 곧 외화(Entäußerung), 소외(Entfremdung), 대상화(Vergegenständlichung), 지양(Aufhebung)은 헤겔의 변증법에서 유래하는 것으로, 마르크스 자신의 개념으로 사용된다. 이 개념들과 함께 마르크스는 헤겔의 변증법적 원리를 자신의 이론에 적용한다.

마르쿠제에 따르면, "헤겔의 변증법은 마르크스의 이론과 그것의 레닌적 해석의 중심적 구성 요소가 된다"(Marcuse 1972, 223). 세계는 주어진 지금의 상태에서 완성된 것, 완결된 것이 아니다. 세계는 완결된 사물들의 복합체가 아니라, 부정적인 것이 부정되는 과정들의 복합체다. 완결된 것, 절대적인 것은 이 세계 그 어디에도 존재하지 않는다. 생성과 부정과 변화와 소멸의 끊임없는 과정이 있을 뿐이다. 부정적인 것의 부정을 통해 세계는 발전한다는 헤겔의 변증법적 원리가 마르크스의 역사철학을 지배한다. "현실에 대한 마르크스의 변증법적 구상은 헤겔의 구상과 동일한 사태(Sachverhalt)를 통해 근거된다. 곧 현실의 부정적 성격을 통해 근거된다." 사회적 세계 속에서 계급사회의 모순을 불러일으키는 "이 부정성"은 세계사의 변증법적 "과정의 발동기"(Motor des Prozesses)가 된다(274).

마르크스의 가장 위대한 제자 레닌은 변증법적 발전의 원리를 다음과 같이 묘사한다. "이미 지나온 단계들을 다시 한번, 그러나 **다르게**, 보다 더 높은 등급에서 통과하는 발전. 직선으로 이루어지지 않고 나선형으로 (in der Spirale) 이루어지는 발전. 비약적이고 재난들과 결합된 혁명적 발전. 점진성(Allmählichkeit)의 중단들, 질이 양으로 극변됨(Umschlag), 주어진 육체에 작용하거나 주어진 현상의 한계 내에서, 혹은 주어진 사회 내에서 작용하는 힘과 경향의 모순이나 충돌로 말미암아 야기된 내적 발전의 충동들(Entwicklungsantriebe). 서로 간의 의존과, (역사가 언제나 새로운 측면을 열어주는) 각 현상의 모든 측면의 분리할 수 없는 매우 긴밀한 관련성(Zusammenhang)…이러한 것이 변증법의 몇 가지 특징들이다"(Lenin 1946, 11-12).

4. 마르크스는 헤겔의 변증법의 원리를 수용하되, 그 자신의 역사적 물질론 입장에서 그것을 재구성한다. 피히테에 따르면, 인간 바깥에 있는 세계의 모든 사물은 **인간의 자아로** 환원된다. 세계의 모든 것은 사유하는 인간 주체 안에서 생성된 "비자아"(Nicht-Ich)로 설명된다(이에 관해 김균진 2020b, 58). 헤겔에 따르면, 세계의 모든 사물은 **신적 정신으로** 환원된다. 세계의 모든 것은 신적 정신의 자기 외화로 말미암아 있게 된 신적 정신의 현상 양태들이기 때문이다. 참으로 실존하는 것은 정신 혹은 정신의 관념이고, 물질적인 것은 정신적 관념의 현상으로 생각된다.

여기서 마르크스는 근대 철학의 중심적 문제, 곧 인간의 의식과 존재, 사유와 존재, 정신과 물질이 어떤 관계에 있는가의 문제를 발견한다. 이 문제에 대해 관념론은, 물질은 정신과 의식 혹은 사유의 산물이라고 본다. 이에 반해 물질론은 정신과 의식 혹은 사유가 물질의 산물이라고 본다. 전자에 의하면, 인간의 정신과 의식과 사유가 그의 존재를 결정한다. 그 반면 물질론에 의하면, 인간의 존재가 그의 정신과 의식과 사유를 결정한다. 이 문제에 대해 마르크스는 물질론의 입장을 취한다. 정신적인 것, 관념적인 것은 사실상 물질적인 것에 불과하다. "헤겔은 사유의 과정을 관념이란 이름으로 하나의 독자적 주체로 둔갑시킨다. 이 사유의 과정이 현실의 조물주(Demiurg)가 된다.…이와 반대로 나의 입장에서 볼 때, 관념적인 것(das Ideelle)은 인간의 머릿속으로 옮겨졌고 그 속에서 바꾸어진 **물질적인 것에 불과하다**"(1953, 10).[2]

이로써 마르크스는 "의식이 존재에 앞서고 존재를 구성한다고 보는 데카르트 이래의 의식철학에 대해 단호하게 반기를" 든다. 그는 "존재가 의식에 선행하고 의식이 존재의 반영이라고 보는 단순하고 소박한 전통적인 물질론을 비판적으로 극복하고자 했다. 마르크스는 의식과 존재, 의식과 대상이 서로 마주 보는 것으로 설정하기만 해서는 안 되고 인간의 실천을 통하여 서로 매개된다는 점을 포착하여야 한다고 생각"했다(강원돈 2019, 262-263). 마르크스에 따르면 물질과 존재는 고정된 물체와 같은 것이 아니라 역사의 과정에서 서로 매개(혹은 중재)되는 변증법적 활동 속에 있다. 그러나 실천을 통한 매개 속에서 물질적·사회-경제적 요인들이 인간의 의식을 변증법적으로 변화시키는 기본 요인으로 작용한다.

이리하여 마르크스는 헤겔의 정신 변증법을 사회-경제적·물질론적 변증법으로 바꾸어버린다. 그의 변증법은 헤겔의 정신 변증법을 거꾸로 뒤집은 **사회-경제적·물질론적 변증법**이요, 그의 물질론은 **변증법적·역사적 물질론**이다. 변증법적 물질론에 근거하여 마르크스는 물질적 생산방

---

2 원문: Für Hegel ist der Denkprozeß, den er sogar unter dem Namen Idee in ein selbständiges Subjekt verwandelt, der Demiurg des Wirklichen....Bei mir ist umgekehrt das Ideelle nichts anderes als das im Menschenkopf umgesetzte und übersetzte Materielle.

법의 변화와, 이 변화로 말미암아 형성되는 사회-경제적 관계들의 변화를 추적하고, 이 변화 속에서 필연적으로 발생하는 인간의 소외와 계급투쟁을 역사의 동인으로 파악한다. 그는 헤겔의 변증법적 사고에 근거하여, 역사를 물질적·사회-경제적 기초에 근거한 계급투쟁의 역사로 해석한다. 마르크스의 이 역사 해석은 헤겔의 변증법의 역사적·사회-경제적 적용이라 말할 수 있다.

5. 변증법적 물질론을 마르크스는 18세기 프랑스 물질론자들의 "옛 물질론"에서 구별한다. 마르크스에 의하면, 1) 옛 물질론은 모든 사물 속에 숨어 있는 "모순들"을 보지 못한다. 이 모순들을 볼지라도 그것을 사회적 상황에서 구체적으로 파악하지 못한다. 2) 따라서 옛 물질론은 추상적이고 정적이며 비역사적이다. 그것은 세계사의 변증법적 역동의 원리를 보지 못하기 때문에 세계사를 바르게 파악하지 못한다. 3) 옛 물질론은 인간의 본질을 사회적 상황과 세계사의 변증법적 과정에서 분리된 고정된 것으로 파악한다. 그것은 인간의 본질 자체가 물질적·사회-경제적 상황과 세계사의 변증법적 과정의 산물임을 간과한다.

　이 같은 문제점을 가진 옛 물질론을 극복할 수 있는 길을 마르크스는 헤겔의 변증법에서 발견한다. 비록 관념론적 형태이긴 하지만, 헤겔은 모든 사물 속에 숨어 있는 **모순과 대립**을 파악하였다. 헤겔은 "부정의 부정"을 긍정적 측면에서 "참으로 그리고 유일하게 긍정적인 것"으로 파악하였다. 이와 동시에 헤겔은 부정적 측면에서 "부정의 부정"을 "모든 존재의 유일하게 참된 행위와 자기활동의 행위로 파악하였다"(2004f, 324). 마르크스는 헤겔의 이 생각을 수용한다. 그리하여 다음과 같이 말한다. "모순 없이는 진보가 없다(Ohne Gegensatz kein Fortschritt). 이것은 오늘에 이르기까지 (인간의) 문명이 지켜온 법칙이다"(2004k, 558).

그러나 마르크스의 입장에서 볼 때, 헤겔이 말하는 변증법은 현실과 무관한 관념의 세계, 생각(사상)의 차원에 머물러 있다. 헤겔은 "인간의 현실적 역사가 아직 아닌…역사의 활동에 대한 **추상적이며, 논리적이며, 사변적인** 표현을 발견하였을" 뿐이다. 마르크스는 헤겔의 "추상적이며…사변적인 표현"을 현실적·물질적 표현으로 대체한다. 그는 헤겔의 정신 변증법을 물질론적 변증법으로 바꾸고, 세계사를 물질적·사회-경제적 조건들의 변화로 말미암은 사회 전체의 변증법적 변혁의 과정으로 파악한다. 이리하여 마르크스의 물질론적 변증법은 철학적 이론과 세계 해석에 머물지 않고, 공산주의 혁명을 통해 "역사의 해결되지 않은 수수께끼"를 풀기 위한 실천의 원리를 제시하고자 한다. 그러나 헤겔의 변증법적 원리가 그의 철학 밑바닥에 놓여 있다. 그러므로 마르크스는 비록 소외된 형식의 것이긴 하지만, "헤겔의 변증법의 긍정적 요소들"을 다음과 같이 인정한다.

헤겔은 "지양"(Aufheben)의 문제를 파악하였다. 곧 정신이 그 자신의 외화를 "그 자신 속에 **거두어들이는** 대상적 운동"으로 보았다. 헤겔은 외화된 대자의 "소외의 지양을 통한 대상적 존재의 **점유**(Aneignung)"를 통찰하였고, "인간의 현실적인 대상화, 대상 세계의 소외된 규정의 폐기, 소외된 현존의 지양을 통한 인간의 대상적 존재의 현실적 획득"을 직시하였다 (2004f, 339-340). 이 같은 헤겔의 변증법을 마르크스는 수용하되, 그것을 물질론으로 적용한다. 이리하여 마르크스의 철학은 헤겔 철학과 **동일한 구조적 특징**을 갖게 된다.

1) 헤겔과 마찬가지로 마르크스 역시 세계사를 하나의 통일된 법칙, 곧 변증법적 법칙이 지배하는 과정으로 파악한다. 이 과정을 그는 특정한 목적을 지향하는 과정으로 본다. 헤겔의 목적론적 역사관의 방법이 마르크스 철학 전체의 방법적 특징이 된다.

2) 헤겔과 마찬가지로 세계사의 각 시대는 그 속에 "모순"을 담지하고

있는 것으로 파악된다. 따라서 세계사의 궁극 목적에 이르기까지 각 시대는 전체 과정의 통과 단계로서, 더 높은 단계로 지양되어야 할 것으로 생각된다. "부정적인 것의 부정"을 통한 변화와 발전에 대한 헤겔의 변증법적 사고가 마르크스 자신의 특징을 구성한다.

3) 헤겔이 말한 이성적인 것과 현실적인 것, 관념적인 것과 현실적인 것의 "화해의 원리"가 마르크스 자신의 철학적 원리를 구성한다. 마르크스의 철학 전체는 비이성적 현실을 이성적 현실로 변혁함으로써 이성과 현실, 관념과 현실을 화해시키고자 한 노력이었다. "마르크스의 현실주의적이며 물질론적 인식의 배면에는⋯ '관념과 현실, 이성과 현실의 현실적이고 완전한 결합에 대한 이상적 믿음'이 전제되어 있다"(Störig 1974, 348).

3. 헤겔의 "내적인 빛"과 마르크스의 외적인 "불길"
- "미네르바의 부엉이"가 되고자 한 마르크스

마르크스는 그의 생애 마지막까지 헤겔 철학에 대한 논쟁 속에서 자신의 철학을 전개한다. 그러므로 마르크스의 사상들은 헤겔 철학을 상기할 때, 그 뿌리에서부터 파악할 수 있다. 그러나 헤겔에 대한 대립 속에서 그는 헤겔에 의존하며, 사실상 헤겔 철학 속에 숨어 있는 가능성을 실현한다. 헤겔 철학 속에 숨어 있는 "내적인 빛"을 그는 외적인 "불길"로 실현하고자 한다. 이것을 우리는 고대 그리스 철학자 「데모크리토스와 에피쿠로스의 차이」에 관한 마르크스의 박사학위 논문에서 볼 수 있다.

1. 마르크스에 따르면, 플라톤과 아리스토텔레스의 철학이 지배하던 고대 그리스 철학계에서, 데모크리토스의 원자론적 물질론과 에피쿠로스의 윤

리학적 쾌락주의는 전혀 새로운 것이었다. 그것은 영원한 관념의 세계와 현상의 세계, 영혼과 육체의 이원론에 기초한 (고대 그리스 철학의) **형이상학적 전통에 대한 일대 반란**이었다. 그것은 땅 위에 집을 짓고 거기에서 살기 위해 프로메테우스가 하늘에서 불을 훔친 것과 같았다(2004a, 81).

마르크스에 따르면, 위대했던 고대 그리스의 고전철학은 끝났다. 그러나 한 영웅의 죽음은 공기를 너무 많이 들이마셔 "배가 불러 터져 죽는 개구리의 파열(zerplatzen)"과 같지 않았다. 오히려 그것은 초저녁의 여명 속에서 내일의 새로운 날을 약속하는 태양의 일몰과 같은 것이었다. 플라톤, 아리스토텔레스의 철학이 생명력을 잃어버리자 새로운 철학 체계들이 등장하였다.

고대 그리스 철학의 이 같은 상황을 마르크스는 당시 독일 철학계의 상황에 비유한다. 헤겔의 철학은 "완성된 총체적 세계로 완결되었다." 그러나 "세계의 총체성은 자기 자신 속에서 분열되었고, 이 분열은 정점에 이르렀다.…이제 세계는 하나의 찢어진 세계이고, 이 세계는 그 자체 안에서 전체적인 (헤겔의) 철학을 대면하고 있다." 이 찢어진 세계에 대해 헤겔의 철학도 "하나의 찢어진 철학이요 모순되는" 철학이다. 헤겔 철학의 객관적 보편성은 각 사람의 의식의 주관적 형식들로 뒤집어졌고(혹은 전도되었고), 이 형식들 속에서 생동한다(2004a, 82).

쉽게 말해, 헤겔은 그 자체 안에서 완결된 하나의 총체적·정신적 세계를 완성하였다. 그러나 헤겔이 완성한 정신적 세계는 산업혁명과 함께 등장한 초기 자본주의 사회 현실과 일치하지 않는다. 그것은 초기 자본주의 사회 현실에서 괴리된 **관념적 세계**에 불과하다. 고대 플라톤과 아리스토텔레스의 철학과 마찬가지로 헤겔 철학은 현실의 세계에서 괴리되어 있다. 그것은 현실의 세계에 대해 의미를 상실하였다. 고대 그리스 철학이 아테네에서 로마로 넘어간 것처럼, 헤겔이 대표하는 독일의 고전철학

은 이제 **새로운 철학**으로 넘어가야 한다. 아리스토텔레스와 헤겔의 철학
처럼, 철학의 추상적 원리가 세계를 설명하는 총체적 원리가 되었을 때, 이
철학은 새로운 철학으로 교체될 수밖에 없는 역사적 교차점에 서게 된다.
그 자체 안에서 총체적인 철학과 현실의 세계가 이 교차점에서 대립한다.

2. 마르크스에 따르면, 헤겔은 정신의 개념에 입각하여 모든 것이 그 안에
서 화해된 세계를 제시하였다. 그러나 이 화해는 참된 현실적 화해가 아니
라 **개념과 사유의 형식 속에서 일어난 화해**에 불과하였다. 그것은 진짜 화
해가 아니라 거짓된 화해였다. 이제 철학은 사유 안에 머물 것이 아니라
"바깥을 향해야"하며, 세계와 함께 실천해야 한다. 국가철학으로서의 철
학은 철학적 정치가 되어야 한다. 정신적 세계, 지적인 세계가 되어버린 철
학은 현실의 세계를 향해야 하며, 기존의 철학에 저항해야 한다. 이 저항
속에서 헤겔 철학의 객관적 보편성은 관념론의 주관적 의식의 형식으로
무너져버린다.

　　모든 것이 흔들리게 되는 이 변혁은 역사적 필연성과 함께 일어난다.
아리스토텔레스 다음에 제논, 에피쿠로스, 섹스투스 엠피리쿠스가 등장하
였고, 헤겔 다음에 새로운 철학자들이 등장할 수밖에 없는 원인은 역사적
필연성에 속한다. 여기서 마르크스는 세계의 현실로부터 괴리된 헤겔 철
학을 부정하고, 이를 대체하는 **자신의 새로운 철학**의 필연성을 시사한다.
플라톤과 아리스토텔레스의 이원론적 형이상학에 대항하여 데모크리토
스와 에피쿠로스의 원자론적 물질론과 향락주의의 새로운 철학이 등장했
듯이, 헤겔의 관념론적 철학을 대신하는 물질론적이며 실천과 분리되지
않는 새로운 철학이 등장해야 한다는 것이다. 헤겔은 이성이 현실의 세계
속에서 실현되어야 한다고 말하였다. 이성이 현실 세계 속에서 실현될 때,
철학 자신이 지양되며, 현존하는 비철학의 실천으로 변천해야 한다. 곧 헤

겔 철학은 마르크스주의의 실천 이론으로 지양되어야 한다고 마르크스는 암시한다.

그러나 마르크스는 헤겔 철학을 지양함으로써, 사실상 헤겔 철학 안에 숨어 있는 가능성을 실현한다고 시사한다. 아리스토텔레스와 헤겔 철학의 "내적인 자족성(innere Selbstgenügsamkeit)과 완결성(Abrundung)은 (이제) 깨어졌다. **내적 빛**이었던 것이 모든 것을 집어삼키는 **밖을 향한 불길**이 된다." 헤겔이 행한 "세계의 철학화(Philosophisch-Werden der Welt)는 철학의 세계화(Weltlich-Werden der Philosophie)"로 바뀌며, 철학의 "실현"은 철학의 "상실"이 된다(2004a, 86).

마르크스의 이 문장의 의미를 뢰비트는 다음과 같이 적절히 해석한다. 헤겔을 통해 이루어진 "세계의 철학화"는 이제 마르크스를 통해 "철학의 세계화"로 바뀌어야 한다. 하나의 추상적 총체성으로서의 헤겔의 학문 체계, 그 자신으로 완성되었고 만족하는 헤겔의 체계는 깨어졌다. 그 속에 숨어 있는 "내적인 빛"은 이제 바깥을 향해 "집어삼키는 불길"이 되어야 한다. "비철학(Unphilosophie)으로부터 세계의 해방은, 철학의 그 자신으로부터의 해방이요, 철학의 자기실현이다. 이 새로운 종류의 철학은 이론적 측면에서 아직 헤겔 철학을 넘어서지 못하고 도리어 그 속에 붙들려 있다. 그 까닭은 **마르크스 자신이 아직 헤겔주의자이기** 때문이다. 그것은 이미 완결된 헤겔의 체계에 대한 대립 속에서만 자기를 새로운 철학으로 이해하며, 헤겔 철학의 지양은 헤겔 철학 자신의 실현이란 사실을 깨닫지 못한다. 왜냐하면 **헤겔의 원리, 곧 이성과 현실의 통일성(Einheit), 본질과 실존의 통일성으로서의 현실 자신은 마르크스의 원리이기도 하기 때문이다.**" 그러므로 마르크스는 현실 세계와 기존하는 철학 양자에 대해 비판적 태도를 취하게 된다. 그는 이 두 가지를 "이론과 실천의 포괄적 총체성(Totalität) 안에서 결합하고자 하기 때문이다. 그러나 그의 이론은 기존하는 것에 대한 비판으로서 현실과 관념, 본질과 실존의 비판적 구별로서 실천적으로 될 수 있다. 이 같은 비판으로서 이론은 실천적 변화를 향한 길을 예비한다.… '여기서 우리는 철학의 이력서(curriculum vitae)를 아주 가까이 볼 수 있다.…곧 한 영웅의 삶의 역사가 그의 죽음으로부터 귀결된다는 것이다'"(Löwith 1941, 109-110).

마르크스는 헤겔의 관념적 철학에서 세계를 해방하고자 한다. 이를 위해 그는 헤겔 철학을 거꾸로 뒤집어버리고자 한다. 그러나 거꾸로 뒤집어버림 속에서 그는 헤겔을 벗어나지 못한다. 사실상 그는 헤겔주의자로 존속한다. 헤겔 좌파의 다른 인물들처럼 그는 헤겔 철학을 지양한다고 하지만, 헤겔 철학의 변증법적·세계사적 구도를 벗어나지 못한다. 헤겔 철학 속에 숨어 있는 "내적인 빛"은 이제 세계사의 모든 것을 "집어삼키는 불길"로서 실현되어야 한다. 이를 통해 헤겔 철학이 상실되는 것 같지만, 이 상실은 헤겔 철학의 "실현"이라고 마르크스는 암시한다.

3. 이런 점에서 마르크스는 본래 헤겔이 의도하였던 바를 실천으로 옮기고자 한 **헤겔의 제자**였다고 일련의 학자들은 해석한다. 헤겔은 그의 법철학에서 "이성적인 것은 현실적이요, 현실적인 것은 이성적이다"라고 말하였다. 그런데 역사철학 강의에서 그는 "이성이 세계를 다스린다"고 말한다. 헤겔의 이 말들은 어떻게 이해해야 하는가?

이 말은 결코 주어진 현실이 그 자체에 있어 이성적이라는 것을 뜻하지 않는다. 오히려 주어진 현실은 이성적인 것으로 변화되어야 한다는 당위성을 뜻한다. 헤겔이 말한 대로 주어진 현실의 모든 것 속에는 "모순" 곧 "부정적인 것"이 내포되어 있기 때문이다. 헤겔은 결코 주어진 현실 자체를 이성적이라고 정당화하는 어용 철학자가 될 정도로 바보스러운 사람이 아니었다. 그는 자기가 살고 있는 현존의 세계가 "이성이 다스리는" 세계, 곧 이성적인 세계가 되기를 희망하였다. 그는 이성이 현실 속에서 실현되기를 희망하였다. 그러므로 헤겔은 "부정적인 것의 부정"(Negation des Negativen)에 기초한 변증법을 역사의 내적 법칙으로 제시한다. 부정적인 것이 끊임없이 부정될 때, 이성이 실현되고, 현실은 이성적인 현실로 변화될 수 있기 때문이다.

이를 위해 헤겔은 **"국가와 철학의 화해"**를 주장하였다. 여기서 헤겔이 말하는 국가와 철학의 화해는 국가와 철학이 서로 간섭하지 않고, 서로를 인정하면서 자기를 유지하는 통속적 의미의 화해를 뜻하지 않는다. 헤겔이 뜻하는 국가와 철학의 화해는 철학의 관념들이 그 안에서 실현된 국가, 곧 철학의 관념들과 일치하는 "인륜적 국가", 이성적 국가다. 이 국가 안에서 철학은 "회색에 회색을 칠하는" 것이 아니라, 사유와 사상을 통해 더 높은 진리의 세계를 통보하는 "미네르바의 부엉이" 기능을 한다. 이로써 철학은 세계화되고, 세계는 철학화된다.

앞서 기술한 바와 같이, 헤겔의 미네르바의 부엉이는 양면성을 띤다. 그것은 "저녁의 여명"(Abenddämmerung) 속에서 기존의 것을 반복하고 반영하는 기능, 곧 "회색에 회색을 칠하는"(Grau in Grau malt) 기능을 뜻할 수도 있고, "아침의 여명"(Morgendämmerung) 속에서 새로운 시대를 예고하고 이를 앞당겨 오는 기능을 뜻할 수도 있다. 도대체 미네르바의 부엉이는 어떤 기능을 하는가? 이에 대해 헤겔은 침묵한다.

4. 이 문제를 우리는 헤겔의 변증법의 원리에서부터 해명할 수밖에 없다. 변증법은 헤겔 철학의 기본 원리이기 때문이다. 헤겔의 변증법의 지평에서 볼 때, 미네르바의 부엉이는 **새로운 시대를 예고하고 이를 앞당겨 오는 기능**을 한다. 미네르바의 부엉이는 "저녁의 여명"이 아니라 "아침의 여명"을 가리킨다. 동터오는 아침의 여명 속에서 미네르바의 부엉이는 "이성이

다스리는" 새로운 날을 통보하고 이를 불러오는 혁명적 기능을 한다.

청년 마르크스는 미네르바의 부엉이 속에 담긴 혁명적 기능을 간파하였던 것으로 보인다. 그는 헤겔의 변증법의 진의를 파악하였기 때문이다. 그는 헤겔이 말하는 "부정적인 것"을 그 시대의 상황 속에서 구체적으로 파악하였다. 돈을 하나님처럼 섬기고(2004d, 269), 돈의 많고 적음에 따라 인간의 가치가 결정되고, 남녀의 관계마저 "장사 품목"(Handelsgegenstand, 271)이 되어버린 현실의 비인간성과 거짓을 보았다. 노동자들이 자기가 만든 상품에서 소외되고, 자기의 참 존재에서 소외되어 하나의 상품처럼 되어버린 현실, 한 가정의 딸이 매춘을 해야만 생계를 유지할 수 있는 현실에서 마르크스는 부정되어야 할 "부정적인 것"이 무엇인가를 보았다. "이성이 세계를 다스린다"는 헤겔의 말이 무엇을 뜻하는지 그는 간파하였다. 이같은 비이성적인 세계를 마르크스는 자기의 방법에 따라 이성적인 세계로 변혁하고자 하였다. 그는 비인간적인 세계를 인간적인 세계로 변혁하고자 하였다. 그는 아침의 여명 속에서 새로운 시대를 통보하고 이를 앞당겨 오는 미네르바의 부엉이가 되고자 하였다.

이를 위해 마르크스는 모든 소유를 함께 나누며, 인간과 인간 사이에 계급적 차별이 더 이상 존재하지 않는 공산주의 사회를 역사의 목적으로 제시하게 된다. 그는 기독교가 말하는 이른바 "거룩한 정신"(성령)이 다스리는 세계를 자기 자신의 방법에 따라 실현하고자 하였다. 20세기의 마르크스주의는 마르크스 자신이 원했던 것과는 전혀 다른 방향으로 변모했지만, 마르크스 자신이 원했던 것은 헤겔이 말한 "이성이 다스리는" 세계였다. **모든 인간이 "인간에 대해 최고의 존재"로 인정받는 세계**였다(2004e, 283). 그것은 바로 헤겔이 말하는 "하나님 나라" 곧 "정신(영)의 개념과 일치하는" 세계였다.[3] 기독교의 관점에서 볼 때 그 방법이 잘못됐 긴 하지만, 최소한 목적과 의도에 있어 그는 "헤겔의 제자"요 "헤겔의 사 람"(Hegelianer)이라고 말할 수 있다.

5. "헤겔의 사람"으로서 마르크스는 헤겔의 변증법적 논리에 충실하였다. 그는 자본주의 사회의 "부정적인 것을 부정"함으로써 공산주의의 새로운 시대를 앞당겨 오고자 하였다. 이를 위해 그는 헤겔 철학을 폐기하고자 하 였다. 신적 정신으로부터 출발하는 헤겔의 정신 변증법을 물질론적 변증 법으로 대체하였다. 바로 이를 통해 그는 헤겔 철학 속에 숨어 있는 "내적 인 빛"을 외적인 "불길"로 실현하고자 하였다. "이성과 현실의 화해" 곧 "이성적인 것은 현실적이요, 현실적인 것은 이성적"이라는 헤겔의 원리는 사실상 마르크스 자신의 원리가 되었다. 이 원리 때문에 마르크스는 기존 의 세계와 철학을 비판하고, 이론과 실천의 결합을 주장한다. 실천 없는 이 론은 공허하고, 이론 없는 실천은 맹목적이다. 마르크스에게서 이론의 실 천은 먼저 기존하는 것에 대한 비판으로 나타난다. 또 그것은 현실과 관념, 본질과 실존의 비판적 구별로 나타난다. 이 같은 비판을 통해 마르크스의 이론은 주어진 현실의 실제적 변화를 향한 길을 준비한다.

후기에 이를수록 마르크스는 헤겔의 관념론적 철학과 작별하고, 사 회-경제적 분석과 정치적 문제에 관심을 가진다. 그 결정판은 마르크스의 『자본론』이다. 그러나 마르크스의 자본론은 그가 헤겔의 제자임을 더 분명 히 보여준다. 그의 자본론은 내용에 있어 헤겔 철학에서 멀리 떨어져 있다.

---

3 하나님의 "정신(영)과 일치하는" 세계는 바로 하나님 나라를 말한다. 이것을 헤겔은 다음 과 같이 말한다. "세계사의 목적은 정신이 그 자신을…자기와 일치하는 세계로 형성하는 데 있다." 원문: "Dies ist das Ziel der Weltgeschichte, daß der Geist sich zu…einer Welt ausbilde, die ihm angemessen ist," Hegel 1968a, 256.

그러나 사회-경제적 문제들에 대한 자본론의 분석과 역사 해석은 헤겔의 변증법적 방법에 근거한다. "역사의 본래적 사건"은 "물질적 생산과 관계된 상황들의 변화"에 있고, 역사를 움직이는 근원적 동인은 "경제적 계급투쟁"에 있다는 신념 속에서 그는 사회-경제적 문제들에 대한 분석과 비판에 열중했지만, 헤겔과의 초기 논쟁과 헤겔에 대한 의존을 벗어나지 못하였다(Löwith 1941, 106).

그러나 마르크스를 통한 헤겔 철학의 실현은 헤겔 자신이 기대했던 것과는 전혀 달랐다. 마르크스가 보여주는 미네르바의 부엉이는 헤겔이 생각했던 것과는 매우 다른 형태였다. 그것은 헤겔의 신학적·종교적 전제를 떠난 완전히 **세속적이고 무신론적인 부엉이**였다. 미네르바의 부엉이는 공산당이라는 형태로 나타나게 된다. 옛 시대의 이기주의적 본성을 벗어나지 못한 무신론적 부엉이들이 새로운 시대의 여명을 앞당겨 오는 부엉이들로 나타난다. 그들이 불러온 새로운 시대는 옛 시대의 연장에 불과하였다. 아니, 그것은 옛 시대보다 더 악하고 무서운 공산당 독재체제였다.

6. 1837년 11월 10일 마르크스가 그의 아버지에게 보낸 편지에서 한 말은, 마르크스와 헤겔의 미묘한 관계를 나타낸다. 그 당시 청년 마르크스는 "관념론을 떠나…현실적인 것에서 관념을 찾고자 하기에 이르렀다." 헤겔의 뒤를 이어 그는 "현실 속에서 관념을, 현실 속에서 '이성'을" 찾고자 했고, "이성과 현실의 결합"을 찾았다. 이것은 "사실상 마르크스가 헤겔로부터 받아들인 철학적 기본 관심(Leitfaden)"이었다. 이 기본 관심은 마르크스의 생애 전체를 지배하게 된다. 이와 동시에 마르크스는 처음부터 헤겔의 철학에 반감을 느낀다. 그에 따르면, "나는 헤겔 철학의 문헌들을 읽었다. 이 철학의 그로테스크한 불굴의 멜로디(groteske Felsenmelodie)는 내 마음에 들지 않았다"(2004n, 75).

이리하여 마르크스는 헤겔의 철학에서 벗어나고자 하였다. 실로 그는 한평생 헤겔의 철학에서 자유롭고자 했다. 박사학위 논문에서 그는 "건장한 등산가"처럼 "신성의 철학적-변증법적 발전", 곧 헤겔의 체계를 섭렵하였다. 그러나 그 결과는 다시 헤겔로 돌아간 것이었다고 마르크스는 말한다. "나의 마지막 문장은 헤겔 체계의 시작이었다. 그리고 이 논문은 잘못된 사이렌 소리처럼 나를 적의 손에 빠지게 한다"(2004n, 75). 곧 마르크스의 마지막 문장은 헤겔 체계의 첫 문장이었고, 헤겔을 벗어나고자 하지만, 결국 헤겔을 벗어나지 못하였다는 것이다.

『정신현상학』의 "절대지식"에서 헤겔은 이성과 현실, 관념과 현실의 화해가 완성된 세계, 신적 정신이 그 속에서 자기를 완전히 아는 세계를 보여준다. 이 세계에서 모든 현실적인 것은 이성적이요, 이성적인 것은 현실적이다. 그러나 헤겔이 말하는 이 세계는 마르크스에게 하나의 관념에 불과한 것으로 보였다. 그것은 하나의 철학적 "사상의 물건"(혹은 생각의 물건, Gedankending)에 불과하였다. 이 "사상의 물건"을 현실로 옮기기 위해 철학은 지양되어야 한다. 헤겔 철학이 지양될 때, 그것의 참 의도가 실현될 수 있다. 따라서 헤겔 철학의 지양은 헤겔 철학의 실현을 뜻한다. 곧 마르크스는 헤겔 철학을 지양하고자 했지만, 결국 그것을 실현했다는 것이다.

여기서 마르크스가 말하는 **"철학의 실현"**은 이성과 현실, 관념과 현실의 분리를 철학적 인식에서는 물론 현실적 실천 속에서 극복하고, 양자의 화해와 일치를 이루는 것을 말한다. 이리하여 "이성적인 것"이 "현실적인 것"으로 실현되는 바로 여기에 철학의 실현이 있다. 이를 위해 철학은 더 이상 관념의 영역에 머물러서는 안 된다. 그것은 자신의 관념성을 지양하고, 실천의 영역으로 발전함으로써 자기를 실현해야 한다. 철학적 관념과 이론이 현실적인 것으로 지양됨으로써 그 자신을 실현해야 한다. 여기서 마르크스는 헤겔 철학을 염두에 두고 있다. 곧 헤겔 철학은 관념과 이론

의 영역에서 현실적 실천의 영역으로 지양됨으로써 실현될 수 있다는 것
이다.

　　구체적으로 헤겔 철학의 지양과 실현은 어떻게 일어날 수 있는가? 마
르크스에 따르면, 그것은 "인간을 인간의 최고의 가치로 보는 이론의 입장
에서" 일어나는 "해방"과(2004e, 290) "무산계급의 지양"을 통해 일어날 수
있다. 무산계급이 더 이상 존재하지 않을 때 헤겔 철학이 실현될 수 있고,
헤겔 철학이 실현될 때 무산계급은 존재하지 않게 된다. 요약한다면, "철
학은 무산계급의 지양 없이 실현될 수 없고, 무산계급은 철학의 실현 없이
지양될 수 없다"(2004e, 291). 철학의 실현은 인간 해방과 무산계급의 지양
을 통해 일어날 수 있고, 인간 해방과 무산계급의 지양은 철학의 실현을 통
해 일어날 수 있다. 여기서 마르크스는 인간의 해방과 무산계급의 폐기를
꾀하는 자신의 철학이야말로, 헤겔 철학의 지양인 동시에 헤겔 철학의 실
현임을 암시한다. 달리 말해 헤겔 철학을 지양하는 마르크스의 철학이야
말로 헤겔 철학의 실현이다. 이런 점에서 마르크스는 헤겔 철학 속에 숨어
있는 "내적인 빛"을 인간 해방의 외적인 "불꽃"으로 실현하고자 한 "가장
진짜 헤겔의 사람"(der echteste Hegelianer)이었다고 말할 수 있다(Landshut
2004, 30).

　　결론적으로 마르크스는 헤겔의 관념론을 물질론으로 뒤바꾼다. 그러
나 이 뒤바꿈 속에서 그는 헤겔의 방법적 원리에 근거한다. 방법적 원리
는 물론, 헤겔의 중요한 개념들과 논리 전개의 방식을 수용하기도 한다. 외
화, 대상화, 소외, 부정적인 것, 부정의 부정, "사상(생각)으로 파악된"(als
Gedanken erfaßt) 그 시대의 상황, 모든 사물 속에 숨어 있는 "모순의 맹
아"(Keim des Widerspruchs, 2004k, 574), "인간에 대해 가장 높은 존재", "가장
높은 가치"인 인간, 모든 인간의 평등과 자유 등은 헤겔 철학의 중심적 개
념이었다. "모순 없이는 진보가 없다"는 마르크스의 생각은 완전히 헤겔의

변증법적인 생각이다(2004k, 558). 마르크스가 주장한 "계급 없는 사회", 소유를 공유하는 공산주의 사회는 헤겔이 말한 역사의 목적, 곧 신적 "정신의 개념과 일치하는" 세계, "하나님 나라"를 세속적 형태로 나타낸 것이다. 마르크스의 이 모든 개념과 생각은 그가 **헤겔의 방법적 틀 속에서 헤겔을 넘어서고자** 했다는 것을 보여준다. 그러나 헤겔의 방법적 틀을 물질론적 내용으로 채웠다는 점에 마르크스의 창조적 새로움이 있고, 그의 **위대함**이 있는 동시에 **문제성**이 있다.

IV
헤겔의 관념론에 대한 마르크스의 비판

앞서 기술한 바와 같이, 마르크스는 헤겔의 다양한 통찰을 그 자신의 것으로 수용한다. 그러나 그는 헤겔에 머물지 않고 그를 넘어서고자 한다. 이를 위해 그는 헤겔을 날카롭게 비판하게 된다. 그 비판의 중심 대상은 헤겔 철학의 관념성(Idealität)이다. 그는 헤겔의 관념성을 거부함으로써 그 자신의 사상 체계를 세운다.

1. 헤겔을 벗어나지 못하는 헤겔주의자들에 대한 비판

1. 헤겔 철학을 벗어나기 위해 마르크스는 헤겔과는 전혀 다른 전제에서 출발한다. 헤겔은 정신으로부터 출발하는 반면, 마르크스는 물질적·경제적·사회적 상황으로부터 출발한다. 헤겔은 "하늘로부터" 땅의 현실을 파악하는 반면, 마르크스는 땅의 현실로부터 하늘의 것을 파악한다. 헤겔은

인간의 정신과 의식으로부터 시작하여 그의 삶을 파악하고자 하는 반면, 마르크스는 인간의 현실적·물질적 삶으로부터 시작하여 그의 정신과 의식을 파악하고자 한다. 마르크스는 "인간이 말하는 것, 상상하는 것, 표상하는 것, 또 말해지고 생각되고 상상되고 표상된 인간으로부터 출발하여 몸을 가진 현실의 인간에게 도착하는 것이 아니라, 현실의 활동하는 인간과 그의 현실적 삶의 과정으로부터 이 삶의 과정에 대한 이데올로기적 반성과 반향(Echo)"을 나타내고자 한다(2004i, 417). 실로 마르크스의 사상은 헤겔 철학에 대한 안티테제로 생성된 것이었다.

헤겔에 대한 마르크스의 안티테제는 1740년대에 베를린을 중심으로 활동하던 청년 헤겔주의자들에 대한 마르크스의 불만 속에서 시작하였다. 마르크스의 입장에서 볼 때, 이들은 헤겔을 넘어서고자 하지만 헤겔의 전제를 벗어나지 못한다. 『독일 이데올로기』(1845/46)에서 마르크스는 당시의 상황을 다음과 같이 묘사한다. 지난 몇 년 동안 독일은 유례를 다시 발견할 수 없는 큰 변혁을 경험하였다. 슈트라우스와 함께 시작된 헤겔 체계의 붕괴 과정은 유럽 세계를 큰 소용돌이 속에 몰아넣었다. "과거의 세력들"이 무너지는 대혼란 속에서 거대한 사상 체계들이 형성되었다가 곧 사라졌다. 위대한 영웅들이 등장했지만, 더 영리하고 힘 있는 경쟁자로 말미암아 곧 어둠 속으로 사라졌다. 이 혁명에 비하면 프랑스 혁명은 "어린이 놀이와 같은 것이었다." 그것은 알렉산더 대왕의 후계자들의 싸움을 넘어서는 "세계 투쟁"(Weltkampf)이었다. 이러한 상황을 마르크스는 철학적 시장 바닥에서 일어나는 "철학적 시장바닥의 외침들"(philosophische Marktschreierei)이라 부르기도 한다(2004i, 407. 옛날 재래시장에서 상인들이 손님을 부르는 고함들).

2. 이 같은 혼란 상태에서 헤겔의 제자들이 헤겔의 "철학적 지반"을 벗

어나지 못한다고 마르크스는 비판한다. 그에 따르면 헤겔 철학의 "보편적 · 철학적 전제들을 조사하기는커녕, 그들의 모든 비판적 질문들은 특정한 철학적 체계, 곧 헤겔 체계의 지반 위에서 제기된다. 그들의 대답에서는 물론, 이미 그들의 질문 속에 (헤겔적) 신화화(Mystifikation)가 있다." 헤겔 철학에 대한 의존으로 말미암아 최근의 비판가들 가운데 그 누구도 헤겔의 체계를 포괄적으로 비판하고자 시도하지 못한다. 그럼에도 불구하고 자신이 헤겔을 넘어선다고 주장한다. 헤겔에 대한 그들의 논쟁은 헤겔 체계의 한 부분을 떼어내어 그것을 헤겔의 체계 전체에 대한 비판으로 제시하거나, 다른 학자들이 취한 부분들을 비판하는 데 사용하는 것으로 제한된다. 처음에 이들은 실체, 자기의식 등 순수하고 위조되지 않은 헤겔적 범주들을 취하였다. 나중에 이 범주들을 "종(Gattung), 유일자(der Einzige), 인간 등의 보다 더 세속적 이름을 통해 범속화한다"(profaniert, 2004i, 408).

슈트라우스에서 시작하여 슈티르너에 이르기까지 헤겔 철학에 대한 독일 학자들의 모든 비판은 "종교적 표상들에 대한 비판"으로 제한되었다. 청년 헤겔주의자들은 헤겔 철학의 모든 것을 "신학적"이라고 비판하였다. 이에 반해 노년 헤겔주의자들은 모든 것을 헤겔적 범주로 환원함으로써 헤겔 철학을 수용하였다. 그러나 청년 헤겔주의자, 노년 헤겔주의자 모두 **보편적 개념들이 지배한다는 믿음**에서 일치점을 가진다. 이 믿음 속에서 그들은 구체적 삶의 현실로부터 괴리되어 있다는 공통점이 있다고 마르크스는 비판한다.

그에 따르면, 청년 헤겔주의자들과 노년 헤겔주의자들의 또 한 가지 공통점은 그들 모두 **현실의 종교와 신학으로부터** 출발하기 때문에 종교와 신학을 벗어나지 못한다는 점이다. 종교적 의식이 무엇이며, 종교적 표상이 무엇인지, 그들은 다양하게 정의하였다. 기존의 지배적인 형이상학적 · 정치적 · 법적 · 도덕적 표상과 그 밖의 표상들이 결국 종교적이며 신학적인 표상들에서 나온 것이란 사실을 드러내었다. 이것은 하나의 진보였다고 마르크스는 말한다. 또한 정치적·법적·도덕적 의식은 종교적이거나 신학적인 의식이요, 정치적·법적·도덕적 인간, 궁극적으로 인간 일반은 종교적 인간이란 점이 해명되었다. 따라서 "종교의 지배가 전제되었다. 점차적으로 모든 지배적 상황이 종교의 상황으로 해명되었고, 종교적 제의(Kultus)로 변하였다. 곧 법의 제의, 국가의 제의 등으로 변하였다. 어디에서나 학자들은 교리와 교리에 대한 신앙과 관계하였다. 세계는 점점 더 넓게 종교화되었다(kanonisiert)." 결국에 성 막스(Saint Max, 헤겔 좌파의 슈티르너를 말함)는 세계를 가리켜 "거룩하다"고 말하였다(2004i, 408).

3. 마르크스에 따르면, 청년 헤겔주의자들은 "이른바 '세계를 뒤흔드는' 구호를 부르짖지만, (사실은) 가장 큰 보수주의자들이다"(2004i, 409). 그들은 세계를 다르게 해석할 뿐 그것을 변혁하지 못한다. 그들의 주장에 따르면 철학적·신학적 표상, 사상, 개념은 "의식의 산물"에 불과하다. 이들은 인간을 억압하는 족쇄의 기능을 한다. 이 족쇄를 때려 부수기 위해 "의식의 변화"가 필요하다고 그들은 주장한다. 나아가 그들은 기존의 현실을 "다르게 해석해야 한다"고 요구한다. 그러나 마르크스의 입장에서 볼 때, 이들 청년 헤겔주의자들은 사실상 "가장 보수적인 인물들이다." 그중에 가장 젊은 이들이 하는 말, 곧 그들은 "단지 '구호'에 대항하여 싸운다"는 말은 이를 증명한다. 그들은 단지 구호에 대항하여 구호를 외칠 뿐이며, "결코 현실의 기존하는 세계에 대항하여 싸우지 않는다는 사실을 망각한다." 그들의 비판이 가져온 "유일한 결과는, 기독교에 대한 몇 가지 일면적인 종교사적 해명들뿐이다." 그 밖의 주장들은 무의미한 이 해명이야말로 "세계사적 발견"이라는 그들의 주장을 치장하는 것에 불과하다. 이 철학자 중에 그 누구도 "독일의 철학과 독일 현실의 연관성에 대해, 그들의 비판과…물질적

환경의 연관성에 대해 질문할 생각을 하지 않는다"(2004i, 409). 그들 모두 현실에서 괴리된 추상적·철학적 사유와 거창한 구호에 머물러 있다.

청년 헤겔주의자들의 이 같은 모습의 원인은 헤겔 철학의 신학적 전제를 벗어나지 못하기 때문이라고 마르크스는 주장한다. 『경제-철학적 원고』(1844)에 따르면, 이들은 헤겔의 신학적 범주를 벗어나지 못하는 "신학자들"이다. 우리 시대의 이 신학자들은 헤겔의 변증법 및 철학 일반과 논쟁해야 할 필요성을 인식조차 하지 못한다. "**비판적 신학자**"라고 불리는 학자들조차 "**신학자로 머물기**" 때문이다. 그들은 "하나의 권위로서 (헤겔) 철학의 특수한 전제들로부터" 출발한다. 자세히 관찰해보면, (헤겔 좌파의) "**신학적 비판**은…근본에 있어 **신학적 풍자화**(theologische Karikatur)로 웃음거리가 되어버린, 옛 **철학적이며** 이른바 **헤겔적인 초월**의 정점과 마지막 귀결(Spitze und Consequenz)에 불과하다"(2004f, 293).

4. 결론적으로 노년 헤겔주의자들은 물론 청년 헤겔주의자들도 **헤겔 철학의 관념성**을 벗어나지 못한다고 마르크스는 비판한다. 그들은 헤겔의 종교적·신학적 범주를 벗어나 삶의 구체적 현실로 내려가지 못한다. 지금까지 철학자들은 항상 "그들 자신에 대한 그릇된 표상들을 만들었다. 곧 인간이 무엇인가, 어떤 존재가 되어야 하는가에 대한 거짓된 표상을 만들었다. 하나님, 정상적 인간 등에 대한 그들의 표상에 따라 그들은 그들의 상황을 세웠다. 그들의 **머리에서 나온 것**이 그들의 머리보다 더 크게 자라났다. 창조자인 그들이 (스스로 만들어낸) 그들 자신의 피조물 앞에서 등을 구부렸다." 그들의 머리에서 만들어낸 것이 그들에게 족쇄를 채운다. 이제 우리는 그들에게 족쇄를 채우고 그들을 위축시키는 "뇌에서 짜낸 망상들(Hirngespisten), 관념들, 교리들, 상상된 것들로부터 그들을 해방시키자. 사상들의 이 지배에 대해 반란을 일으키자. 이 (거짓된) 상상물들을 인간의 본

질과 일치하는 사상들로 바꾸도록 가르치자고 한편의 사람들은 말한다. 다른 한편의 사람들은 이 상상물들을 비판적으로 대하자고 말한다. 셋째 부류의 사람들은 이 상상물들을 머리에서 추방하자, 그러면 지금의 현실이 붕괴될 것이라고 말한다"(2004i, 405).

마르크스에 의하면, 이 모든 말은 매우 순진하고 유치한 환상(Phantasien)에 불과하다. 이 환상들이 청년 헤겔주의자들의 생각의 핵심이다. 이들은 힘 있는 늑대를 자처하지만, 사실은 한 마리의 양에 불과하다. 이제 우리는 이들의 정체를 드러내야 한다. 이들이 외치는 것은 기존하는 독일 시민사회의 표상들을 "단지 철학적으로 뒤따라 외치는 것"(nur philosophisch nachblöken)에 불과하다. 그들의 철학적 해석의 허풍은 독일의 가련한 현실을 반영할 뿐이다. 이 사실을 우리는 드러내야 한다고 마르크스는 주장한다(2004i, 405~406).

마르크스는 당시의 청년 헤겔주의자들을 "용감한 남자"에 비유하기도 한다. 용감한 남자는, 사람이 물에 빠져 익사하는 것은 중력에 대한 **생각에 사로잡혀 있기 때문**이라고 확신한다. 이 생각을 머리에서 지워버리기만 하면 물에 빠져 익사할 위험이 전혀 없다고 그는 생각한다. 그래서 그는 죽을 때까지 "중력의 환상"(Illusion der Schwere)을 머리에서 지우려고 애쓴다. 이 "용감한 남자는 최근의 혁명적 독일 철학자들의 전형적 모습"이다(2004i, 406). 이들은 관념을 벗어버리기만 하면 새로운 세계가 이루어질 것처럼 착각한다.

헤겔의 관념성을 벗어나지 못하는 당시의 상황을 마르크스는 국가의 영역에서도 발견한다. "사변적 법철학이 오직 독일에서만 가능하였다. 곧 그 현실이 피안으로 머물러 있는, 현대 국가에 대한 추상적…사유가 가능하였다.…거꾸로 **현실의 인간**에서 추상화된 현대 국가에 대한 **독일적** 사상의 상(Gedankenbild)이 가능하였다. 그 까닭은 현대 국가 자신이 **현실**

의 인간에서 추상화되었고, 혹은 **전체** 인간을 단지 공상적 방법으로 만족시켰기 때문이다. 다른 민족들이 **행한** 것을 독일인들은 정치에서 **사유하였다.** 독일은 그들의 **이론적 양심**이었다." 현실에서 괴리된 철학적 사유를 현실보다 더 높은 것으로 보는 동시에, 현실을 철학적 사유 아래 있는 것으로 보는 일면성이 항상 보조를 같이 하였다. "**독일 국가의 현 상태**(status quo)**가 구체제**(ancient régime)**의 완성**을 나타낸다면,···**독일 국가의 현 상태는···현대 국가의 미완성**을 나타낸다"(2004e, 282-283).

결론적으로 청년 헤겔주의자들은 독일 철학의 특징인 관념성을 벗어나지 못한다고 마르크스는 비판한다. 그들의 사유는 구체적 현실에 근거하지 않고 추상적 관념의 영역, 신학적 전제에 머물러 있다. 이에 상응하여 독일은 "현대 국가의 미완성" 상태에 있다. 이 같은 현실에 반해 마르크스는 "현실적인 개인들, 그들의 행동과 그들의 물질적 삶의 조건들"이 우리가 거기에서부터 시작해야 할 "전제들"이라고 주장한다. "모든 인류 역사의 첫째 전제는 생동하는 인간적 개인들의 실존이다. 이 개인들의 최초의 역사적 행동은 그들이 사유한다는 것이 아니라, 그들의 삶의 수단들을 생산하기 시작한다는 것이다"라고 자기의 출발점을 밝힌다(2004i, 410). 곧 역사 관찰의 출발점은 신학적 전제 내지 추상적 관념이 아니라 **삶에 필요한 물질의 생산**이라고 말한다.

2. 비기독교적인 "기독교 국가"와 근대 시민사회

헤겔 철학의 관념성에 대한 마르크스의 비판은 필연적으로 당시의 현실에 대한 비판과 결합될 수밖에 없었다. 그 당시 독일의 프로이센 왕국은 기독교를 국가종교로 하는 "이른바 기독교 국가"였다. 그것은 하나의 "종교적 국가", "거룩한 국가"였다. 이 국가의 정신적 기초는 기독교였다. 이에 대한 철학적 근거를 제공한 것이 헤겔의 관념론이었다. 헤겔의 관념론에서 국가는 절대정신의 "관념"으로 규정된다. 국가 안에 있는 모든 사물과 삶의 활동은 절대정신의 자기활동으로 환원된다. 이로써 국가는 하나의 신적 국가, 종교적 국가로 파악된다. 그것은 기독교를 국가종교로 둔 기독교적 국가다. 따라서 이 국가의 종교적 기초를 제공하는 헤겔 철학의 종교적·신학적 관념성을 비판할 때, 그 기초 위에 선 국가 현실에 대한 비판이 불가피해진다. 당시의 프로이센 왕국은 신적·기독교적 국가가 아니라 "속물들"(Philister, 옛 이스라엘 백성을 괴롭힌 블레셋 족)이 지배하는 국가, 거짓과 위선의 국가라고 비판하게 된다.

1. 1843년 5월 헤겔 좌파 루게에게 보낸 편지에서 마르크스는 당시의 사회적·정치적 상황을 다음과 같이 묘사한다. 마르크스의 말을 있는 그대로 들어보기로 하자. "옛 세계는 속물들에게 속한다." "구더기들이 시체를 가득 채우는 것처럼", "세계의 주인"은 자기의 부하들로 세상을 가득 채운다. "이 주인들의 무리는…노예들을 필요로 할 뿐이며, 노예의 소유자들은 자유로울 필요가 없다. 그들은 땅과 인간을 소유하기 때문에 비상한 의미에서 속물들이라 불릴" 수 있다. "그들은 그들이 거느린 사람들보다 더 심한 속물들이다." "자기를 사람이라고 느끼지 않는 사람들이, 번식된 노예들이나 말들처럼 주인의 소유가 된다." 태어나면서부터 주인의 자리에 있게 되는 "주인들이 이 모든 무리의 목적이다. 이 세계는 이 주인들에게 속한다. 주인들은 그들이 존재하는 바대로, 그 자신을 느끼는 대로 살아간다.…그들은 그들의 발이 가는 대로 자기를 세운다. 그들은 그들에게 하인이어야 하고, 충성해야 하고, 순종적이어야 한다는 규정 외에 아무 다른 규정을 알지 못하는 이 정치적 짐승들의 목덜미 위에 자기를 세운다"(2004f, 226-

이 세계를 지배하는 속물들에게는 생각이 없다(gedankenlos). "인간의 위대함"이란 그들에게서 찾아볼 수 없다. 그들은 조금의 실수도 없고, "이 짐승들의 왕국(Tierreich)을 사용하고 통치하기에 완전히 충분하다"고 생각한다. "지배와 사용(Herrschaft und Benutzung)은 동일한 개념에 속하기 때문이다.…독재체제의 유일한 생각은 인간에 대한 멸시, 탈인간화된 인간(der entmenschte Mensch)이다. 독재자는 언제나 인간의 존엄성을 빼앗아버린다. 그를 위해 사람들은 그의 눈앞에서…비참한 삶의 **진흙탕 속에 있는 개구리처럼** 익사한다"(2004f, 228).

당시 왕정제도의 현실을 마르크스는 다음과 같이 묘사한다. 왕은 땅 위에 있는 "현실적 하나님-인간(Gottmensch)"이요, "관념의 현실적 화신(Verkörperung)"으로 생각된다(2004c, 115). 그러므로 왕은 자기 마음대로, 자기 기분대로 행동해도 괜찮다고 생각한다. 왕의 기분과 "자의"(Willkür) 가 백성들이 알고 있는 **유일한 법**이다. "프로이센에서는 왕이 체계다. 왕이 유일한 정치적 인격이다. 왕의 인격에 따라 체제가 결정된다." 왕이 행하고 생각하고 말하는 것은, 곧 국가가 행하고 생각하고 말하는 것이다. "속물들이 왕정체제의 재료이고, 왕은 언제나 속물들의 왕일 뿐이다.…멸시를 당했고, 멸시를 당해 마땅하며, 탈인간화된 인간이 왕정제도 일반의 원리다"(2004p, 229).

『유대인 문제에 대하여』(1843/44)에서 마르크스는 당시의 프로이센 국왕에 대해 다음과 같이 말한다. "타당성을 가진 유일한 사람은 **왕**이다. 왕은 다른 사람들로부터 특별하게 구별된 존재다. 곧 종교적인 존재, 하늘과 하나님과 직접 연결되어 있는 존재다. 여기서 지배하는 관계들은 **신앙적 관계들이다**"(2004d, 253). 달리 말해, 국가는 기독교를 국가종교로 가진 "기독교 국가"이고, 왕은 하나님과 직접 연결되어 있는 "특별히 구별된 존재"이기 때문에, 왕의 모든 지배적 관계는 "종교적 관계들"로 정당화된다. 그러므로 이 관계는 그 누구도 왈가왈부할 수 없는 절대적 정당성을 주장할 수 있게 된다.

2. 또한 마르크스는 그 당시 등장한 초기 자본주의적 시민사회를 통렬하게 비판한다. 이 사회는 "유대인의 정신"에 의해 지배되는 사회, 곧 **돈이 하나님처럼 되어버린 사회**다. 이 사회의 본질은 "이기주의"다. 유대인들의 실천적 정신, 곧 이기적 정신이 "기독교 민족들의 실천적 정신"이 되었다. 따라서 유대교의 이기주의가 기독교 사회를 지배한다. 이 사회는 "돈이 세계의 힘(Weltmacht)", "전능한 존재"(allmächtiges Wesen, 2004f, 367)가 되어버린 사회다.

돈이 인간에게 최고의 가치가 될 때, 인간은 돈밖에 모르는 이기적이고 고립된 개체로 변모한다. 자기 바깥에 있는 사람들은 더불어 살아야 할 이웃이 아니라 경쟁 대상, 정복 대상으로 보인다. 사회는 공동체성을 상실하고, 자기밖에 모르는 이기적 개체로 해체된다. 마르크스가 생존하던 초기 자본주의의 시민사회에서 개인은 자기 홀로 투쟁하는 원자(Atom)와 같다. 원자의 특성은 "아무런 특성을 갖지 않으며, 따라서 그 자신의 자연적 필연성을 통해 제약된, 자기 바깥에 있는 다른 존재들과 관계를 맺지 않는 데 있다. 원자는 **욕구가 없고**(bedürfnislos), **자기 자신으로 만족한다**(selbstgenügsam). 자기 바깥에 있는 세계는 절대적 **공허**(absolute Leere)다. 다시 말해, 그것은 내용이 없고, 의미가 없고, 아무것도 말하지 못한다. 원자는 **모든 충만함**을 자기 자신 안에 소유하고 있기 때문이다(2004g, 386).

돈이 모든 것을 지배하는 인간 사회를 마르크스는, 해밀톤(Oberst Hamilton)이 보도하는 뉴잉글랜드의 "경건하고 정치적으로 자유로운 주민들"에 비유한다. "그들의 신들은 맘몬이다. 그들은 돈을…그들의 육체와 심정의 온 힘을 다해 경배한다. 그들의 눈에는 **땅이 돈지갑처럼** 보인다. 자기의 이웃보다 더 부유해야 한다는 것 외에 그들은 어떤 다른 규정도 갖지 않는다고 확신한다. 여행할 때 그들은 소매할 잡화들과 영업 장부를 등에 짊어지고 다니면서 이자와 이익에 대해서만 이야기한다." 미국에서는 "복음의 선포, 기독교의 교직이 상품이 되었다"(2004d, 269). "실천적 욕구, 이기주의가 시민사회의 원리다.…**실천적 욕구와 사욕**의 하나님은 돈이다. 돈은 이스라엘의 열성적 하나님이다. 돈 앞에서는 어떤 다른 신(神)도 존재할 수 없다. 돈은 인간의 모든 신들을 굴복시키며 그들을 상품으로 변질시킨다. 돈은 보편적이고 자기 자신을 위해 구성된 모든 사물의 가치다. 이리하여 온 세계, 인간의 세계와 자연이 그들의 고유한 가치를 도둑맞는다. 돈은 인간에게서 소외된, 그의 노동과 현존의 소외된 본질이다. 이 낯선 본질(돈)이 인간을 지배하고, 인간은 그를 경배한다." "종의 관계, 곧 남자와 여자의 관계 등도 장사 품목(Handelsgegenstand)이 된다! 여자는 싸구려 상품처럼 팔린다(verschachert)"(2004d, 270-271. 돈에 관한 보다 더 자세한 내용은 아래 VI장 4. 참조).

3. 당시 사회의 소외 문제를 기술하면서, 마르크스는 초기 자본주의 시민사회의 비참상을 여실히 보여준다(자세한 내용에 관해 아래 VI장 2 참조). 가족의 목숨을 부지하기 위해 자기의 노동을 상품으로 팔아야만 했던 노동자들은 겨우 생명을 유지할 정도의 임금을 받는 형편이었다고 마르크스는 말한다. 딸이 몸을 팔아야만 가정이 유지될 수 있을 정도로 빈곤을 면치 못하였다. "우리는 12시간 동안 얼굴에 땀을 흘리며 고생한다. 이에 대해 너희는 우리에게 동전 몇 푼을 줄 뿐이다. 너희도 너희 노동에 대해 동일한 보수를 받아라.…여기서 평등이란 전혀 성립되지 않는다"(2004i, 532). 마르크스의 이 말은 그 당시 유산계급과 무산계급의 극심한 빈부격차와 사회

적 불평등을 반영한다.

마르크스에 따르면, 고대 시대에 인간은 동굴 속에서 살았지만 "물속에 사는 고기"처럼 안락함을 느꼈다. 이에 반해 시민사회의 "노동자들의 지하 방은 '하나의 낯선 세력'으로서 자기를 유지하는 적대적인 방이다." 그는 자기의 "피땀"(Blutschweiß)을 흘려야만 이 방을 유지할 수 있다. 노동자는 이 방을 도저히 자기의 본향처럼 느낄 수 없다. "물속에 사는 고기"처럼 그 속에서 안락함을 느끼기란 불가능하다. 그는 제때 월세를 내지 않으면, 즉시 쫓겨날 수밖에 없는 **"다른 사람의 집, 낯선 집에서"** 생명을 이어간다. 이 집은 피안에 있는 풍요로운 집, 하늘의 예루살렘과는 전혀 반대된다(2004f, 356).

이에 반해 부에 부를 쌓는 유산계급자들은 "공적 매춘"은 말할 것도 없고, "무산계급자들의 아내와 딸들을" 농락한다. 이에 만족하지 않고 그들은 "그들의 부인들을 바꾸어가며 타락시키는 것을 최고의 즐거움으로" 여긴다고 마르크스는『공산당 선언』에서 당시 시민사회의 타락한 현실을 고발한다(2004m, 613).

마르크스의 친구 엥겔스는 당시의 상황을 다음과 같이 소개한다. 18세기 프랑스 계몽주의자들이 꿈꾼 "이성적 사회"는 비이성적인 사회가 되었다. 봉건사회의 귀족들 대신에 공장주들이 득세하면서 빈부 격차는 더 악화되었다. "소유의 자유"는 소시민들과 농부들이 그들의 작은 소유를 부유층에 팔 수 있는 자유, 곧 "소유에서의 자유"로 변질되었다. "폭력적 억압 대신에 부패가 등장했고, …검(Degen) 대신에 돈이 등장했다. 첫날 밤의 권리는 봉건 귀족들로부터 공장주들에게로 넘어갔다"(결혼을 앞둔 신부가 결혼식 전날 밤에 영주에게 몸을 바쳐야 했던 당시 유럽의 관습을 가리킴). 매춘이 엄청나게 확산되었다. 결혼생활이 법적으로 인정된 형식으로 유지되었지만, 매춘의 공적 은폐수단이 되었고, 풍요로운 외도를 통해 보충되었다. 간단히 말해, 프랑스 계몽주의자들이 약속했던 "이성의 승리"를 통해 회복된 사회는 찢어진 그림(Zerrbilder)이 되고 말았다(Engels 1971a, 147-148). 이러한 상황에도 불구하고 기독교는 국가종교의 특권을 누리며, 국가는 기독교를 기초로 하는 "기독교 국가"로 자기를 정당화한다.

이 문제를 마르크스는 『유대인 문제에 대하여』에서 개진한다. 본래 이 문서는 1843년에 브루노 바우어가 발표한 『유대인의 문제』에 대한 마르크스의 응답이었다. 바우어는 이 문제에서 유대인들을 "이기주의자들"이라 비판한다. 모든 독일인은 정치적으로 해방되지 않았는데, 유독 유대인들만 정치적 해방을 요구한다는 것이다. 따라서 그들은 그들만의 정치적 해방을 요구할 것이 아니라 "독일인으로서 독일의 정치적 해방을 위해 일해야 하고, 인간으로서 인간의 해방을 위해 일해야 한다." 바우어에 따르면, 기독교 국가는 그의 본질상 유대인을 해방할 수 없다. 기독교 국가는 기독교를 국가종교로 하기 때문이다. 또 유대인들도 그들의 본질상 해방될 수 없다. 그들은 유대교를 자신의 종교로 하는 유대인이기 때문이다(1962b, 235-236). 이 문제에 대해 마르크스는 유대인들의 정치적 해방은 **국가와 종교의 분리**를 통해, 국가가 종교적으로 중립적이어서 모든 종교인에게 종교의 자유를 허락할 때, "유대인의 문제"가 해결될 수 있다는 해결책을 제시한다.

이와 연관하여 마르크스는 국가종교로서 **정치화된 기독교**를 비판하는 동시에, 기독교를 국가종교로 하는 이른바 **기독교화된 국가**를 비판한다. 기독교를 국가종교로 하는 "이른바 기독교 국가", 그것은 한마디로 "위선"(Heuchelei)이다. 그것은 기독교를 자신의 보충물로, 자기 정당화로 이용할 뿐이다. 이에 대한 내적 근거를 마르크스는 헤겔의 철학에서 발견한다. 헤겔 철학에서 국가는 물론 온 세계가 기독교적인 세계, 하나님의 정신의 자기활동으로 이루어진 "정신적 세계"로 이상화된다. 모든 현실적인 것은 이성적인 것이요, 이성적인 것은 현실적인 것이다. 세계의 역사는 "참된 신정, 역사에 있어 하나님의 정당화"(wahrhafte Theodizee, die Rechtfertigung Gottes)로 규정된다(Hegel 1968c, 938). 세계사에서 "이미 일어났고 매일 일어나는 것은 하나님으로부터 오고, 하나님 없이는 오지 않으며, 오히려 본질적으로 하나님 자신의 사역이다"라는 말로 그의 역사철학 강의는 끝난다(Hegel 1968c, 938). 이로써 국가를 포함한 세계사 전체가 신적 정신의 역사, **하나님의 역사**로 규정된다. 그것을 지배하는 것은 하나님의 섭리다.

마르크스의 입장에서 볼 때, 헤겔의 이 말은 거짓말이다. 헤겔은 세계의 모든 비참한 현실을 하나님 자신이 행하는 "하나님 자신의 사역"(das Werk Gottes selbst)이라고 선언한다. 그는 인간에 의한 인간의 소외와 굶주림의 문제를 알지 못했다. 딸이 몸을 팔아야만 가정을 유지할 수 있는 현실을 보지 못했다. 그러므로 그는 비이성적인 현실을 "이성적인 것"이라 정당화한다. 불합리가 현실을 지배함에도 불구하고 "이성이 세계를 다스린다"고 말한다. 비기독교적인 국가를 그는 기독교를 기초로 하는 "기독교적 국가"로 승화한다. 이로써 국가 체제가 종교적 정당성을 얻게 된다. 마르크스에게 헤겔 철학은 "하나님의 정당화"가 아니라 불의하고 비인간적인 국가와 자본주의적 시민사회의 정당화로 보인다. 기독교 본래의 정신을 따르지 않는, 또 따를 수도 없는 현존의 국가가 하나님의 "정신의 현상"으로 인정된다.

이에 마르크스는 국가와 기독교를 다음과 같이 비판한다. "이른바 기독교 국가는 국가의 기독교적 부인(christliche Verneinung)이지, 결코 **기독교의 국가적 실현이 아니다.** 종교적 형식 속에 있는 기독교를 고백하는 국가는, 기독교를 국가의 형식 속에서 고백하지 않는다. 왜냐하면…국가는 종교에 대해 종교적으로 관계하기 때문이다. 다시 말해, 국가는 종교의 인간적 근거를 현실적으로 실현하지 않기 때문이다.…이른바 기독교 국가는 **불완전한 국가**이고, 기독교 종교는 국가의 불완전성의 **보완과 성화**(Ergänzung und Heiligung)로 간주된다. 그러므로 종교는 그에게 필연적으로 **수단**이 된다. 그리고 국가는 **위선의 국가**(Staat der Heuchelei)가 된다. **완전한** 국가가 국가의 보편적 본질 속에 있는 결함 때문에 종교를 그의 **전제**로 간주하는지, 아니면 **불완전한** 국가가 자기의 **특수한 실존** 속에 있는 결함 때문에…종교를 자기의 **기초**로 선언하는지는 큰 차이가 있다. 후자의 경우에 종교는 **불완전한 정치**가 된다.…이른바 기독교 국가는 종교에 대해 정치적으로 관계하고, 정치에 대해 종교적으로 관계한다"(2004d, 250-251).

이 같은 거짓된 현실을 극복하기 위해 마르크스는 **종교와 국가의 분리**를 주장한다. 종교가 국가종교가 됨으로써 국가와 결합될 때, 종교는 필연적으로 타락한다. 그것은 국가기관으로서 국가의 통치자에게 예속된다. 성직자들은 국가 공무원의 꿀맛을 누리게 된다. 이에 대한 대가로 국가는 종교적으로 정당화된다. 정당화됨으로써 절대성을 주장하는 신적 권위기관이 되어버린다. 이 문제를 해결하고자 한다면 종교와 국가는 분리되어야 한다. 국가종교 제도는 폐지되어야 한다. 국가가 그의 종교적 형식들을 "허상으로 내려놓을 때(zum Schein herabsetzt), 종교를 허상으로 내려놓게 될 것이다"(2004d, 250-251. 이에 관해 아래 "헤겔의 법철학 비판" 참조).

3. 신화적 "관념"에서 출발하는 헤겔의 법철학
- 헤겔의 기독교 국가와 마르크스의 무신론적 민주주의 국가

기독교 종교와 국가의 결합에 대한 마르크스의 비판은 "헤겔의 법철학 비판"에서 계속된다. 여기서 헤겔 법철학의 관념성이 비판의 중심 대상이 된다. 법철학의 관념성을 통해 헤겔은 국가를 하나의 신적·종교적 국가로 "신화화"(Mystifikation)함으로써 종교와 국가를 결합시키기 때문이다.

1. 상식적으로 국가는 개인들과 가족들과 시민사회로 구성되는 것으로 생각된다. 살아 생동하는 개인들과 그들의 가족, 그리고 시민사회 없는 국가는 생각할 수 없다. 마르크스에 따르면, 가족과 시민사회는 국가의 현실적 부분이다. 그들은 국가의 삶이요 현존 방식이다. 가족과 시민사회가 존재함으로써 국가가 존재한다. 가족과 시민사회의 구성원으로서 각 개인의 관계가 국가의 조건이다. 마르크스에 따르면, "정치적 국가는 가족이란 자연적 기초와 시민사회의 인위적 기초 없이 존재할 수 없다"(2004c, 99).

　헤겔의 법철학은 이 단순한 관계를 거꾸로 생각한다. 곧 "정신의 현상"으로서의 국가가 먼저 있고, 개인들과 가족들과 시민사회는 그 뒤에 오는 것으로 생각한다. 개인들로 구성된 가족과 시민사회의 현존이 국가의 현존에 대한 조건이 아니라, 인륜성(Sittlichkeit)의 관념으로서의 **국가가 먼저 있고**, 이 국가가 가족과 시민사회의 두 영역으로 자기를 구체화한다. 추상적인 관념이 활동적 주체가 되고, 가족과 시민사회는 이 주체의 술어, 관념의 규정으로 파악된다. 마르크스에 따르면, "헤겔은 도처에서 관념을 주체로 만들고, 본래적이며 현실적인 주체를…술어로 만든다"(2004c, 102).

　여기서 헤겔은 다음의 사실을 망각한다. 곧 "국가의 과업(Staatsgeschäfte)과 활동은 인간의 기능"이란 사실이다. 마르크스에 따르면, "(개인의) '특수한 인격성'의 본질은 그의 수염이나 피가…아니라 **사회적 자질**(soziale Qualität)이다. 국가의 과업 등은 인간의 사회적 자질의 현존 방식이요 활동 방식이다. 따라서 개인들이 국가의 과업과 권력의 담지자(Träger)이기 때문에, 개인들은 그들의 사적 자질이 아니라 사회적 자질에 따라 관찰된다는 것은 자명한 사실이다." 이 자명한 사실을 헤겔은 망각한다(2004c, 112).

마르크스에 따르면, 국가의 "참된 출발점"은 절대정신이나 관념이 아니라 "그 자신을 알고 의욕하는 (개인의) 정신"이다. 개인의 정신 없는 국가의 보편적 목적과 국가 권력은 유지될 수 없다. 따라서 국가의 참 주체는 "그 자신을 알고 의욕하는 (개인의) 정신"이다(2004c, 106). "국가의 과업과 권력의 담지자"는 "개인들"이다(112). "국가의 과업과 활동은 개인들과 결합되어 있다." 달리 말해, 국가는 **물리적** 개인이 아니라 **국가적** 개인으로서의 개인, 개인의 국가적 자질(Staatsqualität)과" 결합되어 있다. 그것은 "오직 개인들을 통해 활동한다"(111). 이 단순한 사실을 헤겔은 망각하고, 주체인 개인을 술어로, 술어인 국가를 주체로 뒤바꾸어버린다.

2. 이에 대한 원인은 헤겔의 법철학이 구체적인 개인들로부터 출발하지 않고 신화적인 신적 정신의 "관념"으로부터 출발하여, 국가의 본질을 인륜성의 "관념"으로 파악하는 데 있다. 이로 인해 국가의 참 주체, 곧 "자기를 알고 의욕하는 정신은…**보편적 목적**과 **다양한 국가 권력들**로 미리 규정되어 있는 실체성(Substantialität)의 마지막 술어로 나타난다.…(헤겔은) '**관념**'으로부터, 혹은 주체로서의… '실체'로부터 출발하기" 때문에 "**현실적 주체**는 단지 **추상적 술어의 마지막 술어**로 나타난다"(2004c, 106). 이리하여 헤겔의 법철학은 국가를 개인들과 가족과 시민사회 위에 있는 신적 "관념"으로 신화화·절대화한다. 그것은 "국가 관념론"(Staatsidealismus), "국가 형식주의"(Staatsformalismus), 국가와 개인의 "이원론"을 말한다(115, 208). "헤겔에게서 국가는 하나의 '추상적인 보편적인 것', 본래 현실적으로 보편적인 것이 아니라 오히려 그 자신에 대해 특수한 것, 국민의 현실 삶에서 분리된 '정치적 국가'로서, 헌법을 통해 관료체제(Bürokratie)로서 국민에게 대칭한다. 이리하여 국가는 개인의 '현실적인', '물질적인' 삶에 대해 '외적인 것', 그것에 대해 '소외된 것'(Entfremdetes), 하나의 특수한 조직과 체제 속

에서", 개인들의 "사적인 관심 피안에" 있는 것, "그 자신을 위해 존속하는 것"(für sich Bestehendes)으로 파악된다(Landshut 2004, 37). 국가는 인륜성의 신적·보편적 관념의 체현(Verkörperung)으로, 절대정신의 자기현상으로 생각된다. 이를 가리켜 마르크스는 일종의 "신화화"라고 말한다.

　　마르크스에 따르면, 개인들과 그들의 구체적 삶의 활동 없는 국가는 생각할 수 없다. 그러나 헤겔은 신적 정신의 신화적 관념으로부터 출발하기 때문에 국가를 개인들에 앞서, 개인들 위에 있는 "추상적인 것"으로 상정하게 된다. 이리하여 "헤겔은 하나의 국가 형식주의를 전개할 뿐이다. 그에게 (국가의) 본래적인 **물질적** 원리는 **관념**이다. 주체로서 국가라고 하는 추상적 사상 **형식**(Gedankenform), 아무런 수동적·**물질적** 요소를 담지하지 않은 절대 관념이다"(2004c, 208). 관념을 "물질적 원리"로 갖기 때문에 국가는 개인 위에 있는 것, "가장 높은 것"으로 승화된다. "이리하여 국가의 최고 존엄성, 관념론은 **내적인** 필연성으로, 곧 **관념**으로 실존한다. 이로써 헤겔은 만족한다. 중요한 문제는 오직 관념에 있기 때문이다"(113). 국가의 이 모든 신화화·절대화는 헤겔의 법철학이 신화적 관념으로부터 출발하기 때문이다. 만일 헤겔이 절대정신의 신화적 관념 대신에 "국가의 기초인 현실적 주체들로부터 출발했다면, 하나의 신화적 방법으로 국가를 절대화할 필요가 없었을 것이다." 또한 "국왕을 현실적인 하나님-인간(Gottmensch)으로, 관념의 현실적 **화신**으로 나타낼" 필요가 없었을 것이다 (114). 여기서 마르크스는 헤겔을 프로이센 국왕과 국가 권력을 신화화·절대화한 "프로이센의 국가 철학자", "프로이센의 푸들"로 파악한다.

3. 국가의 신화화는 국가의 목적과 권력들의 신화화로 구체화된다. 곧 국가의 목적과 권력들이 개인들과 가족들과 시민사회로부터 분리되어 그 자체로서 존재하는 것으로 생각된다. 마르크스의 표현을 따르면, 헤겔의 법

철학에서 국가의 목적과 권력들은 "'실체'의 현존 방식으로 기술되며, 그들의 현실적 현존에게서…분리되어 나타난다." "국가의 규정들"(staatliche Bestimmungen)은 현실적인 것이 아니라 "논리적–형이상학적 규정들"로 파악된다.

이로써 헤겔의 법철학은 논리학의 장(場)이 되어버린다. 그의 법철학의 "참된 관심"은 논리학에 있다. "사유가 그 자신을 정치적 규정 속에서 구체화하는 것이 아니라, 현존하는 정치적 규정이 추상적 생각(Gedanken) 속에서 사라져버리는 것", 이것이 헤겔의 법철학의 "철학적 작업이다." 이 철학적 작업이 헤겔 법철학의 "참된 관심"이다(2004c, 106). 그의 법철학을 지배하는 것은 "사실의 논리학"(Logik der Sache)이 아니라 "논리학의 사실"(Sache der Logik)이다. "논리학의 사실"이 법철학의 "철학적 요소다. 논리학이 국가를 증명하는 데 봉사하는 것이 아니라, 국가가 논리학을 증명하는 데 봉사한다." 한마디로 헤겔의 법철학 전체는 "논리학의 삽입구"일 뿐이다(nur Parenthese zur Logik, 107). 바로 여기에 헤겔 법철학의 관념성이 있다.

이 관념성으로 인해 헤겔의 국가는 개인과 가족과 시민사회 위에 있는 "추상적으로 보편적인 것"(abstrakt Allgemeines)으로 생각된다. 그러나 이 국가는 정말 보편적인 것이 아니다. 그것은 한 특수한 것, 개인들의 현실적 삶에서 분리된 "정치적 국가"에 불과하다. 개인들에게 그것은 헌법과 관료주의의 형태로 대칭한다. 그것은 개인의 현실적이고 물질적인 삶에서 분리된 "외적인 것", 개인들의 사적 관심에 대해 "낯선 것", "소외된 것"이다. 이 소외와 분리는 참된 공동체의 관념에 모순된다. 참으로 이성적인 국가에서는 개인의 사적 관심과 공동체의 보편적 관심이 일치한다. 이 국가에서 개인은 보편적 존재다. 그는 자신의 보편적 본질로 고양된 존재, 참된 "종의 존재"로 실존한다.

그러나 마르크스가 상정하는 "이성적인 국가"는 사실상 헤겔이 말한 "인륜성"으로서의 국가에 상응한다. 헤겔의 법철학에 대한 비판에서 마르크스는 헤겔의 국가관의 양면성 가운데 한 측면을 드러낼 뿐이다. 헤겔이 말하는 인륜성으로서의 국가는 개인들 위에 있는 국가, 개인들의 사적 관심에서 분리된 국가가 아니라 개인들의 사적 관심과 국가의 관심이 일치하는 국가를 가리킨다. 그것은 바로 마르크스가 말하는 "이성적 국가"를 가리킨다.

4. 여하튼 개인의 관심과 국가의 관심이 일치하는 "이성적 국가"를 마르크스는 "참된 민주주의" 체제에서 발견한다. 참된 민주주의의 본질적 특징은 개인의 사적 관심과 공동체의 보편적 관심의 일치, 개인의 사적 실존과 공적인 실존의 일치에 있다. "민주주의 체제에서 헌법 자체는 단지 하나의 규정으로, 국민의 자기규정(Selbstbestimmung des Volkes)으로 나타난다." "민주주의는 모든 국가 체제들(Verfassungen)의 해결된 수수께끼다.…현실의 국가 체제는 인간의 자유로운 생산물로 나타난다.…그것은 국민의 현존 요소(Daseinsmoment)일 뿐이다"(2004c, 120).

마르크스에 따르면, 헤겔의 법철학은 "국가로부터 출발하여 인간을 주체화된 국가로(zum versubjektivierten Staat) 만든다. (이에 반해) 민주주의는 인간으로부터 출발하여 국가를 객체화된 인간으로(zum verobjektivierten Menschen) 만든다. 종교가 인간을 만드는 것이 아니라 인간이 종교를 만드는 것처럼, 국가 체제가 국민을 만드는 것이 아니라 국민이 국가 체제를 만든다.…인간이 법 때문에 존재하는 것이 아니라 법이 인간 때문에 존재한다. 법은 **인간적 현존**이다. 이에 반해 다른 국가 체제들에서 인간은 **법적 현존**(das gesetzliche Dasein)이다. 바로 여기에 민주주의와 그 밖의 다른 정치 체제들의 기본 차이가 있다"(2004c, 120). 곧 민주주의 국가 체제에서는 법이 인간을 위해 존재하는 반면, 여타의 다른 국가 체제들에서는 인간이 법을 위해 존재하는 여기에 양자의 본질적 차이가 있다.

　법이 인간 때문에 존재한다는 것은, 국가가 인간 때문에 존재한다는 것을 말한다. 마르크스에 따르면, 참된 민주주의 국가 체제에서 국가의 존재 목적은 그 자체를 위해서가 아니라 국민을 위해서다. 그렇다면 "참된 민주주의에서 정치적 국가는 침몰한다"고 말할 수 있다. 참된 민주주의 국가는 전혀 그 자신을 위해 존재하지 않는다는 것이다. 민주주의 국가에서 국가의 헌법과 법은 물론 국가 자체가 "국민의 자기규정(Selbstbestimmung)일 뿐이다." 이에 반해 여타의 다른 국가 체제들에서는 국가의 헌법과 법은 물론 국가 자체가 "지배하는 것"(das Herrschende)으로 군림한다(2004c, 121). 그러나 이 국가는 참된 의미에서 지배하지 못한다. 그것은 국민으로부터 분리되어 그 자신 때문에 존재하는 "추상적인 국가"이기 때문이다.

5. 그의 문헌 『유대인 문제에 대하여』에서 마르크스는 민주주의 국가를 종교로부터 자유로운 무신론적 국가, 참된 의미의 기독교 국가로 파악한다. 이 문헌에 따르면, 국가종교가 된 "이른바 기독교 국가가 완성된 기독교 국가가 아니다. 오히려 무신론적 국가, 민주주의적 국가, 종교를 시민사회의 여타 요소들로 간주하는 국가다.…이른바 기독교 국가는 간단히 말해, 비국가(Nichtstaat)다. 그 까닭은 종교로서의 기독교가 아니라, 기독교 종교의 인간적 숨은 배경(der menschliche Hintergrund, 인간적 관심과 욕심 등을 말함)이" 사실상 인간이 만든 각종 종교적 창작물 안에서 자기를 관철하기 때문이다. 그러므로 "이른바 기독교 국가는 국가의 기독교적 부인이다. 그것은 결코 기독교의 국가적 실현이 아니다.…국가는 위선의 국가다"(2004d, 250).

　이에 반해 "참된 국가" 곧 "민주주의 국가는 자기를 정치적으로 완전하게 하기 위해 종교를 필요로 하지 않는다. 오히려 이 국가는 종교로부터 자기를 추상화할 수 있다." 곧 종교로부터 자기를 분리할 수 있다. 그 까닭은 기독교의 "인간적 기초"가 이 국가에서 "세상적 방법으로 관철되기" 때문이다. 여기서 기독교의 "인간적 기초"는, 모든 인간은 **"인간에 대해 최고의 존재"**임을 말한다. 이 기초가 민주주의 국가에서 실현되기 때문에, 민주주의 국가는 더 이상 기독교 종교를 필요로 하지 않는다는 것이다. 이른바 국가종교가 된 기독교가 참으로 기독교적인 것이 아니라 "정치적 민주주의가 기독교적이다.…그 까닭은 한 인간이 아니라 모든 인간이 가장 높은 존재, 최고의 존재로 인정받기 때문이다"(2004d, 254).

그러나 현실의 인간은 조야하고 비사회적인 상태에 있다. 그는 사회의 모든 조직을 통해 파멸되었고, 자기 자신을 상실하였다. 그는 "비인간적인 관계들과 요소들의 지배 아래 있다." 그는 참된 "종의 존재(Gattungswesen)가 아니다." 참된 종의 존재가 아닌 인간, 참 인간 존재로부터 구별되는 소외된 존재로서의 이 인간이 "인간에 대해 가장 높은 존재"다. 그러나 "인간의 존엄성(Souveränität)"에 대한 이 생각은 기독교에서 실현되지 않고 있다. 그것은 하나의 "공상적인 상(Phantasiebild), 꿈과 요청(Postulat)"으로 머물러 있다. 국가종교로서의 기독교는 자신의 "인간학적 기초"를 망각하였다. 기독교가 망각한 인간학적 기초, 곧 모든 "인간의 존엄성"이 민주주의 국가에서 "감각적 현실, 현재, 세상적 최고 원리(Maxime)"가 될 것이라고 마르크스는 기대한다(2004d, 254).

여기서 마르크스는 헤겔과 전혀 반대되는 국가 체제를 제의한다. 헤겔은 기독교를 자신의 기초로 하는 기독교적 국가를 제의하였다. 종교, 곧 기독교가 국가의 "기초"를 이룬다. 국가는 기독교 정신에 따라 형성된다 (김균진 2020, 395 이하). 이에 반해 마르크스는 **종교로부터 자유로운 무신론적·세속적 민주주의 국가**를 제의한다. 모든 인간은 "인간에 대해 가장 높은 존재"라는 기독교의 "인간적 기초"가 하나님 없는 세속적 민주주의 국가를 통해 실현될 수 있을 것으로 그는 기대한다. 헤겔은 "하나님 나라"를 기독교적 국가에서 기대했다면, 마르크스는 그것을 하나님 없는 세속적 민주주의 국가에서 이루어질 것으로 기대한다.

결론적으로 헤겔의 법철학에 대한 마르크스의 비판은 사실상 당시의 프로이센 왕국에 대한 비판이다. 이 비판에서 그가 지적하는 헤겔의 관념론적 국가관은 프로이센 왕국을 가리킨다. 헤겔의 관념론적 국가관에 대한 마르크스의 비판은 그의 문서 『유대인 문제에 대하여』에서 계속된다. 이 문서에서 "이른바 기독교 국가"에 대한 마르크스의 비판은 프로이센 왕국에 대한 비판이다. 프로이센 왕국은 기독교를 국가종교로 정함으로써 "기독교 국가"로 정당화된다. 이 국가는 한마디로 "위선의 국가"다. 그것은 "기독교의 국가적 실현이 아니라 기독교의 부인이다"(2004, 250). 그럼에도 불구하고 헤겔의 법철학은 국가를 인륜성의 관념의 현실로 절대화한다. 이 국가 안에 있는 모든 "현실적인 것"은 "이성적인" 것으로 규정된다.

이 같은 프로이센 국가에 반해 마르크스는 종교에서 자유로운 무신론적 민주주의 국가를 대안으로 제시한다. 세속적 민주주의 국가를 마르크스는 공산주의 사회에서 기대한다. 이제 프로이센 왕국은 공산주의 체제로 변혁되어야 한다. 이를 위해 그는 기독교 종교에 대한 비판을 일차적 과제로 설정한다.

4. 기독교 종교는 "민중의 아편"이다

1. 헤겔 철학의 관념성을 극복하고자 하는 마르크스의 이론적 노력은 먼저 종교에 대한 비판과 함께 시작된다(아래에서 종교는 기독교를 말함). "종교의 비판이 모든 비판의 전제다"(2004e, 274). 헤겔 철학의 관념성의 뿌리는 종교에 있다고 보기 때문이다. 마르크스에 따르면, 헤겔 철학은 그 본질에 있어 기독교 신학이다. 헤겔은 기독교 종교와 신학을 부정하지만, 결국 기독교 종교와 신학을 회복한다. 헤겔은 기독교 종교와 신학이 전제하는 "정신으로서의 하나님"(Gott als Geist)으로부터 출발하여 세계와 역사를 설명하기 때문에 그의 철학은 세계의 현실에서 추상화된 관념성을 벗어나지 못한다. 그러므로 마르크스는 종교에 대한 비판이 모든 비판의 전제라고 본다. 종교비판을 통해 헤겔의 관념성이 깨어질 때, 현실 세계의 거짓이 깨어질 수 있을 것으로 기대한다.

　여기서 우리는 **마르크스의 종교비판의 목적**을 볼 수 있다. 기독교 종교에 대한 그의 비판은 단지 기독교를 폐기하려는 것이 아니라 비인간적인 세계를 인간적인 세계로 변혁하는 것을 목적으로 한다. "종교의 부인은 그 자체가 목적이 아니라 투쟁의 이론이다. 그것은 진리에 관한 이론적 관심에서 오는 것이 아니라, 이 세계를 인간적인 세계로 변화시키고자 하는 실천적 관심에서 온다." "종교에 대한 투쟁은, 종교를 정신적 아로마로 가진 세계에 대한 투쟁이다"라는 마르크스의 말은 이를 증명한다(Gollwitzer 1962, 13).

　여기서 마르크스가 말하는 **종교는 국가종교로서의 기독교**를 말한다. 오랫동안 로마 제국의 박해를 당하던 기독교는 313년 콘스탄티누스 황제의 밀라노 칙령을 통해 로마 제국의 공적 종교로 공인을 받는다. 이를 통해 기독교는 종교의 자유를 얻게 된다. 그때까지 교회다운 교회 건물이 없었기 때문에 콘스탄티누스는 웅장한 교회 건물들을 건축하고 "교회에 '엄청난 양의 재산'을 기증하였다.…대규모의 토지와 부동산과…산더미 같은 귀금속이 들어왔다." 기독교 성직자들은 "부와 권력과 신분이 보장된 고위층으로" 승격된다. "성직자들은 세금을 비롯한 공적 의무를 면제받았다. 아울러 주교들은 이제 가장 부유한 원로원 의원들과 동급의 고위층이 되었으며…이에 따라 그들은 국가를 위한 재판관과 지사와 정무관의 역할을 맡아야 하는 처지가 되었다. 그 결과 귀족 가문 출신의 사람들이 사제가 되기 위해 쇄도하는 현상이 나타났으며, 이로 인해 교회는 한층 더 세속적으로 변질되면서 이전의 활력을 상실한 기관으로 전락하게 되었다"(스타크 2020, 255-256).

380년 2월 28일에 기독교는 테오도시우스 황제에 의해 로마 제국의 국가종교가 된다. 이교는 제거 대상이 된다. 로마 제국 곳곳에 있는 이교의 신전들은 파괴된다. 그 이후로 기독교는 유럽 모든 나라의 국가종교로서 세속의 힘과 영광을 누린다. 기독교는 국가를 지탱하는 국가기관이 된다. 이로 인해 교회의 제도화·형식화·세속화는 더욱 심해진다. 국가 공무원이 된 성직자들의 부패와 타락과 횡포가 일어난다. 청빈을 이상으로 삼는 수도원조차 거대한 부와 사회적 혜택을 누리게 된다. 매년 거액의 돈과 재산이 로마 교황청으로 들어갔고, 돈을 벌기 위한 갖가지 종교적 기법들이 교회 안에서 발전된다. 이에 루터는 성직자들을 가리켜 사람의 피를 아무리 많이 빨아먹어도 배부르지 않는 "거머리들"이라고 하면서 종교개혁을 일으킨다(김균진 2018, 125).

마르크스는 루터의 종교개혁의 깊이를 명료하게 드러낸다. 그에 따르면, 루터는 기독교 종교의 본질은 "믿음"에 있다는 것을 파악하고, 타락한 "가톨릭적 이교"(katholisches Heidentum)에 저항하였다. 그는 가톨릭교회의 "외적인 종교성을 지양하고", "종교성을 인간의 내적 본질로 만들었다."

그는 "만인사제직"을 통해 성직자 계급을 "모든 신자"에게로 폐기하였다. 이를 통해 "인간 바깥에 있고 인간에 대해 독립적인 — 곧 외적인 방법으로만 유지될 수 있고 주장될 수 있는 — 부(富)가 지양된다. 다시 말해, 생각 없는 그의 외적인 대상성(seine äußerliche gedankenlose Gegenständlichkeit)이 지양된다"(2004f, 302).

그러나 종교개혁을 통해 생성된 개신교회도 국가교회 제도를 도입하였다. 국가와 교회의 결합을 거부한 재세례파와 영성주의자들을 루터는 철저히 거부하였다. 이들에 대한 말할 수 없는 피의 박해가 일어났다. 국가교회가 된 개신교회도 결국 제도화·형식화·세속화의 전철을 반복한다. 개신교회 역시 국가를 떠받쳐주는 종교적 국가기관이 되어버린다. 왕정제도를 거부하고 민주적 공화정을 주장하는 자들은 하나님의 평화를 깨뜨리는 적그리스도로 간주된다. 이들은 공직에 진출할 수 있는 길을 박탈당한다. 비밀경찰을 통한 보이지 않는 감시, 언론 검열, 비판적 인물들의 공직 박탈과 사회적 추방이 일어난다. 국가는 경직된 독재체제를 벗어나지 못한다.

2. 마르크스의 유명한 종교비판, 곧 기독교 비판은 사실상 그 당시 독일 국가 체제에 대한 비판이었다. 청년 마르크스가 등장했던 1840년대의 독일은 시대에 뒤진 상태, 곧 "시대착오"(Anachronismus)의 상태에 있었다. 당시 프로이센 왕국은 프랑스 혁명을 통해 일어난 자유의 갈망과 외침을 억압하고 옛 시대의 질서를 지키고자 하였다. 이에 마르크스는 다음과 같이 말한다. "우리는 혁명을 함께 나누지 않고, 현대 민족들의 회복을 함께 나누었다. 우리가 회복된 것은 첫째, 다른 민족들이 혁명을 모험하였기 때문이요, 둘째, 다른 민족들이 반혁명으로 고통을 당하였기 때문이다. 첫째, 우리의 통치자들이 공포를 느꼈기 때문이요, 둘째, 우리의 통치자들이 아무 공포감도 느끼지 않았기 때문이다. 우리들, 꼭대기에 앉아 있는 목자들은,

우리가 언제나 자유의 사회 속에 있다고, **자유의 장례식 날**에(am Tag ihrer Beerdigung) 있다고 생각했다"(2004e, 276). 여하튼 독일의 현 상태(status quo) 는 "명백한 구체제의 완성(Vollendung des ancien régime)이다"라고 마르크스 는 당시의 정치적 상황을 비판한다(278).

당시 독일의 상황을 마르크스는 프랑스와 영국의 상황과 비교한다. 프랑스나 영국에서 끝나기 시작하는 것이 독일에서는 이제 겨우 시작 한다. 프랑스와 영국에서는 "**정치적 경제학 혹은 부에 대한 사회성의 지 배**"(politische Ökonomie oder Herrschaft der Societät über den Reichtum)가 중요 한 문제로 거론되는 반면에, 독일에서는 "**국가 경제학 혹은 국가에 대한 사유재산의 지배**"(Nationalökonomie oder Herrschaft des Privateigentums über die Nationalität)가 중요한 문제로 거론된다. 프랑스와 영국에서는 독점을 폐기하고자 노력하는데, 독일에서는 독점을 철저하게 발전시키고자 한다. 전자에서는 해결(Lösung)이 중심 문제로 다루어지는데, 후자에서는 충돌 (Kollision)이 중심 문제로 다루어진다(2004e, 280).

마르크스에 따르면, 독일 역사 전체에서 단 한 번 "혁명의 과거"가 있 었다. 그것은 루터의 종교개혁을 말한다. 그런데 마르크스는 루터의 종교 개혁을 종교적인 것, 곧 "이론적인" 것이었다고 평가한다. 루터는 "신앙의 권위를 회복함으로써 (교회의 외적) 권위에 대한 신앙을 깨버렸다." 그는 평 신도를 사제의 위치로 격상함으로써 사제를 평신도의 위치로 격하하였다. 그는 종교성을 내적 인간의 문제로 규정함으로써 외적 종교성에서 인간을 해방하였다. 그는 인간의 마음을 내적·신앙적 사슬에 묶어버림으로써 인 간의 몸을 외적 사슬에서 해방하였다. 이런 점에서 종교개혁의 해방 운동 은 이론적·종교적이었다고 마르크스는 해석한다(2004e, 283-284. 마르크스 의 해석과 반대되는 종교개혁의 사회, 정치적 해석에 관해 김균진 2018, 25 이하).

3. 종교개혁 당시에 일어난 농민전쟁을 마르크스는 "독일 역사의 가장 극단적 사실"로 파악한다. 그러나 농민전쟁은 종교개혁자들의 신학으로 말미암아 실패로 끝났다. 이 사실은 독일의 혁명적 과거는 이론에 불과했다는 것, 곧 종교적인 것에 불과했음을 보여준다. 마르크스에 따르면, 종교개혁으로 말미암아 생성된 개신교회는 해방을 위한 노력을 인간 **"자신의 내적인 사제**(Pfaffen), 그의 **사제적 본성**과의 투쟁"으로 대체하였다. 독일 철학은 이 문제를 실천의 문제로 다루지 않고, 또다시 이론의 문제, 곧 철학적 문제로 다루었다. 이로써 해방의 노력은 또다시 좌절하였다고 마르크스는 판단한다. "신학이 좌절로 끝난 오늘, 독일 역사의 가장 부자유한 사실, 곧 우리의 현 상태는 철학으로 말미암아 부서져 버릴 것이다"(2004e, 284).

마르크스에 따르면, "고대의 민족들이 그들의 전역사(Vorgeschichte)를 상상 속에서, 곧 **신화** 속에서 체험하였다면, 우리 독일인들은 우리의 후역사(Nachgeschichte)를 사상(생각) 속에서, 곧 **철학** 속에서 체험하였다. 우리는 현재의 **역사적** 동시대인이 아니라 철학적 동시대인들이다. 독일 철학은 독일 역사의 이상적 연장(ideale Verlängerung)이다." 프랑스와 영국의 진보한 민족들에게서 근대의 국가 상태는 실천적으로 와해된 반면, 독일에서는 이 상태가 아직도 존속하고 있다. 독일에서는 먼저 이 상태를 철학적으로 나타내는 것, 곧 이 상태의 "철학적 반영"(philosophische Spiegelung)을 비판적으로 깨뜨리는 작업이 일어나야 한다(2004e, 280-281). "철학적 반영"을 깨뜨리지 못할 때, 인간의 현실적 해방은 불가능하다.

달리 말해, "우리의 지혜로운 철학자들"이 "철학, 신학, 실체 그리고 모든 (관념적) 폐물들(Unrat)을 폐기하지 않을 때, 이 같은 구호들로부터 인간을 해방하지 않을" 때, 인간의 현실적 해방은 한 걸음도 발전할 수 없을 것이다. 인간의 현실적 해방은 관념의 세계를 벗어나 "완전한 질과 양을 가진 음식과 음료, 집과 옷을 얻을 수 있는 상태에" 있을 때 가능할 것이다. "해방은 생각의 행위(Gedankentat)가 아니라 역사적 행위다. 그것은 역사적 상황들을 통해, 산업과 교역과 경작의 상태와 교통의 상황을 통해 이루어질 수 있다"고 마르크스는 말한다(2004i, 445).

4. 인간의 현실적 해방을 위해 먼저 필요한 것은 종래의 "철학의 부정"이다. 독일의 실천적이며 정치적인 인물들은 먼저 "철학의 부정을 요구한다." 그러나 이들은 요구만 할 뿐 이를 행하지 않는다. 이들은 철학에 등을 돌림으로써 철학을 부정할 수 있다고 믿으며, "현실의 삶의 맹아(Lebenskeim)와 연결되어야" 한다고 주장한다. "그러나 독일 민족의 현실적 삶의 맹아는 지금까지 단지 그의 해골(Hirnschädel) 속에서만 번성하였다는 사실을 그들은 망각한다. 한마디로 **너희는 철학을 실현하지 않고서는 철학을 지양할 수 없다**"(2004e, 281).

　　마르크스의 이 말을 우리는 다음과 같이 이해할 수 있다. 지금까지 독일 철학은 현실의 세계로 내려오지 못하고 정신, 이성, 실체, 절대자 등의 관념의 세계에 머물고 있다. 이 같은 종래의 철학을 지양할 때, 철학을 실현할 수 있다. 거꾸로 철학을 실현할 때, 종래의 철학을 지양할 수 있다. 이것을 헤겔 철학에 적용한다면 헤겔 철학은 관념과 사상들, 이론들의 체계에 불과하다. 이제 헤겔의 이론들은 실천으로 지양되어야 한다. 이때 헤겔 철학은 실현될 수 있다. 곧 헤겔의 관념론적 철학을 지양할 때 헤겔 철학을 실현할 수 있고, 헤겔의 관념론적 철학을 실현할 때 그의 관념론적 철학을 지양하게 된다는 것이다.

　　여기서 마르크스는 헤겔 철학과 현실의 관계에 대한 두 가지 입장을 거부한다. 첫째, 헤겔 철학은 현실에서 괴리된 관념에 불과하기 때문에, 이를 실현함이 없이 지양해야 한다는(Aufhebung ohne Verwirklichung) 입장을 거부한다. 둘째, 헤겔 철학을 지양함 없이 실현해야 한다는(Verwirklichung ohne Aufhebung) 것이다. 마르크스는 상반되는 이 두 가지 입장을 모두 만족시킬 수 있는 길을 제시한다. 곧 헤겔의 관념론 철학을 지양함으로써 그것을 실현하고, 헤겔의 관념론적 철학을 실현함으로써 그것을 지양해야 한다는 것이다.

헤겔에 따르면, 세계사는 자유에 대한 의식의 진보와 이 의식의 실현 과정이다. 그러나 헤겔이 말하는 자유의 원리는 독일에서 단지 하나의 철학적 관념으로 사람들의 의식 속에 있을 뿐이다. 마르크스에 따르면, 헤겔의 이 철학적 관념은 실천으로 옮겨져야 한다. 그것이 실천으로 옮겨질 때, 참된 것으로 증명될 수 있다. 헤겔 철학을 실현할 수 있는 길은 그것을 이론의 영역에서 실천의 영역으로 옮기는 데 있다. 이론과 관념으로서의 철학을 실천으로 지양하지 않고서는 철학을 실현할 수 없다. 이런 점에서 "철학의 실현은 그의 상실"이다. 여기서 마르크스가 말하는 "철학의 상실"은 단순히 철학의 폐기를 말하는 것이 아니라, 관념에서 실천으로 지양됨으로써 실현되는 것을 뜻한다.

여기서 "지양"은 폐기(Vernichtung)가 아니라 고양(Erhebung, 혹은 Auf-hebung)으로 이해할 수 있다. 즉 철학적 이론이 실천으로 고양될 때, 그것이 실현될 수 있다. "포이어바하의 명제"에서 마르크스가 "인간은 실천 속에서 진리를 증명해야 한다"고 말할 때(명제 2), 그것은 철학적 이론이 불필요하다는 말이 아니라, 관념이나 이론으로 머물지 않고 실천으로 지양될 때, 철학은 실현될 수 있다는 말이다. 실천을 통해 철학적 관념이나 이론이 실현될 때, 무산계급이 지양될 것이다. 이를 마르크스는 부정적으로 표현한다. 무산계급은 "철학의 실현 없이 그 자신을 지양할 수 없다."

여기서 마르크스는 철학적 이론의 단순한 폐기를 주장하지 않는다. 단지 실천으로 지양되어야 한다고 말할 뿐이다. 지양은 고양을 뜻하기도 한다. 실천으로 고양된 형태로서의 이론을 마르크스는 인정한다. "이론은 항상 변화하는 상황을 분석하고 이에 상응하는 개념을 정식화함으로써 모든 순간에 실천을 동반한다. 진리의 실현을 위한 구체적 조건들은 변화될 수 있지만, 진리는 동일한 것으로 존속하며, 이론은…진리의 보호자로 존속한다. 혁명의 실천이 그의 올바른 길을 벗어난다 할지라도 이론은 진리를 고수한다"(Marcuse 1972, 282).

5. 앞서 기술한 바와 같이, 헤겔의 철학은 "정신으로서의 하나님"으로부터 세계사의 모든 것을 설명한다. 그러므로 헤겔 철학은 신학을 부정하는 것처럼 보이지만 사실상 신학이라고 마르크스는 말한다. 그것은 형식에 있어 철학이지만 종교적·신학적 전제에서 출발하기 때문이다. 따라서 헤겔 철학을 지양함으로써 그것을 실현하고자 할 때, 그것의 종교적·신학적 전제를 파괴해야 한다. 종교적·신학적 전제를 파괴할 때, 헤겔의 관념성을 깨뜨리고, 헤겔 철학을 혁명적 실천으로 옮길 수 있다. 이러한 동기에서 마르크스는 기독교 종교를 비판하게 된다.

기독교 종교에 대한 마르크스의 비판은 헤겔 철학의 관념성(Idealität)의 기초를 허물어버리는 것을 뜻한다. 기독교 종교가 무너질 때 헤겔 철학의 관념성은 그 기초를 상실한다. 헤겔 철학의 관념성이 무너질 때, 그 속에 숨어 있는 진리가 실현될 수 있다. 곧 인간이 "인간의 가장 높은 가치"라는 "기독교의 인간적 근거"가 실현될 수 있다. 기독교에 대한 마르크스의 비판의 궁극 목적은 여기에 있다. 따라서 마르크스의 기독교 비판은 거짓된 현실에 대한 모든 비판의 시작이요 끝이라 말할 수 있다. 마르크스에 의하면, "종교비판은 그 핵심에 있어 눈물의 골짜기에 대한 비판(Kritik der Jammertales)"이다(2004e, 274, 275).

마르크스의 종교비판은 **포이어바하의 종교비판**에 그 뿌리를 둔다. 먼저 마르크스는 포이어바하의 종교비판을 자신의 "반종교적 비판의 기초"로 수용한다. 그러나 인간은 "특수한 사회의 형식에 속한다"는 사실을 간과하고, 종교를 단지 인간 본성의 산물로 보는 점에 포이어바하의 제한성이 있다고 마르크스는 비판한다.

마르크스에 따르면, 종교는 단순히 인간 본성의 산물이 아니다. 인간은 "세계 바깥에 앉아 있는 추상적 존재가" 아니라 철저히 사회적 존재이기 때문이다. 그는 특수한 사회적 상황 속에서 실존한다. "인간은 인간의 세계, 국가, 사회성(Sozietät)이다"(2004e, 274). 따라서 종교는 단순히 인간의 본성에서 나오는 것이 아니라 사회적 상황에서 나온다. 한마디로 종교는 사회적 상황의 산물이다. "이 국가, 이 사회성이 종교, 곧 전도되어버린 세계의식(verkehrtes Weltbewußtsein)을 생산한다. 그들은 전도되어버린 세계이기 때문이다. 종교는 이 세계의 보편적 이론이다. 이 세계의 백과전서적 개요(enzyklopädisches Kompendium)다.…그것은 인간 본질의 환상적 실현이다. 그것은 인간의 본질이 참된 현실을 갖고 있지 않기 때문이다. (따라서) 종교에 대한 투쟁은…종교가 그것의 정신적 아로마(Aroma)인 세계에 대한 투쟁이다"(1917, 17).

6. 여기서 마르크스는 포이어바하에게서 구별되는 자신의 종교관을 나타낸다. 그에 따르면, 종교는 단순히 인간 본질의 산물이 아니라 불의하고 비인간적인 사회적 상황의 산물이다. 종교는 단순히 인간의 자기의식이나 자기 본질을 투사한 것이 아니라 전도되어버린 세계의 사회-경제적 상황 속에서 소외된 인간의 자기의식의 투사체다. 곧 종교는 "자기외화의 산물"(Produkt der Selbstentäußerung)이다. 종교는 단순히 "나의 자기의식"을 반영하는 것이 아니라 "외화된 나의 자기의식", 곧 불의하고 비인간적인 사회 속에서 착취와 소외를 당하는 인간의 자기의식을 반영한다. 자기의

식이 반영된 종교 속에서 인간은 자기의 참 본질의 실현을 기대한다. 이런 뜻에서 "종교는 인간 본질의 **환상적 실현**(phantastische Verwirklichung)이다. 그 까닭은 인간의 본질이 참 현실을 소유하고 있지 않기 때문이다"(2004e, 274-275). 헤겔은 종교를 국가의 "근거"로 파악하였다. 이에 반해 마르크스에 따르면, 종교는 "세상적인 제한성의 현상"이다(Phänomen der weltlichen Beschränktheit, 1971, 36). 그것은 "눈물의 골짜기"인 이 세계를 비추어주는 거울이다.

마르크스의 이 말을 우리는 다음과 같이 설명할 수 있다. 종교인들은 죽은 다음에 갈 천국(하늘나라)을 믿는다. 요한계시록에서 천국은 "새 하늘과 새 땅", "새 예루살렘"으로 묘사된다. 새 하늘과 새 땅은 "죽음과 슬픔과 울부짖음과 고통이 없는" 새로운 생명의 세계로, "새 예루살렘"은 어둠과 도둑질이 없고, 빛과 황금 보석으로 가득한 세계로 묘사된다(김균진 2020, 582-585). 이같이 묘사되는 천국은, 죽음과 슬픔과 울부짖음과 고통으로 가득한 세계에서 인간이 당하는 가난과 고통과 사회적 소외와 차별, 이 세상에서 자기는 아무것도 아니라는 비참한 자기의식에 대한 위로와 보상으로 설정된 것이다. 하나님 나라, 천국, 새 하늘과 새 땅 등은 전도되어버린(거꾸로 뒤집힌) 세계의식과 자기의식을 전도된 형식으로 나타낸다.

이런 뜻에서 종교는 전도된 사회의 전도된 거울이다. 전도되었고 불의하며 비인간적인 사회가 전도된 종교적 의식을 생산한다. "종교적 심성(Gemüt)"도 "사회적 산물"이다. 그러므로 "나는 종교 안에서 나의 자기의식을 보는 것이 아니라, 나의 외화된 자기의식이 확증되어 있음을 본다"(2004f, 337). 인간이 찬란한 피안의 세계를 믿는 것은 자기가 살고 있는 세계가 거꾸로 뒤집혀 있기 때문이다. 곧 비인간적인 세계가 되어버렸기 때문이다. 따라서 종교는 단지 인간의 자기의식이 아니라 "전도되어버린 세계의식"이다. 종교의 뿌리는 자기의 구원과 행복을 추구하는 인간의 이기심에 있는 것이 아니라(포이어바하에 반해), 거꾸로 뒤집혀버린 세계, 비인간화된 세계에 있다.

물론 마르크스는 포이어바하의 종교비판의 타당성을 인정하기도 한다. 곧 포이어바하는 "종교의 세계를 세계의 기초로 폐기하려고" 노력하였다고 마르크스는 인정한다. 그러나 포이어바하는 "종교적 자기소외의 사실"에 대한 올바른 의식을 불러일으키는 것으로 만족한다. 이를 넘어 인간의 어떤 상황으로부터 종교가 형성되는지, 종교적 자기소외가 어떻게 극복될 수 있는지에 대해 그는 관심을 두지 않는다. 포이어바하는 인간을 무사회적 존재, 자기 홀로 존재하는 추상적 개체로 보기 때문이다. 마르크스에 의하면, 인간은 추상적 개체가 아니라 철저히 사회적 존재다. 그가 속한 사회, 비인간적으로 전도되어버린 사회가 종교를 생성한다. 그 사회가 그 종교를 생성한다고 마르크스는 종교의 근원을 파악한다.

7. 마르크스에 따르면, 거꾸로 뒤집힌 비인간적인 사회의 산물인 종교는 **두 가지 기능**을 한다. 첫째는 사회적 상황을 **반영하는 기능**이다. "종교의 비참상"은 단지 인간학적 비참상이 아니라, 비인간적인 사회의 "현실적 비참상의 표현"(Ausdruck des wirklichen Elends)이다. 둘째는 사회적 상황에 대한 **저항의 기능**이다. "한편으로 종교적 비참은 현실적 비참의 표현이요, 다른 한편으로 현실의 비참에 대한 저항이다. 종교는 고통당하는 피조물의 신음자(Seufzer)요, 냉정한 세계의 심정이다"(2004e, 275).

마르크스의 이 생각을 우리는 다음과 같이 이해할 수 있다. 성서가 말하는 "하나님 나라", "새 하늘과 새 땅" 등은 로마 제국의 불의하고 비인간적인 현실을 거꾸로 나타낸 것인 동시에, 이 현실에 대한 저항을 종교적 형식으로 표현한 것이다. 예수가 선포한 "하나님 나라"도 이 같은 맥락에서 이해할 수 있다. 하나님 나라는 하나님 없는 현실에 대해 모순이요 부정이다. 그것은 하나님 없이 거꾸로 뒤집힌 세계 현실에 대한 저항의 표현이다.

20세기 "희망의 철학자" 블로호(E. Bloch)는 이것을 간파하였다. 그에 따르면, 성서는 저항의 언어로 가득하다. 천지 창조와 에덴동산에 관한 성서의 이야기는 세계의 카오스(토후 와보후)에 대한 저항의 표현이요, 출애굽(Let my people go) 이야기, 장차 오실 메시아에 대한 기다림, "말구유 안에 누인 그리스도 아기"에 관한 이야기에는 불의하고 비인간적인 세계에 대한 저항 정신이 숨어 있다. 저항의 언어가 성서 전체를 관통하는 "생명선"을 이룬다. 주어진 현실에 저항하는 "이단자를 만드는 것이 종교의 가장 좋은 점이다"(Bloch 1968, 23). 기독교 종교에 대한 블로호의 이 생각은 마르크스의 통찰에 뿌리를 둔다.

그러나 기독교는 국가종교로서 국가기관이 되어버렸기 때문에 자신 속에 숨어 있는 "저항"의 유산을 실현하지 못한다. 도리어 그것은 국가의 불의하고 비인간적인 현실을 정당화하고 유지하는 기능을 행사한다. 그것은 피안의 영원한 생명을 약속함으로써 비참한 현실로부터 눈을 돌리게 하고, 거짓된 위로를 제공한다. 그것은 현실적 행복 대신에 피안의 환상적 행복을 약속함으로써 현실의 모든 억울함과 고통에 대해 무감각하게 만드는 신경 안정제 내지 마취제의 기능을 한다. 한마디로 "종교는 민중의 **아편**이다." 그것은 거짓된 위로요, "민중의 거짓된 행복"(illusorisches Glück)이다(2004e, 275).[1]

바로 여기에 마르크스와 계몽주의자들의 차이가 있다. 계몽주의자들

---

1 교의학자 R. Seeger에 의하면, "민중의 아편"이란 말의 창시자는 헤겔 좌파 Bruno Bauer이고, 그 뒤를 이어 이 말을 확산시킨 인물은 Moses Heß와 마르크스로 알려져 있다. 이에 관해 H. Gollwitzer 1962, 14 참조.

에게 종교는 성직자들이 만들고, 성직자들이 주관하는 교리화된 제도교회를 말한다. 이에 반해 마르크스에게 종교 곧 기독교는 불의하고 비인간적인 사회적 상황에서 나온 것으로, 인간의 삶을 더욱 비참하게 만들고 기존의 상황을 유지시키는 "아편"이요 "거짓된 행복"이다. 인간이 인간 이하의 취급을 당하는 억울함과 고통 속에서, 인간은 하나님을 "고통당하는 피조물의 신음자"로 나타낸다. 루터의 종교개혁에 참여했던 극단적 영성주의자 프랑크(S. Franck)에 따르면, "하나님은 영혼의 깊은 곳에 있는, 말로 표현할 수 없는 신음자다"(Feuerbach 1976, 145에서 인용).

하나님은 신음하는 인간과 함께 신음하며, 영원한 천국의 위로를 약속하고, 현실의 고난과 고통에 대해 거짓된 위로와 행복을 제공함으로써, 불의한 현실에 무감각해지도록 만드는 아편과 같은 기능을 한다. 아편은 현실을 바꾸지 못한다. 그것은 하나의 속임수일 뿐 현실의 고통은 사실상 악화된다. 아편은 현실의 비참과 고통에 대해 무감각하게 만들 뿐이다. 기독교는 바로 이 같은 기능을 한다고 마르크스는 기독교를 비판한다.

8. 기독교의 아편 기능을 마르크스는 당시의 **국가교회 제도**에서 가시적으로 발견한다. 마르크스의 『유대인 문제에 대하여』에 따르면, 서구의 국가종교가 된 기독교는 "인간은 가장 숭고한 존재, 최고의 존재"라는 성서의 대헌장을 망각하고, "시민사회의 정신, 인간에 의한 인간의 분리와 소외의 표현"이 되었다(2004d, 252, 254). 그것은 "시민사회의 정신, 이기주의의 영역의 정신, 모든 사람에 대한 모든 사람의 전쟁(bellum omnium contra omnes)의 정신이 되었다. 그것은 더 이상 공동체성(Gemeinschaft)의 본질이 아니라, (인간과 인간의) 구별의 본질이다. 그것은 공동체로부터, 자기 자신과 다른 사람들로부터 인간의 분리의 표현이 되었다.…그것은 특별한 부조리(Verkehrtheit), 사적인 변덕과 자의의 추상적 고백이다.…그것은 하나의 사

적 관심으로 전락했고, 공동체로서의 공동체로부터 추방되었다"(248-249). "종교의 현존은 결함의 현존(Dasein eines Mangels)이다.····우리에게 종교는 **근거**(Grund)의 의미를 상실하고, 단지 세속적 제한성(Beschränktheit)의 **현상**일 뿐이다"(243).

기독교적 게르만 국가에서 기독교는 국가종교로의 지배적 위치에 있게 되었다. 모든 국민이 태어나면서부터 의무적으로 호적등본에 그리스도인으로 등재되고, 의무적으로 종교세 혹은 교회세를 납부하게 된다. 사회 모든 영역에서 종교가 지배적 위치를 차지한다. 국가 공휴일도 기독교 절기에 따라 결정되고, 기독교를 거부하는 사람, 다른 종교를 믿는 사람은 공직 진출을 못하게 된다. 그는 이방인의 신분에 속하게 된다. 이러한 상황을 마르크스는 다음과 같이 요약한다. "종교의 지배는 지배의 종교다"(2004d, 252). 기독교는 자기 비움과 섬김의 종교가 아니라 "지배의 종교"가 되었다. 하나님 앞에서 모든 인간은 평등하며, "인간은 인간에 대해 최고의 가치"라는 성서의 거룩한 말씀을 망각하고, 국가 통치자의 편에 서서 인간에 의한 인간의 차별과 착취와 소외를 방조하며, 불의하고 비인간적인 국가를 "기독교적인 국가"로 정당화하는 거짓과 위선의 종교가 되었다. 그것은 차안의 "눈물 골짜기"에서 눈을 돌려 피안의 영원한 천국을 바라보며 "거짓된 위로"를 제공한다.

여기서 마르크스는 포이어바하가 말하는 "종교적 소외"를 사회학적으로 파악한다. 포이어바하가 말하는 인간의 종교적 소외는 인간이 자기의 참 본질을 초월적 하나님의 존재로 투사하고, 그 자신을 비본질적 존재로 비하시키는 데 있다. 이에 반해 마르크스가 말하는 인간의 종교적 소외는 인간에 의한 인간의 차별과 착취와 소외가 더 이상 존재하지 않는 참 본질의 세계를 피안의 세계로 투사하고, 피안의 세계로부터 거짓된 위로를 받음으로써 사실상 더욱 비참해지는 종교의 역기능을 가리킨다. 기존의 사회에서 인간이 당하는 사회적 차별과 소외는 종교를 통해 극복되는 것이 아니라 오히려 종교적 형태로 강화된다. 따라서 마르크스가 말하는 인간의 종교적 소외는 인간이 당하는 **사회적 소외의 연장**일 뿐이며, 국가종교의 형태 속에서 사회적 소외를 더욱 악화시키는 기능을 한다. 이런 점에서 "종교는 민중의 아편이다"라고 말할 수 있다.

9. 이러한 상황에서 인간을 해방하고자 한다면, 종교비판은 "인간이 종교를 만들었다", 자신의 구원과 행복을 찾는 "인간의 이기심이 종교를 생산하였다"는 인간학적 해석으로 끝날 수 없다(포이어바하에 반하여). 오히려 "피안의 진리" 대신에 "차안의 진리"를 세우고, 불의하고 비인간적인 현실을 비판해야 한다. "**진리의 피안**이 사라진 다음에 철학의 과제는 **차안의 진리**를 세우는 데 있다. 인간 소외의 성자들의 형태(Heiligengestalt, 거짓된 종교적 형태)가 벗겨진 다음에 역사를 위해 봉사해야 할 **철학의 과제**는, 먼저 (인간에 의한 인간의) 소외를 그의 거룩하지 못한 (세속의) 형태 속에서 드러내는 데 있다." 이를 위해 무엇보다 먼저 종교를 비판해야 한다. "종교의 비판이 모든 비판의 전제다." 따라서 종교비판은 현실의 모든 영역에 대한 비판으로 확대되어야 한다. "하늘의 비판은 땅의 비판으로, 종교의 비판은 법의 비판으로, 신학의 비판은 정치의 비판으로" 변해야 한다(2004e, 275).

"차안의 진리"를 세우기 위해 마르크스는 먼저 **국가와 종교의 분리**를 주장한다. 곧 국가종교 제도의 철폐를 주장한다. 국가종교 제도가 철폐될 때 국가와 종교는 분리된다. 국가와 종교가 분리될 때 국가의 종교적 "위선"이 중단된다. 곧 불의한 국가가 "기독교적인 국가"로 규정됨으로써 인간에 의한 인간의 차별과 소외가 더욱 악화되는 일이 중단될 수 있다. 또한 국가와 종교가 분리될 때, 종교는 불의한 국가를 "기독교 국가"로 정당화해주고, 국가의 질서와 평화를 유지하는 "수단"의 기능을 중지하게 된다.

또 국가와 종교가 분리될 때, 인간은 종교적 아편에서 해방되어 자신의 현실을 직시할 수 있다. "유대인과 그리스도인, 곧 모든 **종교적** 인간의 **정치적** 해방은 유대교로부터, 기독교로부터, 곧 모든 **종교**로부터 **국가의 해방**을 뜻한다. 국가가 **국가종교**에서 자기를 해방함으로써, 다시 말해 국가가 국가로서 아무 종교도 고백하지 않음으로써, 오히려 국가가 국가로서 자기를 고백함으로써, 국가는 국가로서 자기의 고유한 형식 속에서 자기를 종교로부터 해방한다"(2004d, 244).

"유대인의 문제"를 해결할 수 있는 길도 마르크스는 국가와 종교의 분리에 있다고 확신한다. 독일에서 유대인의 소외, 인종 차별의 문제는 국가가 기독교를 국가종교로 두기 때문이다. 기독교를 국가종교로 둔 "기독교 국가"는 다른 종교를 허용할 수 없다. 기독교인이 아닌 사람은 이 국가에서 배제되어야 한다. 유대인의 인종 차별과 억압의 원인은 바로 여기에 있다. 따라서 국가와 종교가 분리되어 국가가 모든 종교에 대해 중립적일 때, 유대인의 문제도 해결될 수 있을 것이다. "유대인, 그리스도인을 포함한 종교인 일반의 정치적 해방은 유대교와 기독교, 종교 일반으로부터 국가의 해방에 있다." 종교로부터 국가의 해방은 "국가종교로부터의" 해방이다(2004d, 244).

국가의 종교적 해방은 **개인의 종교적 자유**와 직결된다. 국가가 모든 종교에서 "자유로운 국가"(Freistaat)가 될 때 국가의 모든 개인은 모든 종교에서 자유로워진다. 종교는 국가가 결정하는 제도적 문제가 아니라 각 사람이 스스로 결정할 수 있는 "사적인" 일이 된다. "종교를 공적 권리에서 사적 권리로 추방함으로써 인간은 자기를 종교에서 해방한다"(2004d, 248). 인간이 국가의 시민이면서 유대인으로, 혹은 그리스도인으로 분산되는 것(Zersetzung)은 "정치적 해방 자체다. 그것은 종교로부터 자기를 해방하는 정치적 방법이다"(249).

궁극적으로 종교비판은 종교가 그 속에서 생성된 사회적 상황을 드러내고, 이 상황을 변혁하고자 하는 **실천적 혁명으로** 발전해야 한다. "종교적 부자유"의 원인은 국가의 "세속적 부자유"에 있기 때문이다. 그러므로 "우리는 세속의 제한을 지양하기 위해 종교적 제한성을 지양해야 한다고 주장하지 않는다. 도리어 그들의 세속적 제한을 지양할 때, 종교적 제한성을 지양한다고 주장한다. 우리는 세속의 문제를 신학적 문제로 바꾸지 않는다. 도리어 신학적 문제를 세속의 문제로 변화시킨다"(2004d, 243-244). 곧 종교에 대한 비판은 현실에 대한 사회-경제적·정치적 비판으로 바꾸어야 한다.

마르크스에 따르면, 종교비판의 궁극적인 목적은 인간이 비인간화된 상황을 변혁하는 데 있다. 따라서 "종교비판은, 인간은 인간에 대해 최고의 존재라는 이론으로 끝난다. 다시 말해 인간이 그 속에서 비하되었고, 노예가 되었고, 버림을 받았고, 멸시를 당하는 존재인 모든 상황을 전복시키라는 범주적 명령(kategorischer Imperativ)과 함께 끝난다"(1971, 24). 프랑스 정부가 "개 세금"(Hundesteuer)을 내라는 법령을 공포하자 한 프랑스인은 이렇게 말했다고 한다. "불쌍한 개들! 사람들이 너희를 사람처럼 취급하려는구나!" 개는 인간처럼 취급되고(개 세금, 개 병원, 개 호텔, 개 장례식과 묘지, 묘비 등), 인간은 개처럼 취급되는 것이 우리 세계의 현실이다. 이 같은 상황을 전복해야 한다는 정언명령과 함께 종교비판은 끝난다. 종교비판의 궁극적 목적은 바로 여기에 있다. 곧 개가 인간처럼 대접을 받고, 인간이 개처럼 취급되는 "거꾸로 뒤집어진 세계"(verkehrte Welt)를 다시 뒤집어버리는 데 있다.

10. 궁극적으로 마르크스의 종교비판은 공산주의 혁명을 통한 무산계급의 해방을 목적으로 한다. 그에 따르면, 종교에서 자유로운 국가는 "**종교의 지**

양으로, 종교의 **폐기**로 나아가야 한다"(2004d, 249). 종교의 지양 내지 폐기를 통해 인간이 종교적 아편에서 해방될 때, 인간은 종교의 환상적 위로와 행복에서 깨어나 현실적 행복에 이를 수 있다. "민중의 환상적 행복인 종교의 지양은 그의 현실적 행복에 대한 요구다. 자기의 상태에 대한 환상을 포기하라는 요구는, **환상을 필요로 하는 상태를 포기하라는 요구다.**" "꿈이 없고 위로가 없는 사슬을 짊어지지 않고, 도리어 이 사슬을 내던져버리며, 살아 있는 꽃을 따도록 하기 위해, 비판은 환상의 꽃들을 사슬에서 따버렸다." 곧 위로가 없는 현실의 사슬을 벗어버리고, 살아 있는 꽃을 따기 위해, 사슬에 달려 있는 종교적 환상의 꽃들을 따버려야 한다. 종교비판은 인간이 스스로 생각하고 행동하며, 자기의 현실을 스스로 형성하고, "자기 자신과 자기의 참된 태양의 주위에서 움직이도록 하기 위해 인간을 실망시킨다. 종교는 인간의 주위에서 맴도는 **거짓된 태양**이다"(2004e, 275).

마르크스의 종교비판, 곧 기독교 비판은 다음과 같은 문장으로 끝난다. 글자 그대로 번역한다면, "유일하게 실천적으로 가능한 독일의 해방은, **인간이 인간의 가장 높은 존재라고 선언하는** 이론의 입장에서의 해방이다.…모든 종류의 예속(Knechtschaft)이 파괴되지 않을 때, 예속의 어떤 종류도 독일에서 파괴될 수 없다. (모든 일에) 철저한 독일은 **기초에서부터** 혁명되지 않고서는 혁명을 할 수 없다. **독일인의 해방**은 **인간의 해방**이다. 이 해방의 **머리**는 **철학**이고, 그것의 **가슴**은 **무산계급**이다"(2004e, 290-291).

5. "순수한 사상(생각)의 변증법"에 불과한 헤겔의 변증법

1. 헤겔의 변증법은 그의 학문 체계 전체의 방법이다. 따라서 헤겔의 변증법에 대한 마르크스의 비판은 헤겔 체계 전체에 대한 비판이라 말할 수

있다. 헤겔의 변증법에 대한 마르크스의 비판은『경제-철학적 원고』(1844)의 마지막 장인 "헤겔의 변증법과 철학 일반에 대한 비판"에 중점적으로 기술되어 있다. 내용이 매우 집약적이고 어려우며, 때로 논리적 연관성이 분명하지 않기 때문에, 책을 읽는 데 많은 인내를 필요로 한다. 이 책에서 마르크스는 헤겔 철학을 전제하고, 또 헤겔적인 개념을 많이 사용한다. 따라서 헤겔 철학을 잘 알 때 그 내용을 쉽게 파악할 수 있다.

이 책에서 마르크스는 먼저 헤겔 철학과 그의 변증법에 대한 비판적 학자들, 특히 슈트라우스와 브루노 바우어의 문제점을 지적한다. 이들은 헤겔 철학 일반과 그의 변증법을 비판하지만, "최소한 그 잠재성에 있어 헤겔의 논리에 붙들려 있다." 그들은 자신의 "어머니, 곧 헤겔의 변증법과 비판적으로 논쟁해야 한다는 것을 의식조차 하지 못한다." 이에 반해 포이어바하는 헤겔의 변증법을 "가장 진지하고 비판적으로" 다루며, 이 영역에서 새로운 것을 발견한 유일한 인물이라고 마르크스는 포이어바하의 공적을 인정한다. 이런 점에서 포이어바하는 헤겔 철학의 "참된 극복자"라고 그는 말한다(2004f, 322-323).

마르크스에 따르면, 포이어바하는 헤겔의 변증법을 다음과 같이 설명한다. 여기서 마르크스는 사실상 헤겔의 변증법에 대한 자신의 생각을 제시한다.

1) 헤겔의 변증법은 "소외로부터 출발한다." "논리적으로 무한한 것, 추상적으로 보편적인 것" 곧 "실체, 절대적이며 고정되어 있는 추상물(Abstraktion)로부터 출발한다. 통속적으로 말한다면, 그는 종교와 신학으로부터 출발한다."

2) 헤겔의 변증법은 "무한한 것을 지양하고, 현실적인 것, 감성적인 것, 실제적인 것, 유한한 것, 특수한 것을 세운다." 이것은 "철학, 곧 종교와 신학의 철학의 지양"을 말한다.

3) 헤겔의 변증법은 "실증적인 것(das Positive)을 다시 지양하고, 추상물, 무한한 것을 다시 회복한다." 이것은 "종교와 신학의 회복"을 말한다 (2004f, 324).

마르크스에 의하면, 포이어바하는 헤겔이 말하는 "부정의 부정을 단지 철학의 자기 자신과의 모순으로 파악한다. 곧 신학을…부정한 다음에 그것을 자기 자신과의 모순 속에서 다시 긍정하는 철학으로 파악한다"(324). 여기서 포이어바하는 다음의 사실을 암시한다. 곧 헤겔의 변증법은 종교와 신학에서 출발하여 종교와 신학을 철학으로 지양했다가, 다시 종교와 신학을 긍정하고 회복하는 것에 근거하고 있다는 것이다. 달리 말해, 헤겔의 변증법은 기독교 종교와 신학에서 출발하여 철학으로 지양되었다가, 철학을 통하여 다시 긍정되는 기독교 종교와 신학에 근거한 변증법이라는 것이다.

또한 포이어바하는 "부정의 부정을…사유로 파악한다." 곧 헤겔이 말하는 "부정의 부정"은 삶의 현실과 무관한 "사유"에 불과하다는 것이다. 여기서 마르크스는 헤겔의 부정의 부정을 두 가지 측면에서 분석한다. 그 속에 숨어 있는 "긍정적 관계에서 헤겔은 부정의 부정을 참되고 유일한 긍정적인 것으로 파악하며, 그 속에 숨어 있는 부정적 관계에서 부정의 부정을 모든 존재의 유일하게 참된 행동과 자기 활동의 행위(Selbstbetätigungsakt)로 파악하였다. 이로써 그는 역사의 운동에 대한 단지 **추상적이고 논리적이며 사변적인** 표현을 발견하였다. 그러나 이 역사는…인간의 현실적인 역사가 아직 아니다. 그것은 먼저 인간의 생성의 행동, 발생의 역사다"(2004f, 324-325). 곧 헤겔의 변증법은 인간의 현실적 역사에 대한 표현이 아니라 사유 속에서, 사유로서 일어나는 관념적 역사에 대한 "추상적이고 논리적이며 사변적인 표현"에 불과하다. 한마디로 헤겔의 변증법은 **"자기 자신 속에서 일어나는 추상적 사유의 운동"**이요, **"순수한 사상(생각)의 변증**

법"(Dialektik des reinen Gedankens)이다(2004f, 328).

2. 이 내용을 마르크스는 헤겔의 『정신현상학』과 『논리학』을 통해 제시한다. 그에 따르면, 헤겔의 정신현상학은 "헤겔 철학의 참된 탄생지요 비밀"이다(2004f, 325). 그의 논리학은 "세계를 창조하기 이전", 곧 세계와 관계하기 이전에, 자기 자신 속에 있는 정신의 자기활동의 논리적 법칙들을 기술한다. 이 두 가지 책에서 마르크스는 **헤겔의 변증법의 관념성**을 대표적으로 발견한다.

먼저 마르크스는 헤겔의 정신현상학과 그것의 마지막 결과의 위대함을 인정한다. 곧 "변증법과, 운동하며 생성하는 원리로서의 부정성의 위대함"을 인정한다. 이해하기 어려운 문장이지만, 이에 대한 마르크스의 말을 있는 그대로 들어보기로 하자. "헤겔은 인간의 자기 생성(Selbsterzeugung)을 과정으로 파악한다. 곧 탈대상화로서의 대상화(Vergegenständlichung als Entgegenständlichung)로, 외화로, 이 외화의 지양으로 파악한다. 그는 **노동**을 파악하고, 대상적 인간, 현실적인, 그러므로 참된 인간을 **그 자신의 노동**의 결과로 파악한다. 종의 존재로서 그 자신에 대한 인간의 **현실적이고 활동적인** 관계(Verhalten), 혹은 현실적 종의 존재로서…그의 활동(Betätigung)은 자기의 모든 종의 힘을 발휘함으로써, 대상으로서의 이 힘들에 대해 관계함으로써 가능하다. 이것은 다시 소외의 형식 안에서만 가능하다. 이 모든 것은 인간의 총체적 활동을 통해서만이, 역사의 결과(Resultat)로서만이 가능하다"(2004f, 329). 이것을 보여주는 점에서 헤겔의 변증법은 위대하다고 마르크스는 말한다. 곧 자기의 종의 힘들을 발휘함으로써 자기를 외화 혹은 대상화하는 인간의 노동의 기능을 파악하고, 인간을 자신의 노동의 결과로 파악하는 점에서 헤겔의 변증법은 위대하다는 것이다.

앞서 기술한 바와 같이, 또한 마르크스는 헤겔의 변증법의 "긍정적 요소들"을 인정한다. 비록 현실에서 소외된 형태의 것이긴 하지만, 헤겔은 정신의 자기외화를 그 자신 속에 거두어들이는 "지양"과, 지양을 통한 "대상적 존재의 점유(Aneignung)"를 통찰하였다(2004f, 339). 또한 헤겔은 비록 소외된 방법이긴 하지만, "부정"의 긍정적 의미를 파악함으로써 인간의 자기소외, 본질의 외화, 탈대상화(Entgegenständlichung)와 발전을 자기점유, 본질의 표출, 대상화, 실현으로 파악한다. 간단히 말해, 추상적이긴 하지만 그는 "노동을 **인간의 자기 생성의 행위**로 파악한다"(2004f, 340).

이렇게 마르크스는 헤겔의 변증법의 긍정적 요소를 인정하는 동시에, "헤겔의 일면성과 한계"를 지적한다. 정신현상학의 마지막 장(章)인 "절대지식"(absolutes Wissen)에 따르면, "의식의 대상은 자기의식에 불과하다. 혹은 대상은 대상화된 자기의식, 대상으로서의 자기의식"에 불과한 것으로 파악된다. 이로써 대상의 객관적 대상성이 부인되고, 대상은 인간의 "자아(Selbst)로 돌아간다." 자기의식으로서의 인간은 "추상적으로 파악되었고, 추상을 통해 생성된 인간" 곧 "자아" 혹은 "추상적 이기주의자"(abstrakter Egoist)로 생각된다. 바로 여기에 "헤겔의 일면성과 한계"가 있음을 마르크스는 보여주고자 한다.

3. 마르크스에 따르면, 헤겔의 일면성과 한계의 원인은 현실적인 것에서 출발하지 않고, 자기활동으로서의 절대정신 혹은 신적 정신으로부터 출발하는 데 있다. 마르크스는 이것을 다음과 같이 비판한다. 헤겔의 변증법은 물론 헤겔 철학 전체는 "인간 위에" 있는 추상적인 절대정신을 출발점으로 한다. 인간의 삶과 역사를 이끌어가는 주체 내지 추진자(Träger)는 "**하나님, 절대정신, 자기를 알고 활동시키는 관념**이다. 현실의 인간과 현실의 자연은 술어에 불과한 것으로…되어버린다. 따라서 주체와 술어는 서로 뒤바

뀐 관계를 맺는다. **신화적 주체-객체**, 혹은 **객체를 덮어버리는 주체성**(das Objekt übergreifende Subjektivität), **과정**으로서의 **절대적 주체**, 자기를 외화하며 외화로부터 그 자신으로 돌아오며, 이와 동시에 외화를 그 자신으로 거두어들이는 **주체**, 이 과정으로서의 주체, 그 자신 안에서 일어나는 완전한, **쉼 없는** 회전(Kreisen)"이 헤겔의 변증법과 철학 전체의 출발점을 이룬다(2004f, 341).

이 출발점은 삶의 현실과 무관한 추상적인 것, 머릿속에서 일어나는 관념적인 것이기 때문에, 헤겔의 변증법은 추상성 내지 관념성을 벗어나지 못하게 된다. 자기를 대상화하는 인간의 구체적이고 감성적인 활동은 "단순한 추상(Abstraktion)"이 되어버린다. 곧 "그 자체로서 다시금 고정되고(fixiert) 하나의 독립적 활동성으로…생각되는 추상이 되어버린다"(2004f, 341).

여기서 마르크스는 헤겔의 변증법의 구성 요소인 **부정성**(Negativität)을 다음과 같이 규정한다. 헤겔이 말하는 "이른바 부정성은 현실의 살아 생동하는 저 행위의 **추상적이고 내용이 없는** 형식에 불과하다. 따라서 그 내용 역시 모든 내용으로부터 추상화됨으로써 생성된 **형식적** 내용에 불과하다." 이른바 헤겔의 부정성은 "모든 내용에 속하기 때문에 모든 내용에 대해 상관치 않는(gleichgültig), 바로 그렇기 때문에 모든 내용에 대해 타당한(gültig), 보편적이며 추상적인 **추상의 공식들**(Abstraktionsformeln), **현실의** 정신과 **현실의** 자연에서 분리된 사유의 형식들, 논리적 범주들"에 불과하다(2004f, 341-342).

헤겔이 말하는 부정성의 원리, 곧 "부정의 부정"의 심각한 문제점은 그것이 부정하고자 한 것을 부정하지 않고, 도리어 소외된 상태에서 그것을 회복하며 존속시키는 데 있다. 소외의 부정이 단지 머릿속에서 사유의 활동으로 일어나기 때문에 **현실의 소외는 오히려 확증되고 정당화된다.**

이것을 헤겔은 그의 논리학에서 보여준다. 마르크스에 의하면, 헤겔의 논리학이 다루는 모든 사상은 먼저 "부정"으로 파악된다. 곧 "인간의 **사유의 외화**"(Entäußerung des menschlichen Denkens)로 파악된다. 그다음에 그것은 부정의 부정으로, 다시 말해 이 외화의 지양으로, 인간의 사유의 "**현실적 표출**(Äußerung)"로 파악된다. 그러나 지양되어야 할 외화는 지양되지 않고, 소외 상태에 "붙들려 있는 것으로" 파악된다. 따라서 헤겔이 말하는 "부정의 부정"은 부분적으로는 소외 상태에 있는 "외화의 회복이요", 부분적으로는 소외 상태에서 자기 자신과 관계하는(Sichaufsichbeziehen) "마지막 행위에 머물러 있음(Stehenbleiben)"이다(2004f, 343).

4. 마르크스는 헤겔의 논리학의 "긍정적인 점"을 다음과 같이 인정한다. 헤겔이 그의 "사변적 논리학에서 이룬 긍정적인 점은 **특수한 개념**(bestimmte Begriffe), 자연과 정신에 대한 독립성 속에 있는 **고정된 사유의 형식**은 인간 본질의 보편적 소외의 필연적 결과(Resultat)라는 점, 곧 인간의 사유의 필연적 결과라는" 것을 밝힌 데 있다. 따라서 헤겔은 특수한 개념을 "추상 과정의 계기로 기술하며 요약한다. 예를 들어 지양된 존재는 본질이요, 지양된 본질은 개념이요, 지양된 개념은…절대적 관념이라고 기술하고 또 요약한다."

　　그러나 마지막 결과에 도달한 헤겔의 "절대적 관념"은 현실에서 괴리된 추상적인 것이다. "자기를 추상으로 파악하는 추상은 무(nichts)에 불과하다. 그것은 추상으로서의 자기를 지양할 수밖에 없다. 이리하여 그것은 자기와 반대되는 존재, 곧 **자연**에 도달한다." 확실한 것은 자연이기 때문이다. 헤겔의 논리학 전체는 다음의 사실을 증명한다. 곧 "추상적 사유 자체는 무이며, 절대적 관념 자체는 무이며, 무언가 의미가 있는 것은 **자연**이라는 것이다"(2004f, 342). 헤겔 철학은 절대적 관념에서 출발하여 자연의 직관에 도달한다. 자연의 직관에 도달하는 헤겔의 "절대적 관념"은 "추상적 사유에 불과하다." 헤겔이 말하는 "절대적 관념"이란 무엇인가? 헤겔의 절대 관념이란 "절대적 진리 속에서 자기 자신을 결단하며,…**자연**으로서의 자기를 **그 자신으로부터** 자유롭게 **내보내며**(entlassen)…헤겔주의자들에게 무서운 두통을 불러일으킨…**추상**(Abstraktion)에 불과하다.…추상적 관념은…철저히 추상적 사유에 불과하다"(2004f, 343).

마르크스에 따르면, 자기 자신으로부터 소외된 인간은 자기의 참 본질, 곧 "자연적 본질과 인간적 본질에서 소외된 사유자"이기도 하다. 이 사유자(곧 헤겔)의 "사상들은 자연과 인간 바깥에 거주하는 허황된 정신들(fixe Geister)이다." 헤겔은 이 모든 허황된 정신들을 그의 논리학 속에 가두어두었다. 이 정신들의 각 정신을 그는 "부정으로서, 다시 말해 **인간의** 사유의 외화로, 그다음에는 부정의 부정으로, 다시 말해 외화의 지양으로, 인간의 사유의 **현실적** 표출로 파악하였다." 그러나 이 모든 것은 "단지 사유 안에서 활동하는 사유, 눈이 없고, 이가 없고, 귀가 없고, 모든 것이 없는" 순수 사유에 불과하다(2004f, 343-344). 헤겔의 변증법과 철학 전체는 순수한 사유의 자기활동을 나타낸다. 그것은 구체적 인간의 구체적 삶의 현실과 무관한 **공허한 사상**(생각)에 불과하다.

5. 이것을 헤겔은 정신현상학에서 "지식"의 자기활동으로 설명한다. 지식은 언제나 하나의 대상을 가진다. 그것은 언제나 "무엇"에 관한 지식, 곧 그것에 의해 알게 된 것, 곧 "알려진 것"(Gewußtes)에 대한 지식이다. "알게 된 것"에 관한 **지식이 지식의 대상**이다. 곧 지식이 자기 자신에 대한 대상이다. 그러나 대상으로서의 지식은 지식 자체에 대해 외적인 것, 낯선 것, 다른 것이다. 그것은 지식 자신의 낯선 것, 다른 것이다. 알려진 것으로서의 지식, 자기 자신에게 낯설어진 것으로서의 지식, 자기 자신에게 대상으

로서 외적으로 존재하는 지식은 **대상화된 지식**이다. 그 속에는 지식 자신과 일치하지 않는 부정적인 것, 모순되는 것이 내재한다. 그러므로 지식은 그 자신을 외화함으로써 있게 된 대상으로서의 지식을 지양한다.

여기서 헤겔은 대상의 소외를 지양하는 동시에, **이 대상의 대상성 자체**를 지양한다. 여기서 지식의 모든 운동은 지식의 자기운동으로, 곧 현실의 감각적 대상성에서 분리된 추상적 운동으로 생각된다. 그것은 현실의 감각적 노동의 운동이 아니라 추상적 생각(사상)의 노동, 머리 안에서 지식의 형태로 일어나는 노동이다. 이 같은 추상적 방법으로 헤겔은 인간의 본질을 노동으로 파악한다. 그러나 이 노동은 현실의 인간의 노동과는 동떨어진 것이다. 그것은 현실의 삶에서 분리된 추상적인 것에 불과하다. 그것은 자기 자신을 아는 지식으로서 인간의 자기소외를 그 자신 속으로 지양한다(Landshut 2004, 43-44 참조). 지식의 이 모든 자기활동은 "절대지식"으로 끝난다.

"자기의식"으로부터 시작하여 "절대지식"으로 끝나는 헤겔의 『정신현상학』은 정신이 자기 자신으로부터 출발하여 자신을 대상 세계로 외화 내지 대상화하고, 정신의 "절대지식" 곧 "정신의 개념과 일치하는" 세계 속에서 자기 자신으로 돌아오는 정신의 자기활동을 기술한다. 논리학에서 시작하여 순수히 사변적인 사상과 절대지식, 곧 자기를 의식하는 초인간적인 추상적 정신으로 끝나는 헤겔의 『철학적 학문의 백과전서』, 곧 정신현상학의 모든 내용은 "철학적 정신의 **확대된 본질**, 그의 자기 대상화에 불과하다." 정신현상학이 기술하는 "철학적 정신은 그의 자기소외 안에서 사유하는, 다시 말해 추상적으로 자기를 파악하는 **소외된 세계정신**에 불과하다." 그것은 자기 자신의 외화로부터 시작하여 자기의 "출생지", 곧 자기 자신으로 돌아가는 "사유"에 불과하다. 정신현상학은 사유 속에서 자기 자신을 외화하고 자기 자신으로 돌아가는 정신의 활동을 기술한다. 정신현상학이 기술하는 정신의 "현실적 현존은 추상이다"(2004f, 326). 사유의 형태 속에서 자기를 현존의 세계로 외화하고 자기 자신으로 돌아가는 정신의 변증법적 자기활동은, 세계의 현실과 무관한 추상적인 것이다. 그것은 머릿속에서 일어나는 사유의 활동에 불과하다.

이와 연관하여 마르크스는 헤겔의 두 가지 "실수"를 지적한다. **첫째 실수**는 대상 세계의 모든 것을 "**생각(사상)의 존재**"(Gedankenwesen)로 파악하는 데 있다. 헤겔이 "인간의 부(富)와 국가 권력을 인간의 본질에서 소외된 것으로 파악할 때, 이것은 생각(사상)의 형식(Gedankenform) 속에서 일어난다." 이들은 현실적인 것이 아니라 "사상(생각)의 존재들(Gedankenwesen)일 뿐이다. 그러므로 순수한, 다시 말해 추상적이며 철학적인 사유의 소외에 불과하다. 그러므로 (정신의) 모든 운동은 절대지식으로 끝난다. 이 대상들이 무엇으로부터 소외되는지, 누구에게 현실을 요구하며 나아가는지", 이 모든 것은 "**추상적 사유**에 불과하다.…그러므로 모든 소외의 역사와 소외의 모든 거두어들임(Zurücknahme)은 추상적·절대적 사유, 논리적이며 사변적인 사유의 생산의 역사(Produktionsgeschichte)에 불과하다"(2004f, 326). 곧 정신현상학이 기술하는 정신의 모든 소외와 이 소외의 극복은 현실적인 것이 아니라 추상적이며 사변적인 "사유의 생산 역사"에 불과하다. 따라서 이 역사의 원리인 변증법은 현실적인 것이 아니라 사유 안에서 사유의 형태로 일어나는 관념적인 것, 추상적인 것이다(2004f, 326-327).

정신현상학이 기술하는 정신의 "모든 **외화의 역사**(Entäußerungsgeschichte)와 이 소외의 거두어들임 역시 추상적이고 절대적인 사유, 논리적이며 사변적인 사유의 생산의 역사에 불과하다. 이 소외와 소외 지양의 본래 관심은 즉자와 대자, 의식과 자기의식, 객체와 주체의 대립, 다시 말해 추상적 사유와 감각적 현실, 혹은 사상 자체 안에 있는 현실적 감성의 대립에 있다." 곧 정신현상학이 말하는 대립은 현실 세계의 대립이 아니라 사유 안에서 일어나는 "추상적 사유와 감각적 현실의 대립"에 불과하다는 것이다. 머릿속에서 일어나는 이 대립이 참된 대립이고, "모든 다른 대립들과 이 대립들의 운동들은 허상(Schein)과 껍데기(Hülle)일 따름이다." 인간의 본질이 "추상적 사유로부터, 추상적 사유에 대한 대립 속에서 자기를 대상화시킨다는" 추상적이며 사변적인 사태가 "지양되어야 할 **소외의 본질**"로 생각된다.

여기서 마르크스는 **소외에 대한 헤겔의 관념성**을 지적한다. 낯선 대상으로 변질한 인간 본질의 힘들을 다시 점유하는 것(Aneignung)도 헤겔 철학에서는 관념적으로 생각된다. 곧 "의식 속에서, 순수한 사유 속에서, 다시 말해 추상적으로" 일어나는 것으로 생각된다. 곧 "사유와 사유의 운동으로서의 이 대상들의 점유"로 생각된다(2004f, 327).

6. 헤겔의 변증법의 **둘째 실수**는, 인간에 대한 대상 세계의 정당한 대상성을 요구할 때, "감성, 종교, 국가 권력 등"을 "**정신적** 존재들"(geistige Wesen)로 간주하는 점에 있다. 여기서 대상 세계의 정당한 대상성을 요구한다는 것은 다음의 사실에 대한 인식을 말한다. 곧 "**감성적** 의식은 **추상적으로** 감성적인 의식이 아니라 **인간적으로** 감성적인 의식이요, 종교, 부(富) 등은 인간 대상화의 소외된 현실일 뿐이라는" 사실에 대한 인식을 말한다. 이 인식을 통한 대상 세계의 정당한 대상성을 다시 획득하고자 할 때, 헤겔은 감성, 종교, 국가 권력 등을 "정신적 존재"로 간주한다. 그에 따르면, "**정신**만이 인간의 **참된** 본질이요, 정신의 참된 형식은 사유하는 정신, 논리적·사변적 정신이기 때문이다. 자연, 그리고 역사에 의해 생성된 자연과 인간의 생산물들의 **인간성**(Menschlichkeit)은 다음의 사실에 나타난다. 곧 그들은 추상적 정신의 생산물들이요, 그런 점에서 '정신적 계기들, **사상(생각)의 존재들**'(Gedankenwesen)이라는 것이다"(2004f, 327-328).

여기서 마르크스는 헤겔의 정신현상학 속에 비판적 요소가 숨어 있음을 인정한다. 그에 따르면, "정신현상학은 은폐되어 있는, 자기 자신에게 아직 분명치 않은 신화화하는 비판(mystizierende Kritik)이다. 인간의 소외를…간과하지 않는 점에서, 그 속에는 **비판의 모든 요소들**이 숨어 있다." 이 비판 요소들의 의미를 헤겔 자신은 충분히 인지하지 못했지만, 그의 정신현상학 속에 "준비되어 있고 완성되어 있다." 그것은 "종교, 국가, 시민사회의 삶 등 모든 영역의 비판적 요소들을" 내포하고 있다.

그러나 정신현상학에서 모든 대상 사물이 "생각(사상)의 존재인 것처럼 주체는 항상 의식 혹은 자기의식이요, 대상은 단지 추상적 의식으로, 인간은 단지 자기의식으로 나타나며,…따라서 소외의 다양한 형태들은 의식과 자기의식의 다양한 형태들에 불과하다." 정신의 운동이 도달하는 마지막 결과는 "자기의식과 의식의 동일성, 절대지식이다." 더 이상 바깥을 향하지 않고, "단지 자기 자신 안에서 일어나는 추상적 사유의 운동이 결과로서 나타난다. 다시 말해 순수한 사유의 변증법이 그 결과다"(2004f, 328). 한마디로 헤겔의 변증법은 추상적 사유의 운동에 불과하다.

7. 프루동에 대한 비판에서 마르크스는 헤겔의 변증법의 관념성을 지적한다(2004k, 566). 마르크스에 따르면, 프루동을 위시한 일련의 경제학자들은 헤겔의 형이상학적 범주를 벗어나지 못한다. 그들은 시민사회의 생산 상황, 분업, 부채, 돈 등을 변화될 수 없는 영원한 범주로 간주한다. 그리고 이 범주, 원리, 법칙, 관념, 사상이 어떻게 형성되고 생성되는가를 설명하고자 한다. 이 같은 관계 속에서 생산 활동이 어떻게 이루어지는가를 그들은 설명하고자 한다. 그러나 이 관계들이 어떻게 생성되는가를 그들은 설명하지 못한다. 이 같은 경향의 대표자는 프루동이다. 그는 이 관계들을 "원리로, 범주로, 추상적 사상들로" 간주하며, 이 사상들을 일정한 순서로 나열하고자 한다.

마르크스에 의하면, 경제학은 능동적인 동시에 피동적인 **인간의 삶에서** 그의 자료를 얻어야 한다. 이에 반해 프루동은 경제학자들의 관념들, 원리나 범주에서, 곧 "도그마"에서 자기의 학문적 자료를 발견한다. "그러나 우리가 생산 상황의 역사적 발전을 추적하지 않을 때,…이 범주들 속에서 저절로 생성된 관념들, 현실 상황과 관계없는 사상들만 볼 경우, 우리는 이 사상들의 근원이 순수한 이성의 활동에 있다고 보게" 된다. 곧 경제학적 사상들의 근원을 현실 상황의 산물로 보지 않고 추상적인 이성의 산물로 보게 된다. 이에 대해 마르크스는 질문한다. "순수하고 영원하며 비인격적인 이성이 어떻게 이 사상들을 만드는가? 어떻게 이성이 사상들을 만드는가?"(2004k, 562) 이 질문은 헤겔에 대한 질문이기도 하다. 헤겔은 그의 관념들이 어떻게 생성하는지 설명하지 않는다.

마르크스의 입장에서 볼 때, 프루동은 "헤겔주의"를 벗어나지 못한다. 그래서 그는, 이성은 "자기 자신 안에서 자기를 자기 자신으로부터 구별한다"고 말한다. 그러나 프루동이 말하는 "비인격적인 이성은 그가 근거할 수 있는 외부의 기반도 없고, 그가 대칭할 수 있는 대상(Objekt)도 없으며, 관계를 맺을 수 있는 주체(Subjekt)도 없다. 그러므로 이성은 다음과 같이 공중제비(Purzelbaum)를 할 수밖에 없다."[2] 이성은 자기 자신을 정립하고, 자기 자신을 부정하며, 자기 자신을 종합한다. 곧 정립과 부정과 종합(Position, Opposition, Komposition)의 공중제비를 한다. 이를 그리스어로 말한다면 정, 반, 합(These, Antithese, Synthese)이라 할 수 있다. 헤겔 철

---

2 "공중제비(Purzelbaum)를 한다"는 표현도, 마르크스가 헤겔의 관념성을 비판할 때 자주 사용하는 매우 특이한 표현이다. "성육신"(Menschwerdung)이란 표현도 이에 속한다. "성육신"은 헤겔이 자주 사용한 개념이었다. 마르크스는 실재하지 않는 "관념적인 것"을 실재하는 것으로 간주하는 사변철학의 관념성을 가리킬 때 "성육신"이란 개념을 사용한다.

학을 잘 알지 못하는 사람들을 위해 표현한다면 긍정, 부정, 부정의 부정 (Affirmation, Negation, Negation der Negation)이라 말할 수 있다고 마르크스는 말한다.

마르크스에 의하면, 이성의 이 모든 활동은 개인으로부터 완전히 추상화된 것이다. 우연과 인간과 사물들은 고려되지 않는다. "논리적 범주들만이 실체로서 남는다." 헤겔과 프루동을 위시한 형이상학자들은 이와 같은 추상화(Abstraktionen)를 통해 사물을 분석할 수 있다고 믿는다. 그들은 대상으로부터 멀어질수록 대상을 더 잘 파악할 수 있다고 생각한다. 그들에게 대상 세계는 논리적 범주를 가지고 수를 놓은 수예품(Strickerei)과 같다. 그들의 생각에 의하면 "실존하는 모든 것, 땅과 물속에 사는 모든 것은 추상화를 통해 논리적 범주로 환원될 수 있고, 이 같은 방법으로 현실의 온 세계를 추상화의 세계, 논리적 범주의 세계 속에서 익사시킬 수 있다"(2004f, 563). 프루동에 대한 마르크스의 이 말은 사실상 헤겔에 대한 비판이다.

마르크스에 의하면 "실존하는 모든 것, 땅과 물속에 사는 모든 것은 오직 활동을 수단으로 실존하며 산다. 이리하여 역사의 활동은 사회적 관계들과 산업적 활동과 산업적 생산품 등을 생성한다." 그러나 헤겔과 프루동을 위시한 형이상학자들은 현실의 모든 활동의 다양한 특성을 추상화하고, "추상적 상태 속에 있는 활동, 완전히 형식상의 활동(rein formell Bewegung), 활동의 완전히 논리적 양식(Formel)에 도달하고자 한다. 논리적 범주 속에서 모든 사물의 본질을 발견할 때, 그들은 활동의 논리적 양식 속에서 절대적 방법을 발견하였다고" 생각한다. 이 방법은 "모든 사물을 설명할 뿐 아니라, 사물들의 활동도 포괄한다고 그들은 생각한다"(2004f, 564).

8. 마르크스에 따르면, 헤겔이 말하는 "절대적 방법" 곧 변증법은 "절대적이고, 유일하며, 가장 높고 무한한 힘이다. 어떤 사물도 이 힘에 맞설 수 없다. 이 힘은 모든 사물 속에서 자기 자신을 다시 발견하고, (자기 자신으로) 다시 돌아오고자 하는 이성의 경향성(Tendenz)이다." 이 절대적 방법 곧 변증법은 모든 현실적 관계를 형이상학으로 환원한다. "모든 것이 논리적 범주로 환원되고, 모든 운동과 생산 행위가 (절대적) 방법으로 환원될 때, 다음과 같은 결과가 일어난다. 곧 생산자들과 생산, 사물들과 운동의 모든 연관성이 하나의 **응용된 형이상학으로** 환원된다는 것이다." 헤겔이 종교와 법 등에 대해 행하였던 것을 프루동은 정치적 경제학에 대해 행하고자 한다(2004k, 564).

헤겔과 프루동의 "절대적 방법" 곧 변증법은 **"활동의 추상화"**(Abstraktion der Bewegung)다. 활동의 추상화란 무엇인가? 그것은 추상적 활동을 말한다. 추상적 활동은 무엇인가? 그것은 사유의 활동의 순수한 논리적 공식 혹은 순수한 이성의 활동을 말한다. 순수한 이성의 활동이란 어떤 것인가? 그것은 "자기 자신을 정립하고(sich zu setzen), 자기에 대해 자기 자신을 대립시키고(sich sich selbst entgegenzusetzen), 결국 자기를 다시 자기 자신과 하나로 정립시키는(wieder sich mit sich selbst in eins zu setzen)" 활동, 곧 "자기를 정, 반, 합으로 공식화시키는 것, 혹은 자기를 정립하고(setzen), 자기를 부정하며(negieren), 자기의 부정을 부정하는 것(ihre Negation zu negieren)" 을 말한다. 그러나 이성이 어떻게 그 자신을 정립할 수 있는가? 도대체 이것이 어떻게 가능한가? 이것은 상식을 벗어난 말이 아닌가? "이것은 이성 자신과 그의 변호인들이 답해야 할 일"이라고 마르크스는 말한다(2004k, 564).

자기를 정(These)으로 정립할 때, 정은 "자기를 자기 자신에게 대립시킴으로써, 곧 두 가지 대립하는 사상들, 곧 긍정적인 것과 부정적인 것(das

Positiv und das Negativ), 긍정과 부정(Ja und Nein)으로 대립시킴으로써 자기를 분열시킨다. 반에 포함된 이 두 가지 대립하는 요소의 투쟁이 변증법적 활동을 형성한다. 긍정은 부정이 되고, 부정은 긍정이 되며, 이와 동시에 긍정은 긍정과 부정이 되며, 부정은 부정인 동시에 긍정이 된다.…이 두 가지 대립하는 사상들의 녹아짐(Verschmelzung)이 하나의 새로운 사상, 곧 합을 형성한다. 이 새로운 사상은 다시 두 가지 대립하는 사상으로 분열되며, 이 사상은 또다시 하나의 새로운 합을 형성한다. 이 생성의 노동(Zeugungsarbeit)에서 일련의 사상들의 그룹이 생성한다. 이 사상들의 그룹은 단순한 범주(einfache Kategorie)처럼 동일한 변증법적 운동을 따르며, 반대되는 그룹을 반(Antithese)으로 가진다. 이 두 가지 사상의 그룹으로부터 하나의 새로운 사상의 그룹, 곧 양자의 합(Synthese)이 생성한다"(2004k, 565).

마르크스에 따르면, 변증법에 대한 형이상학자들의 이 모든 생각은 현실과 무관한 추상적 사유 내지 관념에 불과하다. 한마디로 그들은 사유의 공중제비다. 헤겔의 변증법과 철학 전체는 현실에서 분리된 사유의 공중제비다. 바로 여기에 헤겔을 비롯한 관념론자들의 "철학의 비참"(Da Elend der Philosophie)이 있다. 이 비참을 마르크스는 다음과 같이 요약한다. "헤겔에 따르면, 과거에 일어났고 지금도 일어나는 모든 것은 그 자신의 사유 속에서 스스로 일어난다. 이리하여 역사의 철학은 철학의 역사, 곧 그 자신의 철학의 역사가 된다. '시간의 질서에 따른 역사'는 더 이상 존재하지 않고, '이성 안에 있는 관념들의 연속 과정(Aufeinanderfolge)'이 있을 뿐이다. 그는 각 사람의 머릿속에 있는 사상들을 체계적으로 재구성하고, 절대적 방법에 따라 분류하면서(klassifiziert), 사상(생각)의 운동을 수단으로 세계를 구성할 수 있다고 믿는다"(2004k, 566).

9. 마르크스는 헤겔의 변증법과 그의 철학 일반의 관념성을 국가와 개인의 관계에서도 발견한다. 그에 따르면, "국가의 업무와 권력의 현실적 담당자들(Träger)은 개인들이다." 개인 없는 국가는 있을 수 없다. 국가의 기초는 개인들이다. 따라서 국가의 존엄성(Souveränität)은 국가를 구성하는 개인들에게 근거한다. 그러나 헤겔은 국가의 주권을 개인들을 떠난 독립적 실체로 절대화한다. 그는 국가의 업무와 활동을 그 자체로서 존재하는 추상적인 것으로 파악한다. 국가의 업무와 활동의 근거는 독립적으로 존재하는 것도 아니고, 개인들의 특수한 의지에 있지 않다. 그것은 "**개인들의 단순한 자아**로서의 **국가의 통일성** 안에" 있다고 헤겔은 말한다(2004c, 112). 여기서 "개인들의 단순한 자아"로서의 국가는 모든 개인 이전에, 개인들 위에 있는 것으로 추상화된다.

헤겔에 따르면, 국가의 존엄성은 먼저 관념성 안에 있는 "**보편적** 사상"일 뿐이다. 그것은 "단지 자기 스스로 확실한 **주체성**으로, 추상적인… 의지의 **자기규정**(Selbstbestimmung)으로 실존한다.…그러나 주체성은 그의 현실에 있어 오직 **주체**로 존재하며, 인격성은 오직 **인격**으로 존재한다"(2004c, 113). 그러나 실재하지 않은 국가의 절대성, 곧 주체성을 실재하는 "주체"로 보는 것은 일종의 "신화화"(Mystifikation)라고 마르크스는 주장한다. 그에 따르면, "주체성은 (실재하는 사물이 아니라) 주체의 과정이요, 인격성은 인격의 규정이다." 헤겔은 이 규정들을 "주체의 술어들(Prädikate ihrer Subjekte)로 파악하지 않고", 술어들을 주체에서 독립된, 실재하는 것으로 파악한다. 그리고 나중에 이 술어들을 "신화적 방법으로 그들의 주체로 바꾸어버린다."

헤겔의 논리에 따르면, "술어들의 실존은 주체다. 다시 말해, 주체는 주체성 등의 실존"이다. 헤겔은 술어들을 독립시킨다. 그러나 "주체로부터 분리하여 그들을 독립시킨다. 나중에 현실적 주체는 결과(Resultat)로 나타난다.…이리하여 신화적 실체가 현실적 주체가 되고, 실재하는 주체는…신화적 실체의 한 계기로 나타난다. 실재하는 존재(Ens, 곧 주체를 말함)로부터 출발하지 않고, 보편적 규정의 술어들로부터 출발한다. 이 규정의 담지자가 있어야 하기 때문에, 신화적 관념이 이 담지자가 된다. 바로 여기에 (헤겔의) 이원론이 있다. 곧 헤겔은 보편적인 것을 현실적으로 유한한 것, 다시 말해 실존하는 것, 특수한 것의 현실적 존재로 보지 않는다. 혹은 현실적 존재(Ens)를 무한한 것의 **참된 주체**로 보지 않는다"(2004c, 114-115). 오히려 헤겔은 현실적으로 존재하지 않는 추상적인 것, 관념적인 것을 참된 주체로 간주한다. 개인이 아니라, 개인 위에 있다고 보는 절대적 국가를 참된 주체로 간주한다.

헤겔이 말하는 국가의 절대성에 관한 마르크스의 이 비판은, 헤겔의 변증법과 그의 철학 일반의 문제성을 암시한다. 곧 헤겔의 변증법과 그의 철학 일반은 실재하지 않는 신화적 실체를 보편자 혹은 무한자로 실재화시키며, 이 신화적 실체로부터 세계의 모든 것을 설명한다. 그것은 "현실적 존재를 무한자의 참된 주체로 보지 않는다."

10. 지금까지의 내용을 요약한다면, 헤겔의 변증법은 현실 세계에서 일어나는 운동이 아니라, 사유 안에서 일어나는 "사상의 물건"(혹은 생각의 물건, Gedankending)에 불과하다. 대상 사물은 "사상의 존재"(Gedankenwesen)로, 인간 "주체는 언제나 **의식** 혹은 자기의식으로" 간주된다. 인간의 자기 대상화를 통해 일어나는 "소외의 다양한 형태들은 의식과 자기의식의 다양한 형태들"에 불과한 것으로 생각된다. "그 자체에 있어 추상적 의식은…자기의식의 구별 요소(Unterscheidungsmoment)인 것처럼, 자기의식과 의식의 동일성이 (변증법적) 운동의 결과로 등장한다. 절대지식, 더 이상 바깥을 향하지 않고, 단지 자기 자신 안에서 일어나는 추상적 사유의 운동

이 결과로서 등장한다. 다시 말해 **순수한 사상(생각)의 변증법**(Dialektik des reinen Gedankens)이 결과로서 등장한다"(2004f, 328). 헤겔의 변증법은 현실과 무관한 "순수한 사상(생각)의 변증법"이다.

헤겔의 변증법을 요약하는 "부정적인 것의 부정" 혹은 "부정의 부정"은 사유 속에서 일어나는 사상(생각)의 운동일 뿐이다. 세계의 모든 것은 사상의 논리적 범주로 환원된다. 그 원인은, 헤겔의 변증법과 철학 일반은 현실적인 "사실들"로부터 출발하지 않고 "유령"과 같은 신적 정신, 절대자, 보편자, 관념, 이성 등으로부터 출발하기 때문이다. 헤겔의 변증법은 유령과 같은 신적 정신으로부터 출발하는 "순수한 사유의 변증법"이다.

이로 인해 헤겔의 변증법은 현실의 "부정적인 것"을 정당화하고 고착시키는 문제점이 있다고 마르크스는 지적한다. 헤겔의 변증법은 현실에서 일어나야 할 "부정적인 것의 부정"을 머리 안에서 일어나는 것으로 바꾸어버림으로써 현실적인 "부정적인 것의 부정"을 불가능하게 만들어버린다. 헤겔의 변증법은 인간을 억압하는 현실의 "쇠사슬"(Ketten)을 사유 안에서 일어나는 관념의 쇠사슬로 바꾸고, 이 관념의 쇠사슬을 부정하고자 한다. 헤겔은 "**내 바깥에** 실존하는 **현실적이며 객관적인** 쇠사슬을 **단지 관념적이며 주관적인 내 안에** 실존하는 쇠사슬로 바꾸며, 모든 **외적이며** 감각적인 투쟁을 완전한 사상(생각)의 투쟁(Gedankenkämpfe)으로 바꾸는 기술"을 우리에게 가르친다. "절대적 비판은 적어도 이 기술을 헤겔의 정신현상학에서 배웠다"(2004g, 383-384). "현실의 쇠사슬"이 "관념적이며 주관적인 쇠사슬"로 해석됨으로 인해 현실의 쇠사슬이 방치되고 방치됨으로써 존속하게 되는 악순환이 일어난다. 바로 여기에 헤겔의 변증법의 거짓이 있다고 마르크스는 비판한다. 이에 반해 그는 현실의 쇠사슬을 현실적으로 파악하고 이를 깨뜨리고자 한다(보다 더 자세한 내용에 관해 아래 VI장 5 참조).

6. 세계의 모든 것은 "사상(생각)의 물건"에 불과하다

1. 마르크스에 따르면, 헤겔의 철학에서 정신의 변증법적 자기활동은 순수히 사람의 머릿속에서 일어나기 때문에 세계의 모든 사물 역시 "사상의 물건"으로 생각된다. 사물의 대상성은 인간의 의식과 사유로 환원된다. 마르크스에 따르면, 헤겔 철학은 **대상 내지 대상 세계의 객관적 대상성**(Gegenständlichkeit)을 인정하지 않는다. 헤겔은 하나님, 신적 정신, 이성, 절대자 등의 "신화적 주체-객체"로부터 출발하기 때문에, 이들로부터 독립된 대상의 객관적 대상성을 인정할 수 없게 된다. 그는 대상을 인간의 자기의식으로 환원시킨다. 대상 혹은 대상적 세계는 인간의 자기의식에 의해 세워진 것, 곧 자기의식이 자기를 대상화한 것에 불과하다. 헤겔의 『정신현상학』 마지막 장(章)인 "절대지식"에 대한 마르크스의 비판에 따르면, 헤겔 철학에서 "대상은 대상화된 자기의식(das vergegenständlichte Selbstbewußtsein)일 뿐이며, 대상으로서의 자기의식일 뿐이라는" 바로 여기에 절대지식의 "주요 내용"이 있다(2004f, 329-330).

헤겔의 철학에서 대상 세계는 인간의 자기의식이 자기를 외화 혹은 대상화함으로써 세워진 추상적 "물성"(物性, Dingheit)으로 규정된다. "현실의 인간"이 주체로 세워지지 않고 "인간의 추상물, 자기의식이 주체로" 세워지기 때문에, 대상 세계의 물성은 "외화된 자기의식"(das entäußerte Selbstbewutsein)에 불과하다. 인간의 자기의식이란 현실의 인간에게서 추상화된 것에 불과하다. 그러므로 인간의 자기의식의 자기소외를 통해 세워지는 "물성" 역시 "추상적인 물건, 추상화의 물건"에 불과하다. 그것은 "자기의식에 대해 **독립적인 것, 본질적인 것**이 아니라, (인간의 자기의식의) 단순한 피조물, 자기의식에 의해 세워진 것에 불과하다." 다른 것에 의해 "세워진 것"(das Gesetzte)은 "세우는 행위의 증명(Bestätigung)일 뿐"이며, 그에게 주어지는 "독립적이며 현실적 존재의 역할은 **허상**(Schein)에 불과하다"(2004f, 332). 따라서 인간의 의식에 대해 대상은 "대상의 허상이요 상상된 수증기"(Schein eines Gegenstandes, ein vorgemachter Dunst)와 같은 것이다(336).

인간의 자기의식에 의해 세워진 대상이 이제 자기의식에 대칭한다. 그것은 자기의식 앞에서 지양되어야 한다. 그것은 자기의식에 대해 "걸리적거리는 것이요 소외"(das Anstößige und die Entfremdung)이기 때문이다. "그러므로 대상은 부정적인 것, 자기 자신을 지양해야 할 것, **무성**(Nichtigkeit)이다." 대상의 무성은 자기의식에게 긍정적 의미를 갖기도 한다. 자기의식은 대상의 "무성, 곧 대상의 존재를 자기의 **자기외화**로 알기" 때문이다. 사물의 무성은 자신의 자기외화로 말미암아 있게 되었다는 것을 자기의식은 안다. 이 앎, 곧 "지식이 자기의식의 유일한 행위다.⋯지식이 그의 유일한 대상적 행동(Verhalten)이다." "대상은 대상의 허상이요 상상된 수증기이며, 그의 본질에 있어 지식 자체에 불과하다는 것을" 자기의식은 안다. 이 지식은 자기 바깥에 있는 대상의 대상성을 알지 못한다. 지식에게 "대상으로 나타나는 것은 지식 자체일 뿐이다"(2004f, 336).

다른 한편, 자기를 대상의 대상성으로 외화한 자기의식은 대상성을 지양하고, 그 자신으로 돌아온 것으로 헤겔은 인식한다. 그래서 자기의식은 자신의 외화, 외화를 통해 세워진 대상성을 "지양했고, 그 자신 속에 거두어들였다고 헤겔은 말한다. 곧 자기의 **다르게 존재함**(Anderssein) **그 자체 속에서 자기 가운데 있다**"고 헤겔은 말한다. 이 모든 것을 가리켜 마르크스는 "사변의 모든 환상"(alle Illusionen der Spekulation)이라고 요약한다 (336).

마르크스에 따르면, 인간의 자기의식은 자기와 다른 대상의 대상성이 있을 때, 그 스스로 대상성을 갖게 된다. 대상의 대상성을 인정하지 않을 때, 인간의 자기의식도 대상성을 상실한다. 대상성을 가진 대상을 갖지 않은 존재는 더 이상 대상적 존재가 아니다. 그는 자기 홀로 존재하기 때문이다. 나의 대상성은 나에게서 구별되는 대상의 대상성이 있을 때 가능하다. "그 자신이 대상도 아니고, (자기 바깥에 있는 다른) 대상을 갖지 않은 존재를 상정해보자. 이 같은 존재는 자기 바깥에 아무 다른 존재도 실존하지 않을 것이다. 그것은 고독하게 홀로 존재하는 자일 것이다. 내 바깥에 대상이 있을 때 나는 홀로 있지 않다. 나는 하나의 **다른** 존재, 내 바깥에 있는 대상과는 **다른 현실**이다. 제3의 이 대상에 대해 나는 그것과는 **다른 현실**이다. 곧 그것의 대상이다. 다른 존재의 대상이 아닌 존재는, 어떤 대상적 존재도 실존하지 않는다는 것을 말한다. 내가 하나의 대상을 가질 때, 이 대상은 나를 (자기의) 대상으로 가진다. 비대상적인 존재는 비현실적·비감성적, 단지 사유된 존재, 다시 말해 상상된 존재, **추상의 존재**일 것이다"(2004f, 334).

　　마르크스의 이 말은, 헤겔의 철학에서 대상 세계의 대상성이 인정되지 않는다는 것을 뜻한다. 헤겔의 철학에서 대상 세계의 대상성은 인간의 자기의식으로 폐기된다. 대상 세계는 이미 자기 자신으로 돌아가 있는 자기의식의 외화에 불과하다. 그것은 "사상(생각)의 물건"(Gedankending)일 뿐이다.

2. 헤겔에 따르면, 신적 정신의 본질적 활동은 사유에 있다. 사유의 활동은 본질적으로 철학에서 이루어진다. 철학은 사유하는 학문이다. 철학적 사유는 대상 세계의 현실에서 분리된 특수한 영역이 아니라 대상 세계의 현실을 반영한다. 대상 세계의 모든 영역의 본질이 철학 속에 있다. 철학은 "사상으로 파악된 그의 시대"이기 때문이다(ihre Zeit im Gedanken erfaßt). 삶의 모든 영역의 "유동적인 본질"(bewegliches Wesen)이 "사유와 철학 속에서 나

타나고 계시된다." 이리하여 현실의 세계는 **철학화된 세계, 관념의 세계**가 되어버린다.

이것을 마르크스는 다음과 같이 비판한다. "나의 참된 종교적 현존은 나의 종교철학적 현존이요, 나의 참된 정치적 현존은 나의 법철학적 현존이요, 나의 참된 자연적 현존은 자연철학적 현존이요, 나의 참된 예술적 현존은 예술철학적 현존이요, 나의 참된 인간적 현존은 나의 철학적 현존이다. 이와 마찬가지로 종교, 국가, 자연, 예술의 참된 실존은 종교철학, 자연철학, 국가철학, 예술철학이다. 그러나 종교철학 등이 나에게 종교의 참된 현존이라면, 나는 오직 종교철학자로서만이 진정으로 종교적이 된다"(2004f, 338). 거꾸로 말해, 종교철학자만이 참 종교인이 된다.

이를 가리켜 마르크스는 "**현실의 상실**"(Wirklichkeitsverlust)이라고 말한다. 헤겔의 철학에서 현실의 대상 세계는, 인간의 자기의식에 대칭하는 자신의 독립된 대상성을 갖지 못한다. 인간이 상상한 "수증기" 내지 "허상"과 같은 철학화되어버린 세계, 관념적인 세계가 있을 뿐이다. 현실의 대상 세계는 철학화되어버린 세계, 관념의 세계 속으로 사라져버린다. 이리하여 헤겔은 인간 실존의 구체적 상황에서 분리된 추상적 관념과 이론의 세계, 모든 것이 철학화되어버린 세계에 머물게 된다. 이로 인해 헤겔은 현실의 대상 세계를 보지 못하게 된다. 그의 철학은 대상 세계의 현실에서 동떨어진 관념의 세계를 다룰 뿐이다.

철학화된 세계, 관념의 세계에 반해 마르크스는 인간의 자기의식에 대해 자신의 대상성을 가진 대상 세계의 객관적 현실을 주장한다. 인간이 "감성적이다. 다시 말해 현실적이다라는 것은, 감성적 대상들을 자기 바깥에 가진다는 것, **자기의 감성의 대상들을 가진다**는 것을 뜻한다. 감성적이라는 것은 고난을 당하며 존재한다(leidend sein)는 것을 뜻한다"(2004f, 334, 아래 마르크스의 인간 이해 참조).

3. 헤겔 철학의 또 하나의 심각한 문제는 『논리학』에서 기술한 논리학적 법칙들이 **어떻게 정신의 외적 활동의 법칙**이 되는가의 문제를 해명하지 않는 점에 있다. 논리학은 "자연과…유한한 정신을 창조하기 이전, 그의 영원한 본질 가운데 계신 하나님에 대한 기술"이라고 헤겔은 말한다. 곧 그의 논리학은 세계에 대한 외적 활동이 있기 이전에, "그의 영원한 본질 가운데" 있는 정신의 내적 활동을 기술한다는 것이다. 그렇다면 "그의 영원한 본질 가운데" 있는 정신의 내적 활동은 세계에 대한 정신의 외적 활동과 어떤 관계에 있는가? 논리학이 묘사하는 정신의 내적 활동(곧 내재적 삼위일체의 활동)의 법칙이, 정신의 외적 활동(경륜적 삼위일체의 활동)으로 어떻게 전이되는가를 헤겔은 구체적으로 설명하지 않는다.

마르크스의 입장에서 볼 때, 헤겔의 논리학의 논리적 범주와 법칙은 현실의 자연에서 유리된 추상적 **사유의 산물**에 불과하다. 논리학이 묘사하는 "현실의 정신과 현실의 자연에서 분리된 사유의 형식, 논리적 범주"는 모든 내용에서 추상화됨으로써 생성된 형식적 내용에 불과하다. 그들은 "추상화의 과정(Momente des Abstraktionsprozesses)의 계기일 뿐이며, 인간의 본질, 인간의 사유의 보편적 소외의 필연적 결과물"이다(1962a I, 660). 논리학의 범주와 법칙은 대상 세계의 현실에서 추상화된 것이기 때문에, 이들이 대상 세계의 현실과 관계되기란 불가능하다.

논리학과 현실의 괴리는 헤겔의 자연철학에서 더욱 분명히 나타난다고 마르크스는 지적한다. 마르크스의 이 지적은 타당하다고 필자는 판단한다. 필자의 생각에 따르면, 헤겔 철학에서 자연도 정신의 대자로 파악된다. 그것은 정신의 "타재"(다르게 존재함, 다른 것으로 존재함, Anderssein), 정신의 "계기"(Moment)다. 예나 시대의 자연철학에 따르면, "자연은 자기 자신과 관계하는 절대정신이다. 절대정신의 관념이 인식되었기 때문에, 자신과의 관계(Aufsichselbst)는 하나의 특수성(Bestimmtheit)으로 인식되며, 자기 자신과 관계하는 정신은 현실적인 절대정신의 한 계기로 인식된다"(Hegel 1967, 185). 여기서 "자기 자신과 관계하는 정신"으로서의 자연은 "현실적인 절대정신의 한 계기"로 이해된다. 그렇다면 자연도 논리학적 법칙을 가진다고 보아야 할 것이다.

그러나 헤겔은 논리학적 법칙이 어떻게 자연으로 넘어가는가를 설명하지 않는다. 논리학과 자연철학이 어떻게 연결되는지를 그는 기술하지 않는다. 헤겔이 말하는 논리적 "사유의 형식, 논리적 범주"는 "현실적인 정신과 현실적인 자연으로부터 분리되어" 있다(2004f, 342). 그러므로 논리학적 법칙이 다스리는 정신의 영역과 자연의 영역을 분리된 것으로 보는 진술들이 헤겔의 문헌에서 자주 발견된다. 헤겔 철학에서 인간의 정신적 영역은 **자유의 영역**으로, 자연의 영역은 필연성이 지배하는 **필연성의 영역**으로 구별된다. 정신적 영역 속에는 새로움이 있는 반면, 자연의 영역은 고정된 법칙이 반복되는, 그러므로 새로움이 없는 영역으로 규정된다. 자연의 영역은 동일한 법칙이 반복되는 원운동(Kreislauf)과 같은 것이기 때문에, 그 속에는 "부정적인 것의 부정"과 "새로움"과 "변화"의 변증법적 원리가 있을 수 없다.

4. 이것은 헤겔의 논리학이 자연의 영역으로 넘어가지 못한다는 사실을 다시 한번 보여준다. 물론 헤겔은 논리학과 자연의 영역을 연결하고자 한다. 그래서 논리학이 자연철학으로 넘어가는 것은, 추상화에 머물지 않고, "추상화로부터 직관으로의 넘어감"(Übergang aus dem Abstrahieren in das Anschauen)이라고 말한다. 그러나 마르크스에 따르면, 헤겔이 말하는 자연에 대한 직관도 추상적인 것이다. 곧 헤겔은 "추상적으로 직관한다." 헤겔은 사유 속에서 맴도는 "추상적인 사유자"다. 그러므로 헤겔은 "자연을 추상적으로 직관한다"(2004f, 344). 여기서 우리는 헤겔의 자연관에 대한 마르

크스의 비판을 좀 더 구체적으로 고찰하기로 하자.

헤겔에게 자연은 있는 그대로의 현실적 자연이 아니라 "절대적 관념"이요 "사상의 물건"(혹은 생각의 물건, Gedankending)이다. 그것은 "사상(생각)이 다르게 존재하는 것"(Anderssein des Gedankens)에 불과하다. 자연에 대한 직관에서 "추상적 사유자"(헤겔)는 "그 자신 안에서 움직이며 결코 현실에 이르지 못하는 사유의 노동의 산물들로서의 사물들을, 신적 변증법 속에서 무로부터, 완전한 추상으로부터 창조해낼 수 있다고 생각한다." 따라서 그가 생각하는 자연의 사물들은 "자연의 규정들의 추상들"(Abstraktionen von Naturbestimmungen)에 불과하다. "그에게 자연 전체는 단지 감성적이며 외적인 형식 속에서 논리적 추상을 반복한다. 그는 추상들 속에 있는 자연을 다시 **분석한다**. 자연에 대한 그의 직관은 자연의 직관으로부터의 추상을 확증하는 행위(Bestätigung)일 뿐이다. 그것은 그에 의해 단지 의식적으로 반복된 추상의 생산 과정(Zeugungsgang)일 뿐이다"(2004f, 344).

달리 말해, 헤겔은 있는 그대로의 자연을 보지 못한다. 자연에 대한 그의 직관은 의식을 가지고 반복된 "추상의 생성 과정"에 불과하다. 헤겔의 철학에서 "자연으로서의 자연은…무(nichts)다. 자기를 무로 증명하는 무다. 그것은 무의미한 것이다. 혹은 지양되어야 할 외면성(Äußerlichkeit)의 의미를 가질 뿐이다"(2004f, 345). 헤겔의 철학에서 자연 그 자체는 무의미한 것, 없는 것과 마찬가지다. 그것은 논리적 추상을 반복하는 관념, 곧 "사상(생각)의 물건"에 불과하다.

5. 그러므로 헤겔 철학에서 "자연은 절대적 목적을 자기 자신 안에 갖고 있지 않다"고 마르크스는 헤겔을 비판한다. 자연 자체의 궁극 목적은 인정될 수 없다. 자연은 "다르게 존재하는 형식 속에 있는 관념"(Idee in der Form des Andersseins)일 뿐이다. 관념은 그 자신의 부정적인 것으로, 혹은 그 자신

에게 외적으로 존재하기 때문에, 자연은 관념에 대해 외적일 뿐 아니라 외면성이 자연의 규정이다. 자연의 외면성은 "감성적 인간에게 열려 있는 감성이 아니라" "외화, 실수, 있어서는 안 될 약함(Gebrechen)"으로 이해된다. "왜냐하면 참된 것은 관념이기 때문이다. 자연은 **관념이 다르게 존재하는 형식**일 뿐이다. 추상적 사유가 본질이기 때문에, 이 사유에 대해 외적인 것은…외적인 것에 불과하다. 추상적 사유자(헤겔)는 감성이 자연의 본질이요,…사유에 대립하는 외면성"이라 생각한다.

자연의 외면성을 헤겔은 "사유에 대한 대립"으로, 자연의 "결함"(Mangel)으로 이해한다. 자연 그 자체는 "결함의 존재"(mangelhaftes Wesen)다. 그것은 "나의 눈에만 결함의 존재일 뿐 아니라, 자기 자신에 있어 결함의 존재다. 그것은 자기에게 결여되어 있는 것을 자기 바깥에 가진다. 다시 말해 자연의 본질은 그 자신과는 다른 것이다. 그러므로 추상적 사유자(헤겔)에게 자연은 자기 자신을 지양해야 한다. 그것은 이미 그 잠재성에 있어 **지양된** 존재로 세워져 있기 때문이다"(2004f, 345).

마르크스에 따르면, 헤겔 철학에서 "정신은 우리에 대해 자연을 그의 전제로 가진다." 자연에 대해 정신은 "자연의 진리와…절대적 제1의 존재(absolutes Erstes)"의 위치를 가진다. "이 진리 속에서 자연은 사라져버렸고, 정신은 그의 대자(Fürsichsein)에 도달한 관념으로 나타난다. 이 관념의 **객체**는 **주체**인 동시에 **개념**이다." 곧 자연의 관념은 객체로 현존하는 동시에 그 자신을 발전시켜나가는 주체이며, 완전한 외적 객체성을 가진 개념이다.

이로써 자연은 자신의 독자성과 목적성을 상실한다. 그것은 관념으로서 자기를 전개해나가는 정신의 외면성으로, 불완전하고 불충분한 "결함의 존재"로 간주된다. 그 자체로서의 자연은 아무것도 아닌 것(Nichts)처럼 되어버린다. "자연으로서의 자연", 곧 자연 그 자체는 정신의 자기활동 속으로 흡수되어버린다. 이른바 정신화되어버린 관념적 자연, 관념이 다르게 존재하는 형식으로서의 자연이 있을 뿐이다.

이에 반해 마르크스는 정신의 자기활동이나 인간의 자기의식으로 흡수될 수 없는 **자연의 대상성**을 주장한다. 자연은 그 자신의 대상성을 가진 대상적 존재로서 인간에게 대칭한다. "자기의 자연을 **자기 바깥에** 갖지 않은 존재는 **자연적** 존재가 아니다. 그는 자연의 존재에 참여하지 않는다. 어떤 대상도 자기 바깥에 갖지 않은 존재는 대상적 존재가 아니다. 제3의 존재에 대해 대상이 아닌 존재는, 어떤 다른 존재도 자기의 대상으로 갖지 않는다. 다시 말해 그는 대상적으로 관계하지 않는다. 그의 존재는 대상적 존재가 아니다. 대상적이지 않은 존재는 무의미한 존재(Unwesen)다"(2004f, 334). 자연의 독립적 대상성이 인정될 때, 인간 역시 대상성을 가질 수 있다.

여기서 마르크스가 인간과 자연을 포함한 대상 세계의 대상성을 강조하는 이유는 무엇인가? 그 이유는 먼저 헤겔 철학의 관념성을 극복하기 위함이다. 마르크스에게 헤겔 철학은 한마디로 공허한 "사변의 모든 환상"(alle Illusionen der Spekulation)이다(2004f, 336). 관념적 환상 속에서 대상 세계의 현실은 사라지고 "추상적 사상", 추상적 생각이 지배한다. 이로 인해 대상 세계의 부정적인 것이 부정되지 않고 그 부정적 상태에서 유지된다. 부정적인 것을 부정함으로써 대상 세계를 변혁하기 위해, 먼저 대상 세계의 객관적 대상성이 인정됨으로써 관념의 지배에서 해방되어야 한다. 헤겔 철학에 의한 "현실의 상실"을 극복해야 한다.

또 마르크스가 자연의 대상성을 강조하는 이유는, 자연 자체의 존엄성과, 자연에 대한 인간과 역사의 의존성을 드러내기 위한 것이라 말할 수 있다. 여기서 마르크스는 피히테와 헤겔의 자연관을 거부한다. 피히테에게서 자연은 **인간의 주체성으로** 환원되는가 하면, 헤겔에게서 자연은 **인간**

의 **자기의식으로** 환원된다. 이로써 땅 위에 있는 모든 생명과 인간의 삶과 역사의 기초가 되는 자연의 대상적 존재가 부인되고, 자연과 인간, 자연과 역사의 상호 의존의 현실이 은폐된다. 자연은 자신의 실체성을 갖지 못한 것으로, 인간의 지배 대상으로 머물게 된다. 역사는 자연의 기초 위에서 자연과 더불어 진행됨에도 불구하고, 자연 없이 진행되는 것으로 생각된다. 이것은 "자연의 상실"이라 말할 수 있다. 관념론의 지배로 말미암아 상실된 자연의 가치와 존엄성을 회복하기 위해 마르크스는 자연의 대상성을 강조한다고 해석할 수 있다.

6. 마르크스에 따르면, 철학자들의 "추상적 사상들"은 사실상 그 사회의 "**지배계급의 사상들**"이다. 철학자들은 "이 사상들이 생산되는 조건과 생산물에 무관심한 채, 이 사상들 밑바닥에 놓여 있는 개인들과 세계 상황을 배제한다." 그리고 귀족제가 지배하던 시대에는 "명예, 충성 등의 개념이 지배하였고", 유산계급이 지배하는 시대에는 "자유, 평등 등의 개념이 지배한다"고 말한다. 마르크스에 따르면 명예, 충성, 자유, 평등 등의 사상은 저절로 생긴 것이 아니라 지배계급의 상상에서 나온 것이다. 그들의 상상에서 나온 것이 인간 삶의 세계를 지배한다. "언제나 더 큰 보편성의 형식을 취하는 (지배계급의) 추상적인 사상이 지배한다"(2004i, 447).

마르크스에 따르면, 지배계급의 상상에서 나온 이 사상들은 **지배계급의 지배수단으로** 작용한다. 이 사상들은 "사회를 지배하는 **물질적 힘**"이요, "지배하는 **정신적 힘**"이다. "지배하는 사상들은 사상으로 파악된 그 시대다.[3] 그들은 지배적인 물질적 상황의 관념적 표현(der ideeller Ausdruck)에 불과하다." 사회의 특정계급을 지배계급으로 만드는 **상황**과 그들의 상상

---

3 "사상으로 파악된"(als Gedanken gefaßten)이란 표현도 사실상 헤겔에게서 왔다.

에서 나온 "지배의 **사상**"은 내적으로 일치한다.

상황과 사상의 일치는 구체적으로 어떻게 이루어지는가? 마르크스의 설명에 의하면, 분업을 통해 지배계급 자체 안에서 "정신적 노동과 물질적 노동의 분업"이 일어난다. 곧 지배계급 안에서 정신적 노동을 하는 사람들과 물질적 노동을 하는 사람들이 나누어진다. 정신노동을 하는 사람들도 지배계급에 속하기 때문에, 그들이 만들어낸 사상들은 지배계급이 지배하는 현실 상황과 일치하게 되며, 그들의 사상은 지배계급의 지배수단이 된다. 때로 정신적 계급과 물질적 계급이 대립과 충돌에 빠져 지배하는 사상들이 지배계급의 생산물이 아닌 것처럼 보이지만, 그들의 계급 자체가 위험해지면 이 대립과 충돌은 사라지고, 사회를 지배하는 사상들은 지배계급 전체의 지배수단으로 작용한다고 마르크스는 분석한다.

지배계급에 속한 정신노동자들, 곧 이론가들이 만들어낸 여러 가지 사상으로부터 그들은 가장 중심적인 "'그 사상, 그 이성' 등을 역사 속에서 지배하는 것으로 추상화하고, 이 모든 개별의 사상과 개념을 역사 속에서 자기를 전개하는 그 개념의 '자기규정들'(Selbstbestimmungen)로 파악한다. 이것을 사변적 철학자들은 행하였다. 헤겔 자신도 '역사철학' 마지막에서 고백하기를, 자기는 '오직 **개념의** 진행(Fortgang des Begriffs)을 관찰하며', 역사 속에서 '참된 신정(Theodizee)'을 기술하였다고 말한다. 이제 우리는 '개념'을 생산하는 자, 곧 이론가, 관념론자와 철학자에게로 돌아가서 다음과 같은 결론에 도달한다. 곧 철학자, 사유자가 예부터 역사 속에서 지배하였다는 것이다." 여기서 헤겔의 변증법도 지배계급의 지배수단으로 규정된다. 무덤 속에 있는 헤겔이 이 말을 듣는다면 대노하여 벌떡 일어날 것이다.

7. 인간의 사회성을 간과한 추상적 인간관
- 인간의 노동과 소외, 소외의 지양의 관념성

1. 마르크스에 따르면, 헤겔은 노동을 인간 존재의 중요한 요소로 간주한다. 그에게 노동은 인간의 자기 생성과 자기 증명의 행위를 뜻한다. 그러나 헤겔은 관념의 세계에 머물러 있기 때문에, 인간을 사회적 관계성을 결여한 추상적 "자기의식" 혹은 "공상적 개체성"으로 파악한다. 이리하여 헤겔은 인간의 **노동**을 현실적으로 파악하지 못하고, "사상(생각)의 물건"(Gedankending)으로 기술하게 된다.

그 원인은 헤겔이 인간 존재의 사회성을 간과한 데 있다. "정신적 존재"로서의 인간은 사회적 관계성에서 추상화된 개체일 뿐이다. 이것을 마르크스는 헤겔의 『정신현상학』 마지막 장(章)인 "절대지식"에 대한 비판에서 보여준다. 여기서 인간은 추상적 자기의식으로 파악된다. 인간의 "자아"(Selbst)는 "추상적으로 파악되었고, 추상화를 통해 생성된 인간에 불과하다." "자기에 대해 추상화되었고 고정된 자아(das für sich abstrahierte und fixierte Selbst)는 추상적 이기주의자, 그의 순수한 추상화 속으로, 사유로 고양된 이기주의다"(2004f, 330). 여기서 마르크스가 말하는 "추상적 이기주의자"는 현실 세계에서 추상화되어 자기 홀로 존재하는 자기의식으로서의 인간을 가리킨다.

마르크스에 따르면, 헤겔의 법철학은 자기 홀로 존재하는 자기의식으로서의 인간을 전제한다. 이 인간을 그는 시민사회의 주체로 생각한다. 헤겔의 법철학이 전제하는 인간은 자기 홀로 존재하는 시민사회의 이기주의적 인간이다. 이 인간은 현대 세계의 비인간적 실존 방식에서 분리된 추상적 인간이다. 여기서 헤겔은 다음의 사실을 간과한다. 곧 인간은 특수한 사회적 관계 속에서 **노동하는 인간**이요, 사회적 계급들의 분리와 갈등 속에 있는 **계급적 존재**, 참된 자기 자신으로부터 **소외된 존재**라는 사실이다.

마르크스에 따르면, 자본주의적 시장경제 질서를 이룬 시민사회에서 인간은 두 가지 실존 방식을 따른다. 그는 1) 사적 도덕을 가진 사적 인간(Privatmensch)인 동시에, 2) 공적 도덕을 가진 공적인 국가시민(öffentlicher Staatsbürger)이다. 그는 가족의 일원인 동시에 사회적 관계 속에서 노동하는 공적 직업인이다. 그는 유산계급자로 실존하든지, 아니면 무산계급자로 실존한다. 그는 억압하는 자로, 혹은 억압당하는 자로 실존한다. 그의 존재는 그가 가진 직업, 그가 속한 사회 계급, 그가 쌓은 업적과 소유, 곧 돈에 따라 결정된다. 이 같은 비인간적 현실을 간과하고 인간을 "정신적 존재", "자기의식"으로 규정하는 것은 삶의 현실을 빗나가는 일이다. 그것은 "비인간성"(Unmenschlichkeit)의 표현이다. 그것은 인간 사회의 비인간적 실존과 전혀 관계하지 않는 관념적인 것이다.

따라서 헤겔이 말하는 노동은 관념적인 노동, 곧 **생각 속에서 일어나는 노동**에 불과하다. 그것은 특수한 사회-경제적 관계 속에서 일어나는 노동자의 몸적 노동, 하나의 상품으로 전락한 노동, 노동자 자신에게 "낯선 것"(소외된 것)이 되어버린 노동이 아니라, 머릿속에서 일어나는 추상적 노동이다. 본질적으로 헤겔은 인간을 "단지 추상적인 사유하는 존재, 자기의식"으로 파악하기 때문이다(2004f, 340).

여기서 헤겔은 노동의 긍정적인 면만 보고 부정적인 면은 보지 않는다고 마르크스는 지적한다. 헤겔은 근대 국가경제의 입장에서 노동을 파악한다. 그래서 노동은 "인간의 본질이요, 그 자신을 증명하는 본질"이라고 긍정적으로 정의한다. 그러나 인간은 오직 "소외된 인간"으로서 노동하며, 노동을 통한 인간의 자기 대상화와 자기 증명은, 인간에 의한 인간의 "소외" 가운데서 일어난다는 **노동의 부정적 측면**을 헤겔은 간과한다. "헤겔이 알고 인정하는 노동은 단지 추상적으로 정신적인 노동(abstrakt geistige

Arbeit)일 뿐이다"(2004f, 329). 그것은 특수한 사회-경제적 조건 속에서 일어나는 현실의 노동이 아니라 정신적 존재인 인간의 의식과 사유 안에서 일어나는 노동에 불과하다. 가족의 생계 때문에 노동을 상품으로 팔아야만 하는, 근대 산업 노동자들의 소외된 노동을 헤겔은 알지 못한다. 이들에게 노동은 자기외화, 자기실현, 자기생성의 활동이 아니라 가족의 생계를 위해 팔 수밖에 없는 하나의 상품일 뿐이다. 헤겔은 이 비참한 노동의 현실을 보지 못하고, 사유의 공중제비를 반복한다.

2. 노동이 관념적으로 이해될 때, 노동으로 말미암은 **인간의 소외**도 관념적으로 이해될 수밖에 없다. 노동이 비현실적으로 이해되기 때문에, 노동으로 말미암아 일어나는 소외 역시 비현실적으로 이해될 수밖에 없다. 헤겔이 말하는 소외는 "순수한, 다시 말해 추상적인 철학적 사유의 소외"에 불과하다. 그것은 인간의 자기의식이 자기를 대상화함으로써 세운 대상 세계에 대해 인간의 자기의식이 "낯선 것"이 되어버리는 것, 곧 대상 세계에 대한 자기의식의 자기소외를 말한다. 따라서 인간 본질의 모든 소외는 **"자기의식의 소외"**에 불과하다. 그것은 자기의식이 대상 세계를 자기 바깥에 있는 것, 자기에게 "낯선 것"(Fremdes)으로 대칭시키는 것을 말한다.

마르크스에 따르면, 헤겔이 말하는 자기의식의 소외는 "인간 본질의 현실적 소외의 **표현**이 아니다. 곧 지식과 사유 안에 나타나는 현실적 소외의 표현이 아니다. **현실적인** 소외, 현실적으로 나타나는 소외는 그의 내적…본질에 있어 현실적인 인간 본질, 곧 **자기의식**의 소외의 **나타남**(Erscheinung)에 불과하다. 이것을 나타내는 학문이 바로 (헤겔의) **정신현상학**이다." 헤겔의 정신현상학이 말하는 인간 본질의 소외는 현실적인 인간 본질의 소외가 아니라 "자기의식의 소외의 나타남"에 불과하다. 그것은 "순수한, 다시 말해 추상적인 철학적 사유의 소외"이며(1962b I, 643), "단지 소외의 사상, 추상적이며 그러므로 내용이 없고 비현실적인 표현"일 따름이다(659).

헤겔이 말하는 소외는 "현실적인 삶의 소외", "탈인간화된 인간"(der entmenschlichte Mensch)의 소외와 무관한 이론적인 소외에 불과하다. 그것은 생각 속에서 일어나는 "사상(생각)의 물건"일 뿐이다. 산업사회 속에서 인간이 자기를 비인간적으로 대상화하며, 자기가 생산한 상품과, 자기 자신과, 자기가 속한 사회로부터 소외되는 비참한 현실의 소외에 대해 헤겔은 한 번도 언급하지 않는다. 헤겔은 "인간의 존재가 자기를 **비인간적으로**, 자기 자신에 대한 대립 속에서 자기를 **대상화하는 것을**⋯소외의 본질로" 보지 않는다. 오히려 "추상적인 사유에 대한 구별 속에서, 또 이에 대한 대립 속에서 자기를 대상화하는 것을⋯지양되어야 할 소외의 본질로" 본다(2004f, 327).

3. 소외가 관념적으로 생각됨으로 **소외의 지양**도 관념적으로 생각된다. 달리 말해, 대상 세계와 인간 본질의 힘을 다시 획득하는 일이 현실적으로 일어나지 않고, **단지 머릿속에서 관념적으로** 일어난다. "낯선 대상"이 되어버린 인간 본질의 힘을 다시 획득하는 것은 "의식 속에서, 순수한 사유 속에서, 다시 말해 **추상** 속에서 일어나는 획득, 사상들과 사상들의 운동으로서의 이 대상들의 획득"에 불과하다.

헤겔이 말하는 인간 본질의 소외는 인간의 자기의식의 소외에 불과하다. 자기의식의 소외는, 대상 세계가 인간의 자기의식에 대해 "외부에 있는 낯선 것"으로 대칭함을 말한다. 곧 **대상의 대상성**이 자기의식의 소외를 뜻한다. 따라서 대상성은 소외된 존재, 곧 자기의 본질, 자기의 자기의식과 일치하지 않는 인간의 상황을 뜻한다. 마르크스 자신의 표현을 따르면, 헤겔에게서 "대상성"(Gegenständlichkeit) 그 자체는 자신의 본질, 인간의 자기의식과 일치하지 않는 "인간의 소외된 상황"을 가리킨다(1962b I, 646-647).

그러므로 대상성은 인간의 자기의식으로 지양되어야 할 것으로 규정된다.

사물의 대상성이 소외를 뜻한다면, 소외의 지양은 사물의 대상성을 인간의 자기의식으로 지양하는 데 있다. 대상성이 인간의 자기의식으로 지양될 때, 자기의식은 자기의 "대상적 본질"을 회복할 수 있다. "대상적 본질"을 회복하는 것은, "소외는 물론 대상성을 지양한다는" 것을 뜻한다. 여기서 대상의 존재는 인간의 자기의식으로, 곧 인간의 "자아(das Selbst)로 되돌아가야" 할 것으로 간주된다. 바로 여기에 소외의 극복이 있다. 곧 대상의 대상성이 인간의 자아로 환원되는 것, 인간의 자기의식에 합병되는 것(Einverleibung in das Selbstbewußtsein)을 뜻한다. 헤겔의 정신현상학에서 인간의 "소외된 대상적 본질의 모든 재획득은 (인간의) 자기의식에 합병되는 것으로 나타난다."

간단히 말해, 헤겔이 말하는 "인간 본질의 모든 소외는 자기의식의 소외에 불과하다." 따라서 인간의 소외된 대상적 본질의 모든 회복, 곧 소외의 지양은 "자기의식으로의 합병"에 불과하다. 자기의 본질을 회복한 인간은 "대상적 본질을 회복한 자기의식일 따름이다." "대상을 다시 점유하는 것(Wiederaneignung des Gegenstandes)은, 대상이 인간의 자아 속으로 돌아가는 것(Rückkehr des Gegenstandes in das Selbst)"으로 생각된다. 곧 "대상이 자아로 돌아가는 것이 대상의 재획득"이요, 소외의 지양으로 생각된다(2004f, 330-331).

이 모든 것이 인간의 사유 안에서 일어난다. 그러므로 소외의 지양은 현실적인 것이 아니라 인간의 사유에서 일어나는 추상적인 것, 관념적인 것에 불과하다. 헤겔이 관찰하는 "순수한, 다시 말해 추상적인 철학적 사유의 소외"는 "의식에 불과하며, 소외의 사상(혹은 생각, Gedanke der Entfremdung)일 뿐이요, 추상적이고, 그러므로 내용이 없으며 비현실적인 표현"에 불과하다(2004f, 341). 그것은 헤겔의 머릿속에서 일어나는 하나의 이론일 뿐이다. 헤겔은 "인간의 본질이 비인간적으로, 자기 자신에 대한 대립 속에서…대상화되는" 근대 시민사회의 소외를 보지 못하기 때문에, 현실적인 소외의 지양에 대해 아무것도 말하지 않는다.

마르크스가 말하는 헤겔의 이 문제점을 블로호는 다음과 같이 말한다. "이 모든 것이 단지 관찰하는 사람의 머리 안에서만 나타나며, 이로써 해결된 것으로 간주된다. 바깥에서는 불행에 불행이 계속되지만, 자기확신으로 가득한 정신은 더 이상 움직이지 않는다. 바깥에서는 새로운 세상이 일어나고 있지만, 절대지식은 모든 것을 회상하면서 그것을 자기 뒤에 가지며, 자기 안에 가진다"(Bloch 1962, 99). "자본주의 사회의 특징인 소외의 지양, 인간과 그의 노동이 상품으로 되는 일의 지양이 철학적 이론 속에서만 일어나며, 실천에서는 일어나지 않는다"(Küng 1970, 290). 마르크스가 헤겔의 관념성을 치열하게 비판하는 이유는 여기에 있다.

4. 마르크스에 따르면, 헤겔의 정신현상학은 소외의 지양을 말하지만, 오히려 **현실의 소외를 존속하게 하는 역기능**을 한다. 그 까닭은 신적 정신의 자기소외는 신적 정신의 자기외화(Selbstäußerung)의 **필연적** 귀결로서, 자기 자신으로 돌아가는 **신적 정신의 삶의 구성 요소**로 확증되기 때문이다. 자기 자신으로 돌아가는 자기 활동의 모든 단계에서, 정신이 "자기 자신의 타재 속에서 자기 자신과 동일하게 된 존재"(mit sich selber Gleichgewordensein im Anderssein seiner selbst)로 존속한다면, 그의 자기소외도 그 속에서 존속한다. 그것은 정신의 변증법적 자기활동의 **구성요소**로 정당화된다.

정신의 변증법적 자기활동에서 현실의 소외가 존속되는 또 하나의 이유는, 자기소외의 지양이 단지 사유 속에서 일어나는 데 있다. 자기소외가 단지 사유 속에서 일어나기 때문에 **현실의 소외**는 방치된다. 현실의 소외가 계속됨에도 불구하고 그것이 지양되었다는 허상에 빠진다. 곧 "사유하는 지양(dies denkende Aufheben)은 자기의 대상을 소외 가운데 머물러 있게 하면서, 그것을 현실적으로 극복하였다고 생각한다. 다른 한편으로 대상은 사상의 계기(Gedankenmoment)가 되었기 때문에, 그의 현실 속에서도 그 자신의 자기확증의 의미를 가진다"(2004f, 309).

마르크스의 이 말을 우리는 다음과 같이 이해할 수 있다. 신적 정신은 자기의 즉자를 대자로 세운다. 그러나 대자는 즉자에게 "다른 것"이기 때문에 즉자는 대자의 "다른 것", 곧 부정적인 것을 부정함으로써 자기 자신으로 돌아간다. 그러나 정신의 이 과정은 단지 사유 안에서 일어나기 때문에, 현실의 대자는 부정되는 것이 아니라 그의 현실 속에서 확증된다. 그럼에도 불구하고 대자는 극복되었다고 생각된다.

그러므로 헤겔이 말하는 "부정적인 것의 부정"은 **현실의 부정적인 것**의 부정이 아니라 현실의 부정적인 것을 확증하는 꼴이 된다. 신적 정신의 관념적 자기활동이 "진정으로 인간적인 삶"으로, "신적 과정"으로 생각될 때, 인간의 소외는 이 "신적 과정"의 구성 요소로 정당화된다(2004f, 341). 그것은 부정되는 것 같지만 사실상 긍정된다. 이를 가리켜 마르크스는 추상적 "사변의 모든 허상(Illusionen)"이라고 말한다.

이 사실을 마르크스는 헤겔의 **법철학**에서도 발견한다. 시민사회는 이기주의를 원칙으로 하는 욕구의 사회라는 생각에서 두 사람은 일치한다. 시민사회는 개인의 특수한 관심과 국가의 보편적 관심이 모순 속에 있는 사회다. 그런데 헤겔은 현존 국가를 "이성적인 것"이라 선언함으로써 사실상 이 모순을 존속시킨다. "절대정신의 현상"인 이성적 국가에서 이 모순은 제거되는 것이 아니라 도리어 확증된다. 유산계급과 무산계급의 모순 역시 제거되는 것이 아니라 도리어 확증된다. 유산계급은 계속 "산업 역군의 지휘자"의 위치에 있게 되고, 무산계급은 비참을 면하지 못하게 된다.

바로 여기에 헤겔의 "사변의 모든 허상"의 귀결이 있다. 이 허상을 마르크스는 다음과 같이 분석한다.

1) 대상 세계의 현실, 곧 인간의 감성, 현실, 삶을 인간의 의식이 자기를 대상화시켜 있게 된 의식의 타자(das andere)라고 생각한다(2004f, 336).

2) 정신적 세계를 인간의 자기소외로 파악함으로써 그것을 부정하지만, 소외된 형태 속에 있는 정신적 세계를 인정하고, 그것을 자기의 참된 현존으로 제시하며, "주어진 그의 **타재** 속에서 **자기 자신 안에** 있다고"(im seinem Anderssein als solchem bei sich zu sein) 생각한다. 마르크스에 따르면, 이 모든 것은 "사변의 허상"이다. 허상 속에서 소외는 지양되지 않고 계속된다.

5. "사변의 허상들"은 종교의 영역에서도 일어난다. 종교를 인간의 "자기 외화의 산물"(Produkt der Selbstentäußerung)로 인식함으로써 종교를 지양하지만, "**종교로서의 종교** 안에서 자기를 확인하고", 이를 통해 종교를 다시 인정하는 바로 여기에 "헤겔의 **거짓된** 실증주의 혹은 거짓된 비판주의의 뿌리"가 있다고 마르크스는 지적한다. 포이어바하의 말을 빌린다면, 헤겔은 종교와 신학을 정립하고 이를 부정하지만 사실은 종교와 신학을 회복한다(Setzen, Negieren und Wiederherstellen). 곧 "자기 자신과의 모순 속에서 자기인정과 자기확증"이 일어난다(Selbstbejahung, Selbstbestätigung im Widerspruch mit sich selbst). 따라서 헤겔이 말하는 "부정의 부정은 거짓된 본질의 부정을 통한 참된 본질의 확인이 아니라, 거짓된 본질의 확증 혹은…**소외된 본질의 확증**, 혹은 인간 바깥에 있고 인간에게서 독립된 대상적 본질로서의 이 **거짓된 본질의 부인**(Verneinung)이다"(2004f, 337).

달리 말해, 내가 종교를 인간의 "외화된 자기의식"으로 인식할 때, 나의 외화된 자기의식이 그 속에서 확증된다. 종교가 부정되는 것이 아니라 외화된 자기의식으로서의 종교가 긍정된다. 그러므로 헤겔이 말하는 "부정적인 것의 부정은 허황된 본질(Scheinwesen)의 부정을 통한 참된 본질의 확증이 아니라 **허황된 본질의 확증**이다. 혹은…자기에게 소외된 본질의 확증, 혹은 인간 바깥에 거하며 인간에게서 독립된 대상적 본질의 부인이다"(2004f, 337). 헤겔이 말하는 지양은 부정적인 것의 부정을 통하여 더 높은 진리로 고양되는 것이 아니라 "부인과 보존과 긍정"(Verneinung, Aufbewahrung, Bejahung)의 기능을 가진다(338). 곧 소외가 부인되는 것 같지만 보존되고, 보존됨으로써 긍정된다.

마르크스에 따르면, 소외가 부정되는 것 같지만 오히려 보존되고 긍정되는 이 과정을 헤겔은 하나의 "신적 과정"으로 파악한다. 이 "신적 과정"은 하나의 추진자(Träger) 내지 주체를 가질 수밖에 없다. 이 주체는 자기 자신으로 돌아온 결과(Resultat)로서의 정신이다. 자기활동의 모든 과정을 거쳐 자기 자신에게 돌아온 마지막 결과로서의 정신이 역사의 주체다. "이 결과, 곧 자기를 절대적 자기의식으로 아는 주체가 **하나님, 절대적 정신, 자기를 알고 자기를 활동하게 하는 관념**이다. 현실의 인간과 현실의 자연은 은폐되어 있고 비현실적인 인간과 비현실적인 이 자연의 술어와 상징이 되어버린다. 그러므로 주체와 술어는 완전히 거꾸로 뒤바뀐 관계를 맺게 된다. **신화적인 주체-객체**, 혹은 **객체를 능가하는 주체성, 과정**으로서 **자기를 외화하며** 외화로부터 그 자신으로 돌아가는, 이와 동시에 외화를 그 자신 속에 거두어들이는 주체로서의 절대적 **주체**, 이 과정으로서의 주체"가 이른바 "인간의 신적 과정"의 주체가 되고, 인간은 술어가 된다. 헤겔의 철학에서 이 신적 과정은 "그 자신 속에서 이루어지는 쉼 없는 원운동(Kreisen)"일 뿐이다. 정신의 원운동 속에서 소외는 지양되는 것이 아니라 오히려 이 원운동의 구성 요소로 긍정된다. "소외의 지양은 내용이 없는 추상화의 추상적이고 내용이 없는 지양, 곧 **부정의 부정**에 불과하다"(2004f, 341).

따라서 헤겔이 말하는 "지양"은 부정의 부정이 아니라 사실상 **보존과 긍정**이다. 그가 말하는 "지양" 속에서는 "부인과 보존과 긍정"이 결합되어 있다. 이것을 헤겔은 그의 법철학에서 다음과 같이 보여준다. 사적 권리(Privatrecht)의 지양은 도덕이고, 도덕의 지양은 가족이며, 가족의 지양은 시민사회이고, 시민사회의 지양은 국가이고, 국가의 지양은 세계사다. 여기서 지양된 모든 것들, 곧 사적 권리, 도덕, 가족, 시민사회, 국가 등은 인간 현존의 방편(Daseinsweisen)으로서 존속되며, 변증법적 "운동의 계기들"(Momente der Bewegung)로 인정된다(2004f, 338). 부정적인 것들이 부정되는 것이 아니라 도리어 긍정된다.

이와 같은 "사변의 허구들"로 인해 헤겔의 변증법에서는 인간의 "해방"이 한 걸음도 발전하지 못한다고 마르크스는 비판한다. 헤겔은 "구호들의 지배에서 인간을 해방한다"고 말한다. 그러나 철학, 신학, 실체 등을 인간의 "자기의식"으로 해체함으로 인해 인간의 현실적 해방을 불가능하게 만든다. 마르크스에 따르면, 인간의 "현실적 해방은 현실적 세계에서만 현실적 수단들을 가지고 관철될" 수 있다. 증기기관과 방직기계 없이 노예제를 폐기하기란 불가능하다. 농업의 혁신 없이 농노제를 폐기하기란 불가능하다. "완전한 양과 질을 가진 먹는 것과 마시는 것, 사는 집과 옷"을 마련할 수 있지 않고서 인간의 해방을 이루기란 불가능하다. 인간의 해방은 "**사상의 행위**(생각의 행위, Gedankentat)가 아니라(헤겔에 반해) **역사적 행위**다. 그것은 역사적 상황을 통해, 산업과 교역과 농업과 교통 관계를…통해 가능하다"(2004i, 445).

결론적으로 헤겔이 말하는 변증법의 원리, 곧 "부정적인 것의 부정" 혹은 "지양"은 헤겔 자신의 머릿속에서 일어날 뿐이다. 그러므로 현실의 소외는 제거되지 않는다. 오히려 그것은 변증법적 운동의 구성 요소로 확증된다. 이로 인해 인간의 해방은 한 걸음도 발전하지 못한다. 독일에서 정치적 해방이 일어나지 못하는 원인은 여기에 있다. 이에 마르크스는 현실의 소외를 **현실적으로** 제거하고자 한다.

8. 굶주림의 문제를 알지 못하는 사유의 공중제비

헤겔 철학의 관념성에 대한 마르크스의 비판은 헤겔의 역사철학에 대한 비판에서 그 절정에 도달한다. 헤겔의 역사철학에 대한 마르크스의 비판은 그의 문헌 『독일 관념론』에 집중적으로 나타난다. 여기서 우리는 주로 헤겔의 역사철학의 기본 전제에 대한 마르크스의 비판을 고찰하고자 한다.

1. 마르크스에 따르면, 헤겔은 관념론적 전제에서 역사를 파악한다. 이리하여 역사도 "사상(생각)의 물건"(Gedankending)이 되어버린다. 역사에 관한 가장 중요한 문제는 역사를 이끌어나가는 동인이 무엇인가다. 헤겔에 따르면, 역사의 동인은 어떤 현실적인 조건이나 상황이 아니라 "지배하는 사상들(생각들)"(herrschende Gedanken)이다. 궁극적으로 그것은 신적 정신의 변증법적 자기활동이다.

　헤겔에 따르면, 신적 정신은 자기의 즉자를 대상 세계로 외화한다. 그것은 외화된 대상 세계 속에 현존한다. 그러나 그는 대상 세계의 현존에 머물지 않고, 자기를 대상 세계로부터 구별한다. 대상 세계는 정신 자체가 아니라, 정신과는 다른 것, 곧 "타자"(das Andere)이기 때문이다. 타자 속에는 정신과 일치하지 않는 것, 곧 "부정적인 것"이 있다. 신적 정신은 이 부정적인 것을 부정한다. "부정적인 것의 부정"을 통해 역사의 현실은 더 높은 진리로 고양된다. 신적 정신의 이 변증법적 활동이 새로운 역사를 일으키는 역사의 내적 동인이다.

마르크스의 입장에서 볼 때, 신적 정신의 변증법적 활동이란 현실에서 동떨어진 사유의 "공중제비"(Purzelbaum)다. 그러므로 헤겔의 역사철학의 중심적 문제는 정신의 변증법적 자기활동의 "곡예"(Kunststück) 혹은 공중제비를 기술하는 데 있다고 마르크스는 비판한다. 헤겔의 역사철학은 역사의 사실들을 관찰하는 것이 아니라 역사를 이끌어가는 정신, 이성, 관념, 개념, 사상을 관찰한다. "공중제비" 혹은 "유령"과 같은 것들이 역사를 이끌어가는 주체로 간주된다. 역사의 모든 구체적 현실, 사건은 절대정신, 절대 관념, 절대 개념의 자기활동, 자기발전, 자기현상이 그 속에서 일어나는 "껍데기"(Hülle)와 같은 것으로 생각된다. 삶의 구체적 현실에서 추상화된 역사는 일종의 신화가 되어버린다. 곧 신적 절대정신이 자기 자신으로부터 출발하여 자기 자신으로 돌아가는 신적 운동으로 생각된다. 마르크스에게 그것은 현실에 기초하지 않은 사유의 공중제비 내지 서커스 곡예일 뿐이다.

2. 마르크스의 입장에서 볼 때, 인간에게 가장 시급한 문제는 **굶주림**을 해결하는 것이다. 굶주림을 해결하지 못하면 죽을 수밖에 없다. 따라서 역사의 가장 기초적 사건은 굶주림을 해결하기 위해 필요한 **물질을 생산**하는 인간의 행위, 곧 물질의 생산이다. 물질의 생산은 누구도 부인할 수 없는 역사의 가장 기초적인 "사실"(factum)이다. 헤겔 철학은 역사의 가장 기초적인 이 사실을 간과한다. 그것은 이 기초적인 사실로부터 출발하지 않고 신적 정신, 이성 등의 관념으로부터 출발한다. 그리고 역사를 신적 정신의 자기활동으로 말미암아 일어나는 신적 "정신의 역사"로 파악한다.

예를 들어 굶주림의 문제를 해결하기 위한 고대 훈족의 게르만 지역 침공, 이로 인한 게르만족들의 로마 제국 침공과 서로마 제국의 멸망, 이 같은 세계사적 사건을 헤겔은 절대정신의 자기활동으로 파악한다. 세계사적 변혁을 일으킨 세계사적 인물들, 밑바닥에서부터 현실의 역사를 구성하는 개인들과 그들의 공동체 곧 국가는, 역사를 이끌어가는 절대정신의 "도구" 내지 "수단"으로 규정된다. 헤겔 철학에서 역사는 현실의 객관적 역사가 아니라 신적 절대정신의 역사다. 현실의 객관적 역사는 "정신의 역사", "사상들의 역사"의 "껍데기"에 불과한 것으로 간주된다.

이 내용을 마르크스는 그의 문헌 『거룩한 가족』(1844/45)에서 다음과 같이 기술한다. "헤겔의 역사관은 **추상적이며** 그러므로 **절대적인 정신**을 전제한다.⋯그러므로 그는 **경험적이며** 외면적인 역사 내부에, 사변적이며 비교(秘敎)적인(esoterisch) 역사를 선행하게 한다. 인류의 역사는 **추상적인,** 그러므로⋯**피안적인 정신의** 역사로 변한다"(2004g, 384). 곧 헤겔은 경험적 역사 이전에 있는 정신의 역사를 전제하며, 경험적 역사를 정신의 역사로 폐기한다. 역사를 만드는 것은 경험적 역사 이전에 있는 추상적 절대정신이다. 마르크스에 따르면, 이 역사는 "허상"(Schein)에 불과하다. 헤겔은 "절대정신으로서의 절대정신이 역사를 허상으로 만들게 한다"(1962a I, 767).

3. 헤겔에 따르면, 역사를 이끌어가는 신적 절대정신의 활동은 철학적 사유 속에서 일어난다. 철학적 사유는 신적 정신의 역사의 현실에서 괴리된 것이 아니라 이 현실의 한 영역이다. 이 영역, 곧 철학적 사유 속에서 신적 정신의 자기활동은 모든 외적인 것, 자연적인 것, 직접적인 것에서 자유로운, **순수한 형태로** 일어난다. 철학적 사유는 신적 정신의 자기활동의 가장 순수한 형태다. 철학적 사유, 사유의 결과로서 얻게 되는 사상(생각, Gedanke)에서 신적 정신은 모든 외적인 것에서 자유로운, 순수한 자기의식으로 현존한다.

여기서 마르크스는 헤겔의 역사철학의 심각한 문제점을 발견한다. 그에 따르면, 헤겔이 말하는 신적 정신은 현실적인 것이 아니라 하나의 사변 내지 헛된 공상(Illusion)에 불과하다. 그것은 하나의 "유령"과 같다. 철학 속에서 신적 정신은 "창조적 세계정신으로서 의식에 도달한다." 신적 정신이 만든 역사는 "오직 철학자의 의식, 의견(Meinung)과 표상 속에, 사변적 상상 속에 실존한다"(1962a I, 767-768). 헤겔에게 참 역사는 철학적 사유와 사상 속에 있다. 현실의 역사는 철학적 사유와 사상(생각)의 역사, 곧 "철학의 역사"로 폐기된다. 철학의 역사는 현실의 역사가 순수한 형태로 일어나는 현장이다. 이로써 역사는 그 본질에서 **사유의 역사, 사상(생각)의 역사, 철학사적인 역사**가 되어버린다. 본질적 역사는 사유와 사상(생각)의 역사이고, 현실의 역사는 "껍데기"와 같다. 사유와 사상의 역사는 "탈역사화된 역사"(entgeschichtlichte Geschichte), 곧 현실의 역사에서 분리된 관념적 역사다.

마르크스의 이 생각의 근거를 우리는 『철학사 입문』에 기록된 헤겔의 진술에서 볼 수 있다. "철학 속에서 사상(생각, Gedanke)은 그 자신의 대상이다. 그는 자기 자신과 관계하며, 자기 자신으로부터 자기를 규정한다. 자기를 자기 자신으로부터 규정함으로써 그는 자기를 실현한다. 자기 자신을 생산하고 그 속에서 실존하는 것이 사상(생각)의 규정이다. 그는 자기 자신에 있어 과정이다"(Hegel 1966, 82).

위 인용문에서 역사는 본질적으로 **"사상(생각)의 역사"**로 나타난다. 자기 자신과 관계하며, 자기 자신을 생산하고, 그 속에 실존하는 사상(생각)의 활동이 역사로 간주된다. 이에 대해 마르크스는 다음과 같이 논평한다. 사상들 속에서 절대정신은 자기가 만드는 역사를 나타낸다. 달리 말해, 역사를 만드는 절대정신은 "비로소 철학 안에서 그에게 적절한 표현을 가진다. 여기서 철학자는(헤겔을 말함), 역사를 만드는 절대정신이 (역사의) 운동 과정 다음에 그 자신을 **추가적으로** 의식하게 하는 기관(Organ)으로 나타난다. 역사에 대한 그의 몫(Anteil)은 철학자의 추가적인 의식으로 줄어든다. 왜냐하면 절대정신은 현실의 (역사) 운동을 무의식적으로 이루기 때문이다. 철학자는 사실 다음에(post festum) 온다"(2004g, 384). 곧 현실적으로 이미 일어난 절대정신의 역사는 철학자의 사상 속에서 추가적으로 의식된다. 그러나 철학자의 사상 속에서 추가적으로 의식되는 절대정신의 역사는 현실의 역사가 아니라 "사상들의 역사"일 뿐이다.

4. 이 문제와 연관하여 마르크스는 헤겔의 두 가지 철저하지 못함을 지적한다. 첫째, 헤겔은 "**현실의 철학적 개인**을 **절대정신**이라 해명하지 않는" 불철저함을 보인다. 둘째, 헤겔은 "절대정신을…단지 허상으로(zum Schein) 역사를 만들게 하는" 불철저함을 보인다(다음 문장이 매우 중요하다 — 필자). "절대정신은 (이미 일어난) 사실 후에야(erst post festum) 철학자 안에서 창조적 세계정신으로 **의식**에 도달하기 때문에, 절대정신에 의한 역사의 제작 (Fabrikation)은 단지 철학자의 의식 안에서, (주관적) 의견과 표상 안에서, 사변적 상상 속에서 실존한다"(2004g, 385). 곧 헤겔의 절대정신이 제작하는 역사는 "허상"에 불과하며, 단지 헤겔 자신의 "의식과 주관적 의견과 표상과 사변적 상상 속에" 있을 뿐이라는 것이다.

마르크스에 따르면, 브루노 바우어는 헤겔의 역사철학의 관념성을 극복하고자 한다. 그래서 "환상 속에서 역사를 제조하지 않고…적극적 행동을 통해 역사를 창조해야" 한다고 주장한다. 그러나 역사의 기초를 형성하는 대중이 그의 역사관에서 아무런 의미를 갖지 못한다. 적극적 행동을 통해 역사를 만들고자 하는 "브루노와 그 회사"(Herr Bruno & Comp.)에 반해, 대중은 "역사의 수동적이고, 정신이 결여되어 있고, 무역사적이고, **물질적인** 요소로" 간주된다. 이리하여 사회 변혁의 행위는 "비판적인 비판의 두뇌 활동(Hirntätigkeit)으로 축소된다"(2004g, 385). 이로써 브루노는 헤겔의 실수를 반복한다. 역사는 대중을 떠난 일부 비판적 사상가들의 "두뇌 활동"이 되어버린다. 헤겔의 경우와 마찬가지로 그것은 또다시 철학화된 역사, 사상(생각)의 역사가 되어버린다. 철학자들에 의해 사유되고 철학화된 역사를 헤겔은 "인간의 역사"라고 말한다.

여기서 마르크스는 헤겔의 역사관의 중요한 문제점을 발견한다. 즉 헤겔의 역사관에서 **자연이 배제된다**는 사실이다. 인간의 정신은 자연이 없어도 실존할 수 있는 것으로 생각되기 때문에, 자연은 헤겔의 역사철학에서 없어도 좋은 것과 같은 위치에 있다. 역사는 본질적으로 인간의 역사요, 인간을 통해 일어나는 신적 정신의 역사이기 때문이다.

이에 반해 마르크스는, 역사는 "**자연의 역사**"와 "**인간의 역사**"의 두 가지 측면이 있다고 말한다. 인간이 자연을 그의 삶의 기본 조건으로 둔다면, 역사도 자연을 그의 기본 조건으로 둘 수밖에 없다. 인간과 자연이 서로 의존한다면, 자연의 역사와 인간의 역사도 서로 의존할 수밖에 없다. 양자는 서로를 제약한다. 이것을 마르크스는 다음과 같이 말한다. "역사는 두 가지 측면에서 자연의 역사와 인간의 역사로 구별할 수 있다. 두 가지 측면은 분리될 수 없다. 인간이 실존하는 한 자연의 역사와 인간의 역사는 서로를 제약한다"(2004i, 410). 마르크스의 입장에서 볼 때, 헤겔의 역사는 자연이 없는 정신의 역사다. 이 역사는 자연을 결여한 인간의 역사, 국가의 역사로 구체화된다. 마르크스의 입장에서 볼 때 자연 없는 역사, 그것은 거짓이다. 마르크스에게서 인간은 자연의 힘이 그 안에 들어와 있는 "자연적 존재"이기 때문이다.

5. 마르크스에 따르면 헤겔은, 역사는 물론 가족, 시민사회, 국가 등 역사 안에 있는 모든 것을 관념적으로 파악한다. 사회적 구조물들은 물론 개인에 이르기까지 모든 것을 "관념, 주체로서의 실체의 규정들로", 자기를 전개하는 "관념의 행위"로 생각한다(1962a I, 307, 264). 국가와 국가 안에 있는 모든 현실은 신적 절대정신의 "현상으로"(als Erscheinung, als Phänomen) 파악된다(262). 이를 가리켜 마르크스는 현실의 "명백한 신화화

(Mystifizierung)", "형이상학적 공식(Axiom)"이라 부른다(272, 287). 이에 반해 마르크스는 "국가의 기초가 되는 현실적 주체들로부터" 출발하여 역사를 관찰해야 한다고 주장한다. "현실의 인간, 현실의 민족"이 역사 관찰의 출발점이어야 한다(272, 284).

헤겔에 따르면 역사의 궁극적 주체는 신적 정신이다. 그러므로 헤겔은 신적 정신을 역사 관찰의 출발점으로 삼는다. 이에 반해 마르크스에 따르면 **개인들의 실존과 그들의 행동**이 역사 관찰의 출발점이어야 한다. "인간 역사의 첫째 전제"는 신적 정신의 자기활동이 아니라 "살아 움직이는 인간적 개체들의 실존이다. 이 개체들의 최초의 역사적 행위, 곧 인간을 동물로부터 구별하는 행위는 그들이 사유한다는 데 있는 것이 아니라 그들이 **삶의 수단을 생산하기** 시작한다는 데 있다"(2004i, 410). 가장 먼저 확정해야 할 사실은 개인들의 "육체적 조직"(körperliche Organisation), 곧 "인간의 물리적 상태"(physische Beschaffenheit)다. "모든 역사 기록은 이 자연적 기초와 인간의 행위를 통해 역사의 과정에서 일어난 이 기초들의 변이 (Modifikation)로부터 출발해야 한다"(2004i, 410-411).

여기서 마르크스가 말하는 "인간의 행위"는 특정한 사회-경제적 관계에서 일어나는 **물질적 생산 행위**를 말한다. 따라서 물질을 생산하는 인간의 행위가 역사 관찰의 출발점이어야 한다고 마르크스는 말한다. 그에 따르면 "우리는 모든 인간의 실존, 모든 역사의 첫 전제를 확인해야" 한다. 곧 "인간은 역사를 만들" 수 있기 위해, 살 수 있는 상태에 있어야 한다는 전제를 확인해야 한다. 살기 위해서는 무엇보다 먼저 먹고 마시는 것, 주거와 옷 등의 몇 가지가 필수적이다. (인간의) 첫째 역사적 행위는 이 욕구들을 충족할 수 있는 수단들의 생산이다. 곧 **물질적 삶 자체의 생산** (Produktion)이다. 이 역사적 행위가 모든 역사의 기본 조건이다. 이 조건은 인간이 생명을 유지하기 위해, 수천 년 전과 마찬가지로 오늘도 매일 매시간 성취되어야 한다.…모든 역사 관찰의 첫째 조건은 이 기본적 사실의 모든 의미와 확대를 관찰하고, 그것의 타당성을 인정하는 것이다(2004i, 422).

6. 여기서 마르크스는 포이어바하가 시도했지만 성공하지 못한 현실주의를 실현하고자 한다. 이를 위해 그는 육체를 가지고 살아 움직이며, 자기의 생존을 위해 자연과의 관계에서 물질을 생산하는 개인들, 물질적·자연적 전제의 변이에 대한 관찰이 역사 파악의 출발점이어야 한다고 주장한다. 역사의 기초는 자기 자신을 외화하고 자기 자신으로 돌아오는 신적 정신의 자기활동이 아니라, 자기의 생명을 유지하기 위해 필요한 물질을 생산하는 개인들의 생산 활동이다.

    이에 반해 헤겔 철학에서는 "참된 길이 거꾸로 세워져 있다.…출발점이어야 하는 것이 신화적 결과로 되어 있고, 합리적 결과이어야 하는 것이 신화적 출발점으로 되어 있다"(1962a I, 307). "신화적 출발점"에서 시작하여 세계의 모든 것을 파악하고자 하는 헤겔에 반해, 마르크스는 실존하는 개인들의 물질적·사회-경제적 생산에서 출발하여 역사를 파악하고자 한다. 헤겔이 말하는 신적 정신, 절대정신의 자기활동으로서의 세계사, 그것은 마르크스의 입장에서 볼 때 하나의 "신화"일 뿐이다. 헤겔의 "정신의 발전 과정"으로서의 세계사, "참된 신정, 하나님의 정당화"(die wahrhafte Theodizee, Rechtfertigung Gottes, Hegel 1968c, 938)로서의 세계사는 마르크스의 철학에서 설 자리가 없다.

7. 마르크스에 따르면 헤겔이 대표하는 관념론적 역사관의 또 한 가지 심각한 문제점은, 역사에 관한 철학적 사상은 그 사회의 **지배 계층의 사상**으로서 그들의 **지배 수단**이라는 사실이다. 그 사회를 지배하는 사상은 사실상 "지배하는 계층의 사상(생각)"이다. 역사의 "모든 시대에 지배계급의 사

상이 (사회와 역사를) 지배하는 사상이다. 다시 말해, 사회를 지배하는 물질적 힘인 계급은 사회를 지배하는 정신적 힘이다"(2004i, 446).

마르크스에 따르면 "지배적인 사상들이 지배적인 개인들로부터, 그리고 특정한 생산 방식과 연관된 관계들로부터" 분리될 때, "역사 속에서 항상 사상들이 지배하게" 된다. 이 사상들로부터 "'그 사상'(생각, den Gedanken), 관념 등을 역사 속에서 지배하는 것으로 추상화하고, 이로써 개별의 모든 사상과 개념을 역사 속에서 발전하는 개념의 '자기규정'(Selbstbestimmung)으로 파악한다. 사변적 철학은 이것을 행하였다"(2004i, 449).

그 대표적 인물은 헤겔이다. 헤겔은 그의 역사철학 마지막에서 "자기는 '개념의 발전 과정(Fortgang)만을 관찰하며, 역사 속에서 참된 신정(Theodizee)을' 기술하였다고 그 스스로 고백한다." 마르크스에 따르면, 개념을 생산한 인물들은 누구인가? 그들은 "이론가, 관념론자(Ideologen)와 철학자다." 옛날부터 "철학자, 사유하는 자"가 역사 속에서 지배하였다는 것을 헤겔도 인정하였다(2004i, 449). 여기서 헤겔의 역사철학은 단지 하나의 학문적 이론이 아니라 그 시대를 지배하는 이데올로기이며, 헤겔은 자신의 이데올로기를 통해 그 시대를 지배하는 지배 계층으로 분류된다.

마르크스의 동지 엥겔스는 헤겔 철학의 치명적 결함인 관념성의 원인을 18세기 프랑스 계몽주의자들에게서 발견한다. 프랑스 계몽주의자들은 기존의 모든 외적 권위를 거부하였다. 기존의 종교, 사회, 자연관, 국가 질서 등 모든 것을 비판의 대상으로 삼았다. 인간의 이성, "사유하는 오성(Verstand)이 유일한 규범으로 모든 것에" 적용되었다. "영원한 이성"과 일치하는 "이성적 국가, 이성적 사회"가 그들의 목적이었다. "인간의 머리와 사유를 통해 발견된 명제들이 인간의 모든 행동과 사회화(Vergesellschaftung)의 기초가 되어야 한다고 그들은 주장하였다.…종래의 모든 사회 형식과 국가 형식, 전승되어온 모든 표상이 비이성적인 것으로 헛간에 내던져졌다.…이제 이성의 나라가 시작되었다. 이제부터 미신, 불의, 특권과 억압은 배제되고, 영원한 진리, 영원한 정의, 자연에 근거한 평등, 포기될 수 없는 인간의 권리(인권)가 지배해야 한다"(Engels 1971a, 145). 이리하여 모든 외적인 것, 현실적인 것은 거부되고, 영원한 이성, 영원한 진리, 영원한 정의 등 인간의 머리에서 나온 관념이 지배하게 된다.

그러나 프랑스 계몽주의자들이 예고한 "이성의 나라"는 "유산계급의 관념화된 나라"(das idealisierte Reich der Bourgeoisie)가 되었다(146). 그들이 유일한 규범으로 설정했던 "영원한 이성은 사실상 그 당시 유산계급으로 발전하고 있던 중산층 시민들의 관념화된 오성에 불과하였다." 이로 인해 "이성의 국가"는 프랑스 혁명의 과정에서 실패로 끝났고, 루소의 사회계약설은 나폴레옹의 독재정치로 끝났다. "약속된 영원한 평화는 끝없는 정복 전쟁으로 변하였다"(147-148).

이 같은 프랑스 계몽주의의 역사를 회고할 때, 관념의 유희는 이제 중단되어야 한다. 추상적 사유의 공중제비는 중단되어야 한다. 관념에 기초한 사유의 공중제비는 사유에 머물기 때문에 현실에 도움이 되지 않는다. 오히려 그것은 현실을 방치하거나, 비이성적인 현실을 이성적인 것으로 정당화함으로써 비현실적 현실을 더 악화시킨다. 그러므로 이제 철학은 신적 정신, 이성 등의 관념이 아니라 인간의 굶주림, 굶주림을 해결하기 위한 물질 생산과 같은 현실의 "사실들"(facta)로부터 출발해야 한다. 사유와 이론에 머물지 않고 인간적인 사회를 향한 변혁의 실천을 다루어야 한다고 마르크스는 주장한다. 이 같은 확신에서 그는 무산계급의 공산주의 혁명을 말하게 된다.

V
인간의 본질은 사유가 아니라 노동에 있다
– 마르크스의 물질론적 인간관

위에서 우리는 헤겔 철학에 대한 마르크스의 비판을 고찰하였다. 이제 마르크스는 헤겔 철학에 대한 안티테제로서 그 자신의 사상을 제시한다. 그의 사상은 사실상 헤겔 철학에 대한 비판에서 생성된다. 따라서 헤겔 철학을 염두에 둘 때, 우리는 마르크스의 사상을 보다 더 깊이 이해할 수 있다. 먼저 우리는 마르크스의 물질론적 인간관을 고찰하고자 한다.

1. 인간의 최초의 역사적 행위는 물질 생산이다

1. 마르크스의 입장에서 볼 때, 헤겔 철학의 가장 근본적인 문제는 종교적·신학적 전제로부터 출발하는 데 있다. 곧 신적 정신이라고 하는 "신화적 주체-객체"(2004f, 341)에서 출발하는 데 있다. 헤겔 철학의 꼭대기에는 하나의 "신화적 주체-객체"가 서 있다. 이 신화적 주체-객체, 곧 "정신으

로서의 하나님"에게 가장 직접적인 존재는 인간이다. 인간 역시 정신적 존재이기 때문이다. 이를 가리켜 헤겔은 "정신은 정신에 대해 존재한다"고 말한다. 여기서 인간 역시 정신적 존재로 파악된다. 인간의 정신은 신적 정신의 현상 내지 현존으로 생각된다. "주님과 합하는 사람은 그와 한 영(정신, pneuma)이 된다"는 성경 말씀은 이를 가리킨다(고전 6:17).

헤겔에 따르면 정신의 본질은 사유에 있다. 따라서 정신적 존재로서의 인간은 본질적으로 **사유하는 존재**다. 사유는 의식을 전제한다. 의식을 가진 존재만이 사유할 수 있기 때문이다. 모든 인간은 의식을 가진다. 의식은 신적 정신의 현존이다. "신적 정신은 자기 자신을 사유함으로써 자기 자신을 규정하고, 자기를 자기 자신의 대상으로 세운다. 이 대상이 바로 인간의 의식이다.… '보편적인 정신은 본질적으로 인간의 의식으로서 현존한다.…정신은…자기를 직접적인 것, 존재하는 것으로 세우는 것이다. 이로써 그는 인간의 의식이다'"(김균진 2020, 333).

그런데 의식은 언제나 대상을 가진다. 그것은 언제나 어떤 대상에 대한 의식이다. 그 대상은 먼저 인간 자신이다. 인간의 의식은 먼저 인간 자신에 대한 의식, 곧 인간의 자기의식을 대상으로 가진다. "의식의 대상은 자기의식에 불과하다." 마르크스에 따르면, 헤겔은 인간의 본질을 자기의식에서 발견한다. "인간의 본질은 추상적인 **사유하는 본질, 자기의식**"이다(2004f, 340). 인간은 자기 바깥의 모든 외적인 것으로부터 자기 자신으로 돌아가, 자기를 성찰하고, 모든 것으로부터 구별되는 자기 자신을 의식할 수 있는 유일한 존재다. 이런 뜻에서 인간의 본질은 자기의식에 있다. 땅 위의 모든 생물 가운데 자기의식과 종교를 가진 것은 인간뿐이다. 여기서 인간은 본질적으로 **자기의식**으로 규정된다. "헤겔에게 인간의 본질은 인간의 자기의식이다", "인간 = 자기의식", 이것이 헤겔이 말하는 인간이라고 마르크스는 말한다(2004f, 331, 332).

2. 마르크스는 이 같은 헤겔의 인간관을 잘못된 것으로 본다. "지금까지 인간은 항상 자기 자신에 대한 잘못된 표상, 곧 그들이 무엇이며 무엇이어야 하는가에 대한 잘못된 표상을 자기에게 만들었다. 하나님에 관한, 정상적 인간에 관한 그들의 표상에 따라 그들은 그들의 관계를 세웠다. 그들의 머리에서 나온 것이 그들의 머리보다 더 크게 자라난 형국이 되었다"(2004i, 405). 헤겔이 인간을 정신적 존재, 사유하는 자기의식으로 보게 되는 원인은 신적 정신으로부터 출발하기 때문이다. 이리하여 헤겔은 현실의 인간을 보지 못하게 된다.

이에 반해 마르크스는 전혀 다른 **"현실적 전제"**로부터 인간을 파악해야 한다고 주장한다. "우리의 출발점이 되는 전제들은 자의적인 전제들이 아니며 교리들(Dogmen)이 아니다. 그것은 상상적으로만 추상화될 수 있는 현실적 전제들이다.…이 전제들은…오직 경험적 방법으로 확인될 수 있다"(2004i, 410). 환상적으로 확정된 인간, 곧 정신적 존재, 사유하는 존재, 자기의식으로서의 인간이 아니라 "현실적이며 경험적으로 볼 수 있는, 특정한 조건들 속에서 이루어지는 발전의 과정에 있는 인간"이 전제가 되어야 한다.

경험적 방법으로 확인할 수 있는 첫째 전제는 무엇인가? 마르크스에 따르면, 그것은 인간이 **물질을 생산하는 존재**라는 점이다. 굶주림의 문제를 해결하는 데 필요한 물질을 생산하기 위해 **노동하는 존재**라는 사실로부터 우리는 인간을 파악해야 한다. 헤겔이 말하는 인간의 자기의식은 비물질적인 것이다. 자기의식 그 자체는 물질이 없어도 생존할 수 있는 정신적인 것, 곧 영적인 것이다. 그것은 인간의 육에서 분리되어 있는 것처럼 보인다.

이에 반해 마르크스에 의하면 인간은 육을 가진 존재, 몸적인 존재다. 먹고 마실 음식과 음료, 옷, 집, 곧 물질이 있어야 그는 생존할 수 있다. 굶주림을 느낄 때 그는 먹고 싶은 욕구를 느낀다. 목마를 때 마시고 싶은 욕구를 느낀다. 이 욕구를 충족해야만 그는 생존할 수 있다. 이것을 마르크스는 다음과 같이 말한다. "모든 인간 실존의 첫째 전제는" "'역사를 만들' 수 있기 위해" 생명을 유지할 수 있는 상태, 곧 "살 수 있는" 상태에 있어야 한다는 것이다. "생명에는 무엇보다 먼저 먹는 것과 마시는 것, 집과 옷, 그 밖에 다른 것들이 속한다"(2004i, 422). 먹는 것과 마시는 것, 옷과 집, 곧 물질은 생명의 기본 조건이다. 생명 유지의 기본 조건은 헤겔이 말하는 정신, 의식 혹은 자기의식이 아니라 **물질**이다. 물질 없이 그는 생존할 수 없다.

생존에 필수적인 물질을 얻기 위해 인간은 물질을 생산한다. 물질의 생산, 이것이 인간 최초의 역사적 행위다. 인간의 "최초의 역사적 행동은 이 욕구들의 충족을 위한 수단들의 생산(Erzeugung), 물질적 삶의 생산이다. 이것은 역사적 행위요, 인간의 생명을 유지하기 위해 수천 년 전부터 오늘까지 이루어지는 또 매일 매 시에 이루어져야 할 **모든 역사의 기본 조건**(Grundbedingung aller Geschichte)이다"(2004i, 422).

3. 여기서 우리는 헤겔에 반대되는 마르크스의 **물질론적 인간관의 출발점**을 볼 수 있다. 헤겔은 인간을 자기를 의식하는 정신적 존재, 자기의식, 사유하는 존재로 파악하는 반면, 마르크스는 인간을 물질 없이 존재할 수 없는 물질 의존적 존재, 그러므로 생명에 필연적으로 필요한 물질, 곧 삶의 수단을 생산하기 위해 노동하는 존재로 파악한다. 헤겔에게서 인간의 본질은 정신과 자기의식과 **사유**에 있다면, 마르크스에게서 그것은 자기의 생존에 필요한 **물질을 생산하는 노동**에 있다.

헤겔에게서 인간과 동물의 차이는 인간의 정신과 사유, 자기의식에 있는 반면, 마르크스에게서 그 차이는 물질을 생산하는 노동에 있다. 동물은 주어진 물질을 사용할 뿐 물질을 생산하지 못한다. 이에 반해 인간은 사회-경제적 관계 속에서 물질을 생산한다. 삶에 필요한 물질적 수단을 생산한다는 점에서 인간은 동물로부터 구별된다. "우리는 의식을 통해, 종교를 통해, 그 외에 우리가 원하는 바를 통해 인간을 동물로부터 구별할 수 있다. 그러나 인간은 그들의 삶의 수단을 생산하기 시작하면서 동물로부터 자기를 구별하기 시작한다.…인간은 그들의 삶의 수단을 생산함으로써 간접적으로 그들의 물질적 삶 자체를 생산한다"(2004i, 411).

마르크스에 따르면, 인간이 물질적 생활 수단을 생산하는 방식은 그 이전에 있었던 생활 수단의 상태에 의존한다. 이보다 더 중요한 사실은 인간의 생산 활동은 "그들의 삶을 표출하는 특수한 방식이요, 그들의 특수한 삶의 방식이란" 점이다. 곧 물질을 생산하는 활동을 통해 인간은 자신의 삶을 나타내며 특수한 삶의 방식을 갖게 된다. "그들의 삶을 표출하는 바에 따라 그들은 존재한다." 그들의 존재, 곧 "그들이 무엇인가는 그들의 생산에 달려 있다. 나아가 그들이 **무엇을** 생산하며, **어떻게** 생산하는가에 달려 있다." 곧 인간의 존재는 무엇을 어떻게 생산하는가에 의존한다. 물질을 생산하는 인간의 노동은 "모든 가치의 본래적 창조자다"(Delekat 1954, 58).

여기서 우리는 헤겔과 마르크스의 중요한 차이를 볼 수 있다. 헤겔에게 인간의 본질은 **정신과 자기의식과 사유의 활동**에 있다. 이에 반해 마르크스에게 그것은 **물질을 생산하는 노동**에 있다. 헤겔에게서 인간의 존재는 **무엇을 어떻게 사유하느냐**에 따라 결정된다면, 마르크스에게서 인간의 존재는 **무엇을 어떻게 생산하느냐**에 따라 결정된다. 헤겔에게서 노동은 절대지식에 이르고자 활동하는 "**절대정신의 노동**"으로 파악된다면, 마르크스에게서 노동은 특정한 사회-경제적 관계 속에서 일어나는 "**인간의 노동**"으로 파악된다(Landgrebe 1954, 49). 헤겔에게서 인간은 절대정신의 노동의 "**술어**"가 된다면, 마르크스에게서 인간은 자신의 노동의 "**주체**"이어야 한다.

인간의 노동에 대한 마르크스의 이 생각은 혁명의 실천으로 확대된다. 인간은 자신의 노동, 곧 실천을 통해 자본주의 사회를 붕괴시키고 공산주의 사회를 실현하는 혁명의 주체가 되어야 한다. 그는 절대정신의 술어가 아니라 "새로운 사회"를 창조하는 주체여야 한다. 그는 절대정신이라고 하는 "유령"(Gespenst)을 필요로 하지 않는다. 그러나 현실적 문제는 모든 인간이 평등한 주체가 되는 것이 아니라, 태양과 같은 민족의 위대한 영도자 한 사람만이 주체가 되고, 그 외의 인민들은 이 주체의 술어가 되는 데 있다.

2. 물질적·경제적 조건이 인간을 결정한다
– 마르크스의 물질론적·경제주의적 보편주의

1. 여기서 우리는 마르크스의 물질론의 인간학적 출발점을 볼 수 있다. 헤겔에 따르면, 인간의 정신 혹은 의식은 신적 정신의 즉자(Ansich)를 외화함으로써 있게 된, 신적 정신의 대자(Fürsich)다. 인간의 정신은 신적 절대정신의 현상 양태다. 여기서 인간의 정신은 신적 정신으로부터 주어진 것, 곧 **초월적으로 주어진 것**으로 전제된다. 마르크스의 표현을 따르면, 그것은 "하늘로부터" 주어진 것이다. 본질적으로 인간은 신적 정신에 의해 세워진 "정신적 존재"다. 헤겔에 따르면, 정신의 본질적 활동은 사유에 있다. 따라서 인간은 본질적으로 "사유하는 존재"다. 바로 여기에 **헤겔의 관념론적 인간관의 핵심**이 있다.

마르크스는 헤겔의 관념론적 인간관을 뒤집어버린다. 인간의 정신이나 의식은 신적 정신에 의해 초월적으로 주어진 것이 아니다. 인간은 태어나면서부터 사회적 관계 속에서 태어난다. 따라서 인간의 정신과 의식은

사회적 관계 속에서 사회적 관계를 통하여 형성된다. 그것은 사회적 관계, 곧 **물질적·경제적 관계의 산물**이다. 물질적·경제적 관계 여하에 따라 인간의 정신과 의식이 결정된다.

마르크스에 따르면, 인간의 존재를 결정하는 것은 인간의 자기의식이나 사유가 아니라 물질의 생산과 획득, 이와 연관된 사회-경제적 관계 내지 상황(Verhältnisse)이다. 어떤 사회-경제적 관계 속에서, 무엇을, 어떻게 생산하느냐에 따라 인간의 자기의식과 사유가 결정된다. 인간의 정신과 의식, 인간의 사유가 그의 존재를 결정하는 것이 아니라 인간의 존재가 그의 정신과 의식과 사유를 결정한다. 곧 "인간의 생동성과 삶의 활동, 신체성, 독특성과 사회성으로서의 존재", 물질적·사회-경제적 삶이 그의 의식과 사유 형성에 결정적 영향을 준다(Fleischer 1992, 224).

이것을 마르크스는 다음과 같이 말한다. "인간이 그의 삶의 수단을 생산하는 방법은 먼저 주어져 있고 재생산되어야 할 삶의 수단의 상태에 의존한다." 이 생산 방법은 "그들의 삶을 표출하는 개인들의 특수한 유의 활동, 곧 특수한 **삶의 방법**이다. 개인들은 그들의 삶을 어떻게 표출하는가에 따라 존재한다." 따라서 개인들의 존재는 그들의 삶을 표출하는 방법에 따라 결정된다. "개인들이 무엇인가는(곧 개인들의 존재는) 그들의 생산과 일치한다. 그들이 **무엇을** 생산하느냐와 일치하는 동시에, 그들이 **어떻게** 생산하는가와 일치한다. 개인들이 무엇인가는 그들의 생산의 물질적 조건들에 의존한다"(2004i, 411). 그러나 독일 철학(곧 헤겔 철학)은 거꾸로 생각한다. 곧 인간의 삶이 그의 의식과 사유를 결정하는 것이 아니라 거꾸로 의식과 사유가 그의 삶을 결정한다는 것이다. 이에 반해 마르크스는, "**의식이 삶을 결정하는 것이 아니라 삶이 의식을 결정한다**"고 요약한다(2004i, 417).[1]

---

1 마르크스의 이 유명한 말의 원문: "Nicht das Bewußtsein bestimmt das Leben, sondern

마르크스의 물질론적 인간관의 핵심은 다음과 같이 요약할 수 있다. 인간의 본질은 정신과 자기의식과 사유에 있는 것이 아니라 물질을 생산하는 노동에 있다. 그는 본질적으로 노동하는 존재다. 그의 노동은 언제나 특수한 사회-경제적 관계 속에서 이루어진다. 따라서 어떤 사회-경제적 관계 속에서, 무엇을, 어떻게 생산하느냐에 따라 인간의 정신과 자기의식과 사유와 존재가 결정된다. 이를 가리켜 우리는 **물질론적·사회-경제적 인간관**이라 요약할 수 있다.

2. 마르크스에 따르면, 인간의 생산 방식과 사회-경제적 관계는 역사의 과정에서 변천한다. 각 시대는 상이한 생산 방식과 사회-경제적 관계를 맺는다. 원시 시대의 원시적 공동체, 그리스-로마의 귀족체제, 중세기의 봉건체제, 절대 군주체제 등 다양한 시대의 다양한 생산 방식과 사회-경제적 관계 속에서 인간은 노동한다. 따라서 인간의 존재는 고정되어 있는 것이 아니라 생산 방식과 사회-경제적 관계의 변천에 따라 **변천하는 사회-경제적·역사적 존재**다.

이리하여 마르크스의 물질론은 **사회-경제적·역사적 물질론**으로 확대된다. 인간의 정신과 자기의식과 사유는 물론 사회의 모든 **정신적 구조물**도 물질적 생산과 관계된 사회-경제적 관계를 통해 형성되며, 역사의 변천 과정에서 변천한다. 사회의 도덕과 윤리, 법질서, 학문과 예술 등은 정신에 의해 세워지는 것이 아니라 물질적 생산과 관계된 각 시대의 역사적 사회-경제적 관계를 통해 형성된다. "하늘로부터" 주어진 정신, 의식, 이성, 관념, 사유의 활동 등이 "땅의 것"을 결정하는 것이 아니라 땅에 속한 것이 이른바 하늘로부터 내려오는 것을 결정한다. "하늘로부터 출발하여

---

das Leben bestimmt das Bewußtsein."

땅으로 내려오는" 헤겔 철학에 반해, 마르크스는 "땅으로부터 하늘로" 올라가야 한다고 주장한다. 곧 각 시대의 물질적·사회-경제적 현실로부터 정신적 영역을 파악해야 한다는 것이다.

마르크스 자신의 말을 따르면, 인간이 말하고, 상상하고, 표상하는 것에서부터 출발하여 현실의 몸적 인간과 그의 물질적 현실을 파악하고자 해서는 안 된다. 오히려 "현실적으로 활동하는 인간으로부터, 그의 현실적인 삶의 과정으로부터 출발하여, 이 삶의 과정의 이데올로기적 반성(Reflexe)과 반향(Echo)의 발전을" 파악해야 한다. "인간의 머릿속에 있는 안개와 같은 상들(Nebelbildungen)도 경험적으로 확인할 수 있고, 물질적 전제와 결합되어 있는 물질적 삶의 과정의 필연적 승화물(Sublimate)이다.… 이들은 **역사를 갖지 않으며, 발전을 갖지 않는다.** 오히려 이들의 물질적 생산과 물질적 교통을 발전시키는 인간이…그들의 사유와 사유의 생산물들을 변화시킨다." 달리 말해, "물질적 생산과 물질적 교통"이 발전함에 따라 인간의 "사유와 사유의 생산물들", 곧 윤리, 도덕, 법, 학문, 예술, 종교 등 각 시대의 정신적 구조물이 뒤따라 변화된다(2004i, 417).

마르크스에 따르면, 인간의 "관념, 표상, 의식의 생산물은 인간의 물질적 활동과 물질적 교통, 현실적 삶의 언어와 직접적으로 얽혀 있다. 인간의 표상, 사유, 정신적 교통은 그들의 물질적 관계의 **직접적 유출**(Ausfluß)" 이다. 달리 말해, 인간의 정신과 의식, 그리고 인간의 정신이 만드는 모든 "정신적 생산물"은 각 역사적 시대의 특정한 사회적 조건의 제약 속에서 형성된다. 한 민족의 정치, 법, 도덕, 종교, 형이상학 등의 언어에 나타나는 "정신적 생산물"도 마찬가지다(2004i, 416). 종교도 각 시대의 물질적·사회-경제적 상황의 산물이다. 인간의 정신과 의식은 물론 인간의 정신이 만든 모든 정신적 생성물·구조물은 개인들의 "현실적 관계와 활동, 그들의 생산, 그들의 교통(Verkehr), 그들의 사회적·정치적 행동(Verhalten)의 의식적 표현이다"(1967 II, 22). 한마디로 물질적·경제적 관계가 사회와 시대를 결정한다. 이를 가리켜 우리는 **물질주의적·경제주의적 결정론 내지 보편주의**라 규정할 수 있다.

3. 그러나 마르크스는 인간의 정신이나 의식은 존재하지 않는다는 "유물"(唯物)을 주장하지 않는다. 오히려 **"인간은 의식도 가진다"**고 말한다. 인간의 의식만큼 오래된 인간의 언어는 "실제적이고…현실적인 의식이다." 의식과 언어를 통해 인간은 이웃과 관계를 맺는다. 동물에게는 의식적 관계가 없다. 자기 바깥에 있는 다른 대상에 대한 동물의 관계는 의식적 관계가 아니라 본능적 반응에 불과하다. 동물에게는 내적인 의식의 성찰 과정이 없고, 본능적이고 직접적인 반응이 있을 뿐이다. 이에 반해 인간은 의식과 언어를 가지며, 행동 이전에 내적 성찰의 과정을 갖는다. 그는 자기 바깥에 있는 존재와 의식적으로 관계한다. 그는 이웃에 대해 단지 본능적으로, 직접적으로 행동하지 않고, 의식적으로 행동한다. 의식적으로 행동하기 때문에, 인간은 자신의 행동에 대한 책임을 질 수밖에 없다. 자연의 짐승은 자기의 행동에 대한 책임을 알지 못한다. 그들은 본능적으로 행동할 뿐이기 때문이다.

여기서 마르크스는 **정신이나 의식 자체를 부인하는 것이 아니라** 단지 그것이 사회적 관계 내지 상황을 통해 형성되는 **"사회적 산물"**임을 말할 뿐이다. 그것은 "애초부터 사회적 산물이요, 인간이 실존하는 한 그것은 사회적 산물로 존속한다"(2004i, 425). 그것은 단순히 자기 자신에 대한 의식, 곧 자기의식이 아니라 자기 바깥에 있는 것, 곧 자기에게 가장 가까운 "감성적 환경"과 "자기를 의식하게 되는 개인 바깥에 있는 사람들과 사물들과의 제한된 연관성에 대한 의식"이다. 또 그것은 "자연의 의식"인 동시에, 자기 주변의 사람들과 결합할 수밖에 없는 "필연성에 대한 의식"이기도 하다.

한마디로 마르크스가 말하는 인간의 의식은 자기 홀로 존재하는 고독한 개인의 의식이 아니라 자기 바깥에 있는 사람들과 자연과의 관계 속에 있는, 또 이 관계를 통해 형성되는 **사회적 의식**이다. 이 의식은 인간에게 초월적으로 주어지는 것이 아니라, 물질적·사회-경제적 조건들과 각 시대의 역사적 조건들을 통해 형성된다는 것을 마르크스는 강조한다. 마르크스의 이 같은 물질론적·사회-경제적·역사적 인간관은 "인간은 먹는 바의 것이다"라는 포이어바하의 인간학적 진술을 사회-경제적으로, 또 역사적으로 발전시킨 것이라 말할 수 있다.

마르크스의 이 생각은 매우 그럴듯해 보인다. 그러나 만일 인간의 의식이나 사유가 그 시대의 물질적·사회-경제적 현실에 의해 결정된다면, **인간의 자유**에 대해 말하기란 불가능할 것이다. 인간은 그 시대의 물질적·사회-경제적 관계에 의해 결정되고, 이 관계를 따르는 노예일 것이다. 물질적·사회-경제적 관계가 세계와 역사의 모든 것을 결정한다. 이를 가리켜 우리는 마르크스의 **"세계관적 경제주의"**(weltanschaulicher Ökonomismus)라 말할 수 있다. 이에 관해서는 나중에 자세히 고찰하기로 하자.

3. 인간은 자연적·대상적 존재다

1. 헤겔은 인간을 자연 없는 "정신적 존재" 혹은 "자기의식"으로 파악함에 반해, 마르크스는 인간을 "자연적 존재"(Naturwesen), 자연을 포함한 대상 세계를 대상으로 하는 대상적 존재로 파악한다. 정신적 존재, 자기의식은 자연 없이, 대상 세계 없이, 자기 홀로 존재한다. 그는 자기 자신 안에 있으며, 자기 자신으로 만족한다. 그것은 자기 바깥에 있는 그 무엇에도 의존하

지 않는다. 대상 세계의 대상성은 인간의 자기의식으로 환원된다. 이런 점
에서 인간은 자유롭다. 헤겔 자신이 말하듯이, 인간은 자기 바깥에 있는 대
상 세계에 의존하지 않고 "자기 자신 가운데" 머물기 때문이다. 이에 반해
마르크스는 인간을 자연에 의존하며, 자연과 결합되어 있는 자연적 존재,
대상 세계를 자기에 대한 대상으로 가진 대상적 존재로 파악한다.

먼저 인간의 생산 활동은 **인간 바깥에 있는** 자연을 전제한다. 인간은
자연이 제공하는 소재를 기초로, 자기가 필요로 하는 물질을 생산한다. 그
의 생산 활동은 "무에서의 창조"가 아니라 자연이 제공하는 것을 새롭게
제작 내지 재생산하는 것에 불과하다. 그러므로 물질을 "생산하는 존재"로
서의 인간은 자연에 의존할 수밖에 없는 존재다.

마르크스에 따르면, 자연의 **"생명의 힘"**(Lebenskräfte)은 인간 안에도
있다. 곧 자연이 인간 안에도 있다. 이런 점에서 인간은 자연 바깥에, 자연
위에 있는 정신적 존재, 자기의식이 아니라 자연과 결합되어 있는 존재다.
자연과 결합되어 있기 때문에 그는 자연에 의존할 수밖에 없는 존재, 자연
없이는 생존할 수 없는 존재다(마르크스의 이 생각은 오늘 우리에게 중요한 의미
를 던진다).

그러므로 마르크스는 헤겔에 반해 인간을 **"자연적 존재", "자연의 힘
을 가진 몸적 존재, 감각적이며 대상적인 존재"**로 파악한다. 그에 따르면,
"인간은 직접적으로 자연적 존재다. 자연적 존재로서, 살아 움직이는 자연
적 존재로서 그는 **자연적인 힘**과 **생명의 힘**을 갖추고 있는 존재, **활동하는**
자연적 존재다. 이 힘들은 인간 안에 있는 (내적) 성향(Anlagen)과 능력으로
서, **본능**(Triebe)으로서 실존한다. 동물이나 식물과 마찬가지로 그는 자연
적·몸적·감성적·대상적 존재로서 고난을 당하며, 제약되었고 제한된 존
재다"(2004f, 333).

"생명의 힘"이 자연 안에도 있고 인간 안에도 있다면, "인간의 본질

성"(Wesenhaftigkeit)은 자연 안에도 있다고 말할 수밖에 없다. 그렇다면 인간은 **자연으로부터 나온 것**으로 생각될 수 있다. 여기서 마르크스는 하나님의 창조를 인정하지 않는다. 자연과 인간은 하나님의 창조로 말미암아 있게 된 것이 아니라 자연의 "생성 과정"에서 나온 것이다.

이에 근거하여 마르크스는 하나님의 존재를 부인한다. "인간의 본질성이 자연 안에 있고, 인간은 자연의 현존으로(als Dasein der Natur), 인간에 대해 자연은 인간의 현존으로(als Dasein des Menschen)…감각적으로 볼 수 있게 되었다." 그러므로 "하나의 **낯선** 존재, 자연과 인간 위에 있는 존재", 곧 하나님의 존재에 대한 질문은 "불가능해졌다." 이것은 무신론을 뜻한다. "무신론은 **하나님의 부정**이요, 이 부정을 통해 **인간의 현존**을 세운다"(2004f, 320-321). 곧 하나님이 부정될 때, 인간의 현존이 세워질 수 있다는 것이다(그러나 과연 그런지는 매우 의심스럽다).

2. 마르크스가 말하는 인간의 "자연적 존재"는 자연과 인간의 자연주의적 일치를 뜻하지 않는다. 이 같은 자연주의의 위험성에 반해, 마르크스는 자연과 인간의 구별과 대칭성을 주장한다. 그에 따르면, 인간의 "자연적 존재"는 **자연을 자기의 대상으로** 가진 존재임을 전제한다. 자연은 생명의 힘으로서 인간 안에 있는 동시에 인간 바깥에 있다. 그것은 인간의 자기의식으로 환원될 수 있는 것이 아니라 인간에 대한 대상이다. 인간은 자연적 존재이기 때문에 자연적 욕구와 충동을 느낀다. 자연의 짐승과 마찬가지로 그는 배가 고플 때 음식(대상)을 먹고 싶은 욕구를 느끼며, 목마름을 느낄 때 물을 마시고 싶은 욕구를 느낀다. 추위를 느낄 때 그는 옷을 입고자 한다. 인간의 이 같은 욕구와 충동을 만족시킬 수 있는 것은 자연의 대상이다. 자연은 인간 바깥에 대상으로 실존한다. 인간의 자연적 욕구와 충동을 충족시킬 수 있는 자연은 "인간 바깥에 있는, **그에 대해 독립된 대상들**

로서 실존한다." 자연이 인간에 대해 대상적으로 존재하며, 인간도 자연에 대해 대상적으로 존재한다. 인간은 "자연의 현존으로서", 자연은 "인간의 현존으로서" 대칭한다.

이 대칭성 속에서 자연의 대상은 인간의 욕구 대상이다. "인간 본질의 힘을 활동시키고 확인하기 위해 없어서는 안 될 본질적 대상이다. 인간이 자연의 힘을 가진 **몸적 존재**, 살아 움직이는 현실적 존재, 감성적이고 대상적인 존재라는 것은 **현실의 감성적 대상**을 자기 본질의 대상으로, 자기 삶의 외화의 대상으로 가지는 것을 뜻한다. 혹은 그는 자기의 삶을 오직 현실적이고 감성적인 대상에게서만 **외화할** 수 있음을 뜻한다. 대상적으로, 자연적으로, 감성적으로 존재한다는 것과, 대상과 자연과 감성을 자기 바깥에 가진다는 것, 혹은 그 자신이 제3의 것에 대해 대상과 자연과 감성이라는 것은 동일한 것이다"(2004f, 333).

3. 여기서 마르크스는 자연으로 환원될 수 없는, 자연에 대한 **인간의 대칭성**을 주장하는 동시에, 인간의 자기의식으로 환원될 수 없는 **자연의 대칭성**을 주장한다. "현실적이고 몸적이며, 잘 완성된 땅 위에 서 있으며, 모든 자연적 힘을 마시고 내뿜는 인간은 자기의 현실적이고 대상적인 본질의 힘을 자기의 외화를 통해 낯선 대상으로 **세운다**. 여기서 주체가 되는 것은 세움(Setzen)이 아니다. 그것은 **대상적** 본질의 힘들의 주체성이다. 이 주체성의 행위는 대상적 행위일 수밖에 없다. 대상적 존재는 대상적으로 작용한다. 대상적인 것이 그의 본질의 규정 속에 있지 않다면, 대상적 존재는 대상적으로 작용하지 못할 것이다. 그것은 **대상들만을** 세운다. 그 자신이 대상을 통해 세워져 있기 때문이요, 그는 본래부터(von Haus aus) **자연**이기 때문이다"(2004f, 332-333).

인간에 대한 자연의 대상성을 마르크스는 "굶주림"의 문제로부터 해명한다. 여기서 그는 헤겔의 정신철학에서 눈을 씻어도 찾아보기 어려운 "굶주림"이란 개념을 수용한다. 마르크스의 입장에서 볼 때, 헤겔의 정신적 존재, 자기의식은 굶주림을 모른다. 이에 반해 마르크스에 따르면, 인간은 배가 고플 때 무엇을 먹고자 하는 존재, 곧 굶주림을 아는 존재다. "굶주림은 자연적 **욕구**다. 그것은 자기를 충족시키기 위해, 자기를 만족시키기 위해, **자기 바깥에 있는 자연**을, 자기 바깥에 있는 **대상**을 필요로 한다. 굶주림은 자기 바깥에 있는, 그의 통합과 본질의 외화에 없어서는 안 될 대상에 대한 내 몸의 욕구다. 태양은 식물에게 대상이다. 그것은 식물에게 없어서는 안 될, 식물의 삶을 확증하는 대상이다. 이와 마찬가지로 식물은 태양의 대상이다. 그것은 생명을 소생시키는 태양의 힘의 **외화**요, 태양의 **대상적** 본질의 힘의 외화다"(2004f, 333).

태양과 식물과 마찬가지로, 인간과 자연도 서로에게 대상으로 존재한다. 그들은 서로를 대상으로 둔다. 어떤 다른 존재를 대상으로 갖지 않은 존재는 실재하지 않는 존재일 것이다. 내가 어떤 대상을 가질 때, 이 대상은 나를 자기의 대상으로 가진다. "비대상적인 존재는 비현실적이며, 비감성적인 존재, 단지 사유된 존재, 다시 말해 단지 상상된 존재, 추상의 존재 (Wese der Abstrakton)"일 것이다. "감성적으로 존재한다는 것(Sinnlich sein), 다시 말해 현실적으로 존재한다는 것은, 감성의 대상으로 존재함을 말하며, 감성적 대상으로 존재함을 말한다. 곧 감성적 대상을 자기 바깥에 가지며, 자기 감성의 대상을 가진다는 것을 말한다"(2004f, 334).

4. 이와 같이 인간에 대한 자연의 대상성과, 자연에 대한 인간의 대상성을 주장함으로써 마르크스는 자연을 절대정신의 관념으로 환원시키는 헤겔의 **관념론**을 거부하는 동시에 인간을 자연으로 환원시키는 **자연주의**를 거부한다. 자연이 인간에게 대상이라면, 인간도 자연에게 대상일 수밖에

없다. 자연이 인간에게 대칭한다는 것은, 인간이 자연에게 대칭한다는 것을 전제한다.

상호 대칭 속에서 자연과 인간은 서로 의존한다. 자연도 **"인간적 자연"**이 되기 위해 인간의 도움을 필요로 하는 동시에, 인간도 자기의 자연적 생명을 유지하기 위해 자연에 의존한다. 인간은 "자연적 존재"이기 때문에 자연을 필요로 하며, 자연 없이는 생존할 수 없는 존재다. 자연 없이 인간은 자기의 생존에 필요한 물질, 곧 "삶의 수단"(Lebensmittel)을 생산할 수 없다. 자연은 인간의 자기의식으로 지양될 수 있는 것이 아니라 인간의 생존을 가능하게 하는 생존의 기본 조건으로서 자신의 본질과 독자성을 가진다. 이와 동시에 자연은 인간을 통해 "인간적인 자연"이 된다. 이와 같이 인간과 자연은 서로 대칭하는 동시에 상호 의존한다. "의존한다"는 것은 자유로운 존재가 아니라 "제약되어 있는" 존재임을 말한다.

이것을 마르크스는 다음과 같이 말한다. 태양과 식물이 서로 의존하듯이 인간과 자연도 서로 의존한다. 자연에 대해 인간은 "자연적 인간"으로 나타나는가 하면, 인간에 대해 자연은 "인간적 자연"으로 나타난다. 여기서 자연은 단순히 직접적으로 주어진 것, "직접적으로 인간의 본질에 적합하게(adäquat) 현존하는 것"이 아니라 인간의 감성적 노동을 통해 "지금 실존하는" 형태로 형성되어야 할 것으로 나타난다. 그것은 인간적으로 형성된 자연, "참된 인간학적 자연"이어야 한다(1967 I, 604). 그러므로 "자연의 역사와 인간의 역사"는 "인간이 실존하는 한 분리될 수 없다. 자연의 역사와 인간의 역사는 서로를 제약한다"(2004i, 410).

4. 고난당하는 존재, 열정적 존재로서의 인간

1. 마르크스의 입장에서 볼 때, 헤겔이 말하는 순수히 정신적인 존재, 자유 가운데서 홀로 사유하는 비감성적 자기의식은 고난과 고통을 알지 못한다. 그것은 모든 외적인 것에 의존하지 않는 자유 속에서 자기 홀로 존재하기 때문이다. 그것은 그 자신으로 만족하기 때문에 외부로부터 아무런 자극을 받지 않는다. 그것은 언제나 자기 자신 가운데 있다. 그것은 자기 자신 안에서 자기 자신으로 만족하기 때문에 외부의 사물에 의존할 필요가 없다. 외부의 사물에 의존하지 않고, 외부로부터 아무런 자극도 받지 않기 때문에 그것은 열정(혹은 격정, Leidenschaft)을 품지 않으며, 열정을 품지 않기 때문에 고난도 없다. 열정이 없으면 고난도 없다.

이에 반해 마르크스는 인간을 "고난당하는 존재", "열정적인 존재"로 정의한다. "대상적·감성적 존재로서의 인간은 **고난당하는** 존재(ein leidendes Wesen)다. 그는 자기의 고난을 지각하는 존재, 열정적인 존재(leidenschaftliches Wesen)이기 때문이다. 열정, 수난(Passion)은 자기의 대상을 열정적으로 지향하는 인간의 본질적 힘이다"(2004f, 334). 여기서 마르크스가 말하는 "고난"과 "열정"이란 자기 아닌 것의 자극을 받으며, 자기 아닌 것에 의존하며, 자기의 생명을 유지하기 위한 욕구를 충족하기 위해 자기 아닌 것을 얻고자 진력할 수밖에 없는 인간의 본성을 가리킨다. 인간의 "대상적·감성적 존재" 자체는 하나의 고난이요 열정이라 말할 수 있다. 그것은 자기가 아닌 것, 곧 타자를 자신의 대상으로 가진다. 대상을 가진다는 것은, 대상에 의해 제한되고 제약되는 것을 말한다. 대상으로 말미암은 제한과 제약 속에서 그는 자기의 생명을 유지하고 실현하고자 한다. 여기서 고난과 열정은 불가피하다. 인간의 사랑도 마찬가지다. 너와 하나가 되고자 하는 열정 자체가 하나의 고난이기도 하다. 내가 아닌 존재와의 하나

됨은 나 자신의 제한과 포기를 전제하기 때문이다.

이로써 마르크스는 헤겔의 관념적 인간 이해를 극복하고, 현실의 인간을 파악하고자 한다. 그에 따르면 "인간의 본질적 힘"은 헤겔이 말하는 사유의 능력에 있는 것이 아니라 자기 바깥에 있는 "대상을 열정적으로 지향하는" 힘에 있다. 곧 인간의 가장 "본질적인 힘"은 사유의 힘이 아니라 굶주린 배를 채움으로써 자기의 생명을 유지하고자 하는 생물적 힘이다. 그러므로 인간은 그의 본질에 열정적일 수밖에 없다. "열정이 없는 인간, 혹은 소원(Wünsche)이 없는 인간은 더 이상 인간이 아닐 것이다.···모든 것에 대해 무관심한(gleichgültig) 인간, 열정이 없는 인간, 자기 자신으로 충분한 인간은 더 이상 사회적 존재가 아닐 것이다"(2004g, 399, 각주에서).

2. 여기서 마르크스는 다시 한번 헤겔 철학의 추상적 관념성을 발견한다. 헤겔이 말하는 "정신적 존재", "사유하는 존재"로서의 인간은 현실의 인간이 아니다. 인간의 정신, 사유 그 자체는 굶주림과 성욕을 알지 못한다. 그것은 먹을 필요도 없고, 성적 구별성도 알지 못한다. 그것은 그 자체로 충분하며, 자기 자신으로 만족한다. 그에게는 생명에 필요한 물질을 얻고자 하는 열정이 없다. 열정이 없기 때문에 고난도 알지 못한다. 바로 여기에 인간의 자유, 곧 모든 외적인 것으로부터의 비의존성(Unabhängigkeit)이 있다고 헤겔은 생각한다. 인간의 가장 기본적 문제 곧 굶주림의 문제는 헤겔 철학에서 설 자리가 없다.

마르크스의 입장에서 볼 때, 이것은 현실의 인간을 기만하는 것이다. 인간의 가장 원초적 문제는 사유가 아니라 굶주림을 벗어나는 데 있다. 사흘 동안 굶주린 사람에게 일차적으로 필요한 것은 사유가 아니라 굶주린 배를 채우는 일이다. 그는 먼저 먹어야 한다. 먹을 것을 얻기 위해, 그리고 가족의 생명을 유지하기 위해 그는 노동해야 한다. 하루의 일거리를 얻기

위해 새벽 일찍 일어나 추위에 떨며 인력시장으로 나가야 한다. 그는 끊임
없이 자기 바깥에 있는 것을 자기의 것으로 획득하고자 한다. 그러므로 인
간은 생존하는 한 열정적일 수밖에 없다. 열정으로 인해 그는 고난을 당할
수밖에 없는 존재다. 그러므로 마르크스는 신적 정신이나 절대정신으로부
터 출발할 것이 아니라, 현실의 인간으로부터 출발해야 한다고 거듭 주장
한다.

여기서 마르크스가 말하는 **"현실의 인간"**은 무산계급자들이다. 그것
은 또 하나의 보편개념이 아니라, 초기 자본주의 사회 속에서 굶주림을 면
하기 위해 열정적으로 일하며, 고난 속에서 살아가는 가난한 사람들을 가
리킨다. 이들이 현실의 인간이다. 철학은 이들로부터 출발해야 한다. 곧 굶
주림을 해결함으로써 자기의 생명을 유지하고자 하는 충동을 만족시키기
위해 열정적으로(뼈 빠지게) 노동하며, 생명 유지에 빠듯한 최소의 임금으
로 살아가는, 고난당하는 인간으로부터 출발해야 한다는 것이다.

여기서 마르크스는 포이어바하의 인간학적 현실주의를 철저히
(radikal, 곧 뿌리[radis]에서부터) 실현하고자 한다. 포이어바하도 현실의 인
간이 출발점이 되어야 한다고 말한다. 그러나 마르크스의 입장에서 볼 때,
그는 정말 현실의 인간을 보지 못하였다. 그는 초기 자본주의적 시민사회
속에서 "굶주림의 고통을 당하는 사람들"의 삶의 열정을 간과하였다. "그
는 현실적으로 실존하는, 활동하는 인간에 결코 이르지 못하였다. 오히려
'인간'이라는 추상(Abstraktum)에 머물며, '현실적이고 개인적이며 몸을 가
진 인간'을 지각 속에서 인정할" 뿐이다. "건강한 사람들 대신에 굶주림의
고통을 당하는 사람들의 무리(einen Haufen...Hungerleider)"를 보며, 그는 "인
간의 종"이라는 보편개념으로 도피한다. 이로써 그는 "다시 관념론에 빠져
버린다"(2004i, 421). 이에 반해 마르크스는 포이어바하와 헤겔이 보지 못했
던 사람들, 생존의 불안 속에서 뼈 빠지게 노동하며, 최소의 임금으로 생명

을 이어가는 그 "현실적 인간"이 철학의 출발점이어야 한다고 주장한다. 이것은 참으로 인간적인 생각이다. 기독교 신학은 이 생각을 수용해야 할 것이다. 복음서에서 예수는 굶주린 사람들의 배를 채워주는 자로 나타난다(떡 다섯 개와 물고기 두 마리 이야기 참조. 이 이야기의 뿌리는 "너희 가운데 굶주리는 사람이 없게 하라"는 구약성서의 하나님의 명령에 있다. 유대인이었던 마르크스 역시 구약성서의 이 계명을 잘 알고 있었을 것이다).

5. 사회적 존재로서의 인간

1. 헤겔은 인간을 본질적으로 "사유하는 존재"라고 말한다. 신적 정신과 친척 관계(Verwandtschaft)에 있는 존재, 신적 정신에 가장 가까운 "정신적 존재"로서의 인간은 사유를 그의 본질로 갖기 때문이다. 사유할 때 인간은 자기 바깥에 있는 모든 것으로부터 자유롭다. 그는 자기 바깥에 있는 것에 의존하지 않기 때문이다(사실은 그렇지 않다 ─ 필자). 그는 모든 것에서 분리되어 자기 자신 안에서, 자기 홀로 사유한다. 그러므로 사유하는 존재로서의 인간은 사회적 관계에서 분리된 개체다. 인간의 정신 혹은 자기의식은 무사회적인 것, 곧 사회가 없는 개체적인 것이다. 그것은 이웃과의 관계를 떠나 자기 홀로 존재한다.

한마디로 헤겔이 말하는 "정신적 존재", "자기의식"으로서의 인간은 무사회적 개체, 곧 Ego다. 인간의 본질로서의 자기의식은 현실적 내용이 없는 "인간의 추상물"(Abstraktion des Menschen)에 불과하다(2004f, 332). 인간의 본질이 자기의식으로 규정될 때, 인간의 사회적·물질적·자연적 조건 내지 상황은 배제된다. 신적 정신과 직접적 관계에 있는 무사회적·무역사적 자기의식이 있을 뿐이다. 여기서 헤겔은 "인간의 본질"을 "그의 현실적인 인간적 실존 속에서" 파악하지 않고 "공상적인 개체성"(imaginäre Einzelheit)으로 파악한다고 마르크스는 말한다(1962a I, 306).

자기의식으로서의 인간을 마르크스는 원자(Atom)에 비유한다. 원자의 특성은 "아무런 속성을 갖지 않으며, 따라서 그 자신의 자연적 필연성을 통해 제약된, 자기 바깥에 있는 다른 존재들과의 관계를 맺지 않는 데 있다. 원자는 욕구가 없다. 그것은 그 자신으로 만족한다(selbstgenügsam). 자기 바깥에 있는 세계는 절대적 공허(Leere)다. 다시 말해 원자는 내용이 없고, 의미가 없으며, 아무것도 말하지 못한다. 그것은 모든 충만함(Fülle)을 자기 자신 안에 소유하고 있기 때문이다." 시민사회의 인간은 이 같은 원자와 같다(2004g, 386).

원자와 같은 인간, 곧 자기의식으로서의 "인간은 **자아**(Selbst)와 동일시된다. 자아는 추상적으로 파악된, 추상화를 통해 생성된 인간일 뿐이다. 인간은 자아적이다(ist selbstisch). 그의 눈과 그의 귀 등은 자아적이다. 그의 모든 본질의 힘은…자아성(Selbstigkeit)의 속성을 가진다." 여기서 인간은 자연적·사회적 관계에 있는 존재가 아니라 자기만의 눈과 귀와 본질의 힘을 가진 고립된 개체로 파악된다. 자연 없이 생존할 수 있는 비자연적 존재, 사회적 관계에서 추상화된 정신적 존재, 사유하는 존재, 자기의식으로서의 인간이 헤겔이 말하는 인간이다. 그는 "그 자신에 대해 추상화되었고 자아로 고정된" 존재로서, "**추상적 이기주의자**"(abstrakter Egoist)로서 자기 홀로 존재한다. 인간은 "자기의 완전한 추상화 속으로, 사유로 고양된 이기주의자"다(2004f, 330). 헤겔이 말하는 "정신적 존재", "자기의식"으로서의 인간은 "추상적 이기주의자"다. 포이어바하가 말하는 감성적 존재로서의 인간 역시 이기주의자다. 그는 사적인 인간, 유산계급자다(이 생각을 헤겔 좌파 슈티르너가 나중에 주장하게 됨).

이 문제와 연관하여 마르크스는 인간을 먼저 **자기중심적 존재, 이기**

적 존재로 파악한다. 그의 문헌 『거룩한 가족』 프랑스어판 본문에 따르면, 다른 사물들을 사랑할 때 그는 자기 자신만을 사랑할 수 있다. 그의 생애 어떤 순간에도 그는 자기를 자기 자신으로부터 분리할 수 없다. 그는 그 자신을 한순간도 시야에서 놓칠 수 없다. "인간은 그 자신의 관심 때문에 다른 사람들을 사랑한다. 그는 그 자신의 행복을 위해 그들을 필요로 하기 때문이다.…도덕은 그에게 증명해 보인다. 곧 모든 존재자 중에 인간은 인간에게 가장 필요한 존재라는 것이다." 참된 도덕, 참된 정치는 인간을 결합시켜 "그들 서로의 행복을 목적으로 결합된 노력을 통해 일하도록" 하는데 있다. "덕(Tugend)은 공동체성(Gemeinschaft) 속에서 결합되어 있는 인간의 유익함(Nutzen)이다." 자신의 생명을 위해 다른 사람들과 결합해 공동의 유익을 찾는 현실의 인간은 열정을 품지 않을 수 없다.

2. 원자처럼 자기 홀로 존재하는 이기적 존재로서의 인간, 포이어바하의 사적 인간 혹은 유산계급자에 반해, 마르크스는 인간을 특수한 사회적 관계에서 실존하는 **사회적 존재**로 파악한다. 인간은 태어나면서부터 사회적 존재다. 그는 사회적 관계 속에서 태어나고 양육을 받는다. 그는 "**사회적 종의 존재**" 혹은 "**정치적 동물**"(zoon politikon)이다. 인간은 사회적 존재이기 때문에 "나의 일반적 의식의 활동", "나의 이론적 현존"도 사회적이다. "개인은 사회적 존재다. 그의 삶의 표출(Lebensäußerung)은 사회적 삶의 나타냄이요 활동이다"(312). 인간의 사회적 존재를 마르크스는 다음과 같이 요약한다. "인간은 세계 바깥에 앉아 있는 추상적 존재가 아니다. 인간은 인간의 세계, 국가, 사회성(Societät)이다"(2004e, 274).

마르크스에 따르면, 인간의 본질을 구성하는 생산 활동 역시 사회적 관계 속에서 이루어진다. 그의 생산 활동 곧 노동은 특정한 사회적·경제적 조건 속에서 이루어지는 사회적 노동일 뿐이다. 인간의 "활동과 향유는 그 내용에 있어서는 물론 **실존 방식**에 있어 **사회적** 활동이요 **사회적** 향유이다." 비록 내가 나 혼자 사유한다 할지라도 "나는 **사회적**이다. 나는 **인간**으로서 활동하기 때문이다. 단지 나의 활동의 재료가 나에게…사회적 생성물로서 주어져 있기 때문이 아니라 나 **자신의** 현존이 사회적 활동이기 때문이다"(310). "그러므로 나의 보편적 의식의 활동도…사회적 존재로서 나의 **이론적** 현존이다." 이 세상에 자기 홀로 존재하는 사람은 아무도 없다. "인간, 그것은 **인간의 세계**이고, 국가, 사회성이다"(2004e, 274). 인간 존재는 "사회적 상황의 앙상블이다"(2004h, 403).

인간은 철저히 사회적 존재이기 때문에 인간의 정신과 의식도 사회적 상황을 통해 결정된다. 사회적 상황에서 분리된 "특별한 정신"(einen aparten Geist)이란 존재하지 않는다. 정신은 사회적 상황과 무관한 초월적인 것이 아니라 "현실적이며 물질적으로 제약되어 있는 개인들의 정신"일 뿐이다. 이 정신은 하늘로부터 내려오는 신적인 것이 아니라 현실적이며 물질적인 조건, 곧 물질의 생산이 그 속에서 이루어지는 사회-경제적 상황을 통해 결정된다.

따라서 **인간의 자기실현과 본래성의 회복**은 오직 사회적 관계 속에서 실현될 수 있다. 사회적 관계를 떠난 이른바 기독교의 영적·정신적 자기실현, 본래성의 회복이란 비현실적이고 추상적이다. 마르크스에 따르면, "'인간이 본성적으로 사회적이라면, 그는 자기의 참 본성을 사회 속에서 발전시킨다. 그의 본성의 힘은(Macht seiner Natur) 각 개인의 힘에서 측정될 것이 아니라 사회의 힘에서 측정되어야 한다.' 이 기본적 전제로부터…마르크스의 **무산계급적 사회주의**가 귀결된다"(Löwith 1941, 175).

여기서 마르크스는 인간의 사회성을 수동적 측면과 적극적 측면에서 파악한다. 곧 인간은 **사회를 생성한다**는 적극적 측면에서 사회적 존재요, 인간이 사회를 통해 생성된다는 수동적 측면에서 사회적 존재다. 특정한 사회가 그에 상응하는 인간을 형성하고, 특정한 인간이 자기에게 상응하는 사회를 형성한다. 이것을 마르크스는 다음과 같이 요약한다. **"사회가 인간을 인간으로서 생산하듯이, 사회가 인간을 통해 생산된다"**(2004f, 310). 인간의 사회성의 이 두 가지 측면으로 인해 마르크스는 1) 인간은 사회적 관계를 통해 형성된다고 하면서, 2) 인간은 공산주의 혁명을 통해 "새로운 사회"를 형성해야 한다는, **두 가지 상반되는 생각**을 말하게 된다.

3. 이 상반되는 생각은 인간과 사회의 미묘한 상관관계를 나타낸다. 인간이 사회를 만드는 동시에 사회가 인간을 만든다. 양자는 서로를 형성하고 또 형성되는 상관관계에 있다. 따라서 사회와 개인을 분리시키고, 서로에게 대칭하게 설정하기란 불가능하다. 마르크스에 따르면 사회는 개인들로 이루어진다. 그러므로 개인이 바로 그 사회다. 그렇다면 사회는 개인으로부터 분리된 하나의 독립된 대상으로 간주할 수 없다. 사회는 "개인에게 대칭하는 추상물(Abstraktion)로서 고정될" 수 없다. 인간의 사회성도 마찬가지다. 그것은 개체 인간을 떠난 하나의 관념이 될 수 없다고 마르크스는 주장한다. 그것은 하나의 철학적 보편개념일 수 없다. 그것은 인간과 사회의 상관관계 속에서 일어나는 하나의 운동 내지 활동성일 뿐이다.

개인과 사회의 상관관계를 마르크스는 개인과 종(種)의 관계를 통해 설명한다. "개인은 증명(Bestätigung)이다. 개인의 삶과 인간 종의 삶은 다르지 않다." 개인 삶의 현존 방식(Daseinsweise)이 종의 삶의 방식보다 더 특수할 수도 있고, 아니면 더 보편적일 수 있을지라도 개인의 삶과 종의 삶은 다르지 않다. **개인의 삶은 보편적 종의 삶의 구체화**일 뿐이다. 개인이 인간의 종 안에 있고, 인간의 종이 개인 안에 있다. 개인은 "종(種)의 의식"이다. 인간의 종과 개인은 구별되는 동시에 통일성 안에 있다.

"인간의 종의 의식"으로서 인간은 "특수한 개인이요, 그의 특수성이 그를 하나의 개인으로 만들며, 현실적인 개체적 공동체의 존재(Gemeinwesen)로 만드는"것은 사실이다. 이와 동시에 "사유되고 지각되는 사회의 **총체성**(Totalität)이요…주체적 현존"임도 사실이다. 죽음은 "개인에 대한 종의 냉혹한 승리"처럼 보인다. 그것은 개인과 종의 "통일성에 모순되는 것처럼 보인다. 그러나 특수한 개인은 특수한 종의 존재일 뿐이며, 그는 종의 존재로서 사멸한다"(2004f, 312). 그 자신을 직접적으로 아는 인간은 결코 자기 홀로 존재하는 고독한 자기의식, 개체적 자아가 아니다. 오히려 그는 지금 여기에서 현실적이고 정신적이며 감성적인 인간으로서, 구체적 관계 속에 있는 종의 존재 내지 "공동체적 존재"(Gemeinwesen, 2004d, 249)로서 실존할 뿐이다.

개인과 사회도 개체 인간과 인간의 종과 동일한 관계에 있다. 개인이 사회 안에 있고, 사회가 개인 안에 있다. 개인이 사회를 구성하는 동시에 사회가 개인을 구성한다. 개인은 사회에 의해 형성되는 동시에 사회를 형성한다. 사회는 개인들에 의해 형성되는 동시에 개인을 형성한다. 마르크스는 인간은 단지 사회에 의해 형성된다고 일방적으로 말하지 않는다. 오히려 사회에 의해 형성되는 동시에 사회를 형성하는 인간의 주체성과 책임성을 인정한다. 그러므로 그는 공산주의 사회를 완성해야 할 과제를 세계의 모든 무산계급자에게 호소한다.

사회는 어디까지나 "역사의 과정"(geschichtlicher Verlauf) 속에 있다. 인간의 삶과 존재를 구성하는 물질의 생산과 경제 활동 역시 역사의 과정에 있다. 그것은 그 시대의 역사적 상황에 의존한다. 따라서 사회적 존재로서의 인간은 역사의 과정에서, 역사의 과정에 의존하는 **역사적 존재**다. 그는 "역사의 과정에서 추상화될" 수 없는 존재다(2004h, 403).

여기서 마르크스는 "사회적 존재"라는 말도 또 하나의 관념이 될 수 있음을 경고한다. 그것은 인간의 구체적 삶의 현실에서 추상화된 또 하나의 보편개념이 될 수 있다. 인간의 사회적 존재는 구체적으로 파악되어야 한다. 이를 위해 인간이 그 속에서 노동하고 실존하는 물질적·사회-경제적 관계로부터 출발해야 한다. 사회-경제적 관계를 분석하고, 사회와 역사를 움직이는 사회-경제적 동력과 법칙이 무엇인가를 드러내야 한다. 사회의 물질적 조건, 상품을 생산하는 노동의 역할, 생산 관계, 생산 관계에 기초한 사회적 관계를 분석하고, 이 기초 위에서 인간의 사회적 존재를 파악해야 한다.

인간의 사회적 존재에 대한 "경험적 관찰은 언제나 사회·정치적 체제와 (물질적) 생산의 연관성을 아무 신화화(Mystifikation) 없이, 사변 없이, 경험적으로 제시해야 한다." 인간의 사회성은 이웃과의 관계성·유대성 등의 추상적 개념이 아니라 특정한 사회-경제적 관계 속에서 물질을 생산하는 인간의 물질적·사회-경제적 실존을 가리킨다. 그것은 또 하나의 보편개념이 아니라 특정한 사회-경제적 관계 속에서 노동하고, 이 관계로 말미암아 형성되는 인간의 실존 자체로 파악되어야 한다.

이와 같이 인간은 구체적으로 사회적 존재이기 때문에, 인간의 해방은 사회의 해방 없이 생각할 수 없다. 사회의 정치적·경제적 차원의 해방이 있을 때, 인간의 해방이 가능하다. 인간은 "세계 바깥에 앉아 있는 추상적 존재"가 아니라 "인간의 세계, 국가, 사회성"이라면, 인간의 해방은 인간이 속한 세계, 국가, 사회의 해방과 함께 일어날 수 있다.

여기서 인간의 사회성에 대한 마르크스의 통찰은 공산주의 사회의 실현으로 확대되는 것을 볼 수 있다. 그것은 또 하나의 추상적 보편개념이 아니라 공산주의 사회에 대한 전망을 열어주고, 이 사회의 실현을 요구한다. 인간의 사회적 존재는 인간에 의한 인간의 소외가 없는 사회, 계급적 차별이 없는 사회, 재산을 공유하는 사회, 곧 공산주의 사회에서 완전히 실현될 수 있는 것으로 생각된다. 자본주의 사회는 소유를 함께 나누는 사회적 공동체가 아니라 끝까지 자기의 것을 챙기는 **이기적 공동체**로 규정된다. 자본주의의 이기적 공동체에 속한 이기적 존재로서의 인간이 참된 사회적 존재로 해방될 수 있는 길은 공산주의 혁명에 있다.

사회적 존재로서의 인간과 **자연적 존재**로서의 인간은 어떤 관계인가? 마르크스에 따르면, 인간은 사회적 존재로서 자연적 존재요, 자연적 존재로서 사회적 존재다. 인간의 사회성과 자연성은 대립하지 않고 하나로 결합된다. 그러나 자본주의 사회에서 인간의 사회성과 자연성은 대립하는 것으로 생각된다. 자연은 인간의 정복과 지배의 대상으로 생각되기 때문이다.

이에 반해 공산주의 사회에서는 인간의 사회성과 자연성, 사회적 본질과 자연적 본질이 하나로 결합될 것으로 기대한다. 마르크스에 따르면, 완성된 자연주의와 완성된 휴머니즘이 공산주의 사회에서 결합된다. "자연의 인간적 본질은 먼저 사회적 인간을 위해 있다. 왜냐하면 비로소 여기에서 자연은 인간과의 끈(Band)으로서 인간을 위해 있기 때문이다.…비로소 여기에서 인간의 **자연적** 현존은 **인간적** 현존이 되며, 자연은 그에 대해 인간으로 된다. **사회**는 인간과 자연의 완성된 본질의 통일성이요, 자연의 참된 부활이며, **인간의 관철된 자연주의**(der durchgeführte Naturalismus)요, **자연의 관철된 휴머니즘**(der durchgeführte Humanismus)이다"(2004f, 311).

6. 인간은 "인간에 대해 가장 높은 존재"다
– 마르크스 철학의 대전제

1. 마르크스의 여러 문헌에서 "인간에 대해 최고의 존재"로서의 인간, "존엄한 최고의 존재"(souveränes, höchstes Wesen), "인간의 존엄성"(Souveränität

des Menschen)이란 말이 거듭 나타나는 것을 볼 수 있다(2004d, 254, 2004e, 283, 290 등). 인간에 대한 이 같은 생각을 마르크스는 "휴머니즘"이라고 요약한다. 휴머니즘을 그는 "인간학적 원리"라고 부른다. 이 인간학적 원리의 뿌리는 기독교 "종교의 인간적 기초"(menschliche Grundlage der Religion)에 있다고 마르크스는 생각한다(2004d, 250, 251). 마르크스는 기독교의 "인간적 기초"를 자신의 철학의 대전제로 수용한다. 그의 철학 전체는 기독교의 "인간적 기초", 곧 휴머니즘을 세속의 차원에서 실현하기 위한 노력이었다고 말할 수 있다. 그는 "비인간화된 인간"을 "인간에 대한 최고의 존재"로 회복하고자 하였다. 그의 공산주의 이론 역시 휴머니즘을 실현하기 위한 것이었다. 그러므로 마르크스는 자신의 공산주의 이론을 휴머니즘과 동일시한다. "완성된 자연주의로서 공산주의는 휴머니즘이다." 그것은 "해결된 역사의 수수께끼다"(das aufgelöste Rätsel der Geschichte, 2004i, 309).

마르크스의 휴머니즘은 포이어바하를 거쳐 헤겔에게서 물려받은 것이었다. 마르크스는 헤겔 철학에 대한 논쟁 속에서 휴머니즘 사상을 주장한다. 헤겔 철학은 신적 정신 혹은 절대자로부터 출발하기 때문에 인간을 **신적 정신의 "술어"**(Prädikat)로 파악한다. 헤겔에 따르면, 인간의 모든 활동은 인간 안에 현존하는 신적 정신의 자기활동의 나타남이다. 인간의 자기의식, 사유와 사상, 이 모든 것은 신적·절대적 정신의 자기활동의 계기에 불과하다.

"자기를 절대적 자기의식으로 아는 주체,…하나님, 절대정신, 그 자신을 알고 활동하게 하는 관념", "**신화적인 주체-객체, 혹은 객체를 능가하는 주체성**", "과정으로서의 절대 주체, 그 자신을 외화하고 외화로부터 그 자신으로 돌아가는 동시에 외화를 그 자신 속에 거두어들이는 주체"가 이른바 "인간의 신적 과정"의 주체가 되고(2004f, 341), 인간은 이 신적 주체의 자기활동을 구체화하는 술어의 위치에 서게 된다.

이것을 우리는 헤겔이 말하는 "이성의 간계"에서 명시적으로 볼 수 있다(List der Vernunft, "간지"로 번역하기도 함). 인간이 자신의 활동을 통해 어떤 목적을 이룰 때, 사실은 인간 안에 있는 신적 정신이 자기의 목적을 이룬다. 따라서 인간은 신적 정신의 목적과 의도를 이루는 **도구** 내지 **수단**이다. 나폴레옹과 같은 세계사적 인물을 포함한 모든 인간은 신적 정신의 도구 내지 수단이다. 자신의 목적을 이루는 인간 안에서 사실상 신적 정신이 자기의 목적을 이룬다. 인간은 자신의 목적을 이루는 것 같지만, 사실상 그 시대의 신적 정신의 목적과 의도를 성취하고 세계사의 뒤안길로 버림을 당하는 "도구"다.

따라서 세계사의 참 주체는 인간이 아니라 신적 정신이다. 세계사는 인간이 주체가 되어 창조하는 것이 아니라, 초월적이고 추상적이며 절대적인 **신적 정신의 자기활동**일 뿐이다. 이로써 인간은 자신의 주체성과 존엄성을 상실하고 신적 정신의 도구로, 신적 주체의 술어로 전락한다.

2. 헤겔이 말하는 신적 정신은 국가의 형태로 현존한다. 국가는 신적 정신, 곧 "하나님의 나타남"(현상, Erscheinung Gottes)이다. 이 국가의 통치자 곧 왕은 신적 정신에 가장 가까운 존재다. 그는 "하나님-인간"(Gottmensch)이다. 그가 생각하고 말하는 것이 곧 법이다. 그가 다스리는 국가는 "기독교를 그의 기초로 가진 기독교 국가"이고(2004d, 250), 이 국가의 종교 곧 기독교는 인간이 "인간에 대해 최고의 가치"라는 자기의 강령을 상실하고 "시민사회의 정신이 되었다. 이기주의 영역의 정신, **모든 사람에 대한 모든 사람의 전쟁**(bellum omnium contra omnes)의 정신이 되었다. 그것은 더 이상 공동체성(Gemeinschaft)의 본질이 아니라 **구별**(Unterschied)의 본질이다. 그것은 인간의 공동체성의 존재로부터, 그 자신과 다른 인간들로부터 인간 **분리**의 표현이 되었다"(2004d, 248-249). 이 같은 "기독교적 국가"

에서 인간은 왕에게 예속된 존재, 통제와 지배를 받는 존재로 실존한다. 그는 자신의 주체성과 존엄성을 상실하고, 상품과 같은 취급을 받는 존재, 노예처럼 되어버린 존재가 되었다. 오늘의 시민사회에서 인간은 "인간 상품"(Menschenware)이 되었다고 마르크스는 고발한다(2004f, 295).

이에 반해 마르크스는 어떤 인간도 파괴할 수 없는 모든 인간의 존엄성과 최고의 가치, 곧 휴머니즘을 주장한다. 여기서 마르크스는 헤겔의 생각을 수용하는 것으로 보인다. 헤겔에 따르면, 모든 인간은 모태에서 태어날 때 모두 똑같은 인간으로 태어난다. 모태에서 갓 태어나 어머니의 품에 안긴 아기들은 똑같다(평등하다). 그들에게 교육적 차이, 사회 신분적 차이란 존재하지 않는다. 이와 같이 모든 인간은 똑같기 때문에 모두 자유롭다. 그들은 동일한 가치를 지닌다. "각 사람은 그 자신에 대한 주체요, 그 자신에 대해 무한하고 절대적인 가치를 지닌다"(Hegel 1966, 245).

마르크스는 헤겔의 이 생각을 수용한다. 그의 문헌 『유대인 문제에 대하여』에 따르면, 본래 모든 사람은 평등하다. 모두 똑같은 인간이다. 그러나 기독교를 국가종교로 하는 "이른바 기독교 국가에서는" "왕이라고 하는 단 한 인간만이" 인간으로서의 존엄성과 가치를 지닌다. 그는 "다른 인간들로부터 특유하게 구별되는 존재, 그 점에서 스스로 종교적인 존재, 하늘과 하나님과 직접 연결되어 있는 존재"로 간주된다. 여기서 "모든 인간은 평등하고 자유롭다"는 기독교 "종교의 정신은 현실적으로 아직 세계화되지(verweltlicht) 않았다"(2004d, 253). 기독교 "종교의 대강령"은 사라져버렸다.

3. 그러므로 마르크스는 참 기독교 정신의 실현을 이른바 "기독교 국가"에서 기대하지 않고, 기독교 없는 세속적 "민주주의 국가에서" 기대한다. 곧 기독교의 종교적 정신은 국가종교로서 정치화된 "이른바 기독교 국가"

가 아니라 "민주주의 국가에서" 실현될 수 있다. 마르크스의 말 그대로 따른다면 "정치적 민주주의"가 참으로 기독교적인 것이다. 왜냐하면 정치적 민주주의에서 "인간, 인간뿐 아니라 모든 인간은 존엄스러운 존재, 가장 높은 존재로 인정되기" 때문이다. 마르크스에 따르면, "우리 사회의 모든 조직을 통해 비참해졌고, 자기 자신을 상실했고, (노동 상품으로) 팔렸고, 비인간적인 관계와 요인의 지배에 내맡겨진 인간, 한마디로 진짜 종(種)의 존재 (wirkliches Gattungswesen)가 아닌 인간"이 사실상 "가장 높은 존재"다. "인간의 존엄성(Souveränität)"은 국가종교로서 정치화된 기독교가 결코 이룰 수 없는 "그림의 떡"(Phantasiegebilde)이 되어버렸다. 국가종교로서의 기독교가 이룰 수 없는 "그림의 떡"은 정치적 "민주주의 체제에서…세상적 최고 원리(weltliche Maxime)"로 실현될 수 있을 것이라고 마르크스는 기대한다(1971, 44-45).

모든 인간의 존엄성과 최고 가치에 대한 마르크스의 신념은 그의 문헌 『헤겔 법철학 비판 서론』에서 다음과 같이 나타난다. "종교에 대한 비판은, 인간은 **인간에 대해 가장 높은 존재**라는(daß der Mensch das höchste Wesen für den Menschen sei) 이론과 함께 끝난다." 인간은 인간에 대해 가장 높은 존재이기 때문에 "인간이 그 속에서 비하되었고, 노예처럼 되었고, 버림을 받았고, 멸시를 당하는 존재가 되어버린 **모든 상황을 뒤엎어버리라는 범주적 명령**과 함께 종교에 대한 비판은 끝난다"(2004e, 283). 여기서 종교비판의 목적은 인간을 "인간 상품"으로, "정신적으로 또 육체적으로 탈인간화된 존재(entmenschtes Wesen)"로 만들어버리는 모든 불의한 상황을 뒤엎어버리고, 모든 인간의 존엄성과 가치를 회복하는 데 있는 것으로 나타난다(2004f, 295).

4. 요약한다면, 헤겔의 뒤를 이어 마르크스에게도 "인간은 인간에 대해 가

장 높은 존재"로 생각된다. 따라서 어떤 인간도 다른 인간을 억압하거나 차별하거나 노예처럼 다룰 수 없다. 최고 통치자라 할지라도 그렇게 할 수 없다. 대통령과 국민, 공직자와 국민, 기업가와 노동자 등 모든 인간은 똑같은 사람이다. 그들은 평등하다.

마르크스에 따르면, 모든 인간의 평등은 또 다른 하나의 관념 내지 보편개념이 될 수 없다. 그것은 입으로만 이야기할 것이 아니라 물질적으로, 또 사회 제도적으로 구체화되어야 한다. 사회 계급의 차이가 폐기되어야 하며, 노동에서 나오는 열매는 모든 사람에게 공평하게 나누어져야 하며, 자유로운 민주주의 체제가 세워져야 한다. 이리하여 마르크스는 사유재산과 독재체제를 거부하고, 모든 소유를 함께 나누며 계급 차별이 없는 민주주의적 공산주의를 주장하게 된다. 그가 외친 "계급 없는 사회", 사유재산의 폐기, 소유를 함께 나누는 공산주의 사회, 공산주의 사회를 이루기 위한 무산계급의 혁명 등은 "인간은 인간에 대해 가장 높은 존재"라는 인간학적 원리, 곧 휴머니즘을 실현하기 위함이었다. 마르크스의 공산주의 이론 전체는 "모든 사람은 모든 사람에 대해 최고의 존재, 최고의 가치다"라는 휴머니즘의 대원칙을 실현하고자 한 시도였다.

"인간은 인간에 대해 가장 높은 존재"라는 휴머니즘의 원리를 실현하기 위해 마르크스는 하나님의 존재를 부인하고, 기독교 종교의 철폐를 주장한다. 그의 입장에서 볼 때, 기독교가 믿는 하나님, 국가종교로서 정치화된 기독교 종교는 인간을 노예화시키는 근본 원인이기 때문이다. 한마디로 국가종교로서의 기독교는 "민중의 아편"이다(2004e, 275). 하나님과 더불어 "민중의 아편"이 사라질 때, 인간의 해방과 인간의 인간화, 인간의 존엄성이 회복될 수 있다고 그는 확신한다.

그러므로 마르크스는 자기의 무신론이 **휴머니즘**이라고 말한다. "하나님의 지양으로서의 무신론은 이론적 휴머니즘의 형성(Werden)이다"(2004f,

339-340). 종교 곧 기독교가 철폐될 때, 헤겔 철학의 관념성의 거짓이 무너지게 되고, 모든 인간이 "인간에 대해 최고의 존재"라는 성서의 대헌장이 세속적 형태로 실현될 수 있다고 그는 확신한다.

그러나 마르크스가 사망한 뒤에 나타난 공산주의 사회는 그의 기대와는 완전히 다른 사회였다. 그것은 "완성된 휴머니즘"이 아니라 "완성된 강제 수용소"였다. "현실적 삶의 회복"이 아니라 "완성된 삶의 박탈"이란 사실을 우리는 현대 공산주의 국가에서 볼 수 있었고, 지금도 보고 있다.

VI

마르크스의 물질론적·사회-경제학적 역사철학

헤겔의 철학과 마찬가지로 마르크스의 철학 역시 그 전체를 하나의 역사철학이라 말할 수 있다. 앞서 기술한 바와 같이, 마르크스의 세계사적 구도는 헤겔의 그것에서 유래한다. 그러나 두 사람은 출발점이 전혀 다르다. 헤겔이 절대정신 혹은 신적 정신으로부터 출발한다면, 마르크스는 물질의 생산을 통해 형성되는 사회-경제적 관계로부터 출발한다. 전자가 신적 정신에 기초한 관념론적 역사철학이라면, 후자는 물질적·사회-경제적 조건에 기초한 물질론적 역사철학이라 말할 수 있다.

헤겔은 역사를 추진하는 요인을 신적 정신 혹은 이성의 변증법적 활동에서 발견하는 반면에, 마르크스는 "경제적 과정을 역사 발전의 기본적 요인으로 간주한다.···이 같은 관점에서 (마르크스의) 물질론적 역사관은 경제적 역사관이다. **물질론은 경제주의다**"(Tillich 1962, 322). 마르크스의 입장에서 볼 때, 헤겔의 관념론적 역사철학은 역사를 해석할 뿐 역사를 변혁하지 못한다. 그것은 추상적 사상과 이론에 머물러 있다. 이에 반해 마르크스의 물질론적 역사철학은 공산주의 사회를 향한 계급투쟁과 혁명의 **실천이론**이고자 한다.

1. "삶의 수단의 생산"이 "최초의 역사적 행위"다
  – 물질론적 역사철학의 기본 전제

1. 앞서 기술한 바와 헤겔에 따르면 신적 정신과 통일성 가운데 있는 인간의 정신과 의식이 인간의 현실적 존재와 물질적 상황을 결정한다. 인간의 머릿속에 있는 관념과 사상이 물질적 현실을 결정한다. 정신적 상부구조가 물질적 하부구조를 결정한다. 이에 반해 마르크스에 따르면, 물질적·사회-경제적 관계가 인간의 정신과 의식을 결정한다. 인간의 정신과 의식은 물질적·경제적 상황의 산물이다. 따라서 물질적 하부구조가 정신적 상부구조를 결정한다. 인간의 정신, 의식, 이성 등 이 모든 "관념적인 것"(das Ideelle)은 "인간의 머릿속으로 옮겨졌고 번역된 물질적인 것(das Materielle)"에 불과하다. 사회의 물질적 하부구조가 변화될 때, 이 모든 "관념적인 것"도 변화된다.

여기서 마르크스는 헤겔의 관념을 물질로 바꾸어버린다. "관념적인 것"(das Ideelle)은 "인간의 머릿속으로 옮겨졌고 번역된 물질적인 것"(das im Menschenkopf umgesetzte und übersetzte Materielle)에 불과하다(1972 IV, XXXI). 생산 수단과 생산력의 발전, 이 발전으로 말미암아 변화되는 사회적·역사적 관계의 발전을 통해 제약된 인간이 "정신적 생산물", 곧 그 사회의 상부구조를 만들기 때문이다.

따라서 인간의 정신, 의식, 사유, 사상, 도덕, 종교, 인간이 만든 이데올로기, 이들에 상응하는 의식 형식의 "독립성"을 말하는 것은 불가능하다.

"이 '독립성'은 '허상'(Schein)에 불과하다.…그들의 물질적 생산과 물질적 교통을 발전시키는 인간이…그들의 사유와 사유의 생산물을 변화시킨다. 의식이 삶을 결정하는 것이 아니라 삶이 의식을 결정한다"(2004i, 417). 인간의 의식이란 "의식적 존재에 불과하며, 인간의 존재는 그의 현실적 삶의 과정이다"(416). 그 사회와 시대를 "지배하는 사상들은" 사유의 활동에서 오는 것이 아니라 그 사회와 시대를 "지배하는 물질적 관계"로부터 온다. 그것은 "지배하는 물질적 관계의…표현이다. 곧 사상으로 파악된, 지배적인 물질적 관계들(die als Gedanken gefaßten, herrschenden materiellen Verhältnisse)이다"(2004i, 446).

엥겔스는 이것을 다음과 같이 설명한다. "모든 자연적·역사적·정신적 세계를 과정으로" 파악한 헤겔은 분명히 "그의 시대의 보편적 머리"였다. 그러나 그는 "관념론자"(Idealist)였기 때문에 관념과 물질, 사상과 대상 사물의 관계를 거꾸로 보았다. 그는 자기의 머릿속에 있는 사상을 "현실의 사물과 과정의…추상적 모상(Abbilder)으로 파악하지 않고, 거꾸로 사물과 그들의 발전을 세계가 있기 전부터 실존하는 '관념'의 실현된 모상으로 파악하였다. 이리하여 모든 것이 거꾸로 세워졌고, 세계의 현실적 연관성(Zusammenhang)이 완전히 거꾸로 세워졌다"(Engels 1971a, 160-161).

마르크스는 헤겔이 거꾸로 파악한 것을 다시 거꾸로 되돌린다. 곧 정신이나 관념이 인간의 물질적·경제적 상황을 결정하는 것이 아니라, 물질적·경제적 상황이 정신이나 관념을 결정한다. "물질적 생산물"이 변형될 때, "정신적 생산물"도 "함께 변형된다." 한 시대를 지배하는 관념은 그 시대를 지배하는 계급의 관념일 뿐이다. "옛날 삶의 상황이 해체되면, 옛날의 관념도 해체된다"(2004m, 614-615). 삶의 상황이 변화되면, 관념도 변화된다.

이 관계를 마르크스는 프루동에 대한 비판에서 다음과 같이 설명한다. "경제학자인 프루동 씨는 인간이 사용하는 수건과 아마포와 명주가 특수한 생산 관계 속에서 제조된다는 사실을 잘 알고 있었다. 그러나 그는 다음의 사실을 보지 못했다. 곧 이 특수한 사회적 상황 역시 수건이나 아마포처럼 인간이 만든 생산물이란 사실이다. 사회적 상황은 **생산력**과 밀접하게 결합되어 있다. 새로운 생산력을 얻을 때 **생산방법**이 변화되고, 생산방법과 그들의 생필품을 **획득하는 방법**의 변화와 함께 그들의 모든 **사회적 관계**가 변화된다. 손으로 빻는 절구는 봉건 영주들이 다스리는 사회를 낳고, 증기 제분기는 산업화 시대의 자본가가 다스리는 사회를 낳는다. 생산방법에 따라 사회적 상황을 형성하는 바로 이 인간이, 그들의 사회적 상황에 따라 **철학적 원리와 관념과 범주**를 형성한다. 따라서 이 관념, 이 범주는 그들이 표현하는 (사회적) 상황과 마찬가지로 영원하지 않다. 그들은 역사적이며, 일시적이며, 지나가 버리는 생산물이다"(2004k, 566-567).

　　곧 인간의 의식과 사유, 관념, 원리, 범주 등의 관념적인 것들은 생산력과 생산방법으로 말미암은 사회적 상황에 따라 형성되는 **사회의 물질적·경제적 상황의 산물**에 불과하다. 사회의 물질적·경제적 상황이 인간의 모든 정신적 현상, 곧 관념적인 것을 결정한다. 따라서 관념적인 것들은 영원한 절대적인 것이 아니라 가변적이요 일시적인 것에 불과하다. "우리는 생산력이 증가하며, 사회적 상황이 파괴되고, 관념들이 형성되는 지속적 운동 한가운데서 살고 있다." 이 운동 속에서 변하지 않는 것, 움직이지 않는 것은 아무것도 없다. "움직이지 않는 것이 있다면 그것은 이 운동으로부터의 추상(Abstraktion)뿐이다. 이것이 죽지 않는 죽음(mors mortalis)이다"(2004k, 567).

2. 물질론적 역사 해석을 마르크스는 그의 저서 『독일 이데올로기』에서 자세히 논구한다. 신적 정신, 이성, 관념, 개념으로부터 세계를 파악하는 헤

겔에 반해, 마르크스는 "현실적으로 활동하는 인간으로부터, 그들의 현실적 삶의 과정으로부터 출발하여 이데올로기적 성찰의 발전 과정과 이 삶의 과정의 반향을 파악하고자 한다. 도덕, 종교, 형이상학과 그 밖의 이데올로기들과 이에 상응하는 의식의 형식들은 현실 삶의 과정으로부터 독립된 것이 아니다. 그들은 더 이상 독립성의 가면(Schein der Selbständigkeit)을 쓰지 않는다.…그들은 역사를 갖지 않으며, 발전을 갖지 않는다. 오히려 물질적 생산과 물질적 교통을 발전시키는 인간이, 그들의 이 현실과 함께 그들의 사유와 사유의 생산물을 변화시킨다. 의식이 삶을 결정하는 것이 아니라 삶이 의식을 결정한다"(2004i, 417).

이와 관련하여 마르크스는 18세기 프랑스 철학자들의 옛 물질론과 자신의 물질론을 구별한다. 옛 물질론은 변증법적이지 않다. 그것은 정적이요 비역사적이다. 그것은 변증법의 역동적 원리를 알지 못하기 때문에 역사 발전의 현상을 바르게 파악하지 못한다. 또한 옛 물질론은 추상적이다. 그것은 인간의 존재를 사회적 상황에서 분리된 것으로 본다. 18세기 프랑스 철학자들의 무역사적·비변증법적 물질론에 반해, 마르크스는 역사적·변증법적 물질론을 주장한다.

마르크스의 **역사적 물질론** 혹은 **변증법적 물질론**이란 무엇인가? 여기서 "물질"이란 고정된 물체를 말하는 것이 아니라, 물질의 생산과 관계된 사회 전체의 관계들을 총칭하는 개념이다. 따라서 역사적·변증법적 물질론이란 물질적·경제적 관계의 변증법적 변혁이 인간의 정신과 의식은 물론 사회 체제와 역사의 변혁을 일으킨다는 것을 말한다. 역사의 발전 원인은 인간의 머릿속에 있는 관념이나 사상이 아니라 물질적 생산 수단과 생산 방법의 변혁, 이로 말미암아 일어나는 경제적·사회적 관계의 변혁에 있다는 것이다. 물질을 생산하는 생산 수단과 생산 방법의 변천으로 말미암아 사회-경제적 관계가 변화된다. 이 변화로 말미암아 사회 체제와 역사가 변증법적으로 변화되는 것을 가리켜 마르크스의 역사적 물질론, 변증법적 물질론이라 말할 수 있다.

강원돈 교수에 따르면, 마르크스는 "인간이 사회적 존재로서 펼쳐나가는 노동과 그것을 매개로 해서 형성되는 교류관계들이 인간 사회와 역사의 근본을 이룬다고 생각하였고, 이러한 교류관계를 중심으로 해서 제도와 사상을 살피는 것이 적절하다고 생각했다"(7). 그의 "유물론적 역사관"의 첫째 내용은 "역사 연구에서 바탕이 되는 것은 경제적 관계이고, 이를 중심으로 해서 한 사회의 정치관계, 사회관계, 사상 및 종교의 여러 표현 형태 등등을 상호 연관 관계 속에서 총체적으로 파악하여야 한다는 것이다." 둘째 내용은 "의식의 여러 가지 형태는 삶의 물질적 생산과정에서 비롯된 것이므로 의식의 표현 형태를 바꾸려면 그 바탕을 이루는 사회적 관계를 근본적으로 변화시켜야 한다는 것이다"(강원돈 2021, 8).

3. 이제 마르크스는 그의 물질론적 역사철학의 전제를 다음과 같이 설명한다. "우리가 시작하는 전제는 자의적인 전제가 아니며 교리들(Dogmen)이 아니다. 그것은…**현실적인 전제**다. 그것은 현실적인 개인들, 그들의 행동과 물질적 삶의 조건이다.…이 전제는 경험적 방법으로 확인될 수 있다." "경험적 방법으로 확인될 수" 있는 첫째 전제는 특수한 사회적 관계 속에서 정신과 육체를 가지고 살아 움직이는 개인들의 실존이다. 모든 역사 해석이 항상 기억해야 할 "모든 인간 역사의 **첫째 전제**"는 **인간**, 곧 "**살아 움직이는 개인들의 실존**이다.…확인될 수 있는 첫째 사실은 개인들의 육체적 조직(Organisation)과 이를 통해 주어진 여타 자연에 대한 관계다.…모든 역사 기록은 이 자연적 기초와 역사의 과정에서 인간의 행위를 통해 일어난 이 기초의 변형(Modifikation)으로부터 출발해야 한다"(2004i, 410-411). "환상적 폐쇄성 속에 고정되어 있는 인간"이 아니라 "특수한 조건 속에 있

는, 현실적이고 경험적으로 볼 수 있는 발전 과정에 있는 인간"이 역사에 대한 관찰과 해석의 첫째 전제다(417).

마르크스의 이 말도 헤겔 철학과의 연관 속에서 잘 이해될 수 있다. 헤 겔은 **신적 정신**(하나님의 영)을 역사 관찰의 첫째 전제로 설정하는 반면, 마 르크스는 "**생동하는 인간적 개체들의 실존**", "현실적이고 경험적으로 볼 수 있는 발전 과정에 있는 인간"과 "**물질적 삶의 조건**"을 첫째 전제로 제 시한다. 헤겔에게서 역사는 신적 정신의 자기활동을 통해 이루어진다면, 마르크스에게서 역사는 물질을 생산하는 인간의 노동과, 노동이 그 속에 서 이루어지는 사회-경제적 관계의 변혁을 통해 이루어진다. 헤겔에게서 세계사는 신적 정신의 자기활동의 산물이라면, 마르크스에게서 세계사는 "인간의 노동을 통한 인간의 생성물(Erzeugung), 인간에 대한 자연의 되어 감(Werden)에 불과하다"(2004f, 320).

마르크스의 인간론에서 기술한 바와 같이, 인간을 동물로부터 구별 하는 "최초의 **역사적** 행위"는 사유가 아니라(헤겔에 반해) "그들의 삶의 수 단을 생산하기 시작한다"는 점에 있다. "인간은 그들의 **삶의 수단을 생산** 함으로써 자기를 동물로부터 구별하기 시작한다"(2004i, 411). 헤겔에 따 르면, 인간과 동물의 또 하나의 차이는 종교에 있다. 인간만이 종교를 가 진다. 따라서 헤겔은 인간과 동물의 차이는 종교에 있다고 보는 반면, 마르 크스는 이 차이를 삶의 물질적 수단의 생산과 물질적 삶을 생산하는 노동 에 있다고 본다. 인간의 머릿속에 있는 사상이나 관념이 인간의 존재를 결 정하는 것이 아니라 무엇을, 어떻게 생산하는가에 따라 인간의 존재가 결 정된다. 인간이 무엇인가의 문제는 "그들의 생산의 물질적 조건에 의존 한다"(2004i, 410-411).

여기서 마르크스는 인간의 노동을 헤겔처럼 사유의 노동으로 보지 않 고 물질을 생산하는 노동으로 파악한다. "헤겔은 대상을 정립하는 정신의 노동을 이야기하고, 정신이 낮은 단계로부터 높은 단계로 발전하면서 세계를 구성하는 노동을 수행하는 과정을 현상학적으로 기술하였지만, 마르크스는 노동의 주체가 정신이 아니라 몸과 마음, 감성과 지성, 욕망과 의지를 가진 인간이라고 보았고, 인간이 자연을 구성하는 일부분으로서 자신에게 속한 고유한 역량을 갖고서 자기 앞에 주어져 있는 대상에 대해 활동하고 자신의 욕망을 충족하는 대상을 생산하며 살아간다는 점을 중시하였다"(강원돈 2021, 6).

그런데 마르크스에 따르면, 삶의 수단을 생산하기 위한 인간의 노동은 "특정한 사회적·정치적 상황" 속에서 일어난다. 그러므로 역사에 대한 경험적 관찰은 사회적·정치적 상황과 생산의 연관성을 객관적으로 보여주어야 한다. 여기서 어떤 종류의 "신화화"도 허용될 수 없다. 여기서 마르크스가 자주 사용하는 "신화화"는 신적 정신, 절대정신, 세계정신, 이성, 관념, 보편개념 등 종교적·관념적 전제로부터 출발하여 역사를 하나의 종교적·관념적 역사로 만드는 것을 가리킨다.

4. **역사 관찰의 첫째 전제**를 마르크스는 아래와 같이 설명하기도 한다. "모든 인간의 실존과 모든 역사의 첫째 전제"는 다음의 사실에 있다. 곧 "인간은 '역사를 만들' 수 있기 위해, 살 수 있는 상태에 있을 수밖에 없다는 것이다. 삶에는 무엇보다 먼저 먹을 것과 마실 것, 집과 옷 등이 속한다. 최초의 역사적 행위는 이 욕구들의 충족에 필요한 **수단의 생산**이요, **물질적 삶의 생산**이다. 이것은 하나의 역사적 행위요, 오늘은 물론 수천 년 전부터 매일, 매시간 충족되어야 할 모든 역사의 기본 조건이다. 그래야만 인간이 생명을 유지할 수 있다."

여기서 해석의 첫째 요소는, 물질적 삶의 생산의 "기본적 사실"의 모든 의미와 폭을 관찰하고, 그것을 정당하게 다루는 데 있다. 독일인들은 이것을 결코 행하지 않았다. 그러므로 그들은 "한 번도 역사에 대한 땅 위의 기초(irdische Basis)를 갖지 못했고, 따라서 역사가(Historiker)를 한 번도 갖지 못했다"(2004i, 422). 독일에는 관념론자들, 형이상학자들의 관념적·형이상학적 역사철학이 있을 뿐이다. 여기서 마르크스는 헤겔을 염두에 두고 있다.

역사 해석의 둘째 요소는, "충족을 얻은 욕구, 욕구 충족의 행위 그리고 욕구 충족을 이미 얻은 도구는 새로운 욕구를 일으킨다는 사실이다. **새로운 욕구의 생산**이 최초의 역사적 행위"라는 사실에 있다(423).

역사 해석의 셋째 요소는, "자신의 삶을 매일 새롭게 만드는 인간이 다른 인간들을 만들어(자손을 낳아) 자기를 번식하기 시작한다는 점에 있다. 곧 남자와 여자, 부모와 자녀 사이의 관계, 곧 **가족**에 있다"(423).

역사 해석의 넷째 요소는, "삶의 생산은…한편으로 자연적 관계로, 다른 한편으로는 **사회적 관계로**" 이해할 수 있다는 점에 있다. "사회적 관계"란 "특정한 조건 속에서 특정한 방법으로, 특정한 목적을 위한, 여러 개인의 협동(Zusammenwirken mehrerer Individuen)"을 말한다. 여기서 다음의 사실이 밝혀진다. 곧 "특정한 생산 방식 혹은 산업의 단계는 항상 협동이나 사회적 단계와 결합되어 있으며, 협업의 이 방식은 곧 '생산력'이라는 것이다(여기서 마르크스가 말하는 '생산력'은 생산에 필요한 원자재, 생산 도구와 기계, 노동자들의 노동 경험과 숙련도, 다양한 형태의 협업을 가리킴). 또한 인간이 가질 수 있는 **생산력의 양(Menge)이 사회의 상태를 제약**하며, '인류의 역사'는 항상 산업의 역사와 교환(Austausch)과의 연관 속에서 연구되고 처리될 수밖에 없다는 것이다. 또 애초부터 분명한 것은, (인간의) 욕구와 생산의 방법을 통해 제약되는…**인간 사이의 물질론적 연관성이…항상 새로운 (사회)형식과 '역사'를 생성한다**는 것이다"(2004i, 424).

위에 기술한 "역사의 근원적 상황의 네 가지 요소, 네 가지 측면"에 대

한 관찰에서 다음의 사실을 볼 수 있다고 마르크스는 말한다. 곧 **"인간은
의식도 가지고 있다"**는 것이다. 여기서 마르크스는 분명히 의식이 인간에
게 있다고 말한다. 그러나 이 의식은 애초부터 " '순수한' 의식"이 아니다.
그것은 사회적 상황 내지 관계 속에서 형성된 것이다. 헤겔의 철학에서
인간의 정신은 아무런 사회적 관계성 없이 하늘로부터 떨어진 것처럼 보
인다. 이에 반해 마르크스에 따르면, 인간의 정신은 "처음부터…물질과 결
합되어" 있다. 그것은 **사회적 연관 속에서 형성된 사회적인 것**이다. 이것은
인간의 정신이 피할 수 없는 운명이다. 인간이 사용하는 언어는 인간의 의
식만큼 오래된 것인데, 이웃과 교통하고 싶어 하는 인간의 욕구에서 나온
사회적 산물이다. 언어와 마찬가지로 인간의 "의식도 **애초부터 사회적 산
물**이요, 인간이 생존하는 한 사회적 산물로 존속한다"(2004i, 424-425).

5. 처음에 **인간의 의식**은 자연종교에서 볼 수 있는 매우 단순한 자연적 형
태로 현존한다. 그것은 **"가장 가까운** 감각적 환경에 대한 단순한 의식과,
자기를 의식하게 되는 개인들 바깥에 있는 사람들과 사물들과의 제한된
연관성에 대한 의식"으로 존재한다. 이와 동시에 인간의 의식은 인간이 공
격할 수 없는 낯선 힘으로서 인간에게 대칭하는 "자연의 의식"이다. 그것
은 "완전히 동물적인 자연의 의식"이다. 다른 한편으로 그것은 자기 주변
의 개인들과 관계할 수밖에 없는 "필연성의 의식" 곧 "하나의 사회 안에
서 살고 있다는 의식의 시작이다." 마르크스에 따르면, "이 시작은 이 단
계 자체의 사회적 삶과 마찬가지로 동물적이다. 그것은 단순한 '무리의
식'(Herdenbewußtsein)일 뿐이다." 본능 대신에 의식이 작용하지만, 의식은
의식적 본능이라는 점에서 인간은 거세된 숫양과 구별된다. "이 거세된 숫
양 의식, 종족 의식"은 생산성의 증가, 욕구의 증가, 그 원인이 되는 인구
증가를 통해 계속 발전한다.

노동이 물질적 노동과 정신적 노동으로 나누어지면서 분업이 현실화된다. 분업으로 말미암아 기존의 생산력이 기존의 사회적 상황과 모순에 빠질 때, 인간의 의식은 세계로부터 자기를 해방하고, "'순수한 이론', 신학, 철학, 도덕 등을 형성할 수 있게 된다. 그러나 이론, 신학, 철학, 도덕 등이 기존의 상황들과 모순에 빠지게 되는 것은 기존의 사회적 상황이 기존의 생산력과 모순에 빠지기 때문이다.…생산력, 사회적 상태와 의식, 이 세 가지 요소가 서로 모순에 빠질 수 있고 또 빠질 수밖에 없는 것은" 인간의 정신적 활동과 물질적 활동이 서로 다른 사람들에게 나누어질 수 있는 가능성과 현실이 주어지기 때문이다. 곧 정신적 활동과 물질적 활동의 분업 때문이다(2004i, 427). 여기서 역사는 **분업으로 인한 기존의 생산력과 기존의 사회적 상황 그리고 의식의 모순, 이 모순으로 말미암아 야기되는 변증법적 과정**으로 나타난다.

6. 마르크스는 자신의 역사관의 기본 전제를 다음과 같이 기술하기도 한다. "이 역사관은 다음의 사실에 근거한다. 곧 **직접적인 삶의 물질적 생산**으로부터 출발하면서, 현실의 생산과정을 분석하고, 이 생산방법과 연관되며 그것에 의해 생성된 교통 형식(Verkehrsform), 곧 다양한 단계의 시민사회를 모든 역사의 토대로 파악하며, 국가로서의 행위 속에 있는 시민사회를 기술하는 데 있다. 또한 종교, 철학, 도덕 등 모든 다양한 이론적 생산물과 의식의 형식을 그것(다양한 단계의 시민사회)으로부터 설명하며,…이들의 생성 과정을 추적하는 데 있다." 이 역사관은 "지속적으로 현실적인 역사의 **토대**(Geschichtsboden)에 근거하며, 실천을 관념으로부터 설명하지 않고, 물질적 실천으로부터 관념의 형성을 설명한다. 따라서 그것은 다음과 같은 결론에 도달한다. 곧 의식의 모든 형식과 생성물은 정신적 비판을 통해, '자기의식'으로의 폐기를 통해…생성되는 것이 아니라, 이 관념론적 속

임수들(Flausen)이 거기로부터 생성된 현실의 사회적 상황의 실천적 전복을 통해 폐기될 수 있다는 것이다. 또한 비판이 아니라 혁명이 종교와 철학과 그 밖의 이론들의 역사를 이끌어나가는 힘이라는 것이다. 이 역사관은 다음의 사실을 보여준다. 곧 역사는 '정신의 정신'(Geist vom Geist)으로서의 '자기의식'으로 폐기되는 것이 아니라 생산력의 총화, 역사적으로 창조된 자연에 대한 관계와 개인들 상호 간의 관계가 미리 주어져 있다는 것이다.…다수의 생산력, 자본, 새로운 세대에 의해 수정되는 동시에 그 자신의 삶의 조건을 지시하는…상황이" 역사의 기초라는 것이다. 또한 자신의 역사관은 다음의 사실을 보여준다. 곧 **"인간이 상황을 만드는 것처럼, 상황이 인간을 만든다**는 것이다. 모든 개인과 모든 세대가 미리 주어진 것으로 발견하는 생산력, 자본, 사회적 교통 형식의 이 총화가, 철학자들이 '실체', '인간의 본질'이라 표상하는 것의 현실적 근거(der reale Grund)다"(2004i, 438-439).

위의 인용문에서 마르크스는 사회적 상황이 인간을 만드는 동시에 **인간이 사회적 상황을 만든다**고 말한다. 마르크스의 이 말은, 인간의 모든 정신적 생성물은 물론 인간 자신을 **사회적 상황의 산물**로 보는 마르크스의 기본 입장에 모순된다. 여기서 마르크스는 인간을 사회적 상황에 의해 형성되는 피동적 존재가 아니라 "새로운 사회"를 만들 수 있는 **능동적 존재, 자유로운 존재**로 파악한다. 인간은 단지 사회적 상황의 산물이 아니라 **"새로운 사회의 창조"**를 이룰 수 있는 존재다(2004k, 591). 역사철학적으로 말한다면, 인간은 역사의 수동적 피조물이 아니라 **역사의 능동적 창조자**다. 여기서 마르크스의 "물질론적 역사 해석은 자유의 개념을 전제한다"(Tillich 1971, 278). 마르크스의 이 생각은 인간을 **"사회적 산물"**로 보는 그의 초기 사상에 모순된다.

엥겔스는 마르크스의 변증법적 물질론에 기초한 역사관의 기본 전제를 다음과 같이 요약한다. "생산과…생산품의 교환이 모든 사회의 기초이며", 역사적으로 등장하는 모든 사회에서 생산품의 분배(Verteilung)와 함께, "무엇이 어떻게 생산되는지, 생산품이 어떻게 교환되는지에 따라 계급 혹은 신분의 사회 구조가" 결정된다. "따라서 우리는 모든 역사적 변화와 정치적 변혁의 궁극 원인을 사람들의 머릿속에서 찾거나, 영원한 진리와 정의에 대한 점증하는 통찰 속에서 찾을 것이 아니라, **생산방법과 교환 방법의 변화**에서 찾아야 한다. 철학에서 찾을 것이 아니라 **그 시대의 경제**에서 찾아야 한다"(Engels 1971a, 164).

여기서 우리는 **각 시대의 경제**가 역사 해석의 규범인 것을 볼 수 있다. 이를 가리켜 "세계관적 경제주의"라고 말할 수 있다. 세계사는 본질적으로 **경제의 역사**로 파악된다. 세계의 "삶 전체가 본질적으로 경제적 성격의 것이다. 경제적 관계가 모든 역사적 상태를 결정한다. 경제적 관계가 모든 활동의 궁극 동인이다. 경제적 관계의 변천과 발전에 따라 국가의 삶과 정치가 변화된다. 학문과 종교도 이에 따라 변화된다. 모든 다양한 문화적 활동은 경제적 삶의 결과물에 불과하다. 따라서 모든 역사가 경제의 역사로 파악된다"(Windelband 1957, 565).

이와 같이 마르크스는 경제적 관계의 변천을 역사 발전의 동인으로 파악한다는 점에서, 그의 물질론은 **"경제적 물질론"**이라 정의할 수 있다 (Tillich 1971, 52). 경제적 물질론은 마르크스의 역사 해석의 방법이다. 그것은 경제가 모든 것의 원인이라고 말하는 것이 아니라, 경제적 구조가 그 시대의 물질적 형식과 정신적 형식과 그 변화에 대해 결정적 의미를 가진다는 것을 말한다. 경제적 구조로부터 독립된 정신의 역사와 종교의 역사란 존재하지 않는다. 경제적·물질적 변화와 함께 세계의 모든 것이 변화된다. 이런 점에서 마르크스의 역사는 본질적으로 **경제의 역사**다.

7. "경제의 역사"로서의 세계사를 마르크스는 **"개별 세대들의 연속 과정"**(Aufeinanderfolge der einzelnen Generationen)으로 파악한다. 이로써 그는 자신의 변증법적 역사관의 또 하나의 전제를 제시한다. 곧 세계사는 "세대들의 연속 과정"이라는 것이다. 이것은 헤겔의 보편사 개념에 대칭하는 마르크스 자신의 독특한 생각이라 말할 수 있다. 헤겔에게서 역사는 신적 정신의 자기활동을 통해 내적 연속성과 궁극 목적을 가진 하나의 전체로서의 역사, 곧 보편사로 나타난다. 이에 반해 마르크스에 따르면, 역사는 "세대들의 연속 과정"이다. **세대들이 없는 보편사**는 추상적이다. 세계사는 이전 세대로부터 전해진 물질과 자본과 생산력을 그다음 세대가 이용하는 세대들로 구성된다. 그것은 "한편으로 완전히 변화된 상황에서 이전에 전해진 활동을 계속하는 동시에, 다른 한편으로 완전히 변화된 활동성을 가지고 과거의 상황을 변경하는" 세대들의 연속 과정이다.

역사의 과정에서 서로 영향을 주고받는 세대의 고리들이 더욱더 확장되고, 각 나라의 폐쇄성(Abgeschlossenheit)이 생산방법, 교통, 다양한 국가들 사이의 분업을 통해 폐기될수록 "역사는 더욱더 **세계사가** 된다." 예를 들어, 인도와 중국의 많은 사람을 굶주리게 만들고 제국을 몰락시킨 기계가 영국에서 발견될 때, 이 발견은 "세계사적 사실"이 된다. 따라서 "세계사 안에서 역사의 변천은 '자기의식', 세계정신 혹은 그 밖의 어떤 형이상학적 유령의 추상적 행위가 아니라 완전히 물질적이며, 경험적으로 증명될 수 있는 행위다." 그것은 "자기 나름대로 살아가며, 먹고 마시고 옷을 입는 (현실의) 모든 개인이…증명할 수 있는 사실이다"(2004i, 434-435).

여기서 역사는 자기의식, 세계정신 등의 "형이상학적 유령의 추상적 행위가 아니라" "물질적으로, 경험적으로 증명할 수 있는 행위" 내지 "사실"이어야 함을 마르크스는 시사한다. 세계사는 초월적 신적 정신의 변증법적 운동을 통해 이루어지는 것이 아니라 생산력과 생산방법과 교역의 계화를 통해 개별 나라들이 세계시장으로 통합됨으로써 이루어진다. 생산력과 생산방법의 보편화는 교통의 보편화를 초래하며, 교통의 보편화는 "모든 민족들 속에서 '소유가 없는' 대중의 현상(Phänomen)"의 보편화를 초래한다(2004i, 431). 세계사는 신적 정신을 통해 이루어지는 것이 아니라 **생산력과 생산방법, 교통과 교역의 보편화, 세계의 시장화**를 통해 이루어진다.

8. 일반적으로 세계사는 "인간의 역사"로 파악된다. 그러나 마르크스에 따르면 인간은 "자연적 존재"다. 자연의 "생명의 힘들"이 이미 인간 안에 있다. "자연적 존재"로서의 인간이 이끌어나가는 역사는 자연과 관계될 수밖에 없다. 따라서 역사에 대한 관찰에서 자연이 무시될 수 없다.

　여기서 마르크스는 그의 물질론적 역사관의 또 한 가지 전제를 제시한다. 그것은 **자연**이다. 그에 따르면, "역사는 두 가지 측면에서 관찰할 수 있다." 곧 변증법적 과정으로서의 역사는 "**자연의 역사와 인간의 역사로** 구별되어" 관찰할 수 있다. "두 가지 측면은 분리될 수 없다. 인간이 실존하는 한 자연의 역사와 인간의 역사는 서로를 제약한다"(2004i, 410).

　여기서 마르크스는 인간을 자연에 예속된, 자연의 일부로 보는 자연주의를 배격한다. 자연주의에 대한 그의 배격은 "직관적 물질론의 철학자로서의 포이어바하에 대한 비판과, 역사적 물질론에 대한" 마르크스 자신의 이론에 나타난다. "역사적 물질론에서 그는, 자연은 오직 역사 속에서 인간을 만난다고 주장한다. '자연의 인간적 본질은 먼저 사회적 인간에 대해 존재한다.…비로소 여기에서 인간의 자연적 현존은…인간의 현존이며, 자연은 인간에 대해 인간이 되었다. 다시 말해, 사회는 인간과 자연의 본질의 통일성(Wesenseinheit)이다. 자연의 참된 부활, 관철된 인간의 자연주의와, 관철된 자연의 휴머니즘이 여기에 있다'"고 마르크스는 말한다(Tillich

1971, 273에서 인용).

마르크스의 이 생각은 헤겔을 회상할 때 쉽게 이해할 수 있다. 헤겔도 그의 역사관에서 자연을 간과하지 않는다. 그는 자연적 조건, 곧 지리적 조건, 기후적 조건 등이 세계사의 형성에 끼치는 영향을 인정한다. 그래서 고대의 아프리카, 페르시아, 인도, 그리스 등의 역사를 기술할 때 그 지역의 지리적·기후적 조건을 자세히 분석한다. 그러나 헤겔의 역사 해석에서 역사는 본질적으로 자연과 물질적 조건이 결여된 "정신의 역사"다. 그것은 본질적으로 "정신적 존재"인 인간의 역사다. 이에 반해 마르크스는 "인간의 역사"에 병행하는 "자연의 역사"를 인정하며, 자연과 인간의 "본질의 통일성"을 말한다.

헤겔 철학을 위시한 독일의 모든 이데올로기는 역사를 완전히 거꾸로 해석하여 역사의 물질적 기초를 무시하거나 완전히 추상적으로 파악하기 때문에, 마르크스는 "인간의 역사"에 집중하고자 한다고 말한다. 그 이유를 우리는, 마르크스의 생존 당시에 자연의 문제는 오늘처럼 심각하지 않았다는 사실에서 찾을 수 있다. 그 당시 마르크스에게 가장 절실한 문제는 자연의 문제가 아니라 초기 자본주의적 시민사회에서 인간에 의한 인간의 착취와 소외로부터 인간의 해방, 모든 인간의 자유와 평등과 인간으로서의 가치 회복에 있었다. 이리하여 마르크스의 물질론적 역사철학 역시 "자연의 역사"가 충분히 반영되지 못한 **인간 중심성**을 보이게 된다. "마르크스는 마지막까지 역사의 차원에 완전히 집중하였다. 자연 '그 자체'에 대해 그는 한 번도 관심을 갖지 않았다. 그것은 인간 활동의 언제나 '가까이 있는' 지평으로 머물러 있었다"(Thier 1954, 28).

2. 역사의 내적 동인으로서의 소외

- 인간에 의한 인간 소외의 역사로서의 세계사

1. 역사의 변증법적 과정을 가능하게 하는 것은 "모순"(Widerspruch)에 있다. 세계의 모든 사물 속에는 본래의 자기 자신과 일치하지 않는 것, 본래의 자기 자신에게 모순되는 것이 숨어 있다. 이 모순을 극복하고, 본래의 자기 자신에게 이르고자 하는 투쟁을 통해 새로운 역사가 일어난다. 이런 점에서 "모순"이 역사의 변증법적 과정을 가능하게 하는 내적 동인이요, 역사를 이끌어가는 힘이라 말할 수 있다. 이 점에서 마르크스는 헤겔과 일치한다. 곧 역사의 동인은 "모순"에 있다는 것이다.

그러나 모순에 대한 이해에서 마르크스는 헤겔과 생각을 달리한다. 헤겔에 따르면, 정신이 자기의 즉자를 대상화함으로써 있게 된 대자가 즉자에 대해 "다르게 존재함"(Andersein), 혹은 "낯선 것", "소외된 것"으로 존재함에 모순이 있다. 곧 즉자에 대한 대자의 불일치에 모순이 있다. 이 모순을 제거하고 즉자와 대자의 일치에 이르고자 하는 운동으로 말미암아 새로운 역사가 일어난다. 이런 뜻에서 모순이 새로운 역사를 유발하는 "변증법적 발동기" 역할을 하게 된다.

이에 반해 마르크스에 따르면, 모순은 분업의 발전과 함께 일어나는 새로운 생산력의 발전과 기존의 사회적 상황의 불일치로 말미암아 일어난다. 곧 역사를 이끌어나가는 내적 동인은 **새로운 생산력 및 생산방법과, 기존하는 사회-경제적 상황의 모순**에 있다. "우리는⋯다음과 같은 결론에 도달한다. 즉 생산력, 사회적 상황, 인간의 의식, 이 세 가지 요소들은 모순에 빠질 수 있고 또 빠질 수밖에 없다는 것이다. 그 원인은 분업과 함께 정신적 활동과 물질적 활동, 향유와 노동, 생산과 소비가 각기 다른 개인들에게 속하게 될 수 있는 가능성, 아니 현실이 주어지기 때문이다"(2004i, 426-427).

마르크스에 따르면, 생존에 필요한 물질을 생산할 때 인간은 **생산력**(Produktionskräfte)을 필요로 한다. 생산력이란 물질을 생산하는 인간의 육체적 힘, 자연으로부터 오는 재료, 자연의 힘, 생산 도구, 노동의 경험과 숙련도, 이에 기초한 생산방법을 가리킨다. 그런데 인간은 혼자 노동하는 것이 아니라 이웃과 함께 노동한다. 이웃과의 협업을 기초로 인간과 인간 사이의 사회적 관계가 형성된다. 포괄적으로 말하여 특정한 **생산관계**(Produktionsverhältnisse) 내지 사회적 교통 형식(Verkehrsform)이 형성된다.

그러나 생산력과 생산방법은 역사의 발전과 함께 변화된다. 새로운 자연 자원의 개발, 새로운 생산 도구와 기계의 발견, 새로운 형태의 협업 등을 통해 생산력이 증가되고 생산방법이 변화된다. 이때 기존의 사회적 교통의 형식은 이 변화를 따라가지 못하고, 도리어 이 변화에 대해 방해물이 된다. 이로 인해 개인의 자유로운 활동과 생산이 제약을 받게 되고, **사회적 갈등**이 일어난다. 바로 여기에 역사의 동인이 있다. 곧 역사의 동인은 1) 새롭게 발전한 생산력 및 생산방법과, 2) 기존의 사회적 관계 내지 교통 형식의 모순에 있다. 이 모순으로 인한 갈등과 투쟁으로 말미암아 역사는 새롭게 발전한다. "이론, 신학, 철학, 도덕 등이 기존의 상황과 모순에 빠진다면, 그것은 (신적 정신의 자기활동으로 말미암은 것이 아니라) 현존하는 사회적 상황이 현존하는 생산력과 모순에 빠지기 때문이다." 분업으로 말미암은 새로운 생산력과 생산방법이 현존하는 사회적 관계 내지 상황과 모순 및 갈등에 빠지는 "이 순간부터 인간의 의식은 자기를 세계로부터 해방하고, '새로운 이론', 신학, 철학, 도덕 등"을 만들게 된다(2004i, 426).

어느 시대를 막론하고 생산력과 생산방법의 발전에 따라 시대의 변화가 일어난다. 생산력과 생산방법의 새로운 발전은 새로운 사회적 관계, 곧 새로운 시대를 요구한다. 이리하여 **선사시대의 원시 공동체**는 **고대시대의 노예제도**로 발전하고, 노예제도는 **봉건주의 사회**로, 봉건주의 사회는 **근대**

자본주의 사회로, 자본주의 사회는 **공산주의 사회**로 발전한다. 이를 통해 역사의 발전이 이루어진다. 여기서 우리는 헤겔 철학의 "발전의 원리"가 마르크스에게서 수용되고 있음을 볼 수 있다. 그러나 헤겔의 변증법적 "발전의 원리"는 마르크스에게서 물질론적으로 파악된다. **역사의 발전**은 정신의 자기활동이 아니라(헤겔에 반해), 물질의 생산력과 생산방법의 발전으로 말미암아 생산과 관계된 제반 사회적 관계들이 변화되고, 사회적 관계의 변화로 말미암아 새로운 시대가 등장함으로써 일어난다. 인간의 정신, 의식, 이성, 관념, 사유가 역사를 변화시키는 것이 아니라 생산력과 생산방법의 변화가 역사를 변화시키는 내적 동인이다. 역사의 변증법적 운동은 정신의 자기활동을 통해 일어나는 것이 아니라 생산력과 생산방법의 변화로 말미암아 일어난다.

2. 마르크스에 따르면, 새로운 생산력 및 생산방법과 기존하는 사회-경제적 상황의 모순은 **사회계급의 대립과 투쟁**으로 발전한다. 생산력과 생산방법의 발전과 함께 가진 자와 갖지 못한 자의 차이가 심화되고, 이로 인해 기존의 사회-경제적 상황은 더 이상 존속할 수 없기 때문이다. 따라서 마르크스는 가진 자와 갖지 못한 자의 사회계급적 대립과 투쟁을 역사의 변증법적 동인으로 파악한다. 그에 따르면 지금까지 역사가들은 "폭력, 전쟁, 약탈, 강도 살인 등을 역사를 이끌어가는 힘"으로 보았다. 이에 더하여 우리는 "야만 민족으로 말미암은 옛 문화의 파괴와…새로운 사회 구조의 형성"을 역사의 동인으로 들 수 있다(2004i, 475). 그러나 그 배면에는 사회의 계급적 대립과 투쟁이 숨어 있다. 따라서 마르크스는 사회의 계급적 대립과 투쟁을 역사의 동인으로 파악한다.

사회의 계급적 대립과 투쟁의 내적 원인은 무엇인가? 일차적 원인은 인간에 의한 인간의 소외와 빈부격차에 있다. 소외와 빈부격차의 궁극 원인은 무엇인가? 그 원인을 마르크스는 **분업** 곧 "노동의 나누어짐"(Teilung der Arbeit)에서 발견한다. "**분업**과 함께 정신노동과 육체노동, 향유와 노동, 생산과 소비가 각기 다른 개인들에게 귀속될 수 있는 가능성, 아니 현실성이 주어진다"(2004i, 426). 따라서 마르크스는 분업에 대해 아주 부정적이다. 분업이야말로 인간 세계의 모든 모순을 야기하는 근본 원인이다. 따라서 역사의 **근원적 동인**은 분업에 있다고 말할 수 있다. 마르크스에게서 분업은 성서가 말하는 "**죄의 타락**"과 같다(Delekat 1954, 60). 아담의 타락으로 말미암아 하나님과 인간, 인간과 인간, 인간과 자연 사이에 소외가 일어난 것처럼, 분업으로 말미암아 인간에 의한 인간의 소외, 자연에 대한 인간의 소외가 야기된다. 분업으로 말미암아 생산품의 교환이 있게 되고, 생산품은 상품으로 변질하며, 생산자와 생산품, 생산자와 사용자의 분리, 노동자와 자본가의 분리와 대립이 일어난다. 분업은 "편리하고 유익한 수단이요, 사회의 부를 얻기 위한 인간의 힘들의 사용이다. 그러나 개인적으로 볼 때 분업은 각 사람의 능력을 감소시킨다"(2004f, 364). 분업이야말로 인간을 계급화시키고, 빈부격차를 유발하며, 결국 계급투쟁을 초래하는 내적 원인이다.

마르크스에 따르면, 분업의 가장 자연적이고 직접적인 형태는 **가족 안에서 일어나는 남자와 여자의 역할 분담**이다. 생활 수단을 얻기 위한 남자의 노동과, 가사를 감당하는 여성의 노동의 구별이 분업의 가장 원초적 형태다. 이를 가리켜 마르크스는 인류에게 주어진 "**자연발생적 분업**"(naturwüchsige Teilung der Arbeit)이라 부른다. 가족제도의 "자연발생적 분업" 속에서 "여자와 아이들은 남자의 노예다." 가족 안에서 일어나는 "매우 조야하고 잠재적인 이 노예화"가 "최초의 재산"이다. 여자와 자녀들은 물론 가정의 모든 소유가 남자의 것이 된다. 사유재산의 "맹아, 그의 첫 형식"이 가족 안에 나타난다(2004i, 427). 가진 자와 갖지 못한 자, 지배자와 피지배자, 억압자와 피억압자의 계급적 구별, "이 모든 모순"이 가족제도 안에 잠재적으로 주어져 있다(427). 가족 안에서 일어나는 분업은 사회적 형태로 확장된다. 한 국가 안에서 분업은 "농업노동과 산업노동 및 상업노동의 분리를 초래하며, 도시와 시골의 분리, 두 계층 사이의 관심의 대립을 초래한다."

"분업의 다양한 발전 단계들"과 함께 필연적으로 **"소유의 다양한 형식들"**이 등장한다. "다시 말해, 분업의 각 단계는 재료와 도구와 노동의 생산품과의 관계에서 개인들 서로 간의 관계를 결정한다." "소유의 첫째 형식"은 부족사회의 **"부족소유"**(Stammeigentum, 한국의 문중소유)의 형식이다. "둘째 형식은 고대의 **공동체 소유와 국가소유**"(das antike Gemeinde- und Staatseigentum)의 형식이다. "셋째 형식은 **봉건사회의 소유 혹은 신분사회의 소유**(das feudale oder ständische Eigentum)"의 형식이다(2004i 412-413). 근대 시민사회에서는 **"사유재산"**의 형식이 등장한다.

3. 생산 도구와 생산방법의 발전을 통해 **제조업**이 발전한다. 제조업의 발전과 함께 분업은 인간의 노동을 매우 좁은 범위로 제한시키며, 인간을 자신의 노동에서 소외시키고, 동일하게 반복되는 노동의 노예로 만든다. 노동은 각 사람이 자유롭게 선택할 수 있는 것이 아니라 기업가의 의지에 따라 각 사람에게 강제적으로 주어진다. 노동자는 가족의 생계를 위해 이를 받아들일 수밖에 없다. 이리하여 노동은 인간에게 "대칭하는 낯선 세력이"(zu einer fremden gegenüberstehenden Macht) 되어버린다. 인간이 자기의 노동을 지배하는 것이 아니라 노동이 인간을 자신의 노예로 만든다. 인간은 그에게 주어진 특정한 노동의 범위 속에서 동일한 단순노동을 다람쥐 쳇바퀴처럼 반복한다. 목숨을 유지하기 위해 사냥꾼은 사냥꾼으로, 어부는 어부로, 목자는 목자로 머물 수밖에 없다(2004i, 427-428).

제조업을 본격적으로 발전시킨 **공장**에서 분업은 더 세분화·조직화된다. 공장은 분업을 발전시키고 고착화시키는 온상이다. 끝없이 반복되는 단순노동 속에서 공장 노동자는 노동의 기쁨을 상실한다. 그는 생산 과정의 극히 작은 일부를 담당하는 작은 기계 하나와 같다. 현대 사회는 이에 대한 어떤 규칙도 알지 못한다. "현대 사회는 분업에 대해 **자유로운 경쟁** 외에 어떤 다른 규칙도, 어떤 다른 권위도 알지 못한다"(2004k, 586). 사회 내에서 분업을 통제할 수 있는 권위가 약화될수록 분업은 더 세분화되고, 기업가의 의지에 예속된다. 이에 비례하여 "각 노동자의 과제는 매우 단순한 작업으로 위축된다"(587).

분업으로 말미암아 노동자들의 **협업**(Zusammenarbeit)도 강제적으로 주어진다. 그것은 "자발적으로" 이루어지는 것이 아니라 그들 자신의 의사와 무관하게 기업가의 의지에 따라 결정된다. 이리하여 노동자들의 협업은 "하나의 낯선, 그들 바깥에 있는 폭력적 힘으로 나타난다." 이 폭력성의 힘이 "어디로부터 오며, 어디로 가는지" 그들은 알지 못한다. 그들은 이 힘에 복종할 수밖에 없다(430).

근대에 등장한 **기계**는 분업을 더욱 세분화시키고, 소수 인물에 의한 소유의 집중화를 촉진하는 결정적 요인이 된다. 기계가 발전할수록 분업이 더욱 세분화되고, 분업이 세분화될수록 노동자들의 노동은 단순화된다. "단순한 도구, 도구들의 축적, 조립된 도구들, 조립된 도구들을 단 하나의 손 엔진(Handmotor)을 통해, 곧 인간을 통해 작동시킴, 자연의 힘들을 통해 이 도구들을 작동시킴, 단 하나의 엔진을 가진 기계들의 체계…이것이 기계의 발전이다"(2004k, 589-590).

또한 기계는 생산력과 노동자들을 분리시킨다. 기계가 등장하기 이전에는 노동자 자신이 생산력이었다. 그러나 기계의 등장, 특히 자동기계가 등장하면서 기계가 생산력이 된다. 기계는 노동자들 곁에 있는, 하나의 독립된 "그 자신의 세계"로 나타난다. 그것은 개별 노동자들 곧 "개인들의 힘"(Kräfte der Individuen)이 아니라 **사유재산**이다. 기계의 거대한 생산력 앞에서 노동자들은 "모든 현실적인 삶의 내용을 빼앗긴다." 그들은 "추상적 개인들"이 되어버린다. 생산력과 노동자들의 실존을 연결해주는 노동은 인간의 "자기활동이란 거짓된 허울"(allen Schein der Selbstbetätigung)을 잃어버린다. 기계로 말미암아 노동자들의 생명은 더욱 비참해진다. "그들의 생명이 쭈그러짐으로써, 그들의 생명이 유지된다." 물질적 삶이 목적이 되고, "이 물질적 삶의 생성, 곧 노동은 수단으로" 되어버린다(2004i, 478). 자신의 삶의 생성과 자기실현이 아니라 생명을 유지하는 것이 최고 목적이 되고, 노동은 생명 유지의 유일한 수단으로 전락한다.

　이 같은 문제를 초래하는 분업이야말로 극복되어야 할 "모순"이다. 마르크스에게 분업은 본래 있어서는 안 되는 것이다. 분업이 발전할수록 인간은 더욱 소외되고, 사회계급의 분열과 대립이 심화된다. 분업은 "인간의 지혜"에서 오는 것이 아니라, 궁극적으로 인간의 이기심의 산물이다. 그것은 "생산품을 교환하고 서로 팔려고 하는 인간의 경향성의 필연적이고 점진적이며 단계적인 귀결이다. 이 경향성은…어떤 동물에게서도 발견되지 않는다. 동물은 성장하자마자 단독으로 산다"(2004f, 360). 달리 말해, 자기의 생산물을 서로 교환하고, 사고 팔고, 이를 통해 자기의 재산을 증식하려는 경향성은 인간에게만 있다. 이 경향성의 뿌리는 인간의 **"이기주의"**에 있다(365). 이기주의로 말미암아 분업이 일어난다. 인간은 "상업인"(Handelsmann)이 되고, 사회는 "상업사회"(Handelsgesellschaft)가 되어버린다(364).

4. 사회계급의 대립과 투쟁을 조성하는 또 하나의 중요한 원인을 마르크스는 **상품**에서 발견한다. 시장경제의 핵심은 자유롭게 팔고 살 수 있는 상품

에 있다. 시장경제 질서에 따른 상품의 자유로운 매매를 통해 자본가는 자기의 자본을 더 증식시키는 반면, 노동자는 빈곤의 늪에서 "벌거벗은 실존"을 겨우 유지하게 된다.

이 문제를 마르크스는 『자본론』에서 자세히 다룬다. 자본주의 경제질서의 핵심은 노동의 생산품이 상품화되어 자유롭게 매매되는 데 있다. 노동 생산품의 상품화, 화폐 곧 돈을 통한 상품의 자유로운 교환, 이를 통한 자본의 증식이 자본주의 경제질서의 기본 구조를 이룬다. 이 구조를 지배하는 것은 인간도 아니고 인간 공동체도 아니다. 그것은 **자본**이다. 자본이라는 거대한 힘이 이 구조를 지배한다. 인간을 인간으로 만들고 그들의 공동체를 이루는 것은 자본이 유지되고, 증식되고, 축적되는 익명의 과정의 결과다. 이 과정에서 인간은 자본이라는 맹목적 힘의 무력한 지배 대상이 되어버린다. 이 맹목적 힘, 곧 자본은 중력의 법칙처럼 조금도 변할 수 없는 자신의 법칙에 따라 움직인다.

이 법칙의 배면에는 자본가의 깊은 이기심이 숨어 있다. 자본가는 언제나 자기의 자본을 더 크게 증식하고자 하는 본능을 가진다. 자본 증식을 위해 그는 분업을 통해 노동자의 노동을 단순화시키고 기계를 도입함으로써 노동자의 노동시간을 단축시킨다. 노동시간의 단축에 비례하여 노동 강도가 더 강화된다. 이리하여 동일한 노동 시간 내의 생산량이 증가한다. 이를 통해 자본가는 노동자에게 사실상 더 적은 임금을 지불하게 된다. 노동자들은 소진된 노동력을 회복하는 데 필요한 정도의 임금만 받는다. 그들은 그들이 생산한 생산품들에 비해 훨씬 더 적은 임금을 받는다. 분업과 기계를 통해 노동 시간은 줄어들지만, 더 심화된 노동 강도로 말미암아 더 많은 생산품을 생산하기 때문이다. 이를 통해 생겨난 "잉여가치"(Mehrwert)는 고스란히 자본가의 것이 된다. 자본가는 자기의 자본을 증식하는 데 반해, 노동자는 "자기의 노동력의 단순한 회복 외에는 아무것

제2부 | 마르크스

도 생산하지 못한다. 그는 자본 증식의 맹목적 도구에 불과하다. 그러나 그 자신의 벌거벗은 현존을 유지하기 위해 그 자신의 고문(Tortur)을 언제나 다시 생산할 수밖에 없다"(Landshut 2004, 65). 소자본가들의 소자본은 잉여 가치를 통해 증식된 대자본가들의 대자본에 흡수됨으로써 사회 전체의 자본은 소수의 대자본가들에게 집중된다. 이로 인해 무산계급이 더 커진다.

5. 본래 노동자는 자기가 필요로 하는 것을 생산한다. 그는 자기가 생산한 것을 자기 스스로 사용한다. 생산자와 사용자가 동일하다. 여기서 물품의 제작자와 물품은 하나로 결합되어 있다. 이에 반해 자본주의 경제질서에 서는 "물품의 제작자(Werkschöpfer)와 물품(Werk)이 분리된다"(Thier 1954, 10). 물품은 그것을 생산한 노동자에게서 완전히 독립된 **상품**이 되어, 노동자가 전혀 알지 못하는 낯선 사람들에 의해 사용된다. 노동자 자신도 자기가 만든 물품을 사용하는 것이 아니라, 다른 노동자가 만든 물품을 사용한다. 다른 사람이 생산한 것이 나의 생활 수단이 된다. "**나의 생활 수단이 다른 사람의 것**"이라는 바로 여기에 소외가 있다. 내가 사용하는 생활 수단은 본래 내가 만든 것이 아니라 다른 사람에 의해 만들어진 것이요, 따라서 그것은 나에게 "낯선 것", 곧 **소외된 것**이다. 또 내가 생산한 생활 수단은 기업가의 소유가 되어 그의 재산을 증식하는 수단이 되어버린다. 그것은 사용가치(Gebrauchswert)가 아니라 교환가치(Tauschwert)로서 시장에 등장한다. 교환가치로서의 상품은 노동자의 손을 떠난 하나의 독립적 대상으로 노동자 앞에 나타난다. 그것은 노동자 자신이 지배할 수 없는 하나의 낯선 세력으로 나타난다.

　시장에 등장한 상품의 교환가치는 노동자가 생산한 사용가치보다 훨씬 더 높지 않을 수 없다. 그 속에는 생산 원가는 물론 유통과정에서 발생하는 제 비용들과 자본가의 이익이 포함되기 때문이다(의류의 경우, 생산 원가는 상품 가격의 15% 정도에 불과하다고 함). 따라서 노동자들에게 상품은 자기의 수입으로 구입하기 어려운 "낯선 것", 소외된 것으로 등장한다. 인간이 상품을 지배하는 것이 아니라 거꾸로 상품이 인간을 지배한다. 노동자가 구입하는 상품은 더 이상 노동자 자신이 만든 감각적 대상이 아니라 제반 사회적 관계가 그 속에 집약되어 있는, **초감각적인 사회적 관계 자체**다.

예를 들어, 하나의 책상은 "감각적이며-초감각적인" 물건이다. 감각적 물건으로서의 책상은 사용 대상으로서의 책상을 가리킨다. 그것은 사용되어야 할 물건에 불과하다. 그러나 이 책상이 상품이 될 때, 그것은 감각적인 동시에 "초감각적 혹은 사회적 물건"으로 등장한다. "그것은 인간 자신의 특수한 사회적 관계일 뿐이다. 여기서 이 관계는…물건들의 관계의 마술적 형식(phantasmagorische Form)을 취한다."

이것은 인간의 머리에서 나온 것을, 자신의 삶을 가진 하나의 독립된 신적 존재로 나타내는 종교에 비유할 수 있다. 인간의 머리에서 나온 것이 인간을 다스리고 인간의 경배와 숭배를 받는 신적 존재로 등장한다. 상품의 세계도 이와 비슷하다. 인간의 손에서 나온 생산물이 인간에게서 독립된, 인간을 지배하는 낯선 대상으로 나타난다. 이것을 가리켜 마르크스는 **"주물숭배"**(Fetischismus)라 부른다. 교환가치로서의 상품은 하나의 주물과 같다. 그것은 인간의 손에서 나온 것임에도 불구하고 인간이 마음대로 처리할 수 없고, 인간 위에서 인간을 지배하는 힘을 갖는다. 이 "주물숭배는 노동 생산물이 상품으로서 생산되자마자 그 생산물에 들러붙으며, 따라서 상품 생산에서 분리될 수 없다"(Löwith 1941, 173-174에서 인용). 일종의 주물처럼 된 상품 앞에서 노동자는 자기를 소외된 존재로 느낀다.

상품은 자유로운 **교역**(Handel) 혹은 상업을 전제한다. 자유로운 교역이 가능하기 때문에 상품이 자유롭게 생산된다. 본래 교역은 서로에게 필요한 것을 얻기 위한 수단으로 시작하였다. 그것은 "상이한 개인들과 지역들에서 생산된 생산품의 교환에 불과하다." 이 같은 성격을 가진 교역이 자본주의적 시장경제 질서에서는 자본가의 자본을 증식시키는 통로가 된다. 그것은 다양한 중개 과정을 통해 불로소득을 얻게 하는 수단이다. 마르크스에 따르면, 오늘날 교역은 "수요와 공급의 관계를 통해 온 세계를 지배한다." 그것은 "고대시대의 운명처럼 온 땅 위를 떠돌며, 눈으로 볼 수 없는 손을 가지고 사람들에게 행복과 불행을 나누어주고, 왕국들을 세운다"(2004i, 430). 그것은 인간 자신이 지배할 수 없는 낯선 세력으로, 인간의 소외를 야기하는 또 하나의 요인으로 작용한다.

6. 이 모든 역사적 발전을 가리켜 마르크스는 "**소외**"라고 말한다. 소외로 말미암아 사회계급 사이의 대립과 갈등이 일어나고 계급투쟁이 일어나게 된다. 따라서 **역사의 내적 동인**은 소외에 있다. 소외야말로 역사의 변혁을 야기하는 "모순"이다. 마르크스는 헤겔이 말하는 모순을 인간에 의한 인간의 소외에서 발견한다. 소외야말로 인간을 "탈인간화"시키고 세계를 파괴하는 모순이다. 헤겔이 말하는 부정되어야 할 "부정적인 것"은 인간에 의한 인간의 소외에 있다.

  마르크스가 말하는 소외의 개념은 헤겔의 정신현상학에서 유래한다. 헤겔 철학에서 소외는 신적 정신의 자기외화로 말미암아 필연적으로 일어나는 현상으로 설명된다. 곧 "자기 자신에게 낯설게 됨"(Selbst-entfremdung)을 뜻한다. 마르크스는 이 개념을 철학적 이론의 영역에서 실천의 영역으로 가져와 사회-경제적으로 파악한다. 곧 인간의 노동의 생산물이 인간으로부터 독립된 "낯선 것"으로 등장하며, 인간을 지배하고, 인간을 "탈인간화된 인간"(der entmenschlichte Mensch)으로 만들어버리는 사회-경제적 힘으로 파악한다. "우리 자신의 생산물이 우리 위에 있는 사실적 위력으로, 우리의 통제를 벗어나 우리의 기대를 좌절시키고 우리의 계산을 파괴하는 위력으로 굳어지는 것(Konsollidation), 이것이 지금까지 역사적 발전의 주요 요인들 가운데 하나다"(2004i, 429-430. Tillich 1971, 280에서 인용).

소외는 원시 공동체 시대의 가족체제에서 시작해 고대의 노예제도, 중세기의 봉건주의, 근대 자본주의적 시민사회에 이르기까지 계속 악화된다. 따라서 지금까지 인류의 역사는 **"소외의 역사"**다. 이 역사는 근대 자본주의적 시민사회에서 정점에 도달한다. 마르크스가 말하는 소외의 내용을 우리는 다음과 같이 정리할 수 있다.

1) **자신의 노동에서의 소외**: 분업으로 말미암아 자신의 노동에서 노동자들의 소외가 일어나기 시작한다. 인간의 노동은 생산 과정의 작은 한 부분으로 제한된다. 공장의 기계화로 인해 노동은 그 자체의 기쁨을 향유할 수 없는 단순노동으로 축소된다. 이로써 자신의 노동에 대한 자부심이 사라진다. 노동은 더 이상 인간 삶의 생성과 자기실현, 자기 대상화의 수단이 아니라 가족의 생계를 유지하기 위해 노동자가 기업가에게 팔 수밖에 없는 "상품"이 되어버린다. 그것은 자기실현의 수단이 아니라 어쩔 수 없이 팔아야만 하는 "낯선 것"이다. 그것은 돈으로 환산될 수 있는 교환가치에 불과하다. 자본주의 사회에서 노동자의 노동은 노동자 자신이 결정할 수 있는 것이 아니라 기업가의 의지에 따라 결정되는 타의적인 것이다. 그의 노동은 기업가의 사유재산을 증식시키는 수단으로 봉사한다. "노동력 '상품'의 교환이…노동자들이 자본가의 지배 아래서 착취당하는 관계에 들어서는 것임을 파악하지 못하고 어떻게 자본주의 사회를 설명할 수 있겠는가? 노동력 상품의 '가치'가 교환가치일 뿐 그것의 사용가치가 아니고, 오직 노동력의 교환가치만이 노동의 '가치'로 인정되는 사회적 관계"에서 "자본주의 사회의 문제를 제대로 인식할 수" 있다(강원돈 2021, 9).

2) **자신이 생산한 상품에서의 소외**: 노동자들이 제조한 생산품은 본

래 생활 수단을 필요로 하는 인간의 기본 욕구를 충족시키기 위한 것이다. 그러나 자본주의 사회에서 그것은 자본가에게 이익을 가져다주는 상품이 되어 시장에 등장한다. 이 상품은 본래의 가치, 곧 사용가치보다 훨씬 더 많은 교환가치를 지닌다. 교환가치로서의 상품은 노동자가 "피땀 흘려" 받은 임금으로 구입하기 어려운 "낯선 대상"으로 등장한다. 그것은 노동자가 만든 것임에도 불구하고 그 앞에서 두려움을 느끼는 "주물"(Fetisch)과 같은 것이 된다. 노동자가 생산한 것이 노동자를 지배한다. 그것은 노동자 자신이 처리할 수 없는 거대한 "낯선 힘"이다. 그것은 자본이 지배하는 세계의 힘이다.

3) **노동자 자신의 존재로부터의 소외**: 기계의 발전을 통해 더욱 세분화되는 분업은, 반복되는 임금 인하 속에서 노동자의 존재 가치를 "격하시키는 기능"(degradierende Funktion)을 한다. "인간의 자기소외 마지막 단계는 인간이 상품으로 변하는 데 있다"(Tillich 1971, 281). 노동자가 자기의 노동력을 팔 때, 그의 노동력은 돈의 가치로 환산될 수 있는 상품이 되어버린다. 이때 노동자 자신이 하나의 상품이 되어버린다. 이로 말미암아 노동자들의 "영혼의 파괴"(Depravation der Seele)가 일어난다(2004k, 585). 본래 인간에게 노동의 기쁨을 주어야 할 노동이, 도리어 노동자들의 존재를 격하시키고, 그들의 영혼을 파괴하는 요소로 변질한다. 이리하여 노동자는 노동을 할 때 자기를 비본래적인 존재로 느끼고, 노동을 하지 않을 때 본래적 존재로 느낀다. 그는 하나의 상품으로, 돈에 팔린 노예로 인식된다. 그는 인간으로서의 가치를 상실한다. "사회에서 그는 인간으로 실존하는 것이 아니라 상품으로 실존한다. 그의 인간 존재는 단순한 우연성으로 전락하였다. 이것은 인간의 자기 소외의 마지막 형식이다. 인간의 완전한 상실은 무산자 계급에서 증명된다. 인간의 자기실현은 무산계급의 자기지양을 통해서만이 가능하다"(Landshut 2004, 50).

4) **사회적 소외**: 분업을 통해 기업가의 자본이 증대되는 반면, 노동자는 최소한의 임금을 통해 겨우 생명을 유지하는 형편을 벗어나지 못한다. 그들은 경제 활동의 열매를 공평하게 나누지 못하고 그 열매의 극히 작은 한 부분을 얻을 뿐이다. 큰 부분은 유산계급에게 돌아간다. 유산계급은 지배자의 위치에, 노동자 계급은 피지배자의 위치에 서게 된다. 학문, 예술 등 문화 전반이 유산계급의 향유물이 된다. 사회는 사실상 유산계급의 사회가 된다. 무산계급은 유산계급이 지배하고 향유하는 사회로부터 소외된다. 인간의 참 본질이 표현될 수 있는 인간적인 관계는 사라지고 생산과 상품 교환의 메커니즘이 인간관계를 대신한다.

5) **유산계급 자신의 소외**: 인간의 소외는 유산계급에서도 일어난다. 돈과 이기심과 향유의 노예가 된 유산계급은 인간의 종(種)의 본질에서 소외된다. 그들에게는 돈이 최고의 가치요 최고의 기쁨이다. 자연을 포함한 세계의 모든 것, 인간마저도 그들에게는 돈의 가치로 보인다. 결혼도 하나의 상품이 된다. 인간이 결혼을 하는 것이 아니라 돈과 돈, 사회적 지위와 지위가 결혼한다. 돈이 그들의 하나님이다. 그러나 돈은 아무리 많이 소유해도 만족을 주지 못한다. 돈이 많아질수록 삶의 공허감이 더 커진다. 공허감을 메꾸기 위해 더 많은 돈과 향유와 쾌락을 찾는다. 그러나 소유와 향유와 쾌락이 커질수록 삶의 공허감이 더 커진다. 그래서 계속 더 많은 돈과 더 깊은 쾌락을 찾는다. 결국 그들은 돈의 노예, 향유와 쾌락의 노예가 된다. 매춘은 물론 가난한 사람들의 딸을 범하는 것으로 만족하지 못하고, 그들 자신의 부인들을 바꾸어가며 즐기기도 한다고 마르크스는 고발한다 (2004m, 613). 그들은 소유한 돈의 공공성을 깨닫지 못하고, 그 돈을 더 많은 사유재산 형성과 향유와 쾌락에 소비한다. 산업재해를 당한 노동자들에게는 인색하면서, 이혼소송에 거액의 돈을 지출하기도 한다. 한마디로 유산계급은 인간의 참된 본질에서 소외된 자들, "종의 본질"에서 소외된 자들

이다. 그들은 "속물들"(Phiilister)이요 인간성의 상실이다.

그러나 노동자 계급의 소외와 유산계급의 소외 사이에는 차이점이 있다. 유산계급의 소외가 배부름과 사치(Luxus) 속에서의 소외라면, 무산계급의 소외는 절대 빈곤과 굶주림 속에서의 소외다. 전자가 사회적 인정을 받는 자들의 소외라면, 후자는 사회적으로 무시되는 자들의 소외다. 전자가 자기 스스로 초래한 소외라면, 후자는 강요된 소외다. 마르크스는 후자의 소외, 곧 무산계급의 소외를 집중적으로 분석하고, 무산계급의 소외에서 부정되어야 할 역사의 모순을 발견한다.

뢰비트에 따르면, "마르크스는 인간의 자기소외를 국가, 사회, 산업의 영역에서 분석하였다." 소외에 대한 **정치적 표현**은 시민사회와 국가의 모순이요, 직접적 **사회적 표현**은 무산계급의 실존이요, **경제적 표현**은 우리의 사용 대상물들의 상품의 성격이다. 사적 소유를 가진 사적 경제(Privatwirtschaft)로서의 자본주의는, 공동의 소유를 가진 공동산업(Gemeinwirtschaft)으로서의 공산주의에 대한 안티테제다.…자본주의 세계의 인간은 자기 자신에게서 소외되어 있다. 자본, 상품, 임금노동은 생산하는 인간과 소비하는 인간이 (헤겔적 의미에서) '그 자신 가운데' 있지 않은, 혹은 '자유롭지' 않은 실존 상황들에 대한 객관적 표현이다"(Löwith 1941, 169).

3. "천한 것을 고귀한 것으로" 만들 수 있는 돈의 마력
– 인간의 "자기소외의 최고 형식"으로서의 돈과 사유재산

1. 마르크스에 따르면 돈은 자본주의 사회의 소외를 요약한다. 돈은 인간의 **"자기소외의 가장 높은 형식"**이요, **"인간의 소외된 힘"**이다. "돈은 인간

의 관계들이 얼마나 부패했는가를 가장 적절하게 드러낸다. 돈은 '충성을 불충성으로(Treue zu Untreue), 사랑을 증오로, 덕을 악덕으로, 악덕을 덕으로…' 변질시킨다"(Tillich 1971, 281).

마르크스의 문헌『유대인 문제에 대하여』에 따르면, 돈이 하나님의 자리를 대신한다. 유대인들은 하나님을 돈으로 대체하였다. "유대인들의 하나님은 자기를 (돈으로) 세속화하였다. 돈이 세계 하나님이 되었다. (돈을 통한) 교환(Wechsel)이 유대인들의 현실적 하나님이다. 그들의 하나님은 환상적 교환이다"(그러나 유대인들은 마르크스의 이 말에 동의하지 않을 것이다).

자유로운 시민사회에서 전통적 하나님 신앙은 의미를 상실하였다. 이 사회에서 정말 인간이 경배하는 것은 하나님이 아니라 돈이다. 이런 점에서 "기독교는 유대교에서 생성하였다. 그러나 다시 유대교로 폐기되었다." "돈이 이스라엘의 열성적 하나님이다." 돈이라는 하나님 외에 어떤 다른 신(神)도 있을 수 없다. 하나님이 아니라 돈이 "가장 높은 가치"로 생각되기 때문이다. "돈은 인간의 모든 신을 비하시키며, 그들을 상품으로 바꾸어버린다. 모든 사물의 보편적이며, 그 자신을 위해 구성된 가치는 돈이다. 이리하여 돈은 온 세계와 인간의 세계와 자연으로부터 그들 특유의 가치를 빼앗아버렸다. 돈은 인간에게서 소외된 노동과 그의 현존의…본질이다. 이 낯선 본질(곧 돈)이 인간을 지배하고, 인간은 그를 경배한다"(2004d, 270-271).

『경제-철학적 원고』(1844)에서 마르크스는 돈의 기능을 통렬하게 비판한다. "네가 할 수 없는 모든 것을 너의 돈이 할 수 있다. 그것은 먹을 수 있고, 마실 수 있고, 무도회에 갈 수 있고, 연극을 관람할 수 있다. 그것은 예술과 학문과 역사적으로 희귀한 것들과 정치적 힘을 획득할 수 있다. 그것은 여행 갈 수 있고, 이 모든 것을 획득할 수 있다. 그것은 이 모든 것을 살 수 있다. 돈이 참된 능력(Vermögen)이다. 그러나 돈은 자기 자신만을 더 증식시키고 싶어 한다. 곧 자기 자신을 사고 싶어 한다. 그 까닭은 다른 모든 것은 돈의 노예이고…, 모든 열정과 모든 활동이 소유욕에 매몰되기 때문이다. 노동자는 그가 살 수 있을 만큼만 돈을 가질 수 있다. 그는 돈을 갖기 위해 살고자 할 뿐이다"(2004f, 350).

돈은 인간을 자신의 노예로 만드는 마력이 있다. 산업이 발전함에 따라 새로운 생산품이 증가한다. 한 모델이 시장에 나오면, 곧 새로운 모델이 등장한다. 인간은 새로운 모델을 쫓아가는 새로운 모델의 노예가 된다. 이리하여 "인간은 인간으로서 더 가난해진다. 그는 (새로운 생산품의) 낯선 존재를 지배하기 위해 더 많은 돈을 필요로 한다.…돈의 힘이 증가함에 따라 그의 욕구도 증가한다"(2004f, 346). 새로운 생산품에 대한 욕구가 증가함에 따라 돈에 대한 욕구도 더 커진다. 돈은 욕구를 해결하는 것이 아니라 욕구를 더 증대시키고, 욕구의 증대는 더 많은 돈에 대한 끝없는 목마름을 유발한다. 돈과 욕구, 욕구와 돈의 악순환 속에서 인간은 돈의 노예가 된다.

돈의 노예가 된 인간에게는 돈이 최고의 가치가 된다. 돈이 "참된 힘과 유일한 목적"이 되며, "참된 정치적 삶의 힘"이 된다(2004f, 355). "종의 관계(Gattungsverhältnis), 남자와 여자의 관계 등도 장사 품목이 된다. 여자는 값을 불러 거래된다"(2004e, 271). 돈의 많고 적음에 따라 인간의 가치가 결정되고, 사회 계급이 결정된다. 유산계급은 돈에 돈을 늘리는 반면, 무산계급은 죽지 않고 생명을 유지할 수 있을 정도의 돈만 얻는다. 돈 때문에 인간의 고귀한 노동이 "노예노동"(Sklavenarbeit)으로 변모한다. 인간이 "인간상품"(Menschenware)으로 변모한다. 자신의 "피땀"(Blutschweiß)이 유산계급자들의 끝없는 "욕망의 약탈물"(Beute seiner Begierde)이 된 노동자는 자기를 하나의 "희생물로, 아무것도 아닌 존재로"(ein aufgeopfertes, nichtiges Wesen) 인식한다(2004f, 356).

2. 마르크스에 따르면, 본래 돈은 하나의 교환수단에 불과하다. 그것은 "나에게 낯선 대상적인 것을 획득해주는 수단"일 뿐이다. 본래 그것은 하나의 종이쪽지일 따름이다. 이런 점에서 "돈은 아무 값도 갖지 않는다"(Geld hat keinen Preis). 그러나 교환수단에 불과한 종이쪽지가 자본주의 사회에서 "참된 힘과 유일한 목적"이 된다. 이 종이쪽지는 그 자신을 더 확대시키고자 하는 "자기목적"이 되어버린다(2004f, 354). 돈은 "모든 것을 사고자 하는 속성을 소유한다. 그것은 모든 대상을 획득하고자 하는 속성을 소유한다. 이로 말미암아 돈은 비상한 소유의 대상이 된다. 돈의 속성의 보편성은 그의 본질의 전능함이다. 그러므로 (하나님이 아니라) 돈이 **전능한 것**으로 간주된다.…돈은 욕구와 대상, 인간의 삶과 삶의 수단의 뚜쟁이(Kuppler)다"(367).

마르크스는 돈에 대한 셰익스피어의 생각들을 소개한다. 셰익스피어에 따르면, 돈은 검은 것을 희게 만들 수 있고, 미운 것을 예쁘게 만들 수도 있다. 나쁜 것을 좋게, 늙은 자를 젊게, 비겁한 자를 용감하게, 천한 것을 고귀하게 만들 수 있다. 성직자를 제단 아래로 유혹하기도 한다. 돈은 "눈으로 볼 수 있는 신성"이요, (모든 민족의) "모든 언어로 말할 수 있다"(2004f, 367-368).

또한 마르크스는 괴테의 시에 근거하여 돈에 대해 다음과 같이 말한다. "돈으로 살 수 있는 그것이 바로 **나**다(was das Geld kaufen kann, das bin ich). 돈이 많아질수록 나의 힘이 커진다. 돈의 속성은—그것의 소유자인—나 자신의 속성과 본질의 힘이다. 내가 어떤 **존재(bin)**이고 무엇을 **할 수 있는가(vermag)**는, 결코 내 개인성(Individualität)을 통해 결정되지 않는다." 오히려 돈을 통해 결정된다. 나는 추하지만, 가장 아름다운 여자를 살 수 있다. 그렇다면 나는 추하지 않다. 추함과 추함의 힘이 돈을 통해 폐기된다.

한마디로 돈은 인간을 **자기 아닌 자기로** 만들 수 있는 마력을 가진다. 천한 자를 귀한 자로 만들 수도 있고, 귀한 자를 천한 자로 만들 수도 있다. 돈이 인간의 가치를 결정한다. 돈에 따라 인간관계가 결정된다. 돈은 인간을 참된 자기로부터 소외시킴은 물론, 참된 인간관계로부터 소외시킨다. 나는 걸을 수 없지만 돈은 걸을 수 있는 발을 나에게 제공할 수 있다. 나는 양심이 없고 정직하지 못한 인간이지만, 내가 가진 돈이 사람들의 존경을 받기 때문에 나 자신도 존경을 받는다. 돈이 최고의 가치이기 때문에, 돈의 소유자인 나도 가치 있는 존재가 된다. "나는 정신이 없는(geistlos) 사람이다. 그러나 돈은 모든 사물의 **현실적 정신**이다. 그렇다면 돈의 소유자인 내가 어떻게 정신이 없는 사람일 수 있겠는가?" 돈을 가진 사람은 "정신적으로 풍요로운 사람들을 살 수 있다." 그는 이들에 대해 힘을 가진다. 그렇다면 돈을 가진 사람이 정신적으로 더 풍요로운 사람이 아닌가? "돈을 통해…**모든 것**을 할 수 있는 내가, 인간의 모든 능력을 소유하고 있지 않는가? 돈은 나의 모든 무능력을 능력으로 바꾸지 않는가?"(2004f, 369)

돈은 나를 인간적인 삶과 결합시킬 수 있고, 자연 및 인간과도 결합시킬 수 있다. 돈은 모든 관계를 맺을 수도 있고 끊을 수도 있다. 따라서 돈은 "결합의 수단"(Bindungsmittel)인 동시에 "분리의 수단"(Scheidungsmittel)이기도 하다. 그것은 "사회의 전기화학적 힘(galvanochemische Kraft)"이다. 그것은 무서운 마력을 가진다.

3. 셰익스피어는 돈의 두 가지 속성을 강조한다. 1) "돈은 인간과 자연의 모든 속성을 그 반대로 바꿀 수 있고, 모든 일을 혼동시킬 수 있고, 거꾸로 뒤집을 수 있는 가시적 신성이다." 2) "돈은 보편적 창녀요, 인간과 민족들의 보편적 뚜쟁이다." 돈의 "**신적인** 힘"(göttliche Kraft)은, 인간의 소외된 종의 본질(Gattungswesen)로서의 돈의 본질 속에 있다. "돈은 **인류의 외화된**

능력이다(das entäußerte Vermögen der Menschheit)"(2004f, 369). 그것은 "모든 사물의 가치의 실존하는…개념"이요, "모든 사물의 보편적 혼동과 바꿈(allgemeine Verwechslung und Vertauschung)"이다. 돈은 "거꾸로 뒤집어진(전도된) 세계이며, 자연과 인간의 모든 자질의 혼동이다"(371).

마르크스에 따르면, 돈은 인간을 부요하게 하는 동시에 그를 가난하게 만드는 이상한 마력을 가진다. 돈을 더 많이 소유할수록 인간은 더 가난해진다. 그는 항상 더 돈에 목말라한다. 돈의 힘이 더 커질수록 돈에 대한 욕구가 더 커진다. "돈의 욕구는 국가 경제에 의해 생산된 참된 욕구이며, 그것이 생산하는 유일한 욕구다. 돈의 양(Quantität)은 더욱더 그의 유일한 힘 있는 속성이 된다.…무한계(Maßlosigkeit)와 무절제(Unmäßigkeit)가 돈의 참된 표준이다"(2004f, 346-347).

마르크스의 논리에 의하면, 사실상 종이쪽지에 불과한 돈이 세계의 운명을 좌지우지한다. 돈이라는 종이쪽지가 인간의 삶과 세계를 지배한다. 돈이 인간을 위해 존재하는 것이 아니라 인간이 돈을 위해 존재한다. 인간이 돈을 지배하는 것이 아니라 돈이 인간을 지배한다. 돈이 인간을 섬기는 것이 아니라 인간이 돈을 섬긴다. 돈은 인간을 탈인간화시킨다. 돈이 많아질수록 인간의 탈인간화는 더 심화된다. 한마디로 돈은 인간을 탈인간화·비인간화시키는 **소외의 최고 형식**이다.

마르크스에 따르면, 아메리카 대륙의 발견과 새로운 항로의 발견을 통해 교역이 세계화되면서 돈의 힘도 세계화된다. 그것은 인간 자신의 힘으로 극복할 수 없는 세계적 세력이 된다. 경제 활동이 확대되면서 "개인들이…그들에게 낯선 세력의 노예가 되었다"는 것은 지금까지의 역사에서 부인할 수 없는 "경험적 사실"이다. 이 세력은 "점점 더 대량화되었고, 결국에 세계시장(Weltmarkt)으로 자기를 나타낸다"(2004i, 435). 세계 전체가 하나의 시장이 되면서 **소외의 세계화**가 일어난다. 소외의 세계화와 함께 사회 계급 사이의 갈등과 대립도 세계화된다. 세계를 지배하는 것은 헤겔의 신적 정신이 아니라 돈이다. 돈이 왕을 세우기도 하고 몰락시키기도 한다. 돈은 사람을 살리기도 하고 죽이기도 하는 주술적 힘을 가진다.

돈의 주술적 기능을 마르크스는 『자본론』 1권에서 다음과 같이 개진한다. 본래 상품은 생산에 소비된 노동시간의 총량이다. 노동시간의 총량은 시장에서 돈으로 살 수 있는 "가치"로 나타난다. 상품의 가치가 돈의 액수로 표현된다. 눈으로 볼 수 없는 것, 절대적인 것이 돈의 형태로 가시화된다. 돈은 불가시적인 것을 가시화하는 주술적 힘을 가진다. "돈의 주술… 돈 주물의 수수께끼(Rätsel des Geldfetisches)는 **가시화되었고**, 눈을 어둡게 만드는 상품 주물의 수수께끼다." 모든 상품은 잠재적으로 돈이다. 그것이 팔리지 않을 때 잠재적·관념적인 돈이 있을 뿐이다. 그것이 팔릴 때 잠재적 돈은 현실적 돈이 된다. 모든 상품은 자신의 교환가치를 행사하기 위해 "표상된 돈에서 현실적인 돈으로 변해야" 한다. 현실적인 돈으로 변환할 때, 그것은 **상품에서 독립된 힘**으로 등장한다. 본래 아무런 시장가치를 갖지 못한 종이쪽지에 불과한 돈, 교환수단에 불과한 돈이 모든 것을 지배하는 실체로 등장한다. "세계시장에서 금과 은이라는 두 가지 가치 기준이 지배한다. 세계돈(Weltgeld)은 보편적 지불 수단으로, 보편적 구매 수단으로, 부 일반의 절대적으로 사회적인 수단(Materiatur)으로 기능한다." "마지막 기능에서 언제나 현실적인 돈상품이, 살아 있는 금과 은이 요구된다." 끊임없는 교환의 과정을 통해 돈은 돈을 불린다. 그것은 항상 자기를 증식시키는 "실체성"(Substantialität)을 지닌다. 항상 자기를 증대시키는 돈, "행진하는 가치, 행진하는 돈과 그 자체로서의 자본"이 세계를 지배한다(이에 관해 Delekat 1954, 65-68). 돈은 자본주의 사회의 모든 소외의 집약적 표현이다. 돈 앞에서는 남편과 아내, 부모와 자녀, 형제와 자매도 적이 된다.

4. 돈은 사유재산이다. 그러므로 마르크스는 **사유재산**을 가리켜 소외의 표식이라 말하기도 한다. 그에 따르면, 사유재산은 "소외된 인간 삶의 물질적·감각적 표현"이다. 그것은 무산계급을 탈인간화시키는 동시에 유산계급도 비인간화시킨다. 그것은 인간을 소유의 노예로 만든다. 사유재산 때문에 인간은 "다른 사람에게 **새로운** 욕구를 일으키고, 그를 새로운 희생물로 강요하며, 그를 새로운 의존에 빠지게 하며, 그를 **향유**와 경제적 파멸의 새로운 방법으로 유도한다. 모든 사람이 다른 사람에 대한 낯선 본질의 힘을 찾으며, 이를 통해 그 자신의 이기적 욕구의 충족을 얻고자 한다. 엄청난 양의 상품들과 함께 인간을 예속시키는 낯선 물건들의 왕국이 성장한다. 모든 새로운 상품은 상호 간의 속임수와 상호 간의 착취의 새로운 잠재력이다." 새로운 상품을 얻기 위해 인간은 계속 더 많은 돈을 갈망하게 되며, 더 많은 돈을 가질수록 더 가난해진다. 끊임없는 수요가 발생하기 때문이다(2004f, 346).

사유재산은 타인을 비인간화시킬 뿐 아니라 자기 자신을 비인간화시킨다. 그는 "**허무하고**, 본질이 없는…자로 활동하는 동시에, 타인의 노예적인 노동, 인간의 **피땀**을 자기 욕구의 포획물로, 그러므로 인간 자신은 물론 자기 자신을…무의미한 존재로 인식한다." 그는 백 명의 사람들이 먹을 수 있는 음식물을 쓰레기로 내다 버리면서 자신의 무절제한 소비 행위로 말미암아 다른 사람들의 고용과 생계유지가 가능하게 된다는 오만한 생각에 빠진다(2004f, 316). "사유재산은 인간이 그 자신에 대해 **대상적**이 되는 동시에, 한 걸음 더 나아가 그 자신에게 하나의 낯설고 비인간적인 대상이 된다는 것을 나타내는 감성적 표현일 뿐이다." 또한 사유재산은, 유산계급자의 "삶의 표출(Lebensäußerung)은 그의 삶의 그릇된 표출(Lebensentäußerung)이요, 그의 실현은 탈실현(Entwirklichung)이요 하나의 **낯선** 현실이란 것을 나타내는 감성적 표현일 뿐이다"(312-313).

사유재산은 우리를 "바보로 그리고 일면적으로 만든다." 그것은 모든 대상을 소유의 대상으로 보게 한다. 이리하여 대상과 우리 인간을 분리시키고, 대상에 대한 우리의 감성을 마비시킨다. 우리가 대상을 소유하고 그것을 사용할 때에만, 그 대상이 "우리의 것"이라고 생각한다. 우리에게 효용가치가 있을 때에만, 곧 우리가 소유하고, 먹고, 마시고, 몸에 입고 다닐 때에만, "우리의 것"으로 간주한다. 삶은 "사유재산의 삶"이 되어버린다. "물리적이고 정신적인 감성 대신에 이 감성들의 단순한 소외, **소유**의 감성(Sinn des Habens)이 등장한다. 인간의 본질은 이 절대적 빈곤으로 축소된다." 곧 사유재산은 인간의 모든 감성을 소유(Haben)에 집중시킴으로써 감성을 말살한다. 삶은 "소유의 감성"으로 왜소화된다.

5. 이와 연관하여 마르크스는 자신의 역사철학의 출발점을 다시 한번 역설한다. 종래의 역사 해석, 곧 헤겔 철학은 자신이 기술한 이 모든 사회, 경제적 현실을 간과하였다. 그것은 돈, 곧 사유재산이 모든 것을 지배하는 현실의 세계를 보지 못하였다. "지금까지의 모든 역사 해석은 역사의 이 현실적 기초를 철저히 간과하거나, 이것을 역사의 과정과 전혀 무관한 부차적인 것으로 간주하였다. 그러므로 역사는 항상 (현실의 역사) 바깥에 있는 (관념적·형이상학적) 규범에 따라 기술될 수밖에 없다. 현실 삶의 생산은 비역사적인 것으로 나타나는 반면, 역사적인 것은 일상의 삶에서 분리된 것, 세계 바깥에 있는 초역사화된 것(das Extra-Überweltliche)으로 나타난다. 이로써 자연에 대한 인간의 관계는 역사로부터 배제되었다." "자연과 역사의 대립이 생성되었다"(2004i, 339-440).

이것은 헤겔을 포함한 독일 역사철학자들의 공통된 특징이라고 마르크스는 말한다. 역사를 파악할 때, 영국인들과 프랑스인들은 최소한 현실에 가장 가까운 "정치적 환상"(politische Illusion)에 기초하는 반면, 독일인들은 "'순수한 정신'의 영역에 기초하며, 종교적 환상을 역사의 추진력으로 간주한다. 헤겔의 역사철학은 '가장 순수하게 표현된' 이 모든 독일적역사 기록의 귀결"이다. 그의 역사철학에서는 "현실적인 관심들, 정치적관심들이 한 번도 다루어지지 않고 순수한 사상들(생각들, Gedanken), 거룩한 브루노(Bruno)가 말한 '사상들'의 연속(eine Reihe von 'Gedanken')이 다루어진다." 헤겔이 기술하는 역사의 과정은 막스 슈티르너에게 "유령들의 역사로" 보인다. 헤겔의 역사 파악은 "참으로 종교적인 것이다. 그것은 종교적 인간을, 모든 역사적인 것이 거기에서 나오는 원초적 인간(Urmensch)으로 간주하며, …현실적인 생필품과 삶 자체의 생산 대신에 종교적 환상의산물(religiöse Phantasien-Produktion)을" 다룬다. 헤겔을 비롯한 독일의 "이론가들은 '하나님-인간', '인간' 등의 머릿속 유령들(Hirngespinste)이 역사의 각 시대를 지배한다"고 믿는다(2004i, 440-441).

이 같은 관념론적 역사철학에 반해 마르크스는 **역사 안에 있는 것, 검증할 수 있는 경험적인 사실**에서 역사 해석의 출발점을 찾는다. 그는 "독일을 위한 국지적 관심"을 온 인류를 포괄하는 범세계적 관심으로 확대한다. 그에 따르면, 역사는 "인간 사회의 전진하는 발전 과정이기 때문에, 역사를 이끌어가는 동인은 인간의 사회적 실존 속에 있는 힘들일 수밖에없다.…헤겔에 대한 마르크스의 비판은 역사의 발전 과정을 인간 행동의결과로 이해하지 않고, 이성의 전개(Entfaltung)로 이해하고자 하는 관념론적 시도의 반대를 의미한다. 마르크스에 따르면, 헤겔의 역사철학의 출발점은 사실적인 것이 아니다. 오히려 그것은 신화적인 결과(Resultat), 하나의 논리적 운동의 결과다.…관념을 현실로 바꾸는 것(Vertauschung), 이 신화적 결과가 헤겔 철학의 비밀이다"(Tillich 1971, 275-276). 마르크스는 이를거부하고, 인간이 인간에 의해 착취와 소외를 당하는 물질적·사회-경제적현실에 근거하여 역사를 관찰한다. 그는 관념과 사상에 머물지 않고, 모든 인간이 인간답게 살 수 있는 **"새로운 사회의 창조"**, **"사회의 새로운 확립"**을 자신의 사명으로 확신한다(2004i, 437, 2004k, 591). 이 확신 때문에 그는 어린 자녀 네 명이 조기 사망하고, 부인과 첫 딸도 간암과 방광암으로 사망하는 처절한 운명의 길을 걷게 된다. 이 운명의 마지막 산물로서 나온 것이 『자본론』이었다.

4. "지금까지 모든 사회의 역사는 계급투쟁의 역사다"

> 유령이 유럽을 휩쓸고 있다. 그것은 공산주의의 유령이다. 옛 유럽의 모든 세력, 교황과 차르, 메테르니히와 기조, 프랑스의 극단적인 자들과 독일의 경찰들이 이 유령에 대한 거룩한 몰이사냥(Hetzjagd)으로 결속하였다(2004m, 594).

1. 위의 말은 마르크스가 1848년에 그의 동지 엥겔스와 함께 발표한 『공산당 선언』의 첫 문장이다. 이 문서에서 마르크스는 세계사를 "계급투쟁의 역사"로 파악한다. 생산력 및 생산 수단의 새로운 발전과 기존의 사회-경제적 관계들의 모순으로 말미암아 일어나는 역사의 변천 과정은 "계급투쟁의 역사"로 파악된다.

마르크스에 따르면, 역사의 어느 시대를 막론하고 인간의 소외는 소외시키는 자와 소외당하는 자, 가진 자와 갖지 못한 자, 지배계급과 피지배계급의 대립과 투쟁으로 발전한다. 봉건주의 사회에서 그것은 봉건 귀족계급에 대한 농노들 및 새로 등장한 시민계급의 투쟁으로 나타난다면, 근대 시민사회에서 그것은 기업가들과 임금 노동자들의 투쟁으로, 유산계급과 무산계급의 투쟁으로 나타난다. 역사 속에 있는 인간의 "현실적인 삶의 과정"은 물질을 생산하는 과정인 동시에, 대립하는 사회 계층들 간의 투쟁의 과정이다. 따라서 "지금까지 모든 사회의 역사는 **계급투쟁의 역사**다." 어느 시대를 막론하고 "억압자들과 피억압자들이 지속적 대립 속에서 때로 은폐된 형태로, 때로 공개된 형태로" 끊임없이 투쟁하였다. 이 투쟁은 "사회 전체의 혁명적 변형(Umgestaltung)으로 끝나거나, 서로 투쟁하는 계급들의 공동 멸망으로 끝났다"(2004m, 594-595). "지금까지 모든 사회의 역사는 계급들의 대립 속에서 일어났다." 이 대립의 형태는 시대에 따라 다양하였다. 그 형태가 어떻든 간에 사회의 한 계층이 다른 계층을 착취하는 것이 "지나간 모든 세기의 공통된 사실이다"(615).

인류의 계급투쟁의 역사는 근대 시민사회의 **유산계급과 무산계급의 투쟁**에서 정점에 달한다. 이 투쟁은 옛 사회 체제를 완전히 전복시키고, "새로운 사회"를 이루고자 하는 공산주의 혁명으로 발전한다. 마르크스는 이제 공산주의 혁명의 유령이 온 유럽을 휩쓸고 있다고 자기의 시대를 진단한다.

『헤겔 법철학 비판 서론』(1843/44)에서 마르크스는 공산주의 혁명을 "독일의 해방"으로 파악하였다. 그러나 1848년의 『공산당 선언』에서 마르크스는 공산주의 혁명을 범세계적 운동으로 파악한다. 이 단계에 이르기까지의 역사 과정을 마르크스는 『공산당 선언』에서 기술한다. 엥겔스는 그 내용을 『사회주의의 유토피아로부터 과학으로의 발전』(1882)에서 보다 더 정교한 형태로 기술한다. 이 문서에는 마르크스의 『자본론』의 내용이 전제되어 있다. 이 문헌들을 중심으로 우리는 헤겔의 **정신철학적 역사관**과는 전혀 다른 마르크스의 역사관을 한 걸음 더 구체적으로 볼 수 있다.

2. 계급투쟁이란 관점에서 마르크스는 세계사를 다음과 같이 분석한다. 그는 세계사를 1) 원시 공산주의 시대, 2) 고대 노예제도 시대, 3) 중세 및 근

대의 봉건주의 시대, 4) 근대 자본주의 시대, 5) 자본주의 시대의 필연적 귀결인 사회주의 및 공산주의 시대로 구별한다. 인류 최초의 원시 공산주의 시대에서 생산자는 곧 소비자였다. 각 개인과 그들의 공동체는 그들 자신이 필요로 하는 것을 생산하였다. 생산에 필요한 생산수단들 역시 개인의 것이거나, 개인이 속한 공동체의 공동 소유였다. 원시 공산주의 사회의 이 같은 면모를 우리는 지금도 세계 각지 원주민들의 소규모 집단생활에서 볼 수 있다.

노예제도 및 봉건주의 시대로 넘어가면서 생산수단을 소유한 자와 생산하는 자, 곧 봉건 귀족들과 노동자가 분리된다. 노동자가 생산한 생산품은 노동자의 소유가 되지 않고, 생산수단을 소유한 자의 소유가 된다. 생산품은 개인 삶의 필요를 위한 것이 아니라 사유재산을 형성하기 위한 수단으로 변질한다. 이로써 사회의 계급화가 일어난다. 임금을 받고 생산품을 생산하는 노예 및 농노들과, 이 생산품을 자기의 것으로 획득하고 사유재산을 쌓는 귀족계층이 나누어진다. 지배 계층과 피지배 계층이 분리된다. 이리하여 고대 로마 제국 시대에는 세습 귀족, 기사, 평민, 노예가 있었고, 중세기에는 봉건 귀족, 봉신(Vasalle), 조합원(Zunftbürger), 도제(Gesellen), 농노들(Leibeigene)이 있었다.[1]

중세 봉건주의 사회에서 생산은 개인의 필요에 집중되어 있었다. 농업 생산의 일부는 봉건 귀족에게 귀속되었지만, 그 밖의 부분은 농노와 그의 가족의 필요를 위한 것이었다. 목초지, 삼림과 강(江)과 같은 공유지는 주로 농노들에 의해 사용되었다. 그것은 귀족계급이 마음대로 처리할 수

---

1 농노(Leibeigene)는 귀족에게서 농지를 얻어 농사를 짓고 수확물의 일부를 귀족에게 바치며 생활하다가, 대규모 토목 공사가 있을 때 노동력을 제공하며, 전쟁이 일어나면 의무적으로 전쟁에 나가 싸워야 하는 농민들을 가리킨다. 농민의 딸이 결혼을 하게 될 경우, 결혼식 전날 밤에 귀족에게 몸을 바치는 것이 관례였다.

있는 것이 아니었다. 초과 생산으로 말미암은 생산물의 교환과 시장이 있었지만 미미한 수준이었다.

　　그러나 중세 말기에 상공업이 발전하기 시작하면서, 잠자는 상태에 있었던 "상품 생산의 법칙"이 깨어난다. 생산자는 차츰 "상품 생산자"가 되기 시작한다. 자신의 소비와 무관한 상품들이 대량으로 생산되기 시작한다. 수많은 농노와 수공업자와 도제가 임금 노동자로 전락한다(Engels 1971a, 168-169).

3. 상품 시장과 금융 시장이 발전하면서 봉건주의 사회가 붕괴되고, 자본주의적 시장경제를 가진 근대 시민사회가 형성된다. 새로 등장한 시민계층은 봉건 귀족 계층에 대립하지만, "단지 새로운 계급, 억압의 새로운 조건들, 투쟁의 새로운 형태들을…세웠다." 새로 등장한 근대 유산계급은 봉건주의 사회의 잔재 위에 "시민들의 사회 체제를 세운다. 그것은 자유로운 경쟁의 왕국, 이동의 자유의 왕국, 상품 소유자들의 동등한 권리의 왕국을 세운다"(Engels 1971a, 164).

　　아메리카 대륙의 발견과 착취는 새로 등장한 유산계급을 강화하고, 자유 시장경제를 활성화하는 결정적 동인이 된다. 동인도와 중국 시장, 아메리카 대륙의 식민화, 금과 은과 면화를 위시한 자원의 수탈, 교환수단과 상품 증대는 전대미문의 교역과 항해의 호황을 일으켰다. 이를 통해 얻은 돈은 전쟁 비용으로 사용되기도 하고, 산업혁명에 필요한 자본으로 사용되었다. 봉건사회의 조합제도에 기초한 생산 활동은 새로운 시장을 통해 발생하는 수요를 감당할 수 없었다. 이리하여 근대 **제조업**(Manufaktur)이 등장하게 된다. 중세기의 수공업은 제조업으로 변한다. 조합장들(Zunftmeister)은 기업 중산층으로 대체되고, 다양한 조합들 사이의 분업은 다양한 공장 분업으로 대체된다.

그러나 제조업도 점증하는 시장과 상품 수요를 감당할 수 없었다. 이때 등장한 **증기기관과 기계**를 통해 산업혁명이 일어난다. "증기기관과 기계는 제조업을 현대의 기업으로 변화시켰고, 이로써 시민사회의 모든 기초에 혁명을 일으켰다." 굼벵이처럼 생산 속도가 느린 제조업 시대는 "생산의 질풍노도의 시대(Sturm-und Drangzeit)로 변하였다. 사회가 점점 더 빠른 속도로 거대 자본가와 무산자들로 나누어졌다." 과거의 중산층이 무너지고, 수공업자들과 소상공인들이 두 계층 사이에서 불안한 한 실존을 이어가고 있었다(Engels 1971a, 152-153).

4. 기계의 발전과 함께 "제조업 대신에 근대의 **기업**(Industrie)이 등장하였고, 기업의 중산층 대신에 기업의 백만장자들, 모든 기업 군대(Industriearmee)의 우두머리들, 근대 유산계급이 등장하였다." 근대의 기업은 "세계시장을 만들었다." 세계시장은 기업의 확장으로 이어졌다. "기업, 교역, 항해, 철도가 확대됨에 따라 유산계급이 발전되었고, 유산계급은 그들의 자본을 증대하였다. 그것은 중세 시대로부터 전해진 모든 계급을 역사의 무대에서 배제시켰다." 근대 유산계급은 이 같은 역사적 발전 과정의 산물이요, 거듭되는 생산방식과 교역방식의 변혁의 산물이다(2004m, 595-596).

엥겔스에 따르면, 세계시장은 기업들의 지역적 경쟁과 투쟁을 **범세계적 경쟁과 투쟁**으로 확대하였다. 이 경쟁과 투쟁은 역사에서 유례를 발견할 수 없는 격렬한 것이었다. 자연에서 일어나는 생존투쟁의 싸움이 인간 사회에서 일어났다. 17-18세기의 상업전쟁은 이를 예시한다. "상품생산"으로 전락한 생산 활동은 더 많은 사유재산의 수단으로 전락하였다. 더 많은 사유재산을 얻기 위해 더 많은 생산이 촉진되었다. 이리하여 **"생산의 무정부상태"**가 초래되었다(Anarchie der Produktion, Engels 1971a, 169-170).

기업주에 의한 노동자의 착취가 노동임금을 현찰로 지불할 정도로 끝나면, 다른 부류의 유산계급자들, 곧 주택 임대인, 소매상인, 전당포 업주, 고리대금 업자 등이 노동자들을 다시 갈취한다. 영세 기업인들, 상인들, 고리대금 업자들, 수공업자들과 농부들, 이 모든 계급도 점차 무산계급으로 전락한다. 그들의 소규모 자본은 대기업의 거대 자본과의 경쟁에서 이길 수 없고, 그들의 숙련도는 대기업의 기계와 비교할 수 없기 때문이다. 이리하여 사회 모든 계층의 시민들이 점차 무산계급으로 전락한다(2004m, 603). 한편에서는 "부의 축적"이 일어나는 반면에 다른 한편에서는 "비참, 노동의 괴로움, 노예화, 무지, 야수화(Bestialisierung), 도덕적 퇴화의 축적"이 일어난다(Engels 1971a, 171).

엥겔스에 따르면, 기업가들은 항상 생산력을 더 향상시키려는 습성이 있다. 보다 더 많은 이익을 얻어 기업을 확대하고 사유재산을 증식하기 위함이다. "거대 기업의 무서운 확장력은…이제 질적·양적 확장의 욕구로서 우리 눈앞에 등장한다." 이 욕구를 만족시키기 위해 거대 기업은 기계를 더욱더 정교하게 만들어 더 좋은 질의 더 많은 상품을 생산하고자 한다(Engels 1971a, 171). 그러나 기계가 정교해질수록 무산계급자들의 노동은 자신의 "독립적 성격과 함께 노동자에 대한 모든 매력을" 상실한다. 노동자는 "가장 단순하고 가장 쉽게 배울 수 있는 취급 방법(Handgriff)만 요구하는 **기계의 부속품**"이 되어버린다. 기계가 노동의 차이를 평준화시켜 버리고, 노동자들의 임금은 더욱 하락한다. 그들의 임금은 "자기의 생계와 자손의 번식을 위해 필요한 생필품"을 겨우 얻을 수 있을 정도로 제한된다. 노동에 대한 혐오감이 증가함에 비례하여 임금은 감소된다(2004m, 602).

기계가 정교해질수록 노동자들의 노동은 불필요해진다. 수백만 명의 노동자들이 일자리를 잃어버리고, 소수의 기계노동자들이 그들의 노동을 대신한다. 기계는 "노동자 계급에 대한 자본의 가장 힘 있는 전쟁 수단"
이다. 노동자들 자신이 생산한 기계가 그들의 생계 수단을 빼앗는 도구가
되며, 노동자들을 노예로 만든다(Engels 1971a, 170).

결국 노동자들은 "기업 예비군"이 되거나, 잘 조직되고 잘 길들여진
"산업 병정들"(Industriesoldaten)이 된다. 그들은 "하사관들과 장교들의 완
전한 계급체제의 감시" 아래 있다. 그들은 "유산계급, 유산국가의 종들
일 뿐 아니라, 매일 매시간 기계와 감독자와…유산계급자에게 예속되어
있다." 유산계급자들의 "이 전제(Despotie)는 더욱더 소인배적이고, 더욱더
더럽고, 더욱더 잔인해진다." 기계의 발전으로 인해 여자와 아이들의 노동
이 남자의 노동을 대신한다. 노동에 있어 남녀의 성적 차이, 나이 차이는
사회적 의미를 상실한다. "나이와 성별에 따라 상이한 임금을 받는 노동
도구들(Arbeitsinstrumente)이 있을 뿐이다"(2004m, 602).

5. **근대 유산계급**은 역사적으로 가장 높은 혁명적 역할을 수행하였다고 마
르크스는 평가한다. 유산계급은 지금까지의 역사가 이룬 것보다 훨씬 더
많은 엄청난 생산력의 증대를 이루었다. 자연의 지배와 착취, 새로운 기
계와 기술, 철도, 항해, 산업, 물리학과 화학을 통해 유산계급은 온 세계
를 문명화하고, 거대한 인구 증가를 이루었다. 그 반면 유산계급은 그들과
경쟁할 수 없는 중산층을 무산계급으로 전락시키고, 임금 노동자를 한평
생 임금 노동자로 만들었다. 또한 농노들과 수공업자들과 도제들을 임금
노동자로 전락시켰다. 이들이 생산한 생산품은 유산계급의 소유물이 되
었다. 이리하여 "사회적 **생산**과 자본주의적 **획득**의 대립"이 일어난다. 곧
생산품을 생산하는 노동자와, 이들이 생산한 생산품을 소유하는 기업가의
대립이 일어난다. 이 대립은 결국 "무산계급과 유산계급의 대립으로 나타
난다"(Engels 1971a, 168).

마르크스에 따르면, 새로 등장한 유산계급은 봉건사회의 모든 가부장적이며 전원적인 관계를 파괴하였다. 그것은 "인간과 인간 사이의 벌거벗은 관심(das nackte Interesse), 감정이 없는 '현금 지불' 외에 어떤 다른 관계도 남겨두지 않았다." 그것은 과거의 모든 미덕을 "얼음처럼 차디찬 이기적 계산의 물속에 익사시켰다. 그것은 **인간의 가치를 교환가치**로 폐기하였다." 그것은 개인의 다양한 자유 대신에 "단 하나의 양심 없는 **교역의 자유**를 세웠다. 한마디로 그것은 종교적·정치적 환상으로 포장된 착취 대신에 노골적이고 뻔뻔스러우며 직접적이고 메마른 착취를 세웠다." 그것은 지금까지 경건의 가면을 쓴 존경스러운 행위들의 위선을 드러내었고, "의사와 법학자와 목사와 시인과 학자들을 돈을 받는 임금 노동자(bezahlte Lohnarbeiter)로 만들어버렸다." 또한 유산계급은 가족관계를 "순수한 돈관계"(reines Geldverhältnis)로 바꾸어버렸다.

마르크스에 따르면, 유산계급은 "생산도구, 곧 생산관계들, 사회 전체의 관계들을 지속적으로" 변혁하고자 하는 습성 내지 특징이 있다. "생산의 지속적인 변혁, 모든 사회적 상태들의 끊임없는 동요, 영원한 불확실성과 운동, 바로 여기에 이전의 모든 시대에 대한 유산계급 시대의 특징이 있다." 유산계급은 정체되어 있는 것, 움직이지 않는 것을 저주의 대상으로 생각하며, 모든 거룩한 것을 속된 것으로 전락시킨다. 이익에 대한 끝없는 욕구에 사로잡힌 유산계급은 "지구 전체를 사냥하러 다닌다. 그들은 어디에나 주제넘게 굴며, 도처에서 경작하며, 도처에서 관계를 형성한다."

또한 유산계급은 모든 나라의 지역적 생산과 소비를 세계화한다. 그것은 기업의 국가적 기초를 허물어버리며, 국가의 오랜 기업들을 폐기한다. 이 기업들은 새로 등장한 세계적 기업들에 통폐합되어버린다. 새로운 기업들은 그 지역의 원자재를 사용하지 않고 외국에서 수입된 원자재를 사용한다. 그들의 제품은 온 세계에서 소비된다. 필요한 욕구를 지역 생산물로 충족하던 시대는 지나고, 알지 못하는 나라의 이질적 기후 조건에서 생산된 상품들이 사람들의 욕구를 유발한다. 지역적이며 민족적인 만족감과 폐쇄성 대신에 전방위적인 교통과 전방위적인 국가 간의 의존이 등장한다. 이것은 물질적 생산품은 물론 정신적 생산품에도 해당한다. 한 나라의 정신적 생산품은 모든 나라 공동의 것이 된다. "국가적 일면성과 제한성은 점점 더 불가능해지고, 다양한 나라들과 지역들의 문학으로부터 세계문학(Weltliteratur)이 형성된다"(2004m, 598-599).

생산과 소비, 기업과 교역의 세계화 추세 속에서 유산계급은 가장 야만적인 국가도 문명화시킨다. 상품의 저렴한 가격은 중국의 만리장성도 무너뜨릴 수 있는 대포(Artillerie)의 힘을 가진다. 이 같은 힘의 가격을 통해 유산계급은 외국인에 대한 야만인들의 가장 무서운 적대감도 무너뜨릴 수 있다. 그는 자신의 생산방식은 물론 자신의 문명을 모든 나라가 수용하도록 요구한다. 한마디로 유산계급은 "세계를 그 자신의 상(Bild)에 따라 형성한다." 그는 시골을 도시에 예속시키고, 거대한 도시들을 세운다. 시골을 도시에 의존하게 한 것처럼 "야만적이거나 반야만적인 나라들을 문화 선진국에 의존하게 하며, 농민들을 유산계급에, 동양을 서양에 의존하게 만들었다." 또한 유산계급은 인구를 대도시에 집중시키고, 생산수단을 중앙집권화시키며, 소유를 소수의 사람들의 손에 집중시킨다. 다양한 관심과 법과 정부체제와 관세를 가진 독립된 지역들이 "하나의 국가, 하나의 정부, 하나의 법, 하나의 국가적인 계급적 관심, 하나의 관세 방침으로" 압축된다(2004m, 599). 근대 유산계급은 과거의 모든 세대가 이루지 못한 일을 백년도 안 되는 짧은 기간에 이루었다. 엄청난 생산력을 발견하였고, 자연의 힘들을 지배하고, 새로운 기계를 발명하고, 화학을 기업과 농업에 응용하고, 증기기관차, 기차, 운하들을 만들었고, 세계 모든 지역을 개간하였다(560).

6. 나아가 유산계급은 봉건주의 사회를 해체하고 자유 시장경제를 도입함으로써 모든 사람을 동등하고 자유로운 존재로 만들었다. 시장경제 질서에서 그 누구도 누구를 강요할 수 없다. 모든 사람은 자신의 자유로운 결단에 따라 상품을 팔고 상품을 구입한다. 상품을 파는 사람과 구매하는 사람, 양측 모두 자유롭고 평등하다. 이것은 판매자와 구매자의 계약서에 명시적으로 나타난다. 판매자와 구매자 양측은 동등한 자격에서 자신의 자유로운 결단에 따라 계약서에 서명한다. 계약서는 양측의 정의로운 관계를 전제한다. 이런 점에서 자본주의 사회는 모든 인간을 예속에서 해방하였다.

이 문제를 마르크스는 『자본론』에서 다음과 같이 설명한다. 자본주의 사회는 인간이 태어나면서부터 가진 **"인간의 권리(인권)의 에덴동산"**처럼 보인다. 이 사회를 지배하는 것은 "자유, 평등, 소유, 그리고 벤담(Bentham, 자유주의 사상가)이다. **자유!** 상품, 곧 노동력의 구매자와 판매자가 그들 자신의 의지에 따라 행동하기 때문이다. 그들은 자유롭고 법적으로 동등한 인격들로서 계약을 맺는다. 계약서는 그들의 의지가 공동의 법적 표현을 갖게 되는 마지막 결과(Endresultat)다. **평등!** 그들은 오직 **상품 소유자**로서 서로 관계하며, 등가물(Äquivalent)에 대해 등가물을 교환하기 때문이다. **소유!** 각자는 오직 자기의 것을 스스로 처리할 수 있기 때문이다. **벤담!** 각자는 그 자신에 대해서만 관심을 갖기 때문이다. 그들을 함께 그리고 동일한 관계로 결합시키는 것은 각자의 유익(Eigennutz),…그들의 사적 관심들이다. 각자는 단지 그 자신을 위해 행동하며, 그 누구도 다른 사람들을 위해 행동하지 않기 때문에, 그들 모두는 **사물들의 예정된 조화**에 따라…그들 상호 간의 이익, 공동의 유익, 전체 관심의 사역을 이룬다"(1953, 184).

마르크스에 따르면, 자본주의 사회의 자유, 평등, 정의는 거짓에 불과하다. 형식에 있어 노동자와 기업가 사이에는 자유와 평등과 정의가 있다.

아무도 노동자에게 그의 노동을 팔라고 강요할 수 없기 때문이다. 그러나 현실에 있어 그들 사이에는 자유와 평등과 정의가 성립되지 않는다. 노동자가 가진 소유라고는 그의 노동뿐이기 때문에 그는 자신의 생명과 가족의 생계를 유지하기 위해 자기의 노동을 상품으로 팔지 않을 수 없다. 그는 기업가의 계획에 따라 움직인다. 여기에 노동자와 기업가 사이의 자유, 평등, 정의는 설 자리가 없다. "임금 노동자는 그의 현실적 실존에 있어 고대시대의 노예보다 더 부자유하다." 현실적으로 그는 **"노동시장의 노예다.**···마르크스에게 임금 노동자는···시민사회의 보편적 문제성을 나타낸다"(Löwith 1941, 170). "인류가 자연의 주인이 되지만, 인간은 인간의 노예가 되거나, 그 자신의 비열함의 노예가 된다"(171).

이로써 공산주의 혁명의 주역이 될 무산계급이 **자본주의 사회 자체 내에서** 형성된다. 경제가 팽창하는 데 비례하여 인간관계들이 파괴됨으로써 무산계급이 생성될 수 있는 토양이 준비된다. "가족 공동체, 민족, 직업과 노동에서 모든 인격적 관계가 해체되고, 공개적이며 은폐되지 않은 직접적 착취가 이를 대신함으로써" 무산계급이 생성할 수 있는 토양이 마련된다(Tillich 1971, 281-282).

7. 마르크스의 분석에 의하면, 자본주의 체제는 그 자신이 초래한 경제 위기로 말미암아 붕괴의 과정에 돌입하게 된다. 곧 새로운 생산력이 "근대의 생산관계들과, 유산계급 및 그의 지배의 삶의 조건이 되는 소유관계들(Eigentumsverhältnisse)"이 충돌한다. 유산계급의 거대한 부는 종래의 생산관계와 더 이상 조화되지 않는다. 유산계급이 소유한 거대한 생산력은 더 이상 시민사회의 문명 발전, 소유관계의 발전에 도움이 되지 않는다. 기존의 소유관계는 생산력에 방해가 된다. 이 방해를 극복하고자 할 때 시민사회 전체가 혼란에 빠지고, 시민사회의 소유가 위험해진다.

또한 더 많은 사유재산을 얻고자 하는 기업가들의 욕망으로 인해 "과잉생산의 역병"(Epidemie der Überproduktion)이 일어난다. 공급이 수요를 능가한다. 팔리지 않는 상품이 넘쳐남에도 불구하고 계속 더 많은 상품이 시장에 쏟아진다. 이리하여 "생산의 무정부 상태"가 일어난다. "너무 많은 문명, 너무 많은 삶의 수단, 너무 많은 기업, 너무 많은 교역"이 그 원인이다. 한마디로 "과잉(Überlfluß)이 위기와 결핍의 원인이 된다"(Engels 1971a, 173). 판매되지 않고 쌓이기만 하는 상품들로 인해 자본의 유통과 경제활동 전반이 침체에 빠진다. 이리하여 사회 전체가 경제위기에 빠진다. 한때 노동자들을 생산 활동에서 배제했던 자본주의적 생산 방식은, 이제 자본가들 자신을 "불필요한 인구"(überflüssige Bevölkerung)로 배제한다. 그들이 하는 일은 주식 게임을 하는 것뿐이다.

경제위기를 극복하기 위해 국가가 개입하여 우체국, 철도, 전신 등을 국유화한다. 이로써 국가 자신이 거대한 자본가가 되어 시민들을 착취하게 된다. 엥겔스에 의하면 현대 국가는 "본질적으로 자본주의적 기계, 자본가들의 국가"다. 그러나 이것은 해결책이 되지 못한다. 노동자는 여전히 "임금 노동자, 무산계급으로" 남고, 자본 관계는 지양되지 않는다. 오히려 그것은 더 악화된다(Egels 1971a, 174-175).

이 같은 상황에서 옛날 유산계급이 봉건사회를 몰락시키는 데 사용했던 그 무기가 유산계급 자신을 향하게 된다. 유산계급은 무기만 만든 것이 아니라 이 무기를 사용할 남자들, 곧 "근대 노동자들, **무산계급자**"를 양산하였다. 기업의 발전과 함께 노동자 계급과 그들의 힘도 증가한다. 기업이 성장하면서 자신의 적을 키운 셈이다. 기업이 키운 노동자들은 노동을 발견하는 한에서 살 수 있고, 그들의 노동이 자본을 증대시키는 한에서 노동을 발견할 수 있다. 그들은 자기의 노동을 하나의 상품처럼 판다. "자기를 조금씩 팔 수밖에 없는 이 노동자들은 시장의 모든 다른 교역 상품과 같은 하나의 상품이다." 그들은 경쟁과 시장의 동요에 내맡겨져 있다(2004m, 601-602).

8. 지속되는 생계위협으로 말미암아 무산계급은 유산계급에 대해 투쟁할 수밖에 없는 지경에 이른다. 점점 더 심해지는 유산계급 상호 간의 경쟁, 생산의 증대를 따르지 못하는 시장으로 말미암은 경제위기는 노동자들의 임금과 실존을 위협한다. 기계의 급속한 발전으로 말미암아 그들의 삶은 더욱 불안해진다. 지속되는 소외 속에서 모든 인격적 관계가 파괴된다. 가정을 위시한 모든 공동체와 직업과 노동에서 인간의 가치가 무시된다. 점증하는 착취로 인해 노동자들의 생활은 최하 수준으로 떨어진다. 이에 대해 마르크스는 다음과 같이 말한다.

"임금노동의 평균 가격은 노동임금의 최하 수준(Minimum)이다. 다시 말해, 노동자로서의 노동자가 삶을 유지하는 데 필수적인 삶의 수단들의 총액이다. 임금 노동자가 자신의 활동을 통해 얻는 것은 벌거벗은 삶(nacktes Leben)을 다시 생산하는 수준에 그친다"(2004m, 610). 이에 노동자들은 유산계급에 대항하는 동맹을 만들고 정당한 임금을 요구하게 된다. 노동자들의 임금 인상 투쟁은 "두 계급의 충돌의 성격", 곧 계급투쟁의 성격을 띤다(604).

유산계급에 대한 무산계급의 투쟁은 다양한 단계를 거치게 된다. 처음에 개별 노동자들이 유산계급과 싸운다. 그다음에는 한 공장의 노동자들이, 그다음에는 특정 지역에 속한 직종별 노동자들이 유산계급에 대항하여 싸운다. 무산계급자들은 시민사회의 **생산관계**를 공격할 뿐 아니라, 유산계급이 소유한 **생산도구**를 공격한다. 기계를 파괴하고 공장을 불태운다.

이 단계에서 노동자들은 곳곳에 흩어져 있는 대중을 규합한다. 이 규합은 단순히 노동자들의 노력으로 이루어진 것이 아니라, 자신의 정치적 목적을 이루기 위해 무산계급을 선동했던 "유산계급의 결합의 귀결"이다 (2004m, 603). 처음에 유산계급은 귀족계층에 대항하여 싸운다. 그다음에 기업의 발전 과정에 모순되는 특정 부류의 유산계급과 싸운다. 또 외국의 유산계급과 싸운다. 이 모든 투쟁에서 유산계급은 무산계급의 도움을 요청하고, 무산계급을 투쟁에 끌어들인다. 이리하여 유산계급은 무산계급을 결집시킨다. 곧 "자기 자신에 대한 무기"를 자기 스스로 만든다(605). 이 무기는 먼저 유산계급의 적들을 향한다. 곧 "그들의 적들의 적들, 절대왕정의 나머지, 부동산 소유자, 비기업적인 유산계급, 소시민들과 싸운다." 무산계급의 협동으로 유산계급은 승리한다.(603). 그러나 유산계급이 승리하자 무산계급은 유산계급을 공격하게 된다. 적의 적을 향했던 무기가 적을 향하게 된다.

9. 자본주의 체제가 무너지고 공산주의 혁명이 승리하게 되는 마지막 단계에 유산계급 내에 분열이 일어난다. 유산계급의 작은 한 부분이 유산계급을 버리고 혁명계급에 가담한다. 과거에 일부 귀족들이 유산계급으로 넘어간 것처럼, 유산계급의 일부가 무산계급으로 넘어간다. 유산계급의 일부 이론가들도 무산계급에 가담한다.

　　마르크스에 따르면, 유산계급에 대립하는 모든 계급 가운데 **무산계급**이 "참으로 혁명적인 계급"이다. 나머지 계급들은 사라진다. 중산층, 곧 소규모 기업가들과 상인들, 수공업자들과 농민들이 유산계급에 대항하여 싸운다. 그러나 이들이 싸우는 목적은 "중산층으로서 그들의 실존을 멸망에서 지키는" 데 있다. 그러므로 "그들은 혁명적이 아니라 보수적이다. 나아가 그들은 보수 반동적이다. 그들은 역사의 수레바퀴를 거꾸로 돌리고자 하기 때문이다. 그들은 자신의 미래를 지키기 위해 무산계급에 가담한다"(2004m, 605-606).

　여하튼 "무산계급자들은 소유가 없다." 소유가 없기 때문에 무산계급자들은 옛 사회의 삶의 조건들과는 전혀 다른 조건에서 살게 된다. 부인과 자녀들에 대한 관계도 전혀 다르다. 남자는 물론 여자와 자녀들까지 노동을 팔거나 몸을 팔아야 생존할 수 있는 무산계급의 가정에 비해, 유산계급의 가정은 별천지처럼 보인다. 근대의 기업 노동, 영국과 프랑스와 독일에서 볼 수 있는 자본에 대한 근대의 노예화(Unterjochung)는 국가적 특성을 잃어버렸다. "무산계급에게 법, 도덕, 종교는 시민사회적 선입견이다." 이 선입견 뒤에는 시민사회의 관심들이 숨어 있다.

　과거의 모든 계급이 지배권을 얻게 될 때, 그들은 획득한 삶의 위치를 지키고자 하였다. 이를 위해 그들은 더 많은 소유를 얻고자 했고, 사회 전체의 구조를 자기에게 유리하도록 예속시켰다. 이에 반해 무산계급은 종래의 사회 구조를 폐기함으로써 사회의 생산력을 정복한다. "무산계급자들은 자기의 것 중에 그 무엇도 안전하게 지켜야 할 것이 없다. 그들은 종래의 모든 사적 안전(Privatsicherheit)과 사적 보장(Privatversicherungen)을 파괴해야 한다." 그들의 혁명운동은 "절대적 다수의 관심 속에서 일어나는, 절대적 다수의 독립적 운동"이다. 지금까지 사회의 가장 낮은 계층이었던 무산계급은 "공적 사회를 형성하는 계층들의 모든 상부구조를 공중으로 분해함으로써 그들 자신을 높인다"(2004m, 606).

10. 유산계급에 대한 무산계급의 투쟁은 차츰 "기존의 사회 내에서 일어나는 시민전쟁(Bürgerkrieg)"의 형태를 띠며, "공개된 혁명으로" 발전한다. 이 혁명을 통해 유산계급은 몰락하고, 무산계급자들이 사회를 지배하게 된다. "유산계급자들의 거대한 몰락을 통해 무산계급은 그의 **지배권**을 세운다." 유산계급자들이 몰락하게 된 원인은 사실상 유산계급자들이 "더 이

상 사회의 지배계급으로 존속할 수 있는 능력이 없기"때문이다. "그들 계급의 삶의 조건들을…법으로 요구할 수 없기"때문이다. "그들은 지배할 능력이 없다." 그 까닭은 기존의 노예제도 내에서 노예들의 삶을 보장할 수 있는 능력이 없기 때문이다. 유산계급자들은 그렇게 할 능력을 상실하였다. "사회는 더 이상 그들 가운데서 살 수가 없다. 다시 말해, **그들의 삶은 더 이상 사회와 조화되지 않는다**"(2004m, 607).

이로 말미암은 유산계급의 몰락은 유산계급 자신이 초래한 **필연적 귀결**에 불과한 것으로 마르크스는 파악한다. 유산계급의 실존과 지배를 유지할 수 있는 가장 본질적 조건은 "사적 인물들의 손 안에 있는 부의 축적(Anhäufung des Reichtums), 자본의 형성과 증대다. 자본의 조건은 임금노동이다. 임금노동은…노동자들 사이의 경쟁에 근거한다." 경쟁으로 말미암아 생존위기에 빠진 임금노동자들, 곧 무산계급은 단결하여 투쟁하지 않을 수 없다. 이리하여 거대한 기업들의 발전과 함께 유산계급의 기초, 곧 생산하고 생산품을 획득하는 기초가 무너져버린다. "유산계급은 먼저 **자신의 무덤을 생산한다.** 유산계급의 멸망과 무산계급의 승리는 동시적으로 **불가피하다**"(2004m, 607-608). 그것은 자본주의 경제질서가 그 자신의 내적 법칙을 통해 스스로 초래한 필연적 귀결이다.

유산계급이 몰락할 수밖에 없는 필연성의 내적 뿌리는 유산계급의 이기심에 있다. 유산계급의 소유의 욕망은 끝이 없다. 그들에게는 돈이 하나님이다. 그러므로 그들은 언제나 더 많은 돈을 얻어 더 큰 재산과 자본을 형성하고자 한다. 이로 인해 사유재산의 집중화가 일어난다. 사유재산의 집중화에 비례하여 무산계급이 점점 더 커진다. 생산을 하지만 생산 활동의 열매를 향유하지 못하고 "사회의 모든 짐을 짊어져야 하는 계급"이 생성된다. 이 계급은 사회로부터 배제되어 사회의 "모든 다른 계급에 대한 대립으로" 등장한다. "하나의 철저한 **혁명의 필연성**에 대한 의식, 곧 공산주의 의식이 이 계급으로부터 생성된다"(2004i, 436).

무산계급의 확대는 유산계급 자체 안에서도 일어난다. 더 많은 부를 얻기 위한 경쟁에서 패배한 유산계급자는 무산계급으로 전락한다. 그래서 유산계급이 발전할수록 무산계급이 확대된다. 이리하여 현대의 무산계급은 유산계급의 품속에서 형성된다. 무산계급은 유산계급 속에 숨어 있던 "자기에게 적대적인 특징"의 발전에 불과하다. 부가 증대되는 데 비례하여 비참도 증대된다. 생산력의 발전에 따라 퇴보의 힘(Regressionskraft)도 발전한다(2004k, 579-580). 이것은 결국 유산계급에 대한 무산계급의 계급투쟁으로 발전하며, 공산주의 혁명을 통한 자본주의 사회의 몰락을 초래하게 된다.

20세기의 유명한 헤겔 연구자 란츠후트는 공산주의 혁명을 다음과 같이 묘사한다. "'생산 수단들의 집중과 노동의 사회화(Vergesellschaftung)는 자본주의적 껍질과 함께 더 이상 견딜 수 없는 지점에 도달한다. 이 자본주의적 껍질(곧 자본주의적 경제질서)이 파괴된다. 자본주의적 사유재산의 시간은 끝난다.' 마지막 자본가들에게서 사유재산을 빼앗아버림으로써 자본가들에게 속한, 최고로 집중화된 생산체제(Produktionsapparat)를 사회가 접수한다. 계급들의 분리가 지양된다. 사회가 생산의 계획적 관리를 책임진다. 이리하여 인간은 처음으로 자연의 맹목적 힘에 예속된 상태를 벗어나, 그 자신의 현존의 자기결정으로 고양된다. 경제적 노예 상태에서 자유로워지고 궁핍에 대한 의존을 벗어남으로써 그는 처음으로 참된 인간이 된다. 계급 없는 사회는 자기소외로부터 자기실현으로의 인간 해방이다. '필연의 왕국에서 자유의 왕국으로의 비약이다.' 이성은 현실적으로, 현실은 이성적으로 되었다"(Landshut 2004, 66-67).

공산주의 혁명을 완성하기 위해 마르크스는 공산주의 의식을 대규모로 장려함은 물론 **"인간의 대대적 변화가 필요하다"**고 말한다. 이 변화는 공산주의 혁명의 "실천적 운동 속에서만 일어날 수 있다. 혁명이 필요한 것은 지배계급이 혁명 외의 다른 방법으로는 무너질 수 없기 때문이기도 하지만, 무너지는 계급이 오직 혁명 안에서만 목에 묻어 있는 과거의 모든 더러움(Dreck)을 제거하고, 사회를 새롭게 세울 수 있는 능력을 가질 수 있기 때문이다"(2004i, 437).

여기서 마르크스는 "인간의 변화"의 필요성을 주장한다. 사회 체제의 변혁도 필요하지만, 인간의 변화도 필요하다는 것이다. 인간의 변화는 어떻게 가능한가? 그것은 현실적으로 사회 지배권을 장악한 무산계급 곧 **공산당의 대중교육**을 통해 일어날 수밖에 없다. 문제는 대중을 교육하는 **교육자들**은 누구에 의해 교육을 받는가의 문제다. 또 한 가지 문제점은 무산계급이 교육을 실시할 때, 무산계급은 피교육자에게 공산주의 이론을 절대 진리로 주입할 수밖에 없다. 공산주의 이론은 필연적으로 실현될 수밖에 없는 역사의 궁극 목적에 관한 이론, 곧 절대 진리이기 때문이다. 따라서 공산당의 인간 교육은 **주관적 세뇌교육**으로 변모하게 된다. 공산주의 외의 다른 모든 생각은 진리가 아닌 것으로 간주된다. 심지어 유산계급의 보수 반동적 "지배수단"으로 낙인찍히기도 한다. 이리하여 **공산주의 이론으로 세뇌된 인간기계들**이 등장하게 된다.

5. "역사의 해결된 수수께끼"인 공산주의 사회

1. 세계사의 궁극 목적은 무엇인가? 이 목적을 마르크스는 다양한 개념 및 표상으로 나타낸다. "자유의 나라", "완성된 자연주의", "완성된 휴머니즘", 시장경제가 없는 사회, "계급 없는 사회", "사적 소유"가 없는 사회, "참된 민주주의", 관료적 국가의 형태를 벗어난 자유인들의 "조합", 인간

이 "인간에 대해 최고의 존재"라는 "인간적 기초"의 실현, "인간 본질"의 실현, "역사의 해결된 수수께끼" 등이다. 이 모든 개념을 마르크스는 "공산주의"란 개념으로 종합한다. **공산주의 사회의 실현**이 역사의 목적이다.

틸리히는 마르크스가 공산주의를 역사의 목적으로 설정하지 않았다고 말한다. 단지 "'자기소외'로부터 인간의 해방과 참된 인간성의 실현"을 역사의 목적으로 제시할 뿐이다. 소외는 시민사회에서 가장 첨예하게 나타나는 "계급사회의 구조로부터 필연적으로 귀결된다. 참된 인간성은 개인의 자연적 관심들과 사회의 자연적 관심들이 일치하는 사회에서만 실현될 수 있다. 곧 '계급 없는 사회'에서만 실현될 수 있다. 따라서 '계급 없는 사회'가 역사의 목적이다." 그러나 마르크스는 "계급 없는 사회"가 어떤 사회인지 자세히 묘사하지 않는다. "물질적 전제들이 아직 완전하게 주어지지 않은 사회적 상황을 묘사하는 것은 이데올로기적 시도일 뿐이기 때문이다. 그러므로 '계급 없는 사회', '자유의 나라', '현실주의적 휴머니즘', '참된 민주주의' 등의 표현들은 개념이라기보다 상징으로 이해되어야 한다"고 틸리히는 주장한다(Tillich 1971, 280).

마르크스가 공산주의를 역사의 목적으로 보지 않았다는 틸리히의 해석은 다음과 같은 마르크스의 말에 근거한다. "우리에게 공산주의는 제조되어야 할 하나의 **상태**(Zustand)가 아니다. 현실이 지향해야 할 **이상**(Ideal)이 아니다. 우리는 공산주의를, 지금의 상태를 지양하는 **현실적** 운동이라 부른다"(2004i, 430). 공산주의는 **다음의 역사적 발전을 위해** 필연적인 인간의 해방과 재획득의 현실적 계기다. 공산주의는 다음의 미래의 필연적 형태요 강력한 원리다. 그러나 공산주의는 그 자체로 인간의 발전의 목적이나 인간 사회의 형태가 아니다"(2004f, 321).

위의 인용문에서 마르크스는 공산주의가 역사의 목적이 아니라고 묘사하는 것처럼 보인다. 공산주의는 하나의 특정한 "상태", "인간 사회의 형태"가 아니라 참 인간성과 자유의 미래를 향한 "운동"이라고 그는 말한다. 그래서 틸리히를 위시한 일련의 학자들은 아래와 같이 해석한다. 마르크스는 역사의 궁극 목적을 객관적으로 제시하고자 한 것이 아니다. 그는 공산주의를 역사의 궁극 목적이 아니라, 이 목적을 향한 "운동"으로 나타내고자 했다. 그는 인간이 추구해야 할 "목적들"에 대해 말하고자 한 것이 아니라 "단지 실존하는 계급투쟁, 우리 눈앞에서 일어나고 있는 역사적 운동에 대한 일반적 표현들"을 말하고자 했다는 것이다(Fleischer 1992, 225).

2. 그러나 공산주의는 역사의 목적이나 이상이 아니라 "현실적 운동"에 불과하다는 마르크스의 말은 납득하기 어렵다. 땅 위에서 일어나는 모든 "운동"은 특정한 목적을 갖는다. 땅 위에서 꿈틀거리는 지렁이의 운동도 특정한 의도와 목적 때문에 일어난다. 공산주의 혁명도 특정한 목적 때문에 일어난다. 공산주의 혁명의 목적은 무엇인가? 그것은 공산주의 사회의 실현이다. 공산주의 사회라는 "역사의 마지막 목적에 대한 특수한 표상이 마르크스를 이끌어가며, 이 표상으로부터 그는 현재 속에서의 실천적 행동을 말하게 된다"(Schrey 1954, 147).

공산주의가 하나의 "운동"이라면 이 운동은 대관절 무슨 목적을 지향하는가? 그 목적은 당연히 공산주의 사회의 실현에 있다. 마르크스는 공산주의 사회를 넘어서는 어떤 다른 역사의 목적에 대해 아무것도 말하지 않는다. 필자가 마르크스의 문헌을 이해한 바에 의하면 "완성된 휴머니즘", "완성된 자연주의", "참된 민주주의", "자유의 나라", 인간이 "인간에 대해 최고의 존재"라는 "인간적 기초"의 실현, 인간 본질의 실현 등은 공산주의 사회에서 이루어질 것으로 마르크스는 제시한다. 공산주의 사회가 실현될 때 이 모든 것이 이루어질 것으로 그는 말한다. 따라서 마르크스의 문헌에서 공산주의 사회의 실현이 세계사의 목적으로 나타난다. 사회-경제적 노예 상태에서 해방되고, 인간을 비인간화하는 모든 형태의 소외가 사라지며, 자기결정과 자기실현을 통해 인간이 인간다운 인간이 되며, "필연의 왕국에서 자유의 왕국으로의 비약"이 이루어지는 공산주의 사회, 그 이상의 역사의 목적에 대해 마르크스는 아무것도 구체적으로 말하지 않는다. "완성된 자연주의 = 휴머니즘, 완성된 휴머니즘 = 자연주의로서의 이 공산주의, 그것은 인간과 자연, 인간과 인간의 대립의 참된 해체요, 실존과 본질,⋯자유와 필연성, 개인과 종 사이의 투쟁의 참된 해체"라면(2004f, 309), 공산주의가 역사의 목적일 수밖에 없다.

공산주의가 "**역사의 해결된 수수께끼**"(das aufgelöste Rätsel der Geschichte)라는 마르크스의 독특한 표현은(2004f, 309) 공산주의가 역사의 목적임을 보여준다. 지금까지 풀리지 않은 "역사의 수수께끼"가 공산주의 사회에서 풀린다면, 공산주의가 역사의 궁극 목적일 수밖에 없다. 만일 공산주의 사회의 실현이 역사의 목적이 아니라면, 대관절 공산주의자들은 무슨 다른 목적을 위해 목숨을 다해 싸우는가? 만일 그것이 역사의 목적이 아니라면, 도대체 그 무엇이 "역사의 해결된 수수께끼"인가?

마르크스가 말하는 "역사의 수수께끼"란 무엇인가? 그것은 인간에 의한 인간의 소외와 억압과 착취가 없는 세계, 모든 인간의 평등과 자유가 있는 세계, 모든 물질을 함께 나누는 세계(사유재산이 없는 사회), 물질을 공유하기 때문에 굶주림이 없고 정의와 자비가 충만한 세계, 모든 인간이 "인간에게 가장 높은 존재"로 인정받는 세계, 곧 "완성된 휴머니즘"의 세계를 말한다. 그것은 성서가 말하는 메시아 왕국 혹은 "하나님 나라"를 가리킨다. 바로 여기에 마르크스 사상의 기독교적·종교적 배경이 숨어 있다(Tillich. 1962, 184). 지금까지의 역사는 이 수수께끼를 해결하지 못하였다. 이 수수께끼가 공산주의 사회에서 풀릴 것이다. 이런 뜻에서 공산주의가 "역사의 해결된 수수께끼"라고 마르크스는 말한다. 따라서 마르크스에게 공산주의 사회의 실현이 역사의 궁극 목적이라고 말하지 않을 수 없다. 틸리히도 이 점을 인정한다. 그래서 이렇게 말한다. "마르크스는 역사 발전의 보편적 목적을 부인하는 모든 해석으로부터 자기를 분리한다"(Tillich 1971, 274). 곧 마르크스는 "역사 발전의 보편적 목적을 부인하는 모든 해석"을 거부하고, 이 목적을 이야기하였다는 것이다.

『공산당 선언』 첫 문장에서 마르크스는 "한 유령이 유럽을 휩쓸고 있다. 그것은 공산주의의 유령이다"라고 말한다(2004m, 594). 이 말과 함께 마르크스는 세계 모든 무산계급자의 단합과 유산계급에 대한 계급투쟁을 호소한다. 어떤 사람에 대한 호소는 분명한 목적을 제시할 때 효력을 가질 수 있다. 아무런 목적도 제시하지 않으면서 세계 모든 무산계급자의 단합과 투쟁을 호소한다는 것은 불가능한 일이다. 최소한 일차적 목적을 제시할 때, 이 호소가 효력을 가질 수 있다. 이 목적은 바로 공산주의 사회의 실현에 있다. 역사의 목적에 관한 마르크스의 다양한 개념들 내지 표상들은 공산주의 사회로 요약된다. "이성적인 것은 현실적이요, 현실적인 것은 이성적"이란 헤겔의 말은, 공산주의 사회에서 실현될 것으로 마르크스는 기대한다. 그러므로 마르크스는 공산주의 사회를 가리켜 "역사의 해결된 수수께끼"라고 부른다.

여기서 마르크스가 제시하는 세계사의 목적은, 헤겔이 말하는 기독교적 세계사의 목적을 **물질론의 입장에서 구체화한 것**이라 해석할 수 있다. 그러므로 마르크스의 역사철학은 헤겔의 기독교적 역사철학의 세속화(Säkularisation) 혹은 범속화라고 말할 수 있다. 기독교 신학에 기초한 헤겔의 역사철학의 목적론적 구도를 마르크스는 계승한다. 그는 "역사 발전의 보편적 목적을 부인하는 모든 해석으로부터 자기를 분리한다"(Tillich 1971, 274). 바로 여기에 헤겔과 마르크스의 일치점이 있다. 그러나 헤겔은 하나님의 영(혹은 정신, Gott als Geist)에 기초한 목적론적 구도를 보인다면, 마르크스는 하나님의 영이란 "유령"(?) 없는 물질론에 기초한 목적론적 구도를 보인다는 점에 두 사람의 결정적 차이가 있다.

3. 헤겔에 따르면, 세계사의 목적은 "정신의 개념과 일치하는" 세계, "절대지식"의 세계가 세워지는 데 있다. "정신의 개념과 일치하는" 세계, 절대지식이 있는 세계란 무엇인가? 그것은 정신, 곧 하나님의 영(Geist)이 자기를 그 속에서 완전하게 인식할 수 있는 세계, 하나님의 영으로 충만한 세계를 말한다. 헤겔의 표현에 의하면, 그것은 "발생하였고 또 모든 날에 발생하는 것이 하나님으로부터 오며, 하나님 없이는 오지 않는, 오히려 본질적으로 하나님 자신이 하는 일"인 세계를 말한다(Hegel 1968c, 938).[2]

　　마르크스의 입장에서 볼 때, 역사의 목적에 관한 헤겔의 이 생각은 추상적이고 공허하다. 그것은 현실의 기반에 서 있지 않는, 공중에 떠 있는 관념에 불과하다. 도대체 세계의 모든 일이 어떻게 하나님으로부터 오는가? 어떻게 세계의 모든 일이 "하나님 자신이 하는 일"인가? 마르크스에게 이것은 하나의 "신화"로 들린다. 그래서 헤겔은 세계를 신화화한다고 말한다.

　　헤겔의 "신화적인 것"을 마르크스는 "현실적인 것"으로 바꾼다. 헤겔이 역사의 궁극 목적으로 제시한 "정신의 개념과 일치하는" "절대지식"의 세계를, 무산계급이 지배하는 공산주의 사회로 바꾼다. 마르크스가 역사의 목적으로 제시한 공산주의 사회는 헤겔이 제시한 "정신의 개념과 일치하는" 세계, 곧 하나님 나라를 세속화한 것이다. 그것은 "하나님 없는 하나님 나라"다. 마르크스에 따르면 "하나님 없는 하나님 나라"를 실현할 수 있

2　원문: "daß das, was geschehen ist und alle Tage geschieht, nicht nur von Gott kommt und nicht ohne Gott, sondern wesentlich das Werk Gottes ist."

는 길은 공산주의 사회에 있다. 지금까지 풀리지 못한 "역사의 수수께끼"가 공산주의 사회에서 풀린다. 그럼 역사의 목적인 공산주의 사회는 구체적으로 어떤 사회인가?

4. 마르크스가 보여주는 공산주의 사회는 **분업이 없는 사회**다. 그에 따르면, 인간 사회의 모순의 원인은 분업에 있다. 분업으로 말미암아 물질적 노동과 정신적 노동이 나누어지고, 직종이 나누어진다. 인간의 모든 생산 활동이 특정한 부분으로 제한된다. 노동은 더 이상 자발적인 것이 아니라 자신의 의사와 무관하게 주어지는 "낯선 힘"이 되어버린다. 인간은 기계의 부품처럼 된다. 노동을 통해 생산된 생산품은 노동자의 것이 되지 않고 기업가의 것이 되어버린다. 인간에 의한 인간의 계급적 차이와 소외가 발생한다. 이로 인해 계급적 갈등과 투쟁이 일어난다.

그러므로 마르크스는 공산주의 사회를 분업이 없는 사회로 묘사한다. 공산주의 사회에서 "각 사람은 활동의 배타적 영역을 갖지 않는다." 곧 인간의 노동은 특정한 영역으로 제한되지 않는다. 각 사람은 "자기가 원하는 모든 분야에서 교육을 받을 수 있다." 사회가 생산을 관리하며 이를 통해 각 사람이 "원하는 대로, 오늘은 이것을, 내일은 저것을 할 수 있고, 아침에는 사냥을 하고, 오후에는 낚시를 하며, 저녁에는 목축을 하고, 저녁 식사 뒤에는 논평을 하고, 그러나 사냥꾼, 어부, 목자 혹은 논평가가 되지 않는 것"이 가능한 세계가 공산주의 사회다(2004i, 407).

5. 공산주의 사회는 **"계급 없는 사회"**다. 분업이 폐지됨으로써 사회의 계급적 차이가 없어진다. 노동자 계급의 "해방의 조건은 모든 계급의 폐지다"(2004k, 592). 곧 계급이 폐지됨으로써, 노동자 계급이 계급적 차별과 소외에서 해방된다. "옛 세계의 몰락 다음에 새로운 계급사회가 있을 것

인가?" 이 질문에 대해 마르크스는 아니라고 대답한다. 옛 사회가 무너지고 공산주의 사회가 세워질 때, 계급 없는 새로운 사회가 이루어질 것이다. "사회적 진화들"이 더 이상 "정치적 혁명이 아닌" 사회는 "아무 계급도 없고, 계급 간의 대립도 없는 사물들의 질서 안에서만" 가능할 것이다(593). 공산주의 사회는 노동자 계급도 계급으로 인정되지 않는 사회다. 공산주의 혁명은 "모든 계급의 지배를 계급들 자체와 함께 지양하기" 때문이다. 공산주의 혁명은 "사회에서 계급으로 간주되지 않으며, 계급으로 인정되지 않는 계급을 통해 이루어지기 때문이다"(2004i, 436). 여기서 마르크스는 공산당도 특정 계급이 아니라고 말한다(그러나 현실은 정반대다).

계급 없는 사회가 이루어질 때, 정치적 혁명은 더 이상 일어나지 않을 것이라고 마르크스는 예언한다. 공산주의 혁명은 인류의 역사에서 마지막 혁명이다. "투쟁 아니면 죽음이다. 피투성이 전쟁 아니면 무다"(Kampf oder Tod, blutiger Krieg oder das Nichts, 593). 여기서 마르크스는 공산주의 혁명을 "피투성이 전쟁", 곧 폭력적 혁명으로 생각한다. 피흘림을 동반하는 폭력적 공산주의 혁명을 통해 옛 시대는 종식되고, 새로운 시대가 시작할 것이다.

6. 마르크스가 묘사하는 공산주의 사회는 **"사유재산이 없는 사회"**, 곧 재산을 공유하는 사회다. 자본을 포함한 모든 생산수단은 사회 전체의 공동 소유가 된다. 그러나 이것은 개인이 아무 재산도 갖지 못한다는 것을 말하지 않는다. 그것은 개인의 재산이 공공의 재산으로 간주되어야 함을 말한다. 이것을 마르크스는 다음과 같이 말한다.

"재산 일반의 폐지가 아니라, 시민사회적 재산의 폐지가 공산주의의 특징이다." 곧 시민사회의 자본주의적 경제질서에 따른 사유재산, 노동자 계급의 착취와 잉여가치를 통해 얻은 사유재산의 폐지가 공산주의의 특징이라는 것이다. "근대의 시민사회적 사유재산은 계급 간의 대립과, 한 계급을 통한 다른 계급의 착취에 기초한 생산품들의 생산과 획득의 마지막 완성된 표현이다. 이러한 의미에서 공산주의자들은 그들의 이론을 사유재산의 지양(Aufhebung des Privateigentums)이란 표현으로 요약할 수 있다"(2004m, 609).

그러나 "스스로 일하여 얻은 재산", "인격적으로 얻은 재산", "모든 인격적 자유와 활동과 독립성을 구성하는 기초"를 폐지하는 것은 불의한 일이 아닌가? 이것은 폐지될 필요가 없다고 마르크스는 말한다. 그 까닭은 정말 폐지할 필요가 없기 때문이 아니라, "산업의 발전은 그것을 (이미) 폐지하였고 또 매일 폐지하기" 때문이라고 마르크스는 대답한다. 무산계급의 사유재산은 이미 사라져버렸다는 것이다.

여기서 마르크스가 문제 삼는 것은 스스로 땀 흘려 얻은 사유재산이 아니라, 유산계급이 무산계급을 착취함으로써 얻은 사유재산이다. 그에 따르면, 무산계급자들이 그들의 임금 노동을 통해 사유재산을 형성하는 것은 불가능하다. 그들에게는 폐기되어야 할 재산이 없다. 그들의 임금 노동은 "자본, 곧 임금 노동을 착취하는 재산을 창조한다.…오늘의 형태의 재산은 자본과 임금 노동의 대립 속에서 움직인다"(2004m, 609). 자본과 임금 노동의 대립 속에서 형성된 사유재산은 공동의 소유가 되어야 함을 마르크스는 말한다.

마르크스에 따르면, 기업 활동을 통해 유산계급이 획득한 사유재산은 기업 활동에 연관된 모든 사람의 "공동의 산물"(gemeinschaftliches Produkt) 이다. 궁극적으로 그것은 사회 모든 구성원 공동의 활동을 통해서만 사용될 수 있다. 이런 점에서 "자본은 개인적인 힘이 아니다. 그것은 사회적 힘이다." 그렇다면 "자본은 사회 모든 구성원에게 속한 **공동재산이**" 되어야 한다. 그렇다 하여 "개인의 재산이 사회적 재산으로 변하는 것은 아니다. **단지 재산의 사회적 성격이 변할 뿐이다.** 재산은 그의 계급적 성격 (Klassencharakter)을 상실한다"(2004m, 610).

"단지 재산의 사회적 성격이 변할 뿐이다"라는 말은 무슨 뜻인가? 개인의 사유재산이 허용되는데, 그 사유재산이 단지 "사회적 성격"을 띤다는 것을 뜻하는가? 이 질문에 대해 먼저 마르크스는 각 사람이 "사회적 생산물을 획득할 수 있는 힘", 곧 재산을 얻을 수 있는 힘을 인정한다(2004m, 611). 그러나 이 재산은 개인의 것이 아니다. 그것은 "공동의 재산" 곧 "사회적 성격"의 것이다. 그렇다면 그 재산은 개인의 사적 욕구의 충족에 사용될 수 없다. 그것은 개인의 재산 축적, 개인의 자본 형성에 사용될 수 없다. 기업가의 아들딸이나 손자 손녀가 억대의 수입차를 구입하는 데 그 재산이 사용되서는 안 된다. 그것은 **사회 전체의 필요를 위해 사용되어야 할 사회적 성격**의 것이다. 이런 의미에서 마르크스는 사유재산의 "사회적 성격이 변할 뿐"이라고 말한다.

7. 이것은 사실상 **사유재산 일반의 폐지**라고 말할 수 있다. 기업가이든 노동자이든, 각 사람이 가진 재산은 모두 사회 구성원들의 직접적·간접적 참여를 통해 얻은 "사회적인 것"이다. 그것은 기업 활동에 참여한 모든 구성원의 사회적 재산이다. 따라서 재산에 대한 **각 개인의 배타적 소유권**은 부인된다. 따라서 공산주의 사회는 모든 재산이 사회 전체의 소유가 된 사회다. 이런 점에서 "공산주의 혁명은 전승된 소유관계들과의 극단적 단절이다"(2004m, 615). "공산주의는 **지양된 사유재산의 긍정적** 표현이다. 먼저 그것은 **보편적** 사유재산이다." 여기서 마르크스가 말하는 "보편적 사유재산"은 "모든 사람에 의해 소유된" 재산, 곧 "공동재산"을 말한다(2004f, 306). 이것은 사실상 개인의 배타적 사유재산의 폐지를 말한다. 많든 작든 모든 재산은 사회 구성원들의 직접적, 혹은 간접적 참여를 통해 생성된

"공동재산"이기 때문이다.

사유재산의 폐지는 남성과 여성의 관계에서도 일어나야 한다고 마르크스는 말한다. 자본주의 사회에서 남성은 여성을 사유재산으로 간주한다. 그러나 여성을 "공동의 관능적 쾌락의 노획물과 하녀"로 보는 것은 인간으로서 여성의 존엄성을 "무한히 떨어뜨리는 것"(endlose Degradation)이다. 그러므로 마르크스는 결혼관계에서 해방된 "여자들의 공동체"(Weibergemeinschaft)를 "조야한 공산주의"(der rohe Kommunismus, 마르크스 이전의 프랑스 사회주의를 말함)라고 부른다. 그는 이 공동체를 **여성의 성적 자유의 공동체**로 표상하는 것으로 보인다. 결혼한 여자들이 "보편적 윤락(allgemeine Prostitution)으로 나가듯이, 풍요로움의 온 세계는…사유재산과 함께 배타적 결혼관계로부터…**보편적 윤락의 관계**로 나아가야 한다"고 그는 말한다(307).

여기서 마르크스는 공산주의 사회를 결혼제도가 폐기되고 모든 여성이 성적으로 자유로운 사회, 더 이상 남성의 사유재산이 되지 않는 사회로 표상한다. 자본주의 사회에서 남성의 소유가 된 기혼 여성들이 숨어서 윤락 행위를 하는 것보다 남성의 소유에서 해방되어 "보편적 윤락의 관계"를 맺는 것이 오히려 떳떳하다고 보는 것 같다.

마르크스에 따르면, 재산 공유는 개인의 자발적 참여를 통해 이루어지는 것이 아니라 무산계급자들이 만든 법을 통해 강제적으로 이루어진다. 이 법을 만들어 시행하는 사람은 "갖지 못한 사람들"이다. "갖지 못한 사람이 갖지 못한 사람들의 법 제정자(Gesetzgeber)가 되었을 때, 사유재산이 현실적으로 지양되지 않겠는가?"(2004d, 245) 여기서 공산주의 사회는 무산계급자들이 법적 제도를 통해 재산 공유를 실시하는 사회로 나타난다.

8. 계급과 사유재산이 없는 공산주의 사회를 마르크스는 "**완성된 휴머니즘**"이라 부른다(2004f, 309). 공산주의 사회는 완성된 휴머니즘의 사회다. 사유재산의 지양을 통해 "인간의 모든 감성과 속성의 완전한 해방"이 있는 사회다(313). 그것은 대상과 인간이 하나가 되는 사회, "사유에 있어서는 물론 모든 감성과 함께 인간이 대상 세계 속에서 긍정되는" 사회다(315). 사유재산이 폐지될 때 인간의 삶이 회복될 수 있다. "사유재산의 지양은… 현실적 인간의 삶에 대한 반환 청구(Vindikation)다. 그것은 실천적 휴머니즘의 되어감(Werden)"이다. 공산주의는 "사유재산의 지양을 통해 그 자신과 중재된 휴머니즘"이다(340). 여기서 마르크스가 말하는 "완성된 휴머니즘"은 "역사의 해결된 수수께끼"인 공산주의 사회를 요약하는 개념이라 말할 수 있다. 그 구체적 내용을 분석한다면 다음과 같다.

1) 휴머니즘의 핵심은 모든 인간이 **인간에 대해 최고의 가치**가 되며, 그러므로 어떤 인간도 다른 인간에 의해 소외와 억압과 착취를 당하지 않고 자유롭고 평등한 존재로서 자기를 실현하는 사회를 이루는 데 있다. 따라서 공산주의 사회는 인간에 의한 인간의 착취와 소외가 없는 사회, **모든 인간의 자유와 평등이 실현된 사회**다. 이 사회에서 어떤 사람도 다른 사람 위에 있지 않다. 그것은 어떤 사람도 다른 사람 위에, 다른 사람 아래 있지 않은 완전한 **민주주의 사회**다. 모든 인간의 존엄성, 곧 "인간에 대한 최고의 가치"가 공산주의 사회에서 실현될 것이다. 이 사회에 강제노동수용소는 없을 것이다. "자유의 나라"는 먼저 "곤궁과 외적 목적성으로 말미암아 결정된 노동이 중지될 때…시작한다.…이 영역에서 자유는 다음의 사실에 있다. 곧 사회화된 인간, 조합을 이룬 생산자들이 자연과의 신진대사(Stoffwechsel)를 합리적으로 조정하며, 그것을 공동으로 통제하는 데 있다. 맹목적 세력으로서 이 신진대사에 의해 지배되지 않고, 오히려 그것을 최소의 에너지 소비와 함께 자연에 대해 가장 가치 있고 가장 적절한 조건들

속에서 수행하는 데 있다. 그러나 필연성의 나라가 항상 존속한다. 이 필연
성의 나라 저편에서…**참된 자유의 나라**가 시작한다.…노동 일수의 감소가
기본 조건이다"(Delekat 1954, 62-63에서 인용). 곧 공산주의 사회는 지금까지
존속했던 역사의 필연성을 벗어난 "참된 자유의 나라"다.

　2) 공산주의 사회는 인간의 노동이 더 이상 생계유지를 위한 "낯선
힘"이 되지 않고, 자기생성과 자기실현의 수단이 되는 사회, 더 이상 상품
화되지 않는 사회다. 모든 생산품은 생산자 자신의 것이 될 것이다. "공산
주의 사회에서 축적된 노동은 노동자들의 삶의 과정을 확대하고, 풍요롭
게 하며, 장려하기 위한 수단일 뿐이다"(2004m, 610). 바로 여기에 "완전한
휴머니즘"이 있다.

　3) 공산주의 사회는 **굶주림이 없는 사회**다. 모든 사람이 모든 사람에
게 "최고의 가치"인 사회에서, 한편의 사람은 먹다 남은 음식을 쓰레기통
에 버리는 반면에, 다른 한편의 사람은 굶어 죽는 일은 사라질 것이다. 휴
머니즘의 첫째 조건은 굶주리는 사람이 없는 세상을 이루는 데 있다. "완
성된 휴머니즘", 곧 공산주의 사회는 모든 사람이 먹을 수 있는 양식이 충
분한 사회다. 굶주리면 다른 사람의 노예가 될 수밖에 없다. 인간의 참 본
질의 실현도 먹을 양식이 충분할 때 가능하다. 이 문제를 해결하기 위해
마르크스는 사유재산의 철폐와, 모든 생산수단과 재산의 사회화를 주장
한다.

　4) "완성된 휴머니즘"의 사회, 곧 공산주의 사회는 권력기관으로서의
국가가 더 이상 존재하지 않는 사회다. 국가는 권력과 지배의 성격을 상실
하고, 봉사의 성격을 가진 관리기구(Verwaltungsapparat)로 변모한다. 권력
기관으로서의 국가는 사유재산과 사회 계급이 없는 자유로운 사람들의 공
동체, 자유로운 동지들이 모인 조합(Assoziation)으로 변모할 것이다. 이 조
합은 "계급들과 그들의 대립을 배제한다"(2004k, 592). 관료제도(Bürokratie)

는 평등한 형제들의 자발적 관리(Verwaltung)로 대체된다. 공산주의 사회를 다스리는 **무산계급도 자신의 계급을 지양한다**. 이것을 마르크스는 다음과 같이 말한다.

발전 과정에서 계급의 차이가 사라지고, 모든 생산이 조합적인 개인들 (assoziierte Individuen)의 손에 있을 때, 공적 권력은 정치적 성격을 상실한다. 본래적 의미에서 정치 권력은 한 계급을 억압하기 위한 다른 계급의 조직화된 권력을 말한다. 무산계급이 유산계급에 대한 투쟁 속에서 자기를…계급으로 결합하고, 혁명을 통해 지배계급이 되며, 지배계급으로서 옛날의 생산 관계들을 권력으로 지양할 때, 이 생산 관계들과 함께 계급 일반의 계급적 대립의 실존 조건들과, 계급으로서 그 자신의 지배를 지양한다(2004m, 617).

5) 따라서 공산주의 사회는 **인간의 인간화가 실현된** 사회다. 모든 인간은 그 누구에게도 예속되지 않은 자유로운 존재이며, 충분히 먹을 수 있는 양식이 있기 때문이다. "인간의 자기소외인 **사유재산**"이 지양될 때, "인간을 통한, 그리고 인간을 위한 인간 본질의 참된 **점유**(Aneignung)"가 실현된다. "**사회적인 인간**, 다시 말해 인간적인 인간으로서의 그 자신에 대한 인간의 완전한…회귀(Rückkehr)"가 완성된다(2004f, 309). 마르크스에 따르면 인간의 참 본질의 실현, 자기 자신의 획득은 남성의 소유물이 되어버린 여성에게도 일어나야 한다. 이것은 남성으로부터 여성의 해방을 통해 가능하다. 여성도 "인간에 대해 최고의 존재", "최고의 가치"이기 때문이다. 공산주의 사회는 **남성의 지배로부터 여성이 해방된 사회**다. 이를 위해 마르크스는 전통적 가정의 해체를 암시한다. 엥겔스가 한평생 독신으로 살았던 이유는 여기에 있는 것으로 보인다.

6) "완성된 휴머니즘", 곧 공산주의 사회는 종래의 "관념들"과 "영원

한 진리들"이 사라진 세계로 묘사된다. 공산주의 혁명을 통해 종래의 소유 관계가 단절될 때, "종래의 관념들도 단절된다"(2004m, 615. 나중에 니체는 이 세계를 "허무주의"라고 표현함). 과거의 물질적·사회-경제적 관계들이 끝났기 때문에 종래의 관념들도 끝날 수밖에 없다. 따라서 종래의 "영원한 진리들"도 끝날 수밖에 없다. "평화, 정의 등은" 모든 사회적 상태의 공통된 "영원한 진리"로 생각되었다. "그러나 공산주의는 영원한 진리들을 폐지한다. 그것은 종교를 폐지하며, 도덕을 새롭게 형성하는 대신에 도덕을 폐지한다. 공산주의는 종래의 모든 역사적 발전에 대립한다." 지금까지 모든 사회의 역사는 계급의 대립 속에서 일어났기 때문이다. "사회의 한 부분을 통한 다른 부분의 착취는 지나간 모든 세기의 공통된 사실이다"(2004m, 615). 그러므로 "완성된 휴머니즘", 곧 공산주의 사회는 종래의 모든 관념과 가치, 영원한 진리와 작별한 사회다. 그것은 새로운 관념과 가치관, 새로운 "영원한 진리"를 가진다.

7) "완성된 휴머니즘", 곧 공산주의 사회를 마르크스는 **"완성된 자연주의"**로 파악한다. "이 공산주의는 완성된 자연주의로서 휴머니즘이요, 완성된 휴머니즘으로서 자연주의다. 그것은 인간과 자연, 인간과 인간의 충돌의 참된 해결이요, 실존과 본질, 대상화와 자기확증(Vergegenständlichung und Selbstbestätigung), 자유와 필연, 개인과 종(種)의 갈등의 참된 해결이다. 그것은 **역사의 해결된 수수께끼**이며, 자기를 이 해결로 인식한다"(2004f, 309).

8) 완전한 휴머니즘의 사회를 마르크스는 **종교가 없는 무신론의 사회**로 묘사한다. 공산주의 사회가 실현될 때 하나님이란 "유령"과, "민중의 아편"인 종교는 저절로 사라질 것이라고 마르크스, 엥겔스는 예견한다. 굶주림이 없고, 인간에 의한 인간의 소외가 사라지며, 인간이 "최고의 가치"로 존중받는 "자유의 나라", 인간이 "그 자신의 사회화의 주인"인 동시에 "자

기 자신의 자유로운 주인"이 된(Engels 1971a, 181) 완전한 휴머니즘의 사회에서, 그 누구도 하나님이란 유령과 "민중의 아편"을 찾지 않을 것이다. 하나님과 종교의 "환상적 위로"는 더 이상 필요하지 않기 때문이다. 공산주의 사회는 환상적 위로 대신에 현실적 위로를 제공한다. 마르크스는 공산주의 사회를 "이성적인 것은 현실적이요, 현실적인 것은 이성적인" 사회, 곧 헤겔이 기대했던 **이성과 현실이 일치하는 사회**로 표상한다.

9. 마르크스에 따르면, 자본주의 경제 활동의 확장과 함께 각 개인이 점점 더 그들에게 낯선 세계사적 세력의 노예가 된다. 이것은 눈으로 볼 수 있는 "경험적 사실"이다. 이 낯선 세력은 "세계시장"으로 등장한다. 세계시장이라는 낯선 세력은 독일의 철학자들에게 "너무도 신화적인" 것이다. 그러나 이 낯선 세력은 공산주의 혁명과 사유재산의 지양을 통해 해체될 것이다. "역사가 완전히 세계사로 변화되는 데 비례하여 각 개인의 해방이 관철될 것이다."

세계를 지배하는 "세계시장"에 대립하여 마르크스는 국경을 초월한 **범세계적 공산주의 공동체**를 제의한다. 범세계적 공산주의 공동체를 통해 "각 개인들은 다양한 국가적·지역적 제한에서 해방되고, (정신적 생산물을 포함한) 전 세계의 생산물과 연결되며, 온 땅의 모든 생산물(인간의 창조물)을 향유할 수 있게 된다." 개인들의 세계사적 협업 속에서 "전반적 상호 의존"(allseitige Abhängigkeit)이 발생하고, 이 상호 의존은 공산주의 혁명을 통해 통제된다. 범세계적 차원의 상호 작용을 통해 인간을 지배하는 세계사적 "낯선 세력들"은 공산주의 혁명을 통해 제거된다(2004i, 435).

여기서 공산주의 사회는 모든 나라의 모든 사람이 세계의 생산물을 향유할 수 있는 범세계적 공동체, 서로 결합되어 서로 의존하는 범세계적 경제 활동이 공산당에 의해 통제되고, 세계의 모든 경제 세력이 공산당의 지배를 받는 사회로 묘사된다. 지배계급의 억압 도구인 국가와 국가 간의 대립도 더 이상 존재하지 않는다. 국가 자체가 더 이상 존재하지 않는다. 개인들의 자발적 조합과, 범세계적으로 연대되어 있는 공동체들이 있을 뿐이다. 공산주의 사회는 "참된 민주주의"가 실현된 사회, "세계도시(Kosmopolis)로 완성된 도시, 모든 개인이 유산계급이 아니라 정치적 동물(zoon politikon)인 자유인들의 공동체(Gemeinschaft der Freien)다"(Löwith 1941, 339).

엥겔스에 따르면, 공산주의 사회는 **모든 생산수단의 사회화**, 이에 기초한 **사회적 계획생산**이 있는 사회다. 모든 생산수단을 사회 전체의 소유로 삼고, 사회 전체의 계획에 따라 생활 용품을 생산하는 사회다. "착취하는 계급과 착취당하는 계급으로, 지배하는 계급과 지배당하는 계급으로" 분열하는 일이 공산주의 사회에서는 더 이상 일어나지 않을 것이다. 통제장치가 없는 과잉생산으로 말미암아 10년마다 일어나는 경제위기가 더 이상 일어나지 않을 것이다. 모든 생산물은 사회 전체의 공동 소유가 될 것이다. 지배계급과 그들의 정치적 대표자들의 "호화판 낭비"(Luxusverschwendung)가 제거됨으로써 "전체를 위한 생산 수단과 생산물이" 충분한 사회가 이루어질 것이다. "사회적 생산"을 통해 사회 모든 구성원의 삶이 안전하게 보장될 것이다. "완전하고 자유로운 교육과 그들의 육체적·정신적 자질의 활성화"가 사회 모든 구성원에게 보장될 것이다.

모든 생산 수단이 사회 전체의 공동 소유가 될 때, 시장경제와 그 부작용이 사라질 것이라고 마르크스는 공산주의 사회를 예견한다. "상품생산"이 중단되고, 생산물이 생산자, 곧 노동자를 지배하는 일이 사라질 것이다. 생산의 무정부 상태는 "계획적이고 의식적인 조직화(Organisation)로 대체될 것이다. **개인의 생존투쟁은 중지될 것이다.** 이리하여 인간은…동물의 왕국을 벗어나, 동물적 현존 조건들로부터 정말 인간적인 현존 조건들로 나아갈 것이다." 인간의 제반 삶의 조건들은 "이제 처음으로 자연의 의식적이고 현실적인 주인이 된 인간들의 지배와 통제(Herrschaft und Kontrolle) 아래 있게 될 것이다. 그들은 그들 자신의 **사회화의 주인**(Herren ihrer eignen Vergesellschaftung)이기 때문이다.…인간 자신의 사회화는…이제 그들의 자유로운 행위가 된다. 지금까지 역사를 지배한 객관적이고 낯선 세력들은 인간 자신의 통제 아래 있게 된다. 비로소 이때부터 인간은 충만한 의식을 가지고 그들의 역사를 스스로 만들 것이다.…이것은 필연성의 나라에서 자유의 나라로의 인간의 도약이다"(Engels 1971a, 177-179). "세계를 해방하는 이 행위를 관철하는 것이 현대 무산계급의 역사적 사명이다"(181).

10. 자본주의 사회의 몰락과 공산주의 사회의 실현을 마르크스는 **역사의 필연성**으로 파악한다. 그에 따르면, 세계사 전체는 자본주의 사회를 거쳐 공산주의 사회의 실현으로 발전할 수밖에 없는 내적 필연성을 가진다. 앞서 기술한 바와 같이, 이 내적 필연성의 궁극 원인은 인간의 이기주의에 있다. 더 많은 돈, 더 많은 소유를 갖고자 하는 인간의 이기적 욕망으로 인해 빈부격차, 유산계급의 대립이 일어나고, 결국 공산주의 혁명이 일어날 수밖에 없다고 마르크스는 논증한다. 인간의 이기주의 때문에 자본주의 사회는 공산주의 사회로 대체될 수밖에 없다는 것이다. 세계사는 인간의 해방과 자유가 필연적으로 일어나도록 결정되어 있다. 이것을 마르크스는 중력의 자연법칙처럼 영원히 변할 수 없는 역사의 법칙으로 간주한다.

　　여기서 우리는 마르크스의 물질론적·사회-경제학적 역사 해석의 중요한 단면을 볼 수 있다. 역사는 **그 자신 속에 잠재적으로 주어져 있는** 이성적 현실이 필연적으로 실현되는 과정이다. 이 과정은 역사 바깥에 있는 어떤 초월적인 것으로 말미암아 일어나는 것이 아니라, 역사 자체 안에 주어져 있는 **내재적인 것**으로 말미암아 일어난다. 궁극적으로 그것은 인간의 이기주의로 말미암아 일어난다. 공산주의 사회는 **역사 자체 안에 주어져 있는 이 필연성의 실현**이다. "이성은 항상 실존하였다. 단지 이성적 형식으로 항상 존재하지 않았을 뿐이다"(2004p, 235). 실현되어야 할 "차안의 진리"는 이미 역사 자체에 주어져 있다. 그것은 아직 실현되지 않았을 뿐이다. **"피안의 진리가 사라진 다음에, 차안의 진리를 확립하는 것이 역사의 과제다"**(2004e, 275). 공산주의 사회는 이미 주어져 있는 "차안의 진리"가 완전하게 실현된 사회, 곧 "역사의 해결된 수수께끼"다.

11. 역사의 수수께끼를 풀어야 할 주체는 헤겔의 "정신(영)으로서의 하나님"이 아니라 무산계급 곧 노동자 계급이다. 세계사의 목적을 실현할 수 있는 열쇠가 무산계급자들의 손에 있다. 무산계급자들을 통해 역사의 내적 필연성이 실현된다. 따라서 공산주의 사회는 역사의 필연성의 실현자인 **무산계급자들이 지배하는 사회**다.

"완성된 휴머니즘"의 "새로운 사회"를 이루어야 할 세계사적 과제가 무산계급자들에게 주어진다. 무산계급자들은 "극단의 소외 속에 있는 인간의 종(種)의 본질을 체현하기 때문에 세계사적 역할과 사건 전체의 과정에 대해 중심적 의미를 가진다. 임금 노동자는… '인간'이 아니라 노동력의 판매자이기 때문에…이 특별한 (노동자) 신분은 보편적 기능을 가진다.… 어떤 특수하고 제한된 관심도 대변하지 않는 '보편적 신분'인 노동자 계급의 자기 해방과 함께, 유산계급의 **사적 인간성**은 물론 그들의 **사유재산**과 사적-자본주의적 **경제**가 해체된다. 공공성에서 분리된 사사성(私事性, Privatheit)의 기본 성격 자체가 해체된다. 사사성은 공동의 소유와 공동의 경제를 가진, 모든 인간의…공통 본질(Gemeinwesen)의 보편성 속에서 긍정적으로 지양되어야 한다"(Löwith 1941, 339).

역사의 필연성이 무산계급자들을 통해 구현된다면, 무산계급자는 막

강한 힘을 갖게 된다. 과거에는 왕이 국가의 법이었다면, 공산주의 사회에서는 무산계급자가 사회의 법이다. 공산주의 사회는 **"갖지 못한 자들이 가진 자들의 법 제정자가"** 된다(2004d, 245). "무산계급은 유산계급의 폭력적 전복을 통해 자기의 통치권을 세운다"(2004m, 607). 공산주의자들의 첫째 목적은 "무산계급을 계급으로 형성하는 것, 유산계급의 지배의 전복, 무산계급을 통한 정치적 힘의 정복이다"(608). "노동자 혁명에서 첫걸음은 무산계급을 지배계급으로 고양하고, 민주주의를 쟁취하는 데 있다"(616). 여기서 마르크스는 무산계급을 "지배계급"으로 고양한다.

무산계급의 통치 과제는 먼저 유산계급의 사적 소유물인 생산력을 사회 전체의 소유로 흡수하는 데 있다. 곧 **생산력의 사회화 내지 국유화**에 있다. 사회에 영향을 주는 세력들 가운데 가장 중요한 세력은 생산력이기 때문이다. "무산계급은 차츰 유산계급으로부터 모든 자본을 빼앗고, 모든 생산 도구를 국가의 손안에, 곧 **지배계급으로 조직화된 무산계급의 손안에 집중시키며**, 생산력의 양을 가능한 속히 증대하는 데 그의 정치적 통치권을 사용할 것이다"(2004m, 616). 유산계급의 자본과 생산력을 빼앗아 국유화할 때, "생산의 사회적 무정부 상태"가 극복되고, 개인들과 사회 전체의 욕구에 따른 "생산의 사회적-계획적 조정"(gesellschaftlich-planmäßige Regelung der Produktion)이 가능해진다. 이리하여 생산물의 자본주의적 획득 방식 대신에 새로운 획득 방식이 가능하다. 곧 "한편으로 생산물의 유지와 확대를 위한 수단으로서 직접적으로 사회적인 획득과, 다른 한편으로 삶의 수단과 향유의 수단으로서 직접적으로 개인적인 획득"이 가능해진다(Engels 1971a, 175-176). 생산력의 국유화는 사유재산의 철폐로 확대되며, 사유재산의 철폐는 "계급 없는 사회"로 이어진다.

이것은 "먼저 소유권과 시민적 생산관계에 대한 **독재적 개입**을 통해서만 일어날 수 있다"고 마르크스는 말한다. 경제적으로 견지할 수 없는 대책들이 실시될 수 있지만, 이 대책들은 "모든 생산방식을 전복시키기 위한 수단으로서 불가피하다." 각 국가의 형편에 따라 다를 수 있지만, 마르크스는 토지의 강제 수용, 상속권의 폐지, 이주자들과 반란자들의 재산 몰수, 국립은행을 통한 모든 자본의 국유화, 모든 운송수단의 국유화, 공장의 국유화, 생산수단의 증대, 공공계획에 따른 지방의 개선, 모든 사람에게 균등한 노동 시간, 특히 농업을 위한 산업군대 설치, 도시와 시골 간 격차의 점진적 제거, 자녀들의 공적 무상교육, 아이들의 공장노동 폐지 등의 대책을 제의한다(2004m, 616-617). 여기서 마르크스는 완전한 공산주의 사회가 실현될 때까지 중간단계로서 **무산계급의 독재**를 인정한다.

그러나 마르크스는 **무산계급의 지배도 지양될 것**이라고 말한다. "유산계급에 대한 투쟁에서 무산계급은 필연적으로 하나의 계급으로 결속되고, 혁명을 통해 자기를 지배계급으로 만들며, 지배계급으로서 폭력적으로 과거의 생산관계들을 지양할 때, 이 생산관계들과 함께 계급들 일반의 계급적 대립의 실존 조건들을 지양하며, 이로써 **계급으로서 그 자신의 지배권을 지양할**" 것이라고 마르크스는 기대한다. 국가도 존재하지 않을 것이라고 말한다. 여기서 마르크스는 프랑스의 무정부주의 사상을 수용한다.

엥겔스도 이에 동의한다. "무산계급은 국가 권력을 장악하고, 생산 수단을 먼저 국가의 소유로 만든다. 이로써 **무산계급은 무산계급으로서의 자기 자신을 지양하며**, 모든 계급적 차이와 계급적 대립을 지양한다. **국가로서의 국가도 지양한다.** 계급적 대립과 투쟁 속에 실존하는 종래의 모든 사회는 외적인 생산 조건들을 유지하고, 착취당한 계급을 억제하기 위해 국가를 필요로 하였다." 지금까지의 모든 국가는 그 사회를 지배하는 계급의 국가, 그런 뜻에서 "전 사회의 공적 대표자"였다. 고대 시대의 국가는 "노예를 유지하는 국가 시민들의 국가였고, 중세기의 국가는 봉건 귀족들의 국가였고, 우리 시대의 국가는 유산계급의 국가다." 그러나 사회계급들 사이의 갈등과 대립이 사라지고, 어떤 사회계급도 억압되어야 할 필요가 없으며, 생존을 위한 개인들의 경쟁과 투쟁이 더 이상 존재하지 않을 때, 특별한 억압수단으로서의 국가는 불필요해진다. 사회적 관계들에 대한 국가 권력의 개입은 차츰 불필요해진다. "개인들에 대한 지배 대신에 업무에 대한 관리(Verwaltung der Sachen)와 생산 과정들의 지도(Leitung)가 등장한다. 국가는 '철폐되는'(abgeschafft) 것이 아니라 **죽어버린다**(stirbt ab)." 즉 국가는 의도적으로 철폐되는 것이 아니라 저절로 사라진다. "자유로운 국민국가"(freier Volksstaat)가 실현된다(Engels 1971a, 176-177).

틸리히에 따르면, 무산계급과 관련하여 마르크스는 구약성서 예언자들의 전통을 따른다. 구약성서의 예언자들은 힘 있는 자에 의한 가난한 자의 억압과 착취에 대항하여 하나님의 정의를 요구하면서 "야웨의 날"을 선언한다. 과부와 고아들, 곧 그 사회의 약자들을 보호할 것을 요구한다. 정의를 위해 온 백성의 멸망을 경고한다. 이에 상응하여 마르크스는 "인간이 물건으로 되는 것(Verdinglichung)을 거부하고, 현실적 휴머니즘을 위해 싸운다." 무산계급에 의한 해방의 투쟁은 "야웨의 날"의 심판에 해당한다. 그러므로 마르크스는 세계를 변화시킬 수 있는 겸손과 사랑 대신에 "파괴적이며 파괴하는 모든 세력을 불러일으킬 수밖에 없다." 공산주의 사회의 정의로운 목적을 실현하기 위해 폭력과 파괴가 정당화된다(Thier 1954, 12). 정당한 법적 절차를 결여한, 유산계급자들에 대한 무자비한 살인이 정의의 이름으로 자행되고, 일시적 지배자들이 항구적 지배자들로 변모한다.

6. 맺는말
헤겔의 변증법과 마르크스의 변증법

1. 위에서 우리는 마르크스의 물질론적·사회-경제학적 역사철학과 공산주의 이론을 고찰하였다. 그의 물질론과 공산주의 사상은 18세기 프랑스 계몽주의자들과 무신론자들, 상-시몽(Saint-Simon), 푸예(Fourier), 오웬(Owen) 등의 유토피아 사상가들에 의해 준비되어 있었다. 영국의 오웬은 사유재산, 종교, 결혼생활이 공산주의 사회의 실현에 방해물이 된다고 이미 지적하였다. 그러나 마르크스는 이전의 모든 역사를 거부하는 18세기의 형이상학적·기계적 물질론에 빠지지 않았다. 또 현실에 대한 철저한 분석과 실현 가능한 대안이 없는 낭만적 유토피아니즘에 빠지지 않았다. 프랑스의 "옛 물질론"에 반해, 마르크스는 인류의 역사를 변증법적 발전의 과정으로 파악하였고, 역사의 미래에 대한 구체적 목적과 이 목적에 이를 수 있는 현실적 방법을 제안하였다(이에 관해 Engels 1971a, 146 이하).

여기서 마르크스는 헤겔의 정신 변증법을 자신의 **물질론적·사회-경제학적 변증법**으로 바꾼다. 그는 "정신으로서의 하나님"으로부터 출발한 헤겔의 관념론적 변증법, 곧 "소외의 규정 속에 있는" 정신 변증법을 물질론적·사회-경제학적 변증법으로 바꾸고, 이에 따라 세계사의 과정을 설명한다. 그는 헤겔의 "절대정신의 변증법"을 "인간의 노동의 변증법"으로 바꾼다(Delekat 1954, 57). 그는 "개념의 발전 과정"(Fortgang des Begriffs)과 "참된 신정"(wahrhafte Thedizee) 대신에 물질적·사회-경제적 관계들의 변혁 과정을 기술한다.

2. 그러나 방법론적 측면에서 마르크스는 **헤겔의 변증법적 방법**을 수용하였다고 말할 수 있다. 헤겔의 변증법은 고대 그리스의 헤라클레이토스

(Heraklit)에게로 소급된다. 헤라클레이토스에 따르면, "존재하는 모든 것은 존재하지 않는다. 모든 것은 **흐르기** 때문이요, 지속적 변화 속에, 지속적 되어감과 지나가 버림 속에 있기 때문이다"(Engels 1971a, 157). 이 같은 헤라클레이토스의 생각에 뿌리를 둔 헤겔의 변증법적 원리가 마르크스의 사고를 지배한다.

바로 여기에 두 사람의 **공통점**이 있다. 두 사람 모두 **현실의 부정성**을 인정한다. 인간의 모든 현실 속에는 부정적인 것, 모순이 숨어 있다. 이 부정성으로 말미암아 계급사회의 모순이 일어나고, 이 모순들로 말미암아 역사의 변증법적 운동이 일어난다. 세계의 모든 부분적 현실은 변증법적 운동으로 흡수된다. 그들은 역사의 변증법적 운동의 전체성 속에서 자신의 의미를 얻게 된다. "진리는 전체 속에 있다"는 헤겔의『정신현상학』의 통찰은 마르크스에게도 해당한다. 역사의 진리는 부분적 현실 자체에 있는 것이 아니라, 모든 부분적 현실이 그 속에 흡수되는 "부정적 전체성"(negative Totalität)에 있다.

그러나 두 사람은 **전체성**을 다르게 파악한다. 헤겔이 말하는 전체성은 신적 정신의 전체성, 이성의 전체성을 말한다. 그것은 세계사 전체를 포괄하는 신적 정신의 운동의 전체성 속에 **이미 파악되어 있다.** 그것은 이미 파악된 "존재론적 체계"로 전제되어 있다. 헤겔의 변증법은 **이미 파악된 존재론적 체계의 내적 본질**을 가리킨다. 따라서 헤겔의 정신 변증법적 운동은 **존재론적 성격**을 띤다. 세계의 모든 사물이 정신의 변증법적 운동의 산물이라면, 세계의 모든 사물은 변증법적 운동을 자기의 **존재론적 본질**로 가진다. 이 존재론적 본질을 마르크스 역시 인정한다. 마르크스에게서도 세계의 모든 사물은 "부정적인 것의 부정"을 통한 변증법적 운동 속에 있는 것으로 파악된다.

3. 따라서 두 사람의 변증법은 **부정성의 변증법**이라 말할 수 있다. 모든 사물은 모순, 곧 부정적인 것을 자신 안에 내포하고 있다. 그것은 자신에게 주어진 가능성의 제한성을 벗어나지 못한다. 그러므로 모든 사물은 자신의 제한성을 부정하고, 더 높은 진리의 세계로 고양되어야 한다는 변증법적 사고에서 두 사람은 일치한다. 마르크스는 헤겔이 변증법적 운동을 모든 존재의 운동으로 보편화시켰다고 비판하지만, 그 자신이 변증법적 운동을 모든 존재의 존재론적 구성 요소로 보편화한다. 헤겔의 변증법의 범논리적 사고는 마르크스의 사고를 지배한다.

두 사람의 또 한 가지 공통점은 역사의 변증법 운동과 그 마지막 결과를 **필연적인 것**으로 본다는 점이다. 변증법적 운동이 모든 사물의 존재론적 본질에 속한 것이라면, 변증법적 운동은 모든 사물에게 필연적일 수밖에 없다. 자연의 순환 법칙에 따른 모든 운동이 자연의 필연적 구성 요소이듯이, 변증법적 법칙과 그 운동이 인간 세계의 필연적 구성 요소다. 그러므로 마르크스는 끊임없이 역사 과정의 필연성을 이야기한다. 곧 역사에서 일어나는 모든 활동 내지 운동은 필연적이라는 것이다. 그의 『자본론』에 의하면, 역사의 "변증법적 법칙은 **필연적인 법칙**이다. 계급사회의 다양한 형식들은 그들의 내적 모순 때문에 **필연적으로** 멸망한다. 자본주의의 법칙은 **무쇠와 같은 필연성**과 함께 피할 수 없는 결과에 봉착한다.…자본주의의 생산방식은 **자연의 과정이 보여주는 필연성**과 함께 그 자신의 부정을 생성한다"(1953, 803).

자본주의 사회는 그 자신의 내적 모순들 때문에 "필연적으로" 공산주의 사회로 넘어갈 수밖에 없다. 역사는 자본주의 사회를 거쳐 공산주의 사회로 넘어갈 수밖에 없는 필연성을 가진다. 여기서 마르크스는 공산주의 사회의 실현을 역사의 필연적 귀결로 확정한다. "정신의 개념과 일치하는" 세계가 정신의 변증법적 활동의 필연적 결과이듯이, 공산주의 사회가 역사의 필연적 결과로 규정된다. 자연과 마찬가지로 역사도 자신의 내적 법칙에 따라 일어나도록 결정되어 있다. 이로써 마르크스가 말하는 역사의 필연성은 **역사의 결정론**으로 빠진다.

4. 그러나 마르크스의 역사의 결정론은 기계적 결정론을 뜻하지 않는다. 역사의 목적은 필연적으로 이루어질 것으로 결정되어 있기 때문에 인간은 두 손 놓고 기다리기만 하면 된다는 것을 뜻하지 않는다. 헤겔에게서 역사의 목적은 세계정신으로 현존하는 **신적 정신의 투쟁**, 곧 "부정적인 것의 부정"을 통해 성취된다면, 마르크스에게서 그것은 **무산계급의 투쟁과 공산주의 혁명**을 통해 성취될 것으로 생각된다.

　　바로 여기서 우리는 **두 사람의 변증법의 차이**를 볼 수 있다. 헤겔에게서 역사의 변증법적 운동은 **신적 정신의 자기활동**으로 말미암아 일어나는 반면, 마르크스에게서 그 운동은 **물질적·사회-경제적 현실들**의 변혁으로 말미암아 일어난다. 헤겔의 변증법은 철학적 사상의 형태로 전개되는 반면, 마르크스의 변증법은 물질적·사회-경제적 사실들(Tatsachen)의 기초 위에서 전개된다. 헤겔은 변증법을 구성하는 요소들을 **철학적 보편개념**으로 나타내는 반면, 마르크스는 이 요소들을 물질적·사회-경제적인 **구체적 사실들**로 나타낸다. 헤겔이 말하는 "부정적인 것" 곧 "모순"을 마르크스는 분업, 노동자 계급의 임금노동, 소외, 무산계급의 실존, 계급적 차별과 대립 등에서 발견한다. 자본주의 경제질서 자체를 마르크스는 부정되어야 할 부정적인 것으로 파악한다. 노동과 소비의 분리, 생산물의 상품화, 상품의 자유로운 매매에 기초한 자유시장 경제질서, 사유재산 제도는 자본주의 경제질서의 부정성을 나타낸다. 자본주의 사회 자체가 부정되어야 할 부정적인 것으로 생각된다.

　　풍요로운 자본주의 사회 속에 있는 **무산계급의 비참한 실존**은 자본주의 사회의 부정성의 요약이라 말할 수 있다. 그것은 지양되어야 할 "모순" 이다. 마르쿠제에 따르면, "무산계급의 실존은 이른바 이성의 현실에 모순된다.…무산계급의 운명은 인간의 가능성의 성취가 아니라 그 반대다.…무산계급의 실존은 헤겔의 법철학 속에 있는 이성적 사회를 문제화할 뿐 아니라, 시민사회 전체를 문제화한다.…무산계급의 실존은 '인간의 완전한 상실'에 대해 증언한다. 그리고 이 상실은 시민사회의 기초가 되는 노동 방법으로부터 결과된 것이다. 그렇다면 시민사회 전체가 사악한 것이 되고, 무산계급은 총체적 **부정성**을 나타낸다.…무산계급의 실존은 진리가 실현되지 않았다는 사실에 대한 생생한 증언이다"(Marcuse 1972, 231-232).

노동자들의 **임금노동** 역시 자본주의 사회의 부정성을 나타내는 부정적인 것이다. 그것은 "인간의 욕구들을 충족시킬 수 있는 자유로운 노동에 대한 제한이다. 사유재산은 인간을 통한 자연의 공공적 획득의 부정이다.…자본주의 사회의 부정성은 노동의 소외에 있다.…이 부정성의 부정은 소외된 노동을 철폐함으로써 이루어질 수 있을 것이다. 소외는 사유재산 제도에서 가장 포괄적인 형태를 띤다. 하나의 개선책은 사유재산의 철폐(부정)와 함께 이루어질 수 있다"(Marcuse 1972, 249).

이와 같이 마르크스는 헤겔의 "부정적인 것" 내지 "부정성"을 자본주의 사회의 현실적 사실들(facta)로 나타내면서, "부정성의 부정"을 각 시대의 **계급투쟁**으로 파악한다. 계급투쟁은 각 시대의 부정적인 것을 부정하는 길이다. 공산주의 혁명은 부정적인 것의 부정의 요약이다. 각 시대의 계급투쟁과 공산주의 혁명은 부정적인 것의 부정이요, 더 높은 진리의 세계를 향한 "지양" 혹은 "고양"이다. 헤겔에 따르면 변증법적 운동의 주체는 신적 정신이다. 이 신적 정신을 마르크스는 무산계급자들로 바꾼다. 신적 정신이 아니라 무산계급자들이 역사의 변증법적 운동의 주체다.

5. 이로써 마르크스는 헤겔의 철학적 형태의 변증법을 물질적으로, 또 사회-경제적으로 **구체화하였다**고 말할 수 있다. 이 구체화를 대표적으로 보여주는 것이 마르크스의 『자본론』이다. 마르크스는 비록 관념적인 것이긴 하지만, "헤겔의 변증법의 긍정적 요소들"을 인정하고 이 긍정적 요소들을 자신의 물질론으로 채운다. 이것을 우리는 마르크스의 글에서 볼 수 있다.

헤겔은 "지양"(Aufheben)을, 신적 정신의 외화(Entäußerung)를 신적 정신 속에 거두어들이는 "대상적 운동으로" 파악하였다. 현실에서 추상화된 형태의 것이긴 하지만, 헤겔은 정신의 자기소외를 지양함으로써 그의 "대상적 본질"을 획득한다는 것을 간파하였다. "인간의 현실적 대상화, 소외된 현존 속에 있는 대상 세계의 **소외된** 규정을 폐기함으로써 일어나는 그의 대상적 본질의 현실적 획득"을 간파하였다. 이 같은 헤겔의 변증법적 통찰은 "하나님의 지양으로서의 무신론이 이론적 휴머니즘의 형성(Werden)인 것과 같고, 사유재산의 지양으로서의 공산주의가…인간의 현실적 삶의 반환 청구(Vindikation)인 것과 같다. 또 이것은 실천적 휴머니즘의 형성이…무신론인 것과 같으며, 사유재산의 지양을 통해 그 자신과 중재된 휴머니즘이 공산주의인 것과 같다." 그러나 무신론과 공산주의는 (헤겔 철학이 보이는 것과 같은) 현실로부터의 "도피가 아니며, 추상(Abstraktion)이 아니며, 인간에 의해 생성된 대상적 세계의 상실이 아니다. 그것은…인간 본질의 힘들의 상실이 아니다." 오히려 그것은 "정말 인간을 위해 형성된 **인간 본질의 실현**이다"(2004f, 339-340). 마르크스의 이 말은 헤겔의 변증법과 그 자신의 역사철학의 **연결성**을 보여주는 동시에 양자의 **차이**를 보여준다.

결론적으로 마르크스는 헤겔의 철학적 형태의 변증법을 물질적·사회-경제적 형태의 변증법으로 바꾼 천재적 인물로 평가할 수 있다. 그의 변증법은 헤겔의 철학적 변증법의 **물질론적·사회-경제학적 구체화**

(Konkretisierung)라고 말할 수 있다. 이에 상응하여 마르크스의 역사철학은 **헤겔의 관념적 역사철학의 물질적·사회-경제적 구체화**라고 할 수 있다. 이 구체화는 헤겔 철학을 부인하고 이를 거꾸로 뒤집어버리는 형태로 이루어졌지만, **결과적으로** 헤겔 철학을 실현하고자 한 시도로 파악될 수 있다. 마르크스는 자신의 방법으로 헤겔 철학을 구체화하였고, "현실적인 것"을 "이성적인 것"으로 변화시키며, 인간의 본질을 실현하고자 한 헤겔의 목적을 구체적으로, 현실적으로 실현하고자 하였다.

6. 이 실현을 마르크스는 헤겔 철학의 "지양" 내지 "전복"으로 이해하였다. 그의 사상은 헤겔의 관념론을 물질론으로 지양 내지 전복한 것이었다. 여기서 결정적 역할을 한 것은 헤겔의 변증법에 대한 마르크스의 물질론적 해석이었다. 그에게 헤겔의 변증법은 현실의 경험적 사실에 기초하지 않은, 단지 머릿속에서 일어나는 **사유의 공중제비**에 불과하였다. 그것은 현실에서 동떨어진 "순수한 사상(생각)의 변증법"이다(2004f, 328). 헤겔의 변증법은 "유령"과 같은 "신적 정신", 절대자, 보편자, 이성, 관념 등으로부터 출발하기 때문이다. 헤겔의 변증법은 세계의 구체적인 "문제들"에 기초하지 않는다. 인간의 가장 기본적 문제인 "굶주림", 거대 자본가들의 끝없는 축재와, 노동자들의 점증하는 소외와 계급적 차별을 알지 못한다. 그러므로 "헤겔은 아무 문제도 제기하지 않는다. 그는 단지 변증법을 (머릿속에서) 알 뿐이다"(2004k, 569). 그의 변증법은 현실에서 분리된, 완전한 관념의 세계에 머물러 있다. 그것은 "역사 속에서 정신의 위풍당당함(Oberherrlichkeit)을 증명하기 위한" 관념적 "곡예"(Kunstwerk)일 따름이다. 마르크스에 따르면, "영국인들은 인간을 모자(Hüte)로 둔갑시킨다면, 독일인들은 모자를 관념으로 둔갑시킨다. **영국인**이 **리카르도**(Ricardo), 곧 부유한 은행가와 탁월한 기업 경영자라면, 독일인은 **헤겔**, 곧 베를린 대학교의

우직한 철학 교수다"(2004k, 560). 헤겔의 관념적 곡예 내지 공중제비의 원리를 마르크스는 아래 세 가지 단계로 분석한다.

1) "지배자들의 사상을 지배자들로부터 분리하고, 사상 혹은 환상(Illusionen)의 지배를 역사 속에서 인정"한다.

2) "사상의 지배에 대해 하나의 질서를 부여하고…, 지배적 사상 가운데 하나의 신화적 연관성을 증명한다. 이를 통해 이 사상들을 '개념의 자기규정들'로 파악한다."

3) "개념의 신화적 인상을 제거하기 위해 이 개념을 하나의 인격으로, 자기의식으로 나타낸다. 혹은 역사 속에서 이 개념을 대변하는 일련의 인물들로, '사유자들', '철학자들', 관념론자들로 나타낸다. 이들은 역사의 제조업자들(Fabrikanten der Geschichte), '파수꾼 위원회'(Rat der Wächter), 지배하는 사람들로 파악된다. 여기서 모든 물질론적 요소는 역사로부터 제거되고, 철학적·사변적 준마(Roß)는 고삐를 갖지 않게 된다"(2004i, 419-410).

이 같은 변증법에 기초한 헤겔의 역사철학은 **공허한 사유의 유희**에 불과하다. 헤겔의 "관념론적 역사 해석은…물질적 관심들에 근거한 계급투쟁을 알지 못했고, 물질적 관심을 전혀 알지 못했다. 생산을 위시한 모든 경제적 상황은 문화사의 부차적 요소 정도로 다루어졌다"(Engels 1971a, 162). 마르크스에 따르면, 헤겔의 역사철학은 역사의 현실적 기초가 전혀 없다. 그것은 역사의 "사실들과 실천적 발전들로부터 분리된 표상들의 역사(Geschichte der Vorstellungen)"에 불과하다(2004i, 442). 역사에 관한 헤겔의 모든 사상은 사실상 그 사회의 지배계급의 사상이요, 그들의 지배수단이다. "한 시대를 지배하는 관념들은 언제나 지배계급의 관념일 뿐이었다"(2004m, 614).[3]

---

3 원문: "Die herrschenden Ideen einer Zeit waren stets nur die Ideen der herrschenden

여기서 우리는 질문할 수 있다. 모든 시대의 모든 사상이 지배계급에서 나온 지배계급의 생성물이라면, 마르크스의 물질론과 공산주의 사상도 그 시대의 물질적·사회적 조건에서 나온 사회적 산물이요, 지배계급에서 나온 지배계급의 생산물인가? 마르크스의 물질론적 변증법도 지배계급의 지배수단인가? 사실 그것은 나중에 공산당이란 지배계급의 지배수단이 되었다.

Klasse."

VII
오늘 우리에게 마르크스는 무엇을 말하는가?
– 마르크스의 문제점과 타당성

마르크스의 사상은 참으로 위대하다고 말하지 않을 수 없다. 초기 자본주의 사회에 대한 그의 비판은 한여름의 청량음료처럼 시원한 느낌을 준다. 돈은 모든 것을 연결하고, "모순된 것에 키스하도록 강요하는" "보편적 창녀"라는 그의 말은 자본주의 사회의 뿌리 깊은 문제성을 보여준다. 그가 제시하는 역사의 목적, 곧 공산주의 사회는 "흙수저" 인생에게 찬란한 미래를 약속하는 것처럼 보인다. 이익을 함께 나누는 사회(이익 공유제), 계급이 없는 사회, 자기가 하고 싶은 일을 마음대로 바꾸어가며 할 수 있는 사회, 노동의 스트레스가 없는 사회, 인간에 의한 인간의 소외가 없는 사회, 각 사람이 자기 자신을 자유롭게 실현할 수 있는 사회, 능력이 있든지 없든지, 부지런하든지 게으르든지, 모두 충분히 먹을 수 있고, 모든 사람이 다른 사람에 대해 "최고의 가치"로 존중받는 사회, 이보다 더 이상적인 인간 사회는 없을 것이다. 그것은 무산대중을 현혹시키기에 충분하다.

그러나 마르크스의 사상에 기초한 20세기 공산주의 실험은 실패로 돌아가고, 자본주의가 한판승을 거두었다. 지금 우리의 세계는 중국과 북한을 위시한 몇 나라를 제외하고, 자본주의 체제가 지배하고 있다. 그럼에도 불구하고 마르크스의 사상은 많은 사람에게 동경의 대상이 되고 있다. 빈부격차가 커질수록 마르크스의 사상에 대한 존경심이 커진다. 이런 상황에 대해 우리는 어떻게 대처해야 할 것인가? 특히 북한을 지척에 둔 우리나라의 상황에서 이 문제는 참으로 중요하다. 이에 우리는 먼저 마르크스의 문제점이 무엇인가를 고찰하고, 오늘 우리의 세계에 대해 그가 말하는 바를 경청하기로 하자.

1. 마르크스의 문제점에 대한 고찰

1. 학문적 이론은 **현실적이며 구체적인 것, 사실적인 것**으로부터 출발해야 한다는 마르크스의 말은 매우 타당하게 들린다. 여기서 마르크스가 말하는 "현실적인 것", "사실적인 것"은 우리가 감성적으로 경험할 수 있는 물질적인 것, 사회-경제적인 것을 말한다. 그러나 학문의 영역에서는 모든 사람이 경험할 수 있는 이른바 "사실적인 것"으로부터 출발할 수 없는 경우가 많다. 예를 들어 삶의 참 가치와 행복, 인간의 본질과 도덕, 교육의 목적 등에 대한 이론에서 경험적으로 실증될 수 있는 "사실적인 것"으로부터 출발하기란 불가능하다. 이 문제들은 학자의 **가치 판단**에서 출발하지 않을 수 없다. "지금까지 모든 사회의 역사는 계급투쟁의 역사다"라는 마르크스의 전제 역시 실증될 수 있는 "사실적인 것"이 아니다. 그것은 이른바 객관적인 것이 아니다. 그것은 역사 해석에 있어 마르크스의 가치 판단에 기초한 주관적 전제일 뿐이다. 그것은 역사의 한 단면일 수 있지만, 역사 전체를 포괄하지 못한다. 만일 루터가 종교개혁을 가리켜 계급투쟁이라고

말한다면 펄쩍 뛸 것이다.

경험적으로 증명할 수 있는 "사실적인 것"에서 출발해야 한다는 마르크스의 주장 배면에는 **실증주의적 사고**가 숨어 있다. 실증주의는 과거의 모든 종교적 교리나 이데올로기에 의해 "위조되지 않은 진리"(unverfälschte Wahrheit)에 이르고자 한다. 이를 위해 실증주의는 경험적으로 실증될 수 있고, 모든 사람이 인정할 수 있는 "사실적인 것", 이른바 "벌거벗은 사실들"(bruta facta)에서 출발해야 한다고 주장한다.

그러나 실증주의가 요구하는 bruta facta는, 인간이 도달할 수 없는 "사물 자체"(Ding an sich)일 뿐이다. 인간이 어떤 대상을 인식할 때, 그것은 더 이상 bruta facta가 아니다. 그것은 인간 자신의 관심과 관점에 의해 "인식된" 대상일 뿐이다. 그것은 영원히 변할 수 없는 고정된 bruta facta가 아니라, bruta facta의 측면이다. 우리 인간은 사실들의 다양한 측면들을 인식할 뿐이다. 가장 객관적 학문으로 알려진 수학의 영역에서도 이른바 객관적 사실들, 변할 수 없는 절대적 진리는 인정되지 않는다. 수학적 지식도 사실적인 것이 아니라 가설적인 것이란 점은 수학계 내에서도 자명한 것으로 인정된다.

미시 영역에서도 이른바 "사실적인 것", 객관적으로 실증될 수 있고 확정될 수 있는 bruta facta는 인정되지 않는다. 양자물리학에 의하면 원자를 구성하는 전자, 양자 등의 입자는 입자로 보일 때도 있고 파장으로 보일 때도 있다. 입자와 파장은 모순된 것이 아니라 "하나의 동일한 실재를 묘사하는 상호 보완의 측면들"일 뿐이다. 빛은 연구자의 관찰 방법에 따라 "때로 파장으로, 때로 입자로 나타난다." 관측자의 관측 방법에 따라 대상이 다르게 관측되고, 관측 과정에서 대상 자체가 변화하기도 한다.

여기서 실증주의 기초는 무너진다. 세계는 실증될 수 있는 "사실적인 것", 변할 수 없이 **고정되어 있는 것들**의 집합체가 아니라, 진동과 에너지의 장(場)들로 구성된 동적 흐름 혹은 "안개구름"과 같다. 세계의 모든 것은 결정되어 있는 것이 아니라 유동적이고 가변적이다(하이젠베르크의 불확정성의 원리). 미시세계의 이 같은 정황을 고려할 때, "사실적인 것"을 학문의 규범으로 설정할 수 없다는 사실을 볼 수 있다(김균진 2006, 345 이하).

"사실적인 것"으로부터 출발해야 한다는 마르크스의 생각 배면에는 뉴턴의 고전 물리학의 세계관이 전제되어 있다. 이것은 마르크스가 피할 수 없었던 시대적 제한성이라 볼 수 있다. 고전 물리학에 따르면, 세계는 원인과 결과의 법칙에 따라 결정되어 있는 것으로 생각된다. 세계의 미래도 결정되어 있다. 세계는 원인과 결과의 법칙에 묶여 있는 하나의 폐쇄된 체계다. 여기서 역사의 "새로움"은 배제된다. 새로움이 없는 세계, 폐쇄된 체계로서의 세계는 창문이 없는 세계다. 원인과 결과의 법칙, 곧 인과율이 세계를 지배한다. 이에 반해 양자물리학은 다음과 같이 말한다. "자연 세계는 더 이상 수학적 시계기계(Uhrwerk)가 아니다. 오히려 그것은 지속적 전개(Entfaltung)의 성격을 띤다. 창조는 폐쇄되어 있지 않다. 세계는 매 순간 새롭게 발생한다"(Dürr 2003, 36).

2. 마르크스는 헤겔의 변증법을 가리켜, 머릿속에서 일어나는 사유의 "공중제비"(Purzelbaum)에 불과하다고 말한다. 그것은 현실에 기초하지 않은 "사상들(생각들)의 변증법"에 불과하다. 따라서 헤겔이 말하는 역사는 현실의 역사가 아니라 사상들의 역사일 따름이다. 역사의 원리인 헤겔의 변증법은 현실적인 것이 아니라 "정신"이라 불리는 유령의 변증법이요, 현실에서 유리된 "사상들의 유희"다.

여기서 우리는 질문할 수 있다. 과연 헤겔의 변증법은 사유의 "공중제비" 혹은 "사상들의 유희"에 불과한가? 헤겔은 자신의 역사적 상황을 의식하지 못한 채, 책상 앞에 앉아 사유의 공중제비만 했던가? 그의 변증법 역시 지배계급의 지배수단이었던가?

　이 질문에 대해 우리는 동의할 수 없다. 헤겔 역시 당시의 역사적 현실의 문제성을 의식하고 있었다는 사실을, 특히 그의 청년기 문헌에서 분명히 볼 수 있다. 헤겔 역시 왕정제도를 거부하였고, 사회적 특권 계급을 부인하는 민주적 공화정을 지지하였다. 그러므로 헤겔은 베를린에서 교수로 재직할 때도 비밀경찰의 감시 대상이었다. 그는 복고주의자들로부터 끊임없이 비판의 대상이 되었다. 이들은 헤겔을 "범신론자", "무신론자"라고 비난하며 교수직에서 끌어내리고자 하였다. 그 당시 "범신론자", "무신론자"는 사회로부터의 추방을 뜻했다.

　헤겔 역시 자신이 처한 역사적 상황을 의식하면서 자기의 이론을 전개하였다는 사실을 우리는 그의 문헌 도처에서 발견할 수 있다. "이성이 세계를 다스린다"는 헤겔의 말은 "세계는 여전히 비이성적이다. 그러므로 세계는 이성이 다스려야 한다"는 **당위성**을 암시한다. 모든 인간은 태어나면서부터 평등하다. 그러므로 모든 인간은 인간에 대해 "최고의 존재"라는 헤겔의 말은, 인간에 의해 인간이 억압을 당하던 당시 프로이센 왕국의 현실에 대한 저항 정신을 보여준다. 세계사는 "자유의 역사"라는 그의 말 역시 자유롭지 못한 현실에 대한 저항을 보여준다. 헤겔 철학은 이 같은 현실 인식 속에서 전개되었다. 그의 변증법도 마찬가지다.

　따라서 헤겔의 변증법이 현실과 무관한 추상적 사유의 "공중제비"라는 마르크스의 말은 타당하지 않다. 일반적으로 사유는 삶의 현실로부터 분리된 것이라 생각하기 쉽다. 그러나 헤겔에 따르면 사유는 삶의 현실 속에서 일어나는 정신의 변증법적 활동으로서, 언제나 **자기 자신을 넘어서는 기능**을 한다. 이런 뜻에서 사유는 "넘어섬"(Überschreiten, E. Bloch)이다. 그것은 이미 도달한 것, 이미 주어진 것에 머물지 않고, 주어진 것의 부정적인 것을 부정함으로써 "새로운 것"을 불러오는 변증법적 활동이다. 사유의 변증법적 활동은 현실 세계에서도 일어난다. 사유의 변증법적 활동과 현실 세계의 변증법적 활동은 내적으로 일치한다. 이에 반해 마르크스는 사유를 현실에서 괴리된(혹은 추상화된) 것으로 규정한다. **사유를 포함한** 현실 세계의 모든 것을 "정신적인 것"으로 파악하는 여기에 "헤겔의 일면성과 한계"(Einseitigkeit und die Grenze Hegels)가 있다는 마르크스의 말은(2004f, 329) 헤겔 철학에서 사유와 현실 세계가 분리되어 있지 않다는 것을 증명한다.

필자의 판단에 의하면, 헤겔의 변증법은 현실 없는 사유의 공중제비가 아니라 당시의 **현실에 대한 인식 속에서** 생성하였다. 현존하는 비이성적 현실은 이성적 현실로 지양되어야 한다는 의식 속에서 형성된 것이 그의 변증법이다. 그는 현실의 "부정적인 것"을 분명히 인식하였고, 부정적인 것은 부정되어야 한다는 의식 속에서 그의 철학을 전개하였다. 이 의식을 그는 정신 변증법이라는 **철학적 개념**으로 표현한다. 그의 변증법이 말하는 "부정적인 것"은 세계의 모든 현실 속에 숨어 있는 **부정적인 것**을 총칭하는 개념이다. 헤겔의 변증법은 현실과 무관한 추상적 사유의 유희(Spiel)가 아니라 현실의 부정적인 것은 부정되어야 한다는 당위성을 나타낸다. 그 속에는 비이성적 현실에 대한 깊은 거부와 저항의 정신이 숨어 있다. 마르크스는 헤겔의 변증법 속에 숨어 있는 **저항의 정신**을 파악하였고, 이 정신을 그 자신의 방법으로 구체화하고자 하였다.

3. 그러나 마르크스의 구체화는 일면적이다. 그것은 역사의 변증법적 운동의 다양한 측면들을 포괄하지 못하고 단지 **물질적·사회-경제적 측면**을 드러낼 뿐이다. 헤겔에 따르면, 변증법을 가능하게 하는 **"모순"**은 자기의 즉자를 대자로 대상화 내지 외화한 신적 정신이 대자 속에서 자기 자신을 인식하고, 대자가 자신의 즉자와 일치하지 않음을 인지함으로써 발

생한다. 마르크스는 헤겔이 말하는 이 "모순"을 사유의 유희에 불과한 것으로 본다. 이에 반해 마르크스는 헤겔이 말하는 "모순"을, 물질적·사회-경제적 상황의 변천 속에서 일어나는 인간의 소외와 계급투쟁에서 발견한다. 인간에 의한 인간의 소외, 소외로 말미암아 일어나는 계급투쟁이 역사의 "모순"이요, 이 모순이 새로운 역사를 일으키는 역사의 동인이란 것이다. 이로써 마르크스는 헤겔이 말하는 "모순"을 사회-경제학적으로, 또 정치적으로 구체화한다. "지금까지 모든 사회의 역사는 계급투쟁의 역사다"(2004m, 594)라는 그의 말은 역사의 동인에 대한 그의 생각을 요약한다.

물론 인간에 의한 인간의 소외, 계급적 갈등과 투쟁 및 혁명으로 말미암아 새로운 역사가 일어난다는 것을 우리는 충분히 인정한다. 1917년 제정 러시아 혁명을 통해 새로운 역사가 시작하였다. 그러나 이 혁명의 배면에는 마르크스와 그의 추종자들의 공산주의 **사상**이 전제되어 있었다. 제정 러시아 혁명의 내적 동인은 마르크스의 공산주의 사상이었다. 공산주의 **사상으로 말미암아** 제정 러시아의 혁명이란 거대한 역사적 사건이 일어났고, 20세기 동서냉전의 역사가 시작되었다.

여기서 우리는 인간의 **사상 내지 이론**이 새로운 역사의 내적 동인이요, 기존 세계에 대한 "모순"이란 사실을 볼 수 있다. 따라서 인간에 의한 인간의 소외와 계급투쟁을 역사의 모순과 동인으로 보는 것은 일면적이라 할 수 있다. 여기서 우리는 질문할 수 있다. **인간의 정신과 사상**이 새로운 역사를 일으키는 동인인가, 아니면 **물질적·사회-경제적 상황**인가? 이 문제는 다른 기회에 깊이 논구될 수 있을 것이다.

이 문제와 연관하여 우리는 헤겔의 논리학의 범주에 대한 마르크스의 비판의 문제성을 지적할 수 있다. 마르크스의 비판에 따르면, 헤겔의 논리학의 논리학적 범주들은 현실에서 분리된 추상적 **사유의 산물**에 불과하다. 그것은 단지 인간의 머리 안에 있는 추상적 사유의 형식들일 뿐이다. 논리학의 이 추상적 형식들 내지 범주들을 헤겔은 세계의 모든 사물에 대해 보편적으로 적용한다는 것이다. 그러나 마르크스의 이 판단은 옳지 않다. 논리학의 형식적 범주는 "모든 학문을 살아 움직이게 하는 정신이요, 사물들의 보편적 본질의 내용을 규정하는" 것이기 때문이다(Löwith 229).

달리 말해 헤겔의 논리학의 형식적 범주는 현실에서 분리된 것이 아니라, 정신의 자기활동을 통한 현실의 변증법적 발전 과정 그 자체의 범주들이기 때문이다. 이것은 마르크스에게도 해당한다. 마르크스는 역사적 현실에 대한 관찰을 통해 사회-경제적 범주를 발견한다. 이 범주는 역사적 현실로부터 추상화된 것이 아니라 역사적 현실 자체의 범주다. 따라서 그들은 세계사의 발전 과정 전체에 적용할 수 있는 보편성과 절대성과 필연성을 가진다. 세계사는 **보편성과 절대성과 필연성**을 가진 사회-경제적 범주에 따라 진행된다.

구체적 예를 들어, 마르크스는 인간에 의한 인간의 소외와 계급투쟁이란 사회-경제적·정치적 범주를 역사 발전의 동인으로 간주한다. 소외와 계급투쟁이란 범주에 따라 그는 역사 전체를 해석한다. 세계사 전체가 소외와 계급투쟁의 역사로 요약된다. 그러나 마르크스의 사회-경제적·정치적 범주는 보편성과 절대성과 필연성을 갖지 못한다. 역사 속에는 소외와 계급투쟁만 있는 것이 아니라 그 반대되는 현상, 예를 들어 상부상조를 통한 공생과 공동체를 위한 자기희생도 있기 때문이다. 인간의 세계는 하나의 범주에 의해 통일적으로 파악할 수 없는 복합성이 있다. 그러나 마르크스는 세계의 복합성을 배제하고, 소외와 계급투쟁이란 범주에 따라 역사를 해석한다. 이것은 역사의 복합성에 대한 폭행이라 말할 수 있다. 헤겔의 관념론적 범논리주의 대신에 **사회-경제적·정치적 범논리주의** 내지 **도식주의**가 등장한다.

헤겔이 그의 논리적 범주를 사유의 영역에서 적용한다는 것은 사실이다. 그러나 헤겔의 논리적 범주는 현실에서 분리된 것이 아니라, 현실 속에서 일어나는 정신의 자기활동의 법칙을 논리학의 형태로 나타낸 것이다. 이를 통해 헤겔은 세계 모든 사물의 "모순"을 지양하고자 한다. 이것을 마르크스는 사유의 유희로 생각하고, 자신의 논리적 범주를 사회-경제적 현실에서 적용하며, 사회-경제적 영역의 모순들을 공산주의 혁명을 통해 제거하고자 한다. "이 같은 유토피아적 의도(utopische Absicht)를 가리켜 마르크스는 '과학적 사회주의'라고 부른다"(Löwith 1964, 229). 그러나 뢰비트가 말하듯이, 마르크스의 "과학적 사회주의"는 실현될 수 없는 "유토피아적 의도"에 불과하다. 세계의 모순은 사회-경제적 영역에만 있는 것이 아니라 인간의 이기주의적 본성에 깊이 뿌리 내리고 있기 때문이다.

4. 세계사의 변증법적 과정에 대한 해석에서 마르크스는 물질론을 그 출발점으로 둔다. 그리하여 **물질적인 것, 사회-경제적인 것이 정신적인 것을 결정한다**(bestimmen)고 말한다. 종교, 철학, 예술, 도덕, 국가의 법, 개인의 이성과 사유 등 모든 정신적 현상은 그 사회의 물질적·사회-경제적 상황의 산물로 파악된다. 물질적·사회-경제적 상황이 변화하면 정신적 현상도 이에 따라 변화된다. 곧 하부구조가 상부구조를 결정한다는 것이다.

마르크스의 이 말도 매우 그럴듯하게 보인다. 개인의 일상생활에서도 물질적 요소가 인간의 사유를 결정하는 경우가 많다. 돈이 인간의 의식과 사유를 지배하고, 그의 행동을 결정하는 경우가 얼마나 많은가! 그러나 인간의 이성과 정신이 그의 의식과 사유와 행동을 결정하는 경우도 무수히 많다. 구체적 예를 들기로 하자.

2021년 5월 12일 오전 8시 30분쯤, 60대의 한 노숙인이 서울 중구 서울역 파출소에 들어와, 노숙인 전담 경관 박아론 경사(38세)를 찾았다. "박

경사, 내가 지갑을 하나 주웠어. 주인을 찾아줘야 할 것 같아." 두툼한 지갑 속에는 현금, 수표, 상품권 등 총 200여만 원이 들어 있었다. 다행히 지갑 속에는 주인 명함이 들어 있었다. 4시간 만에 지갑을 되돌려 받은 지갑 주인 양모 씨(77세)의 부탁으로 박 경사는 6시간 뒤 인근 복지센터에서 노숙인을 발견했다. 손사래를 치다가 사례금 봉투를 받은 노숙인은 연신 머리를 긁적이며 이렇게 말했다고 한다. "지갑을 보니까 제가 회사원일 때 생각이 났어요. 150만 원이 든 월급봉투를 받고 집에 오다가 그걸 몽땅 잃어버린 거예요. 며칠간 속상해서 잠도 못 잤어요. 지갑 주인도 나랑 똑같이 끙끙 앓으며 며칠을 보낼 거 아닙니까." 이 이야기는 한 일간지에 게재된 사실이다.

만일 이 노숙인의 사회-경제적 조건이 그의 생각과 행동을 결정했다면, 그는 지갑을 주인에게 돌려주지 않았을 것이다. 노숙인이 지갑을 주인에게 돌려준 것은, 그에게 사회-경제적 조건을 초월할 수 있는 의식과 정신이 있다는 것을 증명한다. 그의 행동을 결정한 것은 그의 사회-경제적 상황이 아니라, 그의 의식과 정신이었다. 하부구조가 상부구조를 결정한 것이 아니라 상부구조가 하부구조를 결정한 것이다.

이 같은 일은 사회적 차원에서도 일어난다. 물질적·경제적 상황이 인간의 정신과 법과 도덕을 결정하는 경우도 있지만, 인간의 정신과 법적 제도로 말미암아 그 사회의 물질적·경제적 관계들이 변화되기도 한다. 만일 물질적 하부구조가 정신적 상부구조를 결정한다면, 인간은 **물질적 하부구조의 노예**일 것이다. 그렇게 되면 물질적·경제적 조건을 초월할 수 있는 **인간의 자유**에 대해 더 이상 말할 수 없게 될 것이다.

여기서 우리는 마르크스의 **물질론의 내적 문제성**을 볼 수 있다. 그의 물질론은 세계의 모든 현상을 물질적·경제적 관계로 환원시킨다. 그에 따르면 인간의 정신과 의식과 이성은 물론 법과 도덕, 철학과 예술 등 모든 정신적 구조물이 그 사회의 물질적·경제적 관계에 의해 결정된다. 물질적·경제적 관계가 세계의 모든 것을 결정한다. 마르크스의 물질론은 물질적·경제적 관계를 초월할 수 있는 인간의 정신적 자유와 학문의 독립성을 허용하지 않는다. "도덕, 종교, 형이상학과 그 밖의 이데올로기들과 이들에 상응하는 의식의 형식은 더 이상 독립성의 허울을 갖지 않는다"(Marcuse 1972, 281). 틸리히는 마르크스의 물질론의 문제성을 다음과 같이 지적한다.

> 하부구조와 상부구조에 대한 마르크스의 상(像)은, 상부구조는 하부구조의 투사물 혹은 반사체(Widerspiegelung)에 불과하며, 독립적 진리를 전혀 갖지 못하는 것으로 이해된다. 이것은 마르크스가 종교와 형이상학에 대한 그의 비판에서 따르는 해석이다. 그는 이것들(종교, 형이상학)을 "이데올로기"라 부르며, 이들의 상징들과 개념들의 모든 타당성을 부인하였다.…마르크스의 이 확정들은 그 이후 마르크스주의자들의 "형이상학적 물질론"에 이르는 다리가 되었고, "변증법적 물질론"의 본래적 의미에 관한…혼란의 원인이 되었다(Tillich 1971, 267).

인간의 의식과 정신을 포함한 모든 정신적 구조물이 물질적·경제적 하부구조에 의해 결정된다는 마르크스의 물질론은, **인간의 양심과 도덕성을 말살할 수 있는 위험성**이 있다. 그것은 물질적·경제적 조건을 넘어설 수 있는 인간의 정신적·도덕적 힘을 부인하고, 자기에게 주어진 물질적·경제적 조건에 따라 행동하는 경제적 동물로 인간을 규정하기 때문이다.

5. 물론 물질적·경제적 조건이 인간의 정신적 구조물들에 영향을 준다는 것은 사실이다. 그러나 그 반대의 경우도 허다하다. 또 인간과 자연 생물들

의 삶에는 물질적·경제적 조건으로 설명할 수 없는 일이 너무도 많다. 예를 들어, 사랑하는 사람이나 반려견이 죽었을 때 느끼는 슬픔의 감정, 어떤 사람이 옳은 일을 행하는 것을 볼 때 느끼는 기쁨의 감정, 주어진 사명에 자기의 삶을 걸고자 하는 충성심, 올바르게 살고자 하는 마음, 어려운 이웃에게 자비를 베풀고 싶은 마음, 인간의 양심과 죄의식과 죄책감, 삶의 참 가치에 대한 동경, 이 모든 것이 특정 사회의 물질적·경제적 상황의 산물인가? 또 주인에 대한 개의 충성심과, 죽음의 위험을 무릅쓰고 갓 태어난 생명을 지키려고 하는 동물들의 사랑의 본능은 어떻게 설명할 수 있는가?

한마디로 물질적·경제적 조건으로부터 세계의 모든 것을 설명하려는 마르크스의 "세계관적 경제주의"(weltanschaulicher Ökonomismus)는 보편적 진리가 아니다. 그것은 마르크스가 경험한 근대 자본주의 사회의 한 측면을 나타낼 뿐이다.

여기서 우리는 헤겔과 마르크스의 근본 차이를 지적할 수 있다. 헤겔은 "정신으로서의 하나님"(Gott als Geist), 곧 기독교의 삼위일체 하나님으로부터 세계와 역사를 설명한다. 이를 가리켜 마르크스는 세계와 역사의 "신화화"(Mystifizierung)라고 비판한다. 그에게 헤겔 철학 전체는 현실과 무관한 추상적 관념들의 체계로, "사변의 환상"으로 보인다. 헤겔의 논리학이 다루는 논리학적 법칙들과 범주들 역시 추상적 관념들로 보일 뿐이다. 이에 반하여 마르크스는 물질적·사회-경제적 "사실들"로부터 출발하여 세계와 역사를 설명한다. 기독교 종교와 형이상학에 대한 비판은 포이어바하를 통하여 끝났다고 간주한 마르크스는, 하늘의 비판을 땅의 비판으로, 신학의 비판을 사회-경제적 비판으로 바꾼다. 이리하여 경제가 세계사를 해석하는 세계관적 열쇠가 된다. 그러나 마르크스의 "세계관적 경제주의" 역시 일종의 신화라 말할 수 있다.

많은 세계사적 사건은 물질적·경제적 조건으로 말미암아 일어난 것이 아니라 힘에 대한 인간의 욕망으로 말미암아 일어났다. 인간의 많은 관념과 사상 역시 물질적·경제적 조건에서 나온 것이 아니라 **물질적·사회-경제적 조건을 초월하는**, 인간과 세계에 대한 깊은 정신적 사색에서 나온 것임을 우리는 세계사에서 자주 볼 수 있다. 따라서 인간의 관념과 사상들이 그 시대의 물질적·사회-경제적 상황에 모순되는 경우가 많다.

예를 들어, 모든 사람이 "하나님의 형상"에 따라 창조되었다는 성서의 말씀은 여자와 남자, 주인과 노예를 초월한 모든 인간의 동등함을 시사한다. 그것은 모든 사람이 동등한 가치를 지닌 평등한 사회를 가리킨다. 이 같은 의미를 가진 하나님의 형상은 약 4천 년 전 이스라엘이 믿었던 창조 신앙에서 유래한다. 그런데 약 4천 년 전의 고대 중동 지역은 지배자와 피지배자, 남자와 여자, 주인과 노예의 엄격한 계급제도로 구분되어 있었다. 물질적 부는 소수의 지배 계층에 편중되어 있었다. 이 같은 세계에 등장한 하나님의 형상은 당시의 사회-경제적 상황에 모순되었다. 이것은 인간의 모든 관념과 사상, 법과 도덕을 위시한 정신적 구조물들이 사회-경제적 상황의 산물이라는 마르크스의 물질론을 반박한다.

근대 프랑스의 물질론자에 따르면, 인간의 모든 정신적·지적 활동은 뇌세포의 기계적 기능의 산물이다. 인간의 모든 "유기체적 기능이…기계적이며 화학적 과정으로 환원된다면, 영혼은…의식의 담지자(Träger)로서의 기능을 상실하게 된다"(Windelband 1957, 547). 인간은 뇌세포의 기계적 활동에 따라 느끼고, 사유하고, 행동하는 뇌세포의 노예가 된다. 마르크스는 근대 프랑스의 물질론을 사회-경제학적으로 해석한다. 그리하여 인간의 감정, 의식의 활동, 정신적·지적 활동을 물질적·사회-경제적 관계의 산물로 파악한다.

그러나 인간의 정신적·지적 활동을 뇌세포의 "물질적 운동 과정(materielle Bewegungsvorgänge)으로 설명하는 물질론적 이론은 거짓이다"(Becher 1925, 354). "우리가 체험하는 심리적 일들은 모든 물질적인 것과는 전혀 다르다"(Windelband 1923, 125). 우리 인간의 가장 작은 정신적 활동도 뇌세포의 "물질적 운동으로부터 생성된다는 것은 생각될 수 없다"(Adler 1930, 77). "따라서 물질론은 형이상학의 명백하고 매우 간단하게 반박할 수 있는 오류로 나타난다. 정신적 활동을 물질적 활동으로 해명하려는 지속적 시도는⋯사과는 '일종의 배이며, 개는 일종의 고양이다'라는 주장처럼 어리석은 것이다"(Horkheimer 1977, 37에서 인용).

이와 마찬가지로 인간의 정신과 의식과 사유와 모든 정신적 구조물을 사회-경제적 조건의 산물로 보는 마르크스의 이론 역시 오류다. 인간의 정신은 자기의 신체적·물질적 조건은 물론 사회-경제적 조건을 넘어설 수 있는 힘을 지닌다. 만일 그렇지 못하다면 "개천에서 용이 나오는" 일은 불가능할 것이다. 마르크스의 경제주의에 따르면, 개천에서는 가재만 나와야 한다. 선진국은 항상 선진국으로, 후진국은 항상 후진국으로 머물러 있어야 할 것이다.

마르크스의 물질론적·경제주의적 사고는 주어진 상황을 **넘어설 수 있는** 인간의 정신과 사유의 힘을 부인한다. 부인함으로써 그것을 말살한다. 주어진 상황을 넘어 **새로운 꿈**을 꾸기 불가능하게 만든다. 청소년들에게 "꿈을 가지라"고 말하는 것도 불가능해진다. 인간의 사유는 주어진 것을 넘어섬(überschreiten)을 말한다. 그것은 주어진 사회-경제적 상황을 극복하고, 새로운 상황을 만들 수 있는 **창조적 힘**이다. 이에 반해 마르크스는 인간의 사유를, 주어진 사회-경제적 상황에 의해 **결정되는 것**으로 규정한다.

결론적으로 마르크스의 물질론적 경제주의는 **세계의 미래에 대한 희망을 좌절시키는 기능**을 한다. 모든 것이 물질적·사회-경제적 조건에 따라 결정되는 이것이 인간의 삶과 역사의 법칙이라면, 우리는 인간과 역사에 대해 아무런 희망도 품을 수 없을 것이다. 인간의 인격에 대해서도 새로움을 기대할 수 없을 것이다. 모든 것이 물질적·경제적 상황이라는 **원인**과, 이 원인에 의해 세계의 모든 것이 결정되는 **결과**의 법칙, 곧 인과율에 묶여 있어야 할 것이다. 주어진 사회-경제적 현실에 대한 **인간의 자유와 새로운 이상과 희망**에 대해 더 이상 말할 수 없을 것이다.

6. 마르크스의 물질론은 고대 그리스 철학자 에피쿠로스의 감성주의적 인식론을 따른다. 에피쿠로스의 인식론에 따르면, 감성적 지각 속에서 증명할 수 있는 것만이 참된 것으로 인정될 수 있다. 우리가 인식하는 모든 것은 "감성적 지각"으로부터 온다. 감성적 지각들을 내버릴 경우, 무엇이 참되다고 판단할 수 있는 객관적 근거가 없어진다. 이 같은 물질론적 인식 원리는 실증주의의 인식 원리와 일치한다(Horkheimer 1977, 63). 마르크스의 물질론 역시 실증주의적 인식 원리를 따른다. 감성적으로 경험할 수 있고, 증명할 수 있는 것만이 참된 것으로 생각된다.

　　그러나 실증주의적 인식론의 원리는 타당하지 않다. 인간의 감성적 경험과 이 경험에 기초한 인식은 사람에 따라 다르다. 따라서 어떤 사람의 인식이 타당한지 그 누구도 확정할 수 없다. 또 감성을 통해 인지할 수 있는 사물도 있고, 이성과 정신을 통해 인지할 수 있는 사물도 있다. 예를 들어 삶의 참 가치, 세계의 목적, 하나님, 영혼, 자기의식 등은 감성이 아니라 이성과 정신을 통해 인식할 수 있다. 만일 인간의 인식이 감성적 경험과 인지에 제한된다면, 그의 인식 능력은 짐승과 다를 바 없을 것이다.

　　인간에게는 감성도 있지만, 감성을 넘어서는 이성과 정신의 능력도 있다. 인간의 이성과 정신은 감성적 경험을 넘어 절대적인 것을 추구할 수 있다. 그것은 감성적으로 경험할 수 있는 물질적·경제적 조건을 초월하여 **새로운 현실을 창조할 수 있는 힘**을 가진다. 인간의 이성과 정신은 물질적·경제적 조건들에 의해 결정되는 노예가 아니다. 마르크스는 정신의 개념으로부터 출발하여 세계를 설명하는 헤겔 철학을 가리켜 "신화"라고 말한다. 그러나 물질적·경제적 측면으로 세계를 설명하는 마르크스의 사상 역시 하나의 신화라고 볼 수 있다(이에 관해 Schrey 1954, 149 이하).

7. 마르크스는 자본주의 사회가 몰락하고 공산주의 사회가 세워지는 것이 **역사의 필연성**이라고 말한다. 그에 따르면 자본주의 사회는 필연적으로 계급사회로 변모한다. 계급사회는 필연적으로 계급투쟁을 초래한다. 자본주의 경제 체제의 모든 활동은 결국 자본주의 체제를 몰락시키고 공산주의 사회를 세우는 데 기여한다. 자본주의 체제의 모든 경제 주체의 행위는 그들의 의사와는 반대로 자본주의 체제의 몰락과 공산주의 혁명에 기여한다.

여기서 마르크스는 헤겔이 말한 "이성의 간계"(List der Vernunft)를 수용하는 것으로 보인다. "이성의 간계"에 따르면, 세계사적 인물들은 그들의 목적을 이루기 위해 행동하지만, 사실상 그들은 그 시대의 이성이 이루고자 하는 바를 이룬다. 그들의 격정과 자기희생을 통해 이성은 자신의 목적을 이룬다. 이와 마찬가지로 자본주의 체제의 모든 경제 주체는 자신의 목적을 이루기 위해 일하지만, 사실상 자본주의 체제의 몰락과 공산주의 혁명의 실현을 위해 봉사한다. 그들은 자신의 의도와는 달리 공산주의 사회의 실현을 향한 역사적 필연성의 봉사자들이다. 공산주의 사회의 실현이 역사의 목적이고, 이 목적은 성취될 수밖에 없는 필연성을 가진다. 이 필연성은 중력의 법칙처럼 영원히 변할 수 없는 역사의 법칙이라고 마르크스는 말한다. 세계사는 이 필연성에 따라 진행된다. 이로써 자본주의 사회의 멸망과 공산주의 사회의 실현이 역사적 필연성으로 정당화된다.

역사의 필연성에 대한 마르크스의 생각은 심각한 문제성이 있다. 그것은 사실상 **인간의 자유**를 부인한다. 인간은 무대 뒤에 숨어 있는 연기자들의 의도에 따라 무대 위에서 춤을 추는 인형과 같다. 인형들은 자기의 의사에 따라 자유롭게 움직이는 것처럼 보이지만, 사실은 무대 뒤에 숨어 있는 연기자의 의도에 따라 움직인다. 또 역사의 필연성은 역사에 **우연과 새로움**을 부인하는 문제성이 있다. 인간의 자유가 부인될 때, 역사의 우연과 새로움은 배제된다. 인간은 역사의 필연성의 쇠사슬에 묶인 존재가 되어 버린다.

또한 역사의 필연성에 대한 마르크스의 주장은 **역사철학적 기계론과 결정론**에 빠질 수 있는 문제성이 있다. 곧 역사 전체는 필연성의 법칙에 따라 공산주의 사회를 향해 변혁되도록 하나의 기계처럼 결정되어 있다고 볼 수 있다. 이 문제는 마르크스 사망 이후의 마르크스주의자들에게 심각한 논쟁과 분열을 초래하였다. 물론 마르크스는 역사철학적 기계론과 결정론을 거부한다. 그는 공산주의 혁명을 통한 자본주의 사회의 몰락 다음에 카오스 상태가 일어날 수 있는 가능성을 배제하지 않는다.

그러나 마르크스는 자기의 역사결정론을 끝까지 포기하지 않았으며 "경제결정론"을 끝까지 지켰다(정일권 2020, 48). 그것을 지키지 않으면 그의 역사철학 전체가 무너지기 때문이다. 그에 따르면 자본주의 사회는 그 자신의 무덤을 스스로 판다. 그러므로 공산주의 혁명은 필연적으로 일어날 수밖에 없다. 역사는 이 필연성에 따라 진행하도록 되어 있다는 **경제결정론의 도식**에 따라 마르크스는 자신의 역사철학을 전개한다. 역사는 "계급투쟁의 역사"요, 폭력을 동반하는 계급투쟁과 혁명을 통해 "완성된 휴머니즘"의 세계, "자유의 나라"가 필연적으로(!) 이루어질 것이란 결정론적 신념 속에서 그는 자기의 삶을 끝냈다.

그러나 마르크스 이후의 역사 과정을 볼 때, 역사의 필연성에 대한 그의 믿음은 빗나갔다는 사실을 볼 수 있다. 새로운 기계와 새로운 생산 방법을 통한 노동 환경의 향상, 임금 인상과 휴가제도 개선을 위시한 각종 노동 조건의 향상, 노동자 사주제도를 통한 노동자들의 사회적 신분 상승, 국가의 복지정책 등을 통해 공산주의 혁명이 필연적으로 일어나지 않을 수도 있는 가능성을 마르크스는 보지 못했다. 역사의 필연성에 대한 그의 믿음과는 반대로, 공산주의 사회가 자본주의 사회로 폐기되었다. 이로써 마르크스가 예언했던 역사의 필연성과 역사결정론은 무너지고 말았다(최소한 지금까지의 역사에 따르면).

이 역사적 사실은 마르크스가 말한 역사의 필연성이 **가설**에 불과하며, 역사는 필연성의 법칙에 따라 일어나는 기계적 과정이 아니라, 인간의 자유로운 결단과 새로운 행동에 따른 **새로운 변화의 과정**이란 사실을 보여준다. "내가 이제 **새 일**을 행하고자 한다"는 성서의 말씀은 역사의 결정론적 필연성을 거부한다(사 43:19).

박명수 교수에 따르면, "마르크스의 역사발전 단계는 마르크스의 하나의 가설에 불과한 것이다. 역사에는 수많은 변수가 존재함으로 역사발전이 자연의 법칙처럼 불변하는 것은 아니다. 그러나 마르크스주의자들은 자신들의 역사관을 자연법칙으로 설명하여 사람들을 호도하였다. 예를 들어 자본주의가 발전하는 과정 가운데 소수의 부르주아와 다수의 프롤레타리아가 형성되어 필연적으로 계급투쟁이 일어난다는 이론은 이미 틀렸다. 왜냐하면 민주주의가 발전하고, 그다음에 세금제도가 발전하면서 부르주아가 마음대로 할 수 있는 세상이 지나갔기 때문이다"(박명수 2021, 18).

프랑크푸르트 학파의 대표자 하버마스도 이렇게 생각한다. "하버마스에 따르면, 현대 자본주의 사회의 국가는 복지국가이며, 더 나아가 복잡해진 사회 현실에 맞춰 경제 자체를 구성하고 경영하기 위해 적극적으로 개입한다. 이에 따라 자본주의의 계급갈등 역시 완화되기 때문에 자본주의의 임박한 붕괴를 가정하는 것은 비현실적이라고 하버마스는 본다. 또한 하버마스는 프롤레타리아가 궁핍해지는 것이 아니라 점점 더 부유해지고 있다는 사실을 인정한다. 제2차 세계대전 이후 자본주의 사회에서 프롤레타리아, 곧 자신의 노동력을 판매하여 생계를 유지하는 계급은, 전후 자본주의의 호황 때문에 안정된 삶을 누리고 있다. 따라서 고전 마르크스주의가 전제하고 있던 혁명의 주체로서의 프롤레타리아나 프롤레타리아 계급의식은 더 이상 발견하기 어렵게 되었다고 하버마스는 생각한다"(진태원).

8. 많은 학자가 지적하듯이 **"지금까지 모든 사회의 역사는 계급투쟁의 역사다"**라는 마르크스의 역사에 대한 규정도 역사의 보편적 필연성이 아니라 역사의 한 단면을 기술한 것에 불과하다. 마르크스는 계급투쟁이란 역사의 한 단면을 세계사의 전 과정과 복합적인 사회 계층들의 분석에 대한 **해석의 전제**로 사용한다. 이 전제에 따른 그의 "역사적 물질론의 경제학적 역사 해석은 상당한 범위에서…인위적 역사 구성과 잘못된 전제들에 기초한다"(Küng 1995, 279). 계급투쟁이란 마르크스의 해석학적 전제는 현대 사회에서 일어난 노동자들의 임금 상승과 사회적 위치 향상, 새로운 중산계급의 생성, 전문가 계층과 자유 직업인의 등장 등 새로운 사회적 상황에 비추어볼 때 적절하지 않다. 그것은 학문적 원리라기보다 계급투쟁을 호소하는 구호의 성격을 띤다.

　　역사의 필연성에 대한 마르크스의 주장이 지닌 또 하나의 문제점은 **세계는 그 자신을 구원할 수 있다는 내적 필연성**을 전제한다는 점이다. 자본주의 사회의 몰락과 공산주의 사회의 실현이 역사적 필연성이라면, 역사는 자신의 목적을 성취할 수 있는 조건들을 그 자신 안에 가진다고 말할 수밖에 없다. 역사의 목적을 이룰 수 있는 전제들이 **역사 자체 속에** 주어져 있다. 인간에 의한 인간의 소외가 일어날 때, 이 소외를 지양할 수 있는 조건들이 함께 주어진다. 인간 소외의 조건은 그 자체로서 인간의 자기해방의 조건이기도 하다. 한마디로 인간의 세계는 공산주의 혁명을 통해 그 자신을 구원할 수 있는 능력과 필연성을 그 자신 안에 가지고 있다는 것이다.

여기서 우리는 질문할 수 있다. 과연 공산주의·사회주의 체제가 정말 세계를 구원하고, "새로운 사회"를 실현할 수 있는 필연성이 있는가? 그 불가능성을 이병주 선생은 다음과 같이 묘사한다. 이것은 8.15 해방 후 우익과 좌익의 투쟁 과정에서 그가 목격하였던 것으로 보인다.

오늘의 공산당은 (마르크스의) 공산주의의 이상과는 동떨어진 자체의 야망만을 추구하고 있다.

그렇게 되니까 자연 목적과 수단의 관계에 일관성이 없고, 목적을 위해선 수단과 방법을 가리지 않는 광포성을 나타낸다.

우민(노동자 계급)을 선동하기 위해 정세를 왜곡하는 버릇이 고질이 되어, 그들 자신이 그 폐단에 말려들어 정세 판단을 옳게 못 한다.

못사는 대중의 복수 심리에 불을 붙여 대중을 조종해서 당 자체를 소수의 이권 단체로 만들어버린다.

권력과 이권이 표리일체가 되어 있기 때문에 당 내의 헤게모니 투쟁이 격렬하다.

그런 까닭에 반당분자로 낙인이 찍히거나 반당의 소질이 있는 자라고 인정되면 희생 제물이나 숙청 대상밖엔 안 된다.

과격한 혁명 노선이, 그 과격함이 저지른 과오 때문에 다음으로 비상사태를 만들어내어 끝내 인간(인민 대중)의 행복과는 어긋나는 방향으로 가고 만다 (이병주 2006b, 116).

가난한 노동자나 농부의 잘사는 사람들에 대한 보복 감정을 잔뜩 부풀게 해놓곤, 노동자·농민들로부터 빼앗을 건 악착같이 빼앗아가거든, "당신들의 원수를 갚기 위해선 공산당이 튼튼해야 한다. 공산당이 튼튼하게 되려면 쌀이건 잡곡이건 많이 모아야 된다. 지금 굶어도 공산당이 튼튼하게 되는 날 배불리 먹을 수 있을 것이니 있는 대로 갖다 바쳐라. 너희가 가진 것이 없거든 부자 놈들 것을 빼앗아서라도 바쳐라" 이런 식이란 말야(이병주 2006, 123).

6·25전쟁(1950-53) 당시 유엔군의 인천 상륙으로 북한 인민군이 북한으로 후퇴할 때, 남한에서 활동하던 박헌영 계열의 남로당원들도 월북하였다. 그러나 이들은 김일성의 북로계열에 의해 북한에서 숙청당하고 만다. 박헌영은 "미제국주의 간첩"이란 죄명으로 1956년 12월 평양 변방에서 처형되었다. 이 역사적 사실은 "새로운 사회"의 선구자를 자처하는 공산당 내의 비인간성의 현실을 반영한다.

또 공산당이 구성될 때 도덕적으로 부적격자가 당원이 되어 요직을 맡기도 한다. 그 실화를 이병주 선생은 다음과 같이 이야기체로 소개한다. "조금이라도 지각이 있는 사람은 인민위원회를 외면해버리고 무식한 놈들, 그야말로 일제 시대 일본 놈에게 아부한 놈들만 그 밑에서 우글거린단 말요. 우리 면의 경우를 예로 들면, 일제 시대 면장으로 공출을 독려한다며 상주의 뺨까지 때린 놈이, 그 놈은 공출한 양곡을 횡령하다가 일제 말기 파면당한 놈이기도 한데, 그 놈이 치안부장 노릇을 한다고 경찰서를 턱 차지하고 있거든. 뿐만 아니라, 면 인민위원장은 일제 시대 군청 서기를 한 놈이고, 치안부장 밑에서 행동대장을 하고 있는 놈은 지원병으로 나갔다가 돌아온 놈이고…"(이병주 2006, 178). 이 같은 인물들을 통해 이상적인 "새로운 사회"가 이루어진다는 것은 애당초 불가능한 일이다.

9. 공산주의 혁명이 공산당 독재체제로 발전하는 원인은 무엇일까? 공산주의 체제의 실현을 위해 불가피한 무산계급의 "일시적 독재"가 항구적 독

재로 변하는 원인은 무엇인가? 근본 원인은 아무리 세상이 바뀌어도, 인간의 이기주의적 본성은 변하지 않는다는 사실에 있다. 이기주의적 본성을 버릴 수 없는 인간이 하나님을 대신하는 역사의 주체가 되었기 때문이다.

헤겔의 철학에서 **역사의 주체**는 절대정신, 곧 "정신으로서의 하나님"이다. 마르크스는 이 하나님을 "유령"과 같은 것으로 간주하고, 무산계급을 역사의 주체로 세운다. "하나님 없는 하나님 나라"를 세워야 할 주체는 무산계급자들, 곧 노동자들이다. 노동자들이 세계의 구원자다.[1] 틸리히에 의하면, "마르크스의 역사 해석에서 무산계급이 역사의 중심에 서 있다. 무산계급은 가장 높은 경지의 소외를 나타내는 동시에, 참된 인간성의 궁극적 승리를 나타내기 때문이다"(Tillich 1971, 281).

마르크스 역시 인간의 이기성을 잘 알고 있었다. 그러나 그는 인간의 이기성을 유산계급에게만 적용하고 무산계급에게는 적용하지 않는다. 유산계급자만이 이기적인 존재이고 무산계급자는 이기적 유산계급자의 희생물일 뿐이다. 그러나 무산계급자도 인간인 이상 인간의 보편적 본성인 이기주의를 벗어날 수 없다. 이 사실에 대해 마르크스는 침묵한다.

이기적 본성을 가진 인간이 역사의 주체로서 통치 권력을 획득하였을 때, 가능한 권력을 내어놓지 않으려는 것이 인간의 본성이다. 무산계급자들도 이기적 본성을 가진 인간이기 때문에 일단 권력의 맛을 보면 그 권력을 내어놓지 않으려는 것은 극히 자연스러운 일이다. 이리하여 무산계급이 얻게 된 **과도기적 독재는 지속적 독재로** 변모하게 된다.

---

1 민중을 "구원자", "구원의 주체"로 보는 민중신학의 생각의 뿌리를 여기에서 볼 수 있다. 이에 관해 서남동 1983, 51: 출애굽의 "일회적 혁명의 경우에는 민중이 구원의 대상이 되고(타력적 구원), (십자가 사건의) 영구적 혁명의 경우에는 민중은 구원의 주체가 된다(자력적 구원).…예수는…바로 민중의 인격화, 민중의 상징이다." 여기서 구원을 받아야 할 "구원의 대상"이 "구원의 주체"가 된다.

무산계급자도 이기적 본성을 가진 인간이기에 부패와 권력욕에 **빠**진다. 공산당원들과 노동조합의 간부들도 뇌물을 받고 부정축재를 한다. 오늘날 중국 국영기업의 최고 경영자는 공산당원들이라고 한다. 기업이 적자에 빠져도 이들은 기업의 돈을 해외로 빼돌린다. 기업이 부도 위기에 빠지면 또다시 은행에서 대출을 받아 위기를 모면한다. 이리하여 중국의 많은 국영기업은 거대한 부채더미 위에 서 있다고 한다.

인간의 이기적 본성을 극복하지 못함으로 인해 공산당원들은 새로운 지배계급, 특권계급이 된다. **노동하지 않는 노동자 계급**과, **노동하는 진짜 노동자 계급**의 구별이 일어난다. 진짜 노동하는 노동자 계급에 대한, 노동하지 않는 노동자 계급의 새로운 억압 구조가 발생한다. 계급 없는 사회, 사유재산이 없고 빈부격차가 없는 사회 대신에 공산당원의 새로운 특권계급과 인민 대중의 **새로운 계급사회**가 등장한다. 인민 대중을 위한다는 인민의 대변자들이 오히려 인민 대중을 감시하고 갈취한다. 공산주의 사회가 완전히 실현되기까지 인민의 대변자들은 권력을 유지할 수밖에 없다. 문제는 한번 얻은 힘을 포기하지 않으려는 데 있다. 모든 사람이 평등한 공산주의 사회가 실현되려면 인민의 대변자들이 권력을 자발적으로 내어놓아야 한다. 그러나 한번 쥔 권력은 내어놓지 않으려는 것이 인간의 본성이다. 이로 인해 공산주의는 필연적으로 독재체제로 변모하게 된다. "힘에의 의지"가 어떻게 "힘에의 포기"로 변할 수 있는가? 이에 대해 마르크스는 침묵한다(Tillich 1962, 287).

틸리히에 따르면, 마르크스는 "무산계급과 공산주의 운동 내의 다양한 관심의 대립을 고려하지 않음은 물론 계급 없는 사회 내에서도 새로운 대립이 일어날 수 있다는 사실을 고려하지 않는다." 이리하여 그의 이상은 "유토피아적 요소"를 갖게 된다. 지금의 자본주의 사회가 무산계급 혁명을 통해 끝나고 새로운 이상적인 세계가 실현될 것이라는 마르크스의 "필연성"은, 인간의 본성은 "언제나 힘에 대한 무한한 의지와 무한한 욕망을 통해 결정된다는 경험에 모순된다." 계급 없는 사회가 이루어지면, 인간의 본성이 변화될 것이라고 가정할 수 있을지 모른다. 그렇다 하여 현실의 무산계급이 "그의 행동에 있어 모범적 무산계급의 기준들을 따르며, 현실의 공산주의가 공산주의의 이상적 표상과 일치하리라는" 보장은 없다. 공산주의 혁명에 성공한 무산계급의 정치적 독재의 "과도기(Übergangsperiode)는 쉽게 지속적 상태(Dauerzustand)로" 변하게 된다. 이로 인해 마르크스의 공산주의 사상은 현실성 없는 유토피아로 머물게 된다(Tillich 1971, 283).

10. 마르크스 자신이 인정하듯이 사회가 인간을 만드는 동시에 인간이 사회를 만들기도 한다. 사회는 인간의 모임이다. 인간이 사회를 구성한다. 인간이 어떤 존재인가에 따라 사회가 결정된다. 따라서 인간이 변화될 때, 사회가 변화된다. 마르크스도 이것을 통찰하였다. 그래서 "인간의 대대적 변화가 필요하다"고 말한다. 그에 따르면 이 변화는 "실천적 운동 속에서만 일어날 수 있다"(2004i, 437). 곧 새로운 사회를 이루기 위한 공산주의 투쟁 운동과 **"인간의 대대적 변화"**는 동시적으로 일어나야 한다는 것이다. 공산주의 혁명의 실천적 운동 속에서 인간의 도덕성이 변화될 것이다. 그리하여 "새로운 사회주의적 인간은 그가 생산할 수 있는 것보다 더 많이 생산할 것이며, 그가 필요로 하는 것보다 더 많이 요구하지 않을 것이다. 여기서 다음의 원리가 실현될 것이다. 각자가 자기의 능력에 따라, 각자에게 자기의 필요에 따라!"(Küng 1995, 285)[2]

여기서 마르크스는 인간의 변화를 너무 쉽게 생각한다. "인간의 대대적 변화"가 어떻게 실현될 수 있는가? 끝까지 자기를 주장하고 "자기의

---

2 원문: Jeder nach seinen Fähigkeiten, jedem nach seinen Bedürfnissen!

것"을 먼저 챙기는 인간의 이기적 본성이 어떻게 변화될 수 있는가? 당에서 파견한 지도자 "정치일꾼"의 정신교육과 무산계급자들의 자기비판을 통해 이루어질 수 있는가? 지도자 정치일꾼들의 변화는 어떻게 가능한가?

사회 변혁은 있지만, 인간의 자기 변혁이 없는 공산주의의 단면을 이병주 선생은 다음과 같이 이야기 형태로 소개한다. 이 글은 8.15 해방 후 남한에서 활동하던 조선공산당에서 그가 본 것을 기록한 것으로 보인다. "(공산당에) 입당한 날부터 공산당에선 인간이 부재라는 것을 깨달았거든. 그땐 내가 가지고 있는 인간의 관념이 소부르주아의 편견에서 벗어나지 못했기 때문일 것이라고 생각했지. 동시에 차원을 달리한 참된 인간이 있을지 모른다는 생각도 해보았지. 그러나 허사드만. 눈을 닦고 봐도 인간은 없어. 도전 의식, 영웅 의식, 타인에 대한 불신, 상부에 대한 아첨, 비뚤어진 출세주의…. 보이는 것은 그런 것뿐이었어"(이병주 2006, 327). "입으론 계급의 타파를 부르짖으며 속으론 소시민적인 영달 의식, 편의주의, 독선주의, 영웅주의에 사로잡혀 있단 말야. 그러니 내가 보기엔 지금의 조선공산당의 간부적인 측면은 혁명을 하기 위한 혁명 조직이 아니라 출세와 영달을 바라는 갱의 집단이나 다를 바 없어"(283).

마르크스는 자기 나름대로 헤겔의 의도를 구체적으로 실현하고자 하였다고 평가할 수 있다. "이성이 다스리는" 세계가 이루어지기를 기대했던 헤겔의 목적을, 마르크스는 물질적·사회-경제적·정치적 차원에서 구체적으로 실현하고자 했다. 그는 "관념론적 본질의 철학"(idealistische Wesensphilosophie)의 이데올로기적 위험성을 드러내고, 이성이 모든 것을 다스리는 본질의 세계를 사회-경제적 차원에서 실현하고자 하였다.

중요한 문제는 **본질의 세계**가 공산주의 사회 체제를 통해 실현될 수 있는가다. 여기서 말하는 본질의 세계는 모든 인류와 자연이 절대적 평화와 삶의 만족 속에서 공존하는 세계를 말한다. 그럼 마르크스가 묘사하는 공산주의 사회가 이루어졌다 하여 본질의 세계가 실현될 수 있는가? 이에 대해 우리는 동의할 수 없다. 경제적·사회적·정치적 정의가 실현되고 모든 인간이 자유롭고 평등할지라도 그것으로 충족되지 않는 또 하나의 더 깊은 차원이 인간에게 있기 때문이다. 그것은 **인간의 정신적 차원**이다. 마르크스가 말하듯이, 비록 사회적 구성물이라 할지라도 인간에게는 의식과 정신의 영역이 있기 때문이다.

정신의 영역에서 중요한 문제는 **의미**다. 과연 나는 무엇 때문에, 무엇을 위해 사는가? 내 삶의 목적은 무엇인가? 그것은 도대체 무슨 의미를 가지는가? 도대체 이 세계가 존재하는 목적과 의미는 무엇인가? 이와 같은 문제는 단순히 물질적·사회-경제적·정치적 조건을 통해 해결될 수 없다. 배가 부르고 물질적으로 풍요할지라도 이 정신적 문제는 해결되지 않는다. 오히려 먼저 배가 부를 때, 이 문제가 인간에게 찾아든다. 이 문제에 대한 유의미한 답을 얻지 못할 때, 삶은 공허와 무의미와 우울증에 빠진다. 세계의 모든 것이 무의미해 보인다. 이 공허감과 무의미를 벗어나기 위해 더 큰 힘과 권력을 추구하기도 하고, 더 깊은 쾌락과 마약을 찾기도 하고, 자살로 삶을 마감하기도 한다. 이것이 인간의 실존이다. 마르크스는 이 문제에 대해 침묵한다. 삶의 물질적·경제적 측면을 중요시하는 그에게 이 같은 정신적 문제는 사치스러워 보일 것이다. 물질론자에게는 굶주린 배를 채우는 것이 가장 본질적 문제이기 때문이다.

11. 마르크스에게서 무산계급자들은 **역사의 필연성을 실현하는 인물**로 규정된다. 자본주의 사회가 몰락하고 공산주의 사회가 실현될 수밖에 없는 역사의 필연성은 노동자 계급을 통해 구체적으로 실현된다. 노동자 계급은 역사의 필연성을 구현해야 할 세계사적 사명을 부여받은 인물들이다. "역사의 해결되지 못한 수수께끼"를 해결할 수 있는 열쇠가 노동자 계급에

게 있다. 그들은 "새로운 사회"의 선구자요, 세계의 구원자로 규정된다.

그러나 마르크스의 이 생각은 현실을 모르는 이상이라 말할 수 있다. 새로운 사회의 선구자, 세계의 구원자가 되기 위해 노동자들은 마르크스의 공산주의 이론을 철저히 공부해야 한다. 그러나 그렇게 할 수 있는 시간적·정신적·경제적 여유와 지적 자질을 구비한 노동자들이 많지 않다. 헤겔 철학에 대한 비판에서 시작하는 마르크스의 철학적·사회-경제학적 개념과 이론이 그들에게는 너무도 낯설다. 또한 노동자들은 생계를 이어나가기에 바쁘다. 이리하여 마르크스의 이론을 철저히 공부한 지식인들이 노동자들을 대리하게 된다. 노동자 계급이 아니라 **지식인 계급**이 공산주의 혁명의 주역이 된다. 지식인들이 **공산당**을 이루게 되고, 노동자들은 이들의 목적을 이루기 위한 수단이 된다. 지식인들로 구성된 공산당이 **지도자 계급**, 곧 **새로운 지배계급**으로 등장한다. 이것을 우리는 러시아 공산주의 혁명의 역사에서 여실히 볼 수 있다. 지식인들의 새로운 지배계급이 새로운 세상의 개척자를 자처한다. 그들은 절대적 권위와 복종을 요구할 수 있다. 그 누구도 그들을 비판할 수 없다. 이의를 제기하는 자는 누구를 막론하고 "반동"으로 몰리게 된다. 심지어 노동자 출신의 지도자마저 "반동"으로 제거되어버린다.

이병주 선생은 이에 대한 실례를 다음과 같이 소개한다. "혁명 전 러시아 공산당의 당수는 알렉산드 슐리아프니코프란 사람이야. 레닌이 아니었어. 혁명 초기 러시아 공산당 중앙위원회 멤버는 거의 망명 지식인들이었는데, 슐리아프니코프만이 노동자 출신이었어. 그런데 이 사람은 혁명이 성공한 얼마 뒤에 반당 행위자로 몰려 감옥에서 처형되고 말았지"(이병주 2006, 246).

새로운 지배계급, 곧 공산당은 타락한 자본주의 사회를 몰락시키고 세계사를 완성해야 할 거룩한 메시아적 사명이 그들에게 주어졌다고 자부한다. 이리하여 그들은 당을 절대화한다. 자본주의를 타도하기 위한 방법은 "공산 혁명 이외엔 없다. 공산 혁명을 하는 권위적인 조직이 곧 공산당이다. 이처럼 공산당의 목적은 선명하다. 그리고 그 목적은 (마르크스의) 철학적 진리, 경제학적 진리, 역사적 진리와 일치된다. 그러니 공산당엔 과오가 있을 수 없다"(이병주 2006, 112). 국내, 국외의 상황에 대한 당의 모든 판단과 결정은 타당하다. 그러므로 위로부터 "전달된 것 이외의 판단을 가지는 것 자체가 당에 대한 배신"으로 간주된다. "당이 모르고 있는 국제 정세를 아는 척만 해도 그것은 중대한 과오다. 상부에서 전달한 국제 정세 판단에 과오가 있음을 확인해도 이를 시정하려고 해서는 안 된다. 만일 했다간 단번에 반당 행위로" 몰리게 된다(130-131). 일체의 질문과 자신의 의견은 거부되고 당의 가르침과 지시에 대한 절대적 복종만 있을 뿐이다.

공산주의 실현의 세계사적 사명에 대한 자부심으로 말미암아 **그들은 자신의 불의와 부패와 부도덕**을 사소한(?) 것으로 정당화하기도 한다. 공산당 독재마저 역사의 목적을 실현하기 위한 방편으로 정당화된다. 당의 목적을 위해 수십, 수백만 명의 인민의 생명을 희생시킬 수도 있다. "투쟁 아니면 죽음이다. 피 흘리는 전쟁 아니면 무다"(Kampf oder Tod, blutiger Krieg oder das Nichts, 2004k, 593)라는 마르크스의 말에 따라, 공산당이란 새로운 지배계급은 폭력과 테러와 살인을 대수롭지 않게 생각한다.

마르크스의 공산주의 이론에서 우리는 **용서와 사랑**에 대한 한마디 언급도 발견할 수 없다. 마르크스의 글 밑바닥에는 가진 자들에 대한 증오심이 있을 뿐이다. 따라서 공산당이란 새로운 지배계급에게 용서와 사랑을 기대하는 것은 사막에서 샘물을 기대하는 것과 같다. 그러나 용서와 사랑이 없는 혁명, 미움과 증오와 보복과 살인으로 점철된 혁명이 "새로운 사회"를 가져올 수 있을까? 법질서에 따른 정당한 재판 과정 없이 "죽여라"고 외치기만 하면 죽창으로 생사람을 찔러 죽이는 "인민재판"이 "실현된

휴머니즘"을 가져올 수 있을까?(이것은 한국에서 실제 있었던 일이다)

　마르크스에 따르면, "인간의 **완전한 상실**인 무산계급은 오직 **인간의 완전한 재획득**을 통해서만 자기 자신을 획득할 수 있다.…무산계급이 **종래의 세계 질서의 해체**를 선언한다면, 그는 단지 **자기 자신의 현존의 비밀**을 진술할 뿐이다. 그것은 이 세계 질서의 **사실적** 해체이기 때문이다"(2004e, 290).[3] 마르크스의 이 생각에 대해 우리는 다음과 같이 질문할 수 있다. 자기 자신을 완전히 상실한 무산계급자들과 그들의 대변자들이 보복과 살해로 가득한 공산주의 혁명을 통해 자기 자신을 완전히 획득할 수 있을까? 분노와 증오로 가득한 무산계급자들과 그들의 대변자들이 지금의 사회 질서를 완전히 "해체할" 경우 그들은 과연 어떤 "새로운" 사회 질서를 세울 것인가? 용서와 사랑을 알지 못하는 사람들이 세우는 "새로운 사회"는 도대체 어떤 사회일까?

12. 앞서 우리는 마르크스의 공산주의 사회가 어떤 사회인지 고찰하였다. 그러나 그가 보여주는 공산주의 사회는 구체성을 결여하고 있다. 공산주의 사회는 분업과 사유재산과 인간의 소외가 지양된 사회라고 그는 말한다. 그럼 분업과 사유재산과 인간 소외가 폐기된 **그다음의** 공산주의 사회는 어떤 사회인가? 이 질문에 대해 마르크스는 노동이 조금도 짐이 되지 않고, 너와 나 공동의 만족과 자기실현이 되는 사회, 내가 생산한 것을 내가 소비하는 사회, 따라서 상품매매와 시장이 없는 사회, 통제와 억압의 관료체제로서의 국가가 없어진 사회, 곧 "자유로운 사람들의 조합

3　원문: welche...der völlige Verlust des Menschen ist, also nur durch die völlige Wiedergewinnung des Menschen sich selbst gewinnen kann···Wenn das Proletariat die Auflösung der bisherigen Weltordnung verkündet, so spricht es nur das Geheimnis seines eigenen Daseins aus, denn es ist die faktische Auflösung dieser Weltordnung.

(Assoziation)", 노동자 계급마저 특정 계급으로 인정되지 않는 사회, "완성된 휴머니즘", "완성된 자연주의", "자유의 나라" 등의 구체성 없는 **유토피아적 표상들**을 제시한다.

마르크스가 말하는 공산주의 사회의 추상성의 전형적 예를 우리는 프랑스 파리에서 쓴 그의 유고에서 읽을 수 있다.

우리가 인간으로서 생산하였다고 가정해보자. 우리 각자는 그의 생산에서 자기 자신과 또 다른 사람을 이중으로 긍정한다!

1) 나는 나의 생산에서 나의 개체성과 그의 독특성(Eigentümlichkeit)을 대상화하였고, 그러므로 활동하는 동안 개인적 삶의 표출(Lebensäußerung)을 향유한다. 이와 동시에 대상을 바라볼 때, 대상적이고 감성적이며 직관할 수 있는…힘으로서의 나의 인격성을 아는 개인적 기쁨을 누린다.

2) 나의 생산품을 네가 향유하거나 사용할 때, 나는 나의 노동에서 인간의 필요를 충족하였다는 의식을 향유함은 물론 인간적 본질로서 대상화하였고, 그러므로 다른 사람의 존재의 욕구에 대해 그의 상응하는 대상을 만들어주었다는 것을 누리게 된다.

3) 너를 위해 너와 종(種) 사이의 중재자가 되며, 너 자신의 본질의 보충으로서, 또 너 자신의 필연적 부분으로서 너에게 인식되고 지각되며, 너의 사유 안에서는 물론 너의 사랑 안에서 내가 증명된다는 것을 누리게 된다.

4) 나의 개인적 삶의 표출 속에서 직접적으로 너의 삶의 표출을 이루었다는 것을 누리게 된다.…우리의 생산물들은 우리의 본질을 비추어주는 많은 거울일 것이다(Küng 1995, 283-284에서 인용).

마르크스의 이 말은 인간이 타락하기 이전의 에덴동산에서나 말할 수 있는, 참으로 유토피아적인 말이다. 이것은 너와 내가 **무한한 사랑 안에서** 하나로 결합되어 있는 상태에서만 가능한 추상적 얘기들이다. 이기적 본성을 벗어날 수 없는 인간의 세계에서 이것은 불가능하다.

공산주의 혁명에 대한 마르크스의 얘기는 참으로 그럴듯해 보인다. 청량음료처럼 시원하게 들린다. 그러나 마르크스는 혁명 이후의 정치, 경제, 사회 질서에 대한 **구체적 청사진**을 제시하지 않는다. 관료주의적 국가가 사라지면서 등장하는 "자유로운 사람들의 조합"은 어떤 정치적 질서를 이루는가? 노동자의 노동이 너와 나의 만족과 자기실현이 되는 경제 질서는 도대체 어떤 질서인가? 완전히 정의로운 배급제도가 실시된다 하여 너와 나의 만족과 자기실현이 가능할 것인가? 기술이 고도로 발달한 현대의 공장 노동에서 분업 없는 생산 활동이 도대체 어떻게 이루어질 수 있는가에 대해 마르크스는 침묵한다. 그는 구체적 청사진 대신에 **구체성 없는 유토피아적 개념과 표상들**을 말할 뿐이다. 이상은 멋있는데, 구체적 청사진이 거의 없다.

여기서 마르크스는 미래의 세계를 차분히 기획하는 학자가 아니라 청사진 없는 혁명가, 구체성 없는 이상 세계를 외치는 유토피아 사상가로 보인다. 혁명 후의 세계에 대한 전문성 있는 정책 대안이 그에게는 없다. 자본주의 체제에 대한 마르크스의 **분석**은 참으로 놀랍다. 그러나 이에 대한 **처방**은 유토피아적 꿈의 차원을 벗어나지 못한다.

한때 마르크스는 헤겔을 비판하였다. 그의 모든 이론은 "머리 안에서만" 일어나는 "사유의 공중제비"에 불과하다고 평가하였다. 헤겔에 대한 이 비판은 마르크스 자신에게 해당한다. 마르크스의 공산주의 이론은 구체적 청사진이 없는 하나의 관념이라 볼 수 있다. 청사진 없는 마르크스의 관념은 마르크스가 약속한 것과는 전혀 다른 결과에 빠지고 말았다. 모든 인간이 자유롭고 평등한 사회, 인간에 의한 인간의 억압과 소외와 계급적 차별이 없는 "완성된 휴머니즘"이 아니라 공산당 특권계급의 잔인한 독재체제, 친구가 친구를 감시하고(bespitzeln), 자녀가 부모를 고발하는, 세계사에서 가장 비인간적인 사회로 나타났다. 이러한 결과를 볼 때 마르크스의 공산주의 이론이야말로 "사유의 공중제비"였다고 말할 수 있다. 그러나 루터의 종교개혁이 가톨릭교회에 좋은 약이 되었듯이, 마르크스의 "사유의 공중제비"도 자본주의 사회에 유익한 약이 될 수 있다는 측면을 우리는 간과해서는 안 될 것이다.

13. 마르크스의 물질론적 도식에 따르면 종교도 그 사회의 물질적·경제적 관계들의 산물이다. 그것은 상부구조에 속한 것으로, 지배계급의 지배 수단일 따름이다. 그것은 민중에게 환상적 위로를 제공하는 "민중의 아편"이다. 인간에 의한 인간의 소외가 더 이상 존재하지 않는 공산주의 사회가 이루어질 때, 종교는 저절로 사라질 것이다. 더 이상 피안의 환상적 위로가 필요하지 않기 때문이다. 이 같은 마르크스의 생각에 따라 레닌, 스탈린과 마오쩌둥은 강력한 종교 폐기 정책을 실시하게 된다. 레닌에게 종교에 대한 투쟁은 "모든 물질론과 마르크스주의의 ABC"였다. 그에 따르면, "자연과학만이…객관적 진리를 중재할 수 있는 능력이 있다면, 모든 종류의 신앙주의(Fidelismus)는 절대적으로 거부된다"(Küng 1995, 293). 여기서 레닌은 자연과학이 해결할 수 없는 진리들이 있다는 사실에 대해 침묵한다.

　여하튼 종교는 물질적·경제적 관계들의 산물이란 마르크스의 분석 역시 증명되지 않은 가설이라 말할 수 있다. 최소한 유대교와 기독교가 생성되었던 시대적 배경을 고찰할 때, 종교에 대한 마르크스의 분석이 타당하지 않다는 것을 볼 수 있다. 예를 들어 유대교가 등장할 즈음 고대 중동의 세계에서 노예제도는 보편적 현상이었다. 로마 제국 시대와 마찬가지로 노예제도는 그 시대의 경제적 기반이었다. 이 같은 사회-경제적 상황에서 구약성서의 율법은 7년째마다 노예를 해방하라고 명령한다.

또 유대교가 등장하던 시대는 통치자와 백성의 엄격한 계급체제(Hierarchie)로 이루어져 있었다. 통치자가 곧 법이던 시대였다. 여자와 아이들은 사람 취급을 받지 못했다. 여자와 아이들을 불에 태워 제물로 바치기도 하였다. 이런 시대에 구약성서는 사회적 약자들의 생명을 보호할 것을 명령한다. 나아가 구약성서는 모든 인간의 평등을 이야기한다. 곧 남자와 여자, 자유인과 노예의 구별 없이 모든 인간은 "하나님의 형상"으로 창조되었다는 것이다. 여기서 구약성서의 종교는 지배계급의 지배수단이 아니라 오히려 인간 해방의 종교, 사회적 약자 보호의 종교였다는 사실에 대해 마르크스는 침묵한다.

신약성서의 사도행전이 보여주는 최초의 그리스도인 공동체는 "새로운 사회"의 모습을 보여주었다. 그 당시 로마 제국은 귀족-평민-노예, 로마 제국 시민권자와 이방인, 남자와 여자의 계급사회였다. 이 사회에 새로 등장한 그리스도인 공동체는 모든 인간적 차이를 초월한 **자유로운 형제자매의 공동체**였다. 그것은 **그리스도의 사랑 안에서** 모든 소유를 함께 나누는 공동체였다. 이 공동체는 당시 로마 제국의 물질적·사회-경제적 상황의 산물이 아니라 오히려 이 상황에 대한 일종의 혁명이었다. 기독교의 이 혁명적 정신은 **위에 있는 자는 섬기는 자가 되어야 한다**는 예수의 명령에도 나타난다. 로마 제국의 황제와 원로원 의원들은 백성의 섬김을 받는 자가 아니라 백성을 섬기는 자가 되어야 한다는 예수의 가르침은, 당시 사회-경제적 상황의 산물이 아니라 이 상황에 철저히 모순되는 것이었다. 이 역사적 사실은 종교를 사회적 상황의 산물로 보는 마르크스의 생각을 완전히 부인한다. 최소한 그 본질에 있어 종교의 뿌리는 사회적 상황에 있는 것이 아니라 이에 대립하는 신적 진리(관념)에 있다. 그러나 종교가 **자기의 본질을 망각하고 타락할 때**, 그 종교는 그가 속한 사회와 다를 바 없는 사회적 상황의 산물이란 마르크스의 해석이 타당하다.

14. 마르크스는 기독교 종교가 피안의 거짓된 위로를 제공하는 "민중의 아편"이라 비판한다. 그러나 고대 로마 제국에서 기독교 공동체가 박해 속에서도 계속 확장된 까닭은 단순히 피안의 거짓된 위로를 제공했기 때문이 아니라 사랑과 용서, 자발적 헌신과 빈민 구제 등의 사회봉사, 정결한 결혼생활의 모습을 보여주었기 때문이다. "기원후 200년경에 활동한 초기 교부였던 테르툴리아누스는 '도시마다 거의 모든 시민이 그리스도인이 되었다'고 자랑스러워"할 정도였다(스타크 2020, 141). 기원후 5세기경 중앙아시아 훈족의 유럽 침략으로 게르만족이 서로마를 침공할 때, 많은 로마 시민이 기독교로 돌아선 원인도 여기에 있었다. "게르만족에 의한 서로마 제국 멸망의 대혼란 속에서 교회는 사회적 질서와 문화를 지키며, 의지할 데 없는 민중들에게 희망을 주는 정신적 보루가" 되었기 때문이다(김균진 2018, 39).

공산주의 사회에서 하나님과 종교는 저절로 사라질 것이라고 마르크스는 예언한다. 종교와 하나님이 없어도 인간의 세계는 공산주의 혁명을 통해 필연적으로(!) 그 자신을 구원할 수 있을 것이다. 아편처럼 거짓된 위로를 제공하는 종교와 하나님이 없을 때 "완성된 휴머니즘"의 세계, "자유의 나라"가 실현될 수 있을 것이다. "하나님의 지양으로서의 무신론은 완성되어가는 이론적 휴머니즘(Werden)이요,…공산주의는 완성되어가는 실천적 휴머니즘이다. 혹은 무신론은 종교의 지양을 통해 그 자신과 중재된 휴머니즘이요, 공산주의는 사유재산의 지양을 통해 그 자신과 중재된 휴머니즘이다"(2004f, 339-340). 그러나 마르크스의 이 예언은 타당하지 않다는 것을 이후의 역사는 보여준다. 공산주의 혁명을 통해 인류에게 주어진 것은 "휴머니즘"이 아니라 무서운 독재체제와 강제수용소였다.

세계사에서 **"가장 큰 혁명적 사건"**은 하나님의 아들 그리스도의 성육신이라고 헤겔은 말한다. 하늘의 영광을 버리고 자기를 낮추어 인간의 육

(sarx)을 취하며, 죄인을 위해 자기의 생명을 내어준 하나님의 아들이 세계 구원의 창시자라는 것이다. 그의 사랑 안에서 우리 인간의 **이기적 본성이 변화되는** 거기에 세계 구원의 길이 열린다. 그 길 외에 다른 구원의 길이 보이지 않는다. 공산주의는 물론 자본주의도 구원의 길이 될 수 없다. 그러나 공산주의 사회가 자본주의 사회보다 훨씬 더 악하고 잔인한 독재체제로 변모한 궁극 원인은 하나님의 말씀과 기독교 종교를 거부하기 때문이다. "네 이웃을 네 자신처럼 사랑하여라"(마 19:19), "지난날의 생활 방식대로 허망한 욕정을 따라 살다가 썩어 없어질 그 옛 사람을 벗어버리고… 하나님의 형상을 따라 참 의로움과 참 거룩함으로 지으심을 받은 새 사람을 입으라"(엡 4:22-24)는 하나님의 말씀이 없는 사회, 그곳은 죄와 타락과 부패가 가득한 "사망의 음침한 골짜기"로 변할 수밖에 없다.

그 이유는 무엇인가? 인간은 자기의 이기적 본성을 스스로 극복할 수 없는 제한된 존재이기 때문이다. 마르크스의 가장 깊은 오류는 인간의 이기적 본성을 충분히 고려하지 않은 데 있다. 20세기 공산주의 국가의 멸망은, 하나님 없는 인간 사회는 인간의 이기적 본능과 욕심으로 인해 멸망할 수밖에 없다는 역사적 진리를 보여준다. 헤겔 좌파에 속한 헤스는 이것을 간파하였다. 그에 따르면, "**철학적** 공산주의는 종교적 휴머니즘과 마찬가지로 이론적 이기주의"다. 그것은 자본주의와 "동일한 실천적 이기주의를 그 배면에" 가지고 있다(Hess 1962, 52). 그러나 종교가 사회적 산물에 불과하다 하여 종교를 폐기해버릴 때, 욕탕 물이 더럽다고 욕탕 안에 있는 어린 아기까지 쏟아버리는 꼴이 될 것이다.

마지막으로 마르크스는 종교를 포함한 자기의 현실 분석을 객관적 사실에 근거한 "과학적인" 것이라고 말한다. 그러나 다음과 같은 마르크스에 대한 질문은 과연 그의 현실 분석이 과학적인지 의심하게 한다. "마르크스의 기본 전제는 봉건사회에서 자본주의로 이행하는 과정에서 인간이 더욱 소외되었다는 것이다. 봉건사회에서 자본주의 사회로 옮겨가는 과정에서 자본과 기계화가 인간을 더욱 비인간적으로 만들었다고 본다.…과연 이것이 사실인가? 봉건제도에서 자본주의 사회가 되는 과정에서 과거의 주종관계는 계약관계로 바뀌었고, 개인의 소유는 인간을 봉건영주에서 벗어나 기본권을 갖게 만들었고, 인간의 노동은 기계가 대체해주었으며, 대량생산은 인간을 기아에서 해방시켜주었고, 거대한 자본은 인류의 의학과 과학을 발전시키지 않았는가? 사실 이런 부르주아의 형성과정에서 개신교는 위대한 역할을 한 것이고, 이런 측면에서 개신교는 인류에 기여했다. 그런데 부르주아 형성과정을 부정적으로 보고, 이것을 가능하게 만든 기독교를 부정하는 마르크스주의가 과연 옳은가?"(박명수 2021, 17-18)

물론 국가종교로서의 기독교가 역사적으로 민중의 아편 역할을 했음은 부인할 수 없는 사실이다. 국가종교, 곧 국가기관으로서의 기독교는 국가 권력자의 편에 서지 않을 수 없기 때문이다. 그러나 그 반대 면도 간과해서는 안 될 것이다. 그 대표적인 예는 루터의 종교개혁이다. 루터의 종교개혁은 종교적·교회적 사건에 불과한 것이 아니라 중세기 교황 독재체제에서 인간을 해방하였다. 그것은 인간의 해방과 자유를 시대적 특징으로 삼는 근대 사회를 시작한 **세계사적 사건**이었다. 종교개혁으로 말미암아 대중이 문맹에서 깨어나게 되었고 학문의 자유가 가능해졌다. 마르크스는 기독교의 이 같은 순기능에 대해 침묵한다.

지금까지 우리는 마르크스의 몇 가지 문제점을 고찰하였다. 그러나 위에서 지적한 마르크스의 공산주의 이론의 문제점은 결코 자본주의 사회에 면죄부를 주는 것으로 생각해서는 안 된다. 오늘의 자본주의는 사회주의에 못지않은 심각한 문제점을 안고 있기 때문이다. 이 문제들이 수정되지 않으면 지구는 인간과 자연의 생물들이 더 이상 생존할 수 없는 지옥이 될 것이다.

그동안 한국 사회는 "반공", 곧 반공산주의를 국시로 삼아왔다. 따라서 마르크스의 공산주의 이론은 무조건 배격해야 할 것으로 생각되었다. 필자가 기억하기에, 1980년대까지 마르크스의 책들은 국가에 의해 금서(禁書)로 지정되었다. 1950년 6월, 선전포고 없는 북한의 남한 침공으로 시작된 3년의 6·25전쟁과 동족상잔, 전 국토의 파괴는 마르크스의 공산주의 사상에 대한 거부감을 철벽처럼 강화하였다.

남한 정부의 반공산주의 시책에 따라 교회도 마르크스의 공산주의 이론을 철저히 배격하였다. 하나님과 기독교 종교를 사회-경제적 상황의 산물로 간주하고, 기독교 종교를 "민중의 아편"이라 규정하는 마르크스의 무신론을 교회는 도저히 받아들일 수 없었다. 6·25전쟁 때 북한에서 남한으로 넘어온 기독교 신자들은 공산주의라 하면 이를 갈았다. "스탈린 체계에서 교조화된 변증법적 유물론과 역사적 유물론, 공산당의 무오류성과 공산당이 지도하는 프롤레타리아트 독재, 가차 없는 숙청과 반인간적인 대규모 굴라크(gulag)의 운영, 반종교 선전 등은 서방 교회에서 마르크스주의와 그 교조로 지목된 마르크스 사상에 대한 극도의 혐오와 거부로 이어졌다"(강원돈 2021, 11).

그러나 우리는 **마르크스의 공산주의 사상**과, **그의 죽음 이후에 등장한 공산주의 국가**를 구별해야 한다. 레닌, 스탈린을 위시한 마르크스의 제자들이 세운 공산주의 국가는 마르크스의 공산주의와는 전혀 다른 것이다. 인류가 20세기에 경험한 공산주의 국가는 마르크스를 빙자한 독재 체제에 불과하였다. 그것은 "계급 없는 사회"가 아니라 공산당원과 인민의 무서운 계급사회였다. 모든 사람이 "최고의 존재"로 존중받는 사회가 아니라 대다수의 인민들이 공산당의 독재와 감시 속에서 노예가 된 사회였다. "사유재산이 없는 사회"가 아니라 공산당 특권층이 재산을 외국으로 빼돌리는 사회였다(공산 동독의 호네커도 거액의 돈을 해외로 빼돌렸다고 함). 굶주림이 없는 사회가 아니라 공산당에 속한 특권층은 배를 두드리며 비만을 염려하는 반면, 인민 대중은 굶주리는 사회였다. 공산주의 사회는 "프롤레타리아 전체의 운명을 소수의 지도자들에게 맡겨버림으로써 또 다른 계급을 형성하게 만들었으며,…그 결과 공산주의 사회는 자본주의 사회보다 더 비인간적인 사회가 되었고, 여기에는 인간의 인권과 가정의 존귀함이 사라지고 말았다"(박명수 2021, 18).

이 같은 공산주의 체제의 현실은 마르크스가 기술한 공산주의 사회와는 전혀 다른 것이었다. 만일 죽었던 마르크스가 다시 살아난다면, 그는 결코 공산주의 사회로 들어가지 않을 것이다. 공산주의 사회로 들어갈지라도 그는 곧 추방될 것이다. 그의 공산주의 이론은 현실의 공산주의 사회와는 정반대되기 때문이다. 그래서 에른스트 블로흐도 공산주의 세계인 동독으로부터 사실상 추방되었다.

그러므로 우리는 우리가 경험한 공산주의 국가와 마르크스의 공산주의 이론을 구별하고, 마르크스의 이론과의 **비판적 대화**를 통해 우리 사회에 도움이 될 만한 내용은 수용해야 할 것이다. 공산주의를 이기는 길은 단순히 "반공"을 외치는 것이 아니라 그것을 정확히 알고, 거부할 것은 거부하고, 수용할 것은 수용하는 데 있다. 오늘의 가톨릭교회가 있게 된 것은 루터의 종교개혁에서 수용할 점을 수용하였기 때문이다. 루터의 종교개혁이 가톨릭교회에 좋은 약이 되었듯이, 자본주의에 대한 마르크스의 분석과 비판은 자본주의에 좋은 약이 될 수 있다. 사실 근대 자본주의 체제는 마르크스의 분석과 비판으로 말미암아 그 자신을 수정하고 인간적인 체제를 갖추고자 노력하게 되었다. 제2차 세계대전 후 독일에서 일어난 마르크스주의와 기독교의 대화는 마르크스 이론의 **비판적 수용**에 기여하였다. 이에 우리는 오늘의 자본주의 사회와 기독교에 대해 마르크스가 말하는 타당한 내용 몇 가지를 고찰하고자 한다.

2. 오늘의 자본주의 사회와 기독교에 대해 마르크스가 말하는 타당한 점

1. 오늘날 지구온난화로 인한 범세계적 재앙의 원인은 자본주의의 자유 시장경제 질서(freie Marktwirtschaft)에 있다. 자본주의의 자유 시장경제 질서는 더 많은 돈을 얻고자 하는 인간의 무한한 욕망을 "자유"의 이름으로 허용한다. 자본주의 사회는 무한한 돈에 대한 무한한 소유의 욕망이 자유의 이름으로 허용되는 사회다. 여기서 자유는 **무한한 욕망의 자유**, 이 욕망에 따라 **돈을 무한히 소유할 수 있는 자유**다. 돈이 자본주의 사회의 하나님이란 마르크스의 지적은 타당하다. "자본주의의 하나님은 부를 약속하면서 가난을 생산한다. 자본주의의 하나님은 우리 사회를 분열시키고 우리의 공동체성을 잡아먹는다. 모든 사람을 위한 먹을 것이 충분히 있는데, 6,000만 명의 사람들이 굶주림으로 인해 죽음의 위협을 받고 있다. '자유 시장경제'의 자유는 모든 사람의 삶을 위해 봉사하지 않는다. 강한 자들과 약한 자들이 살고 있는 사회에서 자유는, 약한 자들이 아니라 강한 자들을 위해 봉사한다.…마르크스보다 훨씬 이전에 이미 루터가 자본주의의 하나님을 '맘몬'(돈)이라 불렀고, 땅 위에 있는 '가장 흉물스러운 우상(Abgott)'이라 지칭하였다"(Moltmann 2019, 46).

2022년 현재, 온 세계는 온난화로 인한 재앙을 당하고 있다. 지중해 연안의 북아프리카 국가들, 그리스, 이탈리아, 터키와 프랑스 남부, 인도네시아, 심지어 러시아의 시베리아, 브라질의 아마존 원시림에서 대형 화재가 일어나고 있다. 이와 동시에 일본, 중국, 터키 북부, 독일에서는 대규모 홍수가 일어나 수많은 이재민이 발생하고 사망자와 실종자가 속출하고 있다. 이제 환경재난, 기후재난의 차원을 넘어 인간과 자연의 모든 생물의 "삶의 기초의 재앙"(Katastrophe der Lebensgrundlage)이 일어나고 있다. 삶의 기초가 파괴되면, 인간을 포함한 지구의 모든 생물이 살 수 없게 된다.

지구를 살릴 수 있는 길은 무엇인가? 사회주의를 도입한다 하여 지구를 살릴 수 있을까? 새로운 과학기술을 통해 지구를 살릴 수 있을까? 지구 생태계를 파괴하고 자연 생물들을 멸종시키면서 어떻게 인간만이 코로나 팬데믹을 벗어나 정상적으로 살기를 바랄 수 있을까? 오늘의 재앙을 극복하기 위해 많은 지식인은 세계 경제 구조의 대규모 변혁이 필요하다고 말한다. 그러나 세계 경제 구조가 대관절 어떻게 변혁되어야 하는지, 구체적인 얘기는 아직 나오지 않고 있다. 이것은 너무도 힘든 일이기에, 함부로 이야기를 꺼내지 못하는 것으로 보인다.

여하튼 지구를 살리기 위한, 아니 먼저 인간 자신의 생명을 지키기 위한 다양한 기술적·경제적 대응이 필요함은 사실이다. 마르크스가 말하듯 이 문제를 뿌리(radis-radikal)에서부터 생각해볼 때, 돈을 최고의 가치로 생각하는 자본주의 사회의 **가치관 변화와 생활양식의 변화**가 필요하다. **인간의 이기주의적 본성**이 변화되어야 한다. 자연 환경이 어떻게 되든 더 편리하게, 더 즐겁게, 더 많이 소비하며, 더 많은 쓰레기를 자연에 떠넘기는 이기주의적 생활양식이 변하지 않는 한 오늘의 "삶의 기초의 재앙"은 극복되지 않을 것이다. 코로나 바이러스 팬데믹보다 더 무서운 재앙이 일어날 수도 있다. 새로운 과학기술과 경제정책을 통해 지금의 재앙을 완화시킬 수 있겠지만, **경제 발전-자연 파괴-지구 생태계의 대재앙의 악순환**이 해결되기는 어려워 보인다.

헤겔과 마르크스가 기대하는 **"이성이 다스리는 세계"**는 구체적으로 어떤 세계인가? 마르크스의 이론에 따르면, 그것은 올바른 가치관이 있는 세계라고 말할 수 있다. 더 많은 돈과 흥청망청 먹고 마시며 윤락을 즐기는 것이 최고의 가치가 아니라, 이웃과 삶의 짐을 함께 나누며 **더불어 사는 것**, 곧 **공동체성**(Gemeinschaftlichkeit)이 최고의 가치가 되는 세계일 것이다. 오늘날 공동체성은 자연과의 공동체성을 포함한다. 인간과 인간, 인간과 자연이 서로를 배려하며 함께 사는 것이 최고의 가치로 생각되는 세계, 이 것이 "이성이 다스리는" 세계일 것이다. 이 세계를 가리켜 기독교는 "하나님 나라", "죽음과 슬픔과 울부짖음과 고통이 없는" "새 하늘과 새 땅"이라고 말한다.

마르크스에 따르면, 이성이 다스리는 세계는 **자유와 정의가 공존하는 세계**일 것이다. 강한 자들과 약한 자들이 모여 사는 사회에서 자유는 정의가 있는 자유이어야 한다. 정의가 없고 자유만 있을 때, 이 자유는 약한 자들을 강한 자들의 희생물로 만든다. 오늘날 자본주의 사회가 말하는 자유는 인간과 인간, 인간과 자연의 **공동체성을 파괴할 수 있는 자유**, 사회적 약자들과 자연 세계를 강한 자들의 희생물로 만들 수 있는 자유로 변질하였다. 그것은 **무법적 자유**가 되었다. 니체에 따르면, **의미와 가치를 모르는 자유**가 되었다. 이에 마르크스는 **정의가 있는 자유**를 시사한다.

2. 이 문제와 연관하여 마르크스는 **사회적 약자의 편에서 사고해야 한다**는 점을 강력히 시사한다. 마르크스처럼 극단적으로(radikal) 또 구체적으로 사회적 약자의 편에서, 사회적 약자의 인간적 권리와 존엄성 회복을 위해 투쟁한 학자는 없을 것이다. 이 점에서 유대인 마르크스는 **구약성서의 전통**을 계승한다. 비록 실패했을지라도 그는 히브리 노예들을 이집트에서 해방한 하나님의 사회적 약자에 대한 관심을 물질적·사회-경제적 기초 위에서 구체적으로 관철하고자 하였다. "시민사회의 부조화를 제시하고 사회 계급적 상황을 드러낸 것은 마르크스의 이데올로기 이론의 가장 성공적 업적이었다"(Tillich 1962, 324).

마르크스의 공산주의 이론은 사회적 약자에 대한 그의 관심의 결정체다. 마르크스의 이론의 실천은 그가 기대했던 것과는 전혀 다른 결과에 빠졌지만, 그의 이론 자체는 본래 **사회적 약자를 위한 것**이었다. 수많은 사회적 약자가 마르크스의 공산주의 이론에 혹하는 원인은 여기에 있다. 비록 그의 이론이 실패했다 할지라도, 사회적 약자에 대한 마르크스의 관심은 모든 사람에게 귀감이 된다.

오늘 우리의 세계는 이성이 다스리는 세계가 아니라 경제성장과 돈이란 유령이 다스리는 세계다. 더 높은 경제성장과 더 많은 돈을 얻기 위해 치열한 **경쟁의 자유**가 있는 세계다. 경쟁에서 이기는 자는 살고, 죽는 자는 도태되는 사회다윈주의가 "자유"의 이름으로 허용된다. 사회다윈주의의 자유가 있는 세계가 곧 현대 자본주의 세계다. 그러나 이 세계는 땅 위의 생물들이 더 이상 생존할 수 없는 세계로 변모하고 있다. 이에 헤겔과 마르크스는 "이성이 다스리는" 세계, 이성적인 것과 현실적인 것이 일치하는 세계가 이루어져야 한다고 생각한다. 이 사회는 **"부정적인 것의 부정"**을 통해서만 실현될 수 있다고 생각하는 점에서 두 사람은 공통점을 가진다. 그러나 마르크스는 주어진 현실을 인정하고 정당화하며 정의로운 세계 형성을 방해할 수 있는 관념론의 이데올로기적 위험성을 경고한다. 모든 학문적 이론과 사상이 그 사회를 지배하는 지배계급의 지배 수단이 되는 것을 경고하고, 정의로운 세계, 이성이 다스리는 세계를 형성하는 데 기여할 것을 마르크스는 강력히 시사한다. 참으로 사회적 약자를 돌볼 수 있는 길은 자유와 정의가 공존하는 세계, 이성이 다스리는 세계를 이루는 데 있음을 마르크스는 암시한다.

3. 일반적으로 정신과학(인문학)은 인간의 정신에 관한 학문으로서, 물질적인 것을 경시하기 쉽다. 이에 반해 마르크스는 **물질과 인간의 육체적 삶**을 중요시한다. 그는 물질적·경제적인 것을 세계의 기초로 생각한다. 인간의 삶은 정신적인 것은 물론 물질적인 것, 육체적인 것과 결합되어 있다. 정신이 없는 삶도 있을 수 없지만, 물질과 육체가 없는 삶도 있을 수 없다. 마르

크스는 정신과학이 경시하기 쉬운 물질과 육체적 삶을 중요시한다. 인간에게 가장 시급한 일은 굶주린 배를 채우는 것이다. 먼저 무엇을 좀 먹어야 학문도 할 수 있고, 종교 활동도 할 수 있다. 그러므로 정신과학은 인간의 정신은 물론 물질적·육체적 삶도 중요시해야 함을 마르크스는 시사한다.

이것은 종교에도 해당한다. 일반적으로 종교는 인간의 영혼과 영적 생활을 중요시한다. 기독교는 하나님의 구원을 "영혼구원"과 동일시한다. 인간의 육과 물질은 천하고 무의미한 것으로 간주된다. 육과 물질은 천하다고 가르치면서 신자들에게 헌금(물질)을 강조하는 것은 이중적 행태다. 천한 것이니까 교회에 "다 바치라." 인간은 육과 물질이 있어야만 생존할 수 있다. 그러므로 종교는 물질의 필요성을 정직하게 인정하고, 이 물질이 공정하게 배분되는 사회-경제적 관계에 대해서도 관심을 가져야 할 것이다. 정말 "하나님 나라"가 이 땅 위에 오기를 바란다면("나라가 오게 하시며"), 인간의 영혼은 물론 그의 육체와 물질의 영역에 대해서도 관심을 갖지 않을 수 없을 것이다. 그러나 우리는 "먹는 것이 인간의 존재를 결정한다", "물질적·경제적인 것이 인간의 존재를 결정한다"는 극단으로 빠져서는 안 될 것이다. 인간에게는 물질적·경제적 조건을 초월할 수 있는 정신과 도덕성의 영역이 있기 때문이다.

4. 인간은 **"사회적 존재"**라는 마르크스의 통찰은 중요한 내용들을 암시한다. 아래 키에르케골과 슈티르너의 사상에서 볼 수 있겠지만, 실존철학은 개체로서의 인간을 중요시한다. 인간이란 "종의 존재"(Gattungswesen)라는 하나의 보편개념으로 환원될 수 있는 존재가 아니라 단 하나밖에 없는 유일한 존재다. 인간에 대한 이 같은 개체주의적 생각에 반해, 마르크스는 인간을 사회적 존재로 파악한다. 인간은 사회적 관계 속에서 태어나, 사회적 관계 속에서 살다가, 사회적 관계 속에서 세상을 떠난다.

한편으로 인간의 존재는 사회를 통해 형성되는, **사회적 상황의 산물**이라고 마르크스는 말한다. 그 사회의 상황이 어떤가에 따라 인간의 존재가 결정된다. 마르크스의 이 말은 주어진 사회적 상황을 넘어설 수 있는 인간의 주체성을 부인하고, 인간을 사회적 상황의 노예로 간주하는 문제성을 내포한다. 이와 동시에 그것은 사회적 영향을 벗어날 수 없는 인간의 제한성을 드러내는 타당성을 가진다. 올바른 인간이 되려면 올바른 사회적 상황을 만들어야 한다. 불의하고 타락한 사회의 상황을 내버려둔 채 정의롭고 바르게 살아가는 인간을 기대하기는 어렵다. 정의롭고 바르게 살아가는 후손들이 태어나기를 기대한다면, 지금의 불의하고 타락한 사회 상황을 바르게 고쳐야 한다고 마르크스는 암시한다. 물이 깨끗해야 깨끗한 고기가 태어날 수 있다.

그런데 마르크스는 인간의 사회적 존재와 연관하여 위에 말한 것과는 모순되는 이야기를 한다. 곧 인간은 단순히 사회적 상황에 따라 결정되는 존재가 아니라 "사회를 창조한다"고 말한다. 한편으로 인간은 사회적 상황에 따라 결정되는 동시에, 다른 한편으로 인간이 사회를 만든다는 것이다. 여기서 마르크스는 주어진 사회적 상황을 넘어설 수 있는 인간의 주체성을 주장한다. 인간은 주어진 사회적 상황을 벗어날 수 없는 존재지만, 새로운 상황을 만들 수 있다. 사회가 인간을 만드는 동시에 인간이 사회를 만든다. 사회적 상황이 부패하고 타락했을지라도, 인간은 이 사회를 정의롭고 올바르게 만들 수 있는 능력을 가진다고 마르크스는 암시한다. 그래서 노동자 계급에게 정의롭고 올바른 사회를 만들어야 할 세계사적 사명을 부여한다. 인간의 변화와 사회의 변화는 동시적으로 이루어져야 한다는 것을 마르크스는 시사한다.

그러나 마르크스의 물질론적·사회-경제적 원칙에 따르면 인간이 사회를 만드는 것이 아니라 사회가 인간을 만든다는 측면이 지배적이다. 인간은 주로 **사회적 상황의 산물**이라는 뜻에서 사회적 존재로 파악되는 측면이 강하다. 그에 따르면 사회의 물질적·경제적 관계들이 변화될 때, 인간이 변화될 수 있다. 공산주의 혁명을 통해 사유재산과 계급투쟁이 사라지고 사회주의 경제체제가 세워지면 모든 사람이 인간다운 인간이 될 것처럼 보인다. 그래서 마르크스는 "완성된 공산주의"를 "완성된 휴머니즘"이라 부른다. 바로 여기에 마르크스의 제한성이 있다. 공산주의 사회가 이루어져도 인간의 본성은 변화되지 않는다는 사실을 우리는 공산주의 사회에서 볼 수 있었고, 지금도 보고 있다.

5. 마르크스의 또 한 가지 중요한 공헌은, 비록 실현될 수 없는 것일지언정 **세계의 목적**을 제시하는 데 있다. 그것은 자본주의 사회가 시정해야 할 문제점이 무엇인가를 보여주는 동시에 인류의 역사가 지향해야 할 방향을 보여준다. 소유를 함께 나누는 사회, 굶주리는 사람이 없는 사회, 인간에 의한 인간의 억압과 착취와 소외가 없는 사회, 계급적 차별이 없는 사회, 모든 인간이 인간에게 최고의 가치로 인정되는 사회, 인간이 자기 자신을 실현하는 사회, 권위주의적 국가가 사라진 형제자매들의 공동체, 땅 위의 모든 민족이 형제자매로서 모든 것을 함께 나누며 사는 세계, 인간과 자연이 화합한 세계를 마르크스는 역사의 목적으로 제시한다. 한마디로 그것은 땅 위에 있는 하나님 나라다.

　　오늘 우리의 세계는 넓은 대양을 표류하는 한 척의 배와 같다. 나침반이 고장 나서 나아가야 할 방향을 알지 못한다. 눈부신 과학기술, 경제성장, 풍요로운 물질문명이 있지만, 과연 **어디를 향해** 나아가야 할지 그 방향과 목적을 알지 못한다. 이제는 "생태계의 위기" 국면을 넘어 "생태계의 재난" 국면에 돌입하였다. 자연파괴와 지구온난화로 인해 지구 곳곳에서 대형 산불과 대홍수와 가뭄이 일어나고 있다. 더운 여름에 난데없이 우박

이 쏟아지기도 한다. 세계는 경제발전이란 호랑이 등 위에 앉아 호랑이가 내달리는 대로 함께 내달리는 형국이다. 한마디로 그것은 목적이 없는 세계다. 이 같은 자본주의 세계에 대해 비판하며 마르크스는 세계가 지향해야 할 미래를 제시한다.

그가 제시하는 세계의 미래는 사실상 하나님 나라와 같다. 그것은 하나님 없는 하나님 나라, 노동자 계급이 하나님을 대신하는 나라다. 그러나 하나님 나라가 **하나님 없는 노동자 계급**을 통해 이루어진다는 것은 불가능하다는 사실을 우리는 유의해야 한다. 그것은 노동자들을 대리하는 엘리트 계급에 의해서도 실현될 수 없다는 사실을 우리는 지금도 경험하고 있다. 하나님이 있어야 할 자리에 인간이 있을 때, 인간은 인간에게 하나님(homo homini deus)이 아니라 인간의 늑대(homo homini lupus)가 될 수 있기 때문이다. 만일 중국 공산당의 엘리트 계급이 세계를 정복한다면 한국은 중국에 흡수되어버릴 것이다. 하나님 나라는 공산당이라는 특권계급에 의해서가 아니라 오직 하나님이 함께하실 때 가능하다.

6. 마르크스가 가장 큰 관심을 가진 것은 빈부격차의 문제다. 이 문제를 해결하지 못하면 "금수저-흙수저"의 사회 양극화가 일어난다. 사회 양극화는 민족 공동체를 멸망으로 이끌어간다. 고대 로마 제국이 게르만족에게 멸망한 내적 동인도 귀족과 평민과 노예 계층의 빈부격차에 있었다.

이에 마르크스의 이론은 **경제 정의**와 **극심한 빈부격차의 극복**을 강력히 요구한다. 이것을 지적한 것은 마르크스의 가장 큰 공적이라 말할 수 있다. 경제이론 가운데 프리드먼주의(Friedman doctrine)는 "이윤 창출이 기업의 사회적 책임"이라고 말한다. 이윤을 창출함으로써 기업은 국가의 세수를 늘릴 수 있고, 고용을 창출할 수 있으며, 사회의 물질적 기초를 확보할 수 있기 때문이다. 이윤을 창출하지 못하면 기업 자체가 존속할 수 없다. 이윤 창출이 있어야 R&D 투자, 새로운 산업 분야의 개척, 새로운 고용이 가능하다.

그러나 창출된 이윤이 **기업가의 사유재산**이 되는 것을 마르크스는 강력히 반대한다. 노동자들의 노동이 없는 이윤 창출은 불가능하다. 기업의 이윤은 기업가와 노동자를 위시한 기업의 경제 활동에 참여한 모든 사람의 노동을 통해 얻게 된 **공공의 것**이다. 그러므로 기업의 이윤은 원칙상 기업가의 개인 소유가 될 수 없다. 노동자들은 빠듯한 월급으로 힘들게 살아가는데, 기업가의 자산은 수십억 원씩 늘어나서는 안 된다.

그렇다 하여 기업의 이윤을 참여한 모든 사람이 똑같이 나누어 가져야 한다는 "이익 공유제"는 이상론에 불과하다. 이익 공유제는 기업을 죽이는 결과를 초래할 것이다. 먼저 기업에 대한 책임의식과 기업 활동의 위축, 기업의 해외 이전이 일어날 것이다. 이로 인해 노동자들은 일자리를 잃게 된다. 이익 공유제란 말은 참으로 그럴듯하게 들리지만, 기업의 쇠퇴와 노동자들의 실업 사태를 필연적으로 초래할 것이다.

그러나 기업가와 노동자의 천문학적 액수의 임금 차이는 완화되어야 한다. 물론 기업의 운명에 대한 막대한 책임을 짊어진 기업 경영인들과 단순 노동자들 사이에, 또 노동자들의 자질과 기업의 직계에 따른 임금의 차이는 있을 수밖에 없다. 또 기업의 이익은 새로운 기술 개발, 신사업과 신소재 개발, 새로운 공장 증설, 금융위기 대처 등에 투자되어야 한다. 그러나 노동자는 1억 원 이하의 연봉을 받고, 기업가는 수십, 수백 억 원의 연봉을 받는 것은 정의라고 볼 수 없다. 마르크스의 이론은 기업 경영인들과 노동자들의 과도한 임금 차이의 해소를 요구한다.

7. 이와 연관하여 마르크스는 **노동자의 생명에 대한 기업인들의 새로운 인식**을 요구한다. 물론 **기업에 대한 노동자들의 인식 변화**도 필요하다. "기업

이 망할지라도 임금은 상승되어야 한다"는 노동조합의 극단적 이기주의는 폐기되어야 한다. 이와 동시에 기업인들은 노동자를 돈을 주고 살 수 있는 상품과 같은 것으로 여겨서는 안 된다. 오히려 노동자를 동등한 가치와 존엄성을 가진 "인간"으로 보아야 한다. 노동자들은 기업의 생존을 가능하게 하는 구성 요소다. 건강한 노동자들이 있어야 기업도 생존할 수 있다.

2021년 4월 22일, 23세의 강릉 원주대생 이선호 군이 평택항에서 300kg의 철판에 깔려 죽는 산업재해가 일어났다. 아버지와 함께 비정규직으로 컨테이너 작업을 돕다가 일어난 일이었다. 만일 기업가가 노동자를 자기 자식처럼 생각했다면 이 같은 참사가 일어나도록 방치하지 않았을 것이다. 2020년 한 해에 882명의 노동자가 노동 현장에서 목숨을 잃었다. 병사(病死)까지 합친 전체 산재 사망자는 2,062명이라고 한다. 매일 5.6명이 사망한 셈이다. 정부가 "중대재해처벌법"을 준비하고 있지만 안전사고로 인한 노동자들의 죽음은 끊이지 않고 있다. 자기의 부모나 자식이 죽었다고 생각해보자!

한국 사회에서 기업을 기업가 개인의 소유로 보는 시대는 점차 지나가고 있다. AI 기술을 통해 젊은 소비자 계층의 의식이 깨어나고 있기 때문이다. 이들의 의식에 따르면, 기업의 자본은 주식 소유자들의 투자로 형성된다. 그러므로 기업은 기업가의 개인 소유가 아니라 주식 투자자들의 공동 소유다. 기업은 기업가의 사적 이익과 사유재산 증식의 수단이 아니라, 기업의 경제활동에 참여한 모든 사람의 복지를 위한 것이다. 기업은 기업가 개인을 위해 존재하는 것이 아니라 **사회 공동체 전체에 유익한 것**이어야 한다. 따라서 분기별 매출액과 순이익 액수가 기업 평가의 유일한 바로미터가 될 수 없다. 각 기업이 얼마나 **인간적 경영**을 했는가, **사회적 책임**을 얼마나 이행했는가, **환경보호**를 위해 얼마나 기여했는가의 문제도 기업 평가의 바로미터가 되어야 함을 마르크스는 시사한다.

오늘의 사회적 자산 운용사들은 ESG 경영 평가를 주장한다. 곧 환경(Environmental), 사회적 기여(Social), 경영 구조(Governance)가 기업 평가의 바로미터가 되어야 한다는 것이다. 한국의 코스피 상장 기업도 2030년부터 의무적으로 ESG 정보를 공시해야 함은 매우 고무적이다. 이 같은 일을 기업가들은 "기업을 죽이는 일"이라고 생각할지 모른다. 그러나 이것은 인간적인 사회를 이루기 위해 기업인들이 자발적으로 행해야 할 일이다. 기업을 사적 이익의 수단으로 여기는 "꼴통들"의 시대는 점차 저물어가고 있다. 주식 투자자들과 소비자들이 가만히 있지 않을 것이다.

모든 사람은 먼저 자신의 생명을 유지하기 위해 열심히 일한다. 그러나 그들이 하는 일을 통해 민족 공동체가 유지된다. 그들이 하는 일은 사실상 민족 공동체를 위한 것이다. 이와 마찬가지로 기업도 먼저 개인의 사적 욕구로 말미암아 시작되지만 사실상 민족 공동체를 위한 것이다. 그것은 민족의 경제를 살리는 힘이다. 세계 강대국 사이에 끼인 한국 민족이 살아남기 위해서는 우선 경제력이 신장되어야 한다. 경제력이 있어야 세계 다른 민족들을 도울 수 있고, 남북통일도 가능하다. 독일의 통일도 서독의 강력한 경제력이 있었기 때문에 가능했다. 독일의 강력한 경제력의 정신적 기초는 근대 경건주의 기업인들의 건전한 경제윤리였다. 근대 독일의 경건주의 기업인들은 기독교 정신에 따라 매우 검소하게 생활하면서 기업의 사회적 책무를 이행하는 데 관심을 두었다.

오늘의 한국 기업인들에게 마르크스의 이론은 올바른 **경제윤리**를 요구한다. 기업가들은 기업을 사적 이익을 얻기 위한 개인 소유물로 보아서는 안 된다. 사실상 그것은 기업의 경제활동에 참여한 모든 사람의 것이요, 민족 공동체의 물질적 번영을 꾀하는 상생의 장이어야 한다.

8. 오늘의 자본주의 사회는 과잉생산의 사회다. 현대 자본주의 사회

는 통제가 없는 과도한 생산, 곧 "생산의 무정부 상태", "과잉생산의 역병"(Epidemie der Überproduktion)에 걸린 사회라고 말할 수 있다. 인간이 필요로 하는 것보다 훨씬 더 많은 양을 생산한다. 소비자들의 소비 욕구를 자극하기 위해 새로운 모델이 끊임없이 생산된다. 끝까지 팔리지 않는 제품은 폐기 처분될 수밖에 없다. 대형 슈퍼마켓은 유통기한이 지난 음식 상품을 대량으로 폐기한다. 소형 컨테이너에 담긴 음식 폐기물을 취하는 가난한 사람들을 경찰에 고발하는 비인간적인 일들이 일어나기도 한다. 과도한 생산, 과도한 소비, 과도한 생활 폐기물은 자연을 오염 및 파괴하고 자연 생물들의 서식지를 축소시킨다. 결국 지구온난화로 인한 기후재앙과 코로나 팬데믹이 일어난다. 달과 화성이 인간에 의해 정복된다면 그곳은 인간의 폐기물 처리장으로 변할 것이다. 마르크스가 말하듯이, "너무 많은 문명, 너무 많은 삶의 수단, 너무 많은 기업, 너무 많은 교역"이 그 원인이다.

마르크스의 이 말은 불필요한 소비를 줄이고 **절제 있는 검약한 생활**을 해야 함을 시사한다. 사실 인간이 살아가는 데 그렇게 많은 것이 필요하지 않다. 물론 돈이 없으면 살 수 없지만, 돈이 많다 하여 더 행복해지는 것도 아니다. 우리의 생명을 가치 있게 만드는 것은 더 많은 사유재산과 더 많은 소비와 향락에 있지 않다. 검약하게 생활하면서 어려운 이웃을 돌보는 사랑이 우리의 생명을 가치 있게 한다. 비록 가진 것이 작을지라도, 작은 것을 이웃과 함께 나누는 사랑의 마음이 우리의 삶을 기쁘게 한다. 소유의 기쁨은 잠깐이면 끝나지만, 나눔의 기쁨은 해변의 잔잔한 파도처럼 주변 사람들의 마음에 퍼진다. 소유는 우리를 고독한 개체로 만들지만, 나눔의 사랑은 우리의 삶을 풍요롭게 하고 공동체를 결속한다는 사실을 우리는 마르크스의 사상을 통해 다시 한번 상기할 수 있다.

절제 있는 검약한 생활은 먼저 기업가 가족들이 실천해야 한다. 자신은 검약하게 살면서 남은 돈을 선한 일에 사용해야 한다. 그래야 가문의 부가 오래 유지될 수 있다. 경주 최 부자 이야기는 이에 대한 경종이 된다. 독일에는 경주 최 부자와 같은 존경스러운 기업가들이 곳곳에 실존하고 있다. 아욱스부르크(Augsburg)의 푸거(Fugger) 가(家)는, 16세기 루터의 종교개혁 이전부터 상공업과 금융업을 통해 큰 부를 이루었다. 그러나 푸거 가는 기업의 이익을 사회에 환원하는 데 인색하지 않았다. 1521년에 푸거 가의 가장인 야콥 푸거(Jacob Fugger)는 빈민들을 위한 연립주택을 지어 무료로 제공하였다. 히틀러 때 파괴된 연립주택을 푸거 가는 다시 건축하였다. 현재 이 집은 160채로, 한 달 임대료가 88센트(한화로 1,100원)라고 한다. 거주자의 한 가지 의무 사항은, 푸거 가를 위해 매일 한 번 주기도문과 사도신경과 아베 마리아를 고백하는 일이라고 한다. 500년 동안 이어온 "푸게라이"(Fuggerei) 사업은 지금도 계속되고 있다. 이 밖에도 푸거 가는 다양한 빈민 구제사업에 돈을 쓰고 있다(인터넷 "Fuggerei"에서 자세한 정보를 얻을 수 있음). 가문의 참된 명예가 무엇인지, 가문의 부를 어떻게 유지할 수 있는지, 한국의 졸부들이 귀담아 들어야 할 실화다.

9. 국가는 지배자와 피지배자로 구성된 계급체제가 아니라 **평등한 시민들의 조합**(Assoziation)이 되어야 한다고 마르크스는 주장한다. 이 조합 속에는 지배계급으로서의 특정한 당(黨)이 있을 수 없다. 공산당도 특정한 당이 아니라고 그는 말한다. 마르크스의 이 같은 국가관은 유토피아적 성격을 벗어나지 못하고 있지만, 권위기관 내지 관료체제로서의 국가를 반대하고, **봉사기관으로서의 국가관**을 제시한다. 본래 국가는 국민의 권력을 대행하는 대행기관에 불과하다. 그러므로 국가는 국민에 대해 권위적일 수 없다. 그것은 국민의 안녕을 위해 봉사하는 봉사기관이어야 한다. 모든 공무원 내지 공직자들은 국민의 지배자들이 아니라 국민의 봉사자들이다.

정치인들 역시 자기 계파를 만들어 자기 이익을 챙기는 자들이 아니라 국민을 위해 봉사하는 자가 되어야 한다. 이를 위해 **정치인의 정년 은퇴 제도**가 있어야 함을 우리 사회는 진지하게 생각해보아야 할 것이다. 우리 사회 모든 직업에는 정년이 있는데, 정치인들에게만 정년이 없다는 것은 불합리한 일이다. 새 시대를 알지 못하는 70-80대의 노인들이 정당과 나라를 지배하려는 것은 바람직하지 않다.

나아가 마르크스는 세계 모든 국가가 **삶을 함께 나누는 한 공동체**가 되어야 함을 말한다. 이를 위해 부유한 국가들은 가난한 국가들과 부를 나누어야 함을 그는 시사한다. 각 민족의 사회는 물론 세계 전체가 형제자매들의 공동체가 되어야 한다는 것이다. 여기서 **배타적 민족주의**와 **인종차별주의**는 거부된다. 이것은 성서가 말하는 기독교 정신과 일치한다.

10. 마르크스는 신학을 깊이 연구한 적이 없다. 그는 하나님과 인간에 대한 성서의 이해, 예수의 삶과 말씀, 기독교의 역사를 체계적으로 공부한 적이 없다. 그는 사회학과 경제학 연구에 치중하였다. 이로 인해 그는 성서에 담겨 있는 "기독교의 사회적 원리들"을 간과한다. 『헤겔 법철학 비판 서론』에서 그는 기독교가 지닌 "저항"의 기능을 인정하지만, 그것을 상세히 설명하지 않는다(2004e, 275). 구약성서의 메시아의 오심과 통치에 대한 약속, 노예를 형제처럼 대하라는 바울의 가르침 속에 숨어 있는 사회 혁명적 요소에 대해 그는 침묵한다. 귀족과 평민과 노예로 구성된 로마 제국에서 모든 신자가 한 형제자매로서 삶을 나누는 새로운 삶의 형태가 지닌 사회 개혁적 요소에 대해서도 침묵한다. 루터의 종교개혁 당시 농민전쟁에 대한 기독교의 영향, 종교개혁으로 말미암은 유럽 세계의 사회·정치·경제적 해방에 대해서도 그는 침묵한다. 그에게 기독교 종교는 그 시대의 사회-경제적·정치적 조건에 따라 결정된 것으로, 지배계급의 이데올로기적 지배 수

단으로 보일 뿐이다. 그래서 그는 기독교를 비참 속에서 겨우 생명을 유지하는 민중들에게 피안의 위로를 제공하는 "민중의 아편"이라고 규정한다.

여기서 우리는 하나의 모순을 발견한다. 먼저 마르크스는 기독교에 현실의 비참에 대한 "저항"의 기능이 있다고 말한다. "종교적 비참은 현실의 비참의 **표현**인 동시에, 현실의 비참에 대한 **저항**(Protestation)이다." 그런데 같은 문단에서 그는 기독교를 가리켜 "민중의 아편"이라고 말한다 (2004e, 275). 기독교의 본질은 민중을 위한 저항의 기능에 있는가, 아니면 민중의 고난을 심화시키는 아편의 기능에 있는가? 기독교의 참 본질은 저항의 정신인가, 아니면 아편의 기능인가?

이 질문에 대한 마르크스의 생각을 우리는 다음과 같이 설명할 수 있다. 기독교가 그 속에 저항의 정신을 가진다는 것을 마르크스는 인정한다. 기독교는 현실의 비참에 대한 반영인 동시에 저항이다. 그러나 **현실에서** 기독교는 저항의 정신을 실천하지 못하고 아편의 기능을 행사한다. 그것은 저항의 종교가 아니라 주어진 현실에 대한 순응의 종교로 나타날 수밖에 없다.

왜 순응의 종교로 나타날 수밖에 없는가? 국가종교로서의 기독교는 국가에 속한 국가의 한 기관이다. 모든 성직자는 국왕으로부터 월급을 받는다. 교회의 재정은 국가의 재정으로 충당된다. 로마 제국 시대에는 황제가 교회 공의회 소집권과 사회권과 최종 결정권을 가지고 있었다. 신앙고백의 형식으로 발표된 공의회의 결정 사항들도 황제의 이름으로 공포되었다. 이 공포에 복종하지 않는 자는 교회의 적, 곧 종교적 이단자인 동시에 로마 제국의 국가적 적이었다. 이와 같이 교회는 최고 통치자의 지배 아래 있는 국가의 한 기관이기 때문에 국가에 순응하지 않을 수 없었다. 이리하여 기독교는 로마 제국의 노예제도, 중세기의 봉건 농노제도, 15세기 이후 근대 서구의 악성 자본주의, 제국주의, 식민주의, 노예매매, 식민지 수탈을 침묵 속에서 수용하지 않을 수 없었다. 기독교는 현실의 불의에 대해 침묵하면서 신자들이 당하는 현실의 비참에 대해 피안의 거짓된 위로를 제공하였다. 이런 점에서 기독교는 "민중의 아편"이라고 마르크스는 말한다. 본질에 있어서는 "저항"이지만, 현상에 있어서는 "아편"이라는 것이다.

한국의 기독교는 마르크스의 이 말을 진지하게 생각해보아야 한다. 마르크스의 비판에 대해 귀를 막아버릴 것이 아니라 "민중의 아편" 역할을 하지 않는지 조심스럽게 자기를 성찰해야 할 것이다.

많은 사람이 염려하는 것처럼, 오늘의 한국 개신교회는 위기에 처하였다. 젊은이들이 썰물처럼 교회에서 빠져나가고, "가나안 신도들"(교회에 "안나가" 신도들)이 100만 명이 넘는다고 한다. 교회 인근에 사는 주민들은 교회가 없어지기를 바란다고 한다. 이 기막힌 현실 앞에서 기독교는 마르크스를 "무신론자"로 매몰시켜버릴 것이 아니라 그의 이론에서 배울 점은 배우고, 자기를 수정해야 할 것이다. 마르크스의 물질주의를 비판하는 기독교 지도자들 자신이 물질주의에 사로잡혀 있지 않은지, 민중을 위해야 할 기독교가 민중을 갈취하는 "민중의 아편"이 되지 않았는지, 진지하게 고민해야 할 것이다.

제3부

키에르케골

덴마크 코펜하겐에서 태어난 키에르케골은 헤겔의 강의를 들어본 적이 없었다. 헤겔 좌파와 교류를 나누지도 않았다. 1841-42년에 4개월간 그가 베를린에 체류하는 동안 헤겔 좌파와 교류하였다는 증거를 발견할 수 없다. 그러나 그가 남긴 문헌들을 읽어볼 때, 그는 헤겔과 헤겔 좌파의 이론을 잘 알고 있었음을 확인할 수 있다. 키에르케골은 독일의 모든 헤겔 좌파 인물과 동시대에 생존하였다. 그는 마르크스보다 5년 먼저 태어나(1813) 28년 먼저 사망하였다(1855). 헤겔 좌파의 또 한 사람의 대표인 슈티르너보다 그는 1년 먼저 세상을 떠났고, 포이어바하보다 17년 먼저 세상을 떠났다.

이와 같이 키에르케골은 독일의 헤겔 좌파 인물들과 동시대에 살았기 때문에 헤겔 및 헤겔 좌파의 사상과의 대화 속에서 그의 사상이 전개된다. "단독자"에 대한 그의 생각은 슈티르너의 개체적 "나"(Ich)의 개념에 매우 가깝다. 마르크스와 마찬가지로 그는 자신의 중심 사상들을 헤겔 철학에 대한 안티테제로 제기한다. 그는 끊임없이 헤겔 철학과 비판적 논쟁을 벌이는 동시에, 마르크스/엥겔스의 공산주의·사회주의 사상의 문제성을 정면으로 비판하기도 한다. 이런 점에서 키에르케골은 헤겔 좌파에 속한 인물로 분류될 수 있다.

키에르케골은 헤겔 철학을 전제한다는 점에서 마르크스와 공통점을 가진다. 그러나 두 사람은 전혀 다른 입장에서 헤겔에 대한 안티테제를 제기하고, 이후의 역사에 깊은 영향을 주게 된다. 마르크스가 **무신론적·반기독교적·사회-경제적 측면**에서 이후의 세계사에 깊은 영향을 주었다면, 키에르케골은 기독교 신앙에 **기초한 실존론적·개인주의적 측면**에서 20세기 정신사에 깊은 영향을 주게 된다. 마르크스가 헤겔에 대한 사회철학적 측면의 위대한 대척자(Antipode)였다면, 키에르케골은 "헤겔의 두 번째 위대한 신학적 대척자"라고 말할 수 있다(Küng 1970, 576).

일반적으로 키에르케골은 철학자로 알려져 있다. 특히 현대 실존주의 철학의 창시자로 널리 알려져 있다. 따라서 기독교 신학은 키에르케골을 주의 깊게 다루지 않는다. "철학"을 세속의 학문으로 간주하고 철학에 대해 경기를 일으키는 한국 신학계의 왜소성 때문이다. 그러나 그가 남긴 문헌들을 읽어볼 때, 키에르케골은 기독교의 순수성을 회복하고자 한 위대한 신학자였음을 볼 수 있다. 그는 제도화·형식화된 기독교를 비판하고, 예수 그리스도에 대한 인격적 신앙의 결단 속에서 그리스도의 뒤를 따르는 진실한 신앙을 드러내는 것을 자기의 사명으로 생각하고, 이를 위해 자기의 삶을 바친 인물이었다고 평가할 수 있다. 그는 헤겔의 **신학적 세계사 철학의 관념성**을 극복하고, 그리스도와 "동시적으로" 살아가는 신실한 "그리스도인"이 되고자 하였다. 이를 위해 그는 결혼도, 재산증식도 포기한 채 일생을 독신으로 살다가 정신적 고독과 육체적 영양실조로 일찍 세상을 떠났다. **역사의 예수에 대한 깊은 인격적 신앙**에서 그의 유명한 실존철학적 통찰들이 등장한다.

키에르케골의 문헌은 헤겔에 대한 비판을 전제한다. 그의 철학의 중심 개념인 "단독자"(der Einzelne)와 주관성 내지 "주체성"(Subjektivität)은 헤겔의 "보편자"에 대한 반대 개념으로 등장한다. 그러나 헤겔의 **기독교적 세계사 철학**이 없었다면, 키에르케골의 **기독교적 실존철학**도 없었을 것이다. 보편적 시대정신, 절대적 세계정신을 강조하는 헤겔이 있었기에 "단독자"와 "주체성의 진리"에 기초한 키에르케골의 실존주의 사상이 등장할 수 있었다. 키에르케골의 입장에서 볼 때, 헤겔은 단 하나밖에 없는 각 사람의 존재를 "정신적 존재"라고 하는 보편 개념으로 평준화시켜버리고, 그의 주체적 존재를 세계정신의 보편성에 함몰시켜버린 대표적 인물이다. 세계의 모든 구체적인 것이 학문적 "체계" 속으로 지양된다. 이에 대항하여 키에르케골은 단독자의 주체성을 부르짖게 된다. 세계사의 **거대한 숲**만 바라보는 헤겔에 반해 키에르케골은 **개별의 나무들**을 보고자 한다(물론 이것은 키에르케골의 해석이다).

I

키에르케골의 생애

1. 키에르케골은 마르크스가 태어나기 5년 전인 1813년 5월 5일 덴마크 코펜하겐에서 태어났다. 아버지 미햐엘 키에르케골(Michael P. Kierkegaard, 1756-1838)과 어머니 안네 룬트(Ane S. Lund, 1768-1834)의 일곱째 아이로 태어난 그는 6월 3일에 세례를 받았다. 그의 아버지는 어릴 때부터 매우 총명하였지만, 극심한 가난 속에서 살았다. 유틀란트 황야의 심한 추위와 굶주림에 시달린 나머지 그는 하나님을 저주한 적도 있

키에르케골
(출처: Sueddeutsche Zeitung Photo
/ Alamy Stock Photo)

었다. 그러나 1769년 코펜하겐에 있는 삼촌의 양모 제품 회사에서 일하게

되면서 그는 부를 쌓게 된다. 1797년 은퇴할 당시 그는 6채의 주택을 소유할 정도로 부유했다.

아버지 키에르케골은 우울하고 걱정이 많은 편이었지만 신앙심이 매우 깊었다. 코펜하겐에서 그는 헤른후터 형제공동체(Herrnhuter Brüdergemeine)의 경건 생활에 참여하기도 하였다. 그러나 그는 서로 조화되지 않는 두 가지 신앙적 극단 속에서 내적 갈등에 시달리고 있었다. 한편으로 그는 예수 그리스도의 십자가 죽음으로 인한 죄 용서를 믿었다. 하나님의 축복과 은혜를 통해 지복에 이를 수 있다고 확신하였다. 다른 한편으로 그는 아무리 노력해도 벗어날 수 없는 인간의 죄된 본성에 대한 깊은 강박감으로 말미암은 죄책감에 시달렸다. 유틀란트 황야에서 하나님을 저주했던 일, 청년기의 정욕과 빈곤으로 말미암은 여러 가지 죄에 대한 하나님의 진노의 벌을 피할 수 없다는 생각에서 벗어날 수 없었다. 이것은 우울하고 심려가 깊은 그의 성격 탓이기도 하였다. 더군다나 첫아이를 두 번째 부인과 결혼하기 전 혼외정사로 얻었다는 사실이 그의 죄책감에 또 하나의 원인이 되었다. **그리스도의 죄 용서**와 **하나님의 은혜**에 대한 깊은 믿음의 갈등, 벗어날 수 없는 죄책감 속에서 그는 자기의 아이들이 예수가 세상을 살고 떠난 33세의 나이를 넘지 못하고 모두 죽을 것이라고 생각했다. 이 같은 아버지의 내적 갈등이 키에르케골에게 깊은 영향을 미치게 된다.

2. 아버지 키에르케골은 38세였던 1794년에 첫 부인과 결혼하였다. 그러나 첫 부인은 자녀를 낳지 못하고 2년 뒤인 1796년에 세상을 떠났다. 1797년에 아버지 키에르케골은 자기 집에서 하녀로 일하던 룬트와 재혼했는데, 재혼한 지 4개월 만에 첫째 딸이 태어났다. 모두 일곱 명의 자녀가 둘째 부인에게서 태어났다. 막내였던 키에르케골은 태어나면서부터 몸이 약했지만 명석한 두뇌를 가지고 있었다. 그는 자기의 일기장에서 한 번도 어

머니에 대해 언급하지 않는다. 키에르케골이 어릴 때, 어머니와 다섯 명의 형제가 세상을 떠난다. 키에르케골과 그의 형 페터 크리스챤 키에르케골만이 33세를 넘어 생존하였다. 자녀들이 모두 33세를 넘기지 못하고 죽을 것이라는 아버지의 믿음은 틀린 것으로 증명되었다.

키에르케골의 가정교육에서 아버지는 지배적 위치를 점했다. 상당히 엄격한 성품의 아버지는 경건주의적 영성을 자녀들에게 주입하고자 했다. 이를 위해 그는 십자가에 달린 예수에 대한 충성과 사랑의 의무, 엄격한 경건의 규칙들을 지키도록 명령했다. 소년기의 아이들이 행할 수 있는 작은 실수를 하거나, 자기가 가르친 종교적 계율을 지키지 않으면 참회를 명령하였다. 조금만 아파도 그것은 하나님의 벌이라고 가르쳤다.

1839년경에 쓴 것으로 추정되는 일기에서 키에르케골은 아버지의 엄격함으로 말미암은 정신적 "대지진", "무서운 강박감"을 다음과 같이 토로한다. "내 아버지가 장수하는 것은 하나님의 축복이라기보다 오히려 저주라고 나는 느꼈다.⋯온 가정이 무거운 죄책감에 사로잡혔다. 아버지는 종교적 위로를 통해 우리의 마음을 안정시키려는 무거운 의무감을 느꼈다. 이 세상에서 우리가 모든 것을 잃어버릴 때, 더 나은 세상이 우리에게 열려 있다는 생각으로, 나는 마음의 가벼움을 느낄 때도 가끔 있었다"(Schröer 1989, 138-139). 아버지를 생각할 때마다 그는 우울증에 가까운 마음의 무거움을 토로한다. 이와 동시에 그는 아버지에게서 깊은 신앙심을 배운다. 깊은 신앙심과 우울 증세를 모두 아버지에게서 물려받은 것이었다.

3. 부유층 자녀들이 다니는 코펜하겐의 명문 사립학교에 입학한 키에르케골은 라틴어와 그리스어를 집중적으로 공부한다. 그는 형 페터 크리스챤과 함께 학교에서 우수한 학생으로 인정을 받는다. 뛰어난 성적으로 학교를 졸업한 다음, 목사가 되기를 바라는 아버지의 권유로 만 17세였던

1830년에 코펜하겐 대학교 신학부에 입학한다. 대학 입학과 함께 그는 아버지의 간섭에서 벗어나 자유롭게 생활한다. "기독교는 광기다"라고 말할 정도로, 그는 한동안 기독교에서 멀어진다. 기독교에 대한 비판적 사고와 문화가 주류인 당시의 세계에서, 그는 기독교 진리의 타당성에 대한 깊은 회의에 빠진다. 정신적 갈등을 견디지 못해 1836년에 자살을 시도하지만, 그의 자살은 미수로 끝난다.

정신적 갈등과 방황 속에서도 키에르케골은 신학 공부를 포기하지 않고 기독교 신앙의 참 진리가 무엇인가를 질문한다. 그는 자기보다 몇 살 위인 마르텐젠(H. L. Martensen)과 교류하면서 슐라이어마허의 신앙론을 섭렵하기도 한다. 그러나 하나님 신앙의 기초를 인격적 참회와 회개에서 찾지 않고 인간의 보편적 "절대 의존의 느낌(감정)"에서 발견하는 슐라이어마허의 입장은 거부한다. 그는 신앙과 이성, 신학과 철학을 조화시키려는 슐라이어마허의 입장을 반대하고, 이성으로 설명할 수 없는 신앙의 역설적 성격, 보편화될 수 없는 신앙의 실존적 개체성 내지 주체성에 관심을 기울인다. 아버지에게서 배운 기독교 영성을 그는 포기할 수 없었다.

아버지의 영향으로 말미암아 키에르케골은 내적 신앙의 결단을 결여한 채 신앙의 객관적 지식을 추구하는 정통주의 신학 노선과 합리주의를 거부한다. 이 노선을 따르는 교수들에 대한 반감으로 그는 자신의 독자적 길을 걷고자 한다. 교수들과의 좋은 관계 속에서 알보르그(Aalborg)의 주교로 출세한 그의 형 크리스찬에 반해, 키에르케골은 깊은 고독 속에서 자신의 내적 질문과 씨름한다. 그는 아버지와 거리를 유지하면서 미학과 철학을 연구한다. 이로 인해 신학 공부에 소홀하게 되는데, 이 과정에서 독일 철학자들, 특히 헤겔의 문헌을 깊이 연구한 것으로 보인다. 문필가로 활동하고 싶은 생각에서 몇 가지 논쟁적인 글을 발표하지만 인정을 받지는 못한다. 아버지가 남겨준 종교적 유산과의 내적 투쟁이 항상 그의 지적·정신적 발전에 장애물이 되었다.

4. 1838년에 아버지가 사망하면서 키에르케골은 상당한 유산을 물려받는다. 그는 유산을 유지하거나 더 증식하는 일에 전혀 관심을 두지 않는다. 아버지가 남겨준 주택에 거주하면서 유산을 소진하며 살아갈 뿐이다. 음악회나 연극을 관람하고, 사교 모임에 나가거나, 늦은 저녁 시간에 어두운 시가지를 산책하기도 한다. 사회적 진출에 대해서는 전혀 관심을 갖지 않는다.

외적으로 그는 평온하게 사는 것처럼 보였지만 내적으로 깊은 정신적 갈등과 투쟁에 시달리고 있었다. 평온해 보이는 그의 외적인 삶은, 사실상 절망적인 내적 투쟁을 감추는 가면이었다. 자신의 책을 출판할 때에도 그는 가면을 벗지 않았다. 그는 모든 책을 가명으로 출판하였다.

아버지의 사망 후 키에르케골은 대학 공부를 속히 끝내기로 결심하고 졸업시험 준비에 열중한다. 1840년에 그는 우수한 성적으로 대학 졸업시험을 끝내고, 박사학위 논문 연구를 시작한다. 1837년 5월에 키에르케골은 자기보다 10살 아래인 만 14세의 레기네 올센(Regine Olsen, 1823-1904)을 처음으로 만나게 되는데, 두 사람 모두 상대방에게 깊은 인상을 받고 서로 사랑하게 된다. 레기네가 17세가 된 1840년 9월 10일에 두 사람은 약혼한다.

그러나 1년이 채 못 된 1841년 8월 8일에 키에르케골은 약혼을 파기

레기네 올센
(출처: wikipedia)

하고, 약혼반지를 레기네에게 돌려보낸다. 파혼의 원인은 분명하지 않다. 학자들은 그가 자신의 우울증세로 인해 레기네가 불행해질 수 있다고 생각했기 때문이라고 추측한다. 다른 사람의 유익을 위한 자신의 사명에 충실하기 위해서는 사랑과 결혼을 포기할 수밖에 없다는 확신 때문이라고 추측하는 학자들도 있다. 그가 남긴 문헌을 살펴보면, 그리스도에게 철저히 충성하기 위해 일상적 결혼생활을 포기한 것으로 추측된다. 철저히 그리스도의 뒤를 따를 것인가, 아니면 심미적 사랑을 택할 것인가, 고독한 학문의 길을 택할 것인가, 아니면 시민사회의 직업적 영달과 평범한 결혼생활을 택할 것인가, 이 문제 앞에서 그는 전자를 결단한 것으로 보인다. 세속의 영광을 포기하고 오직 그리스도의 뒤를 따르고자 하는 자신의 고독한 길을 걸을 때 레기네를 결코 행복하게 할 수 없을 것이라고 생각했던 것 같다. 파혼 후 약 6개월 뒤에 출판된 그의 저서 『이것이냐 저것이냐』(*Entweder-Oder*)는 이런 결단을 시사한다.

딸을 보호하고자 하는 레기네 부모들의 간청에 따라 키에르케골은 자기가 냉소주의자요 이기주의자인 것처럼 처신한다. 이로써 그는 파혼에 대한 책임을 전적으로 자기 자신에게 돌리고, 레기네가 정신적 충격을 받지 않도록 노력한다. 그러나 이것은 성공적이지 못했다. 갑작스러운 파혼으로 인해 레기네는 엄청난 정신적 충격을 당한다. 그녀는 키에르케골의 생각을 되돌리고자 노력하지만 뜻을 이루지 못한다. 그녀의 아버지도 파혼을 되돌리고자 하지만 실패한다. 그로부터 2년 후에 레기네는 당시 덴마크의 탁월한 공무원으로 알려진 요한 프레데릭 슐레겔(Johan Frederik Schlegel, 1817-1896)과 결혼한다. 그러나 그녀는 생애 마지막까지 독신으로 살아가는 키에르케골을 잊지 못한다. 키에르케골 역시 언제나 레기네를 마음에 품고 살아간다. 죽을 때까지 그는 어떤 다른 여성도 사귀지 않는다. 파혼 후에 그가 남긴 문헌에서 레기네는 중요한 위치를 차지한다. 레기네도 이 사실을 의식한다. 그러나 두 사람은 만나는 것을 피한다. 단지 코펜하겐 도시의 거리에서 얼굴을 대할 수 있을 뿐이었다. 키에르케골이 레기네를 한번 만나게 해달라고 슐레겔에게 간청하지만, 슐레겔은 이를 거절한다.

얼마 후 슐레겔이 덴마크령 서인도 제도(현재 미국령 버진아일랜드) 총독으로 임명되고, 레기네는 그와 함께 코펜하겐을 떠난다. 슐레겔의 임기가 끝나 레기네가 남편과 함께 코펜하겐으로 돌아왔을 때 키에르케골은 이미 세상을 떠난 후였다. 그녀는 독일을 위시한 여러 나라에 그의 사상과 학문적 중요성을 알리고, 그의 전기를 남기는 일에 힘쓴다. 1904년 81세에 사망한 레기네는 코펜하겐의 아시스텐츠 묘지에 묻힌 키에르케골의 무덤 근처에 묻힌다.

5. 레기네와 파혼한 지 2개월 후인 1841년 10월 20일에 키에르케골은 박사학위를 수여받는다. 박사학위 논문은 라틴어가 아닌 덴마크어로 작성되었다. 학위를 받은 후 그는 베를린으로 간다. 여기서 쉘링의 강의를 듣는다. 쉘링의 강의를 통해 그는 헤겔 철학에서 발견할 수 없었던, 현실에 대한 새로운 해명을 들을 수 있을 것이라 기대한다. 그가 남긴 일기에서 그는 "쉘링의 둘째 강의를 듣게 된 것은 말할 수 없이 기쁜 일이다"라고 말한다. 그러나 "쉘링은 끝없이 언어유희를 한다"(Schelling faselt grenzenlos)고 말할 정도로 실망에 빠지고 만다(Schröer 1989, 141).

키에르케골이 베를린에 머무는 동안 헤겔 좌파와 교류하였다는 기록은 발견되지 않는다. 그러나 당시 헤겔 좌파의 본거지였던 베를린에서 철학을 공부하는 사람이 헤겔과 헤겔 좌파에 대해 전혀 몰랐다는 것은 상상하기 어렵다. 이후에 출판된 그의 문헌들은 그가 헤겔에 대해서는 물론 헤겔 좌파에 대해 잘 알고 있었음을 보여준다. 그는 자기의 기본 입장이 포이어바하와 파스칼에 근거한다고 말하기도 한다. "포이어바하는 이렇게 말한다. 곧 종교적 실존은 (특히 기독교 실존은) 지속적인 고난의 역사라는 것이다.…파스칼은 이와 동일하게 말하였다. '고난은 그리스도인의 자연적 상태다'"(Löwith 1949, 384). 또 포이어바하가 루터에 근거하여 기독교 신앙의 본질을 인간으로 환원하듯이, 키에르케골은 진리의 점유(Aneignung)와 내면성과 주관성의 근거를 루터에게서 발견한다. 키에르케골의 실존적 사고는 물질론에 입각한 마르크스의 실존적 사고와 구별되는 동시에 공통성을 보여준다. 키에르케골의 "단독자"는 슈티르너의 "유일자"와 구별되는 동시에 공통성을 가진다.

여하튼 베를린에 체류하는 동안 키에르케골은 헤겔과 헤겔 좌파와의 논쟁 속에서 자신의 입장을 확립하였던 것으로 보인다. 그리하여 1842년 3월 코펜하겐으로 돌아왔을 때 그의 주요 저서 『이것이냐 저것이냐』의 집필을 마무리한다. 쾌락주의적인 삶인가, 아니면 하나님 앞에서 윤리적 의무와 책임에 기초한 삶인가를 토의하는 이 책은 빅토르 에레미타(Virtor Eremita)라는 가명으로 출판되어 1843년 2월 15일 서점에 등장한다. 이 책은 물론 그 이후의 거의 모든 주요 저서를 그는 가명으로 출판한다. 이 책은 헤겔의 관념론적 세계사 철학과, 마르크스의 물질론적·사회-경제적 세계사 철학을 키에르케골이 잘 알고 있었다는 것을 보여준다. 그의 책은 두 사람의 기본 입장과는 달리 **개체로서의 인간의 실존적 삶의 문제**를 중심 문제로 다룬다. 실존하는 인간의 삶의 진리 문제를 떠난 세계사 철학은 그에게 무의미해 보였기 때문이다.

1844년에 출판된 『불안의 개념』은 비길리우스 하우프니엔시스(Vigilius Haufniensis)의 이름으로, 『두려움과 떨림』은 요한네스 데 실렌치오(Johannes de Silentio)란 이름으로 출판된다. 1845년에 출판된 『철학적 단편들에 대한 비학문적 해설』은 요한네스 클리마쿠스(Johannes Climacus)의 이름으로, 1848년의 『죽음에 이르는 병』과 1850년의 『기독교의 실천』은 안티클리마쿠스(Anticlimacus)의 이름으로 출판된다. 많은 책이 가명으로 출판된 이유는 독자들이 저자가 누구인가에 대해 관심하지 않고, 오직 그 책의 내용을 대면토록 하기 위함이었다. "키에르케골이 항상 두려워한 것은, 그의 생각이 어느 날 '철학의 역사'의 한 단원으로 나타날 수 있다는 것이었다.…자신의 '실존적 상황' 속에 있는 각 사람을 파악하고자 하는 그의 사유가 많은 이론 가운데 한 이론으로" 증발할 수 있다는 것을 그는 두려워하였다(Tillich 1971, 329). 이 같은 결과를 피하고, 독자들이 그들 자신의 존재에 대한 진리를 만나도록 하기 위해 키에르케골은 그의 중요한 문헌들을 가명으로 출판한 것으로 보인다. 그러나 이 문헌들이 키에르케골의 작품이란 사실이 알려지는 데는 오랜 시간이 걸리지 않았다.

6. 1845년 12월 22일, 당시 덴마크의 풍자 잡지 「해적선」의 기고가였던 페터 루드비히 뮐러(Peter Ludwig Möller)가 키에르케골의 저서 『삶의 길의 여러 단계들』을 비판하면서 그를 웃음거리로 만들어버린다. 이에 키에르케골이 정면으로 대응하자 뮐러는 키에르케골의 극히 사적인 일들, 곧 그의 독특한 외모, 옷차림, 생활 습관과 목소리 등을 비웃는다. 이리하여 많은 사람의 놀림감이 되어버린 키에르케골은 공공의 삶에서 퇴각한, 고독한 "단독자"로 살게 된다.

1845년부터 1853년까지의 후기 저작에서 키에르케골은 당시 덴마크의 제도화·형식화된 기독교계를 비판하고, 기독교의 참 신앙이 무엇인가를 드러내는 데 초점을 맞춘다. 신앙을 보편적인 것으로 파악하는 헤겔에 반해, 그는 신앙을 철저히 주관적인 것으로 파악한다. 신앙은 인간의 이성에 대해 "역설적인 것"이라 생각했기 때문이다. 「조국」이란 이름의 신문에 기고한 글과, 그가 발행한 「순간」(Der Augenblick)이란 제목의 잡지를 통해 그는 자기의 생각을 발표한다.

「순간」이란 잡지의 이름은 키에르케골의 사상을 요약한다. 진리는 헤겔이 말하는 세계사에 있는 것이 아니라 각 사람 곧 "단독자"로서의 인간이 하나님 앞에서 자기 자신을 결단해야 할 "순간"에 있다. "순간"은 많은 사람, 곧 "대중"이 공동으로 체험할 수 있는 것이 아니라 단독자로서의 각 사람이 체험할 수 있는 주관적인 것이다. 중요한 것은 세계사가 아니라 각 사람의 "순간"이다. 각 사람의 "순간"이 결여된 세계사는 각 사람에게 무의미하다. 중요한 것은 종교적 제도와 형식이 아니라 각 사람이 주관적으로 체험하는 순간 속에서 일어나는 신앙의 결단과 열정에 있다. 이로써 키에르케골은 그리스도의 뒤를 따르고자 하는 신앙의 열정을 상실하고 제도화·형식화된 덴마크의 국가교회(루터교회)를 비판한다. 성서를 인용할 때 본문의 뜻과는 아무 상관없이 자의적으로 해석하여 성서를 자기의 주장을 정당화하기 위한 도구로 이용하는 것을 죄악시한다. 물론 키에르케골 자신도 자기가 완전한 그리스도인이라고 말할 수 없었겠지만, 참 신앙이 무엇인가를 말해야 한다는 사명감에 충실하고자 했던 것으로 보인다.

7. 키에르케골의 이 같은 생각은 헤겔 철학이 지배하던 당시의 학계에 거부 반응을 일으킨다. 그는 헤겔 철학과는 전혀 다른 관점을 보여주었기 때문이다. 철학과 종교와 국가의 화해와 일치, 세계사의 보편적 진리를 주요 문제로 다루는 헤겔 철학에 반해, 키에르케골은 각 사람의 신앙적 결단과 실존의 문제를 주요 문제로 부각시킨다. 신앙과 이성을 조화되는 것으로 보는 헤겔에 반해, 키에르케골은 양자를 대립하는 것으로 파악한다. 한마디로 키에르케골은 그 자신의 입장에 따라 헤겔의 관념론을 붕괴시키고자 한다. 이로 인해 그는 당대의 많은 지식인으로부터 비난과 조롱을 당하게 된다.

또한 키에르케골의 생각은 당시 덴마크의 기독교계에도 큰 거부 반응을 일으킨다. "그리스도의 뒤를 따름"(Nachfolge Christi)이 없는 기독교는 참 기독교가 아니며, 국가종교가 된 기독교는 자신의 참 기독교성을 파괴한다는 그의 지적은, 당시 덴마크의 기독교 지도자들에게 눈엣가시와 같았다. 그의 저서의 가명 저자인 클리마쿠스는 독일 관념론의 존재론을 거부했다면, 안티클리마쿠스는 기독교의 참 정신과 신앙의 열정을 잃어버린 국가교회의 위선과 거짓을 폭로하였다.

고대 그리스의 소크라테스와 마찬가지로 그 사회의 흐름에 모순되는 것을 외치는 자는 고립되기 마련이다. 소크라테스의 마지막은 독배였다. 키에르케골 역시 헤어날 수 없는 깊은 사회적 고립에 빠진다. 독신생활로 인한 몸의 영양 상태도 최악에 도달했던 것으로 보인다. 결국 키에르케골은 그의 잡지 「순간」 제10호가 출간되기 전인 1855년 10월 2일 코펜하겐의 거리에서 쓰러진다. 그는 병원에 약 한 달간 입원한다. 입원해 있는 동안 그를 자주 방문했던 친구 에밀 보에전(Emil Boesen)이 "성만찬을 받고 싶지 않느냐?"고 질문한다. 키에르케골은 "목사가 아니라 평신도에게서 성만찬을 받고 싶다"고 대답한다. 그에게 목사는 그리스도의 뒤를 따르는 신실한 하나님의 종이 아니라 국가 공무원에 불과했기 때문이다. 1855년 11월 11일 42세의 나이로 키에르케골은 프레데릭 병원에서 사망한다. 그의 시신은 코펜하겐의 아시스텐츠 묘지(Assistents-Friedhof)에 안장된다.

II

헤겔 철학에 대한 키에르케골의 안티테제

앞서 고찰한 바와 같이, 마르크스는 헤겔에 대한 안티테제로서 그 자신의 사상을 정립하였다.[1] 신적 정신으로부터 출발하여 세계사를 파악하고자 했던 헤겔에 대한 반대 명제로 제시된 것이 마르크스의 물질론적 역사철학이었다. 헤겔을 비판하면서 자신의 사상을 세운 또 한 사람이 있다. 덴마크의 "우수의 철학자" 키에르케골이다. 마르크스와 키에르케골, 두 사람 모두 헤겔 철학에 대한 부정을 통해 자신의 사상을 세운다는 점에서 공통점을 가진다. 이런 점에서 키에르케골은 헤겔 좌파 계열에 속한다고 말할 수 있다. 유명한 헤겔 연구자 뢰비트 역시 1962년에 출판한 『헤겔 좌파』 (*Die Hegelsche Linke*) 편저에서 키에르케골을 좌파로 분류한다.

키에르케골은 헤겔의 강의를 들은 적도 없었고, 베를린을 중심으로

---

1 아래의 글은 필자의 논문 「헤겔과 키에르케고르」, 『헤겔과 바르트』, 대한기독교출판사, 1983, 143-172를 수정 및 보완한 것임.

일어난 헤겔 좌파 운동에 참여하지도 않았다. 그가 베를린에 체류한 기간은 4개월에 불과했다. 이 기간에 그는 헤겔 좌파의 인물들과 교분을 나눈 적도 없었다. 그는 1940년대에 베를린을 중심으로 활동하고 있던 "청년 헤겔주의자들"(Junghegelianer)의 바깥에 서 있었다. 그러나 그는 헤겔 철학의 핵심을 잘 알고 있었다. 코펜하겐에서 공부하는 동안 그는 신학 교수들을 통해 헤겔 철학을 알게 되었다고 전해진다. 그 후로 그는 헤겔 철학을 충실히 연구했던 것으로 보인다. 특히 그는 헤겔 좌파의 주요 인물들과 동시대에 생존하였다. 마르크스가 태어나기 5년 전에 출생한 그는 마르크스가 사망하기 28년 전에 사망하였다. 따라서 그는 헤겔에 대해서는 물론 헤겔 좌파에 대해서도 잘 알고 있었음을 그의 문헌에서 볼 수 있다. 이리하여 키에르케골은 저술 활동 처음부터 헤겔에 대한 안티테제로서 자신의 사상을 제시한다. 이런 점에서 헤겔이 없었다면, 키에르케골도 없었을 것이라고 학자들은 말한다.

여기서 우리는 키에르케골의 사상 전체를 섭렵하기보다 헤겔과의 관계에서 제기된 키에르케골의 특징적 사상들을 몇 가지 항목으로 구별하여 고찰하고자 한다. 그의 사상들 역시 유기적으로 결합되어 있기 때문에 그것을 항목으로 나누는 것은 매우 어렵고 또 자의적일 수 있다. 그러나 그의 사상들을 좀 더 명확히 파악하기 위해 몇 가지 항목으로 구별하여 고찰하고자 한다.

1. 헤겔의 "비기독교적인 기독교 세계"

1. 헤겔의 주요 관심은 세계사 전체에 타당성을 가진 보편적 진리인 반면, 키에르케골의 주요 관심은 세계사에서 분리된 개인의 실존적 진리에 있

었다. 헤겔이 보편적인 것에 관심하였다면, 키에르케골은 특수한 것, 곧 개인의 실존에 관심하였다. 헤겔이 한평생 "하나님과 역사"의 문제와 씨름하였다면, 키에르케골은 "그의 한평생 (개인의) 믿음의 문제와 씨름하였다"(Schröer 1989, 143). 헤겔의 중요한 문제가 "우리는 하나님을 어떻게 역사 속에서 인식할 수 있는가?"의 질문에 있었다면, 키에르케골의 중요한 문제는 "기독교가 약속하는 영원한 축복을 나는 어떻게 얻을 수 있는가? 달리 말해, 나는 어떻게 그리스도인이 될 수 있는가?"의 질문에 있었다 (Tillich 1971, 329).

전체적으로 헤겔은 역사철학자였다면, 키에르케골은 실존철학자였다. 전자의 중요한 관심은 "역사에 있어서 하나님의 통치", "역사에 있어서 신정과 하나님의 정당화"에 있었다면, 후자의 중요한 관심은 "개인의 내면적 신앙의 실존"에 있었다. 헤겔은 보편사로서의 역사의 문제에 관심하였다면, 키에르케골은 각 사람의 실존 방식으로서의 신앙(Glaube als Existenzweise)에 관심하였다. 헤겔의 관심은 개인을 포함한 세계의 구원에 있었다면, 키에르케골의 관심은 개인의 영혼 구원에 있었다. 헤겔은 하나님이 창조하신 세계와 그 역사를 하나님으로부터 출발하여 하나님 안에서 파악하는 것을 그의 사명으로 인식했던 반면, 키에르케골은 하나님 앞에 서 있는 단독자 혹은 개별자로서 인간의 신앙적 결단과 실존을 확보하는 것을 자기의 사명으로 인식하였다.

헤겔은 기독교의 참된 기독교성을 하나님의 세계 통치에 있다고 생각하는 반면, 키에르케골은 그것을 각 사람의 신앙의 기초가 없는 허구라 판단하고, 기독교의 참된 기독교성을 개인의 신앙적 결단과 실존에서 발견한다. "이 세계가 어떻게 하면 기독교적인 세계가 될 수 있는가?"를 질문하지 않고 "단독적 주체로서의 내가 어떻게 참된 그리스도인이 될 수 있는가?"를 질문한다. 여기서 그는 칸트의 이원론을 수용하고, 이를 보다 더 극단적으로 발전시켰다고 말할 수 있다(Moltmann 1969, 153). 헤겔의 관심과는 전혀 다른 자신의 관심으로 말미암아 키에르케골은 헤겔의 관념론적 세계사 철학 대신에 그의 유명한 "실존철학"을 세우게 된다.

혜겔과 키에르케골의 이 두 가지 상반된 것처럼 보이는 관심은 기독교 신학에 심각한 영향을 주게 된다. 하나님의 세계사적 통치와 개인의 신앙적 실존, 보편사로서의 세계사와 단독자로서 인간의 실존, 헤겔과 키에르케골이 관심했던 이 두 가지 문제는 기독교 신학의 두 가지 축을 이룬다고 말할 수 있다. 보수적 경향의 신학은 키에르케골의 관심을 따른다면, 진보적 경향의 신학은 헤겔의 관심을 따른다.

2. 헤겔 철학에 대한 키에르케골의 거부는 자신의 참 본질을 상실하고 국가종교가 되어버린 기독교와 "기독교 세계"(Christentum)에 대한 비판을 전제한다. 헤겔과 마찬가지로 키에르케골도 자기를 기독교 신자로 인식한다. 두 사람 모두 기독교를 전제하며 신학적 문제들을 다룬다. 그러나 기독교에 관한 두 사람의 관점은 전혀 다르다.

헤겔 철학에 따르면, 세계는 **신적 정신의 세계** 내지 **기독교적 세계**로 파악된다. 세계는 "정신으로서의 하나님"의 자기현상이다. 그것은 신적 정신의 변증법적 자기활동의 장(場)이다. 따라서 세계의 "현실적인 것"은 주어진 현재에 있어서든지, 아니면 아직 주어지지 않은 미래에 있어서든지 간에 "이성적인 것"이다. "이성적인 것은 현실적이요, 현실적인 것은 이성적이다." 모든 현실적인 것은 정신의 자기현상으로 파악되기 때문이다. 키에르케골은 헤겔의 이 생각을 거짓이라고 판단한다. 헤겔이 말하는 이른바 "기독교의 세계"는 사실이 아니다. 그것은 "이교의 세계가 되었다"고 키에르케골은 선언한다(Kierkegaard 1971a, 42. 이하 Kierkegaard의 문헌 근거 표기에서 저자 이름을 생략함).

달리 말해, 헤겔이 말하는 기독교적인 세계, 곧 기독교와 국가가 화해된 세계, 신적 정신이 모든 것을 결정하는 세계는 거짓이라는 것이다. 사실상 그것은 "비기독교적인 기독교 세계"다. 기독교의 참 정신은 사라지고, 기독교가 형식적으로만 국가종교의 위치를 차지하고 있는 세계다. 세속 안에서 "그리스도의 뒤를 따름"은 사라지고 종교적 제도와 형식이 있을 뿐이다. 이 사회는 기독교를 국가종교로 둔 기독교적 사회, 기독교적 질서와 문화를 가진 사회라고 하지만, 사실상 그것은 기독교 진리에서 멀리 떨어진 하나의 이교적 사회라는 것이다. 그것은 형식적으로만 기독교적 사회다.

이 같은 비판과 함께 키에르케골이 덴마크 사회의 공직에 진출한다는 것은 애초부터 불가능한 일이었다. 그러므로 키에르케골은 일찍부터 공직 진출의 꿈을 버리고 사적 문필가로서 고독한 삶을 살게 된다. 명민한 머리를 가진 키에르케골은 애초부터 이것을 내다보았던 것 같다. 그가 레기네와의 약혼을 파기한 깊은 원인은 여기에 있는 것으로 추측된다. 공공생활에서 소외된 자기의 고독한 삶에 그녀를 끌어들여 그녀가 불행해지는 것을 피하고 싶었던 것이다.

여하튼 기독교 사회에 대한 키에르케골의 비판은 마르크스의 기독교 국가에 대한 비판과 일치한다. 마르크스는 이른바 기독교를 국가종교로 가진 기독교 국가를 "위선의 국가"라고 규정한다. "이른바 기독교 국가는 국가의 기독교적 부인이다. 그것은 결코 기독교의 국가적 실현이 아니다.…국가는 위선의 국가(Staat der Heuchelei)다"(Marx 2004d, 250). 국가가 정말 기독교 정신을 그의 기초로 가진 기독교 국가라면 이 국가는 왕정제도를 이룰 수 없다. 그것은 모든 사람이 "최고의 가치"로 인정되는 민주주의 체제를 이룰 수밖에 없다. 왕정제도를 가진 이른바 "기독교 국가"는 참 기독교 정신의 부인일 뿐이다. 그럼에도 불구하고 기독교는 이 국가를 이른바 "기독교 국가"로 정당화한다. 이것은 거짓이요 위선이다. 키에르케골은 기독교 국가 내지 기독교 세계에 대한 마르크스의 비판에 동의한다. 마르크스가 말하는 "위선의 국가"를 키에르케골은 "이교의 세계" 혹은 "비기독교적인 기독교 세계"라고 명명한다.

3. 그럼 키에르케골이 당시 덴마크의 기독교 국가를 "이교의 국가, 비기독교적인 기독교 국가"라고 비판하는 구체적 이유는 무엇인가?

첫째, 이른바 기독교 국가에서 기독교는 예수 그리스도에 대한 **살아 있는 믿음**을 상실하고 국가종교로서 제도화·형식화되었다. 기독교 신앙의 신앙고백적이고 인격적인 면은 사라지고 **종교적 제도와 형식, 거짓과 위선**이 있을 뿐이다. 신앙의 확신과 신앙고백이 없음에도 불구하고 사람들은 자기를 기독교인으로 생각한다. 신앙적 결단과 경건 생활이 없음에도 불구하고 성직자들은 자기를 "그리스도의 대리자"(vicarius Christi)로 자처한다. 그들은 참 성직자가 아니라 국가 공무원일 따름이다. "기독교가 무엇인지 전혀 알지도 못하면서 우리 모두는 기독교인이다"(1971b, 399).

둘째, 이른바 기독교 국가에서 기독교 신앙의 진리는 **추상적 이론** 내지 **교리 체계**로 변하였다. 사람들은 인격적으로 그리스도를 신뢰하고 그의 뒤를 따르는 것이 아니라, 단지 그리스도에 대한 이론을 가르치고 또 이것을 배운다. 그리스도에 대한 참 신앙이 사변적인 지식과 교리로 대체되었다. 이리하여 그리스도에 대한 지식과 교리는 있지만 **그리스도의 뒤를 따르는 참 신앙**을 볼 수 없다. 이른바 기독교 국가에서 "그리스도의 뒤를 따름"은 사라져버렸다. 제도와 형식, 추상적 이론과 교리 속에서 그리스도가 폐기된다. 이것은 사실상 기독교의 폐기를 말한다. 키에르케골은 이것을 다음과 같이 말한다.

우리 시대에 모든 것은 추상적으로 되었고, 모든 인격적인 것은 폐기되었다. 사람들은 기독교의 이론을 취함으로써 그리스도를 폐기한다. 다시 말해 그들은 기독교를 폐기한다(1971a, 125).

키에르케골에 따르면, 우리는 우리 자신에 대한 이론보다 우리 자신이 더 중요하다고 생각한다. 우리와 마찬가지로 그리스도 역시 "하나의 인격"이다. 그럼에도 불구하고 사람들은 그리스도보다도 그에 관한 이론과 교리를 더 중요시한다. 그리스도를 취하지 않고, 그에 관한 이론과 교리를 취한다. 그리스도의 뒤를 따르지 않고, 그에 관한 이론과 교리의 뒤를 따른다. "이것은 그리스도에 대한 모독이다. 이것은 그를 단순한 인간으로 만드는 것을 뜻하기 때문이다"(1971a, 126). 그리스도는 사라지고, 그에 관한 지식과 교리를 취하는 기독교 국가, 그리스도의 뒤를 따름이 없는 기독교와 기독교 국가는 위선일 따름이다. 기독교의 종교적 제도와 형식, 이론과 교리는 있지만, 정작 있어야 할 그리스도는 보이지 않는다.

4. 그가 발행한 「순간」이란 제목의 잡지에서, 키에르케골은 국가종교가 된 기독교의 거짓을 다음과 같이 지적한다. 기독교가 국가종교가 됨으로 인해 **기독교와 세속 국가의 타협**이 일어났다. 이것은 국가와 기독교를 중재한 헤겔 철학으로 말미암아 더욱 강화되었다. 이른바 기독교적인 국가의 인간적인 것, 세속적인 것이 신적인 것을 보호하고 장려하겠다고 한다. 그러나 세속적인 국가의 인간적이고 세속적인 것이 신적인 것을 보호하고 장려하겠다는 것은 도대체 말이 되지 않는다. 그것은 기독교의 세속적 변질을 초래할 뿐이다. 기독교가 국가종교가 되어 국가의 보호를 받으면서부터 기독교는 **자신의 참된 본질**을 상실하였다. 세속 국가와의 타협 속에서 기독교는 하나님 대신에 세속의 통치자를 두려워하게 되고, 국가의 세

속적 관심의 지배를 당하게 된다. 키에르케골의 확신에 의하면, 인간적인 것, 세속적인 것이 신적인 것을 보호하고 장려할 수 없다. 참 기독교는 "그리스도의 뒤를 따름"(Nachfolge Christi)일 뿐이다. 그 이상도, 그 이하도 아니다. "그리스도의 뒤를 따름"은 "세속적인 것을 단호히 거절한다"(Löwith 1941, 176).

국가종교 체제에서 국가의 공무원들은 기독교를 보호하고자 한다. 그들은 모든 사람이 자기를 기독교인이라 부르게 하고자 한다. 그러나 그들은 "기독교가 참으로 무엇인지 알지 못한다.…그들은 기독교를 '선포하고', '기독교를 확장하며', '기독교를 위해 일한다'고" 말한다. 그러나 기독교가 참으로 무엇인지 알지 못하는 사람이 기독교를 장려하고 확장하며, 기독교를 위해 일하기란 불가능하다. 사실상 그들은 기독교를 절름발이로 (불가능하게) 만들어버린다. 키에르케골에 따르면, 이것이야말로 "가장 위험한 일"(das Allergefährlichste)이다. "덴마크에서 그룬트비히가 대변한 국가교회적 혹은 민족교회적 기독교는 신약성서가 참되다고 선포하는 것과는 정반대다. 현대 기독교 사회에서 기독교는 확장됨으로써 폐기되었다. 헤겔이 시도한 교회와 국가의 화해는 키에르케골에 의해 종교적 분노로 변했다면, 마르크스에 의해 사회적 분노로 변하였다"(Löwith 1941, 177).

5. 키에르케골의 많은 저서는 "비기독교적인 기독교 세계"의 거짓과 위선을 비판하는 데 할애되고 있다. 그에 따르면, 기독교의 본질은 종교적 형식과 이론이 아니라 **그리스도의 뒤를 따르는 살아 생동하는 신앙**에 있다. 그것은 그리스도 앞에서의 **인격적 결단과 복종**이다. 헤겔의 철학에서는 바로 이 점이 간과되고 있다. 그의 책 어디에서도 하나님 앞에서의 회개와 인격적 결단과 복종에 관한 말을 읽을 수 없다. 이로 인해 그리스도인이라 하지만 참 그리스도인이 아닌 사람들, 그리스도에 관한 이론과 지식은 있지

만 그리스도의 뒤를 따르지 않는 사람들이 득실거리게 된다. 입으로 신앙고백을 하지만 그리스도인답게 살지 않는 사람들, 교회 예배에 참석하지만 하나님의 말씀대로 살지 않는 사람들로 가득하게 된다.

이 거짓과 위선을 키에르케골은 가장 혐오한다. 그에 따르면 참된 그리스도인의 존재를 가능하게 하고자 한다면 기독교의 **거짓된 형식들**이 깨어져야 한다. 매 주일 예배에 참석하는 일이 중요한 것이 아니라 예수의 뒤를 따라 사는 것이 중요하다. "교회의 공적 예배에 참여하지 않음으로써 너는 하나의 큰 죄책을 면하게 된다. 이를 통해 너는 하나님을 바보로 만드는 일에 참여하지 않는다. 신약성서의 기독교를 지킨다고 자칭하면서, 그것을 지키지 않는 일에 참여하지 않는다." 만일 내가 나를 희생제물로 바친다면, 그것은 "기독교를 위한 희생제물이 아니라 단지 내가 정직하게 살고자 하는 마음을 위해 바치는 희생제물일 뿐이다. 끝까지 나는 이것을 모험하고자 한다"(Störig 1974, 366-367에서 인용).

키에르케골에 따르면, 헤겔은 거짓과 위선으로 가득한 세계를 하나님의 영(정신)이 그 속에서 모든 것을 결정하는 하나님의 세계로 체계화하였고, 방법론적으로 이를 관찰하였다. 참 기독교 정신이 사라진 세계를 헤겔은 하나님과 인간, 하나님과 세계의 "화해의 원리"가 실현된 세계, 이성이 다스리는 세계라고 규정하였다. 이것은 거짓이다. 이것은 희망 사항이지, 현실이 아니다. 키에르케골의 입장에서 볼 때, 하나님과 세계를 화해시키고, 세계를 하나님 안에서, 하나님을 세계 안에서 인식하고자 하는 헤겔의 학문 체계는 현실의 비기독교적인 기독교 세계에서 괴리된 하나의 허구다. 하나님과 세계, 신적인 것과 인간적인 것의 헤겔적 화해 내지 종합은 현실의 세계를 떠난 공허한 이론에 불과하다. 그것은 이론적 화해 내지 사상에 있어서의 화해에 불과하다. 현실의 세계는 하나님과 화해되어 있지 않다. 그것은 하나님이 다스리는 기독교 세계라고 하지만 사실상 비기독교적 세계다.

키에르케골의 이 생각은 **헤겔 좌파의 공통된 생각**이다. 헤겔 좌파 헤스(M. Hess)에 따르면, 현대 기독교는 고대 기독교와 동일한 전철을 밟았다. 고대 기독교와 마찬가지로 현대 기독교도 "하나의 가르침, 하나의 이론에 불과했고 교사 직분, 성직자 직분, 교회를 세웠다. 이 교회는…타락할(entarten) 수밖에 없었다." 다시 말해, 그에게 부여된 목적의 반대가 되어 버릴 수밖에 없었다. 교회의 본래 목적은 "신적인 것과 인간적인 것, 이론과 실천의 분열을 지양하고, 세계를 거룩하게 하며 신화화하고(deifizieren), 개인과 종(種)의 간격, 사람들 사이의 적대관계를 지양하는"데 있다. 그러나 신적인 것과 인간적인 것, 이론과 실천의 분열은 지양되기는 고사하고, 거꾸로 최고조로 악화되었다. 중세기에 기사들과 농노들이 분리되어 있었던 것처럼, 현대 기독교에서는 "목사 계급과 평신도 계급"(Pfaffentum und Laientum)이 나누어져 서로를 배제하면서 자기의 유익을 추구한다.

헤스에 따르면, "현대 기독교 교회는 기독교적-국가다.…철학이 현대의 종교인 것처럼, 이 국가는 현대의 교회다. 교회가 기독교 종교의 실존형식에 불과한 것처럼, 이 국가는 철학의 실존 형식일 뿐이다." 이 "자유로운 국가"는 하늘과 땅, 이론과 실천, 개인과 종의 분열을 더욱 심화시켰을 뿐이다. 하늘은 피안에 있는 것이 아니라 차안의 국가가 바로 하늘이다. 이 국가 안에서 각 사람은 "오직 개체화된 인간"으로 실존한다. 따라서 개인과 인간 종 사이의 차이를 이론적으로 지양하려는 모든 시도는 실패할 수밖에 없다. 이론과 실천, 신적인 것과 인간적인 것의 "이 기독교적 이원론은 기독교적 시대 전체를 지배하며, 현대의 철학적·무신론적 그리스도인들은 고대의 신실한 그리스도인들처럼 이 이원론에 예속되어 있다."

기독교의 배면에는 "가장 사악한 이기주의가" 숨어 있다. 공산주의자도 사실상 이기주의자인 것처럼, 기독교인들도 이기주의자다. "종교인이 자기의 천상의 이기주의(himmlischer Egoismus), 그의 지복이 아무것도 아니라는 것을 인지하게 될 때, 그는 먼저 짐승이 되고, 완전히 땅 위의 이기주의에 빠진다. 그는…하나님과 하늘의 지복 대신에 자기의 외화된 본질인 **돈과 행복**을 추구한다." 철학자도 마찬가지다. 그가 추구하는 "정신"이 아무것도 아니라는 것을 인지하게 될 때, 그는 "먼저 실천적 이기주의에 빠지며, **초월적** 인간성(transzendentale Humanität)과 함께 모든 **현실적** 인간성(wirkliche Humanität)도 버리게 된다"(Hess 1962, 48-52). 한마디로 기독교 종교가 다스리는 세계는 기독교적인 세계가 아니라 이기적 인간의 세계다. 그것은 사실상 비기독교적인 세계다. 이에 대한 원인을 키에르케골은 헤겔의 신적 정신의 철학에서 발견하고, 헤겔 철학에 대립하는 자신의 통찰들을 제시하게 된다.

2. "체계"가 아니라 개인의 실존이 중요하다
- 헤겔의 체계에 대한 블로호의 비판

1. "비기독교적인 기독교 세계"에 대한 키에르케골의 비판은 헤겔의 학문적 "체계"에 대한 비판으로 이어진다. 그의 입장에서 볼 때, 헤겔의 학문적 체계의 기본 문제점은 인간 세계의 현실을 올바르게 파악하지 못하는 데 있다. 이 문제점을 키에르케골은 헤겔의 논리학 비판에서 제시한다. 그가 쓴『불안의 개념』서론에 의하면,

> (헤겔의) 논리학의 마지막 단원의 제목을 "현실"이라고 부를 경우, 우리는 마치 논리학에서 가장 높은 자리에…이미 도달한 것처럼 보이는 장점을 얻게 된다. 그러나 이로써 논리학을 위해서도 기여하지 못하였고, 현실을 위해서도

기여하지 못하였다는 단점이 여기에 나타난다. 현실을 위해 공헌하지 못한 이유는, 본질적으로 현실에 속한 우연성을 논리학은 조금도 허용하지 않기 때문이다. 이리하여 논리학을 위해서도 공헌하지 못하였다. 그 까닭은 논리학이 현실에 대해 사유할 경우, 논리학은 그가 소화할 수 없는 그 무엇을 자신 속에 받아들이며, 그가 단지 미리 규정해야 할 것을 미리 앞당겨 오는 결과에 이르기 때문이다(1971c, 186-187).

여기서 우리는 키에르케골이 헤겔의 논리학을 깊이 연구했다는 사실을 볼 수 있다. 헤겔의 학문 체계 전체는 정신의 자기활동의 논리적 법칙에 기초한 **"범논리주의"**(Panlogismus)를 그 밑바닥에 두고 있다. 세계의 모든 것은 정신의 논리적 법칙에 따라 일어난다. 여기서 "우연적인 것"은 허용될 수 없다. 현실 세계의 모든 것이 논리적 필연성 속에서 일어난다. 세계는 논리적 체계의 성격을 띤다. 이에 반해 키에르케골은 "우연성"을 세계의 구성 요소로 파악한다. 세계는 그 속의 모든 것이 논리적 필연성 속에서 일어나는 기계와 같은 것이 아니라, 예기하지 못한 우연한 것이 언제나 다시금 일어나는 우연성을 그의 본질로 가진다. 우연성이 없는 세계, 논리적 법칙에 따라 모든 것이 일어나는 세계는 시계와 같은 하나의 기계일 것이다. 이로써 헤겔은 세계의 현실에도 기여하지 못하지만 논리학에도 기여하지 못한다. 그의 논리학은 언제나 다시금 우연한 일들이 일어나는 세계의 현실에서 추상화된 공허한 논리 체계로 머물기 때문이다.

키에르케골에 따르면, 헤겔의 범논리주의적 체계로서의 현실은 진짜 현실이 아니다. 그것은 관념적인 현실이요, 현실적인 현실로부터 추상화된 현실에 불과하다. 사유는 단순한 사유가 아니라 현실에 기초한다는 것이 고대 철학과 중세 철학의 전제였다. 칸트는 이 전제를 부인하였다. 그는 현실이 **사유를 통해 구성된다고** 파악하였기 때문이다. 그러나 현실의 "사물 자체"(Ding an sich)를 칸트는 사유를 통해 파악할 수 없는 미지의 것으로 규정하였다. 이로써 칸트는 **현실과 사유의 이원론**을 세웠다. 이에 반해 헤겔은 보다 더 정교한 방법으로 **현실과 사유의 일치**를 회복하고자 하였다 (1971c, 188). 사유는 현실에서 분리된 그 무엇이 아니라 현실 자체의 운동을 사상(Gedanke)의 형식으로 파악하는 것으로 보았다. 그에게 사유와 현실은 별개의 것이 아니라 동일한 신적 정신의 자기활동으로 생각되었다. 사유는 단지 **"사상으로 파악된"**(in Gedanken erfaßt) 현실일 뿐이다.

키에르케골에 따르면, 헤겔이 말하는 "사상의 형식으로 파악된" 현실은 **논리적 법칙에 따라 사유된 현실** 내지 개념의 현실에 불과하다. 그것은 하나의 "추상적 사변"이다. 현실을 방법론적으로 체계화시킨 헤겔의 철학 체계는, 인간의 참된 현실과 일치하지 않는 **사변적 체계**에 불과하다. 이 체계는 인간의 참된 현실과 관계하지 못하는 관념적인 것, 추상적인 것이다. 그러므로 키에르케골은 체계 일반을 거부한다. 체계는 현실의 진리를 파악하지 못하면서, 그것을 파악한 것처럼 자신의 타당성을 주장하기 때문이다.

2. 헤겔의 체계에서 간과된 또 하나의 중요한 문제는 **인간의 죄의 현실**에 있다고 키에르케골은 지적한다. 헤겔은 그의 모든 체계에서 인간의 죄의 현실을 보지 못했다. 키에르케골에 따르면 "본래 죄는 어떤 학문에도 속하지 않는다." 그것은 논리적 체계에 속할 수 없다. 그것은 학문의 대상이 아니라 "단독자가 단독자로서 단독자에게 말하는 설교의 대상"일 뿐이다(1971c, 193). 여기서 우리는 키에르케골의 깊은 신앙적 통찰력을 볼 수 있다. 인간의 죄 문제는 학문의 대상이 될 수 없다. 그것은 학문의 논리적 체계에 속한 문제가 아니다. 그것은 인간의 이성으로 파악할 수 있는 것이 아니다. 그것은 이성의 학문적 논리에 "거치적거리는 것"(Anstößiges)이다.

어느 학문도 죄가 어디에서 오는지, 죄의 죽음이 어떻게 연관되는지에 대해 말하지 않는다. 죄의 문제는 인간의 논리적 이성에 모순된다.

키에르케골에 따르면 죄가 무엇인가를 해명할 수 있는 것은, 논리적 법칙을 따르는 인간의 학문이 아니라 예수 그리스도의 "계시"다. 인간의 죄의 본질과 깊이는 예수 그리스도 안에 있는 **하나님의 계시로부터** 해명될 수 있다. 헤겔은 뛰어난 개성을 가진 참으로 박학다식한 학자이지만 죄의 현실을 간과한 위대한 체계를 만들었다. 그는 이 체계로 세계의 모든 것을 백과전서처럼 설명하고자 하였다. 참으로 그는 "독일적인 의미에서 높은 수준의 위대한 철학 교수였다"(1971c, 197).

죄의 문제를 간과한 헤겔의 체계에 반해, 키에르케골은 기독교의 중요한 특징은 인간의 **죄에 대한 통찰**에 있다고 생각한다. 기독교와 타 종교를 구별하는 기독교 특유의 요소는 죄에 대한 통찰에 있다. 키에르케골에 따르면, 타 종교와 자연인은 죄가 무엇인지 알지 못한다. 이에 반해 기독교는 예수 그리스도 안에서 일어난 "하나님의 계시"를 통해 죄가 무엇인지 구체적으로 제시한다. **가장 깊은 죄**는 십계명의 윤리적 금지 명령을 지키지 않는 것은 물론 우리의 이웃을 **우리 자신의 몸처럼** 사랑하지 못하는 데 있다. 하나님이 그리스도 안에서 우리 인간을 섬기는 것처럼 우리의 이웃을 섬기지 못하는 데 있다. 간단히 말해, 너와 나를 동일화하지 못하는 데 있다. 보다 더 본질적인 죄는 예수 그리스도가 **하나님의 아들이요 우리의 구원자임**을 믿지 않는 데 있다. 그리스도에 대한 불신앙이 가장 근원적인 죄다. 이 같은 의미의 죄는 하나님의 아들 예수 그리스도 안에서 일어난 하나님의 계시를 통해 알려진다. 오직 그리스도의 계시를 통해서만이 우리는 죄가 무엇인지 인식할 수 있다.

3. 여기서 키에르케골은 이른바 **자연계시**를 거부한다. 죄가 무엇인가를 밝

혀주는 것은 예수 그리스도 안에서 일어난 하나님의 계시뿐이다. 타 종교와 자연인이 죄가 무엇인가를 알지 못하는 것은 하나님의 계시가 그들에게는 없다는 것을 말한다. 하나님의 계시는 타 종교나 인간의 양심, 곧 자연에 있는 것이 아니라 예수 그리스도에게만 있다. 예수 그리스도만이 하나님의 자기계시다(20세기 카를 바르트 신학의 출발점이 됨). 그는 하나님의 아들이기 때문이다. 따라서 예수 그리스도를 신앙하는 그리스도인들만이 죄가 무엇인가를 인식할 수 있다. 바로 여기에 기독교와 타 종교의 차이가 있다. 키에르케골에 따르면, 타 종교와 기독교의 질적 차이는 "화해론에 있는 것이 아니라 죄론에" 있다(1971d, 477). 기독교의 진리는 인간이 자기의 이성으로 인식할 수 있는 합리적인 것이 아니라 인간의 이성에 "거치적거리는 것" 곧 "역설적인 것"이다. 이 진리에 도달할 수 있는 길은 죄를 깨닫는 데 있다. 그것은 "오직 죄에 대한 의식에 있다. 어떤 다른 길을 통해 이 진리에 도달하려는 것은 기독교의 권위에 대한 훼손이다"(1971a, 76).

여기서 키에르케골은 기독교 신앙의 입장에서 헤겔 철학을 반박한다. 헤겔에 따르면 사유는 신적 정신의 자기활동이다. 따라서 하나님의 진리에 도달할 수 있는 길은 사유에 있다. 종교는 하나님의 진리를 종교적 표상의 형식으로 나타낸다면, 사유는 이 진리를 철학적 개념의 형태로 파악한다. 종교적 표상 속에 담겨 있는 하나님의 진리는 사유를 통해 개념적으로 파악된다. 키에르케골은 이것을 "기독교의 권위에 대한 훼손"이라고 판단한다(1971a 76).

왜 이것은 "기독교의 권위에 대한 훼손"인가? 그 까닭은 인간은 하나님 앞에 설 수 없는 죄인임에도 불구하고 자기의 죄를 인정하지 않고, 자기의 이성을 가지고 하나님의 진리를 인식할 수 있다고 생각하는 교만에 빠지기 때문이다. 그는(헤겔도 포함됨) 하나님을 믿는다고 하지만 사실상 하나님에 대한 불신앙 속에 있다. 하나님에 대한 불신앙 속에서 하나님의 진리를 인식하는 것은 불가능하다. 그것은 하나님에 대한 인간의 교만일 뿐이다. 하나님의 진리는 자기의 죄를 자백하고 하나님 앞에 무릎을 꿇는 신앙의 겸손 안에서만 인식될 수 있다. 헤겔은 이 같은 신앙의 진리를 간과하고 이성을 통해 하나님의 진리를 인식할 수 있다고 말한다. 이로써 **헤겔은 이성을 통하여 신앙을 폐기한다.** 만일 이성을 통해 하나님의 진리를 인식할 수 있다면, 하나님에 대한 신앙은 필요하지 않을 것이다. 기독교는 아무런 권위도 갖지 못할 것이다. 이를 가리켜 키에르케골은 "기독교의 권위에 대한 훼손"이라고 말한다.

4. 키에르케골의 문헌들을 읽어보면 그의 모든 생각은 기독교 신앙에 근거하고 있음을 볼 수 있다. 그의 문헌 전체에 흐르는 주요 문제는, 나는 어떻게 참 그리스도인일 수 있는가, 참 신앙에 이르는 길은 무엇인가다. 이 문제는 헤겔의 관념론적 사유의 형식에 대한 날카로운 비판의 출발점이 되었고, 이후의 철학적 사유 방식에 대한 논쟁을 일으키게 된다. 키에르케골은 자기의 사상을 자신의 삶의 진리로서 기술한다. **자신의 삶을 떠난 객관적인 이론**을 그는 거부한다. 마르크스가 이론과 실천의 분리를 거부하듯이, 키에르케골은 이론과 삶의 분리를 거부한다. 과학자, 역사학자 혹은 사변철학의 대표자들, 곧 비실존적 사상가들이 자신의 삶을 떠난 이론 체계를 세우는 것을 그는 반대한다. 그는 "자기의 사유의 대상에 무한하게 열정적으로, 인격적으로 참여하는" **"실존적 사유자"**이고자 한다.

　물론 키에르케골은 객관적 지식을 얻기 위해 학문적 객관성을 가지고 양심적으로 연구하는 학자들을 결코 반대하지 않는다. 그러나 이 노력은 제한된 가치를 가질 뿐이라고 그는 말한다. 학문적 지식 내지 진리는 그것을 연구하는 학자 자신의 삶의 진리일 때 참 진리가 된다. 그렇지 못한 진리는 사실상 진리가 아니다. 바로 여기에 헤겔 체계의 문제성이 있다. 헤겔의 학문적 체계에서 **헤겔 자신의 존재**는 전혀 문제시되지 않는다. 그의 체계는 그 자신의 존재에서 분리된 상태에 있다. 그러나 자신의 신앙과 구원의 문제에 대한 사유에서, 우리는 우리 자신의 존재에서 분리된 객관적 이론 체계를 세울 수 없다. 역사적 개연성이나 형이상학적 가능성으로 만족할 수 없다. 오히려 자신의 존재가 깊이 참여된 인격적 고뇌와 열정 속에서 이 문제를 다룰 수밖에 없다. 그렇지 않을 때 그가 기술한 내용은 **자신의 존재와 무관한 생명 없는 지식**, 곧 죽은 지식에 불과하다. 생명 없는 죽은 지식은 진리일 수 없다.

객관적 사상가들은 자신이 기술하는 내용에 대해 반드시 결단을 해야 할 필요가 없다. 그 내용은 자신의 존재와 무관하기 때문이다. 그러나 실존적 사상가는 자신이 기술하는 내용에 대해 **결단해야 한다**. 자신의 존재의 상황을 배제하고, 자신의 존재와 삶에 관한 질문들을 세계사의 의미, 하나님의 본성, 영혼의 불멸 등에 대한 사변적 질문으로 바꾸어버릴 때, 그는 코미디 연기자가 되어버린다. 참으로 실존적이며 주관적으로 사유하는 사람은 자기의 사상 속에서 언제나 자신의 실존적 상황을 의식하며, 이 의식 속에서 자기의 사상을 전개한다. 그의 관심은 학문적 체계를 세우는 것이 아니라 자신의 존재가 참여해 있는 **그 자신의 삶의 진리**를 찾는 데 있다.

이것을 키에르케골은 **소크라테스**에게서 발견한다. 그에게 소크라테스는 실존적으로 사유하는 사상가였다. "실존은 무한한 것과 유한한 것, 영원한 것과 시간적인 것이 하나로 결합되는 결과물이다. 따라서 그것은 중단될 수 없는 노력이다. 이것이 소크라테스의 메시지다." 그러므로 소크라테스는 완결된 이론이나 완결된 체계를 남기지 않았다. 계몽주의자 레싱도 소크라테스 계열에 속한 인물이었다. 비록 하나님이 자기에게 직접 보여준다 할지라도, 자기는 모든 진리를 인식할 수 없다고 레싱은 주장하였다. "진리 전체, 궁극적 체계는 오직 하나님의 일"이라고 그는 생각하였다. 키에르케골에 따르면 "체계와 궁극성(System und Endgültigkeit)은 일치점을 가진다." 체계는 언제나 궁극성을 갖고자 한다. 궁극성이 없으면 체계는 유지될 수 없기 때문이다. 거꾸로 궁극성은 체계를 요구한다. 체계가 없는 궁극성은 있을 수 없기 때문이다. "그러나 실존은 궁극성과는 반대되는 것이다"(위의 내용에 관해 Tillich 1971, 330). 실존은 객관적 궁극성을 주장하는 체계와는 반대된다. 우연적인 일들이 끊임없이 일어나는 인간의 실존에 대해 체계와 궁극성은 낯선 것이다.

키에르케골에 따르면 인간은 실존 속에서 살고 있다. 그는 영원한 것과 유한한 것 사이에 서 있다. 이 상황을 가리켜 키에르케골은 윤리적 상황, 결단의 상황, 주관적 염려(Besorgnis)의 상황, 그 자신의 존재가 문제되는 무한한 격정의 상황이라 부른다. 그의 초기 저서 『이것이냐 저것이냐』에서 그는 이 상황을 심미적 영역, 자신의 실존과 무관한 객관적 관찰의 영역에서 구별한다. 심미적 영역과 객관적 관찰의 영역에서 윤리적 결단과 격정은 불필요하다. 바로 여기에 헤겔의 범논리주의적 체계의 문제성이 있다고 키에르케골은 판단한다. 범논리주의에 입각한 헤겔의 체계는 윤리적 상황, 주체성과 인격적 결단의 요소를 허용하지 않는다. 이에 키에르케골은 헤겔의 체계를 거부한다(Tillich 1971, 330-331).

키에르케골의 신념에 따르면 인간은 **오직 단독자로서** 존재한다. 그는 하나의 보편개념으로 요약될 수 있는 존재가 아니다. 그는 "인간 일반"으로서 실존하지 않고, 오직 자기 자신으로서, 단 하나밖에 없는 단독자로서 존재한다. 각 사람의 존재는 단 한 번뿐이다. 그는 어떤 다른 사람과 동일시될 수 없는 개별자, 단독자다. 그러나 헤겔의 "체계"는 단독자를 허락하지 않는다. 그것은 인간을 "인간 일반"이란 집합개념으로 묶어버린다. 이로써 인간은 자기의 개별성 내지 단독성을 상실하고 "인간 일반"이라는 집합개념으로 폐기되어버린다. 그 무엇과 비교될 수 없고 동일화될 수 없는 개별의 인간은 사라지고 "우리에게는 모든 것이 체계, 오직 체계일" 뿐이다. 모든 것의 "체계화"(Systematisieren)로 말미암아 "인격적으로 실존 한다"는 사실이 폐기된다(1962, 279).

이에 키에르케골은 헤겔의 "체계"를 거부하고 **단독자의 실존**을 강조 하게 된다. 철학은 체계에 관심을 기울이기보다 개체로서의 인간 실존에 관심해야 한다. "객관적 사유자는 주체와 그의 실존에 대해 무관심하다. 이에 반해 주관적 사유자는 실존하는 자로서 자기의 사유에 관심을 기울 인다. 그는 그 속에서 실존한다.…본질적으로 **실존과 관계하는 인식**만이 본질적 인식이다"(Störig 1974, 366에서 인용).

5. 좌파 마르크스주의자 블로호는 키에르케골이 간파한 헤겔 체계의 공허 함을 드러내면서 인간의 개체성을 중요시하는 키에르케골에게 동의한다. 그의 저서 『유토피아의 정신』에 따르면,[2] 헤겔의 철학 체계에서 우리는 더 이상 고난을 당하고, 의욕하고, 인간적으로 존재하는 것을 중단하게 된다. 그의 종합 체계에서 헤겔은 세계의 모든 본질적인 것 속에 그 어떤 "가 시"(Stachel)도 남겨두지 않고 모든 것과 타협하고자 한다. 헤겔은 세계보다 자기가 더 잘났다고 생각하는 것처럼 보인다. 그래서 "다른 사람들보다 세 계를 더 잘 이해한다"고 생각한다. 그의 참된 내적 입장은 경우에 따라 다 르다. 따라서 그의 참된 전체적 입장이 무엇인가를 판단하는 것은 매우 어 렵다. 그의 『정신현상학』의 정신은 "완전한 지금과 함께 땅 위의 어떤 현재 도 더 이상 생각하지 않는다." 그의 체계에서 우리의 그 무엇도 대답을 얻 지 못하며, 문제의 해결을 얻지 못한다. 헤겔이 말하는 "개념"은 "우리가

---

2 블로호의 글들은 사실적이지 않고 암시적이다. 그래서 이해하기 매우 어렵지만, 깊은 생 각들을 내포한다. 읽는 사람의 많은 인내를 요구한다.

고난을 당하는지, 우리가 지복에 이를 수 있는지, 우리가 개별의 실존하는 인간으로서 불멸하는지에 대해 무관심하다." 사유자 헤겔은 이 땅 위에서 고난을 당하며 실존하는 인간이고자 하지 않는 것처럼 보인다. "그는 가장 나쁜 것을 우리에게 맡겨두고, 추상성의 문제에 전혀 관심하지 않는 실존 으로부터 당당하게 나가버린다. 그러나 키에르케골이 말하는 것처럼 실존 한다는 것의 어려운 문제는, 실존하는 사람에게 실존은 무한한 관심거리 라는 점에 있다." 북경을 떠나 14일에 칸톤에 왔다고 얘기하는 사람은 자기가 있는 장소를 바꾸었을 뿐, 자기 자신을 바꾸지 않는다. 그의 실존은 아무 영향도 받지 않는다. 달리 말해, 헤겔은 거대한 학문의 체계를 완성했 지만, 이 체계는 그 자신의 실존과 아무 관계가 없다.

블로흐에 따르면, 키에르케골은 헤겔에 반해 "비헤겔적인 주체적 사유자의 과제를 설정한다. 그는 실존하는 자기 자신을 붙들고, 자기 자신을 실존 속에서 이해하고자 한다." 예수의 비유 말씀들은 언제나 우리 자신을 문제 삼고 있다. 곧 메시아를 믿고 그의 오심을 기다리는 사람들이 문제되고 있다. "그러나 (세계로부터) 분리된 객관적 사유자 헤겔은 이 모든 것을 의식의 문제로 삼고, 그 자신과 관계된 것으로 생각하지 않으려는(um sonst ganz unberührt zu bleiben) 유혹에 빠져 있다." 자기 자신과 관계될 때 그는 그것을 아름답게 장식하고, 그것에 대해 이야기하고 사색하는 것으로 끝나버린다. 영광스러운 하나님의 아들 예수의 고난으로부터 "이론적 재료를 얻고, 기독교를 '어느 정도까지' 참된 것으로 발견한다." 예수 자신과 그의 말씀으로부터 분리된 추상적 사상가 헤겔은 "기독교의 이루 말할 수 없이 두려운 요구를" 자신의 뿌리 없는 영리함 속에서 끝내버리며, "모든 비약과 명료하지 못한 것을 일시적 패러독스로 만든다." 추상적 사유자 헤겔과 그의 객관주의는 기여하는 바도 있지만, "너무도 멀리 나 자신으로부터 떨어져 있고, 주관적 거기 있음(Dabei)에서 해방된 체계 구성의 요술"을 가지고 있다(Bloch 1964b, 226-228).

6. 블로흐의 입장에서 볼 때, 헤겔의 체계는 개인의 실존과 무관한 절대정신에 기초하여 세워졌다. 이 체계에서 헤겔은 모든 것을 인간의 구체적 실존으로부터 파악하지 않고 "위로부터"(von oben her), 곧 절대정신으로부터 파악한다. 모든 것이 하나님의 "섭리 속에서 지배되며, 세속의 모든 것은 (하나님의) 거룩한 역사로 변환된다.…하늘의 카드는 땅 위에서의 놀이 속으로 섞인다"(화투에서 화투패들이 섞이는 것처럼). "경험적으로 사용될 수 있는 것"은 물론 세계의 창조 이전부터 있었던 "전 역사(Vorgeschichte)의 정신적인 것"을 포함한 "모든 것이 (세계의) 선험적 종말(마지막)로부터 선택되거나, 사상의 대상(Gedankengut)으로부터 대상 속으로 정립된다."

　헤겔은 이 모든 것을 "범논리주의적 성격을 가진 완전성의 열정 (Vollkommenheitspathos)"을 가지고 기술한다. 이 체계의 형식적 논리학은 "형식적-형이상학적 논리학 마지막에 나타난다." 형식적-형이상학적 논리학이 나타내고자 하는 진리, 곧 "참된 것"은 "체계의 마지막에" 나타난다. 그것은 "사상으로서"(Als der Gedanke) 모든 작업이 완성된 다음에야 실존한다. 헤겔 체계의 "참된 것"에 대한 다음과 같은 블로흐의 해석은 헤겔 체계의 특성을 드러낸다. 헤겔의 체계는 많은 "원들"로 이루어진, 그 자신 속에 "폐쇄되어 있는 하나의 원"(ein geschlossene Kreis von Kreisen)이다. 이 원 속에서 개인의 "영혼은 설 자리가 없다. 그러나 스스로 실체가 된 개념은…세계정신의 비서로서, 주체가 없는 범논리주의적 객관성 속에서 승리한다"(Bloch 1964b, 228-229).

　개인의 영혼, 개인의 실존이 설 자리를 갖지 못하는 헤겔의 체계는 경험적인 것을 논리적인 것으로, 논리적인 것을 경험적으로 파악한다. 그래서 "어디서 경험적인 것이 시작하고, 어디서 논리적인 것이 시작하는지"

구별하기 어렵다. 이 같은 관념적 체계에서 헤겔은 모든 것을 이성적인 것으로, "올바른 것으로" 발견하고자 한다. 인간이 그 속에서 실존하는 "현실의 세계"는 그의 체계에서 간과된다. 개체 인간의 실존적 삶과, "저항과 개인적 차이"는 헤겔의 체계에서 다루어지지 않는다. 이와 동시에 "너무 많은 세계, 다시 말해 너무 많이 수집된 것이 현실적으로 주어진 것으로" 다루어진다. "이미 완성된 너무 많은 진리, 논리적으로 이미 완성된 세계의 상태가 인정된다.…귀중한 모든 경험의 인식, 헤겔의 모든 경험주의는…그 자체로서 경험주의로 이해될 수 있다."

그러나 여기서 문제가 일어난다. 곧 "성급한, 너무도 논리주의적인 종말의 지혜의 **마지막** 작용(letzte Wirkung)이 일어난다. 헤겔은 하나님의 영혼과 자유를 파괴하였다는 것이다." 하나님의 영혼과 자유가 파괴된 헤겔의 체계 속에는 "아무 **새로운 것**도 가져오지 못하는 이성의 변증법적 과정"이 있을 뿐이다. 인간의 사유하는 자아와 사유된 하나님은 백과전서적 의식의 원주 속으로 추방된다. 바로 여기에 헤겔의 **백과전서적 체계**의 문제성이 있다고 블로흐는 지적한다.

이에 반해 블로흐는 키에르케골과 함께 개별 인간의 영혼과 자아를 중요시한다. 세계사에 대한 모든 해석에서 결국 "기대하고 요구하는 인간의 자아(das wünschende, fordernde Ich)가…체계의 가장 좋은 열매, 유일한 목적이다." 각 사람의 "영혼적인 것과 우주적 전체"가 결합될 때 "우리-문제의 모든 것이 모든 곳에서 모든 사람을 위해" 있는(omnia omnique omnibus des Wirproblems) "영혼의 세계"가 이루어질 수 있을 것이라고 블로흐는 기대한다(Bloch 1964b, 230-232, 236). 여기서 블로흐는 사회와 세계 전체를 중요시하는 마르크스의 입장과, 각 사람의 영혼과 실존적 자아를 중요시하는 키에르케골의 입장이 결합되어야 함을 시사한다. 이것은 마르크스 사상의 수정이라 말할 수 있다. 이로 인해 블로흐는 "좌파 마르크스주의자"로 불리게 된다.

3. 진리는 보편자가 아니라 단독자에 있다

1. 헤겔이 그의 체계에서 죄의 현실을 간과한 원인은 어디에 있는가? 키에르케골의 입장에서 볼 때, 그 원인은 헤겔이 **본질과 실존**을 동일시한 데 있다. 헤겔에 따르면, 인간의 실존은 세계의 모든 유한한 사물과 마찬가지로 신적 정신의 나타남으로 설명된다. 그것은 본질로부터 분리된 것이 아니라 본질의 구체적 현실이다. 이런 점에서 본질과 실존은 동일하다. 실존이 곧 본질이라면, 본질로부터 분리된 죄의 현실이 인정될 수 없다. 세계의 모든 것이 신적 정신의 본질적 나타남이기 때문이다(이에 관해 Löwith 1941, 163 이하).

그러나 헤겔이 본질과 실존을 동일시하였다는 키에르케골의 해석은 타당하지 않다. 여기서 키에르케골은 본질과 실존의 구별을 전제하는 헤겔의 변증법적 원리를 간과한다. 변증법적 원리에서 볼 때, 헤겔은 본질과 실존을 동일시한 "동일성의 철학자"가 아니다. 실존 속에는 "부정적인 것"이 내포되어 있다. 실존 속에는 언제나 죄, 곧 부정적인 것이 내포되어 있다. 그러므로 실존은 본질과 동일시될 수 없다. 실존은 본질에서 구별된다는 점을 키에르케골은 고려하지 않는다.

여하튼 키에르케골에 따르면 헤겔은 실존을 본질과 동일시하고, 실존의 구성 요소인 **죄의 문제**를 간과하기 때문에 인간 실존을 올바르게 파악하지 못한다. 그는 현실적 실존에서 분리된 "개념의 실존"을 기술할 뿐이다. 여기서 키에르케골은 칸트의 존재론적 하나님 증명으로 돌아간다. 칸트의 존재론적 증명에서 하나님과 세계는 엄격히 구별된다. 하나님은 인간의 이성이 인식할 수 있고 증명할 수 있는 세계의 모든 사물의 영역에 속하지 않는다. 그는 이 영역 바깥에 있는 존재다. 그러므로 인간의 이성은 하나님을 증명할 수도 없고 부정할 수도 없다. 하나님은 인간의 이성과 관계없이 스스로 존재하는 자다. 그의 존재는 인간의 사유에 의존하지 않는다. 하나님은 인간이 "있다"고 생각한다 하여 있는 것으로 증명되는 존재가 아니다.

하나님과 세계에 대한 칸트의 이원론적 입장에서 본질과 실존은 엄격히 구별된다. 본질은 하나님의 영역에 속한 것으로, 실존은 세계에 속한 것으로 구별된다. 신학적으로 말해 본질은 탐욕과 죄가 없는 영역이라면, 실존은 탐욕과 죄로 가득한 영역이다. 본질은 "죽음과 슬픔과 울부짖음과 고통"이 없는 영역이라면, 실존은 이 모든 것으로 가득한 영역이다. 이것이 "실존에 대해 유일하게 정직한 사고"라고 키에르케골은 생각한다.

2. 이와 연관하여 키에르케골은 **사유와 존재**에 대한 헤겔의 생각을 비판한다. 헤겔은 사유와 존재를 일치하는 것으로 파악하였다. 사유는 존재의 현실에서 분리된 것이 아니라 이 현실을 "사상으로 파악할"(in Gedanken erfaßt) 뿐이기 때문이다. 이에 반해 키에르케골은 칸트에 근거하여 사유와 존재를 구별된 것으로 파악한다. 탐욕과 죄와 죽음과 고통으로 가득한 현실의 실존에서 인간의 사유와 그의 존재는 괴리되어 있다. 인간은 자기가 사유하는 바에 따라 존재하지 않는다. 실존 속에서 사유와 존재는 분리된 상태에 있다. "이런 사람이 되어야 하겠다"고 생각(사유)하지만, 그렇게 존재하지 못하는 것이 인간 실존의 현실이다. 헤겔은 현실의 인간으로서 사유한 것이 아니라, 현실에서 괴리된 전문적이고 직업적인 사색가로서 사유하였다. 그러므로 그는 인간의 실존적 현실을 보지 못하고 사유와 존재, 개념과 존재를 동일시하였다. "그가 존재로부터 파악한 것은 단지 그것

의 개념이었지, 그때그때의 **개별적 존재**의 현실이 아니었다"(Löwith 1941, 165).

본질과 실존, 사유와 존재에 대한 키에르케골의 이원론적 생각은 **보편자(보편적인 것)를 무의미한 것으로** 보게 한다. 헤겔의 관념론은 개별자를 현실적 존재로 전제하지만, 이 개별자는 보편자와 중재된 존재다. 보편자와 중재된 존재로서의 개별자는 보편적 인간 존재의 특수한 규정이다. 헤겔의 철학에서 개별자, 곧 각 인간은 신적 정신을 그의 본질로 가진 보편적 인간 존재의 특별한 규정이다. 따라서 엄밀한 의미의 개별자는 헤겔 철학에서 인정되지 않는다. 모든 개별자 내지 단독자는 보편자의 특수한 규정 내지 계기로 생각되기 때문이다.

물론 키에르케골은 인간 존재의 보편성, 보편적으로 인간적인 것을 부인하지 않는다. 예를 들어 인간의 유한성, 곧 "인간은 죽을 수밖에 없는 존재"라는 것은 모든 인간에게 보편적이다. 그러나 개별자로부터 추상화된 보편자, 모든 개별자를 자기 속에 흡수해버리는 보편자를 그는 부인한다. 그에 따르면 보편자는 오직 인간의 개별적 존재로부터 생각될 수 있다. 개별적 존재 위에 있는 보편자, 개별적 존재 없는 보편자는 무의미한 것이다. 그것은 현실에서 괴리된 추상적 관념일 뿐이다. 바로 여기에 헤겔의 관념론의 문제점이 있다.

3. 헤겔 철학에 대한 이 같은 비판 속에서 키에르케골은 "개별자" 내지 **"단독자"**를 그의 사상의 중심 개념으로 설정한다. 그가 남긴 일기에 따르면, 자기가 죽은 후 묘비에 새길 말을 정할 수 있다면, "저 단독자"(Jener Einzelne)라는 말을 새겨달라고 간청하겠다고 할 정도로 키에르케골은 "단독자"의 개념을 중요시한다(1962, 269). "'단독자'의 범주는 내가 나중에 발견한 것이 아니라 '내가 그것과 함께 시작하는 것', 곧 나의 출발점이요, 이

에 대한 주목을 환기시키는 것이 나의 과제다. 단독자의 범주가 없다면, 이 범주를 사용하지 않는다면, 나의 문필 활동은 계속되지 않을 것이다. '단독자의 범주'는 나 자신의 이름으로 이루어진 나의 문헌 활동의 시작을 나타낸다"고 그는 말한다(1962, 279).

실존의 개념과 마찬가지로, 키에르케골의 "단독자"는 헤겔과 마르크스의 "체계"(System)에 대한 안티테제로 나온 것이다. 키에르케골에 따르면, 오늘의 시대는 "체계"를 중요시한다. 헤겔의 정신의 체계, 마르크스의 인류의 체계가 세계를 구원할 수 있을 것처럼 보인다. 체계가 없으면 아무것도 이루어질 수 없는 것처럼 여긴다. 일반적으로 체계는 보편적 진리의 체계를 말한다. 이에 대한 대표적 예는 헤겔의 체계와 마르크스의 체계다. 그러나 체계는 각 사람, 곧 단독자의 존재를 간과한다. 인간 일반, 인류, 인간의 종이 아니라, 나라고 하는 한 단독자가 존재한다는 것이 무엇인가의 문제에 관심을 갖지 않는다. 체계는 나 자신의 존재 문제를 떠난 "보편적인 것"을 다루기 때문이다. 그러므로 체계는 개별적 존재인 나 자신에 대해 추상적이다. 나 자신에게 추상적인 것은 나 자신에게 무의미한 것이다. 나 자신의 존재와 삶의 문제가 간과된 보편적 체계, 곧 헤겔의 체계와 마르크스의 체계가 이 시대를 지배한다. 바로 여기에 이 시대의 불행이 있다고 키에르케골은 말한다.

또한 이 시대의 불행은 "영원"에 대해 아무것도 듣고자 하지 않으며, 그것을 불필요하다고 생각하는 데 있다고 키에르케골은 말한다. 영원이 사라짐으로 말미암아 우리 시대는 "단순한 '시간'이" 되어버렸다. 거의 모든 사람이 "시대 정신"(Geist der Zeit)을 믿고 있다. 그것을 믿지 않는 사람은 아무도 없을 정도다. "시대"가 "정신"보다 높은 것임에도 불구하고 그들은 "정신"이 "시대"보다 더 높다고 생각한다. 또 사람들은 "세계정신", "인간정신"을 믿는다. 그러나 각 사람에게 특정한 내용을 말하는 하나님의 거룩한 영, 곧 "성령"은 아무도 믿지 않는다(1962, 278). 사람들은 성령께서 개별적으로 말을 걸어오는 각 사람, 곧 단독자로 존재하지 않고, 인간의 종(種), 민족, 종족, 대중, 인류, 시대, 세대 등의 집단 속에서 집단적으로 존재하고자 한다. 집단 속에서 그들은 안전함을 느낀다. 이 같은 사람을 가리켜 키에르케골은 "일상적 사람"(man)이라 부른다.

"일상적 사람"은 자기 자신으로 존재하기를 거부한다. 그는 자기의 개성을 잃어버리고 "대중"(Masse) 속에서 대중으로 살아간다. 세대라고 하는 집합적 관념이 지배할수록 개별자, 단독자로 실존하는 것이 어려워진다. "종족 안에서 함께 존재하며 '우리, 우리 시대, 19세기'라고 말하는 대신에, 단독으로 실존하는 인간(ein einzelner existierender Mensch)이 되는 것"이 어려워진다. 단독으로 실존하는 인간이란 무엇인가? 그것은 아무 의미도 갖지 못한 것이란 사실을 우리 시대는 너무도 잘 알고 있다. "바로 여기에 우리 시대의 특수한 무인륜성이 있다." 우리 시대는 "개별 인간"을 멸시하는 것으로 만족하고 그것을 향유한다. "우리 시대와 19세기에 대한 모든 환호 소리 가운데에서 인간 존재에 대한 은폐된 멸시의 소리가 함께 들려온다. 세대의 중요성 한가운데서 인간 존재에 대한 절망이 지배한다. 모든 것, 모든 것이 함께 있고자 한다. 사람들은 총체적인 것 속에서 세계사적으로 자기 자신을 기만하고자 한다. 아무도 단독으로 실존하는 인간이고자 하지 않는다.…단독의 실존하는 인간이 될 때, 흔적 없이 사라질 것이라고 사람들은 두려워한다.…이것은 부인할 수 없는 사실이다. 곧 우리가 윤리적이며 종교적인 감격을 갖지 않을 때, 우리는 단독적 인간이어야 한다는 점에 대해 절망할 수밖에 없다는 것이다. 그렇지 않을 경우 우리는 이 점에 대해 절망하지 않을 것이다"(Löwith 1941, 128에서 인용).

4. 평준화된 집단적 존재 내지 대중으로 살고자 하는 이 같은 시대 조류의

대표자를 키에르케골은 먼저 헤겔에게서 발견한다. 그에 따르면 헤겔은 각 사람, 곧 단독자의 실존을 세계사의 보편적인 것으로 평준화시키고, 단독자를 "세계의 과정"으로 해체시킨 대표자다. 이에 대한 근거를 키에르케골은 범논리주의에 기초한 헤겔의 보편적 세계사 철학에서 발견한다.

헤겔의 역사철학에서 세계사는 보편적 절대정신의 자기활동, 자기현상으로 파악된다. 현존하는 세계 전체가 정신의 자기현상으로 생각된다. 세계 전체가 절대정신의 보편적 "체계"로 되어버린다. 개인의 존재는 절대정신의 세계사적 자기활동의 체계 속으로 함몰되어버린다. 세계사적 인물들을 위시한 모든 인간은 절대정신의 도구에 불과하다. 각 사람의 희망과 고뇌, 기쁨과 슬픔, 행복과 불행은 고려 대상이 되지 않는다. 개인의 삶은 사라지고, 절대정신의 세계사가 헤겔 철학 전체를 지배한다. 세계사 속에서 일어나는 개별 사건들은 중요하지 않다. 절대정신의 세계사적 자기활동 속에서 개별 사건들은 의미와 중요성을 상실한다. 따라서 그들을 깊이 연구할 필요가 없어진다. 중요한 것은 보편적·세계사적 체계다.

키에르케골의 입장에서 볼 때, 개인의 존재와 역사의 개별적 사건들이 빛을 잃어버리는 보편적·세계사적 체계는 무의미하다. 중요한 것은 보편적 체계나 보편사(Universalgeschichte)의 문제가 아니라 절망하여 하나님 앞에서 참된 자기로 존재하든지, 아니면 자기 아닌 자기로 존재할 수밖에 없는 개별의 인간, 곧 **단독자의 문제**다. 단 한 번밖에 없는 자기 존재의 고유성과 개체성을 망각하고 대중 속에서, 대중으로 살고자 하는 이 시대에 대해, 성서는 각 사람이 하나님 앞에서 자기 자신으로 실존할 것을 요구한다. 곧 단독자로 실존할 것을 요구한다. 중요한 것은 철학, 종교, 예술, 국가, 이 모든 것이 일치 가운데 있는 보편적 세계사의 문제가 아니라 하나님 앞에서 자기를 결단해야 할 단독자의 실존 문제다. 진리는 보편자에 있는 것이 아니라 단독자의 실존에 있다. 현실적으로 절실한 문제는 보편자의 문제, 세계사적 체계의 문제가 아니라 지금 여기에 구체적으로 실존하는 단독자의 문제다.

따라서 우리 시대와 역사와 온 인류가 진지하게 성찰해야 할 "범주"는 "단독자"다. 개별의 나무를 보지 않고 숲만 바라보는 것이 어리석은 일이듯이, 개별자를 보지 않고 보편적인 것, 세계사적 체계를 보는 것은 어리석은 일이다. 죄와 고난과 격정 속에서 실존하는 개별자를 간과하고 세계사적·보편적 체계를 보는 데 이 시대의 불행이 있다. 자기를 "시대에 대한 수정자(Korrektiv)"로 이해하는 키에르케골은 이 같은 상황을 수정하고자 한다. 그에 따르면 체계의 시대는 지나가고 새로운 시대, 곧 "와해의 시대"가 시작되었다. 인간은 더 이상 체계 속에서 세계사적·보편적 존재로 평준화된 존재가 아니다. 그는 하나님 앞에서 오직 자기 자신으로서, 곧 단독자로서 실존한다. "단독자"의 범주는 새로운 시대의 특징을 표현한다.

신약성서가 말하는 성령은 시대정신이나 세계정신이 아니다. 그것은 민족정신도 아니다. 그것은 각 사람에게 오며, 각 사람에게 말하는 하나님의 영 곧 정신이다. 성령은 보편적인 것, 세계사적인 것을 말하는 것이 아니라 그의 말을 듣는 인간의 존재에 관한 구체적 내용을 말한다. 간단히 말해, 성령은 각 사람 곧 단독자와 관계한다. 각 사람, 곧 단독자가 간과된 시대정신, 세계정신, 절대정신은 무의미하다. 단독자가 간과된 보편자도 마찬가지다.

만일 인간의 존재에 보편적인 것이 있다면 그것은 인간의 개체성 내지 단독성이다. 자기 자신으로서의 "나"는 개체화되어버린 존재가 아니라, 보편적인 것을 그의 삶 전체 속에서 구체적으로 나타낸다. 그는 결혼생활과 직업과 노동을 통해 보편적인 것을 실현한다. "참으로 실존하는 인간은 '자기와 동일한 사람이 전혀 없는, 철저히 개인적인 인간인 동시에 보편적 인간'이다"(Löwith 1949, 343에서 인용). 곧 인간은 단독자라는 점에서 보편적 존재다. 그의 보편성은 인류, 인간의 종, 계급에 있는 것이 아니라 단독성 내지 개체성에 있다. 각 사람은 자기와 똑같은 사람이 하나도 없는 단독자라는 점에서 보편적 존재다. "단독자"와 함께 "해체의 시간"이 왔다. 곧 개인들의 모든 차이를 보편자로 평준화하고 모든 개인을 "대중"이나 집단적 "계급"으로 매몰시키려는 시류에 반해, 개체의 고유성을 인식하는 새로운 시대가 도래하였다.

5. 이와 연관하여 키에르케골은 포이어바하와 마르크스가 말한 "종의 존재"(Gattungswesen)로서의 인간을 거부한다. 그에 따르면 각 사람은 단 한 번밖에 없는 존재다. 그 누구도 자기와 동일하지 않다. 그는 하나님 앞에서 자기 자신을 책임져야 한다. 자기 자신이 자기를 결단해야 한다. 그 누구도 하나님 앞에서 자기를 대신할 수 없으며, 자기를 대신하여 결단을 내릴 수 없다. 이런 점에서 각 사람은 단독자다. 하나님 앞에서 자기 홀로 자기를 책임져야 할 존재, 단 한 번밖에 없는 단독자로서 인간은 "종의 존재"라는 집합개념으로 집단화·보편화될 수 없다. 보편적 존재로서의 "인간" 일반, "종의 존재"란 개념은 단독자로서의 인간을 폐기한다. 하나님이 인간을 심판할 때 인간 일반, 인간의 "종"이 하나님 앞에 설 수 없다. 각 사람은 자기 홀로 하나님 앞에 설 수 있다. 보편적 전체로서의 인류, "종의 존재"가 아니라 오직 각 개인이 하나님 앞에 설 수 있을 뿐이다. 각 사람의 개체성 내지 단독적 인격성을 헤겔은 간과하였다. 헤겔의 사변철학은 "개별적 인간이 하나님 앞에 있다는 이것을 결코 파악하지 못하였다"(1971d, 470).

　　여기서 우리는 키에르케골의 "단독자" 개념은 **하나님과 인간의 관계에 대한 신학적 성찰**에 뿌리를 둔다는 사실을 볼 수 있다. 하나님이 인간에게 말씀하실 때, 그는 대중에게 말씀하는 것이 아니라 각 사람에게 말씀하신다. 그는 각 사람에게 회개를 요구하며, 각 사람을 그 행위에 따라 심판한다. 각 사람이 하나님과 관계하며, 자기 자신을 책임져야 한다. 하나님의 아들 예수도 각 사람에게 회개를 요구한다. 성령도 각 사람에게 부어진다. 이런 점에서 인간은 철저히 단독자다.

그러나 헤겔은 하나님 앞에서 홀로 자기 자신을 책임져야 할 개인의 개체성 내지 단독적 인격성을 간과하였다. "개별적 인간이…하나님 앞에 있다는 이것을 (헤겔의) 사변은 파악하지 못하였다"(1971d, 470). 남자, 여자, 하녀, 장관, 학생 등 "이 개별적 인간이 하나님에 대해 존재한다." 각 개인이 구원의 권고를 받는다(472). 신앙이냐 아니면 불신앙이냐의 문제는 어떤 사회 계급이나 대중이 결단할 수 있는 문제가 아니라 개별적 인간, 곧 단독자로서의 각 사람이 결단해야 할 문제다. 선을 택할 것인가, 아니면 악을 택할 것인가의 문제도 어떤 사회 계급이나 대중이 나 대신 결단할 수 있는 것이 아니라 오직 단독자로서 나 자신이 결단해야 할 문제다. 단 한 번밖에 없는 각 사람, 곧 단독자는 헤겔의 "절대정신의 역사의 과정으로 지양될 수 없다. 그것은 오직 신앙 가운데 있는 기독교적 실존으로서 언제나 새롭게 집행될 수 있다"(Küng 1970, 476).

단독자 개념을 통해 키에르케골은 본질에 관한 보편적 문제를 각 사람의 실존 문제로 바꾸어버린다. 이 시대에 참으로 중요한 것은 영원한 본질에 관한 보편적 문제가 아니라 각 사람, 곧 단독자의 현실적 존재다. 현실적으로 존재하는 단독자의 존재를 파악할 때, 우리는 현실을 바르게 파악할 수 있다.

키에르케골의 입장에서 볼 때, 헤겔은 현실을 현실적으로 파악하지 못하고 **관념적으로** 파악한다. 그 원인은 본질과 실존, 이성적인 것과 현실적인 것을 일치한다고 보는 데 있다. "이성적인 것은 현실적"이라는 헤겔의 말은 이를 대변한다. 이로 인해 헤겔은 현실의 실존을 기술하지 못하고 "개념의 실존"(Begriffsexistenz)을 기술할 뿐이다. 보편적인 것을 가리키는 본질, 곧 *essentia*를 헤겔은 각 사람의 개체적 현존으로, 곧 *existentia*로 파악하고자 한다. 그는 보편적 개념을 개체적 존재로 파악하고자 한다. 그러나 그가 존재로 파악하는 것은 현실의 존재, 곧 **실존이 아니라 개념에 불과하다.** 현실의 존재, 곧 단독자의 존재는 언제나 개별적인 것이다. "인간의 종"이란 보편적 개념이 실재하는 것이 아니라 개별의 인간이 실재할 뿐이다. "개별성(Einzelheit)의 범주는 다른 범주들 가운데 한 범주가 아니라 현실 일반의 특유한 규정이다. 아리스토텔레스에 의하면, '이 특수한 그 무엇'(dieses bestimmte Etwas), 곧 여기에 혹은 저기에 있는 단독적인 것이 현실적으로 실존한다. 개념에 대한 헤겔의 이론에서도 개별성은 유일한 현실적인 것으로 요청된다. 그러나 그것은 특수한 것과 보편적인 것의…중재 속에 있다. 헤겔에게 개별의 현실은 그 자신 속에서 반성된 **보편적인 것의 특별한 특수성**(Bestimmtheit)을 의미한다. 개별의 인간은 정신을 그 본질로 가진 보편적 인간의 특별한 특수성을 말한다"(Löwith 1962, 23-24). 이로 말미암아 헤겔은 보편적인 것으로 폐기될 수 없는 개별 인간, 곧 단독자의 현실을 볼 수 없게 된다. 이에 반해 키에르케골은 개별 인간의 단독성을 보아야 한다고 주장한다.

물론 키에르케골은 "인간 존재의 보편성, 보편적으로 인간적인 것"을 부인하지 않는다. 그러나 인간 존재의 보편성은 개별의 인간 없이, 개별의 인간 위에 실재하는 것이 아니라 오직 개별의 인간 안에 현존하며, 개별의 인간에 의해서만 실현될 수 있는 것으로 생각된다. 이 같은 키에르케골의 입장에서 볼 때 헤겔이 말하는 "정신의 보편적인 것", 마르크스가 말하는 "종의 존재"라는 인간 존재의 보편성은 실체가 없는 공허한 것으로 보인다 (24). 단독자의 실존 없는 본질이란 공허한 것이다.

따라서 키에르케골에게 중요한 문제는 "그것이 무엇이냐"(**was** etwas ist)가 아니라 "그것이 도대체 여기에 있다"(**daß** etwas ist)의 문제다(Löwith

1962, 23). 곧 본질의 문제가 아니라 단독자의 실존 문제다. 이리하여 키에르케골 이후의 실존철학은 *essentia*(본질)를 질문하지 않는다. 오히려 *existentia*를 유일한 본질적인 것으로 간주한다. 헤겔이 제의한 이성적 현실 세계는 이로써 **개체 인간의 실존**으로 축소된다. 세계사적 사유자인 헤겔에게 이것은 세계사에서 분리된 추상적인 것으로 보일 것이다. 그러나 키에르케골에게 이것은 **참 진리**에 이를 수 있는 유일한 길이다. 진리에 이를 수 있는 길은 보편적인 것에 대한 사유에 있는 것이 아니라 단독자의 실존, 곧 현실의 존재에 대한 질문에 있다.

그러나 이것은 사유가 더 이상 필요하지 않다고 말하지 않는다. 실존하는 인간은 사유하지 않는다는 것을 뜻하지 않는다. 실존하는 인간도 사유한다. 그러나 그의 사유는 그의 실존으로부터 분리되지 않는다. 오히려 **실존과의 결합 속에서** 이루어진다. 실존적 사유자는 모든 것을 **자기 자신과의 관계에서** 사유하며, 자기 자신에 대한 이해가 그 속에 내포된 현존에 대한 관심에서 사유한다. 그는 **객관적으로 사유하지 않고 주관적으로 사유한다.**

6. 키에르케골에 의하면 각 사람의 실존은 다양하다. 그것은 역사적·사회적 상황에 따라, 또 개인적 상황에 따라 다르다. 따라서 헤겔에 반해 본질과 실존, 사유와 존재의 완전한 일치란 있을 수 없다. 그럼에도 불구하고 영원하고 보편적인 본질의 문제가 아니라 **단독자의 실존** 문제가 중요한 것은, 인간은 그 누구와도 비교될 수 없고 교체될 수 없는 유일한 단독자이기 때문이다.

뢰비트에 의하면 키에르케골의 생각은 헤겔에 대한 비판인 동시에, 그 시대의 요구에 대한 수정이기도 하다. 키에르케골이 말하는 "자기 자신으로 개체화된 실존"은 1) 모든 것을 동일한 방법으로 포괄하며, 사유와 존재, 보편성과 개체성의 차이를 동일한 존재의 차원으로 평준화시키는 헤겔에 대립하는 **구체적인 개인의 유일한 현실**을 뜻하며, 2) 세계사적 보편성에 대립하는 **각 사람, 곧 단독자의 현실**을 뜻하며, 3) 외부의 세계에서 격리된 각 사람의 **내적 실존**을 뜻하며, 4) 세계사적으로 확대되었고 제도화된 기독교에 대립하는, 하나님 앞에 홀로 서 있는 **그리스도인의 종교적 실존**을 뜻하며, 5) 그리스도인이냐 아니냐를 스스로 결단하는 **개인의 신앙적 실존**을 뜻한다(Löwith 1941, 167 이하).

이 같은 의미를 가진 실존의 개념은 키에르케골의 철학적·신학적 사유에서 중심적 위치의 개념이라 말할 수 있다. 개인의 실존이 개입되지 않은, 실존과 관계되지 않은 철학적·신학적 진술들은 무의미하다. 인간은 이른바 "그 인간" 혹은 "순수한 존재"로서 존재하는 것이 아니라 오직 현실적으로 실존하는 **단독자로서** 존재하기 때문이다. 그러므로 키에르케골은 불안, 절망, 신앙 등의 실존적 상황을 관념적으로 파악하는 헤겔의 보편성의 체계를 거부한다.

그에 따르면 만일 철학이 인간에게 의미 있는 것이 되고자 한다면, 각 사람의 실존을 질문해야 하고, 그의 실존적 문제들을 관심 대상으로 가져야 한다. 보편적인 것을 관심의 주요 대상으로 둔 **헤겔의 객관적 사고**는 단독자의 실존에 대해 무관심하다. 그것은 각 사람의 희망과 절망, 고뇌와 환희에 대해 무관심하다. 이에 반해 키에르케골은 "주관적 사색가"로서 자기 자신의 실존에 대한 사색을 중요시한다. 그는 자기의 사색 안에서 실존하고, 실존 안에서 사색한다. 단독자, 곧 각 사람의 실존과 관계된 인식만이 참된 인식이다. **세계사적 사상가** 헤겔에 반해 키에르케골은 단독자에 관한 **실존적 사상가**이고자 한다.

이와 같이 키에르케골이 단독자의 실존을 중요시하는 것은 그 당시 덴마크의 종교적 상황 때문이기도 하다. 국가교회 체제에서는 모든 사람이 태어나자마자 호적에 기독교인으로 등재된다. 태어난 자녀의 부모가 루터교회 교인이면, 그 자녀는 자동적으로 루터교회 교인이 되어버린다. 각 사람의 인격적 결단과 신앙고백이 없음에도 불구하고 모든 국민이 **집단적으로** 기독교인이 되어버린다. 이리하여 "기독교 국민"이라는 하나의 집단이 형성된다. 십계명과 예수의 산상설교를 알지 못하며, 죄 가운데서 살아도 기독교인이라 불리게 된다. 참 신앙은 없고 기독교적 제도와 형식이 있을 뿐이다.

키에르케골은 이 같은 국가교회의 현실을 기독교의 타락으로 판단한다. 그것은 기독교의 실현이 아니라 기독교의 참 본질에서의 타락이다. 이것을 극복할 수 있는 길이 키에르케골은 "자기 홀로 하나님 앞에"(solo coram Deo) 서 있는 각 사람, 곧 단독자의 신앙적 실존을 회복하는 데 있다고 믿는다. 기독교적 제도와 질서가 중요한 것이 아니라 하나님 앞에 서 있는 각 사람, 곧 단독자의 신앙적 실존이 중요하다. 각 사람이 하나님의 절대적 요구 앞에 서 있다. 그는 신앙적 실존과 불신앙적 실존, 두 가지 가운데 하나를 결단해야 한다. 하나님 앞에 서 있는 신앙적 실존을 결단할 때, 그는 자기의 "본래성"을 회복할 수 있다(20세기 실존신학자 불트만은 키에르케골의 이 생각을 반복함). 이것을 키에르케골은 다음과 같이 말한다.

철저히 그 자신으로, 개별적 인간으로, 이 특정한 개별적 인간으로 존재하고자 하는 것이 중요한 문제다. 홀로 하나님 앞에, 홀로 이 무서운 시련 가운데, 그리고 이 무서운 책임과 함께 존재하고자 하는 것이 중요한 문제다.

인간의 존재 그 자체는 허무한 것이다. 그것은 불안과 절망을 벗어날 수 없다. 그것은 "죽음에 이르는 병" 속에서 살 수밖에 없다. 이 문제를 극복할 수 있는 길은 인간 자신의 유한한 존재에 있는 것이 아니라 하나님 앞에 서 있는 각 사람의 신앙적 실존에 있다. 이 같은 확신 속에서 키에르케골은 당시 덴마크의 기독교 사회를 비판한다.

각 사람이 자신의 유일한 존재를 망각하고, 대중 속에서 집단화되고, 이를 통해 자기의 비윤리성의 껍질 속에 안주하는 문제성을 키에르케골은 마르크스의 사상에서도 발견한다. 마르크스와 그의 지지자들이 주장하는 보편적 "인류", "종"(種), "계급", "민중", "대중" 등의 개념을 그가 거부하는 원인은 여기에 있다(1962, 281).

키에르케골에게 중요한 문제는 대중이나 인류가 아니라 대중으로부터 구별되는 단독자다. 마르크스 자신이 말하듯이 인간에 대한 인간의 모든 문제의 뿌리는 각 사람, 곧 단독자에게 있다. 단독자가 간과된 보편적 인류, 인간의 종, 계급 등은 인간을 구원할 수 없다. 그것은 각 사람을 집단 속에 매몰시켜버린다. 참으로 인간을 구원할 수 있는 길은, 하나님 앞에서 자기 홀로 결단해야 할 각 사람의 신앙적 실존에 있다. 자신의 참 본질에서 이탈한(entarten) 기독교를 회복할 수 있는 길도 여기에 있다. "'단독자', 이 범주와 함께 기독교는 서든지 아니면 넘어진다.…이 범주가 없다면, 범신론이 절대적으로 승리했을 것이다.…'단독자'의 범주는 범신론적 혼란에 맞설 수 있는 확실한 점이다.…인간은 '단독자'로서 자기 홀로, 온 세계 속에서 자기 홀로 – 하나님 앞에 홀로 서 있다. 범신론은 대중의 음성(vox populi)과 하나님의 음성(vox Dei)을 혼동하는 청각적 기만이요, 시각적 사기다. 그것은 시간성의 안개로부터 형성된 허상이요, 이 허상에 대한 성찰에서 형성된 환상이다. 이 환상이 영원한 것이라고 주장한다"(1962, 281). 여기서 키에르케골이 말하는 "범신론"은 "신적인 것과 세상적인 것", "영원한 것과 시간적인 것"의 통일성을 말하는 헤겔 철학을 암시한다.

7. 키에르케골에 따르면 "단독자" 개념을 처음으로 사용한 인물은 소크라

테스다. 이 개념을 통해 소크라테스는 이교를 폐기하고자 하였다. 두 번째로 단독자 개념을 도입한 인물은 하나님의 아들 예수와 사도 바울이다. 예수는 이스라엘 민족이 아니라 각 사람을 향해 "회개하라"고 요구한다. 그는 각 사람에게 "나의 뒤를 따르라"고 말한다. 그의 모든 사역은 각 사람을 향한다. 그 뒤를 이어 사도 바울 역시 각 사람이 하나님의 의롭다 하심(칭의)을 받아야 하며, "새로운 피조물"로 다시 태어나야 한다고 말한다. 이를 통해 기독교는 유대교의 민족종교에서 각 사람의 종교, 곧 단독자의 종교로 등장하게 된다.

따라서 인간을 단독자로 파악할 때, "인간을(그리스도인들을) 그리스도인으로 만드는 데 기여할 것이다." 이를 위해 타 종교인들에게 기독교를 전한 선교사들이 이제 기독교 세계로 돌아와야 할 것이다. 그는 "기독교 세계에 기독교를 도입하기 위해" 단독자의 개념을 가르쳐야 할 것이다. 우리는 영웅이 오기를 기다리는 대신, "신적 연약함 속에서 인간에게 복종을 가르치는,…실로 '권위'를 가지고 가르치는 분"이 오기를 기다려야 할 것이다(1962, 281). "기독교적이 아닌 기독교 세계"를 참으로 기독교적인 세계로 만들 수 있는 길은 단독자의 회복에 있다. 곧 자기 홀로 하나님 앞에 서서 신앙적 결단을 내리는 단독자들이 있어야 한다.

키에르케골에 따르면 헤겔 철학의 치명적 문제점은 단독자를 보지 못하는 데 있다. 그는 역사에서 하나님의 통치와 하나님 나라의 실현에 궁극적 관심을 가진다. 그의 역사철학에서 헤겔은 이것을 역사의 궁극 목적으로 제시한다. 그러나 하나님 앞에서 신앙적 결단을 내리는 단독자들 없는 하나님의 통치, 하나님 나라는 공허한 것이다. 한마디로 그것은 실현될 수 없다. 헤겔 철학에서 구원자 예수 그리스도는 무한한 것과 유한한 것, 신적인 것과 세상적인 것, 하나님과 세계의 "화해의 원리"를 나타내는 종교적 표상으로 간주된다. 그러나 종교적 표상이 인간과 세계를 구원한다는 것은 불가능하다.

이에 반해 키에르케골은 예수 그리스도를 각 사람, 곧 단독자에게 신앙적 결단을 요구하고, 그의 신앙적 실존을 회복하는 **인격적 신앙의 대상**으로 생각한다. 예수 그리스도는 관념적 사유의 대상이 아니라 인격적 신앙의 대상이다. 단독자의 신앙적 실존은 2,000년 전에 살았던 하나님-인간 예수와의 **신앙적 만남과 결단** 속에서 가능하다. 2,000년 전에 실존했던 역사적 예수와의 인격적 만남과 신앙적 결단이 없는 헤겔의 보편사 철학은 공허한 것이다. 그것은 우리에게 아무 문제도 해결해줄 수 없다고 키에르케골은 판단한다. 이에 키에르케골은 종교적 표상으로서의 예수 대신에 "역사의 예수"에 집중한다(Gerdes 1960, 131). 구원의 길은 각 사람, 곧 단독자가 역사적 예수와의 인격적 만남과 결단 속에서 신앙적 실존으로 돌아서는 데 있다.

4. "주관성이 진리다"

1. 앞서 우리는 진리는 단독자에게서 추상화된 보편적인 것에 있는 것이 아니라 오직 단독자에 있다는 키에르케골의 생각을 고찰하였다. 그에 따르면 보편적 진리는 인정될 수 없다. **지금 이 순간**에 있는 단독자에게서 추상화된 보편적 진리는 단독자 자신에게 진리가 아니다. 진리는 지금 이 순간의 단독자에게 진리로 인식될 때 진리가 된다. 따라서 진리는 보편적인 것, 객관적인 것이다. 그것은 **주관적**이다. 주관적이지 않은 진리, 주관성 내지 주체성을 갖지 않은 진리는 진리가 아니다.

진리에 대한 키에르케골의 이 생각은 **기독교 진리에 대한 통찰**에서 유래한다. 하나님의 아들이 인간이 되었고, 모든 인간을 구원하기 위해 자기 목숨을 희생하였다는 기독교의 진리는 모든 사람에게 타당한 보편적 진리가 아니다. 그것은 세속의 사람들에게 도저히 이해될 수 없는 "어처구니없는 것"(das Absurde)이다. 기독교는 세속의 사람들에게 "어처구니없는 것"을 믿는다. 하나님의 아들이 사람이 되었다는 기독교 신앙의 기본 진리는 세속의 사람들에게는 말도 안 되는 역설, 곧 패러독스다. 이 패러독스는 그리스도를 **신앙하는 사람에게만** 진리가 된다. 신앙하는 사람에게 그것은 더 이상 패러독스가 아니라 진리다. 기독교 진리는 보편적 진리가 될 수 없다. 그것은 주관적으로 신앙하는 사람에게만 진리가 될 수 있는 **주관적인 것**이다.

하나님도 주관적이다. 하나님을 믿지 않는 사람에게 하나님은 존재하지 않는다. 하나님은 오직 그를 신앙하는 사람에게만 존재한다. 여기서 비약하여 키에르케골은, 하나님은 하나님과의 관계 속에 있는 **인간의 주관성 안에 있을 뿐**이라고 말한다. 하나님은 진리다. 그러나 이 진리는 하나님 앞에서 실존하는 사람의 신앙에 대해서만 진리다. 키에르케골의 이 생각은, 하나님은 본질적으로 인간의 "사유" 안에 있다는 헤겔의 생각에 그 뿌리를 둔다. 자신의 사유 안에 하나님이 없는 사람에게 하나님은 존재하지 않는다. 이에 근거하여 포이어바하는 하나님을 인간의 본질로 환원시키고, 키에르케골은 하나님은 오직 인간의 주관성 내지 주체성 안에만 있다고 말한다.

이 문제와 연관하여 키에르케골은 **파스칼**의 입장을 따른다. 파스칼에 따르면, 자신의 존재를 떠난 이른바 객관적·보편적 진리는 진리가 아니다. 진리는 그것을 인식하는 철학자 자신의 삶의 진리일 때 참 진리로 증명된다. 키에르케골은 파스칼의 이 생각을 수용한다. 그는 보편적 진리에 대한 관심 때문에 철학하는 것이 아니라 그 자신의 내적 실존의 문제 때문에 철학한다. 그러므로 그는 데카르트처럼 자신의 존재와 무관한 객관적 인식으로 만족할 수 없었다.

키에르케골에 따르면, 데카르트는 『명상록』에서 인간의 모든 인식에 대한 "회의"와 함께 시작한다. 그러나 그는 모든 것에 대해 회의하지만, 그 자신의 존재에 대해서는 회의하지 않는다. 그의 존재는 회의로부터 분리되어 있었다. 그런 점에서 데카르트의 회의는 철저하지 못했다. "나는 사유한다. 그러므로 나는 존재한다"(cogito ergo sum)고 말할 때, 그 자신의 존재는 사유에서 제외되어 있다. 이런 점에서 데카르트는 **객관적 사유자**였다고 키에르케골은 주장한다.

이에 반해 키에르케골은 **주관적 사유자**이고자 한다. 그는 파스칼처럼 주체적 사유, 곧 자기 자신의 존재와 결합되어 있는 사유를 주장한다. 그는 "보편적이며 이론적인 기독교 입문"(Einführung in das Christentum)을 제시하려는 것이 아니라 "각 사람의 실존적 기독교 입문"을 제시하고자 한다. "인간은 역사적·철학적 진리, 혹은 교리적 진리를 신앙적으로 수용하고, 이것을 진리로 생각해서는 안 된다. 오히려 그는 그리스도인으로 살아야 한다. 기독교 진리를 사유하고 가질 뿐 아니라 그것을 행해야 하고, 기독교 진리이어야 한다"(Küng 1995, 95). 곧 인간 자신의 존재와 진리가 하나로 결합되어야 한다. 이 진리는 보편적·객관적 진리가 아니라 주관적 진리다. 나 자신의 주관적 진리일 때, 진리는 사실적 진리가 된다.

기독교 진리가 패러독스의 성격을 상실하고 보편적 진리가 될 때, 그 것은 인간 자신의 실존과 무관한 **객관적 이론**이 되어버린다. 기독교 자체가 객관적 이론이 되어버린다. 이에 반해 키에르케골에 따르면 기독교 진리는 모든 사람에게 타당한 보편적 진리가 아니라 신앙의 비약을 통해서만 얻을 수 있는 **"신앙의 진리"**, 곧 주관적 진리다. 그것은 하나님 앞에 실존하는 자의 신앙에 대해서만 진리다. 이 진리를 이해할 수 있는 것은 이성이 아니라 주관적 신앙이다. 오직 신앙하는 자만이 기독교 진리를 파악할 수 있다(이에 상응하여 바르트는 "하나님은 오직 신앙 속에서 인식될 수 있다"고 말함). 기독교 진리가 신앙을 떠난 보편적 진리가 되거나 세계사의 보편적 원리가 되어버릴 경우, 이 진리는 더 이상 진리가 아니다. 그것은 기독교를 타락시키는 객관적 이론이 되어버린다.

바로 여기에 헤겔의 오류가 있다고 키에르케골은 지적한다. 헤겔은 기독교 신앙의 진리를 세계사의 객관적 원리로 만들어버렸다. 그것은 신앙이 없는 사람에게도 타당성을 가진 객관적·보편적 진리이고자 하며, 비기독교적인 기독교 세계를 정당화한다. 헤겔이 말하는 보편적 기독교 진리는 각 사람의 실존과 무관한 이론적·논리적 체계에 불과하다. 그것은 하나의 사변이요, 현실을 결여한 **"개념의 진리"**에 불과하다.

2. 이에 반해 키에르케골은 참 진리는 **각 사람 내면의 실존적 진리**이어야 한다고 주장한다. 진리는 체계에 있는 것이 아니라 각 사람의 실존에 있다. 그것은 누구에게나 타당성을 가진 것이 아니라 고립된 주체로서의 인간에 의해 자기의 것으로 습득될 때에만 타당성을 가진다. 이 습득(Aneignung)은 1,800여 년 동안 존속해온 기독교가 하나의 보편적이고 역사적인 현실에 그치지 않고, 각 사람 자신의 것으로 **내면화될 때** 가능하다. 그것은 단독자로서의 인간이 본래의 기독교, 곧 신약성서의 기독교와 **동시적으로 될 때** 가능하다. 하나님과 인간의 관계는 일종의 보편적 원리가 아니라 "우리가 동시성(Gleichzeitigkeit)의 상태를 시작할 때만 가능하다"(1971a, 85). 그리스도의 구원의 진리도 우리가 **그리스도와** 동시적으로 될 때, 우리 자신의 주관적 진리로서 타당성을 갖게 된다. 영원한 진리에 이르는 길은 **주관적 동시성**에 있다.

여기서 키에르케골이 말하는 **"동시성"**은 하나님의 영, 곧 성령을 통해 그리스도가 내 안에, 내가 그리스도 안에 있는 상태를 말한다. 그리스도가 내 안에, 내가 그리스도 안에 있을 때 과거에 있었던 그리스도가 2,000년의 시간 간격을 뛰어넘어 지금 나에게 현재화되며, 그리스도의 존재와 나의 존재가 동시적으로 된다. 2,000년 전에 일어난 그의 구원은 지금 나에게 현재적 구원으로 경험된다. 동시성은 바로 **신앙**을 뜻한다. 그리스도와 동시적으로 된다는 것은 그리스도를 신앙함을 뜻한다.

> 한 신앙인이 존재하는 한, 그는 그의(그리스도의) 현재와 동시적일 수밖에 없으며, 신앙인으로서 계속하여 동시적일 수밖에 없다.···이 동시성이 신앙의 조건이다. 좀 더 엄밀하게 규정한다면, 동시성은 곧 신앙이다(1971a, 13).

여기서 그리스도인의 실존이란 그리스도에 대한 역사적(historisch)·철학적·교리적 진리를 인정하거나 그것을 사유하면서 해석하는 것을 뜻하지 않는다. 그것은 **그리스도인으로 사는 것**을 말한다. 열정적으로 그리스도와 하나가 되어 사는 것, 곧 신앙을 말한다. 우리는 **오직 신앙 안에서만** 그리스도를 만날 수 있고, 1,800년의 시간적 간격을 뛰어넘어 그와 동시적으로 될 수 있다. 헤겔처럼 역사로부터 그리스도를 증명할 경우 세계사에서 그리스도가 가장 높은 사람이라는 것을 증명할 수 있을 것이다. 그러나 1,800년의 시간 간격을 극복할 수는 없을 것이다. 그리스도는 1,800년 전 과거의 인물로 머물러 있을 것이다. 이에 반해 그리스도는 하나님-사람이라는 것을 신앙할 때, 우리는 시간의 간격을 뛰어넘어 그와 동시적으로 될 수 있다. 시간의 간격은 아무것도 부인할 수도, 증명할 수도 없는 무의미한 것이 될 것이다. 동시성을 통해 얻을 수 있는 "신앙의 확실성이 가장 높은 것이기 때문이다." "지나간 역사에 대해 너는 읽을 수 있고 들을 수 있을 것이다. 네가 좋아하는 대로, 성공 여부에 따라 역사를 판단할 수 있을 것이다. 그렇지만 땅 위에 있는 그리스도의 삶은 지나가버린 것이 아니다.

1,800년 전에 그는 자기의 시간을 기다리지도 않았고, 지금도 그는 성공을 통한 지지를 기다리지 않는다. 역사적(historisch) 기독교란 완전히 무의미한 것(Galimathias)이요 비기독교적 혼란일 뿐이다.…네가 그와 함께 하는 동시성의 상황 속에서 그리스도인이 될 수 없다면, 혹은 동시성의 상황 속에서 움직일 수 없거나 그리스도에게 집중할 수 없다면, 너는 결코 그리스도인이 될 수 없을 것이다"(『기독교의 훈련』에서, Küng 1970, 578에서 인용).

기독교적 실존의 빛에서 볼 때, 그리스도의 구원은 우리가 그리스도를 신앙할 때 우리 자신의 진리로 점유된다. 그것은 인간의 이성에 의해 이해될 수 있고 파악될 수 있는 것이 아니다. 이성에 대해 그것은 패러독스 곧 "어처구니없는" 역설이다. 패러독스 혹은 "어처구니없는 것"은 "절대적으로 다른 두 가지의 사물, 예를 들어 시간적인 것과 영원한 것, 내재와 초월이 인간의 실존 속에서 통일성으로 결합될 때 일어난다"(Maltschuk 1977, 228). 시간적 존재인 인간에게 주어지는 기독교 진리는 인간의 이성에 대해 역설적인 것이다. 역설적인 것을 이성은 파악할 수 없다. 기독교의 핵심적 진리, 곧 한 인간이 인간인 동시에 하나님이요, 인간에 의해 고난을 당한 자로서 인간의 구원자가 된다는 이 진리는 인간의 이성이 도저히 이해할 수 없는 "모순의 표지"다.

3. 인간의 이성이 파악할 수 없는 모순적이고 역설적인 것을 기독교는 어떻게 해명할 수 있는가? 키에르케골에 따르면, 기독교는 "그것이 계시되어 있다는 것을 매개로" 해명할 수 있다(1971d, 483). 기독교의 진리는 그리스도 안에 계시되어 있다. 이 진리는 신앙 없이도 인식될 수 있는 보편적인 것이 아니라 **각 사람의 신앙을 통해서만** 인식될 수 있다. 기독교의 진리는 신앙하는 단독자에게 주관적으로 경험될 때 비로소 타당성을 갖게 되는 실존적·주관적 진리다. 이런 점에서 **"주관성이 진리다."**

일반적으로 진리는 보편타당해야 하며 절대적이어야 한다고 생각하기 쉽다. 그것은 객관적이어야 한다. 키에르케골은 진리에 대한 이 같은 통념을 깨뜨린다. 기독교 신앙의 진리는 모든 사람에 대해 타당한 보편타당한 객관적 진리, 이른바 절대적 진리가 아니다. 단독자의 주관성이 결여된 진리, 이른바 보편적·절대적·객관적 진리는 진리가 아니다. 신앙에 의존하는 실존적 진리는 객관적 확실성을 갖지 않는다. 오히려 그것은 **"객관적 불확실성"**을 가진다. 그것은 인간의 이성에게 확실한 것이 아니라 불확실한 것이다. "열정적 내면성 속에서 붙드는 객관적 불확실성, 이것이 진리다. 그것은 실존하는 정신에 대해 존재하는 유일한 진리다"(Tillich 1971, 331).

그러나 "주관성은 진리다"라는 것은 주관성 자체가 진리라는 것을 뜻하지 않는다. 오히려 진리는 주관성 안에서만 주어지고, 주관성 안에서만 타당성을 가진다는 것을 뜻한다. 각 사람의 주관성 내지 주체성을 떠난 이른바 객관적 진리, 보편적 진리, 체계로서의 진리는 진리가 아니다. 그러므로 "주관성은 진리다"라는 말은 "주관성은 비진리다"라는 말로 보완되어야 할 것이라고 키에르케골은 말한다(1971f, 599).

여기서 우리는 세계사에 대한 헤겔의 거대한 담론이 개인의 내면적 주관성에 대한 담론으로 지양되는 것을 볼 수 있다. 종교와 철학과 국가가 화해되어 있는 거대한 기독교 세계(Christendom)가 각 사람의 주관성으로 폐기되는 것을 볼 수 있다. 진리는 객관적인 대상 세계에서 찾을 수 없다. 그것은 오직 단독자의 주관성 안에서만 찾을 수 있다. 헤겔이 그의 청년 시대 때부터 추구하였던 객관적 세계에 대한 기독교 진리의 타당성은 거부되고, 진리는 오직 신앙하는 단독자의 내면적 주관성 안에서만 타당성을 가지며, 신앙하는 단독자의 내면적 주관성 안에서만 찾아야 할 것으로 생각된다.

키에르케골에 대한 블로흐의 해석에 의하면, 진리는 오직 자기를 느끼고, 자기를 알고자 하는 자아로부터 온다. 이 진리는 인류적인 것, 곧 "개성"(Charakter)이다. "그러나 바다는…개성을 갖지 않는다. 모래도 개성을 갖지 않는다. 추상적 오성도 개성을 갖지 않는다. 개성은 내면성이기 때문이다. 따라서 우리는 하나님에 대해 아무런 객관적인 것도 생각할 수 없다. 하나님에 대한 객관적인 것은 이교적인 것이요 오류와 거짓된 생각으로 이끌어갈 뿐이다. 중요한 것은 버림받은 모퉁잇돌(예수 그리스도를 말함)이요, '하늘의 하늘도 포용할 수 없는 것이 지금 마리아의 품 안에 누워 있네'라는 엑하르트(Eckardt)의 가장 기독교적인 협소한 통찰이다." 키에르케골에 따르면, 우리의 실존과 관계하는 인식만이 "본질적인 인식"이요, "실존적 열정(Pathos)"이다. 이에 반해 열정이 없는 체계적 이론의 나열은 거짓되고 값싼 잡담일 뿐이다. 그것은 우리에게 아무 유익도 주지 못한다. 칸트도 이와 비슷하게 말한다. "우리의 철학적 연구의 유일한 대상은 하나님과 세계다. 하나님과 세계의 개념들이 도덕과 관계되지 않는다면, 그들은 아무 유익이 없을 것이다"(Bloch 249-250).

일반적으로 진리는 객관적인 것이라 생각된다. 그것은 개인에 따라 다르게 생각될 수 있는 주관적인 것일 수 없다. 모든 사람에게 타당한 것이라면 그것은 객관적일 수밖에 없다. 키에르케골은 진리에 대한 이 같은 객관주의적 생각을 거부한다. 그에 따르면 진리는 객관적일 수 없다. 진리는 그것을 전달받은 인간이 자기의 것으로 습득하고 이 진리에 **사로잡힐 때에만** 타당성을 가진다. 단순히 주장된 명제로서의 진리, 이른바 보편타당한 진리는, 그것을 말하는 사람의 주관성과 관계되어 있지 않기 때문에 진리가 아니다. 이런 뜻에서 키에르케골은 "**주관성이 진리**"라고 말한다.

키에르케골에 따르면 기독교 신앙의 진리는 하나의 이론이나 공식과 같은 객관적인 것이 아니라 오직 신앙하는 사람 자신의 신앙을 통해 수용될 수 있는 주관적인 것이다. 그것은 신앙하는 사람에게만 타당성을 가질 수 있는 역설적인 것이다. 역설적인 것이 진리로 인식될 수 있는 유일한 길은 신앙 속에서 주관적으로 수용되는 데 있다. 하나님의 아들이 사람이 되었다는 것은 그것을 신앙하는 사람에게만 타당한 진리다. 이 진리는 신앙하는 사람의 존재에서 추상화될 수 없다. 그것은 신앙하는 사람 자신의 전 존재와 결합되어 있는 주관적 진리다.

4. 진리의 주관성에 대한 키에르케골의 생각 역시 헤겔의 "체계"에 대한 안티테제로 제기되었다. 『철학적 단편』에서 그는 헤겔의 "현존의 체계"를 비판한다. 인간의 "현존"(Dasein, 거기에-있음)이란 구체적인 것, 개별적인 것이다. 모든 사람은 다르기 때문에 모든 사람은 각자 다르게 현존한다. 동일한 인간의 동일한 현존이란 존재하지 않는다. 이에 반해 "체계"는 현존의 차이를 평준화시키고, 그것을 하나의 보편 개념으로 만들어버린다. 따라서 "현존"과 "체계"는 대립한다. 각 사람의 구체적 현존으로부터 추상화할 때, "체계"를 말할 수 있게 된다. 모든 사람의 각기 다른 현존 모두를 포괄할 수 있는 "체계"란 존재할 수 없다. 체계란 구체적 현존, 구체적 개체가 사라진 공허한 개념이다. 체계는 인간의 본질인 개체성을 간과한다. 단 하나밖에 없는 개별적 존재로서 윤리적으로 실존하는 것이 인간의 본질에 속한다는 사실을 헤겔은 간과한다.

　헤겔의 체계에 대한 키에르케골의 비판 역시 그 당시 헤겔 학파 내에서 심각하게 토의되고 있던 문제였다. 헤겔 우파에 속한 로젠크란츠는 헤겔 체계의 우수성을 높이 평가하였다. 헤겔의 체계는 여전히 모든 철학적 논란의 중심점이요, 어떤 다른 철학적 체계도 헤겔의 체계만큼 보편적 매력을 갖지 못한다고 평가한다. 그에 따르면 인류의 역사에서 19세기는 새로운 시대다. 자연과학의 새로운 발견, 증기기관과 철도와 전보 등의 새로운 기술, 새로운 지리적 발견, 범세계적 교통과 통상과 더불어 새로운 세계의식이 등장하였다. 다양한 형태의 폐쇄된 의식은 "사유하는 정신의 합리주의"에 복종할 수밖에 없게 되었다. 19세기의 이 모든 일을 로젠크란츠는 헤겔의 철학 체계에 근거하여 긍정적으로 평가한다. 이 모든 일은 "인류의 인간화", 인류의 진보에 기여할 수 있다. "진보"를 원리로 하는 헤겔의 체계는 이 모든 것을 수용할 수 있는 세계사적 잠재력을 가진다.

헤겔 체계의 세계사적 타당성을 드러내려는 로젠크란츠에 반해 하임 (R. Haym)은 헤겔 철학이 끝났다고 주장한다. 19세기의 새로운 시대 앞에서 헤겔의 철학 체계는 물론 철학 일반이 진부한 것으로 드러난다. 헤겔의 거대한 체계는 새로운 시대에 대해 더 이상 의미를 갖지 못한다. 19세기의 새로운 시대는 "더 이상 체계의 시대가 아니다. 그것은 시(詩)나 철학의 시대가 아니다." 이 시대는 위대한 기술적 발견에 힘입어 "물질이 생동하는 것처럼 보이는" 시대다. "우리의 신체적 삶은 물론 정신적 삶의 기초는 과학기술의 승리로 말미암아 무너졌고, 새롭게 형성되고 있다. 개인과 민족들의 실존은 새로운 기초들과 새로운 상황들을 직면하고 있다." 헤겔 철학을 위시한 관념론적 철학은 "시대의 시험"에 불합격하였다. 헤겔 체계의 역사성을 파악하는 것은 우리 시대의 과제일 수 있지만 "하나의 새로운 체계를 고정시키는 것"은 금물이다(Löwith 1949, 72). 여기서 하임은 헤겔의 체계는 물론 철학적 체계 일반을 거부한다. 그것은 새로운 시대의 구체적 발전을 따라가지 못하기 때문이다. 마르크스에 따르면 그것은 해석에 해석을 반복할 뿐 "변화"를 일으키지 못한다.

키에르케골은 체계 일반을 거부하는 하임의 입장을 따른다. 그에 따르면 체계는 거짓이다. 그것은 평준화될 수 없는 개체들을 체계에 속한 보편적인 것으로 평준화시켜버리기 때문이다. 진리는 세계사적·보편적 "체계"에 있는 것이 아니라 각 사람의 실존적 주관성에 있다. 각 사람의 실존에 대해 헤겔의 "세계사"는 부수적이며 우연적인 것에 불과하다. 각 사람의 윤리적 실존에 대해 헤겔의 세계사적 변증법은 하나의 "부차적 첨가물"(Staffage)일 뿐이다. "헤겔주의자는 실존의 주관성에 만족하지 않는다. 일종의 위대한 자기 망각 속에서 그는 각 시대의 인류적 실체와 관념을 간파하고, 그 자신의 현존은 하나의 형이상학적 사변이라고…생각한다. 그는 개별의 나무들을 보지 못하고 숲 전체를 바라본다"(Löwith 1941, 127에서 인용). 현실적으로 실존하는 것은 숲이 아니라 개별의 나무다. 따라서 진리는 숲에 있는 것이 아니라 개별의 나무, 곧 단독자의 주관성 내지 주체성(Subjektivität)에 있다. 이와 같이 진리를 철저히 주관화시킬 때, 진리의 객관적 규범이 없어지고, "진리는 없다"는 니체의 결론에 이르게 된다.

5. 유일자인 "나"가 세계사다
- 슈티르너 vs. 마르크스의 논쟁과 키에르케골

키에르케골의 "단독자" 개념은 당시의 학계에서 전혀 새로운 것이 아니었다. 그것은 헤겔 좌파에서 심각하게 논쟁되고 있던 개념이었다. 이 논쟁은 먼저 포이어바하에게서 시작된다. 포이어바하는 헤겔의 "보편적인 것"을 거부하고 감성적 존재인 개인으로부터 출발해야 한다고 주장하였다. 곧 철학적 인식의 출발점은 보편자가 아니라 감성을 가진 각 사람, 곧 단독자이어야 한다는 것이다.

"나는 느낀다. 그러므로 나는 존재한다"(sentio ergo sum)는 포이어바하의 말은(1976, 327) 사회적 관계에서 추상화된 개체적 인간을 보여준다. 대상을 느끼는 감성적·무사회적 존재로서의 "나"(Ich), 곧 단독자가 존재의 근거이며, 철학적 사유의 출발점이 된다는 것이다. 물론 포이어바하도

각 사람을 "종의 존재"로 파악한다. 종
의 개념은 인간의 사회성을 암시한다.
그러나 그가 말하는 "종의 존재"는 사
회-경제적·정치적 관계 속에 있는 사
회적 개념이 아니라 인간 전체를 포괄
하는 보편 개념에 불과하다. 그것은 사
회와 역사가 없는 "자연적인 것"에 불
과하다. 전체적으로 포이어바하의 철
학은 개체, 곧 단독자로서의 인간에 기
초한다. 포이어바하의 단독자 개념은
마르크스와 엥겔스의 혹독한 비판을
받게 된다. 두 사람에 의하면, 포이어바
하는 인간을 사회적 관계 속에 있는 사

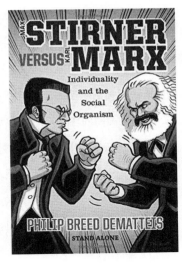

슈티르너 vs. 마르크스의 논쟁
(출처: https://www.abebooks.
com/9781943687206/Max-Stirner-Karl-Marx-
Individuality-194368720X/plp)

회적 존재로 보지 않고 사회적 관계에서 추상화된 **개체적 존재**, 곧 단독자
로 보았다는 것이다. 이리하여 마르크스와 엥겔스는 인간을 철저히 사회
적 존재로 주장하게 된다.

　　포이어바하와 마르크스, 엥겔스 사이의 논쟁은 슈티르너와 마르크스
의 논쟁으로 이어진다. 키에르케골이 1840-41년 베를린으로 가기 이전에,
슈티르너는 마르크스의 사회적 인간관에 대립하는 개체주의적 인간관을
주장하였다. 이리하여 두 사람 사이에 격렬한 논쟁이 일어난다. 키에르케
골의 "단독자" 개념은 이 같은 논쟁 속에서 등장한다. 여기서 우리는 슈티
르너의 인간관을 고찰하기로 하자.

1. 슈티르너와 마르크스는 헤겔 좌파에 속하지만 전혀 다른 인간관을 주장
한다. 마르크스보다 12살 위인 슈티르너는 인간의 "개체성"(Individuality)

의 대변자로, 마르크스는 인간의 "사회적 유기체성"(Social Organism)의 대변자로서 뜨거운 논쟁을 벌인다(위의 플라카트 그림 참조).

슈티르너의 대표적 저서 『유일자와 그의 소유』(Der Einzige und sein Eigentm)는 헤겔과 마르크스의 인간관과는 전혀 다른 개체주의적 인간관을 요약한다. 헤겔에 대해 슈티르너는 이렇게 주장한다. 중요한 문제는 세계사나 보편적인 것이 아니라 단 한 번밖에 없는 각 사람, 곧 "유일자"와 그의 "소유"다. "인간에 대해 내가 세계사다"라는 슈티르너의 말은 헤겔의 세계사적·보편적 인간관에 대립하는 그의 개체주의적 인간관을 요약한다. 이로써 슈티르너는 헤겔의 세계사를 각 사람의 "나"로 폐기해버린다.

헤겔에 대한 슈티르너의 비판은 마르크스에 대한 비판이기도 하다. 곧 인간은 "종의 존재", "인류", "대중", "계급" 등의 집단개념으로 평준화될 수 있는 존재가 아니라 자기의 소유를 가장 중요하게 생각하는 이기적 존재로서, 단 하나밖에 없는 존재, 곧 유일자 내지 단독자라는 것이다. 본질적으로 인간은 사회주의 혹은 공산주의 이념을 실현하기 위해 자기를 희생할 수 있는 존재가 아니라 자기 자신을 추구하는 "이기주의자"(Egoist)다. 이기주의자는 이웃 없이 자기 홀로 존재한다. 그에게는 "나"가 있을 뿐이다. 이런 점에서 인간은 철저히 개체적 존재, 곧 "유일자"(der Einzige)다. 따라서 인간을 어떤 보편 개념으로 파악하는 것은 인간의 본질에 어긋난다. 그것은 단 하나뿐인 각 사람의 유일성을 파괴하는 폭력 행위라는 것이 슈티르너의 소신이었다.

2. 슈티르너는 헤겔을 비판하면서도, 헤겔의 역사철학적 구도를 계승한다. 그리하여 세계사를 그리스도 이전 시대와 이후 시대로 구별한다. 그리스도 이전의 세계는 이교를 믿었던 "옛 사람들"의 세계이고, 그리스도 이후의 세계는 기독교의 "새로운 사람들"의 세계다. 옛 사람들의 세계는 "감성

적 진리의 세계"라면, 그 뒤에 온 새로운 사람들의 세계는 "정신이 초감성적 진리가 된" 세계다. "옛 사람들에게 세계는 지혜였다." 반면에 "새 사람들에게는 정신(영)이 진리였다"(Stirner 1962, 65). 옛 세계는 "자연적인 것, 세상적인 것, 자연적 세계질서를" 섬겼다면 기독교적 새 세계는 정신적인 것, 곧 영적인 것을 섬겼다.

이교의 옛 세계, 기독교의 새 세계 다음에 제3의 "자유로운 사람들"의 세계가 온다. "자유로운 사람들"은 "새로운 사람들 가운데 더 새로운 사람들과 가장 새로운 사람들"이다(68). 가장 새로운 사람들, 곧 "자유로운 사람들"의 자유를 슈티르너는 "정치적 자유주의", "사회적 자유주의", "인간적 자유주의"로 구별한다.

1) 시민사회의 "정치적 자유주의"(der politische Liberalismus)는 다음과 같이 말한다. "참된 인간은 국가다. 그러나 단독자는 언제나 이기주의자다. 그러므로 이기적 불평등과 불평화가 그 속에 깃들어 있는 너희의 단독성(Einzelheit) 혹은 개별화(Vereinzelung)를 벗어버려라. 너희를 참 인간, 곧 국가에게 완전히 바쳐라. 그러면 너희는 인간으로서 유의미한 존재가 될 것이고, 인간에게 속한 **모든 것을 가지게 될 것이다**"(69).

2) 사회주의 체제의 "사회적 자유주의"(der soziale Liberalismus)는 이렇게 말한다. "우리는 자유롭게 태어난 인간이다." 그러나 우리는 도처에서 "이기주의자들의 종들"이 되어 있다. 이제 우리는 쓰레기와 같은 이기주의자들을 없애버려야 한다. "우리는 그들 모두를 '쓰레기'(Lumpen)로 만들고자 한다. **'모든 사람'이 소유하게 되도록** 하기 위해, 아무것도 소유해서는 안 된다. 사회주의자들은 이렇게 말한다"(70).

3) 정치적 자유주의와 사회적 자유주의를 넘어서는 "인간적 자유주의"(der humane Liberalismus)는 시민사회의 정치적 자유와 사회주의 사회의 사회적 사회를 초월하는, **인간의 인간 자체로서의 자유**를 말한다. 세계의

모든 것은 "나"에게로 귀착된다. 내가 없는 인간이란 헛것이다(71). "인간적 자유주의"의 빛에서 볼 때 사회주의는 다음과 같은 문제성이 있다. "노동자는 물질주의적이며 이기주의적인 인간으로 인정된다. 그는 **인류를 위해** 아무것도 하지 않는다. 그는 **그 자신을 위해**, 자기의 행복을 위해 모든 것을 행한다." 시민사회에서는 시민이 국가를 이용한다면, 사회주의 체제에서 "노동자는 자기의 **이기적** 목적을 위해 사회를 **이용할** 것이다. 너는 단 하나의 이기적 목적, 곧 너의 행복이라는 목적을 가질 뿐이다!···**완전히 인간적인 관심**을 가져라. 그러면 나는 너의 동료가 될 것이다.···노동자는 아무것도 하지 않는다. 그러므로 그는 아무것도 소유하지 않아야 한다. 그의 노동은 언제나 개별적이고, 그 자신의 필요를 위해 계산된 일상적 노동이기 때문에, 그는 아무것도 하지 않는다"(70).

여기서 슈티르너는 마르크스가 기대하는 사회주의 체제의 허상을 지적한다. 마르크스는 노동자를 새로운 세계를 향한 혁명의 주체로 규정한다. 그러나 이 노동자들은 "그 자신을 위해, 자기의 행복을 위해 모든 것을" 행하고 사회를 이용할 뿐, 전체를 위해 아무것도 하지 않는다고 슈티르너는 말한다. 노동자들이 행하는 것은 사실상 "그 자신을 위해, 자기의 행복을 위해" 행하는 것에 불과하다는 것이다. 이로써 슈티르너는 인간을 자기 자신밖에 모르는 이기주의적 단독자 내지 유일자로 규정한다.

3. 슈티르너에 따르면, 인간은 자기 자신밖에 모르는 유일자 내지 단독자이기 때문에 자기 자신이 세계사다. 곧 "단독자는 그 자신에 대해 세계사이며, 자기 바깥의 세계사에서 자기의 소유를 소유한다.···그리스도인에게는 세계사가 더 높은 것이다. 세계사는 그리스도의 혹은 '인간'의 역사이기 때문이다. 이기주의자에게는 **자기의** 역사만이 가치를 가진다. 그는 인간성의 관념, 하나님의 계획, 하나님의 섭리의 뜻, 자유 등이 아니라 오직

자기를 발전시키고자 하기 때문이다. (헤겔이나 마르크스에 반하여) 그는 자기를 관념의 도구나 하나님의 그릇으로 보지 않는다.…그는 인류의 발전을 위해 존재한다는 망상을 품지 않는다.…오히려 그는 그 자신을 충만하게 산다. 인류가 얼마나 선한지, 얼마나 악한지, 그것에 관해 관심하지 않는다." 단독자는 사회적 직업이나 위치를 중요하게 여기지 않는다. 한 송이의 꽃에게 사회적 직업이나 위치는 무의미한 것과 마찬가지다(73).

"하나님은 자기가 누구인지, 자기의 이름을 말하지 않는다"고 우리는 말한다. 이 말은 "나에게도 해당한다. 어떤 **개념**도 나를 나타내지 못한다. 사람들이 나의 본질이라고 말하는 그 무엇도 나를 나타내지 못한다. 그것은 (나 자신이 아니라) 이름들에 불과하다.…나의 힘을 가진 것은 나 자신이다. 내가 나를 **유일한 자**(Einzigen)로 알 때 나는 나다. 그 자신인 자(der Eigner)는 유일한 자 안에서, 그가 태어난 창조적 무(Nichts)로 돌아간다. 하나님이든 인간이든, 내 위에 있는 모든 더 높은 존재는 나의 유일성에 대한 느낌을 약화시킨다.…나는 나의 일을 무에 세웠다(Ich hab' mein' Sach' auf Nichts gestellt)"(74). 곧 나 외에 하나님도 없고, 세계사도 없고, 인간이란 보편 개념도 없다고 슈티르너는 주장한다.

그에 따르면 루터, 데카르트, 헤겔을 위시한 근대 기독교 학자들은 신적인 것이 인간 안에 있다고 믿었다. 이 전통은 헤겔 철학을 통해 정점에 이른다. 헤겔에게서 인간은 신적 정신의 현존으로 규정된다. 그는 신적 정신이 그 속에 현존하는 "정신적 존재"다. 그러나 헤겔을 위시한 기독교 학자들은 일상의 벌거벗은 인간, 단 한 번밖에 없는, 그러므로 어떤 다른 인간과 비교될 수 없는 "그 자신의 나"로서의 인간을 알지 못한다. 이에 반해 슈티르너는 인간에 관한 모든 보편적 개념과 규정, 보편적 관념을 거부한다. 단 한 번밖에 없는 "나"는 나 자신에 대한 어떤 보편 개념이나 규정도 허용하지 않는다. "정신", "인간"이란 개념도 허용하지 않는다. 유일한

"나" 위에나 뒤에 아무것도 없다. 유일한 "나"의 위에나 뒤에는 무(Nichts)가 있을 뿐이다. 그러므로 인간은 어떤 보편적 "개념"이나 "과제"도 갖지 않는다. 공산주의/사회주의 이상 국가를 세워야 할 세계사적 사명도 갖지 않는다. 개인 위에 혹은 개인 뒤에 있는 어떤 보편적 개념이나 규정을 찾는 것은 "기독교적 요술의 권역"(christlicher Zauberkreis)에서 노는 것이다.

기독교는 신적인 것에 근거하여 목적론적 역사관을 가르친다. 곧 역사의 목적은 세계의 구원에 있다는 것이다. 이로써 기독교는 각 사람의 유일한 "나"의 "순간"을 간과하고, 유일한 "나"가 배제된, 그러므로 유일한 "나"에게 무의미한 세계사의 미래만 보게 한다. 그리고 인간을, 역사의 목적을 완성해야 할 세계사적 사명을 가진 세계사적 존재로 규정한다. 그는 세계사적 목적을 이루고자 하는 신적 정신의 도구 내지 수단으로 전락한다.

이제 인간에게 필요한 것은 세계사의 거대한 목적과 세계사적 사명의 마술에서 인간을 벌거벗은 "나"로 해방하는 일이라고 슈티르너는 주장한다. 인간은 헤겔이 가르치는 하나님 나라의 세계사적 사명자도 아니고, 마르크스/엥겔스의 사회주의 이상 세계를 실현해야 할 세계사적 사명자도 아니다. 이 모든 것은 자기 외의 그 무엇에도 관심하지 않는 **인간에 대한 기만**이다. 자기 바깥에 있는 그 무엇에 대해서도 무관심한 유일한 "나"로서의 인간 자신이 세계사다. 철저히 개체적 존재인 "나"에게는 세계사의 과거도 없고 미래도 없다. 오직 지금의 "순간"만이 있을 뿐이다. 자기 바깥에 있는 세계는 그가 소유하고 소비해야 할 대상에 불과하다.

여기서 우리는 키에르케골보다 훨씬 더 극단적 형태의 개인주의 내지 개체주의를 볼 수 있다. 인간은 "정신적 존재", "종의 존재", "유산계급", "무산계급" 등의 보편 개념이나 관념을 통해 보편화·집단화될 수 없는 존재가 아니다. 그는 자기 위에, 자기 바깥에 그 무엇도 알지 못하는 철저한 유일자 내지 단독자라는 것이다.

4. 슈티르너와 키에르케골은 마르크스의 인간관에 정면으로 충돌한다. 마르크스에 따르면 인간은 "단독자", "유일자"가 아니라 철저히 사회적 존재다. 그는 오직 다른 사람들과 교통 속에 있는 종(種)의 존재다. 또 그는 자연과의 교통 속에서 존재한다. 아무리 고독한 사람일지라도 그는 사회적·자연적 관계 속에서 실존한다. 자연과 관계 없이 생존할 수 있는 사람은 아무도 없다. 최소한 내가 마시는 물과 공기, 그것은 나 자신으로부터 오는 것이 아니라 내 바깥에 있는 자연으로부터 나에게 주어진다. 물과 공기 없이 생존할 수 있는 사람은 아무도 없다. 이웃 사람과 자연과의 관계 내지 교통은 각 사람에게 추가적으로 주어지는 것이 아니라 각 사람 자신의 존재를 구성한다. 마르크스의 입장에 따르면 인간의 "종의 존재"의 참된 본질도 이웃과 자연과의 관계, 곧 사회성에 있다. 개체성·유일성이 아니라 사회성이 인간 종의 참 본질이다. "나에게 주어진 환경과 나의 관계가 나의 의식이다"(Marxi, 425).

또한 인간은 사회-경제적·정치적 질서와 제도 속에서 실존한다. 사회-경제적·정치적 제도와 질서와 관습을 떠나 자기 홀로 존재하는 유일자, 단독자는 존재하지 않는다. 사회-경제적·정치적 제도와 질서 속에서 인간은 참 인간으로 실존하든지 아니면 비인간으로 실존한다. 사회-경제적·정치적 상황 내지 관계들이 인간의 정신과 의식을 결정한다. 인간의 존재는 이 관계들을 초월한 단독적인 것, 유일한 것이 아니라 이 관계들 속에서, 이 관계들을 통해 구성된다. 마르크스에 따르면 인간의 사회성(Sozietät)은 인간의 본질에 첨가되는 그 무엇이 아니라 인간의 본질 자체를 구성하는 요소다. 본질적으로 인간은 사회주의적 이상 세계를 실현해야 할 사명을 가진 세계사적 존재다.

이 같은 입장에서 마르크스는 슈티르너의 인간관을 정면으로 비판한다. 이 비판은 『독일 이데올로기』의 "Sankt Max" 부분에 자세히 기술되어 있다. 마르크스에 따르면, 장트 막스(슈티르너의 애칭)는 세계사를 고립된 "나"라고 하는 "유령의 역사"로 만들어버렸다. "유일자"로서의 "나"가 곧 세계사라면, 세계사는 "나" 속으로 폐기되어버린다. 헤겔 철학 속에 담긴 세계가 "모든 세계"로 되어버렸다는 "베를린의 지역적 담론"을, 장트 막스는 유일자인 "나"의 왕국으로 바꾸어버렸다. 베를린의 학교 교장과 문필가처럼 인간의 사유는 물론 개인과 그의 삶은 외부 세계와 역사로부터 추상화되어버린다. 그것은 "나"라고 하는 가장 작은 것(Minimum)으로 축소되어버린다. 이와 같은 사상가는 "말도 안 되는 자기의 생각(Gedankenlosigkeit)을 철학의 완성이라 선언하며, 이로써 몸적인 삶에 이르는 승리의 전주곡이라 선언하면서" 철학을 끝낼 수밖에 없을 것이다. 그러나 그는 사실상 "사변적 구두 뒤축 위에서 빙글빙글 도는 원운동(Kreisbewegung)을" 할 뿐이라고 마르크스는 슈티르너를 비판한다.

5. 마르크스의 입장에서 볼 때 슈티르너는 개체화된 단독자들의 사회, 곧 근대 시민사회를 대변하는 "가장 극단적인 관념론자"(der radikalste Ideologe)다. 그는 시민사회의 사적 이기주의에 사로잡혀 있다. 그는 인간 현존의 "현실적 상황들"을 해방하는 것이 아니라 단지 인간의 "의식의 상황들"을 해방하고자 할 뿐이다. "그러므로 그는 사적 인간과 사적 소유를 유일자와 사유-재산의 '범주'로 절대화한다"(Löwith 1941, 119-120). 종래의 사회적 교통 내지 교류(Verkehr)는 "사랑에 기초하였다. 이웃에 대한 배려심으로 가득한 행동, 서로를 위한 행동에 기초하였다"는 슈티르너의 말은 그의 추상적 관념성을 반영한다. 그는 "법을 사랑의 관계로, 상업을 사랑의 상업으로" 파악한다(Marx 2004i, 507). 슈티르너는 냉혹한 자본주의의 현실

을 보지 못하는 달콤한 관념성에 빠져 있다. "나의 힘이 미치는 그것이 나의 소유다. 내 힘으로 능히 도달할 수 있다고 느끼는 모든 것을 나는 나의 소유로 요구한다"(529)는 슈티르너의 말은 근대 시민사회의 **개체화된 유일자들**의 이기주의를 나타낸다.

여기서 우리는 정반대되는 두 가지 인간관을 볼 수 있다. 마르크스에게서 인간은, 참 인간성이 있는 공산주의 사회를 실현하기 위해 자기 자신을 희생해야 할 존재로 생각된다. 자기희생 속에서 그는 참된 자기 자신일 수 있다. 이에 반해 슈티르너의 나(Ich)는 자기 홀로, 자기만을 위해 존재하는 개체적 존재로서, 세계를 최대한 소비하고자 하는 이기주의적 존재로 생각된다. 그에게는 이웃도 없고 하나님도 없다. 자기 자신 외에는 아무것도 없다. 그는 무로부터 와서 무로 돌아간다. 엥겔스는 1844년 11월 19일 마르크스에게 보낸 편지에서, 슈티르너의 인간관은 현실의 인간에 대한 경험을 결여한다고 평가한다. "슈티르너가 포이어바하의 '인간', 적어도 그의 『기독교의 본질』을 내버린 것은 타당하다." 포이어바하의 "인간"은 사회적 기초 위에서 파악된 것이 아니라 "하나님으로부터 파생된 것이기 때문이다." 그러나 "'인간'이 경험적 인간에 자기의 기초를 갖지 않는 한, 그는 언제나 하나의 유령(Spukgestalt)일 뿐이다"(Küng 1995, 240에서 인용).

6. 헤스의 해석에 의하면, 슈티르너의 이기주의자는 "사랑이 없는 삶, 노동 없는 향유, 생산 없는 소비를 추구하며, 항상 자기를 위해 무엇을 취하고자 하며, 결코 자기의 것을 **내어주지 않으려** 한다. 다시 말해 결코 자기를 내어주지 않으려 한다. 그는 이기주의자이기 때문에 그렇게 할 수 없다. 그는 아무 내용을 갖지 않으며, 항상 낯선 내용을 갈망한다. 그는 이기주의자로서 자기 자신에 대해 낯선 자로 대칭하기 때문이다. 그는 아무 내용도 없기 때문에 일할 수도 없다. 그는 결코 '삶의 향유'를 얻지 못하기 때문에 항

상 향유를 찾는다. 그러나 그는 일할 수 없기 때문에 아무것도 향유하지 못한다"(Hess 1962, 53-54).

헤스에 따르면 지금까지 모든 인류의 역사는 "사회적 짐승의 세계 역사에 불과하다." "사회적 짐승의 세계"와 "야생의 짐승의 세계"의 차이는 무엇인가? 그 차이는 "의식"에 있다. "**사회적** 짐승의 세계의 역사는 짐승 세계의 **의식**의 역사이고, 야생의 짐승의 세계의 마지막 정점은 맹수(Raubtier)다. 사회적 짐승 세계의 정점은 **의식을 가진** 맹수", 곧 인간이다 (54). 인간은 의식을 갖기 때문에 종교를 가진다. 이에 반해 야생의 짐승들이 종교를 갖지 않는 것은 자기의 이기주의에 대한 의식이 없기 때문이다. 곧 "죄의식"이 없기 때문이다. 의식을 가진 사회적 짐승의 세계의 마지막 정점은 소상인의 세계(Kräerwelt)라면, 야생의 짐승의 세계의 마지막 정점은 맹수다. 맹수가 피를 향유한다면, 소상인들은 돈을 향유한다.

자연의 짐승이 피에 굶주린 이기적 존재라면, 인간은 돈에 굶주린 이기적 존재다. 바로 이것이 슈티르너의 "현실적 인간"이다. 이로써 슈티르너는 **유산계급의 이기주의, 사적 인간과 사적 소유를 정당화한다**. 그는 개체화된 유일자들의 시민사회와 이 사회의 사적 이기주의를 당연한 것으로 인정한다. 시민사회의 유일자들은 돈에 굶주린 소상인들과 같다. "소상인 세계의 돈 갈증은 맹수의 피 갈증이다." "종교적 짐승들의 세계를 벗어나기 위해 슈티르너는 이렇게 외친다. 우리는 다시 야생의 짐승 세계로 돌아가자. 자연으로 돌아가자!"(Hess 1962, 56) 여기서 인간은 피에 굶주린 자연의 맹수들과 마찬가지로 돈에 굶주린 이기주의적 존재로 파악된다. 그는 단지 자신의 이기주의를 의식한다는 점에서 맹수로부터 구별된다. 슈티르너가 말하는 인간의 삶의 동인은 **무적인 이기주의**라고, 헤스는 슈티르너의 인간관을 평가한다.

7. 키에르케골이 슈티르너의 사상을 알고 있었는지는 분명하지 않다. 그러나 베를린에 체류하는 동안 그는 헤겔 좌파 내의 논쟁을 통해 슈티르너의 사상을 충분히 알게 되었을 것이다. 그는 일단 슈티르너의 입장에서 마르크스의 사회적 인간관을 거부한다. 개인을 인류나 계급으로 대중화·평준화하는 마르크스의 집단주의적 사고에 반해, 키에르케골은 인간의 모든 사회적 관계들을 단독자의 자아로 지양한다. 그는 인간을 평준화될 수 없는 "유일자"로 보는 슈티르너의 입장에 동의한다. 이 점에서 슈티르너와 키에르케골은 일치점을 가진다. 이와 동시에 키에르케골은 슈티르너의 입장에 대립한다. 슈티르너는 인간을 하나님도 없는 완전한 개체로 설정하고, 무(Nichts)로부터 와서 무로 돌아가는 존재로 파악한다. 그는 죽는 순간까지 이기적으로 살다가 무로 돌아간다.

이에 반해 키에르케골은 인간을 하나님 앞에 세운다. 그는 인간을 결단 앞에 세운다. 곧 하나님 앞에서 절망하든지, 아니면 신앙으로 비약하든지, 결단해야 할 존재로 인간을 파악한다. 돈에 굶주린 맹수와 같은 슈티르너의 "유일자"에 반해, 키에르케골의 "단독자"는 세계의 창조자이신 "하나님 앞에서" 윤리적으로 살아야 할 존재로 파악된다. 허무주의로 빠지는 슈티르너에 반해, 키에르케골은 하나님 앞에 서 있는 새로운 인간성의 세계를 희망한다.

여기서 우리는 인간의 본래성을 회복하기 위한 세 가지 입장을 볼 수 있다. 마르크스는 인간이라는, 사회주의 실현을 위해 투신해야 할 사회적 종(種)을 그 대안으로 제시한다면, 슈티르너는 하나님 없는 이기주의적 유일자를 대안으로 제시하고, 키에르케골은 하나님 앞에서 개체화된 단독자를 대안으로 제시한다. 마르크스의 사회적 결합(Assoziation)의 원리, 슈티르너의 개체주의적 분리의 원리에 반해, 키에르케골은 하나님 앞에 서 있는 기독교적 단독자를 대안으로 제시한다.

6. 신적인 것과 인간적인 것의 질적 차이

1. 포이어바하에 따르면, 하나님은 인간의 본질을 하나의 초월적 대상으로 투사시킨 것으로 생각된다. 따라서 신학은 인간학으로 대체되어야 한다고 그는 주장한다. 포이어바하의 이 같은 주장은 하나님의 본질과 인간의 본질을 종합시킨 **헤겔 철학이 도달할 수밖에 없는 당연한 결과**라고 키에르케골은 생각한다. 헤겔에 따르면 하나님은 정신, 곧 영(pneuma)이다. 정신으로서의 하나님에게 가장 가까운 것은 인간의 정신이다. 하나님의 정신은 인간의 정신으로 현존한다. 인간의 정신은 하나님의 정신의 현상양태다. 이로써 하나님의 정신과 인간의 정신, 신적인 것과 인간적인 것의 통일성 내지 종합이 이루어진다. 키에르케골에게 이것은 심각한 불경건이다. 신적인 것과 인간적인 것은 통일되거나 종합되거나 혼동될 수 없다. 이에 반해 키에르케골은 하나님과 인간, 신적인 것과 인간적인 것의 질적 차이를 주장한다.

키에르케골에 따르면 "하나님과 인간 사이에는 **무한하게 벌어져 있는 차이**가 있다"(1971a, 70). 하나님은 영원 전부터 계신 창조자이고, 인간은 무에서 창조된 하나님의 피조물이다. 하나님은 시간적 시작과 끝이 없는 존재라면, 인간은 시간적 시작과 끝이 있는 존재다. 하나님은 죄가 없는 거룩한 존재라면, 인간은 속된 죄인이다. 창조자와 피조물, 죄가 없는 거룩한 하나님과 속된 죄인 사이에는 도저히 극복될 수 없는 질적 차이가 있다.

물론 기독교는 하나님과 인간의 하나됨(Einheit)에 대해 말한다. 곧 예수 그리스도의 성육신을 통해 하나님과 인간이 하나로 결합되었다고 말한다. 예수 그리스도는 하나님과 인간이 하나로 결합되어 있는 "하나님-인간"(Gottmensch)이다. 그러나 그리스도 안에 있는 하나님과 인간의 결합 내지 통일성은 하나님과 인간 일반의 통일성을 말하는 것이 아니라,

하나님-인간이신 예수 그리스도에게만 있다. 오직 예수 그리스도 안에서 하나님과 인간은 하나다. 그러나 이 하나됨 곧 통일성은 하나님과 인간의 **구별 속에서의 하나됨**이다. 하나님-인간이신 예수 그리스도 안에서 하나님과 인간은 하나가 되는 동시에 둘로 구별되고, 둘로 구별되는 동시에 하나가 되는 변증법적 관계에 있다.

> 하나님-인간(예수 그리스도를 말함)은 하나님과 인간 일반의 통일성이 아니다.…하나님-인간은 하나님과 한 개별의 인간(예수 그리스도)의 일치성이다. 인류가 하나님과 동일한 본성이거나, 같은 본성이어야 한다는 것은 과거의 이교다. 그러나 한 개별적 인간(예수 그리스도)이 하나님이라는 이것이 기독교이며, 이 개별의 인간이 하나님-인간이다(1971a, 85).

2. "하나님-인간", 곧 한 인간이 인간인 동시에 하나님이요, 하나님인 동시에 인간이라는 것은 인간의 이성이 납득할 수 있는 자명한 것이 아니다. 그것은 인간의 이성에게 "패러독스, 절대적으로 패러독스다"(1971a, 86). 왜 그것은 패러독스인가? 하나님과 인간, 곧 완전히 다른 두 존재가 하나로 결합되었기 때문이다. 불가능한 것이 현실로 되었기 때문에 이 현실은 역설적인 것이 된다. 이 역설, 곧 패러독스를 헤겔은 하나님과 인간 일반의 보편적 통일성으로 폐기하고, 세계사의 보편적 원리로 만들었다. 헤겔은 하나님과 인간 일반의 질적인 차이를 폐기하고 "하나님과 인간 일반의 사변적 통일성"을 주장한다(127). 이리하여 예수 그리스도의 패러독스는 하나님과 인간 일반의 보편적 통일성으로 폐기되고 말았다. 이에 반해 키에르케골에 따르면, 하나님과 인간 일반 사이에는 죄의 엄격한 현실이 가로막고 있다. 그러므로 우리는 "하나님과 인간 사이의 질적인 다름"(Qualitätsverschiedenheit)을 망각해서는 안 된다(1971d, 487).

하나님과 인간이 질적으로 다르듯이 "거룩한 역사", 곧 하나님의 구원 역사는 "일반적 의미의 역사와 질적으로 다르다"(1971e, 36). 하나님의 구원 역사는 인간의 세계사와는 전혀 다른 차원에 속한 것이다. 그러나 헤겔 철학에서 인간의 세계사가 곧 하나님의 구원 역사다. 세속의 세계사가 그 자체로서 하나님의 구원사로 파악된다. 세계사는 "정신으로서의 하나님"이 자기 자신으로 돌아가는 과정이기 때문이다. 하나님의 구원 역사는 세계사로서 진행된다.

그리스도 안에서 일어난 구원 사건은 세계사로서 진행되는 구원 역사에 대한 종교적 "표상"이다. 하나님과 인간이 하나이듯이, 세계사와 구원 역사도 하나라는 것을 그리스도는 계시한다. 이로써 그리스도의 존재는 세계사적 원리로 지양된다. 그는 세계사의 과정으로 지양된다. 헤겔은 이 지양을 실현으로 이해하였다. 곧 그리스도는 세계사의 과정으로 지양됨으로써 세계사의 보편적 진리로 실현된다는 것이다. 이에 반해 키에르케골에 의하면, 그리스도는 "역사에 의하여 결코 소화될 수 없고, 보편적 삼단논법으로 변조될 수 없는 패러독스다"(1971e, 36). 이에 키에르케골은 헤겔을 다음과 같이 비판한다.

> 거룩한 역사를 세속의 역사로 만들고, 그리스도를 인간으로 만드는 것은, 얼마나 큰 불신앙의 경솔함인가? 우리는 세계사로부터 예수 그리스도에 대한 그무엇을 알 수 있는가? 천만에!(1971e, 39)

여기서 키에르케골은 헤겔의 문제성을 날카롭게 지적한다. 헤겔은 하나님과 인간의 관계를 존재론적·세계사적 원리로 만들어버린다. 예수 그리스도 안에 계시되는 하나님과 인간의 변증법적 관계, 곧 "구별 속에서의 일치"(Einheit in Unterschiedenheit)와 "일치 속에서의 구별"의 변증법을 세계사의 변증법적 원리로 만들어버린다. 이 변증법적 원리는 인간의 사유와 세계사의 과정에서 실현된다. 이를 통해 하나님과 인간, 하나님과 세계사의 화해가 이루어진다. 인간은 하나님과 통일성 속에 있는 "정신적 존재"로, 세계사는 하나님의 구원사로 파악된다. 여기에 **하나님 앞에서의 회개와 신앙의 결단**은 불필요해진다. 그리스도의 뒤를 따르는 일도 불필요해진다. 하나님과 인간의 인격적 관계성은 사라지고, 인간의 사유와 세계사의 변증법적 운동이 있을 뿐이다. 키에르케골의 입장에서 볼 때, 이것은 기독교의 폐기를 말한다. 하나님 앞에서의 회개와 인격적 신앙의 결단이 없는 기독교는 있을 수 없기 때문이다. 이것이 헤겔의 철학적 신학 내지 신학적 철학의 귀결이다. 이에 반해 키에르케골은 하나님과 인간, 신적인 것과 인간적인 것의 무한한 질적 차이를 주장하고, 이 질적 차이는 철학적으로, 존재론적으로 극복될 수 있는 것이 아니라 **"오직 신앙을 통해"**(*sola fide*) 극복될 수 있다고 말한다. 하나님 앞에서의 겸손과 회개, 신앙의 결단, 그리스도의 뒤를 따르는 삶을 통해서만 극복될 수 있다는 것이다.

3. 이 같은 키에르케골의 생각은 20세기 개신교회 대표 신학자인 바르트(Karl Barth)에게 직접적 영향을 준다. 바르트 역시 하나님과 인간, 신적인 것과 인간적인 것의 헤겔적 통일성 내지 종합을 거부하고 양자의 "질적 차이"를 주장한다. 그는 인간에게 하나님은 "절대적으로 다른 자", 곧 절대 타자(totaliter aliter)라고 말한다. 하나님이 인간에게 절대 타자라면, 하나님과 인간 사이에 어떻게 관계가 형성될 수 있는가? 이 관계는 존재론적으로 가능한 것이 아니라 오직 신앙의 "비약"(Sprung)을 통해 가능하다. 여기서 바르트는 키에르케골이 말하는 "비약"의 개념을 수용한다. 하나님과 인간의 관계는 인간의 이성을 뛰어넘는(비약하는) 신앙을 통해서만 가능하다. 그것은 신적인 것과 인간적인 것이 신앙 없이, 존재론적 결합을 통해 이루

어지는 것이 아니라, 신앙의 비약을 통해서만 가능하다는 것이다. 이에 바르트는 하나님과 인간 사이의 "존재의 아날로기아"(analogia entis)를 거부하고 "신앙의 아날로기아"(analogia fidei)를 주장한다. 존재 자체에 있어서가 아니라 오직 신앙 안에서 하나님과 인간은 관계성 내지 유비(類比)를 갖게 된다는 것이다(김균진 2014c, 43 참조).

7. 이성에 대해 신앙은 역설이다

1. 헤겔 철학에서 신앙과 이성은 모순되는 것이 아니라 내적으로 일치한다. 이성의 활동은 바로 "정신으로서의 하나님"의 자기활동이기 때문이다. 이성의 활동, 곧 철학은 하나님에 대한 예배다. 신앙과 이성은 형태가 다를 뿐 그 내용은 일치한다. 신앙의 내용은 이성에 모순되지 않는다. 그것은 이성에 의해 인식될 수 있다. 아니, 이성에 의한 인식은 신앙보다도 더 순수하고 고차원적인 것이다. 왜냐하면 신앙은 자기의 진리를 종교적·감각적 표상의 형태로 인식하는 반면, 이성은 **감각적 요소에서 자유로운 순수한 개념의 형식으로** 인식하기 때문이다. 따라서 이성의 활동으로서의 철학은 "예배"라고 헤겔은 말한다.

키에르케골은 헤겔이 주장한 신앙과 이성의 종합을 정면으로 반대한다. 그에 따르면 신앙의 내용은 이성이 이해할 수 없는 패러독스, 곧 역설이다. 세상을 살아가는 인간이 세상의 모든 것을 포기하고 그리스도의 뒤를 따른다는 것도 이성에게는 하나의 역설이다. 신앙의 가장 깊은 내용은 하나님인 동시에 인간이신 예수 그리스도에게 있다. 어떻게 하나님이 개별의 한 인간일 수 있는가? 이것은 이성에 대해 하나의 "어처구니 없는 일"이요 모순이다. "하나님-인간! 그는 하나님이지만 개별의 한 인간으로 존재하기로 결단한다. 위에서 말한 바와 같이, 이것은 가장 깊은 Inkognitio(이해할 수 없는 일)이요, 우리가 알 수 없는 것 가운데 가장 알 수 없는 일이다. 하나님 되심과 한 개별적 인간이 되심 사이의 모순은 가장 큰 모순이요, 무한히 질적인 모순이다"(1971a, 134). 여기서 키에르케골이 말하는 "패러독스"는 근본적으로 하나님의 성육신을 가리킨다(Maltschuk 1977, 329).

이와 같이 신앙의 내용은 이성에 대해 "어처구니없는 일"이기 때문에 그것은 이성에 의해 파악될 수 없다. 하나님인 동시에 인간이신 예수 그리스도는 "신앙의 대상"이요, "오직 신앙에 대해 존재한다"(1971a, 124). 그는 이성에 의해 인식될 수 있는 대상이 아니라 오직 신앙에 의해, 신앙의 대상으로서 인식될 수 있다. 이것을 키에르케골은 다음과 같이 말한다.

> 그는 오직 신앙의 대상이 될 수 있을 뿐이다.…만일 그가 "신앙의" 대상이 아니라면, 그는 참 하나님이 아닐 것이다. 만일 그가 참 하나님이 아니라면, 그는 인간의 구원자가 아닐 것이다(1971a, 140).

키에르케골의 이 생각은 기독교 신앙의 역설적 진리를 드러낸다. 만일 하나님-인간 예수 그리스도가 인간의 이성에 의해 인식될 수 있다면, 그는 더 이상 하나님이 아닐 것이다. 그는 인간이 그 자신의 이성으로 인식할 수 있고, 지배할 수 있는 수많은 대상 가운데 한 대상으로 전락할 것이다. 그는 **이성의 지배 영역에 속한 존재**가 되어버릴 것이다. 하나님은 사라지고, 인간이 하나님의 위치에 있을 것이다. 이에 키에르케골은 하나님-인간 예수 그리스도는 이성에 의한 인식 대상이 아니요, 오직 신앙에 의해 인식될 수 있는 신앙의 대상이라고 주장한다. 이와 동시에 만일 예수 그리스도가 우리와 똑같은 인간(*vere homo*)이 아니라면, 그는 인간의 구원자가 될 수 없었을 것이다. 그는 우리와 똑같은 인간으로서 우리 인간의 모든 것, 곧 우리 인간의 희망과 절망, 삶의 기쁨과 고통, 삶과 죽음을 함께 나눈 하나님 자신이었기 때문에 우리의 구원자가 될 수 있었다. 헤겔은 이 깊은 역설을 간과하고, 그것을 세계사의 보편적 진리로 파악함으로써 폐기하였다고 키에르케골은 주장한다.

키에르케골이 그 당시 국가종교가 된 기독교와 기독교 사회를 비판하는 이유도 여기에 있다. 국가종교로서의 기독교와 기독교 사회는 **이성에 대한 신앙의 역설적 의미**를 상실하였다. 역설적 신앙 대신에 **교리와 이론**이 지배한다. 거대한 교회 건물들과 함께 위용을 자랑하는 "기독교 세계"는 있지만, 살아 있는 역설적 신앙을 볼 수 없다. 역설적 신앙은 이른바 "기독교 세계"로 평준화되었다. 이른바 "기독교 세계"는 참된 기독교 세계가 아니다. 그것은 역설적 신앙이 사라진 이교의 세계라고 키에르케골은 비판한다.

2. 신앙과 이성의 대립을 키에르케골은 그의 저서 『공포와 떨림』에 기록되어 있는 "아브라함에 대한 찬양"에서 다음과 같이 설명한다.

하나님에 대한 절대 신뢰 속에서 아브라함은 아버지의 땅을 떠나, 약속의 땅에서 나그네가 되었다. 고대 시대에 자기가 속한 땅을 떠난다는 것은 자기의 실존의 근거를 버리고, 자기의 삶을 완전히 하나님의 손에 맡긴다는 것을 뜻한다. 여기서 아브라함은 하나를 버리고 다른 하나를 택한다. 그는 세상적인 이성을 버리고 신앙을 취한다. 자기가 살던 땅과 본향을 버리는 것은 참으로 어리석고 위험한 일이었다. "그럼에도 불구하고" 아브라함은 "신앙으로 말미암아" 하나님의 명령에 복종한다. 신앙은 이론이 아니라 복종이다.

인간의 이성의 빛에서 볼 때, 자기 삶의 근거지를 버린다는 것은 "어처구니없는 일"이다. 그러나 신앙으로 인해 아브라함은 이성이 보기에 어처구니없는 일을 행하였다. 여기서 신앙과 이성은 모순되는 것으로 나타난다. 만일 아브라함이 자기 이성의 음성을 들었다면, 그는 이 "어처구니없는 일"을 행하지 않았을 것이다.

하나님은 아브라함에게 네가 많은 자손을 얻을 것이며, 모든 사람이 너의 자손을 통해 축복을 받을 것이라고 약속한다. 이성의 빛에서 볼 때, 하나님의 이 약속도 "어처구니없는 일"이었다. 자기 땅 한 평 없는 사람이 땅과 많은 자손을 얻게 되고, 민족들의 축복의 근원이 된다는 것은 믿기 어려운 일이었다. 그러나 아브라함은 하나님의 약속을 믿었다. 그는 믿음을 통해 하나님의 "어처구니없는" 약속을 받아들였다.

그러나 하나님의 약속은 아브라함이 차츰 늙어감에도 불구하고 성취되지 않았다. 그의 아내 사라는 아기를 얻지 못해, 그 땅에서 "자식을 낳지 못하는 여자"라고 조롱거리가 되었다. "그럼에도 불구하고" 아브라함은 하나님의 약속을 굳게 믿었다. 그런 가운데 "성취의 시간이 왔다. 만일 아브라함이 신앙하지 않았다면, 사라는 근심 속에서 죽었을 것이고, 아브라함은 근심으로 마음이 상하여 이 성취를 보지 못했을 것이다." "그는 약속의 성취를 얻었다. 이것을 그는 신앙 가운데서 얻었다. 그것은 (이성에 따라 일어난 것이 아니라) 약속과 신앙에 따라 일어났다"(1971e, 26).

아브라함에 대한 하나님의 시험은 계속되었다. 하나님은 아브라함에게 외아들 이삭을 바치라고 요구한다. 많은 후손을 약속했는데 100세에 낳은 외아들을 바치라니, 도대체 이것이 말이 되는가? 하나님의 이 요구는 아브라함이 받은 하나님의 약속과는 완전히 모순되는 "어처구니없는 일"이었다. 이때 아브라함은 인간적으로 위대한 일을 행할 수 있었을 것이다. 곧 외아들 이삭을 죽이기 위해 빼어든 칼로 자기의 가슴을 찌르고, 이삭 대신에 죽음으로써, 한 위대한 인물의 장렬한 최후를 장식할 수 있었을 것이다. "그러나 아브라함은 신앙하였다. 그는 자기를 위해 주님의 마음을 바꾸어달라고 간청하지 않았다. 그러나 소돔과 고모라가 그의 정당한 벌을 받게 되었을 때, 아브라함은 하나님께 (생각을 바꾸어달라고) 간청하였다"(1971e, 29). 결국 아브라함은 하나님의 약속에 대한 믿음 속에서, 외아들 이삭을 죽여 하나님께 바치고자 한다.

3. 이러한 내용을 적은 "아브라함에 대한 찬양"에서 키에르케골은 이성에 한 신앙의 역설적 성격을 시각적으로 보여준다. 이성에 대해 신앙은 역설이다. 신앙은 이성에게 "어리석은 일", "어처구니없는 일"을 믿게 한다. 그러므로 신앙은 이성에 의해 이해될 수 없다. 헤겔은 신앙의 내용을 개념의 형식으로 나타낸다. 이로써 그는 신앙의 역설적 성격을 폐기하고 신앙과 이성을 종합한다.

그러나 키에르케골에 의하면, "우리가 신앙의 모든 내용을 개념의 형식으로 전환시킬 수 있을지라도 우리가 신앙을 파악했다든지, 우리가 어떻게 신앙에 이르게 되고, 신앙이 어떻게 우리에게 이르게 되는가를 파악했다고 추론되지 않는다"(1971e, 15). 신앙을 이성적 파악(Begreifen)으로 바꾸어버린 헤겔의 사변철학은 오류다. 하나님의 아들이 사람이 되어 이 땅에 오시고 십자가에 달려 죽음으로써 인간의 구원자가 되었다는 것은, 이성에 대해 "어처구니없는 일"이요 "모순되는 것"(Ärgernis)이다. 전능하신 분이 인간이 되시고 고난을 당한다는 이 역설이 바로 "하나님의 특별한 방식의 변증법"이다. 이 역설 앞에서 인간의 "오성은 정지할" 수밖에 없다 (1971e, 32).

칸트에 반해 헤겔은 신앙과 이성을 조화되는 것으로 만들고자 하였다. 이에 반해 키에르케골에 따르면, 신앙은 이성과 조화되는 것이 아니라 이성에 모순된다. 세상의 모든 것을 버리는 자만이 그리스도의 뒤를 따를 수 있고, 영원한 축복을 얻고자 한다면 고난을 당해야 한다는 것은 이성에 모순된다. 이성에 대해 그것은 조화될 수 있는 것이 아니라 "모순되는 것"이다. 그것은 당연한 것이 아니라 당연하지 못한 것으로 보일 뿐이다. 그러나 기독교 신앙이 추상적 이론과 종교적 제도로 변함으로 인해 이 "모순되는 것"이 사라져버렸다. 그 결과 기독교는 순수성을 상실하고, 이교의 세계, 비기독교적인 세계로 변질하였다. "기독교, 신약성서의 기독교는 존재하지 않을 뿐만 아니라 불가능하게 되었다. 이것이 이 땅의 현실적 상황이다"(1971b, 323).

한스 큉에 따르면, 키에르케골은 "이성에 대한 적대심"을 가르친다. 이것은 기독교 신앙이 결코 요구하지 않는 일이라고 그는 말한다(Küng 1995, 347). 큉의 이 말은 적절하지 않다. 키에르케골은 "이성에 대한 적대심"을 말하려는 것이 아니라 이성과 신앙은 구별되어야 함을 말하고자 한다. 키에르케골은 이성과 신앙의 구별을 통해 신앙의 순수성, 곧 역설적 성격을 회복하고자 한다. 이성을 "세상적인 것", 하나님에게 속하지 않은 것으로 적대시하는 기독교의 극단적 보수주의의 입장은 키에르케골과 무관하다.

이성에 대해 신앙은 역설적인 것이라면, 신앙의 내용은 이성에 의해 합리적으로 설명되거나 증명될 수 없다. 한 인간 예수가 하나님인 동시에 인간이란 점을 우리는 이성 앞에서 증명할 수 없다. "우리가 '증명할' 수 있는 것은 그것이 이성과 모순된다는 사실뿐이다. 성서가 말하는 그리스도의 신성에 대한 증명들, 곧 그의 기적들, 그의 부활과 승천은 단지 신앙에 대한 것이다. 다시 말해, 이것들은 '증명'이 아니다. 이들은 이성과 일치한다는 것을 증명하고자 하는 것이 아니라 오히려 이성에 대립되며, 신앙에 대한 대상임을 증명하고자 한다"(1971a, 32).

그리스도는 오직 "신앙의 대상"이기 때문에 "'그리스도'에 대한 '지식'"이나 이론은 불가능하다. 물론 우리는 그에 대한 지식을 전달할 수 있다. 그러나 "모든 역사적 전달은 '지식'에 대한 전달이다." 이 전달을 통해 우리가 알게 되는 그리스도는 참 그리스도가 아니다. 그는 인간의 지식의 대상일 뿐이다. 지식을 통하여 "우리는 그에 관하여 아무것도 알 수 없다"(1971 a, 31).

4. 키에르케골에 따르면, 그리스도를 올바르게 알 수 있는 길은 지식이나 이론이 아니라 오직 신앙에 있다. "우리는 그를 신앙할 수 있을 뿐이다"(1971a, 31). 그에 대한 신앙 가운데서만 우리는 그를 알 수 있다. 그리스도를 신앙한다는 것은 자기를 낮추고, 고난당하신 그리스도와 동시적으로 되는 것을 말한다. 신앙을 뜻하는 "동시성의 상태" 속에서만 우리는 그리스도와 교통할 수 있고, 참된 그리스도인으로서 실존할 수 있다. 이에 반해 지식이란 언제나 과거에 관한 것이다. 그것은 나 자신의 현재적 실존에서 분리된 것이다. "과거의 것은 나에게 현실이 아니다. 동시적인 것만이 나에게 현실이다. 너와 함께 동시적인 그것이 너에게 현실이다"(71).

　여기서 키에르케골이 말하는 "동시성"은 심각한 의미를 지닌다. 그리스도와 "동시적으로" 된다는 것은 그리스도와 하나가 되어 그리스도처럼 사는 것을 가리킨다. 그리스도처럼 자기를 포기하고 무소유의 삶을 사는 것이다. 바로 이것이 신앙이다. 오직 이 신앙 속에서만 그리스도를 제대로 알 수 있다. 이 신앙 없이 그리스도를 단지 지식의 대상으로 삼는 것은 불신앙이다. 그리스도와 동시적으로 살지 않는 사람은 엄밀한 의미에서 그리스도인이 아니다. 이것을 키에르케골은 다음과 같이 말한다.

　　그와 동시성의 상태 속에서 그리스도인이 되지 않는다면, 혹은 그가 동시성의 상태 속에서 너의 마음을 움직일 수 없고, 너를 자기에게 인도할 수 없다면, 너는 결코 그리스도인이 아닐 것이다(1971a, 72).

인간이 그리스도와 동시적으로 된다는 것은 인간과 그리스도 사이의 차이가 사라지고 양자가 그들의 본질에 있어 하나가 된다는 것을 뜻하지 않는다. 오히려 "하나님이 인간에게 가까이 오면 올수록, 그들 사이의 차이는 더욱더 깊어진다는 것이 하나님과 인간의 관계에 대한 법칙이다"(Maltschuk 1977, 246). 따라서 인간과 그리스도의 동시성은 양자의 **구별 안에서의 동시성**일 따름이다. "하나님-인간이신 그리스도는 모든 인간과 질적으로 다르기" 때문이다(1971a, 146). 그러므로 헤겔이 말하는 "신적인 본질과 인간적 본질의 통일성"이란 있을 수 없으며, 인간의 이성에 의해 파악될 수 없다. "파악한다는 것은 인간적인 것과의 관계에 있어 인간이 도달할 수 있는 범위를 말한다"(1971d, 483). 그리스도는 인간이 자기의 이성으로 도달할 수 있는 범위 바깥에 있다. 그는 참 인간인 동시에 참 하나님이기 때문이다. 그러므로 그리스도는 인간의 이성에 의해 파악될 수 없다. 그는 신앙될 수 있을 뿐이다.

5. 키에르케골에 따르면 "신앙한다는 것은 신적인 것에 대한 인간의 관계다"(1971a, 483). 오직 신앙의 관계 속에서 그리스도는 나의 구원자다. 그의 구원은 오직 신앙 가운데서만 나에게 진리가 된다. 그것은 신앙이 없는 사람도 인정할 수 있는 객관적 진리가 아니라 각 사람의 주관적 진리가 될 수 있을 뿐이다. 객관적 사실로서 그것은 인간에게 아무 의미도 없다. 그것은 하나의 종교적 주장으로 들릴 뿐이다. 헤겔 철학은 기독교의 진리를 철학적·보편적 이론으로 만들고, 이 이론을 탐구하고자 한다. 그러나 기독교의 진리, 특히 구원의 진리는 객관적 이론이 될 수 없다. 그것은 신앙하는 사람에게만, 신앙의 관계에서만이 타당한 **신앙의 진리**다.

이와 같이 기독교 진리는 보편적이고 객관적인 것이 아니라 신앙하는 사람에게만 타당한 주관적인 것이기 때문에 그것은 하나의 물건처럼 직접적으로 전달될 수 없다. 그것은 "간접적 형식으로" 전달될 수 있을 뿐이다. 진리를 간접적으로 전달한다는 것은 그것을 하나의 물건처럼 직접 넘겨주는 것이 아니라 진리에 대한 "주의를 환기시키고"(aufmerksam zu machen, 1971a, 138), 그것을 전달받은 단독자가 신앙하든지, 신앙하지 않든지 결단하도록 하는 것을 말한다. 신앙의 대상으로서의 그리스도는 이렇게 간접적으로 전달될 수 있을 뿐이다. 바로 여기에 신앙의 진리의 특징이 있다. 이것을 키에르케골은 다음과 같이 말한다.

> 하나님-인간은 신앙을 요구할 수밖에 없으며, 신앙을 요구하기 위해 직접적 전달을 거절할 수밖에 없다.…하나님-인간으로서의 그는 모든 인간과 질적으로 다르기 때문에 직접적인 전달을 거절하고, 신앙을 요구할 수밖에 없으며, 신앙의 대상이 되기를 요구할 수밖에 없다(1971a, 146).

키에르케골은 신앙과 이성을 엄격히 구별하고, 기독교 신앙의 진리는 **오직 신앙에 대해서만** 타당한 것으로 생각한다. 신앙하지 않는 사람에게 그것은 타당성을 갖지 못한다. 하나님도 신앙에 대해서만 존재한다. 신앙하는 단독자로서의 인간, 하나의 고립된 신앙인으로서의 인간에 대해서만 하나님은 진리다. "실존하는 자가 신앙하지 않을 경우, 하나님도 없다"(Löwith 1941, 385). 헤겔 철학에서 하나님은 대상 세계의 객관적 현실로 자기를 외화하면서, 이 현실을 자기 자신과 일치하는 "절대지식"의 세계로 고양하는 역사의 변증법적 동인으로 생각되는 반면, 키에르케골에게서 하나님은 그를 신앙하는 단독자에게만 존재하는 자로 생각된다. 이때 역사의 하나님은 개인의 내면적 신앙의 하나님으로 축소된다.

키에르케골에 따르면 교회와 국가, 신학과 철학을 통해 세계화된 헤겔의 기독교, 보편화된 기독교는 참 기독교가 아니다. 그것은 자신의 본래 정신을 상실한 종교적 제도와 이론으로 변질하였다. 종교적 제도와 형식과 이론과 교리는 있지만 각 사람의 내면적·주관적 신앙이 결여된 기독교, 예수 그리스도의 뒤를 따름이 없는 기독교는 사실상 이교다. 이 기독교에는 단독자, 곧 각 사람의 실존적 주체성과 내면성이 결여되어 있다. 제도화·형식화된 기독교, 교리 체계와 이론 체계로 변모한 기독교를 그의 본래적 "기독교성"(Christenheit)으로 회복할 수 있는 유일한 길은 단독자의 내면적·주관적 신앙에 있다. 인격적으로 신앙하지 않는 사람, 그리스도와 동시적으로 실존하지 않는 사람은, 비록 기독교에 관한 이론과 지식과 높은 이성을 가지고 있다 할지라도 사실상 기독교인이 아니다.

한스 큉에 따르면, 파스칼처럼 키에르케골도 기독교에 대한 보편적이며 이론적인 입문을 제시하고자 하지 않았다. 그의 주요 관심은 각 사람이 예수의 가르침대로 살아가는 참 신앙인이 되도록 하는 데 있었다. 그에 따르면 참 신앙은 기독교의 역사적·교리적 진리를 받아들이고(annehmen), 이를 참된 것으로 간주하는(für wahr halten) 데 있지 않다. 참 신앙은 "그리스도인으로 사는" 데 있다. "기독교 진리를 사유하고 소유할 뿐만 아니라, 그것을 행하고 존재하는" 데 있다(Küng 1976, 95). 이것을 가능하게 하기 위해 키에르케골은 헤겔이 시도한 이성과 신앙의 종합을 거부하고, 기독교의 진리는 신앙의 영역에 속한 것으로, 오직 신앙하는 자만이 인식할 수 있는 것으로 파악한다.

III

마르크스의 사회주의와 키에르케골

앞서 고찰한 바와 같이, 마르크스는 인간을 철저히 사회적 존재로 파악한다. 인간은 결코 고립된 개체가 아니다. 그는 "세계 바깥에 앉아 있는 존재가 아니다. 인간, 그것은 인간의 세계, 국가, 사회성이다"(Marx 2004e, 274). "인간은 그 본성에 있어 사회적 존재라면, 그는 자기의 참된 본성을 사회 속에서 실현할 수 있다. (그러므로) 우리는 그의 본성의 힘을 각 개인의 힘에서 찾지 않고 사회의 힘에서 찾아야 한다"(Löwith 1941, 175에서 인용). 이와 같이 마르크스는 인간을 철저히 사회적 존재로 파악하고, 인간의 본래성은 사회적 관계 속에서 회복될 수 있다고 생각한다. 궁극적으로 그것은 사회주의를 통해 회복될 수 있는 것으로 생각한다.

키에르케골은 마르크스의 이 생각을 반대한다. 사회주의는 인간을 평준화시키고, **사회주의 체제를 통해** 집단적으로 인간의 본래성을 회복할 수 있다고 보기 때문이다. 키에르케골에 따르면 사회주의의 가장 큰 오류는 모든 인간의 개체성과 다양성을 부인하고 모든 인간을 평준화함으로써 평등의 문제를 해결하고자 하는 데 있다. 물론 인간은 사회 안에서 실존하는 사회적 존재임을 키에르케골은 부인하지 않는다. 그러나 사회적 존재이기 전에 그는 하나님 앞에서 자기 홀로 자기를 책임져야 할 "개인" 혹은 "단독자"다. 단독자로서 하나님 앞에서 신앙적 결단을 내리는 일 없이, 사회주의 혁명을 통해 인간이 집단적으로 자기 자신을 실현하고 참 인간성을 얻게 된다는 것은 불가능하다. 이리하여 키에르케골은 마르크스의 공산주의 내지 사회주의를 그 뿌리에서부터 반대한다. 심지어 그는 공산주의자 혹은 사회주의자들을 "악의 봉사자들"이라고 비판한다.

1. 개인의 주체성과 다양성에 모순되는 헤겔과 마르크스의 보편주의

1. 마르크스의 사회주의 사상에 대한 키에르케골의 반대 입장은, 개체적인 것을 절대정신의 보편적인 것 속에 통합시키는 헤겔 철학의 **보편주의**(Universalismus)에 대한 그의 비판에 뿌리를 둔다. 절대정신으로부터 출발하여 세계의 모든 것을 파악하는 헤겔 철학의 보편주의에 대한 비판에 근거하여 그는 마르크스의 공산주의/사회주의를 비판한다. 마르크스의 사회주의 사상과 키에르케골의 관계를 보다 더 깊이 파악하기 위해 우리는 먼저 헤겔과 키에르케골의 관계를 고찰하기로 하자.

앞서 기술한 바와 같이, 헤겔의 주요 관심은 보편적인 것에 있었다. 그에 따르면 진리는 전체적인 것, 보편타당한 것이어야 한다. 모든 것에 대해 타당성을 갖지 못한 진리, 곧 **보편타당성을 갖지 못한 진리는 진리가 아니다.** 물론 헤겔은 개인의 존재를 간과하지 않는다. 개인은 사회와 국가를 구성하는 기본 단위체로 인정된다. 그러나 개인은 어디까지나 사회와 국가 안에 있는 보편적 존재로 파악된다. 국가 없는 개인의 존재는 헤겔 철학에서 생각될 수 없다. 개인의 자유와 행복은 단지 하나님과의 관계에서 가능한 것이 아니라 사회와 **국가의 테두리 안에서** 가능한 것으로 생각된다. 국가는 개인 위에 있는 "하나님의 현상"으로 파악된다.

이로 말미암아 헤겔 철학은 개인의 존재를 충분히 다루지 못하는 문제점을 갖게 된다. 따라서 헤겔 철학에서는 개인윤리가 매우 약하다. 많은 학자의 해석에 따르면, 헤겔은 윤리학을 역사철학이나 국가철학에 예속시켰다. 가정윤리, 국가윤리, 사회-문화윤리는 있지만, 개인의 인격적 결단과 삶에 관한 개인 윤리학이 헤겔의 철학에 결여되어 있다(Tillich 1971, 204).

헤겔 철학에서 개인윤리가 매우 약한 원인은 무엇인가? 그 원인은 헤겔 철학은 절대정신이라고 하는 보편적 존재로부터 출발하는 데 있다. 헤겔 철학의 출발점은 개체가 아니라 절대정신이라고 하는 보편자다. 따라서 헤겔 철학은 **보편주의**를 특징으로 한다. 헤겔 철학에서 중요한 것은 개인의 문제가 아니라 세계사를 절대정신의 보편사(Universalgeschichte)로 파악하는 데 있다. 세계의 모든 것은 절대정신의 자기활동과 자기현상으로 설명된다. 모든 인간은 절대정신에 가장 가까운 "정신적 존재"로서, 절대정신의 자기활동의 계기들이다. 인간이 자신의 목적을 위해 활동한다고 하지만, 그들은 그들 자신의 목적을 이룸으로써 사실상 그들 안에 현존하는 절대정신의 **보편적 목적**에 봉사한다. 그들은 절대정신의 보편적 목적을 이루기 위한 도구 내지 수단이다. 모든 인간, 곧 각 사람은 절대정신의 **보편적 목적을 위해 일하는 보편적 존재들**이다. 각 사람은 각기 다른 개체에 불과한 존재가 아니라 절대정신이 그 안에 현존하며, 그 안에서 자신의 목적을 이루는 보편성을 가진다. 진리는 부분적인 것, 곧 개체에 있는 것이 아니라 전체, 곧 보편적인 것에 있다. **전체적인 것, 보편적인 것이 진리다.**

2. 절대정신이란 보편자로부터 출발하는 헤겔에 반해, 키에르케골은 "단독자" 곧 개인을 그의 철학적·신학적 사고의 출발점으로 설정하고, 개인을 간과한 보편적 진리는 진리가 아니라고 주장한다. 개인 없는 보편적인 것, 개인의 주관성 없는 진리, 개인 없는 헤겔의 절대정신의 세계사는 무의미한 것으로 간주된다. 모든 것은 단독자, 곧 개인으로부터 생각되어야 한다. 개인의 본질은 헤겔이 말하는 보편적 "사유"와 "지식"에 있지 않다. 그것은 절대정신의 보편적 목적을 위해 봉사하는 정신적 존재, 절대정신의 도구로서의 보편성에 있지 않다. 인간의 본성은 그 어떤 다른 존재와 혼동될 수 없고, 동일시될 수 없는 단독성(Einzelheit) 혹은 개체성(Individualität)에 있다. 하나님 앞에서 인간은 어떤 집단 속에서 서 있는 것이 아니라 자기 자신을 책임져야 할 개체, 곧 단독자로서 서 있기 때문이다.

이 문제와 연관하여 그는 헤겔이 시도한 국가와 기독교의 통합을 반대한다. 헤겔에 따르면 종교, 곧 기독교는 "국가의 기초"다. "종교의 진리가 국가의 정신적 토대가 된다"(김균진 2020b, 395). 그것은 단지 국가가 기독교를 국가종교로 수용함으로써 일어나는 것이 아니라, 국가의 토대가 되는 신적 정신 혹은 세계정신이 기독교에 종교적 표상의 형식으로 계시되기 때문이다. 국가와 종교는 사실상 동일한 토대 위에 서 있다. 국가와 종교 모두 신적 정신의 자기활동으로 말미암아 이루어지기 때문이다. 이 토대가 종교 안에서 감각적 형태로 나타난다. 그런 점에서 종교는 국가의 기초가 된다. 따라서 종교가 국가종교가 되는 것은 당연한 일로 간주된다.

키에르케골은 헤겔의 이와 같은 국가와 기독교 종교의 화해 내지 종합을 거부한다. 국가와 기독교의 종합으로 말미암아 모든 사람이 제도적으로, 집단적으로 기독교 신자가 되어버린다. 죄에 대한 참회와 회개가 없고 신앙적 결단과 그리스도의 뒤를 따름이 없어도 제도적으로, 집단적으로 그리스도인이 되어버린다. 이로써 "그리스도인"이라는 새로운 형태의 인간의 보편화·집단화·대중화가 일어난다. 신앙적으로 살지 못함에도 불구하고 사람들은 기독교 국가에 속한 "그리스도인"으로서 마음의 평화를 누리면서 일상생활을 계속한다. 예수와 동시적으로 살지 않으며 예수의 뒤를 따르지 않아도 유아세례를 받고, 매달 교회세 내지 종교세를 내기만 하면 그리스도인의 집단에 속하게 된다.

그 결과 이른바 "기독교 세계"(Christendom)는 "이교의 세계"가 되어 버린다. 신실한 신앙인 대신에 자칭 "기독교 세계"에 속한 보편적 인간들, 곧 "대중"이 있을 뿐이다. 이에 키에르케골은 국가종교로서 기독교의 제도화, 이를 통한 그리스도인들의 집단화·대중화를 거부하고, 개인의 주관성 안에서 기독교 진리를 찾는다. 그에게 개인의 주관성이 결여된 진리는 진리가 아닌 것으로 규정된다.

이에 관한 선례를 우리는 루터의 종교개혁 당시의 영성주의에서 볼 수 있다. 그 대표자는 프랑크(S. Franck, 1499-1542/43)다. 본래 그는 가톨릭 교회 사제였으나, 가톨릭교회를 버리고 종교개혁 운동에 참여하여 설교자로 활동하였다. 1528년에 결혼한 후, 그는 성직을 버리고 문필가와 출판업자로 크게 성공한다. "오직 믿음으로", "오직 은혜로" 구원을 받는다고 주장하면서 도덕적 삶의 열매가 없는 개혁자들에게 실망한 프랑크는 "개혁자들과 작별하고, 외적 제도로서의 교회와 교리, 모든 종류의 구원의 중재를 거부하며, 영 안에 있는 (개인의) 삶과 믿음과 사고의 자유와 관용을 가르친다"(김균진 2018, 588). 그의 생각에 따르면 기독교의 본질은 종교적 제도로서의 교회와 교리와 성직자 위계질서에 있는 것이 아니라 모든 외적 제도와 권위에서 자유로운 개인의 자유롭고 진실된 신앙에 있다. 각 사람은 자신 안에 있는 하나님의 "내적인 말씀"과 영을 통해 진리를 바르게 깨달을 수 있고 그리스도 안에서 사랑의 열매를 맺을 수 있다. 키에르케골의 기본 통찰은 종교개혁 당시 영성주의의 **"종교적 개인주의"**와 상통한다. 프랑크와 파스칼의 영성적 개인주의가 키에르케골에게 깊은 영향을 준다. 이리하여 키에르케골은 인간의 본질을 개체성 내지 단독성에서 발견한다.

키에르케골에 따르면, 인간의 본질은 "윤리적으로 실존하는 주체성"에 있다. 유일한 현실은 인간 자신의 신앙적·윤리적 실존이다. 진리는 인식 내지 지식에 있지 않다. 감성적 지각이나 이 지각에 기초한 인식은 사실이 아니라 환상에 불과하다. 그것은 칸트가 말한 "사물 자체"를 결코 파악하지 못한다. 그것은 "사물 자체"의 현상(나타남)을 우리에게 전할 뿐이다. 따라서 인식은 대상 세계의 현실 "그 자체"의 진리를 파악할 수 없다. 진리는 오직 단독자의 주체성과 행동에 있을 뿐이며, 오직 행동 속에서 경험될 수 있다. 단독자의 구체적 행동 없는 진리는 추상적인 것이요, 추상적인 것은 비진리다. 단독자, 곧 개인의 실존만이 참으로 파악될 수 있는 유일한 현실이요, 실존하는 개인만이 유일한 주체. 물론 실존하는 개인도 사유한다. 사유하지 않는 인간 실존은 없다. 그러나 인간의 자기실현과 참 행복은 사유가 아니라 하나님 앞에 서 있는 인간의 주체성을 통해 이루어질 수 있다.

3. 이 같은 마르크스의 입장에서 볼 때, 마르크스는 헤겔이 범했던 오류를 다시 범한다. 마르크스의 사상 역시 보편주의를 표방한다. 마르크스는 헤겔의 **절대정신의 보편주의를 물질론적·사회-경제적 보편주의로 수정**한다. 헤겔에게서 세계의 모든 것은 절대정신으로부터 설명된다면, 마르크스에게서 세계의 모든 것은 물질적·사회-경제적 관계로부터 설명된다. 헤겔에게서는 "신적 정신"이 역사 해석의 열쇠라면, 마르크스에게서는 물질적·사회-경제적 관계가 역사 해석의 열쇠가 된다. 이에 상응하여 헤겔에게서 인간은 본질적으로 "정신적 존재", "사유하는 존재"로 보편화된다면,

마르크스에게서 인간은 물질적·사회-경제적 관계를 통해 결정되는 물질적·사회-경제적 존재로 보편화된다. 헤겔에게서 인간의 주체성은 사유를 본질로 하는 **정신적 존재로서의 인간 일반**으로 보편화·평준화된다면, 마르크스에게서 인간의 주체성은 인간의 종, 대중, 계급으로 보편화·평준화된다.

보편주의적 사고는 각 사람의 특성과 주체성을 보편적인 것으로 폐기하고, 각 사람을 세계사의 보편적 목적을 성취하기 위한 수단으로 만들어버린다. 모든 사람의 "평등"이란 이름 아래 모든 사람의 개체성과 다양성을 폐기시켜버린다. 결국 그것은 개인의 자유를 부인하는 전체주의로 빠진다. 개인은 전체를 위해 희생되어야 할 존재로 간주된다.

이에 키에르케골은 마르크스의 사회주의적 보편주의와 집단주의를 거부하게 된다. 헤겔의 **관념론적 보편주의**에 대한 키에르케골의 거부는 마르크스의 **사회주의적 보편주의 및 집단주의**에 대한 거부로 발전한다. 그에 따르면 인간의 종이나 사회 계급이나 대중(Masse) 속에서 진리를 찾는다는 것은 불가능하다. 진리에 이를 수 있는 길은 오직 그리스도와 동시적으로 살면서 그리스도의 뒤를 따르는 각 사람, 곧 단독자의 신앙적 주체성에 있다. 진리의 완성을 가리키는 "전체성"(Totalität)이라는 개념도 추상적이다. 그것은 개인을 전체로 매몰시킬 수 있는 추상적 개념이다. **개인만이 구체적이다. 구체적인 것이 진리**라면, 진리는 **오직 구체적 개인에게** 있다. 인간은 "그의 세계, 그의 국가, 그의 사회"이기 전에 먼저 인간 자신, 곧 단독자다. "이성이나 인류나 국가가 아니라 **개인이 '진리'다**. 개인이 유일한 진리이기 때문이다. '실존하는 것은 언제나 단독자다. 추상적인 것은 실존하지 않는다'"(Marcuse 1972, 235에서 인용).

4. 개인이 "유일한 진리"라면, 개인의 자기실현과 행복은 개인 자체 안에

서 얻을 수 있다. 헤겔과 마르크스에게서 개인의 자기실현과 행복은 국가 혹은 사회-경제적 관계성 안에서만 실현될 수 있는 것으로 생각된다. 그들에게 사회와 국가를 떠난 개인이란 생각될 수 없다. 이에 반해 키에르케골에게서 개인의 자기실현과 행복은 하나님 앞에 서 있는 개인의 윤리적 삶을 통해 오직 개인적으로 이루어질 수 있는 것으로 생각된다. 키에르케골에 따르면 **그리스도와 동시적으로** 살 때 인간의 자기실현과 행복이 가능하다. 그리스도의 뒤를 따라 그리스도와 동시적으로 삶으로써 얻게 되는 영혼의 영원한 행복, 참된 기독교적 삶을 살고자 하는 결단, 바로 여기에 참 진리가 있다. 구원의 길은 헤겔이 말하는 "부정적인 것의 부정"에 있는 것이 아니라 2,000년 전에 있었던 신약성서의 예수와 동시적으로 살아가는 "기독교 안에서의 연습"(Einübung im Christentum)에 있다.

기독교 신앙에 관한 키에르케골의 생각은 **사회-정치적 의미**를 갖기도 한다. 그에 따르면 그리스도와 동시적으로 사는 기독교적 실존은 비인간적이고 불의한 사회 질서로부터 인간을 해방할 수 있는 유일한 통로로 생각된다. 그러나 이 해방은 기존의 사회 질서를 변혁함으로써 이루어지는 현실적 해방이 아니라, 기존의 사회 질서를 있는 그대로 방치하면서 이루어지는 내적·신앙적 해방에 불과하다.

물론 키에르케골 역시 기존의 사회 질서를 인간의 참 본질을 파괴하는 "부정적인 것"으로 생각한다. 부정적인 사회 질서 속에서 참된 신앙적 삶을 살기란 거의 불가능하다는 것을 키에르케골은 잘 알고 있었다. 비기독교적인 기독교 사회에서 사회 진출을 포기할 수밖에 없고, 개인적 투쟁과 모욕과 패배가 불가피하다는 것을 그는 예감하였다. 그러나 키에르케골은 헤겔처럼 주어진 사회의 부정적인 것의 부정을 꾀하지 않는다. 타락한 인간들이 모여 사는 사회에서 부정적인 것은 언제나 있기 마련이다. 그러므로 키에르케골은 사회의 부정적인 것의 부정을 통해 인간의 해방을 추구하지 않는다. 오히려 하나님 앞에 서 있는 신앙적 실존에서 인간 해방의 길을 찾는다. 하나님 앞에서 2,000년 전의 예수와 동시적으로 사는 단독자들을 통해 사회의 부정적인 것이 부정되고, 부정적인 것으로부터 해방이 이루어질 수 있다는 논리가 여기에 숨어 있다.

그러나 키에르케골은 하나님 앞에 서 있는 **절대적 개체주의**에 빠질 수 있는 위험을 보인다. 개인 바깥에 있는 사회, 국가, 역사는 고려될 만한 가치를 갖지 못한다. 각 사람은 "그의 가장 깊은 개체성 속에서 모든 다른 개인들로부터 분리되어 있다. 그는 그의 본질에 있어 유일회적이다. 어떤 단체나, 어떤 공동체나, 어떤 '포괄적' 통일성도 그의 지배 영역을 침범할 수 없다. 진리는 언제나 그 자신의 결단의 결과이며, 이 결단으로부터 일어나는 자유로운 활동 속에서 실현될 수 있다. 개인이 내려야 할 유일한 결단은 영원한 구원인가 아니면 영원한 멸망인가의 결단이다.…단 하나의 진리가 있을 뿐이다. 그것은 **그리스도 안에 있는 영원한 행복**이다. 단 하나의 적절한 결단, 곧 기독교적 삶을 살고자 하는 결단이 있을 뿐이다"라는 마르쿠제의 해석은 키에르케골의 개체주의를 잘 나타낸다(Marcuse 1972, 234).

2. "똑같은 옷을 입어야 하고…똑같은 음식을 먹어야 한다"
– "완전한 평등은 실현되지 않는다"

1. 보편화·평준화될 수 없는 개인의 주체성과 개체성에 근거하여 키에르케골은 마르크스의 무산계급의 혁명과 사회주의를 거부한다. 무산계급 혁명과 사회주의 체제가 인간의 자기실현과 인간성을 회복하고, 모든 인간이 평등한 세계를 이룬다는 것은 애초부터 불가능한 일로 생각된다. 사

회주의는 단 한 번밖에 없는 각 개인의 독특성과 가치를 무시하고, 각 개인 곧 "단독자"를 사회적·집단적 존재 내지 대중으로 매몰시킨다. 사회주의는 모든 인간을 하향 평준화함으로써(nivellieren) 단 한 번밖에 없는 각 사람의 고유함과 존엄성을 파괴한다. 그에 따르면 사회주의는 각 사람의 "개체성을 평준화시키며 모든 유기적 구체성을 제거한다. 그것을 '인류와, 사람과 사람 사이의 숫자적 평등(zählenmäßige Gleichheit)'으로 대체한다"(1962, 285). 헤겔은 개인을 정신적 존재, 세계사적 존재로 집단화·평준화시킨다면, 마르크스와 엥겔스는 개인을 "종의 존재"(Gattungswesen)로, 혹은 "계급"으로 집단화·평준화시킨다. 각 개인이 자신의 결단에 따라 행동하는 것이 아니라 무산계급 집단의 행동 강령에 따라 행동한다. 개인은 집단의 도구가 되어버린다.

사회주의에 대한 키에르케골의 비판은 이미 슈티르너를 통해 준비되어 있었다. 슈티르너에 따르면 사회주의는 개인의 유일성을 부인하고, 개인을 "무산계급"이라 불리는 집단의 도구로 전락시킨다. "혁명에 각 사람(단독자)이 세계사적으로 행동하는 것이 아니라 백성이 행동한다.…상상된 나(Ich), 국가와 같은 관념이 행동하면서 등장한다. 다시 말해, 각 사람은 이 관념에게 자기를 도구로 내어주며, '시민'으로서 행동한다." 사회주의는 이렇게 말한다. "너희는 사회의 몸이다. 너희? 너희 자신은 몸이 아니다. 물론 너는 몸으로 존재한다.…그러나 너희는 사회적 봉사를 위한 몸일 뿐이다. 아무도 그 자신의 몸을 갖지 않는다"(Stirner 1962, 70, 71).

헤겔 좌파 헤스에 따르면 "사회주의는 이렇게 말한다. 너희는 **관념론자**(Idealisten)가 되어서는 안 된다. 오히려 **현실적** 인간이 되어야 한다." 이에 반해 슈티르너는 다음과 같이 말한다. "수천 년 동안 문화는 너희가 무엇인지 알지 못하게 만들었다. 너희는 이기주의자가 아니라 관념론자로, '선한 사람'이라 불린다고 가르쳤다. 이 가르침을 내버려라." 슈티르너에 따르면 인간은 철저히 이기주의자다. 이기주의자는 사회의 행복에 대해 무관심하다. "나는 사회를 위해 아무것도 바치지 않는다. 나는 그것을 이용할 뿐이다. 사회를 완전하게 이용할 수 있기 위해, 나는 사회를 나의 소유와 나의 피조물로 바꾸어버린다. 다시 말해…나는 사회를 폐기하고, 이기주의자들의 결사를 그 자리에 세운다"(Hess 1962, 60).

슈티르너의 이 말을 우리는 다음과 같이 이해할 수 있다. 인간이 사회를 위해 자기를 바친다 할지라도, 그는 결국에 자기 자신을 추구하는 이기적 존재다. 그는 이기적 본성을 벗어날 수 없다. 사회주의는 인간의 이기적 본성에 반하여 자기 자신을 바치라고 요구한다. 이로써 사회주의는 개인의 개체성을 평준화시키고, 개인을 하나의 수단으로 이용한다. 그러므로 모든 사회적 관계를 버리고 이기적 "유일자"로 사는 것이 오히려 정직한 일이다. "너희들 사이에 단 하나의 관계가 있는 한, 어떻게 너희가 진정으로 유일하게(einzig) 존재할 수 있겠느냐?" 고독한 유일자는 사회 속에 있지만, 사회로부터 절연되어 있다. "너는 유일자로서 다른 사람과 아무것도 공동으로 갖지 않는다. 그러므로 너는 분리시키는 것도, 적대적인 것도 갖지 않는다. 완전한 분리 혹은 유일성(Einzigkeit) 속에서는 타인을 대리하는 행위도 사라진다"고 헤스는 슈티르너를 소개한다(Hess 1962, 60에서 인용).

키에르케골은 사회주의에 대한 슈티르너의 비판을 수용한다. 키에르케골에 따르면, 사회주의는 모든 사람이 **똑같은 사람이 되어야 한다**고 가르친다. 사람과 사람 사이의 구체적 차이는 사라져야 한다. 모든 사람을 하향평준화·집단화시키는 사회주의는 "개인의 가치를 폄하하는 많은 시도 가운데 하나다.…그것은 더 높은 가치를 가지며 그것을 체화하는 소수의 사람에 대항하여 다수의 사람 편에서 소수의 사람에게 행하는 원리다"(Marcuse 1972, 236).

공산주의·사회주의의 실상을 키에르케골은 다음과 같이 감각적으로 묘사하기도 한다. "사람과 사람 사이에 아무 차이도 있어서는 안 된다. (각 사람의 다양한) 부(富)와 예술과 학문과 정부 등은 악한 것이다. 모든 사람은 같은 농장과 같은 공장에서 일하는, 똑같은 노동자들이어야 한다. 그들은 똑같은 옷을 입어야 하고, 거대한 솥에서 끓인 똑같은 음식을 먹어야 한다. 종소리가 알려주는 동일한 시간에 똑같은 양의 음식을 먹어야 한다 등등"(1962, 274).

사회주의 사회의 **전체적 획일성**을 키에르케골은 기독교 경건주의에서도 발견한다. 경건주의에 따르면 "사람과 사람 사이에 아무 차이도 있어서는 안 된다. 우리는 형제이어야 하고 자매이어야 하며, 모든 것을 공동으로 가져야 한다. 부와 사회적 신분과 예술과 학문 등은 악한 것이다. 그리스도인의 작은 들판에서 모든 사람은 동일해야 하며, 동일한 옷을 입고, 미리 정해진 동일한 시간에 기도하며, 제비뽑기를 통해 결혼하며, 종소리가 알려주는 동일한 시간에 잠자리에 들어가며, 동일한 그릇에 담긴 동일한 음식을, 동일한 박자에 따라 먹어야 한다"(1962, 274).

키에르케골에 따르면 사회주의는 모든 사람에게 획일성을 요구한다. 이것은 각 개인의 독특한 개성과 특성과 주체성에 모순된다. 그것은 개인의 주체성에 대한 폭력이요 독재다. 키에르케골은 모든 형태의 독재를 거부한다. 독재는 인간의 주체성과 개체성을 인정하지 않고 그것을 번호표로 평준화·획일화시키기 때문이다. 인간의 생명을 1번, 2번 등의 번호로 획일화시키는 것은 죄악이다. 인간의 개성과 특성을 폐기하고 모든 사람의 생각과 행동과 삶을 획일화시키는 사회주의자를 키에르케골은 다음과 같이 규정한다. "평준화의 이 봉사자들은 악의 봉사자들이다. 평준화 자체는 하나님으로부터 오는 것이 아니다." 사람은 그들의 절망적 처지에 대해 울고 싶은 순간이 있을 수도 있다. "하나님은…개인들과 함께 다시 말해, 각 사람과 특수하게, 가장 좋은 것을 이루고자 한다"(1962, 286).

2. 하나님 앞에 서 있는 각 사람의 주체성에 대한 강력한 확신 속에서 키에르케골은 정치 체제 및 사회 체제의 변혁을 통해 진리를 실현하고 이상적 세계를 이룰 수 있다는 생각을 거부한다. 그에 따르면 정치 및 사회 체제의 변혁이 인간의 자기실현과 인간성의 회복을 이룰 수 없다. 그것이 실현될 수 있는 유일한 길은 하나님 앞에서 자기 자신을 결단하고 그리스도의 뒤를 따라 살아가는 신앙적 실존에 있다. 모든 인간의 평등은 공산주의 혁명과 같은 세속적 방법이 아니라, 오직 신앙의 기초 위에서 실현될 수 있다.

키에르케골의 이 생각을 우리는 "필요한 단 한 가지"(Das Eine, was nottut)란 제목의 문서에서 읽을 수 있다. 이 문서는 1848년 프랑스 2월 혁명으로 말미암은 사회적 대혼란을 보면서 완성된 것으로 추정된다. 이 혁명은 공화주의자들과 사회주의자들의 주동으로 일어났기 때문에 키에르케골은 사회주의의 실상을 볼 수 있었다.

이 문서에서 키에르케골은 다음과 같이 말한다. 오늘 이 시대의 유럽인들은 그들이 정말 무엇을 필요로 하는지 알지 못한다. 정치 체제를 바꾸고, 정치 지도자들을 바꾸기만 하면, 모든 문제가 해결될 수 있을 것으로 생각한다. 정치인들과 외교관들과 경찰이 사회를 구원할 수 있을 것처럼 생각한다. 그러나 그들에게 진정으로 필요한 것이 무엇인지 그들은 모른다. 그들은 근본 문제가 무엇인지 알지 못한다. 이것저것을 바꾸어보지만, 언제나 "장애물"이 그들 앞에 놓여 있다.

그들이 진정으로 필요로 하는 것은 그들 자신이 철폐한 **기독교 종교**다. 중요한 문제는 단지 사회·정치적 문제가 아니라 "기독교에 관한 문제"다(1962, 270). 근본 문제는 "종교적 문제, 기독교적 문제다"(271). 잃어버린 "영원"을 되찾는 것이 근본 문제다. 매 순간 "우리에게 영원을 회복하여라, 영원에 대한 전망을, 영원의 진지함과 지복과 치유를 회복하여라. 각 사람은 영원을 회복하여라. 그러면 피를 흘리는 일이 불필요할 것이다."

인간은 자기의 오성(Verstand)을 신뢰한다. 이성이 자기를 구원하고 행복을 가져다줄 것이라 생각한다. 오성을 버리고 "종교적인 것으로 비약하는 것"은 너무도 어렵다. "세속적 오성은 세속의 인간 속에 너무도 단단히 박혀 있다. 혹은 세속의 인간이 세속의 오성 안에 깊이 박혀 있다. 그것은 (잇몸에 꽉 박혀 있는) 어금니와 같다." 세속적 오성을 가지고 인간은 "세속 안에 있는 인간과 인간 사이의 평등"을 이루고자 한다. 이것과 저것을 비교하고, 위에 있는 것과 아래에 있는 것을 비교하고 계산하면, "세속성 안에서, 다시 말해 상이성 안에서 세속적 인간 평등을, 세속적인 인간 평등을 위한 평등을" 실현할 수 있을 것이라고 생각한다(271). 그러나 인간의 오성은 그가 진정으로 필요로 하는 것을 알지 못하기 때문에 이 모든 노력은 물거품으로 돌아간다. 정부를 바꾸고 또 바꾸어도 평등 대신에 불평등이, 행복 대신에 불행이 지속된다. 알콜중독에 빠진 사람처럼 혼란에 혼란이 이어질 뿐이다. 피를 흘리는 일이 반복된다.

이 같은 사태를 극복하기 위해 전혀 "다른 종류의 피"가 필요하다고 키에르케골은 말한다. 그것은 전쟁에서 희생물이 된 수천 명의 인간의 피가 아니라 **"순교자들의 피"**다. 수천 명의 사람을 희생시킨 사람이 이룰 수 없는 것을 이룰 수 있는 것은 죽임을 당한 순교자들의 피다. 죽이는 자가 승리하는 것이 아니라, 죽임을 당하는 자가 승리한다. "영원히 확실한 승리"를 거두는 자는 죽임을 당하는 순교자들이다. 하나님은 절대 복종 속에서 자기를 희생물로 바치는 순교자를 기뻐하는 반면, 희생자들을 죽이는 불복종의 자식들에게는 분노를 준비한다. "승리의 주인공은 순교자다. 죽임을 당하는 모든 사람이 순교자는 아니다! 그러나 **순교자가 통치자다**"(273).

3. 키에르케골에 따르면 지금까지 황제, 왕, 교황, 장군, 외교관 등의 독

재자들이 결정적인 순간에 세계를 다스릴 수 있었다. 그러나 "제4신분" 곧 노동자 계급이 등장하면서,[1] "순교자들이 결정적 순간에 세계를 다스릴 수 있다는 사실이 드러날 것이다. 다시 말해, 어떤 인간도 이 같은 순간에 인간을 다스릴 수 없고, 오직 하나님만이 절대적으로 순종하는 사람들, 곧 고난당할 각오가 되어 있는 사람들의 도움으로 다스릴 수 있을 것이다. 이들이 곧 순교자들이다.…제4신분이 세워질 때, 오직 신적으로(göttlich), 종교적으로 통치될 수 있을 것이다. 종교적으로 통치한다는 것, 통치자가 종교적이라는 말은, 고난당하는 자임을 뜻한다. 종교적으로 통치한다는 것은 고난이다"(1962, 273).

노동자 계급이 등장한 이후부터 인간의 세계를 통치할 수 있는 사람은 누구인가? 키에르케골에 따르면 세속의 통치자, 곧 노동자나 노동자들의 대변자들이 아니라 순교할 각오가 되어 있는 그리스도인이다. 모든 사람이 평등한 이상적인 사회는 종교 없는 무산계급이나 그들의 대리자들이 통치하는 사회가 아니라 순교의 죽음을 당할 수 있는 종교인이 통치하는 사회다.

따라서 이 시대의 인류가 필요로 하는 것은 "영적인 사람들"(Geistliche)이라고 키에르케골은 말한다.[2] 승리를 거둘 수 있는 사람은 "군인들이나 경찰들이나 외교관들이나 정치적 기획자들이 아니다. 그것은 영적 사람들이다. **우리는 영적 사람들을 필요로 한다.**" 학문적 문제들과 학문적 공격보다도 죄에 대한 인간의 싸움에 훈련받은 사람들, "대중"을 분리하여 개인

---

1 "제4계급"(der vierte Stand)은 19세기 이탈리아 화가 Giuseppe Pellizza da Volpedo가 1898년에 시작하여 1901년에 완성한 그림의 이름, "Il Quarto Stato"에서 유래한다.

2 일상의 독일어에서 Geistliche는 성직자를 뜻한다. 그러나 여기서 키에르케골이 말하는 Geistliche는 성직자 곧 목사가 아니라 순교의 죽음을 당할 각오가 되어 있는 그리스도인들을 가리키는 것으로 이해될 수 있다. 모든 그리스도인이 "영적 사람"(Geistliche)이기 때문이다.

으로서의 각 사람에게 말하고, 자기를 희생함으로써 권위를 행사할 수 있으며, "힘이 아니라…자신의 복종을 통해 강요할 수 있는" 사람들이 필요하다 (1962, 274). 의사가 환자를 치료하거나 수술할 때 환자의 욕설이나 거부 행위에 신경 쓰지 않듯이, 이들은 병든 사람들의 모든 저질적 무례함에 신경 쓰지 않는다. 그들은 죽음에 이를 정도로 병들었기 때문이다. 순교의 죽임을 당할 수 있는 영적 사람들과 참된 기독교 종교가 사라진 것이 **이 시대의 근본 문제**다.

이와 연관하여 키에르케골은 당시 사회주의의 문제점을 다음과 같이 지적한다. 환자가 자기 몸의 어느 부위가 아픈지 의사에게 잘못 가리켜주는 것처럼, 사회주의도 정말 치유되어야 할 부위를 가리키지 않고 엉뚱한 부위를 가리킨다. 하나님과 종교가 제거되면 모든 것이 좋아질 것이라고 약속한다(마르크스의 종교비판을 가리킴). "(지옥에서 오는) 이 무서운 신음자" 마르크스는 사람들에게 이렇게 말한다. "하나님은 악이다. 우리가 그에게서 해방되기만 하면 우리의 형편이 나아질 것이다. 바로 이것이 필요하다고 그는 말한다. 그러나 마귀는 참된 것을 언제나 거꾸로 말한다"(1962, 275).

키에르케골은 사회주의 속에는 "악마적으로 내포되어 있는 종교성, 곧 기독교적 종교성의 요소(Ingredienz)"가 있다고 말한다. 이 기독교적 요소가 "악마적인" 요소들과 결합되어 있다. 비가 온 뒤에 독버섯이 솟아나듯이 "악마적으로 전염된 형태들"이 나타나 자기를 "사도"라고 참칭하면서 기독교의 과제를 수행할 것이라고 말한다. 그는 "기독교의 '금욕'과는 전혀 다르게 시대와 세계를 만족시킬…**새로운 종교의 발견자**"로 처신한다 (마르크스와 그의 추종자들을 가리킴).

키에르케골에 의하면 "가장 위험한 것은 악마적인 자들이 사도로 자처하는 데 있다. 이것은 도적이 자기를 경찰이라고 말하는 것과 같다." 마르크스의 사상 속에 내포된 종교성은 사실상 "악마적 종교성"이다(1962, 275). 그것은 인간의 수단과 방법으로 해결할 수 없는 것을 인간의 수단과 방법으로 해결할 수 있다고 약속하기 때문이다. 이로 인해 사회주의는 왕정체제보다 더 사악한 결과를 초래할 것이라고 키에르케골은 예견한다. 이에 대한 책임은 공산주의 사상을 제대로 알지도 못하는 무산계급자들에게 있는 것이 아니라 마르크스 사상을 어설프게 공부한 다음 자기 망상에 빠진 유산계급자들, 언론 플레이와 아첨으로 말미암아 도덕성을 상실한 유산계급자들에게 있다. 좀 배웠다고 자기를 새 시대의 개척자로, "무식한" 무산계급자들의 대변자로 내세우는 자들에게 책임이 있다. 이들은 무산계급자들을 위한 대변자·지도자를 자처하지만, 자신을 무산계급자들로부터 구별하고, 이들에 대한 독재자로, **새로운 유산계급**으로 등장한다. 그들은 "똑같은 옷을 입어야 하고,…똑같은 음식을 먹어야 한다"고 말하지만, 그들 자신은 다른 옷을 입고, 다른 음식을 먹는다.

키에르케골에 의하면, 민중을 대변하는 새로운 유산계급이 권력을 쥐자마자 "제4신분", 곧 노동자 계급이 등장할 것이다. 이들은 모든 책임이 자기들에게 있다고 하겠지만, 이것은 진실이 아니다. 이들은 "총살을 당하고 저주를 받는 무죄한 희생물일 뿐이다"(1962, 276). 여기서 키에르케골은 무산계급에 속하지 않으면서 무산계급의 지도자가 되어 무산계급을 총살하고 추방하는 공산주의의 미래를 예견한다. 그들은 민중을 보호하는 "경찰"인 척하지만, 민중을 약탈하고 총살하는 "도적"에 비유된다. 1848년 2월 프랑스 혁명에서 키에르케골은 사회주의 이데올로기의 "악마적 종교성"(dämonische Religiosität)을 예견하였던 것으로 보인다.

4. 키에르케골에 따르면 공산주의 내지 사회주의는 모든 인간의 평등을 실현하고자 한다. 그러나 모든 인간의 완전한 평등이 공산주의·사회주의

를 통해 실현된다는 것은 불가능하다. 모든 인간의 평등은 "세속적 방법으로" 실현될 수 없다. 흔히 말하기를 종교는 "비실천적"이라고 말한다. 그러나 키에르케골에 의하면, 종교는 "영원을 통해 변형된" 형태로 "정치의 가장 아름다운 꿈을" 나타낸다. 곧 모든 인간은 평등하다는 것을 나타낸다. "인간은 평등하다는 생각을 어느 정치도, 어느 세속성(Weltlichkeit)도 마지막 귀결에 이르기까지 성찰하거나 실현할 수 없었고 또 할 수 없다." "세속성의 개념"은 "완전한 평등이 '세속적으로' 실현될 수 없다는" 사실을 그 자체 안에 내포하고 있다. **구별과 차이가 있다는 것이 세속의 특징**이기 때문이다. "완전한 평등이 '세속적으로' 실현되어야 할 때, 차이들이 필연적으로 생성한다. 다시 말해, 완전한 평등은 실현되지 않는다. 완전한 평등이 이루어져야 한다면 '세속성'이 반드시 철폐되어야 할 것이다. 정말 완전한 평등이 이루어진다면 세속성은 지양될 것이다."

그러나 세속성이 지양된다는 것은 불가능하다. 세속의 세계가 존재하는 한 세속성이 있을 수밖에 없기 때문이다. 따라서 세계가 그 자신의 힘으로 "완전한 평등"을 이룬다는 것은 불가능하다고 키에르케골은 판단한다. 공산주의 내지 사회주의도 그것을 실현할 수 없다. 노동자 계급의 대변자·지도자라고 하는 사람들의 새로운 유산계급이 등장하기 때문이다. 이들이 "완전한 평등을 강요하고자 한다는 것, 그것을 세속적으로 강요하고자 한다는 것은…약삭빠른 관념(fixe Idee)과 같은 것이 아닌가!" 키에르케골에 따르면, "영원의 도움으로 인간의 평등을 마지막 귀결에 이르기까지 이룰 수" 있는 것은 기독교 종교에 있다. 기독교를 통해 "인간과 인간 사이의 경건하고 본질적이며, 세속적이 아닌 참된 평등, 유일하게 가능한 평등이 실현될 수 있다. 그러므로 종교적인 것이…참된 인간성(Humanität)이다"(1962, 278).

키에르케골에 따르면 세속의 세계가 진정으로 필요로 하는 것은 "**영**

원"이다. 우리 시대의 불행은 영원을 상실하고, …영원에 대해 아무것도 듣고자 하지 않으며, "단순한 '시간'으로, '세속성'으로 되어버린 데 있다. 그리고…가장된 모방을 통해 영원한 것을 불필요한 것으로 만들고자 하는 데 있다. 그러나 이것은 영원히 이루어지지 않을 것이다. 영원한 것이 필요 없다고 믿고, 필요하지 않을 것이라는 생각에 집착할수록 인간은 사실상 영원한 것을 필요로 하기 때문이다"(1962, 278).

키에르케골에 따르면 마르크스의 사회주의 사상의 깊은 문제는 하나님의 "영원"을 알지 못하는 데 있다. 그것은 사회-경제적 문제밖에 보지 못한다. 사회-경제적 문제를 하나 해결하면 또 다른 사회-경제적 문제가 나타난다. 자본주의 체제의 유산계급이 사라지면 사회주의적 유산계급이 등장한다. 따라서 하나님의 영원을 알지 못하는 사회주의가 모든 인간의 평등과 구원받은 세계를 실현하는 것은 불가능하다. 사회주의 체제 속에서 모든 인류가 하나의 조합(Assoziation)을 이룬다 할지라도, 모든 인간의 평등과 구원은 이루어지지 않을 것이다. 모든 인간의 평등과 구원은 세속적인 방법으로 이루어질 수 없다. 이것을 세속적인 방법으로 이룰 수 있다는 사회주의적 약속은 "기만"이다. 이것을 키에르케골은 다음과 같이 말한다.

사회주의와 공동체 이념이 이 시대를 구원하리라는 것은 말이 되지 않는다. 그것은 우리가 깊이 성찰해야 할 의심스러운 것이다. 이것을 의심할 때 각 사람은 자기 자신을 상실하든지, 아니면…종교적으로 자기 자신을 획득함으로써, 개인적 발전이 바르게 이루어질 수 있을 것이다. (기껏해야 물질적 문제에 대한 관심에 있어서만 그의 타당성을 가질 수 있는) 조합의 원리는 우리 시대에 긍정적인 것이 아니라 부정적인 것이다. 그것은 도피요 혼란이며, 감성의 기만이다. 그것의 변증법은 다음과 같다. 곧 그것은 개인들을 강하게 함으로써 약하게 한다. 단체 속에서의 번호를 통해 개인들을 강하게 함으로써 윤리적으로 약화시킨다.…각 개인이 윤리적 태도를 가질 때, 진리 안에서 자기를 발견할 수 있게 될 것이다(1962, 283).

키에르케골에 따르면 영원을 알지 못하며 신앙적 결단을 알지 못하는 무산계급의 대변자·지도자들을 통해 모든 인간이 평등한 이상적인 사회를 이루는 것은 애초부터 헛된 꿈에 불과하다. 모든 사람의 완전한 평등이 있는 이상적 사회는 하나님의 영원과의 만남 속에서 "윤리적 태도"를 지닌 단독자 안에서, 단독자를 통하여 시작할 수 있다. "윤리적 태도"를 지닌 단독자들이 없는 이상 사회는 빈말에 불과하다. 이론 체계가 있고, 사상 교육이 있지만 말과 인격적 실존이 일치하지 않는 한 이상 세계는 실현될 수 없다.

여기서 키에르케골은 말과 삶이 일치하지 않는 사회주의 지도자들을 염두에 두고 있는 것으로 보인다. 이들은 모든 사람이 평등한 사회, 계급 없는 사회를 가르치고, 이에 관한 사상 체계를 만들지만, 당(黨)과 인민의 엄격한 계급적 차이 속에서 새로운 유산계급자로 실존한다. 그들의 가르침과 삶이 모순된다. 각 사람의 "인격적 실존이 그가 말한 것을 나타낸다. 우리 시대의 체계화, 가르침과 무개성(Charakterlosigkeit)은…이 관점을 폐기해버렸다"(1962, 279). 곧 그럴듯한 사상 체계는 있지만, 삶은 체계를 떠나 있다는 것이다. 거대한 구호와 대중 선동은 있지만, 지도자 동무의 말과 삶이 일치하지 않는 사회주의 체제, 주관적 진리가 결여된 이 체제는 결코 모든 인간의 평등과 구원을 가져올 수 없다고 키에르케골은 확신한다.

IV

키에르케골과 마르크스의 공통점과 차이점

1. 키에르케골은 마르크스의 사회주의 사상을 단호하게 거부하지만 마르크스와 공통점을 갖기도 한다. 두 사람의 정신적 스승 헤겔의 철학은 한마디로 "종합의 체계" 내지 "화해의 체계"였다고 말할 수 있다. 헤겔은 신적인 것과 인간적인 것, 이성적인 것과 현실적인 것, 본질과 실존, 관념과 현실, 보편적인 것과 개별적인 것, 이성과 신앙, 철학과 종교, 국가와 종교, 철학과 국가, 국가와 개인, 국가와 시민사회의 종합과 화해를 시도하였다. 그러므로 헤겔은 자기의 학문적 원리를 가리켜 "화해의 원리"라 부른다.

마르크스와 키에르케골은 헤겔의 종합 내지 화해를 부인한다. 이 점에서 두 사람은 공통점을 가진다. 두 사람에게 현실의 세계는 위의 요소들이 종합 내지 화해된 세계가 아니라 **대립과 갈등 속에 있는 세계**다. 그것은 관념과 현실, 이성적인 것과 현실적인 것, 국가와 개인, 국가와 시민사회의 종합과 화해 속에 있는 것이 아니라 두 요소의 대립 속에 있다. 이 세계는 기독교를 국가종교로 갖지만, 모든 인간의 평등과 자유와 인간성이 있는 참된 기독교적 세계가 아니라 기독교적 제도와 형식만 남아 있는 비기독교적인 세계다. 한마디로 그것은 "늙어버린 세계"(alte Welt), 무너질 수밖에 없는 세계다. 이 세계는 기독교를 자기 정당화와 지배 수단으로 삼을 뿐이다. 이 같은 관점에서 마르크스와 키에르케골은 공통점을 가진다.

그러나 현실 세계의 대립과 갈등을 두 사람은 각기 다른 영역에서 발견한다. 마르크스는 대립과 갈등을 **사회-경제적 영역에서** 발견한다면, 키에르케골은 그것을 인간의 **내면적·종교적 영역에서** 발견한다. 두 사람 모두 헤겔의 보편적 진리에 반해, 인간의 실존적 상황과 결합되어 있는 구체적 진리를 파악하고자 한다. 그러나 마르크스는 사회-경제적 상황과 결합되어 있는 진리를 추구한다면, 키에르케골은 개인의 영적·정신적 상황과 결합되어 있는 진리를 추구한다. 마르크스는 인간의 **경제적·사회-정치적 파산**(Bankrott)을 관심의 대상으로 삼는다면, 키에르케골은 개인의 **정신적·신앙적 파산**을 관심의 대상으로 삼는다.

키에르케골의 입장에서 볼 때 경제적·사회-정치적 파산보다 더 무서운 것은 각 사람의 정신적·신앙적 파산이다. 따라서 시민사회의 자본주의 경제질서를 비판하는 마르크스에 반해, 키에르케골은 시민사회의 그리스도인들의 신앙적 거짓과 위선을 비판한다. 전자가 자본주의적 시민사회의 불의와 인간성을 문제 삼는다면, 후자는 개인의 정신적·신앙적 타락을 문제 삼는다. 헤겔이 말하는 "소외"를 마르크스는 물질적·사회-경제적 관계에서 일어나는 인간의 소외로 파악한다면, 키에르케골은 하나님 앞에 서 있는 신앙적 실존과 인간 자신의 본래성에서의 소외로 파악한다. "마르크스는 하나님 **없이** 철학한다면, 키에르케골은 하나님 **앞에서** 철학한다"(Löwith 1941, 178).

두 사람 모두 인간의 **현실적 실존**을 문제 삼는다는 점에서 공통점이 있다. 마르크스 역시 "살아 움직이는 개인들의 실존"을 역사 해석의 첫째 전제로 둔다(Marx 2004f, 10). 그러나 실존에 대한 두 사람의 관점은 전혀 다르다. 마르크스는 사회-경제적 측면에서 인간의 실존을 관찰하는 반면, 키에르케골은 "단독자"의 주관적·신앙적 측면에서 인간의 실존을 관찰한다. 실존이란 본래 "바깥으로 나가는 것"(ex-istere)을 뜻한다. 헤겔의 철학에서도 실존은 이와 같은 의미로 이해된다. 그것은 신적 정신이 자기의 자아를 자기 바깥에 있는 대자로 세우는 것을 말한다. 이에 상응하여 마르크스는 실존을 공산주의 혁명에 대한 결단으로 "나가는 것"(Auszug)을 뜻한다. 이에 반해 키에르케골에게서 "실존"은 하나님 앞에 서 있는 개인의 실존으로 "퇴각하는 것"(Rückzug)을 뜻한다(Löwith 1941, 178).

2. 비기독교적인 세계를 기독교적 세계로 해석하는 헤겔의 대표적 작품은 그의 『법철학』이다. 이 책에서 헤겔은 이성과 현실, 보편적 본질과 개인의 실존을 종합, 화해하고자 한다. 마르크스의 입장에서 볼 때, 헤겔은 이성적이지 못한 현실을 이성적인 것으로, 본질과 일치하지 않는 실존을 본질과 일치하는 것으로 신화화한다. 이리하여 헤겔 철학은 기존하는 현실을 철학적으로 정당화하는 "가장 극단적인 물질론"(krassester Materialismus)이라고 마르크스는 헤겔을 비판한다.

키에르케골은 마르크스의 이 생각에 동의한다. 그에게도 세계는 비이성적인 것으로 보인다. 이 점에서 두 사람은 공통점이 있다. 곧 헤겔은 세계를 정신의 자기활동으로 이루어지는 "정신적" 세계, "이성이 다스리는" 세계로 파악했지만, 세계는 더 이상 정신적이지 않으며 이성적이지 않다고 보는 점에서 마르크스와 키에르케골은 일치한다. 두 사람에게 세계는 "정신이 없는"(giestlos) 비이성적인 세계로 보인다. 이 점에서 두 사람은 일치한다.

그러나 마르크스는 이 문제의 해결을 **공산주의 사회의 실현**에서 발견한다. 소유를 함께 나누는 사회, 계급이 없는 공산주의 사회에서 이성과 현실, 본질과 실존, 국가와 개인은 일치하게 될 것이며, 모든 인간의 평등이 실현될 것이라 본다. 이에 대해 키에르케골은 마르크스의 이상적 사회는 이루어지지 않을 것이라 생각하고 전혀 다른 대안을 제시한다. 키에르케골은 신앙적 "단독자", 그리스도와의 동시성 안에서 그리스도의 뒤를 따르는 기독교적 실존을 대안으로 제시한다. 무산계급 "대중"의 공산주의 혁명 대신에 하나님 앞에 서 있는 **자아의 내면성**에서 문제의 해결을 찾는다.

3. 두 사람 사이의 또 하나의 심각한 차이는 기독교에 대한 관점에 있다. 국가종교가 된 기독교는 참 기독교가 아니라는 점에서 두 사람은 일치한다. 이에 마르크스는 기독교의 폐기를 주장하는 반면, 키에르케골은 기독교의 참 기독교성을 회복하고자 한다. 마르크스는 공산주의 사회가 실현될 때 기독교는 저절로 폐기될 것이라고 예언한다. 마르크스에 따르면, 기독교 종교는 다른 모든 종교와 마찬가지로 사회-경제적 관계의 이데올로기적 산물에 불과하다. 그것은 "민중의 아편"이다. 따라서 기독교 종교는 폐기되어야 한다는 논리가 마르크스에게 숨어 있다. 물론 키에르케골도 기존의 기독교를 부인한다. 그러나 그는 제도화·형식화된 국가종교로서의 기독교를 거부할 뿐이다. 기독교 자체는 단독자의 신앙적 실존이 가능해지는 역사적 근거로 전제된다. 기독교가 폐기된다면 개인의 신앙적 실존은 근거를 상실하게 된다.

　　이리하여 마르크스는 **하나님과 기독교 종교가 없는 세계**에서 세계 구원의 길을 찾는 반면, 키에르케골은 **세계 없는 기독교성의 회복**에서 구원의 길을 찾는다. 스스로 활동하는 헤겔의 신적 정신을 마르크스는 사회적 실천(Praxis)에 대한 이론으로 대체하는 반면, 키에르케골은 각 사람의 내적 결단의 행동에 대한 성찰로 대체한다. 헤겔의 절대정신의 이론 대신에 마르크스는 사회적 실천의 이론을 제시하는 반면, 키에르케골은 하나님 앞에 서 있는 개인의 내면적 결단과 그리스도의 뒤를 따르는 삶의 이론을 제시한다.

기독교가 자신의 본질로부터 타락하였다는 점에서 두 사람은 생각을 같이한다. 그러나 마르크스는 기독교의 본질을 객관적 세계의 비인간적 상황으로 환원시킨 반면, 키에르케골은 자기 자신에게 절망하여 신앙으로 비약하는 패러독스로 환원한다. 마르크스는 인간의 소외를 사회-경제적 차원에서 파악하는 반면, 키에르케골은 종교적 차원에서 파악한다. 마르크스는 하나님과 기독교 종교가 더 이상 존재하지 않는 인간성의 세계, 곧 "기독교 신앙 없는 세계"를 추구하는 반면, 키에르케골은 "세계 없는 기독교 신앙"을 추구한다. 마르크스는 19세기의 이른바 기독교 세계(Christentum)의 경제 질서로 인해 일어난 인간 소외와 비인간화를 비판하는 반면, 키에르케골은 "인간의 참된 실존과 결단의 능력, 격정과 신앙 속에 있는 인간의 삶을 폐기시키는 헤겔적인 의미의 '이성'의 논리적 필연성을" 비판한다(Tillich 1971, 287). 마르크스에게서 진리는 인간의 모든 소외가 극복된 인간적인 현실, 곧 공산주의 사회에 있다고 생각되는 반면, 키에르케골에게서 진리는 "그의 절망, 객관적 본질의 세계로부터 배제되어 있는 상태를 변증법적으로 뛰어넘지 못하고 오히려 이것을 격정적으로 고수하는 주체성"에 있다고 생각된다(51). 마르크스는 헤겔의 변증법을 세계의 사회-경제적 발전 과정과 계급투쟁의 역사에서 찾는다면, 키에르케골은 역설적인 것, 어처구니없는 것을 믿는 신앙의 비약을 가리켜 변증법이라고 말한다. 키에르케골에게서 헤겔의 변증법은 세계사의 전망을 잃어버리고 개인의 신앙의 비약으로 축소된다.

4. 마르크스와 키에르케골의 중요한 차이는 인간관에서도 나타난다. 마르크스는 인간의 본질을 **사회성**에 있다고 보는 반면, 키에르케골은 인간의

본질을 **개인의 내면성**, 곧 "단독자"에 있는 것으로 파악한다. 마르크스는 인간의 본질을 사회-경제적 관계에서 실현될 수 있는 것으로 보는 반면, 키에르케골은 하나님 앞에 서 있는 개인의 신앙적 내면성에서 실현되어야 할 것으로 본다. 따라서 마르크스의 문헌은 사회-경제적 문제에 집중하는 반면, 키에르케골의 문헌은 인간 내면의 문제에 집중한다.

마르크스는 참된 인간 존재의 참된 실현을 공산주의 내지 사회주의 사회에서 찾는다. 돈에 의해 인간의 가치가 결정되지 않고, 인간 존재 자체가 "최고의 가치"로 인정받는 "인간성"의 세계, 곧 "완전한 휴머니즘"이 공산주의 사회에서 실현될 것으로 생각한다. "역사의 해결된 수수께끼", 곧 모든 인간의 평등과 자유가 있는 세계, 인간에 의한 인간의 소외와 차별과 굶주림이 없는 세계가 여기서 이루어질 것으로 기대한다.

마르크스가 기대하는 공산주의 사회는 성서가 약속하는 "하나님 나라"와 일치한다. 성서가 이야기하는 하나님 나라는 모든 인간이 하나님 안에 있는 한 형제자매로서 평등과 자유를 누리며 굶주림이 없는 세계다. 모든 사람이 동등한 임금을 받는다. 이 하나님 나라를 요한계시록은 "이제는 죽음과 슬픔과 울부짖음과 고통이 없는" "새 하늘과 새 땅"으로 묘사한다. 하나님 나라, 새 하늘과 새 땅에 대한 희망과 기다림은 기독교 신앙의 구성요소다. 그것은 기독교의 본질에 속한다. 하나님 나라에 대한 희망과 기다림을 상실한 기독교는 종이호랑이와 같다.

마르크스의 입장에서 볼 때, 현실의 기독교는 종이호랑이처럼 되었다. 호랑이가 아니라 힘 있는 사람들의 눈치만 살피는 고양이처럼 되었다. 국가종교로서의 기독교는 자신의 본질을 상실하고 불의하고 비인간적인 세계를 "기독교적 세계"로 정당화하는 어용 정치종교가 되었다. 이에 마르크스는 기독교의 참된 실현을 **하나님과 기독교 종교가 없는 공산주의 사회**에서 찾는다. 하나님과 기독교가 없는 공산주의 사회에서 인간의 참 인간성이 실현될 것으로 기대한다. "역사의 해결되지 못한 수수께끼", 곧 하나님 나라의 꿈은 공산주의자 내지 사회주의자들에 의해 하나님 없이 실현된다.

블로호는 마르크스의 이 생각을 계승한다. 이것을 그는 다음과 같이 말한다. **"무신론자만이 좋은 그리스도인일 수 있고, 그리스도인만이 좋은 무신론자일 수 있다"**(Bloch 1968, 15).[1] 블로호의 이 말은 다음과 같이 해석할 수 있다. 기독교의 참된 이상을 실현할 수 있는 것은 하나님을 믿지 않는 무신론자다. 그런 뜻에서 "무신론자만이 좋은 그리스도인일 수 있다." 그렇다면 그리스도인이 "좋은 그리스도인"이 되고자 한다면 그는 무신론자가 되어야 한다. 모든 그리스도인은 무신론자가 될 때, 기독교의 참 정신을 실현할 수 있다는 것이다.[2]

키에르케골은 마르크스와 블로호의 이 생각을 정면으로 거부한다. 인간이 인간다운 인간이 될 수 있는 길은 무신론자가 되는 데 있지 않다. 하나님 없는 인간이 하나님 나라의 꿈을 실현하는 "좋은 무신론자"가 되는 것은 불가능하다. 하나님 없는 인간은 자기의 이웃에게 "하나님과 같은 인간"(homo sicut deus)이 되는 것이 아니라 "늑대와 같은 인간"(homo sicut lupus)이 되어버린다. 그래서 키에르케골은 모든 인간의 평등을 부르짖으며 그들을 평준화하는 사회주의자들을 가리켜 "악의 봉사자들"이라 규정

---

1 원문: Nur ein Atheist kann ein guter Christ sein, nur ein Christ kann ein guter Atheist sein. 블로호의 이 말은 전혀 사실이 아니라는 것을 우리는 20세기 공산주의 사회에서 볼 수 있었고, 지금도 보고 있다. 스탈린은 "좋은 그리스도인"이 아니라 "악마의 화신"이라 말할 수 있다.

2 호의적으로 해석한다면, 모든 무신론자는 그리스도인이 되어야 한다고 해석할 수 있는 가능성도 숨어 있다. 무신론자들이 그리스도인이 될 때, 하나님 나라에 대한 기독교의 꿈을 실현할 수 있다는 것이다. 그러나 블로호는 죽을 때까지 그리스도인이 되지 않았기 때문에 이 가능성은 성립하지 않는다.

한다. 마르크스의 사후 공산주의 역사를 고려할 때 키에르케골의 이 말이 타당하다는 것을 볼 수 있다.

결론적으로 헤겔은 **세계를 신적 정신, 곧 하나님의 영의 자기활동**으로 설명하고자 하였다. 이에 대해 마르크스는 **사회·정치적 혁명**을 대안으로 제시한다면, 키에르케골은 그리스도의 뒤를 따르는 **단독자의 신앙적 실존**을 대안으로 제시한다. 이로써 두 사람은 헤겔의 관념론적 이론의 추상성을 극복하고 구체적 삶의 실천으로 나아가고자 한다. 중요한 것은 이론이 아니라 실천과 행동과 삶이다. 이 점에서 마르크스와 키에르케골은 차이점을 갖는 동시에 공통점을 가진다.

5. 키에르케골의 기본 개념인 "단독자"는 무사회적인 것으로 생각되기 쉽다. 마르크스는 인간의 **사회성**을 강조하는 반면, 키에르케골은 인간의 **개체성**(Individualität)을 강조하기 때문이다. 그러나 키에르케골의 "단독자"는 무사회적·반사회적 개념이 아님을 그의 문헌에서 볼 수 있다. 키에르케골의 단독자는 하나님 앞에서 예수 그리스도의 뒤를 따르는 개별 인간을 가리킨다. 곧 각 사람은 자신의 인격적 신앙의 결단 속에서 그리스도의 뒤를 따르는 삶을 살아야 한다는 것이다. 그런데 "그리스도의 뒤를 따름"은 사회 안에서 이루어진다. 키에르케골 자신도 사회 안에서 실존하였다. 그는 자기의 재산을 은행에 맡기고 은행에서 매달 지급하는 돈으로 생계를 이어갔다. 은행 거래는 하나의 사회적 관계다. 한마디로 그는 사회적 관계 속에서 단독자로 실존하였다.

사회적 관계성을 우리는 노동에 대한 키에르케골의 생각에서도 볼 수 있다. 노동은 하나의 사회적 현상이다. 노동은 돈을 벌기 위한 수단이 아니다. 그것은 인간 실존의 불완전함을 나타내는 것이 아니라 동물과 식물로부터 구별되는 인간의 고유한 완전성을 나타낸다. 동물과 식물은 노동하지 않는다. 단지 생존과 생식을 위한 습관적·반복적 활동이 있을 뿐이다. 노동을 통해 인간은 만족감과 기쁨과 자존감을 얻게 된다. "노동을 통해 인간은 자기를 자유롭게 한다. 노동을 통해 그는 자연에 대한 통치자가 된다. 노동을 통해 그는 자연보다 더 큰 가치를 가진 존재임을 보여준다." 인간이 노동을 하는 것은 마르크스가 말하는 것처럼 단지 생계를 유지하기 위한 것이 아니라, 인간으로서 노동하고자 하기 때문이다(Löwith 1949, 305-306). 노동은 사회적 관계 속에서 이루어진다. 책상 앞에서 이루어지는 저술 작업도 출판사와의 사회적 관계 속에서 이루어진다. 노동을 통해 사회적 관계를 갖게 된다.

이런 점에서 키에르케골은 인간의 사회성을 부인하지 않는다고 해석할 수 있다. 그는 **사회적 관계 속에 있는 단독자**에 대해 얘기할 뿐이다. 그러나 인간의 본질 실현은 사회적 관계를 통해 실현될 수 있는 것이 아니라 하나님 앞에서의 회개와 신앙적 결단, 그리스도의 뒤를 따르는 삶을 통해 실현될 수 있다고 본다. 각 사람이 그리스도의 뒤를 따르는 윤리적 삶을 살 때 인간적인 인간이 될 수 있고 비기독교적인 기독교 사회가 참된 기독교적 사회로 변모할 수 있다는 신념에서 키에르케골은 단독자를 강조한다. 모든 인간의 평등을 이루기 위해 순교자처럼 고난을 당할 수 있는 사람들이 사회를 통치해야 한다고 말하기도 한다. 순교자들의 모범은 대중에 의해 십자가에 달려 죽은 그리스도, 유일한 단독자인 하나님-인간이다. 마르크스가 해결하고자 하는 모든 인간의 평등 문제는 오직 신앙적 실존을 통해 해결될 수 있다. 이 같은 관점에서 볼 때 키에르케골의 단독자는 무사회적인 것이 아니라 사회성을 가진다고 해석할 수 있다.

그러나 마르크스의 입장에서 볼 때 키에르케골이 말하는 단독자의 사회성은 하나의 관념에 불과하다. 하나님 앞에 서 있는 단독자의 구체적 삶이 사회적 관계의 제약 속에서 이루어지며, 사회적 관계에 의해 형성된다

는 사실을 키에르케골은 고려하지 않는다. 그가 뜻하는 단독자의 사회성
은 사회적 상황과 조건에 대한 사실적·과학적 분석을 결여한다. 현실 분석
에 기초하지 않은 사회성은 사회적 현실에서 추상화된 하나의 관념일 뿐
이다. 키에르케골의 단독자는 현실 사회의 구체적 상황과 조건에서 추상
화된 자아일 따름이다. 이런 점에서 그것은 무사회적·무역사적이다. 그것
은 슈티르너의 "유일자"와 다를 바가 없다. 이리하여 키에르케골의 단독자
는 근대 시민사회의 개인주의와 이기주의를 정당화하는 기능을 가진다는
비판을 받게 된다.

마르크스는 물론 키에르케골도 모든 사람이 평등한 인간성 있는 사회
를 동경한다. 이 때문에 두 사람 모두 기존의 사회를 비판한다. 기존의 사
회에 대한 비판, 헤겔을 넘어서고자 하는 노력에서 두 사람은 공통점을 가
진다. 그러나 인간성 있는 사회의 **내용**과 이 사회에 이를 수 있는 **방법**에서
두 사람은 생각을 달리한다. 결정적 차이는 마르크스에게 인간성 있는 사
회는 **하나님 없는 사회**인 반면, 키에르케골에게 그것은 **하나님 중심의 사
회**라는 점이다(교회나 성직자 중심의 사회가 아님을 유의할 필요가 있음). 마르크
스에게서 인간성 있는 사회는 공산주의 **혁명**을 통해 실현될 수 있는 반면,
키에르케골에게서 그것은 하나님 앞에서 그리스도의 뒤를 따르는 **각 사람
의 신앙적·윤리적 삶**을 통해 실현될 수 있는 것으로 생각된다. 내용과 방
법에 차이가 있지만, 모든 사람이 평등하고 자유로운 인간성 있는 사회를
이루고자 한다는 점에서 두 사람은 공통점을 가진다고 해석할 수 있다.

V

오늘 우리에게 키에르케골은 무엇을 말하는가?

– 키에르케골의 문제점과 타당성

1. 무세계성·무역사성에 빠진 개체주의

앞서 고찰한 바와 같이 키에르케골의 단독자는 무사회적 단독자가 아니라 사회적 관계 속에 있는 사회적 단독자라고 말할 수 있다. 그러나 하나님 앞에 자기 홀로 서 있는 키에르케골의 단독자는 모든 사회적 관계에서 추상화된 존재로 나타난다. 그는 이웃과 사회와의 관계 속에 있지만 이 관계에 대한 의식 없이 하나님 앞에서 자기 홀로 자기 자신을 책임져야 하고, **자기 홀로** 그리스도의 뒤를 따르는 개체다. 그는 사회적 관계 속에서 살지만, 마치 사회적 관계를 벗어난 사람처럼 산다. 이 단독자는 자기의 사회적 상황이나 제약에 대해 무관심하다. 그에게 중요한 유일한 문제는 신앙이냐 아니면 불신앙이냐, 본래의 자기인가 아니면 비본래적 자기인가를 선택해야 할 결단이다. 그는 세계에 대한 책임 의식이나 사명 의식을 갖지 않는다. 세계사의 목적과 방향과 의미에 대해서도 그는 알 필요가 없다.[1] 자기 자신

---

1 현대 신학자 불트만은 바로 이러한 키에르케골의 입장을 계승한다. 이에 관해 R.

의 내면성 속에 폐쇄되어 있는 인간, 불안·절망 등 자신의 내면적 문제와 격정적으로 투쟁하는 인간, 이것이 키에르케골이 말하는 단독자다. 블로 호가 말하는 것처럼 키에르케골이 말하는 단독자 혹은 주체는 "사회적 관계들로부터 자신을 폐쇄하고 분리한다"(Bloch 1962, 394). 그의 철학 전체는 이 같은 단독자의 문제에 집중한다.

키에르케골의 저서 『불안의 개념』, 『죽음에 이르는 병』도 단독자를 중심 문제로 다루고 있다. 사회와 역사에 대한 관심은 이 저서에 조금도 나타나지 않는다. "역사 상실", "무세계성"(Weltlosigkeit), 무사회성이 그의 사상의 특징이라 말할 수 있다. 이 같은 문제성은 그가 말하는 "순간"의 개념에도 나타난다. 하나님 앞에 홀로 서 있는 단독자에게는 역사의 과거도 없고, 미래도 없다. 오직 지금의 찰나적 "순간"만이 있을 뿐이다. 역사의 시간적 길이는 "순간" 속으로 폐기된다. **순간 속에 영원이 있다**(한국의 유명한 몇 교수들이 많이 팔아먹던 말이다).

순간 속에 영원이 있다면 세계사는 순간 속으로 폐기된다. 세계의 외적 상황이 어떻게 되든 상관없다. 순간 속에서 영원을 향유하는 것이 중요한 문제다. 헤겔 철학이 말하는 "보편적인 것"도 무가치한 것이다. 모든 시대의 모든 사람에게 해당하는 "보편적인 것"은 순간 속에서 영원을 향유하는 단독자에게는 비현실적인 것이다. 보편적 가치라는 것도 인정될 수 없다. "인간의 본질적인 평등과 가치가 확보되는 특정한 보편적 개념들이 탈락된다"(Marcuse 1972, 234). 순수한 인류의 개념도 개별의 인간에서 추상화된 비현실적인, 무의미한 것으로 간주한다. 이 같은 보편 개념은 각 사람의 개체성과 가치를 평준화시키는 것으로 생각된다. 헤겔이 말하는 진리의 완성이 그 속에 있는 "전체"(das Ganze)도 그에게는 "단순한 추상물"에

Bultmann, 『역사와 종말론』, 대한기독교서회, 1971, 제8판, 193 이하 참조.

불과하다. 순간의 개체만이 있을 뿐이다.

여기서 우리는 헤겔 철학을 추상적이라고 보았던 키에르케골의 생각이 추상적이란 사실을 볼 수 있다. 그가 생각하는 단독자와 그의 신앙적 실존은 현실의 사회로부터 추상화된 것이다. 단독자의 신앙적 실존은 사회적 관계 속에 있음에도 불구하고 사회나 인류와의 유대의식이 없고, 책임성도 의식하지 못한다. 하나님 앞에 자기 혼자(!) 서 있는 인간의 자아는 내적으로 자기를 사회와 세계로부터 분리하고 자기를 무한한 자아로서 형성하는 데 집중한다. 그는 추상적 자유로서의 자기를 외부의 현실과 중재할 수 없다. 그는 사회적 관계 속에서 살지만, 철저히 자기의 자아에 집중한다. 이로 말미암아 그는 자기가 살고 있는 사회와 긍정적 관계를 맺을 수 없다. "주체성이 세계의 사건을 지배할 수 없다면, 세계 전체를 변화시켜야 할 세계의 모든 형성을 포기하는 것이 적절하다. '내적인 행동'만이 중요하다"(Schulz 1979, 40).

사회적 관계 속에서 실존함에도 불구하고 자신의 사회성을 의식하지 못하는 원인은 무엇일까? 그 원인은 **하나님과의 단독적 관계성**에 있다. 키에르케골에게 본질적으로 중요한 것은 하나님과의 단독적 관계성에 있다. 그는 하나님과 자기 자신만의 관계에 집중함으로써 사회적 관계성을 의식하지 못하게 된다. 구원이냐 아니면 멸망이냐, 이 문제를 결정하는 것은 사회적 관계성이 아니라 하나님과의 관계성이다. 사회와 세계는 덧없고 무가치한 것으로 생각된다.

자기 자신의 내적 문제, 곧 신앙적 실존의 문제에 집중하는 단독자들의 세계는 악의 세력에 의해 쉽게 지배될 수 있다. 인간이 자기의 객관적 세계로부터 자기의 내면으로 퇴각할 때, 그리고 자기의 내면성 속에서만 진리를 찾을 때, 인간의 객관적 세계는 방기된다. 그것은 관심의 대상이 되지 못한다. 이리하여 현존의 세계는 고정되고 절대화될 수 있다. 키에르케골의 이 문제성을 몰트만은 다음과 같이 말한다.

키에르케골의 "단독자"는 중재와 화해의 변증법에서 탈락되어 순수한 직접성
으로 환원된다. 그가 말하는 "내면성"은 변증법으로부터 벗어났고 그의 활동
으로부터 추상화된, 헤겔의 정신현상학에서 유래하는 "불행한 의식"이다. "아
름다운 영혼"의 불행한 의식이 자기 자신에게 고착되고 초월과 함께 모든 영
광을 그의 내적인 직접성 속에서 찾음으로 인해 그것은 객관적 세계를 그의
경직된 불변성과 함께 고정시키며, 그의 비인간적이고 하나님 없는 상황을 정
당화시킨다. 내면과 외면의 화해가 기대될 수 없기 때문에 부정적인 것의 고
통에로의 소외, 현실의 십자가를 짊어지는 것은 무의미하다(Moltmann 1969,
133 이하).

키에르케골이 중요시하는 "실존" 역시 무역사적·무사회적 개체주의의 특
징을 띤다. 객관적으로 볼 때 인간의 실존 역시 사회적 관계 속에 있을 뿐
이다. 그러나 키에르케골이 말하는 실존은 사회적·역사적 관계성을 의
식하지 못하는, 의식하지 못함으로써 그것을 초월한 개인의 존재를 가리
킨다. 그것은 사회적·역사적 관계 속에서 기쁨과 슬픔, 희망과 좌절, 역경
과 행복, 생명과 죽음을 경험하는 현실의 인간 존재가 아니라 "가장 내적
이고 파악될 수 없는 개체 인간의 인격적 핵심(Kern), 곧 '자아'"를 말한다.
『죽음에 이르는 병』에서 말하는 것처럼, "자아"는 "그 자신이 자기 자신과
관계하는 관계(Verhältnis), 혹은 관계가 자기 자신과 관계하는 관계"를 가
리킨다. 그것은 매 순간 속에서 유한과 무한을 종합해나가는 "과정"이라
말하기도 한다(Störig 1974, 366). 오직 자기 자신과 관계하는 이 고독한 실존
에게는 역사의 과거도 없고 미래도 없다. 그에게는 영원이 그 속에서 현재
와 만나는 "순간"이 있을 뿐이다. 역사의 모든 시간은 무세계적·무역사적

"순간" 속으로 폐기된다. 키에르케골의 "순간"의 개념은 그의 사고의 무세계성·무역사성을 반영한다. 역사의 하나님은 사라지고, 순간의 하나님이 있을 뿐이다. 헤겔의 세계사적 전망은 단독자의 순간 속으로 사라진다.

2. 객관성을 상실한 진리

앞서 고찰한 바와 같이 키에르케골은 헤겔의 보편적·객관적 진리를 부인한다. 단독자 자신의 것으로 습득되지 않은 보편적·객관적 진리, 단독자의 실존을 떠난 보편적·객관적 진리는 단독자 자신에게 진리가 아닌 것으로 간주된다. 진리는 철저히 주관적인 것이다. 단독자의 주관성을 결여한 이른바 객관적 진리, 보편타당한 진리는 추상적인 것이다. 영원한 진리가 단독자의 주관적 진리로 습득될 때, 그것은 참된 진리가 된다. "내면성의 주관성이 진리라면, 이 진리는 객관적으로 규정한다면 패러독스다. 이 진리가 객관적으로 패러독스라는 것은 주관성이 진리임을 보여준다"(Löwith 1949, 389에서 인용).

주관성이 진리라면 진리의 객관성(Objektivität)은 무의미해진다. 진리는 그것을 자신의 것으로 수용한 개별적 주체에 대해서만 진리이기 때문이다. 여기서 문제가 제기된다. 진리는 오직 주관성에 있다면 **진리의 규범**이 사라진다. 더 이상 진리와 비진리를 구별할 수 없게 된다. 각자가 주관적으로 믿는 모든 것이 진리라고 말할 수 있게 된다. 모든 것이 진리라면, 아무것도 진리가 아니라고 말할 수도 있다. 거짓된 것도 진리라고 주장한다면, 진리가 없는 세상이 되어버릴 것이다.

키에르케골에 대해 우리는 이렇게 질문할 수 있다. 만일 어떤 진리가 참으로 진리라면, 비록 그것이 어떤 개인에게 주관적 진리로 습득되지 않을지라도 객관적 타당성을 갖지 않는가? 구체적인 예를 들어, "모든 인간은 평등하다"는 진리가 어떤 사람에 의해 주관적으로 습득되지 않을지라도, 그것은 그 자체로 진리라고 보아야 하지 않는가? 만일 그것이 그 자체로서 진리가 아니라면, 곧 객관적 진리가 아니라면 모든 인류가 지켜야 또한 키에르케골의 진리는 개인의 내면적 주체성으로 환원되기 때문에 인간의 현실 사회와 관계없는 추상적인 것이 되어버린다. 곧 현실의 사회를 결여한 **진리의 내면화**(Verinnerlichung)가 일어난다. 진리는 인간의 내면에 속한 것으로, 인간이 그 속에 실존하는 세계와 역사와는 무관한 것이 되어버린다. 진리의 문제는 개인적인 것, 내면적인 것으로 축소되어버린다. 사회가 비진리, 곧 거짓 속에 있을지라도 하나님과의 관계 속에서 단독자의 진리 문제는 해결될 수 있는 것으로 생각된다.

키에르케골에 따르면, 유일한 진리는 그리스도 안에서 그리스도와 동시적으로 사는 것, 그리스도의 뒤를 따르는 삶에 있다. 구원은 외적인 제도나 권위를 통해, 혹은 사유를 통해 이루어질 수 없다. 하나님의 구원은 오직 개인의 신앙적 결단에 의해 이루어지며, 오직 개인 자신이 획득해야 할 일로 축소된다. 이성이나 인류나 국가가 진리가 아니라 오직 신앙적 개인이 진리다. 유일한 현실은 개인이다. 우리는 진리를 오직 개인 안에서만 찾아야 한다. 이리하여 사회와 세계의 진리, 역사의 진리를 묻는 것은 불가능해진다(이에 관해 Marcuse 1972, 234 이하).

그러나 하나님 앞에 홀로 서 있는 개인의 진리는 완전한 진리라 말할 수 없다. 헤겔이 그의 정신현상학에서 말한 대로, 진리는 부분적인 것에 있지 않고 전체에 있다. **"참된 것은 전체다"**(Das Wahre ist das Ganze, Hegel 1952, 21). 참된 진리는 모든 것을 아우르는 통합적인 것이다. 곧 개인과 사회와 세계를 함께 포괄하는 전체적인 것이다. 따라서 우리는 전체 속에서 진리를 찾아야 한다. 진리를 단지 개인의 내면적 주관성 안에서만 찾을 때, 사회와 세계의 비진리를 내버려두게 된다. 내버려둠으로써 그것을 인정하는 꼴이 된다. 사회와 세계의 불의와 거짓을 외면하고 하나님 앞에 서 있는 자신의 내면성 안에서만 진리를 찾는다. 오직 자기 자신 안에서 진리를 찾는 키에르케골의 단독자는 개체화를 특징으로 하는 근대 자본주의 사회의 이기주의와 비인간성을 묵인하는 기능을 한다.

여기서 우리는 **헤겔의 진리 개념**의 타당성을 볼 수 있다. 헤겔에 따르면 세계사는 신적 정신, 곧 하나님의 영(pneuma)의 자기활동이다. 하나님의 영은 그 자신의 진리를 가진다. 자유, 평등, 정의, 사랑, 샬롬 등이 이에 속한다. 세계사는 이 같은 하나님의 진리가 실현되어야 할 과정이다. 이 진리는 개별의 인간, 곧 단독자에게서는 물론 세계사의 과정에서 보편적으로 실현되어야 할 보편적인 것이다. 그것은 하나님이 창조한 세계 전체에서 찾아야 할 보편성을 가진다. 인간이 그것을 수용하지 않을지라도 이 진리는 보편적·객관적 타당성을 가진다. 이에 반해 키에르케골은 진리를 개인의 내면성으로 축소시킨다. 이로 말미암아 구약성서로부터 유래하는 하나님 나라의 메시아적 전망은 그의 사상에서 찾을 수 없게 된다.

3. "신앙의 비약"과 "동시성"의 문제

키에르케골은 기독교 신앙을 "비약"(Sprung), 곧 "뛰어넘는 것"이라고 말한다. 먼저 그것은 **시간적 비약**을 뜻한다. 곧 2,000년이라고 하는 시간적 간격을 뛰어넘어 2,000년 전의 예수를 지금 나의 구원자로 받아들이며, 그와 "동시적으로" 되는 것을 말한다. 또 기독교 신앙의 "비약"은 **공간적 간격**을 뛰어넘는 것을 말한다. 팔레스타인 땅에 살았던 예수를 공간적 간격을 뛰어넘어 그와 하나 됨을 말한다. 또 키에르케골이 말하는 신앙의 비약은 예수에 관한 모든 지식과 교리와 이론을 뛰어넘어 2,000년 전의 예수를 오늘 나의 구원자로 믿는 것을 말한다.

키에르케골의 이 생각은 일면 타당성을 가진다. 예수에 대한 신앙은 그에 관한 지식과 이론, 제도와 질서에 묶일 수 없다. 그것은 이 모든 것을 뛰어넘어 2,000년 전의 예수와 동시적으로 되는 것을 말한다. 이것이 그리스도인의 실존이요, 이 실존에 유일한 진리가 있다고 키에르케골은 말한다. 세상을 구할 수 있는 길은 무산계급자들의 공산주의 혁명에 있는 것이 아니라 예수 그리스도와 하나 되어 그의 뒤를 따르는 신앙의 실존에 있다는 것이다.

그러나 키에르케골의 "비약"은 심각한 문제점을 가진다. 우리가 어떤 대상으로 비약하고자 한다면, 우리는 이 대상에 대한 지식을 미리 가지고 있어야 한다. 그리스도에 대한 신앙으로 비약하기 위해 우리는 그리스도에 관한 최소한의 지식을 가져야 한다. 그가 누구인지, 그의 뜻이 무엇인지 알아야 비약이 가능하다. 최소한 성서가 우리에게 전해주는 그리스도에 관한 지식의 전제 위에서, 우리는 그리스도에 대한 신앙으로 비약할 수 있다. 지식이 전제되지 않은 비약은 내용이 없는 비약이요, 맹목적인 비약이다.

따라서 그리스도를 향한 비약과 신앙은 그에 관한 지식과 분리되지 않는다. 우리는 우리가 아는 바의 그리스도를 향해 비약하고, 그를 신앙한다. 그러나 키에르케골은 **신앙 이전의 지식**을 거부한다. 그리스도에 관한 지식은 그에 대한 신앙을 방해하는 "객관적" 요소로 간주된다. 객관적 지식을 결여한 그리스도 신앙, 그것은 객관성을 결여한 맹목적인 것이 될 수 있다. 신앙 없는 지식은 죽은 지식인 반면, 지식 없는 신앙은 맹목적이다.

키에르케골이 말하는 그리스도와의 "동시성"은 그리스도에 대한 신앙을 가리킨다. 곧 그리스도를 나의 구원자로 영접하고 영적으로 그리스도 안에서, 그리스도와 함께 사는 것을 말한다. 문제는 신앙의 "비약"이 무내용적인 것이듯이, 키에르케골이 말하는 그리스도와의 "동시성"도 무내용적이라는 점에 있다. 도대체 우리는 어떤 그리스도와 동시적으로 되어야 하는가? 그리스도에 관한 지식이 없을 때, 그리스도와의 동시성도 맹목적일 수 있다. 그리스도와 동시적으로 되기 위해 그리스도에 대한 최소한의 지식이 있어야 한다. 우리는 **우리가 알고 있는 그리스도**와 동시적으로 될 수 있을 뿐이다. 그러나 그리스도에 대한 인간의 지식은 제한되어 있다. 그렇다면 그리스도와의 동시성도 제한된 것일 수밖에 없다.

인간의 삶은 언제나 다양한 사회적 관계와 역사적·문화적 배경 속에서 이루어진다. 2,000년 전 역사적 예수가 살았던 사회적 관계, 역사적·문화적 배경은 오늘 우리의 것과 다르다. 그러므로 완전한 동시성이란 사실상 불가능하다. 또 하나의 문제는 우리가 믿는 예수는 역사적 예수 그 자체가 아니라 신약성서의 신앙 공동체들이 우리에게 전해주는 "신앙의 그리스도"다. 우리는 신약성서가 전해주는 그리스도와 동시적으로 될 수 있을 뿐이다. 우리는 2,000년 전의 "역사적 예수" 자신과 동시적으로 되는 것이 아니라 신약성서의 신앙 공동체들이 전해주는 "신앙의 그리스도"와 동시적으로 될 수 있을 뿐이다.

물론 우리는 사도 바울이 말하는, 성령 안에서 그리스도와 동시성을 가질 수 있다. 성령은 시간과 역사의 간격을 극복하고 언제나 현존하기 때문이다. 성령의 역사 없이 2,000년 전의 그리스도와 우리가 동시적으로 된다는 것은 불가능하다. 그러나 성령을 통해 그리스도와 동시성을 갖는다 할지라도, 신약성서가 우리에게 전해주는 신앙의 그리스도와 역사적 예수가 일치하는가의 문제를 피할 수 없다. 키에르케골의 동시성은 이 문제를 무시하고 양자를 동일시한다. 지금 내 안에 계신 그리스도, 나와 동시

적인 신앙의 그리스도가 과연 역사의 예수와 일치하는가의 문제는 키에르
케골에게서 고려되지 않는다.

4. 신앙과 이성의 대립과 패러독스의 문제성

키에르케골은 헤겔이 시도한 신앙과 이성의 종합을 거부하고 양자를 대
립하는 것으로 본다. 신앙과 이성의 대립 관계를 키에르케골은 "패러독
스" 혹은 "역설"의 개념으로 나타낸다. 곧 신앙은 이성이 도저히 납득할 수
없는 패러독스 혹은 역설, "어처구니없는 것"(das Absurde)을 믿는다는 것
이다. 이성이 납득할 수 없는 것을 믿는 것, 이것을 가리켜 키에르케골은
"비약"(Sprung)이라고 말한다. 키에르케골의 이 말은 매우 그럴듯하게 보
인다. 상식적으로 볼 때 기독교 신앙은 이성이 믿을 수 없는 것을 믿는다.
하나님의 아들이 사람이 되었다, 죽은 예수가 다시 살아났다는 기독교의
증언은 이성이 도저히 인정할 수 없는 패러독스다. 그것은 "어처구니없는
것"이다. 이런 점에서 신앙과 이성은 대립한다. 신앙은 이성에 대해 패러독
스로 보인다. 그것은 이성의 눈으로 볼 때 "어처구니없는 것"을 믿는다.

　　그러나 우리는 질문할 수 있다. 과연 기독교는 우리의 이성이 전혀 인
정할 수 없는 "어처구니없는 것"을 신앙하는가? 그것은 단순히 패러독스
를 신앙하는가? 성서가 이야기하는 모든 신앙적 내용은 패러독스 내지
"어처구니없는 것"인가? 신앙의 내용이 완전히(!) 패러독스에 불과하다면,
어떻게 그것을 신앙할 수 있는가?

　　그렇지 않다! 그리스도인들이 기독교 신앙의 내용을 신앙하는 것은
그 속에 납득할 만한 것이 있기 때문이다. 로마 제국 시대에 많은 로마인,
심지어 고위 관리들과 학자들까지 기독교로 개종한 것은 "어처구니없는

것"처럼 보이는 기독교 신앙의 내용 속에서 인간의 세계를 구원할 수 있는 진리의 빛을 보았기 때문이다. 하나님이 그의 아들 안에서 인간이 되었다는 것은 인간의 이성에게 "어처구니없는 일"로 보이지만, 헤겔이 말한 대로 그 속에 세계사의 "가장 큰 혁명적인 것"이 숨어 있기 때문에 그리스도인들은 이 "어처구니없는 일"을 믿는다. 숨어 있는 진리를 보지 못하고, 단지 "어처구니없는 것"을 신앙한다면, 그리스도인들은 바보짓을 하는 사람들일 것이다. 키에르케골 자신도 기독교의 패러독스 안에서 어떤 진리를 보았기 때문에 자기의 생명을 바쳐 기독교성을 회복하고자 하였다. 패러독스를 위해 자기의 삶을 바친 것이 아니라 패러독스 안에 숨어 있는 진리를 위해 자기의 삶을 바쳤다. 기독교 신앙은 단순히 "패러독스"를 믿는 것이 아니라 이 패러독스 안에 숨어 있는 진리를 믿는다. 종교개혁 시대에 수십만 명의 재세례파 그리스도인들이 자기의 목숨을 바친 것은 패러독스처럼 보이는 성서의 증언 속에서 세상을 구원할 수 있는 길을 보았기 때문이다. 키에르케골은 패러독스와, 패러독스 안에 숨어 있는 진리를 구별하지 않는다. 그리하여 기독교 신앙이란 패러독스, 곧 어처구니없는 것을 믿는 것이라고 말한다. 기독교 신앙은 패러독스를 믿는 것이 아니라 패러독스 안에 숨어 있는 진리를 믿는다는 점을 키에르케골은 간과한다.

5. 하나님 나라의 메시아적 비전을 결여한 단독자

키에르케골의 사상은 하나님 나라에 대한 성서의 꿈과 희망을 알지 못한다. 사회와 세계와 역사에서 추상화된, 배부른 단독자의 신앙적 실존 문제에 집중할 뿐이다. 헤겔과 마르크스가 보여주는 세계사의 전망을 거부하고 개체화된 인간의 신앙적 내면성에 집착한다. 세계사의 보편적 목적은 그의 관심 바깥에 있다. 이 모든 것은 헛된 것으로 생각된다. 역사적 예수와의 동시성 속에서 싸워 이겨야 할 자기 자신이 있을 뿐이다.

그는 역사적 예수와의 동시성을 이야기하지만 역사적 예수에 대한 그의 이해는 일면적이다. 그에게 역사적 예수는 **단독자의 신앙적 실존의 모범**으로 보인다. 모든 그리스도인이 뒤따라야 할 역사적 예수는 자신의 내면성의 문제와 씨름하는 단독자로 보인다. 역사적 예수의 주요 관심이 하나님 나라에 있었다는 사실에 대해 그는 침묵한다. 역사적 예수에 대한 이해가 일면적이라면, 키에르케골이 말하는 예수와의 "동시성"과 예수의 "뒤를 따름"도 일면적일 수밖에 없다. 그와 동시적으로 살고 그의 뒤를 따라야 할 역사적 예수는 성서가 우리에게 전하는 예수가 아니라, 키에르케골 자신이 표상하는 일면적 예수다.

역사적 예수와 연관하여 키에르케골은 **예수의 유대교적 전통**을 거의 고려하지 않는다. 역사적 예수는 초월적으로 하늘에서 떨어진 존재가 아니라 당시 유대인들의 종교적·사회적 전통 속에서 실존하였다는 사실이 그에게서 간과된다. 역사적 예수는 유대교의 전통 속에서 태어났고, 그 속에서 생존하였다. 하나님 나라에 관한 예수의 말씀과 행동은 유대교 전통 속에서 일어났다. 유대교 전통의 중심점은 구약성서의 문헌들이다. 이 문헌들은 **메시아 통치에 대한 기다림**을 생명선으로 가진다. 유대인들은 지금도 메시아의 오심과 그의 통치를 기다리고 있다.

그런데 기독교는 역사적 예수를 메시아, 곧 그리스도(Christos)라고 믿는다. 구약성서가 오리라고 약속한 메시아가 역사적 예수 안에서 이미 왔다. 하나님의 메시아적 통치가 예수와 함께 시작되었다고 기독교는 믿는다. 따라서 기독교 신앙은 메시아 예수의 다시 오심과 메시아적 통치, 곧 하나님 나라의 도래에 대한 희망과 기다림을 자신의 구성 요소로 가진다. 역사적 예수에 대한 키에르케골의 이해에는 이 같은 구약성서적·메시아적 요소가 결여되어 있다. 따라서 우리는 하나님의 메시아적 통치에 대한 기다림과 희망을 키에르케골의 사상에서 찾아볼 수 없다. 하나님 앞에서 2,000년 전의 예수와 동시적으로 살고자 고투하는 단독자의 신앙적 실존을 볼 수 있을 뿐이다.

키에르케골은 그리스도인의 존재를 그리스도와 동시적으로, 그리스도의 뒤를 따라 살고자 하는 신앙적 실존으로 이해한다. 그러나 정말 그리스도와 동시적으로, 그리스도의 뒤를 따라 살고자 할 때, **그리스도처럼** 하나님 나라의 오심을 선포하며 회개를 요구하고 하나님 나라를 앞당겨오고자 노력할 수밖에 없다. 바로 이것이 그리스도인의 존재의 구성 요소다. 이것을 우리는 키에르케골에게서 볼 수 없다. 그 원인은 그가 메시아의 오심과 그의 통치에 대한 구약성서의 메시아적 전통을 보지 않은 데 있다. 하나님의 정의와 하나님을 아는 지식이 온 땅에 가득하며 자연의 모든 생명이 평화롭게 공존하는(사 11장) 구약성서의 메시아적 비전을 우리는 키에르케골의 문헌에서 읽을 수 없다. 세계와 역사 없이 자기 홀로, 자기의 신앙적 실존과 씨름하는 단독자의 고독한 영혼이 있을 뿐이다.

6. "배고픈 서러움"을 알지 못하는 키에르케골의 단독자

단독자의 고독한 영혼은 굶주림을 알지 못한다. 키에르케골이 말하는 단독자는 굶주림의 문제를 모른다. 한마디로 키에르케골이 말하는 인간은 물질적·사회-경제적 관계 속에서 실존하는 현실의 인간이 아니다. 그것은 현실을 떠난 추상적 인간이다.

필자의 스승 주재용 교수는 소년 시절에 당했던 "배고픈 서러움"을 다음과 같이 이야기한다. "하루 두 끼 또는 세 끼를 고구마로 때우면서 학교를 다녔다. 배고픈 서러움! 나는 지금도 가장 큰 서러움이 배고픈 서러움이라고 생각한다. 자면서도 먹는 꿈을 꾸었고, 어떤 때는 음식이 환영같이 눈 앞에 어른거렸다. 음식점 앞을 지날 때마다 너무나 먹고 싶었다. 배고픈 서러움을 경험하지 못한 사람과 인생을 논하지 말라는 말이 있다. 빵을 훔쳐야 했던 장발장의 긴박한 사정은 굶어본 사람, 배고픔의 서러움을 겪은 사람만이 안다. 그 서러움은 시로도, 음악으로도, 그림으로도 표현할 수 없다. 체험이기 때문이다. 그때 내 소원은 '밥 한번 먹어봤으면'이었다"(주재용 2021, 74).

이 글에 따르면 인간에게 가장 현실적 문제는 굶주림의 문제다. 인간이 가장 먼저 해결해야 할 문제는 굶주린 배를 채우는 일이다. 인간의 욕구 중에 가장 원초적인 욕구는 식욕과 성욕이다. 그중에도 식욕이 성욕을 앞선다. 우선 배가 불러야 성욕을 채울 수 있다. 3개월, 3년, 혹은 한평생 성관계를 갖지 않아도 얼마든지 활동할 수 있지만, 3일간 먹지 못하면 제대로 활동할 수가 없다. 최소한 물이라도 마셔야 한다.

키에르케골의 단독자는 인간의 이 원초적 문제를 알지 못한다. 우리는 키에르케골의 문헌 어디에서도 "배고픈 서러움"에 대한 이야기를 읽을 수 없다. 그 자신이 배고픈 서러움을 당해보지 않았기 때문으로 추측된다. 사실 키에르케골은 굶주림의 문제를 몰랐던 것으로 보인다. 그는 아버지가 물려준 상당한 유산으로 생존할 수 있었기 때문이다.

이것은 키에르케골이 인간 **삶의 물질적 측면**에 대해 전혀 관심을 갖지 않았다는 것을 말한다. 인간은 물질 없이 살 수 없다는 측면에 대해 그는 무관심하다. 물질은 사회-경제적·정치적·자연적 관계를 통해 얻을 수 있다. 우리가 먹는 음식, 마시는 물, 입는 옷 등 삶에 필요한 물질은 사회적·경제적·정치적 관계를 통해, 또 자연과의 관계를 통해 얻을 수 있다. 키에르케골의 단독자는 이 모든 관계를 알지 못한다. 그는 이 모든 관계에서 유리되어 있다. 그러므로 키에르케골의 단독자는 인간의 정치, 경제, 사회적 관계, 자연과의 관계에 대해 전혀 관심을 두지 않는다. 그는 이 모든 관계를 떠나 홀로 실존하는 존재로 상정된다. 정치가 어찌 되어도, 사회가 어떤 문제로 고통을 당해도, 자연이 대재난을 당해도 키에르케골의 단독자는 관심을 두지 않는다. 그는 사회 없이, 자연 없이, 역사 없이, 하나님 앞에서 자기 홀로 살아가는 개체다. 이 개체는 사회와 자연과 역사에 대해 어떤 책임감도 느끼지 않는다. 굶주리는 사람에 대한 연민의 정(情)도 없고, 굶주리는 사람이 없는 세상이 이루어져야 한다는 생각도 없다. 그에게는 자기의 민족도 없다. "민족"이란 인간을 평준화시키는 보편 개념으로, 단독자가 피해야 할 타락한 "대중"(Masse)으로 간주된다. 그에게는 하나님 앞에서 자기 홀로 책임져야 할 자기의 내적 "자아"가 있을 뿐이다.

이 자아는 자기에게 주어진 현실의 사회적·경제적·정치적 상황에 무관심하다. 무관심 속에서 그는 이 모든 상황에 순응한다. 순응함으로써 그는 이 상황을 간접적으로 인정한다. 슈티르너에 대해 마르크스가 말하듯이, 키에르케골의 단독자는 **자본주의적 시민사회의 노예**다. 그는 이 사회의 모든 문제와 갈등에서 눈을 돌리고, 주어진 질서와 상황에 순응하면서, 자신의 신앙적 실존의 문제에 집중한다.

7. 정치적 의미를 가진 키에르케골의 단독자

그러나 키에르케골의 모든 생각이 틀렸다고 말할 수는 없다. 그 속에는 오늘 우리의 세계에 유익한 귀중한 통찰들이 내포되어 있다. 그중에 몇 가지를 살펴본다면 아래와 같다.

1. 유교적 사고에 따르면 아랫사람은 윗사람보다 인간적 가치가 낮다고 생각된다. 백성은 통치자보다, 하급자는 상급자보다, 여자는 남자보다 낮은 가치를 가졌다고 생각된다. 따라서 위급한 일이 발생하거나 어떤 중요한 목적을 성취하고자 할 때 아랫사람이 희생해야 한다고 생각한다. 군대 조직에서는 이 같은 사고방식이 매우 강하다.

이에 반해 키에르케골은 이 모든 인간적·세상적 차별을 벗어나 **각 개인의 생명의 평등한 귀중함**을 강력히 주장한다. 하나님 앞에서 모든 단독자는 동일하다. 어떤 위치에 있든지 각 사람, 곧 개별자는 단 하나밖에 없는 존재로서 무한한 가치를 가졌다고 생각한다. 보편적 진리가 아무리 위대할지라도 그보다 더 중요한 것은 각 사람의 생명이다. 각 사람에게는 자신의 생명이 가장 귀중하다. 그것은 하늘을 주고도 바꿀 수 없는 것이다. 따라서 각 사람의 생명은 보편적 진리의 희생물이 될 수 없다. 개인의 생명을 보편적 목적을 위한 수단으로 간주하는 보편적 진리는 진리가 아니다. 칸트가 말하듯이, 인간의 생명은 어떤 목적을 위한 수단이 될 수 없다. 개인의 생명은 그 자체로서 최고의 가치다. 그러므로 인간과 세계와 역사에 관한 모든 진리에서 인간의 문제가 중심 문제로 다루어져야 한다. 가장 중요한 문제는 인간의 자아와 그의 실존이다. 각 사람의 생명의 문제가 결여된 헤겔의 보편적 진리는 참 진리가 아니다.

이 같은 키에르케골의 생각은 중요한 **정치적 의미**를 가진다. 그것은 개인의 생명을 보편적 목적을 위한 수단으로 간주하는 모든 형태의 전체주의, 독재체제를 거부한다. 그것은 인종 차별주의, 식민주의, 제국주의를 거부한다. 인간의 생명에 대한 모든 형태의 억압과 착취를 거부한다. 보편적 진리나 보편적 이념을 위해 개인에게 자기의 생명을 희생하라고 요구할 수 없다. 키에르케골이 마르크스와 그의 지지자들의 사회주의·공산주의를 거부하는 이유는 여기에 있다.

여기서 우리는 키에르케골의 단독자 개념은 철학적·인간학적 개념에 불과한 것이 아니라 **정치적 개념**이란 사실을 볼 수 있다. 그가 말하는 단독자는 민주주의의 기본 덕목과 원칙을 가리킨다. 민주주의의 기본 덕목은 그 누구도 침해할 수 없는 개인의 존엄성과 자유에 있다. 자유로운 개인의 자기 판단, 자유로운 자기 결정, 이 결정에 대한 자기 책임이 민주주의의 대원칙이다. 키에르케골의 단독자 개념은 민주주의의 이 모든 덕목과 원칙을 시사한다. 그것은 모든 집단주의적 사고를 거부하고 세계의 그 무엇과도 바꿀 수 없는 각 사람의 가치를 보호할 것을 요구한다.

2. 키에르케골의 단독자 개념은 모든 인간의 **개체성과 다름**(Anderssein)을 존중할 것을 요구한다. 키에르케골이 사회주의·공산주의를 반대하는 한 가지 이유는 각 사람의 개체성과 다름에 대한 신념 때문이다. 각 사람은 모두 다르다. 이 세상에 똑같은 사람은 아무도 없다. 개체성의 본질은 다른 사람에 대한 자신의 "다름"(Anderssein)에 있다. 각 사람의 개체성은 각 사람의 "다름"을 전제한다. 각 사람은 자신의 "다름"을 유지하는 한에서 독립된 개체다. 따라서 모든 사람의 개체성, 곧 "다름"은 존중되어야 한다. 자신의 다름이 존중될 때, 각 사람은 자기 자신으로 존재할 수 있다.

그러나 집단주의적 사고는 각 사람의 다름을 평준화시키고자 한다. 그것은 모든 사람이 똑같은 사람이 되어 똑같이 생활하고, 똑같이 움직이기를 바란다. 보편적 목적을 실현하기 위해 모든 사람이 같은 시간에 일어나야 하고, 같은 음식을 먹고, 같은 작업복을 입고, 같은 시간에 일하고, 같은 시간에 일을 끝내야 한다. 당(黨)에서 주는 똑같은 배급을 받아야 한다. 검약하게 사는 사람이나, 노름과 첩질로 재산을 탕진하는 사람이나, 모두 동일한 배급을 받아야 한다. 자녀들은 공동 교육기관에서 똑같은 교육을 받아야 한다. 교육 내용에 차이가 있어서도 안 되고, 생각의 차이가 있어서도 안 된다. 모두 동일한 시간에 잠자리에 들어야 한다.

어떤 유토피아 사상가에 의하면, 공동체가 정해주는 배우자와 결혼을 해야 하고, 공동체가 정해주는 날짜와 시각에 성관계를 하여 후손을 잉태해야 한다. 그래야 공동체를 위한 양질의 DNA를 얻을 수 있다(토마스 모어, 베이컨, 캄파넬라의 고전 유토피아니즘 참조). 한마디로 모든 것이 평준화·획일화되어야 한다. 지시 사항에 질문을 해서도 안 되고, 토를 달아서도 안 된다. 공산당에서 이러한 사람은 반동으로 몰리게 된다.

이에 반해 키에르케골은 우리 사회가 각 사람의 개체성과 다름을 존중하는 **다양성의 사회**가 되어야 함을 시사한다. 각 사람은 타인에게 해(害)가 되지 않는 한에서, 자기가 원하는 대로 다양하게 생각하고 행동할 수 있는 권리를 가진다. 각 사람의 이 권리가 인정될 때, 각 사람의 가치와 존엄성이 보장된다. 평준화·획일화를 요구하는 것은 인간의 기본 권리에 대한 침해이며, 그의 가치와 존엄성에 대한 부인이다.

독재자는 평준화·획일화를 좋아한다. 모든 것이 평준화·획일화되어 있을 때 독재가 쉬워진다. 그러나 평준화·획일화는 개인의 창조적 사고를 마비시킨다. 상명하달의 지배체제 속에서 모든 개체는 기계처럼 일사불란하게 움직인다. 이 같은 사회는 외적 질서를 갖추지만 창조성과 생동성을 상실하고 침체할 수밖에 없다. 비판적 질문과 토론, 더 좋은 생각의 발전은 불가능하게 된다. 이 같은 결과를 초래하는 평준화·획일화에 반해 단독자의 고유한 개체성과 다양성을 주장하는 키에르케골은 우리 사회가 지향해야 할 방향을 제시한다. 이스라엘의 부모들이 학교에서 돌아온 자녀들에게 "오늘 무엇을 배웠느냐?"고 묻지 않고, "오늘 학교에서 얼마나 많이 질문했느냐?"고 묻는 이유는 자녀들의 개체성과 창조적 사고력을 배양하기 위함이다. 그러나 개체성과 다양성과 더불어 도덕성이 신장되어야 함을 우리는 유의해야 할 것이다.

3. 키에르케골의 단독자는 **인간의 대중화**를 반대한다. 대중 속으로 도피하여 대중 속에 함몰되는 것은 자기를 포기하는 일이다. 그는 자기를 대중과 동일화함으로써 자기 자신이기를 중단한다. 대중화됨으로써 그는 자신의 책임을 회피하고 심리적 안정을 얻는다. 그 대신 그는 진리를 말하지 못하게 된다. 이른바 군중심리에 휩쓸려 대중의 시류에 따라간다. 이를 통해 그는 자기의 생명을 지키고자 한다. 죽지 않고 살아남고자 하는 모든 생물의 기본 욕구가 그 속에 숨어 있다. 살아남기 위해 그는 진리를 거짓으로, 거짓을 진리로 바꾸기도 한다. 그는 대중에 역행하는 진리를 말하지 못하게 된다. 그는 자기 자신을 상실한다.

키에르케골의 단독자는 이것을 반대한다. 정치인들이 교묘하게 이용하는 군중심리를 거부하고, 각 사람이 자기의 개성을 지키며 자기 자신이기를 요구한다. 대중의 시류에 휩쓸리지 않고, 진리를 지킬 것을 요구한다. 역사적으로 새로운 일을 일으킨 대부분의 사람은 자기의 개성을 지킨 사람들, 시대의 조류를 역행한 사람들이었다. 시대의 조류를 역행하는 사람은 고난을 당하게 된다. 이른바 "왕따"를 당한다. 함께 어울리지 않고, 자기의 길을 가기 때문이다. 그러나 이러한 사람들을 통해 사회와 역사가 발전할 수 있다는 사실을 키에르케골의 단독자는 암시한다.

4. "주관성이 진리다"라는 키에르케골의 말은 진리를 주관적인 것으로 만든다. 이로써 진리가 무엇인가를 말할 수 없는 **진리의 상대주의**를 초래할 수 있는 위험성을 내포한다. 이와 동시에 그것은 **진리의 주체적 인격성**을 요구하는 타당성을 가진다. 철학자들이 말하는 보편적 진리는 그것을 말하는 철학자 자신의 인격과 분리되어서는 안 된다. 정의와 진리를 부르짖으면서, 자신은 불의하고 거짓되게 사는 사람들이 얼마나 많은가! 기독교 진리를 믿는다고 하면서, 기독교 진리에 따라 살지 않는 사람들을 키에르

케골은 당시의 덴마크 사회에서 무수히 보았다. 예수를 주님으로 믿는다 하면서 예수의 뒤를 따르지 않는 기독교 종교의 거짓을 그는 보았다. 인민의 대변자라고 하면서 자기의 권력과 영일을 추구하며, 모든 사람이 평등한 사회를 실현하고자 한다면서 모든 사람 위에 군림하는 자들의 거짓을 그는 보았다. 이것을 우리는 지금도 보고 있다.

이에 반해 키에르케골은 진리는 객관적인 것이 아니라 주관적인 것이어야 한다고 주장한다. 곧 진리는 그것을 말하는 사람의 **인격과 일치해야** 한다는 것이다. 자신의 인격과 일치하지 않을 때, 그가 말하는 진리는 추상적인 "잡소리"(Gerede, 헤겔의 표현임)가 되어버린다. 그것은 공중에서 맴돌다가 사라지는 "빈말"이 되어버린다. 이에 키에르케골은 "주관성이 진리다"라고 말한다. 진리는 그것을 이야기하는 사람 자신의 주관적 진리이어야 한다. 무엇이 진리라고 생각한다면, 그 진리대로 인격과 삶이 변화되어야 함을 키에르케골은 요구한다.

5. 키에르케골이 말하는 예수와의 "동시성"은 문제점을 가진 동시에 기독교에 대해 큰 가르침을 준다. 그것은 **기독교의 제도화·형식화를 거부하고,** 모든 신자가 역사의 예수에게로 돌아가 **예수와 하나가 되어** 살아갈 것을 요구한다. 달리 말해 예수의 뒤를 따를 것을 요청한다. 본회퍼는 그의 저서 『나를 따르라』(Nachfolge)에서 키에르케골의 생각을 수용한다. 이 책에 따르면 그리스도는 제자들에게 어떤 이론이나 교리를 따르라고 요구하지 않는다. 종교적 제도나 관습을 따르라고 명령하지 않는다. 그는 "나의 뒤를 따르라"고 요구한다. 예수를 믿는다, 신앙한다는 것은 "나를 따르라"는 예수의 요구에 복종하는 데 있다. 이 요구에 복종하지 않는 신앙은 참 신앙이 아니다. 그것은 예수에 대한 불복종이요, 불복종은 불신앙이다. 예수는 우리에게 "교회 다니는 사람"이 아니라 그의 뒤를 따르며, 그와 동시적으로

사는 사람이 될 것을 요청한다.

예수의 뒤를 따르기 전에 키에르케골은 **각 사람의 죄에 대한 인식과 회개**를 요청한다. 자신의 죄에 대한 인식과 회개가 없는 신앙은 참 신앙이 아니다. 그것은 형식화된 신앙이다. 키에르케골은 죄에 대한 인식과 회개가 없음에도 불구하고 자기를 그리스도인이라고 생각하는 사람들을 무수히 보았다. 국가교회의 근본적 문제는 바로 여기에 있다. 죄에 대한 인식과 회개가 없음에도 불구하고 태어난 지 일주일 만에 유아세례를 받고, 그리스도인으로 호적에 등재된다. 자신의 과오에 대한 참회와 신앙의 인격적 결단이 없음에도 불구하고 **제도적으로** 그리스도인이 되어버린다. 그리스도의 뒤를 따르는 모습이 전혀 보이지 않음에도 불구하고 기독교 지도자를 자처한다.

이 문제는 오늘 한국 개신교회의 문제이기도 하다. 어릴 때부터 교회에 다니고 예배에 참석하지만 자신의 죄에 대한 인식과 참회와 회개가 없는, 이른바 "교인들"이 한국교회에 매우 많다. 민중을 위한 대사회 투쟁을 한다지만, 자기의 죄성에 대한 깊은 인식과 참회와 회개가 결여된 지도자들도 보인다. 어떤 목회자는 죄와 회개에 대한 설교를 피한다고 한다. 이런 설교는 교인들에게 거부 반응을 일으킬 수 있기 때문이다. 이에 반해 키에르케골은 죄에 대한 각 사람의 깊은 인식과 회개를 요구한다.

죄에 대한 인식과 회개는 먼저 성직자들에게서 일어나야 한다. 매일 일어나야 한다. 그렇지 않으면 성직자는 세속의 "직업인"과 다를 바 없는 사람이 되어버린다. 이 같은 성직자들로 인해 교회는 부패하고 타락하게 된다. 성령 충만과 진리를 자랑하는 교단일수록 성 문제와 돈 문제는 더욱 심각하다고 한다. 거룩해 보이는 가톨릭교회 사제들의 성적 타락은 세계에 널리 알려진 사실이다. 예장 합동 측에서 목회했던 김요한 목사는 목회 당시 교회 이름을 "예수로(路) 교회"로 작명하여 교회 이름 변경 신청서를 노회에 제출했다고 한다. 그런데 수원 지역 "같은 노회에서…교회를 개척한 후배 목사가 신청한 '활주로 교회'라는 이름은…무사통과"했는데, 그의 신청은 기각되었다. "쉬는 시간에 정치부 목사들한테 '예수로는 안 되고 활주로는 되냐?'고 따지듯이 반문하자, 이런 대답이 돌아왔다. '그러길래 미리 밥도 좀 사고 (돈) 봉투도 준비하고 했어야지…'"(김요한 2021, 119). 오죽하면 "총신대 사당동 캠퍼스 정문 앞에서 신발을 벗어 따~악 따~악 소리가 나도록 흙먼지를" 털면서, "내 평생에 이 학교를 두 번 다시 오는 일은 없을 것이다"라고 결심했을까!(115) 오죽하면 영화배우 차인표 씨가 "목사님들이 먼저 회개하십시오"라고 공개적으로 말할까! 세상의 구원을 이야기하기 전에, 먼저 기독교 지도자들이 자신의 죄성을 깊이 깨닫고 회개해야 한다고 키에르케골은 요구한다.

6. 키에르케골의 사상은 20세기 신학에 결정적 영향을 미친다. 그 대표적인 것은 불트만(R. Bultmann)의 실존신학이다. 불트만에 따르면 기독교의 핵심 문제는 각 사람(단독자)의 "자기이해"에 있다. 곧 하나님 앞에서 자기를 하나님의 피조물로 이해하고, 하나님의 말씀대로 살기로 결단하느냐, 아니면 하나님 없이 자기 홀로 살기로 결단하느냐의 문제에 있다. 여기서 하나님의 구원은 인간의 신앙적 "자기이해"에 있는 것으로 생각된다. 이로써 불트만은 사회와 역사와 자연을 포기하고 개인의 신앙적 실존과 자기이해로 퇴각한다. 하나님의 구원은 사회와 역사와 자연 없는, 인간의 자기이해로 축소된다.

　이에 반해 20세기 후반의 기독교 신학은 사회와 역사와 자연의 문제에 집중한다. 민중 구원, 정치 민주화, 경제 민주화, 여성 인권 회복, 한반도 통일, 생태계 위기, 자연 재난 등의 문제에 주요 관심을 둔다. 이 문제에 집중하는 신학자들에게 인간 구원, 영혼 구원의 문제는 시대 상황에서 동떨어진 진부한 것으로 간주된다. 영혼 구원에 대해 얘기하는 신학자는 하나님의 위대한 구원 역사에 무관심한 자로 낙인찍히기도 한다. 이에 대해 키에르케골은 이렇게 말할 것이다. "하나님의 진리를 말한다 하면서 하나님 없이 살아가는 너의 타락한 영혼이 먼저 구원을 받도록 하여라. 민중을 구원하겠다고 하기 전에 먼저 너 자신이 구원받은 사람의 모습을 보여라. 너 자신이 변혁되지 못하면서, 어떻게 사회와 역사를 변혁하겠다는 것이냐? 네가 말하는 하나님의 진리가, 먼저 너 자신의 주관적 삶의 진리가 되도록 하라! 너 자신의 삶의 진리가 되지 못한 진리, 보편적 진리, 그것은 헛소리다. 네가 말하는 진리의 진정성을 보여라!"

마르크스도 이 문제를 파악하였던 것으로 보인다. 그에 따르면 어떤 일을 "철저하게" 파악한다는 것은 "뿌리"(radius-radikal)에서부터 파악하는 것을 말한다. "인간에 대한 뿌리는 인간 자신이다"(Marx 2004e, 283). 곧 인간이 모든 문제의 뿌리다. 따라서 어떤 문제를 고치려면 뿌리가 되는 인간 자신을 고쳐야 한다. 뿌리를 고치지 못하면 사태는 제자리로 돌아간다. 인간이 변하지 않으면 세상도 변할 수 없다.

오늘 우리의 세계는 생태계 위기의 단계를 넘어 생태계 재난의 국면에 돌입하였다. 생태계를 회복할 수 있는 임계점을 이미 지났다고 한다. 이에 대한 궁극 원인은 인간이다. 땅 위에서 가장 탐욕스러운 짐승은 인간이다. 인간의 이기심과 무한한 탐욕으로 말미암아 온 자연이 파괴되고, 자연 재난이 일어난다. 짐승들을 대량 도살하여 게걸스럽게 고기를 즐기고, 원시림을 불태워 목초지로 만들고, 수십 수백 미터까지 땅을 파헤쳐 대형 아파트 단지, 고속도로, 산업단지 등을 계속 만들어 자연 생물들의 삶의 터전을 파괴하는 인간이 모든 문제의 뿌리다. "가장 근본적인 문제는 사람 자체"다(주재용 2021, 301). "무슨 체제를 만들든 근본 문제는 인간"이다(이병주 2006, 184). 쇼펜하우어가 말한 것처럼, "땅의 마귀는 인간이다"(Schneider 2010, 286). 이 마귀가 변해야 지구의 모든 생물이 평화롭게 살 수 있을 것이다.

이에 키에르케골은 "인간 자체"의 문제, 각 사람(단독자)의 신앙적 실존의 문제에 집중한다. 하나님 나라가 이 땅 위에 세워져야 한다면, 그것은 먼저 각 사람의 인격과 삶 속에 세워져야 한다. 체제가 아무리 바뀌어도 인간이 바뀌지 않으면 악순환은 그치지 않을 것이다. 그래서 예수는 하나님 나라를 선포하면서 "회개하라"고 각 사람(단독자)에게 요구한다(막 1:15).

제4부

니체

허무주의 철학자로 알려진 니체(Friedrich Nietzsche, 1844-1900)는 헤겔 좌파의 주요 인물들에 비해 한 세대 어린 사람이었다. 그는 마르크스보다 26세 더 어렸다. 그러므로 그는 1840-50년대 헤겔 좌파 운동에 참여할 수 없었다. 그러나 그는 헤겔과 헤겔 좌파의 문헌을 잘 알고 있었고, 그의 중요한 통찰은 헤겔 좌파의 통찰을 극단화시킨 것이란 사실을 그의 문헌에서 발견할 수 있다.

특히 포이어바하는 니체에게 큰 영향을 주었던 것으로 보인다. 인간 삶의 생동성을 회복하기 위해 하나님을 부정한 니체의 무신론은 "인간의 것을 인간에게" 돌려주기 위해 하나님의 존재를 인간의 존재로 폐기하는 포이어바하의 무신론의 연장이라 말할 수 있다. 독일인들은 "관념을 믿지만, 현상을 보지 않는다"는 니체의 말은(Löwith 1941, 197) 헤겔의 관념론을 극복하고자 한 포이어바하와 마르크스의 현실주의와 일치한다. "형이상학의 마술을 벗어나야" 한다는 니체의 반헤겔적 입장은 관념론을 벗어나고자 한 포이어바하와 마르크스의 입장의 연장이라 볼 수 있다. 그는 19세기 독일의 사상가들을 "헤겔의 제자들"이라 부르면서, 헤겔 좌파를 능가하는 자신의 독특한 반헤겔적 사상을 전개한다. 이런 점에서 니체는 헤겔 좌파에 포함될 수 있다. 허무주의와 비관주의로 요약할 수 있는 그의 철학은 헤겔 좌파의 극단적 형태였다고 말할 수 있다.

I

니체의 생애

1. 니체는 1844년 10월 15일, 독일 동부 라이프치히 부근 뢰컨(Röcken) 마을에서 루터교회 목사의 첫아들로 태어났다. 니체가 자기 생애에 대하여 쓴 책 『이 사람을 보라』에 의하면, 그의 조상들은 본래 폴란드 귀족이었다. 아버지 카를 루드비히 니체(Karl Ludwig Nietzsche)는 매우 경건하고 과묵한 인물이었다. 목사로 일하기 전에, 그는 몇 년 동안 알턴부르크(Altenburg)성에서 공주들의 교육을

니체

책임졌다. 니체는 그의 아버지가 "온화하고, 자애롭고, 병약한(morbid)" 분이었다고 회상한다(1978b, 299). 니체의 어머니 프란치스카 욀러(Franziska

Oehler)도 목사 가정의 딸이었다. 니체가 사망한 후에 그의 문헌 보존과 출판에 힘쓴 사람은 여동생 엘리자벳(1846-1935)이었다(결혼하면서 Förster-Nietzsche란 성을 갖게 됨).

니체가 다섯 살이었던 1849년에 아버지가 뇌질환으로 사망한다. 아버지의 뇌질환은 낙상으로 말미암은 것으로 전해진다. 같은 해에 남동생 루드비히(Ludwich)까지 사망하자, 어머니 프란치스카는 1850년 니체와 엘리자벳을 데리고 라이프치히에서 멀지 않은 나움부르크(Naumburg)로 거처를 옮긴다(나움부르크에 있는 니체의 집은 지금도 보존되고 있음). 여기서 니체는 1856년까지 어머니와 여동생, 두 명의 미혼 고모와 가정부의 "여성 공동체" 안에서 성장한다. 이로 인해 그는, 기독교는 여성적이며 연약한 사람들의 종교라는 인상을 갖게 된다.

나움부르크에서 니체는 학교에 다니기 시작한다. 열 살 때부터 그는 교회 합창곡(Motette)을 작곡하였고 시를 쓰기도 하였다. 일반 사람들과는 다른 특이한 면모가 이때부터 나타나기 시작한다. 나움부르크 대성당 김나지움에 입학한 니체는 음악과 고전문학에 뛰어난 소양을 보인다. 1858년 10월 시토 수도원에 위치한 포르타(Pforta) 김나지움의 장학생이 된 니체는 수학에 지루함을 느끼는 반면 그리스어와 고전문학을 포함한 인문주의 과목에 큰 흥미를 느낀다. 또 친구들과 "게르마니아"(Germania)란 이름의 동우회를 만들어 문학과 음악 활동을 하기도 한다. 이때부터 매력을 느끼게 된 고대 그리스 문화는 한평생 니체의 정신적 배경을 이루게 된다.

고대 그리스 문학에 심취하면서 니체는 차츰 기독교적 경건에서 멀어지기 시작한다. 다른 학생들에 대한 우월감과 고독 속에서 그는 심한 편두통으로 고생한다. 안구(眼球)의 통증이 심했다고 한다. 그는 한평생 질병과 신체적 고통에서 자유롭지 못하였다. 그래서 "나는 나의 고통에게 개라는 이름을 부여하였다"고 나중에 말한다. 그의 신체적 고통은 개처럼 충성스럽고 부끄러움이 없었기 때문이다(1976b, 208, #312).

김나지움을 졸업하기 2년 전부터 니체는 기독교에 대해 회의를 나타내기 시작하였다. 그는 하나님의 존재, 영혼 불멸, 성서의 권위, 영감 등 모든 것을 부인하려 했다. 어릴 때부터 받은 기독교적 가르침, 어머니와 이모들의 영향으로 인해 기독교적 모든 선입관을 이성을 통해 무너뜨리기는 쉽지 않았다고 한다.

2. 김나지움 졸업 후 니체는 어머니의 소원에 따라 1864-65년 겨울학기에 본(Bonn) 대학교에서 그리스 고전 문헌학과 신학 공부를 시작한다. 대학생 결사(Verbindung) 프랑코니아(Frankonia)에 가입하여 음주, 검투, 승마, 춤 등에 빠져 빚을 지기도 한다. 그러나 프랑코니아의 설립 이념과 현실이 일치하지 않음에 실망하여 니체는 이 결사를 떠난다. 신학 공부에 대해서는 관심을 두지 않는다. 나중에 니체는 이 시기를 헛된 시간이었다고 말한다.

본 대학교에서 공부하는 동안 니체는 헤겔 좌파의 사상에 심취한다. 슈트라우스의 『예수의 삶』, 포이어바하의 『기독교의 본질』, 브루노 바우어의 복음서 비판에 깊은 관심을 가진다. 첫 학기가 지나자 니체는 신학 공부를 포기하기로 결심하고 그 뜻을 어머니에게 표명하면서 기독교를 격하게 비판하고, 어머니와 여동생과 함께 더 이상 성만찬에 참여하지 않겠다고 선언한다. 하늘이 무너지는 듯한 충격을 받은 어머니는 눈물을 흘리며 니체의 신학 공부 포기를 반대하지만 그의 뜻을 꺾지 못한다.

1865년 본 대학교의 문헌학 교수 리츨(F. Ritschl)이 라이프치히 대학교로 옮기자, 니체도 대학을 라이프치히로 옮긴다. 1865년 10월 라이프치히 대학교에서 공부를 시작하기 전 2주 동안 그는 베를린에 체류하면서 헤겔 좌파 외에 쇼펜하우어의 철학에 심취한다. 쇼펜하우어를 통해 그는 반기독교적 입장을 결정적으로 굳히게 된다. 기독교를 버림으로 말미암은 내적 공허를 그는 쇼펜하우어의 이론으로 대체한다. 쇼펜하우어가 가르치는 구원의 길, 곧 자기 부정과 포기를 실천하기 위해 그는 2주 동안 잠을 하루 네 시간만 자면서 자기분석, 금욕, 자기 자신에 대한 증오를 행하지만 내적 평화를 얻지는 못한다.

라이프치히 대학교에서 니체는 리츨 교수의 지도 아래 고전 문헌학 공부에 열중한다. 리츨 교수는 니체에게 아버지와 같은 역할을 한다. 1867년 독일과 오스트리아 간 전쟁이 발발하자 니체는 나움부르크 부근의 포병부대 장교로 자원하여 복무한다. 그러나 낙마(落馬)로 가슴을 크게 다친다. 그는 군 복무를 중단하고 치료를 받으면서 문헌학 연구를 계속한다.

1868년 라이프치히로 돌아온 니체는 11월 8일, 스위스 루체른(Luzern) 부근의 작은 마을 트립쉔(Tribschen)에서 음악가 바그너(R. Wagner)와 코지마(Cosima)를 방문한다. 영웅적 삶의 힘과 용기를 강조하는 바그너의 입장에 니체는 깊은 감명을 받는다. 친구 로데(E. Rohde)에게 보낸 서신에서 니체는 "사랑하는 친구여, 거기서 내가 배우고, 보고, 듣고, 이해하는 것은 말로 표현할 수 없다"고 그날의 감격을 묘사한다(Baeumler 1976, 364). 그는 바그너에 대해 "고난과 억압과 괴로움을 당한 영혼들의 왕국에서 나오는 소리를 발견하고, 무언의 고난을 표현하는 것을 어떤 다른 음악가보다 더 잘할 수 있는 대가다운 음악가"라고 칭송한다(1978b, 53). 그러면서 자신이 생각한 중요한 내용을 바그너의 음악에서 발견한다. "밝은 힘과 어두운 운명적인 힘, 어떤 사람에게서도 볼 수 없는 힘에의 의지", 다시 돌아온 그리스 정신, 알렉산드로스 대왕이 칼로 끊어버린 "그리스 문화의 금으로 된 매듭을 다시 맬 알렉산드로스 대왕의 적대자들의 필요성"을 바그너의 음악에서 느낀다. 니체에게 바그너의 바이로이트(Bayreuth)는 로마적인 것에서 해방된 "게르만적인 것과 그리스적인 것의 통일성의 상징"이었다(Baeumler

1976, 372). 바그너 역시 자신의 음악 활동에 대한 정신적 지지를 얻기 위해 니체가 필요하였다. 나중에 니체는 귀족 출신의 코지마를 흠모하게 되고, 그녀를 가리켜 "내밀하게 사랑하는 아드리아드네"(heimlich geliebte Adriadne)라고 부른다.

대학으로 다시 돌아온 니체는 그리스 고전 문헌학 공부에 열중한다. 니체의 학문적 우수성을 인정한 리츨 교수는 니체가 박사학위와 교수 자격 취득(Habilitation)을 아직 얻지 못했음에도 불구하고 그를 스위스 바젤(Basel) 대학교 교수로 추천한다. 니체는 1869년부터 바젤 대학교의 부교수가 되어 그리스 고전 문헌학을 강의한다. 대학 강의 외에 김나지움에서 매주 8시간씩 그리스 언어와 문학 및 철학을 가르치기도 했다. 7년 동안 이 학교에서 가르칠 때 "아주 게으른 학생들도 열심히 공부하였다"고 니체는 말한다(1978b, 305). 1870년에 그는 정규 교수가 된다. 그리스 고전 문헌에 대한 니체의 연구는 그를 고대 그리스 문화에 대한 애호가로 만들었다. 그리스 철학자 가운데 그에게 가장 깊은 영향을 준 것은 헤라클레이토스였다. 삶의 디오니소스적 생동력으로 가득한 고대 그리스인들에 대한 깊은 사랑 속에서 그는 기독교를 거부한다. 그리스 문화와 기독교는 반대된다고 생각된다.

바젤 대학교에서 그는 신학 교수 프란츠 오버벡(Franz Oberbeck)과, 당시 바젤 대학교의 명망 있는 예술사 교수 야콥 부르크하르트(Jacob Burckhardt)를 만나게 된다. 니체는 부르크하르트를 "우리의 위대한 스승"으로 높이 평가한다. 부르크하르트 역시 니체의 비상한 소질을 인정하지만, 그와 거리를 유지한다. 오버벡은 니체가 죽을 때까지 그와 친구 관계를 유지한다. 주소지를 바젤로 옮긴 니체는 독일 국적을 포기하고 생애 마지막까지 무국적자로 살게 된다. 국적이 없다는 것은 공중에 떠서 사는 것과 같아 그의 사회적 고독감을 악화시켰을 것이다.

1870년에 통일 독일을 이루고자 하는 프로이센과, 이를 저지하는 프랑스 사이에 전쟁이 발발한다. 니체는 독일 국적을 갖지 않았기 때문에 군복무의 의무가 없음에도 불구하고 자발적으로 프로이센 군대 의무관으로 복무한다. 이때 얻은 디프테리아와 대장균 전염으로 인해 그는 지속적으로 질병에 시달리게 된다. 1871년 전쟁이 끝나자 니체는 대학으로 돌아온다. 1872년에는 『음악의 정신으로부터 비극의 탄생』이란 제목의 책을 출판한다. 이 책에서 그는 절제와 질서의 원리인 "아폴로적인 것"과 본능적 힘과 파괴의 원리인 "디오니소스적인 것"의 투쟁에서 그리스의 위대한 비극 문학이 생성하였다고 주장한다. 소크라테스의 지적 정신을 통해 정복된 디오니소스적 요소는 이제 낭만주의를 통해, 특히 쇼펜하우어 철학과 바그너 음악을 통해 다시 부활하여, 새로운 문화가 생성하게 되었다고 역설한다.

이 내용은 니체의 대학 동료들에게 인정받지 못한다. 당시의 대학 교수들에게 음악가 바그너와 쇼펜하우어는 "괴물"(Monstrum)과 같은 존재로 생각되었다. 두 사람은 당시 학문의 세계에서 "완전히 낯선" 존재였다(Baeumler 1976a, 363-364). 그들은 질서와 조화를 추구하는 서구의 오랜 형이상학적 전통을 파괴하는 입장을 취하였기 때문이다. 이 같은 바그너와 쇼펜하우어에게 충성을 맹세하는 문헌학 교수 니체를 바젤 대학교의 교수들은 수용할 수 없었다. 마침내 니체의 스승 리츨도 그에게 거리를 둔다. 학생들도 그의 강의에 관심을 갖지 않는다. 그의 강의실에는 네 명의 수강생이 앉아 있을 뿐이었다. 그중에 한 명은 그리스어를 전혀 알지 못하는 도배사였다. 스승 리츨 교수를 포함한 동료 교수들의 멸시에 깊이 실망한 니체는 철학 교수로 전향하여 자기의 입장을 관철하고자 한다. 이를 위해 바젤 대학교의 철학 교수직에 지원하나 실패한다.

이를 계기로 맹목적인 삶의 힘, 본능적 충동의 힘, 형태가 없는 카오스 상태를 상징하는 **디오니소스적인 것**이 니체 철학의 기본 원리가 된다. 생애 마지막까지 그는 "디오니소스적인 것을 기독교적인 것에 대한 반대 개념으로" 고수한다. 기독교는 삶에 대한 부정을 뜻한다면, 디오니소스적 인 것은 삶의 본능적 생동성에 대한 긍정을 뜻하는 것으로 파악된다. 그러 나 니체가 흠모한 고대 그리스 문화는 소크라테스와 플라톤 이전의 문화 였다. 자연적이고 관능적인 삶, 곧 디오니소스적인 것을 이상으로 보는 고 대 그리스 문화에 반해, 소크라테스와 플라톤은 이성과 논리와 도덕의 아 폴로적인 것을 이상으로 도입한다. 바로 여기서 "비극의 탄생"(Geburt der Tragödie)이 일어난다고 니체는 주장한다.

이리하여 니체는 소크라테스와 플라톤을 공격하게 된다. 이 공격은 플라톤의 형이상학을 수용한 기독교와, 헤겔을 위시한 기독교적 철학 일 반에 대한 공격으로 이어진다. "근대의 헤겔주의적 문화 기독교와 소크라 테스주의는 낙관주의적 도덕주의에서 일치하기" 때문이다(Baeumler 1976, 370). 1872년에 출판된 니체의 저서 『음악의 정신으로부터 비극의 탄생』을 가리켜 바그너는 "사랑하는 친구여! 당신의 책보다 더 아름다운 책을 지금 까지 나는 읽은 적이 없다!"(372)라며 찬사를 보낸다. 코지마도 이 책을 가 리켜 "한 편의 시"와 같다고 높이 평가한다. 1873년에 니체는 네 살 아래의 아름다운 여성 베르타 로어(Bertha Rohr)와 깊은 사랑에 빠지지만 결혼에 이르지는 못한다. 1873년부터 니체의 고난이 시작된다.

3. 1875-76년 겨울 학기에 니체는 질병 악화로 대학에서 1년간 휴가를 얻 는다. 그는 이탈리아 소렌토에서 쉬면서 마이젠북스(Meysenbuchs)란 이 름의 여성과, 의사요 철학자인 리(P. Rée, 1849-1901) 박사와 교류하였다. 1876년에 바그너의 바이로이트 음악 페스티벌에 실망한 니체는 그와 작 별하기로 결심한다. 이탈리아 소렌토에서 니체를 만난 바그너는 자신이

작곡하고 대본을 작성한 독일어 오페라 "파르지팔"(Parsifal)의 구성에 대해 설명하면서, 이 오페라는 기독교의 진리를 예술로 나타내고자 하는 종교성을 지닌 작품이라고 강조한다. 이에 니체는 침묵하다가 갑자기 실례한다는 짧은 말을 남기고 방을 나가버린다. 이것이 두 사람의 마지막 만남이었다.

니체가 바그너를 떠난 이유는 바그너가 점차 기독교화되고, 기독교적인 도덕주의와 국수주의와 반유대주의(Antisemitismus)로 기울어진 데 있었다. 바그너는 니체가 경멸하는 모든 것으로 점차 기울어졌다. 그는 "한 걸음씩 반유대주의로" 발전하였고, "갑자기…기독교의 십자가 앞에서 무너졌다"(1976b, 86). 이것은 "그리스적이며 반기독교적 기초 위에서 독일의 문화를 쇄신하고자 하였던 (두 사람의) 공동의 투쟁 목적"에 대한 배반을 뜻하였다(Baeumler 1976, 372). 1883년 바그너가 이탈리아 베네치아에서 사망한 후, 니체는 그를 가리켜 "퇴행적 예술가", "음악의 연극배우", "음악을 병들게" 한 사람이라고 비난했다.

니체는 쇼펜하우어와도 작별한다. 쇼펜하우어는 칸트의 "사물 자체"(Ding an sich)를 "삶의 의지"로 바꾸어버림으로써 세계를 너무 단순하게 또 하나의 체계로 만들어버렸다는 것이 작별의 주요 원인이었다. 또한 쇼펜하우어가 말하는 불교적 삶의 부정과 자기 포기는, 니체의 "힘에의 의지"와 "초인"에 모순되었기 때문이다. 기독교의 본질을 금욕에 있다고 보는 쇼펜하우어의 생각도 니체는 수용할 수 없었다. "최초의 독립적이고 굽히지 않는 무신론자"인 쇼펜하우어는 "기독교의 금욕적 도덕의 지평 속에" 머물러 있다(1955f, 648), "그는 도덕적-기독교적 이상에 매여 있었다", "기독교적 가치의 지배 아래 있었다"(1964, 660)고 니체는 그를 비난한다. 1878년에 출판된 『인간적인 너무나 인간적인』(*Menschliches, Allzumenschliches*)이란 제목의 책은 두 사람과의 작별을 나타낸다.

1877년 겨울 성탄절 즈음부터 니체는 또다시 편두통과 위장병, 안구 통증으로 고생한다. 1878-79년 겨울을 바젤에서 외롭게 지낸 후, 니체는 바그너에게 작별의 소식을 전한다. 바그너와의 작별로 말미암은 정신적 충격도 그의 병세를 악화시켰다. 36세였던 1879년에 니체는 바젤 대학교 교수직을 사임하고 조기 은퇴한다. 사망할 때까지 그는 바젤시로부터 3,000프랑의 연금을 받으면서 생활하게 된다. 그는 교수직을 내려놓은 1879년에 "나의 생동성은 최저점에 도달하였다", 그해 여름에는 스위스 성-모릿츠(St. Moritz)에서, 겨울에는 고향 나움부르크에서 "하나의 그림자처럼 살았다"고 말한다(1978b, 299). 이후부터 니체는 건강 회복을 위해 스위스, 이탈리아, 프랑스 남부의 여러 아름다운 도시로 옮겨 다니며 1889년까지 약 10년 동안 자유 문필가로 활동한다. 그를 놓아주지 않는 신체적 고통 속에서 1881년에 도덕적 선입견에 대한 생각을 쓴 『아침놀』을 출판한다.

1882년 로마에서 니체는 『즐거운 학문』을 탈고한 다음 친지의 소개로 21세의 러시아 여성 루 폰 살로메(Lou von Salomé)를 사귀게 된다. 살로메는 아름다우면서도 매우 지적인 여성이었다. 그러나 니체보다 17세 연하인 그녀는 동등한 파트너라기보다 아름답고 머리 좋은 제자로 보였다. 니체는 그녀를 깊이 사랑하게 된다. 살로메에게 연정을 느끼던 친구 리(Reé) 박사는 니체를 질투했다. 니체는 그녀에게 영혼의 영원한 윤회에 대한 "비밀"을 처음으로 설명하기도 한다. 그러나 그의 어머니와 여동생 엘리자벳은 두 사람의 결혼을 결사반대한다. 엘리자벳은 두 사람을 떼어놓기 위해 음모를 꾸미기도 한다. 어머니와 여동생의 반대에도 불구하고 니체는 살로메에게 청혼하지만, 그녀는 청혼을 거절한다. 살로메도 잃고, 친구 리도 잃어버린 니체는 마음의 고통을 견디지 못해 이탈리아 라팔로(Rapallo)로 떠나버린다. 나중에 그는 "나의 생애에서 이 겨울이 가장 어려운 시간이

I. 니체의 생애　　　753

었다"고 고백한다.

4. 라팔로에서 니체는『차라투스트라는 이렇게 말했다』를 번개처럼 빨리 저술한다. 마음의 고통을 잊기 위한 도피였다고 볼 수 있다. 이 책에서 니체는 살로메에 대한 그의 사랑을 다음과 같이 나타낸다. "너는 어디에 있느냐? 나에게 너의 손을 다오! 손가락 하나라도 다오!", "내가 아기를 갖고 싶어 했던 그 여자를 나는 다시 발견하지 못했다.…나는 너를 사랑한다. 오 영원이여!"(1975, 250, 254) 니체의 이 책은 독자의 호응을 별로 얻지 못했다. 이 책의 제4부가 완성되었지만, 출판사 사장은 출판을 계속 미룬다. 영업 이익의 가능성이 보이지 않았기 때문이다. 할 수 없이 니체는 자신의 부담으로 제4부를 출판한다. 출판 부수는 40부에 불과했다.

　계속되는 질병과 신체적 고통, 사회적 소외와 고독 속에서 니체는 자살 충동에 빠지기도 한다. 책이 잘 팔리지 않아 경제적 어려움에도 처한다. 연구가 거의 불가능한 정신적·신체적 상태에서 니체는『선악의 피안』,『힘에의 의지』,『적그리스도』,『이 사람을 보라』등의 책을 쓴다. 그동안 여동생 엘리자벳은 반유대주의자 푀르스터(B. Förster)와 결혼한다. 니체는 푀르스터의 반유대주의를 반대했기 때문에 두 사람의 결혼도 반대했다. 푀르스터가 1886년 파라과이에 독일 식민지를 세울 목적으로 파견될 때, 엘리자벳은 남편과 함께 파라과이로 떠난다. 니체는 파라과이 식민지 계획을 반대했다. 그는 식민주의 자체를 반대하였다. 그래서 서신을 통해 여동생과 다투기도 하고, 화해하기도 한다. 1888년 덴마크 코펜하겐에서 처음으로 니체의 사상이 강의된다. 이로써 그의 사상이 유럽 전역에 알려지기 시작한다.

　1889년 1월 3일, 니체는 이탈리아 토리노(Turin)의 길거리에서 소요를 일으킨다. 한 역마차의 마부가 늙고 지친 말을 심하게 채찍질하는 것을 본 니체는 말의 목을 껴안고 흐느끼며 말이 채찍질 당하는 것을 막는다. "동정"의 덕을 비웃던 니체가 동정을 느낀 것이다. 그의 집주인과 거리의 사람들이 니체를 간신히 말에서 떼내 집으로 데려온다. 3일 후에 그의 친구 오버벡 교수는 그를 이탈리아에서 바젤 대학교 정신과 병원에 입원시킨다.

오버벡에게서 소식을 들은 니체의 어머니는 그를 나움부르크에 있는 집으로 데려와 간호하고자 한다. 그러나 오버벡과 바젤 대학병원 의사의 강력한 권고로 어머니는 예나 대학교 정신과 병원에 아들을 입원시킨다. 이듬해인 1890년에 어머니는 예나로 이사하여 아들을 계속 돌본다. 그의 증세는 일시 호전되었다가 다시 악화된다. 예나의 한 신문에 의하면, "그의 생활은 완전히 의사의 처방에 따라 진행된다.…대체로 그는 깊은 상념에 묻혀 조용히 앉아 있다. 도로의 소음과 어린이들의 소리가 너무 시끄러우면, 알아들을 수 없는 소리를 외치다가 잠잠해진다. 무엇을 읽어줘도 이해하지 못한다. 그의 외모는 병든 사람 같지 않다. 몸의 지체가 경직되어 옷을 입히고 벗기는 것이 매우 어렵다."

엘리자벳은 남편이 파라과이에서 자살하자 1893년 예나로 돌아와 어머니와 함께 니체를 돌본다. 1897년 어머니의 사망 후 엘리자벳은 니체와 함께 바이마르(Weimar)로 이사하여 그를 돌본다. 니체는 신체 마비로 일어설 수도 없고 말을 할 수도 없게 된다. 약 10년에 걸친 투병 끝에 1900년 8월 25일 정오경, 56세의 니체는 폐질환과 뇌졸중으로 바이마르에서 사망한다. 그의 시신은 고향 뢰컨에 있는 아버지 묘 곁에 묻힌다.

개성이 강했던 엘리자벳은 시중에서 니체의 사상이 유행하자 "니체문고"(Nietzsche Archiv)를 세우고, 친지 페터 가스트(Peter Gast)와 함께 문헌 출판에 노력한다. 니체의 원고를 편집하여 『힘에의 의지』를 발표하고, 니체의 유고를 자기의 생각에 따라 변조하기도 한다. 히틀러 지지자였던 그녀는 히틀러에게 "니체의 초인은 당신을 염두에 둔 것"이라는 말을 서슴지 않았다고 한다. 반유대주의를 지지하는 듯한 니체의 글은 엘리자벳의 변조로 추정된다.

니체는 반유대주의자가 아니었다. 자기 자신에 대해 기록한 『이 사람을 보라』에 따르면, 니체의 조상은 본래 폴란드 귀족이었기 때문에 독일인과 폴란드인은 니체를 폴란드 사람으로 보았다. 그들에게 니체는 "얼룩덜룩한 독일인"(der angesprenkelte Deutsche), 곧 순수 독일인이 아니라 혼혈 독일인처럼 보였을 것이라고 그는 회고한다. 따라서 그는 독일인의 "단순히 지역적으로, 단순히 민족적으로 제약된 지평을 벗어난 관점"을 가질 수 있었다. 그는 "좋은 유럽인"이지만 유럽인의 아리안 인종주의, 독일인의 국수주의와 반유대주의에 동의하지 않았다. 그래서 니체는 자기를 "최후의 반정치적 독일인"이라 부른다(1978b, 303).

5. 어떤 학자들은 니체의 정신분열증의 원인이 매독이라고 주장한다. 사실 매독은 정신분열증을 일으킬 수 있다. 니체의 문헌을 고려할 때, 이 주장의 개연성을 인정할 수 있다. 그가 많은 여성을 만났다는 것을 우리는 그의 문헌에서 볼 수 있다. 더구나 니체는 성적으로 자유로운 고대 그리스 신화의 신들을 이상적인 존재로 생각하고 절대 진리와 도덕을 부인했기 때문에 성적으로 자유로웠을 가능성이 크다. 그 결과 매독에 걸렸고, 매독으로 인해 정신분열증에 걸렸을 가능성을 배제할 수 없다.

많은 기독교 지도자들은 니체가 "하나님은 죽었다"고 말했기 때문에 하나님께 벌을 받아 정신분열증에 걸렸다고 말한다. 그러나 이것은 유치한 얘기다. 만일 하나님이 "하나님은 죽었다"고 말했다 하여 니체를 정신병자로 만들었다면, 그는 하나님으로서 자격이 없을 것이다. "원수도 사랑하라"는 그의 말씀은 빈말이 될 것이다.

최근의 연구 결과에 의하면, 니체가 정신 질환에 걸린 직접적 원인은 유전성 뇌종양에 있다고 한다. 니체의 아버지도 뇌질환으로 사망하였고, 니체 역시 어릴 때부터 편두통과 안구 통증으로 고통을 당하였다는 사실은 이를 뒷받침한다. 이에 더하여 우리는 니체의 정신 질환의 원인을 보다 더 깊은 데서 볼 수 있다. 천재적 인물들에게 자주 일어나는 사회성 결핍, 외골수적이며 독선적인 성격, 사회적 고립, 경제적 궁핍, 눈병, 위장병, 폐병 등 지속적인 신체 질환, 사랑의 실패와 독신생활의 외로움이 그 원인이었다고 볼 수 있다.

결정적 원인은 그의 허무주의 사상에 있다고 말할 수 있다. 절대적 진리와 가치와 의미와 도덕이 사라질 때, 지향해야 할 목적도 사라진다. 모든 것이 무의미하고 불확실해지고 공허해진다. 세계는 생명을 유지하기 위해 필요한 힘에 대한 맹목적 의지, 곧 목적이 없는 의지로 가득할 뿐이다. 그것은 생성과 소멸, 밀물과 썰물을 영원히 반복하는 큰 바다와 같다. 다음과 같은 니체의 말은 허무주의로 말미암은 그의 내적 불확실성과 공허감을 보여준다. "우리는 어디로 가고 있는가? 모든 태양을 떠나고 있는가? 우리는 앞을 향해 치닫고 있는가? 뒤를 향해, 옆을 향해, 앞을 향해, 모든 쪽으로 향해 치닫고 있는가?…아직도 위와 아래가 있는가? 우리는 무한한 무(Nichts)처럼 방황하고 있지 않은가? 빈 공간이 우리를 빨아들이고 있지 않은가? 더 추워지지 않았는가? 밤에 밤이 계속 찾아오고 있지 않은가?"(1976b, 140)

허무주의는 이미 나타나기 시작했지만, 약 200년 뒤에 완전한 형태로 나타날 것으로 니체는 내다보았다. 그러나 그를 이해해준 사람은 거의 아무도 없었다. 절대적 무의미와 공허 속에서 그는 제자도 없고, 직업도, 부인도, 거주할 집과 국적도 없는 절대 고독의 삶을 살았다. 그가 사랑했던 여인들은 모두 그를 버렸다. 방향과 목적을 알지 못하는 생물적 "힘에의 의지"가 삶을 지배하는 허무주의적 깊은 고독을 니체는 자신의 몸으로 살았다. 이런 점에서 그는 "그 시대의 희생물"이었다(Opfer des Zeitalters, Windelband 1957, 577).

1889년 이탈리아 토리노에서 결정적 정신 착란에 빠지기 직전에 니체는 한 편의 시를 남긴다. 이 시에서 그는 하나님을 찾는다. "돌아오소서, 나의 미지의 하나님이여! 나의 고통이여! 나의 마지막 행복이여!"[1] "하나님은 죽었다", "하나님은 없다"고 하다가 생애 마지막에 "미지의 하나님"을 찾는 그의 모습은 벗어날 수 없는 깊은 정신적 갈등을 보여준다. 니체의 정신분열증은 이 모든 원인의 귀결이었다고 볼 수 있다.

---

1 원문: O komm zurück, mein unbekannter Gott! mein Schmerz! mein letztes Glück: Küng 1995, 439에서 인용.

II
니체 철학의 출발점과 전체적 특징

1. 니체의 문헌을 읽어보면 그가 천재적 인물이었다는 점을 인정하지 않을 수 없다. 먼저 그는 **고대 그리스 문헌학자**로서, 고대 그리스 문화 전반에 정통한 인물이었다. 그는 고대 그리스 철학은 물론 신화와 음악과 연극과 조형예술에 대해 폭넓고 깊은 지식을 가지고 있었다. 그러므로 그는 고대 그리스 문화를 자기 나름대로 해석할 수 있었다.

또한 니체는 인간의 본질과 삶의 내면을 깊이 통찰할 수 있는 매우 섬세한 **심리학자**였다. "인간은 가장 잔인한 짐승이다", "모든 쾌락은 영원을 원한다. 깊고 깊은 영원을 원한다"(1975, 242, 253), "사랑은 사랑받는 사람의 욕구도 용서한다"(1976b, 84), "사랑으로 말미암아 일어나는 모든 것은, 선한 것과 악한 것을 초월한다", "인간은 그가 욕구하는 것을 사랑하지 않고, 그의 욕구를 사랑한다"(1976c, 89, 91)는 말은 인간에 대한 깊은 심리학적 통찰을 보여준다. 인간의 "힘에의 의지"에 대한 그의 분석도 뛰어난 심리학자로서의 능력을 증명한다.

또한 니체는 **철학자**였다. 고대 그리스와 로마의 철학은 물론 그 이후의 철학에 대해서도 그는 정통하였다. 신학에 대해 비판적이었지만, 신학에 대해서도 해박한 지식을 보여준다. 이와 동시에 그는 뛰어난 **시인**이요 **문필가**였다. 빈델반트에 따르면, 그는 "철학적 시인"이었다(Windelband 1957, 578). 그의 시적·문학적 상상력과 표현력은 천재적이라 말하지 않을 수 없다. 『차라투스트라는 이렇게 말했다』에서 그는 뛰어난 극작가로서의 소양과 무한한 상상력을 보여준다. 그의 많은 글은 인간의 존재와 삶과 세계에 대한 깊은 성찰과 해학적 표현력을 나타낸다. 인간의 "행복 속에는 무거운 짐승(shweres Getier)이 있다"(1975, 53, 327), "도덕"보다 더 높은 것은 인간의 "의지"요, 의지보다 더 높은 것은 "내가 있다"는 것이다(1964, 629)란 말은 이에 속한다.

또한 니체는 뛰어난 **사회 비평가**이기도 하였다. 사회의 제반 현상들과 국가, 제도화·형식화된 종교와 성직자, 당시의 사회주의·민주주의에 대한 비판은 사회 비평가로서의 높은 자질을 보여준다. 그는 장차 올 다음의 시대가 어떤 시대일지 투시하는 능력도 있었다. 그는 "시대의 예언자"였다고 평가할 수 있다.

그러나 니체는 조직적이며 체계적인 학자는 아니었다. 칸트나 헤겔처럼 그는 체계에 관심을 두지 않았다. 20세기 초반의 헤겔 연구자 호프밀러(J. Hofmiller)가 말하듯이, 니체의 철학에는 체계에 대한 모든 전제가 결여되어 있다. 끊임없는 질병과 신체적 고통 때문에 전체적 일관성과 통일성을 가진 체계를 세우는 것이 어려웠던 것으로 보인다. 그의 거의 모든 문헌은 체계 대신에 수시로 떠오르는 통찰을 기록한 경구들(Aphorismen)로 구성되어 있다. 이 경구들은 대개의 경우 앞과 뒤의 논리적 연결성이 없다. 논리적 연결성이 없는 생각들이 갑자기 튀어나오는 경우가 허다하다. 매우 거칠고, 냉소적으로 말하는 경우도 많다. 논리적 연결 없이, 마치 **예언자처럼** 자기의 순간적인 생각을 던져주듯이 얘기하기도 한다. 그는 선포하지만 논증하지 않는다. 은유들과 상징들, "수수께끼 같은 암시들"(rätselhfte Andeutungen)로 가득한 그의 문헌에서 우리는 논리적으로 "연관된 개념적 사유"를 기대하기 어렵다(Windelband 1957, 577).

　역사적·비판적 성격의 저서 『적그리스도』는 학자의 차분한 연구서가 아니라 대중을 선동하기 위한 팸플릿처럼 보인다. 기독교나 교회와 성직자에 대한 그의 비판은 타당성도 있지만 매우 일면적일 때가 많다. "땅 위에 사막의 성인들보다 더 더러운 것이 있었던가? 그들의 주변에는 마귀만 있었던 것이 아니라, 돼지도 있었다"(1975, 324)는 그의 말은 초기 교회 시대의 사막 수도사들에 대한 적절한 평가라고 볼 수 없다. 기독교의 근거가 되는 나사렛 사람 예수를 찬양하다가, 자기의 죽음을 순순히 받아들인 퇴행적 인물로 부정하기도 한다.

　역사적 사실에 대한 그의 판단도 일면적일 때가 많다. 자연의 진화 과정에서 인간의 등장은 "짐승에 비하여 아무런 진보가 아니다", 로마 제국 시대에 기독교의 등장은 "퇴행-운동"(décadence-Bewegung)이요(1964, 65), 사회적으로 연약한 자들, 세리들과 죄인들, 윤락녀들, 가장 어리석은 백성을 우대하는 기독교는 "사회의 폐지"(Abolition der Gesellschaft)라는 니체의 판단은(150) 매우 일면적이다. 로마 제국의 비민주적 계급 질서, 권력에 대한 의지, 귀족들의 관습에 대한 예찬, 엘리트가 대중을 지배해야 한다는 그의 생각은 심각한 문제성을 가진다. 또한 종교개혁자 루터는 타 종교들의 르네상스를 멸절한 자, 독일의 "가장 교만한 악당"과 "농부", "이제 끝나버린 기독교를 회복한" 어리석은 자요, 종교개혁은 "기독교적 야만성의 반복되는 악화"(Rekrudeszenz der christlichen Barbarei)라는 그의 말도(1964, 65) 일면적이다. 인간의 삶과 세계에 대한 부정적·냉소적 정조가 그의 문헌을 지배한다. 그는 논리성과 체계성의 학자가 아니라 "시대의 비판자와 진단자

(Diagnostiker)"요, "철학의 삽화가(Miniaturist)요 열외자(Außenseiter)이며, 경구학자(Aphoristiker)"였다(Baeumler 1964, 712).

이런 문제점에도 불구하고 니체는 자기 자신의 출발점과 기본 사상을 결코 놓치지 않는다. 그의 모든 저서에서 니체는 자기의 기본 사상을 다양한 표현으로 관철한다. 인간과 세계에 관한 깊은 통찰들이 수없이 많이 제시된다.

2. 니체의 글이 논리성과 체계성을 결여하는 원인은 무엇인가? 그 원인은 단지 니체의 성격에 있는 것이 아니라 그가 철학적 원리로 수용한 "디오니소스적인 것"에 있다고 생각된다. 이성과 질서를 대변하는 아폴로적인 것에 반해, 디오니소스적인 것은 야성적인 삶의 힘을 대변한다. 전자는 목적성과 통일성을 대변한다면, 후자는 맹목성과 모순성과 혼돈을 대변한다. 니체는 후자를 철학적 원리로 삼기 때문에 그의 글은 논리적 일관성과 체계성을 갖추지 못하게 된다. 그는 아폴로적 전통에 속한 모든 기존의 것에 대한 냉소적 태도 속에서 논리적으로 전혀 연결되지 않는 생각들을 단편적으로 내던지듯이 말하게 된다. 이때 체계에 통합되기 어려운 수많은 깊은 통찰이 제시된다. 따라서 니체의 사상을 주제별로 구별하여 체계 있게 파악하기가 매우 어렵다.

니체의 글이 논리적 연결성과 통일된 체계성을 갖추지 못하는 또 다른 원인은 한평생 그를 놓아주지 않은 신체적 질병과 고통, 정신적 고독에 있는 것으로 추측된다. 끊이지 않는 신체적 고통과 깊은 사회적·정신적 고독에 빠질 때, 논리적 일관성과 체계적 통일성을 갖춘 학문 체계를 남기는 것은 어려워진다. 사물을 통전적으로 보지 않고 부정적 측면만 보게 되며, 기존의 것에 대해 냉소적으로 말하기 쉽다. 때로 모순된 것으로 보이는 생각을 말할 때도 있다.

또한 니체 자신이 체계를 혐오한다. "나는 모든 체계주의자 (Systematiker)를 신뢰하지 않는다. 나는 그들을 피한다. 체계에의 의지는 정직성의 결함(Mangel an Rechtschaffenheit)이다"(1978b, 84)라는 니체의 말은 이를 증명한다. 헤겔은 보편적 진리를 찾았던 반면, 니체는 "보편적인 것"을 부인한다. 그에게는 개체적인 것이 실재할 뿐이다. 보편적인 것을 부인하고 개체적인 것에 진리가 있다고 생각할 때, 일관성 있는 논리나 체계적 통일성은 약화될 수밖에 없다. 모든 개체는 다르기 때문이다. 그래서 "허무주의자는 논리적이어야 할 필요성을 느끼지 않는다"(1964, 21). 세계의 사물들 속에서 전체적 통일성을 찾고 그들을 체계화하는 것(Systematisierung)은 "헛된 환상"이라고 니체는 말한다(1955d, 678).

3. 니체는 고대 그리스 문화에서 두 가지 큰 흐름을 발견한다. 하나는 "**아폴로적인 것**"이요, 다른 하나는 "**디오니소스적인 것**"이다. 아폴로(Apollo)와 디오니소스(Dionysos)는 고대 그리스 신화에 나오는 신들이다. 아폴로는 음악, 시, 예술, 신탁, 빛과 광채의 신이라면, 디오니소스는 술의 신, 포도주와 풍요, 광기, 도취의 신이다. 아폴로는 아름다운 꿈(Traum)에 비유된다면, 디오니소스는 도취(Rausch)에 비유된다. 아폴로는 완전한 조화를 보이는 고대 그리스의 조각상들과 건축물의 **조형예술**에 나타난다면, 디오니소스는 인간을 도취시키는 **음악 예술**, 특히 "합창"(Chor)의 힘에서 나타난다 (1976a, 46 이하). 고대 그리스의 조각상들이 보이는 것처럼 아폴로는 완전한 조화와 질서, 절제와 중용, 이성과 지성을 상징한다. 이에 반해 디오니소스는 생명의 힘과 격정과 생동성을 상징한다. 쉽게 말한다면, 아폴로는 인간의 이성적인 면을, 디오니소스는 야성적인 면을 상징한다고 말할 수 있다. 이성적인 것과 야성적인 것, 낙관적인 것과 비극적인 것, 이 두 가지 요소들이 고대 그리스 문화 속에 공존하면서 서로 갈등하며 문화의 꽃을

피운다. 고대 그리스 문화의 이 두 가지 요소는 **이성주의와 감성주의, 지성주의와 의지주의**(Intellektualismus-Voluntarismus), **합리주의와 비합리주의**의 갈등과 충돌로 요약할 수 있다.

니체에 따르면, 고대 그리스의 비극(Tragödie)의 뿌리는 디오니소스에 있다. 고대 그리스의 비극은 "디오니소스적 상태들을 표현한 것이요 그것을 형상화한 것"이다(Manifestation und Verbildlichung dionysischer Zustände, 1976a, 124). 가장 오래된 형태의 그리스 비극은 "디오니소스의 고난만 대상으로 다루었고", 연극에서 주역을 맡은 영웅은 디오니소스였다. 프로메테우스, 오이디푸스 등 그리스의 유명한 신들은 위대한 영웅 디오니소스의 "마스크들"이었다(97).

니체는 디오니소스적인 것을 자신의 사상 원리로 삼는다. 이에 대해 쇼펜하우어와 바그너가 깊은 영향을 준다. 삶의 힘(dynamis)과 격정과 생동성을 상징하는 디오니소스적인 것을 니체는 생명을 유지하고자 하는 모든 생물의 "본능"(Instinkt)에서 발견한다. 그에 따르면 모든 생물에게 가장 중요한 것은 자기의 생명을 유지하고 교미하고 번식함으로써 자기의 종(種)을 유지하는 것이다. "유지의 본능이 유기체의 기본 본능이다"(Erhaltungstrieb als Kardinaler Trieb, 1964, 436). 이 본능은 목적이 없는 것, 곧 맹목적인 것이다. 곧 아무 목적 없이 **무조건 살고 종을 유지하는** 것이 모든 생명체의 본능이다. 이 본능 앞에서 이성과 합리성, 질서와 조화 등 아폴로적인 것은 쉽게 무너져버린다. 돈과 섹스 앞에서 인간이 쉽게 무너져버리는 것은 이를 나타낸다.

자기의 생명을 유지하고자 하는 본능은 "힘에의 의지"(Wille zur Macht)로 나타난다. 죽지 않고 살기 위해서는 힘이 필요하다. 힘이 없으면 죽는다. 그래서 모든 생명체는 죽는 순간까지 전력을 다해 힘을 얻고자 한다.[1] 힘에의 의지는 "음식물에 대한 의지, 소유에 대한 의지, **도구**에 대한 의지, 종들(복종자들)과 지배자들에 대한 의지"로 구체화된다(1964, 439). 땅 위에 있는 모든 생명을 니체는 힘에의 의지로 파악한다. 생명은 곧 힘에의 의지다. 온 세계가 힘의 의지다. 생명은 죽는 순간까지 힘을 얻고자 한다. 힘에의 의지가 그들의 행동을 결정한다. 이 같은 힘에의 의지가 니체 철학의 출발점이라 말할 수 있다. 그는 "힘에의 의지"로부터 세계의 모든 것을 파악하고자 한다.

이것을 우리는 다음과 같은 니체의 말에서 볼 수 있다. 세계는 "거대한 힘의 괴물(Ungeheuer von Kraft)이다. 그것은 시작도 없고 끝도 없다.⋯ 그것은 더 작아지지도 않고, 더 커지지도 않으며, 소모되지도 않는다. 단지 변천하며, 전체적으로 변할 수 없이 크다.⋯그것은 그 자체 안에서 사납게 날뛰며 도도히 흐르는 힘들의 대양이다.⋯영원히 자기 자신을 창조하며, 영원히 자기 자신을 파괴하는 나의 **디오니소스적** 세계, 이 두 가지 기쁨(Wollüste)을 가진 비밀의 세계,⋯이 세계에 대해 너희는 이름을 부여하고자 하는가?⋯**이 세계는 힘에의 의지다**—그 밖에는 아무것도 아니다! 너희 자신도(인간도) 힘에의 의지다—그 밖에는 아무것도 아니다!"(1964, 696-697) "모든 '목적', '목표', '감성'은 모든 사건 속에 내재하는 단 하나의 의지, 곧 힘에의 의지의 표현 방식이요 변형(Metamorphose)이다. 목적을 가

---

1 필자는 생명을 유지하기 위해 필요한 "힘"을 얻고자 하는 인간의 의지, 곧 "힘에의 의지"를 6.25 한국전쟁 당시 부산 국제시장에서 볼 수 있었다. 그 당시 부산 국제시장은 죽지 않고 살고자 하는 피난민들의 아수라장이었다. 물건을 사고팔려고 모여든 인파의 물결, 물건을 운반하는 수레와 자전거, 계속 경적을 울려대는 자동차들이 뒤엉킨 시장바닥, 호객 소리, 고함 지르듯이 물건값 흥정하는 소리, 싸우는 소리, 욕지거리, 부모를 잃어버리고 배회하는 어린아이들과 거지들, 깡패들, 끊이지 않고 일어나는 화재로 생활 근거를 잃어버린 피난민들의 울부짖음⋯, 지옥이 따로 없다고 말할 정도였다. 그 속에서 필자는 죽지 않고 살려는 인간의 생물적 강인함, "삶에의 의지", "힘에의 의지"를 볼 수 있었다. 그 처절하고 슬픈 삶의 투쟁의 현장은 지금도 눈앞에 선하다. 이것이 우리의 삶인가!

Ⅱ. 니체 철학의 출발점과 전체적 특징　　　765

진다는 것, 목표를 가진다는 것, 의도를 가진다는 것, 곧 **의욕한다**(Wollen)는 것은 **더 강해지고자 하는 것**, 성장하고자 하는 것, **이에 필요한 수단을** 얻고자 하는 것을 말한다"(451).

4. 니체 철학의 전체적 특징은 "망치"로 요약할 수 있다. 니체 자신의 말을 따른다면 **"망치로 철학한다"**는 말로 요약할 수 있다. 이 말은 니체의 책 『우상의 황혼』 부제 "망치로 철학하는 것처럼"(Wie man mit dem Hammer philosophiert)에서 유래한다. "망치로 철학한다"는 것은 기존의 것을 때려 부순다는 것을 말한다.

니체에 따르면 약 2,000년 동안 서구의 정신계를 지배한 것은 아폴로적인 것이었다. 소크라테스로부터 시작한 관념론적 형이상학, 이에 기초한 합리주의·지성주의·도덕주의는 아폴로적인 것에 기초한다. 니체는 아폴로적인 것이 지배하는 서구 세계의 형이상학의 문화를 때려 부수고자한다. 2,000년의 아폴로적 전통을 때려 부수고, 자연적 본능에 따른 인간의 삶과 삶의 힘을 회복하는 것, 곧 디오니소스적인 것의 회복을 니체는 자신의 철학의 주요 과제로 삼는다.

이로 말미암아 니체는 기존의 모든 것에 대해 냉소주의적 태도를 취하게 된다. **냉소주의**가 니체 철학의 전체적 분위기를 이룬다. 그는 사회 제도와 관습에 대해서는 물론 인간의 사랑과 우정과 동정과 이웃사랑에 대해서도 냉소적이다. 여성과 결혼생활에 대해서도 냉소적이다. "여자에 대한 너희(남자)의 사랑과 남자에 대한 여자의 사랑,…대개의 경우 두 가지 짐승들이 서로의 속내를 알아챈다.…먼저 사랑하는 것을 배워라! 그 때문에 너희는 너희의 사랑의 쓴 잔을 마실 수밖에 없을 것이다. 가장 아름다운 사랑의 잔 안에도 쓴 것(Bitternis)이 있다." 결혼생활은 "깨끗하게 닦은 작은 거짓말"이다(eine kleine geputzte Lüge, 1975, 75). 인간은 철저히 이기주의적 존재이기 때문에 사랑과 우정과 결혼생활에서도 자기 자신을 추구하며, 자기의 생명을 유지하고자 한다는 니체의 말은 남녀의 사랑에 대한 그의 냉소주의를 예시한다.

니체에 따르면 "자기 추구"(Selbstsucht)가 인간의 본질이다. 그는 자연의 생물에서 진화한 하나의 생물, 곧 짐승이기 때문이다. 이 같은 인간의 세계는 한마디로 "천민들"(Pöbel)의 세계다. 뛰어난 철학과 신학을 가진 이 세계, 신적 정신, 혹은 이성이 다스린다는 이 세계는 "쓰레기들"(Mischmasch)의 세계다(헤겔에 반하여). "천민들의 쓰레기들(Pöbel-Mischmasch), 그 속에 있는 모든 것은 뒤죽박죽이다. 노아의 방주에서 나온 성자와 무뢰한과 귀족과 유대인과 모든 종류의 짐승들의 뒤죽박죽이다.… 우리 안에 있는 모든 것이 거짓되고 썩었다. 존경할 수 있는 것이 아무것도 없다." 화려한 왕관을 쓴 왕들도 거짓되고 위선적이다. 그들은 "힘을 가지고 장기를 둔다"(1975, 270).

이 같은 세계에 대해 니체는 "구역질을 느낀다"(ekel)고 자주 말한다. 그는 "구역질"이라는 말을 자주 사용한다. "우리는 이 속임수로 배부르게 되었고 구역질을 느끼게 되었다." "타락! 타락! 세계가 이렇게 깊이 타락한 적이 없었다! 로마가 창녀와 창녀 점포(Huren-Bude)로 내려앉았다. 로마의 카이사르는 짐승으로 내려앉았고, 하나님은 유대인이 되었다"(271, 272). 니체의 이 말은 형이상학적·기독교적 전통이 지배한다는 서구 사회의 부정적 측면에 대한 니체의 냉소와 거부를 보여준다.

특히 니체는 기독교 도덕에 대해 냉소적이다. 기독교가 가르치는 "동정"과 "이웃사랑"을 그는 위선적이라고 본다. 이웃에 대한 동정과 사랑 속에서 인간은 사실상 자기 자신을 추구한다고 보기 때문이다. "발에 밟힌 지렁이는 자기를 구부린다. 그는 영리하다. 이로써 그는 또다시 발에 밟힐 수 있는 개연성을 줄인다. 도덕의 언어로 말한다면, 이것이 **겸손**이다"라는 니체의 말은(1978b, 85) 기독교의 겸손의 덕에 대한 냉소를 보여준다. 그는 건설적으로 세우는 데 관심을 두기보다 때려 부수는 데 주요 관심을 둔다. 2,000년 동안 서구 사회를 지배한 아폴로적 지성주의와 합리주의와 낙관주의, 기독교적 문화 전반을 그는 때려 부수고자 한다. 이런 점에서 니체의 철학은 "비판철학"이라 말할 수 있다(이진경 2015, 249).

그러나 "비판철학"이란 말은 니체 철학의 깊이를 충분히 나타내지 못한다. 니체는 비판의 차원을 넘어 당시 그가 살던 서구 세계의 문화 전체를 파괴하고자 하기 때문이다. 그의 철학은 "비판철학"의 차원을 넘어 "파괴의 철학", 모든 것을 때려 부수는 "망치(Hammer)의 철학"이라 말할 수 있다(니체는 "망치"라는 말을 자주 사용함). 기존의 모든 것에 대한 **냉소와 비판과 파괴**, 곧 **"안티"**(anti)가 니체 철학의 전체적 특징을 이룬다. 이에 대한 몇 가지 내용을 살펴보면 아래와 같다.

1) 니체 철학은 **반형이상학적**(antimetaphysisch), **반관념론적**(antiidealistisch) 특징을 띤다. 그에 따르면 인간의 자연적 본능과 자연적 본능에 따른 삶을 비도덕적인 것으로 간주하고, 인간을 도덕적 존재로 형성되어야 할 것으로 보며, 현상의 거짓된 세계와 참된 세계를 구별하는 소크라테스를 통해 관념론적 형이상학이 시작한다. 디오니소스적인 것은 사라지고, 아폴로적인 것이 지배하게 된다. 관념론적 형이상학은 소크라테스의 제자 플라톤을 통해 완성된다. 유한한 현상의 세계와 영원한 관념, 곧 이데아의 세계의 형이상학적 이원론에 기초한 플라톤의 형이상학이 그 이후의 철학을 지배한다. 현상 세계의 모든 것을 불확실한 것으로 보고 사유한 "나"에게서 더 이상 회의할 수 없는 확실성을 발견하는 데카르트, 현상 저 너머에 숨어 있는 "사물 자체"를 전제하는 칸트, 현상 세계에 속하지 않은 절대정신의 "관념"으로부터 세계를 설명하는 헤겔에 이르기까지 약 2,000년 동안 관념론적 형이상학의 이원론적 구도와, 이에 기초한 인식 체

계와 가치 판단(Wertschätzung)이 유럽의 정신세계를 지배한다. 니체는 관념론적 형이상학의 전통을 망치로 때려 부수고자 한다. 감각적 현상 세계 저 너머에 있는 영원한 관념, 곧 이데아에 기초한 절대적 진리, 가치, 의미와 도덕 등은 살고자 하는 인간의 의지와 삶의 역동성을 꺾어버리는 "삶의 퇴행"(décadence des Lebens)으로 간주된다.

따라서 니체의 철학은 **반헤겔적**이다. 영원한 이데아, 곧 관념은 실재하는 것이 아니라 인간이 만들어낸 것이다. 헤겔의 정신, 이성, 실체, 진리, 가치, 하나님 등 그의 관념론을 구성하는 모든 내용은 자기 자신을 유지하고 삶의 힘을 얻고자 하는 인간의 의지의 산물이요, 그 도구로 평가된다. 그것은 인간의 몸을 천시하고, 정신을 중요시한다. 그래서 인간을 "정신적 존재"라 부른다. 이에 반해 니체는 인간의 몸을 중요시한다. 그에 따르면 몸 없는 정신은 생각할 수 없다. 인간은 정신적 존재가 아니라 벌레에서 진화된 "짐승"이다. 중요한 것은 정신, 이성, 관념, 절대 진리 등이 아니라 감각기관을 가진 몸, 곧 삶과 삶의 힘이다. 니체는 관념론적 형이상학을 파괴함으로써 인간의 본능에 따른 삶의 힘을 회복하고자 하며, 인간을 땅의 삶에 충성하게 하고자 한다. "우리는 하늘나라에 들어가지 말자. 땅의 나라가 우리의 것이어야 한다!"(1978b, 565)

2) 니체의 철학은 **반기독교적**(antichristlich) 특징을 띤다. 기독교는 플라톤의 형이상학을 수용하고 약 2,000년 동안 유럽인들의 세계관과 가치관을 결정하였다. 유대교에서 파생한 기독교는 유대교의 뒤를 이어 죄의식과 죄책감을 가르치며, 인간의 자연적 본능과 욕구를 죄악시한다. 사회적 약자에 대한 동정과 이웃사랑을 가르침으로써 힘에의 의지를 억압한다. 기독교는 자연적 가치들을 무가치한 것으로 보며, 자연적인 것을 천한 것으로 여긴다. 기독교가 가르치는 하나님은 인간의 자연적 삶에 대한 대립이다. 헤겔이 말하는 "정신으로서의 하나님"은 "가장 부패한 하나

님 개념 가운데 하나"다. 기독교는 인간의 자연적 삶을 퇴행시키는 "퇴행(décadence)의 종교"다.

기독교에 대한 대립 속에서 니체는 소크라테스 이전까지의 고대 그리스 세계를 하나의 이상으로 제시한다. 그래서 어떤 학자는 니체의 정신적 고향은 고대 그리스 문화에 있다고 말한다. 그는 고대 그리스 세계를 "마법의 음료"(Zaubertrank)에 비유한다. 우리를 매혹시키는 "밝음, 단순함과 질서, 크리스탈과 같은 자연스러움, 크리스탈과 같은 예술적인 것", "이모든 것이 그리스인들에게 선물되었다"고 고대 그리스인들을 찬양한다(1978a, 101). 고대 그리스인들은 "인간 안에서 힘을 가진 모든 것을 신적인 것이라 불렀다." 그들은 인간의 자연적 본능(Naturtrieb), 특히 성적 본능을 부인하지 않고 그것을 제도적으로 해결할 수 있는 길을 세웠다(104).

고대 그리스 세계에 대한 니체의 찬양과 기독교에 대한 비하는 도를 넘어선다고 말할 정도다. 니체에 따르면 그리스인들은 호메로스의 신들을 그들 위에 있는 지배자로 보지 않았고, 유대인들처럼 그들 자신을 신들의 종(從)으로 생각하지 않았다. 그들이 믿는 신들은 "전적 타자"(totaliter aliter)가 아니라 그들 자신의 사회계급의 "가장 성공적인 인물들의 영상(Spiegelbild)"이었다. 그들에게 신들은 그들 자신의 본질에 대립하는 것이 아니라 그들 자신의 본질의 "이상"(Ideal)이었다. 그들은 신들과 친족관계에 있다고 생각하였다.

이에 반해 기독교는 유대교의 전통에 따라 하나님을 인간 위에 있는 지배자로 보고, "인간을 완전히 눌러 부스러뜨리고 깨뜨려버렸다. 깊은 진창 속으로 그를 빠뜨렸다. 완전히 버려졌다고 느끼는 인간에게 기독교는 갑자기 신적 자비의 광채가 비치게 하였다. 그래서 깜짝 놀란 인간, 은혜에 마취된 인간은 환희의 고함을 지르고, 잠깐 동안 온 하늘을 자기 자신 안에 지니고 있다고 믿는다. 기독교의 모든 심리학적 발견물들은 인간의 감정의 이 같은 병적 폭행(Exzeß)을 목적으로 가진다"(1978a, 110, #114).

3) 니체의 철학은 **반유대교적**(antijüdisch) 특징을 띤다. 기독교는 유대교에서 파생한 종교이기 때문에 기독교에 대한 니체의 거부는 유대교에 대한 거부로 이어질 수밖에 없다. 도덕과 죄와 죄책감을 알지 못하는 세계에, 도덕과 죄에 대한 의식과 죄책감을 가져온 것은 유대교다. 인간의 죄는 본래부터 있었던 것이 아니라 유대교가 이 세상에 가져온 "유대교적 느낌이요 유대교의 발견물(Erfindung)"이다. 기독교의 도덕성 배면에는 유대교가 있다. 기독교는 온 세계를 "유대교화시켰다"(verjudelt). 기독교는 "죄의 느낌이 없는 세계"였던 고대 그리스 문화를 물리치고, 유대교의 죄의식을 온 세계에 가르쳤다. "네가 후회를 할 때에만 하나님은 너에게 은혜를 베풀 수 있다"는 유대교와 기독교의 가르침은 고대 그리스인들에게 웃기는 것이요, 거슬리는 것이었다. 참회의 표식으로 "이를 갈고(Zerknirschung), 자기를 무가치한 존재로 낮추고(Entwürdigung), 먼지 속에서 뒹굴고(Sich-in-Staube-wälzen)", 이것이 하나님의 은혜를 받을 수 있는 조건이요, 하나님의 영광을 회복하는 조건이 된다.

니체는 유대인들을 가리켜 강한 자들에 대한 증오심과 복수심으로 가득한 사람들이라 말한다. 유대인들은 가치를 뒤바꾸어버림으로써 강한 자들에게 복수한다. 힘 있는 자들, 고귀한 자들이 선한 것이 아니라 힘 없고 불쌍한 자들이 선하다고 그들은 가르친다. "가난한 자, 무력한 자, 낮은 자만이 선한 자들이다. 고난을 당하는 자, 병든 자, 추한 자가 유일한 경건자들이요, 하나님이 기뻐하는 자들이다. 오직 그들에게만 복이 있다. 이에 반해 너희 고귀한 자, 힘 있는 자여, 너희는 영원히 악한 자요, 잔인한 자요, 육욕적인 자요, 만족함이 없는 자요, 하나님 없는 자다. 너희들은 영원히 불행한 자, 저주받은 자, 벌 받은 자"라고, 유대인들은 세상의 강한 자들에게 복수한다. 유대인들과 함께 "도덕의 노예 반란"이 시작하였다(1976c,

260, #7). 그들은 도덕과 죄의식이 없는 세계 속에 도덕과 죄의식을 끌어들였다.

『적그리스도』에서 니체는 반유대주의자라는 인상을 줄 정도로 유대교를 치열하게 비판한다. 그러나 그는 **반유대주의자가 아니었다.** 그는 철저한 개인주의자였기 때문에 국수주의·반유대주의를 거부하였다. 바그너와 작별하게 된 한 가지 원인은, 바그너가 반유대주의를 지지하였기 때문이었다.

니체가 반유대주의자가 아니었다는 명백한 증거를 우리는 다음과 같은 니체의 말에서 발견한다. 그리스도인을 세상 사람들로부터 구별하는 것은 "믿음"이 아니라 세상 사람들과는 **"다른 행동"**(anderes Handeln)이다. "토착민과 외래인, **유대인과 비유대인을 구별하지 않는**"다른 행동"을 통해 그리스도인들은 자신의 정체성을 나타낼 수 있다. 예수가 말한 "이웃"은 바로 유대인들이 아닌가! 그리스도인은 "아무에게도 노하지 않으며, 아무도 멸시하지 않는" 행동을 통해 세상 사람들로부터 구별된다. 니체가 생존하던 당시에도 유대인들은 가는 곳마다 유럽인들의 분노와 멸시를 당하였다. 이에 니체는 믿음이 아니라 유대인들을 멸시하지 않는 "다른 행동"이 그리스도인들의 정체성을 나타낸다고 말한다. 아무리 믿음이 좋아도 유대인들에게 화를 내고, 그들을 멸시하는 자는 참 그리스도인이 아니라는 것이다. 중요한 것은 **"새로운 믿음이 아니라 새로운 행동**(Wandel)"이다 (1978b, 230. 그의 문헌 Umwertung aller Werte에서).

4) 니체의 철학은 **반도덕주의**(Antimoralismus) 특징을 띤다. 도덕에 대한 비판이 그의 문헌 도처에 나타난다. 자연 짐승들의 세계에 도덕이란 없다. 그들에게는 본능에 따른 행동이 있을 뿐이다. 도덕이란 인간의 사회에서만 볼 수 있는 특이한 현상이다. 인간은 본래 자연에서 진화한 짐승이다. 따라서 인간의 세계에도 본래 도덕이란 없었다. 도덕이란 공동체를

유지함으로써 사실상 자기 자신의 생명을 유지하고자 하는 인간의 이기심 때문에 인간 자신이 만들어낸 것에 불과하다. 그것은 관념론적 형이상학이 만들어낸 것이다.

니체가 도덕을 거부하는 근본 원인은, 도덕은 **인간의 자연적 본능과 욕구에 반하는 것**, 곧 "모순"으로, 인간의 힘에의 의지와 본능적 삶의 역동성을 역행하기 때문이다. "지배하는 자들의 기본 특징, 곧 힘에의 의지"를 증오하도록 가르치는 도덕은 폐기되어야 한다(1976b, 45). 그에 따르면 짐승이나, 종(Gattung)이나, 개인이 자기의 본능을 잃어버린다는 것은 죽음을 말한다. 자기의 본능에 따른 자연적 욕구를 충족시키지 못하는 생물은 죽는다. 생명이란 "성장, 지속, 힘들의 축적, **힘**에 대한 본능이다. 힘에의 의지가 없을 때 멸망이 온다. 도덕적으로 가장 높은 가치에는 힘에의 의지가 결여되어 있다. 쇠퇴의 가치들(Niedergangs-Werte), **허무주의적** 가치들이 가장 거룩한 이름으로 지배권을 행사한다"(1978b, 194). 그중에 대표적인 것이 기독교가 가르치는 "동정"(Mitleiden)의 덕목이다. 인간의 도덕이란 것도 자기의 생명을 유지하고자 하는 인간의 본능적 욕구에서 나온 것이다.

5) 니체의 철학은 **반사회주의적·반민주주의적** 특징을 띤다. 짐승들의 세계에서 볼 수 있는 것처럼 강한 자는 살아남고 약한 자는 도태되는 것이 자연 질서다. 강한 자가 약한 자를 지배하고, 약한 자는 강한 자의 지배를 받는 것이 자연 질서다. 따라서 모든 인간의 평등을 전제하는 사회주의와 민주주의를 니체는 반대한다. 특히 사회주의를 니체는 반대한다. 사회주의에 따르면, 강한 자들과 약한 자들이 모두 평등하며, 약한 자들이 사회를 지배해야 한다. 거꾸로 말해, 강한 자들이 약한 자들의 지배를 받아야 한다고 가르친다. 이 같은 사회주의의 가르침은 자연 질서에 역행한다. 짐승들의 세계에는 사회주의가 없다.

니체의 반사회주의는 그의 반도덕주의의 귀결이다. 사회주의는 사회적 약자를 보호하고자 한다. 그것은 사회적 약자에 대한 동정에 기초한다. 니체의 반도덕주의는 사회적 약자에 대한 "동정"을 거부한다. 힘에의 의지가 약한 자들이 고통을 당하며 사는 것이 자연이다. 힘이 약해 죽을 자는 죽고, 힘이 있어 살 자는 사는 것이 자연이다. 약자들을 동정과 보호의 대상으로 보는 반면에, 힘이 있는 자를 "악한 자"로 간주하고, 약한 자들이 사회의 통치자가 되어야 한다는 사회주의는 자연을 역행하는 것으로 간주된다. 여기서 우리는 니체에 대한 사회다윈주의의 영향을 볼 수 있다.

니체의 반사회주의적 경향은 그의 개체주의의 귀결이기도 하다. 그에게 인간은 오직 자기 자신을 추구하는 개체적 존재, 이기주의적 존재다. 개체적·이기주의적 개체에게 사회적 통합과 결속은 모순된다. 각자도생이 있을 뿐이다. 각자도생하고자 하는 모든 개인이 동등할 수 없다. 각자의 힘과 능력에 따라, 각자 다른 삶의 조건 속에서 살 수밖에 없다. 따라서 "인격의 동등"(혹은 평등, Gleichheit der Person)이란 성립할 수 없다. 헤겔이 말하는 보편적 존재란 거짓말이다. "보편적인 것의 행복은 개체의 헌신을 요구한다"는 말은 자신의 생명을 유지하고자 하는 개체의 본성에 모순된다. 개체가 자기를 희생해야 할 "보편적인 것은 없다!" 개체의 존재가 매몰되어버릴 수 있는 "위대한 통일성"이란 것도 없다. "무한히 가치 있는 전체"란 오직 개체 인간을 통해 작용하기 때문이다(1964, 14). 가장 큰 가치, 가장 참된 진리는 각 개체가 죽지 않고 "산다"는 것, 곧 삶에 있다. 모든 인간의 평등, 모든 인간의 자유, 사회적 약자에 대한 "동정"에 입각한 사회주의는 옛 시대의 형이상학적 가치관에 속한 것으로 간주된다. 민주주의·사회주의에 반해, 니체는 귀족정치(Aristokratie)를 정당한 것으로 본다.

6) 니체의 철학은 **반지성주의적**(antiintellektualistisch) 특징을 띤다. 인간의 이성이나 지성이 인간의 사유와 행동을 결정하는 것이 아니라, 인간의 본능(Instinkt)이 그것을 결정한다. 이것을 우리는 짐승의 세계에서 분명

히 볼 수 있다. 짐승들은 본능에 따라 행동할 뿐이다. 그들의 행동은 본능에 의해 결정된다. 그들은 본능의 종이다. 인간도 마찬가지다. 인간의 의식, 이성, 지성이란 사실은 **본능의 종(從) 내지 도구**일 뿐이다. 거의 모든 의식적 사유는 자기의 생명을 유지하고 삶의 힘을 얻고자 하는 **본능의 활동**이다. 철학자의 의식적 사유는 "비밀스럽게 그의 본능을 통해 유도되며, 특정한 트랙을 따르도록 강요된다. 모든 논리학 뒤에도…특정한 유의 생명을 유지하기 위한 생리학적 욕구가 숨어 있다"(1976c, 9-10).

인간의 가장 깊은 본능은 자기의 생명을 유지하기 위한 맹목적 "힘에의 의지"에 있다. 인간의 사유와 삶을 지배하는 것은 이성이나 정신이 아니라 맹목적인 "힘에의 의지"다. 곧 아폴로적인 것이 아니라 디오니소스적인 것이다. 이런 점에서 인간은 짐승과 다를 바 없다. 그는 짐승에서 진화되었기 때문에, 짐승적인 본능이 그의 삶을 지배한다. 철학자들이 말하는 진리의 배면에도 본능에 따른 가치 판단이 숨어 있다. 삶에 유익한 것은 진리이고, 유익하지 못한 것은 참되지 못한 것, 곧 거짓된 것으로 규정된다. 사물의 확실성을 우리에게 줄 수 있는 것은 인간의 이성이나 지성이 아니라 감성과 지각이다. 이성이나 지성을 통해 우리가 얻게 되는 사상(생각)은 "우리의 지각들(Empfindungen)의 그림자다. 그것은 지각보다 항상 더 불명확하고 공허하며 단순하다"(1976b, 161, #179). 인간의 이성이나 지성은 사물 전체를 보지 못하고, 개구리처럼 자기에게 유익하고 필요한 것만 보는 "각상(角狀) 시야"다(Winkelperspektive, 니체의 매우 독특한 표현이다). 이것이 인간의 인식이다. "우리의 모든 인식 기관과 감각은 (자기) 유지와 성장을 위해 발전되었다"(1964, 348, #507).

7) 니체의 철학은 **반여성주의적**(antifeministisch)이다. 그는 여성을 사랑하면서도, 여성을 멸시한다. 여성에 대한 멸시도 도를 넘는 수준이다. 그는 여자를 철저히 **이기주의적이고 교활한 존재**로 생각한다. 이에 대한 니

체의 말을 인용한다면, 여성은 사랑의 "우상화"(Abgötterei), "사랑의 이상화(Idealisierung der Liebe)를 통해 자기의 힘을 더 높이고, 남자들의 눈에 항상 더 갈망할 가치가 있는(begehrenswerter) 존재로 자기를 나타낸다"(1978a, 268, #415). 여성은 자기를 바치는 척하면서 자기를 추구하고, 연약한 척하면서 자기를 방어하고, 남성을 이용하고 정복하고자 한다. 마음이 가난한 고귀한 여자들도 있지만, "도덕적 덕목과 부끄러움"(Tugend und Scham)을 포기하고 자신의 몸까지 바친다. 여성이 할 수 있는 최고의 일은 남자에게 자기의 몸을 바치는 것이다. 남자들은 이 선물을 받아들이지만, 여성들이 기대하는 만큼 여성들에 대한 의무감을 느끼지 않는다(1976b, 83, #65). 여자들은 자신이 연약하다는 것을 과장하여 나타내는 데 능숙하다. 한 알의 먼지에 부딪쳐도 깨어질 것 같은 장신구처럼 자기를 힘없는 존재로 나타내기도 한다. 그들은 남자들의 야만스러움(Plumpheit)을 깨닫게 하며, 양심을 되찾게 한다. 이를 통해 그들은 "강한 남자들과 '주먹의 권리'(Faustrecht)에 대해 자기를 방어한다"(#66).

여자들의 이타적 행위에는 이기주의가 숨어 있다. 그들은 남자를 섬김으로써 자신의 행복을 추구한다(1978a, 276, #432). 남자들이 수행하기 어려운 기능을 감당함으로써 남자들의 지갑을 자기 것으로 만들고, 남자들의 정치나 사회적 관계에 개입한다. "그들은 낯선 유기체에 자기를 접합함으로써 자기를 가장 잘 유지한다"(1978a, #119). "복수와 사랑에 있어 여자는 남자보다 훨씬 더 야만적이다"(1976c, 87, #139). 만일 여자가 "둘째 역할의 본능을 갖지 않는다면, 청소의 천부적 재능을 갖지 못할 것이다"(#145). 법적·경제적 독립성과 해방에 대한 여성의 요구는, 여성성의 변질 내지 퇴화(Entartung)의 표징이다. "우리의 여자들, '진리? 오, 그들은 진리를 모른다! 여자는 우리의 모든 품위(pudeurs)에 대한 암살 계획이 아닌가?'"(1978b, 83)

심지어 니체는 여성을 가리켜 남자들의 "가장 위험한 장난감"(das gefährlichste Spielzeug)이라고 비하한다. "여자를 사랑할 때, 남자는 여자를 무서워해야 한다. 모든 것이 희생물이 될 수 있고, 모든 다른 것이 그에게 무가치한 것이 되어버리기 때문이다." 남자는 군인으로 전쟁 교육을 받아야 하고, 여자는 "군인의 회복(Erholung des Kriegers)이 되어야 한다." "여자는 남자보다 아기를 더 잘 이해하지만, 남자는 여자보다 더 어린아이와 같다"(1975, 70). 여성에게 정치와 학문을 맡기는 것은 위험한 일이다. 학문에 대해 정말 잘 아는 여성은 거의 없다. 가장 우수한 여자들도 그들의 젖가슴 속에(im Busen) 학문에 대한 "비밀스러운 멸시를 품고 있다"(1978a, 269, #416). 아마도 니체는 그가 만난 많은 여자로부터 실망을 경험한 것으로 보인다. 소크라테스의 부인 크산티페(Xanthippe)와 같은 악녀가 그를 집에서 쫓아내었기 때문에, 소크라테스는 "아테네의 가장 위대한 길거리-변증가(Gassen-Dialektiker)"가 될 수 있었다고 말하기도 한다(#433).

8) 헤겔의 철학에서 국가 없는 개인은 있을 수 없다. 국가는 개인의 자유가 그 속에서 실현될 수 있는 "인륜성"(Sittlichkeit)이다. 국가는 절대정신, 곧 "정신으로서의 하나님"의 자기현상(Selbsterscheinung)이요, 영원한 관념의 나타남이다. "정신의 역사"로서의 세계사는 "국가들의 역사"다.

이와 같이 국가를 찬양하는 헤겔 철학에 반해, 니체의 철학은 **반국가적**(antistaatlich)이다. 그에 따르면 국가는 "모든 냉정한 괴물들 가운데 가장 냉정한 괴물(Ungeheuer)이다. 그는 냉정하게 거짓말을 한다. '나, 곧 국가가 민족이다'라는 거짓말이 그의 입에서 기어 나온다." 모든 민족은 선한 것과 악한 것을 얘기한다. "그러나 국가는 모든 혀를 가지고 거짓말로 선과 악을 말한다. 그가 말하는 것은 거짓말이다. 그가 가진 것은 훔친 것이다." 국가의 모든 것은 거짓이다. "그는 훔친 이빨들을 가지고 깨문다.… 그의 내장(Eingeweide)은 거짓된 것이다." "선한 것과 악한 것의 언어 혼란

(Sprachverwirrung)", 이것이 "국가의 표식이다. 이 표식은 실로 죽음에의 의지를 나타낸다." 국가는 자기를 가리켜 "땅 위에서 가장 위대한 것, 질서를 세우는 하나님의 손가락"이라고 말한다. 이 말은 괴물이 부르짖는 소리다. 국가는 "너희가 그것을 경외할 때, 너희에게 모든 것을 주고자 하는 새로운 우상(der neue Götze)이다."

니체에 따르면 국가는 "모든 사람이 서서히 자살하는 곳이다. 이곳을 가리켜 사람들은 '생명'"이라 부른다. "민첩한 원숭이들"이 국가의 왕좌에 기어 올라가고자 한다. 그러나 국가의 왕좌 위에 진흙탕(Schlamm)이 앉아 있고, 왕좌가 진흙탕 위에 앉아 있을 때도 있다. 참으로 "쓸데없는 자들"(Überflüssige)이 국가를 통치한다. "국가가 중단될 때 비로소 쓸 데 있는 인간이 나타나기 시작할 것이다." 신적 이성이 국가를 다스리는 것이 아니라(헤겔에 반해), 쓸데없는 자들의 이기주의가 국가를 다스린다(위의 내용에 관해 1975, 51-53,『차라투스트라는 이렇게 말했다』에서). 기독교와 국가는 모순된다. "본래의 기독교는 **국가의 폐지**다. 기독교는 맹세, 군 복무, 법원의 재판, 자기방어와 어떤 집단적인 것의 방어, 자국민과 외국인의 구별을 금지하기" 때문이다(1964, 149, #207).

9) 니체의 철학은 **반목적론적**(antiteleologisch)이다. 니체는 헤겔이 말하는 세계사의 보편적 목적을 부인한다. 인간의 세계는 아무 목적도 갖지 않는다. 보편적 목적이란 개인의 자연적 본능을 억제하는 기능을 하는 반자연적인 것이다. 자연 짐승들의 세계는 목적을 알지 못한다. 죽지 않고 살고자 하는 "삶에의 의지", 삶에 필요한 힘을 얻고자 하는 "힘에의 의지"가 있을 뿐이다. 그들의 삶에의 의지, 힘에의 의지는 목적을 모른다. 곧 그것은 맹목적인 것이다. 죽지 않고 사는 것, 사는 데 필요한 힘을 얻는 것이 그들의 유일한 목적이다. 세계사를 지배하는 것은 헤겔이 말하는 신적 정신이나 이성이 아니라 목적을 알지 못하는 "삶에의 의지"와 "힘에의 의

지"다. 세계는 보편적 목적을 향한 미래 지향적 운동이 아니라 이미 있었던 것의 영원한 윤회 내지 원운동(Kreislauf)이다.

10) 니체의 철학은 **반낙관주의적**(antioptimistisch)이다. 긍정적으로 말한다면, **비관론적**이다. 원운동에는 아무런 새로운 것이 없다. 목적도 없다. 동일한 것이 반복된다. 새로운 것이 없고, 아무런 비전과 목적이 없고, 동일한 것이 반복되는 세계, 진리도, 가치도, 도덕도 없고, 모든 인간이 하고 싶은 것이 허용되는 세계, 본능적 욕구와 힘에의 의지가 지배하는 세계, 자연의 짐승들에게서 볼 수 있는 것처럼 모든 생명체가 본능에 따라 행동하는 세계, 삶의 뜨거운 열정과 영원한 즐거움 속에서 모든 경악과 고난과 전쟁도 불사하며, 본능적 힘의 의지와 격정으로 충만한 디오니소스적인 것이 지배하는 세계, 한마디로 그것은 비관주의다. 그러므로 니체는 자기를 "최초의 비관주의 철학자"라 부르면서(1978b, 350), 종래의 관념론적 형이상학과 합리주의의 낙관주의를 비판한다. 모든 사물의 **영원한 윤회**, 동일한 것이 반복되는 **세계의 원운동**(Kreislauf)에 관한 니체의 사상은 낙관주의에 대립하는 비관주의를 나타낸다. **허무주의적 비관주의** 혹은 **비관주의적 허무주의**가 니체 철학 전체의 특징이라 말할 수 있다.

III

관념론적 형이상학에 대한 니체의 반란

1831년 헤겔이 사망한 지 13년 뒤에 태어난 니체는 헤겔의 강의를 들을 수 없었다. 그러나 그는 헤겔 철학을 잘 알고 있었다. 그래서 니체는 이렇게 말할 수 있었다. "헤겔이 존재한 적이 없다 할지라도, 우리 독일 사람들은 헤겔주의자들이다. (모든 라틴족들에 반해) 우리는 '존재한다'는 것보다 되어감(Werden)과 발전에 대해 본능적으로 더 깊은 의미와 더 높은 가치를 부여하기 때문이다." 독일인들은 주어진 현상에 만족하지 않으며, "존재" 곧 있음의 개념의 정당성을 인정하지 않는다. 이런 점에서 라이프니츠와 칸트도 헤겔주의자였다고 니체는 말한다. "모순이 세계를 움직인다. 모든 사물은 자기 자신에게 모순된다"는 헤겔의 변증법적 사고에 빠진 모든 독일인은 "논리학에 이르기까지 비관주의자들이다"라는 니체의 말은, 그가 헤겔 철학을 잘 알고 있었다는 것을 보여준다.

그에 따르면 독일인들은 주어진 현상들(Phänomene)을 보지 않고 관념들을 찾는다. 그들은 "역설적임에도 불구하고, 곧 옳지 못함에도 불구하고,

정신을 가지고 있다고 믿는다." 그러므로 세계에 대한 그들의 인식은 이데올로기적 구조를 가진다. 세계에 대한 순수한 인식의 결핍으로 말미암아 헤겔의 제자들은 19세기를 지배하게 되었고, "이 세기 독일인들의 본래적 교사들"이 되었다(Löwith 1941, 197). 이 같은 니체의 말도 그가 헤겔 철학의 핵심을 잘 파악하고 있었다는 사실을 보여준다. 마르크스와 마찬가지로 니체 역시 헤겔 철학을 잘 알았기 때문에 헤겔의 철학에 극단적으로 대립할 수 있었다.

물론 니체는 헤겔 철학을 거부하는 것을 자신의 철학의 목적으로 삼지 않는다. 그는 그의 사상을 이야기하고자 한다. 그러나 니체의 사상은 전체적으로 헤겔 철학에 대한 총체적 안티테제라고 말할 수 있다. 그는 헤겔이 대표하는 관념론을 총체적으로 부인한다.

헤겔 철학은 "정신으로서의 하나님"으로부터 출발한다. 정신으로서의 하나님이 헤겔 철학의 근거요 출발점이다. 그런데 니체는 이 "하나님은 죽었다", 하나님은 본래 없는데, 인간이 머릿속에서 만들어냈다고 말한다. 니체에 따르면 헤겔이 말하는 "기독교적 하나님 개념" 곧 "정신으로서의 하나님"은 "땅 위에서 얻은 가장 부패한 하나님 개념 가운데 하나다." 정신으로서의 하나님은 인간의 삶을 밝게 비추고, 그것에 대한 "영원한 긍정"(ewiges Ja)이 아니라, "**삶의 모순**으로 변질된(zum Widerspruch des Lebens abgeartet) 것이다. 하나님 안에서 삶과 자연과 삶에의 의지에 대한 적대관계가 통고된다! 하나님은 '차안'에 대한 모든 비방과, '피안'에 대한 모든 거짓말을 나타내는 공식(Formel)이다! 하나님 안에서 무(Nichts)가 신격화되고, 무에의 의지가 거룩한 것이라고 선언된다"(1978b, 208).

니체에 따르면 한때 사람들은 인간의 의식이나 정신 속에 신적인 것이 있다고 생각하였다. 인간의 의식과 정신은 "그의 더 높은 유래와 신성의 증명"이었다. 그 자신을 완성하기 위해 인간은 "거북이류"처럼 감각기관을 그 자신 속에 끌어들이고, 땅에 속한 것과의 교통을 끊어버리며, 사멸의 껍질을 벗어버려야 한다고 충고하였다. 그러면 "순수한 정신"이 나올 것이라고 하였다(1978b, 203). 그러나 "순수한 정신은 순수한 거짓말이다"(197). 곧 헤겔 철학의 근거와 출발점이 되는 "순수한 정신"은 "거짓말"이라는 것이다. 우리 몸 안에 있는 신경 체계와 감각 기관들과 사멸의 껍질들을 벗겨버리면 아무것도 남지 않는다. 의식도 없고, 정신도 없다. 이 모든 것을 벗겨버리면 "순수한 정신"이 나올 것이라는 계산은 틀렸다. "**우리는 계산을 잘못하였다**"(204).

이로써 니체는 헤겔 철학의 기초를 허물어뜨린다. 헤겔에 의하면 인간의 본질은 정신과 사유에 있다. 이에 반해 니체는 인간의 본질이 감각 기관을 가진 몸에 있다고 말한다. 몸의 모든 부분을 제하여버리면 아무것도 남지 않는다. 정신 내지 영혼이란 것도 없다. 몸은 확실한 사실적인 것이지만, 정신이나 영혼은 확실성이 없다. "더 풍요롭고, 더 분명하고, 만질 수 있는 현상(Phänomen)은 몸의 현상이다"(1964, 341). 몸의 "물질적인 것이 없으면, (영혼이나 정신이란) 비물질적인 것도 없다." 따라서 "몸에 대한 신앙이 **영혼**에 대한 신앙보다 더 근본적이다"(342).

헤겔은 "이성이 세계를 다스린다"고 말한다. 이에 반해 니체는 "우리가 알고 있는 세계는…그렇게 이성적이지 않다"고 말한다(166). 니체에 따르면 세계를 다스리는 것은 이성이 아니라 목적이 없는 "힘에의 의지"다. "정신의 개념과 일치하는" 세계, 곧 하나님 나라를 지향하는 헤겔의 목적론적 역사관에 반해, 니체는 만물의 영원한 윤회를 주장한다. 세계는 "자유의 원리"의 실현을 향한 과정이 아니라 아무 목적도, 의미도, 가치도 갖지 않은 허무주의 세계, 맹목적 "힘에의 의지"가 지배하는 세계라고 니체는 말한다.

이런 점에서 니체의 철학은 헤겔 철학에 대한 안티테제로 형성되었다고 말할 수 있다. 물론 니체는 헤겔 철학에 대한 반란을 자신의 철학의 목적으로 삼지 않는다. 그러나 약 2,000년 동안 서구 사회를 지배한 "관념론적 형이상학"(W. Windelband의 철학사에서 빌린 개념임)에 대한 니체의 안티테제는 헤겔 철학에 대한 안티테제이기도 하였다. 그러므로 니체는 그의 문헌 곳곳에서 헤겔 철학을 비판한다. 헤겔이 말하는 정신의 개념은 "우리의 모든 개념, 우리의 문화-개념(Kultur-Begriff)"이 되었다. 그러나 헤겔의 "정신은 예수가 살던 세계에서는 아무 의미가 없었다"는 니체의 말은(1978b, 224), 헤겔 철학의 기초와 출발점 자체에 대한 정면 도전이었다. 그 외에도 곳곳에서 니체는 헤겔 철학의 출발점인 정신의 개념을 비현실적이고 무익한 것으로 비판한다. 실로 니체의 철학은 **헤겔 좌파의 가장 극단적 형태**라 말할 수 있다. 이 같은 전제에서 우리는 니체의 몇 가지 주요 사상을 고찰하고자 한다.

1. 잘못된 추론에서 생성된 영원한 형이상학적 세계

1. 거의 모든 헤겔 좌파의 인물들처럼 니체도 새로운 시대가 시작하였다는 것을 인지한다. 형이상학적 관념론의 시대는 지나고 자연과학이 세계를 지배하는 새로운 시대가 시작하였다. 기독교적 문화와 가치의 시대는 깨어져 버렸다. 영원한 관념, 이상, 천재, 성자, 영웅, 신앙, 동정, 사물 자체 등이 지배하던 시대는 끝났다. 우리는 내적 붕괴의 시대, 불확실성의 시대, 영적 실체가 사라진 시대를 살고 있다.

이에 니체는 다음과 같이 질문한다. 우리는 종래의 가치관과 습관들을 버려야 하지 않는가? "우리는 모든 가치를 거꾸로 되돌려야 하지 않을까? 선은 악일 수도 있지 않은가? 인간은 마귀의 조작물이요 정교함일 수 있지 않은가? 결국 모든 것은 거짓일 수 있지 않은가? 우리가 기만을 당했다면, 우리 자신이 기만자가 아닐까?"(1959d, 440) "기독교의 하나님에 대한 신앙의 패배, 자연과학적 무신론의 승리"를 니체는 모든 유럽인이 그 공적과 영광을 함께 나누어야 할 "유럽 전체의 사건"으로 간주한다(1962e, 227).

이 같은 시대적 변천 속에서 니체는 영원한 이데아, 곧 관념으로부터 출발하는 종래의 형이상학은 끝났다고 본다. **헤겔의 관념론 시대가 끝났다.** 헤겔의 관념론은 형이상학이다. 그것은 삶의 현실적인 것으로부터 출발하지 않고, 삶의 현실 피안에 있는 절대자, "정신으로서의 하나님"(Gott als Geist)이란 하나의 관념으로부터 출발하여 세계를 설명하기 때문이다. 이에 반해 **헤겔 좌파**는 삶의 현실적인 것, 사실적인 것, 감각적인 것으로부터 출발해야 한다고 주장한다. 증명될 수 없는 정신이나 관념으로부터 출발할 것이 아니라 증명될 수 있는 "사실들"(facta)로부터 출발해야 한다. 보편적인 것이 아니라 특수한 것에 근거해야 한다. 중요한 것은 절대정신의 문제가 아니라 인간의 문제다. "하나님의 것을 하나님에게 돌려주고 황제의 것을 황제에게 돌려주는 것이 아니라, 인간의 것을 인간에게 돌려주는 것이 중요한 문제다"(Feuerbach).

이 같은 헤겔 좌파의 기본 관심에 따라 니체는 형이상학을 거부한다. 본래 형이상학, 곧 Meta-physik이란 차안의 물리적 세계(physis) 저 너머에(meta) 절대적 진리의 영원한 세계가 있다는 이원론적 세계관을 말한다. 참된 것은 차안의 물리적 세계, 곧 현상의 세계에 있지 않다. 참된 것은 현상의 세계 저 너머에 있는 영원한 관념의 세계에 있다. 이에 형이상학은 영원한 관념의 세계를 동경하고 이에 집중한다. 이에 반해 니체는 허무하다는 현상의 세계 속에서 이루어지는 인간 삶의 문제에 집중한다. 정신 대신에 몸에 관심을 가진다. 형이상학적 "참된 세계" 대신에 현상의 세계에 충실하고자 한다.

관념론적 형이상학과 니체 철학의 차이를 우리는 양자의 인간관에서 가장 분명히 볼 수 있다. 형이상학자 헤겔에 따르면, 본질적으로 인간은 "정신적 존재"다. 이에 반해 니체에 따르면, 인간은 **몸적 존재**다. 몸 없는 정신은 생각될 수 없다. 몸은 **진화의 산물**이다. 그는 벌레에서 진화된 "짐승"이다. 따라서 **짐승적인 본능과 욕구**, 곧 자연적 본능과 욕구가 인간 안에도 있다. 인간은 짐승적 본능과 욕구를 가진 **자연적 존재**다. 그는 자신의 자연적 본능과 욕구가 충족될 때에만 생존할 수 있는 짐승이다.

헤겔에 따르면 인간의 삶을 이끌어나가는 것은 신적 정신, 이성, 혹은 관념이다. 이에 반해 니체에 따르면 인간의 삶을 이끌어가는 것, 그의 삶을 지배하는 것은 자기의 생명을 유지하고 성장하고 번성하여 종(種)의 생명을 유지하고자 하는 본능적 욕구와, 이 욕구로 말미암은 "힘에의 의지"다. 인간은 물론 모든 생명체의 삶은 "힘의 가장 큰 느낌(Maximal-Gefühl von Macht)을 추구한다. 추구는 힘에 대한 추구일 뿐이다." "가장 잘 알려진 존재의 형식인 삶은…힘의 축적에의 의지다"(1964, 467). 자연의 짐승들과 마찬가지로 인간은 "자기 유지", "자기 행복"을 추구하는 이기주의적 존재다. 공격적 형태의 이기주의든, 방어적 형태의 이기주의적이든 간에, 인간의 이기주의는 "선택 사항이나 '자유로운 의지'의 사항이 아니라 (인간이 피하려려 피할 수 없는) 삶 자체의 운명(Fatalität)이다"(489).

헤겔과 마르크스는 모든 인간을 평등한 존재로 본다. 여기서 "소유의 나눔"과 사회주의 사상이 연역된다. 이에 반해 니체는 모든 인간의 평등과, 소유의 나눔에 기초한 사회주의를 "말도 안 되는 것"(unsinnig)이라 거부하고, 힘의 크기와 업적에 따른 인간 사회의 "서열 질서"(Rangordnung)를 당연한 것으로 본다. 자기의 힘으로 힘겹게 얻은 소유를 약한 자, 게으른 자와 함께 나누는 것은 인간의 자연에 모순된다고 간주한다. 각자도생(各自

圖生)하는 인간 사회에는 소유의 차이와 계급적 서열이 있을 수밖에 없다는 것이다.

2. 니체에 따르면 관념론적 형이상학은 **소크라테스**에게서 시작한다(이에 관해 1967, 116, #13 이하). 소크라테스는 당시 궤변론자들의 상대주의에 반하여 모든 사람에게 타당성을 가진 규범적 지식을 추구한다. 인간의 세계에 절대 진리는 없다. 다양한 의견들(doxai)만이 있을 뿐이다. 이 의견들은 각 사람의 경험과 표상에 따라 다르며, 언제나 다시금 변화된다는 궤변론자들의 주장에 반해, 소크라테스는 모든 사람이 인정할 수 있고 또 인정해야 할 **참된 것, 영속적인 것**을 찾는다. 그는 상대적·부분적 의견 너머에 있는 규범적인 것, **절대적인 것**을 찾는다. 그것을 완전하게 아는 사람은 아무도 없다. 이에 소크라테스는 "진리가 무엇인가"를 묻는 질문에 "나는 내가 모른다는 것을 안다"고 말한다.

　이 말을 통해 소크라테스는 신화적 세계의 감성적·직접적 확실성을 깨뜨려버린다. 이 세상에 절대적으로 확실한 것은 아무것도 없다. 인간이 감각적으로 지각하는 모든 것은 불확실하다. 여기서 불확실한 현상의 영역과, 절대적으로 확실한 진리의 영역이 구별된다. 참 가치와 의미는 현상의 영역에 있는 것이 아니라 현상의 영역 뒤편에, 혹은 그 위에 있는 절대적 진리의 영역, 관념의 영역에 있다고 보는 **관념론적 형이상학적 전통**이 소크라테스와 함께 시작된다. 자연적 본능과 맹목적 "힘에의 의지"가 지배하는 고대 그리스 신화의 신들의 세계에 대해 소크라테스는 "이성에 대한 믿음과, 보편타당한 진리에 대한 확신"을 대립시켰다(Windelband 1957, 58). 자연적 본능과 힘에의 의지 대신에 규범성을 가진 보편타당한 진리와 이성이 지배하게 되었다. 자연적 본능이 지배하는 세계에 도덕과 학문이 등장하게 되었다. 소크라테스로 말미암아 관념론적 형이상학의 기초가 세워졌다고 니체는 판단한다.

소크라테스의 관념론적 형이상학을 완성한 인물은 그의 제자 **플라톤**이었다. 플라톤 철학의 핵심은 **이원론**으로 요약할 수 있다. 그에 따르면 시공간적으로 제한된 차안의 물질적 세계 저 너머에, 혹은 배면에 피안의 비물질적인 참되고 영원한 세계가 있다. 차안의 세계는 허무하고 거짓된 세계요, 모순과 거짓과 대립으로 가득한 반면, 그 뒤에, 혹은 그 위에 있는 피안의 세계는 참되고 영원하며 참 평화가 있는 세계다. 이런 점에서 플라톤은 차안의 세계 "뒤에 있는 세계를 믿는 자들"(Hinterweltler, 니체의 독특한 표현임)의 모범이 된다. 플라톤의 후계자들, 곧 영원한 관념으로부터 출발하는 형이상학자들은 거짓과 고난으로 가득한 "현상의 세계"(scheinbare Welt) 저 너머에 거짓과 고난이 없는 세계, 시작도 없고 마지막도 없는 영원한 "참된 세계"(wahre Welt)가 있다고 가르친다.

니체에 따르면, 플라톤이 가르치는 형이상학적 "참된 세계"야말로 하나의 "가상"(Schein)이다. 그것은 실재하지 않는다. "플라톤은 가상을 존재 **위에 있는 것으로 세웠다.** 거짓말과 상상물을 진리 위에 있는 것으로 세웠다! 비현실적인 것을 현존하는 것 위에 세웠다! 그는 가상의 가치를 확신한 나머지 '존재', '원인성', '선함', '진리',⋯여타의 모든 첨부된 것을 가상의 가치에게 부여하였다"(1978b, 390).

기독교는 플라톤의 형이상학적 세계관을 수용하였다. 이리하여 기독교는 **"대중을 대한 플라톤주의"**가 되어버린다(1976c, 4). 플라톤의 이원론적인 형이상학적 구도에 따라 기독교는 가상의 거짓된 세계와 참된 세계의 이원론을 가르친다. 기독교가 가르치는 참된 세계, 곧 피안의 형이상학적 세계 꼭대기에는 "하나님"이 있다. 세계의 모든 것이 하나님으로부터 설명된다. 이리하여 형이상학자들은 하나님으로부터 출발하는 "신학적 철학자들"이 되어버린다. 우리의 모든 철학자는 "몸 안에 신학자들

의 피"(Theologen-Blut)가 흐르고 있다(1978b, 196). 독일의 기독교적 철학
은 사실상 형이상학이다. 그것은 "절반의 신학"(halbe Theologie)이다. 헤
겔의 철학적 신학 내지 신학적 철학은 이를 대변한다. 칸트, 피히테, 쉘링,
헤겔은 물론 포이어바하와 슈트라우스도 "신학자들"이요, "절반의 사제
들"(Halbpriester)과 "교회 교부들"이다. "개신교회 목사는 독일 철학의 할
아버지이고, 개신교회는 그것의 원죄(peccatum originale)다.…독일 철학
이 사실상 무엇인지, 그것이 **엉큼한** 신학(hinterlistige Theologie)이란 사실
을 파악하기 위해 '튀빙언 슈티프트'(Tübinger Stift)를 말하는 것으로 충분
하다"(Löwith 1941, 396에서 인용).

니체에 따르면, 독일의 모든 철학자는 "신학자의 본능"을 가진 "관념
론자"(Idealist)다. 그들은 신학자들, 사제들과 동일한 피를 가진다. "관념
론자는 사제처럼 모든 위대한 개념을 자기의 손에 가지고 있다.…그는 '오
성', '감성', '명예', '행복한 삶', '과학'에 대한 친절한 멸시와 함께 그들의
위대한 개념들을 최후의 수단으로 사용한다.…(헤겔이 말하는) 순수한 정신
은 완전히 거짓말이다.…직업적으로 삶을 부정하는 자(Verneiner), 배신자,
독살자(Vergifter)인 사제들이 더 높은 부류의 인간으로 인정되는 한, 진리
란 무엇인가에 대한 질문은 아무런 대답도 얻지 못할 것이다. 무와 부정의
의식적 변호인(곧 신학자나 사제들)이 '진리'의 대변자로 인정될 때, 진리는
이미 거꾸로 세워진다"(1978b, 197). 곧 삶에 유익한 것이 "나쁜" 것으로 간
주되고, 삶에 해로운 것이 "좋은" 것으로 간주된다.

신학자와 사제, 그리고 "신학자의 피"를 가진 철학자들은 "거꾸로 세
워진 진리"를 "믿음"의 이름으로 올바르다고 주장한다. 자기의 관점에 오
류가 있다는 것을 숨기기 위해 그들은 현실에 대해 눈을 감아버린다. "모
든 사물들에 대한 이 잘못된 렌즈로부터 그들은 도덕과 덕목과 거룩을 만
들어낸다. 자신의 렌즈를 '하나님', '구원', '영원'이란 이름 하에 신성불

가침의 것으로 만든 다음, 어떤 다른 렌즈도 가치를 가져서는 안 된다고 요구한다." 그들의 주장에는 "가장 기초적인 자기 유지의 본능"(unterster Selbsterhaltungs-Instinkt)이 숨어 있다. 이 본능은 있는 그대로의 현실이 드러나는 것을 금지한다. 그들은 가치를 거꾸로 세운다. 곧 "좋은 것"과 "나쁜 것"의 개념을 거꾸로 세운다. "삶에 가장 해로운 것이 '좋은' 것으로 간주되고, 삶을 일으켜 세우고 상승시키며, 긍정하고, 정당화하고, 승리하게 하는 것은 '나쁜' 것"으로 간주된다(1978b, 198).

달리 말해, "신학자들의 피"와 "신학자들의 본능"을 가진 형이상학자들은 삶의 초월적이며 초감각적·절대적인 것에 진리가 있고, 감각적 현실의 삶은 거짓된 것으로 본다. 인간의 자연적 삶에 유익한 "힘이 있는 것"을 그들은 악한 것으로 보고, 그것에 해로운 "약한 것"을 좋은 것으로 본다. 아무 힘없이 십자가에 달린 예수를 그들은 "가장 좋은 것"으로 본다. 이렇게 그들은 가치를 거꾸로 세움으로써 현실의 삶에 "퇴행"을 가져온다. 모든 인간은 예수처럼 약한 자, 힘이 없는 자가 되어야 한다는 것이다. 니체에 따르면, 이것은 현실의 삶에 대한 부정이요 배신이다. 그것은 현실의 삶에 독을 뿌리는 일이다. "신학자들의 피"를 자신의 몸 속에 가진 관념론적 형이상학자들은 현실의 삶을 "부정하는 자, 배신자, 독살자"라고 니체는 비판한다.

3. 니체에 따르면, 현상 세계 저 너머의 영원한 참된 세계는 실재하지 않는다. 사실상 그것은 인간이 만들어낸 것이다. 그것은 인간이 자기의 생명을 유지하기 위해 만들어낸 허상에 불과하다. 형이상학자들이 말하는 참된 것, 가치 있는 것은 사실상 자기의 생명을 유지하는 데 가장 유익한 것을 투사한 것에 불과하다. "절대적으로 비감각적이며, 정신적이고, 선량하다는 '참된 세계' 혹은 '하나님'의 관념은 삶의 곤경을 극복하기 위한

'비상 대책'이다"(Notmaßregel, 1964, 390). 니체에 따르면, 가상의 거짓된 세계와 참된 세계의 대립은 우리의 생명을 유지하는 데 무엇이 유익하고, 무엇이 무익한지에 대한 가치 판단으로 소급된다. 그런데 가치 판단은 중립적인 것이 아니다. 우리가 어떤 사물에 대해 가치 판단을 할 때, 힘을 얻고자 하는 의지, 곧 힘에의 의지가 작용한다. "가치 판단 자체는 이 힘에의 의지일 뿐이다"(1964, 452).

구체적으로 말해 우리가 어떤 사물의 가치를 판단할 때 나의 생명 유지와 성장에 유익한가, 유익하지 못한가에 대한 성찰, 곧 **유지의 조건들과 성장의 조건들**"이 작용한다. **나의** 생명 유지와 성장에 유익하다고 판단되는 것은 영원한 참된 세계에 속한 것으로 간주되고, 유익하지 못하다고 판단되는 것은 허무한 가상 세계에 속한 것으로 간주된다. 자기의 생명 유지와 성장에 유익한가 무익한가에 대한 가치 판단에 따라 두 가지 대립된 세계가 설정된다. "우리는 **우리의** 유지 조건들(Erhaltungs-Bedingungen)을 **존재의 술어**로 투사한다." 우리의 생명 유지와 번영에 유익하다고 확실히 믿을 수밖에 없는 그것으로부터 "'참된 세계'는 변화될 수 있고 되어가는 세계가 아니라, **존재하는** 세계라고" 생각한다(1964, 348).

거짓된 가상 세계 위에, 혹은 뒤에 있는 영원한 관념의 세계를 동경하는 형이상학자들, 곧 "뒷세계의 사람들"(Hinterweltler)은 현상의 "되어감(Werden)의 세계를 기만이라 심판하고, 현상의 세계(Erscheinungswelt) 피안에 있는 세계, **참된** 세계를 고안한다"(1964, 14). 현상의 삶의 세계는 우리가 버려야 할 무가치한 것이라 가르친다. 그들은 "피안을 가지고 (차안의) **삶을 죽인다**"(1978b, 376).

현상 세계의 삶을 부정하는 형이상학에 반해, 니체는 "가상(Schein)의 아름다움에 완전히 빠져 있는" 이상적(?) 삶의 세계를 그리스 신화의 신들에게서 발견한다(1976a, 60). 그리스 신화의 "신들은 인간의 삶을 정당화한다.…밝은 햇빛 아래 있는 신들의 현존은 인간이 추구할 가치가 있는 것으로 지각된다"(59). 중요한 것은 피안의 영원한 삶이 아니라 차안의 삶이다. 차안의 삶을 충만하게 살고자 한다면, 피안의 형이상학적 세계를 폐기해야 한다. 우리는 "형이상학의 마술"을 벗어나야 한다고 니체는 주장한다.

니체의 입장에서 볼 때 헤겔의 관념론은 형이상학이다. 그것은 현실의 "사실들"에 근거하지 않고 "정신으로서의 하나님", "삼위일체 하나님"이란 관념을 출발점으로 두기 때문이다. 관념이란 "귓속에 밀랍"을 끼우고 "더 이상 (현실의) 삶에 대해 듣지 않는" 철학자들이 만들어낸 것이다. "관념들은 감성보다 더 악한 유혹자들이다.…그들은 철학자들의 '피'로 살며, 그의 감성과… '마음'을 먹어버렸다. 이 늙은 철학자들에게는 마음이 없었다(herzlos, 포이어바하를 연상하게 함).…지금까지 모든 철학적 관념론은 질병과 같은 것이었다"(1976b, 288, #374).

니체에 따르면, 헤겔의 관념론은 현실을 기만하는 기능이 있다. 헤겔은 "정신으로서의 하나님"이란 관념으로부터 현실을 파악하기 때문에 현실을 현실적으로 파악하지 못하고 관념적으로 파악한다. 그는 정신이 부재한 세계를 "정신의 세계"로, 이성적이지 못한 세계를 "이성이 다스리는" 이성적인 세계로 정당화한다. 현실적으로 인간은 자유롭지 못한데, 헤겔은 세계사를 가리켜 "자유에 대한 의식에 있어서 진보"라고 기만한다. 헤겔의 관념론은 "인간의 기본 오류"를 마치 "기본 진리"인 것처럼 얘기한다.

헤겔의 관념론은 인간의 존재를 기만하는 기능도 있다. 니체에 따르면 인간은 원숭이의 후예다. "하나님은 인간을 하나님의 원숭이로 창조하였다"(1978a, 177). 그는 "힘에의 의지"를 삶의 원리로 삼는다. 이 같은 인간을 헤겔은 "하나님의 형상"으로 창조되었다고 말한다. 힘에의 의지가 아니라 사유가 인간의 본질이라고 말한다. 자기의 생명을 유지하고 번식을 통해 종의 생명을 유지하고자 하는 생물적 본능이 지배하는 인간을, 헤겔은 짐승들로부터 구별되는 "정신적 존재", "사유하는 존재"로 파악한다. 니체에게 이것은 인간 존재의 현실에 대한 기만이다.

이에 니체는 다음과 같이 말한다. "우리는 인간을 '정신'으로부터, '신성'으로부터 도출하지 않는다." "우리에게 인간은 가장 강한 짐승이다. 그는 가장 간교한 짐승이기 때문이다.…그는 전혀 창조의 왕관이 아니다." 자연의 모든 생물은 인간과 동등한 완전성을 가진다. 그러므로 인간이 자연의 다른 생물들보다 더 완전하다고 말할 수 없다. 오히려 "인간은…가장 성공하지 못한 짐승이요, 가장 위험하게 자기의 본능을 벗어난, 가장 병든 짐승이다"(1978b, 202-203).

4. 니체에 따르면, 형이상학적 "참된 세계"는 **잘못된 추론**(falscher Schluß)을 통해 설정된 것이다. 인간의 사유는 어떤 대상의 주어진 상태에 머물지 않고 그것을 넘어서는 본질적인 것을 찾는다. 제약된 것에 머물지 않고 제약되지 않은 것, 곧 절대적인 것을 찾는다. "제약된 것에 절대적인 것을 **첨가하여 생각하는 것**(hinzudenkt), 첨가하여 만들어내는 것(hinzuerfindet)이 사유의 본성에 속한다"(391). 이 첨가는 다음과 같은 거짓된 추론의 방식으로 일어난다. "이 세계는 거짓된 것이다(scheinbar). **따라서** 참된 세계가 있다. 이 세계는 제약되어 있다. **따라서** 제약이 없는(절대적) 세계가 있다. 이 세계는 모순으로 가득하다. **따라서** 모순이 없는 세계가 있다. 이 세계는 되어가는 것이다(werdend). **따라서** 존재하는 세계(seiende Welt)가 있다. 이것은 완전히 잘못된 추론들이다." A가 있으니, 그 반대 개념 B가 있을 수밖에 없다는 것은 말이 되지 않는다. 그것은 참된 세계가 있기를 바라는 인간의 소원에 불과하다.

그것은 고난을 일으키는 세계에 대한 **증오의 표현**이기도 하다. 고난으로 가득한 세계에 대한 증오의 표시로 참된 세계, 더 가치 있는 세계가 상정된다. 이 상정된 세계를 1) 철학자들은 **"이성의 세계"**라 부른다. 이성의 세계를 "참된 세계"라 부르게 된다. 2) 종교인들은 **"신적인 세계"**라 부른다. 신적인 세계는 "탈자연화된 세계", "반자연적 세계"로 생각된다. 3) 도덕론자들은 **"자유로운** (도덕적) **세계"**라 부른다. 도덕적 세계를 "선하고, 완전하고, 정의롭고, 거룩한" 세계라고 부르게 된다. 이같이 다양한 이름을 가진 영원한 형이상학적 세계는 현상의 세계를 부정함으로써 성립되기 때문에 "다른 세계"(andere Welt)라 불린다(1964, 408).

잘못된 형이상학적 추론의 본질은 **부정**(Negation)에 있다. 그것은 "거짓된 것"을 부정함으로써 "참된 것"을, "되어가는" 것을 부정함으로써 변함없이 "존재하는" 것을, "고난"을 부정함으로써 "고난이 없는" 것을 추론한다. 따라서 피안의 형이상적 세계는 참되지 못한 것, 유한하고 되어가는 것에 대해 "부정적인 속성"(negative Eigenschaften)을 띤다. 그것은 **"현실에 대한 부정"**에 불과하다. 니체에 따르면, 현실 세계의 부정을 통해 추론된 참되고 영원한 세계는 실재하는 것이 아니다. 그것은 "상상물"이요 "오류"(Irrtum)다. 그것은 없는 것, 곧 무다. 변함이 없는 참된 세계, 곧 "저 세상"은 "천상의 무"다(1975, 32). 영원한 형이상학적 세계는 현상의 세계와는 "다른 것(Anderssein), 우리가 접근할 수 없고 파악할 수 없는 다른 것이란 것 외에 아무것도 말할 수 없다. 그것은 부정적 속성들을 가진 물건이다"(1978a, 21). 그것은 **"존재하지 않음**(Nicht-sein), 살지 않음(Nicht-leben), 살고자 하지 않음(Nicht-leben-wollen)의 동의어다. 종합적으로 말하여 삶의 본능이 아니라, 삶의 피곤함(Lebensmüdigkeit)의 본능이 '다른 세계'를 만들었다. 결과적으로 철학, 종교, 도덕은 퇴행의 징조들(Symptome der décadence)이다"(1964, 409).

니체에 따르면, 인간의 감성 혹은 감각기관은 믿을 수 없는 것이라고 철학자들은 말한다. 감각기관은 기만한다. 사람에 따라 감성이 다르기 때문이다. 그래서 그들은 감각기관을 "기만자, 우롱하는 자, 파괴자"라고 생각한다. 이에 철학자들은 진리를 찾는다. 참된 것, 곧 "그 자신에게 모순되지 않으며, 기만하지 않으며, 변화하지 않는 참된 세계 – 고난의 원인이 되는 모순·기만·변천이 없는, 그러므로 인간이 고난당하지 않는 세계를 찾는다. 존재해야만 하는(wie sie sein soll) 바의 세계가 있다는 것을 그들은 의심하지 않는다." 여기서 현상의 세계는 "존재해서는 안 될" 세계, 거짓되고 무가치하며 일시적인 세계로 규정된다. "지나가고, 변하고, 변천하는 (현상 세계의) 모든 것이 멸시와 증오(Verachtung, Haß)의 대상이 되어버린다." "되어가는 것에 대한 불신앙, 되어가는 것에 대한 의심, 되어가는 모든 것에 대한 경시(Geringschätzung)"가 일어난다(1964, 401-402).

이 같은 현상에 대해 니체는 질문한다. 우리가 지금 여기서 살고 있는 "가상의 세계가 참된 세계보다 덜 가치 있다고, 누가 우리에게 말하는가? (가상의 세계 속에서 생명을 유지하고자 하는) 우리의 본능은 이 판단에 모순되지 않는가? 인간은 보다 나은 세계를 현실로서 갖기 원하기 때문에 그는 영원히 하나의 날조된 세계를 만들지 않는가?…누가 **우리의 세계**가 참된 세계가 **아니라고** 말하는가?" 형이상학자들이 말하는 "다른 세계", "참된 세계"가 오히려 "가상의 세계"가 아닌가?(1964, 407)

니체에 따르면, "존재해야만 하는 세계", 곧 참된 세계가 "실존한다"고 믿는 것은 비생산적이고 게으른 사람들의 신앙이다. 정말 참된 세계를 바란다면, 이 세계를 지금 우리가 살고 있는 세계 속에서 이루어야 한다. 그러나 피안의 참된 세계, "뒷세계를 믿는 사람들"(Hinterweltler)은 "참된 세계"를 자신의 힘으로 현상 세계 속에 이루고자 노력하지 않는다. 오히려 참된 세계는 현상 세계의 저 너머에 이미 "있다"고 전제하고, 이 세계에 이를 수 있는 수단과 방법을 모색할 뿐이다. 이들이 가진 "진리에의 의지는 창조에의 의지의 무력함(Ohnmacht)"이다(1964, 402). 곧 진리에 이르고자 하는 그들의 의지는, 진리의 세계를 창조하고자 하는 의지의 결핍, 의지의 무력함을 나타낼 뿐이다. 그들은 비생산적이고 게으른 사람들이라고 니체는 말한다.

5. 한마디로 형이상학은 거짓말이라고 니체는 판단한다. 형이상학은 그 자신이 설정한 것에 따라 세계를 측정한다. 그가 상상해낸 "'절대적인 것', '목적과 수단', '사물들', '실체', 논리적 법칙들, 수(數)와 형태들에 따라 세계를 측정한다.⋯비로소 사유의 능력을 통해 비진리(Unwahrheit)가 있게 된다." 여기서 비진리는 처음부터 있는 것이 아니라 사유를 통하여 있게 된 것으로 파악된다. 바로 여기에 "모든 형이상학의 바보짓"이 있다(Unsinn aller Metaphysik, 1964, 391).

니체에 따르면, 영원하고 변함이 없는 참된 저 위의 세계를 믿는 형이상학자들은 "하나님과 비슷한 자들"(Gottähnliche)이다. 하나님처럼 그들은 자기들이 믿는 것을 의심하는 것은 죄라고 말한다. 그러나 나는 그들이 정말 무엇을 믿는지 잘 안다. 그들은 "정말 피안의 세계와 (예수의) 구원하는 피를 믿는 것이 아니라, 몸을 믿는다. 그들에게는 그들 자신의 몸이 사물 자체다"(33). 바로 여기에 형이상학자들의 거짓과 위선이 있다. 그들은 기독교 성직자들처럼 저 위에 있는 것을 가르침으로써 자신의 배를 불린다고 니체는 지적한다.

형이상학이 상상에 불과하다면, **형이상학에 기초한 모든 진리**도 참이 아니라 상상이요 거짓이다. 인간은 없는 것, 곧 무로부터 하나님과 진리를 만들어내었다. "그들은 그들의 하나님을 무에서 만들었다"(1978b, 564). 따라서 하나님과 진리는 본래 **없는 것**, 곧 무(nihil)다. 철학에 대한 우리의 입장에서 새로운 점은, 우리는 하나님이나 진리를 가지고 있지 않다는 점이다. 하나님과 진리는 물론 이에 기초한 우리의 모든 현실은 진리가 아니라 거짓이다. 이런 점에서 **"진리는 없다"**(es gibt keine Wahrheit). 현상 세계 저 너머에 있는 형이상학적인 것은 참되고 가치가 있음에 반해, 현실 세계의 감성적인 것, 감각적인 것은 거짓되고 무가치하다고 보는 것은 오류다. 기독교적 형이상학이 말하는 피안의 "참된 것"은 존재하지 않는다. 지금 우리가 살고 있는 가시적 세계, 플라톤이 말하는 "가상의 세계"(scheinbare Welt), 감각적 세계가 유일한 세계다. 참된 것은 초감성적인 것, 초월적이고 절대적인 것에 있지 않고, 감성적인 것에 있다. 헤겔이 말하는 "정신"은 피다. "피가 정신이다." "한때 정신은 하나님이었다. 그다음에 그는 인간이 되었다. 이제 그는 오합지졸이 된다"고 니체는 헤겔의 정신의 개념을 정면으로 비판한다(1975 41).

니체의 이 같은 생각은 당시 자연과학적 무신론의 세계관을 반영한다. 자연과학은 눈에 보이는 현상의 세계 외에 어떤 다른 영원한 것을 인정하지 않는다. 감성적으로 경험할 수 있는 현상의 사물들 저 너머에, 혹은 저 위에 있는 초감성적인 것, 이른바 "참된 것"을 자연과학은 인정하지 않는다. 형성 과정에 있는 자연의 세계, 눈으로 볼 수 있는 감성적 사물들이 있을 뿐이다. "되어감(Werden)의 현실"이 유일한 현실이다. 이 현실을 파악하기 위해 우리에게 필요한 것은 관념적·형이상학적 철학이 아니라, "실사적으로 철학하는 것"(das historische Philosophieren)이다. 만일 참된 것이 있다면, 그것은 현실적 사물들의 뒤에, 혹은 위에 있는 것이 아니라 현실의 사물들 안에 있을 뿐이다. 모든 관념적인 것, 형이상학적인 것은 자연과학에서 배제된다. 자연과학과 마찬가지로 철학도 현상 세계의 현실적인 것, 감각적인 것에서 출발해야 한다.

6. 인간이 형이상학적 초월의 세계, 영원한 절대 진리의 세계를 상정하는

원인은 무엇인가? 니체에 따르면, 그 원인은 **현실의 삶에 대한 불만족**에 있다. 인간 현실의 모든 것은 제약되어 있고 일시적이다. 그것은 지나가버리는 것, 곧 무상한 것이다. 인간의 세계는 고난으로 가득하다. 그러므로 인간은 현실의 세계 속에서 자기를 실현할 수 없다. 그는 자기가 바라고 희망하는 것을 완전히 이룰 수 없다. 그의 삶은 시간적으로, 공간적으로 제약되어 있다. "너는 죽는다는 것을 기억하라!"(memento mori) 현실의 삶에 대한 이 같은 불만족 때문에 인간은 모든 것에 만족할 수 있는 형이상학적 초월의 세계, 절대 진리의 영역을 상정한다. 그는 자신이 상정한 가상의 세계를 참되고 영원하며 가치 있는 세계, 참된 세계라 생각하고, 이 세계로부터 그의 모든 꿈과 기대의 실현을 희망한다. 그는 차안의 세계에 등을 돌리고, 피안의 영원하고 참된 세계를 기다린다. 니체에 따르면, 피안의 참된 세계는 인간의 꿈과 희망이 만들어낸 허구에 불과하다. 그것은 현실의 세계에 대한 실망과 증오의 표현인 동시에 충만한 삶에 대한 동경의 표현이다. 그것은 자신의 삶과 세계를 극복할 수 없는 데서 오는 체념적 행위이기도 하다. 형이상학 속에는 현실의 세계에 대한 증오와 체념이 숨어 있는 동시에 희망이 숨어 있다.

형이상학적 피안의 세계를 상정하게 되는 또 하나의 원인은 자신의 **삶에 대한 무능력과 삶의 피로감**에 있다고 니체는 말한다. 세상에서 가장 큰 힘과 권력을 가진 사람일지라도 자기의 삶을 자기가 원하는 대로 누릴 수 없다. 그의 삶은 제약되어 있다. 제약된 삶 속에서 인간은 무능력과 피로감을 느낀다. 삶의 고난, 삶에 대한 무능력과 피로감, 이 모든 것이 합하여 형이상학적 초월의 세계를 꿈꾸게 되고, 이것이 실제로 존재하는 것처럼 생각한다. 형이상학은 진리를 동경하며, 진리에 이르고자 한다. 그러나 형이상학의 "진리에 대한 의지"는 사실상 자기가 원하는 것을 이룰 수 없다고 느끼는 의지의 무력함, 곧 새로운 "창조에 대한 의지의 무력함"의 표출이다(XVI 84). "형이상학자들 속에는 피곤함과 병든 것"이 숨어 있다 (75).

이제 인간 자신이 만들어낸 형이상학적 "제2의 세계"는 파괴되어야 한다고 니체는 주장한다. 그것은 인간 자신이 만들어낸 것으로, 하나의 "착각이요 자기기만"에 불과하다. 그것은 현실의 삶을 거짓되고, 무가치하고, 천하고, 무의미한 것으로 격하시킨다. 그것은 현실의 "삶에 대한 모순"이요(1964, 400), "바로 우리 자신인 세계의 가치 감소(Wertverminderung)"와 "삶의 명예 훼손"(Verleumdung des Lebens)을 가져온다. 그것은 "삶에 대한 가장 위험한 암살(Attentat)"이다(398). 인간 자신이 만들어낸 "착각과 자기기만", 곧 형이상학적인 것이 인간의 삶의 의지와 힘의 의지를 약화시키고, 삶의 "퇴행"(혹은 퇴폐)을 초래한다. 그것은 욕구와 즐거움의 느낌(감정)과 불쾌감의 느낌을 약화시키며, 힘과 자부심에의 의지와 더 많이 갖고자 하는 의지를 약화시킨다. 한마디로 형이상학이 가르치는 현상 저 너머의 피안의 세계, 영원하고 절대적인 것, 곧 "사물 자체"는 인간의 삶의 힘과 생동성을 약화시킨다. 그것이 가르치는 모든 가치는 "퇴행의 가치들"(décadence-Werte)이다. 그러므로 형이상학은 반드시 붕괴되어야 한다. "나는 약하게 만드는 모든 것, 피폐하게 만드는 모든 것에 대한 부정(Nein)을 가르친다. 나는 강하게 하는 것, 힘을 축적하게 하는 것, 힘의 느낌을 정당화하는 모든 것에 대한 긍정(Ja)을 가르친다"고 니체는 말한다(1955b, 1219).

니체에 따르면, 형이상학의 붕괴는 이미 시작하였다. 그 대표적 붕괴 현상은 감각적인 것만을 인정하는 현대의 자연과학이다. 방법론적으로 자연과학은 감각적인 것 배면에 있다는 초감각적인 것을 인정하지 않는다. 자연과학에는 감각적 대상이 있을 뿐이다. 자연과학은 과학적 연구에서 하나님과 형이상학적인 "저 위의 것"을 배제한다. 어떤 초월적인 것도 인정하지 않는다. 이로써 형이상학이 붕괴된다. 형이상학이 붕괴될 때, 그 위에 기초한 진리와 가치와 도덕도 무너질 수밖에 없다. 이로써 세계의 대혼란이 있을 것이라고 니체는 예측한다. 곧 허무주의 시대가 올 것이라고 예고한다. "수백 년의 거짓말과 함께 진리가 싸우기 시작할 때…우리는 한 번도 상상해본 적이 없는 동요를, 지진의 경련을 당할 것이다. 이때 정치는 총체적으로 유령들의 전쟁에 빨려들 것이다. 옛 사회의 모든 힘의 구조물들이 공중 분해될 것이다. 이들은 모두 거짓말에 기초한다. 땅 위에 한 번도 일어난 적이 없는 전쟁이 있을 것이다"(Löwith 1941, 206에서 인용).

2. 삶의 "퇴행"을 초래하는 형이상학적 도덕주의

1. 니체에 따르면, 형이상학은 그 나름의 "가치 판단"(Wertschätzung)을 한다. 좋은 것과 나쁜 것, 선한 것과 악한 것, 참된 것과 거짓된 것, 정의로운 것과 불의한 것을 구별하고, 좋은 것, 선한 것, 참된 것, 정의로운 것을 참 가치로 판단한다. 여기서 가치의 구별이 일어난다. 곧 가치 있는 것과 가치 없는 것이 구별된다. 이 구별에 따라 도덕과 비도덕이 결정된다. 좋은 것, 선한 것, 참된 것, 정의로운 것을 행하는 것은 도덕적이고, 그 반대의 것, 불의한 것을 행하는 것은 비도덕적인 것으로 구별된다. 이른바 **도덕적 규범**이 등장한다.

　　형이상학적 세계의 꼭대기에 있는 절대자는 모든 도덕적인 것의 근원으로 간주된다. 최고의 도덕적 존재인 절대자로부터 도덕적 규범이 연역된다. 이제 인간은 절대자가 제시하는 도덕을 지킴으로써 자기를 완성해야 할 도덕적 당위성을 가진 존재로 규정된다. 그는 비도덕을 버리고 도덕을 택해야 한다. 그는 도덕적 존재가 되어야 한다. 인간은 자기의 이성과 지성을 통해 도덕을 행함으로써 도덕적 존재가 될 수 있다. 세계는 도덕적 세계로 발전할 수 있다. 이로써 형이상학적 도덕주의와 낙관주의가 등장하게 된다.

니체는 형이상학적 도덕주의를 거부한다. 형이상학의 도덕주의에 대한 니체의 비판은 치열하다. 그의 문헌 곳곳에서 니체는 거듭하여 도덕을 비판한다. 이리하여 니체는 이미 그가 생존할 때부터 "비도덕주의자"(Immoralist)라고 평가된다.

니체는 도덕을 인간의 자연에 역행하는 것, 곧 자연에 대한 모순으로 본다. 그에 따르면 인간은 본래 짐승에서 진화되었다. 그는 원숭이의 후예다. 원숭이의 세계에 도덕이란 존재하지 않는다. 그들에게는 "힘에의 의지"에 따른 본능적 행동이 있을 뿐이다. 인간은 원숭이에서 진화된 존재이기 때문에 인간에게도 본래 도덕이란 없었다. 참된 것과 거짓된 것, 좋은 것과 나쁜 것, 선한 것과 악한 것의 구별이 없었다. 니체 자신이 자기의 독특한 표현이라 부르는 말에 따르면, 본래 인간의 세계는 짐승들의 세계와 마찬가지로 "좋은 것과 나쁜 것의 저 너머에"(jenseits von Gut und Böse) 있었다.

따라서 도덕은 인간의 자연에 속하지 않는다. 그것은 인간의 자연에 모순되는 **비자연적인 것**이다. 그것은 인간의 자연, 곧 인간의 본성에 대한 모순이다. 도덕은 인간의 삶을 자연 그대로 두지 않고 그것을 제약한다. 무엇을 행해야 하고, 무엇을 행하지 말아야 하는지 명령한다. 이로써 인간의 본능과 본능에 따른 삶이 제약을 받게 된다. 인간의 삶은 힘을 잃어버리고 퇴행하게 된다. 이리하여 도덕은 삶에 대해 "퇴행"(décadence)의 기능을 갖게 된다. "몸, 곧 **삶**의 자기 유지와 힘의 상승을 진지하게 여기지 않으며, 빈혈증으로부터 하나의 이상(Ideal)을, 몸을 멸시함으로써 '영혼의 구원'을 찾는" 도덕은 "퇴행의 처방"(Rezept zur décadence)이다(1978b, 369).

한마디로 도덕은 "퇴행의 도덕"이다(368). 그것은 "자중(Schwergewicht) 의 상실이요, 자연적 본능에 대한 저항이다. 한마디로 그것은 '무자 아'(Selbstlosigkeit)다. 이것이 지금까지의 도덕이다"(369).

니체는 도덕의 폐해를 다음과 같이 제시하기도 한다. 도덕은 "a) 세계 에 대한 모든 생각에 **독을 뿌리며**, b) 인식에의 길, **과학**에의 길을 끊어버리 며, c) 모든 현실적인 본능들을 폐기하고 묻어버린다." 도덕은 "가장 거룩 한 이름과 태도를 가지고 자기를 꼿꼿하게 세우는 무서운 퇴행의 도구"다 (1964, 401).

2. 선과 악, 좋은 것과 나쁜 것의 구별이 없는 세계를 니체는 고대 그리스 신화에 나오는 신들의 세계에서 발견한다. 소크라테스 이전의 고대 그리 스인들은, 그들이 이상적인 것으로 생각했던 삶의 세계를 신화에 나오는 신들의 세계로 묘사한다. 이 신들의 세계는 "좋은 것과 나쁜 것의 저 너머 에"(Jenseits von Gut und Böse) 있는 것, 곧 좋은 것과 나쁜 것의 구별이 없는 세계였다.

니체의 이 말은 구약성서 창세기 3장에 그 뿌리를 둔다. 창세기 3장에 따르면, 인간의 타락 이전의 세계는 도덕적으로 "좋은 것과 나쁜 것"의 구 별이 없는 세계로 나타난다. 그래서 하나님은 두 사람에게 경고하기를 내 명령을 어기고 선악과를 따먹을 때, 너희는 "좋은 것과 나쁜 것(tob wa rah) 을 알게 될 것이다"라고 말한다(창 3:5).

기독교 신학에 대해서도 잘 알고 있었던 니체는, 좋은 것과 나쁜 것의 구별이 없는 에덴동산을 어떤 이상향에서 발견하지 않고 고대 그리스 신 들의 세계에서 발견한다. 이들의 세계를 가리켜 그는 좋은 것과 나쁜 것, 가치 있는 것과 가치 없는 것, 도덕적인 것과 비도덕적인 것의 구별이 없 는 세계로 상정한다. 이 세계에는 있는 그대로의 자연, 자연적 본능에 따른 행동이 있을 뿐이었다. 신들은 "자연적 기분"(Laune der Natur)에 따라 행동하였다. 참된 것과 거짓된 것, 도덕과 비도덕의 구별이 없었기 때문에 신들의 어떤 행동도 죄된 것, 비도덕적인 것으로 규정되지 않았다. 신들에게는 죄에 대한 의식이 없었고, 죄에 대한 의식이 없기 때문에 죄책감도 없었다. 신들과 신들, 신들과 인간이 자유롭게 성관계를 가지며, 질투심 때문에 다른 신을 죽이고, 속이고, 훔치고, 강간을 해도 죄책감을 느끼지 않았다. 그들의 세계를 지배한 것은 중용과 조화와 질서의 신 아폴로가 아니라 술의 신 디오니소스였다(로마인들은 바쿠스[Bacchus]라 불렀음).

신들은 시간과 공간의 제한을 벗어나며 불멸한다는 것 외에 인간과 다를 바가 없었다. 그들은 인간과 거의 동일한 모습을 취하고 있었다. 성욕이 강하였고, 연회를 좋아하고, 술에 만취되기도 하고, 속이기도 하고, 질투하기도 하고, 잔인하게 죽이기도 하였다. 그들은 자연적 삶의 힘과 생동성으로 충만하였다. 감각적으로 느끼는 것, 곧 눈으로 보고, 귀로 듣고, 코로 냄새를 맡는 그것이 확실한 진리였다. 감각적인 것 저 너머에 있는 변할 수 없는 절대 진리와 가치, 영원한 관념은 그들에게 낯선 것이었다. 그들에게는 자연적인 것, 직접적인 것, 맹목적(목적이 없는) 삶의 의지가 있을 뿐이었다. 불을 훔쳐 인간에게 가져다준 프로메테우스처럼, 고대 그리스인들에게는 도적질도 가치 있는 일로 인정되었다(1976a, 147, 1978b, 147). 고대 그리스의 신들에게는 죄의식이 없었다. 그들은 자연적으로 살았을 뿐이다.

이 같은 신들의 모습은 고대 그리스인들이 이상적이라 생각하는 삶을 신들의 삶으로 투사한 것이었다. 이리하여 고대 그리스인들은 매우 자유로운 성문화를 갖게 된다. 매춘과 동성애는 일반화되어 있었다(유튜브, "고대 그리스의 성문화" 참조). 한마디로 니체가 본 소크라테스 이전의 고대 그리스 세계는 디오니소스적인 것이 지배하는 세계였다. "디오니소스적 신화들 속에서…헬레니즘의 본질의 기본 사실 - '삶에의 의지'가 나타난다. 이 신화들을 가지고 그리스인은 무엇을 보여주고자 하는가? 그리스인은 **영원한** 삶, 삶의 영원한 윤회를 보여주고자 한다. 과거에 약속되었고 성별된 미래를 보여주고자 한다. 죽음과 변천을 넘어선 삶에 대한 승리적 긍정, 생식을 통한, 성(性)의 신화들을 통한 지속적 삶 전체(Gesamt-Fortleben)로서의 참된 삶을 보증한다. 그러므로 그리스인들에게는 **성적** 상징이 신성한 상징 자체요, 고대의 모든 경건의 본래적인 깊은 의미가 성에 있었다." 그들은 생식, 임신, 분만의 모든 요소를 신성하게 여겼다. 신화의 가르침에 의하면, 여자가 아이를 분만할 때 느끼는 고통은 거룩한 것이라고 생각되었다. "'분만하는 여자의 진통'은 고통 일반을 거룩하게 한다. 모든 되어감과 성장, 미래를 보증하는 모든 것은 고통을 제약한다.…창조의 영원한 기쁨이 있도록 하기 위해, 삶의 의지가 영원히 긍정되도록 하기 위해 '분만하는 여자의 고통'은 영원히 있을 수밖에 없다.…이 모든 것은 디오니소스의 말이다." 소크라테스 이전의 고대 그리스인들에게는 디오니소스의 상징이 가장 높은 상징이었다. 그 속에는 "삶의 가장 깊은 본능, 삶의 미래, 삶의 영원을 향한 본능이 종교적으로 지각된다. 삶에의 길 자체, 생식이 **거룩한** 길로 생각된다"(1978b, 180-181).

달리 말해, 인간의 본능적 욕구와 욕망, 성과 여자의 생식이 죄악시되지 않고 자연적인 것, 거룩한 것으로 간주되며, 본능적 욕구와 욕망이 억제되지 않고 긍정되는 삶의 풍요로움이 있는 디오니소스적 세계를 니체는 자연적인 것으로 생각한다. 절대적 진리, 도덕규범이 없는 세계, 자연적 본능에 따른 "힘에의 의지", 본능적 행동만 있는 세계, 삶의 생동성이 넘치는 세계를 니체는 자연적인 것으로 제시한다. 자신의 회고록에서 니체는 디오니소스적인 것에 대해 다음과 같이 말한다. "가장 낯설고 가장 혹독한 문제들에도 불구하고 삶 자체에 대한 긍정(Jasagen), 삶에의 의지…이것을 나는 디오니소스적인 것이라고 불렀다.…경악스러운 일들과 동정을 벗어나기 위해서가 아니라, 위험한 정욕으로부터 자기를 깨끗하게 하기 위해서가 아니라,…도리어 (삶의) 경악스러운 일들과 동정을 넘어, 되어감(Werden)의 영원한 즐거움이기 위해, 파괴에 대한 즐거움(Lust am Vernichten)을 그 자신 속에 포함하는 즐거움이기 위해…"(1978b, 350). 삶의 모든 경악스러움, 위험한 정욕, 파괴와 허무, 이 모든 것을 포함하는 디오니소스적인 것에 근거하여 니체는 특정한 가치에 기초한 도덕을 반대한다. 그에 따르면 도덕은 인간의 자연적·본능적 삶을 억압하며, 인간을 강하게 만드는 것이 아니라 약하게 만든다. 그것은 힘에의 의지를 약화시킨다. 도덕의 이 같은 문제성을 감각적으로 보여주는 것은 그리스도의 십자가다. 십자가는 힘의 상징이 아니라 무력함의 상징이요, 성공적 삶의 상징이 아니라 실패한 삶의 상징이다. 그것은 "건강, 아름다움, 성공적인 삶, 용기, 정신, 영혼의 화평(Güte der Seele)에 반대되는 표식, 삶 자체에 반대되는 표식이다"(1978b, 283).

3. 이 같은 문제성을 가진 도덕을 고대 그리스 세계에 도입한 인물은 **소크라테스**였다고 니체는 주장한다. 좋은 것과 나쁜 것, 선과 악의 구별을 알지 못하는 고대 그리스의 세계에서 소크라테스는 인간이 올바르게 행동할 수 있는 길은 무엇인가를 질문한다. 그는 도덕과 비도덕을 알지 못하는 세계에서 도덕을 질문한다. 올바르게 행동할 수 있는 길은 먼저 올바른 것, 좋은 것이 무엇인가에 대한 인식에 있다. 이에 대한 인식이 있어야 올바르게 행동할 수 있다. 무엇이 올바르고 좋은 것인가? 올바른 것, 좋은 것은 "유익한 것", "합목적적인 것"을 가리킨다. 무엇이 유익하고 합목적적인 것인가? 이에 대해 인간은 가르침을 필요로 한다. 그는 먼저 자기 자신을 알아야 한다. 진리에 대한 자기 자신의 무지함을 아는 동시에 진리를 알 수 있는 가능성, 곧 이성이 있음을 알아야 한다. 이런 뜻에서 소크라테스는 먼저

"너 자신을 알라"(gnothi seauton)고 요구한다.

소크라테스는 그 당시 그리스 사회의 도덕적 혼란을 직시한다. 그에 따르면 인간은 진리가 무엇인지, 참된 도덕적 덕목이 무엇인지 알지 못하는 무지 상태에 있다. 인간은 참된 덕목이 무엇인지 배워야 한다. 삶의 참 내용은 옳은 것을 행하며, 끊임없이 자기를 도덕적으로 개선하며, 모든 선한 것과 아름다운 것에 참여하는 데 있다. 참 행복은 본능에 따라 사는 것이 아니라 도덕적으로 사는 데 있다. 곧 공동의 선에 유익하게 사는 데 있다. "유익한 것", "합목적적인 것"이 참 덕목이다.

이로써 도덕적인 것과 비도덕적인 것의 구별이 일어난다. 도덕적인 것을 이상으로 생각하는 **도덕주의**가 등장한다. 인간은 더 이상 신화의 신들처럼 본능에 따라 살아도 좋은 존재가 아니라 도덕적으로 살아야 할, 또 그렇게 할 수 있는 능력이 있는 도덕적·이성적 존재로 생각된다. "역사에서 처음으로 충만한 명료성을 가진 도덕적 의식(das sittliche Bewußtsein, Windelband 1957, 79)"이 소크라테스를 통해 등장한다.

니체에 따르면 진리를 안다고 하지만 진리를 모르는 "통찰의 결함"을 보면서, 소크라테스는 "현존하는 것의 내적인 거짓됨(Verkehrtheit)과 헛됨(Verwerflichkeit)을 추론한다." 여기서 현실은 거짓되지 않고 헛되지 않은 것으로 지양되어야 할 것으로 파악된다. "바로 이 점으로부터 소크라테스는 현존을 수정해야 한다고 믿게 된다." 이리하여 소크라테스는 "전혀 다른 성격의 문화, 예술과 도덕의 선구자(Vorläufer)로" 등장한다. 그는 "마법의 음료를 대담하게 먼지 속에 부어버린 악마적인 힘"으로, 고대 그리스의 "아름다운 세계를 강한 주먹으로 파괴한다." 그는 자연적인 본능적 힘에의 의지가 지배하는 신들의 세계를 파괴하고, 의식과 이성과 도덕이 지배하는 새로운 문화를 이끌어들인 "완전히 실패한 괴물"(Monstrosität per defectum)이라고 니체는 소크라테스를 규정한다. 그는 "그리스적 본질을 부정하였다"(1976a, 118).

소크라테스에 의하면 "덕목(Tugend)은 지식이다. 오직 무지로 말미암아 악을 행하게 된다. 덕스러운 것이 복된 것이다." 소크라테스의 이 세 가지 문장은 "낙관주의의 세 가지 기본 형식이요", 이 형식 속에서 고대 그리스의 비극은 끝난다(123). 이제 인간은 신화적 직접성·자연성의 무지 상태를 벗어나 덕을 행하는 복된 존재가 되어야 할 것으로 생각된다. 이런 점에서 소크라테스는 "**이론적 낙관주의의 원형**(Urbild)이다." 그는 사물들의 본성을 탐구할 수 있다는 믿음 속에서 "지식과 인식에 대해 보편적 치료책(Universalmedizin)의 힘을 부여하며, 오류를 악 자체로 파악한다." 그는 "거짓(Schein)과 오류로부터 참된 인식을 분리하는 것이 인간의 가장 고상하고, 유일한 참된 과제라고" 생각한다(1976a, 129).

이로써 소크라테스는 "의사, 구원자인 것처럼 보였다." 그러나 소크라테스는 사실상 "웃기는 사람" 곧 "어릿광대"(Hanswurst)였다고 니체는 말한다(1978b, 90). 그는 인간의 "본능"과 "어두운 욕구들"을 억압하고, "이성의 햇빛"을 비추어야 한다는 "도덕주의"를 가르쳤기 때문이다. 도덕주의를 통해 그는 인간의 삶에 "퇴행"(décadence)을 가져왔다. "소크라테스는 하나의 오해였다. 모든 **개선의 도덕**(Besserungs-Moral)은…오해였다"고 니체는 소크라테스를 평가한다(1978b, 92-93).

4. 소크라테스의 도덕주의를 그의 제자 플라톤은 강화한다. 인간의 사유와 행동에 대해 구속력을 가진 아무런 보편적 규범이 없다고 보는 궤변론자들에 반해, 플라톤은 규범이 있다고 주장한다. 이 규범은 현상의 세계 저너머에 영원하고 변함없으며 비물질적인 이데아(관념)에 있다. 진리에 이를 수 있는 길은 감각적 대상에 대한 감성적 경험에 있는 것이 아니라, 영원한 이데아를 인식하는 데 있다. 참 진리는 영원하고 비물질적인 이데아

에 있기 때문이다. 영원한 이데아를 인식할 수 있는 길은 개별적인 것에서 보편적인 것으로, 제약된 것에서 제약되지 않은 것, 곧 절대적인 것으로 나아가는 변증법적 사유다. 영원하고 변함이 없는 이데아만이 참된 현실이다. 이데아 중에 가장 높은 이데아는 최고의 선의 이데아다. 최고의 선의 이데아가 실현되는 데 세계의 목적이 있다. 인간의 목적은 감각적 세계를 넘어 초감각적 세계에 있는 최고의 선에 도달하는 데 있다. 인간의 몸과 감성은 이것을 방해하는 족쇄와 같다. 몸은 무덤(soma - sema)이다. 최고의 선에 도달하는 데 도덕적 덕목의 궁극 목적이 있다. 지혜, 용기, 신중함, 정의가 기본 덕목이다.

이 같은 플라톤의 사상에서 니체는 소크라테스에게서 시작한 형이상학의 완성된 형태를 발견한다. "비물질적 현실"에 대한 주장이 플라톤에게서 처음으로 명백하게 나타난다(Windelband 1957, 99). 현상의 거짓된 세계와 영원하고 참된 이데아의 세계, 물질적인 것과 비물질적인 것, 육체적인 것과 정신적인 것, 감성적인 것과 초감성적인 것, 파르메니데스의 "존재"와 헤라클레이토스의 "되어감"의 형이상학적 이원론이 플라톤의 철학에서 완성된 형태로 나타난다. 인간은 현상의 물질적·감성적 세계를 벗어나 비물질적·비감성적 이데아의 세계로 나아가야 할 존재로, 육체의 본능적 욕구와 정욕을 억제하고 최고의 선에 도달해야 할 존재로 생각된다. 이상적 세계를 향한 도덕주의가 그의 철학의 주요 관심이었다.

플라톤의 형이상학적 도덕주의에 대해 니체는 다음과 같이 말한다. "플라톤 이후 그리스 철학의 도덕주의는 병리학적인(pathologisch) 것이다." 그것은 본능에 따라 행동하는 자연적 인간을 병든 존재로 파악하고, 그에게 이성과 도덕을 요구한다. "본능 없이, 본능에 반하여" 행동하는 것이 이성적이요, 행복에 이를 수 있는 길이라고 가르친다. 곧 "이성 = 도덕적 덕목 = 행복"(Vernunft-Tugend-Glück)의 공식을 가르친다(1978b, 92).

그러나 형이상학적 도덕주의는 인간의 삶에 해가 된다고 니체는 판단한다. 그것은 고대 그리스 신들에게서 볼 수 있는 자연적 삶의 힘과 역동성을 죄악된 것으로 보고, 이를 억제해야 한다고 강요한다. 이로 말미암아 자연 짐승들에게서는 전혀 볼 수 없는 **죄의식과 죄책감**이 등장한다. 인간은 끊임없는 죄책감 속에서 자기의 자연적 본능과 삶의 힘과 역동성을 억제하고자 한다. 이로써 삶의 퇴행이 일어난다. "본능을 싸워 이겨야만 한다는 것, 이것이 퇴행의 공식이다"(1978b, 93).

니체에 따르면, 영원한 이데아의 세계에 참 진리와 가치가 있다고 본 플라톤은 삶의 퇴행을 야기한 결정적 관념론자다. 그는 "첫 번째 퇴행자"(ein erster décadent)다. 그는 "그리스인의 기본 본능을 너무도 멀리 벗어났다. 그는 너무도 도덕화하였고, 너무도 선재적으로 기독교적이다(präexistent-christlich). 그는 이미 '선'이란 개념을 가장 높은 개념으로 둔다." 이로 인해 선과 악, 참된 것과 거짓된 것, 가치 있는 것과 무가치한 것의 이원론이 세워진다. 이를 가리켜 니체는 "새빨간 거짓말"(höherer Schwindel), 혹은 "관념론"(Idealismus)이라 부른다(1978b, 176).

이에 니체는 형이상학적 도덕주의자들을 다음과 같이 비난한다. "너희 경악스러운 연극 배우들과 스스로 기만하는 자들아! 너희의 교만은 자연에게…하나의 도덕을, 너희의 이상을 강요하며,…모든 현존을 단지 너희 자신의 상(Bild)에 따라 존재하도록 하려 한다." 이로써 너희는 자기 억제와 중용을 이상으로 가르치는 스토아주의를 보편화시키고자 한다. "진리에 대한 너희의 모든 사랑을 가지고…자연을 거짓되게, 다시 말해 스토아적으로 보도록 너희 자신을 강요한다." 스토아주의의 도덕론을 이상으로 생각하는 철학은 "언제나 자기의 상에 따라 형성한다. 달리 어떻게 할 수 없다. 철학은 이 독재적 충동 자체다. 힘에의 정신적 의지, '세계의 창조', 제1원인자(causa prima)에의 정신적 의지다"(1976c, 14-15).

5. 서구의 형이상학적 세계관과 도덕주의에 결정적으로 기여한 것은 **유대교와 기독교**였다고 니체는 판단한다. 유대교의 율법은 도덕이 없는 세계 속에 강력한 **도덕주의**를 도입하였다. 죄의식과 죄책감을 모르는 세계 속에 죄의식과 죄책감을 가져왔다. 고대 그리스 신화와는 달리 유대교에서는 하나님과 인간이 깊이 분리되어 있다. 너무도 깊이 분리되어 있기 때문에, 인간이 하나님에 대해 죄를 지을 수 없을 정도다. "모든 자연적인 것은 무가치한 것"으로 간주된다. 유대교는 인간을 자유인으로 만드는 것이 아니라 하나님의 계명을 완전히 지키지 못하는 죄인으로 만들어버린다. 죄인으로서의 인간은 "하나님의 적"으로, "진리를 멸시하는 자로, 미친 자"로 간주된다. 이리하여 인간은 자기 자신에 대해 적대적인 파토스를 갖게 된다. "너는 해야 한다"(du sollst)는 모든 당위적 명령은 우리를 적대한다. "우리의 대상들, 우리의 실천들,…이 모든 것이 완전히 무가치하고 모멸적인 것"으로 보인다(1978b, 202).

이에 대한 책임은 유대교의 사제들에 있다고 니체는 말한다. 사제들은 고대 그리스 문화가 가치 있다고 여기던 "가치를 탈가치화하고(entwertet), 자연을 **거룩하지 않은 것으로** 만들어버린다(entheiligt)." "하나님에 대한 불복종, 곧 사제에 대한 불복종, 율법에 대한 불복종은 죄로 간주된다." 사제를 중심으로 조직화된 사회에서 죄는 없어서는 안 될 요소다. "사제는 죄 때문에 살기" 때문이다. 곧 백성들이 짓는 죄가 사제의 생존 수단이다. 사제는 백성들이 "'죄를 짓는 것'을 필요로 한다." 만일 백성들이 죄를 짓지 않는다면, 사제의 생존 수단이 끊어져 버린다(1978b, 221). 죄로 말미암아 인간은 하나님에게서 분리된 자로, 죽는 순간까지 "너는 해야 한다"는 마음의 불안 속에서 살게 된다.

유대교와 기독교의 관계에 대한 니체의 생각은 타당하다. 니체에 따르면, 유대교에서 생성한 기독교는 "유대교적 본능에 대한 반대 운동

(Gegenbewegung gegen den jüdischen Instinkt)이 아니라 유대교를 철저화한 것이요, 유대교의 무서운 논리의 마지막 결론"이었다. "구원은 유대인들로부터 온다"(요 4:22)는 예수의 말씀은 이를 가리킨다. 여기서 예수는 유대교와 기독교의 연속성을 보여준다. 사실 기독교는 유대교의 율법, 곧 도덕주의를 수용하였다. 유대교의 뒤를 이어 기독교는 인간의 성을 죄악시하고, 그것을 최대한 억제할 것을 요구하였다. 기독교는 유대교의 "지배계급의 가장 깊은 본능들이 모든 자연, 모든 자연적 가치, 모든 현실(Realität)을 거부하는 **거짓된** 토양 위에서 성장하였다"(1978b, 221). 로마 제국의 국가종교가 됨으로써 기독교는 유대교의 도덕주의를 유럽 세계 전체에 보편화하였다. 이리하여 유럽 세계 전체가 유대교의 도덕주의에 물들었다. 죄의식과 죄책감이 기독교를 통해 보편화되었다. 자연적인 것은 죄악된 것으로 간주되었다. 로마 제국의 국가종교가 됨으로써 기독교는 유럽 세계의 "유대화"(Judaisierung)를 이루었다.

　　그러나 기독교는 유대교로부터 구별된다. 기독교는 십자가에 달려 죽임을 당한 예수를 모든 "인류의 구원자"로 보며(1978b, 215), 십자가에 달린 예수에 기초하여 유대교의 도덕을 더욱 철저화하기 때문이다. 기독교는 십자가에 달린 예수, 십자가에 달린 하나님을 도덕의 모범으로 제시한다. 이 모범에 따라 기독교는 거꾸로 된 도덕, 곧 삶에 역행하는 도덕을 가르친다. 그것은 약해지는 것을 겸손이라 부르며, 자연적이고 본능적인 것을 부끄럽게 여기며, 삶을 부인하도록 만든다. 권리와 저항과 적대심과 분노를 포기하라고 요구한다(1964, 36, #47). 자기의 생명을 유지하고자 하는 본능을 가진 인간에게 자기 비움과 자아의 포기(Selbstlosigkeit)를 요구한다. 성적 욕구를 억제함으로써 육체의 순결을 지켜야 한다고 가르친다. 하층민들과 노예들에게 주인을 잘 섬기며 지배자에게 복종하라고 명령한다. 니체에 따르면 이것은 "노예도덕"(sklavische Moral)이요, "반행복주의적 도덕"(anti-eudämonistische Moral)이다. "모든 악의 뿌리는 겸손, 순결, 무자아, 절대 복종의 노예도덕이 승리를 거둔 데 있다"(592-593).

십자가에 달린 예수 앞에서 힘 있고 부유한 자, 강한 자, 높은 자는 이기주의적이고 교만한 자, 불의한 자로 나타나고, 힘없고 가난한 자, 낮은 자는 겸손한 자, 의로운 자로 나타난다. 그러므로 모든 인간은 십자가에 달린 예수의 뒤를 따라 힘없고 가난한 자, 약한 자가 되어야 한다. 높은 사람, 위대한 사람이 되려는 욕구를 버려야 한다. "교회는 모든 '위대한 사람'을 지옥으로 보내버렸다. 교회는 모든 '인간의 위대함'에 대항하여 싸운다." 교회는 지배자들과 지배 계층을 비인간적인 자로 퇴화시킨다. 그것은 "힘에의 의지"를 악한 것으로 규정하고 그것을 버려야 한다고 가르친다. 니체에 따르면, 힘없는 자들보다 힘을 가진 지배자들이 역사에 더 위대한 일들을 행하였다. "로마의 황제들과 로마 사회가 없었다면, 기독교의 망상(Wahnsinn)이 로마 제국을 지배할 수 없었을 것이다"(1964, 594-595).

니체에 따르면 유대교와 기독교의 더 심각한 도덕적 문제는, 죄의식이 없는 세계 속에 죄의식이 들어왔다는 것이다. 유대교의 토양 속에서 기독교는 죄의식이 없는 사람들이 죄를 의식하게 하고, 죄책감 속에서 살게 하였다. 기독교는 죄를 알지 못하는 로마 제국의 세계를 죄의 세계로 만들었다. 기독교의 하나님은 "가장 깊은 죄의 감정"을 이 세상에 가져왔다.

이로 인해 인간은 무덤 속에 들어갈 때까지 죄의식과 죄책감 속에서 살게 된다. 이런 점에서 기독교는 "지금까지 유례가 없었던, 현실에 대한 적대관계의 형식(Todfeindschafts-Form)"이다. 그것은 "사제의 가치, 사제의 말씀만" 간직하였고, "땅 위에서 힘을 가진 모든 것을 '거룩하지 못한 것', '세상', '죄'라고" 가르쳤다(1978b, 222). 삶에 대한 의지, 힘에의 의지를 가르치지 않고 "자기 부인"과 극단의 "금욕"을 가르침으로써 삶의 "퇴행"을 가져왔다. 기독교가 가르치는 피안의 세계는 "모든 현실에 대한 부인의 의지"다(Wille zur Verneinung jeder Realität, 283). 유대교와 기독교가 가르치는 도덕은 "더 이상 한 민족의 삶의 조건과 성장 조건의 표현이 아니다. 더 이상 가장 기초적인 삶의 본능이 아니다. 오히려 그것은 추상적인 것이 되었다. 삶에 대한 모순(Gegensatz zum Leben)이 되었다.…불행은 '죄'의 개념으로 더러워지고, 행복은 위험으로, '유혹'으로" 간주된다(218). 기독교를 믿는 유럽인들은 "가장 지적인 노예짐승"(das intelligenteste Sklaventier)이다 (1964, 591).

끝으로 니체는 그 나름의 삶의 진리를 말한다. "'너는 해야 한다'(du sollst)는 것보다 더 높은 것은 '**나는 의욕한다**'(Ich will)이다. '내가 의욕한다'는 것보다 더 높은 것은 '**나는 있다**'(Ich bin)는 것이다"(1964, 629, #940). 도덕보다 더 중요한 것은 인간의 의지이고, 의지보다 더 중요한 것은 나의 존재, 곧 "내가 있다"는 것이다. 가장 중요한 것은 도덕이 아니라, 자기의 생명을 유지하며 생존하는 것, 생명에의 힘을 추구하며 사는 것, 곧 "내가 있다"는 것이다. 여기서 니체가 말하는 "내가 있다"는 것은, 자연적 본능에 따른 "힘에의 의지"를 원리로 가진 자연적 인간의 삶을 가리킨다.

니체에 따르면, 형이상학적·유대-기독교적 도덕은 "내가 있다"는 것에 모순된다. 그것은 인간의 자연적·본능적 삶을 억압하고 억제한다. 그것은 삶의 퇴행을 가져온다. 그러므로 도덕은 폐기되어야 한다. 도덕이 폐기될 때 인간의 자연적 본능이 자유로워지고, 억제되었던 "힘에의 의지"가 되살아날 수 있다. 그때 삶의 힘과 생동성이 회복될 수 있다고 니체는 주장한다.

6. 유대교와 기독교의 도덕을 통해 세상에 들어온 죄와 죄책감을 니체는 **형이상학적 이원론의 구성 요소**로 간주한다. 그것은 하나님과 인간, 하나님의 초월적 세계와 현상의 세계를 이원론적으로 나누고, 인간을 우울하

게 만든다. 정도의 차이가 있을 뿐 모든 그리스도인은 죄책감으로 고통을 당하는 **우울증 환자들**이다. 영원한 하나님, 도덕적으로 완전한 하나님 앞에서 인간은 언제나 제약되었고 비도덕적 죄인으로 서게 된다. 죄로 말미암아 하나님과 인간의 관계는 극복할 수 없는 "거리의 관계"(Distanz-Verhältnis)가 되어버린다(1978b, 230). 고대 그리스의 신들이 보여주는 삶의 힘과 즐거움(특히 성적 즐거움) 대신에, 죄의식과 죄책감이 그들의 마음을 짓누른다. 사실상 있지 않은 것, 인간이 상상하여 만든 도덕이 인간을 죄의식과 죄책감의 노예로, 세계를 죄의 세계로 만들어버린다. 유대교와 기독교를 통하여 세상에 들어온 죄의식은 "병든 영혼의 역사에서 가장 큰 사건"이었다. 그것은 "종교적 해석의 가장 치명적인 조작물(Kunstgriff)"이었다(Löwith 1941, 393). 그것은 삶의 퇴행이었다.

삶의 퇴행을 가져오는 대표적인 기독교의 덕목을 니체는 힘에 약한 사람들에 대한 "동정"(Mitleiden)에서 발견한다. 기독교는 "동정의 종교"다. 기독교는 사회의 천하다는 자들을 두둔하며, 배척을 당하는 자들과 정죄 받은 자들, 나병 환자들, 죄인들과 세리들과 창녀들, 가장 우둔한 계층에 속한 어부들을 높이고, 그 사회의 힘 있는 자들을 불의한 죄인으로 간주한다. 이 같은 동정의 덕목을 통해 기독교는 사회를 파괴한다고 니체는 말한다. "기독교는 사회의 폐기(Abolition der Gesellschaft)다"(1964, 150, #207).

어떤 뜻에서 기독교는 사회를 폐기하는가? 그에 따르면 동정은 아름답게 보이지만, 삶의 느낌(Lebensgefühl)의 에너지를 높이고 긴장을 증가시키는 인간의 정욕(Affekte)에 모순된다. 우리가 누구를 동정할 때 힘을 잃어버리고 우울함을 느낀다. "생명의 힘의 손실이 증가되고 배가된다." 우리 자신의 삶이 고난을 당하며, 힘에의 의지가 약화된다. "동정을 통해 고난이 전염된다." 삶과 삶의 에너지의 "총체적 손실"(Gesamt-Einbuße)이 일어날 수도 있다.

약한 자를 동정할 때, 약한 자의 생명은 포기되지 않고 유지된다. 이것은 약한 자는 결국 도태된다는 자연법칙에 모순된다. 쇼펜하우어가 말하듯이 "동정을 통해 생명이 부인된다." 본능에 따른 자연적 생명은 부인되고, 비자연적 생명이 장려된다. 그러므로 "동정은 허무주의의 **실천**이다." 동정이라고 하는 "이 우울하고 전염성을 지닌 본능은 생명을 유지하고 삶의 가치를 고양하고자 하는 본능을 말살한다. 그것은 삶의 비참을 몇 배로 **증가시키는 자**(Multiplikator)요, 삶의 비참의 **보존자**(Konservator)로서, 삶의 퇴행을 증가시키는 주요 도구다." 동정을 도덕적 덕목으로 간주하였던 쇼펜하우어는 삶에 대해 적대적이었다. "우리의 건강하지 못한 현대성에서 기독교적 동정보다 더 건강하지 못한 것은 없다"(1978b, 195-196).

그러므로 니체는 동정을 위시한 기독교의 도덕은 폐기되어야 한다고 주장한다. 이웃사랑의 덕목도 폐기되어야 한다. 도덕의 폐기 다음에 오는 것은 무엇인가? 니체는 그것을 허무주의라고 말한다. 곧 도덕 없는 세계라는 것이다. 도덕 없는 세계를 니체는 카오스, 또는 비극이라 부른다. 그러나 결정적 순간에 니체는 기독교의 도덕을 실천한다. 길거리에서 마부에게 채찍질을 당하는 말을 보고, 니체는 동정심을 이기지 못해 말의 목을 끌어안고 흐느끼며 마부의 채찍질을 막는다. 만일 그렇게 하지 않았다면 그는 양심의 가책, 곧 죄책감을 느꼈을 것이다. 이로써 니체는 도덕은 "종교적 해석의 가장 치명적인 조작물"이 아니라 인간의 본성에 속한 것임을 나타낸다.

3. 모든 인식은 지배 행위다

1. 니체는 그의 문헌 곳곳에서 **관념론적 형이상학의 인식론**을 비판한다. 이 비판을 통해 그는 관념론적 형이상학의 기초를 허물어버리며, 허무주의의 가장 깊은 근거를 세운다.

전체적으로 니체의 인식론은 **감각주의**(Sensualismus)와 **생물학적 이기주의**에 기초한다. 그에 따르면 인식의 기초가 되는 것은 사유가 아니라 감각에 있다. 곧 감성적 느낌 내지 지각에 있다. 참된 것은 사유에 있는 것이 아니라 감성적 느낌과 지각에 있다. 인간의 모든 인식 행위 뒤에는 자기의 생명을 유지하고 번영하고자 하는 **이기주의적 본능**이 작용한다. 근본적으로 인식이란 생명의 유지와 번영에 필요한 힘을 얻고, 인식 대상을 지배하고자 하는 이기주의적 행위일 따름이다. 그러므로 변하지 않는 "확실한 것"(Festes)이란 존재하지 않는다는 기본 입장에서, 니체는 형이상학의 인식론을 비판한다.

그에 따르면 관념론적 형이상학자들은 감각적인 것 속에서 "참된 현실"을 찾지 않고, 감각적인 것, 그 뒤편에 있는 초감각적인 것, 이상적 관념에 "참된 현실"이 있다고 믿는다. 그들에게 현상의 세계는 "참되지 못한" 것으로 간주된다. 따라서 절대 진리는 차안의 감성적인 것 저 너머에 있다고 생각한다. 진리는 사람들의 잡다한 "의견들"에 있는 것이 아니라, 이것을 초월하는 영원한 관념, 곧 이데아에 있다고 생각한다.

관념론적 형이상학자들이 이렇게 생각하는 이유는 무엇인가? 그들은 인간의 감성을 **기만적인 것**이라 생각하기 때문이다. 감성은 객관적이지 못하다. 시각, 청각, 후각 등 감성적 기관의 감성적 느낌과 지각은 사람에 따라 다르다. 동일한 대상이지만 사람에 따라 다르게 느껴지고 지각된다. 감성은 인간의 내적 상태와 외적 상태에 의존한다. 시간과 장소의 여건에 의존하기도 한다. 따라서 감성은 객관성을 결여한다. 그러므로 감성을 통해 진리에 이른다는 것은 불가능하다고 형이상학자들은 주장한다.

그럼 진리에 이를 수 있는 길은 무엇인가? 그 길은 사유에 있다고 형이상학자들은 말한다. **사유**는 외적 상태나 조건에 의존하지 않는다. 헤겔이 말하는 것처럼, 사유는 인간 자신의 내적 상태나 조건에도 의존하지 않는다. 사유는 자기 외의 모든 것에서 자유롭다. 헤겔에 따르면, 인간의 사유는 자신 바깥에 있는 모든 것에서 자유로운 신적 정신의 "자기 활동"이다. 그러므로 헤겔은 진리에 이를 수 있는 길은 사유에 있다고 생각한다. 참된 것, 확실한 것은 감성에 있지 않고 사유에 있다. 감성적 느낌(슐라이어마허의 "감정")이나 지각은 짐승들에게도 있다. 그들에게는 반성적 사유 내지 성찰이 없다. 사유의 능력이 없기 때문에 짐승들은 반성된 행동, 성찰된 행동을 하지 못한다. 그들에게는 본능적·직접적 행동이 있을 뿐이다.

이에 반해 인간에게는 사유가 있다. 정신적 존재, 사유하는 존재라는 점에서 인간은 자연의 짐승들로부터 구별된다. 그는 오직 사유를 통해 진리에 이를 수 있다. "나는 사유한다. 그러므로 나는 존재한다"(cogito ergo sum)는 데카르트의 유명한 말은 형이상학의 인식론의 정수를 나타낸다. 모든 것이 불확실하지만 "내가 사유한다"는 것, 곧 사유는 더 이상 의심할 수 없는 가장 직접적인 확실성이다. 그것은 참된 것이다. 참된 것, 확실한 것을 인식할 수 있는 길은 모든 감각적인 것에서 자유로운, 그러므로 더 이상 의심할 수 없는 사유에 있다.

니체에 따르면, 데카르트는 "절대적으로 확실한 것"을 말하는 것이 아니라 "매우 강한 신앙의 사실"을 말할 뿐이다. "사유된다면, 사유하는 자가 있기 마련이다"라는 점을 데카르트는 전제한다. 여기서 사유가 사유하는 인간 존재의 확실성을 보장한다. 그러나 이것은 "행위가 있으면, 행위자가 있다"는 말과 같은 "문법적 습관"을 표현한 것에 불과하다. 니체의 논리에 따르면, 사유한다 하여 반드시 존재하는 것은 아니다. 곧 사유가 사유자의 존재를 보장하는 것은 아니다. 인간은 사유하지 않아도 존재할 수 있기 때문이다. 이런 점에서 니체는 사실을 말하는 것이 아니라 자기의 신앙을 말한다. 니체에 따르면, 인간의 존재를 확실하게 보장하는 것은 사유가 아니라 **몸**이다. 몸과 몸에 속한 감각적 기관들이 있을 때에만 인간은 존재할 수 있다. 사유하지 않는 인간은 있을 수 있지만, 몸과 몸의 감각적 기관이 없는 인간은 있을 수 없다. 이런 점에서 "**몸**의 현상(Phänomen)은 (정신보다) 더 풍요롭고, 더 분명하고, 더 확실히 손으로 붙들 수 있는 현상이다"(1964, 341). 따라서 철학적 사유의 출발점은 정신이 아니라 몸이다(342).

2. 몸은 물질적이고 감성적이다. 그러므로 형이상학자들이 찾는 확실한 것, 참된 것은 영원한 관념과 사유에 있는 것이 아니라 몸적인 감성에 있다고 니체는 주장한다. "모든 확실한 것, 모든 선한 양심, 진리의 모든 확실한 것(Augenschein)은 감성(Sinnen)으로부터 온다"(1976c, 86, #134). 우리가 눈으로 보고, 귀로 듣고, 손으로 만질 수 있는 것, 바로 그것이 확실한 것이고, 거기에 참된 것이 있다. 따라서 진리에 이를 수 있는 길은 사유가 아니라 감성에 있다. 피안의 영원한 이데아에 있는 것이 아니라 감각적으로 느끼고 지각하는 데 있다. 여기서 니체는 관념론적 형이상학의 지성주의를 배격하고, **포이어바하의 현실주의·감각주의**를 따른다. 절대적인 것, 참된 것이 있다면, 그것은 감각적으로 볼 수 있고, 들을 수 있고, 만질 수 있는 현실적이고 감성적인 것에 있다.

니체에 따르면, 자기 바깥의 어떤 외적인 것에도 의존하지 않는 "자유로운" 사유는 거짓말이다. 인간의 사유가 인간의 주관적 관심이나 이기적 본능과 욕구와 감정에 의해 결정되는 경우가 얼마나 많은가! 이른바 영원한 것, 절대적인 것 속에 철학자들의 주관적 관심이나 확신이 개입되는 경우가 얼마나 많은가! 인간의 사유 속에서는 자기를 유지하고, 자기를 추구하는 인간의 본능이 꿈틀거린다. 인간의 사유는 사실상 **본능의 도구**다.

형이상학자들은 이 사실을 은폐한다. 인간의 본능이 그의 사유를 지배하는 것이 아니라, 그의 사유가 그의 본능을 지배한다고 거짓말을 한다. 그들은 현실을 속인다. "플라톤적 사유 방식의 마술(Zauber)은…감성에 대한 지배자로" 존속하고자 한다. 그것은 "수많은 색깔을 가진 감성의 소용돌이(Sinnen-Wirbel), 감성의 오합지졸(Sinnen-Pöbel) 위에" "창백하고 냉정한 잿빛 개념들의 그물(Begriffs-Netze)을 던짐으로써" 감성의 지배자가 되고자 한다. 그러나 "아무것도 볼 수 없고 만질 수 없을 때, 아무것도 더 이상 찾지 말아야 한다"는 것은 상식에 속한다. 이것은 "플라톤의 명령형과는 다른 명령형이다"(1976c, 21).

니체에 따르면 우리가 생리학을 제대로 연구하고자 한다면, 몸의 감각 기관을 관념론적 철학처럼 단순히 "현상들"(Erscheinungen)로 간주할 수 없다. 감각 기관은 인간의 몸을 구성하며 삶을 가능하게 하는 본질적 요소다. 눈과 귀와 코와 혀 등의 감각 기관이 없는 인간의 몸과 삶을 우리는 상상할 수 없다. 그러므로 "감각주의"(Sensualismus)가 "과학적 인식 방법의 원리"(heuristisches Prinzip)다. 어떤 관념론자들은 인간 바깥에 있는 세계는 "우리의 기관들이 만든 것"이라고 말한다. 여기서 대상 세계의 객관성은 인간의 주관성으로 환원되어버린다. 만일 그렇다면 대상 세계의 한 부분인 우리의 몸도 우리 안에 있는 기관들의 산물일 것이다. 이것은 형이상학적 인식론의 거짓을 나타낸다고 니체는 말한다.

3. 니체에 따르면, 관념론자들은 "직접적 확실성"이 있다고 말한다. 앞서 언급한 바와 같이, 데카르는 "나는 사유한다"(cogito)는 사실에서 더 이상 의심할 여지가 없는 직접적 확실성을 발견한다. 이리하여 관념론자들은

모든 감각적 요소들이 배제된 상태, "순수하고 벌거벗은 상태에서(rein und nackt) 인식은 그의 대상을 파악할 수 있다"고 확신한다. 그러나 인간의 세계에 "직접적 확실성"은 없다고 니체는 주장한다. 이른바 "순수하고 벌거벗은 상태"에서 어떤 대상을 "직접적으로" 파악하는 것은 불가능하다. 사유한다는 것은 최소한 "나"를 통하여 일어나기 때문이다. "사유는 하나의 활동이다. 모든 활동에는 활동하는 자가 속한다." 곧 사유의 활동은 직접적으로 일어나는 것이 아니라, 사유의 주체인 "나"를 통해 일어난다. 사유하는 "나"는 이른바 순수한 것, 모든 외적인 것에서 독립된 존재가 아니다. "나"는 외적인 것에 의존하는 존재, 감성적 존재다. 또 "사유"라는 개념 자체도 우리에게 직접적으로 주어진 것이 아니라 중재된 개념이다.

따라서 "나는 사유한다"는 것은 직접적인 확실성이 아니다. "직접적 확실성"이란 존재하지 않는다. 관념론자들은 "순수한" 사유, 모든 외적인 것에서 독립된 사유를 주장하고, 사유를 통해 대상에 대한 직접적 확실성을 얻을 수 있다고 주장하지만, 이것은 거짓말이다. 사유 자체가 이미 직접적 확실성이 아니다. 이른바 "순수한" 사유, 모든 것에서 자유로운 사유란 존재하지 않는다. 감성적 느낌이나 지각이 없는 사유란 존재하지 않는다. 몸 없는 사유도 있을 수 없다. 우리가 몸의 감각기관으로 무엇을 느끼거나 지각할 때 사유가 시작한다. 칸트가 인정하듯이, 사유는 감성으로부터 시작한다고 니체는 주장한다. 니체에 따르면, 인간의 사유란 "새로운 자료를 과거의 도식들 속으로 배열하는 것(Einordnen in die alten Schemata)"에 불과하다(345).

만일 인간의 사유가 정말 자기 외의 모든 외적인 것에서 자유로운 "순수한" 것이라면, 모든 사람은 똑같이 사유하고 인식해야 할 것이다. 모든 사람이 똑같은 사상에 도달해야 할 것이다. 사람들의 생각, 곧 사상이 각기 다른 것은 그들의 사유가 자기 아닌 어떤 외적인 것에 의존하기 때문이다.

이 사실을 관념론적 형이상학은 은폐한다. 그것은 모든 것이 상호 연관되어 있고 의존하는 감각적 세계의 다채로운 현실을 은폐하고, 순수한 "직접적으로 확실한 것"을 추구한다. "그러나 '직접적 확실성'은 물론 '절대적 인식'과 '사물 자체'는 완전한 모순(contradictio in adjecto)을 그 속에 내포한다"(1976c, 22). 생물학적 차원에서 "모든 사유, 판단, 지각"은 "동일하게 세우는 것", "동일하게 만드는 것"을 뜻하며, "동일하게 만드는 것"이란 "획득한 물질을 아메바 속으로 통합하는 것"을 말한다(345).

참된 것, 확실한 것이 감성에 있다면, 그것은 참된 것, 확실한 것은 "없다"는 것을 말한다. 인간의 감성은 모두 다르기 때문이다. 동일한 사물일지라도 이 사물에 대한 감성적 느낌이나 지각은 다르기 때문이다. 감성 자체도 우리 인간에게 직접적으로 주어진 것이 아니다. 그것은 중재된 것이다. "우리의 모든 **인식 기관들과 감성들**(Erkenntnisorgane und Sinne)은 유지와 성장 조건의 견지에서 발전되었다"(1964, 348). 곧 우리의 감성은 우리 자신의 생명을 유지하고 성장하고자 하는 관심에서 발전된 것이다. 우리 자신의 생명 유지와 성장에 유익한 것은 "좋은" 것으로 느끼고, 유익하지 못한 것은 "나쁜" 것으로 느끼도록 발전된 것이다. 이 같은 감성을 통해 참된 것, 곧 진리에 도달하는 것은 불가능하다. 감성의 세계에서 "진리는 없다." 절대적인 것이란 없다. 절대적 진리, 절대적 가치와 의미, 절대적 도덕이란 존재하지 않는다. 이 모든 것이 없는 허무주의가 세계의 진리라고 니체는 주장한다.

이에 니체는 영원하고 절대적인 것을 믿는 관념론적 형이상학을 거부한다. 의식과 사유를 강조하는 관념론적 형이상학에 반하여, 니체는 언제나 다시금 감성적 존재로서의 인간, 몸으로서의 인간, 그의 이기주의적 본능, 맹목적 힘에의 의지와 격정(Leidenschaft)을 강조한다. 정신적 측면 대신에 생물적 측면을 강조한다. 그는 인간을 계속 "짐승"이라 부른다. 이성과 사유, 영원한 이데아(관념) 대신에 "굶주림과 성적 욕구와 허영심(Eitelkeit)"
이 "인간 행동의 본래적이고 유일한 동인"이란 말을 "인식의 애호가들"(관
념론자들)은 귀담아들어야 한다고 충고한다(1976c, 37).

4. 관념론적 형이상학을 허물어버리고자 하는 관심에서 니체는 인식론
의 중요한 개념들을 비판적으로 성찰한다. 그중에 몇 가지를 든다면, 먼
저 형이상학적 인식론은 동일한 상태에 있는 **인식 주체**를 전제한다. 그
러나 니체에 따르면, 모든 인간은 제각기 다른 상태 속에 있다. 따라서 동
일한 상태에 있는 인식 주체, "많은 동일한 상태들이 우리 안에서 단 하
나의 기초(Substrat) 작용을 일으키는" 것으로 생각되는 "주체는 공상물
(Fiktion)이다." 이 상태들의 동일성이란 초월적으로 주어진 것이 아니라
"우리가 만든" 것에 불과하다(1964, 339). 인간의 "내면 세계"(innere Welt)
라는 것도 초월적인 것이 아니라 우리 인간이 "만든 것, 단순화한 것, 구조
화한 것, 해석한 것"일 따름이다. 인간의 내면에서 일어나는 "내적 '지각'
의 **현실적** 과정, 사상과 느낌(감정)과 욕구, 주체와 객체 사이의 **인과론적
결합**(Kausalvereinigung)은 우리에게 절대적으로 은폐되어 있다. 그것은 순
수한 상상일 수도 있다. '이 가상의 **내면** 세계'는 '외적 세계'와 동일한 형
식과 과정과 함께" 이루어진다. 그러므로 확실한 "사실들"에 도달하는 것
은 불가능하다(332). 종교인들이 중요시하는 인간의 "내적 경험"(innere
Erfahrung)이란 것도 초월적인 것, 순수한 것이 아니라 "과거에 있었던 모
든 거짓된 인과론적 공상물들(Kausal-Fiktionen)의 결과들"이다(335).
　　니체에 따르면 관념론적 형이상학이 전제하는 정신, 이성, 사유, 의식,
영혼, 의지, 진리는 존재하지 않는다. "이 모든 것은 사용될 수 없는 공상물
들이다. 중요한 문제는 '주체와 객체'가 아니라,…무엇보다 먼저 그의 지
각들의 규칙성(Regelmäßigkeit ihrer Wahrnehmungen) 속에서 번성하는 특수

한 짐승류(Tierart)다"(336). "'실재', '존재'란 개념은 우리의 '주체' 느낌에서 나온 것이다"(340). "물질적인 것이 없으면, 비물질적인 것도 없다. 개념은 아무것도 더 이상 **포함하지** 않는다(enthält nichts mehr, 341)." 곧 개념이란 비물질적인 것으로 공허한 것이다. 그것은 우리의 공상물에 불과하다. 우리가 의식하는 사물들의 "통일성"이란 것도 존재하지 않는다. "우리는 통일성에 관한 인상(Anschein von Einheit)을 가질 뿐이다"(341). 즉자의 세계와 현상의 세계를 나눌 수 있는 범주들을 우리는 갖고 있지 않다. "우리의 모든 이성-범주들(Vernunft-Kategorien)은 감각주의적 유래(sensualistische Herkunft)를 가지며, 경험의 세계에서 읽은 것이다"(340).

형이상학자들은 사물에 대한 인식은 모든 것에서 자유로운 사유를 통해 이루어진다고 생각한다. 그러므로 인식은 진리에 도달할 수 있는 길이라고 생각한다. 니체는 이것을 부인한다. 인식은 대상에 대한 "해명"(Erklärung)이 아니라 "해석(Auslegung), 의미를 (대상 속에) 집어넣는 것(Sinn-hineinlegen)이다." 그러므로 "인간은 그 자신이 사물들 속에 집어넣은 것을 발견할 수 있을 뿐이다." 대부분의 경우 해석은 "이해할 수 없게 된 옛 해석에 대한 새로운 해석"이다. 더 이상 의심할 수 없는 "사실(Tatbestand)이란 없다. 모든 것이 유동하며(flüssig), 파악될 수 없고, 퇴각하는 것(zurückweichend)이다"(1964, 414-415).

또한 니체에 따르면 "인식은. 힘의 도구로서 일한다." 곧 인식의 목적은 진리를 파악하는 데 있는 것이 아니라 힘을 얻는 데 있다. "그것은 언제나 더 많은 힘과 함께 자란다." 인식을 지배하는 것은 진리에 대한 욕구가 아니라 **"유지의 유익성"**(Nützlichkeit der Erhaltung)이다. 곧 자기의 생명을 유지하고 번성하는 데 유익한 것이 무엇인가에 대한 관심이 인식을 지배한다. 인식의 궁극 목적은 "힘에의 의지의 증가", 현실의 "지배자"가 되는데 있다(336).

4. "의미 자체"가 없듯이 "사물 자체"도 없다

1. 형이상학의 인식론의 문제점을 드러내는 동시에, 니체의 인식론의 특징을 가장 분명히 나타내는 것은 **"사물 자체"**(Ding an sich)에 대한 니체의 비판이다. 사물 자체에 대한 그의 비판은 형이상학을 밑바닥에서부터 허물어버리면서, 허무주의의 기초를 세우는 기능을 한다. 그러므로 니체는 끊임없이 사물 자체를 비판한다.

일반적으로 진리는 인식과 인식 대상의 일치에 있다고 생각된다. 따라서 인식의 확실성을 얻기 위해 대상 자체, 곧 "사물 자체"가 무엇인가를 알고자 한다. 인식은 사물 자체에 대한 파악을 목적으로 가진다. 우리가 무엇을 인식하고자 할 때, 우리는 사물 자체가 있다는 것을 전제한다. 사물 자체가 없다면, 우리의 인식은 근거를 갖지 못하게 된다. 따라서 형이상학은 사물 자체가 있다는 것을 전제한다. 사물 자체, 곧 "An sich"가 있다는 것이 형이상학적 인식론의 전제다(1964, 331).

그러나 니체는 "사물 자체란 없다"고 잘라 말한다. 그것은 사물 자체가 없기 때문이 아니라, 사물 자체는 우리에게 영원히 인식될 수 없다고 보기 때문이다. 칸트가 말한 대로 우리는 "사물 자체"를 인식하는 것이 아니라, 단지 그것의 "나타남"(현상, Erscheinung)을 인식할 수 있을 뿐이다. 이것을 니체는 **화가의 그림**에 비유한다. 화가는 어떤 대상을 그림으로 나타낸다. 그러나 그의 화폭에 그려진 그림은 "사물 자체"가 아니라 화가에게 나타난 바의 것일 뿐이다. 화가는 사물 자체를 화폭에 그린 것이 아니라, 그에게 나타난 바를 자기의 관점에서 그렸을 뿐이다. 그러므로 동일한 대상에 대한 화가들의 그림이 모두 다르다.

칸트의 인식론에 따르면 우리가 어떤 사물을 인식할 때, 그 사물에 대한 감성적 자료들을 12가지 범주에 따라 배열함으로써 인식한다. 칸트의

12가지 범주는 사물을 인식할 수 있는 인간의 **"능력"**(Vermögen)이다. 니체에 따르면 칸트는 이 능력을 발견했다고 크게 자랑스러워하였다. "'이것은 형이상학을 위해 할 수 있었던 것 중에 가장 어려운 것이었다.'…그는 인간 안에서 하나의 새로운 능력, 선험적 종합판단에 이를 수 있는 능력을 **발견하였다**는 것을 자랑스러워하였다"(1976c, 17).

그러나 이 능력으로 말미암아 사물 자체에 대한 인식은 불가능해진다. 사물에 대한 우리의 인식은 직접적 인식이 아니라 우리가 가진 인식 "능력", 곧 12범주를 통해 배열된 인식일 뿐이기 때문이다. 우리는 사물을 우리 안에 있는 "능력의 힘으로"(Vermöge eines Vermögens) 선험적 종합판단에 이를 수 있다. 인간의 인식 능력, 곧 칸트의 12가지 범주는 사물 자체의 인식을 가능하게 하는 것이 아니라 오히려 그것을 불가능하게 만들어버린다. 사물 자체는 인간이 도달할 수 없는 신비일 뿐이다. 사람에 따라, 시대에 따라, 환경에 따라, 삶의 조건과 각 사람의 관심에 따라 다른 인식들이 있을 뿐이다.

칸트의 12가지 범주, 곧 인식의 도구는 고정되어 있는 것으로 생각된다. 사람에 따라 다른 다양한 감성적 자료들에 반해, 12가지 범주들이란 인식 도구는 시대를 초월하여 변하지 않는 것으로 전제된다. 니체는 칸트의 이 전제를 부인한다. 그에 따르면, 칸트가 말하는 "이성의 범주들"은 객관적인 것이 아니라 자기의 생명을 유지하고자 하는 인간의 본능에 따라 설정된 것이다. 인간이 설정한 이성의 범주들이 "선험적인 것으로 (als a priori), 경험 저편에 있는 것으로, 부인할 수 없는 것으로" 인정된다. 그러나 그들은 "한 특정한 인종의 합목적성과 종의 합목적성(Gattungs-Zweckmäßigkeit)을" 나타낼 뿐이다. 12범주는 "우리의 삶을 결정(제약)한다는(lebensbedingend für uns) 의미에서만 '진리'다"(351).

니체에 따르면 인간의 인식 도구도 시대와 상황에 따라 변화한다. 그것은 자기 자신의 생명과 종의 생명을 유지하고 성장하는 데 유익하도록 달라진다. 인간의 인식 능력에 대한 칸트의 비판은 말도 되지 않는 것이다. 인식의 "도구가 자기 자신을 비판하는 것"은 불가능하기 때문이다(1964, 339).

2. 니체에 따르면 실증주의는 "사실들이 있다"고 주장한다. 곧 "사물 자체"가 있다는 것이다. 이에 반해 니체는 다음과 같이 말한다. "사실들은 없다. **해석들이 있을 뿐이다.** 우리는 Faktum '그 자체'(an sich)를 확정할 수 없다. 그와 같은 것을 찾는 것은 바보스러운 일(Unsinn)일 것이다"(1964, 337). 이에 대한 근거를 니체는 무수히 열거한다. 위에서 기술한 인식론의 개념들에 대한 니체의 비판은 사실상 "사물 자체"의 인식 불가능성에 대한 근거를 제시한 것이다.

　　1) 가장 중요한 근거는, 인간은 언제나 특정한 관심과 각도에서 사물을 본다는 데 있다. 대상 사물에 대한 어떤 관심을 갖기 때문에 우리는 그 사물을 인식하고자 한다. 그리고 우리가 관심하는 각도에 따라 그것을 인식한다. 이를 가리켜 니체는 "각상 시각"(Winkelperspektive)이라고 부른다. 각상 시각이란 개구리가 특정한 시각 내에서 대상을 보듯이, 인간 자신의 관심에 따른 특정한 시각에서 대상을 본다는 것을 말한다. 특정한 시각에서 사물을 보기 때문에 사물 전체를 보지 못하고 내 시각에 보이는 것만을 보게 된다. 따라서 사물 자체의 인식은 불가능하다.

　　2) 앞서 기술한 바와 같이, 인간이 어떤 사물을 인식하려는 이유는 "사물의 지배"(Bemächigung der Dinge)에 있다(1964, 346). 인식은 사실상 사물에 대한 **지배 행위**다. 인식을 포함한 인간의 "모든 행위는 극복이요, 지배자가 됨(Herrwerden)이요, 힘의 느낌의 확대"다(442). 인간의 의도로 말미암아 일어나는 "모든 사건은 힘을 확대하고자 하는 의도로 소급될 수 있다"(443).

자기에게 주어진 대상을 극복하고 그것을 지배함으로써 인간은 자기의 생명을 유지하고, 성장하고, 번영할 수 있는 힘을 얻고, 그 힘을 확대하고자 한다. 모든 인식 행위 배면에는 자기의 생명을 유지하고, 삶의 힘을 얻고자 하는 본능이 숨어 작용한다. 니체에 따르면 인간의 인식이란 자기의 생명을 유지하고 번성하려는 인간의 "본능의 도구"다. 본능의 요구에 따라 인간은 무엇이 자기 생명의 유지에 "좋은" 것이고, 무엇이 자기 생명의 유지에 "나쁜" 것인지에 대한 "가치 평가"를 내린다. 유익한 것은 좋은 것이고, 무익하거나 해로운 것은 나쁜 것으로 평가된다. "유지의 조건들과 성장의 조건들"이 가치 평가에 나타난다(348). 가치 평가에서 중요한 것은 "진리"가 아니라 자기 유지와 성장과 번영을 위한 "유익성"(Nützlichkeit)이다. 이 유익성이 인간의 인식을 유도한다. 그러므로 사물 자체를 인식한다는 것은 아예 불가능하다.

3) 어떤 대상에 대한 인간의 인식은 감성적 지각(Wahrnehmung)에서 시작한다. 그런데 감성적 지각은 우리 자신의 가치 판단에 따라 결정된다고 니체는 말한다. 무엇이 유익하고 무엇이 해로운 것인지, 따라서 무엇이 편안하고 무엇이 불편한 것인지에 대한 가치 판단에 따라 우리 인간의 감성적 지각들이 결정된다. 이 가치 판단은 생명을 유지하고자 하는 인간의 본능에 의해 "유익성"의 관점에서 결정된다. 우리는 우리 자신의 생명 유지의 본능에 따라 결정되는 "지각들의 선택에 대한 감성들만을 가진다"(1964, 347). 따라서 감성적 지각으로부터 시작하는 인간의 인식은 사물 자체, 대상 자체를 결코 파악할 수 없다.

4) 사물 자체를 인식할 수 없는 또 다른 이유는 어떤 사물도 고정된 상태에 있지 않다는 데 있다. 특히 인간의 경우에 어떤 인간도 고정되어 있지 않다. 인간은 아직 주어지지 않은 존재를 향한 과정 자체다. 모든 철학자의 공통된 실수는 "현재의 인간으로부터 출발하여, 이 인간을 분석함으로써"

인간에 대한 어떤 결론에 도달하는 데 있다. 그들에게 인간은 "영원한 진리(veritas aeterna)로, 모든 소용돌이 속에서 동일하게 존속하는 자로, 사물들의 확실한 척도로" 생각된다. 이 같은 철학자들의 기본 실수는 "실사적(historisch) 의미의 결핍"에 있다. 인류 생성의 역사를 관찰할 때, 인간은 처음부터 완결된 존재로 고정되어 있었던 것이 아니라 "형성된 존재"라는 사실을 볼 수 있다.

인간은 물론 세계의 모든 사물이 유동적이고 변화한다. 우리가 살고 있는 "세계는 (고정된) 사실(Tatbestand)이 아니다.…세계는 '흐름 속에'(im Flüsse) 있다. 그것은 되어가는 것, 언제나 새롭고 다르게 변화하는 잘못된 것(Falschheit)이다. 이 잘못된 것은 결코 진리에 접근하지 못한다. '진리'는 없다"(1964, 418).

5) "그것은 무엇인가?"라고 질문할 때, 우리는 우리가 질문하는 그 사물에 대해 "어떤 다른 것으로부터" 의미를 부여한다. 곧 우리가 질문하는 그 사물은 어떤 다른 사물로부터 의미를 갖게 된다. 이미 여기서 "사물 자체"란 사라진다. 우리에게는 어떤 다른 사물로부터 의미를 부여받은 사물들만 있을 뿐, "사물 자체"는 존재하지 않는다. "나에게 대한 것"(was für mich ist), 나에게 어떤 의미를 가진 것만 있을 뿐이다. "어떤 사물의 본질이란 '사물'에 대한 **의견**(Meinung)에 불과하다. 달리 말해, '그것은 타당하다'(es gilt)라는 것이 본래적인 '있음'(es ist), 곧 유일한 '그것'(das ist)이다." 어떤 사물이 사물로 성립되는 것은, 표상하고 사유하고 의욕하고 지각하는 인간으로 말미암아 일어난다. 그것은 인간의 사역이다. "사물"이란 개념은 물론 사물의 모든 속성도 마찬가지다. "'주체'란 것도 모든 다른 사물들처럼 인간에 의해 만들어진 것이다"(1964, 381).

6) 칸트는 그의 인식론에서 인간의 "인식 능력"을 처음부터 완결된 것으로 전제한다. 니체는 칸트의 이 생각을 부인한다. 모든 다른 사물들처

럼 인간의 인식 능력도 발전되어왔다. 그것은 되어왔고, 지금도 되어가고 있다. 세계의 "모든 것이 되어왔다." 모든 사물은 지금도 형성 과정 속에 있다. 완결된 것, 고정되어 있는 것은 아무것도 없다. 모든 것이 변화 속에 있다. 모든 인식 기구(Erkenntnis-Apparat)도 변한다. 인식 기구는 "추상화의 기구, 단순화의 기구"(Abstraktions- u. Simplikations-Apparat)로서, "인식을 목적으로 하는 것이 아니라 사물들의 지배를 목적으로 한다"(1964, 346).

엄격한 논리학자는 이렇게 말한다. "인식하는 주체의 근원적이고 보편적인 법칙은, 모든 대상 그 자체(Gegenstand an sich)를…그 자신과 함께 동일하고, 스스로 실존하고,…항상 동일하게 존속하며 변할 수 없는 것으로, 간단히 말해 하나의 실체로 인식해야 할 필연성에 있다." 니체는 형이상학의 이 기본적 전제를 거부한다. 이 문장에서 "근원적인" 것이라 불리는 **법칙 자체**가 완결된 형태로 주어진 것이 아니라, 역사의 과정에서 "되어진"(geworden) 것이기 때문이다(1978a, 31). 따라서 "대상 자체"도 되어가는 과정에 있다. 모든 사물은 지금의 자기 아닌 것으로 되어가고 있다. "항상 동일하게 존속하며 변할 수 없는 것", 영원히 지금의 그 자신으로 머물러 있는 것은 아무것도 없다. 인간의 "성격은 변하지 않는다"고 하지만, 인간의 성격도 시대에 따라 변화된다(57).

철학자들은 현상의 세계를 펼쳐져 있는 한 폭의 그림에 비유한다. 이 그림은 변할 수 없는 것이라 생각한다. 이 그림을 바르게 해석하면, 이 그림이 나타내는 본질을 추론할 수 있다고 그들은 믿는다. 곧 현상 세계의 그림으로부터, 그 근거가 되는 "사물 자체"를 추론할 수 있다는 것이다. 이에 반해 엄격한 논리학자들은 현상 세계 속에 사물 자체가 나타나지 않기 때문에 현상 세계로부터 사물 자체를 추론할 수 없다고 주장한다. 니체에 따르면, 이 두 가지 입장 모두 다음의 사실을 간과한다. 한 폭의 그림, 곧 현상 세계는 "점차적으로 된 것, 곧 철저히 **되어감**(Werden) 속에 있으며, 그러므로 고정되어 있는 것으로 보여질 수 없다"는 사실이다. 고정되어 있지 않은 것, 끊임없이 되어가는 것으로부터, 고정되어 있는 사물 자체를 추론하는 것은 불가능하다.

인간의 지성은 "그의 잘못된 기본 생각들(Grundauffassungen)을 사물들 속에 투입하였다." 이로 인해 "지금 우리가 세계라고 부르는 것은 수많은 오류와 상상의 결과물"이다. 매우 늦었지만 이제야 우리는 "경험의 세계와 사물 자체는 너무도 다르며 분리되어 있기 때문에, 경험의 세계로부터 사물 자체를 추론하는 것을 거부하게" 되었다(1978a, 29-31). 따라서 경험의 세계, 곧 현상 세계로부터 사물 자체를 찾는 것은 어리석은 일이다. 현상 세계 속에 "영원한 사실들은 없다. 절대적 진리도 없다"(17).

3. 우리는 사물 자체가 어떻게 구성되어 있는지 알고 싶어 한다. 그러나 니체에 따르면 "사물 자체는 없다. 만일 '자체'(An-sich), 절대적인 것이 있다면, 그것은 바로 절대적이기 때문에 인식될 수 없을 것이다. 절대적인 것은 인식될 수 없다. 만일 인식될 수 있다면, 그것은 절대적이지 않을 것이다! (왜냐하면) 인식이란 언제나 '어떤 목적을 위해 자기를 조건 속에 세우는 것'(sich irgendwozu in Bedingung setzen)이기 때문이다." 인식이란 그 무엇을 통해 자기가 제약되어 있음을 느끼고, 또 우리 편에서 그것을 제약하는 것을 말한다. 본질, 사물 자체를 캐내는 것(Ergründen)이 아니라 "확정하는 것, 이름을 붙이는 것, 조건들을 의식하게 하는 것"을 말한다(1964, 380-381). "인식한다"는 것은 정말 대상 "자체"를 있는 그대로 인식하는 것이 아니라 "우리의 실천적 욕구에 부응하도록" 대상에 대한 감성적 지각들을 "구조화하는 것, 카오스에 대해 질서(Regularität)와 형식을 부여하는 것을 말한다"(1964, 351). 이 같은 성격을 가진 인식을 통해 사물 자체를 파악하는 것은 불가능하다.

니체에 따르면 "의미 자체"(Sinn an sich), "가치 자체"(Bedeutung an sich)라는 것도 존재하지 않는다. 의미나 가치는 언제나 그 자체가 아닌 다른 사물들과의 관계를 전제하기 때문이다. 어떤 사물은 오직 다른 사물들과의 관계 속에서 의미와 가치를 갖는다. 의미 자체, 가치 자체처럼 "사물 자체", "사실 자체"(Tatbestand an sich)란 것도 없다. 어떤 사실이 있을 수 있기 위해서는, 어떤 의미가 그것에 부여되어야 한다. 의미가 부여된 것은 이미 사실 자체가 아니다. 또 이 세계의 모든 사물은 속성들(Eigenschaften)을 가진다. 속성이란 하나의 관계 개념이다. 그것은 언제나 다른 사물들에 대한 작용을 가리킨다. 다른 사물들이 없을 경우, 사물은 아무 속성도 갖지 않게 된다. 그러므로 "다른 사물들 없는 사물은 없다. 달리 말해, '사물 자체'는 없다"(381-382). "'사물 자체'는 불합리한 것이다(widersinnig). 어떤 사물의 모든 관계, 모든 '속성', 모든 '활동'을 제하여 버릴 때 사물은 남아 있지 않게 된다"(382).

사물 자체가 없다는 것을 니체는 자연과학의 영역에서도 발견한다. "화학에서도 변할 수 없는 것은 아무것도 없다. 그것은 허상이요, 단순한 교과서적 선입견이다. 물리학자들이여, 변할 수 없는 것이란 우리가 형이상학에서 끌어들인 것이다." 원자(Atom)라는 것도 확정할 수 있는 실체와 같은 것이 아니다(여기서 니체는 양자이론을 반영함). 원자란 우리가 세계를 측정하고 파악하기 위해 "항구적 원인"(konstante Ursachen)으로 설정한 것이다. 참된 것과 참되지 못한 것은 본질 "자체"(An sich)와 관계된 것이 아니라 "본질들 사이의 관계들"에서 오는 것이다. "'본질 자체'(Wesen an sich)는 없다.⋯ '인식 자체'(Erkenntnis an sich)란 것도 없다"(1964, 422-423). "'사물 자체'가 개념으로서 허용되지 않는 것처럼, '인식 자체'도 개념으로서 허용되지 않는다"(416). 인식이란 언제나 "그 무엇에 대한" 것으로, 자기 아닌 어떤 "다른 것"을 전제하기 때문이다.

4. 일반적으로 우리가 사유할 때 **"우리에게 인식이 있다. 판단은 정말 진리를 맞힐 수 있다**고 생각한다. 간단히 말해, 논리학은 즉자에 있어 참된 것(An-sich-Wahren)에 대해 진술할 수 있다는 것을 의심하지 않는다. 여기서 다음과 같은 감각주의적인 일반적 선입견이 지배한다. 곧 우리의 지각들은 우리에게 사물들에 대한 진리를 알려준다는 것이다." 이것은 "단단하다", 이것은 "부드럽다"는 것을 알려준다. 여기서 우리는 두 가지 반대되는 지각을 같은 시간에 가질 수 없다고 생각한다. 단단한 동시에 부드러운 두 가지 지각을 동시에 가질 수 없다는 "모순 금지 명령"(Widerspruchs-Verbot)을 인정한다. 니체에 따르면, 모순 금지 명령은 "우리는 개념들을 형성할 수 있고, 개념은 사물의 본질을 나타낼 뿐만 아니라 그것을 파악한다는 신앙으로부터 출발한다.…사실상 논리학은 (기하학이나 산술처럼) **우리가 만들어낸 허구의 사물들**(fingierte Wesenheiten)에게만 해당한다. 논리학은 **우리가 설정한 존재의 구도에 따라 현실의 세계를 파악하고자 하는 시도다. 보다 더 바르게 말한다면, 현실의 세계를 우리에게 공식화할 수 있고 계산할 수 있도록 만들고자 하는 시도다**"(1964, 354). 달리 말해 논리학이 다루는 것은 사물들 자체의 세계가 아니라, 우리 인간에 의해 세워진 논리법칙에 따라 파악된 허구의 세계다. 따라서 논리학에도 사물 자체란 존재하지 않는다.

"사물 자체", "인식 자체"가 없다면 "진리 자체"도 없다. "인간은 자기의 본능을 진리로 투사하며, 자기의 목적을…**존재하는** 세계로(seiende Welt), 형이상학적 세계로, '사물 자체'로, 이미 현존하는 세계로 투사한다"(1964, 378). 달리 말해, 진리란 인간 자신의 본능을 투사한 것이다. 따라서 진리란 존재하지 않는다.

진리가 없다면 절대적 의미와 가치, 절대적 도덕규범과 목적도 없다. 이 모든 것의 절대적 "없음"(nihil), 곧 허무주의가 있을 뿐이다. 삶을 지배하는 것은 이 같은 형이상학적 품목들이 아니라 맹목적인 삶의 의지와 힘에의 의지다. 짐승의 세계에서 볼 수 있는 본능적 삶, 이른바 자연적 삶이 있을 뿐이다. 니체의 허무주의는 본능적인 삶을 자연적인 것으로 본다. 그것은 삶의 자연성과 힘을 회복한다. 삶의 자연성과 힘에의 의지가 회복된 세계를 니체는 허무주의, 혹은 카오스라 부른다. "세계는 영원히 카오스다."

5. "하나님은 죽었다. 우리가 그를 죽였다"
– 왜 니체는 하나님의 죽음을 선언하는가?

1. "너희는 저 위대한 사람에 대해 듣지 못했는가? 밝은 오전 시간에 조명등을 켜고 시장으로 나가서 '나는 하나님을 찾는다! 나는 하나님을 찾는다!'라고 외치는 저 위대한 사람에 대해 듣지 못했는가? 거기에는 하나님을 믿지 않는 많은 사람이 모여 있었기 때문에, 저 위대한 사람의 외침은 조롱을 받을 뿐이었다. '하나님은 사라져버렸는가'라고 비웃기도 하고, '어린애처럼 길을 잃어버렸는가'라고 비웃기도 하였다. 그는 숨어버렸는가? 그는 우리를 두려워하는가? 그는 배를 타러 갔는가? 떠나버렸는가? 이렇게 그들은 소리 지르기도 하고, 비웃기도 하였다. 저 위대한 사람은 그들 사이를 뛰어다니고 그들을 응시하면서 '하나님은 어디로 갔는가?'라고 외쳤다. 나는 너희에게 말하고자 한다. 우리가 그를 죽였다. 너희와 내가! 우리 모두가 그의 살인자들이다!"(1976b, 140)

하나님의 죽음에 대한 니체의 이 말은 그의 책 『즐거운 학문』 제3권 경구 125에 나오는 것으로, 니체의 뛰어난 문학적·극작가적 소양을 보여준다. "하나님은 죽었다. 그는 죽은 채로 있다. 우리가 그를 죽였다. 살인자

중에 살인자인 우리는 어떻게 우리 자신을 위로할 수 있는가?"(141) 니체의 이 극적인 표현은 헤겔 좌파의 무신론을 요약한다. 헤겔 좌파 중에 이렇게까지 극단적 형태로 하나님의 존재를 부인한 사람은 없다.

2. 니체가 하나님의 존재를 부인하는 까닭은 무엇인가? 그 까닭은 땅 위에 있는 인간의 삶의 퇴행을 극복하고, 삶의 의지와 힘의 의지, 삶의 자연적 생동성을 회복하기 위함이다. 하나님으로 말미암아 잃어버린 것을 인간에게 돌려주기 위함이다. 니체에 따르면, 유대교와 기독교가 가르치는 하나님은 "퇴행의 하나님"이다(Gott der décadence, 1978b, 206). 그가 명하는 도덕은 인간의 삶의 의지와 힘의 의지, 삶의 자연적 생동성을 약화시키기 때문이다. 이 하나님은 인간의 자연적 욕구와 본능을 죄악된 것으로 보고, 이것을 죽이라고 명령한다.

　　니체에 따르면 몸의 "지체들"과 "몸의 행실"이 없으면 인간은 생존할 수 없다. 그럼에도 불구하고 하나님은 "몸의 행실을 죽여라", "땅에 있는 지체를 죽여라"고 명령한다(롬 8:13; 골 3:5). 육 혹은 육체는 인간 존재의 구성 요소이며 삶의 기초임에도 불구하고 "육은 무익하다"(요 6:63), "육체는 망하게 한다"(고전 5:5)고 말한다.

　　육체의 자연적 욕구들을 억압하고 육체의 지체와 행실들을 죽일 때 인간의 삶은 생동성을 상실하고 이지러지게 된다. 곧 삶의 퇴행이 일어난다. "어떤 형식으로든지 힘에의 의지가 약화될 때 생리학적 퇴보, 퇴행이 일어난다"(1978b, 206). 하나님이 가르치는 도덕은 인간의 자연적 본성과 본능에 모순된다. 이런 하나님은 삶의 파괴자다. 그는 인간의 "삶, 자연, 삶에의 의지"에 대한 "적대성"(Feindlichkeit)이요 "부정"(Nein)이다. 이에 니체는 하나님의 죽음을 선언한다.

　　또 유대교와 기독교가 가르치는 하나님은 인간을 "약하게 만드는 자,

약함을 가르치는 자, 약함을 주입하는 자"이기 때문에 니체는 하나님을 부인한다(1964, 42, #54). 성서가 이야기하는 하나님은 "가난한 사람들의 하나님, 죄인들의 하나님, 병든 사람들의 하나님"이다(1978b, 207). 그는 약한 사람들을 동정하고 그들의 생명을 보호해야 한다고 명령한다. 삶의 힘과 용기와 모험 대신에 "사랑"과 "동정"(Mitleiden)을 최고의 덕목으로 가르친다. 동정은 동정받는 사람을 연약하게 만들 뿐이다.

하나님의 아들 예수도 마찬가지였다. 그는 사회에서 소외된 가난한 사람, 힘없는 사람, 병든 사람, "세리와 죄인들의 친구"였다. 한마디로 예수는 "찬달라"(Tschandala, 인도의 카스트 제도에서 빌려온 니체의 표현으로, 그 사회의 가장 낮은 계층의 사람들을 가리킴)의 편에 서 있었다. 그는 용기 있는 사람, 힘 있는 사람이 되라고 명하지 않고 겸손한 사람, 동정하는 사람이 되라고 명한다. 위에 있는 사람이 되지 말고, 자기를 낮추는 사람, 아래 있는 사람이 되라고 말한다.

사도 바울도 마찬가지다. 그 역시 힘 있는 사람이 되지 말고, 자기를 비우는 사람이 되어야 한다고 말한다. 자기를 비운 사람의 모범을 그는 십자가에 달린 하나님의 아들에게서 발견한다(빌 2장). 모든 사람은 십자가에 달린 예수의 뒤를 따라 이 세상에서 힘없는 사람, 자기를 비운 사람이 되어야 한다고 가르친다. 이로써 바울은 인간의 힘에의 의지와 삶의 힘을 꺾어버린다. 이 같은 하나님은 부인되어야 한다.

또 하나님은 형이상학적 세계관의 원인자다. 하나님이 속한 하늘의 세계와 땅의 세계가 구별된다. 형이상학적 세계와 형이하학적 세계, 피안의 영원하고 가치 있는 세계와 차안의 일시적이고 무가치한 세계가 나누어진다. 하나님은 형이상학적 세계, 곧 영원한 피안의 세계의 "꼭대기"(Spitze)다. 이로써 차안의 세계는 인간이 버려야 할 것으로 생각되는 반면, 피안의 세계는 인간이 죽음의 순간까지 바라고 희망해야 할 것으로 생각된다. "땅에 속한" 것을 동경하지 않고 "하늘의 것"을 동경하게 된다. 그는 "땅에 있는 것들을 생각하지 말고 위(하늘)에 있는 것들을" 생각해야 한다(골 3:2). 그는 땅에 충성하고자 하지 않고 하늘에 충성하고자 한다. "더이상 머리를 천상의 일들의 모래 속에 처박지 않고 땅을 의미 있게 하는 땅-머리(Erden-Kopf)를 자유롭게 들도록" 하기 위해 하나님의 존재는 부인되어야 한다(1975, 32).

땅에 속하지 않고 하늘에 속한 하나님을 기독교는 "절대적 진리", "최고의 가치"라고 부른다. 그는 피안의 **초감각적인 세계 일반의 명칭**이다. 따라서 피안의 형이상학적 세계를 무너뜨리고자 한다면, 그 근거가 되는 하나님의 존재를 무너뜨려야 한다. 이리하여 니체는 하나님의 죽음을 선언하게 된다.

3. 니체에 따르면, 형이상학적 세계는 본래 있지 않았다. 그것은 자기의 생명을 유지하기 위해 인간 자신이 만든 것이다. 형이상학적 세계가 존재하지 않는다면, 그것의 근거가 되는 하나님도 사실상 존재하지 않는다. 형이상학적 세계가 거짓이라면, 그 근원이 되는 하나님도 거짓이다. 형이상학의 세계가 실제로 존재하는 것이 아니라면, 그 근거가 되는 하나님도 존재한 적이 없다. "하나님은 존재하지 않는다"(Es gibt keinen Gott). 과거에도 존재하지 않았고, 지금도 존재하지 않는다. 형이상학적 세계와 마찬가지로 하나님은 인간이 만들어낸 것이다. 하나님이란 이 "유령"은 "피안으로부터 온" 것이 아니라 인간이 "무에서 만들어낸" 것이다. "오 형제들이여, 내가 만든 이 하나님은 모든 신처럼 인간의 작품(Menschen-Werk)이요, 인간의 망상(Wahnsinn)이다. 그는 인간이었다"(1975, 31).

여기서 니체는 **포이어바하의 투사설**을 따른다. 이런 점에서 니체는 포이어바하의 제자라고 볼 수 있다. 그에 따르면 인간은 현실적인 삶과 반대되는 개념, 곧 무(無)를 최고의 신적 존재로 투사하고 이를 하나님으로 숭배한다. 하나님은 삶과 반대되는 무를 초월적 대상으로 투사한 것에 불과하다. 무가 하나님으로 신격화되고, "무에의 의지"가 거룩한 것으로 경배를 받는다. 하나님 안에서 **무에의 의지**가 신격화된다. 무에의 의지가 거룩한 것으로 간주된다"(1894 VIII, 235). 그러므로 니체는 "위대한 사람"(der tolle Mensch)을 통해 다음과 같이 말한다.

"하나님은 비로소 죽게 된 것이 아니라 언제나 죽은 존재였다. 그는 없는 존재였다. 인간은 존재하지 않는 하나님을, 존재하는 인격적 존재로 만들고, 그것을 믿을 뿐이다." 하나님은 존재하지 않는데, "우리가 하나님을 죽였다"는 니체의 말은 모순이 아닌가? 니체의 이 말은 정말 우리가 하나님을 죽였다는 것을 뜻하는 것이 아니라, 하나님이 존재하지 않는다는 사실을 이제야 확인하였다는 것으로 이해할 수 있다. 존재하지 않는 하나님을 죽인다는 것은 불가능하기 때문이다. 그래서 니체는 애초부터 "하나님은 없다"고 말하기도 하고, "하나님은 죽었다. 우리가 그를 죽였다"고 말하기도 한다. 죽은 하나님, 없는 하나님을 경배하고 예배하는 교회는 "하나님의 무덤이요 묘비"다. 인간의 궁극적 관심을 차안의 세계에 두지 않고, 피안의 세계에 두게 하는 하나님, 모든 자연적인 것을 무가치한 것이라 선언하는 하나님은 "삶의 모순"이요, "삶에 대한 저주"다.

니체에 따르면 하나님의 존재가 부인될 때, 자연적 본능과 욕구들을 포함한 인간의 삶이 긍정될 수 있다. 인간의 삶이 생동성을 회복할 수 있게 된다. 하나님이 죽은 자리를 이제 인간이 차지한다. "일하고 의욕하고 가치를 평가하는 나", 곧 인간이 "사물들의 척도와 가치다"(1975, 30). 하나님 대신에 "초인"이 살아야 한다. 하나님이 죽을 때, 초인이 살아나게 된다.

이 사실을 니체는 이미 근대 자연과학의 무신론에서 볼 수 있었다. 자연과학은 방법론적으로 하나님의 존재를 배제한다. 자연에 대한 관찰에서 자연과학자들은 하나님의 존재를 인정하지 않는다. 그들은 자연을 하나님이란 전제 없이 관찰한다. 자연에 대한 관찰에서 하나님의 존재가 끼어들어서는 안 된다. 하나님이란 존재 없이 자연을 관찰할 때, 자연을 있는 그대로 사실적으로 인식할 수 있다. 하나님이 있어야 할 그 자리에, 이제 현대의 초인, 곧 과학자가 등장한다. 하나님이 아니라 자연과학자가 자연의 지배자가 된다.

하이데거는 니체 해석에서 하나님의 죽음에 대해 다음과 같이 말한다. 니체에 따르면, "하나님은 개념과 이상들의 영역(곧 형이상학적 세계)에 대한 이름이다. 초감각적인 것의 이 영역은 플라톤 이후, 더 정확히 말해 후기 그리스 철학과 플라톤 철학의 기독교적 해석 이후 참되고 본래적으로 현실적인 세계로 간주되었다. 이 세계에 반하여 감각적인 세계는 차안적이고 가변적이며, 따라서 현상적이고 비현실적인 세계로 간주될 뿐이다. 피안에 있는 영원한 열락의 산에 반하여 차안의 세계는 눈물의 골짜기다. 칸트에게서 볼 수 있는 것처럼 감각적인 세계를…물리적 세계라고 부를 수 있다면, 초감각적인 세계는 형이상적인 세계를 의미한다. '하나님은 죽었다'는 말은, 초감각적 세계는 그 효력을 상실하였다는 것을 의미한다"(Heidegger 1972, 199 이하). 초감각적 · 형이상학적 세계의 꼭대기인 하나님이 죽을 때 형이상학적 세계가 사라지게 되고, 땅의 세계가 인간이 관심해야 할 유일한 세계가 된다.

4. 니체는 하나님의 존재를 심리학적으로 해명함으로써 무신론의 타당성을 주장하기도 한다. 그에 따르면 하나님에 대한 신앙의 뿌리는 **인간 자신의 힘에 대한 느낌**(감정)에 있다. 때로 인간은 자기가 가진 힘보다 더 강한 어떤 힘이 갑자기 엄습하여 자기를 지배하는 것처럼 느낀다. 이 힘은 자기 자신으로부터 오는 것이 아니라 어떤 다른 원인자로부터 오는 것이라 생

각한다. 이 원인자를 그는 하나님이라고 확신한다. 여기서 하나님은 인간의 힘보다 더 큰 힘을 가진 존재로 생각된다. 바로 여기에 종교의 뿌리가 있다. 종교의 뿌리는 인간을 엄습하는, 인간보다 더 강한 힘에 대한 느낌에 있다. 종교는 "자기 자신에 대한 일종의 공포의 느낌과 경악의 느낌이다.…이와 동시에 놀라운 행복의 느낌과 높음의 느낌이다!"(1894 XV, 243)

또한 니체는 하나님 신앙의 뿌리를 **인간의 자기 부정**에서 발견하기도 한다. 인간은 "자기 자신에 대해, 자연과 자연성, 자기 본질의 사실에 대해 말하는 모든 부정을…하나님으로 투사한다"(1894 VII, 391). 그는 자기가 상상하여 만들어낸 하나님이란 존재에게, 자기의 존재와 반대되는 모든 속성을 부여한다. 곧 자기 자신이나 자기의 세계에 대해 "아니요!"라고 부정하는 것을 초월적 하나님의 존재로 투사한다. 하나님에 대한 니체의 이 같은 설명은 **포이어바하의 투사설의 심리학적 변형**이라 말할 수 있다.

여기서 하나님은 인간의 모든 부정적인 것이 부정된 숭고한 존재로 생각되는 반면, 인간은 타락한 존재, 무가치한 존재로 생각된다. 하늘의 높은 보좌에 앉아 있는 하나님 앞에서, 인간은 낮고 천한 존재가 되어버린다. 거룩한 하나님 앞에서 인간은 속된 존재가 되어버린다. 영원한 생명의 하나님 앞에서, 인간은 제한되어 있고 허무한 생명으로 인식된다. 하나님은 인간의 "퇴행(décadence)의 표현"이다(1894 VIII, 236). 그는 **인간의 삶에 대한 대립**이다. 이 하나님을 최고의 가치로 믿는 기독교는 땅과 땅의 삶에 대한 모독이요 해악이다. 이 모독과 해악은 역사적으로 있었던 것 중에 가장 큰 것이다. 이 하나님을 믿는 기독교는 "허무주의적 종교"다. 그것은 인간의 "삶에 대한 반대 개념, 곧 무를 목적으로, 가장 높은 것으로, '하나님'으로 영광스럽게 하기" 때문이다. 그러므로 기독교인들은 사실상 허무주의자들이다. 그들이 믿는 하나님은 사실상 무, 곧 없는 것이기 때문이다. 니체의 이 생각은 이미 포이어바하가 "유일신론의 인격적 하나님"에 대해 말한 것이었다(위의 제I부 V장 참조).

5. 니체는 하나님의 죽음을 피할 수 없는 것으로 간주한다. 하나님의 죽음은 **역사의 필연성**에 속한다. 근대의 새로운 시대는 인간 이성의 자율적인 시대다. 그것은 더 이상 형이상학적 하나님을 필요로 하지 않는다. 현실의 세계 위에 있는 초월적 세계에 머무르다가, 현실의 세계 속으로 개입하여 놀라운 기적을 행하는 자동기계와 같은 하나님(deus ex machina)은 불필요하다. 인간은 자신의 이성의 힘으로 세계의 모든 것을 설명할 수 있고 지배할 수 있다. 세계에 대한 자연과학의 설명에서 하나님의 존재라는 종교적 전제는 배제되어야 한다. 하나님이란 전제는 전혀 필요하지 않다. 하나님의 존재란 형이상학적 전제가 배제되어야 자연을 제대로 파악하게 된다는 "과학적 무신론"이 이 시대에 승리하고 있다.

이로써 하나님은 설 자리를 잃게 된다. 차안의 세계 저 너머에 머물면서, 언제나 다시금 차안의 세계 속으로 개입하여 놀라운 일을 일으키는 하나님은 끝났다. "온 세계가 그 위에 근거되어 있는 옛날의 하나님은 더 이상 살아 있지 않다", "이 늙은 하나님은 근본적으로 죽었다"(1894 VI, 376, 381). 세계는 인간 자신의 힘으로 설명될 수 있고 파악될 수 있다. "최근의 가장 위대한 사건은 '하나님은 죽었다'는 것이다. 하나님은 더 이상 믿을 수 없는 것이 되었다. 이 사건은 그의 첫 그림자를 온 유럽 위에 던지기 시작한다"(1976b, 218). 우리가 정직하다면 하나님에 대한 신앙을 멀리해야 한다. 하나님에 대한 신앙은 이미 무너졌기 때문이다. 궁극적으로 그는 우리 인간이 만들어낸 것에 불과하다.

6. 하나님의 죽음은 인간 세계에 거대한 변혁을 가져올 것으로 니체는 예감한다. 그것은 인간 자신이 제어하기 어려운 것으로 생각된다. 그래서 니

체는 "우리가 하나님을 죽였다"고 하면서 다음과 같이 말한다. "그러나 우리는 이것을 행했는가? 어떻게 우리는 바닷물을 모두 마셔버릴 수 있었는가? 모든 지평선을 지워버리기 위해 누가 우리에게 해면을 주었는가? 이 땅을 태양으로부터 분리시켰을 때, 우리는 무엇을 행하였는가? 이 땅은 이제 어디를 향해 움직이고 있는가? 우리는 어디로 가고 있는가? 모든 태양을 떠나고 있는가? 우리는 끊임없이 추락하고 있지 않은가? 뒤로, 옆으로, 앞으로, 모든 방향으로 추락하고 있지 않은가? 아직도 위와 아래가 있는가? 무한한 무를 통해 가는 것처럼, 우리는 방황하고 있지 않은가?"(1976b, 140)

니체에 따르면, 하나님 신앙의 몰락과 과학적 무신론의 승리는 유럽 전체를 뒤흔드는 세계사적 사건이다. 피상적 무신론자들, 곧 "우리의 자연 연구자들과 생리학자들"은 하나님이 죽었다는 것이 무엇을 의미하는지, 그것이 어떤 결과를 초래할 것인지 감지하지 못한다. 포이어바하도 하나님의 죽음이 초래할 무서운 결과를 내다보지 못했다. 하나님의 죽음 다음에 인간의 회복과 평화로운 세계가 올 것으로 그는 기대하였다. 무서운 그림자가 유럽 전체를 뒤덮기 시작하지만 우리는 그 실체를 보지 못한다. "사실상 우리 철학자들과 '자유로운 정신들'은 '옛 하나님은 죽었다'는 소식을 들을 때, 새로운 아침의 여명이 우리를 비추는 것처럼 느낀다. 우리의 마음은 감사와 경이로움과 예감과 기다림으로 넘친다. 드디어 우리에게 (새로운) 지평이 다시 열리고…우리의 배들은 위험을 향해 다시 떠날 수 있게 된다. 인식자의 모든 모험이 허락되며, 바다, 우리의 바다는 우리에게 다시 열린다. 이렇게 '개방된 바다'는 한 번도 있은 적이 없을 것이다"(1849 V, 272).

하나님의 죽음의 무서운 귀결을 보지 못하는 철학자들에게 니체는 다음과 같이 말한다. "지금은 희미하게 나타날 뿐이지만, 기존의 모든 것이 무너지게 될 것이다. 종래의 모든 것이 무의미해지고 방향을 잃어버릴 것이다. 모든 것이 혼란에 빠질 것이다."

니체에 따르면, 하나님의 죽음은 단지 심리학적인 것이 아니라 사실적인 것(factum)이다. 그것은 역사적 필연성으로 말미암아 일어나며, 인간과 세계 전체에 대한 새로운 해석을 요구하는 기본적 사실이다. 하나님의 죽음으로 말미암아 기존의 모든 관계가 무너진다. 태양이 어두워지고, 모든 안전성과 확실성이 무너져버릴 것이다. 위로받을 수 없는 공허함, 말라버린 바다, 희망을 잃어버린 삶의 빈 곳, 태양에서 분리된 땅, 방향을 잃어버린 삶의 무의미가 있을 뿐이라고 니체는 예언한다.

하나님의 죽음으로 말미암은 혼란을 니체는 다음과 같이 묘사하기도 한다. "우리는 조명등을 오전에 켤 수밖에 없지 않은가? 하나님을 무덤에 묻는 장의사의 소음을 우리는 전혀 듣지 못하는가? 우리는 하나님의 시체, 신들의 시체가 부패하는 냄새를 맡고 있지 않은가? 하나님은 죽었다! 하나님은 죽은 채로 있다! 우리가 그를 죽였다. 모든 살인자의 살인자인 우리는 어떻게 우리 자신을 위로할 수 있는가? 지금까지 세계가 소유하고 있었던 가장 거룩한 것과 가장 힘 있는 것이 우리의 칼 아래에서 피를 흘린다. 누가 우리에게서 이 피를 닦아줄 것인가? 어떤 물을 가지고 우리는 우리를 깨끗하게 할 수 있는가? 어떤 속죄 제의를, 어떤 거룩한 놀이를 우리는 발견할 수밖에 없는가?"(1976b, 141)

무서운 결과를 가져올 것으로 예견되는 니체의 무신론은 헤겔 철학에 대한 총체적 반란이라 말할 수 있다. 하나님이 죽었다면, 헤겔 철학 전체가 무너질 수밖에 없다. **세계사의 목적과 보편적 진리와 가치**에 대해서도 더 이상 말할 수 없게 된다. 기독교의 모든 덕목과 함께 기독교 세계 전체가 무너진다. 이른바 정신적 세계, 이성이 다스리는 세계는 더 이상 존재하지 않게 된다. 세계는 방향도, 목적도 없이 무(無) 속에서 방황하게 된다. 그러므로 니체는 세계의 궁극적 목적을 말하는 헤겔의 관념론을 "낙관주의"라 규정하고, 자기의 철학을 가리켜 "비관주의"라고 말한다. 실로 그는 헤겔 좌파의 완성자였다고 말할 수 있다.

7. 니체에 따르면, 기독교의 하나님 신앙은 2,000년에 가까운 역사를 가진다. 헤겔 철학에서 볼 수 있듯이, 유럽 사회의 체계 전체가 기독교의 하나님 신앙에 근거한다. 따라서 하나님이 죽었다 할지라도, 하나님 신앙의 그림자는 매우 길다. 석가모니가 죽었음에도 불구하고 그의 그림자는 수백 년 동안 동굴에서 지속되었듯이, 기독교의 하나님 그림자도 오래 지속될 수 있었다. 이 그림자를 제거하기 위해 "새로운 투쟁"을 해야 한다. "신격화된 자연"을 조심해야 하며, "궁극적 질서, 합목적성, 방향성, 이성적 구조"를 믿지 말아야 한다. 이 모든 것은 형이상학적 하나님 신앙의 산물이다. 현실 세계의 전체적 성격은 질서나 합목적성이 아니라 디오니소스적 카오스다. 그 속에는 "질서, 구조, 형식, 아름다움, 지혜가 결여되어" 있다(1976b, 128).

하나님 신앙의 전통을 뿌리 뽑기 위해 니체는 하나님 신앙에 기초한 기독교의 "노예도덕"을 거부하고 **"위대한 사람"**(der tolle Mensch)의 새로운 도덕을 제시한다. 니체가 말하는 "위대한 사람"은 어떤 사람인가? 한마디로 그것은 일체의 가치와 의미, 진리와 도덕을 알지 못하는 자연 상태의 인간을 말한다. 자연 상태에 있는 인간의 이상형을 니체는 고대 그리스인들에게서 발견한다. 인간과 신을 엄격하게 나누고, "모든 자연적인 것을 무가치한 것"으로 간주하는 유대인들에 반해, 고대 그리스인들은 인간을 신과 유사한 존재로 파악하고, 주어진 **자연대로 살아가는 인간**을 이상적인 인간으로 보았다. 이상적인 인간을 그들은 신화적 신들의 모습으로 나타내었다. 고대 그리스 신화의 신들은 당시 그리스인들이 생각했던 **이상적 인**

간을 감각적으로 나타낸 것이었다. 신화의 신들은 도덕적 규범을 알지 못하기 때문에 범죄를 가치 있는 일로 생각할 수 있었다. 불을 훔쳐 인간에게 갖다준 프로메테우스를 코카서스산 바위에 쇠사슬로 묶고 매일 자라나는 간을 쪼아 먹게 하는 벌도 가치 있는 일로 간주했다. 그들은 서로 속이고, 도적질하고, 간음을 해도 죄책감을 느끼지 않았다. 그들에게 성적 욕구는 자연 그 자체였다.

이 같은 신들의 세계에 상응하여 고대 그리스인들도 성적 욕구를 자연적인 것으로 생각하였다. 어떤 방법으로든지 성적 욕구를 푸는 것도 자연스러운 일이었다. 이리하여 간음과 매춘을 죄악시하지 않았다. 그것은 인간의 자연적 욕구를 해결할 수 있는 자연스러운 것으로 간주되었다. 유대인들과 사도 바울은 고난을 부정적인 것으로 보고, "완전한 순수함을 신적인 것에서 보았던 반면에", 고대 그리스인들은 "고난을 사랑하고…신격화하였다. 고난 속에서 그들은 더 행복할 뿐만 아니라 더 순수해지고 더 신적인 존재가 된다고 생각하였다"(1976b, 147-149).

선과 악의 구별을 모르는 신들의 세계 속에 "비로소 기독교가 죄를 세상에 가져왔다"(1978a, 215). 죄를 모르고 살아가는 인간에게 기독교는 죄의식과 죄책감을 가져왔다. "기독교는 인간을 눌러 으깨어버리고,…깊은 진창 속에 빠뜨린다." 죄 가운데서 완전히 버림받은 존재로 인간을 완전히 낮추었다가 갑자기 "신적 자비의 광채를" 그에게 비춘다. 완전히 진창 속에 집어넣었다가 하늘의 영광으로 들어올린다. 한마디로 기독교는 인간을 "폐기하고, 꺾어버리고, 마취시키고, 감격시키고자 한다"(1978a, 110, #114). 기독교는 구원의 놀라운 은혜와 축복으로 인간을 취하게 하는 동시에, 최후의 심판에 대한 두려움 속에서 살게 하며, 한평생 죄의식과 죄책감 속에서 살게 한다.

니체가 말하는 "위대한 사람"은 고대 그리스 신화의 신들을 닮은 인간이다. 그의 삶을 지배하는 것은 "힘에의 의지"다. 힘에의 의지의 가장 직접적·생물적 형태는 성행위다. 성행위 속에서 위대한 사람은 힘에의 의지를 발산하며, 삶의 가장 깊은 "즐거움"(Lust)을 느낀다. 상대방을 깊이 소유하는 쾌락 속에서 그는 자기를 위대하다고 느낀다. 그는 그리스의 신들처럼 때로 잔인할 수도 있고, 자기의 목적을 이루기 위해 정의를 무시할 수도 있다. 그에게 인간의 양심이란 자연인으로 사는 것을 말한다. 그는 이웃에 대한 동정을 **가장 큰 위험**으로 간주하고, 자기가 희망하는 바를 사랑하는 것이 다른 사람을 사랑하는 길이라고 생각한다. 자기를 항상 부끄러워해야 한다고 생각하는 것은 나쁜 일이다. 다른 사람이 자기를 부끄러워하지 않도록 하는 것이 가장 인간적인 일이요, 자기를 부끄러워하지 않는 것이 가장 확실한 자유의 보증이라고 위대한 인간은 생각한다. 쇼펜하우어는 이웃에 대한 동정을 이타적인 사회적 덕목으로 보았던 반면, 니체는 그것을 이기적이며 귀족적인 것으로 거부한다. 이웃에 대한 동정과 사랑에서 인간은 사실상 자기 자신을 추구하기 때문이다. 따라서 니체의 "위대한 인간"은 이웃에 대한 동정을 모르는 인간을 말한다. 이 같은 초인의 삶을 통해 하나님 신앙의 그림자는 사라지게 된다고 니체는 생각한다.

6. "진리는 없다", 그러므로 "모든 것이 허용된다"
– 카오스의 세계를 가리키는 니체의 허무주의

1. 일반적으로 허무주의(Nihilismus)는 니체 철학의 대명사처럼 알려져 있다. 통속적으로 허무주의는 "모든 것이 헛되다, 무의미하다"는 뜻으로 이해된다. 물론 이 같은 통속적 의미가 니체의 허무주의 개념에 포함되어 있다. 그러나 니체의 허무주의는 보다 더 깊은 철학적 의미를 가진다. 그것

은 진리와 가치와 의미와 목적과 도덕이 아예 "없다"(nihil)는 것을 뜻한다. 의미라는 것이 아예 없다는 뜻에서 "무-의미하고"(sinnlos), 가치라는 것이 아예 없다는 뜻에서 "무-가치하다"(wertlos).

니체의 허무주의는 그가 출판하지 못한 유고집에서 집중적으로 다루어진다. 『힘에의 의지』, 『영원회귀』, 『모든 가치들의 전도』 세 책으로 구성된 이 유고집은 그가 사망한 후에 여동생 엘리자벳과 니체의 친지 페터 가스트의 편집으로 출판되었다. 이 유고집에는 자기 주장이 강한 여동생과 출판자의 생각이 첨가되었다고 학자들은 말한다.

유고집 『힘에의 의지』에서 니체는 "허무주의란 무엇을 의미하는가?"에 대해 대답한다. 허무주의는 **"가장 높은 가치들이 탈가치화되는 것**(Daß die obersten Werte sich entwerten)을 의미한다. 목적이 없다는 것을 말한다. '왜'(Warum)에 대한 대답이 없다는 것을 말한다." "가장 높은 가치들이 전도된다. 목적이 없다. '목적이 무엇인가?'(Wozu)에 대한 답이 없다." "극단적 허무주의는 사람들이 인정하는 가장 높은 가치들이 흔들릴 때, 현존이 더 이상 유지될 수 없다는(absolute Unhaltbarkeit des Daseins) 확신을 말한다"(567).

여기서 허무주의의 본질은 종래의 가치들의 "탈가치화"(Entwertung), 곧 가치 상실에 있는 것으로 나타난다. "종래의 가치들의 탈가치화"가 "허무주의의 원인이다"(1964, 10 이하). 종래의 가치가 사라질 때, 종래의 의미와 도덕도, 참된 것이라 생각되는 것도 사라지게 된다. 허무주의는 이 모든 것이 사라져 "없다"(nihil)는 것을 말한다. 이로 인해 종래의 현존이 더 이상 유지될 수 없다는 것을 뜻한다.

허무주의란 개념을 철학적 의미에서 처음으로 사용한 인물은 야코비(F. H. Jacobi)였다. 그는 1799년에 동료 피히테에게 보낸 편지에서, 구체적 현실로부터 출발하지 않고 인간의 내적 자아로부터 출발하여 세계를 설명하는 피히테의 주관적 관념론은 허무주의라고 비판하였다. 니체는 야코비가 사용한 이 개념을 수용한다. 삶의 현실로부터 출발하지 않고 형이상학적 관념으로부터 출발하여 설정된 진리와 가치와 의미와 도덕규범은 사실상 "없는 것", 곧 무(無)라는 자기의 생각을 가리켜 니체는 허무주의라 부른다.

2. 『힘에의 의지』에서 니체는 허무주의가 등장할 수밖에 없는 세 가지 "심리학적 원인"을 제시한다.

　1) 인간은 모든 사건에서 의미와 목적을 찾지만 그것을 발견할 수 없다. 세계의 모든 것은 되어가는 과정 속에 있다. 그러나 "되어감(Werden)과 함께 **아무것도**(nichts) 이루어지지 않으며, 도달되지 않는다.…이른바 **되어감의 목적**에 대한 실망이 허무주의의 원인이다"(1964, 13).

　2) 인간은 모든 사건 속에서 "통일성"을 찾는다. 이를 통해 그는 보편적인 것, 가치 있는 것을 발견하고자 한다. 그러나 "보편적인 것은 **없다!**" "무한한 가치를 가진 전체를 발견하지 못함으로 인해 사실상 인간은 그의 가치에 대한 신앙을 상실하였다"(14). 이로 인해 허무주의가 생성할 수밖에 없다.

　3) 모든 사건의 목적과 통일성을 발견하지 못한 인간은 이제 도피책을 찾는다. 그는 되어감 속에 있는 세계 전체를 "기만"이라 판단하고, 이 세계의 피안에 있는 형이상학적 **참된 세계**(wahre Welt), 진리의 세계를 세운다. 그러나 "**형이상학적 세계에 대한 불신앙**"이 등장할 때, 진리는 없어져 버린다(13-14). 곧 형이상학적 세계에 대한 불신 속에서 변하지 않고 존재하는 것은 아무것도 없다는 사실을 깨닫게 됨으로써 허무주의가 생성할 수밖에 없다는 것이다.

　요약한다면 "목적"의 개념, "통일성"의 개념, "존재"의 개념을 가지고 "현존의 총체적 성격이 해석될 수 없다는 사실을 파악할 때, **무가치**(Wertlosigkeit)의 느낌", 곧 허무주의가 일어난다(15). 목적이 이루어지는 것은 아무것도 없으며, 다양한 사건들 전체를 포괄하는 통일성은 없으며, "현존의 성격은 '참되지' 못하다. 오히려 거짓되다(falsch)"라고 느낀다. 이리하여 세계는 거짓되고 무가치하다고 심리적으로 생각하게 된다. "**진리는 없다**는 것, 사물들의 절대적 상태(Beschaffenheit)는 없다는 것, '사물 자체'는 없다는 것, 이것이 허무주의, 곧 가장 극단적 허무주의다"(1964, 16). "허무주의의 가장 극단적 형식은 다음의 통찰을 말한다. 곧 **모든** 신앙, 모든 참이라 간주함(Für-wahr-halten)은 거짓이라는 것이다. **참된 세계**는 전혀 존재하지 않기 때문이다"(17).

3. 니체의 허무주의 사상의 뿌리는 고대 그리스 문화의 "디오니소스적인 것"에 있다. 디오니소스적 요소는 고대 그리스 신화에 감각적 형태로 나타난다. 앞서 기술한 바와 같이, 고대 그리스 신화의 신들은 절대적 진리나 도덕적 규범을 알지 못한다. 칸트의 "정언명령"(kategorischer Imperativ)을 그들은 모른다. 따라서 그들에게는 죄의식이나 죄책감이 없다. 참된 것과 거짓된 것, 가치 있는 것과 없는 것, 의미 있는 것과 없는 것, 좋은 것과 나쁜 것의 구별도 없다. 그들에게는 목적도 없다. 생명의 의지와 힘의 의지로 충만한 삶에 대한 긍정 속에서 그들은 삶을 향유할 뿐이다. 아무런 목적 없이 사랑하고 싶을 때 사랑하고, 증오하고 싶을 때 증오하고, 파괴하고 싶을 때 파괴하고, 싸우고 싶을 때 싸우고, 죽이고 싶을 때 죽인다. 한마디로 고대 그리스 신화의 신들의 세계는 디오니소스적인 것으로 충만한 세계였다.

　이 같은 신들의 세계를 니체는 비극적 허무주의 혹은 "비극의 심리학", "비극적 지혜"라고 부른다. 디오니소스적 허무주의를 통해 니체는 관념론적 형이상학의 도덕주의로 부정되고 훼손된 삶을 긍정하며, 그것을 회복하고자 한다. 그것은 2,000년 동안 계속된 "반자연과 인간 모독"(Widernatur u. Menschenschändung)을 극복하고, "모든 퇴화시키는 것과 기생충적인 것을 남김없이 폐기"하고자 한다. 이로써 허무주의는 "땅 위에 있는 삶의 충만함(Zuviel von Leben)을 다시 가능하게 할" 것이다. 이를 위해 "지금까지 인류의 **관념론** 전체는 허무주의로 바뀌어야 할 문턱에 있다. 그것은 절대적 무가치(Wertlosigkeit), 다시 말해 절대적 **무의미**(Sinnlosigkeit)로 바뀌어야 한다"(1964, 419). "이로 인해 디오니소스적 상태가 다시 깨어날 수밖에 없을 것이다. 나는 **비극적** 시대를 약속한다. 삶에 대한 긍정의 가장 뛰어난 예술, 비극이 다시 태어날 것이다"(1978b, 351).

니체에 따르면, 그의 허무주의는 관념론적 형이상학의 전통에 대한 "비관주의적 철학의 가장 극단적 대립이요 대척자(Antipoden)다. 나 이전에 디오니소스적인 것을 철학적 열정(Pathos)으로 옮긴 사람은 아무도 없었다." 소크라테스 이전 200년 동안에 생존했던 고대 그리스의 위대한 철학자 중에서 그는 아무런 "비극적 지혜"를 발견할 수 없었다. 그러나 **헤라클레이토스**는 예외였다고 말한다(1978b, 350-351). 고대 그리스의 허무주의의 감각적 형태를 니체는 신화의 신들에게서 발견한다면, 그것의 철학적 형태를 헤라클레이토스에게서 발견한다.

헤라클레이토스에 따르면 세계의 모든 것은 고정되어 있는 것이 아니라 "되어가는 것"(Werden)이다. 지금 있는 것은 다른 것으로 된다. 머물러 있는 것은 아무것도 없다. 지금 있는 것은 언젠가 지나가 버린다. 모든 것이 지나가 버리는 과정에 있다면 절대적인 것은 없다. 절대적 진리, 절대적 가치와 의미, 절대적 목적은 없다. 진리와 도덕이란 것도 시대의 변천에 따라 달라지기 때문에 절대적 진리, 절대적 도덕이란 있을 수 없다. 모든 것이 상대적이요 일시적이다. 이로써 세계는 절대적 진리, 절대적 가치와 의미와 목적을 갖지 않은 허무주의 세계로 드러난다. 헤라클레이토스는 허무적인 것, 곧 지나가 버리는 것을 긍정한다. "지나가 버림과 **폐기**의 긍정 (Bejahung des Vergehens und Vernichtens), 디오니소스적 철학의 결정적인 것, 모순과 전쟁에 대한 긍정, **되어감**, '있음'(혹은 존재, Sein)이란 개념 자체의 철저한 부정"의 허무주의를 니체는 헤라클레이토스에게서 발견한다. 영원한 윤회, 무한히 반복되는 "모든 사물들의 원운동(Kreislauf)", 차라투스트라가 가르치는 이 생각도 헤라클레이토스에게서 오는 것으로 보인다고 니체는 말한다(1978b, 351).

헤라클레이토스의 영향 속에서 니체는 진리의 **상대성**을 주장한다. 진리의 배면에는 인간의 특정한 가치 판단이 숨어 있기 때문이다. 그에 따르면 거짓된 것으로부터 참된 것이 나올 수 없다. 무가치한 것에서 가치 있는 것이 나올 수 없다. 비이기적인 행동이 이기심에서 나올 수 없다. 따라서 참된 것, 가치 있는 것은 "그 자신의 다른 근원을 가질 수밖에 없을 것"이라고 형이상학자들은 생각한다. "존재의 품속에, 지나가 버리지 않는 것 속에, 숨어 있는 하나님 안에, '사물 자체' 안에 그들의 근원이 있을 수밖에 없다. 그 밖에 다른 곳에는 없다"고 그들은 생각한다. 이 생각을 니체는 "모든 시대의 형이상학자들의 전형적인 선입견"이라고 판단한다. 이 선입견 속에는 가치 판단이 숨어 있다. "이 같은 부류의 가치 판단이 그들의 모든 논리적 방법의 배경에 숨어 있다." 사물 자체에 대한 "믿음으로부터" 그들은 지식을 얻고자 노력하며, 마지막에 "진리"를 찾았다고 한다. 그러나 형이상학자들이 찾았다고 하는 진리는 절대적인 것이 아니라 상대적인 것이다. 좋고 나쁨, 선과 악에 대한 특정한 가치 판단과 선입견이 작용하기 때문이다.

니체에 따르면, 인간의 가치 판단도 상대적이다. "형이상학자들의 기본 신앙은 **가치들의 대립에 대한 신앙**이다." 곧 진리와 거짓, 아름다움과 추함, 유익함과 무익함 등의 가치들이 대립하여 있다는 것이다. 이 대립에서 진리와 거짓, 아름다움과 추함 등은 고정된 것으로 전제된다. 니체는 형이상학자들의 이 생각을 거부한다. 이들이 말하는 "대중적인 가치 판단들과 가치 대립들(Wertschätzungen und Wert-Gegensätze)은" 중점을 어디에 두느냐에 따라 결정되는 "잠정적 시각"(vorläufige Perspektiven)에 불과할 수 있다. 가치는 특정한 각도만 볼 수 있는 "개구리 시각"(Froschperspektive)처럼 특정한 각도에 제한된 것일 수 있다. 어떤 시각에서 보느냐에 따라 가치가 결정된다. 인간의 가치는 한 인간이 다른 인간에게 무엇을, 어떻게 작용하느냐에(nach seinen Wirkungen) 따라 결정된다. 다른 인간에게 "유익을 주느냐…아니면 해를 주느냐에 따라" 평가된다. 한마디로 "한 인간의 가치는…그의 유익성(Nützlichkeit)에 있다"(1964, 597).

이에 니체는 가치의 절대성을 부인한다. 무엇이 가치 있고, 무엇이 무가치한지는 인간의 관심과 시각에 따라, 시대에 따라 다르게 생각될 수 있다. "거짓(Schein)과 속이고자 하는 의지와 이기심과 욕구에 대해, 모든 생명을 위해 더 높고 더 근본적인 가치가 부여될 수도 있다"(1976c, 8-9). 따라서 좋은 것과 나쁜 것, 선과 악, 아름다움과 추함은 영원히 결정되어 있는 절대적인 것이 아니다. 무엇이 삶에 유익하고, 삶을 장려하고, 삶을 유지하고, 종을 유지하는 것인가의 문제도 영원히 결정되어 있는 것이 아니다. 이 시대에 선한 것이라고 생각되던 것이 저 시대에는 악한 것으로 생각될 수 있다(88, #149). 오늘 나에게 선하다고 보이는 것이 내일 다른 사람에게는 악한 것으로 보일 수 있다. "이 민족이 선하다고 여긴 많은 것이 다른 민족에게는 조롱거리와 수치로 간주되었다." 이 시대에 악하다고 하는 것이 다른 시대에는 "심홍색의 영광으로 깨끗이 닦여져 있었다"(1975, 61). 따라서 이 세상에 절대적 진리, 절대적 가치와 의미, 절대적 도덕규범이란 존재하지 않는다. 그러므로 "모든 것이 허용된다."

또 형이상학자들은 "의식적 사유"(das bewußte Denken)를 통해 진리를 찾을 수 있다고 생각한다. 의식적 사유는 인간의 본능에 대립한다고 생각한다. 그러나 니체에 따르면 "한 철학자의 대부분의 의식적 사유는 비밀스럽게 그의 본능을 통해 유도되며, 특정한 방향으로 강요된다"(1976c, 10). 따라서 절대적 진리, 절대적 가치를 인식하는 것은 불가능하다. 인간의 삶의 세계에 절대적 진리, 절대적 가치란 존재하지 않는다. 이 같은 생각에서 니체는 절대적 진리, 가치, 도덕 등의 허무주의를 주장하게 된다.

4. 종합적으로 말하여, 니체의 허무주의는 2,000년 동안 서구 사회를 지배한 형이상학의 붕괴로 말미암은 필연적 귀결이다. 형이상학의 꼭대기는 영원히 불변하는 절대자, 곧 하나님이다. 하나님의 존재에 근거하여 영원한 진리와 가치와 의미들, 목적과 도덕이 세워진다. "하나님은 죽었다"고 선언할 때 이 모든 형이상학적인 것들이 무너지게 된다. 이리하여 영원히 변할 수 없는 절대적 진리·가치·의미·목적·도덕이 없는 세계, "목적"과 "통일성"과 "존재"가 없는 세계, 곧 허무주의의 세계가 이루어진다는 것이다.

니체에 따르면, 지금까지 인간의 세계를 유지했던 모든 진리와 가치와 의미와 도덕은 종교적 배경을 가지고 있었다. 이것들은 현실 세계의 피안에 이상적인 세계를 설정하고, 여기에 최고의 가치와 의미를 부여한 형이상학적 기독교의 가공품이다. 그러나 이 의미와 가치는 현실 세계의 피안에 있는 형이상학적 세계에 근거하기 때문에 인간의 삶에 대해 부정적이다. 그것은 인간의 삶의 힘과 생동성을 마비시키고 파괴하는 "퇴행적인 것" 혹은 "퇴폐적인 것"이다. 이제 하나님의 죽음과 함께 형이상학적 가공의 세계는 붕괴될 수밖에 없다. 가공의 형이상학적 세계에 근거하여 세워진 모든 가치와 의미와 도덕도 무너질 수밖에 없다.

니체에 따르면 절대적 진리, 절대적 가치가 있다면 그것은 사랑, 정의, 평등 등의 도덕적 덕목이 아니라 **삶 자체**다. 곧 **죽지 않고 사는 것**이다. 자기의 생명과 종의 생명을 유지하고 번식하는 데 유익한 것, 곧 "유익성"(Nützlichkeit)이 진리요 가치다(1964, 351). "짐승이란 종은 자기를 유지하는 것보다 더 중요한 것을 알지 못한다"(399). 자기의 생명을 유지하는 것, 곧 사는 것이 바로 진리이고, 최고의 가치다. 궁극적 가치와 진리의 규범은 삶, 곧 죽지 않고 사는 데 있다. 죽지 않고 살기 위해서는 힘이 필요하다. 힘이 없으면 죽는다. 그러므로 "힘에의 의지"가 모든 생명체의 기초적 의지다. "진리에의 의지"(Wille zur Wahrheit)도 사실상 "힘에의 의지의 형식이다"(398). 힘을 얻기 위해서는 자기 바깥에 있는 것과 대립하지 않을 수 없다. 자기 바깥에 있는 것과 대립하고 그것을 지배할 때 힘을 얻을 수 있다. 삶은 대립한다는 것을 말한다. "대립할-수-없다는 것은 '진리'를 증명하는 것이 아니라 무능력을 증명한다"(352).

"산다"는 것은 오류를 전제한다. 오류를 범하지 않는 생물체는 존재하지 않는다. 따라서 삶 자체로부터 결정되는 진리와 가치는 오류에서 자유로울 수 없다. 이것은 어떤 진리와 가치도 절대성을 갖지 못한다는 것을 뜻한다. 모든 진리와 가치는 상대적이다. 절대적 진리, **절대적 가치란 존재하지 않는다**. 절대적 도덕규범도, 칸트가 말하는 "정언명령"이란 것도 없다.

5. 이 같은 허무주의를 니체는 **자연 짐승들의 세계**에서 발견한다. 진리와 가치와 의미와 목적은 특정한 도덕적 규범을 전제한다. 특정한 도덕적 규범과 가치 판단에 따라 가치 있는 것과 가치 없는 것, 의미 있는 것과 의미 없는 것, 참 목적과 진리가 결정된다. 그런데 자연 생물들은 가치를 알지 못한다. 그러므로 자연의 생물들에게는 의미란 것도 없고 진리와 도덕과 삶의 목적도 없다. 먹고, 생식하고자 하는 의지가 있을 뿐이다. 먹고, 생

명을 유지하고, 생식하기 위해 필요한 힘을 얻고자 하는 의지, 곧 "힘에의 의지"가 그들의 삶의 원리다. 먹고, 생명을 유지하고, 번식하는 것 외에 어떤 다른 목적도 자연의 생물들은 알지 못한다. 죽지 않고 번식하여 종의 생명을 유지하는 것, 곧 삶 자체가 자연 생물들의 유일한 가치와 의미와 목적이다. 자연 생물들은 "부자유한 의지"라는 것도 알지 못한다. 오직 본능에 따른 행동이 있을 뿐이다.

자연의 생물들은 진리가 무엇인지도 알지 못한다. 그들은 참된 것이 무엇이고, 거짓된 것이 무엇인지 구별하지 못한다. 그들에게는 진리와 비진리, 참된 것과 거짓된 것을 구별하는 가치와 도덕적 규범이 없기 때문이다. 도덕적 규범에 따른 도덕적 당위성(Sollen)이 그들에게는 없다. 선과 악의 구별이 없기 때문에 자신의 **본능에 따른** 모든 행동이 허용된다. 인간의 눈으로 볼 때 죄를 지으면서도 죄책감이 없고, 부끄러운 일을 행하면서도 부끄러워하지 않는다. 자연 생물들의 세계에는 "죄"라는 것이 아예 없다. 그들은 죄를 모른다. 죄는 "유대교적 느낌이요, 유대교적 발견물이다"(1976b, 146).

『선과 악의 저편』(Jenseits von Gut und Böse)이란 니체의 책 제목은 선과 악의 구별이 없는 세계, 부끄러운 일을 행하면서도 부끄러워하지 않는 세계, 악을 행하면서도 양심의 가책을 느끼지 않으며, 죄를 행하면서도 죄라고 생각하지 않는 자연 생물들의 세계, 곧 허무주의의 세계를 가리킨다.

이리하여 니체는 허무주의 시대의 인간을 자연의 짐승과 비슷한 존재로 묘사한다. "위대한 자는 자기의 덕목들에 반해 잔인하다(grausam gegen seine Tugenden)", 큰 목적을 이루기 위해 그는 정의를 무시할 수 있다. 가장 큰 위험은 이웃에 대한 "동정"(Mitleiden)이다. 언제나 부끄러워하는(beschämen) 사람은 나쁜 사람이다. 더 이상 나를 부끄러워하지 않는 것이 내가 얻은 자유에 대한 봉인(Siegel)이다. "너는 있는 그대로의 네가 되어야 한다"는 것이 양심이다(Du sollst der werden, der du bist, 1976b, 176-177).

인간에 대한 이 같은 말들은 사실상 자연 짐승들을 가리킨다. 짐승들은 남의 것을 빼앗고 훔치는 것을 부끄러워하지 않는다. 먹잇감을 얻기 위해 정의를 무시한다. 도덕적으로 변화되어야 한다는 것을 그들은 모른다. 무슨 짓을 해도 양심의 가책을 모른다. 그들은 있는 그대로 있을 뿐이다(Sie sind, wie sie sind). 한마디로 자연의 생물들은 **진리, 가치, 의미, 목적, 도덕, 죄의식 이 모든 것이 없는 허무주의** 속에서 실존한다. 허무주의가 자연 생물들의 실존이다. 자연 생물들의 이 같은 허무주의를 니체는 현대 인간에게 적용한다. 허무주의 시대를 살아야 하는 현대인에게는 짐승에게서 볼 수 있는 삶에의 의지와, 살기 위해 힘을 얻고자 하는 "힘에의 의지"가 있을 뿐이다.

삶에 필요한 힘을 얻고자 하는 의지가 있는 존재는 개체적일 수밖에 없다. 그는 오로지 자기 자신만을 생각한다. 자연의 생물들처럼 인간역시 철저히 **개체적 존재**다. 그에게 가장 중요한 것은 자기 자신의 생명, 곧 자기 자신이 죽지 않고 "사는 것"(삶)이다. 그러므로 니체는 삶을 개체적인 것으로 생각한다. 그에 따르면 인간의 "종(Gattung)이란…하나의 망상(Illusorisches)이다." "종"이란 수많은 개체로부터의 추상물(Abstraktion)이다. 실재하는 것은 종이 아니라 개체들이다. 각 사람의 ego는 종의 "지체들의 고리 속에 있는 통일성보다 백배나 더 큰 가치를 가진다"(1964, 458). 자연의 생물들처럼 개체로서의 인간은 오직 자기의 생명 유지와 성장과 번영을 추구할 뿐이다.

어떤 근거에서 니체는 자연 생물들의 허무주의를 인간에게 적용하는가? 필자의 판단에 의하면, 그 근거는 니체의 **자연주의적·생물학적 인간관**에 있다. 그에 따르면 인간은 자연의 벌레에서 진화한 존재다. 그는 원숭이의 후예다. 따라서 인간 속에는 자연적인 것, 짐승적인 것이 있다. 인간도 자연의 짐승에 속한다. 그러므로 자연 짐승들의 허무주의를 니체는 인간에게 적용한다. 그래서 니체는 끊임없이 도덕을 부정한다. 도덕이란 본래 없었던 것인데 인간이 만들어낸 것으로, 인간의 자연적 본능을 죄악시함으로써 삶의 생동성을 훼손한다. 다음과 같은 니체의 말은 도덕에 대한 그의 부정적 생각을 나타낸다. "유럽인은 병들었고, 병약하고, 병신이 된 짐승이기 때문에 **도덕**으로 자기를 분장한다." 그러나 사나운 맹수는 "도덕적 분장(moralische Verkleidung)을 필요로 하지 않는다"(1976b, 252, #352). 도덕적 분장을 하지 않는 것, 곧 비도덕적으로 되는 것이 자연으로 돌아가는 것으로 생각된다. "사나운 인간", 도덕적으로 표현한다면 "악한 인간은 자연으로 돌아감(Rückkehr zur Natur)이다.… '문화'로부터 그의 회복, 그의 **치유**라고 볼 수 있다"(1964, 461).

6. 허무주의는 필연적으로 올 수밖에 없는 **역사적 필연성**이라고 니체는 말한다. 그 까닭은 기독교의 형이상학적 세계관에 기초한 가치 체계에 있다. 이 가치 체계는 무로 돌아갈 수밖에 없는 필연성을 그 자신 속에 가진다. 기독교의 형이상학적 가치 체계는 본래 **근거가 없는 것**, 인간 자신이 만든 것이기 때문이다. 근거가 없기 때문에 종래의 기독교적 가치 체계는 무로 돌아갈 수밖에 없고, 이로 인해 허무주의가 필연적으로 올 수밖에 없다는 것이다.

니체에 따르면 진리, 정의, 사랑, 평등, 도덕 등 인간의 가치와 이상은 **본래 없는 것**이다. 자연 생물들의 세계에도 이런 것은 존재하지 않는다. 그것은 **인간 자신이 만든 것**이요, 인간 자신의 규정일 따름이다. 자기 머릿속에 있는 것을, 인간은 자신의 삶의 필요에 따라 객관적으로 실재하는 것으로 설정한다. 여기서도 포이어바하의 투사설이 적용된다. 곧 인간의 가치나 이상은 자기 머릿속에 있는 것을 실제로 존재하는 것처럼 투사한 것이다. "이 모든 가치는 심리적으로 고려된 것이요, 인간의 지배 구조를 유지하고 강화하는 데 유익한 특수한 전망들의 결과물(Resultate der bestimmten Perspektiven)"로, 단지 사물의 본질로 거짓되게 투사되었을 뿐이다. 이 과정에서 인간의 현실적 삶의 욕구들은 간과된다. 이리하여 인간의 가치들과 이상들은 삶의 현실과 욕구들로부터 분리되어 그 자체로서 존재하는 "절대적인 것"으로 간주된다.

인간의 도덕도 마찬가지다. 그것은 처음부터 있는 것이 아니라 특정한 가치관과 규범에 근거하여 인간이 만들어낸 것이다. 자연 생물들의 세계 속에는 도덕이란 개념이 없다. 인간에게만 도덕이 있고, 도덕으로 말미암은 죄의식과 죄책감이 있다. 그러므로 니체는 인간의 도덕을 가리켜 **"반자연"**(Widernatur)이라 규정한다. 인간 자신이 상상하여 만든 것, 자연에는 없는 "반자연"이 **절대적 규범**이 되어 인간을 구속하고, 그에게 죄의식과 죄책감을 일으키며, 삶의 생동성을 약화시킨다는 것이다.

여기서 "절대적"(ab-solut)이란 말은 라틴어 *absolutus*에서 유래하는 것으로, **분리된 것**을 뜻한다. 곧 삶의 현실적 욕구들로부터 분리된 것을 말한다. 따라서 "절대적" 가치나 관념이나 도덕적 규범은 인간의 구체적 삶에 대해 **낯선 것, 분리된 것**으로, 삶을 부정하고 삶에 대해 적대적인 것으로 등장한다. 니체에 따르면 그것은 삶의 부정이요, 삶의 퇴행(Décadence)이다. 도덕은 "퇴행의 본능(Trieb)", "삶의 부정의 본능"의 성격을 띤다 (1955d, 661). 인간의 머리에서 나온 것이 인간의 삶을 부정하고, 삶의 생동성을 억누르는 퇴행적 기재로 작용한다.

그러나 그것은 현실적으로 존재하지 않는 것, 인간의 조작품 (Erfindung)이기 때문에 언젠가 무로 돌아갈 수밖에 없는 필연성을 가진다. 그것은 무, 곧 없는 것으로부터 왔기 때문에 무로 돌아갈 수밖에 없는 무적인 것, 곧 허무한(nihilistisch) 것이다. 이런 점에서 관념론은 허무주의라고 니체는 말한다. 그것은 실재하지 않는 관념, 곧 없는 것을 실재하는 것, 절대적인 것으로 투사하기 때문이다. 형이상학자들, 형이상학적 신학자들은 실재하지 않는 "참된 세계", "미래의 세계"를 "인간 위에 세웠다. 이 가치들의 헛된 유래가 밝혀진 지금, 이 모든 것은 우리에게 탈가치화되었고, '무의미하게'(sinnlos) 되었다"(1964, 12).

7. 니체에 따르면 실재하지 않는 관념적인 것을 그 자체로서 존재하는 완전한 것, 절대적인 것으로 상정하는 일은 이미 플라톤에게서 일어났다. 플라톤은 모든 가치를 영원히 변하지 않는 피안의 세계, 영원한 관념의 세계에 있는 것으로 상정하였다. 헬레니즘 세계에 등장한 기독교는 플라톤의 형이상학적 도식을 수용하고, 실재하지 않는 절대적 가치를 인간 위에 세웠다. 이런 점에서 "기독교는 대중을 위한 플라톤주의다"(1955f, 566). 기독교는 이 가치들에 따라 도덕을 세웠다. 따라서 기독교 도덕은 **반자연적**이요, 인간의 현실적·생물적 **삶에 적대적**이다. 부자와 거지 나사로에 관한 이야기에서 볼 수 있듯이, 기독교는 가난하고 힘없는 자는 천국으로 들어갈 의로운 자로 높이고, 부유하고 힘 있는 자는 영원히 꺼지지 않는 지옥불의 고통을 당해야 할 불의한 자로 낮춘다. 이리하여 기독교는 "힘에의 의지"를 꺾어버린다. 기독교는 인간의 자연적·생물적 삶의 욕구와 생동성을 죄악시하고 이를 억제한다.

니체에 따르면 이것은 인간의 "삶에 대한 살인적 범죄"(Kapital-verbrechen)다(1955d, 826. Kapital은 참수되어야 할 "머리", 라틴어 *caput*에서 유래함). 기독교가 믿는 하나님은 "삶의 모순으로" 변하였다(1955b, 1178). 그러나 기독교가 하나님의 이름으로 요구하는 최고의 가치와 도덕은 인간이 없는 데서 만든 무적(無的, nichtig)인 것, 곧 없는 것이다. "도덕적 가치 판단들은 (삶에 대한) 심판이요 부정(Verurteilungen, Verneinungen)이다. 도덕이란 현존에의 의지에 대한 거부다"(1964, 13). 기독교의 절대화된 가치들과 도덕 뒤에는 무가 있을 뿐이다. 따라서 기독교는 "무적인 종교" 곧 "**허무주의적 종교**"(nihilistische Religion)다(1955d, 638). 기독교가 최고의 가치로 생각하는 하나님도 무적인 것, 곧 없는 것이다. 기독교 전체가 무성에 근거한다. "무가 하나님 안에서 신격화되며, 무에의 의지가 거룩한 것으로 간주된다"(1955b, 1178).

하나님의 존재가 무, 곧 없는 것으로 밝혀질 때 인간의 삶의 세계는 근거를 잃어버리게 된다. 그것은 목적과 방향을 잃어버리게 된다. 이에 인간은 하나님을 대신하는 어떤 다른 권위를 찾는다. 그는 자신의 **양심**이나 **이성**에서, **사회적 본능**에서 이것을 발견하기도 하고, 그 자체 안에 목적과 방향을 가진 **역사**에서 그것을 찾기도 한다. 이들에 근거하여 인간은 새로운 가치와 도덕적 규범을 세우고 모든 사물의 의미와 목적을 발견하고자 한다. 그러나 이것은 "불완전한 허무주의"다. "모든 순수한 도덕적 가치는 허무주의로 끝난다."

도덕적 의무를 갖지 않는 현대의 학문들, 곧 자연과학과 역사과학은 허무주의를 부추긴다. 여기서 니체는 역사적 사실들, 곧 "실사"(實史, Historie)에 근거하고자 하는 근대의 역사과학과 자연과학, 특히 물리학이 자신의 허무주의 사상에 큰 영향을 끼쳤다는 것을 보여준다. 근대의 물리학과 실사적 역사과학은 니체에게 세계를 전혀 다르게 해석할 수 있는 "강력한 지렛대"였다. 학문적 방법에서 물리학과 실사적 역사과학은 "가치로부터 자유로워야"(sinnfrei) 했기 때문이다. 달리 말해 가치 중립적이어야 했기 때문이다(Schlechta 1960, 1479). 그 밖에도 니체는 인간의 삶의 의미, 자연의 의미, 역사의 의미와 목적에 관심을 두지 않는 "가치중립적" 현대의 학문들 속에서 허무주의의 징조를 발견한다. 가치와 도덕에서 자유로운 자연과학은 물론 정치, 경제, 예술 안에도 "허무주의적 흐름"이 숨어 있다고 니체는 예고한다.

니체에 따르면 허무주의는 역사의 오랜 과정을 통해 준비되어왔다. 이제 그것은 우리 시대에 나타나기 시작하였다. 허무주의가 나타나는 것은 현존에 대한 싫증이 더 커졌기 때문이 아니라 "악(Übel) 속에 있는, 아니 현존 속에 있는 '의미'를 의심하게" 되었기 때문이다(1964, 43, #55).

인간 세계의 모든 가치와 의미와 도덕은 인간 자신이 상상하여 만들어낸 것이란 사실이 이제 밝혀지기 시작한다. 모든 것이 가치와 의미와 목적, 곧 "왜"(Warum), "무엇 때문에"(Wozu)를 상실한다. 절대적 가치와 의미, 절대적 도덕이 없는 시대가 시작하였다. "철학적 허무주의자는 모든 사건은 의미가 없으며 쓸데없는 것이라고 확신한다"(1955d, 679). "하나님에 대한 반격이 '모든 것은 거짓이다'라는 광신적 신앙의 '진리'다"(881). 현실 전체가 무적이다(nichtig). 우리가 그 속에 던져진 이 시대는 거대한 내적 분열과 붕괴의 시대다. **불확실성**이 이 시대의 특징이다. 이 세계 속에 확실한 근거와 믿음에 서 있는 것은 아무것도 없다. 아무것도 확실하지 못한 세계, 진리가 없는 세계, 그러므로 모든 것이 허용되는 세계는 한마디로 "카오스"일 수밖에 없다. 니체가 말하는 허무주의는 카오스의 세계를 가리킨다.

니체에 따르면 허무주의의 카오스적 세계는 이제 시작일 뿐이다. 아무 가치도, 아무 의미도 인정되지 않는 "완전한 허무주의"는 아직 오지 않았다. 그것이 오기까지는 앞으로 2세기가 걸릴 것이라고 니체는 예고한다. 완전한 허무주의가 올 때 인간은 **가치와 의미와 도덕의 공백상태**에서 살게 될 것이다. 아무 확실성이 없는 세계를 살게 될 것이다. 그는 "하나님과 도덕 없이" 살게 될 것이다. 완전한 허무주의, 적극적 허무주의에 따르면 "모든 종류의 믿음, 모든 종류의 참되다고 간주함(Für-wahr-Halten)은 필연적으로 거짓된 것이다. 참된 세계란 존재하지 않기 때문이다"(Schlechta 1958, 92). 지금의 시대는 불완전한 허무주의에서 완전한 허무주의로 넘어가는 과도기다. 이 과도기 속에서 니체는 완전한 허무주의를 예시해야 할 선각자로 자기를 인식한다.

8. 니체의 허무주의는 인류의 정신사에서 중요한 의미를 가진다. 데카르트는 모든 사물의 확실성을 인간의 이성에서 찾았다. 그에 따르면 본질적으로 인간은 사유하는 이성이다. 모든 사물의 확실성은 이성을 통한 사유에 있다. "나는 사유한다. 그러므로 나는 존재한다"(cogito, ergo sum). 그러나 인간의 이성은 간사하고 믿을 수 없다. 그것은 흰 것을 검은 것이라 말하기도 하고, 검은 것을 흰 것이라 말하기도 한다. 그러므로 파스칼은 이성 대신에 하나님을 믿는 신앙에서 모든 사물의 확실성을 발견한다. "나는 신앙한다. 그러므로 나는 존재한다"(credo ergo sum). 이리하여 이성의 사유와 신앙의 관계가 끊임없이 제기된다. 칸트는 사유와 신앙을 분리하는 반면, 헤겔은 양자를 결합한다.

　니체의 허무주의는 데카르트도 부인하고 파스칼도 부인한다. 신앙의 확실성은 물론 이성의 확실성도 부인한다. 이리하여 그는 **확실한 것은 아무것도 없다**고 말한다. 확실성이란 존재하지 않는다. 인간의 주관적 확실성도 존재하지 않지만, 대상 세계의 객관적 확실성도 존재하지 않는다. 이 생각은 니체가 고대 그리스 철학의 소피스트들의 불가지론에서 배운 것으로 보인다.

　일반적으로 어떤 사물이 "있다"(Sein)는 것, 곧 존재는 확실한 것으로 생각된다. 있는 것은 있기 때문이다. "있는 것은 있다"는 것보다 더 확실한 것은 없을 것이다. 이와 동시에 "없으면 없다"는 것도 확실하다. 존재하는 것은 존재하고, 존재하지 않는 것은 존재하지 않는다(ens est ens, ens non est non ens). 존재는 비존재가 아니다. 곧 "있음"은 "있지 않음"이 아니다. 이것은 부인할 수 없는 "확실한 것"으로 생각된다. 니체는 존재의 이 확실성도 불확실한 것이라 말한다. 우리가 인지하는 어떤 사물의 있음은 우리가 인지하는 것과는 다를 수 있다. 그것은 "있지 않음"일 수 있다. 이로써 존재 자체, 곧 있음 자체의 확실성이 불확실해진다.

여기에 한 권의 책이 있다고 하자. 여기에 있는 이 책이 책이란 것은 의심할 수 없는 사실로 생각된다. 니체는 바로 이 사실성을 의심한다. 내가 눈으로 보는 이 책은 내가 보는 것과는 다른 것일 수 있다. 사람에 따라 이 책에 대한 인식이 다르다. 이런 점에서 이 책의 존재는 나에게 불확실하다. 인간이 그 속에 살고 있는 현실 전체는 물론 인간 자신의 삶도 불확실하다. 그것은 끊임없이 변하며, 지나가 버리는 허무한 것이다. 그것은 불확실하기 때문에 무의미하고 무가치하며 공허하다. 한마디로 그것은 무적인(nichtig) 것이다. 나 자신의 삶은 물론 온 세계가 무적인 것이다.

이 생각의 뿌리를 우리는 헤겔의 논리학에서 볼 수 있다. 헤겔의 논리학에 따르면, 존재와 비존재는 둘로 나누어질 수 있는 것이 아니다. 존재는 그것이 아닌 것으로 되어가는 과정에 있다. 따라서 존재는 그 속에 자기 아닌 것, 곧 무를 내포한다. 거꾸로 무도 존재에 속한다. 존재는 자기 아닌 것, 곧 무로 되어감 속에 있기 때문이다. "되어감"(Werden) 속에서 존재와 무는 변증법적으로 관계한다. 헤겔의 이 생각에서 니체는 모든 존재자는 물론 존재 자체의 무성을 추론한다. 차이는, 헤겔의 무성은 절대 개념을 향한 변증법적 운동 속에 있는 것이라면, 니체의 무성은 모든 존재자와 존재 자체의 상태로 생각된다.

모든 것이 무적인 것, 불확실한 것이라면 진리를 말한다는 것은 불가능하다. 한마디로 "진리는 없다." 이른바 "사물 자체"는 없다. 우리가 인식하는 바 그대로 존재하는 사물은 없기 때문이다. 또 모든 사물은 자기 아닌 것으로 변화되어가는 과정 자체이기 때문이다. 진리가 없다면 무엇이 참되고 무엇이 거짓인지, 무엇이 선하고 무엇이 악한지, 무엇이 유의미하고 무엇이 무의미한지, 무엇이 아름답고 무엇이 추한지, 무엇이 도덕적이고 무엇이 비도덕적인지 말할 수 없게 된다. 특정한 규범에 따른 선과 악, 참과 거짓, 존재와 비존재, 가치와 무가치, 의미와 무의미, 도덕과 비도덕의 구별은 인정될 수 없다.

관념론자들은 특정한 원리에 따라 모든 사물의 전체적 통일성을 파악하고자 한다. 니체에 따르면, 전체적 통일성에 대해 말하기란 불가능하다. 모든 사물 속에서 전체적 통일성을 찾고 그들을 체계화·조직화하는 것(Systematisierung, Organisierung)은 헛된 환상이다. 왜 그것이 환상인가? 니체의 신념에 의하면, 모든 개체는 다르기 때문이다. 각 개체의 개체성과 다름을 무시하고 모든 개체의 전체적 통일성을 찾는 것은 각 개체에 대한 폭력이요, 모독이다. 또 각 개체는 주어진 상태에 머물지 않고 끊임없이 다른 상태로 되어가는 과정에 놓여 있다. 어떤 개체도 동일하게 머물지 않는다. 끊임없이 새로운 것으로 되어가는 개체들의 전체적 통일성을 찾는 것은 불가능하다. 전체적 통일성이 없는 다양한 사물들의 "되어감"이 있을 뿐이다(1955d, 678). "되어감"을 통해 목적할 수 있는 것, 얻을 수 있는 것은 아무것도 없다. 절대적 무목적성, 절대적 무가치(absolute Wertlosigkeit), 절대적 무의미가 있을 뿐이다. 존재하는 모든 것, 아니 존재 자체가 무적인 것이며, 무-의미하고 무-가치하다. 온 현실이 무성(Nichtigkeit)이다. 무성이 모든 존재자와 존재 자체의 본질이다. 절대적 무라는 개념도 존재하지 않는다. 한마디로 세계는 카오스다.

이 같은 절대적 허무주의는 "정신으로서의 하나님"에 기초한 헤겔 철학의 목적론에 정면으로 대립한다. 그것은 헤겔의 목적론을 완전히 때려부순다. 헤겔은 세계를 완전한 자유의 실현이란 목적을 향한 발전의 과정으로 생각하는 반면, 니체는 세계를 아무 목적도, 방향도 갖지 않은 무의미한 "되어감"으로 생각한다. 세계는 목적이 없는 생물적 생식과 죽음, 생성과 소멸의 "영원한 윤회"(ewige Wiederkehr)라고 니체는 말한다. 니체의 절대적 허무주의는 헤겔의 신학적 철학은 물론 "신학의 피가 그 속에 흐르는" 종래의 철학 전체에 대한 "망치"였다.

7. "힘에의 의지"로 충만한 초인과 그의 세계
– 사회주의·민주주의에 대한 니체의 거부

1. 니체에 따르면 "오늘날 유럽 세계에서 우리가 '휴머니티', '인간성', '함께 느낌', '동정'이라 부르는 모든 가치 있는 사물들의 가치라고 간주하는 것은, 위험하기도 하고 힘이 있기도 한, 인간의 기본 본능을 약화시키며 감소시키는 기능을 한다. 이들이 상위의 가치를 가진다고 하지만, 멀리 내다볼 때 '인간'이란 유형을 왜소하게 만드는 것, 평범하게 만들어버리는 것 (Verkleinerung, Vermittelmäßigung)에 불과하다"(Löwith 1941, 345에서 인용).

　니체의 이 말은 기뻐하는 자들과 기뻐하고 슬퍼하는 자들과 슬퍼하는 인간성, 이웃에 대한 동정 등의 기독교적 가치와 도덕이 인간을 왜소하고 평범한 존재로 만든다는 것을 말한다. 이제 형이상학의 붕괴와 함께 하나님이 더 이상 존재하지 않게 될 때, 이 같은 기독교적 가치와 도덕이 함께 무너진다. 아무것도 참된 것이 없기 때문에 모든 것이 허용되는 새로운 세계가 동트기 시작한다.

　이제 참과 거짓을 판단할 수 있는 규범, 진리의 기준은 형이상학적 피안의 세계 꼭대기에 있는 하나님이 아니라 인간의 삶 자체다. 곧 **산다는 것** 자체가 진리의 기준과 규범이요, 가치와 의미와 목적이다. "**일하고 의욕하며 가치를 세우는 내(我)**"가 모든 "사물의 척도이며 가치"다. 인간이 지향해야 할 목표를 설정하고 그의 세계에 대해 의미와 미래를 부여할 수 있는 것은 인간 자신일 뿐이다. 하나님이 아니라 인간이 만물의 척도다. 인간의 구체적 현실을 다스려야 할 것은 하나님이 아니라 "힘에의 의지"(Wille zur Macht)를[1] 삶의 원리로 삼는 인간 자신이다(김균진 1983, 262). 이제 인간이 하나님의 자리를 대신 차지해야 한다. 하나님을 대신하는 인간을 가리켜 니체는 **"초인"**(Übermensch)이라 부른다. 오랜 형이상학의 그림자를 제거하고 완전한 허무주의로 발전할 수 있는 길을 니체는 "초인"에게서 발견한다. "나는 너희에게 초인을 가르친다. 인간은 극복되어야 할 존재다. 그를 극복하기 위해 너희는 무엇을 했는가?"(1975, 8)

니체가 말하는 "초인", 곧 Über-Mensch는 두 가지 의미가 있다. Über는 "넘어서다"(überschreiten)는 의미를 갖기도 하고, "위에 있다"(über etwas sein)는 의미를 갖기도 한다. 따라서 초인은 1) 진화의 과정에서 자기를 끊임없이 "넘어서는" 인간, 끊임없이 "극복되어야 할" 인간을 뜻하기도 하고, 2) 힘의 의지를 통해 모든 것 "위에" 있는 인간을 뜻하기도 한다.

종합적으로 말한다면, 니체의 초인은 자연 진화의 과정에서 끊임없이 자기 자신을 넘어서는 인간, 힘의 의지 속에서 생존경쟁과 투쟁에서 승리하여 모든 것 "위에" 있는 인간, 하나님으로부터 모든 것을 기대하는 나약한 인간이 아니라 대양의 물을 모두 마셔버릴 수 있고 지평선마저 지워버릴 수 있는 힘을 가진 인간, 이웃 사랑과 동정 속에서 연약해진 인간이 아니라 고난과 격정과 전쟁과 죽음의 운명마저 받아들일 수 있는 힘 있는, 용감한 인간을 말한다.

니체에 따르면, 인간은 먼저 **지금의 자기 자신을 넘어서야 할 존재**

---

[1] 일반적으로 니체의 "Wille zur Macht"는 "권력에의 의지"로 번역한다. 그러나 이 번역은 적절하지 않다. 정치·사회적 문맥에서 Macht는 권력으로 번역할 수 있지만, 니체의 철학에서 그것은 "힘"으로 번역하는 것이 적절하다. Macht des Lebens는 "삶의 권력"이 아니라 "삶의 힘"으로 번역해야 한다.

로 파악된다. "인간은 극복되어야 할 존재다"(1975, 8). 그는 "짐승과 초인 사이에 매여 있는 밧줄(Seil)"이요, "넘어감이요 멸망함(Übergang und Untergang)이다"(11). 그럼 인간은 무엇을 향해 극복되고 넘어가야 하는가? 그는 초인을 향해 극복되고 넘어가야 한다. 하나님은 죽었다. 이제 초인이 살아야 한다. **"신들은 모두 죽었다. 이제 우리는 초인이 살기를 원한다"**(84). 하나님이 세계의 의미가 아니라 초인이 세계의 의미다. 초인은 "하나님과 무의 승리자"다(1975, 318). 니체의 주요 저서 『차라투스트라는 이렇게 말했다』의 초점은, 자기 자신을 극복함으로써 하나님의 자리를 대신하는 초인에 있다. 그러나 니체의 초인은 짐승을 넘어가는 존재가 아니라, 짐승처럼 허무주의 속에서 사는 존재, **본능에 따라 모든 것이 허용되는 존재**로 나타난다. 무엇보다도 니체는 초인을 **성적으로 자유로운 인간**으로 표상했던 것으로 보인다. 초인이 가진 "힘에의 의지"는 성적 힘에의 의지를 암시한다. 힘에의 의지가 표출되는 가장 직접적·생물적 장소는 남자와 여자의 성관계이기 때문이다. 그래서 성에 관한 얘기들이 그의 문헌에 끊임없이 나타난다. 성적인 힘 외에 경제적 힘에 관한 얘기들이 발견되지만, 정치적 힘에 관한 얘기는 그의 문헌에 별로 나타나지 않는다.

2. 니체의 초인 사상은 헤겔 철학에 대한 정면 도전이라 말할 수 있다. 헤겔은 인간을 "정신으로서의 하나님"(Gott als Geist)에게 가장 가까운 "정신적 존재"로 파악한다. 인간은 하나님의 형상에 따라 창조되었기 때문이다. 그는 신적 정신의 현상 양태다. 정신적 존재로서 인간의 본질은 사유에 있다. 사유한다는 점에서 인간은 자연의 동물로부터 구별된다. 니체는 헤겔의 이 생각을 정면으로 거부하고 **진화론적·자연주의적 인간관**을 주장한다.

니체는 『힘에의 의지』에서 다윈의 진화론의 문제점을 지적한다. 그러나 이 책은 니체 자신이 출판한 것이 아니라 그가 사망한 후에 그의 친지 페터 가스트와 여동생 엘리자벳이 니체의 유고를 정리하여 출판한 것이다. 정리하는 과정에서 두 사람의 글이 첨부되었다고 일단의 학자들은 주장한다. 이들의 주장은 타당해 보인다. 우선 진화론에 대한 니체의 비판이 기록되어 있는 이 책의 제3권은 매우 다른 문체를 보인다. 냉소적이고 해학적이며 암시적인 문체 대신에, 논리 정연하여 물 흐르듯이 흐르는 문체가 나타난다. 따라서 진화론에 대한 이 책의 비판이 과연 니체의 것인지 의심스럽다. 비록 진화론에 대한 이 책의 비판이 니체의 것이라 할지라도, 그는 진화론의 기본 사상을 수용하였다는 사실을 그의 문헌 곳곳에서 발견할 수 있다. 이것을 우리는 아래의 글에서 볼 수 있다.

니체에 따르면 인간은 "벌레"(Wurm)에서 진화한 동물이기 때문에 동물적인 것이 인간 안에 있다. 동물들 가운데 인간이 가장 힘 있는 동물인 이유는 인간의 정신과 사유에 있는 것이 아니라 **동물 중에 가장 간교하고, 가장 잔인한 동물**이기 때문이다. 인간은 동물로부터 구별되는 "창조의 면류관"이 아니라 오히려 가장 깊이 병든 존재다. 그는 자기의 자연적 본능에서 가장 위험스럽게 이탈하였기 때문이다.

이 같은 진화론적·생물학적 인간관을 니체는 초인에게 적용한다. 초인은 생물 진화의 과정에서 나온 **자연적 존재요, 땅에 속한 존재**다. 인간이 원숭이를 극복하고 나온 것처럼, 초인은 인간을 극복하고 나와야 한다. "너희는 벌레에서 인간이 되었다. 그러므로 너희 속에 많은 점이 곤충과 일치한다. **한때 너희는 원숭이였다.** 지금도 인간은 어떤 다른 원숭이보다 원숭이에 가깝다.…보아라, 나는 너희에게 초인을 가르친다!"(1975, 8) 모든 인간이 평등하고 자유로운 하나님 나라가 역사의 목적이 아니라(헤겔에 반해), 벌레에서 진화된 초인의 허무주의적 삶이 역사의 목적이다. "초인이 땅의 의미다. 너희의 의지는 이렇게 말한다. 초인이 땅의 의미가 될지어다!"(9) "하나님은 죽었다. 이제 우리는 초인이 살기를 원한다.""내가 가장 소중하게 여기는 것은…이웃이 아니다. 가장 불쌍한 사람, 가장 깊이 고난당하는 사람, 가장 우수한 사람이 아니다. 그것은 초인이다"(318).

3. 니체가 말하는 초인의 본질은 정신이나 이성이 아니라(헤겔에 반해) "몸과 영혼"(Leib und Seele)이다. "나는 철저히 몸이다. 그 밖에 아무것도 아니다. 영혼이란 몸에 있는 그 무엇에 대한 단어다. 몸은 위대한 이성이요, 전쟁과 평화, 무리와 목자다. 형제여, 너의 작은 이성은 너의 몸의 도구다. 네가 '정신'이라 부르는 것은 너의 위대한 이성의 작은 도구와 장난감이다." 너는 "나"(Ich)를 자랑스럽게 말한다. "그러나 그보다 더 큰 것은… 너의 몸과 너의 위대한 이성이다"(1975, 34). 인간의 자아는 "감성의 눈을 가지고 (대상을) 찾고, 정신의 귀를 가지고 듣는다." 인간의 자아는 "너의 몸 안에 살고 있다. 너의 몸이 자아다." 여기서 니체는 인간을 "정신적 존재"로 보는 헤겔에 반하여 **감성을 가진 몸적 존재**로 파악한다. 헤겔이 말하는 "정신"이란 몸의 "도구"에 불과하다. 몸 없는 정신이란 존재하지 않는다. 인간의 몸이 곧 인간의 자아다. 인간의 "일하는 몸이 자기의 의지의 손으로서의 정신을 만들었다"(35). 그러므로 우리는 형이상학자들과 종교인들처럼 인간의 몸을 멸시해서는 안 된다. "몸의 멸시자들"은 사실상 자기 자신을 멸시한다. "너희 몸의 멸시자들이여! 너희는 나에게 초인을 향한 다리(Brücken)가 아니다"(36).

니체는 초인을 **땅에 속한 사람**으로 파악한다. 자연의 모든 생물처럼 인간의 몸은 땅으로부터 와서 땅으로 돌아간다. 땅 없는 인간의 몸은 생각할 수 없다. 그의 몸은 땅에서 나오는 것을 통해 유지된다. 땅이 없으면 몸도 생존할 수 없다. 인간의 삶에 일차적으로 필요한 것은 형이상학자들이 귀중하게 여기는 정신이나 영이 아니라 "몸과 땅"이다. 이것이 가장 정직한 얘기다.

초인은 땅에 속하고, 땅에서 나오는 것으로 생존하기 때문에 **땅에 충성한다**. 형이상학적 피안의 세계는 그에게 존재하지 않는다. 그에게는 오직 땅이 있을 뿐이다. 그러므로 그는 하늘에 충성하지 않고 땅에 충성한다. 피안의 세계를 동경하지 않고 땅의 새로운 미래를 동경해야 한다. "나의 형제들이여, 나는 너희에게 맹세한다. 너희는 땅에 충성하여라. 그리고 너희에게 초세계의 희망들에 대해 말하는 자들을 믿지 말아라. 자신이 알든 모르든 간에, 그들은 (삶에) 독을 섞는 사람들(Giftmischer)이다. 그들은 삶의 멸시자들이요, 땅이 피곤해하는 죽어가는 사람들(Absterbende)이요, 그 자신이 독에 중독된 사람들(Vergiftete)이다. 그들은 사라지는 것이 좋겠다! 한때 하나님에 대한 교만이 가장 큰 교만이었다. 그러나 하나님은 죽었다. 따라서 이 교만도 죽었다.…한때 영혼은 몸을 멸시하였다. 그 당시에는 이 멸시가 가장 고귀한 것으로 생각되었다. 영혼이 몸을 빈약하게 하고, 추하게 만들고, 굶기고자 하였다. 몸을 이렇게 생각하면서 영혼은 땅을 탈출하고자 했다"(1975, 9). 곧 영혼과 육체의 이원론 속에서 육체를 멸시하고, 육체와 차안의 땅을 벗어나는 것을 가장 고귀한 덕목으로 생각하였다는 것이다.

니체의 초인은 피안과 차안, 하늘과 땅, 영혼과 육체의 형이상학적 이원론을 거부한다. 피안의 영원한 세계에 대한 동경 속에서 차안의 땅과 인간의 육체를 멸시하고, 삶을 빈약하게 만드는 형이상학적 세계를 거부한다. 그는 인간의 몸과 자연적 욕구를 존중하며 차안의 삶을 충실하게 살고자 한다. 형이상학적 하나님 대신에 초인이 세계의 유일한 근거가 되어야 한다.

형이상학적 하나님은 "삶에 대한 부정"과 "저주"인 반면에, 초인은 **삶을 긍정**한다. 하나님은 인간의 육과 육적인 기쁨을 멸시하는 반면에, 초인은 이것을 추구한다. 하나님은 인간의 자연적 본성을 죄악시하는 반면, 초인은 자기에게 주어진 자연적 본성에 따라 삶을 충만하게 누리며 몸의 건강과 기쁨과 힘을 추구한다. 그는 격정과 전쟁과 투쟁, 증오와 엄격함과 복종과 강한 본성을 사랑한다. 그는 학식이 모자라는 학자들을 멸시하고 군인들을 찬양한다. 숫자가 너무 많은 대중과 사회에 불필요한 자들과 민주주의 국가를 거부하고, 귀족적 소수를 찬양한다. 이웃 사랑, 동정과 자비의 연약한 덕목 대신에 이기주의를 찬양한다.

형이상학의 하나님은 피안의 세계에 근거하여 차안의 세계에 의미를 부여하는 반면, 초인은 차안의 세계 자체로부터 차안의 의미를 발견한다. 그는 충만한 "힘에의 의지" 속에서 삶의 힘과 용기로 충만하며, 전쟁도 불사한다. "이웃 사랑보다 전쟁과 용기가 더 많은 위대한 일을 이루었다. 동정(Mitleiden)이 아니라 너희의 용맹스러움이 지금까지 불행에 빠진 사람들을 구하였다"(1975, 49). "나의 형제여, 전쟁과 전투가 악한 것인가? 그러나 이 악은 필연적이다. 너의 덕목들 가운데 시기와 불신과 중상모략은 필연적이다"(38).

4. 땅 위의 모든 생물은 죽지 않고 살고자 하는 본능이 있다. 이것은 모든 생물의 가장 원초적 본능이다. 모든 생물은 생존하는 한 죽지 않고 계속 살고자 한다. 계속 살기 위해서는 힘이 필요하다. 힘이 있어야 생존투쟁에서 승리하고, 짝짓기를 하여 자기의 종(種)을 유지할 수 있다. 힘이 없으면 짝짓기 할 암컷을 얻을 수 없고, 자기 삶의 영역마저 잃어버린다. 그것은 죽음을 뜻한다. 그래서 인간은 무엇보다 먼저 먹고자 한다. 먹어야 힘을 얻을 수 있다. 먹는 것은 힘에의 의지 표출이다. 먹고 힘을 얻고자 하는 의지, 곧 **"힘에의 의지"**(Wille zur Macht)가 땅 위에 있는 모든 생명의 구성 요소다. 초인으로서의 인간이 추구해야 할 가장 큰 덕목은 살기 위해 필요한 힘을 얻고자 하는 의지, 곧 힘에의 의지다. "삶 자체가 힘에의 의지다"(1964, 46).

니체에 따르면 힘에의 의지는 생물체에는 물론 무생물의 영역에도 숨어 있다. 비유기체의 세계를 이끌어가는 것도 힘에의 의지다. 이웃을 위해 봉사한다는 사람 속에도 힘에의 의지가 숨어 있다. 그는 이웃을 섬긴다 하면서 사실은 자신의 삶을 위한 힘을 얻고자 한다. 기독교가 최고의 덕목으로 가르치는 이웃을 위한 섬김과 사랑은 힘에의 의지의 변형(Metamorphose)이다. 그래서 기독교는 사랑하는 자가 더 큰 삶의 힘을 얻게 된다고 가르친다. 갓 태어난 어린 생명에 대한 산모의 사랑이 산모 자신의 삶의 힘을 더 강하게 한다. 정신적인 일들도 힘에의 의지의 표출이다. 생물들이 추구하는 모든 목적 내지 목표와 의미도 힘에의 의지의 표현이요, 그것의 변형이다. 진리에 이르고자 하는 "진리에의 의지"도 힘에의 의지의 한 형태다. 철학은 "가장 정신적인 힘에의 의지"다. 세계 전체가 생존에 필요한 힘에의 의지다.

"존재의 가장 내적인 본질"은 힘을 얻고자 하는 의지에 있다. 그것은 우리가 도달하는 "마지막 사실(Faktum)"이다. 플라톤이 말하는 "영원한 세계", "참된 세계"가 있다면 그것은 피안의 세계가 아니라 삶에 필요한 힘에의 의지로 가득한 현실의 세계다. 이웃 사랑이 아니라 힘에의 의지가 세계의 원리다. 그러나 기독교의 형이상학적 도덕은 힘에의 의지를 역행한다. 그것은 이웃을 위해 자기를 부인하고 자기의 삶을 희생하라고 요구한다. 이웃을 위해 자기의 삶을 희생하는 것이 가장 큰 사랑이라고 가르친다. 이로써 기독교는 인간을 나약한 존재로 만들며, 인간의 삶을 불구로 만든다. 기독교는 형이상학적 도덕을 통해 삶에의 의지를 약화시킨다.

인간을 나약한 존재로 만드는 기독교의 형이상학적 도덕에 반해, 초인은 "힘에의 의지"를 사랑한다. 그는 항상 더 큰 삶의 힘을 얻고자 한다. 진리에 대한 모든 의지는 힘에 대한 의지에 봉사해야 한다. 기독교는 진리를 추구해야 한다고 가르치지만, 진리에 대한 의지보다 더 강한 것이 힘에의 의지다. 죽지 않고 살고자 하는 본능이 진리에 이르고자 하는 욕구보다 더 강하기 때문이다. "힘을 얻고자 하는 나의 의지는 진리를 향한 너의 의지보다 더 높다!"(1975, 156) 힘에의 의지는 후손을 생산하고자 하는 의지, 목적을 향한 충동(Trieb), 더 높은 것, 더 멀리 있는 것, 더 많은 것을 향한 욕구로 나타난다. 그러나 이 모든 것은 사실상 "하나이고 비밀"이다. 그들은 힘에의 의지의 구체적 형태들일 뿐이다.

니체의 초인, 곧 "미래의 인간"은 더 큰 힘을 얻기 위해 이웃을 증오하고 복종을 요구하며 투쟁과 전쟁도 마다하지 않는 이기적 존재로 묘사된다. 인간은 본래 이기적 존재다. 모든 것은 나의 "힘에의 의지"를 위해 봉사해야 한다. 사회다윈주의적 삶의 원리가 여기에 나타난다. 자기의 생명을 유지하고 후손을 확장하기 위한 삶의 힘, 가장 강한 자들만이 살아남을 수 있는 냉혹한 생존투쟁과 적자생존이 초인의 삶의 원리로 나타난다.

5. 니체의 초인, 곧 미래의 인간은 기독교가 가르치는 인간의 모습과 전혀 다른 모습을 보인다. 초인의 삶의 가치와 도덕은 종래의 기독교 지도자들과 형이상학적 철학자들과 시인들과 도덕 교사들이 가르친 삶의 가치와 도덕에 반대된다. 한마디로 그는 자신의 생존에 필요한 힘의 획득을 최고의 가치로 생각하는 **이기주의자**다. 기독교가 가르치는 이웃 사랑은 사실상 깊은 이기주의를 숨기고 있다. 자연의 모든 생물은 본질적으로 이기주의적 존재다. 자기의 생명을 유지하기 위해 형제의 먹잇감을 빼앗기도 한다. 그들 사이에 협동하는 일도 있지만, 각자는 각자의 생명을 지켜야 한다는 이기주의가 그들의 **삶의 기본 법칙**이다. 협동은 사실상 자기의 생명을 지키고자 하는 삶에의 의지의 표출에 불과하다. 협동하여 얻은 먹잇감을 자기가 먼저 먹으려 한다. 다른 동료 짐승이 그것을 먹으려고 하면, 으르렁거리며 동료 짐승을 쫓아버린다. 자기의 굶주림을 해결했을 때, 그

는 남은 먹잇감을 다른 동료 짐승에게 허락한다.

인간도 자연 진화의 과정에서 나온 짐승이다. 따라서 인간도 생물적 이기주의를 벗어날 수 없다. 이에 반해 기독교는 "네가 이웃에게 바라는 대로, 이웃에게 해주어라"고 가르친다. 니체의 입장에서 볼 때, 기독교의 이 가르침은 인간의 생물적 본성에 어긋난다. 그것은 생명에 대한 모순으로, 인간을 노예와 같은 힘없는 존재로 만들어버린다. 기독교의 노예도덕에 반해, 초인은 힘에의 의지를 삶의 원리로 삼는다.

초인은 자기의 삶을 하나님의 섭리로 생각하고 주어진 현실에 "등을 구부린" 자가 아니라, 자기의 삶의 의지와 힘의 의지로 충만하다. 그는 차안의 삶과 세계를 부정하지 않고 긍정하며, 삶을 슬퍼하지 않고 기뻐한다. 금욕과 절제를 권장하는 기독교에 반해, 초인은 삶의 풍요와 즐거움(Lust)을 추구한다. 그는 강한 자인 동시에 지혜로운 자요, 파괴자인 동시에 사랑하는 자다. 기독교의 빛에서 볼 때 초인은 "비도덕자"(Immoralist)요, 도덕의 "파괴자"(Vernichter)다.

기독교 도덕에 대한 니체의 거부는 피안의 형이상학적 세계와, 이 세계의 근거가 되는 하나님에 대한 거부의 귀결에 불과하다. 형이상학의 하나님은 현실의 인간 삶에 대한 대립이다. 그는 인간 삶의 모순이요 부정이다. 이 하나님 위에 세워진 기독교 도덕은 "삶의 본능에 대립한다." 그것은 인간의 자연적 본능과 욕구들을 죄악시한다. 기독교 도덕은 인간의 "이 본능의 심판(Verurteilung)"을 나타낸다. 그것은 "삶의 가장 낮은 욕구들과 가장 높은 욕구들을 부정하며, 하나님을 **삶의 적**으로 간주한다." 하나님은 죽었다. 그는 존재하지 않는다. 따라서 하나님으로부터 생성된 도덕도 무너진다. "지금까지 가르쳐왔고, 존경을 받았고, 설교되었던 거의 모든 종류의 도덕"은 끝나게 된다(1978b, 192).

기독교의 형이상학적 도덕에 반해, 니체의 초인은 인간의 **자연적 본**

능과 욕구를 인정한다. 인간의 자연적 본능과 욕구는 본래 죄악된 것이 아니라 인간의 삶에 없어서는 안 될 구성적 요소다. 자연적 본능과 욕구가 충족되지 않을 때 인간은 생존할 수 없다. 따라서 자연적 본능과 욕구를 부정하고 억제하는 것은 삶 자체의 부정과 억제다. 그것은 삶의 퇴행이다. 이리하여 니체는 **자연주의적 도덕** 내지 **도덕의 자연화**를 주장하게 된다. 자연적 본능과 욕구를 따르며 삶의 즐거움을 추구하는 것이 **"건강한 도덕"**이다. 그것이 자연이다. 이 도덕은 만족스럽게, 즐겁게 살고자 하는 삶의 본능을 인정하며 이 본능에 순응한다. 이에 반해 기독교의 도덕은 삶에 모순되는 비도덕적 도덕이다. 그것은 삶의 본능을 부인한다. 기독교는 삶을 억제하고 죽이는 도덕을 가르친다. 따라서 기독교는 삶에 대한 "거대한 저주요…복수의 깊은 본능"이라고 니체는 말한다.

6. 따라서 기독교 도덕은 철폐되어야 한다고 니체는 주장한다. 아니, 기독교 자체가 철폐되어야 한다. 그에 따르면 기독교는 **출발점이 잘못되었다.** 그 까닭은 자신의 근거가 되는 예수를 오해하였기 때문이다. 무엇을 오해하였는가? 여기서 니체는 "역사의 예수"와 "신앙의 그리스도"를 구별한 슈트라우스의 생각을 따른다. 그리하여 하나님 나라의 기쁜 소식(복음)을 자신의 몸으로 살았던 "나사렛 사람 예수"와, 기독교 공동체가 고백한 "구원자 그리스도"를 구별하고, 나사렛 예수를 구원자 그리스도로 만든 것이 처음 공동체의 기본 오해라고 생각한다.

　　이 문제와 연관하여 니체는 예수의 사건을 정치적으로 해석한다. 니체의 이 해석은 20세기 해방신학과 정치신학의 모범이 된다. 그에 따르면 나사렛 예수는 자기가 "인류의 구원자"라고 말한 적이 없다. 그는 당시의 유대교 사회에서 "무정부주의자"요 "반항"(Aufstand)이었다. 그는 "'선한 자들과 의로운 자들', '이스라엘의 거룩한 자들', 사회의 계급체제에 대한 반항이었다. 사회의 부패에 대한 반항이 아니라 사회의 세습적 계급 (Kaste), 특권, 질서, 형식에 대한 반항이었다." 그는 "사제와 신학자를 부정하였다. 유대교 내의 낮은 백성들, 소외된 자들과 '죄인들', 가장 낮은 사회계급의 구성원들(Tschandala)에게 지배 질서에 대해 저항을 부르짖었던 이 무정부주의자는…정치적 범죄자였다. 이 때문에 그는 십자가의 죽임을 당하였다." "나사렛 예수—유대인의 왕"(JNRI, Jesus Nazarenus-Rex Iudaeorum) 이란 십자가의 명패는 이것을 증명한다. 사실상 예수는 온 인류의 죄 때문에 죽은 것이 아니라 **자기의** 죄 때문에 죽었다." 그가 다른 사람의 죄를 위해 죽었다는 것을 증명하는 어떤 근거도 발견되지 않는다고 니체는 주장한다.

그러나 초기 기독교 공동체는 예수를 예언자, 메시아, 장차 올 심판자, 도덕교사, 기적의 놀라운 인물 등 그들에게 잘 알려진 공식으로 그를 이해하였다고 니체는 말한다. 이로써 그들은 나사렛 예수를 오해하였다. 하나님 나라의 기쁜 소식을 전한 예수는 "그가 살았던 대로, 그가 가르쳤던 대로 죽었다." 이 예수를 초기 교회는 모든 인간의 죄를 용서하기 위해 십자가의 죽음을 당한 온 인류의 구원자로 파악하였다. 그러나 니체에 따르면 "세상 죄를 지고 가는 하나님의 어린양"(agnus Dei qui tollis peccta mundi)이란 "구원자—심리학"(Psychologie des Erlösers)은 초기 기독교 공동체의 신앙고백일 뿐, 역사의 예수 자신과 무관하다. "그는 아무런 신앙고백 양식도, 하나님과의 교통을 위한 어떤 종교 의식도 필요로 하지 않았다. 기도마저도 필요로 하지 않았다. 그는 유대교의 모든 참회의 이론과 화해의 이론과 작별하였다." 그는 자신이 전한 기쁜 소식의 "실천"을 남겼을 뿐이다. "삶의 실천만이 '신적인 것', '복된 것', '복음적인 것', '하나님의 자녀'로 느낄 수 있는 것이었다." 하나님께로 인도할 수 있는 것은 참회와 죄 용서를 위한 기도가 아니라 **복음적 실천뿐**이었다. "'죄', '죄의 용서', '믿음', '믿음을 통한 구원'의 개념을 가진 유대교는 예수의 복음을 통해 제거되었다. 모든 유대교적 **교회-이론**은 복음에서 부정되었다"(1978b, 231).

그러나 초기 기독교 공동체는 예수의 복음이 부정한 이 모든 것을 다시 수용하였다. 후에 로마 제국의 국가종교가 된 기독교는 로마 제국의 다양한 종교적 이론들과 의식들을 수용함으로써 점점 더 예수의 복음에서 멀어졌다. 예수가 행한 "복음적 실천" 대신에 신앙고백과 예배 의식과 교리 체계가 등장하였다. 초기 기독교의 역사는 나사렛 예수의 "근원적 상징주의에 대한 점차적 오해"의 역사였다. 예수의 복음적 실천은 구원자 그리스도에 대한 믿음으로 변질되었고, 믿음은 이론과 교리로 변질되었다. 성직자들은 예수의 십자가 이름으로 심판과 벌과 복수를 설교하였다. 예수의 기쁜 소식은 위협의 소식으로 변하였다. 나사렛 예수는 바리새인과 신학자로 변모하였다. 이 생각을 니체는 다음과 같이 말한다.

> 나는 기독교의 **진짜** 역사를 얘기하고 싶다. "기독교"란 말 자체가 하나의 오해다. 사실상 단 한 사람의 그리스도인이 있었고, 그는 십자가에서 죽었다. (그가 가르친) 복음이 십자가에서 **죽었다**. 이 순간부터 "복음"이라 불리는 것은, 그가 살았던 것과는 반대되는 것이었다. 곧 **"사악한 소식"**, **나쁜 소식**(Dysangelium)이었다. 그리스도로 말미암은 구원에 대한 믿음이 그리스도인의 표식이라고 보는 것은, 잘못된 것일 뿐 아니라 어리석은 짓(Unsinn)이다. 그리스도적인 **실천**(Praktik), 십자가에서 죽었고, 그것을 **살았던** 그분처럼 사는 것이 그리스도적이다(1978b, 237).[2]

---

2 원문: ich erzähle die echte Geschichte des Christentums. ‑ Das Wort sch‑hristentum ist ein Mißverständnis‑, im Grunde gab es nur Einen Christen, und der starb am Kreuz. Das 'Evangelium' starb am Kreuz. Was von diesem Augenblick an 'Evangelium' heißt, war bereits der Gegensatz dessen, was er gelebt: eine 'schlimme Botschaft', ein

여기서 니체는 약간의 일면성은 있지만, 기독교가 진지하게 생각해야 할 내용을 말한다. 예수는 기독교라는 종교와 교회를 세우지 않았다. 그는 온 인류의 구원자로 자처하면서 자기 자신에 대한 믿음을 요구하지 않았다. 온 인류의 구원자 예수의 구원에 대한 믿음이 그리스도인을 나타내는 표식이 아니다. 그리스도인을 그리스도인답게 하는 것은 예수가 보여준 실천이다. "그리스도인의 존재(Christ-Sein), 그리스도성(Christlichkeit)"을, 그리스도에 대한 지식이나 교리를 "참되다고 여기는 것(Für-wahr-halten)으로 축소하는 것, 단순한 의식의 현상(Bewußtseins-Phänomenalität)으로 축소하는 것은 그리스도성을 부인하는 것이다. 사실상 그리스도인은 아무도 없었다. 2,000년 동안 그리스도인이라 불리는 것은 하나의 심리학적 자기 오해에 불과하다"(1978b, 237). 예수는 유대교에 대항하면서 하나님 나라의 기쁜 소식을 자신의 몸으로 살다가 십자가에서 죽었는데, 나중에 온 것은 구원자 그리스도에 대한 믿음과 교리와 제도화된 교회였다. 교회는 자기 제자들을 향해 대항하여 싸우라고 가르쳤던 바로 그것이었다. 예수는 죽어가는 생명을 살리고자 했는데, "대중에 대한 플라톤주의"(Platonismus für das Volk)가 되어버린 교회는 삶의 의지와 힘의 의지를 죽이는 "퇴행의 종교"(Religion der décadence)로 전락하였다. 그가 가르친 기쁜 소식 곧 복음에는 "죄와 벌의 개념"이 없었는데(1978b, 230), 처음 공동체는 "죄와 벌"이란 도덕론적 구도를 도입하였고, 평신도의 죄 덕택에 먹고 살면서 특권을 누리는 성직자 계급이 등장하였다. 이에 니체는 기독교 도덕을 부인한다. 그에게 기독교 도덕은 예수의 기쁜 소식에 대한 모순이다. 유대교의 율법과

Dysangel Ium. Es ist falsch bis zum Unsinn, wenn man in einem 'Glauben', etwa im Glauben an die Erlösung durch Christus das Abzeichen des Christen sieht: bloß die christliche Prakt Ik, ein Leben so wie Der, der am Kreuz starb, es lebte, ist christlich.

마찬가지로, 기독교 도덕은 인간의 삶의 "퇴행"으로 간주된다. 특히 니체는 기독교의 성도덕을 비판한다. "삶에 대한 적대감(Ressentiment)과 함께 기독교는 인간의 성을 불결한 것으로 만들었다"(1978b, 181).

7. 형이상학에 기초한 기독교 도덕에 반해 니체의 "초인"은 **생물적 삶의 법칙에 충실한 자연적·생물적 존재**로 나타난다. 초인의 삶의 법칙은 사회다원주의적 삶의 법칙으로 요약할 수 있다. 초인은 자신의 생명을 유지하고 종족을 번식하기 위한 "힘에의 의지"를 최고의 가치로 여긴다. 최고의 가치는 하나님이 아니라 생명과 종족 유지에 필요한 "힘에의 의지"다. 힘에의 의지는 투쟁과 격정과 파괴와 전쟁도 마다하지 않는다. 그는 바닷물도 모두 마셔버릴 수 있고 지평선을 지워버릴 수 있는 힘을 가진다. 이제 세계의 운명은 하나님에 의해 결정되지 않고 초인에 의해 결정되어야 한다. 초인으로서의 인간이 세계를 지배해야 한다. 하나님의 섭리가 세계의 운명을 이끌어간다는 신앙은 이제 끝났다. 인간이 세계의 목적을 세워야 하고 세계를 지배해야 한다. 지금까지 하나님이 세계의 궁극적인 의미로 생각되었다. 그러나 하나님은 죽었다. 하나님이 아니라 "초인이 땅의 의미다"(1975, 9).

하나님이 죽었다면, 하나님에 기초한 종래의 "가치 목록"(Werttafel)도 무너질 수밖에 없다. 그것은 거짓으로 나타난다. 이제 초인은 "새로운 가치 목록"을 필요로 한다. 과거의 가치가 탈가치화(Entwertung)된 다음에 "모든 가치들의 전도"(Umwertung aller Werte)가 필요하다. 가치의 "원칙적 혁신"이 있어야 한다. 종래의 가치들의 독재가 무너졌다면 새로운 가치들의 질서, 새로운 세계가 올 수밖에 없다.

모든 가치의 전도(Umwertung)를 통해 얻을 수 있는 새로운 가치는 무엇인가? 새로운 도덕은 무엇인가? 그것을 우리는 어떻게 얻을 수 있는가?

니체에 따르면, 새로운 가치는 옛날의 세계관에서 얻을 수 없다. 그것은 새로운 세계관에서 오는 새로운 것이어야 한다. 종래의 가치들의 기본적 결함은 형이상학적 성격에 있다. 삶의 현실을 떠나, 삶의 현실 위에 있는 초월적인 것으로 생각되는 데 있다. 이로 말미암아 종래의 가치는 폐기될 수밖에 없는 운명에 처하였다.

니체에 따르면 새로운 가치의 근거는 피안의 형이상학적 세계가 아니라 우리의 **삶 자체**여야 한다. 인간의 현실, 그의 삶 자체, 곧 **산다는 것 자체**가 새로운 가치의 근거와 기초다. 삶, 곧 **산다**는 것을 떠난 가치와 도덕은 우리의 삶에 낯설고 해롭다. 그것은 새로운 형태의 삶에 적대적인 가치가 될 수 있다. 삶 그 자체에 근거한 새로운 가치는 삶 그 자체다. 삶 그 자체가 새로운 가치가 아니라면, 삶은 그 자신이 아닌 어떤 다른 것에서 자기의 가치를 얻어야 할 것이다. 삶 자신이 아닌 어떤 다른 것에서 오는 가치는, 삶 자체에 대해 또다시 이질적인 것, 억압적인 것일 수밖에 없다. 따라서 산다는 것 자체가 최고의 가치다. 산다는 것 외에 어떤 다른 가치도 있을 수 없다.

진리란 무엇인가? 일반적으로 진리는 대상과, 대상에 대한 인식의 일치를 뜻한다. 즉 대상에 대한 우리의 인식과 대상 자체가 일치할 때, 우리는 이 인식을 가리켜 진리라고 말한다. 이에 비해 니체는 진리를 아주 쉽고 간단하게 생각한다. 죽지 않고 **산다**는 것, 곧 삶이 진리다. 사는 것은 진리이고, 죽는 것은 비진리다. 생명에 유익하고 생명을 살리는 것은 참된 것이고, 생명에 해가 되고 생명을 죽이는 것은 참되지 못한 것, 거짓된 것이다. 따라서 진리와 거짓을 구별할 수 있는 규범은 형이상학적·도덕적 규범이 아니라 삶, 곧 "산다는 것" 자체다. "산다"는 것을 떠난 진리 자체란 있을 수 없다. 죽지 않고 산다는 것이 "우리에게 참된 것"이다. 이 세상에서 가장 가치 있는 것, 곧 최고의 가치는 **죽지 않고 사는 것**이다. 그것이 최고의 가치요 진리다. 인간의 현실적 삶 자체로부터 주어질 수 있는 새로운 가치는, 죽지 않고 산다는 것 자체다. **살면서 번식하는 것**, 번식을 통해 **종(種)의 생명이 이어지는 것**이 최고의 가치다.

이 새로운 가치를 니체는 자연주의적으로, 사회다원주의적으로 파악한다. "도덕적 가치들을 대신하는 완전히 **자연주의적 가치들**", "**도덕의 자연화**"(Vernatürlichung der Moral)라는 니체의 말은 이것을 가리킨다(1955b, 1202). 니체의 이 말에 따르면, 새로운 가치는 자연주의적 가치로서 도덕의 자연화를 통해 주어진다.

"도덕의 자연화"를 통해 주어지는 **자연주의적 가치, 자연주의적 도덕**이란 무엇인가? 그것은 자연 생물들의 삶의 법칙을 말한다. 곧 자신의 생명과 종(種)을 유지하고자 하는 **자연적 본능과 욕구에 충실한 삶**, 이 본능과 욕구를 충족시키기 위해 경쟁과 투쟁과 전쟁을 마다하지 않는 **생존투쟁, 적자생존, 자연도태**가 삶의 자연주의적 가치와 도덕이다. 자연주의적·사회진화론적 의미의 삶 자체가 새로운 가치다. 힘을 얻고자 하는 의지, 곧 "힘에의 의지" 속에서 수단과 방법을 가리지 않고 강한 자가 살아남는 삶의 법칙, 이것이 니체가 말하는 초인의 "새로운 가치 목록"이다.

도태되지 않고 살아남는 길은 노동에 있다. 노동을 통해 더 많은 삶의 힘을 얻을 때 삶(사는 것)을 계속할 수 있고, 사회적 강자가 되어 약한 자를 지배할 수 있다. 이를 위해 더 많은 이익, 더 많은 돈을 얻어야 한다. 이리하여 초인들의 세계는 노동을 축복으로 예찬한다. **노동은 삶의 축복이다.** 노동을 통해 더 많은 삶의 힘을 얻을 수 있다. 노동을 통해 인간은 헛된 일들에 눈을 돌리지 않고, 범죄를 저지르지 않을 수 있다. 그런 점에서 "노동은 가장 좋은 경찰"이라고 니체는 노동을 찬양한다. 그에 따르면 "사실상 사람들은…이러한 노동이 가장 좋은 경찰이라고 생각한다. 노동은 각 사람을 길들일 수 있고, 이성의 발전과 욕구와 독립에 대한 욕망의 발전을 강하게 억제할 수 있다"(Löwith 1941, 310).

　　노동을 통해 더 큰 삶의 힘을 얻을 수 있고 사회적 강자가 될 수 있기 때문에 초인들의 세계는 노동에 눈이 어두워진 세계가 되어버린다. 야생의 짐승들이 먹잇감을 얻기 위해 전력 질주하듯이, 초인들은 온 힘을 다해 노동한다. 휴식과 휴가도 더 많이, 더 효율적으로 노동하기 위한 준비로 생각한다. 살기 위해 노동하는 것이 아니라 노동하기 위해 산다. 노동이 자기 목적이 되어버린다. 여기서 니체는 노동과 더 많은 돈의 획득을 최고의 가치로 생각하는 자본주의 사회의 미래를 예고한다. 장차 노동자들은 자기를 잘 훈련된 군인처럼 느끼도록 단련될 것이다. 그들은 "현대판 노예들"이 될 것이다. 휴식과 노동(otium et labor)의 질서가 깨어지고, 쉼 없는 노동으로 내몰리게 될 것이며, 인격적인 "지불"을 받는 것이 아니라 입출금 통장에 자동 입금되는 "월급"을 받을 뿐이다(ein Gehalt, aber keine Bezahlung, Löwith 1941, 311).

8. "현대판 노예들"이 인간적인 예우를 받을 수 있는 길은 무엇인가? 마르크스는 이 길을 노동자 계급의 혁명과 사회주의와 민주주의에서 발견한다. 이에 반해 니체는 먼저 **민주주의**를 반대한다. "초인"의 "새로운 도덕"은 강한 자들, 부유한 자들이 약하고 가난한 자들을 지배하는 것을 당연하게 간주한다. 민주주의 체제에서는 "억압당하는 자들, 낮은 자들, 큰 무리의 노예들과 절반 노예들이 권력을 갖고자 한다." "민주주의는 **자연적인 것이 되어버린** 기독교(das vernatürlichte Christemtum)다"(1964, 154). 힘에의 의지가 강한 자들은 풍족하게 살고 약한 자들은 가난하게 사는 것이 자연 질서다. 모든 사람이 동등해야 하고, 동등하게 살아야 한다는 민주주의는 자연 질서를 역행한다. **공화정과 의회제도도** 마찬가지다. 공화정과 의회주의, 그리고 모든 인간의 평등한 선거권은 삶에의 의지가 약하고 무능

한 대중들이 지배자가 되어야 함을 뜻할 뿐이다.

헤겔에 따르면, 모든 사람은 동등한 존재로 태어난다. 갓 태어나 산모의 품에 안긴 아기들 그 자체는 동일하다. 귀족이나 천민이나, 주인이나 노예나, 그들은 인간이라는 점에서 동등하다. 따라서 모든 인간은 동등한 가치를 지닌다. 이리하여 헤겔은 민주주의적 공화정을 희망하게 된다. 마르크스는 헤겔의 생각을 따른다. 그래서 "인간은 인간에 대해 가장 큰 가치"라고 말한다. 따라서 마르크스는 무산계급의 혁명을 통해 모든 인간이 평등한 사회주의를 희망한다. 사회주의를 실현하기 위해 그는 무산계급자들, 곧 가난한 자들의 혁명을 요구한다.

니체는 먼저 혁명을 반대한다. 나폴레옹을 제외한 모든 혁명은 사회적 혼란을 초래했을 뿐이라고 그는 주장한다. 혁명과 더불어 니체는 **사회주의**도 반대한다. 사회주의는 모든 인간의 평등을 전제한다. 힘없고 가난한 노동자들이 지배자의 자리에 서야 한다고 주장한다. 니체에 따르면 이것은 강한 자가 위에 있고 약한 자가 아래 있는 자연의 "서열 질서"(Rangordnung)에 모순된다. 사회주의는 약육강식과 자연선택의 법칙에 모순되는 **약한 자들의 도덕**일 뿐이다.

고대 그리스 문학 전공자였던 니체는 헬레니즘 세계의 엘리트 사상을 잘 알고 있었다. 엘리트는 그 사회의 힘 있는 사람들, 힘의 의지가 강한 사람들이다. 따라서 **소수의 엘리트 혹은 귀족이** 대중을 지배하는 것이 마땅하다. 강한 자와 약한 자 사이에는 명령과 복종의 계급질서가 있을 수밖에 없다. "지배하는 카스트 제도"(herrschende Kaste)는 인간의 필연적 운명이다.

강한 자들이 힘써 얻은 이익을 모든 사람이 나누어 가진다는 사회주의 사상, 곧 "소유의 나눔"(Eigentums-Verteilung)도 생물적 자연 질서에 어긋난다고 니체는 판단한다. 그에 따르면 양을 치는 목자와, 목자를 돕는 개가 동일한 "무리"(Herde)로 간주되고, "무리 짐승들이 통치자가" 된다는 것은 말이 되지 않는다. 짐승들과 마찬가지로 힘 있는 자는 풍요롭게 살면서 왕성하게 번식하고, 힘없는 자는 가난하게 살고 번식도 제대로 못하는 것이 자연법칙이다. "현대 인류에서 소유의 나눔이란 수없이 많은 불의와 폭력성의 귀결이다." 사회주의는 소유가 있는 자들을 불의한 자로 보고, 소유가 없는 자들을 의로운 자로 본다. 그러나 "불의한 생각은 소유가 없는 사람들의 영혼 속에도 숨어 있다. 소유가 없는 사람이라 하여 소유를 가진 사람보다 더 낫지 않으며, 도덕적 우선권을 갖지 않는다. 언젠가 그들의 조상들도 소유를 가진 사람들이었다"(1978a, 287-288). 니체에게 마르크스의 사회주의는 "둔한 자들의 독재"(Tyrannei der Dummen)에 불과하다(Jens 1974. Küng 1995, 458에서 인용).

모든 인간의 평등, 민주주의와 사회주의에 대한 니체의 반대는 다윈의 진화론의 영향인 동시에 고대 헬레니즘의 영향이기도 하다. 헬레니즘에 정통했던 니체에 따르면 고대 그리스-로마의 세계에서 어떤 인간은 자유인으로, 어떤 인간은 노예로 태어난다는 것은 자연스러운 일이었다. 따라서 귀족, 평민, 노예의 신분사회도 자연스러운 일이었다. 이에 근거하여 니체는 모든 인간의 평등을 실현하고자 하는 민주주의와 사회주의를 반대하게 된다. 그는 인간의 인간성, 땅 위에 있는 모든 인간의 평등에 대한 기독교적 가치와 도덕을 거부하고, **힘 있는 자와 힘없는 자의 새로운 신분사회**를 자연스러운 것이라 말하게 된다.

이 문제와 연관하여 니체는 루소를 "새로운 시대의 문턱에서 태어난 기형아", "관념론자요 악당"이라고 비판한다. 루소는 모든 인간의 평등을 제창하기 때문이다. 니체에 따르면, 루소의 평등 사상은 "평등하지 못한 것을 평등하게" 만들었다. 그의 인간적이고 민주주의적인 관념들은 인간의 참된 본성, 곧 "힘에의 의지"를 역행한다. 실체가 없는 시민사회의 민주주의는 "국가 몰락의 역사적 형식"에 불과하다면, 극단적 사회주의는 독재체제를 초래한다. 이 둘은 모두 인간을 **"무리 짐승"**(Herdentier)으로 만들어버린다. 소유가 있든 없든, 교육을 받았든 받지 못했든, 모든 인간을 동일한 무리 짐승으로 평준화시켜버린다.

니체에 따르면 모든 인간이 무리 짐승으로 평준화되어버릴 때, 이들의 평등을 실현할 **"영도자 짐승"**(Führertier)이 등장한다. 위대한 영도자 짐승은 무리 짐승들이 고분고분 복종하도록 사육한다. 근대 유럽의 민주주의 사회에서 인간을 영도자 짐승에게 순종하도록 사육할 수 있는 가능성이 더 커졌다. 가장 지적인 짐승들도 영도자 짐승에게 순종하도록 사육된다. "명령할 수 있는 자는, 복종할 수밖에 없는 자를 발견한다." 땅의 거인이 된 영도자 짐승은 무리 짐승들 앞에서 하나님을 대신하는 자로 군림한다. 그는 "내가 곧 민족이다!"라고, 자기를 민족과 동일시한다. 국가의 권력은 위대한 영도자 짐승에게 집중된다. 노동자 대중은 위대한 사회주의 국가를 이루고자 하는 영도자 짐승 밑에서 하나로 뭉쳐 그의 명령을 따른다(Löwith 1941, 281-283 참조). 여기서 니체는 현대 세계의 새로운 형태의 독재체제를 예고한다. 이 새로운 형태의 독재체제는 먼저 히틀러의 제3제국과 20세기 사회주의 국가에서 나타났다. 그것은 "위대한 영도자 동지"가 통치하는 곳에서 지금도 나타나고 있다.

8. "허무주의의 가장 극단적 형식"인 윤회론

1. "모든 것은 떠나가고, 모든 것은 되돌아온다. 존재의 수레바퀴는 영원히 돌고 돈다. 모든 것이 사멸하고, 모든 것이 다시 피어난다. 존재의 연륜은 영원히 돌아간다. 모든 것이 깨어지고, 모든 것이 새롭게 접합된다. 존재의

영원한 집은 영원히 자기를 건축한다. 모든 것이 헤어지고, 모든 것이 다시 인사한다. 존재의 고리(Ring)는 영원히 충실하게 존속한다"(1975, 241).『차라투스트라는 이렇게 말했다』에 나오는 니체의 이 말은, 모든 사물의 영원한 윤회를 가리킨다. 세계는 "영원한 윤회"(ewige Wiederkehr), 혹은 영원한 "회귀"(Wiederkunft)다. 니체는 윤회를 모든 사물의 원운동(Kreislauf)이라 부르기도 한다.

이로써 니체는 **헤겔의 목적론적 관념론에 대한 결정적 안티테제**를 제시한다. 헤겔이 말하는 세계의 궁극 목적이란 없다고 그는 주장한다. 지구의 나이는 약 40억 년으로 추산된다. 그렇다면 세계의 목적은 벌써 이루어졌어야 했을 것이다. 니체의 표현을 따른다면, "만일 세계가 목적을 가진다면, 그것은 이루어져 있어야 할 것이다. 의도하지 않은 마지막 상태(Endzustand)가 있다면, 그 상태 역시 이루어져 있어야 할 것이다." 세계의 목적은 모든 것이 완전한 상태를 말한다. 모든 것이 완전한 상태에 있다면, 더 이상 "되어감"이 없고 "있음"(존재)만이 있을 것이다. 만일 "있음"만 있는 그런 상태가 있다면, 작은 한순간에라도 그 가능성이 보였어야 했을 것이다. 모든 "되어감"이 끝난 상태, 사유도 없고, 정신도 없는 상태가 한순간이라도 있었어야 했을 것이다.

헤겔이 말하듯이 정신이란 정체된 물건이 아니라 어떤 것을 향해 되어가는 활동성이다. 정신은 끊임없는 "되어감"이다. 만일 세계의 목적이 있다면, 정신은 더 이상 되어감이 아닐 것이다. 그러므로 정신에게는 세계의 목적이란 것이 있을 수 없다. "되어감으로써 '정신'은, 세계는 아무 목적을 갖지 않으며, 아무런 마지막 상태를 갖지 않으며, '있음'의 능력이 없다는 것을 증명한다"(1964, 692).

헤겔의 목적론은 하나님 신앙의 필연적 귀결이다. 세계에 하나님이 있다면, 세계는 하나님이 가리키는 목적을 가질 수밖에 없다. 곧 정신으로서의 하나님과 일치하는 상태가 이루어지는 것이 세계의 목적으로 설정된다. 세계의 모든 사건은 무목적일 수 없다. 그들은 하나님을 통하여 주어지는 목적 지향성을 가진다. 이 같은 생각이 너무도 굳어 있기 때문에 세계의 무목적(Ziellosigkeit)을 말하는 것은 매우 어렵다. 이에 반해 니체는 다음과 같이 말한다. "하나님이 없을지라도 세계는 신적인 창조자의 힘, 무한한 변화의 힘의 능력을 가진다"(1964, 692).

니체에 따르면 세계는 고정되어 있는 하나의 물체가 아니다. 세계는 힘이다. 힘은 운동이다. 운동하지 않는 힘은 힘이 아니다. 그것은 죽은 것이다. 세계는 더 이상 힘의 운동이 없는 세계, 곧 죽은 세계가 될 것이다. 세계가 그의 목적에 도달하여 모든 것이 완전한 상태에 있다면, 더 이상의 "되어감"은 없을 것이다. 되어감의 운동 대신에, 정체된 "있음"만이 있을 것이다. 그러나 세계는 힘 자체, 되어감의 운동 자체다. 그렇다면 모든 것이 완전한 상태, 정체 상태에 세계의 "목적", "마지막 상태"는 없을 것이다. 끝없는 되어감의 운동이 있을 뿐이다. 세계는 끝없이 되어가는 운동 자체다. 그것은 어떤 이상적 목적을 향한 직선 운동이 아니다. 그것은 바다의 썰물과 밀물처럼, 이미 있었던 것이 새로운 형태와 새로운 연관성 속에서 다시 있게 되는 영원한 원운동 내지 윤회일 것이라고 니체는 생각한다.

2. 윤회에 대한 니체의 생각은 먼저 **인간의 윤회**에서 시작한다. 먼저 인간에게서 그는 윤회를 발견한다. 그에 따르면 인간은 악한 존재다. "인간은 가장 잔인한 짐승이다." "그는 자기 자신에 대해 가장 잔인한 짐승이다." "가장 악한 모든 것이 그의 가장 좋은 힘이다"(242). 그런데 가장 잔인한 짐승인 인간은 끝나지 않는다. 그는 언제나 다시금 나타난다. "네가 피곤해하는 인간, 작은 인간은 영원히 회귀한다"(243). 여기서 우리는 니체의 윤회론의 뿌리를 그의 **생물학적 인간 이해**에서 찾을 수 있다. 자연 짐승의 세

계에는 새로움이 없다. 목적도 없다. 짐승의 세계에는 동일한 것의 반복이 있을 뿐이다. 주어진 환경에서 출생과 성장과 쇠퇴와 죽음이 끝없이 반복된다. 먹고, 교미하고, 번식하고, 죽음으로 끝나는 과정이 반복된다. 니체에 따르면 **인간도 짐승이다.** 자연 짐승들과 마찬가지로 인간에게도 동일한 것의 영원한 반복, 곧 윤회가 있을 뿐이다. 인간을 짐승으로 볼 때, 윤회론은 필연적 귀결이다.

인간의 삶은 물론 힘, 곧 생명력으로 가득한 세계 속에서 니체는 영원한 윤회를 발견한다. 그에 따르면 세계는 "시작도 없고 끝도 없는 거대한 힘의 덩어리"다. 이 힘은 "더 커지지도 않고, 더 작아지지도 않는다. 그 자신을 소모하지도 않고 변화될 뿐이다." 내어주는 것도 없고, 상실하는 것도 없다. 자라나는 것도 없고, 새롭게 받아들이는 것도 없고, 무한히 확장되는 것도 없다. 이 세계는 "포만과 권태와 피곤을 모른다. 영원한 자기 자신을 창조하고, 영원히 자기 자신을 파괴하는 나의 디오니소스적 세계"는 "선과 악의 저 너머에 있고, 목적이 없는" 세계다(696-697). 세계는 동일한 법칙과 동일한 운동이 반복되는 하나의 원운동 내지 윤회다. "'형이상학과 종교' 대신에 (사육과 자연선택의 수단이 되는) 이제 영원한 회귀"가 등장한다(1955b, 1202). 삶의 힘을 마비시키는 종래의 형이상학과 기독교 대신에 윤회 사상이 새로운 종교여야 한다. 영원한 윤회가 "사상들의 사상"(Gedanke der Gedanken)이요, "역사의 전환점"이다. 윤회는 "종교들의 종교"다(1901, 415).

흔히 말하기를 니체의 윤회 혹은 회귀 사상은 불교에서 수용한 것이라고 한다. 그러나 그것은 불교에만 있었던 것이 아니라 고대의 다른 많은 종교와 철학 사상에도 나타난다. 그것은 힌두교를 위시한 고대 인도의 종교, 플라톤과 피타고라스 철학, 고대 게르만족의 신화에도 나타난다. 고대 그리스 문헌학자였던 니체는 그의 윤회론을 고대 그리스 철학자에게서 수용한 것으로 보인다.

3. 한편으로 니체는 윤회를 가리켜 1) **"허무주의의 극복"**이라고 말한다. 어떤 의미에서 윤회론은 허무주의를 극복하는가? 윤회론에 따르면, 세계 속에 존재하는 것은 영원히 없어지지 않는다. 지금 존재하는 것은 언젠가 다시 있을 것이다. 곧 존재의 세계는 없어지는 것, 무가 되어버리는 것이 아니라 언젠가 다시 있게 되는 **영원한 것**이라 볼 수 있다. 존재는 언젠가 끝나버리는 것이 아니라 영원하다. 윤회론은 **존재의 영원함**을 말한다. 이런 점에서 윤회론은 허무주의를 극복한다고 볼 수 있다. 그것은 "절망에서의 탈출구"요, "'무'로부터 '존재하는 무엇'(Etwas)에 이르기 위한 시도"였다고 해석할 수 있다(Löwith 1941, 398).

다른 한편으로 니체는 윤회론을 가리켜 2) **"허무주의의 가장 극단적 형식"**이라고 말한다. 곧 윤회론은 허무주의를 극복하는 것이 아니라 그것을 가장 극단적 형식으로 나타낸다고 말한다. 어떤 점에서 윤회론은 "허무주의의 가장 극단적 형식"인가?

윤회론은 허무주의를 본질로 둔다고 말할 수 있다. 현재의 모든 것은 언젠가 있었던 것이고, 미래에 있을 것도 과거에 있었던 것에 불과하다면, 이 세계에 엄밀한 의미의 새로움은 없다. 모든 가능한 발전들은 과거에 이미 있었던 것이다. 따라서 지금의 발전은 과거에 있었던 것의 반복일 뿐이다. 지금의 모든 것은 과거에 수없이 여러 번 있었다. 세계는 과거에 있었던 것이 다시 있게 되는, 무한히 반복되는 하나의 원운동이다. 이 같은 의미의 "영원한 회귀"를 가리켜 니체는 "새로운 가치"라고 말한다. 도대체 윤회가 어떻게 "새로운" 가치인가? 그것은 가치와 의미가 없는 것이 아닌가?

앞서 언급한 것처럼 초인에게는 삶, 곧 산다는 것이 참된 것, 곧 진리다. 죽지 않고 산다는 것이 최고의 목적이요 의미다. 땅 위의 모든 생물은 어떤 목적을 위해 살지 않는다. 단지 사는 것을 최고의 목적으로 삼는다. 그들은 살기 위해 살 뿐이다. 인간도 자연의 생물들로부터 나왔다. 그러므로 인간에게도 삶, 곧 죽지 않고 사는 것 자체가 목적이요, 최고의 가치와 의미다. 그 외에 다른 목적과 의미는 없다. 이 같은 인간의 삶은 자연의 생물들과 마찬가지로 의미와 목적을 알지 못하는 **생존투쟁과 적자생존, 생명의 유지와 번식, 생성과 소멸의 영원한 반복 내지 원운동**이다.

원운동에는 목적이 없다. 반복 내지 회귀가 있을 뿐이다. 영원한 회귀 속에서 참 가치는 미래의 목적에 있지 않다. 참 가치는 산다는 것, 곧 목적이 없는 **삶 자체**다. 목적과 의미 없이 자기의 생명을 유지하고, 번식과 생성과 소멸의 영원한 반복이 새로운 가치다. 이것은 사실상 가치가 없다는 것, 곧 무가치(Wertlosigkeit)다. 무가치와 무의미, 곧 허무주의가 새로운 가치다. 이런 점에서 윤회는 "허무주의의 완전한 형태"라고 니체는 말한다.

아무런 목적이 없다는 것, 동일한 것이 영원히 반복된다는 것은 일종의 비관주의다. 거기에는 새로운 내일에 대한 희망이 없다. 반복을 계속하는 주어진 세계가 전부다. 그러므로 니체는 윤회를 가리켜 "비관주의적 사고방식과 이론, 황홀한 허무주의(ekstatischer Nihilismus)", "삶의 새로운 질서를 열기 위해, 변질되었고 죽어가는 종족들을 부숴버리고 몰아내는 데 쓰이는 강력한 압박과 망치"(Druck u. Hammer)라 부르기도 한다(1964, 689).

4. 니체가 윤회론을 끌어들이는 동기는 무엇인가? 그 동기는 기독교의 형이상학과 목적론적 세계관을 깨끗이 제거하고 **허무주의를 확실히 세우기 위함**에 있다고 볼 수 있다. 윤회론은 허무주의를 본질로 삼기 때문에 니체는 윤회론을 도입함으로써 허무주의를 더욱 굳게 세우고자 한다. 윤회론에 따르면, 살기 위해 아귀다툼을 하는 세계의 모든 것은 무의미하다. 그것은 과거에 있었던 것의 반복일 뿐이다. 영원한 윤회는 목적과 의미를 알

지 못한다. 어떤 의미와 목적을 위해 사는 것이 아니라 살기 때문에 살 뿐이다. 살기 때문에 사는 무의미한 삶이 있을 뿐임을 니체는 윤회론을 통해 말하고자 한다.

윤회의 영원한 원운동을 이끌어나가는 내적 힘은 무엇인가? 니체에 따르면 그것은 헤겔이 말하는 신적 절대정신이나 이성이 아니라 죽지 않고 살기 위해 필요한 **힘을 얻고자 하는 의지**, 곧 "힘에의 의지"다. 죽지 않고 살기 위해, 또 번식을 위해 힘을 얻고자 하는 의지로 말미암아 생명의 세계가 유지된다. 힘에의 의지는 모든 생물에게서 나타난다. 그것은 때로 건설적으로 나타나기도 하고, 때로 파괴적으로 나타나기도 한다. 모든 생물에게서 나타나는 **맹목적 힘에의 의지**가 초인의 새로운 가치다.

여기서 우리는 헤겔에 대한 니체의 강력한 안티테제를 볼 수 있다. 헤겔에 따르면, 세계 역사를 이끌어가는 동인은 신적 정신이다. 신적 정신의 변증법적 자기활동은 목적을 가진다. 그것은 "정신의 개념과 일치하는" 세계를 이루는 데 있다. 이에 반해 니체에 따르면, 세계는 아무런 목적을 갖지 않는다. 살고자 하는 "삶에의 의지"와, 살기 위해 필요한 힘을 얻고자 하는 "힘에의 의지"가 있을 뿐이다. 이 의지는 목적을 갖지 않는다. 그것은 죽지 않고 사는 것을 유일한 목적으로 삼는다. 역사의 동인이 있다면, 그것은 자신의 생명 유지와 종족 번식에 필요한 힘을 얻고자 하는 의지, 곧 "힘에의 의지"다. 죽지 않고 살고자 하는 의지, 살기 위해 필요한 힘을 얻고자 하는 의지가 세계사의 동인이다. 니체의 이 생각은 헤겔의 관념론에 대한 총체적 반란이라 말할 수 있다.

니체에 따르면, 초인에게는 **세계 자체**가 힘에의 의지다. 세계는 죽지 않고 생명을 유지하기 위해 필요한 힘을 얻고자 하는 의지 덩어리다. 유기적인 것은 물론 무기적인 것 안에서도 힘에의 의지가 작용한다. 이 의지가 세계의 내적 힘이요 역사의 동인이다. 세계는 생존에 필요한 힘을 얻고자 하는 의지들의 치열한 전쟁터다.

살고자 하는 의지의 힘은 시작도 없고 끝도 없다. 세계가 존속하는 한, 그것은 소모되어버리지 않고 변화될 뿐이다. 세계는 그 자체 안에서 끝없이 용솟음치는 생명의 힘과 의지의 "대양"과 같다. 영원히 반복되는 밀물과 썰물처럼 만족과 피곤을 알지 못한다. 생존하는 한, 계속 생존하고자 하는 것이 모든 생명의 본능이기 때문이다. "영원한 자기 창조와 자기 파괴의 이 디오니소스적 세계", 이 세계에 이름이 있다면 그것은 힘에의 의지다. "세계는 힘에의 의지다"(1964, 697)

"힘에의 의지"가 윤회하는 세계의 이름이 되는 까닭은 무엇인가? 그것은 "힘에의 의지"가 세계의 모든 사물 속에서 **목적 없이** 반복되기 때문이다. 세계의 모든 사물 안에 있는 힘에의 의지는 목적을 갖지 않는다. 그것은 맹목적이다. 그것은 언제나 다시금 새로운 형태로 사물들 속에서 나타난다. 세계는 영원히 반복되는 맹목적 "힘에의 의지" 덩어리에 불과하다. 이런 점에서 힘에의 의지는 창조와 파괴가 반복되는 윤회의 세계에 대한 이름이 된다. 니체에 따르면 "영원한 윤회", "영원한 회귀"는 허무주의의 핵심이요, "사상들의 사상", "역사의 전환점"이다. "현실의 현존은 의미와 목적 없이, 막을 수 없이 반복한다. 무로 끝없이(ohne Finale ins Nichts) 반복한다.…그것은 **허무주의의 가장 극단적 형식**이다. 곧 무('의미가 없는 것')가 영원하다"(1955d, 853).

여기서 **"자연으로 돌아가라"**는 루소의 말이 니체에게 깊은 영향을 주었던 것으로 보인다. 자연의 세계는 목적을 알지 못한다. 가치와 의미와 도덕적 규범을 알지 못한다. 그 속에는 살고자 하는 맹목적 "삶의 의지"와, 삶에 필요한 힘을 얻고자 하는 맹목적 "힘에의 의지"와, 생성과 소멸의 영원한 윤회가 있을 뿐이다. 이 같은 자연의 세계를 니체는 인간의 세계에 적용한다. 새로운 시대에 인간의 세계도 자연의 세계처럼 될 것이다. 아무 목적

없이 동일한 것을 반복하는 짐승들처럼 인간의 삶도 아무 목적 없이 동일한 것을 반복하게 될 것이라고 니체는 예고한다.

그러나 니체의 윤회 사상은 호응을 얻지 못했다. 그의 친구 페터 가스트도 윤회설을 인정하지 않았다. 오버벡 교수는 그것을 과장된 것으로 보았다. 니체가 사랑했던 살로메 역시 윤회설을 도저히 믿을 수 없었다. 그것은 학문적으로 증명되지 않은 괴담으로, "무서움"을 줄 뿐이었다고 나중에 그녀는 회고한다. 니체의 윤회설을 깊이 연구한 야스퍼스는 니체의 영원한 윤회, 디오니소스와 초인을 믿는 사람은 아무도 없었다고 한다. 아무도 윤회론에 대한 충분한 근거를 발견하지 못했다는 것이다(Jaspers 1950, 350 이하). 기독교가 깊이 뿌리 내리고 있는 사회에서 반기독교적 윤회를 말한다는 것은 모든 사회적 관계를 단절하겠다는 것과 같다. 이리하여 니체는 더욱더 깊은 사회적 단절과 고독에 빠지게 된다. 그러나 니체가 예고한 영원한 윤회의 세계, 아무 목적 없이 같은 것을 반복하는 세계, 되어가는 대로 되어가는 세계가 오늘 우리의 세계가 아닌가! 하나님을 알지 못하는 현대 세계, 목적을 알지 못하는 세계 속에서 우리는 동일한 것의 반복을 경험하고 있지 않은가! 그래서 니체는 "다가오는 세기의 사상가"라고 불린다(Baeumler 1964, 712).

IV
오늘 우리에게 니체는 무엇을 말하는가?
- 하나님 없이 무-진리, 무-도덕의 카오스 속에서 살 것인가,
아니면 하나님 앞에서 살 것인가?

1. 앞서 언급했듯이 니체는 천재적 인물이었다. 이것은 그 누구도 부인할 수 없는 사실이다. 그러나 우리는 그의 사상에서 많은 문제점을 발견한다.

니체는 고대 그리스 문화에서 아폴로적인 것과 디오니소스적인 것을 발견하고, 디오니소스적인 것을 자기의 철학적 원리로 수용한다. 이성과 지성과 합리적 사유, 절제와 질서 대신에, 본능적 욕구 충족과 도취와 무절제 속에서 이루어지는 디오니소스적 삶에서 니체는 허무주의를 발견한다. 이로써 그는 약 2,000년에 달하는 서구의 지성주의와 합리주의의 아폴로적 전통을 뒤집어버리고, 디오니소스적 허무주의라고 하는 하나의 새로운 철학의 장을 시작한다. 실로 니체의 허무주의는 아폴로적 전통에 대한 혁명이라 말할 수 있다.

그러나 우리는 디오니소스적인 것이 인간의 삶의 전부라고 말할 수 없다. 인간의 삶에 도취와 무절제 속에서 본능적 욕구 충족과 삶의 풍요로움과 쾌락을 추구하는 디오니소스적 측면이 있음은 사실이다. 이와 동시에 참된 것과 중용과 질서와 조화를 추구하는 **아폴로적 측면**이 있음도 우리는 부인할 수 없다. 아무리 악한 인간일지라도 그 속에 아폴로적인 것이 있다. 마피아의 세계에도 그들 나름의 의리와 사랑과 도덕과 질서가 있다는 사실은 이를 증명한다.

이 문제와 연관하여 니체는 관념론적 형이상학과 유대교와 기독교를 통해 도덕이 있게 되었고, 선한 것과 악한 것을 구별하게 되었다고 말한다. 니체의 이 생각은 타당하지 않다. 형이상학이나 칸트의 정언명령을 전혀 모르는 사람들, 유대교와 기독교를 모르는 사람들도 비록 차이는 있을지라도 무엇이 바르고 무엇이 바르지 못한지, 무엇이 도덕적이고 무엇이 비도덕적인지 알고 있다. 이것은 아폴로적 측면이 디오니소스적 측면과 함께 모든 인간에게 태어나면서부터 주어져 있음을 말한다.

인간은 참으로 복합적 존재다. 자기의 생명을 유지하고자 하는 이기적 본성이 있는 동시에, 이웃과 친교하며 공존하고자 하는 사회적 본성도 함께 있다. 자기의 것을 챙기면서도 친구와 친교하고, 이웃과 친교하면서도 자기의 것을 챙긴다. 짐승들에게도 이 두 가지 본성이 함께 있다. 니체는 모든 생물의 이기적인 측면을 나타낼 뿐이다. 한평생 시장에서 떡볶이 장사로 모은 몇억 원의 돈을 사회에 기부하는 할머니, 태어난 지 몇 달 되지 않음에도 불구하고 또래 아이를 보면 방긋거리며 웃는 어린아이의 모습은, 아폴로적인 것과 디오니소스적인 것의 두 측면이 태어나면서부터 모든 인간에게 함께 주어져 있다는 사실을 증명한다. 태어나면서부터 모든 인간에게 주어진 아폴로적 측면을 가리켜 성서는, 하나님의 법이 창조 때부터 모든 사람의 "마음에 적혀 있다"고 표현한다(롬 2:15). 니체는 아폴로적인 측면을 무시하고 디오니소스적 측면에 근거하여 허무주의적 세계를 구성하고, 이 세계가 시작하였다고 말한다. 그러나 디오니소스적 측면이 인간의 삶의 한 측면에 불과하다면, 허무주의적 세계도 세계의 전부가 아니라 한 측면일 뿐이라고 말할 수밖에 없다.

2. 니체는 허무주의적 삶의 세계를 자연 짐승들의 세계에서 발견한다. 자연의 짐승들은 삶의 진리와 가치와 의미를 알지 못한다. 그들에게는 도덕도 없고 목적이란 것도 없다. 단지 자기의 생명을 유지하고자 하는 **본능에 따른 행동**이 있을 뿐이다. 그들에게는 삶, 곧 "산다"는 것이 최고의 진리와 의미와 가치와 목적이다. 그들의 삶을 지배하는 것은 목적이 없는, 곧 맹목적 "힘에의 의지"다. 자연의 모든 생물은 자기 자신의 생명을 유지하고자 하는 이기적 존재라고 니체는 말한다.

　　여기서 니체는 진화론의 자연관을 따른다. 진화론에 따르면, 자연의 모든 생물은 이기적이다. 그들은 다른 생물 개체들과의 경쟁과 투쟁 속에서 삶의 힘을 얻고 자신의 생명을 유지하고자 한다. 약한 자는 도태되고, 강한 자만이 살아남는다. 살아남아서 종을 유지하기 위해 생물들은 최대한의 힘을 얻고자 한다. "힘에의 의지"가 그들의 삶을 지배한다. 자연 전체, 곧 세계는 더 큰 힘을 얻어 살아남고자 하는 생명체들의 경쟁과 투쟁의 장이다. 니체에 따르면 세계는 이기적 욕망의 덩어리다. 이런 점에서 자연의 생물들은 허무주의 속에서 산다.

　　니체에 따르면 인간은 자연의 벌레에서 진화한 짐승이다. 따라서 짐승적인 것, 벌레적인 것이 인간에게도 있다. 따라서 인간도 본래 자연의 벌레들 혹은 짐승들처럼 허무주의 속에서 살도록 되어 있다고 니체는 생각한다. 인간도 짐승이기 때문에 철저히 이기적인 존재요, 죽지 않고 살고자 하는 삶에의 의지, 살기 위해 필요한 힘을 얻고자 하는 힘에의 의지에 따라 본능적으로 행동한다는 것이다.

　　니체의 생각은 매우 그럴듯하게 보인다. 그러나 먼저 자연 생물들의 세계에 대한 니체의 생각은 일면적이다. 그것은 자연 생물들의 삶의 한 측면일 뿐 전체가 아니다. 자연의 생물들은 정말 의미와 가치, 진리와 도덕의 공백 상태, 곧 허무주의 속에서 사는가? 그렇지 않다. 잡목 속에 모여 지저귀는 참새들의 소리를 들어보면 참새들 나름의 **언어와 공동의 삶**이 있음을 볼 수 있다. 어려운 삶의 여건 속에서도 **함께 사는 것**이 참새들의 가치와 의미라는 것을 볼 수 있다. 식물들도 서로 속삭이며 정보를 주고받으며 함께 산다는 것을 주파수 측정을 통해 확정할 수 있다고 자연과학자들은 주장한다. 물론 독수리처럼 각자도생하는 생물도 있다. 그러나 벌, 개미, 사자, 코끼리, 펭귄처럼 **함께 모여 서로 협동하며 사는 것**이 자연 생물들의 **일반적 본성**이다. 사회다윈주의가 말하는 것처럼 이기주의와 경쟁과 투쟁이 자연 생물들의 본성이 아니라 상부상조하며 더불어 사는 것이 그들의 본성이다. 거의 모든 생물이 무리를 지어 함께 살아간다.

이것은 자연의 생물들도 **그들 나름의 가치와 의미 속에서** 살아간다는 것을 말한다. 하나님이 지으신 세계는 무-가치, 무-의미 속에서 사는 것이 아니라 그 나름의 의미와 가치 속에서 산다. 세계는 이기주의에 기초한 생존경쟁의 싸움터로 보이지만, 그것은 한 측면일 뿐이다. 전체로서의 세계는 상호 의존 속에서 서로 도우며 살아가는 생명 공동체다. 그래서 아무리 사나운 사자들일지라도 그날에 필요한 것만 사냥한다. 더 이상의 욕심을 부리지 않고 자연의 균형관계를 유지하는 지혜를 그들은 무의식중에 알고 있다.

니체의 말대로 인간도 자연의 생물에서 진화된 한 생물이라면, 인간에게도 이 같은 본성이 있다고 말할 수밖에 없다. 디오니소스적인 측면과 아폴로적인 측면이 자연 생물들에게 공존한다면, 인간 안에도 공존한다고 말할 수밖에 없다. 인간 세상이 참으로 이기적이고 악하게 보이지만, 모든 인간이 전적으로 이기적이고 악한 것은 아니다. 디오니소스적인 허무주의적 측면만 있는 것은 아니다. 서로 도와가며 공존하고 질서 있는 세계를 이루고자 하는 아폴로적 측면이 함께 주어져 있다. 그러므로 보다 더 질서 있는 세계, 보다 더 의롭고 인간성 있는 세계를 이루고자 하는 노력들이 끊이지 않고 일어난다. 세계는 디오니소스적인 것과 아폴로적인 것의 대결 현장이다. 만일 디오니소스적인 허무주의가 인간 삶의 세계의 전부라면, 이 세계는 파멸될 것이다. 이 세계가 지금까지 유지되는 것은 디오니소스적·허무주의적인 것에 대립하는 아폴로적인 것이 살아 생동하기 때문이다.

3. 니체는 아폴로적인 것의 구체적 형태를 관념론적 **형이상학과 유대교와 기독교**에서 대표적으로 발견한다. 이들은 현상의 세계를 거짓되고 가치와 의미가 없는 것으로 보고, 현상의 세계 저 너머에, 혹은 저 위에 있는 피안의 초월적 세계에 참 진리와 참 가치와 참 의미와 목적이 있다고 본다. 현상 세계와 인간의 자연적인 것, 자연적 본능과 욕구를 죄악시하고, 그것을 억제해야 한다고 가르친다. 그들이 제시하는 도덕은 인간의 삶에 적대적이다. 그것은 인간의 힘에의 의지와 삶의 힘과 생동성을 억제한다. 한마디로 도덕은 삶의 퇴행을 초래한다.

이에 니체는 형이상학적 진리, 가치, 의미, 목적, 도덕, 이 모든 것이 더 이상 존재하지 않는 허무주의의 시대가 왔다고 선언하면서, 종래의 형이상학적 가치의 탈가치화(Entwertung), 가치의 전도(Umwertung)를 주장한다. 곧 종래의 형이상학적 가치를 폐기하고 그것을 뒤엎어버려야 한다는 것이다. 이를 통해 얻을 수 있는 새로운 가치는 무엇인가? 그것은 살고자 하는 본능에 따라 자기의 생명을 유지하고, 본능에 따라 행동하는 삶 자체다. **죽지 않고 사는 것**, 짐승처럼 **자연적 본능에 따라 사는 것**, 이로써 현상의 삶을 긍정하고 삶의 힘과 생동성을 회복하는 것이 참 가치와 참 의미가 된다. 진리는 현상의 삶 저 너머에 있는 이른바 "사물 자체"에 있는 것이 아니라 삶 자체, 곧 죽지 않고 자기의 생명을 유지하는 것이 진리다. 니체 자신이 말하듯이, 이것은 진리와 가치와 의미가 없어진다는 것이다. 자연의 생물들처럼 진리와 가치와 의미가 없는 상태에서 산다는 것, 곧 허무주의를 말한다.

진리와 가치와 의미는 인간이 지켜야 할 규범성을 가진다. 이것이 진리요, 참 가치요, 참 의미라고 할 때 우리는 그것을 지켜야 한다는 뜻이 내포되어 있다. 그런데 진리와 가치와 의미가 없어질 때, 인간은 지켜야 할 규범을 갖지 못하게 된다. 그에게는 **모든 것이 허용된다**. 모든 것이 허용되는 인간의 세계는 어떨까? 하늘나라가 될까, 아니면 지옥이 될까? 지옥이 될 가능성이 더 크다. 인간은 무엇보다 먼저 자기 자신을 추구하는 이기적 존재이기 때문에, 디오니소스적인 것이 아폴로적인 것보다 더 큰 힘을 갖게 되기 때문이다. 그래서 니체도 허무주의의 세계를 가리켜 "카오스"라고 말한다. 니체의 허무주의가 초래하는 것은 하늘나라가 아니라 카오스다.

도덕에서도 이와 동일한 사태가 일어난다. 니체는 종래의 형이상학적 도덕을 거부하고, 도덕 없는 허무주의 세계에서 살게 되었다고 한다. 이제 인간은 도덕의 명령과 압제를 벗어나 자연의 짐승들처럼 도덕 없이, 자연적으로, 자신의 본능에 따라 자유롭게 살게 되었다. 짐승들의 세계에서는 자신의 본능에 따라 사는 것이 도덕이다. 바로 여기에 허무주의의 새로운 도덕이 있다. 이를 가리켜 니체는 **"자연화된 도덕"** 혹은 **"도덕의 자연화"** 라고 말한다.

그럼 인간이 자신의 본능에 따라 살 때 과연 도덕적 존재가 될 수 있는가? 본능에 따라 사는 것이 도덕적인 것인가? 그렇지 않다는 것이 인간의 현실이다. 도덕 없는 인간은 짐승보다도 더 비도덕적인 존재가 되어버린다. 먼저 말할 수 없는 성적 타락에 빠진다. 구약성서 레위기 20장이 보여주듯이 아버지와 딸이, 어머니와 아들이, 할아버지와 손녀가, 시아버지와 며느리가, 형제와 형제가, 조카와 이모, 숙모, 고모가, 사람과 짐승이 자유롭게 교미하는 세상이 되어버릴 것이다. 도덕이 없으면 모든 것이 허용된다. 부끄러운 일을 하면서도 부끄러워하지 않게 된다. 이 같은 무도덕·비도덕의 사태가 지금 벌써 일어나고 있지 않은가! 한마디로 니체가 말하는 "도덕의 자연화"는 **"자연적 비도덕성"**을 초래한다(Baeumler 1964, 706).

또 니체는 목적을 거부한다. 그가 말하는 허무주의 세계는 자연 생물들의 세계처럼 **목적**을 갖지 않는 세계다. 생명을 유지하며 산다는 것, 곧 삶 자체가 목적이다. 그러나 인간은 짐승에 불과하지 않다. 그에게는 정신과 이성이 있다. 그에게는 아폴로적인 것이 있다. 그러므로 인간은 본성적으로 지금보다 더 나은 것을 추구한다. 그는 보다 더 좋은 세계를 희망한다. 보다 더 나은 것, 보다 더 좋은 세계를 희망하는 본성이 있기 때문에 인간은 절망에 빠지기도 한다. 절망은 희망을 전제한다. 희망하는 바가 있기 때문에 절망할 수 있다. 인간은 생존하는 한, 보다 나은 내일을 기다리며 살아간다. 곧 하나의 목적을 바라보며 살아간다. 인간의 삶은 목적 지향성 자체다. 그것은 아직 이루어지지 않은 어떤 목적을 향한 끊임없는 "넘어감"(Überschreiten)이다.

목적이란 자연적 삶에 모순된다. 그것은 본능이 이끄는 대로 사는 것을 막고, 아직 주어지지 않은 것을 향해 살도록 명령한다. 간단히 말해, 목적은 삶의 당위성을 내포한다. "너는 이렇게 살아야 한다", "이 목적을 향해 살아야 한다"고 명령한다. 그러므로 니체는 목적을 거부한다. 허무주의의 삶은 특정한 목적이 없다. 삶 자체가 목적이다. 그러나 목적이 없는 인간의 세계는 어떨까? 보다 더 정의롭고 인간적인 세계, "울음소리와 울부짖는 소리가 들리지 않는"(사 65:19) 세계를 이루어야겠다는 "목적"이 없는 세계는 저주받은 세계일 것이다. 그것은 아무 희망이 없는 세계일 것이다.

진리도, 가치도, 의미도, 도덕과 목적도 없는 세계, 힘에의 의지가 모든 것을 이끌어가는 니체의 허무주의 세계는 내일의 희망이 없는 저주받은 세계일 것이다.

4. 니체의 생각은 일면 타당성이 있다. 죽지 않고 사는 것이 각 생물에게 가장 귀중하고 가치 있는 일이다. 산다는 것보다 더 귀중한 것은 없다. 죽지 않고 살기 위해서는 힘이 필요하다. 힘, 곧 돈이 있는 자는 살고, 돈이 없는 자는 죽는다. 따라서 **가능한 한 더 많은 힘**, 곧 돈을 소유하는 것이 최고의 가치와 의미다. 힘이 있는 사람은 가치 있는 사람이요, 힘이 없는 사람은 무가치한 사람이다. 더 가치 있는 사람이 되기 위해서는 더 큰 힘이 필요하다. 자본주의 사회에서 삶의 힘은 돈이다. 따라서 돈을 많이 가진 사람은 가치 있는 사람이고, 돈이 없는 사람은 무가치한 사람이다. 돈이 없는 사람은 "힘에의 의지"가 약한 사람이다. 힘에의 의지가 약한 생물은 도태되는 것이 자연의 법칙이다.

따라서 힘에의 의지가 약한 사람, 돈이 없는 사람은 도태되는 것이 마땅하다. 힘이 약하여 도태되는 자를 동정할 필요가 없다. 약한 자를 돌보아주어야 하고, 약한 자가 사회를 지배해야 한다는 사회주의는 말도 안 되는 것(Unsinn)이다. "모든 사람은 하나님 앞에서 동등하다"는 것, 곧 "하나님 앞에서 인간의 동등한 가치"는 "최고의 바보 같은 소리"(non plus ultra des Blödsinns)다(1964, 595). 이에 근거한 사회주의는 "가장 약한 자들의 보호 수단을 가치 기준으로" 세운다(594).

서로 더 큰 힘을 얻고자 할 때, **경쟁과 투쟁**이 불가피하다. 갓 태어난 독수리 새끼들도 더 많은 먹이를 부모에게서 얻기 위해 입을 가능한 한 더 크게 벌리고 형제들끼리 경쟁한다. 이 경쟁에서 밀리는 독수리 새끼는 죽는다. 강한 새끼만이 살아남는다. 인간의 세계도 동물의 세계와 다를 바

제4부 | 니체

없다. 아니, 동물의 세계보다 더 잔인한 경쟁과 투쟁, 약육강식의 세계다. 인간은 짐승 중에 가장 간교한 짐승이기 때문이다. 경쟁과 투쟁을 통해 더 큰 힘을 얻고, 생물적 본능과 욕구를 흡족히 채우며, 즐겁고 활력 있게 사는 **삶**, 바로 여기에 **진리와 가치와 의미**가 있다. 그러나 이것은 하나의 비극이라고 니체는 말한다. 니체의 허무주의는 하나의 비극이다.

여기서 니체는 한 가지 사실을 간과한다. 자연의 동물들의 욕구에는 한계가 있는 반면 인간의 욕구에는 한계가 없다는 사실이다. 자연의 동물들은 배가 부르면, 더 이상의 욕구를 품지 않는다. 이에 반해 인간은 배가 불러도 만족하지 않고 더 많이 축적하고자 한다. 더 많이 축적하고자 하는 인간의 욕심에는 한계가 없다. 삶의 즐거움과 쾌락에도 한계가 없다. 이 쾌락을 경험하면, 그보다 더 깊은 쾌락을 경험하고 싶다. 이 사람을 정복하면 저 사람도 정복하고 싶고, 이 산을 정복하면 저 산도 정복하고 싶은 것이 인간의 "힘에의 의지"다. 니체가 말한 것처럼, 인간의 쾌락은 "영원을 원한다"(1975, 253). 짐승들의 성적 쾌락은 종족 번식에 제한되어 있는 반면, 인간의 성적 쾌락은 쾌락 자체를 목적으로 삼기 때문에 한계를 모른다. 이리하여 인간은 무한한 쾌락과 소유의 노예가 되어버린다. 자신의 "힘에의 의지"의 주인이 되는 것이 아니라, **힘에의 의지의 노예**가 되어버린다. 니체가 말하는 허무주의적 삶의 세계는 **끝없는 소유와 쾌락의 노예가 된 세계**다.

5. 여기서 우리는 니체의 허무주의의 **추상적인 측면**을 볼 수 있다. 인간에게 가장 직접적으로 또 현실적으로 느껴지는 무(無)는 무엇인가? 그것은 굶주림이다. 먹지 못하고 굶주리면 무로 돌아간다. 필자의 생각에 의하면, 가장 현실적이고 직접적인 허무주의는 위(胃)에서 시작한다. 직장을 잃어버리고 방 한 칸 얻을 수 없어 거리로 내몰린 사람들, 허기진 배를 채울 것

이 없는 사람들에게 가장 직접적인 무는 굶주림이다. **진짜 허무주의**, 가장 직접적이고 현실적인 허무주의는 절대 빈곤과 굶주림에 있다. 인간을 움직이게 만드는 가장 기본적 동인은 굶주림이다. 인간을 가장 비참하게 만드는 것도 굶주림이다.

니체는 달리 생각한다. 그에 따르면 "굶주림을 원동자(primum mobile)로 보는 것은 불가능하다." "영양 불량의 귀결"로서의 굶주림은 "더 이상 지배자가 되지 못하는(nicht mehr Herr werdenden) 힘에의 의지의 귀결"이라고, 니체는 굶주림을 규정한다(1964, 437, #652). 또 굶주림을 해결하기 위해 음식물을 먹는 것(Ernährung)을 가리켜, "만족되지 않는 획득(Aneignung)과 힘에의 의지의 귀결(Konsequenz)"이라고 정의한다(442).

필자에게 니체의 이 말은, 생명의 위협을 느낄 정도의 굶주림을 당해 보지 않은 사람의 말로 들린다. 무엇을 획득하고, 지배자가 되고자 하는 욕구와 힘에의 의지는 생물적 굶주림이 해결된 다음에야 올 수 있다. 배가 고픈 사람이 가장 먼저 찾는 것은 음식이다. 그 외의 모든 것은 굶주린 배를 채운 다음에야 온다. 굶주린 배 앞에서는 진리와 가치와 의미와 도덕도 사라져버린다. 먹는 것 외에는 아무것도 보이지 않는다. 이런 점에서 **참 허무주의는 굶주린 배로부터 시작한다.**

지하 월세방에서 굶주림과 질병 속에서 살아가는 사람들의 생물적·실존적 허무주의를 니체는 알지 못한다. 가난과 질병, 실직과 고금리 사채에 신음하는 영세민들, 자기의 몸을 팔아야만 생계를 유지할 수 있는 사람들, 삶에 절망하여 극단적 선택으로 내몰리는 소상공인들의 허무주의에 대해 니체는 침묵한다. 그가 말하는 허무주의는 형이상학적 진리, 가치, 의미, 도덕의 부재를 가리키는 **철학적 허무주의, 정신적 허무주의**이지, **현실적·몸적·물질적 허무주의**가 아니다. 인간은 배를 어느 정도 채운 다음에야 진리, 가치, 의미, 도덕, 목적을 생각하게 된다. 굶주린 배 앞에서는 도덕도 사라진다. 역사 문학가 이병주 선생은 삶의 이 평범한 진리를 다음과 같이 기술한다. "점잖으신 어른들께서 사흘만 굶어보이소. 사흘쯤 굶으몬 담을 뛰어넘는다고 하요. 금강산도 식후경이라, 도덕도 배가 부를 때 있는 기라"(이병주 2006a, 225). 바젤 대학교 교수였던 니체는 인간의 가장 기본적 문제인 굶주림을 당해본 적이 없었던 것으로 보인다.

여기서 우리는 니체 철학의 또 한 가지 일면성을 볼 수 있다. 니체는 인간 존재의 생물학적 측면에 집중한 나머지, 사회적 측면을 무시한다. 니체에게 인간은 자기 유지와 번식의 본능에 사로잡힌 생물적 개체로 생각된다. 생물적 개체로서의 인간은 철저히 이기적 존재로 생각된다. 그는 자신의 생명 유지와 번식밖에 모르는 이기적 "짐승"으로 규정된다. 이 같은 생물주의로 인해 니체의 허무주의는 사회-경제적·물질적 측면을 간과한, 추상적인 철학적 허무주의의 성격을 갖게 된다.

6. 니체의 허무주의는 인간 삶의 한 가지 사실을 간과한다. 곧 인간은 의미와 가치의 공백상태, 곧 허무주 속에서 실존할 수 없다는 사실이다. 인간은 부정적이든, 긍정적이든, 어떤 **특정한 의미와 가치 속에서 살 수밖에 없는 존재**임을 니체는 간과한다.

이 문제점의 원인은 니체의 생물학적 인간관에 있다. 니체는 인간을 자연의 생물들로부터 진화된 "짐승"으로 보고, 인간과 자연 생물들의 연속성을 강조한다. 그리하여 자연의 생물적인 것이 인간에게도 있다고 말한다. 여기서 니체는 **자연 생물들과 인간의 차이**를 간과한다. 그 차이는 무엇인가? 그것은 오직 인간만이 예금통장과 주식계좌를 가지고 있다는 점이다.

또 자연의 짐승들은 번식기에만 짝짓기를 하는 반면, 인간은 수시로 짝짓기를 하고자 한다. 왕성한 짝짓기를 위해 정력 강화제를 사용하는 것도 인간뿐이라는 점에 자연의 짐승과 인간의 차이가 있다. 또 자연의 생물들은 자기 주변의 자연을 삶의 기초로 삼고 살아가는 반면, 인간은 자연의 **모든 것을 상품으로** 만들어버린다. 세계의 상품화, 이것은 오직 인간에게서만 볼 수 있는 특별한 현상이다.

또 아무리 잔인한 짐승일지라도 다른 생물들을 멸종시키는 일은 하지 않는다(약간의 예외는 있을 수 있지만). 그들은 공생의 법칙을 무의식적으로 알고 있다. 그러나 인간은 더 많은 소유를 얻기 위해 자연의 생물들을 멸종시킨다. 수많은 생물 종이 인간의 무지와 탐욕으로 인해 멸종될 위기에 처해 있다. 코로나19 팬데믹, 그것은 하늘에 사무치는 인간의 죄악에 대한 하늘의 벌이다. 그것은 인간의 죄악이 초래한 결과다. 이 결과는 유감스럽게도 영세 상인들을 포함한 사회적 약자들의 몫이 된다.

자연의 짐승과 인간의 또 한 가지 차이를 니체는 간과한다. 니체가 말하듯이 자연의 짐승들에게는 삶 자체, 곧 **산다는 것 자체**가 진리요 의미와 가치다. 그 이상의 진리와 의미와 가치를 자연의 짐승들은 알지 못한다. 그들의 삶을 지배하는 것은 생존에 필요한 힘을 얻고자 하는 의지, 곧 "힘에의 의지"다. 이 의지는 의미와 가치를 알지 못한다. 그것은 목적을 갖지 않는다. 그것은 맹목적인 것이다. 이런 점에서 자연의 짐승들은 의미와 가치의 부재, 곧 허무주의 속에서 살아간다. 그들에게는 동일한 법칙의 영원한 윤회가 있을 뿐이다. 이 같은 의미의 허무주의가 장차 올 세대의 운명이 될 것이라고 니체는 예고한다.

그러나 니체의 이 예고는 과녁을 약간 벗어난다. 그 이유는 인간은 의미와 가치의 공백 상태, 곧 허무주의 상태에서 살 수 있는 존재가 아니라는 점에 있다. 인간은 아무 의미와 가치 없이, 단지 산다는 것으로 만족하지 않는다. 그는 어떤 형태의 것이든, 삶의 의미와 가치를 찾는다. 참된 의미와 가치가 사라질 때, 그는 의미와 가치의 공백 상태, 곧 "허무" 속에서 사는 것이 아니라 **거짓된 의미와 가치와 목적**을 설정한다. 그는 의미가 없는 것을 의미 있는 것으로, 가치가 없는 것을 가치 있는 것으로 삼고 살게 된다. 바로 여기에 인간과 짐승의 차이가 있다는 사실에 대해 니체는 침묵한다.

이 세상에 자기 나름의 의미와 가치를 갖지 않은 사람은 아무도 없다. 그는 참 의미와 참 가치 속에서 살든지, 아니면 거짓된 의미와 거짓된 가치 속에서 살 수밖에 없는 것이 인간 존재의 현실이다. 그는 하나님을 참 의미와 가치로 섬기며 살든지, 아니면 "**금송아지**"를 참 의미와 가치로 섬기며 살 수밖에 없다. 성서가 말하는 "금송아지"는 돈과 섹스를 상징한다. 돈과 섹스는 힘을 상징한다. 참 의미와 가치가 사라질 때, 인간은 의미와 가치의 공백 상태(허무)에서 사는 것이 아니라 돈과 섹스, 곧 금송아지를 최고의 의미와 가치로 섬기며 살게 된다. 돈과 섹스가 그에게 최고의 진리와 가치요, 삶의 목적이다. 자연의 짐승들은 의미와 가치가 없는 공백 상태, 곧 허무 속에서 살지만, 인간은 어떤 형태의 것이든 특정한 의미와 가치 속에서 살 수밖에 없다는 사실을 니체는 주목하지 않는다.

7. 니체가 말하는 초인은 "힘에의 의지"로 충만한 사람이다. 힘을 얻고자 하는 의지로 말미암아 서로 싸우고 투쟁하여 **더 큰 힘을 얻는 것**이 초인의 도덕이요 최고의 가치다. 그에게는 어떤 가치관도, 도덕도 없다. 그는 자신의 생명과 종의 생명을 유지하기 위해 더 큰 힘을 얻고자 하는 본능에 따라 행동한다. 그의 삶을 지배하는 것은 어떤 가치관이나 도덕이 아니라 더 많은 물질과 권력을 소유하고, 더 많이 교미하여 번식할 수 있는 "힘에의 의지"다.

이 같은 초인 앞에서 가난한 사람, 능력이 없는 사람, 몸이 불편한 사람, 한마디로 사회적으로 연약한 사람들은 가치가 없는 사람들이요, 무의미한 존재들이다. 이들은 강한 자만이 살아남는 자연선택에서 도태된 사람들이다. 도태된 사람들은 제거되는 것이 마땅하다. 이들을 제거하고, 힘 있는 사람들을 배양하는 것이 사회 발전에 도움이 된다. 인간은 더 많은 사용가치를 갖도록 개량되어야 한다. 실수 없이 움직이는 기계와 같은 존재가 되어, 기계처럼 사용될 수 있어야 한다. 이를 위해 "합성된 인간의 생산"(Erzeugung des synthetischen Menschen)이 필요하다. 합성된 인간에게는 "인류의 기계화(Machinalisierung)가 현존의 선제적 조건이다"(1955d, 629).

이 같은 니체의 생각은 우수한 인종을 배양해야 한다는 **우생학의 근거**가 될 수 있는 위험성을 내포한다. 이 위험성은 히틀러의 제3제국에서 현실화되었다. 이른바 **인종청소와 인종개량**이 시도되었다. 많은 장애인, 정신 이상자가 수용시설에서 제거되었다. 이리하여 히틀러의 국가사회주의(Nationalsozialismus)는 니체 사상의 "성취"였다고 말하기도 한다.

또 니체의 초인 사상은 **제국주의와 식민주의, 인종주의의 사상적 근거**가 될 수 있는 위험성을 내포한다. 열등한 민족은 우수한 민족의 지배와 착취 대상이 되는 것이 마땅하다. 강하고 우수한 인종이 열등한 인종을 지배해야 한다. 열등한 인종은 제거되는 것이 유익하다. 이리하여 세계 각지의 원주민들이 무참하게 살해된다. "힘에의 의지"에 충만한 소수의 초인들이 세계를 지배하는 반면, 힘없는 자들, 연약한 자들, 장애인들은 삶의 세계에서 배제된다. 세계는 강한 자들의 소유가 된다.

그러나 니체는 정치적 인물이 아니었다. 그는 정치에 관심을 두지 않았다. 철저한 개인주의자였던 니체에게 "민족"이나 "사회"는 낯선 것이었다(Löwith 1941, 218). 국가에 대해서도 그는 비판적이었다. 그의 문헌 『새로운 우상들』에서 그는 국가를 "가장 냉정한 괴물"이라고 말한다. 국가의 입에서는 "나, 곧 국가가 민족이다"라는 거짓말이 나온다고 말한다(1975, 51). 따라서 니체를 민족주의자나 인종주의자로 보는 것은 타당하지 않다.

그는 아리아 민족이 세계를 지배해야 한다는 반유대주의자들의 인종주의적 자기도취를 거부한다(211).

그럼에도 불구하고 니체가 독일 국가와 민족을 위한 인간 개량이나 배양(Zucht und Züchtung)을 말하는 것은 모순이 아닌가? 이에 필자는 다음과 같은 의심을 품게 된다. 인간 개량이나 배양에 관한 니체의 말은, 그의 여동생 엘리자벳이 편집하여 출판한 『힘에의 의지』, 제4권에 기록되어 있다. 편집 과정에서 엘리자벳은 그 책에 자신의 생각을 첨가하였다고 한다. 따라서 인간 개량이나 배양에 관한 니체의 글은 니체 자신의 것이 아니라 여동생 엘리자벳에게서 나온 것일 수 있다. 더구나 엘리자벳은 히틀러 지지자였기 때문에 그럴 가능성을 배제할 수 없다고 생각한다.

8. 헤겔은 성서가 증언하는 하나님, 곧 "정신으로서의 하나님"(Gott als Geist)에 근거하여 자기의 철학 체계를 세운다. 이로써 그는 독일 관념론의 완성자가 된다. 그러나 니체는 헤겔의 관념론을 거부한다. 그에 따르면 헤겔의 관념론은 형이상학이다. 그것은 인간이 자기의 머릿속에서 만들어 낸 하나님이란 관념으로부터 출발하기 때문이다. "정신으로서의 하나님"에 기초한 헤겔의 관념론적 진리와 가치와 의미와 도덕은 인간의 삶에 "적대적"이다. 이에 반해 니체는 관념론적 형이상학의 진리와 가치와 의미와 도덕이 없는, "힘에의 의지"밖에 모르는 생물적 인간을 이상적인 인간으로 제시한다.

여기서 니체는 역사의 어느 시대를 막론하고 인간은 태어나서 죽을 때까지 사회적 관계 속에서 살아가는 **사회적 존재**라는 사실을 간과한다. 어느 시대를 막론하고 인간은 죽는 순간까지 **특정한 사회적·정치적 제도와 제약 속에서** 살 수밖에 없는 존재임을 그는 고려하지 않는다. 니체의 생물주의적 인간론은 인간의 사회적 관계성을 결여하고 개인주의에 빠진다. 이로 인해 니체의 허무주의는 인간 삶의 사회적·정치적 차원을 고려하지 않는다. "힘에의 의지"를 삶의 원리로 삼는 생물적 개체로서의 인간에게 사회적·정치적 제도나 질서는 무의미한 것으로 간주된다. 이로써 사회적·정치적 제도와 질서는 방치되어버린다. 방치됨으로써 그것은 수용된다. 인간의 생명은 그 사회를 지배하는 지배 세력에 내맡겨진다.

사실 니체 자신은 정치에 대해 무관심했지만 그의 사상은 **전체주의 내지 파시즘**을 장려할 수 있는 위험성을 지니고 있다. 짐승들의 세계에서 볼 수 있는 것처럼 "힘에의 의지"가 삶의 법칙이라면, 가장 큰 힘을 가진 자가 힘없는 자를 지배하는 것은 당연한 일이다. 자연의 짐승들처럼 힘없는 자들은 가장 큰 힘을 가진 자에게 복종하는 것이 마땅하다. 힘 있는 수컷 한 마리가 여러 암컷을 차지하는 것이 마땅하다. 힘없는 자들은 힘 있는 자를 위해 희생될 수도 있고, 그들에 의해 제거될 수도 있는 존재로 생각된다. 니체의 사상은 생물적 존재로서의 인간을 그 사회의 지배 세력에 내맡겨버리는 이데올로기의 기능을 가질 수 있다. 그것은 연약한 여성을 남성의 "장난감"으로 전락시킬 수 있다. 사실 니체는 여성을 가리켜 남성의 "가장 위험한 장난감"이라고 부른다.

9. 빈델반트도 그의 니체 해석에서 니체 철학의 정치적 위험성을 지적한다. 그에 따르면 니체의 사상을 지배하는 것은 "아폴로적인" 조화와 질서와 평화가 아니라 "디오니소스적 격정"이다. 아폴로적 제1단계는 지나가고, 디오니소스적 제2단계가 그의 사상을 지배한다. "힘으로 충만하고, 지배하고, 무정하게 짓밟아버리면서 자기의 수(壽)를 다하는" 삶에 대한 동경이 그의 철학에서 힘을 발한다. "인간의 가장 강한 본능은 **힘에의 의지다.**" 힘에의 의지는 종래의 문화를 지탱해온 모든 질서를 파괴한다. 힘에의 의지라고 하는 이 "새로운 이상은… '선한 것과 악한 것을

초월한다'(jenseits von Gut und Böse). 힘에의 의지는 '허용된 것'의 한계들 (Grenzen des 'Erlaubten')을 알지 못한다. 힘으로부터 나오고 힘을 높이는 모든 것은 좋은 것이고, 연약함으로부터 나오고 힘을 약화시키는 모든 것은 나쁜 것"으로 간주된다. 우리의 인식과 판단과 확신에 중요한 것은 "그것들이 '참된 것인가'의 문제가 아니라 우리에게 유익한지, 우리의 삶을 장려하고, 우리의 힘을 더 강화하는가의 문제에 있다. 우리를 강하게 만들 경우에만 그들은 가치를 가진다.…(선한 것인지, 악한 것인지 상관없이) 인간은 그가 필요로 하는 것을 선택한다. 인식의 가치도 참된 것과 거짓된 것의 구별 저 너머에 있다. '아무것도 참되지 않다 – 모든 것이 허락된다'(Nichts ist wahr – Alles ist erlaubt). 그러므로 '모든 가치의 전도'(Umwertung aller Werte)가 여기서 시작된다." 여기서 니체는 "도덕의 개혁자, 법 제정자, 새로운 문화의 창조자"로 변신한다(Windelband 1957, 578).

이제 니체의 사상은 제3단계로 발전한다. 이 단계에서 그는 일상적 인간, 곧 "무리 짐승(Herdentier)에 대해 '초인'을 대칭시킨다." 초인은 힘에의 의지로 가득한 인간을 말한다. 그가 가진 "힘에의 의지는 **지배에 대한 의지**이며, 가장 고상한 지배는 **인간에 대한 인간의 지배**다." "노예도덕" 대신에 "**지배자 도덕**"(Herrenmoral)이 새로운 문화의 이상으로 등장한다. "짓밟는 것의 모든 잔인함, 가장 저급한 '야만성'을 드러내는 것(Entfesselung der elementaren Bestie)이 강한 자의 권리와 의무로 나타난다. 그는 소인배적인 단념과 겸손을 거부하고, 삶의 에너지를 마음껏 발휘하며 그것을 방어한다"(Windelband 1957, 579).

니체의 "초인"은 기독교의 노예도덕으로 말미암은 자기제한과 삶의 훼손과 퇴행을 거부한다. 모든 진리와 가치와 의미와 도덕을 거부한다. 절대적인 것은 아무것도 없다. "초인의 힘에의 의지만이 절대 가치로 존속하며, 그를 위해 봉사하는 모든 수단을 정당화한다." 초인에게는 "아무 규범도 없다. 논리적 규범도 없고, 윤리적 규범도 없다. 이성의 자율성 대신에 초인의 자의(Willkür)가 등장한다"(Windelband 1957, 579-580).

윤리적 규범이 사라지면 인간은 천사가 되는가? 그렇지 않다. 그는 인간에 대해 늑대와 같은 존재(homo homini lupus)가 될 가능성이 더 크다. 니체에 따르면, 인간은 "힘에의 의지"밖에 모르는 이기주의적 "짐승"이기 때문이다.

이에 반해 헤겔의 관념론은 신적 정신과 일치하는 세계, **이성이 모든 것을 다스리는 이성적인 세계**를 목적으로 삼는다. 곧 개인들의 사적 관심과 국가의 보편적 관심이 일치하는 "인륜성"(Sittlichkeit)의 세계, 개인의 자유가 실현된 세계를 지향한다. 신적 정신과 일치하는 세계, 이성이 다스리는 이성적 세계는 개인의 자유가 실현된 세계다. 따라서 헤겔의 관념론은 각 개인이 사회의 정치적·경제적 지배 세력에 방치되는 것을 거부한다. 개인이 보편적 목적을 위해 희생될 수 있다고 보는 전체주의나 파시즘을 헤겔의 관념론은 반대한다. 역사의 목적은 **각 개인의 자유 실현**에 있다. 하버마스에 따르면, 헤겔의 "철학적 관념론은 이상론적 문화(idealistische Kultur)의 내적 구성 요소다. 그것은 기존의 질서와 지배 세력의 권위에 예속되지 않은 진리의 나라를 인정하였다.…이상론적 문화는 파시즘적 규율과 통제에 대립한다"(Habermas 1972, 366). 이런 점에서 헤겔의 관념론은 사회적·정치적 의미를 가진다. 그것은 개인의 자유 실현을 목적으로 삼는다.

그러나 니체는 헤겔의 관념론을 거부하고, 개인을 전체주의적 목적을 위해 희생될 수 있는 생물적 존재로 파악한다. 그는 인간을 가리켜 계속 "짐승"이라고 말한다. "인간들에게로 가지 말고, 숲속에 머물러라! 차라리 **짐승들에게로 가라**. 왜 너는 나처럼 곰 중에 한 마리의 곰, 새 중에 한 마리의 새이고자 하지 않느냐?" "너희는 벌레에서 인간이 되었다. 너희 속에 있는 많은 것이 **아직도 벌레다**. 한때 너희는 원숭이였다. 지금도 인간은 어떤 다른 원숭이보다 더 많이 **원숭이다**"(1975, 7, 8). "사람처럼 짐승도 자기의 권리를 가진다. 그래서 짐승도 자유롭게 다니고 싶어 한다. 나의 사랑하는 이웃 인간이여, 모든 것에도 불구하고 **너 역시 아직도 짐승이다**"(1976b, 92).

인간을 정신적 존재로 보는 헤겔의 관념론과, 인간을 진화된 짐승으로 보는 니체의 생물주의는 엄청난 차이를 보인다. 인간이 벌레에서 진화한 생물 혹은 짐승에 불과하다면, **모든 인간의 동일한 가치와 존엄성, 자유와 평등**에 대해 말하는 것은 불가능하다. 짐승들처럼 그에게는 교육도 필요 없고, 문화도 필요 없다. 죽지 않고 살기 위해 힘을 추구하는 **본능에 따른 행동**이 있을 뿐이다. 이 같은 생물적 삶의 질서에서 약한 자는 강한 자의 관심과 목적을 위해 희생될 수 있는 하나의 수단으로 생각된다. 계몽되지 못한 생물적 존재로서의 대중은 계몽된 엘리트의 지배를 받아야 한다. 무리 짐승들은 "영도자 짐승"에게 복종해야 한다.

그러므로 히틀러 시대의 국가사회주의는 헤겔 철학을 반대하고 니체의 초인 사상을 환영하였다. 한 국가사회주의자는 이렇게 말하였다. "우리는 더 이상 교육과 문화와 인간성과 순수한 정신의 시대에 살지 않는다. 도리어 투쟁의 필연성과 현실의 정치적 형성과 군인계급(Soldatentum)과 민족의 사육과 민족의 영광과 미래의 시대에 살고 있다. 그러므로 이 시대의 인간은 관념론적 태도(idealistische Haltung)가 아니라, **영웅적**(heroisch) 태도를 삶의 과제와 삶의 필연성으로 요구한다"(Krieck 1933, 1).

10. 이 같은 문제점에도 불구하고 니체는 수없이 많은 삶의 진리를 말한다. "굶주린 사람을 먹이는 자는, 그 자신의 영혼을 소생하게 한다"는 그의 말은(1975, 19), 선을 행하는 것은 자신의 건강에 유익하다는 삶의 진리를 나타낸다. "인간은 짐승보다 더 위험하다"는(22) 말도 마찬가지다. 그 밖에도

수많은 명언이 그의 문헌에서 발견된다.

그중에 중요한 것은 **참으로 현실적 의미의 진리**를 말한다는 점이다. 일반적으로 진리는 어떤 대상에 대한 나의 인식과 그 대상이 일치하는 것을 가리킨다. 그러나 이 같은 의미의 진리는 이론적 인식의 차원에서의 진리, 혹은 기술적 차원의 진리라고 말할 수 있다. 이에 반해 니체는 전혀 다른 차원의 진리, 곧 **원초적인 진리**를 말한다. 모든 생물의 가장 원초적 진리는 **죽지 않고 사는 것**이다. 살아 있는 모든 생물에게는 죽지 않고 사는 것, 곧 삶이 가장 기본적 진리요, 가치와 의미다. 그 밖의 다른 가치들과 목적들은 이 원초적 가치와 목적 아래에 있다. 죽지 않고 생명을 유지할 때, 다른 가치들이 실현될 수 있다. 이런 점에서 죽지 않고 사는 것이 **가장 큰 진리, 가장 큰 가치**라고 말할 수 있다. 이것은 우리가 부인할 수 없는 생물학적 사실(factum)이다. 이 사실을 가리켜 우리는 **생물학적 차원에서의 진리**라고 말할 수 있다. 죽지 않고 살고자 하는 의지, 곧 "삶에의 의지"와 살기 위해 필요한 힘을 얻고자 하는 "힘에의 의지"는 땅 위에 있는 모든 생물의 공통된 진리다.

그러나 생물학적 차원의 진리는 진리의 전부가 아니라 일면에 불과하다. 인간에게는 생물학적 차원을 넘어서는 진리, 곧 **정신적 차원의 진리를 찾는 본능**이 있다. 우선 인간은 굶주린 배를 채우고자 한다. 굶주린 배를 채워야 생존할 수 있기 때문이다. 그럼 인간은 배만 부르면 그것으로 만족하는가? 그렇지 않다. 배가 부르면 성욕을 채우고자 한다. 그럼 성욕을 채우면 만족하는가? 그렇지 않다. 배가 부르고 성욕을 채워도 인간은 그것으로 만족하지 않는다. 그는 자기의 생명을 안전하게 보장하고자 한다. 이를 위해 그는 소유에 소유를 쌓고자 한다. 그럼 소유에 소유를 쌓는 것으로 그는 만족하는가? 그렇지 않다. 소유에 소유가 쌓일 때, 삶의 귀신이 찾아온다. 곧 **삶의 공허감과 무의미**가 찾아온다. 나는 무엇 때문에, 무엇을 위해 사는가, 나는 어떤 존재인가의 문제, 곧 삶의 의미 문제가 등장한다.

이 문제 앞에서 그가 소유한 삶의 힘, 곧 돈이나 권력은 도움이 되지 못한다. 아무리 많은 소유를 가져도, 아무리 높은 사회적 지위와 명예를 누려도, 이 문제는 해결되지 않는다. 더 많이 소유하고, 더 높은 지위와 명예를 가질수록 이 문제는 더욱 절실해지고, 정신적 고통을 준다. 고통을 피하기 위해 마약과 더 깊은 쾌락 등 갖가지 왜곡된 방법을 취하기도 한다. 자살로 삶을 끝내는 사람도 있다. 이것 역시 부인할 수 없는 인간 삶의 사실이다. 이 사실은 **삶의 참된 가치**를 발견할 때 해결될 수 있을 것이다. 그럼 삶의 참 가치는 무엇인가?

11. 니체의 허무주의는 그렇게 독창적인 것으로 보이지 않는다. 그것은 헤겔 좌파에 의해 준비되었던 것으로, 기독교적 문화 전통과 도덕적 규범과 방향성을 상실한 **근대 자본주의 사회의 현실**을 드라마틱하게 나타낸 것이라 말할 수 있다. 형이상학에 대한 니체의 거부는 이미 포이어바하와 마르크스를 통해 준비되어 있었다. 관념적인 것에서 출발하지 않고, 감성적인 것, 현실적인 것, 물질적인 것으로부터 출발해야 한다고 주장하는 포이어바하와 마르크스를 통해 종래의 형이상학은 사실상 거부되었다. 이것을 니체는 극적으로 나타낼 뿐이다.

"진리는 없다"는 니체의 허무주의의 기본 통찰은 "주관성이 진리다"라는 키에르케골의 통찰이 도달할 수밖에 없는 필연적 귀결에 불과하다. 진리는 철저히 주관적인 것이라면 "객관적 진리"는 없다고 말할 수밖에 없다. 이것은 이미 많은 감각주의자와 낭만주의자도 말하던 것이었다. "땅위에 척도가 있느냐?/ 그런 것은 없다"는 헤겔의 친구 휠덜린(Hölderlin)의 시(詩)는 절대적 진리와 규범, 모든 사람이 따라야 할 보편적 삶의 좌표가 없다는 것을 나타낸다.

니체가 말한 **"힘에의 의지"**는 쇼펜하우어가 말한 "삶에의 의지"의 변형에 불과하다. 초인에 대한 그의 생각은 사회다윈주의의 인간상과 거의 동일하다. "하나님은 죽었다"는 그의 무신론 역시 포이어바하와 마르크스가 이미 말한 것에 불과하다. 하나님이 인간의 본질을 투사한 것이라면(포이어바하), 혹은 사회적 상황의 투사물이라면(마르크스), 그 하나님은 이미 죽은 것이다.

그러나 니체의 수많은 생각은 당시에 아직 분명히 나타나지 않은, 오늘의 시대 상황을 예고한다. 이 점에서 그는 **시대의 예언자**였다고 말할 수 있다. 구약성서의 예언자들처럼 아직 오지 않은 미래의 것을 미리 이야기하는 자는 대개 고난을 당한다. 그가 말하는 것은 주어진 현실에 거슬리는 것이기 때문이다.

니체 역시 자기의 예언으로 말미암은 고난의 운명을 받아들인다. "나는 나의 운명을 안다. 하지만 언젠가 사람들은 나의 이름을 연상하게 될 것이다.…나는 사람이 아니라 다이너마이트다.…나는 지금까지 경험해보지 못했던 강도의 모순을 말한다.…그렇지만 나는 부정을 말하는 정신의 대립(Gegensatz eines neinsagenden Geistes)이다.…한마디로 말하여 나는 불운의 사람(Mensch des Verhängnisses)이다"(Löwith 1941, 206).

기독교가 국가종교의 영광을 누리는 사회에서 "하나님은 죽었다"는 말은 미친 자의 소리로 들렸을 것이다. 그러나 "하나님은 죽었다"는 니체의 말은 현대 세계의 무신성을 예고한다. "하나님 앞에서! 그러나 이제 이 하나님은 죽었다! 너희 더 높은 인간들이여, 이 하나님은 너희의 가장 큰 위험이다.…하나님은 죽었다. 이제 우리는 초인이 살기를 원한다"(1975, 318)는 니체의 말은 초인이 하나님을 대신하는 **현대 자본주의 세계**를 예고한다. 20세기 "하나님의 죽음의 신학"은 니체가 말한 것의 반복에 불과하다. "하나님 없이, 그러나 하나님 앞에"(Ohne Gott, aber vor Gott)라는 본회

퍼의 말은 니체의 말을 상기시킨다.

12. 니체가 말하는 초인, 곧 "위대한 인간" 혹은 "마지막 인간"은 오늘 **자본주의 사회의 인간**을 적확하게 묘사한다. 그것은 자기의 생명을 유지하고자 하는 "삶에의 의지", 생명 유지와 관능적 쾌락과 번식에 필요한 힘을 얻고자 하는 "힘에의 의지" 속에서 아무리 많이 소유하고 아무리 많은 이성을 정복해도 만족하지 못하는 **정치적·경제적·성적**(性的) **초인들**을 가리킨다. 그는 부끄러운 일을 하면서도 부끄러워하지 않는다. 힘없는 사람들에게는 잔인하며, 자기의 목적을 이루기 위해 정의를 무시할 수 있다. 그는 도덕적 규범 없이 본능에 따라 산다. 이웃에 대한 동정이나 자비를 우습게 생각하며, 더 큰 힘과 격정과 전쟁과 인종주의를 예찬하기도 한다. 초인에게 "땅은 조그맣게 되었다. 인간은 그 위에서 뛰어다닌다. 땅의 벼룩처럼 인간의 종(種)은 제거될 수 없다. 마지막 인간은 가장 오래 산다"(1975, 14).

니체의 말대로 오늘 우리의 세계는 인터넷을 통해 작은 마을처럼 되었다. 불이 하늘에서 떨어질 수도 있다. 의학의 발전과 좋은 음식을 통해 인간은 자연의 짐승 중에서 가장 오래 산다. 모든 사람이 동일하게 잘 살고자 한다. "모든 사람이 동일한 것을 원한다. 모든 사람이 동일하다. 다르게 느끼는 자는 자발적으로 정신병원으로 간다"(1975, 14). "형제들이여, 너희의 마음을 높이 들어 올려라. 높이! 더 높이! 그리고 너희는 다리를 잊지 말아라! 너희 좋은 춤추는 자들이여, 너희의 다리도 높이 들어 올려라. 차라리 너희는 머리를 거꾸로 하고 서게 될 것이다!"(물구나무서기를 할 것이다—326) 니체의 이 말은 모두 동일하게 되려고 애쓰다가 정신병원으로 가거나, 높아지려고 다리를 높이 들다가, 머리를 거꾸로 하고 마포대교 강물 아래로 빠지는 현대 자본주의 세계를 예고한다.

자본주의 사회의 인간을 니체는 다음과 같이 묘사하기도 한다. "'인간은 악하다.'…악한 것이 인간의 가장 좋은 힘이다. 그래서 나는 '인간은 더 좋아져야 하고, 더 악해져야 한다'고 가르친다. 초인의 가장 좋은 것에는 가장 악한 것이 필요하다.""인간은 혼자 높이 자란다. 높은 곳에서 그는 벼락을 맞아 부서져 버린다. 벼락을 맞을 만큼 그는 높다"(321). "우리는 거대한 조롱의 탁자, 카드 놀이대(Spott- und Spieltische)에 앉아 있지 않은가?"(1975, 324)

니체의 초인은 선과 악의 도덕적 구별을 알지 못하는 자연의 생물들과 같은 현대 인간의 모습을 보여준다. 그에게는 진리도, 가치도, 의미도, 도덕도 없다. 돈과 교미와 번식, 삶의 힘이 최고의 가치와 의미와 목적이다. 돈과 섹스의 힘을 상징하는 "금송아지"가 최고의 가치요 의미다. 이 가치와 의미는 도덕적 규범을 짓밟아버린다. 가난한 서민들의 피땀 어린 돈을 갈취하면서도 죄책감을 느끼지 않는다. 다들 그렇게 하는데, 몇 년 콩밥 먹고 나오면 그만이라고 생각한다.

이 같은 인간을 니체는 "짐승", "가장 잔인한 짐승"이라 부른다. "무서운 사회주의적 위기 다음에 나타나 결속하게 될 **20세기의 야만인들**"이라 부르기도 한다(1964, 592). 그에 따르면 인간은 짐승과 같은 존재가 되었다. 그들의 행복 속에 있는 것은 "빈곤과 더러움과 불쌍할 정도의 유쾌함이다"(Armut und Schmutz und ein erbärmliches Behagen). 이 같은 인간의 이성이란 무엇인가? 사자가 먹잇감을 찾듯이, 인간의 이성은 지식을 찾는가? 아니다. "이성은 빈곤과 더러움과 불쌍한 유쾌함이다!" "너희의 죄가 아니라, 너희의 자족함이 하늘을 향해 부르짖는다. 너희의 죄 가운데 있는 너희의 인색함이 하늘을 향해 부르짖는다"(1975, 9-10). "타락! 타락! 세계가 이렇게 깊이 타락한 적은 없었다! 로마는 창녀로, 집창촌(Huren-Bude)으로 전락하였다. 로마의 카이사르는 짐승으로 전락하였다"(270). 니체의 이 말은 현대 세계의 한 측면을 가리킨다.

"힘에의 의지"에 대한 니체의 생각 역시 현대 세계를 예고한다. 니체가 말한 대로, 현대 세계는 **힘에의 의지가 지배하는 세계**다. 힘에의 의지가 세계사를 이끌어가는 내적 동인이다. 더 큰 힘, 더 많은 돈에 대한 의지가 정치를 결정하고, 세계사를 결정한다. 니체가 말하듯이 대양의 물을 모두 마셔버리고, 지평선을 지워버릴 것 같이, 자기의 힘을 확대하고자 한다. 힘에의 의지로 말미암아 전쟁이 일어나고, 자연 환경이 파괴되고, 자연 환경의 위기를 넘어 자연 환경의 대재앙이 일어나고 있다.

13. 니체의 **허무주의** 역시 현대 사회에 대한 예고다. 그래서 니체는 이렇게 말한다. "허무주의가 문 앞에 와 있다", "내가 이야기하는 것은 앞으로 올 2세기의 역사다. 나는 앞으로 올 것, 올 수밖에 없는 것, 곧 **허무주의의 등장**을 묘사하고자 한다. 이 역사는 이미 지금 이야기될 수 있다. 그것이 올 수밖에 없는 필연성이 나타나고 있기 때문이다. 이 미래는 이미 수백 가지의 표징들 속에 나타나며, 이 운명은 도처에서 자기를 드러내고 있다"(1955d, 634).

사실 니체가 말한 허무주의는 현대 사회의 전체적 분위기다. 니체가 말하듯이, 현대 사회의 최고 가치는 생존과 번식에 필요한 힘을 무한히 축적하는 데 있다. 이 힘은 돈으로 요약된다. 더 많은 돈을 소유하고 축적하는 것이 현대 사회의 최고 가치요 의미다. 그러나 돈의 실체는 종이쪽지다. 불에 태우면 그것은 무(無), 곧 "없는 것"이 되어버린다. **무가 인간의 삶과 세계를 지배한다.** 이 세계의 목적이 무엇인지, 아무도 알지 못한다. 알려고 하지도 않는다. 허무주의가 정치, 경제, 교육, 문화 등 세계 모든 영역 속에 퍼져 있다. 지켜야 할 도덕도 없고, 참과 거짓의 규범도 없다. 죄를 지으면서도 죄라고 생각하지 않는다. 한마디로 현대 세계는 니체가 예고한 대로 **허무주의 세계**다. "모든 사건은 무의미하며 헛된 것이다(umsonst)"(1964,

28). "모든 것이 동일하다. 가치가 있는 것은 아무것도 없다. 세계는 의미가 없다"(1975, 265). 니체 자신이 말하듯이, 그것은 "카오스"다.

니체의 **윤회 사상**도 현대 사회에 대한 예고라고 볼 수 있다. 현대 사회는 번식과 생육과 쇠퇴, 생성과 소멸, 성장과 쇠퇴가 반복되는 허무한 세계다. 지금 있는 것은 과거에 있었던 것의 연장(延長)이나 변형일 뿐이다. 아무 목적 없이 봄, 여름, 가을, 겨울의 사계절이 돌고 돌 듯이, 세계는 의미와 목적이 없는 원운동(Kreislauf)이다. 이 같은 현대 세계를 가리켜 니체는 영원한 윤회라고 부른다.

이와 같이 현대 세계를 미리 내다보았다는 점에서 니체의 허무주의 사상은 타당성을 가진다. 종래의 형이상학적 시대는 지나고 허무주의 시대가 시작되었다. 모든 것이 불확실해졌다. 머물 수 있는 본향이 사라져버렸다. 우리의 문화는 기초를 잃어버렸다. "이 같은 오늘의 시대 속에서 우리는 어떻게 본향에 거할 수 있는가!⋯오늘을 유지하는 얼음판은 이미 아주 얇아졌다. 얼음을 녹이는 바람이 불고 있다. 본향이 없는 자(Heimatlose)가 되어버린 우리 자신이 이 (세상을 유지하는) 얼음판과, 매우 얇은 다른 '현실들'을 깨어버리고 있다"(Löwith 1941, 397에서 인용).

니체의 이 말은 타당하다. 오늘의 인류는 극지 빙산과 빙판을 녹여버리고 있다. 히말라야, 알프스 산맥을 위시한 세계 각지의 설원들이 녹아내리고 있다. 지구온난화로 인해 해수면이 상승하고 기후 재난이 세계 각지에서 일어나고 있다. 바다는 물론 우주의 공간마저 쓰레기장으로 변하고 있다. 우주 공간마저 전쟁터로 변하게 되었다. 현대판 초인들의 "힘에의 의지"로 말미암아, 모든 생명의 "삶의 기초"가 파괴되고 있다. 이 세계의 내일이 어떻게 될지, 목적이 무엇인지, 사람들은 알지 못한다. "행복한 섬은 더 이상 존재하지 않는다!"(1975, 268)는 그의 말은 바로 오늘 우리의 현실이 아닌가!

니체가 예고한 대로, 허무주의가 인간의 의식과 세계를 지배한다. 한 언론인은 현대 세계의 허무주의를 이렇게 말한다. "복잡해지고 전문화되는 세상은 우리를 어디로 데려갈지 알 수 없다. 감당하기 어려운 발전과 혁신이 가치관과 세계관, 사회 체계를 뒤흔든다. 어떤 경우에도 포기해선 안 되는 본질은 무엇인가. 어디까지 지키고 어디서부터 바꿔야 하나!"

허무주의에 대한 니체의 예고는 타당하다. 그러나 허무주의를 극복할 수 있는 대안(Alternative)을 그는 제시하지 않는다. **진단은 있지만, 처방이 없다.** 비판은 있지만, 대응책이 없다. 세계는 영원한 허무주의적 카오스라는 것이 니체 철학의 결론이다. 그러나 앞서 기술한 바와 같이, 우리 인간에게는 카오스의 디오니소스적 측면만 있는 것이 아니라 참된 것, 아름다운 것을 찾는 **아폴로적 측면**도 있다. 니체가 예고하는 허무주의적 카오스는 인간 세계의 한 측면일 따름이다. 그러나 허무주의적 카오스가 오늘 우리 세계의 존속을 위협하고 있다. 코로나19 바이러스가 온 인류의 생명을 위협하고 있다. 또 자신의 생명 유지가 위험해질 때, 인간은 쉽게 카오스적인 것에 굴복한다. 배가 고프면 도덕도 사라져버린다. 그럼 우리는 어떻게 해야 하는가? 우리는 어떤 대안을 제시할 수 있는가?

14. 니체의 사상은 많은 신학적 의문점을 가진다. 그 가운데 한 가지만 지적한다면, 유대교와 기독교의 하나님은 삶의 **"퇴행의 하나님"**, 삶에 독약과 같은 존재라고 니체는 말한다. 그럼 유대교와 기독교의 하나님을 모르는 민족들에게는 삶의 퇴행이 일어나지 않았던가? 그들은 완전한 인간성과 충만한 자유와 평등과 평화 속에서 살았던가?

모세 율법이 주어진 고대 중동 지역의 역사적 상황을 고찰할 때, 우리는 전혀 그렇지 않다는 것을 볼 수 있다. 앞서 언급한 바와 같이, 그 당시 고대 중동 지역의 성적 타락은 이루 말할 수 없었던 것으로 구약성서는 전해준다. 자연의 풍요를 남신 바알과 여신 아세라의 성적 교접의 결과로 보고, 이를 모방한 성전 창기들과의 교접이 공공연히 이루어졌다(삿 3:7). 아들이나 딸을 불에 태워 신에게 제물로 바치고(신 18:10), 노예와 가축들을 무자비하게 다루고, 도적질하고, 살인하고, 통치자들이 뇌물을 받고, 이웃의 재산을 불의하게 빼앗고, 거짓 증언하는 일들이 비일비재하였다. 여성의 인권이란 말 자체가 없었다. 지금도 이슬람 세계에서는 여성의 자유와 삶의 권리가 극도로 제한되고 있다. 이것이야말로 "삶의 퇴행"이 아닌가? 하나님이 아니라, 하나님 없는 인간의 "힘에의 의지"와 이기주의가 "삶의 퇴행"의 원인자가 아닌가?

이 같은 삶의 퇴행을 극복하기 위해 성서의 하나님은 간음하지 말라, 아들이나 딸을 불에 태워 제물로 바치지 말라, 도적질하지 말라, 이웃의 아내와 재산을 탐내지 말라, 7년째마다 노예를 해방하라, 고아와 과부는 물론 가축들도 돌보아주라고 명령한다. 이 도덕적 명령을 가리켜 "삶의 퇴행"이요, "삶의 독"이라고 말할 수 있는가?

신약성서는 구약성서의 정신을 계승한다. 그리하여 주인이나 노예나 모두 동일한 하나님의 자녀요(고전 12:13), 그리스도 안에서 "하나"라고 말한다(갈 3:28). 사회적 약자들을 돌보는 "행함이 없는 믿음"은 "죽은 믿음"이라고 말한다(약 2:17). 이같이 명령하는 하나님이 과연 인간의 생명에 대해 "적대적"인가? "십자가에 달린 하나님"이 인간의 생명에 적대적인가, 아니면 돈을 하나님처럼 섬기는 인간, "힘에의 의지"에 사로잡힌 "초인들"이 인간의 생명에 적대적인가?

15. 기독교에 대한 니체의 비판은 기독교가 반성해야 할 많은 문제점을 제시하기도 한다. 기독교는 자신의 근거인 나사렛 예수를 떠나 플라톤의 형이상학에 기초한 구원종교, 제의종교가 되었다고 니체는 지적한다. 여기서

니체는 기독교가 나사렛 예수로 돌아가야 함을 시사한다. 기독교가 자신의 참 모습을 회복할 수 있는 길은 자기의 근거인 나사렛 예수로 돌아가 **나사렛 예수의 삶**을 사는 데 있다. 바로 여기에 기독교의 본질이 있고, 교회의 존재 목적이 있음을 니체는 상기시킨다. 그리스도인의 삶의 일차 목적은 죽은 다음에 피안의 천국에 가는 것이 아니라, 차안의 삶 속에서 나사렛 예수가 자신의 몸으로 살았던 하나님 나라를 이루는 데 있음을 니체는 상기시킨다.

이와 연관하여 니체의 "초인"과 "위대한 사람"은 그리스도인들의 삶에 대한 가르침을 주기도 한다. 인간의 자연적 본능을 죄악시하지 않으며, 차안의 삶과 이 땅을 사랑하며 땅에 충성하는 니체의 초인 혹은 위대한 사람은 그리스도인들의 삶에 대한 가르침이 되기도 한다.

일반적으로 기독교는 니체를 무신론자요, 적그리스도라고 배격한다. 그러나 니체가 선포한 하나님의 죽음은 현대 세계의 무신성에 대한 예고인 동시에, 하나님을 믿는다 하면서 사실상 하나님을 죽이는 기독교에 대한 경고이기도 하다. 진짜 무신론자, 진짜 적그리스도는 하나님의 종이라 자처하면서 하나님을 부끄럽게 하는 기독교 지도자들, 현대판 **종교적 초인들**이라 말할 수 있다. 오죽하면 어느 연예인이 "목사님들이 먼저 회개하십시오!"라고 공개적으로 부르짖을까! 니체는 기독교의 거짓을 다음과 같이 고발한다.

" '기독교'는 그것을 설립한 자가 행하였고 원하였던 것과는 근본적으로 다른 것이 되었다"(1964, 138). **"여기서 나의 구토증이 시작된다**(Hier beginnt mein Ekel). 내 주위를 돌아볼 때, 과거에 '진리'라고 불리었던 것 중에 한마디도 남아 있지 않다. 한 사제가 '진리'라는 말을 입에 담기만 해도, 우리는 역겨움을 느낀다. 신학자, 사제, 교황은 그들이 말하는 모든 문장에서 실수할 뿐 아니라 거짓말을 한다는 것을…오늘 우리는 잘 알고 있다.

'순박하고' '무지해서' 거짓말을 하는 것이 아님을 잘 알고 있다.…모든 사람이 이것을 알고 있다. **그럼에도 불구하고 모든 것이 예전 그대로다.**…현대인은 **거짓의 기형아**(Mißgeburt von Falschheit)다. 그럼에도 불구하고 그리스도인이라 불리는 것을 그들은 **부끄러워하지 않는다!**"(『적그리스도』에서, Löwith 1941, 395에서 인용)

니체를 무신론자, 적그리스도라고 비난하기 전에, 먼저 기독교 지도자들 자신이 실천적 무신론자, 적그리스도가 아닌지 반성해야 할 것이다. 하나님과 이웃 앞에서 나 자신이 구토증을 느끼게 하는(ekel) 존재가 아닌지 성찰해야 할 것이다. 니체가 말하듯이 "우리가" 하나님을 죽이지 않았는지, 교회는 그의 설립자 예수가 "행하였고 원하였던 것과는 전혀 다른 것"이 되지 않았는지, 깊이 생각해보아야 할 것이다.

이 문제와 연관하여 우리는 성직자에 대한 니체의 다음과 같은 말을 살펴볼 필요가 있다. 성직자는 "자기가 인간의 가장 높은 형태이며, 그가 지배하며,…그가 공동체 안에서 가장 큰 힘이며 대체될 수 없고, 과소평가될 수 없다는 것을 관철하고자 한다." "자기만이 아는 자요, 자기만이 도덕적이요, 자기만이 자기에 대한 최고의 주권을 가지며, 자기만이 어떤 의미에서 하나님이며, 자기만이 신성으로 소급되며, 자기만이 하나님과 인간의 매개자"라고 생각한다. "성직자가 선의 유일한 원천"이라고 생각한다. 모든 다른 사람들은 자기보다 낮은 계급의 사람이라 간주한다(1964, 103).

16. 끝으로 니체의 사상은 많은 일면성과 문제점을 보이는 동시에 우리에게 많은 가르침을 준다. 그는 이성과 사유를 중요시하는 합리주의 전통에 반하여 쇼펜하우어, 하만(Hamann), 괴테, 그리고 헤겔 좌파의 인물들과 함께 인간의 감성과 의지와 삶을 중요시한다. 그는 우리가 드러내기를 부끄러워하는 생물적 본능의 차원을 대담하게 드러내고, 대담하게 인간을 "짐

승"이라 부른다. 경시되거나 천시되었던 인간의 몸과 땅을 중요시한다. 그는 20세기의 "삶의 철학"을 준비하는 동시에 현대의 깊은 상대주의를 예고한다.

많은 기독교 지도자들은 니체를 가리켜 무신론자라고 정죄한다. 그러나 우리의 시대는 이미 무신론의 시대가 아닌가? 대부분의 사람들, 심지어 기독교 지도자들마저 실천적 무신론자들인 경우가 많지 않은가? 니체는 오늘의 무신론적 시대를 예고하면서, 하나님 없는 인간의 세계는 허무주의에 빠질 수밖에 없다는 사실을 보여준다. 하나님 없는 인간은 철저히 이기적인 존재다. "인간의 현존은 무시무시하며, 의미를 갖지 않는다. 그는 어릿광대(Possenreißer)처럼 될 운명을 피할 수 없다"(1975, 17). 그들은 "서로 간에 평온함을 갖기 어려운 야생 뱀들의 실뭉치와 같다. 그들은 자기만을 추구하며 세상 속에서 먹잇감을 찾는다." 그들은 "정신을 통해 세상 속으로 뻗어나가는 질병 덩어리다. 세상 속에서 그들은 자기의 먹잇감을 얻고자 한다"(40).

참 하나님이 없을 때 인간은 우상을 하나님처럼 섬기게 되고, 이기적이고 약삭빠른 원숭이처럼 된다. 하나님 없는 인간은 "새로운 우상"을 섬긴다. "너희가 새 우상을 경배하면, 그는 너희에게 모든 것을 주겠다고 한다. 그는 너희의 덕의 광채와 너희의 자랑스러운 눈빛을 돈을 주고 매수한다"(돈이라는 우상 때문에 도덕적 영광과 자랑스러운 눈빛을 잃어버리게 될 것이다). "너무 많은 것"(Viel-zu-viel)을 약속하면서 너희의 눈을 멀게 할 것이다. 이 쓸데없는 자들은 "부를 얻지만 더 가난해진다. 힘을 얻고자 하지만 먼저 힘의 쇠막대기, 많은 돈을 얻고자 한다. 이 부요하지 못한 자들이여! 이 민첩한 원숭이들이 어떻게 기어 올라가는지를 보아라." 그들은 동료 원숭이의 어깨를 밟고 잽싸게 기어 올라가며(Sie klettern übereinander hinweg), 동료 원숭이를 깊은 진흙탕 속에 빠지게 하고 자신이 기어 올라간다(zerren sich also in den Schlamm und die Tiefe). "그들 모두는 왕좌에 오르고자 한다.…그러나 진흙탕이 왕좌 위에 앉아 있는 때가 많다. 왕좌가 진흙탕 위에 서 있는 때도 자주 있다.…나는 너희들의 우상, 냉혹한 괴물을 역겨워한다. 이 모든 우상 숭배자들이 나에게는 역겹다. 나의 형제들이여, 너희는 그들의 주둥이와 욕망의 악취에 질식하여 죽고자 하느냐? 차라리 이 창문을 부수어버리고 자유로운 곳으로 뛰어내려라. 이 고약한 악취를 떠나라! 이 쓸데없는 자들의 우상 숭배를 떠나라!…진실로 적게 소유하는 자는 적게 미칠(besessen) 것이다. 작은 가난이여, 찬양을 받을지어다"(1975, 53).

아마도 니체는 우리를 다음과 같은 결단 앞에 세우고자 하지 않았을까 생각해본다. 우리 인간은 이성적·정신적 존재로 살 것인가, 아니면 이기적이고 약삭빠른 원숭이처럼 살 것인가? 아무 목적 없이 본능이 이끄는 대로 살 것인가, 아니면 이상적 목적을 향해 살 것인가? **하나님 없이, 무-진리, 무-가치, 무-도덕, 무-목적의 허무주의적 카오스 속에서 살 것인가, 아니면 하나님 앞에서**(coram Deo) **살 것인가?** "금송아지"를 하나님처럼 섬기며 살 것인가, 아니면 참 하나님을 섬기며 그의 계명 안에서 살 것인가?

헤겔에 대한 바르트의 비판 [1]

헤겔은 구별 없는 "동일성의 철학자"인가?

---

1 아래의 글은 다음 문헌에 발표한 글을 약간 수정한 것임. 김균진, 『헤겔과 바르트』, 대한
   기독교출판사, 1983, 173-187.

20세기 전반기까지 세계 신학계에 결정적 영향을 준 카를 바르트(Karl Barth, 1886-1968)는 본래 헤겔 연구자가 아니었다. 그러나 그의 저서 『19세기 신학 사상』과 『교회교의학』 곳곳에 기록된 헤겔 비판은 신학의 차원에서 헤겔 철학에 대한 새로운 안티테제를 보여준다. 헤겔의 체계는 이른바 철학적 신학 내지 신학적 철학의 **종합 체계**라면, 바르트의 체계는 이 종합을 반대하고, **하나님의 말씀과 신앙에 근거한 신학의 순수성**을 회복하고자 한 위대한 시도라고 말할 수 있다. 헤겔은 하나님과 인간, 하나님과 세계, 철학과 신학, 이성과 신앙의 화해를 시도했던 반면, 바르트는 이 화해를 반대하고, *sola gratia, sola fide, solus Christus, sola scriptura*의 **종교개혁의 신학의 관심**을 회복하고자 하였다.

여기서 우리는 헤겔에 대한 바르트의 비판을 고찰함으로써, 헤겔의 철학적 신학에 어떤 문제성이 있는가를 신학의 입장에서 고찰하고자 한다. 이를 통해 우리는 바르트의 신학적 입장이 무엇인가를 명확히 파악할 수 있을 것이다. 나아가 헤겔은 바르트가 비판하듯이, 하나님과 인간을 구별 없이 동일시한 "동일성의 철학자"가 아니라는 점을 드러내고, "일치 속에서의 구별"과 "구별 속에서의 일치"에 기초한 헤겔의 변증법적 사고 의 종말론적 전망을 파악하고자 한다.

1. 죄의 현실에 대한 헤겔의 오해

바르트에 의하면 하나님과 인간의 관계를 서술함에서 헤겔은 "하나님과 인간을 분리하는 요소의 본질", 곧 인간의 죄를 가볍게 다룬다. 그리하여 죄의 요소를 "정신의 통일성과 필연성"으로 환원시킨다(Barth 1960a, 375).[2] 헤겔의 철학에서 죄는 "유한한 정신으로서의 인간 본질에 주어져 있는" "한 장애물"에 불과하며(1960b, 421), 이 장애물은 인간의 존재에 필연적인 것으로 간주된다. 곧 유한한 정신으로서의 인간이 그의 자연성이라고 하는 장애물을 극복하고, 절대정신으로 고양됨에 있어서 불가피한 요소, 아니 필연적인 요소로 생각된다.

달리 말해, 헤겔의 철학에서 죄란 "자신에 있어서 하나님과 동일한"(350) 정신의 운동에서 필연적으로 거쳐야 할 "통과점"(Durchgangspunkt) 에 불과하다. 그것은 하나님과 인간을 구별하는 요소가 아니라, 신성으로 고양되어야 할 인간의 존재에 **본질적 요소로 주어져 있는 것**이다. 그러므 로 죄는 인간 존재에 "죄과"(Schuld)인 동시에 "운명"(Schicksal)이요, "죽음 의 독배"인 동시에 "화해의 원천"을 뜻한다(375).

---

2 이하 본문의 괄호 안에 기록된 숫자는 K. Barth, *Die protestantische Theologie im 19. Jahrhundert*, 3. Aufl., 1960, Zürich의 쪽수를 가리킴.

2. 사유하는 인간과 하나님의 동일성

바르트에 따르면 헤겔은 죄를 정신의 통일성과 필연성으로 환원시킴으로써 죄의 간과될 수 없는 현실을 보지 못하게 된다. 그 결과 헤겔은 하나님과 인간, 하나님과 세계 사이의 근본적 한계를 무시하고, 하나님의 본성과 인간의 본성을 동일화한다. 따라서 헤겔이 말하는 "살아 계신 하나님"이란, 그의 본질을 사유에 가지고 있는 "살아 있는 인간"을 뜻하게 된다(376). 인간의 "자기 자신에 대한 신뢰"는 곧 "하나님에 대한 신뢰"를 뜻하며, "인간의 역사"는 "하나님의 역사"를 뜻한다. 여기서 헤겔은 하나님과 인간을 완전히 동일시한 인물로 나타난다.

바르트에 따르면 헤겔이 말하는 살아 있는 인간이란 "단지 '사유하는' 인간"에 불과하며, 추상적으로 사유하는 이 인간은 "단지 사유된 인간이지, 현실적 인간"이 아닐 수 있다. 그렇다면 살아 있는 하나님도 "단지 사유하는 하나님, 그리고 사유된 하나님"에 불과할 수 있다(376). 헤겔은 하나님과 인간의 통일성을 사유에서 발견하는데, 그 까닭은 사유가 인간의 본질이며, 하나님의 본질적 존재양식이라고 생각하기 때문이다.

사유의 자기 운동을 헤겔은 이제 **"진리의 자기 운동"**과 동일시한다. 곧 사유의 운동은 진리의 운동이라는 것이다. 이제 헤겔에게 진리가 곧 하나님을 의미한다면(369, 370), 진리의 변천 과정은 곧 하나님의 자기운동을 의미하게 되며, 진리를 인식한다는 것은 하나님을 인식함을 뜻하게 된다. 이제 이 진리의 인식이 인간의 사유의 활동과 일치한다면, 사유하는 인간의 자기 활동은 하나님에 대한 인식을 뜻하게 된다.

헤겔 철학에서 진리 혹은 인식은 "하나의 운동이요", "역사"다. 따라서 학문이란 "오직 행위 가운데만, 사건(Ereignis) 가운데만" 현존한다(370). 헤겔이 말하는 하나님은 바로 **"이 사건"**이며, "이 사건을 떠나서는 아무것

도 아니다."“순수한 현실”(actus purus)로서의 하나님은 헤겔에게 “삼위일
체 하나님”을 말하며, 자기 자신을 대상화하고, 자기의 대상성을 지양하며,
자기 자신으로 돌아가는 정신의 이 영원한 **"과정"**을 말한다(ib.). 여기서 헤
겔은 하나님을 진리의 사건, 진리의 과정과 동일시한 “동일성의 철학자”로
나타난다.

3. 하나님 인식에 대한 헤겔의 오해

진리의 과정은 변증법적 활동의 과정이다. 바르트에 의하면 헤겔은 진리
의 이 변증법적 활동 과정을 하나님과 동일시한다. 이로써 “하나님과 변
증법적 방법의 동일화가 일어난다"(376). 그리하여 “논리학의 변증법적 방
법”이 하나님의 존재를 대신하게 되며, “은혜의 참된 변증법적 인식”이 불
가능해진다(377). 그러나 “우리들 자신이 그 속에 실존하고 있는 변증법,
우리 자신이 언제나 소유할 수 있는 방법”은 **"은혜의 참된 변증법"**이 아니
라고 바르트는 주장한다. **인간의 두뇌로 수행하는** 논리적 변증법, 따라서
인간의 능력에 따라 좌우될 수 있는 변증법은 하나님의 은혜의 참된 변증
법과는 전혀 다르다. 논리학의 변증법적 운동, 즉 진리의 자기운동이 헤겔
에게는 신학의 인식 근거가 된다. 왜냐하면 진리의 자기 운동이 헤겔에게
서는 하나님과 동일하기 때문이다. 이에 반대하여 바르트는 신학의 궁극
적 근거는 **믿음이 없어도** 파악될 수 있는, 그리하여 인간이 받아들일 수도
있고 배격할 수도 있는 철학적 진리의 자기운동이 아니라, 예수 그리스도
안에 나타난 **하나님의 계시**라고 주장한다(375).

　　여기서 우리는 바르트 신학의 기본 입장을 볼 수 있다. 그에 따르면 하
나님을 인식할 수 있는 근거는 인간의 능력에 따라 좌우되는 진리의 변증

법적 운동에 있지 않다. 또한 인간의 능력에도 있지 않다. 그 근거는 오직 예수 그리스도의 계시에 나타나는 **하나님의 은혜**에 있다. 그리스도 안에 계시되는 하나님의 은혜가 하나님 인식의 근거다.

이제 바르트는 인간의 능력으로 하나님을 인식할 수 있다는 가설에 반대하여 자기 자신의 명제를 제시한다. **"하나님은 '하나님을 통하여', 하나님은 '오직' 하나님을 통하여 인식된다"**(Barth 1958, 200 이하). 인간은 하나님을 인식할 수 있는 능력을 자기 자신 안에 갖고 있지 않다. 그는 자신의 직관이나 파악의 능력으로 하나님을 인식할 수 없다. 하나님에 대한 인식을 가능하게 하는 것은 하나님 자신일 뿐이다. 아버지와 아들로서의 하나님이 하나님 인식의 주체이지, 인간이 아니다(1958. 202 이하). 인간은 "이차적인, (하나님의) 뒤를 따르는 주체"로서 함께 용납될 뿐이다(1958, 203).

이차적인 주체로서의 인간에게 주어지는 하나님 인식 가능성은 오직 하나님의 은혜에 기인한다. 하나님의 은혜로 인간에게 주어지는 이 가능성은 이제 인간 자신의 능력으로 이해되어서는 안 된다. 이 능력은 철저히 **하나님의 은혜로, 오직 믿음 가운데서만** 언제나 새롭게 주어지는 능력이지, 인간이 자기 자신의 것으로서 언제나 보유할 수 있는 것이 아니다. "오히려 우리의 능력 없이, 그리고 우리의 능력에 거슬러서, 우리의 무능력한 능력이 하나님을 위해 쓰이는 형식 하에서", 하나님을 직관하고 파악할 수 있는 가능성이 우리 인간에게 허락되고 제공될 뿐이다.

하나님을 인식할 수 있는 근거인 계시의 은혜는, 헤겔의 철학처럼 조직적으로 파악할 수 있는 보편적 가능성의 것이 아니라, 오직 "우리 주 예수 그리스도의 은혜"(고후 3:13)일 뿐이다. 우리 인간은 하나님을 "오직 믿음 가운데서만" 인식할 수 있고, 하나님께 "절대적으로 의지하고, 예수 그리스도의 뒤를 순수하게 따르며, 감사하는 가운데" 인식할 수 있다(1958, 205). 헤겔이 말하는 것처럼 이성으로써가 아니라 "오직 믿음 안에서" 하나님은 인식될 수 있다. 만일 하나님이 진리의 변증법적 운동과 일치하며, 그래서 인간의 지적 능력으로 인식되고 파악될 수 있다면, 예수 그리스도의 계시와 이 계시에 나타나는 하나님의 은혜는 불필요해질 것이다.

물론 하나님은 계시를 통해 자기를 파악하게 하신다. 그러나 믿음이 없어도 이루어질 수 있는 인간의 직관에 대해서가 아니라, **"믿음에 대해서"** 자기를 파악하게 하신다(1958, 223). 만일 하나님이 인간의 사유 안에서, 사유를 통해 이루어지는 진리의 변증법적 운동이라면, 인간의 사유가 행하는 것은, 곧 하나님이 인간의 사유 안에서 행하는 것을 의미하게 된다. 그리고 하나님은 **사유하는 존재로서의 인간의 존재와 행위**를 뜻하게 된다.

이로써 **하나님의 자유**가 폐기된다. 하나님은 자유로운 분이 아니라 "자기 자신의 포로", 곧 인간의 사유의 활동에 따라 좌지우지되는 포로, 헤겔의 **변증법적 운동의 포로**가 되어버린다. 그는 인간의 사유의 변증법적 운동이 수행하는 바에 따라 행동하는 존재가 되어버린다. 이리하여 하나님의 존재와 행위는 하나님 자신의 필연성으로 간주된다. 왜냐하면 하나님의 삶이란 인간의 사유의 운동에 의해 수행될 수 있고 파악될 수 있기 때문이다. "창조는 필연적이며, 화해도 필연적이다. 교회 공동체도 하나님에 대해 필연적이다." 하나님에 대해 근본적으로 필연적인 것은 헤겔에게 있어 바로 인간 자신, 곧 "나"(Ich)다. 이로써 "하나님의 자유에 근거를 둔 은혜의 참된 변증법에 대해 더 이상 말할 수 없게 된다"고 바르트는 헤겔을 비판한다(377).

4. 하나님의 주권의 제한과 화해의 폐기

하나님의 자유를 부인하는 것은 **하나님의 주권**을 부인하는 것을 뜻한다. 바르트에 따르면, 하나님의 존재를 변증법적 방법과 일치시키는 것은 "하나님의 주권에 대한 제한과 지양"을 말한다(376). 아니, 이것은 하나님의 존재 자체를 **사유의 변증법적 운동으로 폐기하는 것**이며, 인간을 신격화하는 일이다. 인간의 자기 운동과 하나님의 자기 운동을 혼동하며, 하나님의 존재를 인간의 존재로 폐기하고, 인간을 신격화시키는 그 원인은 헤겔이 "하나님의 자유를 인식하지 못함"에 있다. 더 정확히 말해, 하나님의 "이중예정"(praedestinatio gemina)을 인식하지 못함에 그 원인이 있다고 바르트는 말한다(바르트의 이중 예정에 관해 Barth 1959, 16 이하, 176 이하, 183 이하, 217, 339 참조).

헤겔 철학에서 **하나님과 인간의 화해**는 무엇을 의미하는가? 바르트에 따르면, 그것은 하나님의 자기 활동과 일치하는 **사유의 자기 활동**을 말한다. 곧 "하나님의 존재와 일치하는 진리의 단 하나의 사건의 연속"을 말한다(375). 하나님과 인간의 화해는 하나님의 자유로부터 출발하는 하나님의 은혜의 행위가 아니라, 사유하는 존재로서의 인간이 자기 자신으로부터, 자기 자신의 능력으로부터 수행할 수 있고, 도달할 수 있는 것을 의미하며, "분리와 화해, 제거와 재용납의 연속으로서의 전체 역사의 흐름"을 의미한다(1960b, 11).

헤겔 철학에서 하나님과 인간의 화해는 하나님의 은혜로 말미암은 하나님의 주권적 행위가 아니다. 그것은 하나님이 그의 피조물에 대한 무한한 사랑 때문에, 하나님 자신이 시작하는 인간의 이성으로 측량할 수 없는 사건이 아니라 하나의 **필연적 요소로서** 인간의 본성에 주어져 있다. 유한한 인간 정신이 그의 자연성을 극복하고 절대정신과 화해되는, 그리고 절

933

대정신으로 고양되는 이것이 하나님과 인간의 화해를 뜻한다. "신적 본성과 인간의 본성의 통일성"이 바로 화해를 뜻한다. 이것은 예수 그리스도 안에서 일어난 하나님의 주권적·역사적 화해의 폐기를 말한다.

5. 헤겔의 "계시의 조직학"

헤겔에 의하면, 세계의 모든 사물은 절대정신의 자기소외로 말미암아 있게 된, 절대정신의 대자(Fürsich)다. 이 대자 속에서 절대정신은 자기를 대상화하고, 자기를 나타낸다. 이로써 대상의 세계는 하나님을 계시하게 된다. 바르트는 이를 다음과 같이 비판한다. 예수 그리스도 안에 나타난 하나님의 "계시의 대상성"은 헤겔 철학에서 "모든 일반적인 대상성"으로 지양된다. 왜냐하면 사유하는 인간의 의식과 관계된 모든 대상성은 계시의 대상성을 의미하기 때문이다.

여기서 예수 그리스도 안에 단 한 번 나타난 하나님의 계시의 역사성·유일회성은 사라지고, 철학에 의하여 순수 논리적 내용으로 환원되어야 할 "단순한 표상의 수준에 있는 계시의 '단계'"가 이야기될 수 있을 뿐이다. "인간이 (하나님의) 계시가 없어도 자기 자신에 대해, 그리고 이로 인해 하나님에 대해 알 수 있는 것을 역사적으로 증명하는 것"이 바로 하나님의 계시를 의미한다(1938, 313). 하나님의 계시는 "한 특수한, 모든 다른 사건들과는 구별되며, 비교될 수 없고 반복될 수 없는 사건"이 아니라, **사유하는 인간이 자기 자신과 관계하는** 이것이 곧 "하나님의 계시와 현재"를 의미한다(1958, 219).

사실 헤겔 철학에서는 인간의 사유 활동은 물론 세계사 전체가 하나님의 자기계시를 뜻한다. 세계사는 하나님의 정신(영, pneuma)의 자기

활동이기 때문이다. 그렇다면 인간은 하늘로부터 오는 하나님의 특별한 계시, 곧 예수 그리스도의 계시를 필요로 하지 않게 된다. 이제 인간은 "하나님의 계시하심"(offenbaren)으로부터…하나님의 "계시될 수 있음"(offenbarsein)의 더 높은 단계에 이르기 위해 "단지 누르기만 하면 되는 지혜를 자기 손에" 가지게 된다(376). 바르트에 따르면, 헤겔의 철학은 "계시의 조직학"(Systematik der Offenbarung)이다. 그의 철학은 하나님의 계시를 세계사적인 계획에 따라 분류하여 은폐된 "역사적인 혹은 개념적인 체계, 구원의 경륜 혹은 그리스도교적 세계관"을 도출하기 때문이다.

"계시의 조직학"으로서의 헤겔 철학은 하나님의 **섭리**를 신앙이 없어도 파악할 수 있는 **보편적인 것**으로 만들어버린다. 그것은 하나님의 섭리를 신앙고백과는 무관한 철학적인 역사 원칙과 관계된 세계사적 계획으로 변질시킨다(1961, 23 이하). 헤겔은 하나님의 섭리를 세계사의 과정과 동일시함으로써 기독교의 섭리신앙을 철학적 세계관으로 변질시킨다. 이리하여 섭리신앙은 "역사철학"이 되어버린다. 하나님의 섭리를 중심 문제로 다루는 헤겔 철학은 "섭리신앙과 이에 대한 고백을 역사철학과 혼동한다"(Steinbüchel 1933, 303). 헤겔의 철학에서 "이 세계는 그 자체로서 신적이며", 자연은 그 자체로서 "신적 자연"이요, "역사는 그 자체로서 하나님의 역사이며, 인간은 그 자체로서 신적 인간이라고 보는" 왜곡된 "세계관"에 불과하다고 바르트는 비판한다.

6. 신학을 인간학으로 지양하는 헤겔

바르트에 따르면 헤겔은 하나님과 인간, 하나님과 세계를 올바른 관계에서 기술하지 않는다. 곧 창조자로서의 하나님과 피조물로서의 인간이라고 하는 바른 관계에서 하나님과 인간을 다루지 않고, 하늘과 땅, 하나님과 인간을 뒤바꿀 수 있는 관계에서 기술한다. 인간의 사유의 활동이 신적 정신으로서의 하나님의 자기활동으로 생각된다. 이로써 하나님을 다루는 신학은 사실상 인간을 다루는 인간학으로 지양된다. 헤겔의 신론은 "신격화되기로 결정되어 있는, 또 신격화될 능력이 있으며, 신격화되는 과정에서 파악된 인간성을 다루는 인간론"이다(1964, 90).

바르트에 따르면 헤겔이 기술하는 정신의 활동이란 유한한 정신으로서의 인간이 절대정신으로 고양되는 활동을 말한다. 정신이란 이 활동을 말한다. 그래서 헤겔은 정신을 가리켜 "활동성"(Tätigkeit)이라고 말한다. 만일 하나님의 존재가 이 활동에 불과하다면, 만일 하나님이 "가장 높은 개념, 혹은 모든 이론적·실천적·심미적 관념의 근원 혹은 '정신'이라면, 왜 하나님은 단 한 분뿐일 수 있으며, 왜 그리고 어떻게 그는 인격(Person)일 수 있는지" 말할 수 없게 된다(1958, 324).

하나님을 절대정신의 자기활동의 과정으로 기술하는 헤겔의 신론은 "우리 자신 안에 근거되어 있고, 우리 자신으로부터 출발하여, 우리 자신으로 돌아오는 자연과 정신에 대한 기술"이다. "그의 활동이 우리의 활동과는 무언가 결정적으로 다른 하나님에 대한 기술이 아니다"(376).

인간에게 주어진 **"하나님의 형상"**은 무엇을 말하는가? 헤겔 철학에서 그것은 "인간의 참된 자기 존재, 참된 인간의 관념은, 그의 영원한 존재 안에 있는 하나님 자신의 한 계기이며, 인간의 본질은 신적이라는" 것을 뜻한다(1970, 216). 하나님과 인간 사이에는 단순히 유사성이 있을 뿐만 아니라 하나의 **동일성**이 있으며, 이 동일성을 가장 잘 표현하는 것이 헤겔의 정신 개념이다. 인간을 "창조된 정신" 혹은 "유한한 정신"이라고 할 때, 하나님의 본성과 인간의 본성은 동일한 것으로 간주되며, 하나님과 인간은 최소한 간접적으로 동일화될 수밖에 없다. 만일 하나님과 인간의 본질이 동

부록 | 헤겔에 대한 바르트의 비판

일한 "정신"의 개념에 속한다면, 하나님과 인간은 구별되지 않는다. 그들은 동일한 유에 속한다. 헤겔의 하나님은 "모든 다른 사물과는 구별되면서" 오직 "인간 위에 계신 분"이 아니다. 그는 "오로지 인간 위에 계시면서도 인간을 문제 삼으며, 인간을 요구하는 분이 아니라" "인간 자신이 그 속에 속한 **유와 질서의 본질**"에 불과하다. 곧 인간이 자기 자신의 편에서 주인이 될 수 있는 본질에 불과하다(1958, 404).

이것은 사실상 하나님이 인간으로 폐기됨을 말한다. 바르트의 입장에서 볼 때 헤겔은 **하나님을 인간으로 폐기**하고, **인간을 신격화**한 무신론자다. 바르트에 따르면, 헤겔 철학은 다음과 같은 결론에 이를 수밖에 없다. 곧 "하나님이 하나님이기를 중단하고 피조물이 되었다. 거꾸로 말해, 인간이 그의 능력 자체로써 하나님이 되었다는 결론이다"(1958, 253). 하나님의 본질을 인간의 본질의 투사체로 보는 포이어바하의 생각은 사실상 헤겔의 생각이다. 결론적으로 헤겔의 신론은 "창조의 주인이신 하나님을 기술하는 것이 아니라, 창조의 주인이 되고 싶어 하는 인간"을 기술한다.

7. 바르트의 헤겔 비판의 타당성과 문제점

1. 헤겔 철학에 대한 바르트의 비판에서 우리는 신학의 고유한 사고 방식을 볼 수 있다. 하나님과 인간, 하나님과 세계, 신학과 철학, 신앙과 이성을 엄격히 구별하지 않고 양자를 연속성 속에서 파악하는 근대 신학에 반하여, 양자를 엄격히 구별함으로써 신학적 사유의 순수성을 회복하고자 한 바르트의 관심에 우리는 동의하지 않을 수 없다. 만일 하나님이 절대정신이고, 인간은 유한한 정신이라면, 절대정신의 자기활동이 인간의 사유의 활동으로 일어난다면, 하나님은 인간으로 폐기되고, 인간은 신격화된다고

볼 수 있다.

　　이것은 하나님을 "존재 자체", "가장 높은 선"(summum bonum), "절대
관념"이라고 부르는 철학적 신학이나 종교철학이 범하기 쉬운 위험이다.
중세기 스콜라 신학도 이와 같은 위험성을 보인다. 이것을 우리는 중세
기의 우주론적 하나님 존재증명과 목적론적 존재증명에서 분명히 볼 수
있다. 20세기의 파울 틸리히도 이 같은 위험성을 보인다. 세계의 모든 사물
은 "존재자"이고, 하나님은 "존재 자체"(Being itself), 곧 모든 사물의 "있음
자체"라면, 모든 사물과 하나님의 엄격한 구별성을 말하기 어렵게 된다. 바
르트는 이 같은 위험성을 제거하고, 피조물에 대한 **하나님의 구별성, 그의
자유와 주권**을 회복하며, 신학적 사유는 **오직 믿음에 기초한** 사유이어야
함을 의식하게 한다. 세계사 자체가 하나님의 구원을 우리에게 가져오는
구원자가 아니라, "**오직 그리스도만이**"(*solus Christus*) 세계의 구원자이며,
이 구원은 철학적인 보편적 진리나 원리를 통해서가 아니라 오직 믿음 가
운데서 가능한 것임을 그는 역설한다.

2. 그러나 헤겔에 대한 비판에서 바르트는 심각한 문제성을 보인다. 한마
디로 바르트는 헤겔을, 하나님과 인간을 동일시한 "동일성의 철학자"로
간주한다. 헤겔이 하나님의 "신적 본질과 인간적 본질의 통일성(하나됨,
Einheit)"을 말했음은 사실이다. 또 하나님의 신적 정신의 자기활동을 인간
의 사유의 활동으로 파악하며, 세계사의 과정을 신적 정신의 자기활동으
로 보는 것도 사실이다. 그러나 이로써 헤겔은 하나님과 인간, 하나님과 세
계사를 동일시했다고 말할 수 있는가? 그는 하나님을 인간으로 폐기하고,
인간을 신격화시키고자 했는가? 그는 과연 신학을 인간학으로 폐기하고,
신학을 인간학으로 대체하고자 했는가? 만일 그렇다면 헤겔은 포이어바
하와 다를 바가 없을 것이다.

여기서 우리는 아래의 사실에 유의할 필요가 있다. 곧 헤겔은 **"통일성"**(Einheit)이란 개념을 사용하지만, **"동일성"**(Identität)이란 개념은 전혀 사용하지 않는다는 사실이다. 이것을 헤겔은 하나님과 그리스도의 관계를 통해 설명한다. 하나님과 그리스도는 하나다. 그들은 "통일성" 안에 있다. 그러나 이 "통일성"은 양자의 **구별이 없는 동일성**을 말하는 것이 아니라, **"구별 속에서의 하나됨"**이라고 말한다. 양자가 구별되지 않는 통일성을 그는 "추상적 통일성"이라 부르고, 양자가 구별되는 통일성을 "구체적 통일성"이라 부른다. 따라서 헤겔이 말하는 하나님과 인간의 통일성은 양자의 구별이 없는 동일성을 말하는 것이 아니라 구체적 통일성, 곧 "구별 속에 있는 하나됨"(Einheit im Unterschied)을 말한다.

이것을 헤겔은 "사랑"의 개념을 통해 설명하기도 한다. 사랑하는 사람과 사랑을 받는 사람은 사랑의 영(정신) 안에서 하나다. 사랑은 두 사람이 하나가 됨을 말한다. 그러나 이 하나됨, 곧 통일성은 양자의 구별이 없는 통일성이 아니라 구별 속에서의 통일성이다. 두 사람은 하나이면서 구별되고, 구별 속에서 하나가 되는 **변증법적 과정**에 있다. 이 변증법적 과정이 곧 사랑이요, 하나님의 삼위일체는 이 사랑을 나타낸다. 그래서 헤겔은 자기는 결코 하나님과 인간의 "동일성"(Identität)을 말하는 것이 아니라고 『철학사 입문』에서 말한다.

하나님의 정신, 곧 하나님의 영이 인간의 영으로 현존한다는 헤겔의 생각은 바르트에게 참으로 위험해 보일 것이다. 그것은 정말 하나님과 인간을 동일화하는 것으로 보일 것이다. 그러나 그리스도인이 성령을 받을 때 그리스도와 하나가 되고, 그리스도와 합하는 자는 **"한 영"**이 된다고(고전 6:17) 신약성서 자체가 말하고 있지 않은가? 곧 그리스도의 신적 영이 그리스도인들의 영 안에 현존한다고 말할 수 있지 않은가? 그러나 "한 영"은 그리스도의 영과 인간의 영이 하나로 녹아져버리는 것이 아니라, 구별 속에서의 "한 영"이라고 보아야 할 것이다. 이 같은 성서적 근거에서 헤겔은 "신적 본성과 인간적 본성의 동일성"이 아니라 "통일성"을 말한다. 바르트는 이 같은 정황을 간과하고 헤겔을 단순한 "동일성의 철학자"로 간주한다.

3. 헤겔의 철학은 그 전체에 있어 "역사철학"이요, 이 역사철학에서 그는 하나님과 인간, 하나님과 세계, 무한과 유한, 보편과 특수, 절대와 상대, 이성과 신앙, 신앙과 지식의 이원론적 분리와 대립을 극복하고 양자의 화해를 시도하였다. 하나님을 단순히 "저 위에" 계신 분으로 모시지 않고, 세계의 모든 것 안에서 하나님을 인식하고, 모든 것 안에서 하나님을 "영광스럽게 하는 것"(Verherrlichung Gottes)을 그의 철학의 주요 관심으로 다루었다.

헤겔에 따르면 하나님은 이 세계의 피안이 아니라 세계의 역사를 다스리는 세계의 통치자다. 모든 것이 하나님 안에 있고, 하나님이 모든 것 안에 있는 세계, 곧 하나님이 "모든 것 안에서 모든 것"(Alles in Allem, 고전 15:28)이 되는 세계가 이루어져야 한다. 역사 안에서 일어나는 모든 것은 사실상 하나님의 섭리 가운데서 결정되어 있고, 섭리에 따라 발생한다는 것이 인식되어야 한다. 이 같은 신학적 관심에서 헤겔은 하나님과 그의 역사 계획에 대해 아무것도 알 수 없으며, 단지 주관적 믿음이나 경건한 감정에 의해 느낄 수 있을 뿐이라고 주장하는 불가지론을 거부한다. 하나님이 인간을 자기의 "형상"에 따라 창조했다면, 인간은 **하나님의 본성을 그 자신의 본성으로** 가진다고 말할 수밖에 없다. 만일 그렇지 않다면 인간은 하나님의 형상이 아닐 것이다. 인간이 하나님을 "닮는다"는 것은 이것을 말한다. 이에 기초하여 동방 정교회 신학은 인간의 "신성화"를 말한다. 또 그리스도와 합하는 그리스도인들이 그리스도와 "한 영"이라면, 그들은 공동의 본성을 가질 수밖에 없다. 그래서 "만일 신적 본성이 인간과 자연의 본성이 아니라면, 그것은 없는 것과 같은 본질일 것이다"라고 헤겔은 말한다 (1968a, 61).

또한 헤겔이 **인간의 사유의 활동**을 하나님의 활동과 동일시하였다고 바르트는 비판한다. 바르트의 이 비판 역시 타당하지 않다. 물론 헤겔 철학에서 하나님의 존재와 인간의 사유의 활동은 분리되지 않는다. 하나님은 인간의 사유의 활동 안에 있다. 인간의 사유의 활동 속에서 하나님 자신이 활동한다. 이런 점에서 인간의 사유의 활동은 **하나님 자신의 현존**이다. 이를 가리켜 바르트는, 헤겔이 하나님의 존재를 인간의 사유의 활동과 동일시하였고, 하나님을 인간의 사유의 활동으로 폐기하였다고 말한다.

여기서 바르트는 **헤겔의 변증법**을 충분히 고려하지 않는다. 헤겔의 변증법적 사고에 따르면, 인간의 사유의 활동 속에는 언제나 **부정적인 것**이 있다. 인간의 어떤 사유의 활동도 완전하지 못하다. 그 속에는 제한된 것, 제약된 것, 진리가 아닌 것이 언제나 포함되어 있기 마련이다. 인간은 제약되었고 거짓된 존재이기 때문이다.

그러므로 하나님은 인간의 **사유의 활동으로 현존**하는 동시에, 인간의 사유의 활동으로부터 **자기를 구별한다.** 그는 인간의 사유의 활동의 부정적인 것을 부정하고, 사유의 활동을 한 단계 더 높은 진리로 고양한다. 여기서 하나님은 사유의 활동의 부정적인 것을 부정하는 주체로서, 사유의 활동으로부터 **구별된 존재**로 전제된다. 그는 사유의 변증법적 활동으로 현존하는 동시에, 이 활동을 가능하게 하는 존재로 구별된다. 마치 사랑 안에서 하나로 결합되는 동시에 서로 구별되는 것과 같다. 따라서 하나님의 존재가 인간의 사유의 행위로 완전히 해소되어 더 이상 하나님에 대해 이야기할 수 없고, 하나님 대신에 인간에 대해서만 이야기할 수 있게 되는 것은 아니다. 인간의 사유의 활동과 하나님, 곧 신적 정신의 이 미묘한 관계를 바르트는 간과한다.

4. 여기서 우리가 유의해야 할 사실은 헤겔이 말하는 회귀(Rückkehr)와 회귀되어 있음(Zurückgekehrtsein)의 동일성, 알파와 오메가의 동일성이 함축하고 있는 **종말론적 미래의 차원**이다. 바르트가 지적하는 대로 헤겔 철학에서 하나님, 곧 신적 정신은 인간의 사유의 행위와 과정으로서 존재한다. 그는 이 행위와 과정을 통해 자기 자신에게로 회귀한다. 그런데 헤겔은 신적 정신은 이미 그 자신으로 회귀되어 있다고 말한다. 곧 하나님 자신 안에서 회귀의 과정은 **이미 완성되어 있다**는 것이다. 정신의 회귀 과정이 정신 자신 안에서 이미 완성되어 있다면, 정신이 그 자신으로 회귀하는 운동은 사실상 끝난 것이라 말할 수 있다. 여기서 종말론적 미래는 폐기되는 것으로 보인다.

사유의 행위를 통해 자기 자신으로 회귀하는 정신이 이미 자기 자신으로 회귀하여 있다는(zurückgekehrt) 말은 도대체 무슨 말인가? 이것은 상식적으로 도저히 이해할 수 없는 말이다. 헤겔의 이 말은 오직 신학적으로 이해될 수 있다. 성서에 따르면 하나님이 역사의 **알파와 오메가, 시작과 끝**이다. 신적 정신의 자기활동이 시작할 때의 하나님과, 그 운동이 끝날 때의 하나님은 동일한 하나님이다. 그러므로 사유의 과정을 통해 자기 자신으로 회귀하는 신적 정신은, 하나님 자신에게는 이미 회귀되어 있다. 자기 자신으로 이미 회귀되어 있는 신적 정신이 인간의 사유의 활동을 통해 자기 자신으로 회귀하는 과정에 놓여 있다. 유한한 우리 인간에게 회귀는 현재적인 일이요, 회귀되어 있음은 미래의 일로 구별된다. 그러나 알파와 오메가, 시작과 끝이 동일한 하나님에게 모든 것은 **현재적**이다. 그러므로 신적 정신, 곧 하나님은 역사의 모든 것을 아신다. 역사의 모든 것, 곧 과거와 현재와 미래의 모든 것을 하나님은 아신다.

그러나 **유한한 인간에게** 신적 정신의 회귀되어 있음은 미래의 목적으로 우리 앞에 서 있다. 그것은 영원한 현재가 아니라 **종말론적 미래**다. 그것은 **미래의 목적**이다. 미래의 목적으로서 그것은 신적 정신이 자기 자신으로 회귀하는 **사유의 현재적 활동으로부터 구별된다**. 순간순간의 사유의 활동은 목적에 도달한 것이 아니라 미래의 목적을 향한 과정에 있을 뿐이다. 사유의 활동은 신적 정신 그 자체가 아니라 신적 정신과 "일치하는" 세계를 향한 과정에 놓여 있다. 이미 그 자신으로 돌아가 있는 신적 정신은 사유의 활동 속에 현존하는 동시에, 사유의 활동의 부정적인 것을 부정하고, 사유의 활동을 보다 더 높은 진리로 고양하는 **원인자**로 전제된다. 만일 신적 정신이 원인자로서 사유의 활동으로부터 구별되지 않는다면, 사유는 변증법적 활동의 원인자를 갖지 못하게 된다.

여기서 하나님의 영원한 존재와, 인간의 개별적 사유의 행위는 구별된다. 따라서 개별의 사유 행위 자체를 하나님의 영원한 존재와 동일시할 수 없다. 인간의 사유 행위는 미래를 향한 끊임없는 행위 가운데 있기 때문에, 개별의 사유 행위를 가능하게 하는 원인자로서의 하나님 자신은 개별의 사유 행위 자체와 구별된다. 어떠한 개별의 사유 행위도 그 자신을 하나님과 동일시할 수 없다. 만일 동일시할 수 있다면 그것은 모든 사유의 행위가 목적에 도달하였다는 것을 뜻할 것이다.

그러나 이것은 지금도 계속되고 있는 역사의 과정에서 있을 수 없는 일이다. 역사의 어떤 과정에서도 사유는 자기의 목적에 도달할 수 없다. 따라서 사유의 행위는 하나님 자신과 동일시될 수 없다. 하나님에게는 역사의 미래 목적이 현재적이지만, 유한한 인간에게 그것은 미래로 머물러 있다.

그러나 하나님의 영원한 존재 속에서 신적 정신의 회귀가 이미 완성된 것으로 전제된다면, 사유의 전체 과정은 하나님과 동일시될 수 있지 않는가? 만일 그렇다면 하나님의 존재를 사유의 활동으로 폐기하며 신학을 인간학으로 변질시켰다는 바르트의 헤겔 비판이 타당할 것이다.

5. 사실 헤겔의 철학에서 하나님에 관한 모든 초월적 내용들은 인간 사유의 깊은 데로 옮겨지고 있다. 인간의 사유와 역사의 변증법적 운동이 하나님의 현존 양식이기 때문에 인간의 사유를 떠난 하나님의 존재를 생각할 수 없다. 그러나 이로써 하나님의 존재가 인간의 사유의 활동으로 완전히 폐기되며, 사유하는 존재로서의 인간이 하나님으로 신격화되었다는 바르트의 헤겔 비판은 타당하지 않다. 하나님이 사유의 활동으로 폐기되는 것처럼 보이는 바로 그 순간에 하나님은 이 폐기 바깥에 계시며, 폐기의 변증법적 과정을 가능하게 하는 원인자로 전제되기 때문이다.

　　블로흐는 이것을 다음과 같이 말한다. 헤겔 철학에서 하나님의 존재는 인간의 사유의 깊이로 해소되는 것처럼 보인다. 그러나 "강화된 종교적 객체화, 주 하나님에 대한 강조"(die verstärkte religiöse Objektivierung, gar Gott-der-Herr-Betonung)가 언제나 다시금 등장한다(Bloch 1962, 328). 곧 인간의 사유의 활동에서 구별되는 하나님의 **대상적 객체성**이 헤겔 철학에 언제나 다시금 나타난다는 것이다. 그러므로 헤겔은 세계사의 마지막 목적을 "인간의 영광"이라 말하지 않고 "하나님의 영광"이라고 말한다. 그리고 자신의 역사철학의 과제를 다음과 같이 규정한다. "인간이 아니라 하나님이 세계를 다스린다. 그의 통치 내용, 그의 계획 수행이 세계사이며, 이 계획을 파악하는 것이 세계사 철학의 과제다." 만일 헤겔이 하나님의 존재와 인간의 사유 활동을 완전히 동일시하고, 하나님의 존재를 인간 존재로 폐기하며, 이를 통해 인간을 신격화하고자 했다면, 그는 이렇게 말할 수 없었을 것이다.

　　하나님의 객체성(Objektivität)을 인간의 주체성(Subjektivität)으로 끌어들이면서도 헤겔이 견지하는 하나님의 객체성을 바르트는 간과한다. 그리하여 하나님과 인간, 하나님과 인간의 사유 활동, 하나님과 세계의 추상적 동일성을 헤겔 철학의 핵심으로 파악한다. 이로 인해 그는 헤겔 철학이 가진 **종말론적 미래의 차원**을 간과한다. 바르트의 말대로 만일 헤겔의 하나님이 사유하는 인간에 불과하다면, 종말론적으로 아직 "은폐되어 있는 하나님"(Deus absconditus)은 "은폐되어 있는 인간성"(Humanum absconditum)에 불과할 것이며, 은폐되어 있는 하나님의 종말론 대신에 은폐되어 있는 인간의 종말론이 있을 뿐이다(Pannenberg 1967, 352 이하).

블로호가 말하는 것처럼 헤겔 철학에서 은폐되어 있는 하나님이 은폐되어 있는 인간성으로 옮겨짐은 사실이다. 그러나 은폐되어 있는 인간성으로 옮겨지는 하나님은 "전적으로 다시금 하나의 외적인, 신화적으로 왕의 자리에 등극하는 **객체**"로 머물러 있다(Bloch 1962, 337). 곧 하나님과 인간의 구별이 지켜진다는 것이다. 따라서 헤겔은 은폐된 하나님의 종말론적 미래의 차원을 은폐된 인간성의 종말론적 미래의 차원으로 폐기하였다. 헤겔의 종말론이 은폐된 인간성의 종말론에 불과하다는 바르트의 해석은 타당하지 않다.

6. 헤겔이 말하는 **진리의 개념**에 대한 바르트의 해석에서도 모순이 발견된다. 바르트는 하나님과 동일한 진리를 오직 활동 속에 있는 것으로 파악한다. 그래서 "진리는 오직 행위(Tat) 가운데, 오직 사건 가운데만 있을 뿐이다"라고 말한다(370). 곧 진리는 이미 도달되어서 일정한 상태에 머무는 것이 아니라, 그때그때 도달한 상태를 부정하고, 새로운 진리의 상태를 향해 계속 활동한다. 이러한 뜻에서 진리는 운동으로서, 역사로서 실존한다.

진리가 오직 활동 속에 있다면, 그때그때 도달된 진리는 진리 자체와 동일시될 수 없다. 그것은 자신의 완성을 향한 활동 속에 있을 뿐이다.

이렇게 바르트는 헤겔의 진리 개념을 해석한다. 바르트의 이 해석은 타당하다. 그러나 다른 한편으로 바르트는 그때그때 도달된 "특정한 진리"(bestimmte Wahrheit)를 진리 자체와 동일시한다. 만일 어떤 특정한 진리가 절대적 진리 자체와 동일하다면, 진리는 더 이상 활동으로, 사건으로서 실존하지 않고, 하나의 고정체로 머물게 될 것이다. 그러나 진리는 오직 활동 속에 있다. 그렇다면 활동 속에서 도달되는 특정한 진리와 진리 자체를 동일시하는 것은 불가능하다. 그것은 진리가 가진 활동의 개념에 모순된다.

이 문제는 헤겔이 **실천의 이론**(Theorie der Praxis)과 **진리의 이론**(Theorie der Wahrheit)을 동일시한다는 바르트의 비판에 나타난다. 헤겔 철학에서 진리의 이론과 실천의 이론은 구별되지 않고 동일시된다고 바르트는 비판한다. 곧 실천의 이론이 진리의 이론이요, 진리의 이론이 실천의 이론이란 것이다. 따라서 실천의 이론을 통해 도달되는 특정한 진리(bestimmte Wahrheit)와 절대적 진리 자체가 동일시된다는 것이다. 여기서 헤겔은 실천의 이론과 진리의 이론, 특정한 진리와 절대적 진리 자체를 동일시한 동일성의 철학자로 규정된다.

여기서도 바르트는 실수를 보인다. 필자의 판단에 의하면, 헤겔 철학에서 영원한 진리에 대한 이론은 실천의 이론으로 현존하는 동시에 실천의 이론에서 구별된다. 여기서도 "구별 속에서의 일치"와 "일치 속에서의 구별"의 원리가 적용된다. 양자는 일치 속에서 구별되고, 구별 속에서 일치하는 변증법적 관계 속에 있다.

헤겔의 철학에서 절대적 진리와 특정한 진리도 동일한 관계 속에 있다. 절대적 진리는 특정한 진리의 피안에 머물러 있지 않다. 그것은 특정한 진리로서 현존하는 동시에, 특정한 진리로부터 구별된다. 그것은 특정한 진리의 부정적인 것을 부정함으로써 특정한 진리를 더 높은 진리의 단계로 지양 및 고양하는 원인자로 전제된다. 헤겔에 따르면, 절대적 진리 자체는 오직 활동이다. 그것은 자기를 특정한 진리로 외화하는 동시에, 외화된 특정한 진리로부터 자기를 구별하고, 자기 자신으로 돌아가는 변증법적 운동 속에 있다. 따라서 절대적 진리 자체는 특정한 진리로 현존하는 동시에, 끊임없이 자기를 특정한 진리로부터 구별하고, 더 높은 특정한 진리로 발전한다. 따라서 어떠한 특정한 진리도 자기를 절대적 진리 자체라고 주장할 수 없다. 특정한 진리는 부정되고 지양되어야 할 운명을 갖기 때문이다.

만일 실천의 이론이 진리의 이론과 완전히 동일하다면, 진리는 "완전히 주어질 수 있고, 비벼 넣어버릴 수 있는…하나의 주조되어버린 동전"과 같을 것이다(Hegel 1952, 33). 진리의 이론과 실천의 이론, 절대적 진리 자체와 활동 가운데 있는 특정한 진리, 하나님과 인간은 헤겔 철학에서 전적으로 동일하여 전자가 후자로 폐기되며, 후자에게 불필요해지는 그러한 관계에 있지 않다. 이와 동시에 양자가 서로 분리되어 모순과 대립의 관계에 있는 것도 아니다. 바르트가 말하듯이 "하나님은 하늘에, 인간은 땅에" 있는 이원론적 대립 상태에 머물러 있지도 않다.

바르트와 아도르노가 헤겔을 비판하듯이, 헤겔의 관심은 양자의 **완전한 일치나 완전한 분리**에 있지 않다. 양자의 완전한 일치나 완전한 분리는 종말론적 전망을 폐기한다. 오히려 헤겔의 관심은 특정한 진리 속에 현존하는 절대적 진리가 특정한 진리의 부정적인 것을 부정함으로써 절대적 진리가 다스리는 세계를 이루게 되는 변증법적 투쟁의 활동에 있다. 만일 양자가 완전히 동일하든지, 아니면 완전히 분리되어 있다면, **변증법적 활동은 불가능해진다.** 변증법적 활동이 불가능할 때, 세계는 종말론적 미래를 갖지 못하게 된다. 그것은 하나의 **폐쇄된 체계**가 되어버린다. 헤겔은 하나님과 인간, 객체와 주체를 완전한 분리나 완전한 일치 속에서 보지 않고,

양자의 **구별 속에서의 일치, 일치 속에서의 구별**을 통한 변증법적 활동에 주목하였다. 이를 통해 그는 신적 정신의 자기활동의 **종말론적 미래의 전망**을 확보하고자 하였다.

사실 바르트의 신학에서는 종말론적 미래의 전망이 약하다. 하나님을 세계에 대한 "전적 타자"(totaliter aliter)라고 정의할 때, 하나님과 세계는 분리 상태에 있게 된다. 완전히 분리되어 있을 때, 양자를 중재할 수 있는 변증법적 활동이 불가능해지고, 변증법적 활동을 통해 앞당겨 올 수 있는 미래의 전망이 보이지 않게 된다. 분리 속에 있는 하나님과 세계는 "오직 믿음"(sola fide)이라고 하는 좁은 영역으로 제한된다. 하나님은 "세계 없는 하나님"이 되고, 세계는 "하나님 없는 세계"가 될 수 있다. 이로써 하나님과 세계가 함께 그 속에 결합되는 종말론적 미래의 차원이 사라진다. 비록 창조론에서 바르트가 하나님과 세계의 관계성을 회복한다 할지라도, 그의 신학적 방법에 이 위험성이 숨어 있음을 우리는 부인할 수 없다. 이에 반해 하나님과 세계의 "구별 속에서의 일치"와 "일치 속에서의 구별"에 기초한 헤겔의 변증법은 종말론적 미래의 전망을 제시한다.

강원돈(2019), "물질론적 역사관과 기독교 신학의 대화", 「신학과교회」, 제12호, 혜암
　　　신학연구소 편

_____(2021), "마르크스의 물질주의와 기독교 영성", 2021년 혜암신학연구소 제2차
　　　학술세미나 발제문 자료집

김균진(1983), 『헤겔과 바르트』, 대한기독교출판사

_____(1993), 『헤겔 철학과 현대신학』, 제8판, 대한기독교출판사

_____(2006), "양자물리학의 세계관의 생태신학적, 사회-정치적 의미", 『자연환경
　　　에 대한 기독교 신학의 이해』, 연세대학교출판부

_____(2014a), 『기독교 신학』, 제1권, 새물결플러스

_____(2014b), 『기독교 신학』, 제2권, 새물결플러스

_____(2014c), 『현대 신학사상』, 새물결플러스

_____(2018), 『루터의 종교개혁』, 새물결플러스

_____(2020a), 『기독교 신학』, 제5권, 새물결플러스

_____(2020b), 『헤겔의 역사철학』, 새물결플러스

김요한(2020a), 『바이블 클래스: 바울 서신』, 새물결플러스

_____(2020b), 『김요한의 얼굴책 이야기』, 새물결플러스

_____(2021), 『살다 보니 별일이』, 새물결플러스

박명수(2021), "강원돈 교수의 논문 '마르크스의 물질주의와 기독교 영성' 논찬", 2021

년 혜암신학연구소 제2차 학술세미나 발제문 자료집

서남동(1983), "두 이야기 합류", 『민중신학의 탐구』, 한길사

스타크(2020), 로드니, 『기독교 승리의 발자취』, 새물결플러스

이병주(2006a), 『지리산』, 제3권, 한길사

_____(2006b), 『지리산』, 제4권, 한길사

이진경(2015), 『철학과 굴뚝청소부』, 개정3판 1쇄, (주)그린비출판사

정일권(2020), 『문화막시즘의 황혼: 21세기 유럽 사회민주주의 시대의 종언』, (사)기독
      교문서선교회

주재용(2021), 『기억의 숲에서 길을 찾다』, 한신대학교출판부

진태원, "하버마스는 마르크스주의의 해방 사상가인가?", http://www.hani.co.kr/arti/
      culture/religion/65151.html#csidx1b8b850c9d7f273ac3cdd47e7542684

한국철학회 편(1977), 『철학개론』, 서울대학교출판사

Adler(1930), M., *Lehrbuch der materialistischen Geschichtsauffassung*, Berlin

Althaus(1972), P., *Die christliche Wahrheit*, Gütersloh

Baeumler(1964), A., Nachwort, in: F. Nietzsche, *Der Wille zur Macht*, Kröner
      Taschenausgabe 78, Stuttgart

_____(1976), A., Nachwort, in: F. Nietzsche, *Geburt der Tragödie*, Der Griechische
      Staat, Krner Taschenausgabe 70, 8. Aufl., Stuttgart

Barth(1938), K., *Kirchliche Dogmatik*, Bd. I/2, Zürich

_____(1958), K., *Kirchliche Dogmatik*, Bd. II/1, 4. Aufl., Zürich

_____(1959), K., *Kirchliche Dogmatik*, Bd. II/2, 4. Aufl., Zürich

_____(1960a), K., *Die protestantische Theologie im 19. Jahrhundert*, Zürich

_____(1960b), K., *Kirchliche Dogmatik*, Bd. IV/1, 2. Aufl., Zürich

_____(1961), K., *Kirchliche Dogmatik*, Bd. III/3, 2. Aufl., Zürich

_____(1964), K., *Kirchliche Dogmatik*, Bd. IV/2, 2. Aufl., Zürich

_____(1970), K., *Kirchliche Dogmatik*, Bd. III/1, Zürich

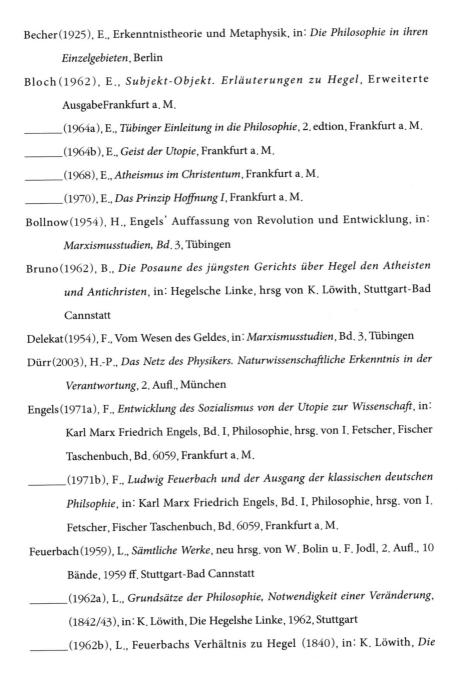

Becher(1925), E., Erkenntnistheorie und Metaphysik, in: *Die Philosophie in ihren Einzelgebieten*, Berlin

Bloch(1962), E., *Subjekt-Objekt. Erläuterungen zu Hegel*, Erweiterte AusgabeFrankfurt a. M.

_____(1964a), E., *Tübinger Einleitung in die Philosophie*, 2. edtion, Frankfurt a. M.

_____(1964b), E., *Geist der Utopie*, Frankfurt a. M.

_____(1968), E., *Atheismus im Christentum*, Frankfurt a. M.

_____(1970), E., *Das Prinzip Hoffnung I*, Frankfurt a. M.

Bollnow(1954), H., Engels' Auffassung von Revolution und Entwicklung, in: *Marxismusstudien, Bd. 3*, Tübingen

Bruno(1962), B., *Die Posaune des jüngsten Gerichts über Hegel den Atheisten und Antichristen*, in: Hegelsche Linke, hrsg von K. Löwith, Stuttgart-Bad Cannstatt

Delekat(1954), F., Vom Wesen des Geldes, in: *Marxismusstudien*, Bd. 3, Tübingen

Dürr(2003), H.-P., *Das Netz des Physikers. Naturwissenschaftliche Erkenntnis in der Verantwortung*, 2. Aufl., München

Engels(1971a), F., *Entwicklung des Sozialismus von der Utopie zur Wissenschaft*, in: Karl Marx Friedrich Engels, Bd. I, Philosophie, hrsg. von I. Fetscher, Fischer Taschenbuch, Bd. 6059, Frankfurt a. M.

_____(1971b), F., *Ludwig Feuerbach und der Ausgang der klassischen deutschen Philsophie*, in: Karl Marx Friedrich Engels, Bd. I, Philosophie, hrsg. von I. Fetscher, Fischer Taschenbuch, Bd. 6059, Frankfurt a. M.

Feuerbach(1959), L., *Sämtliche Werke*, neu hrsg. von W. Bolin u. F. Jodl, 2. Aufl., 10 Bände, 1959 ff. Stuttgart-Bad Cannstatt

_____(1962a), L., *Grundsätze der Philosophie, Notwendigkeit einer Veränderung*, (1842/43), in: K. Löwith, Die Hegelshe Linke, 1962, Stuttgart

_____(1962b), L., Feuerbachs Verhältnis zu Hegel (1840), in: K. Löwith, *Die*

Hegelshe Linke, 1962, Stuttgart

_____(1967), L., *Vorlesungen über das Wesen der Religion*, Gesammelte Werke, Bd. VI, hrsg. von W. Schuffenhauer, Berlin

_____(1976), L., *Das Wesen des Christentums*, Werke in sechs Bänden, Bd. 5, hrsg. von E. Thier, Frankfurt a. M.

_____(2000), L., "Der Mensch ist, was er ißt", in: H. Baranzke u. a.(Hrsg.), *Leben, Töten, Essen. Anthropologische Dimension*, Stuttgart, Leipzig

Fleischer(1992), H., Art. "Marx/Marxismus," in: *Theol. Realenzyklopädie*, Bd. XXII, Berlin, New York

Gollwitzer(1962), H., Marxistische Religionskritik und christliche Glaube, in: *Marxismusstudien*, Bd. 7, hrsg. I. Fetscher, Tübingen

_____(1968), H., *Die Existenz Gottes im Bektnsnis des Glaubens*, 5. Aufl., München

_____(1974), H., *Die marxistische Relgiionskritik und der christliche Glube*, Siebenstern Taschenbuch, Bd. 33, 5. Aufl., München, Hamburg

Hartmann(1969), E., von, *Geschichte der Metaphysik*, Bd. II, Darmstadt

Hegel(1952), G. W. F., *Phänomenologie des Geistes*, PhB 114m, Hamburg

_____(1955), G. W. F., *Grundlinien der Philosophie des Rechts*, PhB 1241, 4. Aufl., Hamburg

_____(1968a), G. W. F., *Vorlesungen über die Philosophie der Weltgeschichte, Bd. I: Die Vernunft in der Geschichte*, 5. Aufl., PhB 171a, Hamburg

_____(1968b), G. W. F., *Vorlesungen über die Philosophie der Weltgeschichte, Dritter Teil: Die Griechische und die römische Welt*, PhB 171c, Hamburg

_____(1968c), G. W. F., *Vorlesungen über die Philosophie der Weltgeschichte, Vierter Teil: Die Germanische Welt*, PhB 171d, Hamburg

_____(1966e), G. W. F., *Vorlesungen über die Beweise vom Dasein Gottes*, PhB 64, Hamburg

_____(1966), G. W. F., *Einleitung in die Geschichte der Philosophie*, PhB 166, 3., gekürzte Aufl. 1959, Hamburg

_____(1969d), G. W. F., *Enzyklopädie der philosophischen Wissenschaften im Grundrisse*, PhB 33, 7. Aufl., Hamburg

_____(1967), G. W. F., *Jenenser Logik, Metaphysik und Naturphilosophie*, PhB 58, Hambug

Heidegger(1972), M., *Holzwege*, 5. Aufl., Frankfurt a. M.

Hess(1962), M., Die letzten Philosophen, in: *Hegelsche Linke*, hrsg. von K. Löwith, Stuttgart-Bad Cannstatt

Horkheimer(1977), M., *Kritische Theorie*, Studienausgabe, Frankfurt am Main

Gerdes(1960), H., *Das Christusbild Sören Kierkegaards verglichen mit der Christologie Hegels und Schleiermachers*, Düsseldorf, Köln

Jüngel(1977), E., *Gott als Geheimnis der Welt*, Tübingen

Jaspers(1950), K., *Nietzsche. Einführung in das Verständnis seines Philosophierens*, 3. Aufl., Berlin

Jens(1974), W., Friedrich Nietzsche. Pastor ohne Kanzel, in: *Frankfurter Allgemeine Zeitung*, 6. Februar 1974

Kierkegaard(1962), S., Abschnitt "Sören Kierkegaard," in: *Die Hegelsche Linke*, hrsg. von K. Löwith, Stuttgart Bad-Cannstatt

_____(1971a), S., *Einübung im Christentum*, in: Kierkegaard Werkausgabe II, München

_____(1971b), S., *Der Augenblick*, in: Kierkegaard Werkausgabe I, München

_____(1971c), S., *Der Begriff Angst*, in: Kierkegaard Werkausgabe II, München

_____(1971d), S., *Die Krankheit zum Tode*, in: Kierkegaard Werkausgabe I, München

_____(1971e), S., *Furcht und Zittern*, in: Kierkegaard Werkausgabe II, München

_____(1971f), S., *Einige Grundbegriffe Kierkegaardschen Denkens*, in: Kierkegaard Werkausgabe II, München

Kreck(1977), W., *Grundfragen der Dogmatik*, 2. Aufl., München

Krieck(1933), E. (Herausgeber), *Volk im Werden*, Leipzig

Küng(1970), H., *Menschwerdung Gottes. Eine Einführung in Hegels theologisches Denken als Prolegomena zu einer künftigen Christologie*, Freiburg, Basel, Wien

_____(1976), H., *Christ Sein*, 8. Aufl., München

_____(1995), H., *Existiert Gott? Antwort auf die Gottesfrage der Neuzeit*, München

Landgrebe(1954), L., Hegel und Marx, in: *Marxismusstudien*, Bd. I, hrsg. von H. Fr. von Campenhausen u. a., Tübingen

Landshut(2004), S., Einleitung zur 1. Aufl. der *Frühschriften* von K. Marx, hrsg. von S. Landshut, Kroner Taschenausgabe, Bd. 209, Stuttgart.

Lenin(1946), W. I., *Karl Marx. Eine Einführung in den Marxismus*, 3. Aufl., Berlin

Lorenz(1958), R., Art. "Feuerbach, Ludwig", in: *Die Religion in Geschichte und Gegenwart*, Bd. II, Tübingen

Löwith(1941), K., *Von Hegel zu Nietzsche. Der revolutionäre Bruch im Denken des neunzehnten Jahrhunderts*, 3. Aufl., Zürich

_____(1962), K., *Die Hegelsche Linke*, Stuttgart-Bad Cannstatt

_____(1964), K., Aufhebung der christlichen Religion, in: *Hegel-Studien Beiheft 1*, Bonn

_____(1973), K., *Weltgeschichte und Heilsgeschehen. Die theologischen Voraussetzungen der Geschichtsphilosophie*, 7. Aufl., Stuttgart, Berlin, Köln, Mainz

Maltschuk(1977), G., Die Begriffe Immanenz und Transzendenz bei Sören Kierkegaard, in: *Neue Zeitschrift für Systematische Theologie und Religionswissenschaft*, Heft 3

Marcuse(1972), H., *Vernunft und Revolution. Hegel und die Entstehung der Gesellschaftstheorie*, Darmstadt und Neuwied

Marx(1953), K., *Das Kapital*, Bd. I, Berlin.

_____(1962a), K., *Werke-Schriften-Briefe*, hrsg. von H.-J. Lieber u. P. Furth, Darmstadt

Marx(1962b), K., *Zur Judenfrage*, in: K. Löwith, *Hegelsche Linke*, Stuttgart-Bad Canstatt

_____(1971), K., *Karl Marx Friedrich Engels*, Bd. I, Philosophie, Fischer Taschenbuch, Bd. 6059, hrsg. von I. Fetscher, Frankfurt a. M.

_____(2004a), K., *Aus den Epikureischen Heften und der Doktordissertation*(1839/40), hrsg. von S. Landshut, 7. Aufl., Stuttgart

_____(2004b), K., *Der Kommunismus und die Augsburger "Allgemeine Zeitung"*(1842), hrsg. von S. Landshut, 7. Aufl., Stuttgart

_____(2004c), K., *Kritik der Hegelschen Rechtsphilosophie*(1842), hrsg. von S. Landshut, 7. Aufl., Stuttgart

_____(2004d), K., *Zur Judenfrage*, aus: *Deutsche-Französische Jahrbücher*(1843/44), hrsg. von S. Landshut, 7. Aufl., Stuttgart

_____(2004e), K., *Zur Kritik der Hegelschen Rechtsphilosophie. Einleitung*, aus: Deutsche-Französische Jahrbücher, hrsg. von S. Landshut, 7. Aufl., Stuttgart

_____(2004f), K., *Ökonomisch-Philosophische Manuskripte*(1844), hrsg. von S. Landshut, 7. Aufl., Stuttgart

_____(2004g), K., *Die Heilige Familie*(1844), hrsg. von S. Landshut, Stuttgart

_____(2004h), K., *Thesen über Feuerbach*(1844), hrsg. von S. Landshut, Stuttgart

_____(2004i), K., *Die Deutsche Ideologie*, Erster Band, hrsg. von S. Landshut, Stuttgart

_____(2004k), K., *Das Elend der Philosophie*(1847), hrsg. von S. Landshut, Stuttgart

_____(2004m), K., *Manifest der kommunistischen Partei*(1848), hrsg. von S. Landshut, Stuttgart

_____(2004n), K., *Marx' Brief an seinen Vater vom 10. November 1837*, hrsg. von S.

Landshut, Stuttgart

_____(2004p), K., *Ein Briefwechsel von 1843*, Hamburg

Michelet(1843), L., *Entwicklungsgeschichte der neuesten deutschen Philosophie, mit besonderer Rücksicht auf den gegenwärtigen Kampf Schellings mit der Hegelschen Schule*, Berlin

Moltmann(1969), J., *Theologie der Hoffnung*, 8. Aufl., München

_____(2019), J., *Christliche Erneuerungen in schwierigen Zeiten*, München

Negt(2004), O., Geleitwort zur 7. Auflage der *Frühschriften* von K. Marx, hrsg. von S. Landshut, Stuttgart

Nietzsche(1894 ff.), F., *Sämtliche Werke*, 19 Bände, Großoktavausgabe, Leipzig

_____(1901), F. *Nachgelassene Werke. Unveröffentlichtes aus der Zeit der Fröhlichen Wissenschaften und des Zarathustra*, in: Nietsches Werke Bd. XII, Leipzig

_____(1955a), F., *Unzeitgemäße I*, Werke I, München

_____(1955b), F., *Antichrist*, Werke II, München

_____(1955c), F., *Ecce homo*, Werke II, München

_____(1955d), F., *Jenseits von Gut und Böse*, Werke II, München

_____(1964), F., *Der Wille zur Macht*, Kröner Taschenausgabe 78, Stuttgart

_____(1975), F., *Alsosprach Zarathustra*, Kröner Taschenausgabe 75, Stuttgart

_____(1976a), F., *Die Geburt der Tragödie, Der Grieschiche Staat*, Kröner Taschenausgabe 70, 8. Aufl., Stuttgart

_____(1976b), F., *Die fröhliche Wissenschaft*, Kröner Taschenausgabe 74, 6. Aufl., Stuttgart

_____(1976c), F., *Jenseits von Gut und Böse*, Kröner Taschenausgabe 76, 10. Aufl., Stuttgart

_____(1978a), F., *Menschliches Allzumenschliches*, Kröner Taschenausgabe 72, 8. Aufl., Stuttgart

_____(1978b), F., *Götzendämmerung, Antichrist, Ecce homo, Gedichte*, Kröner

Taschenausgabe 77, 7. Aufl., Stuttgart

Pannenberg(1967), W., *Grundfragen systematischer Theologie*, Göttingen

_____ (1988), W., *Systematische Theologie*, Bd. I, Göttingen

Salaquarda(1985), J., Art. "Feuerbach, Ludwig," in: *Theol. Realenzyklopädie*, Bd. XI, Berlin, New York

Schlechta(1958), K., Der Fall Nietzsche. Aufsätze und Vorträge, München (1965), K., Art. "Nietzsche, Freidrich Wilhelm," in: *RGG*, 3. Aufl., Tübingen

Schneider(2010), W., *Der Mensch. Eine Karriere*, Hamburg

Schopenhauer(1961), A., *Die Welt als Wille und Vorstellung*, Sämtliche Werke I, Darmstadt

Schrey(1954), H.-H, Geschichte oder Mythos bei Marx und Lenin, in: *Marxismusstudien*, Bd. 3, Tübingen

Schröer(1989), H., Art. Kierkegaard, in: *Theol. Realenzyklopädie*, Bd. XVIII, Berlin, New York

Schulz(1979), W., *Ich und Welt. Philosophie der Subjektivität*, Klett-Cotta

Stirner(1962), M., Abschnitt "Max Stirner," in: K. Löwith, *Hegelsche Linke*, 1962, Stuttgart-Bad Cannstatt

Steinbüchel(1933), Th., *Das Grundproblem der Hegelsche Philosophie. Darstellung und Würdigung*, Bonn

Störig(1974), H. J., *Kleine Weltgeschichte der Philosophie*, Stuttgart

Strauß(1969), D. Fr., *Das Leben Jesu, kritisch bearbeitet*, Bd. II, Darmstadt

Thier(1954), E., Etappen der Marxinterpretation, in: *Marxismusstudien*, Bd. 3, Tübingen

Tillich(1962), P., *Christentum und soziale Gestaltung. Frühe Schriften zum Religiösen Sozialismus*, Gesammelte Werke, Bd. II, 2. Aufl., Stuttgart

_____ (1971), P., Das Geschichtsbild von Karl Marx. Eine Studie zur Entwicklung der Geschichtsphilosophie, in: *Gesammelte Werke*, Bd. XII,

Stuttgart

Weischedel(1971), W., *Der Gott der Philosophen*, Bd. II, Darmstadt

Windelband(1923), W., *Einleitung in die Philosophie*, Tübingen

_____(1957), W., *Lehrbuch der Geschichte der Philosophie*, 5. Aufl., Tübingen

김균진 저작 전집
11

헤겔 좌파 연구

헤겔과 포이어바하, 마르크스, 키에르케골, 니체,
브루노, 슈트라우스, 슈티르너의 관계

Copyright ⓒ 김균진 2023

1쇄 발행 2023년 1월 19일

지은이   김균진
펴낸이   김요한
펴낸곳   새물결플러스

편 집   왕희광 정인철 노재현 정혜인 이형일 나유영 노동래
디자인   박인미 황진주
마케팅   박성민 이원혁
총 무   김명화 이성순
영 상   최정호 곽상원
아카데미 차상희

홈페이지 www.holywaveplus.com
이메일   hwpbooks@hwpbooks.com
출판등록 2008년 8월 21일 제2008-24호
주 소   (우) 04118 서울시 마포구 마포대로19길 33
전 화   02) 2652-3161
팩 스   02) 2652-3191

ISBN 979-11-6129-247-2 94230

책값은 뒤표지에 있습니다.